U0880689

中国社会科学年鉴

马克思主义理论研究与学科建设年鉴

2017

（总第8卷）

MARXIST THEORY RESEARCH AND DISCIPLINE CONSTRUCTION YEARBOOK

中国社会科学院马克思主义研究院 马克思主义研究学部 编

中国社会科学出版社

图书在版编目（CIP）数据

马克思主义理论研究与学科建设年鉴．2017：总第8卷／中国社会科学院马克思主义研究院，马克思主义研究学部编．—北京：中国社会科学出版社，2018.1

ISBN 978－7－5203－2172－3

Ⅰ.①马…　Ⅱ.①中…②马…　Ⅲ.①马克思主义—理论研究—中国—2017—年鉴　Ⅳ.①A81－54

中国版本图书馆CIP数据核字（2018）第043165号

出 版 人　赵剑英
责任编辑　姜阿平
责任校对　胡新芳
责任印制　郝美娜

出　　版　中国社会科学出版社
社　　址　北京鼓楼西大街甲158号
邮　　编　100720
网　　址　http://www.csspw.cn
发 行 部　010－84083685
门 市 部　010－84029450
经　　销　新华书店及其他书店

印刷装订　三河市东方印刷有限公司
版　　次　2018年1月第1版
印　　次　2018年1月第1次印刷

开　　本　787×1092　1/16
印　　张　50.25
插　　页　2
字　　数　1253千字
定　　价　260.00元

凡购买中国社会科学出版社图书，如有质量问题请与本社营销中心联系调换
电话：010－84083683
版权所有　侵权必究

《马克思主义理论研究与学科建设年鉴》编委会

编委会主任 王伟光

编委会委员 （按姓氏笔画排序）

王伟光 邓纯东 朱佳木 刘国光 李 捷
李培林 李崇富 李慎明 何秉孟 张树华
冷 溶 武 力 项启源 赵剑英 荆惠民
侯惠勤 姜 辉 晋保平 高 翔 程恩富
靳辉明 樊建新

《马克思主义理论研究与学科建设年鉴》编辑部

主 编 邓纯东 程恩富 樊建新

副 主 编 余 斌 金民卿 辛向阳
吕薇洲 冯颜利 李建国

编辑部主任 李建国

编辑部成员 李 伟 杨 静 陈硕颖
荀寿潇 张晓敏

编辑说明

一、由中国社会科学院马克思主义研究院和马克思主义研究学部主办的《马克思主义理论研究与学科建设年鉴》是目前全国唯一一部全面反映马克思主义理论研究成果和学科建设的综合性年鉴；主要汇集上年度马克思主义理论研究与学科建设新成果、新进展、新走向；具有权威性、学术性、时效性。

二、"重点文章"部分选取的是上一年度马克思主义研究领域中知名专家的重要成果或该领域中具有较大影响的文章，具有学术前沿性。

三、"学科建设"部分由从事马克思主义研究的专家学者撰写，综合反映上一年度学科发展的情况及最新进展。

四、"热点聚焦"部分反映马克思主义理论研究学界争鸣的热点、焦点问题。

五、"论文荟萃"部分和"著作选介"部分是从全国同类文章和著作中选取有一定代表性的论著予以介绍，以期有所启发。

六、"课题概览""会议综述""大事记""新书索引""论文索引"等栏目展示了上年度本学科学术研究的成果和活动，使本年鉴的信息量更加丰富，更具有学术收藏价值。

七、本年鉴在《中国特色社会主义年鉴》的基础上创办，积累了丰富的经验和社会资源，我们将进一步使其成为全国理论工作者、党政领导干部、高等院校有关师生、全国各级各类图书馆（资料室）必备的工具书和参考读物。

中国社会科学院

马克思主义研究院　马克思主义研究学部

《马克思主义理论研究与学科建设年鉴》编辑部

2017 年 4 月

目　　录

第一篇　重要文献

第二篇　重点文章

第三篇 学科建设

第四篇 热点聚焦

第五篇 论文荟萃

第六篇　著作选介

第七篇　课题概览

第八篇 会议综述

大事记

附　录

Contents

I Important Literatures

II Key Articles

III Discipline Construction

IV Hot Topics

V Paper Assembles

VI Introduction of Some Works

VII Projects Survey

Chronicle of Events

Appendix

第一篇

重要文献

在哲学社会科学工作座谈会上的讲话

习近平

今天，我们召开一个哲学社会科学工作座谈会，参加的大多是我国哲学社会科学方面的专家学者，其中有德高望重的老专家，有成果丰硕的学术带头人，也有崭露头角的后起之秀，包括马克思主义理论研究和建设工程的咨询委员或首席专家、国家高端智库代表，还有在校的博士生、硕士生、本科生，以及有关部门负责同志。首先，我向大家，向全国广大哲学社会科学工作者，致以诚挚的问候！

党的十八大以来，为加强和改进宣传思想文化工作和理论研究工作，党中央先后召开了全国宣传思想工作会议、文艺工作座谈会、新闻舆论工作座谈会、网络安全和信息化工作座谈会等会议，我在这些会议上作了讲话。召开这些会议，目的是听听各方面意见，大家一起分析形势、沟通思想、凝聚共识、谋划未来。

哲学社会科学是人们认识世界、改造世界的重要工具，是推动历史发展和社会进步的重要力量，其发展水平反映了一个民族的思维能力、精神品格、文明素质，体现了一个国家的综合国力和国际竞争力。一个国家的发展水平，既取决于自然科学发展水平，也取决于哲学社会科学发展水平。一个没有发达的自然科学的国家不可能走在世界前列，一个没有繁荣的哲学社会科学的国家也不可能走在世界前列。坚持和发展中国特色社会主义，需要不断在实践和理论上进行探索、用发展着的理论指导发展着的实践。在这个过程中，哲学社会科学具有不可替代的重要地位，哲学社会科学工作者具有不可替代的重要作用。

刚才，几位同志讲得很好，很多是真知灼见、肺腑之言，听了很受启发。下面，我就几个问题讲点意见，同大家交流讨论。

第一个问题：坚持和发展中国特色社会主义必须高度重视哲学社会科学

恩格斯说：“一个民族要想站在科学的最高峰，就一刻也不能没有理论思维。”我们党历来高度重视哲学社会科学。革命战争年代，毛泽东同志就说过，必须“用社会科学来了解社会，改造社会，进行社会革命”。毛泽东同志就是一位伟大的哲学家、思想家、社会科学家，他撰写的《矛盾论》《实践论》等哲学名篇至今仍具有重要指导意义，他的许多调查研究名篇对我国社会作出了鞭辟入里的分析，是社会科学的经典之作。进入改革开放历史新时期，邓小平同志指出：“科学当然包括社会科学。”“政治学、法学、社会学以及世界政治的研究，我们过去多年忽视了，现在也需要赶快补课。”江泽民同志指出：“在认识和改造世界的过程中，哲学社会科学与自然科学同样重要；培养高水平的哲学社会科学家，与培养高水平的自然科学家同样重要；提高全民族的哲学社会科学素质，与提高全民族的自然科学素质同样重要；任用好哲学社会科学人才并充分发挥他们的作用，与任用好自然科学人才并发挥他们的作用同样重要。”胡锦涛同志说：“应对激烈的国际综合国力竞争，在不断增强我国的经济实力的同时增强我国的文化创造力、民族凝聚力，增强中华文明的影响力，迫切需要哲学社会科学发展具有中国特色的学科体系和学术思想。”党的十八大以来，党中央继续制定政策、采取措施，大力推动哲学社会科学发展。

观察当代中国哲学社会科学，需要有一个宽广的视角，需要放到世界和我国发展大历史中去看。人类社会每一次重大跃进，人类文明每一次重大发展，都离不开哲学社会科学的知识变革和思想先导。从西方历史看，古代希腊、古代罗马时期，产生了苏格拉底、柏拉图、亚里士多德、西塞罗等人的思想学说。文艺复兴时期，产生了但丁、薄伽丘、达·芬奇、拉斐尔、哥白尼、布鲁诺、伽利略、莎士比亚、托马斯·莫尔、康帕内拉等一批文化和思想大家。他们中很多人是文艺巨匠，但他们的作品深刻反映了他们对社会构建的思想认识。英国资产阶级革命、法国资产阶级革命、美国独立战争前后，产生了霍布斯、洛克、伏尔泰、孟德斯鸠、卢梭、狄德罗、爱尔维修、潘恩、杰弗逊、汉密尔顿等一大批资产阶级思想家，形成了反映新兴资产阶级政治诉求的思想和观点。马克思主义的诞生是人类思想史上的一个伟大事件，而马克思主义则批判吸收了康德、黑格尔、费尔巴哈等人的哲学思想，圣西门、傅立叶、欧文等人的空想社会主义思想，亚当·斯密、大卫·李嘉图等人的古典政治经济学思想。可以说，没有18、19世纪欧洲哲学社会科学的发展，就没有马克思主义的形成和发展。20世纪以来，社会矛盾不断激化，为缓和社会矛盾、修补制度弊端，西方各种各样的学说都在开药方，包括凯恩斯主义、新自由主义、新保守主义、民主社会主义、实用主义、存在主义、结构主义、后现代主义等，这些既是西方社会发展到一定阶段的产物，也深刻影响着西方社会。

中华文明历史悠久，从先秦子学、两汉经学、魏晋玄学，到隋唐佛学、儒释道合流、宋明理学，经历了数个学术思想繁荣时期。在漫漫历史长河中，中华民族产生了儒、释、道、墨、名、法、阴阳、农、杂、兵等各家学说，涌现了老子、孔子、庄子、孟子、荀子、韩非子、董仲舒、王充、何晏、王弼、韩愈、周敦颐、程颢、程颐、朱熹、陆九渊、王守仁、李贽、黄宗羲、顾炎武、王夫之、康有为、梁启超、孙中山、鲁迅等一大批思想大家，留下了浩如烟海的文化遗产。中国古代大量鸿篇巨制中包含着丰富的哲学社会科学内容、治国理政智慧，为古人认识世界、改造世界提供了重要依据，也为中华文明提供了重要内容，为人类文明作出了重大贡献。

鸦片战争后，随着列强入侵和国门被打开，我国逐步成为半殖民地半封建国家，西方思想文化和科学知识随之涌入。自那以后，我们的国家和民族经历了刻骨铭心的惨痛历史，中华传统思想文化经历了剧烈变革的阵痛。为了寻求救亡图存之策，林则徐、魏源、严复等人把眼光转向西方，从“师夷长技以制夷”到“中体西用”，从洋务运动到新文化运动，西方哲学社会科学被翻译介绍到我国，不少人开始用现代社会科学方法来研究我国社会问题，社会科学各学科在我国逐渐发展起来。

特别是十月革命一声炮响，给中国送来了马克思列宁主义。陈独秀、李大钊等人积极传播马克思主义，倡导运用马克思主义改造中国社会。许多进步学者运用马克思主义进行哲学社会科学研究。在长期实践探索中，产生了郭沫若、李达、艾思奇、翦伯赞、范文澜、吕振羽、马寅初、费孝通、钱钟书等一大批名家大师，为我国当代哲学社会科学发展进行了开拓性努力。可以说，当代中国哲学社会科学是以马克思主义进入我国为起点的，是在马克思主义指导下逐步发展起来的。

现在，我国哲学社会科学学科体系不断健全，研究队伍不断壮大，研究水平和创新能力不断提高，马克思主义理论研究和建设工程取得丰硕成果。广大哲学社会科学工作者解放思想、实事求是、与时俱进，坚持以马克思主义为指导，坚持为人民服务、为社会主义服务方向和百花齐放、百家争鸣方针，深入研究和回答我国发展和我们党执政面临的重大理论和实践问题，推出一大批重要学术成果，为坚持和发展中国特色社会主义作出了重大贡献。

新形势下，我国哲学社会科学地位更加重要、任务更加繁重。面对社会思想观念和价值取向日趋活跃、主流和非主流同时并存、社会思潮纷纭激荡的新形势，如何巩固马克思主义在意识形态领域的指导地位，培育和践行社会主义核心价值观，巩固全党全国各族人民团结奋斗的共同思想基础，迫切需要哲学社会科学更好地发挥作用。面对我国经济发展进入新常态、国际发展环境深刻变化的新形势，如何贯彻落实新发展理念、加快转变经济发展方式、提高发展质量和效益，如何更好保障和改善民生、促进社会公平正义，迫切需要哲学社会科学更好地发挥作用。面对改革进入攻坚期和深水区、各种深层次矛盾和问题不断呈现、各类风险和挑战不断增多的新形势，如何提高改革决策水平、推进国家治理体系和治理能力现代化，迫切需要哲学社会科学更好地发挥作用。面对世界范围内各种思想文化交流交融交锋的新形势，如何加快建设社会主义文化强国、增强文化软实力、提高我国在国际上的话语权，迫切需要哲学社会科学更好地发挥作用。面对全面从严治党进入重要阶段、党面临的风险和考验集中显现的新形势，如何不断提高党的领导水平和执政水平、增强拒腐防变和抵御风险能力，使党始终成为中国特色社会主义事业的坚强领导核心，迫切需要哲学社会科学更好地发挥作用。总之，坚持和发展中国特色社会主义，统筹推进“五位一体”总体布局和协调推进“四个全面”战略布局，实现“两个一百年”奋斗目标、实现中华民族伟大复兴的中国梦，我国哲学社会科学可以也应该大有作为。

面对新形势新要求，我国哲学社会科学领域还存在一些亟待解决的问题。比如，哲学社会科学发展战略还不十分明确，学科体系、学术体系、话语体系建设水平总体不高，学术原创能力还不强；哲学社会科学训练培养教育体系不健全，学术评价体系不够科学，管理体制和运行机制还不完善；人才队伍总体素质亟待提高，学风方面问题还比较突出；等等。总的看，我国哲学社会科学还处于有数量缺质量、有专家缺大师的状态，作用没有充分发挥出来。改变这个状况，需要广大哲学社会科学工作者加倍努力，不断在解决影响我国哲学社会科学发展的突出问题上取得明显进展。

历史表明，社会大变革的时代，一定是哲学社会科学大发展的时代。当代中国正经历着我国历史上最为广泛而深刻的社会变革，也正在进行着人类历史上最为宏大而独特的实践创新。这种前无古人的伟大实践，必将给理论创造、学术繁荣提供强大动力和广阔空间。这是一个需要理论而且一定能够产生理论的时代，这是一个需要思想而且一定能够产生思想的时代。我们不能辜负了这个时代。自古以来，我国知识分子就有“为天地立心，为生民立命，为往圣继绝学，为万世开太平”的志向和传统。一切有理想、有抱负的哲学社会科学工作者都应该立时代之潮头、通古今之变化、发思想之先声，积极为党和人民述学立论、建言献策，担负起历史赋予的光荣使命。

第二个问题：坚持马克思主义在我国哲学社会科学领域的指导地位

坚持以马克思主义为指导，是当代中国哲学社会科学区别于其他哲学社会科学的根本标志，必须旗帜鲜明地加以坚持。

马克思主义尽管诞生在一个半多世纪之前，但历史和现实都证明它是科学的理论，迄今依然有着强大生命力。马克思主义深刻揭示了自然界、人类社会、人类思维发展的普遍规律，为人类社会发展进步指明了方向；马克思主义坚持实现人民解放、维护人民利益的立场，以实现人的自由而全面的发展和全人类解放为己任，反映了人类对理想社会的美好憧憬；马克思主义揭示了事物的本质、内在联系及发展规律，是“伟大的认识工具”，是人们观察世界、分析问题的有力思想武器；马克思主义具有鲜明的实践品格，不仅致力于科学“解释世界”，而且致力于积极“改变世界”。在人类思想史上，还没有一种理论像马克思主义那样对人类文明进步产生了如此广泛而巨大的影响。

马克思主义进入中国，既引发了中华文明深刻变革，也走过了一个逐步中国化的过程。在革命、建设、改革各个历史时期，我们党坚持马克思主义基本原理同中国具体实际相结合，运用马克思主义立场、观点、方法研究解决各种重大理论和实践问题，不断推进马克思主义中国化，产生了毛泽东思想、邓小平理论、“三个代表”重要思想、科学发展观等重大成果，指导党和人民取得了新民主主义革命、社会主义革命和社会主义建设、改革开放的伟大成就。我国哲学社会科学坚持以马克思主义为指导，是近代以来我国发展历程赋予的规定性和必然性。在我国，不坚持以马克思主义为指导，哲学社会科学就会失去灵魂、迷失方向，最终也不能发挥应有作用。正所谓“夫道不欲杂，杂则多，多则扰，扰则忧，忧而不救”。

马克思主义中国化取得了重大成果，但还远未结束。我国哲学社会科学的一项重要任务就是继续推进马克思主义中国化、时代化、大众化，继续发展21世纪马克思主义、当代中国马克思主义。

在对待坚持以马克思主义为指导问题上，绝大部分同志认识是清醒的、态度是坚定的。同时，也有一些同志对马克思主义理解不深、理解不透，在运用马克思主义立场、观点、方法上功力不足、高水平成果不多，在建设以马克思主义为指导的学科体系、学术体系、话语体系上功力不足、高水平成果不多。社会上也存在一些模糊甚至错误的认识。有的认为马克思主义已经过时，中国现在搞的不是马克思主义；有的说马克思主义只是一种意识形态说教，没有学术上的学理性和系统性。实际工作中，在有的领域中马克思主义被边缘化、空泛化、标签化，在一些学科中“失语”、教材中“失踪”、论坛上“失声”。这种状况必须引起我们高度重视。

即使在当今西方社会，马克思主义仍然具有重要影响力。在21世纪来临的时候，马克思被西方思想界评为“千年第一思想家”。美国学者海尔布隆纳在他的著作《马克思主义：赞成与反对》中表示，要探索人类社会发展前景，必须向马克思求教，人类社会至今仍然生活在马克思所阐明的发展规律之中。实践也证明，无论时代如何变迁、科学如何进步，马克思主义依然显示出科学思想的伟力，依然占据着真理和道义的制高点。邓小平同志深刻指出：“我坚信，世界上赞成马克思主义的人会多起来的，因为马克思主义是科学。”

我国广大哲学社会科学工作者要自觉坚持以马克思主义为指导，自觉把中国特色社会主义理论体系贯穿研究和教学全过程，转化为清醒的理论自觉、坚定的政治信念、科学的思维方法。

坚持以马克思主义为指导，首先要解决真懂真信的问题。哲学社会科学发展状况与其研究者坚持什么样的世界观、方法论紧密相关。人们必须有了正确的世界观、方法论，才能更好观察和解释自然界、人类社会、人类思维各种现象，揭示蕴含在其中的规律。马克思主义关于世界的物质性及其发展规律、人类社会及其发展规律、认识的本质及其发展规律等原理，为我们研究把握哲学社会科学各个学科各个领域提供了基本的世界观、方法论。只有真正弄懂了马克思主义，才能在揭示共产党执政规律、社会主义建设规律、人类社会发展规律上不断有所发现、有所创造，才能更好识别各种唯心主义观点、更好抵御各种历史虚无主义谬论。

马克思主义经典作家眼界广阔、知识丰富，马克思主义理论体系和知识体系博大精深，涉及自然界、人类社会、人类思维各个领域，涉及历史、经济、政治、文化、社会、生态、科技、军事、党建等各个方面，不下大气力、不下苦功夫是难以掌握真谛、融会贯通的。“为学之道，必本于思。”“不深思则不能造于道，不深思而得者，其得易失。”我看过一些西方研究马克思主义的书，其结论未必正确，但在研究和考据马克思主义文本上，功课做得还是可以的。相比之下，我们一些研究在这方面的努力就远远不够了。恩格斯曾经说过：“即使只是在一个单独的历史事例上发展唯物主义的观点，也是一项要求多年冷静钻研的科学工作，因为很明显，在这里只说空话是无济于事的，只有靠大量的、批判地审查过的、充分地掌握了的历史资料，才能解决这样的任务。”对马克思主义的学习和研究，不能采取浅尝辄止、蜻蜓点水的态度。有的人马克思主义经典著作没读几本，一知半解就哇啦哇啦发表意见，这是一种不负责任的态度，也有悖于科学精神。

坚持以马克思主义为指导，核心要解决好为什么人的问题。为什么人的问题是哲学社会科学研究的根本性、原则性问题。我国哲学社会科学为谁著书、为谁立说，是为少数人服务还是为绝大多数人服务，是必须搞清楚的问题。世界上没有纯而又纯的哲学社会科学。世界上伟大的哲学社会科学成果都是在回答和解决人与社会面临的重大问题中创造出来的。研究者生活在现实社会中，研究什么，主张什么，都会打下社会烙印。我们的党是全心全意为人民服务的党，我们的国家是人民当家作主的国家，党和国家一切工作的出发点和落脚点是实现好、维护好、发展好最广大人民根本利益。我国哲学社会科学要有所作为，就必须坚持以人民为中心的研究导向。脱离了人民，哲学社会科学就不会有吸引力、感染力、影响力、生命力。我国广大哲学社会科学工作者要坚持人民是历史创造者的观点，树立为人民做学问的理想，尊重人民主体地位，聚焦人民实践创造，自觉把个人学术追求同国家和民族发展紧紧联系在一起，努力多出经得起实践、人民、历史检验的研究成果。

坚持以马克思主义为指导，最终要落实到怎么用上来。“凡贵通者，贵其能用之也。”马克思主义具有与时俱进的理论品质。新形势下，坚持马克思主义，最重要的是坚持马克思主义基本原理和贯穿其中的立场、观点、方法。这是马克思主义的精髓和活的灵魂。马克思主义是随着时代、实践、科学发展而不断发展的开放的理论体系，它并没有结束真理，而是开辟了通向真理的道路。恩格斯早就说过：“马克思的整个世界观不是教义，而是方法。它提供的不是现成的教条，而是进一步研究的出发点和供这种研究使用的方法。”把坚持马克思主义和发展马克思主义统一起来，结合新的实践不断作出新的理论创造，这是马克思主义永葆生机与活力的奥妙所在。

对待马克思主义，不能采取教条主义的态度，也不能采取实用主义的态度。如果不顾历史条件和现实情况变化，拘泥于马克思主义经典作家在特定历史条件下、针对具体情况作出的某些个别论断和具体行动纲领，我们就会因为思想脱离实际而不能顺利前进，甚至发生失误。什么都用马克思主义经典作家的语录来说话，马克思主义经典作家没有说过的就不能说，这不是马克思主义的态度。同时，根据需要找一大堆语录，什么事都说成是马克思、恩格斯当年说过了，生硬“裁剪”活生生的实践发展和创新，这也不是马克思主义的态度。

坚持问题导向是马克思主义的鲜明特点。问题是创新的起点，也是创新的动力源。只有聆听时代的声音，回应时代的呼唤，认真研究解决重大而紧迫的问题，才能真正把握住历史脉络、找到发展规律，推动理论创新。坚持以马克思主义为指导，必须落到研究我国发展和我们党执政面临的重大理论和实践问题上来，落到提出解决问题的正确思路和有效办法上来。要坚持用联系和发展的眼光看问题，增强战略性、系统性思维，分清本质和现象、主流和支流，既看存在问题又看其发展趋势，既看局部又看全局，提出的观点、作出的结论要客观准确、经得起检验，在全面客观分析的基础上，努力揭示我国社会发展、人类社会发展的大逻辑大趋势。

有人说，马克思主义政治经济学过时了，《资本论》过时了。这个说法是武断的。远的不说，就从国际金融危机看，许多西方国家经济持续低迷、两极分化加剧、社会矛盾加深，说明资本主义固有的生产社会化和生产资料私人占有之间的矛盾依然存在，但表现形式、存在特点有所不同。国际金融危机发生后，不少西方学者也在重新研究马克思主义政治经济学、研究《资本论》，借以反思资本主义的弊端。法国学者托马斯·皮凯蒂撰写的《21 世纪资本论》就在国际学术界引发了广泛讨论。该书用翔实的数据证明，美国等西方国家的不平等程度已经达到或超过了历史最高水平，认为不加制约的资本主义加剧了财富不平等现象，而且将继续恶化下去。作者的分析主要是从分配领域进行的，没有过多涉及更根本的所有制问题，但使用的方法、得出的结论值得深思。

第三个问题：加快构建中国特色哲学社会科学

哲学社会科学的特色、风格、气派，是发展到一定阶段的产物，是成熟的标志，是实力的象征，也是自信的体现。我国是哲学社会科学大国，研究队伍、论文数量、政府投入等在世界上都是排在前面的，但目前在学术命题、学术思想、学术观点、学术标准、学术话语上的能力和水平同我国综合国力和国际地位还不太相称。要按照立足中国、借鉴国外，挖掘历史、把握当代，关怀人类、面向未来的思路，着力构建中国特色哲学社会科学，在指导思想、学科体系、学术体系、话语体系等方面充分体现中国特色、中国风格、中国气派。

中国特色哲学社会科学应该具有什么特点呢？我认为，要把握住以下三个主要方面。

第一，体现继承性、民族性。哲学社会科学的现实形态，是古往今来各种知识、观念、理论、方法等融通生成的结果。我们要善于融通古今中外各种资源，特别是要把握好三方面资源。一是马克思主义的资源，包括马克思主义基本原理，马克思主义中国化形成的成果及其文化形态，如党的理论和路线方针政策，中国特色社会主义道路、理论体系、制度，我国经济、政治、法律、文化、社会、生态、外交、国防、党建等领域形成的哲学社会科学思想和成果。这是中国特色哲学社会科学的主体内容，也是中国特色哲学社会科学发展的最大增量。二是中华优秀传统文化的资源，这是中国特色哲学社会科学发展十分宝贵、不可多得的资源。三是国外哲学社会科学的资源，包括世界所有国家哲学社会科学取得的积极成果，这可以成为中国特色哲学社会科学的有益滋养。要坚持古为今用、洋为中用，融通各种资源，不断推进知识创新、理论创新、方法创新。我们要坚持不忘本来、吸收外来、面向未来，既向内看、深入研究关系国计民生的重大课题，又向外看、积极探索关系人类前途命运的重大问题；既向前看、准确判断中国特色社会主义发展趋势，又向后看、善于继承和弘扬中华优秀传统文化精华。

绵延几千年的中华文化，是中国特色哲学社会科学成长发展的深厚基础。我说过，站立在960万平方公里的广袤土地上，吸吮着中华民族漫长奋斗积累的文化养分，拥有13亿中国人民聚合的磅礴之力，我们走自己的路，具有无比广阔的舞台，具有无比深厚的历史底蕴，具有无比强大的前进定力，中国人民应该有这个信心，每一个中国人都应该有这个信心。我们说要坚定中国特色社会主义道路自信、理论自信、制度自信，说到底是要坚定文化自信。文化自信是更基本、更深沉、更持久的力量。历史和现实都表明，一个抛弃了或者背叛了自己历史文化的民族，不仅不可能发展起来，而且很可能上演一场历史悲剧。

中华民族有着深厚文化传统，形成了富有特色的思想体系，体现了中国人几千年来积累的知识智慧和理性思辨。这是我国的独特优势。中华文明延续着我们国家和民族的精神血脉，既需要薪火相传、代代守护，也需要与时俱进、推陈出新。要加强对中华优秀传统文化的挖掘和阐发，使中华民族最基本的文化基因与当代文化相适应、与现代社会相协调，把跨越时空、超越国界、富有永恒魅力、具有当代价值的文化精神弘扬起来。要推动中华文明创造性转化、创新性发展，激活其生命力，让中华文明同各国人民创造的多彩文明一道，为人类提供正确精神指引。要围绕我国和世界发展面临的重大问题，着力提出能够体现中国立场、中国智慧、中国价值的理念、主张、方案。我们不仅要让世界知道“舌尖上的中国”，还要让世界知道“学术中的中国”、“理论中的中国”、“哲学社会科学中的中国”，让世界知道“发展中的中国”、“开放中的中国”、“为人类文明作贡献的中国”。

强调民族性并不是要排斥其他国家的学术研究成果，而是要在比较、对照、批判、吸收、升华的基础上，使民族性更加符合当代中国和当今世界的发展要求，越是民族的越是世界的。解决好民族性问题，就有更强能力去解决世界性问题；把中国实践总结好，就有更强能力为解决世界性问题提供思路和办法。这是由特殊性到普遍性的发展规律。

我们既要立足本国实际，又要开门搞研究。对人类创造的有益的理论观点和学术成果，我们应该吸收借鉴，但不能把一种理论观点和学术成果当成“唯一准则”，不能企图用一种模式来改造整个世界，否则就容易滑入机械论的泥坑。一些理论观点和学术成果可以用来说明一些国家和民族的发展历程，在一定地域和历史文化中具有合理性，但如果硬要把它们套在各国各民族头上、用它们来对人类生活进行格式化，并以此为裁判，那就是荒谬的了。对国外的理论、概念、话语、方法，要有分析、有鉴别，适用的就拿来用，不适用的就不要生搬硬套。哲学社会科学要有批判精神，这是马克思主义最可贵的精神品质。

哲学社会科学研究范畴很广，不同学科有自己的知识体系和研究方法。对一切有益的知识体系和研究方法，我们都要研究借鉴，不能采取不加分析、一概排斥的态度。马克思、恩格斯在建立自己理论体系的过程中就大量吸收借鉴了前人创造的成果。对现代社会科学积累的有益知识体系，运用的模型推演、数量分析等有效手段，我们也可以用，而且应该好好用。需要注意的是，在采用这些知识和方法时不要忘了老祖宗，不要失去了科学判断力。马克思写的《资本论》、列宁写的《帝国主义论》、毛泽东同志写的系列农村调查报告等著作，都运用了大量统计数字和田野调查材料。解决中国的问题，提出解决人类问题的中国方案，要坚持中国人的世界观、方法论。如果不加分析地把国外学术思想和学术方法奉为圭臬，一切以此为准绳，那就没有独创性可言了。如果用国外的方法得出与国外同样的结论，那也就没有独创性可言了。要推出具有独创性的研究成果，就要从我国实际出发，坚持实践的观点、历史的观点、辩证的观点、发展的观点，在实践中认识真理、检验真理、发展真理。

第二，体现原创性、时代性。我们的哲学社会科学有没有中国特色，归根到底要看有没有主体性、原创性。跟在别人后面亦步亦趋，不仅难以形成中国特色哲学社会科学，而且解决不了我国的实际问题。1944 年，毛泽东同志就说过："我们的态度是批判地接受我们自己的历史遗产和外国的思想。我们既反对盲目接受任何思想也反对盲目抵制任何思想。我们中国人必须用我们自己的头脑进行思考，并决定什么东西能在我们自己的土壤里生长起来。"只有以我国实际为研究起点，提出具有主体性、原创性的理论观点，构建具有自身特质的学科体系、学术体系、话语体系，我国哲学社会科学才能形成自己的特色和优势。

理论的生命力在于创新。创新是哲学社会科学发展的永恒主题，也是社会发展、实践深化、历史前进对哲学社会科学的必然要求。社会总是在发展的，新情况新问题总是层出不穷的，其中有一些可以凭老经验、用老办法来应对和解决，同时也有不少是老经验、老办法不能应对和解决的。如果不能及时研究、提出、运用新思想、新理念、新办法，理论就会苍白无力，哲学社会科学就会"肌无力"。哲学社会科学创新可大可小，揭示一条规律是创新，提出一种学说是创新，阐明一个道理是创新，创造一种解决问题的办法也是创新。

理论思维的起点决定着理论创新的结果。理论创新只能从问题开始。从某种意义上说，理论创新的过程就是发现问题、筛选问题、研究问题、解决问题的过程。马克思曾深刻指出："主要的困难不是答案，而是问题。""问题就是时代的口号，是它表现自己精神状态的最实际的呼声。"柏拉图的《理想国》、亚里士多德的《政治学》、托马斯·莫尔的《乌托邦》、康帕内拉的《太阳城》、洛克的《政府论》、孟德斯鸠的《论法的精神》、卢梭的《社会契约论》、汉密尔顿等人著的《联邦党人文集》、黑格尔的《法哲学原理》、克劳塞维茨的《战争论》、亚当·斯密的《国民财富的性质和原因的研究》、马尔萨斯的《人口原理》、凯恩斯的《就业利息和货币通论》、约瑟夫·熊彼特的《经济发展理论》、萨缪尔森的《经济学》、弗里德曼的《资本主义与自由》、西蒙·库兹涅茨的《各国的经济增长》等著作，过去我都翻阅过，一个重要感受就是这些著作都是时代的产物，都是思考和研究当时当地社会突出矛盾和问题的结果。

改革开放以来，我们坚持理论创新，正确回答了什么是社会主义、怎样建设社会主义，建设什么样的党、怎样建设党，实现什么样的发展、怎样发展等重大课题，不断根据新的实践推出新的理论，为我们制定各项方针政策、推进各项工作提供了科学指导。推进国家治理体系和治理能力现代化，发展社会主义市场经济，发展社会主义民主政治，发展社会主义协商民主，建设中国特色社会主义法治体系，发展社会主义先进文化，培育和践行社会主义核心价值观，建设社会主义和谐社会，建设生态文明，构建开放型经济新体制，实施总体国家安全观，建设人类命运共同体，推进"一带一路"建设，坚持正确义利观，加强党的执政能力建设，坚持走中国特色强军之路、实现党在新形势下的强军目标，等等，都是我们提出的具有原创性、时代性的概念和理论。在这个过程中，我国哲学社会科学界作出了重大贡献，也形成了不可比拟的优势。

当代中国的伟大社会变革，不是简单延续我国历史文化的母版，不是简单套用马克思主义经典作家设想的模板，不是其他国家社会主义实践的再版，也不是国外现代化发展的翻版，不可能找到现成的教科书。我国哲学社会科学应该以我们正在做的事情为中心，从我国改革发展的实践中挖掘新材料、发现新问题、提出新观点、构建新理论，加强对改革开放和社会主义现代化建设实践经验的系统总结，加强对发展社会主义市场经济、民主政治、先进文化、和谐社会、生态文明以及党的执政能力建设等领域的分析研究，加强对党中央治国理政新理念新思想新战略的研究阐释，提炼出有学理性的新理论，概括出有规律性的新实践。这是构建中国特色哲学社会科学的着力点、着重点。一切刻舟求剑、照猫画虎、生搬硬套、照葫芦画瓢的做法都是无济于事的。

第三，体现系统性、专业性。中国特色哲学社会科学应该涵盖历史、经济、政治、文化、社会、生态、军事、党建等各领域，囊括传统学科、新兴学科、前沿学科、交叉学科、冷门学科等诸多学科，不断推进学科体系、学术体系、话语体系建设和创新，努力构建一个全方位、全领域、全要素的哲学社会科学体系。

现在，我国哲学社会科学学科体系已基本确立，但还存在一些亟待解决的问题，主要是一些学科设置同社会发展联系不够紧密，学科体系不够健全，新兴学科、交叉学科建设比较薄弱。下一步，要突出优势、拓展领域、补齐短板、完善体系。一是要加强马克思主义学科建设。二是要加快完善对哲学社会科学具有支撑作用的学科，如哲学、历史学、经济学、政治学、法学、社会学、民族学、新闻学、人口学、宗教学、心理学等，打造具有中国特色和普遍意义的学科体系。三是要注重发展优势重点学科。四是要加快发展具有重要现实意义的新兴学科和交叉学科，使这些学科研究成为我国哲学社会科学的重要突破点。五是要重视发展具有重要文化价值和传承意义的"绝学"、冷门学科。这些学科看上去同现实距离较远，但养兵千日、用兵一时，需要时也要拿得出来、用得上。还有一些学科事关文化传承的问题，如甲骨文等古文字研究等，要重视这些学科，确保有人做、有传承。总之，要通过努力，使基础学科健全扎实、重点学科优势突出、新兴学科和交叉学科创新发展、冷门学科代有传承、基础研究和应用研究相辅相成、学术研究和成果应用相互促进。

学科体系同教材体系密不可分。学科体系建设上不去，教材体系就上不去；反过来，教材体系上不去，学科体系就没有后劲。据统计，全国本科院校几乎都设立了哲学社会科学学科，文科生也占了在校学生很大比例。这些学生是我国哲学社会科学后备军，如果在学生阶段没有学会正确的世界观、方法论，没有打下扎实的知识基础，将来就难以担当重任。高校哲学社会科学有重要的育人功能，要面向全体学生，帮助学生形成正确的世界观、人生观、价值观，提高道德修养和精神境界，养成科学思维习惯，促进身心和人格健康发展。要培养出好的哲学社会科学有用之才，就要有好的教材。经过努力，我们在实施马克思主义理论研究和建设工程的过程中，教材建设取得了重要成果，但总体看这方面还是一个短板。要抓好教材体系建设，形成适应中国特色社会主义发展要求、立足国际学术前沿、门类齐全的哲学社会科学教材体系。在教材编写、推广、使用上要注重体制机制创新，调动学者、学校、出版机构等方面积极性，大家共同来做好这项工作。

发挥我国哲学社会科学作用，要注意加强话语体系建设。在解读中国实践、构建中国理论上，我们应该最有发言权，但实际上我国哲学社会科学在国际上的声音还比较小，还处于有理说不出、说了传不开的境地。要善于提炼标识性概念，打造易于为国际社会所理解和接受的新概念、新范畴、新表述，引导国际学术界展开研究和讨论。这项工作要从学科建设做起，每个学科都要构建成体系的学科理论和概念。要鼓励哲学社会科学机构参与和设立国际性学术组织，支持和鼓励建立海外中国学术研究中心，支持国外学会、基金会研究中国问题，加强国内外智库交流，推动海外中国学研究。要聚焦国际社会共同关注的问题，推出并牵头组织研究项目，增强我国哲学社会科学研究的国际影响力。要加强优秀外文学术网站和学术期刊建设，扶持面向国外推介高水平研究成果。对学者参加国际学术会议、发表学术文章，要给予支持。

构建中国特色哲学社会科学是一个系统工程，是一项极其繁重的任务，要加强顶层设计，统筹各方面力量协同推进。要实施哲学社会科学创新工程，搭建哲学社会科学创新平台，全面推进哲学社会科学各领域创新。要充分发挥马克思主义理论研究和建设工程、中国特色社会主义理论体系研究中心、马克思主义学院、报刊网络理论宣传等思想理论工作平台的作用，深化拓展马克思主义理论研究和宣传教育。要运用互联网和大数据技术，加强哲学社会科学图书文献、网络、数据库等基础设施和信息化建设，加快国家哲学社会科学文献中心建设，构建方便快捷、资源共享的哲学社会科学研究信息化平台。要创新科研经费分配、资助、管理体制，更好发挥国家社科基金作用，把财政拨款和专项资助结合起来，把普遍性经费资助和竞争性经费资助结合起来，把政府资助和社会捐赠结合起来，加大科研投入，提高经费使用效率。要建立科学权威、公开透明的哲学社会科学成果评价体系，建立优秀成果推介制度，把优秀研究成果真正评出来、推广开。

第四个问题：加强和改善党对哲学社会科学工作的领导

哲学社会科学事业是党和人民的重要事业，哲学社会科学战线是党和人民的重要战线。加强和改善党对哲学社会科学工作的领导，是繁荣发展我国哲学社会科学事业的根本保证。

各级党委要把哲学社会科学工作纳入重要议事日程，加强政治领导和工作指导，一手抓繁荣发展、一手抓引导管理。要深化管理体制改革，形成既能把握正确方向又能激发科研活力的体制机制，统筹管理好重要人才、重要阵地、重大研究规划、重大研究项目、重大资金分配、重大评价评奖活动。要统筹国家层面研究和地方层面研究，优化科研布局，合理配置资源，处理好投入和效益、数量和质量、规模和结构的关系，增强哲学社会科学发展能力。各级领导干部特别是主要负责同志，既要有比较丰富的自然科学知识，又要有比较丰富的社会科学知识，以不断提高决策和领导水平。

各级党委和政府要发挥哲学社会科学在治国理政中的重要作用。党的十八届三中全会提出，要加强中国特色新型智库建设，建立健全决策咨询制度。党的十八届五中全会强调，要实施哲学社会科学创新工程，建设中国特色新型智库。2015 年 11 月，我主持中央深改组会议，通过了国家高端智库建设试点工作方案，第一批高端智库已经建立并运行起来。我在那次会议上强调，要建设一批国家急需、特色鲜明、制度创新、引领发展的高端智库，重点围绕国家重大战略需求开展前瞻性、针对性、储备性政策研究。近年来，哲学社会科学领域建设智库热情很高，成果也不少，为各级党政部门决策提供了有益帮助。同时，有的智库研究存在重数量、轻质量问题，有的存在重形式传播、轻内容创新问题，还有的流于搭台子、请名人、办论坛等形式主义的做法。智库建设要把重点放在提高研究质量、推动内容创新上。要加强决策部门同智库的信息共享和互动交流，把党政部门政策研究同智库对策研究紧密结合起来，引导和推动智库建设健康发展、更好发挥作用。

构建中国特色哲学社会科学，要从人抓起，久久为功。哲学社会科学领域是知识分子密集的地方。目前，我国哲学社会科学有五路大军，我们要把这支队伍关心好、培养好、使用好，让广大哲学社会科学工作者成为先进思想的倡导者、学术研究的开拓者、社会风尚的引领者、党执政的坚定支持者。要实施以育人育才为中心的哲学社会科学整体发展战略，构筑学生、学术、学科一体的综合发展体系。要实施哲学社会科学人才工程，着力发现、培养、集聚一批有深厚马克思主义理论素养、学贯中西的思想家和理论家，一批理论功底扎实、勇于开拓创新的学科带头人，一批年富力强、锐意进取的中青年学术骨干，构建种类齐全、梯队衔接的哲学社会科学人才体系。要完善哲学社会科学领域职称评定和人才遴选制度，建立规范的奖励体系，表彰有突出贡献的哲学社会科学工作者，增强他们的荣誉感、责任感、获得感。宣传部门、组织人事部门、教育部门和高等院校、哲学社会科学研究机构、党校行政学院、党政部门所属研究机构、军队院校等要共同努力，形成培养哲学社会科学人才的良好激励机制，促进优秀人才不断成长。

要认真贯彻党的知识分子政策，尊重劳动、尊重知识、尊重人才、尊重创造，做到政治上充分信任、思想上主动引导、工作上创造条件、生活上关心照顾，多为他们办实事、做好事、解难事。领导干部要以科学的态度对待哲学社会科学，尊重哲学社会科学工作者的辛勤付出和研究成果，不要觉得哲学社会科学问题自己都能讲讲，不是什么大不了的学问。要主动同专家学者打交道、交朋友，经常给他们出题目，多听取他们的意见和建议。要加强哲学社会科学优秀人才使用，让德才兼备的人才在重要岗位上发挥作用。

百花齐放、百家争鸣，是繁荣发展我国哲学社会科学的重要方针。要提倡理论创新和知识创新，鼓励大胆探索，开展平等、健康、活泼和充分说理的学术争鸣，活跃学术空气。要坚持和发扬学术民主，尊重差异，包容多样，提倡不同学术观点、不同风格学派相互切磋、平等讨论。要正确区分学术问题和政治问题，不要把一般的学术问题当成政治问题，也不要把政治问题当作一般的学术问题，既反对打着学术研究旗号从事违背学术道德、违反宪法法律的假学术行为，也反对把学术问题和政治问题混淆起来、用解决政治问题的办法对待学术问题的简单化做法。

繁荣发展我国哲学社会科学，必须解决好学风问题。当前，哲学社会科学领域存在一些不良风气，学术浮夸、学术不端、学术腐败现象不同程度存在，有的急功近利、东拼西凑、粗制滥造，有的逃避现实、闭门造车、坐而论道，有的剽窃他人成果甚至篡改文献、捏造数据。有的同志比较激烈地说，现在是著作等“身”者不少、著作等“心”者不多。要大力弘扬优良学风，把软约束和硬措施结合起来，推动形成崇尚精品、严谨治学、注重诚信、讲求责任的优良学风，营造风清气正、互学互鉴、积极向上的学术生态。广大哲学社会科学工作者要树立良好学术道德，自觉遵守学术规范，讲究博学、审问、慎思、明辨、笃行，崇尚“士以弘道”的价值追求，真正把做人、做事、做学问统一起来。要有“板凳要坐十年冷，文章不写一句空”的执着坚守，耐得住寂寞，经得起诱惑，守得住底线，立志做大学问、做真学问。要把社会责任放在首位，严肃对待学术研究的社会效果，自觉践行社会主义核心价值观，做真善美的追求者和传播者，以深厚的学识修养赢得尊重，以高尚的人格魅力引领风气，在为祖国、为人民立德立言中成就自我、实现价值。

同志们！在中国特色社会主义发展历史进程中，我国广大哲学社会科学工作者天地广阔。希望大家不畏艰辛、不辱使命，以自己的智慧和努力，为实现“两个一百年”奋斗目标、实现中华民族伟大复兴的中国梦不断作出新的更大的贡献！

（原载《人民日报》2016 年 5 月 19 日）

严肃党内政治生活　净化党内政治生态

刘云山

党的十八届六中全会通过的《关于新形势下党内政治生活的若干准则》（以下简称《准则》），全面总结近年来特别是党的十八大以来管党治党的新鲜经验，顺应时代发展变化对全面从严治党提出的新要求，对加强和规范党内政治生活的重点内容、主要任务、重要举措作出系统部署，是指导新形势下全面从严治党的行动纲领，是严肃党内政治生活、净化党内政治生态的根本遵循，是增强党内政治生活的政治性、时代性、原则性、战斗性的强大武器。我们要把学习贯彻《准则》作为当前全党的重大政治任务抓紧抓实抓好。

一　深刻认识严肃党内政治生活、净化党内政治生态的重大意义

开展严肃认真的党内政治生活，是我们党的优良传统和政治优势，也是我们党作为马克思主义政党区别于其他政党的重要标志。长期实践证明，党内政治生活是我们党坚持党的性质和宗旨、保持先进性和纯洁性的重要法宝，是解决党内矛盾和问题的“金钥匙”，是党员、干部锤炼党性的“大熔炉”，是纯洁党风政风的“净化器”。党要管党必须从党内政治生活管起，从严治党必须从党内政治生活严起。

严肃党内政治生活、净化党内政治生态，是保持党的先进性和纯洁性、增强党的创造力凝聚力战斗力的必然要求。我们党是马克思主义政党，是中国工人阶级的先锋队，同时是中国人民和中华民族的先锋队。党的先进性纯洁性和创造力凝聚力战斗力从哪里来？就来自科学的理论指导、共同的理想信念、严密的组织体系和铁的纪律，而这些都要靠严肃的党内政治生活来保障。在党长期执政和发展社会主义市场经济条件下，怎样才能有效防范、及时清除弱化党的先进性、损害党的纯洁性的消极因素？根本途径是加强和规范党内政治生活。有了严肃的党内政治生活，党的政治优势、思想优势、组织优势、作风优势、纪律优势才能得到充分发挥，党员干部的思想境界、政治素养、道德水平才能得到不断提高，党自我净化、自我完善、自我革新、自我提高的能力才能得到不断增强。可以说，严肃的党内政治生活，是保持党的先进性和纯洁性的根本保证，是党的旺盛生机和蓬勃活力的动力源泉。

严肃党内政治生活、净化党内政治生态，是我们党管党治党的宝贵经验。我们党从成立之日起，就高度重视党内政治生活。在长期实践中，形成了以实事求是、理论联系实际、密切联系群众、批评和自我批评、坚持民主集中制、严明党的纪律为主要内容的党内政治生活基本规范。回顾我们党已走过的 95 年的历程，在大部分时间里党内政治生活是健康的，呈现出生动活泼的良好局面，为党的各项事业发展提供了有力保证。同

时，在一些时间，由于党内政治生活的各项原则和规定遭到严重破坏，党内政治生活也出现过不正常的情况，使党的事业一度遭到严重挫折。正反两方面的经验告诉我们，什么时候党内政治生活正常健康，我们党就风清气正、团结统一，充满生机活力，党的事业就蓬勃发展；反之，就弊病丛生、人心涣散，各种错误思想、错误路线得不到及时纠正，给党的事业造成严重损失。

严肃党内政治生活、净化党内政治生态，是解决当前党内突出矛盾和问题的迫切需要。党的十八大以来，以习近平同志为核心的党中央，以坚强的决心和有力的举措，全面从严治党，党内政治生活展现新气象，为开创党和国家事业新局面提供了重要保证。从总体上看，党内政治生活状况是好的。同时也要看到，一个时期以来，党内政治生活中也出现了一些突出问题，主要是：在一些党员、干部包括高级干部中，理想信念不坚定、对党不忠诚、纪律松弛、脱离群众、独断专行、弄虚作假、庸懒无为，个人主义、分散主义、自由主义、好人主义、宗派主义、山头主义、拜金主义不同程度存在，形式主义、官僚主义、享乐主义和奢靡之风问题突出，任人唯亲、跑官要官、买官卖官、拉票贿选现象屡禁不止，滥用权力、贪污受贿、腐化堕落、违法乱纪等现象滋生蔓延。特别是高级干部中极少数人政治野心膨胀、权欲熏心，搞阳奉阴违、结党营私、团团伙伙、拉帮结派、谋取权位等政治阴谋活动。这些问题，严重侵蚀党的思想道德基础，严重破坏党的团结和集中统一，严重损害党内政治生态和党的形象，严重影响党和人民事业发展。新的时代条件下，我们党要团结带领人民进行具有许多新的历史特点的伟大斗争，成功应对重大挑战、抵御重大风险、克服重大阻力、解决重大矛盾，迫切需要以严肃党内政治生活、净化党内政治生态为重点，持续推进全面从严治党，切实解决党内存在的突出问题，把党建设得更加坚强有力。

二　全面落实严肃党内政治生活、净化党内政治生态的各项任务

《准则》针对党内存在的突出问题，从十二个方面对严肃党内政治生活作出规定，既立足当前又着眼长远，既注重治标又强调治本。我们要在全面落实各项任务的基础上，把握好关键环节，突出抓好以下几个方面。

第一，把加强思想教育作为严肃党内政治生活、净化党内政治生态的首要任务。共产主义远大理想和中国特色社会主义共同理想，是中国共产党人的精神支柱和政治灵魂，是保持党的团结统一的思想基础。事实一再表明，理想信念动摇是最危险的动摇，理想信念滑坡是最危险的滑坡。一个时期以来，党内政治生活、政治生态出现这样那样的问题，根本原因在于一些党员、干部理想信念这个“压舱石”发生了动摇，世界观、人生观、价值观这个“总开关”出现了偏差。严肃党内政治生活、净化党内政治生态，必须把加强思想教育作为首要任务，筑牢信仰之基、补足精神之钙、把稳思想之舵，坚持不忘初心、继续前进。要毫不动摇坚持马克思主义指导思想，坚持不懈抓好理论武装工作。党员、干部要把对马克思主义的信仰、对社会主义和共产主义的信念作为毕生追求，把马克思主义理论作为必修课，认真学习马克思列宁主义、毛泽东思想、邓小平理论、“三个代表”重要思想、科学发展观，认真学习习近平总书记系列重要讲话精神，认真学习党章党规，不断提高马克思主义思想觉悟和理论水平。要坚持理论联系实际，在改造客观世界的同时不断改造主观世界，深刻认识人类社会发展最终走向共产主义的

历史必然性，深刻认识中国特色社会主义的独特优势和强大生命力，真正把理想信念建立在对科学理论的理性认同上，建立在对历史规律的正确认识上，建立在对基本国情的准确把握上，坚定道路自信、理论自信、制度自信、文化自信。要教育党员、干部把坚定理想信念体现在具体行动上，坚守真理、坚守正道、坚守原则、坚守规矩，积极投身统筹推进“五位一体”总体布局和协调推进“四个全面”战略布局的伟大实践，自觉践行创新、协调、绿色、开放、共享的发展理念，锐意进取、攻坚克难，为推进中国特色社会主义事业而苦干实干。要不断增强政治敏锐性和政治鉴别力，自觉运用马克思主义立场观点方法分析判断形势，分清是非界限，澄清模糊认识，廓清思想迷雾，在大是大非问题、政治原则问题上态度鲜明、立场坚定，对各种错误言行敢于斗争、敢于亮剑。

第二，把严明政治纪律和政治规矩作为严肃党内政治生活、净化党内政治生态的关键。我们这样一个有着8800多万党员的大党，怎样才能团结起来、组织起来呢？一靠理想，二靠纪律。纪律严明是党的光荣传统和独特优势，是全党统一意志、统一行动、步调一致前进的重要保障。在党的纪律中，政治纪律是最根本、最重要的纪律，遵守党的政治纪律是遵守党的全部纪律的基础。遵守党的政治纪律和政治规矩，最核心的是坚持党的领导，坚决维护党中央的集中统一领导。一个国家、一个政党，领导核心至关重要。党的十八大以来，习近平总书记带领全党全军全国各族人民开创了中国特色社会主义伟大事业和党的建设新的伟大工程新局面，在改革发展稳定、内政外交国防、治党治国治军等方面取得了一系列具有重大现实意义和深远历史意义的成就，实现了党和国家事业的继往开来，赢得了全党全军全国各族人民衷心拥护，受到了国际社会高度赞誉。党的十八届六中全会明确习近平总书记的核心地位、正式提出“以习近平同志为核心的党中央”，对维护党中央权威、维护党的团结和集中统一领导，对全党全军全国各族人民更好凝聚力量抓住机遇、战胜挑战，对全党团结一心、不忘初心、继续前进，对保证党和国家兴旺发达、长治久安，具有十分重大而深远的意义。党的各级组织和全体党员要认真学习领会、坚决贯彻落实党的十八届六中全会精神，进一步增强“四个意识”特别是核心意识、看齐意识，更加紧密地团结在以习近平同志为核心的党中央周围，更加坚定地维护以习近平同志为核心的党中央权威，更加自觉地在思想上政治上行动上同以习近平同志为核心的党中央保持高度一致，更加扎实地把党中央各项决策部署落到实处。要毫不动摇坚持党的基本路线，深刻认识到党的基本路线是党和国家的生命线、人民的幸福线，把以经济建设为中心同坚持四项基本原则、坚持改革开放这两个基本点统一于中国特色社会主义伟大实践，任何时候都不能有丝毫偏离和动摇。

第三，把坚持正确选人用人导向作为严肃党内政治生活、净化党内政治生态的组织保证。选人用人是党内政治生活的风向标。选人用人导向正确，党内政治生活就会正气充沛，干部就会见贤思齐、心齐气顺；用人不公，就会出现“劣币驱逐良币”的逆淘汰，就会邪气横生，人心涣散。严肃党内政治生活、净化党内政治生态，必须把匡正选人用人导向作为重要着力点，严格标准、健全制度、完善政策、规范程序，使选出来的干部组织放心、群众满意、干部服气，以用人环境的风清气正促进政治生态的山清水秀。要认真落实好干部标准，坚持德才兼备、以德为先，坚持五湖四海、任人唯贤，坚持事业为上、公道正派，切实把党和人民需要的好干部尽快培养起来、及时发现出来、合理使用起来。要强化党委班子集体把关，把好选拔程序关、资格条件关、用人纪律关，坚决防止个人或少数人说了算，杜绝程序空转，不让别有用心者有机可乘。组织部门要严格按政策、原则、制度办事，实事求是考察评价干部，敢于为干部说公道话，敢于抵制选人用人中的不正常行为，形成能者上、庸者下、劣者汰的选人用人导向。要严明用人纪律，强化责任追究，坚决禁止跑官要官、买官卖官、拉票贿选等行为，坚决禁止向党伸手要职务、要名誉、要待遇行为。领导干部要带头执行党的干部政策，不准任人唯亲、搞亲亲疏疏，不准封官许愿、跑风漏气、收买人心，不准个人为干部提拔任用打招呼、递条子，不得干预曾经工作生活过的地方、曾经工作过的单位和不属于自己分管领域的干部选拔任用。要认真落实习近平总书记关于"三个区分开来"的要求，加大正向激励力度，抓紧建立容错纠错机制，宽容干部在工作特别是改革创新中的失误，让广大干部安心、安身、安业。要旗帜鲜明为敢于担当的干部担当，为敢于负责的干部负责，对那些想干事、能干事、敢担当、善作为的干部要充分理解、大力支持和保护，理直气壮地为他们撑腰鼓劲，该褒奖的褒奖，该重用的重用。对不担当、不作为、敷衍塞责的干部要严肃批评，对失职渎职造成严重后果的要严肃问责，真正使敢担当、敢负责、敢作为在干部队伍中蔚然成风。

第四，把党的组织生活、开展批评和自我批评作为严肃党内政治生活、净化党内政治生态的重要载体和手段。党的组织生活是党内政治生活的重要内容和载体，是党组织对党员进行教育管理监督的重要形式。党员参加一次高质量的组织生活，就等于参加了一次政治体检，获得了一次打扫灰尘、净化灵魂、增强政治免疫力的党性检修。严肃党内政治生活、净化党内政治生态，必须坚持党的组织生活各项制度，增强党的组织生活活力。坚持"三会一课"制度，突出政治学习和教育，突出党性锻炼，突出思想交流，不断丰富内容，创新方式方法，增强吸引力和实效性。坚持民主生活会和组织生活会制度，会前要广泛听取意见、深入谈心交心，会上要认真查摆问题、深刻剖析根源、明确整改方向，会后要逐一整改落实。上级党组织领导班子成员要定期或随机参加下级党组织领导班子民主生活会和组织生活会，加强指导、督促和检查，发现问题及时纠正。要认真落实谈心谈话制度，党组织领导班子成员之间、班子成员和党员之间、党员和党员之间开展经常性谈心谈话活动，坦诚相见、交流思想、交换意见。认真落实民主评议党员制度，每年对党员进行民主评议，督促党员对照党员标准、对照入党誓词、联系个人实际进行党性分析，使党性分析过程成为党员强化党员意识、增强党的观念、提高党性修养的过程。批评和自我批评是党强身治病、保持肌体健康的锐利武器，也是开展组织生活经常运用、效果明显、不可或缺的重要手段。要认真贯彻"团结—批评—团结"的原则，打消自我批评怕丢面子、批评上级怕穿小鞋、批评同级怕伤和气、批评下级怕丢选票等思想顾虑，把批评和自我批评这个武器用好用活。要以对党和人民的赤胆忠心勇于自责、勇于自省，毫不留情地揭露自己的缺点和错误，经常对照党章党纪要求找不足，对照先进典型找差距，对照组织、同事、群众意见找问题，多从主观上深入剖析根源、认清危害，敢于触及思想、触及灵魂。对待别人的批评要心怀感激，有听得进刺耳之言的勇气和境界，做到有则改之、无则加勉，决不能用批评抵制批评，搞无原则的纷争。坚决反对事不关己、高高挂起，明知不对、少说为佳的庸俗哲学和好人主义，坚决克服文过饰非、知错不改等错误倾向。

第五，把加强制度建设作为严肃党内政治生活、净化党内政治生态的根本保障。加强党内政治生活制度建设，对于促进党内政治生活正常化、规范化，解决好不经常、不认真、不严肃问题，提高党内政治生活质量、净化党内政治生态，具有重要作用。要坚持和完善已有制度，对《准则》提出的党内学习制度、重大问题请示报告制度、党内选举制度、党的代表大会制度、党员权利保障制度、党的组织生活制度等，要一以贯之、不折不扣地落实。要认真抓好《准则》提出的制度创新任务，抓紧建立和完善民意调查、容错纠错、权力清单、领导干部个人重大事项报告、领导干部配偶子女从业行为等制度。同时，加大制度执行力度，坚持制度面前人人平等、制度执行没有特权、制度约束没有例外，对于违反党内政治生活制度的行为，要严肃查处，发现一起查处一起，决不姑息、决不手软，坚决防止制度成为“稻草人”，形成“破窗效应”。坚持和完善党内政治生活制度，最重要的是坚持和完善民主集中制，全党同志都要按照民主集中制办事，各级领导干部特别是主要领导干部要带头执行民主集中制。集体领导和个人分工负责相结合是民主集中制的重要组成部分，是严肃党内政治生活、净化党内政治生态的重要保障。各级党委（党组）必须坚持集体领导制度，坚持科学民主依法决策，凡属重大问题要按照集体领导、民主集中、个别酝酿、会议决定的原则，由集体讨论，按少数服从多数作出决定，不允许用其他形式取代党委会及其常委会的领导。党委（党组）主要负责同志必须发扬民主、善于集中、敢于担责，严格按程序决策、按规矩办事，不能搞一言堂甚至家长制。领导班子成员要增强全局观念和责任意识，在研究工作时充分发表意见，决策形成后一抓到底，不得违背集体决定自作主张、自行其是，更不许把分管工作、分管领域和地方当作“私人领地”。

三　领导机关和领导干部要做严肃党内政治生活、净化党内政治生态的表率

新形势下加强和规范党内政治生活，重点是各级领导机关和领导干部，关键是高级干部特别是中央委员会、中央政治局、中央政治局常务委员会的组成人员。《准则》对领导干部特别是高级干部提出了更高的标准、更严的要求。这是由领导干部特别是高级干部执掌重要权力的特殊地位所决定的，也是由领导干部特别是高级干部发挥示范作用的特殊职责所要求的。

风成于上，俗化于下。领导机关和领导干部肩负着制定和执行党的路线方针政策、领导和推动党的各项工作的神圣职责，其一言一行、一举一动，对下级党组织和党员、干部具有重要的示范导向作用。领导机关和领导干部带头躬身践行、模范执行党内政治生活准则，就会成为无声的命令、强大的感召，就能让下级党组织看到榜样，让党员、干部看到希望，让人民群众看到信心。反之，则会带来难以估量的负面影响。这些年党内政治生活存在的种种问题，究其原因，有市场经济大环境的因素，有党的队伍不断发生深刻变化的因素，更值得警醒的是一些地方和单位管党治党不力，制度不硬，法纪不彰，正气不扬，政治生态恶化。这其中，一些领导干部特别是一些高级干部发生的问题，往往是所在地方和单位各种问题滋生蔓延的主要导因。党的十八大以来查处了近200名高级干部，他们给党的形象和威信造成了巨大损害，给党内政治生活、政治生态造成了严重破坏。正是一些领导干部特别是一些高级干部违法乱纪，大行腐败之道，上行下效的负能量大量产生，败坏了党风政风，带坏了一批党员、干部。我们必须从中吸取深刻教训。

在领导干部中，“一把手”具有特殊影响力，对决策和决策执行起着关键作用。发挥好“一把手”在贯彻落实《准则》上的示范表率作用，对于全面从严治党，对于管理好领导班子和领导干部，对于形成良好的政治生态，具有特别重要的意义。要增强对“一把手”教育的针对性、管理的经常性、监督的有效性，促使各级“一把手”带头树立正确的权力观、地位观、利益观，带头遵守党章党规和宪法法律，认真贯彻执行民主集中制，不断增强党性修养和人格魅力，做到位高不擅权、权重不谋私。

在高级干部中，中央委员会、中央政治局、中央政治局常委会组成人员首当其责。要从党和国家长治久安、中华民族伟大复兴的战略高度，来认识建设好中央委员会、中央政治局、中央政治局常委会的极端重要性，切实把这个层面的党内政治生活搞好，真正做到打铁还需自身硬。中央领导集体成员要清醒认识自己岗位对党和国家的特殊重要性，职位越高越要自觉按照党提出的标准严格要求自己，越要做到党性坚强、党纪严明。要充分发挥树标杆、作表率作用，始终保持理想信念的坚定执着，严格遵守党的政治纪律和政治规矩，永远保持对人民的赤子之心，严格执行组织生活制度，带头开展批评和自我批评，自觉尊法学法守法用法、在宪法和法律范围内活动，切实教育管理好亲属和身边工作人员，以令人信服的表率作用，推动全党严肃党内政治生活不断取得实效。

对于领导干部特别是高级干部来说，贯彻《准则》的一个基本要求是，坚决维护以习近平同志为核心的党中央权威、保证全党令行禁止。邓小平同志指出，“任何一个领导集体都要有一个核心，没有核心的领导是靠不住的”。党的十八大以来的实践充分证明，习近平总书记作为党中央的核心、全党的核心当之无愧、名副其实，正式明确习近平总书记的核心地位是众望所归、正当其时。各级党的领导机关和领导干部特别是高级干部要带头维护以习近平同志为核心的党中央权威，自觉向党中央看齐，向习近平总书记看齐，向党的理论和路线方针政策看齐，向党中央决策部署看齐，做到党中央提倡的坚决响应、党中央决定的坚决执行、党中央禁止的坚决不做，自觉防止和反对个人主义、分散主义、自由主义、本位主义。对党中央决策部署，任何党组织和任何党员都不准合意的就执行、不合意的就不执行，决不允许有令不行、有禁不止，决不允许搞上有政策、下有对策。领导干部特别是高级干部要自觉对照习近平总书记指出的“七个有之”查找自身问题，对照“五个必须”明确努力方向，把加强和规范党内政治生活的各项要求落实到日常修为和具体工作中去。

各级党委（党组）要全面履行加强和规范党内政治生活的领导责任。要把党内政治生活作为全面从严治党的重要任务，经常研究，周密部署，狠抓落实，尤其是要紧密结合本地区本单位影响党内政治生活的突出问题，分类施策、对症下药，努力提高党内政治生活的质量、营造良好政治生态。要抓好班子、带好队伍，引导班子成员认真执行《准则》，自觉加强党性修养，积极化解领导班子内的矛盾和问题，推动形成一级做给一级看、一级带着一级干的良好局面。要认真落实党委主体责任和纪委监督责任，强化责任追究，加强对《准则》落实情况的督促检查，建立健全问责机制，严肃查处违反《准则》的各种行为，把加强和规范党内政治生活的各项任务落到实处。

（原载《人民日报》2016年11月7日）

新发展理念蕴含的理论特质和品格

刘奇葆

党的十八大以来，以习近平同志为总书记的党中央，坚持以理论创新引领实践创新，开辟了治国理政新境界。党的十八届五中全会在深刻总结国内外发展经验教训、分析国内外发展大势的基础上，鲜明提出了创新、协调、绿色、开放、共享的新发展理念。新发展理念符合我国国情，顺应时代要求，在理论和实践上实现了新的突破，具有重大而深远的意义。从政治意义看，新发展理念凝结了我们党对经济社会发展规律的深刻认识，指明了我国未来发展的方向和路径，是我国经济社会发展必须长期坚持的重要遵循。从理论意义看，新发展理念创造性地回答了关于发展的一系列重大问题，是我们党关于发展理论的一次重大升华，是对马克思主义发展理论的丰富和发展。从实践意义看，新发展理念适应了时代发展和实践深化对党和国家工作的新要求，是关系我国发展全局的一场深刻变革，是破解发展难题、增强发展动力、厚植发展优势的行动指南。从世界意义看，新发展理念把准了当今世界发展的主脉，体现鲜明的中国特色，为世界发展贡献了中国智慧和中国方案。

新发展理念涵盖广泛、思想深邃，是一个系统完整、逻辑严密的科学体系，贯穿着马克思主义立场观点方法，闪耀着辩证唯物主义和历史唯物主义的理论光芒，蕴含着鲜明的理论特质和理论品格。

系统性：新发展理念是相互贯通、高度耦合、协同支撑的发展理念集合体

创新、协调、绿色、开放、共享的新发展理念，不是随意提出来的，是在影响当代发展的诸多因素中，经过科学比较选择、精心总结提炼，抓住最为紧要、最具决定性的五大要素，形成一个系统化的发展理念体系。这五大发展理念，作为统领发展的总纲要和大逻辑，既各有侧重又相互支撑，共同构筑了未来发展图景的顶层设计，统一于党在社会主义初级阶段的基本路线之中，统一于“五位一体”总体布局和“四个全面”战略布局之中，统一于坚持和发展中国特色社会主义的伟大实践之中，统一于实现“两个一百年”奋斗目标和中华民族伟大复兴的中国梦的历史进程之中。

新发展理念是一个不可分割的有机整体，从发展的关联性来看“一个都不能少”。在新发展理念中，创新是引领发展的第一动力，协调是持续健康发展的内在要求，绿色是永续发展的必要条件和人民对美好生活追求的重要体现，开放是国家繁荣发展的必由之路，共享是中国特色社会主义的本质要求。从主要内容看，创新、协调、绿色、开放、共享各有明确指向，而又相互贯通、相互促进、相得益彰；从逻辑关系看，第一动

力、内在要求、必要条件、重要体现、必由之路、本质要求紧密联系、环环相扣、顺理成章；从整体效能看，新发展理念不仅对传统发展观念进行革新升级，而且对现代发展内涵进行全方位拓展，增强发展的统一性、包容性和可持续性；从操作层面看，新发展理念需要统一贯彻、统一落实，一体推进、一起发力，不能顾此失彼，也不能相互替代。把握好新发展理念的系统性，就要树立全面系统的科学思维、掌握统筹兼顾的工作方法、增强贯彻落实的整体协同，不断开拓发展新境界。

辩证性：新发展理念是把握运用马克思主义世界观和方法论的典范

新发展理念是运用唯物辩证法认识、分析、解决问题得出的思想理论硕果。应当看到，经过新中国成立60多年特别是改革开放30多年的努力，我国已经成功走完了现代化“前半程”，迈上了一个更高的发展阶段。但发展起来后的问题比预料的更多，面临的矛盾和困难关联性、叠加性、不确定性越来越突出，不仅要解决好长期积累的老问题，也要解决好发展过程中出现的新问题；不仅要解决好增强内生动力的问题，也要解决好提高对外开放水平的问题；不仅要解决好完善经济体制的问题，也要解决好政治、文化、社会、生态文明体制相互协调的问题；不仅要解决好提高发展效率的问题，也要解决好促进社会公平正义的问题。要在这样极其复杂的“问题岛链”中驾驭中国号巨轮继续前行，其难度和艰巨性可想而知。新发展理念创造性地运用马克思主义唯物辩证法，廓清了前进道路上的迷雾，为中国号巨轮劈波斩浪、扬帆远航标注了正确航向。

新发展理念体现了唯物主义和辩证法鲜活生动的有机结合，彰显了我们党驾驭复杂局面、处理复杂问题的科学态度和高超智慧。比如，新发展理念既主动适应和积极引领经济发展新常态，又从全球经济联系中进行谋划，借鉴各国发展有益经验，有共性更有自己的特色，体现了立足国内和全球视野相统一；又如，新发展理念既着眼于“五位一体”总体布局进行战略谋划，又注重牵住“牛鼻子”，突出薄弱环节和短板领域集中攻关，体现了全面规划和突出重点相统一；再如，新发展理念既从党和国家发展大局大势中提出大谋划大战略，又围绕发展中的突出矛盾和问题提出明确思路和务实举措，体现了战略性和操作性相统一。总之，新发展理念集中彰显了唯物辩证法的鲜明品格，为推动我国经济社会发展提供了方法论指引。把握好新发展理念的辩证性，就要掌握其中蕴含的唯物辩证法精神，以辩证思维统筹发展大局、创新发展实践。

人民性：新发展理念是坚持以人民为中心的发展思想的集中体现

依靠人民、为了人民，为人民发展、由人民享有，是我国发展要解决的根本问题，也是马克思主义政党的根本价值取向。我们国家是共产党领导的社会主义国家，理所当然要把实现好维护好发展好最广大人民根本利益作为发展的根本出发点和落脚点。新发展理念把实现人民幸福作为发展的目的和归宿，坚持发展为了人民、发展依靠人民、发展成果由人民共享。越是发展到更高层次、更高水平，越要坚持人人参与、人人尽力、人人享有，使发展更具公平性、普惠性，让人民群众有更多获得感、幸福感。历史和现实反复证明，不以人民为中心的发展是违背社会发展规律的，是不可持续的。近年来，西方资本主义国家之所以难以走出经济低迷的泥潭，一个重要原因就是无法克服资本追求利润最大化的弊端。其政府出台一系列救助政策，最大获益者都是大资本家，而不是受危机打击最重的中产阶级和底层民众。从美国的“占领华尔街”“民主之春”到法国的“黑夜站立”，无不深刻地反映了这一难以解开的“死结”。

新发展理念坚持以人民为中心的发展思想，突出了人在社会经济活动中的核心地位，紧紧围绕发展的根本目的、基本动力、价值尺度，从唯物史观的高度进一步回答了当代中国究竟“为谁发展”“靠谁发展”的问题。在创新发展中，强调人才是支撑发展的第一资源，创新的一个重要目的就是为了给人们提供更好的产品和服务；在协调发展中，强调补齐农村、西部相对落后的短板，让人们享受普惠政策、生活得更加公平；在绿色发展中，强调人与自然和谐相处，目的是为人们提供更加舒适的生存发展环境；开放发展说到底是为了让人们能够面向世界获得更大发展机会、享受更多发展成果；共享发展强调要让改革发展成果由全体人民共同享有，同时使发展获得深厚伟力，具有更加鲜明的人民性。可以说，人民至上的价值取向是贯穿新发展理念的红线，是贯彻落实新发展理念的根本要求所在。把握好新发展理念的人民性，就要把践行新发展理念的过程作为增进人民福祉、促进社会公平正义的过程，坚决打赢脱贫攻坚战，着力解决收入分配差距过大、公共服务供给不足、社会保障滞后等突出问题，让人民群众过上更加美好的生活。

实践性：新发展理念是具有鲜明实践指向的行动纲领

理念是对实践规律的总结，必须有明确的实践指向。没有实践指向的理念，就是镜中花、水中月，看起来美好，最终却不能变成现实。创新、协调、绿色、开放、共享的新发展理念，以我们正在做的事情为中心，以改革开放和社会主义现代化建设实践为逻辑起点，总结经济社会发展的规律性认识，从而推动新的实践不断向前发展。当前，我国经济社会发展总体趋势向好，但发展中也面临一些矛盾和风险。新发展理念深入把握发展速度变化、结构优化、动力转换的新特点，顺应推动经济保持中高速增长、产业迈向中高端水平的新形势，明确提出未来发展的重点任务和重大举措，必将指导我们在新的历史起点上更好地凝聚力量、攻坚克难。

树立问题意识，坚持问题导向，以解决经济社会发展关键领域存在的问题为突破口，是新发展理念的一大特色。它直指我国发展中的突出矛盾和问题，紧紧围绕这些问题来破题、来展开，在聚焦改革发展焦点难点中开出了解决问题的良方。创新注重解决发展动力问题，依靠创新转变发展机制，引领中国发展；协调注重解决发展不平衡问题，依靠协调处理发展矛盾，促进持续健康发展；绿色注重解决人与自然和谐问题，依靠绿色发展保护环境，实现永续发展；开放注重解决发展内外联动问题，依靠开放拓展发展空间，优化发展格局；共享注重解决社会公平正义问题，依靠共享分配发展成果，使发展获得深厚的力量支持。可以说，正是因为强烈的问题意识，新发展理念才具有强大的理论穿透力和现实解释力，成为回应当代社会发展问题的中国解答。把握好新发展理念的实践性，就要坚持实践第一，以实践立论、靠实践拓展、为实践领航，把新发展理念贯穿到党和国家事业发展全过程，以新理念推动实践新飞跃、赢得发展新优势、创造发展新奇迹。

引领性：新发展理念是管方向、管长远、管根本的理论先导

发展实践是由发展理念来引领和开创的。越是面临复杂的形势、繁重的任务，就越需要科学发展理念的定向领航。当今世界，和平、发展、合作、共赢的潮流不可阻挡，同时也充满着变数、蕴藏着风险、潜伏着危机，不同制度模式、发展道路的博弈十分激烈。对我国来说，时和势总体有利，但艰和险在增多。我国发展仍处于重要战略机遇期，但战略机遇期的内涵已经发生深刻变化，改革发展稳定的任务比以往任何时候都更为繁重。新发展理念以宽广的视野观察当今世界和当代中国，科学分析发展大势，准确把握发展要求，在发展动力、发展布局、发展关系、发展保障、发展目标等方面规划了一整套发展战略，指明了实现更高水平发展的科学路径，为我们攻坚克难、穿越“历史的三峡”、书写更加精彩的中国故事提供了理论指引。

习近平总书记强调，按照新发展理念推动我国经济社会发展，是当前和今后一个时期我国发展的总要求和大趋势。这个总要求和大趋势，点出了新发展理念的战略引领作用，管根本、管方向、管长远。到 2020 年，我们要实现第一个百年奋斗目标、全面建成小康社会，新发展理念提供了明确指引。全面小康是我国现代化征程中迈出的关键一步，我们要实现第二个百年奋斗目标、实现中华民族伟大复兴的中国梦，未来发展任重而道远。建设中国特色社会主义事业是穿云破雾长长一系列的奋斗，这样的大事业需要大智慧大战略来引领。新发展理念代表着新的生产力、新的发展方向，是着眼中华民族长远发展的战略擘画，是引领我国发展实践、开创美好未来的一面旗帜。把握好新发展理念的引领性，就要牢固树立和自觉践行新发展理念，把它作为推进改革发展稳定的指挥棒，不断谱写中国特色社会主义事业的崭新篇章。

（原载《人民日报》2016 年 8 月 17 日）

第二篇

重点文章

马克思主义政治经济学是坚持和发展马克思主义的必修课*

王伟光**

今天，中国社会科学院党组举办马克思主义政治经济学培训班，请经济学部八个研究所和马研院处室级以上领导干部学习马克思主义政治经济学基本原理，学习习近平总书记在中共中央政治局第二十八次集体学习时的重要讲话。学习马克思主义政治经济学，学习习近平总书记中国特色社会主义政治经济学思想，这只是一个开头。真正地学懂，坚信、真用恐怕还得下大功夫，花很长一段时间。这里，我代表党组做一个学习动员。

2015 年 11 月 23 日，中共中央政治局就马克思主义政治经济学基本原理和方法论进行了第二十八次集体学习，习近平总书记发表重要讲话。他强调："马克思主义政治经济学是马克思主义的重要组成部分，也是我们坚持和发展马克思主义的必修课。"要认真学习贯彻习近平总书记关于坚持和发展马克思主义政治经济学的重要讲话精神，学会运用马克思主义政治经济学的立场、观点、方法，真学、真懂、真信、真用马克思主义政治经济学。要通过学习马克思主义政治经济学，深化对我国社会主义经济发展规律的认识和把握，提高我们领导中国特色社会主义经济发展的能力和水平。要通过学习马克思主义政治经济学，正确认识当代资本主义的内在矛盾及其发展趋势，科学认识人类社会发展规律、社会历史发展必然趋势和当代世界发展格局及其国际形势，提高我们处理国际问题的能力和水平。要通过学习马克思主义政治经济学，总结中国特色社会主义建设新鲜经验，回答我国经济社会发展面临的新阶段、新情况、新问题，构建中国特色社会主义政治经济学，实现马克思主义政治经济学的创新发展。

今天在这里组织大家学习，对于我们社科院从事经济学研究的同志来说，主要是通过学习马克思主义政治经济学的基本原理，学习习近平总书记的重要讲话精神，掌握马克思主义政治经济学的立场、观点、方法，掌握科学的世界观、方法论，运用于对我国经济发展的研究、对党和国家重大理论和现实问题的研究、对中国特色社会主义政治经济学的研究。下面，我谈四个问题。

---

* 本文系作者 2016 年 1 月 15 日在"经济学部、马研院处室级以上领导干部马克思主义政治经济学培训班"上的讲话。发表前，作者又做了修改与补充。

** 王伟光，教授，哲学博士，中国社会科学院院长、党组书记。

一 马克思主义政治经济学是揭示经济社会发展客观规律的真理，是工人阶级政党领导革命、建设和改革的理论指南

恩格斯评价马克思一生有两个伟大发现，一个是唯物史观，一个是剩余价值。他指出："正像达尔文发现有机界的发展规律一样，马克思发现了人类历史的发展规律……不仅如此。马克思还发现了现代资本主义生产方式和它所产生的资产阶级社会的特殊的运动规律。由于剩余价值的发现，这里就豁然开朗了，而先前无论资产阶级经济学家或者社会主义批评家所做的一切研究都只是在黑暗中摸索。""一生中能有这样两个发现，该是很够了。"[①] 在马克思之前，人类对自身社会及其历史的认识，是唯心主义历史观占据统治地位。如果没有马克思的唯物史观和剩余价值理论，人类对历史规律和资本主义社会规律的认识还在黑暗中摸索前进。可以说，迄今为止没有任何一个历史观能够超过马克思的历史观对人类社会及其历史规律的科学揭示。马克思运用科学的历史观分析资本主义社会的经济现象，创立了剩余价值理论，从而揭示了资本主义的内在矛盾，预示了资本主义必然要灭亡，要由更高的社会形态来代替资本主义这样一个历史发展的客观规律，从而使社会主义由空想变成了科学，创立了科学社会主义理论。科学社会主义的创立，为无产阶级政党领导无产阶级及其劳动人民群众推翻剥削制度，建立一个没有剥削、没有压迫的新的社会形态，提供了全部的理论根据和思想武器。马克思主义政治经济学是建立在剩余价值理论基础上的科学的理论体系，它是经过时间和实践检验的真理。

马克思主义政治经济学最基本的代表著作就是《资本论》，是马克思耗费四十年时间倾力所著。全书共四卷，149 章，300 多万字。《资本论》耗时之长久，内容之丰富，道理之深邃，是我们所处的这个时代任何社会科学著作都无可比拟的。马克思在伦敦写作《资本论》，主要依靠大英博物馆的资料，从早到晚付出了极其艰辛的劳动，创造了科学的巨作。《资本论》从商品二重性、劳动二重性分析入手，揭示了整个资本主义内在矛盾，逻辑性之严密，理论论证之精湛，是任何理论思维不经过多次的深入研读所无法理解的。《资本论》被称赞是"射向资产者最厉害的炮弹"，是献给工人阶级的"圣经"，是马克思主义的"百科全书"。恩格斯认为无产阶级政党的"全部理论内容来自对政治经济学的研究"[②]。列宁称其为马克思主义理论"最深刻、最全面、最详尽的证明和运用"[③]。马克思的《资本论》为我们今天研究人类历史发展规律、我国经济和世界经济提供了基本的立场、观点和方法。一是立场。什么立场？就是站在工人阶级和劳动人民群众的立场上。马克思主义政治经济学，前面两个字叫"政治"，政治是什么？在阶级社会中，讲政治，首先讲站在什么阶级立场上，也就是说，政治的根本问题是站在什么人的立场上来看问题。马克思和恩格斯虽然不是工人阶级家庭出身，但他们是站在工人阶级立场上来看待资本主义经济现象的。立场问题是非常重要的，是第一位的。我们反复讲，在今天，在社会主义条件下，哲学社会科学研究必须首先解决为什么人的

① 《马克思恩格斯选集》第 3 卷，人民出版社 1995 年版，第 776 页。

② 《马克思恩格斯选集》第 2 卷，人民出版社 1995 年版，第 37 页。

③ 《列宁全集》第 26 卷，人民出版社 1988 年版，第 62 页。

问题，也就是为什么要研究的问题，站在什么立场上为谁说话，这是个根本立场问题、根本政治问题。马克思主义政治经济学为我们确立了研究问题所必需的基本立场。二是观点。马克思主义政治经济学，为我们提供了认识问题的基本原理和重要观点。马克思主义政治经济学最基本的原理一个是劳动价值论，一个是剩余价值论，马克思把这两个问题都解决了，马克思的劳动价值论必然导引出剩余价值论，马克思主义政治经济学超越了英国古典经济学。英国古典经济学提出了劳动价值论，认为劳动创造价值，劳动是价值的源泉。但是由于英国古典经济学不懂得劳动的二重性，不懂得具体劳动创造使用价值、抽象劳动创造价值，把劳动与劳动力二者混淆，因而英国古典经济学的劳动价值论是不彻底的，不可能得出剩余价值的正确结论。马克思突破了英国古典经济学的劳动价值论，创立了彻底的劳动价值论，回答了英国古典经济学所不能回答的问题。马克思告诉我们，只有人的活劳动和生产资料相结合，才能增值，即才能产生新的价值，其他任何生产要素本身都不能带来原有价值基础上的增值。再一个就是剩余价值论。在马克思主义政治经济学中，劳动和劳动力是有区别的。在资本主义市场经济中，劳动力成为商品，工人出卖了自己的劳动力，资本家购买了工人的劳动力。工人在生产过程中付出了自己的活劳动，与生产资料相结合，创造出了新的价值。然而，资本家付给工人的工资只是劳动力作为商品的价值，并不是工人劳动创造的全部价值。这样，工人付出劳动所创造的价值减去劳动力的价值，就是剩余价值，这就是资本主义剥削的秘密。从劳动价值论和剩余价值论出发，马克思创造了一系列范畴、观点和原理，如商品与商品的二重性、劳动与劳动的二重性、价值与价值规律、资本与劳动、生产与再生产、周期性经济危机，等等，从而揭示了资本主义内在矛盾、经济运行规律以及必然灭亡的历史趋势。三是方法。唯物辩证法是马克思《资本论》的方法论。《资本论》是马克思主义政治经济学巨著，也是一本马克思主义哲学巨著，正是运用唯物辩证法、唯物史观，马克思才精辟地揭示了资本主义的经济发展规律及其内在矛盾。从基本经济事实出发认识资本主义，这就是唯物论的分析方法。从商品的二重性分析入手引出劳动的二重性决定商品的二重性，从商品与劳动的二重性分析入手引出了资本主义不可克服的内在矛盾，引出了资本主义阵发性的经济危机，揭示出资本主义在周期性的经济危机中，不断地走向坟墓的历史必然性。同时指出在资本主义发展进程中，造就了它的对立面，造就了它的掘墓人，必然孕育出新的社会因素，最终要为新的社会形态所替代，这就是历史的必然逻辑。这就是辩证法、矛盾分析法的运用。在《资本论》的唯物辩证的分析下，资本主义就是这么一个历史发展的必然进程，当然这个过程会有一个很长很长的历史时期，正是对历史必然性的科学分析，马克思得出一个结论，资本主义作为一种社会形态是一定要灭亡的，共产主义作为代替它的一种新的社会形态，是必然要取代资本主义的，这是不可避免的历史必然趋势。我们共产党人要有最高理想，就是共产主义。当然也要有最低纲领，就是实现中国特色社会主义的共同理想。这是有科学依据的，是符合历史发展规律的，而这科学依据恰恰是马克思主义政治经济学得出来的。

我们共产党人，特别是实现了中国革命、建设和改革胜利的中国共产党人，历来重视对马克思主义政治经济学的学习、研究和运用，一直把马克思主义政治经济学作为领导中国人民不断奋斗的理论基础。“十月革命一声炮响，给我们送来了马克思列宁主义。”中国的先进分子，开始用马克思主义的宇宙观，观察国家命运，考虑自己的问题。1926 年毛泽东同志在《中国社会各阶级的分析》中，运用马克思主义政治经济学原理，从生产关系入手，分析不同阶级的经济地位，以及它们之间的经济关系，分析由此而决定的它们的阶级立场和政治态度，从而分清谁是我们的敌人，谁是我们的朋友，得出了中国革命的正确的路线、方针、政策、策略和战略，引导中国革命走向胜利。在新民主主义革命时期，毛泽东同志成功地领导了根据地的经济建设，创造性地提出了新民主主义经济纲领。在社会主义建设时期，毛泽东同志在探索社会主义建设道路的进程中，始终坚持马克思主义政治经济学基本原理，运用马克思主义政治经济学的立场、观点和方法认识中国社会主义建设的规律，解决中国社会主义建设的理论和实践问题，提出了许多独创性的观点，发展了马克思主义政治经济学，取得了中国社会主义建设的伟大成就，为今天的中国特色社会主义奠定了理论基础和物质基础。

改革开放以来，我们也是靠马克思主义政治经济学指导，提出了建立社会主义市场经济的创新理论，走出了一条中国特色社会主义市场经济的繁荣发展的成功之路。中国共产党人从来都是把马克思主义政治经济学作为自己的理论指导的，它是真理、是指南、是武器。当然，我们要掌握马克思主义政治经济学的立场、观点和方法，而不是生搬硬套某些个别的结论。

二　马克思主义政治经济学没有过时，它依然闪烁着真理的光辉，仍然是我们今天观察和解决问题的最锐利的思想武器

有些人认为，马克思主义政治经济学过时了，《资本论》过时了，这个论断是不对的。远的不说，就从国际金融危机来看，许多资本主义国家经济持续低迷、失业问题严重、两极分化加剧、社会矛盾加深。事实说明，《资本论》所揭示的资本主义社会基本矛盾，即资本主义固有的生产社会化和生产资料私人占有之间的矛盾依然存在，只不过表现形式、存在特点有所不同。这恰恰说明马克思主义政治经济学并没有过时，仍然管用。

习近平同志在全国党校工作会议上和十八届中央纪委六次全会上的重要讲话一再强调，领导干部要树立看齐意识。部队每天早晨出操都反复强调看齐，向右看、向左看、向前看，为什么呀？就是总有看不齐的，这就必须反复要求看齐。习近平总书记强调的看齐意识，首先是要求思想理论上的看齐，思想理论不一致，言行就会走调走板走偏，甚至跑到反面。指导我们思想的理论基础是马克思列宁主义。马克思列宁主义是党在意识形态的指导思想，是全国全党全军共同的理论基础。我们共产党人的全部理论基础是马克思主义，这是我们共产党人的共同语言。我们所从事的事业是伟大的中国特色社会主义事业，根本任务是以经济建设为中心。发展社会主义生产力，抓好社会主义经济建设，离开马克思主义政治经济学的指导就会偏离方向。今天，就要向马克思主义看齐，向当代马克思主义看齐，向中央看齐，向习近平总书记看齐。一定要学习和掌握马克思主义政治经济学的基本原理，学习中国特色社会主义政治经济学，学习习近平总书记系列重要讲话。今天世界形势发生根本变化，出现了过去所没有出现过的新特点、新情况、新问题，时代已经发生阶段性的变化，看不到这个根本变化就不是马克思主义者。但是必须清醒地认识到，当今时代的主题、特点虽然有阶段性变化，但时代本质没有变，时代根本性质并没有改变，马克思主义政治经济学作为时代本质的概括和反映，仍然闪烁着真理的光辉。

目前，仍然处在马克思所揭示的资本主义的世界历史时代。1879—1882 年，晚年马克思运用唯物史观，把研究重心和注意力转向俄国乃至东方社会，其中形成了著名的世界历史理论。马克思主义唯物史观及其世界历史理论揭示了人类社会历史依次由原始社会到奴隶社会、封建社会、资本主义社会，最终经由社会主义社会发展到共产主义社会的演变规律，指明了自从资本主义代替封建主义以来，人类历史即进入了一个新时代，这就是马克思所揭示的资本主义的世界历史进程。自从人类历史进入资本主义发展阶段，就孕育产生了埋葬资本主义的物质力量，酝酿产生了新的社会形态因素，世界历史发展展示了一系列整体性的时代变化。其特征，一是资本主义社会化大生产的发展打破了人类社会的旧的分割与隔绝，资本主义市场经济把人类社会连成一气，构成一个密不可分的统一的世界整体，谁也离不开谁。二是在资本主义发展的同时，社会主义因素产生并在发展，世界历史始终贯穿着资本主义与社会主义两个前途、两种命运、两条道路、两大力量的较量。三是资本主义与社会主义两种前途和力量呈交叉递进态势。资本主义由革命阶段的上升期经成熟阶段的发展期开始逐步衰退，资本主义虽强，仍顽强地表现自己，不可能轻易地退出历史舞台，但总体由兴盛走向衰落。社会主义由新生阶段的初生期步入成长阶段的曲折期，由小到大，在曲折中坚强地发展前进，社会主义虽弱，但代表了人类历史的新前途。四是资本主义世界历史进程必然为共产主义世界历史进程所替代，这是历史发展不可抗拒的潮流。五是实现现代化是现今世界历史发展的核心问题。实现现代化有两条道路，一条是资本主义现代化道路，一条是社会主义现代化道路。资本主义现代化必然为社会主义现代化所替代。世界历史进程决定经济相对落后的国家选择社会主义现代化道路，可以避免资本主义现代化道路的苦难。六是马克思所判断的资本主义世界历史进程已历经三个阶段，即马克思主义产生时的自由竞争资本主义阶段，该阶段一方面是资产阶级财富的积累，另一方面是工人阶级贫困的积累，两极分化和工人阶级社会主义运动兴起，是该阶段的主题；列宁所判定的垄断资本主义阶段，该阶段的主题是战争与革命，资本主义社会基本矛盾激化引起世界性战争，战争又引起一系列社会主义革命，如十月革命、中国等东方国家的革命；邓小平所判定的美苏两个超级大国冷战结束后的和平与发展为两大世界性问题的新阶段，资本主义世界历史的总的时代性质没有改变，资本主义社会基本矛盾依然存在，但和平与发展成为两大世界性问题。七是时代阶段性主题的转化，虽然没有改变马克思主义经典作家所揭示的总的时代性质，社会主义必然代替资本主义的历史总趋势依然不可逆转，资本主义内在矛盾仍然不可调和，但时代主题的阶段性转换却为中国特色社会主义和平发展提供了战略机遇。

资本主义，一方面它在一开始是进步的，取代了封建社会，带来了生产力和人类社会的巨大发展。马克思在《共产党宣言》中指出资本主义给人类社会生产力带来了巨大的发展，数百年间资本主义社会生产力取得了远远超过封建社会数千年所无法比拟的巨大发展。资本主义发展的一个巨大特点是，市场化打通了全世界，使全世界连成一片，打破了国与国、地区与地区、民族与民族之间的隔绝与孤立。谁闭关锁国，谁就死路一条，大门就会硬被人家打开，成为人家的附庸。唯一生路是自觉打开大门，融于世界化。所以马克思讲，资本主义发展使人类历史成为世界历史，这叫“世界性”。今天，就叫“全球化”。全球化是一把双刃剑，一方面推动了世界的进步与发展，特别是从最近几十年的情况来看。然而，另一方面，资本主义的内在矛盾又是不可克服的，资本主义越来越走向它的反面，给人类带来了战争、流血和苦难，一战、二战，直到今天，战乱不已，世界两极分化严重，穷的越穷，富的越富，资本主义造成全球化，又通过全球化掠夺全世界。马克思《资本论》的科学论证告诉我们，在资本主义发展的同时，造就了它的对立面和掘墓人，即社会主义新的因素和工人阶级。中国特色社会主义就是《资本论》的成功案例。马克思主义政治经济学，说明了这个世界历史时代的历史规律和必然发展的历史趋势，马克思主义政治经济学基本原理并没有过时。这是马克思主义政治经济学仍然管用的第一个理由。

第二个理由，我们现在正在搞社会主义市场经济，同样需要马克思主义政治经济学的指导。落后国家搞社会主义怎么搞呢？马克思和恩格斯没有具体讲。《资本论》告诉我们，公有制必然代替私有制，共产主义社会形态必然代替资本主义社会形态。马克思在《哥达纲领批判》中说："在资本主义社会和共产主义社会之间，有一个从前者变为后者的革命转变时期。同这个时期相适应的也有一个政治上的过渡时期，这个时期的国家只能是无产阶级的革命专政。"① 资本主义到共产主义必然有一个过渡阶段，这是"共产主义社会的第一阶段"，即社会主义社会阶段，社会主义社会与共产主义社会的区别是按劳分配。马克思做出这样的重要判断，只是根据历史发展的总趋势做出的理论概括。社会主义到底什么样子、共产主义到底什么样子、社会主义怎么建设、共产主义怎么建设，他只是提出了一个原则，规划了一个总的蓝图，并没有实践，他不可能说得那么具体。马克思只是认为，在生产力高度发达的资本主义社会，社会矛盾激化到一定程度，资本主义的生产关系再也容纳不下其生产力了，社会主义革命就到来了，革命成功，建立了无产阶级专政的社会主义社会。社会主义社会，也就是共产主义社会的第一阶段，实行全社会的公有制，没有私有制，劳动者直接按劳分配，实行计划经济。事实上，现今社会主义革命都发生在落后国家，如俄国、中国等，并没有发生在欧美发达的资本主义国家。列宁领导十月革命成功以后，一开始他设想搞纯之又纯的计划经济的社会主义，设计整个俄国是一个大"辛迪加"，即俄国是一个全部实行公有制的大工厂，劳动者按付出的劳动时间取得劳动券，直接按劳分配。但是他的设想还没开始实行，就赶上十四个帝国主义国家与俄国国内白匪联合发动的内战，妄图把苏维埃扼杀在摇篮里。列宁领导打了几年苏维埃保卫战，实行按需分配，搞军事共产主义，把帝国主义和白匪打败了，巩固了苏维埃政权。但是，战争后的具体实践促使列宁开始深思，社会主义到底是什么样子，应该怎样搞社会主义。在落后国家搞社会主义到底怎么办？马克思没有讲。列宁开始考虑，在落后国家搞社会主义要搞商品经济，要有商品，有价值，有价值规律，也不能完全都搞公有制，要有一部分私有制，或者其他所有制，要有国家资本主义的发展，要引进外资。列宁发表了一系列文章，即晚年的八篇文章，提出新经济政策思想，这就是列宁对在落后的俄国搞什么样的社会主义、怎样搞社会主义的理论思考，也可以说，开始考虑运用马克思主义政治经济学指导在俄国这样落后的国家怎么建设社会主义的问题。通过把马克思主义政治经济学运用于俄国社会主义建设的实践，列宁开始创新、发展马克思主义政治经济学。

当然，列宁还没有来得及全面推开新经济政策，就逝世了。斯大林接替了列宁，我们党对他的评价是"三七开"，成绩是主要的，当然也犯有严重的错误。就总体来说，

① 《马克思恩格斯文集》第3卷，人民出版社2009年版，第445页。

他主持了苏联的社会主义建设，实现了社会主义工业化和农业集体化，打败了德国法西斯，把苏联建设成为能与美国抗衡的大国，这是斯大林的历史功绩，这是抹杀不了的。在经济建设方面，斯大林既突破了马克思经典著作的某些结论，又囿于马克思经典著作的某些结论，苏联最终形成了一个僵化的计划经济体制，这个体制使社会主义应有的制度优越性没有完全发挥出来，严重束缚了苏联社会主义生产力的发展。然而，斯大林也没有完全照搬社会主义不能搞商品、市场的结论，而是在一定范围内肯定了商品经济和价值规律，发挥了价值规律的作用，这体现在他的《苏联社会主义经济问题》一书中。

十月革命胜利后，在俄国流行“社会主义制度下不存在政治经济学”的观点，直到公开发表了列宁的《在尼·布哈林〈过渡时期经济学〉一书上作的批注和评论》，才否定了这个观点。斯大林重视社会主义政治经济学的理论建设。1952 年 10 月，他发表了《苏联社会主义经济问题》。《苏联社会主义经济问题》是斯大林的最后一部重要著作，是他经济思想的代表作，他力图运用马克思主义政治经济学概括总结苏联三十多年社会主义经济建设的经验，阐述马克思主义的社会主义政治经济学。应当用历史的眼光来评价这本书。尽管其有不可克服的历史局限性，但在对社会主义政治经济学的阐释上还是提出了很有价值的思想。一是针对否定社会主义制度下的经济规律是不以人的意志为转移的客观规律的观点，指出不管人们愿意不愿意或承认不承认，经济规律总是客观存在的和发生作用的，人们不能消灭这些规律，也不能创造新的规律。人们可以认识经济规律，并利用其为人类社会服务。在阶级社会中，对待发现和利用经济规律，不同的阶级有着不同的认识。二是社会主义虽然消灭了私有制，但由于社会主义公有制存在全民所有制和集体所有制，所以存在社会主义的商品生产。三是社会主义商品生产与资本主义商品生产是根本不同的，不能把二者混为一谈。社会主义商品生产不会造成资本主义产生的条件，不会引导到资本主义。四是在社会主义制度下，由于存在商品生产，价值规律必然存在并发生作用，这是不以人的意志为转移的。在社会主义制度下，价值规律是为社会主义经济服务的。价值规律是很好的实践学校，利用价值规律的作用对社会主义经济有着重要意义。斯大林第一次论证了社会主义条件下存在商品生产、商品交换和价值规律的客观必然性，强调了社会主义商品经济与资本主义商品经济的根本区别。这些认识对于我们认识经济规律的客观性，自觉按经济规律的要求办事，充分认识社会主义市场经济的必然性，发展和完善社会主义市场经济，重视价值规律在社会主义条件下存在的必然性，充分发挥价值规律在社会主义条件下的作用，是有借鉴意义的。当然斯大林的理论认识也有历史局限性，但这并不能否定斯大林对马克思主义政治经济学的一些贡献。

新中国建立以后，毛泽东就主张要搞一部社会主义的政治经济学。毛泽东主张学习《资本论》，主张学习斯大林的《苏联社会主义经济问题》和苏联经济研究所编的《政治经济学教科书》（社会主义部分）。1959 年底到 1960 年初，毛泽东带领几位党内专家集中研学了二十五天，读《政治经济学教科书》（社会主义部分），边学边研究社会主义到底怎么搞经济建设。毛泽东认为，为了推进中国社会主义经济建设，既要坚持马克思主义政治经济学的基本原理，又要立足中国国情，总结中国经验，不断推进马克思主义理论创新，产生自己的理论家，创造自己的经济学理论，形成具有中国特色的政治经济学理论。他在读苏联《政治经济学教科书》时强调：“马克思这些老祖宗的书，必须读，他们的基本原理必须遵守，这是第一。但是，任何国家的共产党，任何国家的思想界，都要创造新的理论，写出新的著作，产生自己的理论家，来为当前的政治服务，单靠老祖宗是不行的。”① 毛泽东总结苏联社会主义建设的经验教训，对社会主义政治经济学进行创造性的理论探索，在商品经济、经济体制、对外开放等方面提出了一系列重要理论论断，率先提出社会主义要大力发展商品生产和商品交换。这些认识构成了社会主义市场经济理论的重要前提。毛泽东认为，商品生产本身是没有什么制度性的，它只是一种工具，看一种商品经济的制度特征，“要看它是同什么经济制度相联系，同资本主义制度相联系就是资本主义的商品生产，同社会主义制度相联系就是社会主义的商品生产”。社会主义时期，必须充分利用商品经济这个工具，使之为社会主义建设服务，中国的商品经济很不发达，一定要“有计划地大大发展社会主义的商品生产”；一味否定商品经济的观点“是错误的，这是违背客观法则的”②。他明确指出，价值规律在我国的社会主义建设中发挥着作用，“这个法则是一个伟大的学校，只有利用它，才有可能教会我们的几千万干部和几万万人民，才有可能建设我们的社会主义和共产主义。否则一切都不可能”③。对干部要进行教育，使他们懂得价值规律、等价交换，违反就要碰得头破血流。他从中国实际国情出发明确指出，基于中国经济发展的现实状况，在对待资本主义和私营经济问题上，既不搞教条化，也不搞西化，可以在搞国营的基础上搞私营，坚持社会主义的前提下搞资本主义，“可以搞国营，也可以搞私营”，可以消灭资本主义，又搞资本主义，因为“它是社会主义经济的补充”。在经济体制和所有制结构方面，他对传统计划经济提出质疑，明确提出要调动两个积极性的思想，“我们不能像苏联那样，把什么都集中到中央，把地方卡得死死的，一点机动性都没有”，一定要划分好中央和地方的经济管理权限，充分发挥好中央和地方两个积极性。在对外开放的问题上，他提出“向外国学习”的口号，要搞两点论而不是一点论，“一切民族、一切国家的长处都要学，政治、经济、科学、技术、文学、艺术的一切真正好的东西都要学。但是，必须有分析有批判地学，不能盲目地学，不能一切照抄，机械搬用”④。他在经济建设的基本方针和方法上提出：既要反对保守又要反对冒进，在综合平衡中稳步前进，以农业为基础，以工业为主导，按农轻重的次序安排国民经济计划，从中国的具体情况出发，搞好综合平衡，统筹兼顾，适当安排，勤俭办事。他还提出实行按劳分配、反对平均主义和过分悬殊的问题。这些重要论断为改革开放时期我们党提出社会主义市场经济体制改革和对外开放做了重要的理论储备。

在改革开放新时期，邓小平提出，社会主义可以搞市场经济。我们经过 30 多年的改革开放，初步构建了社会主义市场经济体系，取得中国特色社会主义的伟大成绩，走出了一条中国道路，坚持了中国制度，创造了中国理论。这既是对马克思主义政治经济学的创新和发展，也是对《资本论》的创新和发展。

今天，我们在中国特色社会主义新的发展阶段、新的历史起点上正在从事一场新的伟大斗争。社会主义市场经济与全世界的市场经济是联系在一起的，在资本主义世界市场环境下搞社会主义市场经济，这就更需要学习掌握《资本论》，更需要坚持和发展马

---

① 《毛泽东文集》第 8 卷，人民出版社 1999 年版，第 109 页。

② 《毛泽东文集》第 7 卷，人民出版社 1999 年版，第 434—441 页。

③ 《毛泽东文集》第 8 卷，人民出版社 1999 年版，第 34 页。

④ 《毛泽东文集》第 7 卷，人民出版社 1999 年版，第 41 页。

克思主义政治经济学，因为马克思主义政治经济学对市场经济规律做了全面的揭示，对资本主义市场经济做了深刻分析，对如何发挥价值和价值规律的作用做了充分论证。马克思主义政治经济学没有过时，不坚持不发展马克思主义政治经济学，就无从指导社会主义市场经济建设，无从指导中国特色社会主义事业发展。

三　立足我国国情和我国发展实践，构建当代中国的马克思主义政治经济学，即中国特色社会主义政治经济学

习近平总书记指出："面对极其复杂的国内外经济形势，面对纷繁多样的经济现象，学习马克思主义政治经济学的基本原理和方法论，有利于我们掌握科学的经济分析方法，认识经济运动过程，把握社会经济发展规律，提高驾驭社会主义市场经济能力，更好地回答我国经济发展的理论和实践问题，提高领导我国经济发展的能力和水平。"坚持马克思主义政治经济学的基本原则，构建中国特色社会主义政治经济学，这是时代赋予我们的伟大历史重任。

我们党历来重视对马克思主义政治经济学的学习、研究、运用和发展。早在1984年10月《中共中央关于经济体制改革的决定》通过后，邓小平同志就高度评价说："写出了一个政治经济学的初稿，是马克思主义基本原理和中国社会主义实践相结合的政治经济学。"十一届三中全会以来，我们党把马克思主义政治经济学基本原理同改革开放新的实践结合起来，不断丰富和发展马克思主义政治经济学，形成了一系列重要理论成果。例如，关于社会主义本质的理论、关于社会主义初级阶段基本经济制度的理论、关于社会主义市场经济理论、关于生产要素参与收入分配的理论、关于国有企业改革和股份制改造的理论、关于经济全球化与对外开放理论、关于自主创新和建立创新型国家的理论……这些理论观点深化了我们对社会主义经济发展规律的认识，创造性地构建了中国特色社会主义政治经济学，有力地指导了我国经济发展实践。

十八大以来，习近平总书记坚持和发展马克思主义政治经济学，在一些重大社会主义经济问题上，提出了很多新思想、新观点，发展了当代中国马克思主义政治经济学，开拓了马克思主义政治经济学的新境界。

第一，提出中国特色社会主义政治经济学的重大原则。他提出："要坚持以人民为中心的发展思想，坚持新的发展理念，坚持和完善社会主义基本经济制度，坚持和完善社会主义基本分配制度，坚持社会主义市场经济改革方向，坚持对外开放基本国策。"这是发展中国特色社会主义政治经济学应当遵循的重大原则。这六个原则是具有鲜明的时代意义和深远的理论意义的。

第二，提出坚持以人民为中心的发展思想。坚持以人民为中心的发展思想，是以习近平为总书记的党中央关于经济发展思想的鲜明特点，充分体现了马克思主义唯物主义历史观，充分反映了社会主义的本质要求，充分表达了马克思主义政治经济学的原则立场。作为中国社科院的学者，要牢固树立为人民做学问的思想，把为最广大人民群众谋利益作为科学研究的出发点和落脚点，把人民群众的伟大实践作为检验科学研究成果的最高标准，把人民群众作为评价科学研究价值的最高裁决者。深入实践、深入基层、深入群众，从火热的社会实践和人民群众的伟大创造中，获取营养，激发灵感，为实现国家富强、民族振兴、人民幸福提供不竭的思想动力和精神源泉。

第三，提出我国经济发展进入新常态的理论。我国经济发展进入新常态，是党的十八大以来以习近平同志为总书记的党中央在科学分析国内外经济发展形势、准确把握我国基本国情的基础上，针对我国经济发展的阶段性特征所做出的重大战略判断，是对我国迈向更高级发展阶段的理论指南。当前，我国经济正在向形态更高级、分工更复杂、结构更合理的阶段演化，正从高速增长转向中高速增长，经济发展方式正从规模速度型粗放增长转向质量效率型集约增长，经济结构正从增量扩能为主转向调整存量、做优增量并存的深度调整，经济发展动力正从传统增长点转向新的增长点，正在推进供给侧结构性改革。认识新常态，适应新常态，引领新常态，是当前和今后一个时期我国经济发展的大逻辑，也是我们运用马克思主义政治经济学分析方法，把握经济运动规律的基本遵循。我们要认真总结经验、深入分析问题，为实现我国经济发展迈向更高级发展阶段提供智力支持、理论支撑。

第四，提出了要坚持新的发展理念。经济发展进入新常态，必须要有新理念、新思路、新举措。创新、协调、绿色、开放、共享五大发展理念，是协调推进“四个全面”战略布局、适应和引领经济发展新常态的重要理论创新，是党的发展理论的重大升华。创新是引领发展的第一动力，协调是持续健康发展的内在要求，绿色是永续发展的必要条件和人民对美好生活追求的重要体现，开放是国家繁荣发展的必由之路，共享是中国特色社会主义的本质要求。我们要坚持用新的发展理念，深入研究新常态下我国经济速度变化、结构优化、动力转换的新特点，不断破解经济发展新难题，为开创经济发展新局面提供智力支持。

习近平总书记还提出了关于认清马克思主义政治经济学与西方经济学的本质区别、巩固马克思主义政治经济学的指导地位、深入研究中国特色社会主义政治经济学、促进社会公平正义、逐步实现全体人民共同富裕、推动新型工业化、信息化、城镇化、农业现代化相互协调、发挥市场在资源配置中的决定性作用和更好发挥政府作用、实行混合所有制改革、推进供给侧结构性改革、用好国际国内两个市场、两种资源等一系列重要观点。习近平总书记对马克思主义政治经济学的创造性发展，开拓了当代中国马克思主义政治经济学的新境界，为我们树立了运用马克思主义政治经济学的立场、观点、方法解决问题的典范。

马克思主义政治经济学是不断发展、与时俱进的科学。当前，世界经济和我国经济都面临许多新的重大课题，需要做出科学的理论回答，更需要形成新的历史条件下的中国特色社会主义政治经济学，以指导伟大的实践。我们要立足我国国情和我国发展实践，揭示新特点新规律，提炼和总结我国经济发展实践的规律性成果，把实践经验上升为系统化的经济学说，为努力推进马克思主义政治经济学的创新与发展贡献智慧与力量。

四　坚持和发展马克思主义政治经济学，坚定不移地把马克思主义政治经济学和当代中国马克思主义政治经济学作为经济工作和经济研究的指导思想

坚持和发展马克思主义政治经济学、系统地构建和发展当代中国的马克思主义政治经济学是中国社科院，特别是院内经济学科的一项重要理论任务，更是一项政治任务。

早在2007年，党中央就对中国社科院明确提出了“三个定位”的战略要求。马克思主义政治经济学基本理论的研究宣传，中国特色社会主义政治经济学的创新研究，是中国社科院“三个定位”要求的题中应有之义，是中国社科院必尽的职责。经济学部的各个研究所，还有马克思主义研究院、世界经济与政治研究所，学科齐全，人才济济，既具有无可替代的理论学术优势，又应有责无旁贷的自觉自为。习近平总书记要求我们：“要深入研究世界经济和我国经济面临的新情况新问题，为马克思主义政治经济学创新发展贡献中国智慧。”党组希望同志们按照习近平总书记的要求，坚持和发展马克思主义政治经济学，深入地、系统地研究世界经济和我国经济面临的新情况新问题，为马克思主义政治经济学研究宣传，为中国特色社会主义政治经济学的创新发展，贡献我们的心智。

第一，始终坚持马克思主义政治经济学的指导。马克思主义是由马克思主义哲学、马克思主义政治经济学、科学社会主义三个部分组成的，马克思主义是我们党的思想基础和理论指南，同样包括马克思主义政治经济学。必须牢牢巩固马克思主义政治经济学在我国主流意识形态和经济工作、经济研究中的指导地位，善于运用马克思主义政治经济学基本立场观点方法，分析国内社会主义市场经济和国际资本主义世界经济的各种经济现象及其经济思潮，增强政治敏锐性和政治鉴别力，始终保持立场坚定、头脑清醒。要把马克思主义政治经济学的指导作用贯穿到经济学的学科建设、科研工作、学术活动、人才培养中，按照马克思主义政治经济学的基本原理和方法论，扎实地开展科学研究工作，努力构建当代马克思主义政治经济学理论体系。

第二，深入研究中国特色社会主义经济活动中的重大理论和现实问题。从国内情况看，虽然经济长期向好基本面没有改变，但发展不平衡、不协调、不可持续问题仍然突出，粗放型发展模式存在一定的惯性，部分行业产能过剩严重，城乡区域发展不平衡，资源约束紧张，生态环境恶化，创新能力不强，企业效益下滑，基本公共服务供给不足，全面建成小康社会的任务依然艰巨。面对繁杂的国内情况，必须保持马克思主义政治经济学的定力和判断力。要充分发挥中国社科院经济理论研究和应用对策研究高端智库的优势，着眼于中国特色社会主义建设的新实践和新发展，把研究和阐释中国特色社会主义重大经济理论和实践问题作为主攻方向；把认真研究习近平总书记关于当代马克思主义政治经济学的新思想新理念新战略作为中心课题，把深入研究“四个全面”战略布局、五大发展理念、经济发展新常态、供给侧结构性改革等作为必选题目，多出在马克思主义政治经济学指导下所取得的研究成果，为中央提供有价值的决策参考依据。

第三，全面研判世界经济和世界资本主义发展出现的新动向、新情况。从国际局势看，国际金融危机深层次影响在相当长时期依然存在，全球经济贸易增长乏力，保护主义抬头，地缘政治关系复杂变化，传统和非传统、安全和威胁交织，外部环境不稳定不确定因素增多。世界经济的现状、发展趋势和出现的问题是与世界资本主义的发展变化相一致的。马克思主义政治经济学所揭示的资本主义的内在矛盾仍然起作用，这是我们观察世界经济问题与趋势，做出科学判断的根本所在。对世界经济的判断离不开对资本主义内在矛盾的分析，离不开马克思主义政治经济学基本原理的指南。一定要把马克思主义政治经济学基本原理运用于对当代资本主义的分析，运用到对世界经济形势的判断。离开马克思主义政治经济学的基本判断是看不清、认不透世界经济趋势的。面对复杂的国际问题必须头脑清醒，树立马克思主义政治经济学的自信自觉，始终坚持运用马克思主义政治经济学的立场、观点和方法认识问题，增强马克思主义对重大国际经济命题的解释力和指导力。

第四，坚决批判西方经济学的原则性错误。习近平总书记要求我们要认清西方经济学的错误本质。我们要认真领会，分清马克思主义政治经济学和西方经济学这两种理论体系在指导理论、研究对象、研究方法、目标任务上是有根本区别的。

西方经济学作为资产阶级意识形态在经济领域的理论体现，根本使命就是为资本的利益服务，但它欺骗性地标榜自己是科学客观、公平正义的学说，以此网罗了大批信众，一定要认清它的资产阶级意识形态本质。当然，也不可否认，西方资本主义国家经过几百年的发展实践，积累了丰富的市场经济经验。西方经济学者们不断从多个角度和层次上提炼概括、归纳总结出反映现代市场经济运行发展一般规律及其特点的观点，形成了一套分析范式和范畴体系，有值得我们学习和借鉴的地方。一方面，西方经济学所运用的西方市场运行的实践材料及具有合理性的观点，完全可以用马克思主义政治经济学去粗取精，去伪求真，吸收到当代马克思主义政治经济学的理论构建中。但另一方面，如果仅仅因为西方经济学说存在一些可借鉴性，就把它奉若神明、不假思索地认为其是放之四海而皆准的学说，则无疑是一种立场错误、学术浅薄的表现。对于西方经济理论反映资本主义制度属性、阶级立场、意识形态倾向和价值观念的内容，要坚决批判，决不能照抄照搬；对西方经济学理论反映的社会化大生产和市场经济一般规律的合理方面，要注意借鉴，不可全盘否定。

马克思主义政治经济学，最重要的是讲政治。政治是经济的集中表现，政治指导经济，当然政治也是为经济服务的。政治经济学不是政治和经济的简单相加，经济学虽然是研究经济问题的，但不可能脱离社会政治。按照经济决定政治、政治反作用于经济，经济基础决定上层建筑、上层建筑反作用于经济基础的原理来认识经济问题。不能仅仅把经济问题看成纯粹的物与物之间的关系，经济学实际上反映了人和人之间的经济关系和社会关系，特别是所有制关系、分配关系，当然也包括一切生产流通消费环节中人与人之间的关系。所谓从政治上看问题，就是站在工人阶级的、马克思主义的、社会主义的政治立场上看问题。马克思主义政治经济学从来都是把一个国家的政治和经济看作是一个有机的整体，从经济的角度分析社会政治发展中存在的问题，从政治角度认识经济问题，反作用于经济，让经济发展始终保持正确的方向。马克思主义政治经济学主要是从生产关系分析入手来看问题，主要从生产资料所有制这个根本问题分析出发来看问题。西方经济学回避政治原则问题，把经济学抽象为纯粹的物与物之间的关系，回避人与人之间关系的研究，其真正目的是掩盖资本主义剥削的本质，进而为生产资料私有制辩护，为资本主义制度辩护。

马克思主义政治经济学不是温室里的花朵，而是在汲取各种思想养分并同各种错误思想作斗争中创立起来并不断发展的。在研究马克思主义政治经济学的过程中，必须要彻底摒弃传统的教条主义，不能食洋不化，不能让马克思主义政治经济学边缘化，也不能从马克思主义经典著作中寻章摘句，搞僵化那一套。要真正地从立场、观点、方法上来研究马克思主义政治经济学，创新中国特色社会主义政治经济学。不能把马克思主义政治经济学作为幌子，不断地塞进那些不符合马克思主义政治经济学的所谓学说和观点。在新的历史时期，面对生机勃勃的中国特色社会主义经济的丰富实践，发展和创新中国政治经济学，建设具有中国特色、中国风格、中国气派的政治经济学理论和学术话语体系的任务，比任何时候都更加迫切、更加重要。这是在经济领域树立道路自信、理论自信、制度自信的根本保证，也为我们每一个科研工作者提出了重大迫切的现实任务。

第五，要坚持马克思主义理论联系实际的学风。2014 年 7 月习近平总书记在主持召开经济形势专家座谈会时提出："希望广大专家学者深入实际、深入群众、深入基层，倾听群众呼声，掌握真实情况，广泛调研，潜心研究，不断拿出具有真知灼见的成果，为党中央科学决策建言献策，为推进决策科学化、民主化多作贡献。"中国社科院要认真开展贯彻落实习总书记"三个深入"重要讲话的学习活动，学、懂、信、用马克思主义政治经济学，不断改进学风，从实际出发，完善研究方法，在中国特色社会主义实践中提炼当代中国马克思主义政治经济学研究的素材，坚决摆脱西方经济学脱离实际的研究范式的影响，努力构建出有中国特色社会主义的马克思主义政治经济学。为推动中国特色社会主义经济建设，为中国特色社会主义伟大事业作出更多更大的贡献。

（原载《经济研究》2016 年第 3 期）

习近平总书记系列重要讲话的核心要义是坚持和发展中国特色社会主义

李慎明*

2016年2月28日，中共中央办公厅印发的《关于在全体党员中开展“学党章党规、学系列讲话，做合格党员”学习教育方案》指出：要“认真学习习近平总书记关于改革发展稳定、内政外交国防、治党治国治军的重要思想，认真学习以习近平同志为总书记的党中央治国理政新理念新思想新战略，引导党员深入领会系列重要讲话的丰富内涵和核心要义”，“坚定中国特色社会主义道路自信、理论自信、制度自信”。在当今经济全球化、国际金融危机和世界多极化深入发展的今天，在国内改革开放历经38年进入新的历史时期的今天，在国际国内机遇与挑战都前所未有和世所罕见的今天，在全党开展这样的“两学一做”学习教育十分重要、十分必要。

截至中办发出关于开展“两学一做”学习教育的通知为止，对于以习近平同志为总书记的党中央在思想理论方面的新发展，中央先后有五大重要提法：一是习近平总书记系列重要讲话；二是习近平总书记关于改革发展稳定、内政外交国防、治党治国治军的重要思想；三是以习近平同志为总书记的党中央治国理政新理念新思想新战略；四是“全面建成小康社会、全面深化改革、全面依法治国、全面从严治党”战略布局；五是“创新、协调、绿色、开放、共享”五大发展理念。

笔者认为，从一定意义上讲，我们可以做出如下判断，习近平总书记系列重要讲话等五大重要提法是五个同心圆。

习近平总书记系列重要讲话是最大的圆。其中涵盖了以习近平同志为总书记的党中央关于思想理论方面新发展的全部思想，并为习近平总书记的思想在未来的发展提供了广阔的空间。

习近平总书记关于改革发展稳定、内政外交国防、治党治国治军的重要思想是第二个圆。这是对习近平总书记系列重要讲话丰富内涵和具体范畴的界定。这里突出了治党并把治党放在治国治军之前，也涵盖了习近平总书记关于党的建设的全部思想。

以习近平同志为总书记的党中央治国理政新理念新思想新战略是第三个圆。狭义上的治国理政思想不包括党的建设思想。

“四个全面”战略布局和五大发展理念是习近平总书记系列重要讲话、重要思想和治国理政新理念新思想新战略的重要组成部分，分别是第四个圆和第五个圆。“四个全面”战略布局中的“全面从严治党”属于党的建设的范畴，但全面从严治党仅是习近

---

* 李慎明，中国社会科学院世界社会主义研究中心主任，中国社会科学院原副院长、研究员。

平同志党的建设思想的重要部分，而不是全部。“四个全面”战略布局是在当今中国贯彻落实习近平总书记系列重要讲话、重要思想和治国理政新理念新思想新战略的行动纲领，而五大发展理念则是指导贯彻落实“四个全面”战略布局特别是经济建设方面的行动理念和行动指南。

早在2012年11月17日，习近平同志在十八届中共中央政治局第一次集体学习时就明确指出：“中国特色社会主义是中国共产党和中国人民团结的旗帜、奋进的旗帜、胜利的旗帜。我们要全面建成小康社会、加快推进社会主义现代化、实现中华民族伟大复兴，必须始终高举中国特色社会主义伟大旗帜，坚定不移坚持和发展中国特色社会主义”①。

2013年1月5日，习近平在新进中央委员会的委员、候补委员学习贯彻党的十八大精神研讨班上又强调：“中国特色社会主义是社会主义而不是其他什么主义，科学社会主义基本原则不能丢，丢了就不是社会主义”；“党的十八大精神，说一千道一万，就是坚持和发展中国特色社会主义”。②

依据习近平同志以上的论述，我们完全有足够的理由说，对于当代中国共产党人来说，说一千道一万，我们所干的所有事业，归结为一点，就是坚持和发展中国特色社会主义。

所以，我们说，坚持和发展中国特色社会主义是习近平总书记系列重要讲话、重要思想、治国理政新理念新思想新战略、“四个全面”战略布局和五大发展理念的核心要义，也可以说这是以上五个不同层次不同范畴的圆的共同的圆心，但五个重要提法的圆的半径有所不同。

早在1917年8月，毛泽东就十分重视理论的作用，他形象地指出：“当今之世，宜有大气量之人，从哲学、伦理学入手，改造哲学，改造伦理学，根本上变换全国之思想，此如大纛一张，万夫走集；雷电一震，阴噎皆开，则沛乎不可御矣！”③ 1920年11月，毛泽东又说：“中国坏空气太深太厚，吾们诚哉要造成一种有势力的新空气，才可以将他斟换过来。我想这种空气，固然要有一班刻苦励志的‘人’，尤其要有一种为大家共同信守的‘主义’，没有主义，是造不成空气的。我想我们学会，不可徒然做人的聚集，感情的结合，要变为主义的结合才好。主义譬如一面旗子，旗子立起了，大家才有所指望，才知所趋赴。”④

有了正确的理论，才有正确的行动。错误的理论，必然导致错误的行动。在当今中国，中国特色社会主义伟大旗帜就是方向，就是形象，就是力量，就是光明灿烂的希望。坚持和发展中国特色社会主义，我们就一定能够避免修昔底德陷阱；否则，就必然会落入此陷阱并给中华民族带来重大的灾难。

愈是中国的，就必然愈是世界的。东欧剧变和苏联解体后，中国不仅是世界上最大的发展中国家，同时也是世界上最大的社会主义国家。在占世界人口1/5的中国，在深度参与经济全球化的中国，在国际局势风云变幻和风雷激荡背景下的中国，能够毫不动

① 《人民日报》2012年11月18日。
② 《人民日报》2013年1月6日。
③ 《毛泽东早期文稿》，湖南出版社1995年版，第86页。
④ 同上书，第554页。

摇地坚持和发展中国特色社会主义并巍然屹立于世界民族之林，这对于带动和推动世界社会主义在21世纪的复兴，对于创新和发展21世纪的马克思主义，都必然具有重大的现实意义和历史意义。

要深刻理解中国特色社会主义，就必须认真学习习近平总书记系列重要讲话。习近平总书记反复强调的“坚持和发展中国特色社会主义”，“中国特色社会主义是由道路、理论体系、制度三位一体构成”①，“坚持以人民为中心的发展思想”和“中国共产党是中国特色社会主义的领导核心”等重要思想，则体现了习近平总书记系列重要讲话的核心要义。

一 中国特色社会主义道路主要体现在经济领域，主要体现着中国特色社会主义的经济基础

中国特色社会主义道路，是坚持科学社会主义在当代中国的实践之路；是具有时代特征和中国特色、建设富强民主文明和谐的社会主义现代化国家的发展之路；是坚持党的基本路线、不断解放和发展社会生产力与逐步实现全体人民共同富裕的幸福之路。

笔者认为，一个国家的广义的发展道路，体现在经济政治文化和对外关系发展的方方面面，但经济是基础，正如毛泽东所说：“经济上要建立社会主义基础，没有社会主义基础，社会主义就只能是空名。”② 因此，坚持和发展中国特色社会主义道路，主要和根本体现在经济发展道路上。当然，政治是经济的集中体现。经济的发展道路，首先表现在政治的上层建筑领域之中，是一定阶级及其集团通过国家所确立的一定的经济制度，这也可以叫作应然；但这一经济制度在经济领域运行的实际状况，则属于经济基础的范畴，这也可以叫作实然。中国特色社会主义发展道路，本质上属于经济基础领域，直接和根本体现在应然经济制度和实然经济领域的落实上，主要体现在所有制及分配关系和人与人关系的实际状况上。

党的十八大之后，党中央十分强调以宪治国。我国宪法明确规定：“中华人民共和国的社会主义经济制度的基础是生产资料的社会主义公有制，即全民所有制和劳动群众集体所有制”；“国家在社会主义初级阶段，坚持公有制为主体、多种所有制经济共同发展的基本经济制度”；“国有经济，即社会主义全民所有制经济，是国民经济中的主导力量”；“国家保护个体经济、私营经济等非公有制经济的合法的权利和利益。国家鼓励、支持和引导非公有制经济的发展”。

2015年11月23日，习近平总书记主持政治局学习时指出：“要坚持和完善社会主义基本经济制度，毫不动摇巩固和发展公有制经济，毫不动摇鼓励、支持、引导非公有制经济发展，推动各种所有制取长补短、相互促进、共同发展，同时公有制主体地位不能动摇，国有经济主导作用不能动摇，这是保证我国各族人民共享发展成果的制度性保证，也是巩固党的执政地位、坚持我国社会主义制度的重要保证。”③ 习近平总书记在参加2014年“两会”上海代表团的审议时指出，“国企不仅不能削弱，而且要加强”，

① 《习近平谈治国理政》，外文出版社2014年版，第8页。

② 《毛泽东年谱（1949—1976）》第3卷，中央文献出版社2013年版，第214页。

③ 《人民日报》2015年11月24日。

“国有企业加强是在深化改革中通过自我完善，在凤凰涅槃中浴火重生”；“要吸取过去国企改革经验和教训，不能在一片改革声浪中把国有资产变成牟取暴利的机会”。[①] 2016年3月4日，习近平总书记在参加全国政协十二届四次会议民建、工商联委员联组会讲话时还明确指出：“实行公有制为主体、多种所有制经济共同发展的基本经济制度，是中国共产党确立的一项大政方针，是中国特色社会主义制度的重要组成部分，也是完善社会主义市场经济体制的必然要求”；“我们党在坚持基本经济制度上的观点是明确的、一贯的，而且是不断深化的，从来没有动摇”；“任何想把公有制经济否定掉或者想把非公有制经济否定掉的观点，都是不符合最广大人民根本利益的，都是不符合我国改革发展要求的，因此也都是错误的”[②]。

通过对照学习宪法与习近平同志的相关论述，我们完全可以这样说，习近平同志的相关论述与我国根本大法——宪法的规定是完全一致的。总书记带头遵守宪法，宣传宪法，依照宪法的根本原则提出经济、政治和文化等一系列治党治国治军的大政方针，这也更加坚定了广大干部群众依法治国首先是依宪治国的信心，坚定了广大干部群众走中国特色社会主义道路的信心。

我国正处于并将长期处于社会主义初级阶段。在当今，我国能否在经济领域真正做到坚持公有制为主体、多种所有制经济共同发展这一基本经济制度，至关重要。从一定意义上讲，只有毫不动摇地坚持这一基本经济制度，才能直接和根本体现我国的社会主义性质，体现最广大人民群众的根本利益，体现党和政府坚定正确的领导，党、国家、人民和民族也才有光明的前途。

在坚持和完善社会主义基本经济制度中，也出现了不同程度的错误想法和做法。比如，有的想否定非公有制经济对公有制为主体的社会主义经济制度的有益补充作用，认为市场上的假冒伪劣产品全部来自非公有制经济，只有公有制经济才能有力保障食品、药品等这些直接关乎亿万人民生命之大事的安全。有的则说，对非公有制经济只提鼓励、支持就可以了，不要再提引导非公有制经济发展了，一提引导，就容易影响非公有制经济的大力发展。还有人认为，只有私有制经济才有活力，甚至鼓吹全盘私有化。这些错误倾向，我们都要反对。但在反对的同时，必须具体分析。在当今中国，必须弄清，从整体上和在不同领域中，哪种倾向是主要问题，如何有针对性地采取行之有效的措施加以解决。只有这样，我们才能真正做到坚持公有制为主体、多种所有制经济共同发展这一社会主义初级阶段的基本经济制度，也才能把依宪治国落到实处。

毛泽东说，社会主义社会是一个相当长的历史阶段。邓小平说，中国处于并将长期处于社会主义初级阶段。我们必须时时记住这一国情。中国特色社会主义民营企业，在社会主义初级阶段中担负着光荣的使命。中国的民营企业家有很多具有中国特色社会主义的特征和中华民族优秀文化传统与优秀道德传统。在中华民族实现伟大复兴的征程中，必然有凯歌行进的豪迈，同时又有风雨交加的艰辛。我们深信，特别是在风雨交加之时，将有许多中国的民营企业家坚定地与党、国家、人民和民族站在一起，将有更多的华为式的企业出现。

中国国有企业是中华人民共和国的长子，为新中国建设和改革事业作出了重大贡

---

① 《人民日报》2014年3月10日。

② 《人民日报》2016年3月10日。

献。国有企业是我国国民经济的中坚力量，是我国国计民生和国防建设的重要支撑，是中国特色社会主义的重要组成和重要体现。

现在，不少同志关注国有企业管理中出现的腐败现象。也有不少同志担心，我们要坚持公有制为主体，但如何有效遏制公有制企业中的腐败现象呢？有的人还把国有企业中出现的腐败现象作为全盘私有化的理由。这里涉及人与机制体制的关系问题，也涉及哲学上的内因与外因问题。

1960 年 2 月 9 日，毛泽东在读完苏联《政治经济学教科书》下册的结束语时说："所有制问题基本解决以后，最重要的问题是管理问题，即全民所有的企业如何管理的问题，集体所有的企业如何管理的问题，这也就是人与人的关系问题。这方面是大有文章可做的。"① 毛泽东又说："生产关系包括所有制、劳动和劳动生产中人与人之间的相互关系、分配形式三个方面。经过社会主义改造，基本上解决了所有制问题以后，所有制性质具有相对的稳定性；但人们在劳动生产中的平等关系，是不会自然出现的。"②

毛泽东的这一判断完全正确。所有制性质在一定时期可以处于相对稳定的阶段，劳动生产中的人与人之间关系却处于不断变化之中。这种变化存在着两种可能：一是按照社会主义公有制的要求，不断完善和发展人与人在劳动生产中的关系；二是也存在违背社会主义公有制要求的逆向发展的可能。这两者都会对社会主义公有制的性质产生影响。所以，在所有制问题基本解决以后，管理问题即人与人的关系问题就突出出来了，核心问题是如何防止管理人员由社会公仆变为官僚老爷，即巴黎公社原则中所说的如何"防止国家和国家机关由社会公仆变为社会主人"③，如何确保已经建立起来的新的生产关系能够适应和促进生产力的发展。这也是永远保持党的先进性和纯洁性、保持党和政权永不变质的重大而又根本的问题。

所以，毛泽东明确要求："等级森严，居高临下，脱离群众，不以平等待人，不是靠工作能力吃饭而是靠资格、靠权力，干部之间、上下级之间的猫鼠关系和父子关系，这些东西都必须破除"④；"如果干部不放下架子，不同工人打成一片，工人就往往不把工厂看成自己的，而看成干部的。干部的老爷态度使工人不愿意自觉地遵守劳动纪律，而且破坏劳动纪律的往往首先是那些老爷们"⑤。这样下去，企业的社会主义性质就有可能受到损害甚至变质，结果名义上的国有企业或集体企业，就会变成实质上的资本主义企业了。这也就是说，企业的管理权与所有权是密切相关、相辅相成、互相作用的。在一定条件下，管理权则对所有权起着决定性的反作用。

所谓管理问题，首先是管理权掌握在谁手里的问题，群众应不应该参加管理的问题。这样，在马克思主义的发展史上，毛泽东第一个从理论上提出了社会主义所有制的生产资料管理权问题，并且把它和所有权的变化、发展放在一起来说明社会主义所有制

---

① 《毛泽东年谱（1949—1976）》第 4 卷，中央文献出版社 2013 年版，第 325 页。

② 《毛泽东读社会主义政治经济学批注和谈话》（上），中华人民共和国国史学会，1997 年 7 月，第 67 页。

③ 《马克思恩格斯选集》第 3 卷，人民出版社 1995 年版，第 12 页。

④ 《毛泽东读社会主义政治经济学批注和谈话》（上），中华人民共和国国史学会，1997 年 7 月，第 67 页。

⑤ 《毛泽东年谱（1949—1976）》第 4 卷，中央文献出版社 2013 年版，第 285—286 页。

问题“大有文章可做”，从而找到了社会主义革命成功以后，党的先进性和纯洁性建设所应努力的主要方向。

通过毛泽东以上一系列论述，我们完全可以说，国有企业中出现的腐败现象，并不是公有制自身存在的问题，而是私有观念对公有制侵蚀的结果。这也充分说明，公有制企业必须培育和树立相应的公有观念才能搞好。国有企业中出现的腐败现象，并没有为全盘私有化和资本的永久统治提供任何理由，反而印证了马克思、恩格斯在《共产党宣言》中所说的必然与传统的所有制关系和传统的所有制观念实行“两个彻底决裂”思想的正确，说明以习近平同志为总书记的党中央强调牢固树立正确理想信念和践行社会主义核心价值观的迫切性与重要性。

中国特色社会主义经济发展道路的内涵十分丰富，习近平同志强调的改革开放之路是强国之路，党的十八届五中全会中提出的“创新、协调、绿色、开放、共享”五大发展理念也主要体现在中国特色社会主义经济发展道路之中。

二　中国特色社会主义理论体系体现在中国特色社会主义的文化领域，是中国特色社会主义的行动指南

中国特色社会主义理论体系，是马克思主义中国化最新成果，包括邓小平理论、“三个代表”重要思想、科学发展观，同时也包括习近平总书记一系列重要讲话精神等。

中国特色社会主义理论体系与马克思列宁主义、毛泽东思想是坚持、发展和继承、创新的关系。一方面，我们决不能丢掉“老祖宗”。从一定意义上讲，马克思主义、科学社会主义和共产主义是同一事物的三种不同称呼和表达。马克思主义辩证唯物主义和历史唯物主义，深刻揭示了客观物质世界特别是人类社会发展的一般规律，是放之四海而皆准的普遍真理，而中国特色社会主义理论体系仅是把马克思主义的普遍真理与中国社会主义初级阶段实际相结合的产物，中国特色社会主义仍在实践之中，我们仍然需要不断把马克思主义的普遍真理与中国特色社会主义新的实践相结合。而且，中国特色社会主义理论体系是在毛泽东思想基础上产生和发展起来的，要想使中国特色社会主义理论体系得到健康发展，就必须牢记习近平同志所说的：“马克思列宁主义、毛泽东思想一定不能丢，丢了就丧失根本。”① 另一方面，经济全球化、世界多极化和国际金融危机正在深入发展；改革开放38年来，国内社会主义市场经济的不断确立和发展都使我们党面临着前所未有的机遇与世所罕见的挑战。我们党也亟待把马克思主义的普遍真理与当今国际国内新的情况实行新的结合，从而创新和发展21世纪的马克思主义。

这就需要正确处理坚持与发展马克思主义的关系。要坚持和创新相统一，不能割裂，更不能对立。而要正确处理坚持和发展马克思主义的关系，还必须坚持党的最高纲领和基本纲领相统一。我们坚信共产主义是人类历史发展的必然归宿，我们所坚持和发展的中国特色社会主义，是顺应人类社会发展规律的正义事业，经过艰辛的奋斗，必然会取得最终的胜利，即与人类一道共同过渡到将来的共产主义社会。

---

① 《人民日报》2013年1月6日。

党的十八大标志着中国共产党进入了一个新的历史时期，在这一历史时期，我们每一名真正的共产党人，心目中都应该牢记着为现在实现“两个一百年”即中华民族伟大复兴的中国梦而奋斗和为将来实现共产主义而奋斗这样两个明确的目标。如果不为实现“两个一百年”这一基本纲领而艰辛奋斗，而仅仅奢谈、空谈什么共产主义，则必定是乌托邦式的空想。这是每一位真正的共产党人都不会也不应该赞成的。但是，我们也应看到，从整体上看，对共产主义远大理想信念不足甚至产生信仰危机是当今党内与社会上的主要倾向。正因为如此，党的十八大以来，习近平同志反复强调共产党员和党的各级领导干部必须坚定共产主义远大理想，多次批评了那种认为“共产主义虚无缥缈”的观点。他指出：“共产主义决不是‘土豆烧牛肉’那么简单，不可能唾手可得、一蹴而就，但我们不能因为实现共产主义理想是一个漫长的过程，就认为那是虚无缥缈的海市蜃楼，就不去做一个忠诚的共产党员。革命理想高于天。实现共产主义是我们共产党人的最高理想，而这个最高理想是需要一代又一代人接力奋斗的。”① 所以说，如果不能坚定共产主义的远大理想，或是看不起中华民族伟大复兴的中国梦这一基本纲领而对它怠慢，都不是一个自觉的和忠诚的共产主义者。

经济政策必须从现时经济文化发展水平出发，照顾大多数人现时的思想政治觉悟和实际的经济利益，搞最大公约数；但指导思想、理想信念和核心价值观则必须具有导向性、先进性和纯洁性，不能搞最大公约数。

三 中国特色社会主义制度主要体现在中国特色社会主义政治领域，是中国特色社会主义的可靠保障

如果说中国特色社会主义道路主要体现在经济基础领域，那么，中国特色社会主义制度则直接体现在政治上层建筑领域。中国特色社会主义制度，从中华人民共和国是工人阶级领导的、以工农联盟为基础的人民民主专政的社会主义国家这一社会主义根本制度出发，坚持把根本政治制度、基本政治制度同基本经济制度以及各方面体制机制等具体制度有机结合起来，坚持把党的领导、人民当家作主、依法治国有机结合起来，体现在经济社会的各个领域。而习近平总书记系列重要讲话、重要思想、治国理政、“四个全面”和五大发展理念的贯彻落实同样涉及也必然涉及我国经济社会的各个领域，通过对习近平总书记系列重要讲话的贯彻落实，中国特色社会主义制度在经济社会的各个领域也必然得到坚持和发展。

以“四个全面”战略布局中的全面深化改革为例。习近平同志指出：“党的十八届三中全会提出的全面深化改革的总目标，就是完善和发展中国特色社会主义制度、推进国家治理体系和治理能力现代化。这是坚持和发展中国特色社会主义的必然要求，也是实现社会主义现代化的应有之义。”②

这也就是说，在全面深化改革的时候，我们不能只记得推进国家治理体系和治理能力现代化这一句话和这一手段，从而淡化国家治理体系和治理能力现代化的社会主义属性，进而忘记推进国家治理体系和治理能力现代化的根本目的是完善和发展中国特色社

① 习近平：《做焦裕禄式的县委书记》，中央文献出版社 2015 年版，第 5 页。

② 《人民日报》2014 年 2 月 18 日。

会主义制度与所要前进的根本方向是坚持和发展中国特色社会主义。改革开放是一场深刻革命，一方面必须坚持正确方向，沿着正确道路推进，不断推动社会主义制度自我完善和发展，坚定不移走中国特色社会主义道路；同时也必须根据变化了的新情况，积极回应广大人民群众对深化改革开放的强烈呼声和殷切期待，加强宏观思考和顶层设计，更加注重改革的系统性、整体性、协同性，鼓励大胆试验、大胆突破，以更大的政治勇气和智慧，不断把社会主义的改革开放大业引向深入。

这就需要在贯彻落实“四个全面”战略布局和五大发展理念中，正确处理全面深化改革与全面推进依法治国的关系。全面深化改革即要求变，这就要求勇于打破已有的不适应新情况、新要求的规则和办法；而全面推进依法治国，则是要求按规则办事，不得逾越、违反。从表面看，全面深化改革与全面依法治国的确有矛盾的一面，但在从严治党，保持党的性质、宗旨和党的先进性、纯洁性上，在全面建成小康社会上，在不断推动社会主义制度自我完善和发展与坚定不移走中国特色社会主义道路上，在重大问题改革上必须于法有据、立法先行上又高度统一起来。

因此，我们必须认真对待与处理好全面深化改革与全面推进依法治国这一对关系，不断推进国家治理体系和治理能力现代化，进而不断完善和发展中国特色社会主义制度，从而坚持和发展中国特色社会主义。

四　坚持以人民为中心的发展思想是中国特色社会主义的灵魂本质

最近，习近平总书记频频使用了“坚持以人民为中心的发展思想”这一重大提法。

2015 年 11 月 23 日，习近平同志在主持中央政治局第 28 次集体学习时明确指出：“坚持以人民为中心的发展思想，这是马克思主义政治经济学的根本立场。”①

2016 年 1 月 18 日，习近平同志在省部级主要领导干部学习贯彻十八届五中全会精神专题研讨班开班式上明确强调：“要着力践行以人民为中心的发展思想，用新的发展理念引领发展行动。”②

其实，坚持以人民为中心的发展思想，早已蕴含在习近平新任总书记和提出实现中华民族伟大复兴之时。2012 年 11 月 15 日，十八届中央政治局常委同中外记者见面之时，习近平同志就明确指出：“人民对美好生活的向往，就是我们的奋斗目标。”③ 2013 年 3 月 17 日，习近平同志在第十二届全国人民代表大会第一次会议上的讲话中明确指出：“中国梦归根到底是人民的梦，必须紧紧依靠人民来实现，必须不断为人民造福。”④ 把人民对美好生活的向往作为自己的奋斗目标，并紧紧依靠人民自己去实现，这已经内含了坚持以人民为中心的发展思想的全部要素。

正因为如此，我们说，“坚持以人民为中心”这一提法既是以习近平同志为总书记的党中央深思熟虑的结果，又是对习近平总书记系列重要讲话、重要思想、治国理政新理念新思想新战略、“四个全面”战略布局和五大发展理念的升华。坚持以人民为中心

---

① 《人民日报》2012 年 11 月 16 日。

② 《人民日报》2016 年 1 月 19 日。

③ 《人民日报》2013 年 11 月 16 日。

④ 《人民日报》2013 年 3 月 18 日。

的发展思想是习近平总书记系列重要讲话、治国理政思想、“四个全面”战略布局和五大发展理念的灵魂。

什么是坚持以人民为中心的发展思想？主要表现在以下两个方面，一是全心全意为了人民。为什么人的问题，是根本的问题，原则的问题。这是检验任何个人、任何集团、任何政党和任何国家先进与落后、进步与反动的根本分水岭与试金石。共产党人把全心全意为人民谋利益作为自己的唯一宗旨，以此作为自己最高和最为光荣的历史使命，并与其他任何剥削阶级及其政党根本区别开来。二是全心全意依靠人民。劳动大众始终占社会的绝大多数，绝大多数人的利益、意愿、意志和力量是创造历史的真正动力，最终决定历史的发展方向。所以，共产党人把依靠人民作为发挥人类历史能动性的根本动力源泉。为了人民和依靠人民，相互依存，互为前提，高度统一于党的全心全意为人民服务这一唯一的宗旨；同时也贯穿于治国理政和“四个全面”战略布局的每一个行动之中。只有为了人民，才能最大限度和最充分地调动广大人民的积极性、主动性、创造性；只有依靠人民，才能达到为了人民这一唯一的目的。正因为如此，习近平同志在系列重要讲话中反复强调：“要学习和掌握人民群众是历史创造者的观点，紧紧依靠人民推进改革。人民是历史的创造者。要坚持把实现好、维护好、发展好最广大人民根本利益作为推进改革的出发点和落脚点，让发展成果更多更公平惠及全体人民，唯有如此改革才能大有作为。”

坚持以人民为中心的发展思想和以经济建设为中心是什么关系？以经济建设为中心是我们的各项具体工作的任务导向，这一各项工作的任务导向在任何时候我们都要坚定不移、矢志不渝；而坚持以人民为中心的发展思想则是我们的根本政治立场的价值导向，同样，这一根本政治立场的价值导向在任何时候我们都应该坚定不移、矢志不渝。二者相辅相成、相得益彰。①

另外，过去我们提倡让一部分人先富起来，然后让先富带后富，这是完全正确的。在即将全面建成小康社会的今天，与改革开放之初邓小平同志提出让一部分人先富起来时的情况相比，已经发生了根本性变化；习近平总书记及时提倡精准扶贫、精准脱贫并要求一户也不能落，同样是完全正确的，这是坚持以人民为中心的发展思想的具体行动的生动体现。

国内外有些人常说，中国人没有信仰，13 亿多人没有信仰来凝聚，多可怕。这至少是误解。1945 年党的七大的闭幕词中，毛泽东同志就曾鼓励全党：“一定要坚持下去，一定要不断地工作，我们也会感动上帝的。这个上帝不是别人，就是全中国的人民大众。”② 1965 年 2 月 19 日，毛泽东在会见坦桑尼亚总统尼雷尔时又明确指出：“上帝就是人民，人民就是上帝。”③ 从根本上说，中国共产党人的信仰就是人民，就是坚持以人民为中心的思想。这也就是说，人民是共产党人心目中唯一的“上帝”。人民不仅是真实的存在，而且世世代代永生。这样的信仰才是社会和历史的真实，而不是社会和历史的虚幻。

坚持以人民为中心的发展思想，既是我们的根本立场和根本目的，又是达到这一根

① 《人民日报》2014 年 12 月 4 日。

② 《毛泽东选集》第 3 卷，人民出版社 1991 年版，第 1102 页。

③ 《毛泽东年谱（1949—1976）》第 5 卷，中央文献出版社 2013 年版，第 480 页。

本目的的根本路径和根本办法；既是全党各项工作的出发点，又是各项工作的落脚点；既是历史唯物主义的真谛，又是共产党人的本色；既是对党的优良传统的总结和继承，又是在新的历史条件下对党的建设理论的新的认识和新的发展，是我们党全心全意为人民服务的根本宗旨在新的发展实践中的生动体现，是对以人为本理念的深度阐发和凝练升华，体现了中国特色社会主义道路、理论体系、制度的本质特征，体现了中国特色社会主义发展的根本目的和动力源泉。坚持以人民为中心的发展思想，反映了我们党对三大规律的认识和运用达到新高度。正确认识和自觉运用共产党执政规律、社会主义建设规律和人类社会发展规律，对我们党的发展壮大、对中国特色社会主义事业的兴旺发达具有决定性意义。

以人民为中心的发展思想是在落实党的全心全意为人民服务这一唯一的宗旨、解决人心向背这一根本问题时唯一正确的工作指针，是党的各项工作的方向和灵魂。在我们每一位共产党人和党的各级组织所从事的任何一项工作中，都应坚持以人民为中心的发展思想。

五　坚持中国共产党的领导是中国特色社会主义的根本选择

在建设中国特色社会主义宏伟事业中，我们为什么反复坚持中国共产党的领导呢？

一是坚持党的领导是我国历史发展的必然和人民的选择。自 1840 年鸦片战争起，一直到 1949 年建立了人民当家作主的新型国家，中国革命的实践揭示了这样一个伟大的真理：要真正实现人民当家作主，无论是靠人民群众的自发斗争，还是靠资产阶级、小资产阶级政党都不行；有了中国共产党的领导，才有了新中国和中国人民的翻身解放；中国共产党在新中国执政的“合法性”即政治基础是历史的选择和人民的选择。

二是坚持党的领导在于党的宗旨是全心全意为人民服务。党的性质是工人阶级的先锋队，同时又是中国人民和中华民族的先锋队；党的指导思想是马克思主义；最高纲领是实现共产主义即最终目的是解放全人类，最终实现每一个人自由而全面的发展。这是迄今为止人类历史上已经开始的但远未完成的最深刻彻底、最完整系统、最伟大壮丽的一次变革。从一定意义上讲，这是我们特别强调坚持共产党领导和执政的最根本的、最重要的和全部的合法性所在。

三是由我国是工人阶级领导的、工农联盟为基础的人民民主专政的社会主义国家这一根本制度性质所决定的。现在有一种观点认为，在革命时期要取得革命的成功需要党的领导，在建设时期特别是改革时期，只要有一套健全的政治体制并依靠依法治国这一方略，就可以保证人民当家作主了。其实，这是一种极大的误解。我国现在处于并将长期处于社会主义初级阶段，由这一历史阶段的国际环境和我国经济与社会结构的特征所决定，我国社会还存在着阶级和阶层差别，各主要阶级阶层在根本利益一致的基础上，也存在一些不同利益和利益发展要求之间的矛盾。建设中国特色社会主义是一项十分宏伟艰巨的事业；这项事业的核心内容，就是要保证让人民当家作主，逐步实现共同富裕。而要完成这一宏伟事业，就必须继续在最无狭隘性和自私自利性，最有远大政治眼光和组织性的世界上最先进的无产阶级及其政党即共产党的领导下，通过党内和国家的民主集中制这一组织原则，通过人民代表大会、共产党领导的多党合作、民族区域自治这些组织形式，把工人阶级和整个国家民族高度团结统一起来，从中国最广大人民的根本利益出发，正确处理社会利益矛盾，协调社会利益关系，正确全面地反映和维护广大人民群众的利益。

国际共产主义运动的历史已经证明，坚持党的领导不仅是无产阶级夺取和掌握国家政权的首要条件与普遍规律，同时也是社会主义建设和改革的首要条件与普遍规律。列宁明确指出："作为执政党，我们不能不把苏维埃的'上层'和党的'上层'融为一体，现在是这样，将来也是这样。"① 苏联解体、东欧剧变的沉痛教训，也从反面充分昭示了这一点。正反两方面的经验教训说明，似不提党政分开为好，而应提党政职能分开。党政截然分开了，我们党还是执政党吗？

所以，习近平同志首先高度重视党的建设。习近平同志明确指出："中国共产党是领导和团结全国各族人民建设中国特色社会主义伟大事业的核心力量，肩负着历史重任，经受着时代考验，必须坚持立党为公、执政为民，坚持党要管党、从严治党，全面加强党的建设。"② 习近平同志在强调搞好党的建设的同时，也特别强调党的领导。他指出："中国共产党是中国特色社会主义事业的领导核心，处在总揽全局、协调各方的地位。"③ "进行具有许多新的历史特点的伟大斗争，关键在党，关键在人。关键在党，就要确保党在发展中国特色社会主义历史进程中始终成为坚强领导核心。"④ 从一定意义上讲，没有中国共产党思想上、政治上和组织上的坚强正确的领导，就没有中国特色社会主义。这同样是千真万确的真理。而我们的对手，每每利用无产阶级政党领导人民在探索解放全人类实现美好社会的道路上所犯过的错误甚至是他们钻到我们的内部所蓄意制造的罪孽，把共产党和共产主义歪曲、攻击为"独裁"和"暴政"，其本质是为了维持或恢复资本对劳动的永久的独裁与暴政。

随着我们党领导人民不断取得中国特色社会主义建设事业的新胜利，有的人不断提出了党性和人民性的大小和高低问题，对我们党进行诘难，也有不少人对此有模糊的认识。其实，早在 1944 年 7 月 14 日，毛泽东在延安与英国记者斯坦因谈话中就明确地回答了这一问题。谈话中，斯坦因问："我在重庆的时候，一些中国朋友要我来观察一下共产党是'中国至上'还是'共产党至上'？请谈谈你对这个问题的看法。"当年的这个问题，实质上也就是今天有人提出的党性与人民性孰大孰高的问题。毛泽东回答："没有中华民族，就没有中国共产党。你还不如这样提问题，是先有孩子还是先有父母？这不是一个理论问题而是一个实际问题。这就像在国民党区域人们向你提出的另一个问题一样，问我们是在为我们的党工作，还是为人民工作？"毛泽东接着说："至于我们的思想方法，我已经告诉过你，我们像其他国家的共产党一样，坚信马克思主义的正确性。当人们问我们是'共产党至上'还是'中国至上'时，可能指的就是这一点。可是，我们信奉马克思主义是正确的思想方法，这并不意味着我们忽视中国文化遗产和非马克思主义的外国思想的价值。"⑤ 在回答斯坦因关于共产党的"政策从来没有被怀疑过或被反对过吗"这一问题时，毛泽东说："我们党内自然也时常会发生意见分歧，

① 《列宁全集》第 41 卷，人民出版社 1986 年版，第 11 页。

② http：//cpc. people. com. cn/n/2014/0806/c164113 – 25415570. html.

③ 《人民日报》2015 年 2 月 3 日。

④ 《人民日报》2013 年 7 月 10 日。

⑤ 《毛泽东文集》第 3 卷，人民出版社 1996 年版，第 191 页。

但这些分歧都能通过讨论和分析这种民主的方式加以解决。如果少数人对多数人的决议的正确性仍然不信服，那末，在党的会议上经过彻底辩论以后，他们就会服从决议了。在我们工作中起决定性作用的因素是我们经常去了解我们哪些政策为群众所接受，哪些政策受到群众的批评或拒绝。只有那些受群众欢迎的政策才能成为我们党继续实行的政策。"① 谈话中，毛泽东特别强调："我们的党员在中国人口中当然只占很小的一部分，只有当这一小部分人反映大多数人的意见，并为他们的利益而工作时，党和人民之间的关系才是健康的。"②

综上所述，我们可以得出以下结论。

一是党性与人民性是高度有机的统一。什么是党性？共产党的党性就是党的性质、党的宗旨、党的指导思想和党的纲领的有机统一。党的性质是工人阶级的先锋队，同时又是中国人民和中华民族的先锋队；这两个先锋队并不是并列关系，党是工人阶级的先锋队是党的阶级性质，而同时又是中国人民和中华民族的先锋队，则是工人阶级先锋队所起的作用。党的宗旨就是全心全意为人民服务。党的指导思想是马克思主义。党的最高纲领就是共产主义。什么是人民性？就是最广大人民群众的个人利益与集体利益、局部利益与全局利益、眼前利益与长远根本利益的结合。由此看来，党性和人民性完全是高度有机统一的关系，根本不存在谁大谁小和谁高谁低的问题。

二是在党的各项具体工作中，由于对实际情况掌握得不够和情况的不断变化，我们党也会有这样那样的失误甚至错误，党的一些具体政策必须根据实际情况的变化和人民利益的需求而及时进行必要的调整与改变。我们党历来主张，坚持真理、修正错误。党的失误甚至错误特别是个别领导和党员所犯的错误，并不属于共产党党性的范畴，而恰恰属于共产党党性所要反对和纠正之列。根据人民的利益对政策做适时调整甚至随时纠正工作中的失误和错误，这恰恰不是违背了党性和人民的利益，反而说明我们具有坚强的党性和人民性，说明坚持彻底的党性就是坚持彻底的人民性；或者说，坚持彻底的人民性就是坚持彻底的党性。党性和人民性是同一种事物的两种不同的表达与不同的称呼。

三是自发的群众运动往往会被眼前局部的经济利益所阻碍，人民群众的彻底解放，必须在有先进理论武装的共产党领导下才能实现。列宁在 1902 年写就的《怎么办?》中明确指出："工人本来也不可能有社会民主主义的意识。这种意识只能从外面灌输进去，各国的历史都证明：工人阶级单靠自己本身的力量，只能形成工联主义的意识……而社会主义学说则是从有产阶级的有教养的人即知识分子创造的哲学理论、历史理论和经济理论中发展起来的"③；"对工人运动自发性的任何崇拜，对'自觉因素'的作用即社会民主党的作用的任何轻视，完全不管轻视者自己愿意与否，都是加强资产阶级意识形态对工人的影响"④。因此，作为以马克思主义先进理论为指导的党，决不能做人民群众的尾巴，必须向人民群众及时灌输科学社会主义理论并引导人民群众为了自己的眼前和长远利益的有机结合而奋斗。

---

① 《毛泽东文集》第 3 卷，人民出版社 1996 年版，第 188 页。

② 同上书，第 186—187 页。

③ 《列宁选集》第 1 卷，人民出版社 1995 年版，第 317—318 页。

④ 同上书，第 325 页。

四是认为人民性高于党性的人，绝大多数是模糊认识，而极少数用所谓的人民性来否定我们鲜明的党性的人，则是别有他图，其目的是为了否定中国共产党的领导，推行所谓“民主宪政”，在中国实行资本主义制度，走资本主义道路，由资本当家作主。实践已经证明并将继续证明，没有中国共产党的领导，就没有新中国，就没有中国特色社会主义，中国就必然会重新沦为殖民地和半殖民地。蓄意制造人民性高于党性这一伪命题，这无论是在形式逻辑、辩证逻辑、历史逻辑还是现实实践中都是站不住脚的。对此，我们应有足够的重视才行。

通过学习毛泽东和列宁上述相关论述，来回答如何看待党性与人民性关系这一问题，可以给我们这样的启示：当今我们在理论与实践中遇到的不少重大问题，马克思主义经典作家的著作里往往直接间接都有了明确的相关回答。从一定意义上讲，一切历史都是当代史。因此，习近平总书记最近提倡各级党组织和党的领导干部要重读毛泽东的《党委会的工作方法》，这具有重要意义。马克思主义的基本原理和基本观点绝对没有过时。紧密结合现实，重读马克思主义的经典，我们才可能成为邓小平所说的真正的“明白人”。党内各级领导干部这一关键的少数中，真正的“明白人”多了，中国特色社会主义才会有真正的希望，否则，前途将无从谈起。

（原载《世界社会主义研究》2016 年第 1 期）

坚持和加强中国共产党的领导是中国特色社会主义事业胜利的根本保证

——为纪念中国共产党成立95周年而作

朱佳木*

中国共产党成立至今已整整95年。95年来，中国共产党的成长壮大无时无刻不伴随敌人的咒骂声。当前，国内外敌对势力为阻挡中国特色社会主义事业前进的步伐，竭力散布诸如历史虚无主义、民主社会主义、“普世价值”、西方宪政等种种思潮，抹黑中国共产党的历史，诬蔑中国共产党的领导是什么“专制”的、“不民主”的、“不合法”的、不符合“普世价值”的，挖空心思为否定、取消和推翻中国共产党的领导制造理论根据。我们要坚持和加强党的领导，就必须针锋相对地批驳他们的这些谬论，进一步讲清楚中国共产党领导的科学性、正义性、合理性、合法性，从理论和实际的结合上说明坚持和加强中国共产党的领导对于维护中国人民根本利益、保证中国特色社会主义彻底胜利、实现中华民族伟大复兴的必要性和重要性。

坚持和加强中国共产党的领导是中国人民的历史选择

现在有人说，中国工人阶级在中国共产党成立时人数很少，并没有建立政党的条件，是俄国共产党策划和经费支持的结果。这些说法并非什么新发明，而是早已有之。中共建党时得到过俄共帮助是事实，但这并不表明中共是靠外援建立起来的。第一，当时中国工人阶级人数少，只是相对农民阶级而言，就其绝对数量来说并不少，1914年已有100万人以上，五四运动前夕更达到200万人以上。而且，由于外国人在中国直接经营企业比中国民族工业要早，“中国无产阶级的很大一部分较之中国资产阶级的年龄和资格更老些，因而它的社会力量和社会基础也更大些”（毛泽东语）。第二，由于受到本国资产阶级、帝国主义势力和本国封建地主阶级的三重压迫，中国工人阶级反帝反封建的要求最为强烈，斗争性也最为坚定，早在五四运动中就已作为独立的政治力量登上了历史舞台。第三，中国接受马克思主义的先进知识分子在“五四”期间自觉与工人运动相结合，已意识到建立工人阶级政党的必要性，并已着手建党工作，许多地方事实上也建立了党的早期组织，只是还没有统一罢了。第四，俄共当时不仅资助共产党，也给国民党经费，而且比给中共的多得多。第五，世界近代史上的革命运动得到其他国家资助的情况并不鲜见，如美国独立战争、法国大革命等。所以，即使没有俄共帮助，中国共产党也是迟早会建立起来的。

---

* 朱佳木，中国社会科学院原副院长。

中国共产党建立后，把马克思主义与中国实际相结合，正确回答了在一个农民占人口绝大多数、农村占国土绝大面积、农业占国民经济绝大成分的半殖民地半封建国家里，如何取得民族独立和开展工业化建设等一系列理论和实践问题，从而取得了民族民主革命的领导权，并用自己的模范行动，带领人民通过艰苦的斗争，推翻了帝国主义、封建主义、官僚资本主义的反动统治，取得了新民主主义革命的胜利，建立了人民当家作主的新中国，实现了民族独立和人民解放。接着，她又带领人民通过社会主义革命和建设，确立了社会主义的基本制度，建立了独立的比较完整的工业体系和国民经济体系；通过改革开放和社会主义现代化建设，开创了中国特色社会主义道路，大幅度提高了中国的综合国力、人民生活水平和国际地位，从根本上改变了中国人民的前途命运。正是这一切，赢得了人民对她的信任和拥护。所以，中国共产党的领导地位不是自封的，更不是什么人赐予的，而是历史和人民选择的结果。正如习近平总书记所指出的："没有共产党，就没有新中国；有了共产党，中国的面貌就焕然一新。这是中国人民从长期奋斗中得出的最重要最基本的结论。"

坚持和加强中国共产党的领导是中国法律的明确规定

现在有人以中国共产党没有进行所谓"政党登记"为借口，指责中国共产党的领导"不合法"。他们煞有介事地摆出一副法律学家的架势，自以为找到了什么可以置共产党于死地的"法宝"，结果却是搬起石头砸自己的脚，暴露了其反共反华势力"马前卒"的丑恶嘴脸。

凡是对马克思主义国家学说稍有常识的人都知道，社会主义国家同资本主义国家是社会制度根本不同的两种国家，二者的重大区别之一就是，前者公开声明自己实行无产阶级专政，由无产阶级政党领导，不允许代表资产阶级利益的政党与自己分享政权；而后者表面上把自己打扮成"全民国家"，搞所谓多党竞选、轮流执政，实际上实行的却是资产阶级专政。根据马克思主义的国家学说，无产阶级革命以及革命胜利后建立的无产阶级政权，都是不受资产阶级法律限制的，因此也不能用资产阶级法律的狭隘眼界来看待政党设置和政党登记一类的问题。

在社会主义国家里不搞政党登记，并不等于无产阶级政党的领导没有法律依据。就拿中国共产党来说，由于新中国成立前她就在革命力量中确立了领导核心地位，各民主党派、无党派人士纷纷响应关于召开新政治协商会议、成立民主联合政府的号召，并在中国人民政治协商会议第一届全体会议通过的《共同纲领》第一章总纲中明确规定："中华人民共和国为新民主主义即人民民主主义的国家，实行工人阶级领导的，以工农联盟为基础的、团结各民主阶级和国内各民族的人民民主专政。"所以，无论中国共产党的执政地位还是拥护共产党的民主党派和无党派民主人士的参政资格，都是新中国成立伊始即在具有临时宪法性质的《共同纲领》中得到确立的，根本不存在还要通过什么政党登记来确认的问题。

此后的1954年《宪法》，以及1975年、1978年、1982年历次修改的《宪法》序言部分，都明确指出了中华人民共和国是中国共产党领导各族人民经过长期革命斗争后建立的，今后各族人民要继续在共产党的领导下进行社会主义建设，各民主党派和各人民团体参加的爱国统一战线也要继续在共产党的领导下巩固和发展。1982年《宪法》

还指出，我国经过生产资料私有制的社会主义改造后，人剥削人的制度已经消灭，剥削阶级作为阶级已被消灭。这些意味着参加政协的民主党派已不再是民族资产阶级利益的代表者了，共产党领导的多党合作、政治协商制度也已经成为社会主义的基本政治制度了。可见，那种以所谓“没进行政党登记”而妄图否定中共合法性的言论，完全是痴人说梦，真正违法、违宪的恰恰是发表这种言论的人。

坚持和加强中国共产党的领导是人民民主的实现形式

民主是相对专制而言的政治制度，但同样实行民主制的国家，对民主的理解和实践却大相径庭。马克思主义导师在谈论民主时，总是把它和阶级问题联系在一起，认为在阶级社会里，民主实质上是统治阶级的民主。而资产阶级为了模糊民主的阶级性质，则把是否进行多党竞选、轮流执政，是否实行三权分立和制衡作为衡量一个国家是否民主的标准。所谓社会主义国家“不民主”“专制”的说法，就是用这个标准衡量的产物。

选举当然是民主的一种形式，但选举并不等于就是民主，尤其不等于真正的实质的民主。同样是选举，由于对选举权有不同的规定，其广泛性会有很大差别。例如，西方国家在相当长时期内就对选举权作过诸如财产、性别、族裔、居住时间等等的限制。正因为如此，二战前的苏联和二战后诞生的社会主义国家曾被世人普遍认为是民主国家，而西方国家则是反民主的国家。只是后来西方国家在国内人民争取民主权利的持续斗争下，逐渐放宽了选举权上的种种限制，这才回过头来以所谓实行“一党专制”为由，攻击社会主义国家“不民主”。

另外，选举也有各种形式，比如直接选举、间接选举等等。究竟采用哪种形式，与国家大小、人口多少、选举内容等等都有关系。因此，只把西方选举形式作为判定民主与否的标准，攻击社会主义国家的选举“不民主”，是完全站不住脚的。其实，即使在西方国家，选举至今也有直接、间接之分。

更重要的一点还在于，民主的本质不同，在实现形式上也必然会有所不同。社会主义民主即人民民主，是多数人的真正的民主，是不同于资本主义民主的新型民主。这种民主要使占人口多数的人民群众的利益在国家的法律、制度、政策、决策中得到充分体现和保证，首先必须使代表多数人利益的政党牢固地执掌政权，而共产党正是这种“为绝大多数人谋利益”的政党（《共产党宣言》）。尤其在近代中国，特殊的历史条件决定了中国共产党从建党之始就既是无产阶级先锋队又是中华民族先锋队。只要站在多数人的立场上看问题就不能不承认，中国共产党的领导不仅是中国社会主义民主得以实现的前提条件、真正体现和重要保障，而且是中国社会主义民主的首要实现形式。除此之外，社会主义民主的实现形式中还包括执政党与各界代表的协商，各级领导人深入调查研究、广泛听取基层群众意见，设立党和政府接待群众上访的制度，等等。因此，社会主义的民主形式中绝不仅仅只有选举。然而，无论形式有多少，起决定性作用的还是党的领导。近几年湖南衡阳、四川南充等地发生的拉票贿选案件，都从反面说明，如果削弱或破坏了党的领导作用，由少数人用金钱搞暗箱操作，即使进行选举，照样不会有真正的民主，相反只会使民主变味、走样，成为向社会主义民主制度的挑战。

用金钱操纵选举，是由资本主义民主本质决定的。现在越来越多的人已认清了这种民主的虚伪性，就连西方国家一些良知未泯的政治家、学者也开始承认，在他们那里的总统、议会等等选举中，真正起作用的是金钱。例如，美国前总统卡特就说："美国只有寡头政治，无限制的政治贿选成为提名总统候选人或当选总统的主要影响因素。州长、参议员和国会成员的情况也是如此。"参加今年美国总统竞选的候选人伯尼·桑德斯也说："有些人认为国会控制着华尔街，然而真相是华尔街控制着国会。"在这种情况下还硬要把西方选举民主拿来作为评判其他国家是否民主的"普世价值"，岂不贻笑大方。

坚持和加强中国共产党的领导是社会主义经济基础的必然要求

经济基础决定上层建筑，一个国家实行什么样的政治制度、政党制度，归根结底由这个国家实行的经济制度所决定，这是马克思主义的一个基本原理。中国实行共产党领导的多党合作、政治协商的政党制度而不实行多党轮流执政，军队由共产党绝对领导而不搞"非党化""国家化"，这一切最深刻的根源都在于中国实行的是公有制为主体、多种经济形式共同发展的基本经济制度，在于社会主义全民所有制经济是中国国民经济的主导力量。这种经济制度决定了在我国，人民内部的根本利益是一致的，并且不允许任何势力破坏这种利益的根本一致性。所以，建立在这种经济制度之上并为之服务的政治制度，只能是工人阶级领导的以工农联盟为基础的人民民主专政，其政党制度也只能是由代表最大多数人民根本利益的中国共产党一党执政。

资本主义国家之所以要实行多党竞选、轮流执政的政党制度，同样是由其经济基础决定的。资本主义实行生产资料的资本家私人占有制，在这种制度下，掌握生产资料的资产阶级内部必然分为不同的利益集团。这就决定了资本主义国家必须实行多党制和多党轮流执政，而不能搞一党执政。否则，各个利益集团的利益就会缺少自己的政治代表者，代表不同利益集团的政党就会缺少平等上台的机会。同样，这一制度也决定了其军队只能国家化，而不能由哪一个政党单独领导。否则，多党轮流执政就难以实行。然而，这些不同利益集团毕竟同属于资产阶级，因此，代表不同利益集团的政党归根结底都是资产阶级的政党。西方国家中的资产阶级政党之间虽有利益之争，但在维护资本主义私有制、压制工人阶级和人民大众的反抗、保证西方发达国家始终主导国际经济政治秩序等方面，彼此又是一致的。从这个意义上说，资本主义国家的多党制实际上是资产阶级的一党制。美国哥伦比亚大学一位教授就说："不管是共和党还是民主党掌权，结果几乎没有什么不同。"因此，资本主义国家军队的所谓"国家化"并没有改变其由资产阶级政党绝对领导和其为资产阶级专政工具的本质。

在社会主义市场经济条件下，人民内部当然也会有不同利益的矛盾。但社会主义基本制度决定了这种矛盾是受到限制的，就是说，在中国特色社会主义社会里，人民内部的矛盾仍然不允许发展到根本利害冲突的程度，不允许有与人民根本利益相对立的利益集团存在，不需要有代表特殊利益集团的政党出来和代表最大多数人民整体利益的共产党之间相互竞争、轮流执政。既然如此，军队当然也必须由而且只能由中国共产党一党绝对领导。否则，共产党的执政地位就会被架空，人民的根本利益就无法得到维护。尤其当社会主义国家还处在资本主义国家经济、科技、军事占据优势的情况下，更需要加强党对军队的绝对领导。邓小平指出："无产阶级作为一个新兴阶级夺取政权，建立社会主义，本身的力量在一个相当长时期内肯定弱于资本主义，不靠专政就抵制不住资本主义的进攻。坚持社会主义就必须坚持无产阶级专政，我们叫人民民主专政。”而要坚持人民民主专政，就要坚持党对军队的领导。这不仅不妨碍国家政治体制的运行、影响军队的国防军性质，相反，是保证最大多数人民整体利益不受侵犯、党和人民内部的团结统一不被破坏、社会主义国家安全和世界和平不遭到威胁的重要条件。国内外敌对势力之所以起劲鼓噪我们的军队、政法机关要“非党化”“国家化”，其根本原因也在这里。

坚持和加强中国共产党的领导是中华民族伟大复兴的根本保证

中华民族曾经创造过世界最古老灿烂的文明，只是近代落伍了，现在要追赶世界的先进水平，重新屹立于世界民族之林，必须有一个能代表民族整体利益，能把蕴藏在包括海外炎黄子孙中的力量最大限度调动出来、集中起来的政党领导。在当代中国，这个党不可能是其他任何政治组织，而只能是中国共产党。

历史已经说明，中国共产党的领导对于中华民族伟大复兴的事业不仅是必要条件，而且是最大的政治优势。习近平总书记在 2012 年省部级主要领导干部专题研讨班结业式上，曾把中国共产党经过长期奋斗形成的独特优势，概括为理论优势、政治优势、组织优势、制度优势和与人民群众密切联系的优势。这一概括无论对于我们充分认识坚持党的领导的必要性，还是深刻认识珍惜、继承和发扬党的优良传统和宝贵资源，都具有极为重要的意义。

我们当然要看到党内一部分干部的腐败和官僚主义、形式主义问题相当严重，但也要看到绝大多数党员和广大基层干部在为国家为人民积极工作、默默奉献；要看到要求入党的人中的确有一些动机不够端正，但也要看到大多数人是抱着为人民服务的愿望入党的，而且入党动机往往还要在入党后通过不断的教育和学习、实践加以逐步端正；要看到的确有一些愿意为人民服务、个人品行也端正的人，由于党内腐败现象而不愿意入党，但也要看到大多数要求入党的人能够把腐败分子、腐败现象与中国共产党的性质、宗旨、纲领加以区别；要看到新中国成立前入党的党员在党员比重中越来越少，但也要看到青年人成为党员主体是党保持活力、后继有人、前途光明的象征；要看到群众中存在对党和政府工作的信任危机，但也要看到广大群众对党和政府的满意度、信任度与世界各国的同类民意调查结果相比，都是最高的。

中国共产党现有 8800 多万党员，其中，35 岁以下的人约占四分之一。持续了 20 年的一项高校学生问卷调查显示，对党的执政能力增强和中国特色社会主义事业发展持乐观态度的人分别占 89.6% 和 98.1%。美国爱德曼公司发布的 2009—2010 年中美两国民众对政府信任度比较报告表明，2009 年分别为 74% 和 46%，2010 年分别为 88% 和 40%，中国比美国高一倍左右。可见，中国共产党在普通民众中仍然是很受欢迎、很有威信的。另外，前两年英国《金融时报》报道，世界大企业研究会有个统计，说中国共产党的执行能力在世界上排名第三，仅次于跨国公司和各国的中央银行，远远高于美国总统和美国国会。这也说明，中国共产党和政府机关尽管存在“中间梗阻”的现象和有的方面效率不够高的问题，但从总体看，执行力还是很强的，起码不比发达国家差。

中华民族为了实现伟大复兴，从 19 世纪中叶的农民起义算起，到现在整整奋斗了

160多年。如果说过去的奋斗中难免走弯路的话，在剩下的有限时间里则容不得我们再犯大的错误，尤其不能犯全局性、颠覆性的错误。要做到这一点，必须继续有一个用先进的科学的理论武装和有丰富执政经验能保证中华民族始终沿着正确方向前进的政党领导。在当代中国，这个党不可能是其他任何政治组织，只能是中国共产党。

中国共产党在过去领导民主革命和后来领导社会主义建设、改革的过程中，都曾经犯过错误，有的还是大错误，今天仍然存在许多缺点、错误，今后也不能保证完全不犯错误。但是，中国共产党并没有因为这些错误而失去人民的信任和尊重。这是因为，中国共产党的宗旨始终是全心全意为人民服务。凡是中国共产党犯过的错误，都是由自己发现、自己纠正的，像中国共产党这样坦诚揭露和分析自己错误的党，在世界历史上找不出第二个。另外，这些缺点和错误再大，与中国共产党为中华民族复兴已作出和正在作出的贡献相比，都是第二位的。尤其是，中国共产党有勇于承认和善于从错误中吸取教训的精神，有极强的自我纠错机制和纠错能力，也有自我整顿、自我清理的传统。改革开放前，中国共产党搞过不少政治运动，其中有些由于受"左"的思想干扰，简单化倾向严重，打击面过宽，负作用很大。但大多数运动的主旨，都在于防止党脱离群众、腐化变质，而且确实起到了拒腐防变的作用。改革开放后，中国共产党一方面总结经验教训，纠正了过去整风中"左"的错误和简单方法，着重于制度建设，加强对权力的监督与制约；另一方面，继承和发扬不断整风的优良传统，接二连三地开展党内整顿和教育活动。这些教育活动的主题虽然各有不同，但中心仍然是提醒全体党员特别是党员领导干部牢记"两个务必"，坚持立党为公、执政为民的思想，防止脱离群众，不忘党风问题关系党的生死存亡，警惕帝国主义的"和平演变"；而且在实践中对中国共产党经受长期执政、市场经济、对外开放的考验，确实起到了和正在起着积极有效的作用。事实反复说明，只要有这样的党的领导，中国特色社会主义事业的胜利、中华民族的伟大复兴便是任何势力也阻挡不了的。

自从中国共产党建立和新中国成立以来，帝国主义、反动派的预言家们就不断鼓吹"中共灭亡论"和"中国崩溃论"。然而，中国共产党不仅没有被骂倒，反而不断壮大；中国不仅没有被唱衰，反而愈益强盛。我们现在正在为实现"两个一百年"的奋斗目标开启新的征程，要战胜前进道路上的风险挑战，最根本的保证仍然是坚持和加强中国共产党的领导。让我们更加紧密地团结在以习近平同志为总书记的党中央周围，为在中国共产党成立一百年时全面建成小康社会、在新中国成立一百年时建成富强民主文明和谐的社会主义现代化国家而继续奋斗吧！最后胜利一定属于伟大的中国共产党和伟大的中国人民！

（原载《中国社会科学报》2016年6月28日）

马克思主义与新时代新环境新要求

李　捷*

习近平总书记提出并多次重申的发展和构建21世纪马克思主义、当代中国马克思主义，是时代、实践赋予我们的光荣使命。要完成这个使命，就必须对坚持和发展马克思主义所面临的新时代、新环境、新要求，有比较全面的理解和把握。

什么是坚持和发展马克思主义所面临的新时代、新环境、新要求呢？这里有5个关键词：市场、资本、法治、共享、共处。这其中所包含的丰富内容，都是过去有过却未如此纷繁复杂的。

一　市场

商品与市场，无论在中国还是国外，都有其久远的历史。但是，把商品生产和商品经济拓展到全国、拓展到全球，并形成为国内统一大市场、区域化市场和经济全球化的，是资本主义大发展的时代。

如今，统一便捷高效的市场经济，已成为经济全球化、区域经济一体化的平台，成为国际金融、贸易、资本、技术、人才、信息流动的平台。于是，一些人把市场经济看作是资本主义的专利，似乎中国搞市场经济，就必须走资本主义私有化的道路，补上资本主义这一课。事实果真如此吗？

放眼21世纪，三件大事彻底改变了资本主义市场经济体系一统天下的局面。第一，是自从以建立和完善社会主义市场经济体系为目的第二轮改革全面启动到现在，中国特色社会主义道路取得巨大成就，中国成为世界上第二大经济体。第二，是新兴市场国家进入经济发展快车道，改变着世界经济格局和版图，正在成为推动世界经济发展的新引擎。第三，是以美国和欧盟为主要代表的西方资本主义国家自2008年国际金融危机以来，陷入发展的长期困境。这三件大事，汇集到一起，促成了2016年9月在杭州举行的二十国集团峰会和达成“杭州共识”。

这说明，不但条条道路通罗马，“鞋子穿在脚上合适不合适，只有自己知道”；而且，市场经济体系的建立和发展，也并非资本主义一种模式、一种选择。包括中国在内的广大发展中国家，在实现民族独立后，完全可以从本国实际出发，把市场经济一般规律与本国条件及特点结合起来，独立自主地建立和发展对内统一、对外开放的市场经济。由此呈现出市场经济的国际多样性与联动包容性。

---

* 李捷，现任求是杂志社社长。曾任中央文献研究室副主任，中国社会科学院党组成员、副院长兼当代中国研究所所长。

这就是市场自身逻辑造就的新格局，也是有利于马克思主义在21世纪的复兴与发展的新格局，更是实现中华民族伟大复兴的大舞台。

二 资本

金钱、买卖、借贷、雇佣的历史，同样十分久远。然而，这些要素一旦同资本主义生产方式结合起来，便成为资本增殖的舞台。资本主义生产方式，不但借助于资本力量完成了对国内的统治，还借助于资本力量同科技革命、产业革命造就的力量的紧密结合，实现并不断巩固对世界经济包括运行规则的控制。迄今为止，对世界经济体系的控制权的转换，仅仅是通过资本主义发达国家内部竞争来实现的。谁的资本实力强、金融实力强，谁就说了算，这不过是国强必霸逻辑在经济格局中的再现。

对于在资本统治下一无所有的无产阶级来说，通过社会革命取得国家政权之后，采取的一个重大步骤，便是剥夺剥夺者。这是天经地义的。因为，资本作为社会财富，归根到底是由劳动人民创造的。然而，这之后又该怎么办？解开这道跨世纪的难题，经过曲曲折折的探索和实践，这个责任最终落到了改革开放的中国共产党人肩上。

中国特色社会主义的成功已经证明，中国共产党人要完成国家现代化建设、实现民族伟大复兴，就一刻也不能忽视资本的力量。资本的力量，尽管有阶级的属性、社会制度的属性，但是根本的还是取决于由谁掌握、由什么样的制度来支配、为谁服务。资本主义创造并运用了资本的力量。同样地，社会主义也需要并完全可以掌握、创造并运用资本的力量。

社会主义掌握、创造、运用资本力量，这是坚持和发展马克思主义面临的全新课题。总的来说，需要解决好三大问题。一是就国内来说，要解决好共产党人既要驾驭资本、运用资本、增殖资本，但又不能成为资本的俘虏的重大课题。二是就国际来说，要解决好社会主义国家既要驾驭国际资本、实现国际资本合作、实现国内资本的国际投资，但又要有效防范金融风险、确保国家金融安全和资本安全。三是就资本增殖的目的来说，要解决好在这一过程中的分配失范、资本运行失范问题，跨越“中等收入陷阱”，努力扩大中等收入群体，逐步形成橄榄形分配格局，通过共享发展，最终逐步消灭贫穷，消灭剥削，达到共同富裕。由此才能从根本上改变劳动力量与资本力量的关系，从资本力量役使劳动力量，变为劳动力量支配资本力量，真正使被颠覆的历史重新颠倒过来。这一人间奇迹，只有在中国特色社会主义制度下才办得到。

这一历史性课题，需要在发展21世纪马克思主义、当代中国马克思主义的过程中得到破解。

三 法治

由人治向法治的转变，是当今时代发展的总趋势。

实现由人治向法治的转变，首先是通过资产阶级革命完成的。通过资产阶级革命，资本主义不但确立了对全社会的统治地位，而且把革命中反对神学、教权、封建王权的理论进一步体系化，把革命后确立的有利于资本主义发展的制度法治化，经过若干世纪的演变，最终形成了资本主义的社会科学话语体系和法治体系。

也正是在这一过程中，实现了两大转变。一是意识形态的学术化，二是独占统治（即资产阶级专政）的隐形化。通过意识形态的学术化，使得资产阶级的国家意识形态有了强大的学理支撑，并以学术面目、学术话语出现，从而使这种意识形态脱去了阶级的外衣，而以所谓“普世价值”的方式在全球存在、复制、推广。通过专政的隐形化，使得资产阶级的国家意志，可以以“社会契约”即法的形式出现，专政通过法治的演绎，具有了隐形、柔性、普世化的特点，披上了民主选举、制度安排、法定程序、法律授予等超越党派的神圣外衣。

社会主义法治，当然不能照搬资本主义法治，而要坚持中国共产党领导、依法治国、人民当家作主的统一。但是同样面临由人治向法治转变的现实问题。这是一个长期渐进的过程，我们一定要按照十八届四中全会决议精神，久久为功，把全面依法治国进行到底。这一课题，同样需要在发展21世纪马克思主义、当代中国马克思主义的过程中得到破解。

这里的关键，是要解决好三个重大问题。一是正确处理坚持党的领导和坚持宪法权威、法治信仰的关系。“党大法大”是伪命题，“权大法大”是真命题。二是正确处理好坚持依法治国和坚持人民民主专政的关系。坚持人民民主专政，作为治国之本的四项基本原则之一，写入党章、载入宪法，不可动摇。但是专政要通过法治思维、法治方式来实现，而不能通过其他思维、其他方式来实现。三是法治权威与人民主体的关系。社会主义法治要以人民为本位，以维护好、发展好、协调好、实现好人民利益为宗旨。这是社会主义法治同资本主义法治的根本区别。

四　共享

物质文明成果和精神文明成果，要由全体人民、整个社会来共享，而不能由某些利益集团所独享，已成为世界人民的共同愿望。

在此背景下，社会主义制度环境下的共享，与资本主义制度环境下的共享，两者的区分日益显现。资本主义的共享，是在确保少数人既得利益首先得到满足的前提下，为谋求政治平衡点、利益平衡点和社会平衡点所做的努力。而社会主义的共享，是在以人民为中心的发展思想指导下，通过全面深化改革，贯彻落实包括共享发展在内的新发展理念，来打破特殊利益固化的藩篱，加强城乡统筹普惠的民生建设、加快城乡一体化进程、调节不合理的分配格局、努力扩大中等收入群体、切实增加农民和低收入人群的家庭财产性收入等多措并举的结果。体现的是中国共产党全心全意为人民服务的宗旨，体现的是社会主义现代化最终是要促进和实现人的全面发展的本质要求，体现的是发展为了人民、依靠人民、造福人民、发展成果由人民共享的崇高理念。

当然，共享既是理念，也是要求，更是社会由低级向高级的现实运动过程。共享不能一蹴而就，不能一下子把人的胃口吊得过高，但也不能成为空洞许愿、空中楼阁。共享是尊重差异、尊重差别、尊重多样前提下的共享，不是搞平均主义，更不能搞“一刀切”。

如何既能在经济社会的不同发展阶段实现不同水平的共享发展，又能在共享发展之中使人民当中的每一个阶层、每一个群体特别是低收入阶层有幸福感、获得感、满足感，并对党、国家、社会有回报之心、感恩之心。这一课题，同样需要在发展21世纪马克思主义、当代中国马克思主义的过程中得到破解。

五 共处

不同社会制度、不同社会历史人文背景的国家和谐共处，在和平发展合作共赢的潮流推动下，构建人类命运共同体，以此铲除延续了好几个世纪的“国强必霸”逻辑赖以生存的国际土壤，以此反对形形色色的国际霸权主义、文化霸权主义、恐怖主义和极端势力，这是当今时代的总要求。

共处的关键，是社会主义国家与资本主义国家的和平共处。资本主义与社会主义，无论是作为社会制度还是作为意识形态，尽管其出现有先有后，在一定意义上可以说是共生共处于同一个时代，是同处于一个时代的既共生共处，又矛盾对立竞争，又交流互鉴的不同社会制度和意识形态。这是以往任何一个社会发展形态中不曾有过的现象。由此就充分说明，自资本主义生产方式问世以来，这个时代就是一个越来越趋向于多元化多样化的丰富多彩的时代，由某一种生产方式和社会制度主宰世界的时代，已经一去不复返了。因此，必须摒弃冷战思维、零和游戏规则，才能跟上时代前进的步伐。

当今的资本主义同社会主义的关系，还不是谁消灭谁的问题。长期以来，西方国家一直在图谋消灭或演变社会主义国家，尽管造成了苏联解体、东欧剧变和世界社会主义暂时进入低潮，然而最终的结果是中国特色社会主义的蓬勃发展。这说明，社会主义拥有强大的生命力和活力。在当今错综复杂的国际关系中，在当今一强对多极的国际力量对比中，两者关系开始接近势均力敌。这不是通过热战实现的，也不是通过冷战实现的，而是通过中国特色社会主义的长期和平发展实现的，是通过以改革开放的成就打破冷战结束后的“社会主义终结论”实现的，是通过中国凭借自身的和平发展和综合国力显著增强而日益走近世界舞台中心的客观结果。这就说明，社会主义终究要代替资本主义，是一个漫长的历史发展过程。其中需要经过若干阶段。其中一个重要阶段，就是社会主义国家通过自身的改革开放，使社会主义同资本主义在国际上真正达到接近势均力敌的局面，从而使长期存在的西方国家对社会主义国家战略上封锁遏制的局面得以破解。

概要地说，社会主义与资本主义共处，需要解决好四个重大问题。一是要解决好“四个自信”的问题。自己不自信，要人相信你，对你有信心，是绝对不可能的。二是要解决好独立自主的问题。饭碗必须端在自己手上。国家主权、国家安全、国家发展、国家创新，决不能仰仗他人。三是要解决好全方位开放，全方位交流互鉴的问题。四是要解决好国际话语传播、国际形象营造的问题。其核心，就是长期处于弱势地位的社会主义国家，如何既坚定不移推进改革开放，又坚定不移坚持和发展本国特色社会主义。

对以上五个方面做一个总结，可以得出以下结论。在实现中华民族伟大复兴中国梦的过程中，一定会迎来马克思主义的复兴发展。马克思主义的大发展，希望在中国，根基在中国。其标志，就在于21世纪马克思主义、当代中国马克思主义的创新发展，就在于以此为指导的具有中国特色、中国风格、中国气派的哲学社会科学学科体系和话语体系构建。

（原载《红旗文稿》2016年第20期）

理论中心论

——从没有文学的“文学理论”说起

张　江*

从19世纪末到20世纪后期，西方文艺理论的发展经历了从“以作者为中心”到“以文本为中心”再到“以读者为中心”三个重要阶段。在这三个历史阶段中，各个中心话题分别生成和衍化出诸多重要理论和学派。这些理论和学派各有优长，彼此之间的交叉渗透和主题论争也时有起伏。但是，直面当下，我们可以做出这一判断，即经过百年发展和嬗变，西方文论的总体格局已经发生了深刻变化，自20世纪80年代始，以后现代主义特别是解构主义的兴起为标志，当代西方文论总体放弃了以作者—文本—读者为中心的追索，走上了一条理论为王、理论至上的道路，进入了以理论为中心的特殊时代。其基本标志是：放弃文学本来的对象；理论生成理论；理论对实践加以强制阐释，实践服从理论；理论成为文学存在的全部根据。短短百年间，西方文艺理论的中心话题多次转移、变幻，后来者否定、阻绝前在者，从以作者为中心到以理论为中心，从没有文学的庸俗社会学批评到没有文学的文学理论，沿着一条闭合循环的行进路线，无奈地回到起点，给我们以深刻的警醒与启示。

一　对象的变幻与迁移

任何一种成熟的理论，都有自己确定的对象。理论依据对象而生成，没有对象就没有理论。放弃和改变对象，理论就不再是关于该对象的理论。从发生学的意义上来说，对象先于理论而存在，对象在自身运动中展现其规则和动律，提供给人们逻辑和理论归整的必要条件。理论的成长，由感性和对表象的体验出发，经过反复归纳推理，零碎散乱的表象集合抽象为概念、范畴，再由实践多重调整校正，形成与对象本身生成及运动规律相一致的规则、范式，最终达到深入本质、把握规律的理论目的。从功能论的意义上来说，理论的功能是认识和把握对象，指导乃至改造对象，实现理论到实践的转化。理论依据对象丰富发展自己，对象依靠理论服务指导自己，理论在与对象的互动中显现和印证自身，对象在理论的指导下调整和丰富自身。对象的存在决定理论的存在，对象消失了，理论就失去了存在的根据，或早或晚也要随之消失。就学科发展而言，任何一个学科的创生都是以具体对象的创生和存在为前提的。具有实践能力的对象，在其发展

---

* 张江，哲学博士，现为中国社会科学院党组成员、副院长，教授，博士研究生导师，中国文学批评研究会会长，国家社科基金项目（中国文学）评审组召集人，《中国文学批评》杂志总编辑。

进程中，不断地提出问题、创造话题、建制论域，由此保证和推动学科的生成和延续。从学科独立的意义上来说，研究对象的清晰存在是学科成立并保持下去的第一根据。失去了确定的对象，学科及其理论将不复存在。离开确定的学科论域，学科的理论也难以维系。一个对象模糊、论域失范的学科，不可能成为有生命力的学科。对象的存在和生长是学科存在和生长的必备条件。

20 世纪的西方文论，经过分别以作者、文本、读者为中心的不同阶段的演进，其历史脉络清晰而完整。对此，学界早有共识。在演进过程中，尽管“三个中心”的理论盘根错节且多有融合，但主流思潮和学派的地位难以动摇。19 世纪及以前的文学理论和批评，以文本生成的社会历史背景为主要指向，其阐释与批评的锋芒集中于作者，与作者相关的历史传统和社会语境分析构成文学批评的基本内容。以作者为中心，忽略乃至弃绝对文本自身的研究，此类非文学的社会分析与考量，远离文学的本来意义，为理论的变革和进步提供了有利契机。正因如此，20 世纪初期的俄国形式主义，开始推进当代西方文论的语言论转向。这个转向以索绪尔的深刻创意为主线，把文学理论的核心目标集中为文本的形式与技巧。由此起始，经过语义学和新批评学派，特别是经过结构主义、符号学、叙事学的延宕和深化，牢固确立了以文本为中心的立场与倾向。一些重要口号，如所谓“作者死了”和“文本之外别无他物”等，把这个历史性追索推向极端，为新的理论生产打开了缺口。20 世纪 60 年代，以姚斯为代表的接受美学，直指以文本为中心的弊端，瓦解了单纯以文本为中心的理论的历史。作者不在，文本不在，读者成为决定文本以至文学存在的唯一根据；没有读者，一切文学创作和文本书写都不可能完成和实现；文学史成了作品被接受的历史。接受美学以对作者和文本的双重否定，再一次改变了西方文论的行进方向，以读者为中心开始引领潮流。无论怎样评价以前“三个中心”的理论意义和得失，有一点可以断定，以作者、文本、读者为中心的理论和批评，其追索目标及思维路线是基本一致的，即都是以理论自身之外的文学实践及活动结果为对象，构建和丰富理论本身。应当说，在这个历史过程中，理论与自身对象的关系是清晰的。以作者为中心，其理论对象是作者。作为文学实践的行为主体，作者的创造与书写构成文学活动的核心。研究作者，通过作者关涉文本，其理论的对象是正当的，理论的合法性据此而成立。以文本为中心，理论的对象是文本。文本是文学活动的结果，是具体文学过程的重要节点。以文本为中心展开研究和阐释，是以对象为基点建构和推进理论，为理论生产确立了实践依据，理论生成的认识论根基牢固而可信。以读者为中心，理论的对象是读者及读者对文本的理解和阐释，其合理性在于，作为文学活动的直接参与者，读者对文本的理解和阐释，对作者的书写及其文本意义产生影响。通过对读者的理解的分析，既可考察作者书写是否确当表达其意图，也可证明文本播撒的意义和影响。读者参与的文学活动，应该是理论研究的确切对象，是理论生成的重要源头与根据。由此，我们判断，“三个中心”的理论以现实文学实践、文学结果、文学传播过程为对象，通过对实践活动的认识和总结生成理论并指导实践，理论的对象集中于文学，为文学的生长服务，理论的存在是必要的，且理由充分。

但是，从 20 世纪后期诸多思潮和流派的演变看，当代西方文艺理论似乎离此渐行渐远。其基本流变和倾向是，文艺理论不以文艺为对象，而以文艺场外的理论为对象，借助或利用文艺膨胀和证明自己，“文艺理论”的存在受到质疑。具体表现有以下三个方面。

一是放弃对象。文学理论不讨论文学，而是以自身为目的，借助文学讨论和证实自己；文学理论的骨干线索远离文学，成为理论本身的自我膨胀和无界话语。乔纳森·卡勒认为，20 世纪 60 年代以来的文学理论，“已经不是一套为文学研究而设的方法，而是一系列没有界限的、评说天下万物的著作，从哲学殿堂里学术性最强的问题到人们以不断变化的方法评说和思考的身体问题，无所不容。‘理论’的种类包括人类学、艺术史、电影研究、性别研究、语言学、哲学、政治理论、心理分析、科学研究、社会和思想史，以及社会学等各方面的著作”①，但就是没有文学，文学理论放弃文学对象而自成一体，文学理论不再有自己特定的边界，文学理论不再论文学，不再是关于“文学”的理论，而是飘摇和徘徊于文学之外的他物。

二是关系错位。理论与对象的关系被彻底颠倒，不是文学理论来源于对象并依靠对象而存在，而是文学对象依靠于文学理论，离开了文学理论，文学研究和评论活动便失去理由，一切都从理论出发，由理论生成对象。在一个具体的批评展开以前，必须首先立足于一套现成的理论，以这个理论为框架规范和制约批评的方向与结果。例如，没有拉康的导引，就没有资格谈论抒情诗；不用“福柯关于如何利用性征和女性身体的歇斯底里化的阐述，还有加亚特里·斯皮瓦克对殖民主义在建构都市主体中所起的作用的论证”，也就没有资格评论维多利亚时期的小说。② 于是，人们抱怨文学研究中“非文学的讨论太多了，关于综合性问题的争辩太多了（而这些问题与文学几乎没有任何关系），还要读太多很难懂的心理分析、政治和哲学方面的书籍”③。这充分证明了理论与对象关系的严重错位，非对象性的理论在生成和建构理论的对象。

三是消解对象。“‘理论’已经使文学研究的本质发生了根本的变化。”④ 文学是什么，文学理论是什么，这些基础性的文学元问题被彻底消解。既然理论本身把哲学、语言学、历史学、政治理论、心理分析等各方面的思想融合在一起，所谓的文学研究就没有必要去正视其所要研究和解读的文本究竟是不是文学。由此，人们对西方文艺理论最普遍的责难，当然就是“它借用其他学科的概念来统制文学”，“主张一切阐释均等有效”，从而“威胁到文学研究生死攸关的存在理由”⑤。

现在的问题是，以理论为中心的理论有没有自己的对象？回答是肯定的，理论在以自身为对象，而这正是后现代文艺理论以理论为中心持续展开的重要标识。这些对象是理论自己制造和培植的，主要来自文学场外的其他学科。文学理论放弃自己的对象展开自身，并自称为“理论”，这个理论不研究文学，对文学实践活动没有任何认证或指导作用，其文学的价值和意义又在哪里？历史上一些理论和学派的生成之所以可能，且可以留存下来持续发生影响，甚至成为基本思想因子，像空气和影子一样无意识、非自觉地发挥作用，无一不是因为它们对象明确、指称清晰、为对象所生。形式主义就是一个很好的证明。形式主义的确立，是以对象的确定性为前提的。前已述及，形式主义以前

---

① ［美］乔纳森·卡勒：《文学理论入门》，李平译，译林出版社 2013 年版，第 4 页。

② 同上书，第 16 页。

③ 同上书，第 1—2 页。

④ 同上书，第 1 页。

⑤ ［美］乔纳森·卡勒：《论解构——结构主义之后的理论与批评》，陆扬译，中国社会科学出版社 1998 年版，第 10 页。

的理论，其研究对象是作者，是文本生成的哲学、政治、科学、宗教等历史话语，或社会、经济、文化现实对作者及其书写的影响。毫无疑问，这些背景内容是与文学直接或间接相关的，且最终落实于文本和文学。但是，形式主义并不满足于此，它要以更精确的独立对象为目标，确立自己的理论基点，使文学理论进一步文学化。

艾亨鲍姆特别强调：

> 对于“形式主义者”来说，在文学研究中，主要的不是方法问题，而是作为研究对象的文学问题。①
>
> 我们的研究工作的实质是研究文学艺术的内在特点，而不在于建立固定不变的“形式方法”……这是研究对象的问题，而不是研究方法问题。

真可谓一语中的。形式主义能够成为一个重要的学术流派而发生作用，其根本之处就在于重新确立具有广阔理论空间的对象，并锁定对象，对之做持续深入的研究和开掘。正是这个对象选择，使形式主义流派取得重大成就，开辟了20世纪西方文艺理论研究的新方向。对象的清晰，决定了理论的清晰；对象的确定性，决定了理论的确定性。这就从根本上保证了形式主义的研究方法成为普遍的研究范式，深刻影响了整个西方文论研究的走向，引导和带动了诸如新批评、符号学，甚至结构主义旗帜下的诸多理论思潮和学派，成就了20世纪西方文艺理论的宏大格局。现在看来，虽然形式主义的一些观点和方法已经过时，但它以文学自身的独立性为对象，建立和展开理论，使文学理论成为关于文学的理论，其影响广大而深远。形式主义作为文学理论进入历史，没有人能够怀疑。

二　理论的生成路线

理论的生成路线，即理论从哪里出发，落脚于哪里，是我们判断西方文论发展进入以理论为中心的历史阶段的重要标志。其总体倾向是：文艺理论不是从文艺经验和实践出发，而是从概念和范畴出发；概念生成概念，范畴生成范畴；理论是唯一的出发点和落脚点，理论成为研究和阐释的中心。从原生理论看，以场外理论的强制征用为基础，自我推衍，自我认证，制造凌驾于文学之上的空洞话语。强制征用之所以能够大行其道，几乎成为当代文艺理论的基本建构方式，就是因为理论本身失去了从文艺经验与实践生成和发展理论的能力，只能从文艺场域之外，强制征用本与文学和艺术无关的各种理论，规约和解构文艺。与此同时，诸多场外理论，强制反征文学艺术，借经典之名，膨胀和播撒自己。从次生理论看，仅以原生理论的已有概念和范畴为对象，制造新概念、模拟新命题、推衍新范式。许多次生理论，仅仅是为了阐释原生理论，为原生理论

---

①　艾亨鲍姆：《“形式方法”的理论》，载［法］茨维坦·托多罗夫编选《俄苏形式主义文论选》，蔡鸿滨译，中国社会科学出版社1989年版，第19页。同时参见艾亨鲍姆《关于“形式主义者”问题的争论》中的如下表述：“问题不在于文学研究的方法，而在于建构文学科学的原则，亦即该学科的内容，研究的主要对象，以及建构作为特殊科学的文学的问题。”参见［爱沙尼亚］扎娜·明茨、伊·切尔诺夫编《俄国形式主义文论选》，王薇生编译，郑州大学出版社2005年版，第256页。

作注解或说明，重复的理念、重复的语言，为“论”而生、因“论”而亡，既不必创新，亦不能守成，似乎就是为了理论而理论。从理论的应用看，以歪曲文学经验、强制阐释经典的方式，推行和认证理论。文学成为理论的侍女，任人随意打扮。同一个文本，置于不同的理论之下，生产完全不同的意义；同一个理论，针对不同的文本，生产完全相同的意义。目的论、独断论的阐释，令人难以理解和接受。“作者死了，文学与世界全然无关，同义现象本不存在，所有的阐释都有价值，经典乃非法概念”①，理论成为与文学现实没有干系的纯粹思维运动，成为从概念到概念、从范畴到范畴的随意堆砌和推演。理论本身成为无须证明似乎也无法证明的东西，它不仅是自身的标准，而且是不可拒斥的现实的裁判。理论成为真正的王者，被赋予天马行空般的神秘力量。

这样的理论路线，鲜明地承袭了近代以来从笛卡尔起始，经过斯宾诺莎、莱布尼茨、康德，一直到黑格尔的唯理论路线，将绝对的理性主义进一步推向极端。20 世纪中后期大行其道的后现代主义，曾奋力超越理性的束缚，极力否定逻各斯中心主义、本质主义，抵抗宏大叙事，然而，无论怎样挣扎，却依然挣脱不了传统理性的巨大惯性，以更加极端的方式，让脱离现实、脱离实践的理论彻底地主宰了自己。这样一条思想和理论路线，是黑格尔早已走过并做系统规整的老路，他的“绝对精神”的展开和演变，就是当下文论路线的直接映照。这条路径的大致方向，从概念论的意义上说，主观概念是客观事物生成的根据。事物之所以能够产生并存在，完全依赖于主观概念，概念外化为客观事物。概念在先，存在为后。“概念最初只是主观的，无须借助于外在的物质和材料，按照它自身的活动，就可以向前进展以客观化其自身。”② 从真理论的意义上说，真理并不是主观认识对客观事物的正确反映，而是概念自身的实现。“理念就是真理”，一切客观事实符合理念就是真理，概念及理性成为认证真理的标准。“概念的形式乃是现实事物的活生生的精神。现实的事物之所以真，只是凭借这些形式，通过这些形式，而且在这些形式之内才是真的。”③ 从绝对观念论的意义上说，绝对观念是最深刻最具体的概念，是一切对立的统一，理念实现并超越自己，生命与认识、主观与客观、理念与意志完全统一起来，纯粹思想、纯粹概念转化为自己的反面，外化为客观自然和客观实在。理念以自身为对象，理念包含了全部的真理。“理念作为主观的和客观的理念的统一，就是理念的概念。——这概念是以理念本身作为对象，对概念说来，理念即是客体。——在这客体里，一切的规定都汇集在一起了。因此这种统一乃是绝对和全部的真理，自己思维着自身的理念，而且在这里甚至作为思维着的、作为逻辑的理念。”④ 检点后现代主义理论武库，诸多思潮和学派，包括那些坚定反对理性主义，主张非理性、主张意志论的学说，依然在重复着黑格尔一直崇尚并实际运作的老旧手法，在思维方式和理论推演路线上了无新意。就某些所谓后现代主义理论而言，伊格尔顿认为，其出发点就是“拒绝接受下列观点的当代思想运动：整体、普遍价值观念、宏大的历史叙述、人类生存的坚实基础以及客观知识的可能性。它怀疑真理、一致性和进步，反对他所认

---

① ［法］安托万·孔帕尼翁：《理论的幽灵——文学与常识》，吴泓缈等译，南京大学出版社 2011 年版，第 244 页。

② ［德］黑格尔：《小逻辑》，贺麟译，商务印书馆 1980 年版，第 378 页。

③ 同上书，第 331 页。

④ 同上书，第 421 页。

为的文化精英主义，倾向于文化相对主义，赞扬多元化、不连续性以及异质性”①。这是从1968年以法国“五月风暴”为肇始的欧洲政治运动的“兴奋与幻灭、解放与纵情、狂欢与灾难”的“混合中产生出来的”政治和社会理论及思潮②，而非文学场域内自生的经验和理论。有人把它们移植到文学场域之内，碾碎了文学理论依据文学经验和实践自我生长的规律，生造出诸多强加于文学的概念，曲解和消费文学，使文学理论远离文学。

例如，解构主义本是一种思想和思维运动，是形而上的哲学思辨，作为“一种政治实践”，“它试图摧毁特定思想体系及其背后的那一整个由种种政治结构和社会制度形成的系统借以维持自己势力的逻辑”③，但是，僵硬甚至暴力地把它挪进文学场域中来，以这个理论——如果它是一种理论的话——为基点制造理论，文学话语突变为“理论”和对文学历史及经典文本的解构之旅，文学理论走上了以理论为中心的歧途。解构主义的出发点不是文学，它的思想根源和历史根基，它的理论企图和价值取向，都不是文学和文学经验的诉求。但是，在当代西方文论中，也包括在当下中国文论领域中，以德里达的理论为理论的“理论”汗牛充栋，甚至成为一个难以躲避的灾难。德里达生生制造了“延异”这个概念，其造词的目的，从大的方面说，是要抗击逻各斯中心主义，颠覆西方哲学传统；从小的方面说，是要使他“关于文字不能被简单视作言语之再现的说法，使每一种意义理论同时既被确认又被颠覆的问题”更加鲜明地凸显出来。④ 这是标准的哲学概念，思辨之极，生涩之极。造词者使用这个词，揭露和批评索绪尔语言学中被遮蔽的逻各斯中心主义。文学理论家运用这个词，无中生有地阐释文本，让文本幻化为解构主义的谜团，或者让文本“自动地解构自己”，以证明文学从来就是解构语言的游戏。显然，这已不是文本的确当阐释，而是一种理论的展开，是概念依附于文本展开和实现自己，借文学证明理论、扩大影响。在这里，文学既不是对象，也不是目的，只是一种用以证明自身的工具而已。这种以理论为中心，以概念制造客体，以抽象规定颠覆文本的理路，在后现代主义的文本观上表现得更加突出。文本的含义由理论任意生成和决定，完全是理论的自由展开和自我实现。以概念的“延异”显现自身，以理论的能动外化客观意义，颠覆文本，解构文本，强迫文本服从概念并反证概念，将文本占为己有，使对象成为“自己的”私产，实际上就是黑格尔的“实践的理念”，也就是所谓“意志”，在对客观对象的改造甚至颠覆重建的过程中，外化自己、实现自己的当代镜像，透彻显现了理论中心的主导和决定意义、经验与实践的被动与从属的消极处境。理论外化文本，文本证明理论，解构主义，就是以“陌生化”的场外理论，颠覆对文学本身的研究，极大地歪曲了文学理论的学科形态，文学理论失去了对文学的意义。

同性恋批评也是如此。从起点上看，“同女性主义批评一样，同性恋批评有着自己的社会和政治目标，尤其体现出针对社会的‘对抗性设计’”，“对抗同性恋恐惧，对抗

① ［英］伊格尔顿：《理论之后》，商正译，商务印书馆2009年版，第14页。

② ［英］伊格尔顿：《二十世纪西方文学理论》，伍晓明译，北京大学出版社2007年版，第139页。

③ 同上书，第145页。

④ ［美］乔纳森·卡勒：《论解构——结构主义之后的理论与批评》，陆扬译，中国社会科学出版社1998年版，第83页。

异性恋……以及在对抗视异性恋为理想和制度，赋予其特权的行为中，同性恋研究日益增长”[①]。在这一社会政治潮流下，同性恋话语进入文论领域，同性恋批评成为同性恋研究的组成部分，成为同性恋运动所借助的力量。同一切从场外进入文学研究的理论一样，同性恋批评要做的最重要的事情就是，寻找确立载入正典的同性恋作家，寻找主流文学中与同性恋有关的情节，制造同性恋话语的文学图景，证明同性恋批评的正当性与合法性。他们就是要尽一切努力，把正典作家和经典文本，紧紧贴附于同性恋诉求，对之重新加以审视，并以此为主线，重写全部文学历史。凡此种种，诸多场外理论大肆侵袭的直接结果是，文学理论的整体气象与文学无关，成为各种深奥繁复的非文学概念和范畴的无序组合，“就是一大堆名字（而且大多是些外国名字），比如雅克·德里达、米歇尔·福柯、露丝·依利格瑞、雅克·拉康、朱迪恩·巴特勒、路易·阿尔都塞、加亚特里·斯皮瓦克”，成为“竞新斗奇或骇人听闻的理论”的竞技场。[②]

后现代主义的文艺理论，就以这些名字为中心展开，以这些名字构建学科，文学理论研究者，就以这些名字为中心，成就或顿挫自己的事业，什么作者、文本、读者，包括文学及其理论，不再是文学理论的主流话语。理论以及理论的名字成为文学理论的中心。

三　阐释的强制方式

以理论为中心，理论成为文学存在的根据。文学的研究与批评从理论出发，研究、阐释文学和文本，再反证理论。问题的关键在于，各种所谓理论，包括形而上的思辨哲学，都要入侵文学，以文学为武器，张扬自己的学说，而这些理论却不是从文学生成或出发的理论，不是文学的直接经验的映照和总结，理论者却执拗地以理论为基准阐释和规整文学。这就迫使理论的阐释方式发生根本性变化，所谓强制阐释也就成为必然。

强制阐释是指，阐释者从既定的立场和目的出发，对文本作符合论者主观意图及前置结论的阐释，而不论这个文本是否具有与论者主观意图和结论相关的任何线索和因素。[③] 在人们的理解与阐释过程中，强制阐释是经常可见的方式。中国古代就有“我注六经”“六经注我”的治学之道。在许多学者那里，“注我”与“注经”就是以强制阐释的方式展开和实现的。南宋理学家朱熹对此就有批评，称以经典为名强制文本的方法是“只借圣人言语起头，自演一片道理”，“直以己意强置其中”[④]。几乎同一时期，中世纪的罗马教会，全权掌握和垄断了对《圣经》的阐释。路德宗教改革的目的之一，就是回到经文的本义，改变教会对《圣经》的独断论阐释，意即教会按照自己的意志和利益，对文本实施的强制阐释。当时这些强制阐释的现象还是无意识和非自觉的，或

① ［英］彼得·巴里：《理论入门：文学与文化理论导论》，杨建国译，南京大学出版社2014年版，第137页。

② ［美］乔纳森·卡勒：《论解构——结构主义之后的理论与批评》，陆扬译，中国社会科学出版社1998年版，“序”第4、5页。

③ 参见张江《强制阐释论》，《文学评论》2014年第6期。

④ 转引自潘德荣《西方诠释学史》，北京大学出版社2013年版，第530页。

者说还是非理论化的。然而，到了19世纪中期以后，由尼采的“重估一切价值”，到李凯尔特的价值哲学，特别是经过克罗齐的绝对历史主义，断定“一切历史都是当下的历史”，再到海德格尔等人的本体论阐释学，从阐释者意志出发，以理论为先导、理论主宰文本的强制阐释似乎已为正统。在这种思想潮流的主导下，各种各样的理论纷纷涌入文艺理论与批评领域，努力寻找同情和佐证。

为什么会出现这个局面？乔纳森·卡勒说得好，“有鉴文学以全部人文经验为其题材，尤重于经验的整理、解释和连接，诸色纷呈的理论工程之受益于文学”①。文学是经验的，男人与女人之间的关系，是文学亘古不变的主题，女权主义的政治和社会诉求，会在这里找到无数同情的眼泪；文学要描写人类万千复杂的心理并猜想它的生产机制，精神分析学说以至实证病理研究，能够得到神话般的确证；社会物质生活条件对人类的束缚、人类追求自身解放和自由的斗争，是文学最生动的历史和当下书写，存在主义、文化唯物主义、后殖民主义都会在这里攫取巨大的阐释空间。更为重要的是，文学的虚构性，为理论的扩大与膨胀提供非逻辑推演的巨大空间，所有的理论都可以挤进文学，而无须逻辑证明。对此，德里达从不隐瞒自己。他承认要颠覆二元对立的统治，要实现如此沉重阔大的抱负，必须“通过一种双重姿态，双重科学，双重文学，来在实践中颠覆经典的二元对立命题，全面移换这个系统”②。德里达毫不隐晦他“双重文学”的追索意义，在他那里，文学是实现解构主义目的的文学，是表达和证明解构主义的文学。然而，现实的问题是，文学能否担负起这个责任，具体而言，那些被历史选择、为读者承认而流传经久的文本，能够驯服地为理论服务，或者说理论能够在文本中如愿找到自己吗？似乎很难。在许多时候几乎难以实现。安贝托·艾柯坚决反对神秘主义的符指论者把兰花的两个球径类比于睾丸③；伊格尔顿调侃道：“莎士比亚不太可能认为自己是在描写核战争。”④ 马尔克斯在与门多萨谈及《百年孤独》时，说他在其中临时设计情节，引诱批评家上当，果然有人受骗，让作家本人极尽嘲笑。⑤ 但是，玄妙的理论家们不会就此罢休，他们要实现自己的理论目的，要以理论为中心，强制阐释文学，使之为理论所用，无论这个文本的核心内容是否符合理论。特别是在溯及历史经典文本的情况下，当下的理论、后人的理论，强制套用于历史文本，以今天的立场和视角重新编排历史，其理论野心霸道无边界地弥漫与膨胀。且不论那种毫无文本根据和依靠的强制阐释，就是那些似乎有相关迹象和线索的强制阐释，是否合理、确当，也值得我们认真讨论。

其一，文本中呈现某种理论试图阐释的情结和意识，但这种书写是作者无意识的书写，或者说非主题、非自觉的书写，文本中涉及与理论相关的片断现象和感受，在此时

---

① ［美］乔纳森·卡勒：《论解构——结构主义之后的理论与批评》，陆扬译，中国社会科学出版社1998年版，“序”第4页。

② 同上书，第72页。

③ 参见［意］安贝托·艾柯等《诠释与过度诠释》，王宇根译，生活·读书·新知三联书店1997年版，第59页。

④ ［英］伊格尔顿：《二十世纪西方文学理论》，伍晓明译，北京大学出版社2007年版，第68页。

⑤ ［哥伦比亚］加西亚·马尔克斯、P. A. 门多萨：《番石榴飘香》，林一安译，生活·读书·新知三联书店1987年版，第104页。

此地，阐释者定要将某种理论生硬地套用于文本，证明文本是这个理论的结果，文本证明了理论的正确。对这种现象应如何认识？例如，我们用当代的生态批评理论阐释中国古代陶渊明的山水田园诗，并给他贴上生态主义者的标签，且更夸张地指出，陶渊明是全球生态主义运动的先驱者，这是不是合理的？在陶渊明的诗歌里，“采菊东篱下，悠然见南山”一类的句子俯拾即是，音韵优美，词语清新，立场鲜明，生态意蕴丰富，理论家可以用当下生态理论的所有概念、范畴、逻辑，给陶诗以尽情演绎和发挥。但是，我们必须正视的是，陶渊明退隐田园、寄情山水的根本动因是，“他对当日的政治社会，表现了强烈的厌恶和反抗”，面对当时的环境与现实，他既无力拨乱反正，又不能同流合污，“逼得他不得不另找寄托生命的天地”，“追求自己的理想，保全自己的品质”①。陶渊明寄情田园，歌颂或者描写自然，并非生态的自觉，更非主义的斗争，而是对他所处时代政治与社会的反抗。

其二，相关书写，而且是自觉的相关书写，虽然只是片断而非主旨，甚至可以看成是某理论的表现或端倪，但如果扩大为自觉的主旨描写，而且是在某理论指导下的自觉书写，对这类现象该如何认识？劳伦斯的名著《查特莱夫人的情人》，相信没有人会认为这是一部生态主义的文本。如果我们抱定这个立场，用生态主义的眼光去寻找其中有关自然与环境的描写，男女主人公对自然的热爱、对大自然的欣赏和敬畏、对现代工业及其环境污染的痛恨与谴责，绝对可以作出生态批评的优秀文本。但是，书写者的本意不是如此，文本的核心意义也不是如此，如果我们非要作出生态主义的强势压迫，阐释的公正性、合法性当然要受到质疑。

其三，碎片扩张，亦即从文本中找到若干与理论相关的碎片化描述或议论，便根据理论需要，作出符合论者意志的阐释，甚至扩大为对整个文本及作者书写意图的定性分析。对这种现象应如何认识？奥威尔的《一九八四》是一部政治小说。奥威尔自己就明确表达，他为政治而定，写的是政治。在整个文本中，只有不多的几处与自然和环境有关。文本的起笔，就是一段风和沙土的描述。风是阴冷的；大厦的玻璃门挡不住旋风卷着沙土。小说主人公温斯顿与人偷情时，一路上“盛开着欲迷人眼的蓝铃花”，“从树林里更深的地方，传来了斑鸠的咕咕叫声”，主人公甚至抱怨了“伦敦那混合着煤烟的空气已经渗进他的皮肤毛孔”②。这些对自然和环境的描写，是为小说的政治主旨服务的。如果我们根据生态批评理论的需要，将文本借题发挥为生态主义文本，可以肯定，也可以非常玄妙和学术化，然而，越是如此，就越是牵强和暴力，完全是令人难以接受的强制阐释。

我们从来没有否定生态主义理论的积极意义，我们质疑的是以理论为中心的思维方式与批评方法。以理论为中心考察文本，必须处理好以下三个问题。

一是自在与自觉。文本中的理论表达，有自在和自觉之分。对文本的定义，应以文本的自觉表达为基准。自在的、非自觉的相关描写，不是理论决定的结果。以理论裁剪文本，以文本比附理论，其结果只能是强制阐释。譬如，自在的生态描写古已有之，其中诸多精彩因引发读者强烈感受而成为经典，这正是后人借题发挥的空间。但是，我们必须体察，这些描写并非出于书写者的自觉目的，只是他为实现另外目的的具体手段，

---

① 刘大杰：《中国文学发展史》上卷，上海古籍出版社 1997 年版，第 306—307 页。

② ［英］奥威尔：《1984》，孙仲旭译，译林出版社 2013 年版，第 122—123 页。

这样的文本不应定性为生态文本。阐释者为了理论的目的，把一切关于环境生态的描写都视为作者的自觉意识，借此把作者鼓吹为自觉的生态主义先锋，如此强制阐释，当然要被质疑。上文提及的陶渊明的诗歌就是很好的说明。对陶诗而言，其政治反抗意义是自觉的目的，只是借田园负载而已。忽略这个事实，否认这个大势，再强制的阐释也难以立论。

二是边缘与中心。中心话语是文本的核心，决定了文本的主旨意蕴。在一个具体文本中，多重话语的存在与混响是一种常态，但真正优秀的文本，不会为混响优美而放弃主调深入。因为理论的立场否认主旨话语的核心引导，以边缘消解并冒名中心，使文本成为理论自己的文本，其阐释办法只能是强制的、暴力的。去中心、反本质是 20 世纪西方从哲学开始到其他多种理论的核心追索。为达到这个目的，许多理论走上了非理性、非逻辑的迷途，从形而下的常识到形而上的思辨，为了反正而反正，为了颠倒而颠倒，撒下一地碎片。但是，现实却是，如瞎子摸象，各有各的感受和表达，对局部而言都是真切的，然而，大象是在的。一只鼻子一条腿，不是大象。就生态主义而言，如果任一文本中有几处环境描写，就是生态主义文本，那么，甚至一本旨在鼓吹法西斯主义的文本，因为有环境描述，也可以定义为生态主义文本。上述劳伦斯的作品也是一例。《查特莱夫人的情人》中有关环境和生态的描写几乎随处可见，但无论怎样的理论压榨，都不会令人信服此文本是生态主义的文本。

三是溯及既往。这是需要深入讨论的问题。当下的先锋理论，首先是当下政治、经济、文化生活的总结，由当今时代的物质和思想实践淬炼而成。理论的形成当然有传统的积淀和影响，其历史源头甚至可以追溯至远古的神话与传说。但是，此类成果一定要转化为当下生活的运动逻辑，由实践出发，归于实践。用当今时代的理论溯及既往，不能把今天的话语强加于历史。还以生态主义理论为例，如果有一点环境描写就可以是生态主义，那么《诗经》《希腊神话与传说》就都是生态文本了。我们认为，由当下理论溯及既往，必须正视这样几个问题：其一，文本是否具有理论展开自身所必备的可靠根据，特别是历史的经典文本，几百年甚至几千年以前的文学文本，是否如所期望包含当下阐释者强迫自己必须阐释的思想；其二，文本的书写者是否具备阐释者所希望的高度自觉；其三，迫使理论强制于文学，因为这些理论不是依靠文学自身的切实经验而生成并展开的，理论与文学之间存在着巨大阻隔，理论阐释者若定要以目的论的动机介入和切割文本，必须解决理论展开自己的逻辑和实践根据，不能简单地从意志出发，强制文本实现和证明自己。韦勒克曾对海德格尔关于荷尔德林诗歌的阐释评论说，“论者需要提出两个问题。他的那些解释是否照明荷尔德林的诗作，还是海德格尔为己所用，作为印证他本人的思想情感的佐证?”① 在我看来，这应是对以当下理论溯及既往并证明理论的最好警示。

以理论为中心，依循理论的意志展开和运行自己，是 20 世纪西方文艺理论生成和发展的基本特征。理论放弃对象，理论生成理论，大领域的强制阐释成为可能，此类倾向对理论本身的有效性伤害尤重。更为重要的是，在理论为中心的时代，绝对的唯理论和相对主义占据中心，成为理论家们的主要思维方式和逻辑演绎方式。

---

① ［美］雷纳·韦勒克：《近代文学批评史》第 7 卷，杨自伍译，上海译文出版社 2009 年版，第159 页。

从此表象出发，我们可以更深入地分析，当今名目繁多的西方理论，它们的结论和成果，它们的价值取向和方法论立场，对人类精神科学及思想进步的影响，我们应如何批判借鉴，进而改变过去曾经有过的盲目依从和追随，推动中国自己的理论健康壮大。这不只是当代文论领域面临的重大问题，也是人文社会科学诸多学科应深入思考和回答的重大问题。

（原载《文学评论》2016 年第 5 期）

论坚持马克思主义指导地位

邓纯东*

习近平总书记多次强调，坚持马克思主义指导地位是哲学社会科学研究的根本问题，是党的建设的根本问题，是关系党和国家前途命运的根本问题。坚持马克思主义的指导地位是中国共产党取得辉煌成就的根本原因，是中华民族实现伟大复兴、中国人民走向美好未来的思想保证。

一　坚持马克思主义指导地位，是近代以来中华民族、中国人民走向美好未来的思想保证

近代以来，在西方列强的坚船利炮下，中国一步步沦为半殖民地半封建社会，中华民族成为被帝国主义、封建专制主义和官僚资本主义奴役的对象。为救亡图存，无数仁人志士进行了各种努力和尝试：禁烟运动、太平天国农民起义、洋务运动、维新变法、辛亥革命都一次次失败了。中国人民用无数鲜血与生命的代价获得一个认识，即这些“主义”都不能挽救中国的危亡，都不适合中国实际。灾难深重的中华民族必须寻找救国的新路。

“十月革命一声炮响，给我们送来了马克思列宁主义”，中国共产党和中国革命的面貌焕然一新。正是在以马克思主义为指导的中国共产党的领导下，中国人民才找到了适合中国实际、解决中国问题的科学理论和科学道路。从此，中国共产党团结带领中国人民不断取得了新民主主义革命、社会主义革命、建设和改革开放新征程的伟大胜利，取得了国家独立、民族振兴、人民富裕的伟大成就，人民生活显著改善，综合国力显著增强，国际地位显著提高。

中国共产党在革命、建设和改革方面创造的辉煌成就，成功的原因有很多，但其中最根本的一条就在于，始终把马克思主义作为自己的行动指南，并坚持在实践中不断结合中国实际，丰富和发展马克思主义，推进马克思主义中国化。

在新民主主义革命时期，中国共产党以马克思主义为指导，分析中国半殖民地半封建社会的性质，找到了中国革命的对象和动力，明确了中国革命的任务、前途、道路。党在领导中国革命的实践中，不断克服和排除背离马克思主义科学理论指导的干扰，先后战胜了陈独秀违背中国革命规律的右倾机会主义，王明等人照搬照抄的教条式理解马克思主义的“左”倾机会主义。在战胜这些错误的同时，把马克思主义科学原理与中国社会的实际、中国革命的实际、中国传统文化的实际相结合，产生了马克思主义中国

---

* 邓纯东，中国社会科学院马克思主义研究院院长、党委书记。

化的第一大理论成果——毛泽东思想。正是在毛泽东思想指导下，中国革命势如破竹、蓬勃发展，终于在1949年推翻了三座大山，建立了新中国。

新中国成立以后，中国共产党以马克思列宁主义国家学说为指导，建立起与中国历史和现实相适应的国家制度：人民民主专政的国体，人民代表大会的政体。这样的国体和政体使100多年来国家分裂、社会动乱的中国统一起来，使被奴役的广大人民成为国家的主人，确保了中国社会的长治久安，人民安居乐业。与此同时，中国共产党根据马克思主义生产关系要适应生产力发展要求的原理，废除封建土地制度、没收官僚资本，进行社会主义改造，形成了中国社会主义基本经济制度的主要内容；同时，带领人民在中国进行建设社会主义的探索，取得了很多的理论成果和实践经验。1978年底，党的十一届三中全会重新确立了党的实事求是思想路线，确立了改革开放的基本国策，开始探索中国特色社会主义道路、理论、制度。同时，不断排除对改革开放的干扰，坚持改革的社会主义方向，确保了中国道路的成功。

今天的中国成为世界第二大经济体，世界第一贸易大国和制造大国。我们愈来愈走向世界舞台的中心，愈来愈接近100多年来仁人志士们实现民族伟大复兴的梦想，靠的是什么，靠的就是中国共产党坚强正确的领导。中国共产党之所以能排除万难，制定出正确的路线、方针和政策，实现正确的领导，就是因为她坚持以马克思主义作为自己行动的指南，并且坚持把马克思主义与中国社会实际紧密结合，在推动发展的实践中实行理论创新，促进马克思主义中国化、时代化，发展中国化的马克思主义。马克思主义是中国100多年历史发生根本改变的思想根源，是中华民族由水深火热到振兴奋起走向富强的灵魂，是中国人民美好未来的思想保证。

二　动摇、取消马克思主义指导地位，是苏联解体、东欧剧变的根本原因，是国际共产主义运动史上最惨痛的教训

一个无产阶级政党和社会主义国家的衰亡，是从放弃正确的指导思想开始的。十月革命后的苏联在苏共的领导下，以马列主义为指导，充分发挥社会主义制度优越性，经济社会发展迅猛，成为世界强国之一。然而，这个执政74年的共产党却在一夜之间垮台，并在其他社会主义国家引起多米诺骨牌效应，国际共产主义运动跌入谷底。这其中的原因引人深思。现在，随着时间推移，随着诸多档案的公开，随着我们从多层次、多角度对事实真相的了解，越来越可以确认，苏共垮台、苏联解体的根本原因就在于其在国家意识形态领域放弃了马克思主义的指导地位。

习近平总书记指出，一个政权的瓦解往往是从思想领域开始的，政治动荡、政权更迭可能在一夜之间发生，但思想演化是个长期过程。苏共在西方“和平演变”政策下，逐步放弃了马克思主义的指导地位。特别是戈尔巴乔夫上台后，提出改革“新思维”，推出一套所谓人道的民主社会主义改革方案。其最核心的内容就是：放弃马克思主义指导地位，实行指导思想多元化。在这条核心原则的指导下，苏联在政治上否定共产党的领导，搞多党制，实行议会民主、三权分立；经济上否定公有制的地位，搞全面私有化，建立资本主义市场经济，最终酿成制度剧变、国家解体的历史悲剧。

当时，苏联东欧国家都通过党中央决议，取消军队中的政治委员制度和政治教育工作，取消高校中马克思主义理论课教学，在党章中删除马克思主义的指导地位，

在公开性、民主化的口号下放任鼓励国内外敌对势力诋毁、妖魔化马克思主义科学理论和社会主义制度，肆无忌惮地宣传资产阶级政治民主、自由、人权、法治理念，通过大量的文化传播搞乱民众的思想，颠覆全社会的价值观、是非观。正如习近平总书记所说：苏东国内、党的意识形态动摇，马克思主义指导地位动摇了，结果，在敌对势力进攻下，整个党就如鸟兽散，整个国家就土崩瓦解了。教训十分深刻。苏联是这样，原东欧社会主义国家垮台的悲剧也完全是这样，都是从党放弃马克思主义指导地位开始的。

需要特别指明的是，苏东共产党丧失领导地位，社会主义制度垮台后，并没有像这些国家当时许多人想象的那样，达到经济发展良好、国家综合国力上升、人民生活水平提高的状况。事实完全相反。多数的原东欧国家、原苏联现在独联体的10多个国家，都是综合国力持续下降，经济发展长期低迷，大多数人民生活没有改善，甚至下降。前不久，俄罗斯调查机构公布的民调显示，在独联体9个国家调查中，超过64%的35岁以上被调查者认为，当时在社会主义制度下，生活更幸福。这就鲜明地告诉世人：苏东制度剧变，不仅导致了这些国家的共产党、社会主义制度的悲剧，而且导致了这些国家、人民的悲剧。整个国家、民族和人民付出了惨痛代价。这个代价告诉我们的真理就是：马克思主义指导地位是社会主义国家人民的命运所系。

三　马克思主义不仅是党的指导思想，而且是我们国家的主流意识形态

贯彻落实习近平总书记的要求，确实做到坚持和巩固马克思主义的指导地位，必须首先明确马克思主义指导地位的适用范围。

有人认为，马克思主义指导地位只应在哲学社会科学研究中坚持；也有人认为，马克思主义及其中国化成果是中国共产党的指导思想，党的建设及党的各项工作应该坚持以马克思主义及其中国化成果为指导，共产党员以及党的干部应该在言行中坚持马克思主义，而党组织之外的广大非党员群众、青年，则不应要求他们坚持马克思主义的指导地位；甚至还有人认为，马克思主义作为指导思想只是党章的规定，其他社会组织包括政府、司法部门以及群团组织等，都不应该坚持马克思主义的指导地位。

以上对马克思主义指导地位适用范围的主张是不全面的，是错误的。我们应让全社会明确坚持马克思主义指导地位的准确对象和含义。马克思主义指导地位的适用范围不仅限于哲学社会科学研究，不仅在思想理论工作、整个宣传文化工作中要坚持马克思主义指导地位；不仅在党的建设、党的各项工作中需要坚持马克思主义指导地位，而且在整个国家生活、社会生活、经济生活、文化生活中，在一切国家政权机关活动中、所有非党组织活动中都应坚持马克思主义指导地位。这一点在我们国家的根本大法——《中华人民共和国宪法》里面已经有明确规定。宪法序言明确指出："中国各族人民将继续在中国共产党领导下，在马克思列宁主义、毛泽东思想、邓小平理论、'三个代表'重要思想指引下，坚持人民民主专政，坚持社会主义道路，坚持改革开放，不断完善社会主义的各项制度。"

因此，马克思主义指导地位的适用范围是整个中国，是我们全部的国家、社会、经济、文化生活，马克思主义不仅是党的指导思想，而且是我们国家的主流意识形态。

四　坚持马克思主义指导地位，必须对社会上形形色色的社会思潮、多样思想进行指导和引导

应当承认，30 多年改革开放带来的社会经济成分多样化、利益主体多样化，必然会导致思想观念和价值取向的多样化。一方面，我们应当承认不同阶层、不同利益群体、不同宗教信仰背景的人们，因各自的人生观、价值观等的不同，会偏好和认同不同的社会思潮、思想观念。在社会主义制度下，只要这些不同的、多样化的思想观念和社会思潮无害于国家制度和国家安全，不反对党和党的根本指导思想，不反对社会主义制度，应该允许其存在。

但另一方面，允许其存在，不等于应该让各种形形色色的非马克思主义的思想观点与马克思主义一起平等竞争，不等于任其自由发展，更不等于鼓励和倡导其发展。对于上述“非马”无害的思想观点，要用马克思主义加强引导和指导。特别是对于广大人民群众，基于对自身利益的关注而产生的各种认识、想法、诉求，我们要加强说服和教育工作，要用社会主义的先进思想文化去感召群众，要用社会主义核心价值观去引导群众。这一教育引导的任务须臾不可缺失，一定要大力加强。

我们不能因为主张各类思想观点包容发展，就否定或影响我们坚持马克思主义的指导地位；也绝不能把市场竞争中不同主体的地位平等观念引申至指导思想领域，将各种社会思潮与马克思主义并列，在对人们行为的指导上理解为平等地位；更绝不能单纯地让各种社会思潮相互自由竞争，对人民特别是青年放任自由地发生影响。相反，我们要理直气壮地宣传马克思主义、坚持马克思主义，用马克思主义思想观点来引导非马克思主义观点。这是我们对待多样文化思潮应采取的正确态度。

五　坚持马克思主义指导地位，必须对各类错误思潮和观点进行批评、批判

由于种种原因，我们的社会生活中，常常会存在各种错误有害的社会思潮，包括：在政治上，反对社会主义根本政治制度和基本政治制度，鼓吹政治多元化，主张搞资本主义宪政民主、三权分立和多党制，企图推翻中国共产党的领导和社会主义制度；在经济上，反对社会主义基本经济制度，鼓吹新自由主义，主张全面彻底的私有化，以消解公有制的主体和主导地位，建立自由放任的市场经济；在思想文化上，反对马克思主义指导地位，主张普世价值和思想文化多元主义；在社会建设上，主张公民社会，搞多元主体治理社会；在生活上，大搞消费主义，主张利己主义，消解集体主义。

这些错误思潮，说法不完全一样，但实质和目标指向是一样的，都是意图削弱马克思主义的指导地位，颠覆中国共产党的领导和社会主义制度，在中国走资本主义道路。这是关系党和国家生存发展的根本问题。面对这些有害思想观点，我们绝不能糊涂，绝不能袖手旁观、无动于衷，绝不能任由这些反马克思主义的思想、言论肆意宣传。我们要旗帜鲜明、理直气壮地对错误思潮进行批判和斗争，揭穿其险恶用意，揭穿它们对于中国人民幸福生活和中华民族美好前途的极大危害性。

六 坚持马克思主义指导地位，必须正确看待若干重大理论与实际问题

坚持以马克思主义为指导，必须对关系指导地位的若干重大理论与现实问题一一予以明确，以正视听。

1. 关于十月革命

苏共垮台前后，苏联自己否定十月革命，提出一些所谓的“学术”观点：十月革命是偶然产物；十月革命是激进人士发动的激进的社会革命；十月革命建立的是一种专制集权，极权政体；十月革命是残暴的，它残暴地处死尼古拉二世；等等。

十月革命是人类历史上第一次成功的无产阶级革命。它建立了第一个社会主义国家和社会主义制度，为中国送来了马克思列宁主义，为全世界被压迫民族开辟了解放道路。坚持马克思主义的指导地位，就必须正确认识和评价十月革命，必须抵制国内外形形色色的诋毁、妖魔化十月革命的错误观点。

2. 关于苏联 70 多年的社会主义建设历史

苏共垮台以后，欧美各国乃至俄罗斯全面否定苏联的社会主义建设历史，中国思想界、理论界、学术界关于这个问题的很多文章对苏联制度及历史也基本持否定态度。其观点主要包括：斯大林执政时期，苏联实行的是专制集权，无党内民主，无社会主义民主；苏联的社会主义是一党专政，无人权，阻碍了思想的发展，损失了一批艺术家、思想家；苏联经济制度就是单一公有制和高度集中的计划经济体制，消灭了商品生产和交换，这不仅导致苏联经济落后，也导致其他社会主义国家经济缓慢发展；苏联 70 多年的历史，除了反法西斯战争和新经济政策是值得肯定的，其他都应予以批判和否定。

以上错误观点至今仍在中国的某些书籍、文章、课堂中出现，并得到广泛宣传。实际上，这是对中国共产党的执政地位以及中国特色社会主义制度的变相否定。全面否定苏联的历史必然否定社会主义的基本政治制度和基本经济制度。

坚持马克思主义的指导地位，必须用马克思主义观点正确认识和评价苏联 70 多年社会主义的历史，必须反对全盘否定、妖魔化社会主义历史的错误观点。

3. 关于苏联、东欧国家制度剧变的原因

关于苏联和东欧国家在 20 世纪 90 年代剧变的原因，西方媒体将此归因于苏联社会主义制度的落后。主要观点为：苏联长期没有搞好经济，导致人民不满；没有政治民主；党内产生了脱离民众的特权阶层，苏共腐败，人民要抛弃这一制度；等等。以上因素虽然不同程度地客观存在，但不是根本原因。根本原因是习近平总书记所指出的，苏共从领导层到全党理想信念的丧失，苏联意识形态工作出现了问题，思想混乱，接受了资产阶级的价值观。这个原因总结如果不正确，而把苏联解体、东欧剧变归因于社会主义制度，必然危害马克思主义的指导地位。

4. 关于新中国前三十年历史的评价问题

中国特色社会主义制度的探索开始于新中国成立之时，许多重要内容都是在新中国成立后的前三十年内逐步确立的。然而，一段时间以来，一些人对此进行错误的宣传，把改革开放前后三十年对立起来、割裂开来，特别是用后三十年否定前三十年，把前三十年的建设说得一无是处。比如：有人认为，政治上，前三十年是以阶级斗争为纲的历史；经济上，毫无建树，大量人口被饿死；文化上，摧毁中国先进文化，使中国文化严

重倒退。这些错误宣传完全否定了新中国头三十年发展的伟大成就。

习近平总书记明确指出，不能把改革开放前后两个三十年对立起来，不能全盘否定新中国前三十年的光辉历史。在这一时期，社会主义经济建设取得了有目共睹的巨大成就，中国社会主义政治体制、中国社会主义基本经济制度均在此期间得以确立。树立这样的观点是坚持马克思主义指导地位必须解决的问题。

5. 关于正确认识我国改革开放的问题

改革开放是决定中国命运的关键抉择，是社会主义国家在20世纪80年代面临的共同任务。从那时开始，包括中国在内的社会主义国家对改革的认识就出现了一种错误观点。这种观点借改革之名，从根本上否定党的领导、社会主义制度和马克思主义的指导地位，企图通过推进他们定义的“改革”，导致执政的共产党丢权垮台。苏联东欧国家20世纪80年代实行的就是这样的改革。在我国国内，改革伊始，有的人就打着改革的旗号，鼓吹资产阶级自由化，要求改变社会主义制度和中国共产党的领导。后来，他们又提出要在中国推行改变社会主义经济制度的改革。他们主张在中国实行欧美式的自由市场经济，反对我们党建立社会主义市场经济的改革，还提出市场经济的发展必然要求政治民主化，提出要在中国建立适应市场经济多元化的、西方式的政治民主制度和体制，实行资本主义制度。

显然，这些主张与我们党关于改革开放的原则是背道而驰的，应将这种有害主张与我们坚持社会主义方向的改革开放严格区别开来，这对于马克思主义指导地位的巩固是非常必要的。

6. 关于社会主义核心价值观的几个概念问题

在社会主义核心价值观的概念中，有些内容来源于中国传统文化，有些内容则来源于西方文化。比如民主、法治、公正、自由，还有政治生活中广泛使用的“人权”一词，等等。坚持马克思主义指导地位必须以马克思主义观点来分析和看待这些概念。

民主、自由、人权、公正、法治等都是相对的概念。在不同的社会制度条件下，有着不同的内容。一方面，我们必须承认，在社会主义制度条件下，这些概念的内容与西方文化关于这些概念的内容并不是毫无共同之处的。但另一方面，我们必须明确，这几个概念在社会主义制度下与资本主义制度下的内容是有本质区别的。比如资本主义制度下，每个人的民主权利与其经济地位是有直接联系的，资本主义民主是受金钱、垄断资本集团操纵的民主，社会主义条件下人民的民主权利不受财富多少的限制；再比如资本主义民主要求政治多元化，在社会主义条件下，我们的民主是建立在全体人民根本利益一致基础上的，我们反对政治多元化。

如果不加区别地进行关于民主、自由、人权、法治的宣传，结果必然使全社会广大群众、广大青年产生简单化的误解，甚至误认为在中国弘扬的民主、自由、人权、法治的价值观和美欧资本主义国家奉行的价值观完全相同、没有区别，误认为这几个概念是普世的价值观。因此，在宣传社会主义核心价值观时，一定要按照马克思主义立场、观点、方法辩证地看待这些概念，既不要认为作为我们社会主义核心价值观内容的这些概念与西方社会中的这些概念毫无相同之处，也不要简单等同、不加区别地完全照搬，而要用马克思主义观点科学分析，构建社会主义的民主观、自由观、人权观、法治观等等。

7. 关于要警惕极“左”和右两种错误倾向问题

坚持马克思主义的指导地位，还必须正确认识和对待“左”和右的概念。所谓极“左”，是指打着马克思主义的旗号，提出和实行貌似颇为革命但实际上严重脱离实际的关于中国革命和建设的路线、方针、政策等主张。这样的极“左”在中国革命和建设的历史上曾经有过惨痛教训，比如王明“左”倾机会主义、“文化大革命”时期“四人帮”宣传的那些理论和主张等，给中国革命和建设带来了巨大的损失。邓小平同志说过，要警惕右，但主要是防“左”。但邓小平同志从来也没有讲，无论在任何情况下，我们党只能防“左”反“左”，而没有防右反右的任务。实际上，邓小平同志曾旗帜鲜明地指出，必须坚持四项基本原则，反对资产阶级自由化。

现在的问题是，一些人把“警惕右，但主要是防止‘左’”的论断进行片面化、绝对化理解。还有一些人把“左”的概念与马克思主义、共产党的领导、社会主义制度等同起来。在思想理论工作中，在意识形态领域把宣传马克思主义、宣传习近平总书记治国理政思想一概说成“左”，这对于坚持马克思主义指导地位是十分有害的。坚持马克思主义指导应该实事求是地判断问题，有“左”反“左”，有右反右。

七　坚持马克思主义指导地位，必须做好“结合”的文章

马克思主义中国化及马克思主义给中国社会、中华民族带来巨大变化的经验告诉我们，坚持马克思主义必须把马克思主义与中国的实际紧密结合，努力实现马克思主义中国化。在中国革命、建设和改革实践中，中国共产党大大发展了马克思主义，形成了马克思主义中国化的两大理论成果，即毛泽东思想和中国特色社会主义理论体系。

然而，马克思主义中国化还远未结束。今天，时代特点的变化和我国发展的广度与深度远远超出了马克思主义经典作家当时的背景。面对新的时代特点，新的国内外环境和发展的新要求，马克思主义面临着进一步中国化、时代化、大众化的问题。同时，中国特色社会主义还只经历了几十年的实践，还处在初级阶段，事业越发展，新情况新问题新矛盾就越多，也就越需要我们在实践上大胆探索，在理论上不断突破，在伟大实践中推进21世纪中国马克思主义的发展，不断丰富发展中国特色社会主义理论体系。

坚持马克思主义指导地位，推进马克思主义中国化，应不断做好“结合”的文章，推进马克思主义理论的创新。

第一是马克思主义基本原理与当代中国的实际情况相结合。在领导中国革命的实践中，王明等人忽视当时半殖民地半封建中国社会的实际，忽视在这个社会环境下中国各阶级的状况，而以教条主义态度对待马克思主义，完全照搬苏联十月革命经验，走中心城市武装暴动的道路。毛泽东同志则坚持把马克思主义与中国实际相结合，认真分析中国社会实际、中国革命所处的环境，弄清中国社会各阶级在当时社会条件下的地位及对于革命的态度，由此找到中国革命的规律。今天，在新的历史条件和时代背景下推进马克思主义理论创新，实行马克思主义与当代中国社会实际的结合，首先必须认清我们所处的社会主义初级阶段这个最大国情，认清当代中国最大的特点就是我国仍是最大的发展中国家，是在大力发展社会主义市场经济过程中，社会成员间有不同的利益诉求而形成利益多样化，在此基础上也产生了形形色色的思想观念的多样化。与此同时，全球化不断加深，不仅是经济全球化，而且是包括科技、教育、文化、思想观念等等在内，资

强我弱，西强我弱的基本局面未改变下的全球化。如何坚持发展和完善中国特色社会主义制度，推进中国特色社会主义伟大事业，我们必须根据这样的时代特点、国内环境和条件，做好马克思主义与中国国情结合的文章。在这个结合中，找寻解决中国问题的思路和方案，实现理论的创新。

第二是坚持马克思主义与中国优秀传统文化相结合。马克思主义中国化把马克思主义基本原理与中国的历史文化传统这个实际，包括中国民族特性、思维方式、生活方式特点等相结合。习近平总书记指出，中国特色社会主义深深根植于中国优秀文化传统。中国共产党成立以来，中国革命、建设与改革的成功，其中一个重要原因就是我们党制定的路线、方针、政策适合了中国的民族特性、文化传统，避免了水土不服的问题。几千年形成的中国传统文化在中华民族的凝聚、国家认同、爱国主义传统观念形成中，发挥了重大作用。其中有些已经成为中华民族生生不息、延绵发展的精神纽带、文化血脉，对当代中国人的生产方式、生活方式、思维特点，对中华民族的民族性格起着重大影响作用。治理中国、发展中国必须考虑这些因素，推进中国特色社会主义理论创新，必须做好马克思主义与中国优秀传统文化结合这个文章。

第三是要把马克思主义基本原理与党和国家的实践相结合。当代中国国情的重要内容是党带领人民推进中国特色社会主义建设的伟大实践，是党和国家的中心工作。把马克思主义与中国实际相结合，包括要与这个实践相结合。一是同党和国家发展社会主义实践的历史经验相结合。应研究总结党和国家在社会主义建设、改革、发展几十年来包括新中国成立以来、改革开放以来的经验教训，不断形成关于中国特色社会主义制度建设与完善，中国特色社会主义事业改革与发展，中国特色社会主义理论探索与创新等等的经验和教训，形成规律性认识，丰富中国特色社会主义理论体系。二是与党和国家进行的新的实践相结合。新的实践中的五位一体建设总任务，四个全面战略布局，两个一百年奋斗目标，给我们提出了哪些要求，实现这些要求，应解决哪些问题，采取什么路径解决这些问题。应该在对以上问题的解决回答中丰富发展中国化的马克思主义。

推进马克思主义中国化，做好“结合”的文章，还要进一步做好“四个分清”工作，即分清哪些是必须长期坚持的马克思主义基本原理，哪些是需要结合新的实际加以丰富发展的理论判断，哪些是必须破除的对马克思主义的教条式理解，哪些是必须澄清的附加在马克思主义名下的错误观点，以便于更好地掌握马克思主义基本原理、基本观点、基本立场、基本方法。

八　坚持马克思主义指导地位，要用习近平总书记讲话精神统一全党思想，教育全体人民

党的十八大以来，面对发展的新环境、新形势，面对全面建成小康社会、实现两个一百年奋斗目标、实现民族伟大复兴的任务，围绕实现这些任务、全面推进中国特色社会主义伟大事业，习近平总书记发表了一系列重要讲话，涉及治党治国治军、内政外交国防，内容十分丰富，思想十分深刻。讲话精神反映了我们党对新环境、新形势、新时代特点的深刻认识，体现了中国共产党对中华民族、中国人民，对社会主义、共产主义的责任担当和不懈奋斗精神，阐明了在具有许多新的历史特点的条件下，党实现新的伟大任务必须明确的理念、思路、任务与举措，体现了党对中国改革与建设经验总结的成

果，达到了党对中国特色社会主义发展规律的最新最高认识水平，是21世纪马克思主义中国化的最新成果，是马克思主义中国化、中国特色社会主义理论体系的最新内容，是党团结带领人民推进中国特色社会主义伟大事业继续前进，实现中华民族伟大复兴的指导思想。

今天，坚持马克思主义指导地位，最重要的是要用习近平总书记讲话精神统一全党思想，教育全体人民。只有用这个科学理论统一全党思想，我们党才能真正保持自己的先锋队性质，才能在社会主义市场经济下保持自己的先进性、纯洁性，才能使自己的路线方针政策准确地代表全体中国人民整体、长远、根本的利益，才能在广大人民群众中具有更大的吸引力、凝聚力和号召力，成为领导中国特色社会主义事业的坚强核心。只有用习近平总书记系列重要讲话精神教育全体人民，才能确保在社会主义市场经济条件下，在利益多元、思想观念多样的社会条件下，不同利益群体，不同文化、民族、宗教，不同职业、行业背景的人们，能够正确处理各种利益问题，解决利益矛盾，化解各种纠纷，构建共同的社会主义核心价值体系，不断增强对社会主义制度、党的领导的坚定信念，增强我们的道路自信、理论自信、制度自信，巩固中国特色社会主义的共同理想，为实现中华民族伟大复兴中国梦团结奋斗。

实现上述要求，首先要认真、扎实地学习好、研究好、宣传好习近平总书记系列重要讲话。学习好、研究好、宣传好这些讲话中承载的新思想、新理念、新战略，学习好、研究好、宣传好讲话精神中的核心要义、思想观念。今年以来在全党开展的“两学一做”活动，是这种学习的重要载体，必须使这个活动扎扎实实、坚持不懈地开展下去。对于总书记讲话精神的学习，要系统地学，要学好讲话原文，要联系我国改革与实践，联系各单位工作实际进行，要防止和克服学习中的形式主义，防止不务实的“虚功”，防止不联系实际的空洞学习，真正系统地理解、掌握好总书记讲话中的新理论、新观点、新战略，真正用总书记讲话的精神武装党员干部和广大群众头脑，剔除党员和群众中与总书记讲话精神不一致的、相悖的形形色色的思想、观念和理念。

学习、研究、宣传总书记讲话精神，重要的在于运用。不仅要用总书记讲话精神统一思想，改造我们的主观世界，而且要用讲话精神推动、指导我们的实践，改造客观世界。全党各个组织、全国广大地区，不同地域、不同行业、不同层级，都有各自不同的任务。在实施这些任务、推动事业发展的实践中，都应以总书记讲话精神为指导，弄清本地区、本行业实践的特点，在总书记阐明的新思想、新理念指导下，提出符合规律的工作思路与举措，绝不允许自觉不自觉用形形色色的错误思想观点，非马克思主义、反马克思主义的思想观点指导工作。在拟定改革方案，推出工作举措时，要坚决防止各种错误思想观念引导我们、左右我们，包括西方资产阶级的“民主观”“自由观”“法治观”，包括西方资产阶级的“新自由主义”，包括各种对中国特色社会主义事业有害的“民粹主义”“无政府主义”，等等。只有抵制这些思想影响，用当代中国的马克思主义——习近平总书记系列重要讲话精神为指导，我们全国、各个地区、各个行业的改革、建设举措、思路才会对头，任务才会准确，才会使中国特色社会主义事业沿着正确方向健康发展。

学习、研究、宣传习近平总书记系列重要讲话，必须认真贯彻落实习近平总书记关于坚持马克思主义、学习马克思主义、发展马克思主义的讲话要求。从2013年全国宣传思想工作会议起，总书记多次强调，全党要学好马克思主义基本原理，要加强党的意识形态工作，对于各种非马克思主义、反马克思主义的错误思想、观点要辨析，要批评，要批判。落实总书记这些指示，既是坚持马克思主义指导地位的紧迫任务，也是认真推进马克思主义理论创新的必然要求。

学习、研究、宣传总书记讲话精神，必须学习总书记的马克思主义立场、观点、方法。首先是对马克思主义的坚定信仰，对党的领导、社会主义制度的坚定信任，对共产主义远大目标的坚定信念。理想信念的坚定，是共产党员的精神力量之源，是党能够克服种种困难艰险的力量之源。巩固马克思主义指导地位，需要全党落实总书记要求，像总书记那样坚定理想信念。其次是要坚持马克思主义基本原理，坚持马克思主义立场、观点、方法，把这个理论当作认识世界、改造世界的武器，而不受形形色色所谓新思想、新观点的影响。再次是必须以马克思主义的态度对待马克思主义，既要坚持马克思主义科学理论指导，又要紧密联系实际，联系新的实践特点分析新情况，得出新结论，不断推进理论的创新，丰富和发展21 世纪中国的马克思主义。

（原载《世界社会主义研究》2016 年第 1 期）

要坚持中国特色社会主义政治经济学的八个重大原则

程恩富*

2015 年 12 月，中央经济工作会议公报强调，要坚持中国特色社会主义政治经济学的重大原则。本文结合知识界的不同观点，阐述其中八个重大原则。

一　科技领先型的持续原则

政治经济学的原理之一，是生产力决定生产关系，经济基础决定上层建筑，生产关系和上层建筑又具有反作用；其中，生产力是最革命、最活跃的因素，而掌握先进科技和管理方式的人，对生产力起着核心作用；生产力的发展，主要涉及劳动力、劳动资料和劳动对象三大实体性要素，以及科技、管理和教育这三大渗透性要素，其中科技具有引领生产力发展的决定性功效；人口的生产应与物质文化生产相协调，由自然环境构成的自然力应与劳动力和科技力相协调。

中国特色社会主义政治经济学必须坚持科技领先型的持续原则。它依据政治经济学的一般原理，强调解放和发展生产力是初级社会主义的根本任务，是社会主义本质的组成部分之一，是社会主义社会的物质技术基础，经济建设是中心工作；强调人口、资源与环境三者关系的良性化，应构建“人口控减提质型社会”“资源节约增效型社会”“环境保护改善型社会”的“三型社会”，高水平地实现可持续发展；强调自主创新，建设创新型国家，创新是发展的第一动力，要实施创新驱动战略。

目前，要认真贯彻习近平关于创新是引领发展的第一动力的思想。我国经济社会发展的“瓶颈”是老动力不足、新动力缺乏。党的十八届五中全会提出的创新理念，实质是解决发展动力问题，因而迫切需要通过科技创新和领先来解决动力不足问题，给经济社会可持续发展注入强大动力。从国际竞争的角度看，也只有重视知识产权优势，从企业、产业和国家层面实施知识产权战略，才能围绕品牌、技术制高点及技术标准制定等构筑企业乃至国家的竞争优势。[①] 当前，在经济新常态的格局中，只有紧紧抓住创新这个发展第一动力，才能化解“三期叠加”风险、破解产能过剩难题，实现经济结构转型升级；否则，跟不上世界科技革命步伐。只有把创新作为推动发展的第一要务，以

---

* 程恩富，中国社会科学院学部委员、学部主席团成员兼马克思主义研究学部主任。

① 韩喜平、周玲玲：《“知识产权优势理论”评析及其应用价值》，《海派经济学》2013 年第 3 期。

创新转换老动力，用创新培育新动力，使老动力焕发新活力，让新动力层出不穷，才能给经济社会可持续发展注入强劲动力。应扭转“造不如买、买不如租”“以市场换技术”等传统观念，正确处理原始创新、集成创新与引进消化再创新之间的关系。经济运行从“自发性”到“自觉化”的演进，要建立政府、市场、科技相结合的三元机制系统，体现出科技这一“决定性”元素的作用，需要在战略高度上认识科技引领配置资源的重要作用。①

二　民生导向型的生产原则

政治经济学的原理之一，是关于生产目的的理论。它揭示资本主义私有制直接和最终的生产目的是最大限度地获取私人剩余价值或私人利润，生产使用价值是为生产私人剩余价值和/或私人利润服务的。而社会主义公有制的直接和最终生产目的，是为了最大限度地满足全体人民的物质和文化需要，生产新价值和公有剩余价值是为生产使用价值服务的，因而体现了“人民主体性”和民生导向性的生产目的。

中国特色社会主义政治经济学必须坚持民生导向型的生产原则。它依据政治经济学的一般原理，强调初级社会主义的一个主要矛盾就是人民群众日益增长的物质文化需求同落后的社会生产之间的矛盾，而又好又快地发展生产和国民经济的目的，便能缓解这一主要矛盾；强调发展是硬道理，发展是第一要务，要用进一步发展的方法来解决某些发展中的问题；强调要坚持以人民为中心的发展思想，这是马克思主义政治经济学的根本立场，要坚持把增进人民福祉、促进人的全面发展、朝着共同富裕方向稳步前进作为经济发展的出发点和落脚点，部署经济工作、制定经济政策、推动经济发展都要牢牢坚持这个根本立场；强调人民主体性，发展要依靠人民、发展的目的是为了人民、发展的成果要惠及人民，改善民生就是发展，体现了社会主义性质的生产目的性原则和根本立场。

目前，落实习近平关于“改善民生就是发展”的价值导向，与社会主义生产和经济发展的根本目的是内在统一的。我们要继续坚持以经济建设为中心，坚持发展是硬道理的战略思想，变中求新、新中求进、进中突破，推动我国发展不断迈上新台阶。但是，发展生产和经济的出发点和归宿点是改善民生，因而必须以全面建设小康社会为攻坚目标，从改善民生就是发展的战略高度来谋划财富和收入分配、扶贫、就业、住房、教育、医疗卫生、社会保障七大领域的民生改善。要抓紧解决民生领域群众意见最大的某些问题，全力以赴，速补短板，限期缓解，这是新常态下民生导向性的生产原则和协调经济发展与社会发展的主要工作。正如习近平所指出的，保障和改善民生没有终点，只有连续不断的新起点，要采取针对性更强、覆盖面更大、作用更直接、效果更明显的举措，实实在在帮群众解难题、为群众增福祉、让群众享公平；要从实际出发，集中力量做好普惠性、基础性、兜底性民生建设，不断提高公共服务共建能力和共享水平，织密扎牢托底的民生保障网。

---

①　杨承训、承谕：《资源配置向“自觉化”演进：三元机制体系——学习恩格斯〈自然辩证法〉的再思考》，《海派经济学》2015 年第 4 期。

三 公有主体型的产权原则

政治经济学的原理之一，是生产不断社会化与资本主义私有制的基本矛盾，必然导致个别企业的生产经营有计划与整个社会生产和经济活动的无政府或无秩序状态之间的矛盾，导致社会生产经营的无限扩大与人民群众有支付能力的需求相对缩小之间的矛盾，导致生产和国民经济周期性地发生衰退和各种危机，以及贫富阶级对立和经济寡头垄断等一系列严重问题。因此，用生产资料公有制取代私有制，社会主义经济制度取代资本主义经济制度，是历史的必然。

中国特色社会主义政治经济学必须坚持公有主体型的产权原则。它依据政治经济学的一般原理，强调初级社会主义由于生产力相对不发达，因而必须坚持公有制为主体、国有制为主导、多种所有制共同发展的基本经济制度；强调要毫不动摇巩固和发展公有制经济，毫不动摇鼓励、支持、引导非公有制经济发展，推动各种所有制取长补短、相互促进、共同发展，同时公有制主体地位不能动摇，国有经济主导作用不能动摇，这是保证我国各族人民共享发展成果的制度性保证，也是巩固党的执政地位、坚持我国社会主义制度的重要保证；强调这一基本经济制度有别于私有制为主体、多种所有制共同发展的当代资本主义基本经济制度，如果操作得法，公有制不仅可以与市场经济有机相融，而且可以比私有制实现更高的公平与效率。同时必须看到，在当今世界国家政权还是一种必须存在的历史时期，国家所有制仍是一种具有合理性的社会主义所有制形式。

目前，必须认真领会和坚决落实习近平关于国有企业是社会主义经济基础的支柱、发展混合所有制和改革的目的是为了做强做优做大国有企业等战略思想和方针，吸取过去国有企业改革形成暴富阶层的严重教训，重点发展公有资本控股的双向混合的混合所有制，大力发展农村村级集体层经济和合作经济，提升公有经济的活力、竞争力、控制力和抗风险力。应牢固确立邓小平关于发展私有制的目的是为发展公有制和社会主义经济服务的基本思想。对于中外私有经济，不仅要支持，更要引导和监管，以发挥其正能量，减少负效应。依据资本主义国家的先进经验和华为企业的某些超前做法，我国应鼓励和引导私营企业开展职工持股的改革，以推动劳资两利，共同富裕。

四 劳动主体型的分配原则

政治经济学的原理之一，是生产关系中的所有制决定分配关系，资本主义私有制决定分配上必然是按资分配，雇佣劳动者只能凭借法律上的劳动力所有权获得劳动力的价值或作为其转化形式的广义工资。在这个大框架和前提下，雇佣劳动者在某一企业的具体工资与具体岗位和绩效挂钩，但这不属于社会主义经济性质的按劳分配。而某些企业、某些部门和全社会的雇佣阶级总体工资状况，则取决于与资产阶级的实际斗争及其成效。资本主义私有制范围内的分配，表象是按生产要素的贡献分配，其实质是按生产要素的产权分配。

中国特色社会主义政治经济学必须坚持劳动主体型的分配原则。它依据政治经济学的一般原理，强调初级社会主义由于生产力相对不发达，由于坚持公有制为主体、多种所有制共同发展的产权制度，因而必然实行按劳分配为主体，各种生产要素凭借产权的贡献参与分配这一基本分配制度；强调消灭剥削、消除两极分化，逐步实现共同富裕，这是社会主义的一个本质内容；强调共同富裕是中国特色社会主义的重要原则，要完善按劳分配为主体、多种分配方式并存的基本分配制度（党的十八大报告用语）；强调要缩小收入差距，坚持居民收入增长和经济增长同步、劳动报酬提高和劳动生产率提高同步，健全科学的工资水平决定机制、正常增长机制、支付保障机制，完善最低工资增长机制，完善市场评价要素贡献并按产权贡献分配的机制。

目前，要落实党的十八届五中全会公报提出坚持共享发展的新理念，必须坚持发展为了人民、发展依靠人民、发展成果由人民共享，做出更有效的制度安排，使全体人民在共建共享发展中有更多获得感；要增强发展动力，增进人民团结，朝着共同富裕方向稳步前进。只有将资源配置的目标着眼于共同富裕，社会生产才能健康稳定地运行，才能显示社会主义制度的优越性。① 坚持共享发展，主要涉及到民生和共同富裕的问题，其中分配问题当下最为突出。我国现在财产和收入的分配差距都比较大，基尼系数超过美国；1%最富家庭已拥有我国家庭财产的三分之一，与美国相同。要注意的是，贫富分化的第一指标不是收入。收入只是财富的流量，而关键是财富的存量，即家庭净资产。家庭净资产才是衡量贫富分化的首要指标。② 最近十几年来，党中央文件一直强调要“缩小收入差距”，但在学界和政界一直有争议，甚至有文章笼统地赞扬“富豪是经济引擎，也应是社会楷模”。一种极其流行的错误观点认为，目前贫富差距问题不是首要问题，不是非公经济的大规模发展导致的，而所谓“中等收入陷阱”才是需要担心的问题。事实上，正是发明“中等收入陷阱”一词的新自由主义导致拉美国家陷入所谓中等收入陷阱，导致高收入的美欧日国家陷入金融危机、财政危机和经济危机，导致低收入的非洲等国家陷入发展缓慢。现在，我国只有尽快落实邓小平多次强调在20世纪末就要把解决贫富分化和共同富裕的问题提到议事日程上的指示，遵照劳动主体型的分配原则来改革财富和收入的分配体制机制，才能真正使共享发展和共同富裕落到实处，使广大劳动人民满意。③

五　国家主导型的市场原则

政治经济学的原理之一，是价值规律是商品经济的基本矛盾即私人劳动或局部劳动和社会劳动之间矛盾运动的规律，其内涵是：商品的价值量由生产商品的社会必要劳动时间所决定，生产某种商品所耗费的劳动时间在社会总劳动时间中所占比例须符合社会需要，即同社会分配给这种商品的劳动时间比例相适应，且商品交换按照价值量相等的

---

① 许友论：《资源配置的根本目标是共同富裕》，《管理学刊》2015年第5期。

② 据2015年10月17日《参考消息》报道，最新胡润财富报告说，中国亿万富翁人数已经超过美国。这份追踪财富状况的调查报告说，中国经济虽然放缓，但是2015年亿万富翁人数增加了242人，达到596人。相比之下，美国亿万富翁人数为537人。上述中国亿万富豪人数不包括港澳台地区。

③ 卫兴华：《中国特色社会主义经济理论的坚持、发展与创新问题》，《马克思主义研究》2015年第10期。

原则进行，而供求关系、竞争和价格波动在资源配置中的作用以市场价值为基础，是价值规律的具体实现形式；在社会主义国家的计划经济中，按比例规律主要表现为整个社会内有组织的分工与生产单位内部有组织的分工相结合，按比例规律靠占支配和主体地位的计划规律和占辅助地位的价值规律相结合来实现；在资本主义市场经济中，按比例规律主要靠价值规律自发调节，计划调节或国家调节作用较为有限。

中国特色社会主义政治经济学必须坚持国家主导型的市场原则。它依据政治经济学的一般原理，强调社会主义可以实行市场经济，而社会主义本身包含国民经济的有计划和按比例发展，要在国家调控主导下发挥市场在资源配置中的基础性作用，使市场在一般资源配置中起决定性作用和更好发挥政府作用；强调着力解决市场体系不完善、政府干预过多和监管不到位问题，就必须积极稳妥从广度和深度上推进市场化改革，大幅度减少政府对资源的直接配置，推动资源配置依据市场规则、市场价格、市场竞争实现效益最大化和效率最优化；强调政府的职责和作用主要是保持宏观经济稳定，加强和优化公共服务，保障公平竞争，加强市场监管，维护市场秩序，推动可持续发展，促进共同富裕，弥补市场失灵。

目前，应贯彻习近平关于“要坚持社会主义市场经济改革方向，坚持辩证法、两点论，继续在社会主义基本制度与市场经济的结合上下功夫，把两方面优势都发挥好”① 的讲话精神，充分认识在我国社会主义市场经济中，市场调节规律（或价值规律）主要是在一般资源的配置领域发挥决定性作用，但发挥作用的条件与资本主义市场经济不同。市场决定资源配置是市场经济的一般规律，但社会主义经济决定资源配置是有计划按比例发展规律，需要将市场决定性作用和更好发挥政府作用看作一个有机的整体。既要用市场调节的优良功能去抑制“国家调节失灵”，又要用国家调节的优良功能来纠正“市场调节失灵”，从而形成高功能市场与高功能政府、高效市场与高效政府的“双高”或“双强”格局。② 显然，由于我国社会主义市场经济是建立在公有制为主体、国有制为主导、多种所有制共同发展的基础之上的，包括人大、政府在内的整个国家从法律、经济、行政和伦理等多方面的调节力度和广度，必然略大于资本主义市场经济下的调节能力，从而可以显示出中国特色社会主义市场经济的优势和高绩效。

我们不能因为国家规划、计划和调节是有人参与的，就否认其中包含客观性，进而认为“国家调节规律”“计划规律”等概念不成立。照此逻辑推论，市场活动也是有人参与的，其主体就是人，那也就不存在“市场调节规律”“价值规律”等相似的概念。市场调节说到底，是经济活动的自然人和法人的行为变动，也可以说就是企业的行为或调节，如产品、价格和竞争等方面的所作所为。因此，市场调节规律和国家调节规律都是在形式上具有人的活动主观性，在内容上具有人的活动客观性；良性而有效的微观和宏观经济活动，要求在企业和政府工作的所有人，均应努力使人的主观能动性符合有人参与的经济活动的客观规律性，以便实现主客观的有效统一性。

---

① 习近平在主持中共中央政治局就马克思主义政治经济学基本原理和方法论进行第二十八次集体学习时的讲话，新华网北京 2015 年 11 月 24 日。

② 刘国光、程恩富：《全面准确理解市场和政府的关系》，《毛泽东邓小平理论研究》2014 年第 2 期。

六　绩效优先型的速度原则

政治经济学的原理之一，是经济增长速度与经济发展绩效要互相协调，有较高绩效的增长速度是最佳速度；资源没有充分利用的较低增长速度，不利于充分就业、积累财富和提升福利，而资源粗放利用的较高增长速度，又不利于保护生态环境、节约资源和积累真实财富；要辩证分析和对待国内生产总值这一指标，它既有积极作用又有严重缺陷，不应过度追求；经济增长与经济发展，经济效率、经济效益与经济绩效，都是有异同点的，应突出经济发展的整体绩效优先的经济增长速度。

中国特色社会主义政治经济学必须坚持绩效优先型的速度原则。它依据政治经济学的一般原理，强调我国 20 世纪 80 至 90 年代在不断提高经济效益的基础上，国内生产总值大体翻两番，而到 2020 年，将实现国内生产总值和人均国内生产总值比 2010 年翻一番，基本建成全面小康社会；强调在高速增长 30 多年的情况下，从 2013 年开始我国进入经济新常态，其标志之一是从高速增长转向中高速增长，重点是过去突出增长速度的粗放型经济发展方式向突出经济绩效的集约型经济发展方式转变，以提质增效为中心。

目前，要切实贯彻 2015 年末中央经济工作会议关于“推动经济发展，要更加注重提高发展质量和效益。稳定经济增长，要更加注重供给侧结构性改革”的精神。我国经济下行压力不断增大，其原因主要在于长期形成的结构性矛盾和粗放型增长方式尚未根本改变，高度依赖物质投入和资源消耗，自主创新能力不强。国内外形势的新变化，迫切需要推动我国经济从速度型发展向质量型发展升级，实现发展动力的转换、发展模式的创新、发展路径的转变、发展质量的提高。我国经济应向形态更高级、分工更复杂、结构更合理的阶段演化，经济发展方式应从规模速度型粗放增长转向质量效率型集约增长，经济结构应从增量扩能为主转向调整存量、做优增量并存的深度调整，经济发展动力应从传统增长点转向新的增长点，以便从总体上坚持绩效优先型的速度原则。

七　结构协调型的平衡原则

政治经济学的原理之一，是按比例分配社会劳动的规律（简称按比例规律）是社会生产与社会需要之间矛盾运动以及整个国民经济协调发展的规律，其内在要求是，表现为人财物的社会总劳动要依据需要按比例地分配在社会生产和国民经济中，以便保持各种产业和经济领域的结构平衡；在社会再生产中，各种产出与社会需要在使用价值结构和价值结构上均保持动态的综合平衡，从而实现在既定的生产经营水平下以最小的劳动消耗来取得最大的生产经营成果；广义的经济结构协调表现为合理化和不断高级化，包括产业结构、地区结构、外贸结构、企业结构、技术结构、供求结构、实体经济结构与虚拟经济结构等。

中国特色社会主义政治经济学必须坚持结构协调型的平衡原则。它依据政治经济学的一般原理，强调我国产业结构应从中低端向中高端提升，一、二、三次产业内部和之间在不断现代化基础上保持平衡，省市和区域结构应异质化发展，外贸结构应增加高新技术含量和自主品牌，企业结构应构建我国大型企业集团支配、中小企业和外资企业并存的格局，技术结构应增大我国自主创新核心技术和自主知识产权比重，供求结构应保持供给略大于需求的动态总量平衡，金融发展应为实体经济服务，虚拟经济不宜过度发展，新型工业化、信息化、城镇化、农业现代化应相互协调。

目前，要贯彻以习近平为总书记的党中央关于经济新常态和结构性改革的理论和方针政策，要在适度扩大总需求的同时，着力加强供给侧结构性改革，抓紧各种经济结构和重大经济比例的调整和改革，特别是加快缓解结构性产能过剩。要有针对性地去产能、去库存、去杠杆、降成本、补短板，提高供给体系质量和效率，提高投资有效性，加快培育新的发展动能，改造提升传统比较优势，增强持续增长动力。要消除一种长期流行的错误观点，认为只需要克服行政干预的经济过剩，而市场化形成的产能过剩和产品过剩是正常的，会自动平衡的，不用事先、事中和事后来积极预防和解决。这种新自由主义谬论及其做法既是形成我国结构性产能大量过剩的重要原因，又会妨碍向中央经济工作会议精神看齐和落实工作，必须予以消除。

八　自力主导型的开放原则

政治经济学的原理之一，是依据国际分工、国际价值规律、国际生产价格、国际市场、国际贸易、国际金融、经济全球化等理论，在一国条件具备的情况下经济适度对外开放，有利于本国和世界的经济增长、资源优化配置、产业和技术互动、人才发挥作用等；一国对外经济开放的方式、范围和程度等，应视国内外复杂多变的情况而灵活有序地进行，发展中国家对发达国家的开放更要讲求战略和策略，因为开放的实际综合利益具有一定的不确定性。

中国特色社会主义政治经济学必须坚持自力主导型的开放原则。它依据政治经济学的一般原理，强调我国要在自力更生主导的基础上坚持双向对外开放基本国策，善于统筹国内国际两个大局，利用好国际国内两个市场、两种资源，发展更高层次的开放型经济，积极参与互利共赢型的全球经济治理，同时坚决维护我国发展利益，积极防范各种风险，确保国家经济安全；强调引进来与走出去并重、后发优势与先发优势并重的方针，要大力发展中方控股份、控技术（核心技术和技术标准）和控品牌（世界名牌）的“三控型”跨国公司，防止陷入传统的“比较优势陷阱”，实行自主知识产权优势理论和战略。

目前，贯彻2015年末中央经济工作会议精神，要继续抓好优化对外开放区域布局，防止区域开放的雷同化和恶性竞争；要推进外贸优进优出，提高国际分工的层次，加强国际产能和装备制造合作，妥善开展自贸区及投资协定谈判，积极参与全球经济治理，在充分利用中资和外汇储备的基础上有效利用外资；要尽快借鉴日本、韩国和美国对待外国企业的经验和措施，防止外企在中国的“斩首”性兼并和支配日渐增多的产业部门和大众化网站等，大力提升对外开放的质量、层次和绩效；要加快“一带一路”的国际合作和建设措施，发挥好亚投行、丝路基金等机构的融资支撑作用，抓好重大标志性工程落地；要积极利用人民币的国际化优势，但资本项目近期不宜开放，以有效抵御金融风险，维护国家金融安全和国民利益。

（原载《经济纵横》2016年第3期）

论治国理政的"底线思维"

李崇富*

党的十八大以来，习近平同志在我们党治国理政中的一项理论和实践创新，就是向全党尤其是领导干部提出了"底线思维"概念和"强化底线思维"、固守"底线"要求。2013 年 6 月 28 日，习近平在全国组织工作会议上的讲话中指出："学习是进步的阶梯。干部要勤于学、敏于思，认真学习马克思主义理论特别是中国特色社会主义理论体系，掌握贯穿其中的立场、观点、方法，提高战略思维、创新思维、辩证思维、底线思维能力，正确判断形势，始终保持政治上的清醒和坚定。"在我们党的方法论中，讲"战略思维""创新思维"和"辩证思维"，都是早已有之的概念和要求；而提出"底线思维"概念和要求全党领导干部"强化底线思维"、提高"底线思维能力"[①]，则是第一次。故此，学习和坚持"底线思维"，对于全党学习和贯彻党的十八大精神，在治国理政中增强坚持和发展中国特色社会主义的自觉性和坚定性，是必要而有益的。

一　建设"初级阶段的社会主义"必须有"底线思维"

在马克思主义哲学看来，物质世界和人类社会的一切事物，都是在其发展变化中既保持着自身质的规定性和确定的界限，又会在越过一定界线的条件下而改变其性质，甚至转化为自己的对立物。据此，"马克思主义辩证法的基本原理是：自然界和社会中的一切界限都是有条件的和可变动的，没有任何一种现象不能在一定条件下转化为自己的对立面"[②]。这条哲学原理要求当代中国共产党人：为了坚持和发展中国特色社会主义，就必须在"全面深化改革"中，既要继续解放思想，勇于实践探索和理论创新，又要坚守一些必不可少的"底线"，坚持正确的政治方向；否则它也会"在一定条件下转化为自己的对立面"。这就是习近平要求领导干部提高"底线思维能力"和必须守住"底线"的哲理根据。

照我的理解，习近平所说的治国理政中的"底线"（亦称"红线""警戒线""高

---

* 李崇富，中国社会科学院学部委员、马克思主义研究院教授，中国历史唯物主义学会名誉会长。

① 《习近平谈治国理政》，外文出版社 2014 年版，第 417、202 页。

② 《列宁选集》第 2 卷，人民出版社 2012 年版，第 693 页。

压线”和“带电的高压线”[1]）和“底线思维”，前者主要是指我们共产党人绝对不应触碰、践踏和逾越的那些事关中国共产党的兴衰成败、中国特色社会主义的前途命运、中国工人阶级和广大人民的长远和根本利益的原则界线；后者则是指在人们思想观念中应当具有明确的“底线意识”和对各种“底线”的敬畏，以期在行动上时刻清醒地保持和增强坚守“底线”的坚定性与自觉性。

习近平倡导治国理政的“底线思维”，之所以同党和人民的事业具有生死攸关的意义，就在于党中央在新时期带领全党全国各族人民，通过改革开放，开创、坚持和发展中国特色社会主义事业具有探索性、创新性和风险性。对此，邓小平说：“我们现在干的事业是全新的事业”、“是天翻地覆的事业，是伟大的实验，是一场革命”；而且“这是个很大的试验，是书本上没有的”、“这是要冒很大风险的”。[2] 正是因为这种探索性、创新性和风险性，以及由此可能造成的失误、挫折，乃至某种失败，所以全党和各级领导干部就必须坚持“底线思维”和“强化底线思维”，以便有效地防止在改革和建设的决策及其贯彻中“犯颠覆性”错误。更何况，我们建设中国特色社会主义，在长达百余年内，只能建设“初级阶段的社会主义”。这是“事实上不够格”的社会主义。[3] 其主要表现：一是我国目前在社会生产力的发展状况上“不够格”，还远没有创造出比资本主义发达国家“新的高得多的劳动生产率”，尚未造成使“资本主义可以被最终战胜”[4] 的物质技术基础；二是我国在这期间的社会生产关系上也“不够格”，还不宜实行完全和成熟的社会主义生产关系，即在社会主义初级阶段只宜实行“公有制为主体、多种所有制经济共同发展”的基本经济制度，以便在毫不动摇地发展公有制经济的同时，也毫不动摇地鼓励、支持、引导各种非公经济发展，繁荣社会主义市场经济。这就要求：我国在建设“初级阶段的社会主义”中，必须适当利用非社会主义的乃至资本主义的某些因素，以利于发展中国特色社会主义事业。其中包括利用私人资本和外来资本（如港、澳、台的资本和外国资本）的积极性来搞活经济，并在对外经贸交往与竞争中，在有关规则和惯例上还应同“国际接轨”，以利于发展国际经济合作，加速我国社会主义现代化进程。这是必要、正确和有益的。显然，这种“利用”和“被利用”，是一种常态。但重要的是，必须对其分寸、“底线”和“临界度”，要有预见、前瞻和成算，做到心中有数、把握得住、拿捏得好，才有益于我国社会主义事业；否则就可能具有较大风险，甚至反而会被西方垄断资本所控制和算计，从而导致挫折、失误、曲折，乃至某种失败。我以为，习近平提倡“底线思维”“强化底线思维”和要求固守“底线”，其根本的出发点和最大的社会背景，就是如此。

为了有助于当代中国共产党人特别是领导干部提高“底线思维能力”“强化底线思维”的自觉性，就必须研究和把握确定其“底线”和规范“底线思维”的客观依据及其原则性。

第一，关于确定治国理政的“底线”及规范“底线思维”的历史依据和科学性原

① 中共中央纪律检查委员会、中共中央文献研究室编：《习近平关于严明党的纪律和规矩论述摘编》，中央文献出版社、中国方正出版社2016年版，第23、24、61、69、77、90页。

② 《邓小平文选》第3卷，人民出版社1993年版，第254、156、130页。

③ 同上书，第3、252、225页。

④ 《列宁专题文集·论社会主义》，人民出版社2009年版，第151页。

则。当代中国共产党人在治国理政中确定其必须固守的“底线”和规范“底线思维”的时候，最为根本的历史依据，是遵照历史唯物主义，认识当今世界，顺应历史潮流，尊重人类历史所固有的客观规律，走历史必由之路。因为，这体现了科学性原则的客观要求和社会发展进步的必然趋势，体现了工人阶级及其共产党人的历史使命。邓小平说：“马克思主义是科学。它运用历史唯物主义揭示了人类社会发展的规律。封建社会代替奴隶社会，资本主义代替封建主义，社会主义经历一个长过程发展后必然代替资本主义。这是社会历史发展不可逆转的总趋势，但道路是曲折的。”① 我认为，习近平要求当代中国共产党人在治国理政中必须提高“底线思维能力”和固守“底线”，从根本上说，就是要在改革开放和现代化建设中，防止犯“颠覆性”的错误，防止出现历史性曲折和社会倒退。

第二，关于确定治国理政的“底线”及规范“底线思维”的国情依据和现实性原则。当代中国共产党人在治国理政中确定其必须固守的“底线”和规范“底线思维”的时候，要遵循马克思列宁主义及其科学社会主义的基本观点、基本原理和基本原则，但同时必须同国情和时代特征相结合，而不能简单地照搬马列主义个别的词句和结论。马克思和恩格斯多次说过：《共产党宣言》中“这些原理的实际运用，正如《宣言》中所说的，随时随地都要以当时的历史条件为转移”②。而邓小平所开创的“建设有中国特色的社会主义”事业本身，就是在“和平与发展”成为时代主题的条件下，“把马克思主义的普遍真理同我国的具体实际结合起来，走自己的道路”③ 的产物。所以，当代中国共产党人在治国理政中确定其必须固守的“底线”和规范“底线思维”之时，既要遵循科学社会主义的基本原则，又要依据我国社会主义初级阶段的基本国情，以及当今世界的历史条件，而使这两者在我国实践中达到具体和历史的统一。即当代中国共产党人在确定其“底线”和规范“底线思维”中的科学性原则必须同现实性原则相结合，理性思维的主观逻辑必须反映实践的客观逻辑。

第三，关于确定治国理政的“底线”及规范“底线思维”的阶级立场的依据和阶级性原则。当代中国共产党人在治国理政中确定其必须固守的“底线”和规范“底线思维”的时候，必须坚持自己的党性原则。而这种党性原则，实际上是无产阶级的阶级性原则的集中体现，因为共产党是无产阶级政党，必须坚持无产阶级立场，维护无产阶级和人民群众的根本利益。马克思和恩格斯在《共产党宣言》中回答“共产党人同全体无产者的关系是怎样的”问题时，指出：“共产党人不是同其他工人政党相对立的特殊政党。他们没有任何同整个无产阶级的利益不同的利益。他们不提出任何特殊的原则，用以塑造无产阶级的运动。”④ 中国共产党在领导全国各族人民建设“初级阶段的社会主义”中，尽管还不能立即地、全部地消灭生产资料私有制、消灭雇佣劳动、消灭剥削和消灭一切阶级，但这是为了今后更好地前进，而在现阶段所必须作出的适度变通、让步与后退，即只是为了逐步达到而决不是要放弃“共产主义革命就是同传统的所有制关系实行最彻底的决裂；毫不奇怪，它在自己的发展进程中要同传统的观念实行

① 《邓小平文选》第3卷，人民出版社1993年版，第382—383页。
② 《马克思恩格斯文集》第2卷，人民出版社2009年版，第5、15页。
③ 《邓小平文选》第3卷，人民出版社1993年版，第3页。
④ 《马克思恩格斯文集》第4卷，人民出版社2009年版，第3页。

最彻底的决裂”① 这个长远目标，更不是背道而驰。

第四，关于确定治国理政的“底线”及规范“底线思维”的法纪依据和法治性原则。当代中国共产党人在治国理政中确定其必须固守的“底线”和规范“底线思维”的时候，必须有法律依据和遵循社会主义法治原则。新时期，我国在总结实践探索经验的基础上，所逐步形成和不断完善以《中华人民共和国宪法》为核心的中国特色社会主义法律体系，是我国改革开放和现代化建设的法制保障，是全国人民一切思想和行动的基本规范，是维护社会稳定和法治秩序的行为准则。我国宪法和法律规范本身，就是人人必须遵守，党员领导干部尤其要带头遵守，而不容触碰的“法律红线”、不容逾越的“法律底线”。对此，习近平强调说：“各级领导干部要带头依法办事，带头遵守法律，对宪法和法律保持敬畏之心，牢固确立法律红线不能碰触、法律底线不能逾越的观念，不要去行使依法不该由自己行使的权力，也不要去干预依法自己不能干预的事情，更不能以言代法、以权压法、徇私枉法，做到法律面前不为私心所扰、不为人情所困、不为关系所累，不为利益所惑。不懂这个规矩，就不是合格的干部。”② 同时，党员和干部的标准要高于公民标准，即既要严守法律，又要遵守党章，除了固守“法律底线”，还要守住“党纪底线”。因此，习近平说：“坚持高标准与守底线相结合。全面从严治党，必然要求依规治党与以德治党紧密结合。道德使人向善，是纪律的必要前提和基础；纪律用来惩恶，是道德的坚强后盾和保障。新修订的准则，扣紧‘廉洁自律’这个主题，坚持正面倡导、重在立德，重申党的理想信念宗旨、优良传统作风……这是高标准，展现了共产党人高尚的道德追求；而新修订的条例，围绕着党纪戒尺要求，开列‘负面清单’、重在立规，划出了我们党组织和党员不可触碰的底线，这都是很清晰的。”③

二 当代中国共产党人“底线思维”的主要指向和基本维度

所谓“底线思维”的主要指向和基本维度，是基于我们党确定治国理政的“底线”和规范“底线思维”的客观依据和基本原则，而在实际上所需要展开的“底线思维”的基本意蕴、实质内容和原则界限。

从总体看，中国共产党人在新时期治国理政的“底线思维”的主要指向和基本维度，就是要遵循邓小平在改革开放之初所提出的“坚持四项基本原则”，是我们党在社会主义初级阶段“以经济建设为中心”的基本路线中，同“坚持改革开放”紧密结合、不可或缺和不容分离的“两个基本点”之一。1979 年 3 月 30 日，邓小平在党的理论工作务虚会上明确指出：“中央认为，我们要在中国实现四个现代化，必须在思想政治上坚持四项基本原则。这是实现四个现代化的根本前提。这四项是：第一，必须坚持社会主义道路；第二，必须坚持无产阶级专政；第三，必须坚持共产党的领导；第四，必须坚持马列主义、毛泽东思想。”他要求：“每个共产党员，更不必说每个党的思想理论

① 《马克思恩格斯文集》第 2 卷，人民出版社 2009 年版，第 52 页。

② 中共中央纪律检查委员会、中共中央文献研究室编：《习近平关于严明党的纪律和规矩论述摘编》，中央文献出版社、中国方正出版社 2016 年版，第 93—94 页。

③ 同上书，第 65—66 页。

工作者，决不允许在这个根本立场上有丝毫的动摇。如果动摇了这四项基本原则中的任何一项，那就动摇了整个社会主义事业，整个现代化建设事业。”①

在这里，尽管邓小平没有把“坚持四项基本原则”称为我们共产党人在治国理政中必须始终固守、不可逾越的根本“底线”，但实际上，其中已经包含着这样的内容和要求。从那时以来，鉴于在我国社会主义体制改革、发展市场经济中，有不少党员干部或者尽量少讲甚至回避讲“四项基本原则”，或者虽然在口头上抽象肯定但在行动上却实际否定“四项基本原则”的情况，已不是偶然和个别现象。因此，我们党必须通过提倡“底线思维”——用以论证在一些重大问题上何为“底线”，以及如何固守这些“底线”的道理——使其在中国特色社会主义的经济、政治、文化和国际关系等维度上，把为“坚持四项基本原则”所必不可少的那些“底线”具体化，并使之成为一切共产党人，特别是领导干部不容碰触的“红线”“警戒线”和“带电的高压线”，以期增强其在坚持和发展中国特色社会主义中固守“底线”的原则性、自觉性和坚定性。

其一，就“底线思维”的经济维度而言，坚持和发展中国特色社会主义在现阶段的“底线”至少有三条。一是在实行法定的中国特色社会主义基本经济制度之时，即在社会主义初级阶段实行公有制为主体、多种所有制经济共同发展和国有经济是国民经济中的主导力量的基本经济制度之时，要真正地“坚持公有制为主体”和不让搞“私有化”，就必须有一条明确的质与量相统一、逐步趋近而不是远离完全社会主义的经济标准，特别是要有起码的、不可逾越、不能再后退的公有制经济的“底线”。二是我国现阶段在实行“鼓励一部分地区、一部分人先富裕起来”的政策之时，尽管这“是为了带动越来越多的人富裕起来，达到共同富裕的目的”②，但实际上，我国在贫富差距上却出现了拉开过快过大的情况下，“也要有一些限制”，要有一条限制贫富差距的“底线”，决不容许走上使“我们的政策导致两极分化”和产生“新的资产阶级”的“邪路”。③ 三是我国经济建设为顺应经济全球化趋势，当然要长期坚持、扩大和深化对外开放，大胆吸收和借鉴人类社会创造的一切文明成果，以加速我国现代化进程，但必须有一条不能逾越的“底线”，就是“必然要以自力更生为主”④，决不允许外国垄断资本及其跨国公司掌控社会主义中国的经济命脉，以维护我国经济主权和经济安全。

对于守住这第三条经济“底线”，邓小平在主张我国“坚定不移地实行对外开放政策，在平等互利的基础上积极扩大对外交流”的同时，强调说：“独立自主，自力更生，无论过去、现在和将来，都是我们的立足点。中国人民珍惜同其他国家和人民的友谊和合作，更加珍惜自己经过长期奋斗而得来的独立自主权利。任何外国不要指望中国做他们的附庸，不要指望中国会吞下损害我国利益的苦果。”这是因为，“像中国这样大的国家搞建设，不靠自己不行，主要靠自己，这叫做自力更生。但是，在坚持自力更生的基础上，还需要对外开放，吸收外国的资金和技术来帮助我们发展”。⑤ 理论和事

---

① 《邓小平文选》第 2 卷，人民出版社 1994 年版，第 164—165、173 页。

② 《邓小平文选》第 3 卷，人民出版社 1993 年版，第 142 页。

③ 同上书，第 111 页。

④ 《邓小平文选》第 2 卷，人民出版社 1994 年版，第 257 页。

⑤ 《邓小平文选》第 3 卷，人民出版社 1993 年版，第 3、78 页。

实都表明：任何一个大国，尤其是一个发展中的社会主义大国，要由一个农业国发展为现代化的工业国，当然要对外开放，但只能以自力更生为主、争取外援为辅；仅靠“引进”而不大力创新，永远不可能赶超发达国家。用金钱买不来现代化。所谓“造不如买、买不如租”的说法和做法，是错误而有害的。这对于社会主义中国来说，无异于与虎谋皮，难免受制于人。

其实，更为根本的一条“底线”，是必须实际而真正地坚持中国特色社会主义经济制度。按照科学社会主义原理，一个社会主义国家（社会）及其经济基础的性质，是由基于生产力发展要求的公有制的社会经济结构所决定的。因此，不建立、巩固和完善生产资料公有制及按劳分配的生产关系，即社会主义经济的基础，就不是社会主义国家（社会）。为此，我国宪法明确规定：

“第六条　中华人民共和国的社会主义经济制度的基础是生产资料的社会主义公有制，即全民所有制和劳动群众集体所有制。社会主义公有制消灭人剥削人的制度，实行各尽所能、按劳分配的原则。

“国家在社会主义初级阶段，坚持公有制为主体、多种所有制经济共同发展的基本经济制度，坚持按劳分配为主体、多种分配方式并存的分配制度。

“第七条　国有经济，即社会主义全民所有制经济，是国民经济中的主导力量。国家保障国有经济的巩固和发展。”①

这表明，我国在社会主义初级阶段，为适应生产力发展水平多层次的状况，所实行的“坚持公有制为主体、多种所有制经济共同发展的基本经济制度”，以及由它客观上决定的“坚持按劳分配为主体、多种分配方式并存的分配制度”，毫无疑问，都是正确和必要的。但必须指出，它相对于我国社会主义的根本经济制度的规定，即“中华人民共和国的社会主义经济制度的基础是生产资料的社会主义公有制，即全民所有制和劳动群众集体所有制。社会主义公有制消灭人剥削人的制度，实行各尽所能、按劳分配的原则”，是做了让步、打了折扣的。即使真正地坚持了包括“公有制为主体”在内的“社会主义初级阶段的基本经济制度”，因其还没有把完全消灭私有制经济、消灭阶级差别、“消灭人剥削人”的现象，作为直接的实践目标，故而也只是基本上维持着国家（社会）的社会主义的方向和性质。可以说，公有制经济及其按劳分配一旦丧失其“主体”地位，那就没有中国特色社会主义。因此关键的问题是：“坚持公有制为主体”和“按劳分配为主体”必须名副其实，必须具有在其质上和量上相统一的明确的尺度和不可逾越的“底线”；否则，就是一句空话、套话和口号。党中央权威文献提出和多次重申发展公有经济和非公经济中，要坚持两个“毫不动摇”；习近平多次强调国有企业在“全面深化改革”中，必须“做大做优做强”。然而，由于在坚持公有制的主体地位和发挥国有经济的主导作用的规定中，没有明确的、可验证的、实际的尺度和“底线”，从而在经济改革中一再地被“西方新自由主义”的错误论调和荒唐主张所误导，以至于在短时间内，当我国私有经济（也称“民营经济”）迅猛地膨胀到“三分天下有其二”，使得公有制的“主体”地位非常脆弱甚至岌岌可危的情况下，我国党政机关中某些掌握着改革操作实权的人物，还要按照世界银行对我国推行私有化的“建议”，曲解

① 中共中央文献研究室编：《改革开放三十年重要文献选编》（上），中央文献出版社 2008 年版，第 301 页。

和利用党中央关于"全面深化改革"、发展"混合经济"和强农惠农等正确决策，想要继续挤压国有企业的发展空间、推行金融自由化和变相搞农地私有化。可见，在我国经济体制改革中，确定"坚持公有制为主体"和"按劳分配为主体"的不可逾越的"底线"及支撑它的"底线思维"，是事关中国特色社会主义前途命运的一件大事，切不可掉以轻心！

其二，就"底线思维"的政治维度而言，坚持和发展中国特色社会主义在现阶段的"底线"至少有五条。一是必须始终坚持我国工人阶级（经过共产党）领导的、以工农联盟为基础的人民民主专政的国体，即在发展社会主义民主和法制之时，决不能放弃作为我国无产阶级专政之实行形式的人民民主专政，包括坚持共产党对军队的绝对领导，决不搞"军队国家化"。二是必须始终坚持和不断完善人民代表大会的根本政治制度的政体，决不照搬西方"两院制"和"三权分立"的资产阶级国家的政体。三是必须始终坚持和不断完善共产党领导的多党合作和政治协商的基本政治制度，决不能照搬西方资产阶级多党制。四是必须始终坚持和不断完善民族区域自治制度，维护国家统一和民族团结，反对民族分裂和地区分裂势力及其分裂活动，反对大汉族主义和地方民族主义。五是必须始终坚持和不断完善基层群众自治制度，引导基层群众依法自己管理自己、自己教育自己、自己提高和完善自己，劳动人民是社会的主体、国家的主人，是历史发展的根本动力，坚持党的群众路线，不搞"精英政治"。

以上五项法定的政治制度及其不可逾越的政治"底线"，综合起来，就是我国社会主义的政治上层建筑。在唯物史观看来，经济是基础，政治是根源于和主导经济工作的生命线。故此，从政治维度上把握好"底线思维"的关键，需要我们既唯物又辩证地理解和对待政治与经济的内在关联。在建设"初级阶段的社会主义"及其改革开放中，我们党在政治上"守住底线"的根基，就是要始终依靠和服务于社会主义经济基础，要始终维护公有制的主体地位、发挥国有经济的主导作用。如果削弱、动摇和丧失了这种地位和作用，那么上层建筑势必会跟着变，则任何政治"底线"的崩溃，那是迟早的事情。在我们社会主义国家，能够避免这种悲剧的根本政治保障，是要不断加强共产党的建设，实现党的坚强正确的政治领导。坚持和发展中国特色社会主义关键在党；否则，就如邓小平所说："中国要出问题，还是出在共产党内部。"① 因此，我们党从政治维度上确定和固守"底线"的根本，是要根据中央和习近平总书记的要求，"全面从严治党"，坚决整治党内所存在的思想混乱、政治软弱、组织涣散、法纪废弛、作风腐化等突出问题，以理想、信念和党性教育为重点，学用和创新马克思主义理论，抓好党的全面建设，真正增强党的执政能力和拒腐防变能力，永葆工人阶级政党的革命性、先进性、纯洁性，永葆无产阶级先锋队的政治本色，实践为人民服务的宗旨，把推进党的建设新的伟大工程落到实处。只有这样，我们党政干部队伍才能经受住来自国内外的各种压力和考验，抵制权力、金钱、美色的诱惑，做到牢记历史使命，依靠人民群众，使马克思主义"老祖宗不能丢"②、党不能变质、国不能变色，永远立于不败之地。

其三，就"底线思维"的思想文化维度而言，坚持和发展中国特色社会主义在现阶段的"底线"至少有五条。一是在建设中国特色社会主义文化（精神文明）——面

① 《邓小平文选》第3卷，人民出版社1993年版，第380页。

② 同上书，第369页。

向现代化、面向世界、面向未来的，民族的科学的大众的文化中，必须坚持“为人民服务、为社会主义服务”的方向，实行“百花齐放、百家争鸣”的方针，而决不能使文化“全盘西化”。二是必须始终坚持马克思主义在意识形态领域的指导地位，贯彻党管意识形态的原则，决不搞指导思想的“多元化”，反对淡化和消解主流意识形态等错误主张。三是在立足现实，建设中国特色社会主义文化时，坚持“古为今用”“洋为中用”，既要继承和弘扬中华民族优秀的传统文化，又要借鉴和吸收外来文化的积极成分；同时既要反对食洋不化的“崇洋媚外”等奴化意识，又反对食古不化的“复古主义”等陈旧观念。四是我国在发展精神生产中，固然要支持公益性文化事业和鼓励文化产业的同时发展，但切忌搞完全的市场化和“一切向钱看”。目前把许多文化单位和新闻舆论阵地，纷纷推向逐利性的文化市场的做法，使许多学校和“文化公司”（如社交门户网站）都为私有资本和外资所掌控，这可能有损文化主权和信息安全，甚至会改变其社会主义文化性质。五是在群众性精神文化生活中，要弘扬爱国主义、集体主义、社会主义的主旋律，提倡多样化，以社会主义核心价值观引领社会思潮时，既要有适度的包容性，又要分清是非、批评和抵制各种错误思想，力求使提倡共产主义的远大理想、确立中国特色社会主义的共同理想，践行职业道德、社会公德、家庭美德等多层次的思想道德教育，紧密地结合起来，形成多层次、各有遵循的思想道德“底线”。

毛泽东指出：“一定的文化（当作观念形态的文化）是一定社会的政治和经济的反映，又给予伟大影响和作用于一定社会的政治和经济；而经济是基础，政治则是经济的集中的表现。”① 关于文化同经济、政治的唯物辩证关系的这种基本观点，适用于指导中国特色社会主义文化建设。中国特色社会主义文化，特别是以马克思主义为指导的社会主义主流意识形态，作为一种科学性与时代性、革命性与群众性相统一的无产阶级先进文化，体现了历史必然性、代表着人类的未来，因而对中国特色社会主义经济建设、政治建设的巨大的能动反作用，是前所未有的。所以，它能够为我们党和人民的事业，提供精神支柱、智力支持和方向引领，从而往往会直接或间接地决定着我国社会主义的前途命运。

然而，现实情况则不容乐观。一段时间以来，在对外开放和市场经济逐利性的环境中，在世界社会主义运动处于低潮的影响下，淡化政治、淡化意识形态、淡化马克思主义，成为一种时髦；嘲笑崇高、倡言庸俗、贬损英雄、见利忘义、数典忘祖、崇洋媚外等市侩意识，大行其道；由于从反对“以阶级斗争为纲”这个不适用社会主义社会的口号，而滑向“阶级斗争熄灭论”的偏颇，使得马克思主义阶级观点和阶级分析方法，被主流媒体所回避和丢弃，致使很多人在一些原则问题上，往往是非不清、真假不辨、美丑不分，从而让历史虚无主义、民主社会主义、文化保守主义、西方新自由主义、实用主义和“民主宪政”“公民社会”“普世价值”等错误思潮和言论，此起彼伏、兴风作浪，误导舆论、危害社会。我们应以苏联解体、东欧剧变的教训，作为前车之鉴。其党亡国败之直接和关键的原因，就是从赫鲁晓夫在苏共二十大上诋毁、抹黑、丑化自己党和国家的奋斗史开始，而演变到戈尔巴乔夫在党的思想政治路线上，公开地背叛马克思列宁主义。痛定思痛，为了避免这类悲剧在我国重演，我们共产党人在思想文化维度上“强化底线思维”、确定和固守“底线”，就显得尤为必要和紧迫。

---

① 《毛泽东选集》第 2 卷，人民出版社 1991 年版，第 663—664 页。

其四，就“底线思维”的国际关系维度而言，坚持和发展中国特色社会主义在现阶段必须确立和固守相应的“底线”。我国在新时期实行对外开放的基本国策，高举和平、发展和合作大旗，始终奉行独立自主的和平外交政策，实行“不当头”、不结盟、永不称霸的国际发展战略，维护世界和平，积极发展睦邻友好关系，为我国社会主义改革开放、现代化建设营造国际和平环境，以便引进必要的国外资本、技术、设备和智力，充分利用国内外两种资源、两个市场，积极参与经济全球化，在发展国际经贸合作、有序竞争和科技文化交流中，实现共同繁荣、合作共赢，以利于我国经济社会获得独立自主的持续发展。同时，遵循《联合国宪章》的基本宗旨及和平共处五项原则，我国在国际关系维度上，必须确立和固守以下四条“底线”：一是必须维护我国主权、安全、领土完整、国家统一和民族团结，我国的内政不许外来干涉、核心利益不容侵犯。二是我国人民同广大第三世界国家一样，所拥有的基本人权，包括对本国社会制度和发展道路的自主选择权，平等的生存权、发展权和共享世界资源的使用权，不得受到剥夺和歧视，反对一切霸权主义和强权政治，反对一切形式的恐怖主义。三是尊重世界各国民族文化和文明的多样性，在发展国际经济合作、人员往来、文化科技交流中，切实维护我国生态安全、经济安全、金融安全、文化安全和信息安全，反对“西方中心论”和话语霸权。四是我国坚持走和平发展道路，奉行防御性的国防政策，加强军队和国防现代化建设，目的是维护国家主权、安全、领土完整和人民的和平劳动，我国军队是维护世界和平的坚定力量，在制止外来可能的威胁和侵略时，坚持“人不犯我、我不犯人，人若犯我、我必犯人”和“有理有利有节”的原则立场。

我国这种外交政策、国际发展战略和涉外“底线”，是以对世界大局的清醒认识和准确把握作为前提的。自从东欧剧变、苏联解体，世界社会主义运动步入低潮以来，和平与发展成当今时代的主题，世界多极化、经济全球化、社会信息化等大趋势不可阻挡。但是，“一超独大”的霸权主义和强权政治，搅得世界不得安宁；总体上和平发展，与此起彼伏的局部战争、区域性动荡，长期共存。我国在错综复杂国际关系中实行对外开放，充分利用难得的发展机遇，迅速开展和扩大同包括广大发展中国家、西方发达国家在内的世界各国之间的经贸往来、国际分工、科技和文化交流，依托国际市场，已形成深度的国际的经济合作、竞争和共赢的依存关系。我国在走向世界、世界也离不开中国的同时，以美国为首的西方敌对势力，依恃其经济、科技、军事、信息实力和话语霸权，对我国加紧推行“和平演变”战略，企图以军事威慑、思想渗透和经济诱压，阻滞我国和平发展。近些年来，美国一方面利用“北约东扩”和策动“颜色革命”，挤压俄罗斯的战略空间；又利用“9·11”事件，在阿富汗和中东等地以“反恐战争”之名、行推行霸权之实。另一方面，美国在东亚，主要针对中国，鼓动日本右翼势力复活军国主义，不断强化美日、美韩、美菲等双边和多边军事同盟，并极尽挑拨离间、分化利诱之能事，极力拉拢澳大利亚、印度和东盟诸国，在我国东海和南海，带头挑衅、兴风作浪，企图拼凑东方“小北约”，实施所谓“亚太再平衡战略”，以图围堵中国；美国在加紧对我国某些干部和知识分子进行思想政治渗透的同时，甚至直接豢养和支持“台独”“藏独”“疆独”“港独”分裂势力和分裂活动，以及利用“民运”分子和“法轮功”分子等方式，千方百计地遏制、西化和分化中国，企图推翻共产党领导和社会主义国家政权，企图打断我国现代化进程。对此，邓小平曾经说：“世界上希望我们好起来的人很多，想整我们的人也有的是。我们自己要保持警惕，放松不得。要维护我们独立自主、不信邪、不怕鬼的形象。我们绝不能示弱。你越怕，越示弱，人家劲头就越大。并不因为你软了人家就对你好一些，反倒是你软了人家看不起你。”① 故而，我们共产党人要固守涉外“底线”，总的看，就是在坚持走和平发展道路中，“要保持警惕”，固守“底线”而“放松不得”，要始终维护我国“独立自主、不信邪、不怕鬼的形象”。

三 “底线思维”的主旨是坚持中国特色社会主义的发展方向

当代中国共产党人在多维度上“底线思维”的主要指向，归根到底，其主旨就是要始终维护党的工人阶级革命性、先进性和纯洁性，以改进和加强党的领导作为根本政治保证，坚持中国特色社会主义的发展方向，直至共产主义社会最终实现。

中国特色社会主义，是科学社会主义基本原则及其在中国实践的产物。党的十八大报告认为：“建设中国特色社会主义，总根据是社会主义初级阶段，总布局是五位一体，总任务是实现社会主义现代化和中华民族的伟大复兴。”② 习近平在新进中央委员、候补中央委员学习贯彻十八大精神研讨班上的讲话中指出：“中国特色社会主义是社会主义而不是其他什么主义，科学社会主义基本原则不能丢，丢了就不是社会主义。”③ 此后，他反复强调“政治纪律是各级党组织和全体党员在政治方向、政治立场、政治言论和政治行为方面必须遵守规矩”，“要严守组织纪律”和“要把牢政治方向”。④ 显然，这里说的“要把牢政治方向”，主要就是我国改革和发展的社会主义方向，而这同毛泽东思想、邓小平理论的基本观点是完全一致的。邓小平多次强调：“在改革中坚持社会主义方向，这是一个很重要的问题。我们要实现工业、农业、国防和科技现代化，但在四个现代化前面有‘社会主义’四个字，叫‘社会主义四个现代化’。我们现在讲的对内搞活经济、对外开放是在坚持社会主义原则下开展的。”因为，“中国只有坚持搞社会主义才有出路，搞资本主义没有出路”。邓小平批评党内外受资产阶级自由化影响的“很多人只讲现代化，忘了我们讲的现代化是社会主义现代化”。⑤ 故而，我国在改革开放中是否坚持“社会主义方向”，是邓小平主张的四项基本原则同资产阶级自由化对立和斗争的焦点。邓小平在论及我国改革开放中“既有‘左’的干扰，也有右的干扰”时指出：“资产阶级自由化”“概括起来就是全盘西化，打着拥护开放、改革的旗帜，想把中国引导到搞资本主义。这种右的倾向不是真正拥护改革、开放政策，是要改变我们社会的性质。一旦中国全盘西化，搞资本主义，四个现代化肯定实现不了。中国要解决十亿人的贫困问题，十亿人的发展问题。如果搞资本主义，可能有少数人富裕起来，但大量的人会长期处于贫困状态，中国就会发生闹革命的问题。中国搞现代化，

① 《邓小平文选》第3卷，人民出版社1993年版，第319—320页。

② 《党的十八大以来重要文献选编》（上），中央文献出版社2014年版，第10页。

③ 《习近平谈治国理政》，外文出版社2014年版，第22页。

④ 中共中央纪律检查委员会、中共中央文献研究室编：《习近平关于严明党的纪律和规矩论述摘编》，中央文献出版社、中国方正出版社2016年版，第13、25页。

⑤ 《邓小平文选》第3卷，人民出版社1993年版，第138、211—212、209页。

只能靠社会主义，不能靠资本主义。历史上有人想在中国搞资本主义，总是行不通。”[①]因此，在改革中始终“坚持社会主义方向”，反对“把中国引导到搞资本主义”，是我们共产党人最根本、最主要的“底线”。

理论和事实都表明：思想上政治上的路线正确与否是决定一切的。邓小平说：“正确的政治路线要靠正确的组织路线来保证。中国的事情能不能办好，社会主义和改革开放能不能坚持，经济能不能快一点发展起来，国家能不能长治久安，从一定意义上说，关键在人。”他进而强调说：“帝国主义搞和平演变，把希望寄托在我们以后的几代人身上……对这个问题要清醒，要注意培养人，要按照‘革命化、年轻化、知识化、专业化’的标准，选拔德才兼备的人进班子。我们说党的基本路线要管一百年，要长治久安，就要靠这一条。真正关系到大局的是这个事。”[②] 请注意！我国各级领导干部的“四化标准”，既要全面准确把握，更要突出首要的一条，即“革命化”。而现状却是：时兴“告别革命”，不讲“革命化”。而要使干部队伍“革命化”，就必须坚持用包括阶级观点、阶级分析方法在内的马克思主义的立场、观点、方法，来武装党员和干部头脑，用以改造和树立其无产阶级世界观、人生观和价值观。

鉴于当今世界总体上仍是阶级社会，而我国在社会主义初级阶段，也主要是为了消灭私有制、消灭剥削、消灭一切阶级创造经济社会前提，在我国彻底完成无产阶级革命任务依然任重道远的情况下，就从反对“以阶级斗争为纲”的偏颇，走向另一个极端，放弃阶级观点、不讲阶级分析，是片面和错误的，有违马克思主义。列宁说：“阶级关系——这是一种根本的和主要的东西，没有它，也就没有马克思主义。”[③] 因此，“马克思主义要求我们对每一个历史关头的阶级对比关系和具体特点作出经得起客观检验的最确切的分析”，“马克思主义者不要离开分析阶级关系的正确立场”。[④] 为了认识阶级社会复杂的社会政治现象，“马克思主义提供了一条指导性的线索，使我们能在这种看来扑朔迷离、一团混乱的状态中发现规律性。这条线索就是阶级斗争的理论”[⑤]。应该说，马克思主义阶级观点和阶级分析方法，依然适用于认识当今还是阶级社会的总体世界的阶级关系；也适用于认识国内同一定范围内将长期存在的阶级斗争相关的社会现象。

如若我们共产党人不坚持和运用马克思主义阶级观点和阶级分析，那么面对总体上仍然是阶级社会的当今世界，就难以高瞻远瞩地准确把握我们时代的本质，难以预见世界历史演进的走势与曲折，难以洞悉世界政治风云变幻的真相和实质，难以分辨国际政治博弈中的是非曲直，难以识破和有效防范西方敌对势力西化和分化我国的政治图谋，难以发挥无产阶级国家的政治优势，而制定和贯彻正确的外交路线、涉外政策和国际发展战略，甚至在国际政治和国际战略的较量上容易陷入被动地位。

如若我们共产党人不坚持和运用马克思主义阶级观点和阶级分析，那么在中国社会主义初级阶段的革命、建设和改革中，就难以认准和实际解决依靠谁、团结谁和如何对待自己的对手等基本问题；也认不清我国干部队伍中出现大面积腐败的思想政治根源。

---

① 《邓小平文选》第3卷，人民出版社1993年版，第229页。

② 同上书，第380页。

③ 《列宁全集》第41卷，人民出版社1986年版，第92页。

④ 《列宁全集》第29卷，人民出版社1985年版，第136、140页。

⑤ 《列宁全集》第26卷，人民出版社1988年版，第60页。

这导致我国主流媒体上，会时常冒出诸如“以包容心对待‘异质思维’”；欢呼“新《胡润百富榜》宣称，中国大陆十亿美元富豪人数今年首度超过美国，达596位，居全球第一”，称赞“富豪是经济引擎，也应是社会楷模”，断言“中国富豪在历史上从未成为治理国家的主力军”，但“随着中国富豪越来越多，有可能带来文化中心的某种移动”① 等违背马克思主义基本观点的奇谈怪论。

如若我们共产党人不坚持和运用马克思主义阶级观点和阶级分析，那么对维护和巩固我们党的长期执政地位也是不利的。因为，只有以中国共产党作为中国工人阶级先锋队，代表工人阶级履行历史使命、行使执政党的实践和理论，才能从根本上揭示、论证和体现我们党成为领导中国社会主义事业的核心力量的客观必然性、历史正当性和政治合法性，从而理直气壮地坚持、完善和加强共产党的领导地位，直至一切阶级差别的消灭和国家正常的消亡。

故此可以说，在一切阶级和阶级差别完全消灭之前，始终坚持和正确运用马克思主义阶级观点和阶级分析方法，是中国共产党人的重要的政治优势、理论制高点和必不可少的思想武器，是站稳党性立场，掌握和“强化底线思维”的奥秘与钥匙。

（原载《马克思主义研究》2016年第3期）

---

① 参见《人民日报》2014年4月28日、《环球时报》2015年10月17日。

马克思的哲学变革与我们的哲学坚守

侯惠勤*

一　当代中国理想信念问题聚焦马克思的哲学变革

思想理论教育的根本任务是增进中国特色社会主义的认同，关键是理想信念的培育。习近平总书记把理想、信念视为共产党人安身立命的根本、视为共产党人的政治灵魂、视为我们精神上的钙。没有对于马克思主义和共产主义的坚定信念，精神上就会缺钙，就会得“软骨病”，就会导致政治变质、经济贪婪、道德堕落、生活腐化。目前，在理想信念方面存在的突出问题主要有：其一，触犯政治底线，以嘲笑、歪曲和否定马克思主义、共产主义为时尚，以彰显自己“人格独立”“思想自由”；其二，精神空虚、格调低下，不信马列信鬼神，“不问苍生问鬼神”，热衷于占卜算卦、迷信于各类江湖术士、醉心于形形色色的“气功大师”；第三，对中国特色社会主义的前途迷惘，脚踏两只船，把子女配偶送到国外，把财产转移到国外，随时准备“跳船”，实际上与党和人民已经离心离德；第四，“心为物役”，追求低俗，迷恋权力、迷恋金钱、迷恋享受，没有任何精神追求，更谈不上崇尚理想信念了。

以上状况表明，改革开放和市场经济对我们的确是严峻的考验。商品拜物教及其物化的人，极端个人主义、拜金主义、享乐主义及其生活方式，就活生生地存在于我们的周围。如果没有特殊的“解药”，破除“心为物役”，培育理想信念就将成为一句空话。这个特殊的解药就是作为马克思两大发现之一的历史唯物主义。只有站在超越资本主义的历史制高点上，才能破除商品拜物教，树立远大的理想信念。正如习近平指出的：“我们一些同志之所以理想渺茫、信仰动摇，根本的就是历史唯物主义观点不牢固。”“事实一再告诉我们，马克思、恩格斯关于资本主义社会基本矛盾的分析没有过时，关于资本主义必然消亡、社会主义必然胜利的历史唯物主义观点也没有过时。这是社会历史发展不可逆转的总趋势，但道路是曲折的。”① 远大的理想信念不会自发地产生，只能来自科学的理论武装。只有牢固地树立人类社会必将通过消灭私有制的共产主义运动，最终达到消灭阶级、消灭剥削、实现共同富裕的理想信念，才不会把资本主义视为“历史的终结”，把“物化的个人”视为“最后之人”，从而摆脱资产阶级的狭隘眼界。

但是，轻视理论、忽视理论学习，恰恰又是当下的突出问题。这也从一个方面证明，理想缺失和轻视理论有着不可分割的联系。德里达曾借用莎士比亚的《哈姆莱特》

---

* 侯惠勤，中国社会科学院马克思主义研究院教授。

① 《十八大以来重要文献选编》（上），中央文献出版社 2014 年版，第 116—117 页。

的一句台词“这是一个脱节的时代”指称我们的时代所发生的断裂，表征其“颠倒混乱”和“极端表现”的状况。“我认为这一‘脱节’集中表现在：这是一个需要理论和理论创新大有作为的时代，同时这又是一个排斥理论、无情嘲弄理论思维的时代。”① 为什么？就我国而言，“真理标准”大讨论推动了党的中心工作转移到改革开放和社会主义现代化建设上来，理论依赖于实践、实践出真知，极大地解放了思想，推动了实践的发展。但与此同时也产生了把解放思想引向否定马克思主义指导的倾向，把理论依赖于实践和理论指导实践对立起来，出现了轻视理论学习、崇尚自发实践的社会心态。这种倾向的危险性在于，排斥了科学的理论指导，中国的改革开放将会走到邪路，而这正好是西方所希望看到的结果。因此在改革开放之初，邓小平就提出了坚持“四项基本原则”的问题，包括“必须坚持马列主义、毛泽东思想”。②

从根本上说，理论和实践是相互依赖的。自发的、纯经验的实践可以不依赖于理论，但这种实践只是简单重复的活动，只有量的积累、没有质的飞跃。而真正推动社会历史产生质的飞跃、开创历史新篇章的实践，是引发千百万人民群众投身的社会实践，是必须有理论指导的自觉实践活动。正是在这个意义上，如列宁所指出的那样，“没有革命的理论，就不会有革命的运动”③。讲实践出真知和全面理解实践是检验真理的唯一标准的同时，还要讲理论创新实践、理论指导实践。把理论从实践中排挤出去，视实践为天然正当（否认有卑劣的实践活动），视实践成功为天然正确（否认有错误的、盲目的实践活动），这是今天自发性恶性膨胀的一个根源。迷恋自发性的社会心态，从根本上是排斥先进理论指导、排斥先进政党领导的，因而有碍于坚持和发展中国特色社会主义。所以列宁一再强调，“对工人运动自发性的任何崇拜，对‘自觉因素’的作用即社会民主党的作用的任何轻视，完全不管轻视者自己愿意与否，都是加强资产阶级思想体系对工人的影响”。必须指出，今天对于理论和实践关系的片面割裂，并不能简单地归结为思想认识上的片面性，而是在改革开放的新的历史条件下，利益分化、私人利益膨胀的结果。崇尚个体的、自发的实践活动，排斥理论指导，实际上是私人利益的要求，表达了私营经济的本性。这种自发性的诉求，一经西方意识形态渗透的整合，就必然形成强大的拒斥科学理论的社会心态，形成渴求理论的社会需要和鄙视理论的实际心态的“脱节”。

与此相应，把科学社会主义所追求的客观真理和客观规律，通过所谓的价值真理而转化为一种伦理诉求，其后果必然使得科学社会主义在丧失了历史制高点的同时，也丧失了道德制高点。事情很清楚，以社会形态更替的客观规律为基础的马克思主义话语体系，本质上是阶级性话语，与西方意识形态的所谓“普世话语”相比，单纯纠缠于伦理领域的较量，肯定没有主动性。所以科学社会主义须诉诸客观真理，诉诸历史客观规律，在占领历史制高点的同时拥有道德制高点。可见，消解客观真理已成为当代敌对意识形态渗透的重要目标，把社会主义伦理化是其基本方略。把社会主义伦理化，源自老牌修正主义者伯恩施坦。他的“创新”在于对社会主义的科学性作了伦理化的解读，从而公开把科学社会主义引向了伦理社会主义。伯恩施坦声称，“社会主义学说恰好只

① 《侯惠勤自选集》自序，学习出版社 2012 年版。

② 《邓小平文选》第 2 卷，人民出版社 1994 年版，第 165 页。

③ 《列宁选集》第 1 卷，人民出版社 1995 年版，第 311 页。

是在它的原理也能够被每一个没有偏见和不受相反利益影响的非社会主义者赞成的时候，才是科学”①。这里透露出他叛离马克思主义的一个秘密，把科学社会主义由工人阶级的解放事业转变为个人的价值诉求，伦理社会主义是一条捷径。

现在我们可以清楚地看到，理想信念问题上的缺失和混乱，原因在于历史唯物主义的观点不牢固；而历史唯物主义的观点不牢固，原因在于轻视理论、崇拜自发性；而轻视理论的实质，是否定客观真理，以伦理诉求取代历史规律。这一切所涉及的理论和实践、认识论和实践论、世界观（历史观）和价值观的关系问题，都关系到如何认识马克思哲学变革的实质。因为否定科学社会主义的科学基础、把社会主义伦理化，是在所谓“实践唯物主义”的旗帜下展开的，而据称这是马克思哲学变革的成果。

这里关系到以下重大问题的判断：其一，马克思哲学变革创立的是“新唯物主义哲学”，还是所谓的“实践哲学”？其二，马克思哲学变革创立的哲学是工人阶级认识世界和改造世界的世界观、方法论，还是一种抽象的“哲学批判精神”？其三，马克思哲学变革创立的是共产主义学说，还是所谓的“人道主义精神”？这些重大的问题辨析，虽然也涉及许多学术研究因素，但首先是重大的意识形态斗争。第一个问题关系到改造世界的客观依据，关系到唯物主义一元论世界观的客观基础，关系到人的全部历史活动的终极动因和根据，一句话，关系到只有坚持唯物主义哲学才能“改变世界”这一马克思哲学变革的根本。第二个问题关系到认识和实践相统一的历史条件，关系到逻辑、认识论和辩证法三者统一的客观基础，关系到人民群众创造历史的实践形式，一句话，关系到只有坚持工人阶级立场才能创立“改变世界”的哲学这一关键。第三个问题关系到对于人类社会历史的总体把握和科学认识，关系到人类历史发展客观规律的现实根据，关系到超越现存、开创未来的历史根据，一句话，关系到只有站在共产主义高度才能把握马克思“改变世界”哲学的这一灵魂。可见，从今天的实践需要出发，再回到马克思的哲学变革这一老话题，具有何等重要的理论意义。

二　马克思哲学变革创立的是“新唯物主义”

马克思哲学变革是指创立了一种新的唯物主义哲学，还是创立了一种和哲学史上的任何哲学派别都没有关系的一种哲学呢？答案是明确的，马克思自己明白无误而且自觉地把自己的哲学归入“新的唯物主义”，即辩证唯物主义。列宁反复指出：“马克思主义的哲学就是唯物主义。……马克思和恩格斯最坚决地捍卫了哲学唯物主义，并且多次说明，一切离开这个基础的倾向都是极端错误的。在恩格斯的著作《路德维希·费尔巴哈》和《反杜林论》里最明确最详尽地阐述了他们的观点，这两部著作同《共产党宣言》一样，都是每个觉悟工人必读的书籍。”②“马克思和恩格斯几十次地把自己的哲学观点叫做辩证唯物主义。”③

从马克思创立自己学说的过程看，我们至少应该注意两个根据：一是在马克思主义创立自己学说的第一个初步的表述中，即被恩格斯视为“包含着天才世界观萌芽的第

① 《伯恩施坦言论》，生活·读书·新知三联书店1966年版，第282—283页。

② 《列宁选集》第2卷，人民出版社1995年版，第310页。

③ 同上书，第12页。

一个文件”、写于1845年春的《关于费尔巴哈的提纲》的提法。此提纲的第10条中写道：“旧唯物主义的立脚点是‘市民’社会；新唯物主义的立脚点则是人类社会或社会化的人类。”[①] 毫无疑问，马克思是把他的哲学归结为新唯物主义，是用新唯物主义来表征他的这一哲学的特点的。包括马克思也多次用过历史唯物主义这样一种表述指称自己的哲学，同样都是把它归属于唯物主义哲学则是无疑的。可以说，彻底的唯物主义就是对马克思哲学本质最为准确的概括。

二是必须思考马克思哲学变革的成果为什么要通过对费尔巴哈的批判来阐发？这绝不是因为费尔巴哈的谬误多，更不是因为费尔巴哈是“软柿子”，根本原因在于费尔巴哈是马克思经由黑格尔创立辩证唯物主义和历史唯物主义的“中间环节”。费尔巴哈之所以能够担此大任，就因为他的唯物主义哲学为马克思创立自己的学说开辟了道路。我们特别需要注意马克思对费尔巴哈的两个评价：其一，“我们这些意见正是针对费尔巴哈的，因为只有他才至少向前迈进了一步，只有他的著作才可以认真地加以研究”[②]。其二，“诚然，费尔巴哈与‘纯粹的’唯物主义者相比有很大的优点：他承认人也是‘感性对象’”[③]。

第一个评价讲的是费尔巴哈在青年黑格尔派中的作用和价值。青年黑格尔派又被称为黑格尔左派，马克思恩格斯也曾是其中的成员。他们力图把黑格尔哲学引向改造德国现实的方向，因而具有鲜明的批判性和强烈的实践冲动。他们的思想活跃，也不乏犀利，但马克思的评价是：“德国的批判，直至它最近所作的种种努力，都没有离开过哲学的基地。这个批判虽然没有研究过自己的一般哲学前提，但是它谈到的全部问题终究是在一定的哲学体系即黑格尔体系的基地上产生的。”[④] 正是在这一总体评价中，马克思指出只有费尔巴哈“才至少向前迈进了一步”，表明了费尔巴哈的贡献是何等的与众不同。恩格斯在1886年写了《路德维希·费尔巴哈与德国古典哲学的终结》，专门论述了费尔巴哈所起的“解放作用”，专门阐明费尔巴哈在“终结”德国古典哲学的同时也为这一哲学的转型指明了“出路”。费尔巴哈实际提出了德国古典哲学从唯心主义向唯物主义转向的历史课题，成为马克思创立新唯物主义的中间环节。

第二个评价讲的是费尔巴哈和传统的唯物主义相比所具有的独特地位。虽然与马克思比较，也可以泛泛地把费尔巴哈归入“旧唯物主义”，但是不要忘记他比起传统的唯物主义有很大的优点。他的唯物主义是人本主义的唯物主义，这就是说，他克服了传统唯物主义哲学忽视人甚至敌视人的偏向，把人作为了哲学的对象。虽然他没有最终解决人的活动领域（即“历史”）的唯物主义基础，但毕竟第一个提出了这样的任务、做出了这样的探索。费尔巴哈是思想巨人，马克思站在思想巨人的肩膀上通过清理他的思想超越他，才完成了人类历史上最伟大的哲学变革。我们必须纠正长期以来存在的那种通过矮化甚至丑化费尔巴哈而曲解、误导马克思哲学变革实质的倾向。马克思完成的哲学变革毫无疑问是遵循了费尔巴哈哲学的方向，是朝着唯物主义哲学的这个方向去前进的。所以唯物主义是马克思主义哲学最本质的规定，其他的特征都是派生的。

---

① 《马克思恩格斯选集》第1卷，人民出版社2012年版，第140页。

② 同上书，第143页。

③ 同上书，第157页。

④ 同上书，第143页。

三　马克思新唯物主义哲学的主要特征

以上，我们明确了马克思的最高哲学变革是创立了一种新的唯物主义，那么新的唯物主义有什么主要特征？

笔者认为，这个新的唯物主义有两大特征：第一个特征是，它是彻底的完备的唯物主义。马克思主义实现了人类思想史上的最伟大变革，产生了一种崭新的唯物主义，即列宁所称的“完备的哲学唯物主义”。这是一个无任何理论死角的、彻底的唯物主义哲学。它把世界是物质的存在方式这一唯物主义原则贯彻到底，不仅克服了旧唯物主义在历史观上的唯心主义，而且克服了以往哲学无视人的真实生活和历史的弊端，使哲学实现了从“解释世界”到“改变世界”的历史性飞跃。它从人、人的活动及其物质生活条件这一确定的前提出发，以“生活的生产和再生产”为视角，透彻地阐发了贯穿始终的人与自然、人与人的矛盾关系及其历史趋势，合理地解决了自由和必然、理想和现实、传统和现代、个体和类、理论和实践等一系列似乎无法统一的矛盾（这些问题仍然处于当代视野中）。与自然科学和人类知识走向相一致，与社会生活和人类历史趋势相一致，与人的发展和人类文明进步相一致，是马克思主义哲学的基本属性。所有这一切，得益于辩证法这一“最完备最深刻最无片面性的关于发展的学说”和唯物论的结合，这使得马克思主义哲学至今仍然是“我们时代的不可超越的哲学”。无论人们在今天怎样不断重新评价马克思哲学变革的意义，唯物论和辩证法的有机统一，始终是这一变革的实质。彻底的唯物主义，即辩证唯物主义和历史唯物主义，是我们坚持实事求是思想路线的世界观根据。

原来的唯物主义哲学包括费尔巴哈哲学，是不彻底的唯物主义。在《德意志意识形态》里面，马克思对费尔巴哈有一个很准确的评价，那就是“当费尔巴哈是一个唯物主义者的时候，历史在他的视野之外；当他去探讨历史的时候，他不是一个唯物主义者。在他那里，唯物主义和历史是彼此完全脱离的”①。把唯物主义原则贯彻到历史领域，不仅要看到自然规律和历史规律的区别，还要看到两者的一致性，这就是费尔巴哈及此前的哲学家们都没有看到的“自然的历史”和“历史的自然”。显然，这个彻底的、完备的唯物主义的根本点就在于唯物论和辩证法的有机结合、有机统一了。所以马克思主义新唯物主义最本质的特点是辩证唯物主义和历史唯物主义，不能以其他任何提法取代，包括“实践的唯物主义”。

彻底的唯物主义哲学的创立，使得人类第一次能够从总体上科学地认识和把握世界，终结了不可捉摸的“自在之物”，结束了历史领域见仁见智的混乱状况，奠定了人文、社会科学的科学性根基。唯物主义一元世界观的确立，是树立正确世界观、历史观、人生观和价值观的前提，丝毫不能动摇。

第二个特征是，新唯物主义“新”在，它是工人阶级的世界观，是工人阶级的阶级意识，是工人阶级改造世界的强大思想武器。所以，马克思主义哲学内涵的阶级性，内涵的阶级立场很明确。他的哲学是为工人阶级服务的。恩格斯在谈到马克思的伟大功绩时指出，“正是他第一次使现代无产阶级意识到自身的地位和需要，意识到自身解放

---

① 《马克思恩格斯选集》第1卷，人民出版社2012年版，第158页。

的条件。"① 邓小平在谈到必须坚持毛泽东思想的指导地位时重申了恩格斯的观点，他强调："毛泽东同志的事业和思想，都不只是他个人的事业和思想，同时是他的战友、是党、是人民的事业和思想，是半个多世纪中国人民革命斗争经验的结晶。这正如马克思的情况一样。恩格斯在评价马克思的时候说，现代无产阶级只是依赖马克思才第一次意识到本身的地位和要求，意识到本身的解放条件。"② 马克思把最先进的思想理论给了工人阶级，使工人阶级成为第一个具有阶级意识的自觉的劳动者阶级。

新唯物主义哲学和工人阶级的结合，是马克思的一贯思想。1843 年底，马克思在第一次发现现代无产阶级的历史作用的同时，就提出了新唯物主义哲学和工人阶级的关系问题。他指出："哲学把无产阶级当做自己的物质武器，同样，无产阶级也把哲学当做自己的精神武器。""德国人的解放就是人的解放。这个解放的头脑是哲学，它的心脏是无产阶级。"③ 从人的解放角度看，马克思主义哲学有特定的解放对象，这就是资本主义条件下的"物化的个人"。而能够打破资本主义异化的桎梏，引领人的自由全面发展的社会力量，就是工人阶级。其所以如此，就因为现代无产阶级是"非市民社会阶级的市民社会阶级"，它"宣告迄今为止的世界制度的解体，只不过是揭示自己本身的存在的秘密，因为它就是这个世界制度的实际解体"④。可见，说马克思"神化了"工人阶级，实属偏见。通过工人阶级的解放运动实现人的解放，是马克思主义的基本原理。

马克思哲学的阶级性和科学性不可分割。由于工人阶级的解放是历史发展的必然趋势，因而彻底的唯物主义就是工人阶级的立场。工人阶级的解放只有在认清历史的真相、把握历史的未来的条件下才能实现。它没有逆历史潮流的利益要固守，没有于己不利的真相要掩盖。因此，"科学越是毫无顾忌和大公无私，它就越符合工人的利益和愿望"⑤。从更深层的原因看，任何一种真正的社会革命或解放，必须首先打破统治阶级的思想统治。而统治阶级依靠物质上的支配权，占据道德高地，是其建立思想统治的前提。被压迫阶级颠覆统治阶级道德制高点的方法无非是两种，一是营造新的道德高地（如资产阶级用人道主义颠覆封建阶级的神学道德）；另一是通过占领历史制高点颠覆统治阶级的道德制高点。第一种方式只有对在旧统治秩序下已经拥有优势经济实力的被统治阶级才具有可行性，例如奴隶主统治下的新兴封建主，封建主统治下的新兴资产阶级。由于无产阶级在资本主义条件下不可能具有优势经济力量，故而其颠覆统治者的道德制高点的方式只能是通过占领历史制高点来达到。正如马克思指出的，无产阶级担纲的"19 世纪的社会革命不能从过去，而只能从未来汲取自己的诗情"⑥。由此可见，工人阶级的解放和科学的理论相互依赖，科学性和阶级性的统一既是马克思主义的理论品格，也是工人阶级解放的实践品格。

---

① 《马克思恩格斯选集》第 3 卷，人民出版社 1995 年版，第 777 页。
② 《邓小平文选》第 2 卷，人民出版社 1994 年版，第 172—173 页。
③ 《马克思恩格斯选集》第 1 卷，人民出版社 2012 年版，第 16 页。
④ 同上书，第 15 页。
⑤ 《马克思恩格斯选集》第 4 卷，人民出版社 2012 年版，第 265 页。
⑥ 《马克思恩格斯选集》第 1 卷，人民出版社 2012 年版，第 671 页。

四　坚持新唯物主义必须坚持哲学的基本问题

马克思的新唯物主义既然是彻底的唯物主义，就必然将这一立场贯彻到全部哲学视野，哲学基本问题的确立就是底线。恩格斯在《费尔巴哈和德国古典哲学的终结》里指出，“全部哲学，特别是近代哲学的重大的基本问题，是思维和存在的关系问题”①。思维对存在、精神对自然的关系问题是哲学的最高问题，全部哲学家以对这一问题的回答分成了两大阵营，即唯物主义和唯心主义。但是哲学的复杂性使得上述标准有时不是那么清晰，例如怀疑论、多元论的判别。为了厘清此种情况，恩格斯提出了哲学基本问题的第二方面，即思想能否认识世界，亦即思维和存在的同一性问题。绝大多数哲学家（包括唯物主义和唯心主义一元论）给出了肯定的答案，但折中主义、怀疑论、二元论等陷入了不可知论。尽管有些二元论哲学家在哲学的发展上起过很重要的作用，但他们不能作为独立的哲学派别。从他们出发，总有一个向左（唯物主义一元论）或向右（唯心主义一元论）的转向问题。用多元哲学掩盖和否定唯物论和唯心论这一哲学基本派别的划分，客观上起到了干扰科学认识世界的作用。

哲学基本问题包括三个相互联系的层面：世界的物质统一性、世界的可知性和尊重客观实际、遵循客观规律。从世界的本原上说，不存在多元论，要么统一于物质世界，要么统一于精神世界；如果世界归根到底是物质世界，那么它从根本上就是可知的，不存在神秘的“灵异世界”；如果世界归根到底是独立于精神的客观物质世界，那么认识客观世界、遵循客观规律、探索客观真理就是人类在世界上生存和发展的第一要义。可见，哲学基本问题不仅是我们考察哲学史和辨析哲学思潮的基本坐标，也是我们把握马克思主义哲学的基本遵循。

今天，否定恩格斯关于哲学基本问题论断的倾向十分突出。有的根本否定哲学基本问题的存在，认为一百个哲学家就有一百个“哲学基本问题”。但最为常见的说辞是把哲学基本问题的这一概括归结为传统哲学的基本问题，而不是现代哲学（以及马克思哲学）的基本问题。“马克思生成和创造了一种全新的话语框架，这种全新的话语框架，是以‘实践哲学’为本性、以关注现代社会人的现实生存状态及其自由解放为价值取向、以批判和改变与人的自由和全面发展不相容的‘旧世界’并推动创造一个未来的新社会为旨趣的。它表明，马克思哲学所关注的基本问题与包括近代哲学在内的传统哲学所关注的基本问题相比，呈现出重大的变化。”② 这就以一种尖锐的方式迫使我们做出抉择：所谓的“实践哲学”有无唯物论和唯心论之分？这种区分的根本意义何在？改造旧世界、创建新世界要不要以“科学认识世界”为前提？社会主义是靠科学理论引领革命实践，还是靠自由一类的价值引领？实际上，所谓的“实践哲学”在马克思哲学形成之前就有（例如青年黑格尔派契希考夫斯基的“行动哲学”），但由于其唯心主义实质而远没有费尔巴哈被马克思所看重。用模糊的方式把马克思哲学纳入“实践哲学”，这不是抬举而是赤裸裸的叛卖。

不客气地说，许多人热衷设置的“从‘世界何以可能’到‘人类解放何以实现’

---

① 《马克思恩格斯选集》第4卷，人民出版社2012年版，第229页。

② 贺来：《重新反思“哲学基本问题”》，《北京大学学报》（哲学社会科学版）2014年第1期。

的转变”“从‘理论哲学’范式向‘实践哲学’范式的理论转向”一类的议题，实际上是“伪命题”。其要害是把认识世界和改造世界加以割裂，把理论逻辑和生活实践加以对立。其实，这类命题要成立，必须充分论证“唯物主义的逻辑、辩证法和认识论（不必要三个词，它们是同一个东西）”① 相统一是不可能的；还必须展开论证，马克思的实践唯物主义是排斥认识论的；更要拿出有根据的证明，以印证它们所主张的马克思的哲学超越于唯物论和唯心论之上不是胡说。但是，迄今为止，我们只是不断看到了花样翻新的伪命题，而看不到任何郑重的相关论证。我们知道，哲学基本问题之所以重要，就在于它提供了一个衡量各种哲学派别价值的客观根据。虽然各种唯心主义哲学、各种介于唯物论和唯心论之间的折中主义哲学对于哲学的发展都有不同的作用，但就同一时期、同一主题的探讨而言，唯物主义或接近唯物主义的哲学探讨价值更高则是无疑的。正是出于这一判断，马克思在青年黑格尔派中最重视的就是费尔巴哈。确立了这个客观坐标，在这个基础上才有客观真理，才有对整个历史发展的一个科学的评判，所以哲学基本问题马虎不得。

当今，哲学界不少人热衷于炒作马克思哲学就是实践唯物主义，但他们讲的实践唯物主义跟马克思讲的实践唯物主义存在明显的差异。马克思的实践唯物主义首先是唯物主义，承认世界的物质统一性，整个世界包括历史领域在内，其基础都是不以精神、主观意志为转移的客观实在。所以必须坚持一切从实际出发，坚持客观真理和科学的态度。其次，马克思的实践唯物主义是共产主义的代名词，坚持实践唯物主义就是坚持共产主义。因此，马克思的实践唯物主义必然与工人阶级的实践和世界观不可分割。可见，不讲唯物主义，不讲共产主义的实践唯物主义，就是假的马克思哲学。其实质就是把马克思哲学进行西方唯心论实践哲学、生存论哲学的改装。正是在实践唯物主义的幌子下，一些人公然大肆鼓吹西方的实践哲学、价值哲学、生存论哲学、存在论哲学，造成马克思主义哲学话语权的丢失，造成了基本哲学理论的混乱。

五　否定哲学基本问题必然引发重大的理论失误

否定唯物论和唯心论的划分是哲学的基本问题，没有唯物主义哲学这个根基，就会出现理论上的重大失误。

首先，否定唯物论必然会抽掉实事求是的客观基础，使得从实际出发成为一句空话。实事求是是党的思想路线，一切从实际出发是党的根本工作方针。什么是实际？实际就是客观存在的事实和情况的总和，它的本质属性是不以我们的主观意志为转移的独立存在，所以我们必须要去认识它，必须在正确认识的基础上才可能去改变它。否认世界的客观存在，实际上就否定了认识世界的必然性、必要性。西方所谓实践哲学的错误，就在于用主客体关系取代并否定了主客观关系，否定不依赖于主观的客观世界的存在，因而也就否定了认识客观实际的必要，把认识世界和改造世界对立起来。马克思在《关于费尔巴哈的提纲》第 11 条讲，“哲学家们只是用不同的方式解释世界，而问题在于改变世界”②。有人就把马克思的这一论断理解成过去的哲学家都是在认识世界，因

① 《列宁全集》第 55 卷，人民出版社 1990 年版，第 290 页。

② 《马克思恩格斯选集》第 1 卷，人民出版社 2012 年版，第 140 页。

而是“理论哲学”，而马克思的哲学要改变世界，因而是“实践哲学”。实际上马克思的原意绝非如此。马克思讲哲学家们只是用不同的方式解释世界，并不是指责哲学家仅在认识世界，不改变世界。不是这样的。从历史事实上看，马克思以前的大多数哲学家在主观上都是要改变世界的，而从客观后果上说则都或多或少地影响了历史发展。尤其是启蒙时期的哲学家们，都有改变世界的强烈愿望。他们创立的《人权宣言》，甚至堪称开创了近代以来的“意识形态革命时代”。德国古典哲学家们也有强烈的实践意识，费希特最有名。他无愧于“向封建专制制度开火的勇猛斗士”之称号，其哲学本身就是一个革命性很强的自我意识哲学。对于他们而言，绝对不是仅仅在认识世界，在光说不练。但是，无可否认的是，新的历史又的确不是这些哲学家们创造的，他们最多做到了对于正在到来的事实（例如资本主义社会）的确认。马克思断言哲学家们没有改变世界正是从这一客观效果来讲的，在马克思以前，确实哲学家们没有引领一个新社会诞生，确实没有真正改变世界。

为什么？原因有二：其一，他们并没有科学地认识世界，他们甚至不知道真实的世界本身是什么。因为他们都把世界看成是思想观念的产物，所以改变世界在他们那里就被看成是改变人们的认识。“这种改变意识的要求，就是要求用另一种方式来解释存在的东西，也就是说，借助于另外的解释来承认它。”[①] 事实很清楚，如果改变世界归结为改变观念，无疑就变成了纯粹的名词之争，变得毫无实际意义。进一步看，哲学家没有真正提出改变世界的历史任务，就在于他们都没有认识到历史的基础在于社会的经济生活过程，在于生活的生产和再生产。“这些哲学家没有一个想到要提出关于德国哲学和德国现实之间的联系问题，关于他们所作的批判和他们自身的物质环境之间的联系问题。”[②] 所以他们改变世界的斗争就限于思想批判及其结果，即政治法律条文的解释。这种博弈看起来似乎很热闹，但却丝毫没有触动现存世界的基本结构。

可见，把认识世界和改造世界对立起来是何等错误。不承认客观世界的自在性，就不可能提出科学认识世界的任务，就不可能努力探索客观规律，追求客观真理，改变世界也就必然是自欺欺人。由此可以得出一个结论，离开唯物主义就没有实事求是，就没有马克思的哲学精神。那种不承认“自在之物”的存在，不承认实践的实质是“自在之物”转化为“为我之物”的过程的所谓实践哲学，没有资格谈论马克思哲学和实事求是。

其二，马克思以前的哲学家之所以没有改变世界，就在于他们没有找到改变世界的现实力量，因而改变世界对于他们而言，不是现实的社会运动，而只是哲学批判。诉诸哲学批判、诉诸先知先觉，是马克思以前的哲学家改变世界的唯一方式。但是，正如马克思指出的：“批判的武器当然不能代替武器的批判，物质力量只能用物质力量来摧毁；但是理论一经掌握群众，也会变成物质力量。”[③] 武器的批判就是现实改造社会的力量，就是先进阶级引领的广大人民群众。哲学如果不和先进的社会力量相结合，就什么也改变不了。马克思以前的哲学家就只能在哲学批判上打转转，所以他们都崇尚批判哲学。

---

① 《马克思恩格斯选集》第 1 卷，人民出版社 2012 年版，第 145 页。

② 同上书，第 145—146 页。

③ 同上书，第 9 页。

但是，破除哲学“批判”的光环，发现改变世界的现实社会力量，前提是确立“武器的批判”的决定性作用，这就需要哲学唯物主义立场。费尔巴哈虽然是不彻底的唯物主义，其历史观仍然是唯心主义，但不等于他没有唯物史观的萌芽、颗粒，更不等于他的思想对于马克思创立唯物史观没有起到“桥梁”作用。费尔巴哈怎么启发了马克思，马克思又怎么超越他而创立唯物史观？我们从《关于费尔巴哈的提纲》第1条，就可以获得一定的答案。其中马克思写道：“费尔巴哈想要研究跟思想客体确实不同的感性客体，但是他没有把人的活动本身理解为对象性的［*gegenständliche*］活动。”[①] 很多人忽略了这句话的深刻含义。实际上，把人类所面临的客体区分为“思想客体”和“感性客体”，是费尔巴哈的重大理论贡献，表明了他力图突破唯心主义的主客同一、把唯物主义立场贯彻到底的努力。因为在黑格尔哲学看来，所谓的客体，无非是主题的“外化”，因而是只具有“物相”的思想客体。费尔巴哈提出了寻找不依赖于主体的“感性客体”并将其确立为本体的任务，确实具有开创性。但是他并没有完成这个任务，缺乏历史辩证法使得他止步于“纯粹的自然界”，即没有受到人的活动的任何干扰、污染的所谓“原本自然”。正如马克思所说，他的错误在于没有把人的活动本身理解为“感性活动”，即不依赖于主体意志的客观活动。

这样，费尔巴哈的错误导致了两个后果，一是把主体主观化。在费尔巴哈的眼界里，主体的全部活动都是主观的、精神性的，而实际上主体的活动本身就具有不依赖于其主观意志的客观性。马克思后来发现，生产劳动就是人用自身的自然，即体力，同自然界的自然所进行的一种物质变换过程。这一过程不仅是客观的物质性过程，而且是把自然界从“自在之物”转化为“为我之物”的纽带，因而是全部人类历史的基础。费尔巴哈就是没有看到，人作为主体的活动，尽管离不开目的性，但还是具有客观物质性。把主体的全部活动都主观化，没有发现其中的客观物质性，这是其重大失误。二是把客体抽象化。费尔巴哈力图寻找的那个与人的任何活动都没关系的“纯粹自然”，当然要落空。自然界本身是变化的，人类视野中的自然界与人类的实践活动更是不可分割。因此，费尔巴哈要寻找的那个作为“感性客体”的自然，只能是他想象的产物，是抽象化的客体。

尽管如此，费尔巴哈关于区分思想客体和感性客体的思想对于马克思的启发是不言而喻的。如果不能奠立不依赖于主体的客体的基础地位，历史唯物主义就无从谈起。与费尔巴哈相同，马克思也要划分出依赖于主体意志和不依赖于主体意志两大领域来；但与费尔巴哈不同，马克思不是从脱离主体活动的、静止的、“实体”的角度，而是从主体活动的、“关系”和过程的角度去划分。列宁谈到马克思的历史唯物主义思想时指出：“马克思究竟是怎样得出这个基本思想的呢？他做到这一点所用的方法，就是从社会生活的各种领域中划分出经济领域，从一切社会关系中划分出生产关系，即决定其余一切关系的基本的原始的关系。”[②]

尽管历史是人类活动的产物，但是他们不能随心所欲地创造历史。历史唯物主义的基本原理就是要表明，历史不是自由意志的产物，而是存在着不以人的主观意志为转移的客观规律的过程。“人们不能自由选择自己的生产力——这是他们的全部历史的基

① 《马克思恩格斯选集》第1卷，人民出版社2012年版，第133页。

② 《列宁全集》第1卷，人民出版社1984年版，第107页。

础，因为任何生产力都是一种既得的力量，是以往的活动的产物。”“社会——不管其形式如何——是什么呢？是人们交互活动的产物。人们能否自由选择某一社会形式呢？决不能。在人们的生产力发展的一定状况下，就会有一定的交换［commerce］和消费形式。在生产、交换和消费发展的一定阶段上，就会有相应的社会制度形式、相应的家庭、等级或阶级组织，一句话，就会有相应的市民社会。”① 马克思在1846年底致安年柯夫的信里表明，人们不能自由地选择生产力和相应的社会，不但指个人不能自由选择，每个民族也不能自由选择，而且全人类也不能自由选择。这是人类全部历史活动的基础。由此而奠定了历史唯物主义的基础。这就决定了人类历史本质上是一个符合客观规律的历史必然性过程，决定了自由只能是对必然的认识和掌握，决定了不断地从必然王国向自由王国的转变是人类历史活动的总趋势。所以创造历史离不开认识客观规律，更离不开自觉遵循客观规律。确立了不以人的意志为转移的客观规律、客观实际，我们就必然有一个认识客观实际并从中寻求客观规律的任务了，这就是实事求是。把唯物论和能动性、认识论和实践论对立起来是站不住脚的。没有唯物论，就没有客观真理，没有客观规律，也没有实事求是；抽掉唯物论的哲学基础，就没有客观真理，就没有一切从实际出发，就没有实事求是。

其次，否定唯物论必然抽掉了马克思实践观的客观基础，把历史唯物主义的实践观偷换为唯心主义的、经验主义的实践观，把实践检验真理的科学标准篡改为实用主义标准。

马克思哲学视野中的实践，具有客观普遍性的品格，正如列宁指出的：“实践高于（理论的）认识，因为它不仅具有普遍性的品格，而且还具有直接现实性的品格。”② 但是，实践天然具有功利性，也天然具有自发性，却并不天然具有客观普遍性。因此，在马克思以前，有形形色色的唯心论、经验论实践哲学，却没有以客观普遍性为基础的实践观。历史唯物主义的创立，首先是历史唯物主义实践观的形成，这是马克思哲学变革的重大转折。要了解马克思的实践观，还是要从他对费尔巴哈的批判着眼。时下人们往往很简单、轻率地断言，费尔巴哈不懂得实践。但是，他们从来不去认真思考，费尔巴哈难道看不懂自发的、利己主义的实践吗？如果不懂，他为什么鄙视“卑污的犹太人的挣钱活动”呢！进一步说，当马克思说费尔巴哈不懂得实践时，这是从什么意义上说的呢？这些问题不搞清楚，谈论马克思的实践哲学就必然跑偏。实际上，马克思指责费尔巴哈在实践问题上的欠缺，是“他不了解‘革命的’、‘实践批判的’活动的意义”③。这个判断是准确的，因为费尔巴哈不是不懂得常识意义上的实践，而是不了解具有客观普遍性的实践活动。

说费尔巴哈不懂得实践，绝不能从他不懂得人的能动性这一意义上泛泛而论。费尔巴哈当然知道人为了追求自己的利益而具有巨大的活动能量，但他鄙视这样的活动和能动性。他确实认为只有理论活动才是真正的人的活动，因而高于实践活动，他自然也反对把实践作为检验真理的标准。为什么？一是在他看来，实践天然具有功利性，带着强烈的主观目的。而真理是客观的，不具有主观的功利性。真理不会以是否符合人的目的

---

① 《马克思恩格斯选集》第4卷，人民出版社2012年版，第408页。

② 《列宁全集》第55卷，人民出版社1990年版，第183页。

③ 《马克思恩格斯选集》第1卷，人民出版社2012年版，第137页。

为转移的，它首先客观存在的，所以不能用具有主观功利性目的的实践作为检验客观真理的标准。否则，必然否定真理的客观性，滑向主观真理论，从而扼杀真理。比如人们出于赚钱的需要，培育出有四只翅膀的鸡，你能够说“鸡有四只翅膀”是正确的认识吗？所以费尔巴哈要寻找不同于“思想客体”的“感性客体”，把这种没有受到人的主观意志干扰的、纯粹的自然，作为科学认识的根据。

二是在他看来，实践是特殊的、局部的活动。而真理是普遍的，“放之四海而皆准”。局部的状况显然不能决定全局，实践自然无法检验真理。真理对所有人都是等价的，所以在真理面前人人平等。而实践后果对于不同的人的意义是不同的，甚至可以说是“几家欢喜几家愁”。基于上述两个原因，费尔巴哈抬爱理论活动，贬斥实践活动。

我们应当承认，费尔巴哈排斥实践活动从根本上是错误的，但并非毫无道理。我们现在有些人嘲弄费尔巴哈，并不是站在马克思实践观的高度，而是站在（甚至低于）费尔巴哈实践观的水平，即自发的、由自利性支配的实践活动。只不过他们做出了和费尔巴哈相反的价值判断，不是贬斥这种实践活动，而是大加抬举。

实际上，费尔巴哈否定实践活动对于我们今天仍然有启示意义。我们必须认真思考理论在马克思实践观中的地位、信念在实践检验真理中的作用问题，防止把马克思的实践观庸俗化、把实践检验真理的标准实用主义化。要避免把实践检验真理变成实用主义的真理观，必须坚持理论逻辑和历史逻辑的统一，防止以历史的暂时性取代历史的尺度。毛泽东在新中国诞生前夕，评美国国务院的白皮书中指出：“帝国主义者的逻辑和人民的逻辑是这样的不同。捣乱，失败，再捣乱，再失败，直至灭亡——这就是帝国主义和世界上一切反动派对待人民事业的逻辑，他们决不会违背这个逻辑的。”“斗争，失败，再斗争，再失败，再斗争，直至胜利——这就是人民的逻辑，他们也是决不会违背这个逻辑的。”① 这两种逻辑的过程都有“失败”的环节，如何判断其结局是“胜利”还是“失败”？只能靠理论逻辑和历史逻辑相统一基础上的理想信念。排斥理论逻辑和理想信念的所谓“实践标准”，只能是无头脑的以一时成败论英雄的庸俗实用主义。

要从根本上扭转在“实践标准”问题上的庸俗化倾向，就必须厘清马克思的实践观和科学理论之间的关系。邓小平曾做出一个很值得深思的论断，他指出：“列宁之所以是一个真正的伟大的马克思主义者，就在于他不是从书本里，而是从实际、逻辑、哲学思想、共产主义理想上找到革命道路，在一个落后的国家干成了十月社会主义革命。”② 请注意，邓小平在这里，与我们那些庸俗的实践论者根本不同，他把共产主义理想以及哲学思想放在与“实际”同一序列，且与“书本”相区别。这表明，在他看来，真正的理论，必定和实践相一致，反之一样，革命性的实践，也必定含有对于理论的需求。

实践活动当然是具有目的性的活动，但是马克思的实践观所关注的实践目的，首先是具有客观必然性的目的。“如果要去探究那些隐藏在——自觉地或不自觉地，而且往往是不自觉地——历史人物的动机背后并且构成历史的真正的最后动力的动力，那么问题涉及的，与其说是个别人物，即使是非常杰出的人物的动机，不如说是使广大群众、

---

① 《毛泽东选集》第4卷，人民出版社1991年版，第1486—1487页。

② 《邓小平文选》第3卷，人民出版社1993年版，第292页。

使整个整个的民族，并且在每一民族中间又是使整个整个阶级行动起来的动机；而且也不是短暂的爆发和转瞬即逝的火光，而是持久的、引起重大历史变迁的行动。”[①] 这种能够促使整个民族或阶级持久行动的目的，蕴含着历史必然性的奥秘，是通达历史客观规律的阶梯。所以，马克思的实践观，关注的是具有普遍意义的实践活动。

但是，这种具有普遍意义的实践活动，并不是经验式直观的结果，而必须诉诸辩证思维。经验直观的实践活动，只能是自发的、个体的、简单重复的实践活动，如同费尔巴哈那样。而辩证思维的要求则是：“考察的客观性（不是实例，不是枝节之论，而是自在之物本身）。”[②] 所谓“自在之物本身”就是客观存在的实际，就是在规律性地变化和发展中的世界历史，就是客观事实的总和，也就是马克思指责费尔巴哈所不懂的“革命的”“实践批判”的活动。要抓住这样的实践活动，就离不开理论思维，离不开科学认识。所以，马克思的实践论内在地包含着科学的认识论，不能把两者加以割裂。可见，马克思的实践观不是立足于个人的生活界、自发的实践活动，而是立足于具有客观普遍性的、革命的、人民大众的实践活动。后来毛泽东把它概括成生产斗争、阶级斗争和科学实验三大实践，可以说抓住了马克思实践观的实质。

马克思的实践观决定了其把实践作为检验真理的标准，根本区别于实用主义的标准。从检验内容看，是检验规律性、真理性的认识，是对创新发展的实践的检验，而不是针对“饮食男女”“商贾货殖”一类日常生活经验；从检验主体看，是立足于阶级的、人民的、民族的实践活动，而不是孤立的个人行为；从检验方式上看，坚持实践检验标准的绝对性和相对性的统一，而不是一次成败论英雄。“实践标准实质上决不能完全地证实或驳倒人类的任何表象。这个标准也是这样的‘不确定’，以便不让人的知识变成‘绝对’，同时它又是这样的确定，以便同唯心主义和不可知论的一切变种进行无情的斗争。”[③] 这样，检验真理的过程，就不仅不排斥理论、消解理想，而且还不断地增强理论思维、坚定理想信念。实践检验真理的过程，也是理论指导实践的过程，是理论逻辑和历史逻辑相统一的过程，也是逻辑、辩证法和认识论相一致的过程。

再次，离开了唯物论和唯心论的划分，对人的理解必然抽象化、碎片化，必然把资本主义社会的抽象的个人视为不可逾越的“最后的人”。所有指责唯物主义哲学的，都以“见物不见人”为说辞，包括马克思的历史唯物主义在内。海德格尔指责历史唯物主义用生产掩盖遮蔽了生活，人变成了物化的工具，使得人的生活的意义被尘封了，因而要“回归生活界”。保罗·萨特认为历史唯物主义“患了贫血症”，忘掉了人，所以要给历史唯物主义“输血”。上述观点曾在我国学界流传，似乎成为定论。但是，我们今天看得很清楚，问题的关键还在“人是什么”。历史的活动就是人的活动，历史的发展就是人的发展。所以马克思在《德意志意识形态》里指出：“全部人类历史的第一个前提无疑是有生命的个人的存在。”可见，问题的关键并不在于见不见“人”，甚至也不在于见不见“个人”，而在于什么是“现实的个人”。唯心主义哲学认为人和动物的区别在于有思想，所以意识是历史的开端。现代西方生存论认为人的根基在“生活界”，所以生活是本原。但是，这些观点都还是表象的。“可以根据意识、宗教或随便

---

① 《马克思恩格斯选集》第 4 卷，人民出版社 2012 年版，第 255—256 页。

② 《列宁选集》第 2 卷，人民出版社 1995 年版，第 411 页。

③ 同上书，第 103 页。

别的什么来区别人和动物。一当人开始生产自己的生活资料的时候，这一步是由他们的肉体组织所决定的，人本身就开始把自己和动物区别开来。人们生产自己的生活资料，同时间接地生产着自己的物质生活本身。”[①] 生产是生活当然也是思想的源泉，因而马克思的哲学“在劳动发展史中找到了理解全部社会史的锁钥”。

所以问题不在于要不要人，问题在于人是什么？在马克思主义看来，活生生地从事生产活动的人才是现实的人。劳动“是整个人类生活的第一个基本条件，而且达到这样的程度，以致我们在某种意义上不得不说：劳动创造了人本身”[②]。不仅如此，马克思还认为劳动是人的全面发展的前提，他说：“生产劳动同智育和体育相结合，它不仅是提高社会生产的一种方法，而且是造就全面发展的人的唯一方法。”[③] 资本主义为代表的剥削制度对社会造成的最大的祸害，就是在对劳动者进行剥夺的过程中使劳动成为奴役人的手段，使鄙视劳动成为社会主流价值观。因此，科学社会主义的根本价值追求，就是通过“劳动的解放”（联合起来的工人共同占有生产资料）和“劳动的复归”（使劳动成为生命的第一需要），实现每一个人的自由而全面的发展。

正是在对于人的把握上的这一根本区别，导致了唯物史观和唯心史观的一个原则界限，即坚持人民群众创造历史的人民史观，还是个人创造历史的个人史观；从价值观上说，就是坚持人民至上，还是个人第一。把资本主义条件下的物化的抽象个人视为“原人”，把利己个人主义视为永恒的人性，是唯心史观在今天的突出表现。

六 坚持人民为本的历史价值观

“人民，只有人民，才是创造世界历史的动力。”“历史的活动是群众的事业，随着历史活动的深入，必将是群众队伍的扩大。”坚持人民是历史活动的主体，人民的解放是历史活动的方向，为人民服务是历史活动的崇高价值，这是唯物史观和唯心史观在历史价值观上的根本对立。

毫无疑问，人民是作为历史活动的主体创造历史的，就是说，人民不是无机的所谓大多数，而是由先进阶级引领、以劳动群众为基础、包含顺应历史发展的所有人的有机整体，因此，人民创造历史，同生产力和生产关系、经济基础和上层建筑的社会基本矛盾运动推动历史发展，同阶级斗争推动历史进步等历史唯物主义基本原理完全一致。马克思明确地指出，历史是这样发展的：“社会的物质生产力发展到一定阶段，便同它们一直在其中运动的现存生产关系或财产关系（这只是生产关系的法律用语）发生矛盾。于是这些关系便由生产力的发展形式变成生产力的桎梏。那时社会革命的时代就到来了。随着经济基础的变更，全部庞大的上层建筑也或慢或快地发生变革。”[④] 这一社会形态的更替通常是通过阶级斗争完成的。代表新的生产方式的先进阶级之所以能够成为人民的引领力量，就因为“在这瞬间，这个阶级的要求和权利真正成了社会本身的权

① 《马克思恩格斯选集》第1卷，人民出版社1995年版，第67页。

② 《马克思恩格斯全集》第20卷，人民出版社1971年版，第509页。

③ 《马克思恩格斯全集》第23卷，人民出版社1972年版，第530页。

④ 《马克思恩格斯选集》第2卷，人民出版社1995年版，第32—33页。

利和要求，它真正是社会的头脑和社会的心脏。”① 人民创造历史，表现为人民群众促进生产力的发展，推动了社会形态的变更，决定了历史的前进方向。

个人史观的新动向，是把个人作为历史活动的主导力量说成历史发展的方向。他们最喜欢引用的马克思恩格斯的依据就是“代替那存在着阶级和阶级对立的资产阶级旧社会的，将是这样一个联合体，在那里，每个人的自由发展是一切人的自由发展的条件”②。但是他们忘记了，自由发展的个人，恰恰是人民创造历史的结果，是未来共产主义社会的人的形态，而不是抽象的个人创造历史的成果。抽象的个人是资本主义社会这一“物的依赖关系”的表现形式，作为资本人格化的产物，其自由只是资本的自由，是体现资本统治的“偶然的个人”。超越资本主义抽象的人的历史阶段，不能依靠个人本位，而必须坚持人民主体地位。即便到了共产主义社会，个人自由发展实现了，也不能说这是个人本位的社会。因为共产主义社会的个人是“联合起来的个人”，也是社会化的人，已经消除了个人和社会的对立，就不存在个人本体还是人民本体的历史界限了。从根本上说，共产主义是真正的社会本体，它是个人自由和社会发展的有机的统一。

同样无疑的是，人民是马克思哲学的立脚点，而决不是抽象的个人。虽然马克思的哲学并不忽视个人，但其哲学绝不以市民社会的个人为立脚点。他明确指出：“旧唯物主义的立脚点是市民社会，新唯物主义的立脚点则是人类社会或社会的人类。”③ 但是，现在有人公开宣称，马克思和黑格尔的区别，就在于黑格尔是国家本位，认为国家决定市民社会，而马克思是个人本位，认为市民社会决定国家。在黑格尔的理解中，国家是普遍利益的领域，市民社会则是个人权利和私人利益的领域，马克思否定黑格尔国家决定市民社会的观点，认为不是国家决定市民社会，而是市民社会决定国家。所以马克思是立足于个人权利本位。的确，马克思在批判黑格尔颠倒市民社会和国家的关系时指出：“实际上家庭和市民社会是国家的前提，它们才是真正的活动者；而思辨的思维却把这一切头足倒置。”④ 然而马克思在这里显然是从物质经济生活决定政治法律生活的意义上谈“市民社会决定政治国家”的，而决不能解读为特定的“市民社会”（即资本主义社会的私人利益体系）决定一般的国家权力（即所谓“公权力”），从而得出个人权利本位的所谓“权利决定权力”。显然，个人权利本位是西方“契约论”国家观的基础，而完全有悖于马克思主义的国家观。在马克思主义看来，国家权力不是个人权利的有条件转让，而是阶级意志和阶级统治的体现。更重要的是，超越以私人利益（私有制）为基础的资本主义社会，不能靠个人权利本位，而要靠工人阶级代表的“普遍利益”引领。因此，从“市民社会决定国家”推出私人利益高于普遍利益的结论，不是马克思的观点，而是自由主义的观点。

实际上，黑格尔的错误并不在于站在国家这一“普遍性领域”的立场，而在于国家只是“虚幻的普遍性领域”。黑格尔试图通过国家来改造市民社会，他提出国家是市民社会的“外在必然性”和“内在目的性”。何谓“外在必然性”？就是通过国家为市

---

① 《马克思恩格斯选集》第1卷，人民出版社1995年版，第12—13页。

② 同上书，第294页。

③ 同上书，第57页。

④ 《马克思恩格斯全集》第1卷，人民出版社1956年版，第250—251页。

民社会立法，用强制的方式为充满着阶级斗争、剥削、竞争和不平等的市民社会建立法制秩序，使之不至于在恶斗中毁灭。何谓“内在目的性”？在黑格尔看来，国家在为市民社会建立竞争的法制秩序的同时，还给仅追求自利最大化的市民社会灌输一种道德精神，让自私自利的市民也看到他人和全社会的利益，从而把市民社会的市民提升为公民。

可见，马克思反对的不是用普遍利益改造私人利益，而是国家并非改造私人利益的现实力量。实际上，国家从属于市民社会，资产阶级国家服务于资产阶级的阶级利益。马克思对于黑格尔国家观的幻灭发生在他就职于《莱茵报》时期。他发现，不是国家和法改造市民社会，而是国家和法“沦落为私人利益的工具”，从而确立了要从市民社会中寻找“现实的普遍性领域”。显然，马克思并不认同市民社会的现存，而是立足于改造市民社会，寻找改造市民社会的现实力量。

马克思的全部发现归结到一点，就是发现了现代无产阶级这个“并非市民社会阶级的市民社会阶级”①。马克思看好工人阶级有四个理由，一是现代无产阶级是工业化大生产的产物，是社会化大生产的实际承担者，是现代社会物质财富的创造者，是先进社会生产力的代表，因此，它的本质特征不是“一无所有”，而是（如同考茨基所说的）“现代社会的养活者”。二是现代无产阶级又一本质特点，就是它是唯一与生产资料没有直接的联系的阶级，因而其解放不能通过个人直接占有生产资料的方式，而必须通过“联合起来的个人”重新拥有生产资料，这就决定了它是新的生产关系的代表，代表了社会化占有的生产关系发展的趋势。毫无疑义，历史上所有的剥削阶级都直接占有生产资料，而被剥削阶级也不同程度地与生产资料有直接的联系。奴隶作为“会说话的工具”而与其他劳动工具直接结合；农民阶级也因拥有少量生产资料而与生产资料有着直接的联系。故而所有阶级的阶级意识（如果有的话）都是巩固和扩大本阶级的利益，唯独无产阶级的阶级意识是“消灭阶级”，马克思也因而称无产阶级为“半阶级”。不与生产资料发生直接联系而又是社会化大生产的实际承担者的无产阶级的大量出现，表明了社会化占有的生产关系发展的趋势，更表明了“私有制和阶级社会的解体”。三是现代无产阶级还是人类历史上第一个有文化的被剥削阶级，也是唯一可能形成阶级意识的被剥削阶级，因而是唯一可能成为革命阶级并上升为统治阶级的劳动者阶级。马克思说过“资产阶级被迫把现代化的教育给了工人”，加上自觉的知识分子转向无产阶级革命立场以及一些破产的资产阶级分子的不断加入都给工人阶级的队伍注入了文化的血液，使得作为劳动阶级代表的无产阶级终于打破了剥削阶级对于文化的垄断。四是现代无产阶级经历了资本主义社会化大生产那样具有严密分工、严格纪律、严酷生活的训练，成为一支高度组织化的社会力量，这就是说，现代无产阶级虽然是可以“自由”出卖劳动力的自由人，但它并没有农民阶级的散漫性和奴隶阶级的依附性。这正是工人阶级可能成为革命领导阶级的重要依据。

所以问题很清楚，把国家的问题归结为个人权利和公权力的矛盾，甚至是个人和政府的博弈问题，是在把水搅浑。国家问题的实质是对于市民社会进行彻底改造的问题，是对于资本主义制度和资产阶级现代性的超越问题，因而从根本上说是实现共产主义的问题。这个彻底改造只能通过无产阶级的解放运动、通过科学社会主义的实践去实现。

---

① 《马克思恩格斯选集》第1卷，人民出版社1995年版，第14—15页。

尽管现在世界社会主义运动仍处于低潮，且呈现出多样化的倾向，但人类历史指向共产主义这一大方向并没有改变。这正是中国特色社会主义具有强大生命力的历史根据。

七　坚持历史唯物主义的人学观点

历史唯物主义的人学观点，大致可以概括为以下四点：

第一，人的客观物质制约性第一，人的主观能动性第二，这是历史唯物主义关于人的第一个观点。人当然有能动性，但是人更要受到客观物质的制约，所以人的自由不是绝对的，人的自由是建立在对必然的认识的基础上。根据就在于物质生产活动始终是人类历史和生活的基础，而物质生产活动又始终是不以人的主观意志为转移的客观过程，因而认识和尊重经济规律就是历史的必然性，自由就是对必然的认识和改造。这一条即便到了共产主义社会仍然适用。马克思指出：在物质生产活动“这个领域内的自由只能是：社会化的人，联合起来的生产者，将合理地调节他们和自然之间的物质变换，把它置于他们的共同控制之下，而不让它作为盲目的力量来统治自己；靠消耗最小的力量，在最无愧于和最适合于他们的人类本性的条件下来进行这种物质变换。但是不管怎样，这个领域始终是一个必然王国。在这个必然王国的彼岸，作为目的本身的人类能力的发展，真正的自由王国，就开始了。但是，这个自由王国只有建立在必然王国的基础上，才能繁荣起来。工作日的缩短是根本条件”①。这就是说，即便是消灭了阶级、消灭了剥削，实现了人在物质生产活动中的社会平等，但物质生产活动领域仍然是必然王国领域。为什么？因为在这个领域要和自然界打交道，要获得经济效益，必须要认识和遵循客观经济规律。遵循客观规律，就必须有认识和适应社会化大生产的科学分工、严明的纪律、严格的生产责任制。绝非如一些人想象的那样，在生产领域也可以不受纪律约束、不被责任支配而听凭个人随心所欲。相反，未来共产主义社会高度发达的生产力，必然建立在自觉而更加严格的纪律和责任约束的基础上。这说明，“在社会历史领域内进行活动的，是具有意识的、经过思虑或凭激情行动的、追求某种目的的人；任何事情的发生都不是没有自觉的意图，没有预期的目的的。但是，不管这个差别对历史研究，尤其是对各个时代和各个事变的历史研究如何重要，它丝毫不能改变这样一个事实：历史进程是受内在的一般规律支配的”②。

当然，共产主义社会已经消灭了旧式的劳动分工，实行的只是自然和技术分工，遵循的只是社会化大生产的发展规律，与阶级社会的必然王国还是有质的区别。况且，由于共产主义社会的必要劳动时间已大大缩短，必要劳动以外的自由空间已经很大，人们的生活质量和自由发展程度自然也是阶级社会所无法比拟的。但是，只要是创造社会物质财富，生产和再生产物质生活资料的社会生产过程，就一定有不断地认识自然、老老实实地从客观实际出发，努力发现和严格遵循客观规律的过程，而分工、合作、纪律，包括限制自己的自由，则都是必需的。这就是说，人类发展到任何历史阶段都有客观物质制约性，而且这种制约始终是基础，是决定性的。正如毛泽东指出的：“人类的历史，就是一个不断地从必然王国向自由王国发展的历史。这个历史永远不会完结。在有

---

① 《马克思恩格斯全集》第25卷，人民出版社1974年版，第926—927页。

② 《马克思恩格斯选集》第4卷，人民出版社2012年版，第253—254页。

阶级存在的社会内，阶级斗争不会完结。在无阶级存在的社会内，新与旧、正确与错误之间的斗争永远不会完结。在生产斗争和科学实验范围内，人类总是不断发展的，自然界也总是不断发展的，永远不会停止在一个水平上。因此，人类总得不断地总结经验，有所发现，有所发明，有所创造，有所前进。停止的论点，悲观的论点，无所作为和骄傲自满的论点，都是错误的。”① 这就是人的客观制约性和主观能动性的关系。

第二，人的社会性存在第一，个体性存在第二。毫无疑问，个体性和社会性都是人的存在状态。人首先是有生命的个体，生命依托个体、属于个人且属于个人只有一次。但是人的本质不是自然性、动物性，而是社会性。作为有生命的个人，最重要最本质的生命活动是社会化过程。个体生命要成为人，要成为有人格的个人，就必须确立其社会性存在是第一位的。因为社会性造就了其生命的历史丰富性，赋予其生命的价值和生命的依托，满足其生存的依赖感和归属感。离开社会性的个体，只是一个生物或动物，而不可能是人，所以，真正的人必然首先是社会性存在。正如黑格尔说过的，离开了身体的手就不能称之为“手”，而只能叫作“断肢”，因为它已丧失了手的本质。人也一样，离开了社会性的人确实不能被称之为“人”，因为他没有语言、没有精神追求、没有社会关系、没有社会活动，因而只能是“活体”。

人的社会存在第一不仅从生命的本质上说，还可以从生命的社会归属，即生命的价值上看。每个人的生命既属于自己，却又不仅仅属于自己，无疑地还属于其父母、子女、亲人，更属于我们的国家、我们的人民。所以，我们要珍惜生命的价值。但是我们又不认为生命的意义就在于“自保”，更不认同“活命第一”。其实，当祖国、人民和亲人们需要的时候做出牺牲，是生命意义更为光辉的展现。青年马克思早就提出：“如果我们选择了最能为人类福利而劳动的职业，那么，重担就不能把我们压倒，因为这是为大家而献身；那时我们所感到的就不是可怜的、有限的、自私的乐趣，我们的幸福将属于千百万人，我们的事业将默默地、但是永恒发挥作用地存在下去，而面对我们的骨灰，高尚的人们将洒下热泪。”② 我们当然不否定每个生命都是宝贵的，每个人的价值都有其不可替代的独特的价值，但是不能认同抽象的人道主义所宣传的抽象的生命第一，更不赞同用抽象的生命第一否定为信仰而献身。有人借马克斯·韦伯的口，大肆炒作所谓信念或者信仰伦理和责任伦理的对立。把宗教信仰，包括共产主义信仰，都叫作所谓信仰伦理。指责其只管动机的崇高，不管行为的后果，所以必然蔑视生命。而所谓责任伦理则必须对自己的行为后果负责，所以尊重生命。这是典型的作伪。如果马克斯·韦伯否定所谓信仰伦理，他为什么那么称颂“新教伦理”？信仰难道不是一种崇高的生命责任意识？用抽象人道主义否定马克思主义并不高明。

第三，生活的生产和再生产第一，生活的拥有和享受第二。虽然人类历史归根到底是人的发展，但这种发展并不是纯粹的“生活”，即肉体生命的延续，而本质上是“生活的生产”，即人的社会历史发展。就是说，不应当孤立考察肉体生命的延续，物质生活资料的生产和再生产不仅是人的生存的基础，也是生命不断延续的前提条件。“这种生产方式不应当只从它是个人肉体存在的再生产这方面加以考察。它在更大程度上是这些个人的一定的活动方式，是他们表现自己生活的一定方式、他们的一定的生活方式。

① 《毛泽东文集》第8卷，人民出版社1999年版，第325页。

② 《马克思恩格斯全集》第40卷，人民出版社1982年版，第7页。

个人怎样表现自己的生活，他们自己就是怎样。因此，他们是什么样的，这同他们的生产是一致的——既和他们生产什么一致，又和他们怎样生产一致。因而，个人是什么样的，这取决于他们进行生产的物质条件。”① “生活的生产”包含物质生活资料的生产和再生产、人自身的生产和再生产、社会交往方式的生产和再生产、物质文化需要的生产和再生产以及相应的精神生活的生产和再生产，而物质生活资料的生产活动毫无疑问是基础。我们常说生活总要继续，但生活继续的基础是什么？就是物质生活资料的生产和再生产。

正因为如此，生活的生产和再生产高于生活的享受，所以生产第一、生活第二完全正确。当然这两者也并不互相否定，无论是用生产否定生活，或者用生活否定生产都是片面的。现在的主要问题是，借西方生存论哲学，否定生产活动的历史基础作用，并进而否定历史的客观规律。因此，必须坚持生产和生活关系上的历史唯物主义观点。

第四，从价值观上看，必须坚持人民第一，个人第二。把原子式的封闭的个人视为唯一真实存在的“原人”，把利己主义视为当然的人性，是资产阶级意识形态制造的“神话”。孤立的个人不可能具有至上性，因为其本质是有限性的。历史唯物主义在确立人民的历史主体地位的同时，也就明确地提出，个人只有在历史活动中投身人民的事业，才能获得真正无限的生命价值，才能实现个人价值的最大化。

关于马克思哲学变革的实质和意义，是马克思主义的基本话语权，关系到如何整体把握马克思主义。正是在这一重大问题上，目前存在着许多模糊的认识，我们必须旗帜鲜明地加以澄清。

（原载《思想理论教育导刊》2016 年第 1 期）

① 《马克思恩格斯选集》第 1 卷，人民出版社 1995 年版，第 67—68 页。

历史唯物主义与中国道路

陈先达*

中国道路问题，是最为世人关注的大问题。中国选择什么道路，中国向何处去，不仅关系到中华民族的命运和全体中国人民的切身利益，也会改变世界政治格局和大国之间的力量消长。“中国威胁”论、“中国经济崩溃”论等，本质上都是以话语形态出现的包含对中国道路取得的伟大成就的焦虑和恐惧。

中国道路与中国方案

中国道路，就其一般意义而言，包括中国革命、建设、改革所经历的全过程。对过去来说，是中国的革命和社会主义建设历史；对现实而言，它就是中国当代的社会主义实践；对未来而言，它就是中国为之奋斗的实现“两个一百年”奋斗目标和中华民族伟大复兴，最终实现共产主义。作为一个整体，它就是中国共产党领导中国人民革命和建设的实践历史过程。中国共产党 95 年来走过的道路，内蕴着中国共产党人的文化自信，其深层本质是对共产党执政规律、社会主义建设规律、人类社会发展规律的把握。

笔者以为，中国道路的提法或许比中国模式的提法更确切，更符合马克思主义哲学的本意。模式的提法难以表达出中国特色社会主义道路的本质。从语意来说，模式是成型的、静态的、稳定的。用在国家发展上，模式具有排斥性，把自己国家的发展视为不同于其他国家的唯一的最具优越性的发展方式，或者认为自己国家的发展模式具有普适性，可以为其他国家提供一个现成的发展范式，如同制作糕点的模型，全部糕点都是从一个模子里制作出来的。无论在何种意义上，模式论都不太适用于中国特色社会主义道路。

从历史唯物主义角度看，各国有不同的发展道路，没有放之四海而皆准的发展模式，更没有唯一的模式。西方发展道路是由西方国家自己的历史和文化决定的，而不是为世界提供模式，也不可能提供模式。中国推行改革开放，表明中国共产党愿意学习世界各国尤其是西方发达资本主义国家的经验，但是中国不会照搬西方发展的模式。习近平总书记说过，“我们愿意借鉴人类一切文明成果，但不会照抄照搬任何国家的发展模式”“不能企图用一种模式来改造整个世界”。

历史唯物主义是社会形态发展论，而不是社会发展模式论。中国特色社会主义道路，不是从天上掉下来的，而是中国人民在中国共产党领导下走出来的。从整个中国历史来说，中国特色社会主义是在对中华民族几千年文明和文化的传承中得出来的；从近

---

* 陈先达，中国人民大学哲学院教授。

代史说，它是从1840年以来中国人民为民族复兴而奋斗、而牺牲、而不断遭受挫折的苦难经验和教训中总结出来的。道路是纵向的，它与自己国家过去的历史特点和文化特点不可分割。没有中国历史的发展，没有中国文化的积累，就没有中国特有的发展道路。

道路的特点是实践，而不是仿效制作，照葫芦画瓢。中国道路就是中国人的实践，不实践就不是道路，也没有道路。当然，在中国特色社会主义建设中，我们可以有规划、有顶层设计、有“两个一百年”要达到的目标、有中华民族伟大复兴的目标，但目标不等于道路。目标只是道路的重要部分，是道路的指向和要达到的站点。至于如何到达这个站点，怎么走，就是道路问题。可以大胆地说，按照历史辩证法，我们不可能详细地绘制一个不需要修改、不需要完善、不需要调整的中国道路规划图，而是应该根据实际情况不断调整。这就是顶层设计与摸着石头过河的两者结合。因此，中国道路不是固定模式，它包括弯路、包括曲折，甚至会碰到岔路。中国特色社会主义道路不是定型的，而是未完成式，现在仍在继续走。一句话，中国道路是实践过程，它为人类对更好的社会制度的探索提供的是中国方案，而不是一个现成的模式。

改革开放几十年来，在中国道路上我们取得了伟大的成就，也遇到不少问题。其中有一些是有违改革初衷、未曾料到的新问题，正在采取措施逐步解决。社会主义建设是有规律可循的，我们会有盲区，会有没有掌握的新的规律。我们还要不断摸索、不断总结。改革初始，邓小平提出以经济建设为中心，重点是放在解放生产力、发展生产力上，为此提出发展是硬道理的著名论断。在改革实践过程中，中国共产党人继续推进发展是硬道理的原则，提出了科学发展观，再发展到现在的创新、协调、绿色、开放、共享的新发展理念；从开始的一部分人先富起来，发展到现在强调共同富裕，强调依法治国，强调公平、正义，这都是从30多年一步一步改革经验积累中走过来的。30多年来的经验证明，中国特色社会主义道路是在实践中不断完善的。这个过程并没有结束，中国道路有明确的方向图，通过深入探讨什么是社会主义，怎样建设社会主义；建设什么样的党，怎样建设党；实现什么样的发展，怎样发展这些有关道路的根本性理论问题，提高了我们的理论自觉性，为制定各项方针政策，推进各项工作提供了科学指导。

中国方案的提出，有重要理论和实践意义。中国方案，就存在于中国道路之中。没有中国道路就不会有中国方案。提不出中国方案，中国道路就会变成一句空话。或许有人说，只有中国模式才有世界意义，而中国道路没有世界意义。这不符合历史唯物主义观点。模式提供的是模具。我们反对西方推行的普世价值观，就是反对他们对自由、民主、人权的解释的话语霸权，反对它们把西方的资本主义民主制度模式化。其实，各个国家需要的是符合自己国情和文化特点的自由、民主和人权制度。当然，我们可以学习它们的优点，吸收西方的积极成果，但我们有自己的发展道路和方案，而不是成为从西方模具中复制出来的仿制品。

中国道路，既是具有中国特色的中国之路，又是具有世界意义的中国之路。讲它是中国特色之路，是因为它具有中国的历史特点、民族特点、文化特点；讲它又是具有世界意义的中国之路，是因为它向人类提供了不同于西方发展道路的中国方案。这个方案向世界表明，一个近百年来受列强压迫和侵略的民族，一个曾经落后于西方发达国家的民族，完全可以依靠自己的力量，建立与自己民族特点相符合的制度和发展道路，走上民族伟大复兴之路。

资本主义社会并不是人间天堂，资本主义的经济和政治制度也不是人类社会发展唯一之路，资本主义的价值观念并非人人必须奉为圭臬的绝对价值。在当代，各国的发展，完全可以有不同的方案。这正是西方某些资本主义国家拼命遏制中国和平发展的原因。因为中国的崛起意味着中国方案的成功；而中国方案的成功，意味着在当代可以有另一条通向自己国家和民族的复兴之路，而不必接受西方兜售的资本主义制度优越论和永世论的灵丹妙药。中国方案是马克思主义和中国文化精华的结合，它的影响力和说服力，是中国对世界的贡献。正因如此，西方一些国家千方百计对中国道路进行抹黑，并将之视为对“自由世界”道路的背离。

中国道路之争

方向决定道路，道路决定命运。在中国，不同道路之争，其深层体现为不同文化之争。中国应该走什么样的道路，其争论由来已久，并非现在才出现。早在20世纪二三十年代中国共产党成立以后就存在。这就是中国共产党主张的在中国进行革命的道路、文化保守主义主张的中国文化本位主义、一些人倡导的全盘西化的资本主义道路。1949年中国革命的胜利，从实践上对这个问题做了总结，而毛泽东的《论人民民主专政》一文，对这个问题从理论上做了概括。本来，在中国革命胜利之后的前30年，这个争论已经沉寂。但随着改革开放后中国总结“文化大革命”经验教训，随着重新正确理解中国传统文化，随着经济全球化后西方新自由主义思潮的涌入，关于中国道路的争论再度兴起。但现在各自的立论与表现，与中国革命胜利之前的20世纪二三十年代的文化保守主义和全盘西化论相比，具有新的时代特点和理论支撑。这个理论支撑的文化特点可以概括为三个“化”，即：中国特色社会主义道路的核心是“马克思主义中国化”；回归传统，回归儒学，重塑中国社会主义和中国共产党的核心是“儒化”；回归人类，回归世界的核心是“西化”。如果不站在历史唯物主义高度把握这三个“化”的本质，就会在中国特色道路问题上缺乏文化自信。

有人提出要中国走世界人类文明发展的共同道路，走世界文明之路。在他们看来，以希伯来犹太教和古希腊哲学为源头的西方文化，是最优秀的文化；西方的道路是世界的普遍道路。中国特色社会主义道路是脱离世界文明，是沿袭自秦始皇以来中国封建社会的专制主义之路，是自外于世界潮流的道路。无论在国际国内，这种说法都时有所闻。这种说法完全暴露了西方普世价值论的政治底牌。资本主义道路怎么就是世界文明之路，就是人类世界共同道路呢？以历史唯物主义观点看，西方文化只是文化中的一种，资本主义道路只是人类社会发展过程的一个重要阶段。资本主义的确为人类作出了比以往任何时代都巨大的贡献，但又同时为自己挖掘了坟墓。资本主义社会是文明与野蛮、光明与黑暗并存的社会。马克思和恩格斯在《共产党宣言》中以热情洋溢的赞美笔调肯定了资本主义的成就，但同时又毫不留情地判处了它死刑，敲响了资本主义丧钟，指出资本主义社会的过渡性。资本主义社会的出现和发展包括在人类社会发展规律之中，但绝不代表人类的美好理想，并不是人类社会发展的普遍规律。

什么是人类的共同道路，什么是人类社会发展的普遍规律？从历史远景来说，不是少数人富裕的资本主义，而是公平、正义、共富、和谐的社会主义和共产主义。相对于人类存在数千年的阶级社会和剥削社会来说，消灭阶级、消灭剥削，建设一个公平、正义、共富、和谐的社会，才是人类的共同道路。用中国哲学的话说，叫天下为公、世界大同之路，用历史唯物主义关于社会形态发展理论来说，这是人类解放之路、是共产主义道路。世界通向这个共同道路的方式和方法可以各不相同，并且肯定会有先后、有迟早，但对人类社会而言，剥削制度不会是永恒的、亘古不变的。私有制度是在一定条件下产生的，也会在一定条件下终结，作为私有制的最高发展阶段的资本主义制度形式也是如此。消灭剥削、消灭两极分化、消灭私有制，走向公平共富的社会，这才是人类发展的普遍规律。《共产党宣言》的不朽价值，就是向全人类揭示了这个普遍规律，并号召全世界劳动者团结起来为此而奋斗。

我们反对西方包藏政治图谋的普世价值论，并不违背世界发展潮流，不是与世界发展相脱离，因为我们不是反对自由、民主、平等、人权、法治这些人类认可的共同价值，相反我们在努力建设社会主义的自由、民主和人权制度。我们反对的是西方某些国家或学者怀着文化自大狂的优越心态，把西方价值观念和制度模式化，视之为放之四海而皆准的普世模式。普世价值论的本质就是西方制度模式化，是以普世价值为软实力的西方资本主义制度的优越性和不可超越性的话语霸权。

国内外都有学者批评中国特色社会主义道路脱离世界发展道路、脱离人类发展道路，要中国回归人类发展道路，讲的就是回归普世价值的道路。他们说，这是中国从“专制”“独裁”的社会主义，回归“自由”“民主”的资本主义。实际上，就是要中国割断自己的历史传统，摒弃中国文化特点和社会主义道路，期待中国重蹈“红旗落地”的覆辙。

在道路问题上也还有另一种主张，这就是回归儒家、回归传统。最激烈的说法是儒化中国共产党、儒化社会主义。表面上，它与回归世界、回归人类的新自由主义道路是双峰对峙，其结果实际上是殊途同归。中国特色社会主义是我们生活其中的现实的社会，共产主义社会是我们的理想。人在站立的时候，总是双脚立地、背面对后、两眼朝前。社会发展也是一样。社会永远是立足现实、背靠传统、关注未来。而不能是相反的，脱离现实、面向过去、背对未来。社会发展是往前走的，人的追求不能与社会发展的方向相背而行，而只能相向而行。

在笔者看来，背靠传统，就是继承传统、弘扬传统、创新传统，而不是回归传统。正如儒学一样，需要继承、发扬而不是回归。历史是曾经的存在，现实是当代的存在。传统是历史与现实之间连续性的文化串线。历史对现实有深刻的影响，即它的文化基因具有某种遗传性。儒学传统要继承，但要与时俱进，而不是回归。习近平总书记明确指出，“历史总是要向前进的，历史从来不等待一切犹豫者、观望者、懈怠者、软弱者。只有与历史同步伐、与时代共命运的人，才能赢得光明的未来”。

“治世不一道，便国不法古。”社会主义有自己的发展规律。中国当代的现实，是社会主义社会的现实。社会主义有自己不同于封建社会的经济基础和上层建筑，有不同于以往任何社会制度的新的指导思想、新的政治制度。我们是生活在21世纪的当代人，是生活在建设中国特色社会主义的当代人。站在当代，我们应该重视中国传统文化，吸取中国传统文化的优秀思想，但不可能在社会制度的建设和思想指导观念上，回归传统、回归儒学。以儒化作为中国道路和方向的指导，只会断送中国的社会主义。

中国特色社会主义道路是一条光辉的道路，也是一条充满困难的道路。我们党清楚知道，老百姓对现实问题有议论、有不满意。当代的问题是现实问题，而不是古代人的问题。现实问题，必须坚持以马克思主义为指导，以问题为导向，采取历史唯物主义方法进行分析，寻找它的现实原因，提供有效的解决方法。传统文化包括其中占主导地位的儒家学说，可以为我们解决问题提供思想资源、提供启发智慧，但传统文化不可能为它们从来不曾经历的两千年后的问题提供预案和答案。对中国道路上存在和出现的问题，儒化不是出路，西化更不是出路，出路在于继续深刻研究和把握社会主义发展规律和中国共产党的执政规律，坚持社会主义方向，坚持从严治党。社会主义的基本规律不可违背，执政党的规律不可违背。治党必须从严。如果管党不力、治党不严，人民群众反映强烈的党内突出问题得不到解决，那么我们迟早会失去执政资格，不可避免被历史淘汰。不懂历史辩证法，不懂得失成败在一定条件下可以转化，是非常危险的。殷鉴不远，岂能忘之。《易经》中说，“君子终日乾乾，夕惕若，厉无咎”，应该成为我们的座右铭。我们一定要以不忘初心之志，以兢兢业业、如履薄冰之心，走符合社会主义规律的中国道路。

中国道路的文化自信

习近平总书记说：“当代中国的伟大社会变革，不是简单延续我国历史文化的母版，不是简单套用马克思主义经典作家设想的模板，不是其他国家社会主义实践的再版，也不是国外现代化发展的翻版。”这是习近平总书记在新的历史条件下，对毛泽东《论人民民主专政》一文总结中国革命历史经验的进一步发展，说明了中国特色社会主义道路的创造性。

中国道路不是重复母版、模板、再版、翻版。这四个“不是”，就包括三个“化”字。不是简单套用马克思主义经典作家设想的模板，不是其他国家社会主义实践的再版，就是强调马克思主义中国化，要与中国实际和文化相结合；不是简单延续我国历史文化的母版，就是强调中国社会制度和道路不能儒化，以儒学为主导的传统文化要创造性转化和创新性发展；不是国外现代化发展的翻版，就是强调中国的现代化是社会主义现代化，而不是西化。

马克思主义中国化，这是最根本的化。没有这个化，一切都无从谈起。中国革命和社会主义建设，尤其是中国的改革开放，中国特色社会主义道路，不是简单套用马克思主义经典作家设想的模板，不是苏联社会主义实践的再版，因为我们是从中国实际出发，以马克思主义作为指导思想寻求适合中国发展的道路。中国民主革命走的是一条农村武装割据，由农村包围城市的道路，而不是马克思和恩格斯设想的巷战，也不是苏联走过的城市武装起义；社会主义革命和社会主义建设，我们也是从以俄为师到走自己的路。社会主义革命我们实行的是和平赎卖，分清民族资产阶级和官僚买办资产阶级，而不是一锅煮；社会主义建设，我们强调正确处理十大关系，强调正确处理两类不同性质的矛盾；改革开放，我们强调坚持社会主义方向，强调一个中心两个基本点，强调四项基本原则；等等。很显然，这些都不是简单套用马克思主义经典作家设想的模板，更不是苏联社会主义实践和改革的再版。不用多解释，中国革命、建设、改革，走的是马克思主义中国化的道路。如果没有从实际出发，没有坚持实事求是的马克思主义基本原则，中国革命、建设和改革不可能取得成功。当然，马克思主义中国化并没有结束，正如习近平总书记所说，“坚持不忘初心、继续前进，就要坚持马克思主义的指导地位，坚持把马克思主义基本原理同当代中国实际和时代特点紧密结合起来，推进理论创新、实践创新，不断把马克思主义中国化推向前进。”

不是简单延续我国历史文化的母版，就是中国传统文化的创造性转化和创新性发展问题。中国革命不可能延续我国历史文化的母版，因为中国历史上从来没有出现过社会主义革命，何来母版。中国共产党领导的革命是推翻旧的社会制度的革命，是社会形态的变化，不是中国历史上的王朝更替、改朝换代。正因为这样，中国共产党的成立才是中国开天辟地的大事变，中国革命和社会主义建设才是在中国历史上没有母版可遵循的伟大创造。无论是《礼记・礼运篇》中的“大道之行也，天下为公”的“大同”和“小康”理想，或是太平天国的《天朝田亩制度》的废除封建土地私有制、均贫富的思想，虽然包含丰富的思想资源，但都不可能成为中国革命和社会主义建设的母版。它们是原始的空想社会主义，或农业社会主义。我们坚持的是科学社会主义，中国特色社会主义本质上就是马克思主义的科学社会主义，而不是别的什么主义。

儒家学说，是封建社会王朝的母版，而且是王朝守成的母版，而不是开拓创新的母版。这是历代王朝倡导以儒治国的原因，怎么可能成为中国特色社会主义道路的母版呢！当然，不是母版，丝毫无损于中国传统文化的博大精深，不影响以儒学为主导的中国传统文化对我们的思维方法、道德修养、人文教化、治国理政的巨大思想价值。应该反对儒学政治化，儒学宗教化，在社会主义时代应该重视儒学的文化本质。但从道路和旗帜的角度说，从重建理想和信仰的角度说，我们绝不能走以儒化国、以儒化党的道路。我们要治理的是社会主义国家，我们要重建的理想、信仰、价值，是社会主义和共产主义的理想、信仰、价值。中国共产党之所以叫中国共产党，就是因为它从成立之日起我们党就把共产主义确立为远大理想。

任何一个关注现实的人都能看懂，中国共产党内的腐败分子、党内蛀虫，并不是因为失去对儒学的信仰，而是丧失对社会主义和共产主义信仰。我们社会出现的一些道德失范和价值观念混乱，也不是因为失去对儒家的信仰，而是伴随当代中国社会深刻变化而出现的副产品，或者说是社会代价。

我赞同我们应该学习中国传统文化的经典，包括文学如唐诗宋词，总之，中国传统文化中宝贵的东西我们都应该珍重。但我们也应该明白，社会矛盾永远是现实的，我们直面的问题永远是当前。现代人的信仰和价值永远应该是与时代相适应的。

任何国家在走出传统社会后都要实现现代化，中国也一样。但中国的现代化是社会主义现代化，而不是西方现代化的翻版。现代化，是使用最多的一个概念。可是何谓现代化，实现什么样的现代化，这取决于时代背景，取决于各国历史的、文化的特点，特别是取决于社会制度的本质。

中国从社会主义制度确立开始，就把逐步实现社会主义工业、农业、国防和科学技术现代化作为我们的奋斗目标。经过 60 多年的建设，我们在不断深化现代化的内涵，包括推进国家治理体系和治理能力的现代化，发展社会主义市场经济，发展社会主义协商民主制度，建设中国特色社会主义法治体系，等等。但无论中国现代化的内涵怎样深化，有一点是不会变的，我们搞的是社会主义现代化，而不是资本主义现代化。如果我们摒弃中国特色社会主义基本经济制度和政治制度，偏离中国道路，在现代化问题上不加分析地接受西方话语抽象鼓吹的国家现代化，改变中国所谓的“一党专政”，放弃中国共产党领导；鼓吹思想市场化，放弃马克思主义的指导地位，借助思想多元来反对指导思想的一元化；鼓吹军队国家化，反对党对军队的领导，如此等等，这实际上是在现代化的名义下偷梁换柱，把社会主义现代化变成西化翻版。

毫无疑问，资本主义现代化是人类社会摆脱传统社会后的巨大历史进步，但西方现代化是通过向海外殖民实现的，是同侵略、掠夺、剥削、扩张密不可分的。日本也是脱亚入欧，通过实行现代化，走向军国主义，疯狂向外扩张和侵略。我们只看到西方发达资本主义国家变得富强、文明，可忘记了资本主义现代化给世界、给大多数被殖民国家带来的巨大灾难。马克思曾经说过，“当我们把自己的目光从资产阶级文明的故乡转向殖民地的时候，资产阶级文明极端伪善和它的野蛮本性就赤裸裸地呈现在我们面前，它在故乡还装出一副体面的样子，而在殖民地就丝毫不加掩饰了”。

资本主义现代化的本质是资本本性的扩张。海外殖民就是资本扩张，但它号称输出文明。实际上像马克思当年说的，被殖民的国家“失掉了他们的旧世界而没有获得一个新世界，这就使他们所遭受的灾难具有一种特殊的悲惨色彩”。如果说，当年西方资本主义在输出文明的口号下，给世界带来的是灾难；当代在强行输出普世价值的口号下，带来的同样是灾难。只要看看中东，看看非洲某些被“民主化”的国家，看看他们战火纷飞、家园破碎、难民如潮的处境，自然就能明白。

社会主义现代化与西方资本主义现代化会有某些共同点，有可借鉴的东西，但绝不是西方现代化的翻版。时代不同、社会制度不同、文化底蕴和传统不同，现代化的道路也不同。中国的文化是和平的文化，而不是扩张的文化。中国是在取得民族独立建立社会主义制度之后，逐步推进现代化的。我们是在被资本主义世界封锁的情况下，完全依靠独立自主、自力更生，依靠党的领导和人民的力量实行现代化。在经济全球化的背景下，我们是通过深化改革开放，在世界交往中继续推进社会主义现代化。我们的现代化，没有殖民、没有掠夺，而是互利共赢；没有血与火，没有战争，而是构建人类命运共同体。中国实现社会主义现代化，是增强世界和平、防止战争的力量，是促进世界和平发展的力量。这是与西方现代化进程伴随殖民、战争和掠夺迥然不同的两种类型的现代化。中国实现现代化，是对世界、对人类和平的重大贡献。

社会主义现代化不是西方现代化的翻版，但我们重视对西方现代化的研究。它的成绩、现代化中存在的问题，都能为我们提供经验和教训。我们是后发国家，我们有条件也应该避免西方在现代化中出现的种种问题。我们也不会忘记它们对中国现代化的影响和某种推动。但笔者不赞同中国现代化的动力是外生的，与中国历史自身发展的内在要求无关。外因是条件，内因才是根据。中国是一个有几千年文化传统的民族，是一个蕴藏并积蓄了几千年文明内在力量的民族，是一个在近代饱受侵略和掠夺，积蓄着追求民族复兴、追求民富国强强大力量的民族。现代化是中国革命题中应有之义。把中国现代化，视为简单的外力——反应模式，而不是中国内在力量的要求，是一种错误的历史观。这种历史观导致的结论，就是中国现代化应该拜西方侵略之赐，像有些人无耻宣称的，如果中国能被西方殖民三百年，就可以从洋人手里接收一个现成的现代化中国。这种观点何等荒谬！

结语

中国特色社会主义道路是实现现代化必经之路，是创造人民美好生活的必由之路。

我们对道路的自信，源自对文化的自信。中国不仅有五千多年文明发展孕育的中华优秀传统文化，还有中国共产党和中国人民在伟大斗争中孕育的革命文化和社会主义先进文化。文化不仅是知识、智慧的积累，更是一个民族最深层的精神追求。中国近百年历经劫难而九死无悔，“拼将十万头颅血，须把乾坤力挽回”，其中闪烁的就是“我以我血荐轩辕”的中华民族文化精神。

（原载《光明日报》2016 年 9 月 7 日）

习近平国家治理思想的中国智慧

张雷声*

国家治理现代化，既是我国全面深化改革的总目标，也是中国特色社会主义制度发展和完善的必然要求，是实现社会主义现代化的题中应有之义。国家治理现代化是习近平依据我国的现实情况，在总结我国治国理政实践经验和借鉴西方国家社会治理基本经验的基础上，形成的能够表达中国话语、彰显中国风格、体现中国特色的蕴含着丰富而深刻中国智慧的理论成果，充分反映了习近平运用马克思主义国家理论对如何建设社会主义国家的新思考、新探索，以及中国共产党对国家治理问题的崭新而深刻的认识，翻开了马克思主义中国化理论的新篇章。在哲学社会科学工作座谈会上，习近平谈到构建中国特色哲学社会科学时特别强调，要围绕中国和世界发展面临的重大问题，着力提出能够体现中国立场、中国智慧、中国价值的理念、主张、方案。他的国家治理思想的提出和阐释，正是对中国立场、中国智慧、中国价值的新理念新思想新战略的充分体现。

一　国家治理思想的中国话语

关于社会主义社会的国家治理问题，是新中国成立以后中国共产党面临的一个全新的问题。以毛泽东为代表的党的第一代中央领导集体在社会主义建设之初，开启了社会主义国家治理的探索之路。改革开放以后，以邓小平、江泽民、胡锦涛为代表的中央领导集体在中国特色社会主义的发展进程中，对社会主义国家治理问题的探索继往开来、砥砺前行。新中国成立以来60多年发展的历史，反映了中国共产党历届中央领导集体在社会主义国家治理的实践中善于学习、勤于探索、勇于创新的过程。在这一过程中，中国共产党吸取了极左时期党政关系失衡、人民权利丧失、社会秩序混乱的教训，积累了丰富的治国理政的经验，形成了国家治理体系和治理能力的独特优势，取得了国家治理的重大成果。但是，面对当今错综复杂的社会矛盾和社会各阶层强烈的治理愿望，国家治理仍然存在着许多亟待进一步解决的问题。所以，习近平强调说："相比我国经济社会发展要求，相比人民群众期待，相比当今世界日趋激烈的国际竞争，相比实现国家长治久安，我们在国家治理体系和治理能力方面还有许多不足，有许多亟待改进的地方。"① 国家治理的理念如何走向现代化、国家治理的主体如何走向多元化、国家治理目标如何走向人民本位、国家治理方式如何走向规范化、国家治理手段如何走向法治化

* 张雷声，中国人民大学马克思主义学院教授、博士生导师。

① 《十八大以来重要文献选编》（上），中央文献出版社2014年版，第548页。

等等问题，无疑成为国家治理中的重要问题。

综观国家治理的历史、现实和未来，如何才能准确地概括我们已经取得的成绩，讲清楚我国当前存在的问题，又如何才能揭示出未来的发展走势，运用中国话语进行概括就显得尤为必要。所谓中国话语，即中国“场域”中的话语，不仅是要用中国自己的思维方式、自己的话语体系来表达中国自己的实践，提炼中国自己的“标识性概念”，而且更重要的是，随着我国实力和国际地位的迅速提升，中国必须在国际舞台上用中国声音“向世界说明中国”“让世界接受中国”，通过中国话语所包含的内在逻辑、价值观念、意识形态等因素放射出影响力。习近平用“国家治理体系”“国家治理能力”“国家治理现代化”对中国的实践做了新的概括、新的表述。他把国家治理现代化与中国当前的全面深化改革紧密联系在一起，指出全面深化改革，“不是推进几个领域改革，而是推进所有领域改革，就是从国家治理体系和治理能力的总体角度考虑的”①。“国家治理体系是在党领导下管理国家的制度体系，包括经济、政治、文化、社会、生态文明和党的建设等各领域体制机制、法律法规安排，也就是一整套紧密相连、相互协调的国家制度；国家治理能力则是运用国家制度管理社会各方面事务的能力，包括改革发展稳定、内政外交国防、治党治国治军等各个方面。”② 在中国特色社会主义实践中要“推进国家治理体系和治理能力现代化”③。以“国家治理体系”“国家治理能力”“国家治理现代化”来概括当前中国全面深化改革的实践，既说明了改革的系统性、整体性、协同性，同时也反映了国家、政府在改革中角色定位的合理性、准确性、科学性。习近平的新概括、新表述并非舶来品，而是对新中国成立以来中国共产党所肩负的历史任务的总体概括，也是对21世纪以来新的历史条件下中国共产党进行全面深化改革所做的顶层设计的精辟概括，更是对中国特色社会主义发展实践的标识性概括。这一关于中国自己事情的新概括、新表述，以中国话语展示了具有时代精神和民族精神的中国风采，融通了中国学术与中国实践的关系，易于为国际社会所理解、所接受，真正体现了“任何科学理论和制度，必须本土化才能真正起到作用”的意义。④

在我国学术界，有些学者在研究习近平国家治理思想时，为了阐释清楚国家治理的含义，易于从西方的学术中找渊源，将其与西方的概念如社会治理、社会管理，甚至国家治理等结合起来对比地进行研究，这一研究的目的并不在于借鉴西方相关概念内涵的合理和有用之处来推进中国“话语”的丰富和发展，而恰恰出现的是相反的效果，即在中国话语中找出西方话语的痕迹和味道，要给中国话语贴上西方话语的标签，这无疑是对习近平国家治理现代化思想的不科学的解读。习近平的国家治理思想反映的是中国共产党治国理政思想的逻辑演进，是对中国共产党关于社会主义国家治理的全新视角的深入思考，也是与中国的社会制度、政治属性、价值观念紧密联系的。理解习近平关于国家治理现代化的中国话语表达，必须与中国特色社会主义制度的完善和发展、社会主义核心价值体系和核心价值观的坚守联系起来。

习近平指出，中国特色社会主义制度的完善和发展，与推进国家治理体系和治理能

① 《十八大以来重要文献选编》(上)，中央文献出版社2014年版，第547页。

② 同上书，第548页。

③ 同上书，第547页。

④ 《习近平总书记系列重要讲话读本》，学习出版社、人民出版社2016年版，第33页。

力现代化是一个整体。“我们的方向就是中国特色社会主义道路。”① “国家治理体系和治理能力是一个国家制度和制度执行能力的集中体现。”② 随着改革开放的深入发展，“推动中国特色社会主义制度更加成熟更加定型，为党和国家事业发展、为人民幸福安康、为社会和谐稳定、为国家长治久安提供一整套更完备、更稳定、更管用的制度体系”③，就成为今天摆在我们面前的一项重大历史任务。中国特色社会主义制度并非是西方学者所谈的如行为准则、伦理规范、风俗习惯等具体规则，它是由根本制度、基本制度、具体制度以及中国特色社会主义法律体系构成的一整套的紧密相连、互相协调的国家制度，包括社会制度，以及经济、政治、文化、社会、生态文明和党的建设等各个领域的体制机制、法律法规安排。中国特色社会主义制度约束着社会主义市场经济的运行带来的弊端，调节着个人收入分配中的不公平性、不合理性等，对实现中国特色社会主义道路的本质要求和价值目标起着根本的保障作用。在中国特色社会主义的发展实践中，制度的发展和完善，与推进国家治理体系和治理能力现代化相辅相成，一方面，国家治理现代化源于中国特色社会主义制度发展和完善的必然要求，中国特色社会主义制度对人民群众基本的经济权益和生存条件的保障，对人的潜能、创造力发展的促进，以及能够保证一切积极因素的调动、社会生产力的解放和发展、全体人民共同富裕的实现、应对前进道路上各种风险挑战的有效性等，必然要求国家治理实现现代化；另一方面，只有遵循并运用中国特色社会主义制度，才能有效治理国家，只有以一整套的中国特色社会主义制度推进国家治理体系和治理能力现代化，才能对国家治理有一个明确的、正确的方向性定位，也才能真正走出一条中国特色社会主义的发展道路。正因为如此，习近平一再告诫全党，“必须适应国家现代化总进程，提高党科学执政、民主执政，依法执政水平，提高国家机构履职能力，提高人民群众依法管理国家事务、经济社会文化事务、自身事务的能力，实现党、国家、社会各项事务治理制度化、规范化、程序化，不断提高运用中国特色社会主义制度有效治理国家的能力”④。

推进国家治理现代化，离不开对社会主义核心价值体系和核心价值观的坚守。社会主义核心价值体系是在马克思主义指导下、中国特色社会主义共同理想指引下建立起来的、能够体现中国特色、民族特性、时代特征的价值体系。它是大多数社会成员共同认可、共同遵循、自觉践行的主流价值观念和价值追求，在多种价值观念中居于统领、引导地位。社会主义核心价值观是社会主义核心价值体系的基本构成要素，体现了社会主义核心价值体系的根本性质、基本特征，反映了社会主义核心价值体系的丰富内涵和实践要求。社会主义核心价值体系与社会主义核心价值观是相互依存、辩证统一的有机整体。国家治理现代化既源于中华民族在自身的长期发展中对核心价值观的坚守，也基于我们对社会主义核心价值体系和核心价值观的坚守。没有这份坚守，国家治理现代化就是一句空话。那么，如何坚守？习近平做了非常精辟的分析。他指出：“坚守我们的价值体系，坚守我们的核心价值观，必须发挥文化的作用。民族文化是一个民族区别于其他民族的独特标识。要加强对中华优秀传统文化的挖掘和阐发，努力实现中华传统美德

① 《习近平谈治国理政》，外文出版社 2014 年版，第 105 页。

② 《十八大以来重要文献选编》(上)，中央文献出版社 2014 年版，第 547—548 页。

③ 《习近平谈治国理政》，外文出版社 2014 年版，第 105 页。

④ 同上书，第 104 页。

的创造性转化、创新性发展，把跨越时空、超越国度、富有永恒魅力、具有当代价值的文化精神弘扬起来，把继承优秀传统文化又弘扬时代精神、立足本国又面向世界的当代中国文化创新成果传播出去。只要中华民族一代接着一代追求美好崇高的道德境界，我们的民族就永远充满希望。”① 由此可见，习近平在论述推进国家治理现代化与培育、弘扬社会主义核心价值体系和核心价值观二者关系时，明确强调了国家治理现代化的民族含义和中国意义。

二　国家治理思想的中国风格

当前，中国风格的建构已经成为中国特色哲学社会科学发展的必然诉求。所谓中国风格，是以中国的历史传承、文化传统为基础，蕴含着大量中国元素，并适应全球经济发展趋势的要求，有自身独特的魅力。习近平的国家治理思想以中国元素即历史传承、文化传统、经济社会发展演化、人民为中心等为表现形式，彰显了中国风格，正如他所强调的那样：“一个国家选择什么样的治理体系，是由这个国家的历史传承、文化传统、经济社会发展水平决定的，是由这个国家的人民决定的。我国今天的国家治理体系，是在我国历史传承、文化传统、经济社会发展的基础上长期发展、渐进改进、内生性演化的结果。”②

习近平的国家治理思想源于中华五千年历史发展的思想精华，体现了继承性、民族性。他认为，中华民族有着深厚的文化传统，形成了富有特色的思想体系，体现了中国人几千年来积累的知识智慧和理性思辨，中华优秀传统文化是中华民族的突出优势，积淀着中华民族最深沉的精神追求，包含着中华民族最根本的精神基因，代表着中华民族独特的精神标识，是中华民族生生不息、发展壮大的丰厚滋养。将中华优秀传统文化作为中国国家治理的重要文化资源，是习近平国家治理思想的重要特点。在对国家治理思想的阐述中，习近平将中华民族的优秀传统文化进行了创造性应用和创新性发展。他将司马迁《史记》中的“人视水见形，视民知治不”创造性地应用于党的群众路线教育活动，强调了要把人民的利益作为一切治理工作的出发点和落脚点；他将孔子《论语·子路》中的“和而不同”创造性地应用于中国的外交，以多样化统一和统一中多样性的辩证关系彰显了中国外交的新理念；他对《尚书·五子之歌》中的“民惟邦本”、《管子·牧民》中的“政之所兴在顺民心，政之所废在逆民心”、《韩非子·诡使》中的“道私者乱，道法者治”等进行了创造性的应用，说明了民心在国家治理中的重要作用、人民利益在国家治理中的重要地位、法治与国家治理的重要关联；等等。

2014 年 9 月 24 日，在纪念孔子诞辰 2565 周年国际学术研讨会暨国际儒学联合会第五届会员大会开幕会上，习近平对中国优秀传统文化中滋养国家治理的思想精华做了精辟的概括，他指出：“关于道法自然、天人合一的思想，关于天下为公、大同世界的思想，关于自强不息、厚德载物的思想，关于以民为本、安民富民乐民的思想，关于为政以德、政者正也的思想，关于苟日新日日新又日新、革故鼎新、与时俱进的思想，关于脚踏实地、实事求是的思想，关于经世致用、知行合一、躬行实践的思想，关于集思广

① 《习近平谈治国理政》，外文出版社 2014 年版，第 106 页。

② 同上书，第 105 页。

益、博施众利、群策群力的思想，关于仁者爱人、以德立人的思想，关于以诚待人、讲信修睦的思想，关于清廉从政、勤勉奉公的思想，关于俭约自守、力戒奢华的思想，关于中和、泰和、求同存异、和而不同、和谐相处的思想，关于安不忘危、存不忘亡、治不忘乱、居安思危的思想，等等。中国优秀传统文化的丰富哲学思想、人文精神、教化思想、道德理念等，可以为人们认识和改造世界提供有益启迪，可以为治国理政提供有益启示，也可以为道德建设提供有益启发。”① 我国的优秀传统文化蕴藏着丰富的国家治理思想，体现了中国人民几千年来积累的丰富思想智慧和理性思辨，而这种文化养分一旦与13亿中国人民聚合的磅礴之力结合，带来的则是无比强大的前进定力。这对习近平的国家治理思想产生着深深的影响，从而使他的这一思想展现了中国的独有魅力。

当然，中国风格并不排斥从其他各个国家、民族的文化中广泛吸收有益的养料，习近平一再强调，中华民族是一个兼容并蓄、海纳百川的民族。在漫长的历史进程中，不断学习他人的好东西，把他人的好东西化成我们自己的东西，这才形成了我们的民族特色。习近平的国家治理思想同样也是在不断汲取各种文明的养分中形成和发展起来的。不断汲取各种文明的养分，并不意味着丧失了自己国家的民族性。为了更好地彰显中国风格，坚守民族精神，就要善于兼容并蓄海纳百川，唯有如此，才能将中国的国家治理理论和实践鲜明地展示给世人。但是，在这一过程中，我们必须“有主张、有定力”②，这个主张和定力就是：我们要借鉴人类政治文明的有益成果，但绝不照搬西方政治制度模式，绝不放弃我国社会主义政治制度的根本；国家治理现代化绝不是西方化、资本主义化。

习近平国家治理思想体现了人民性。他从来都认为，为谁著书、为谁立说、替谁说话，是哲学社会科学研究的根本性、原则性问题；依靠谁、为了谁、谁享有，是国家治理中审视各方面体制机制和政策规定的一面镜子。“治国有常，而利民为本。”在中国特色社会主义的发展中，在实现“两个百年”奋斗目标、实现中华民族伟大复兴中国梦的征程中，人民性的体现主要表现在：必须以人民为主体，发挥人民群众的首创精神，充分调动人民群众进行国家治理的积极性；必须以人民利益为一切治理工作的出发点和落脚点，坚持发展成果由人民共享的发展理念，切实保障人民群众的利益，不断提高人民群众物质文化生活水平和健康水平；必须坚持“以百姓心为心”，深入实际、关注人民的呼声、人民的需求、人民的愿望，保证人民平等参与、平等发展的权利，为人民创造充分发挥聪明才智的社会环境；必须以人民满意为唯一标准，把人民作为发展成效的最终评判者。对此，习近平做了很精辟的概括：“坚持人民性，就是要把实现好、维护好、发展好最广大人民根本利益作为出发点和落脚点，坚持以民为本、以人为本。”③

国家治理的目的在于解决社会矛盾和社会问题，实现社会的健康发展。从根本要求上看，习近平的国家治理思想直指改革开放中存在的需要解决的问题，“推进国家治理体系和治理能力现代化，就是要适应时代变化，既改革不适应实践发展要求的体制机

① 《习近平在纪念孔子诞辰2565周年国际学术研讨会暨国际儒学联合会第五届会员大会开幕会上的讲话》，《人民日报》2014年9月25日。

② 《习近平谈治国理政》，外文出版社2014年版，第105页。

③ 同上书，第154页。

制、法律法规，使各方面制度更加科学、更加完善，实现党、国家、社会各项事务治理制度化、规范化、程序化。要更加注重治理能力建设，增强按制度办事、依法办事意识，善于运用制度和法律治理国家，把各方面制度优势转化为管理国家的效能，提高党科学执政、民主执政、依法执政水平。”① 我国的改革开放正是在不断改革不适应实践发展要求的社会矛盾、社会问题中向前推进的，中国共产党的国家治理能力也正是在改革不适应实践发展要求的体制机制、法律法规中逐步提高的。

考察我国经济体制改革发展的历程，我们会看到，中国共产党在对政府和市场的关系处理上，彰显了国家治理的中国风格。政府和市场的关系问题是世界各国在经济发展中都必须面对的重要问题。500 多年经济思想发展的历史，使我们清楚地看到西方资本主义国家在这个问题的处理上，始终是围绕着市场自由和国家干预展开的。当市场自由发展到一定阶段一定程度，在带来经济增长的同时也造成了很多社会问题需要解决时，国家干预兴起，政府必须以宏观调控的手段来调控国民经济、刺激有效需求，促使经济良性发展；而当国家干预的盛行阻碍了经济的发展，产生了一些社会弊端之后，市场自由又重新崛起，自由化、私有化和市场化，在要求减少政府对劳动力市场、资本市场干预上发挥着作用。我们由此看到，西方国家在市场自由和政府干预关系的处理上总是偏执一端，整个资本主义世界的经济就是在市场自由和政府干预的交替作用中发展的。不同于西方，我国在市场自由和政府干预关系的处理上则是在寻求政府和市场之间相协调的平衡点，因而经历了一个渐进改进、内生性演化的过程。改革开放以来，我国由改革之初的“计划经济为主，市场调节为辅”转变为“国家调节市场，市场引导企业”，然后进一步转变为“使市场在社会主义国家宏观调控下对资源配置起基础性作用”，再发展到今天的“使市场在资源配置中起决定性作用和更好地发挥政府的作用”，这个过程是依据我国的基本国情和阶段性特征，以及经济成分多元化、经济利益多样化、社会组织多样化、就业方式多样化的实际状况进行不断改进的过程，也是中国共产党从党的十四大以来这 20 年间“一直在根据实践拓展和认识深化寻找新的科学定位”的过程。② 这一过程反映了我国的社会主义市场经济是在没有任何经验可借鉴、没有任何规律可遵循的情况下形成的，说明了社会主义市场经济是通过发展的“试错性”、实践的“实验性”、认识的“趋深性”渐进改进的，是内生性演化的结果，表明了国家治理的定位不断走向科学化、民主化、法治化，从而彰显了国家治理在社会主义市场经济发展中的中国风格。

三　国家治理思想的中国特色

何谓中国特色？这个学术界已讲了多年的、看似简单的命题，要给出一个简洁的、鲜明的答案，还真是不那么容易。在全国宣传思想工作会议上，习近平在谈到全面对外开放条件下做宣传思想工作的一项重要任务，就是宣传阐释中国特色，他强调，“要讲清楚每个国家和民族的历史传统、文化积淀、基本国情不同，其发展道路必然有着自己的特色；讲清楚中华文化积淀着中华民族最深沉的精神追求，是中华民族生生不息、发

---

① 《十八大以来重要文献选编》（上），中央文献出版社 2014 年版，第 549 页。

② 同上书，第 498 页。

展壮大的丰厚滋养；讲清楚中华优秀传统文化是中华民族的突出优势，是我们最深厚的文化软实力；讲清楚中国特色社会主义植根于中华文化沃土、反映中国人民意愿、适应中国和时代发展进步要求，有着深厚历史渊源和广泛现实基础。”① 这四个“讲清楚”，既体现了继承性、民族性，马克思主义理论成果、中华优秀传统文化、独特的基本国情等融通生成中国特色；也体现了原创性、时代性，马克思主义与中国具体实际的结合、学理性与实践性的结合、宏观顶层设计与具体操作对策的结合等融通生成中国特色；更体现了系统性、专业性，学科体系、学术体系、话语体系等的建设和创新融通生成中国特色。由此来看，中国特色就是坚持不忘本来、吸收外来、面向未来，体现中国立场、中国智慧、中国价值，反映时代主题、实践要求、自身特质。习近平的国家治理思想真真正正地反映了这些方面。

首先，习近平国家治理思想的中国特色表现在，它是马克思主义国家理论与当代中国社会发展实际的辩证统一。马克思主义认为，国家的本质属性及其演进规律是人类社会发展规律的重要组成内容。国家作为人类社会发展到一定阶段的历史产物，伴随着阶级而产生，也随着脑体分工和阶级的消失而消亡。在阶级社会中，国家的内部职能是政治统治职能与社会管理职能的统一，国家既是阶级统治的工具，同时也履行着社会公共管理的职能。马克思主义的国家理论科学地解释了国家的起源、性质和职能，以及国家在未来发展的趋势。但是，在马克思主义国家理论及实践方面，“马克思、恩格斯没有遇到全面治理一个社会主义国家的实践，他们关于未来社会的原理很多是预测性的；列宁在俄国十月革命后不久就过世了，没来得及深入探索这个问题；苏联在这个问题上进行了探索，取得了一些实践经验，但也犯下了严重错误，没有解决这个问题”②。中国共产党在我国掌握了政权以后，不断地探索这个问题，也曾经受过严重挫折。以马克思主义国家理论为指导，在总结世界社会主义国家的治理经验和教训的基础上，习近平把马克思主义国家理论与中国特色社会主义的发展实际结合起来，对社会主义国家治理问题进行了新的思考和探索。他强调，在今天的历史条件下、在中国社会主义的发展进程中，国家治理作为一个大系统，涵盖了各个领域各个层面，包括经济治理、政治治理、文化治理、社会治理、生态治理等等；他强调，国家治理主体必须多元化，坚持共产党的执政地位和各社会主体参与国家治理，实现国家、社会、公民协同共治，推进国家治理体系和治理能力现代化；他强调，国家治理的本质就在于改变以人治为重点的治理，国家治理的现代化涵盖了科学治理、民主治理、制度治理、法治治理等等。习近平关于国家治理新理念、新思想、新战略的阐释，体现了对国家治理规律的深刻把握，标志着我们党对社会主义建设规律认识的不断深化，推动了马克思主义国家理论的创新性发展。

其次，习近平国家治理思想的中国特色表现在，它秉承了以毛泽东为代表的党的第一代中央领导集体的现代化思维方式。20 世纪 50 年代末，毛泽东在读苏联《政治经济学教科书》时提出了“四个现代化”，他指出：“建设社会主义，原来要求是工业现代化，农业现代化，科学文化现代化，现在要加上国防现代化。”③ 到 60 年代中期，周恩

---

① 《习近平谈治国理政》，外文出版社 2014 年版，第 155—156 页。

② 《十八大以来重要文献选编》（上），中央文献出版社 2014 年版，第 548 页。

③ 《毛泽东文集》第 8 卷，人民出版社 1999 年版，第 116 页。

来在第三届全国人民代表大会第一次会议上代表国务院做政府工作报告时，正式将“四个现代化”公之于世，“要在不太长的历史时期内，把我国建设成为一个具有现代农业、现代工业、现代国防和现代科学技术的社会主义强国，赶上和超过世界先进水平”①。后来，在1975年召开的第四届全国人民代表大会第一次会议上，“四个现代化”又一次被写进了政府工作报告。这样，实现“四个现代化”就成为鼓舞我国亿万人民团结奋斗、建设社会主义现代化强国的目标基础和精神动力。习近平深受以毛泽东为代表的党的第一代中央领导集体建设社会主义的现代化思维方式的鼓舞，面对我国改革进入攻坚期和深水区、经济发展进入新常态、社会观念与价值取向日趋活跃、各种风险与挑战日益增多的新形势，把现代化思维方式运用到国家治理之中，提出了国家治理现代化问题。在当前实现“两个百年”奋斗目标的征途中，世情、国情、党情发生着深刻变化，我国面临的发展机遇和风险挑战前所未有，国家治理要跟上社会主义现代化发展的步伐，就必须提升应对各种困难、风险和挑战的能力，就必须具有解决经济发展中存在的各种社会矛盾、社会问题的能力。以经济建设为中心是兴国之要，发展仍是解决我国所有问题的关键。“以科学发展为主题，以加快转变经济发展方式为主线，是关系我国发展全局的战略抉择。”② 在我国经济发展中，反复出现的产能过剩一直困扰着经济的发展。造成产能过剩的原因究竟是什么？众所周知，我国现阶段经济发展方式不合理的突出表现是高投入、高消耗、高成本，而我们更应该看到的是，这“三高”的出现是经济发展过度依赖于政府行政力量的直接推动使然，特别是在钢铁、水泥、造船等基础性制造业，政府的投资规模巨大，从而政府干预投资和经济增长的能力过强导致了产能过剩。仅此分析就让我们认识到产能过剩与经济发展方式的密切关联，而这其中政府的角色定位则至关重要。在剖析产能过剩反复出现的原因并寻求解决方案的过程中，反思政府的行为，无疑给国家治理如何走向现代化带来挑战和启示。因此，在实现社会主义现代化的进程中，必须实现国家治理的现代化。

再次，习近平国家治理思想的中国特色还表现在以人民性与国家性的统一为基础，寻求实现国家治理现代化的途径。人民性的重点是人民利益，是人民利益的最大化，是人民在发展成果的共建共享中有最大的获得感。但是，应该看到在今天社会主义社会还存在着国家的情况下，人民性与国家性是相统一的，人民利益与国家利益是不可分割的，国家利益集中体现了广大人民的全局利益和长远利益，从这个意义上说，国家利益的最大化与人民利益的最大化是一致的。社会主义国家必须深怀爱民之心，以最广大人民的根本利益为最高标准；必须恪守为民之责，问政于民、问需于民、问计于民；必须善谋富民之策，不断满足人民群众日益增长的物质文化生活需要。民为国之本，国以民而存；得民心者得天下，失民心者失天下。在保证人民利益与国家利益一致的前提下，解决好三个方面的问题是国家治理实现现代化的重要保证。一是政府短期的政治绩效与长期的经济发展绩效的关系。在经济发展中经济肌体活力和资源配置效率的提高，需要长效性，经济发展需要持续性，只有这样，才能满足人民群众日益增长的物质文化生活需要。但是，政府（官员）则希望在短时间内就能产生显著的政治绩效。短期的政治绩效与长期的经济发展绩效的关系处理不好，就必然会出现政府在经济干预上搞短平

① 《周恩来选集》（下卷），人民出版社1984年版，第439页。

② 《十八大以来重要文献选编》（上），中央文献出版社2014年版，第15—16页。

快、搞大拆大建，而对于那些能够提升经济实力的实体经济、高端产业链等不够重视，导致经济发展受损。二是市场和政府在经济发展中的角色定位问题。市场在配置资源中起决定性作用，是市场经济的一般规律，可以“推动资源配置依据市场规则、市场价格、市场竞争实现效益最大化和效率最优化”①。但是，市场不是万能的，无论是在什么样的条件下，都可能存在着市场缺陷或市场失灵，这就需要市场以外的力量来调节。政府必须发挥其公权力的优势和宏观引导的作用，引导市场朝着积极的方向发展，同时也必须发挥服务和监管的作用。显然，市场定位在提高经济效率上，而政府则定位在宏观经济引导上。三是政府的有效限权、放权、分权的问题。政府职能的合理界定和边界的合理划分，决定着国家治理的现代化走向。限权、放权、分权的有效性是什么？能否实现“政府的归政府、市场的归市场、社会的归社会”？政府能否做到向市场、社会、地方放权，处理好“政府间的关系”？如何能够在体制上实现决策权、执行权、监督权的“三权分设”？等等。总之，这三个方面问题的解决，关系到国家治理现代化的推进，也关系到国家治理体系的构建。

习近平国家治理思想所体现的中国特色，从不忘本、吸收外来、面向未来的角度，为我们从战略高度、目标维度理解国家治理问题，构建中国特色社会主义的国家治理体系，提供了重要的理论基础，也为我们坚持和发展中国特色社会主义，推进国家治理能力现代化，不断丰富中国特色社会主义的实践特色、理论特色、民族特色、时代特色，努力实现“两个百年”的目标，提供了重要的实践指南。

（原载《教学与研究》2016 年第 11 期）

---

① 《十八大以来重要文献选编》（上），中央文献出版社 2014 年版，第 513—514 页。

伟大长征精神与中华民族伟大复兴*

曲青山**

习近平总书记在纪念中国工农红军长征胜利80周年大会上发表重要讲话，指出长征开启了中国共产党为实现民族独立、人民解放而斗争的新的伟大进军；这一惊天动地的革命壮举，是中国共产党和红军谱写的壮丽史诗，是中华民族伟大复兴历史进程中的巍峨丰碑；长征是一次理想信念的伟大远征，是一次检验真理的伟大远征，是一次唤醒民众的伟大远征，是一次开创新局的伟大远征。今天，我们党史界在这里隆重举行“红军长征与信仰的力量”主题研讨会，就是要学习贯彻习近平总书记的重要讲话精神，缅怀革命先辈为民族独立、人民解放而不怕流血牺牲所建立的丰功伟绩，从这段历史和革命先辈留给我们的宝贵精神财富中汲取营养，大力弘扬伟大长征精神，走好实现“两个一百年”奋斗目标、实现中华民族伟大复兴中国梦的新的长征。今天我就围绕“伟大长征精神与中华民族伟大复兴”这个题目做个发言，谈三个问题与大家探讨和交流。

一　长征在中国革命史上具有极其重要的历史地位

我们看历史有三个视角，即微观视角、中观视角、宏观视角；研究历史，有三个时段，即短时段、中时段、长时段。对一个政党、一个民族、一个国家的历史，如何去看，如何去研究，应该用宏观视角，把握历史的长时段，这样才能看得准确、看得清楚、看得明白。让我们把目光延伸到中国近代170多年历史的大背景中，延伸到95年波澜壮阔的党的历史中，这样就能更加清晰地看到长征的重要意义和历史地位，不断增强中国特色社会主义的道路自信、理论自信、制度自信、文化自信。

中华民族是一个伟大的民族，在5000多年悠久历史中创造了光辉灿烂的中华文明，为人类作出了卓越贡献。但是，步入近代以后，由于西方列强的入侵和封建统治的腐败，中国逐渐成为半殖民地半封建社会，山河破碎，生灵涂炭，中华民族遭受了前所未有的苦难。从鸦片战争到五四运动的近80年间，中国社会的各个阶级、各个阶层、各种政治力量都曾登上历史舞台，想挽救中国于危难之中。中国的农民阶级要救国，发动了太平天国起义，最后失败了；中国的资产阶级改良派要救国，进行了戊戌变法，最后

---

* 本文是中共中央党史研究室主任曲青山于2016年10月25日在“党史界纪念中国工农红军长征胜利80周年研讨会”上的主旨讲话。在本刊发表前，作者做了个别修改。

** 曲青山，中共中央党史研究室主任。

也失败了；中国的资产阶级革命派要救国，进行了辛亥革命，虽然推翻了长达2000多年的封建帝制，但并没有改变中国的社会性质，还是失败了。辛亥革命后，政党政治在中国兴盛起来，1912年全国曾出现过大大小小300多个政党和政治团体。但最终大都昙花一现，很快在中国政治舞台上消失了。历史表明，中国的农民阶级和资产阶级改良派、革命派都没有能力承担起领导中国革命的责任，不可能领导中国人民完成反帝反封建的民主革命任务。只有中国工人阶级的政党中国共产党肩负起实现中华民族伟大复兴的庄严使命。具体来说，这项使命的时代内涵表现为两大历史任务，即争取民族独立、人民解放和实现国家富强、人民幸福。这是历史的选择、人民的选择。中国共产党的诞生，成为中国历史上开天辟地的大事变，从此，中国革命的面貌焕然一新，灾难深重的中国人民看到了光明和希望！

大革命失败后，中国共产党在白色恐怖中开启了独立领导中国革命的新征程，完成了由大革命失败到土地革命战争的历史性转变。党领导的革命力量不断发展壮大，建立了中央革命根据地、鄂豫皖革命根据地、闽浙赣革命根据地、川陕革命根据地、陕甘革命根据地等。1933年9月，国民党当局对中央革命根据地发动第五次“围剿”。由于党内“左”倾教条主义的错误领导，实行错误的军事方针，导致第五次反“围剿”失败，党和红军面临生死存亡的危急关头，中共中央和中央红军被迫撤出中央革命根据地进行战略转移，红二、红六军团、红四方面军和红二十五军也先后从长江南北各革命根据地撤出，开始了悲壮而伟大的长征。

长征是人民军队历史记录上的第一次，是中国革命史上的奇迹，是世界军事史上的壮举，是人类历史上一座无与伦比的丰碑。习近平总书记指出，长征在我们党、国家、军队发展史上具有十分伟大的意义，对中华民族历史进程具有十分深远的影响。那么，应该怎样深刻认识和把握长征的重要意义和历史地位呢？我以为，主要在以下几个方面：

第一，长征大大推进了马克思主义中国化进程。中国共产党之所以伟大，之所以站得高，看得远，能够干其他政党干不成的事，能够做其他政党做不了的事，是因为我们党始终把马克思主义这一科学理论作为自己的行动指南，并坚持在实践中不断丰富和发展马克思主义。我们党一成立就确定以马克思主义作为指导思想。但是，要做到以科学的态度对待马克思主义，不是一件容易的事。党的历史上，以教条主义和经验主义的态度对待马克思主义曾给党和党的事业带来消极影响和巨大的灾难。长征途中，以毛泽东同志为主要代表的中国共产党人在血的教训和生死存亡的考验中深刻认识到，马克思主义基本原理必须与中国革命具体实践相结合。在正确思想路线指引下，党和红军走适合国情的革命道路，实行符合实际的战略策略，正确解决了关乎前途命运的全局性问题。红军长征的胜利，是党和红军践行马克思主义、积极推进马克思主义中国化的胜利。

第二，长征实现了中国革命新局面的历史性转折。中央根据地第五次反“围剿”的失败，使我们党和红军遭受了重大损失，几乎陷入绝境。长征的胜利，保存了革命的火种，扩大了党的影响，宣告了国民党妄图消灭中国共产党和红军图谋的破产，实现了我们党北上抗日的战略方针，推动了抗日民族统一战线的形成。“长征一完结，新局面就开始。”长征的胜利，掀开了中国革命历史的新篇章，实现了中国革命从挫折走向胜利的伟大转折。正是以长征为标志，中国共产党从这里重新奋起，我们党有了正确的前进方向。从此，中国共产党带领中国人民克服了一个又一个艰难险阻，先后取得抗日战争的胜利、解放战争的胜利，最终取得新民主主义革命的胜利。

第三，长征形成了党的成熟的坚强的第一代领导集体和核心。长征初期，“左”倾教条主义仍在党内占统治地位，中央的主要领导者在指挥中又犯了逃跑主义错误，湘江战役使中央红军付出了极为惨重的代价，由出发时的8.6万余人锐减至3万余人，红军又一次面临生死存亡的危急关头。遵义会议确立了毛泽东同志在红军和党中央的领导地位，开始确立了以毛泽东同志为代表的党中央的正确路线，使红军和党中央得以在极其危急的情况下保存下来，为我们党从挫折走向胜利提供了重要保证。这是我们党走向成熟的重要标志。以毛泽东同志为核心的党的第一代中央领导集体逐步形成，是我们党在领导中国革命的实践中、经过胜利和失败的长期比较作出的历史性选择。从遵义会议开始，又经过10年努力，到党的七大，我们党总结了历史经验，为建立新民主主义的新中国制定了正确的理论和路线方针政策，使全党在思想上、政治上、组织上达到空前的统一和团结，党的领导更加成熟，党的力量成倍壮大，党成为领导全国各族人民进行伟大革命的核心力量，为中国革命事业不断开创新局面提供了最为重要的保证。

第四，长征创造了同强大的敌人、严酷的自然环境、党内错误路线英勇斗争并取得辉煌胜利的奇迹。英雄的红军在装备恶劣、力量对比悬殊的情况下，长驱几万里，纵横十几省，用双脚与敌人的飞机汽车竞赛，以非凡的智慧和勇气，运用灵活机动的战略战术，四渡赤水河，巧渡金沙江，强渡大渡河，飞夺泸定桥，鏖战独树镇，勇克包座，转战乌蒙山，进行重要战役战斗600多次，粉碎了上百万敌军的围追堵截，创造了以弱胜强、以少胜多的奇迹。长征经历了各种恶劣的自然环境，跨越滔滔激流，征服空气稀薄的皑皑雪山，穿越被称为“死亡陷阱”的茫茫草地，红军每前进一步，都面临生死考验，但是红军以大无畏的英雄气概，书写了战胜严酷自然环境的悲壮凯歌。党中央和红军在长征中，与王明为代表的“左”倾教条主义和张国焘的右倾逃跑主义、分裂主义等错误进行了坚决斗争。红一方面军与红四方面军会合前召开的通道会议、黎平会议、遵义会议等，主要是解决党中央的军事路线和军事领导问题及对第五次反“围剿”失败的原因进行反思。会合后召开的两河口会议、卓克基会议、芦花会议等，主要是解决两大主力红军会师后的军事行动以及与张国焘的分歧问题。在开展党内政治生活中，毛泽东、周恩来、朱德等中央领导展现了高超的领导艺术和政治智慧，加强了党的团结统一，保证了各路红军共同北上，使长征最终取得胜利。

二　伟大长征铸就了伟大长征精神

伟大的长征，不仅创造了可歌可泣的战争史诗，而且谱写了豪情万丈的精神史诗，铸就了伟大长征精神，树立了永恒的人类精神丰碑。这种精神，集中体现了党和红军的优良传统和作风，是中国共产党人世界观、人生观和价值观的全面展示，是以爱国主义为核心的民族精神的最高体现。

在纪念中国工农红军长征胜利80周年大会上，习近平总书记在讲话中指出，长征精神就是：把全国人民和中华民族的根本利益看得高于一切，坚定革命的理想和信念，坚信正义事业必然胜利的精神；为了救国救民，不怕任何艰难险阻，不惜付出一切牺牲的精神；坚持独立自主、实事求是，一切从实际出发的精神；顾全大局、严守纪律、紧密团结的精神；紧紧依靠人民群众，同人民群众生死相依、患难与共、艰苦奋斗的精神。这既是对长征精神内涵的全面阐释，也是对长征胜利历史经验的深刻总结。

革命理想高于天是长征精神的生动写照。中国共产党是一个有理想信念的党，坚定理想信念是我们党的一大优势，我们党成立以来之所以能够从小到大、由弱到强，一路走到今天，有多种原因，其中理想信念坚定是一个最主要的原因。长征途中，红二军团的贺炳炎、余秋里在战斗中胳膊负伤，都是在没有使用麻药的情况下，用锯子截肢的。贺龙还专门把贺炳炎的两块骨头捡起来包在红绸布里，用来教育官兵。他说："看看，这就是共产党员的骨头！"坚定的革命理想信念，是党的性质和宗旨的集中体现，它像一盏永不熄灭的明灯，指引着红军将士坚持革命方向，坚信正义事业必然胜利，在惊心动魄的长征路上不断战胜各种困难挑战。

不怕艰难险阻、不怕牺牲是党和红军崇高人生观、价值观的集中体现。长征中，党和红军遇到了那么多令人难以想象的困难，之所以能够克服，是因为党领导下的红军将士不怕任何艰难险阻，不惜付出一切，乃至牺牲自己的生命。有了这种革命英雄主义气概，红军始终打不倒、压不垮。在惨烈的湘江之战中，红 34 师师长陈树湘率领全师与十几倍于己的敌人殊死激战，在突围战斗中腹部受伤，国民党军队用担架将他押往长沙时，他宁死不做俘虏，将流出来的肠子扯断而壮烈牺牲。没有勇往直前、不怕牺牲的精神，红军长征取得胜利是不可能的。

独立自主、实事求是是红军长征取得胜利的关键。坚持独立自主，就要坚持中国的事情必须由中国人民自己作主张、自己来处理。独立自主是中国共产党立党的重要原则。实事求是，是马克思主义的根本观点，是我们党的思想路线的核心内容，是我们党结束"左"倾教条主义错误在中央的统治最有力的思想武器。遵义会议是在我们党同共产国际中断联系的情况下召开的，会议作出了一系列被实践证明是正确的重大决策和重大决定，这些成果都是我们党独立自主、实事求是、坚持一切从实际出发取得的。这次会议挽救了党，挽救了红军，挽救了中国革命，是党的历史上一个生死攸关的转折点。遵义会议的历史告诉我们，必须坚持独立自主、实事求是，马克思主义才有活力、才有生命力，才能解决中国的实际问题。

顾全大局、严守纪律、紧密团结，是党和红军始终保持坚强凝聚力、战斗力的重要保证。党和红军在同强大的敌人和恶劣的自然条件的殊死搏斗中，形成了顾全大局、严守纪律、紧密团结的优良传统和作风。在困难和危急的时刻，红军将士宁肯自己挨饿也要把干粮让给同志，宁肯自己牺牲也要抢救战友生命。即使在异常困难的逆境中，红军也严格执行三大纪律、八项注意，受到人民群众衷心拥护欢迎。这些优良传统和作风，逐渐升华为党和红军精神世界中不可分割的重要组成部分，使红军成为具有坚强凝聚力、战斗力的革命队伍。

坚持群众路线，是党和红军克服困难、战胜敌人的力量源泉。长征的胜利，最根本的原因是有人民群众的大力支持。红军所到之处，坚持宣传群众、组织群众、武装群众，严格遵守群众纪律，紧紧依靠人民群众，同人民群众生死相依、患难与共，艰苦奋斗，赢得了各族人民的拥护和支持。人民群众是党和红军的力量源泉，"红军是穷人的军队"，它来自人民，为了人民。在革命根据地，人民群众为了支持红军，将自己的亲人送去当兵。长征途中，许多沿途的群众踊跃参加红军。红军在路过彝族地区时，刘伯承与彝族部落首领小叶丹歃血结盟，这在长征中传为佳话。长征的胜利，就是我们党坚持群众路线的胜利，这段历史再一次雄辩地证明，群众路线是正确的、行之有效的实现党的政治路线、思想路线、组织路线的根本工作路线，是我们党最大的政治优势。

三　实现中华民族伟大复兴的中国梦，需要大力弘扬伟大长征精神

用生命和鲜血凝成的伟大长征精神，生动反映了中国共产党人及其领导的人民军队崇高的革命风范，是中华民族宝贵的精神财富，是推动中华民族自强不息走向伟大复兴的强大精神动力。正是经受了这种精神的洗礼，中国共产党团结带领中国人民成功进行革命、建设和改革，使中华民族以崭新的姿态屹立于世界民族之林。

同时，我们应当看到，当前，面对世情、国情、党情的深刻变化，我们必须进行具有许多新的历史特点的伟大斗争，必须时刻准备应对重大挑战、抵御重大风险、克服重大阻力、解决重大矛盾。习近平总书记指出："历史是不断向前的，要达到理想的彼岸，就要沿着我们确定的道路不断前进。每一代人有每一代人的长征路，每一代人都要走好自己的长征路。今天，我们这一代人的长征，就是要实现'两个一百年'奋斗目标、实现中华民族伟大复兴的中国梦。"总书记的论述深刻阐释了伟大长征精神与中华民族伟大复兴中国梦之间的内在联系。"雄关漫道真如铁，而今迈步从头越。""长征永远在路上。"在新的历史条件下，更要大力弘扬伟大长征精神，用长征精神激励我们勇担历史责任，克服一切艰难险阻，跨越许多新的"雪山""草地"，征服许多新的"娄山关""腊子口"，走好新的伟大长征。

弘扬伟大长征精神，走好"新的伟大长征路"，必须坚定共产主义远大理想和中国特色社会主义共同理想，为崇高理想信念而矢志奋斗；必须坚定中国特色社会主义道路自信、理论自信、制度自信、文化自信，为夺取中国特色社会主义伟大事业新胜利而矢志奋斗；必须把人民放在心中最高位置，坚持一切为了人民、一切依靠人民，为人民过上更加美好生活而矢志奋斗；必须把握方向、统揽大局、统筹全局，为实现我们的总任务、总布局、总目标而矢志奋斗；必须建设同我国国际地位相称、同国家安全和发展利益相适应的坚固国防和强大军队，为维护国家安全和世界和平而矢志奋斗；必须加强党的领导，坚持全面从严治党，为推进党的建设新的伟大工程而矢志奋斗。

必须坚持中国道路，传承中国精神，凝聚中国力量。中国特色社会主义是近代以来中国历史发展的必然选择，承载着几代中国共产党人的理想和探索，凝聚着中国人民的智慧和实践，是我们党和人民95年奋斗、创造、积累的根本成就，具有深厚的历史渊源和广泛的现实基础。我们要增强道路自信、理论自信、制度自信、文化自信，"咬定青山不放松"，坚持不懈、持续不断把中国特色社会主义伟大事业推向前进。伟大长征精神是民族精神在万里长征这座炼炉中的淬炼和升华。新时期产生的抗洪精神、载人航天精神、抗震救灾精神……其中蕴含的牺牲、奉献、自强、奋进精神，无一不与长征精神一脉相承，始终是我们的兴国之魂、强国之魄。实现中华民族伟大复兴的中国梦，需要我们继承和发扬好伟大长征精神，并结合新的时代条件不断充实和丰富其内涵，使之成为引领和激励一代又一代中华儿女踏上振兴中华民族奋斗征程的强大精神动力。

实现中华民族伟大复兴中国梦是中华儿女的共同理想，体现了中华民族的整体利益。中国梦是国家的梦、民族的梦，也是每一个中国人的梦。实现中华民族伟大复兴中

国梦，需要大家齐心协力、携手共进，从而汇集起中国56个民族、13亿多人口和海外华人华侨的无穷智慧和磅礴力量。

长征的脚步和足音已然远去，但伟大长征精神已成为不朽和永恒。让我们紧密团结在以习近平同志为核心的党中央周围，同心同德，开拓进取，大力弘扬伟大长征精神，为实现“两个一百年”奋斗目标、实现中华民族伟大复兴中国梦而努力奋斗。

（原载《中共党史研究》2016年第10期）

马克思主义的整体性特质和教师队伍建设

赵家祥*

我国自从设立马克思主义理论一级学科以来，马克思主义学界极为重视对马克思主义的整体性特质的探讨，发表了不少论著，提出了很多有价值的思想，但总的看来，研究得还不够深入，对于马克思主义的整体性特质的含义还缺乏全面的理解，笔者想就此谈些自己的看法，与学界的同人共同探讨。马克思主义的各个组成部分构成一个有内在联系的统一整体。

列宁在《卡尔·马克思》一文中说，马克思主义包括马克思主义哲学、马克思主义政治经济学和科学社会主义学说三个主要的组成部分。这三个主要组成部分不是彼此孤立、互不联系的，而是组成了一个具有内在逻辑联系的科学体系。这是马克思主义的整体性特质的最基本的含义。现从以下几个方面加以说明：

第一，从马克思主义产生的社会历史条件看马克思主义的整体性。马克思主义产生于资本主义社会化大生产已经成为主导趋势、资本主义社会内部各种社会矛盾和阶级矛盾充分显露、无产阶级以独立的政治力量登上历史舞台开始争取自身和人类解放的斗争的历史时代。马克思主义产生的社会历史条件，不仅提供了在哲学、政治经济学和社会主义学说方面实行变革的必要性，而且提供了把哲学、政治经济学和科学社会主义学说结合为一个完整而严密的科学体系的统一的马克思主义学说的可能性。正是资本主义生产方式及其内在矛盾的显露以及生产力和科学技术的发展，社会不停顿地动荡和变化，为科学地揭示自然、社会和人类思维发展的一般规律、创立科学的世界观和历史观创造了条件，实现了哲学上的革命变革；同时，正是资本主义生产方式及其内在矛盾的发展，使得从理论上揭示资本主义生产方式的本质、发现剩余价值理论、揭示资本主义生产方式的发展规律成为可能，从而完成了对资产阶级政治经济学的批判，创立了马克思主义的政治经济学，实现了政治经济学上的革命变革；马克思、恩格斯正是在科学的世界观和历史观以及剩余价值理论的基础上，解决了空想社会主义学说所不能解决的理论课题，使社会主义从空想变成了科学，实现了社会主义理论上的革命变革。马克思、恩格斯以科学的世界观和历史观为指导，以对资本主义生产方式的经济剖析为基础，全面分析了资本主义的阶级状况，科学地说明了工人阶级的历史地位和历史使命。因此，马克思主义作为工人阶级和人类解放的科学，是包括马克思主义哲学、马克思主义政治经济学和科学社会主义学说在内的统一整体。这就是说，马克思主义各个组成部分的诞生和所实现的革命变革，有相同的社会历史条件和时代背景，这就必然使它的各个组成部

* 赵家祥，北京大学哲学系教授，博士生导师。

分构成内在统一的完整的理论体系。

第二，从马克思主义的理论来源看马克思主义的整体性。马克思主义的直接理论来源是德国古典哲学、英国古典政治经济学和19世纪英法两国的空想社会主义学说。这三种学说代表了到19世纪上半叶为止的人类思想的最高成就。马克思主义的这三个直接理论来源，是同一历史时代的产物，它们之间不是彼此孤立、互不相干的，而是相互联系、相互渗透、相互包含的，所以它们对马克思主义产生的影响也不是各自孤立地、单独地发生的，而是综合地、相互交织地发生的。具体来说，马克思主义哲学的产生不仅继承了德国古典哲学的积极成果，而且也与英国古典政治经济学和三大空想社会主义学说的影响密不可分。同样，马克思主义政治经济学不仅来源于英国古典政治经济学，德国古典哲学的辩证法对马克思主义政治经济学的产生提供了方法论的启发，而对三大空想社会主义学说的改造则为马克思主义政治经济学的研究规定了目标和方向。至于科学社会主义理论，也不仅仅来源于三大空想社会主义者的学说，马克思、恩格斯之所以能把社会主义从空想变成科学，是同他们批判地改造德国古典哲学和英国古典政治经济学分不开的。由此可见，从马克思主义的各个理论来源对马克思主义产生的影响来看，也说明马克思主义是由马克思主义哲学、马克思主义政治经济学和科学社会主义学说构成的一个有内在联系的统一的完整体系。

第三，从马克思主义理论体系的内容看马克思主义的整体性。马克思主义哲学、马克思主义政治经济学和科学社会主义学说三个主要组成部分之间相互渗透、相互补充、相互影响，构成统一的完整的马克思主义科学理论体系。首先，从马克思主义哲学和政治经济学的关系来看，马克思主义政治经济学是在唯物辩证法的指导下，运用历史唯物主义的基本原理，分析资本主义的生产方式，才得以克服英国古典政治经济学的缺陷，在政治经济学上实现革命变革的。马克思的政治经济学中处处闪烁着唯物辩证法和历史唯物主义的光辉。其次，从马克思主义哲学和科学社会主义的关系来看，一方面，科学社会主义的产生离不开马克思主义哲学的指导。恩格斯在《社会主义从空想到科学的发展》1882年德文第一版序言中对这个问题做了深刻的论证。他指出："科学社会主义本质上就是德国的产物，而且也只能产生在古典哲学还生气勃勃地保存着自觉的辩证法传统的国家，即在德国。唯物主义历史观及其在现代的无产阶级和资产阶级之间的阶级斗争上的特别应用，只有借助于辩证法才有可能。"① 另一方面，在马克思、恩格斯、列宁写的《共产党宣言》《1848年至1850年的法兰西阶级斗争》《法兰西内战》《社会主义从空想到科学的发展》《国家与革命》等主要论述科学社会主义的著作中，也论述了许多马克思主义哲学的基本原理。再次，从政治经济学与科学社会主义的关系来看，马克思主义政治经济学通过对资本主义生产方式的科学分析，创立了剩余价值理论，揭示了资本主义的基本矛盾和发展规律，论证了资本主义灭亡、社会主义胜利的历史必然性，列举了许多资本主义为社会主义的实现创造的各种主客观条件，既指出了资本主义制度的种种弊端又肯定了资本的伟大文明作用，说明了无产阶级的阶级地位和历史使命，对未来社会主义社会和共产主义社会的基本特征做了科学的预测和设想，提出了一系列建设社会主义的基本原则，为无产阶级指明了推翻资本主义、建设社会主义的方向和道路。没有对资本主义经济发展规律的科学认识，就不可能产生科学社会主义学说。

---

① 《马克思恩格斯文集》第3卷，人民出版社2009年版，第495—496页。

最后，许多马克思主义的基本概念和基本原理是马克思主义三个主要组成部分所共有的，如生产力、生产关系、生产方式、科学技术是生产力、生产关系必须适合生产力性质的规律；经济基础、上层建筑、上层建筑必须适合经济基础发展要求的规律；阶级、国家、革命、改革、阶级斗争在社会发展中的作用；社会、社会结构、社会形态、社会形态的划分和更替、社会形态的发展是自然历史过程；资本主义、社会主义、共产主义；从资本主义到社会主义的过渡时期及其基本特征、社会主义社会的基本特征、共产主义社会高级阶段的基本特征；社会主义在自身发展的基础上成长为共产主义；人的自由、人的解放、人的全面发展、自由人联合体、从必然王国向自由王国的飞跃；等等。这些基本概念和基本原理，马克思主义哲学、马克思主义政治经济学和科学社会主义学说都要加以论述，只是论述的角度有所不同而已。如果把马克思主义作为一个整体来对待，就应该从马克思主义哲学、马克思主义政治经济学和科学社会主义学说的综合上论述这些基本概念和基本原理，这肯定会比单独从马克思主义的某个组成部分上论述这些基本概念和基本原理，要深刻得多，全面得多。

第四，从马克思主义发展的历史过程看马克思主义的整体性。马克思主义产生于19世纪40年代中期，至今已有170年的历史。马克思主义产生以来，在回答各个历史时期的实践提出的各种重大的理论问题的过程中，不断充实、丰富和发展自己，形成了一个生机勃勃、不断创新的思想洪流，焕发出普遍而持久的生命力。一部马克思主义发展史，就是马克思主义不断创新、不断发展的与时俱进的历史。可以毫不夸张地说，迄今为止，还没有一部思想史像马克思主义思想史这样具有恒久的生命力和永不衰竭的发展源泉和动力。纵观马克思主义产生以来170年的发展史，可以清楚地看出，马克思主义是由它的创始人马克思、恩格斯和他的后继者列宁、毛泽东、邓小平等在各个历史时期创立和发展的完整的科学体系，去掉其中的任何一个组成部分，都会肢解马克思主义，使马克思主义变得支离破碎、残缺不全。马克思主义是发展着的理论，所以必须用发展的观点看待马克思主义的整体性特质。在国内外理论界，都有人制造所谓的早年马克思和晚年马克思的对立，马克思和恩格斯的对立，马克思和恩格斯与列宁的对立，以及对毛泽东思想和邓小平理论的否定，妄图割断马克思主义发展的历史，否定在马克思主义指导下的社会主义实践中所取得的伟大成就。

第五，从马克思主义经典著作的实际情况看马克思主义的整体性。马克思主义经典著作很多都是把哲学、政治经济学和科学社会主义学说紧密结合在一起加以论述的。最有代表性的著作主要有：《1844年经济学哲学手稿》《神圣家族》《德意志意识形态》《哲学的贫困》《资本论》《反杜林论》《家庭私有制和国家的起源》《俄国资本主义的发展》《帝国主义是资本主义的最高阶段》《国家与革命》等。其中马克思的《资本论》最具有典型性。《资本论》是一部伟大的经济学著作，同时也是一部哲学著作和科学社会主义著作。《资本论》在论述政治经济学的基本原理时，很多地方都具有深刻的哲学意蕴，蕴含着深刻的哲学思想，如关于商品二重性和劳动二重性理论中，蕴含着深刻的辩证法思想，不懂得辩证法，就难以理解这个理论；在关于商品、货币、资本、利息的论述中，深刻地揭示了商品拜物教、货币拜物教、资本拜物教思想，把政治经济学理论和哲学理论十分完好地结合在一起；在关于平均利润率规律理论中，深刻地阐明了社会历史发展规律的性质，说明了"在整个资本主义生产中，一般规律作为一种占统治地位的趋势，始终只是以一种极其错综复杂和近似的方式，作为从不断波动中得出的、但永远不能确定的平均数来发生作用。”① 马克思写作《资本论》的目的在于阐明资本主义生产方式的发展规律，即揭示资本主义必然灭亡、社会主义必然胜利的规律，说明由于资本主义社会自身矛盾的发展必然被社会主义社会所代替，这正是科学社会主义的主要内容。所以说，《资本论》是把马克思主义的各个组成部分结合为一个有机整体的典范。

把马克思主义作为一个有内在联系的统一整体加以研究，从事教学，是马克思主义理论一级学科教师面临的艰巨而繁重的任务。由于历史的原因，我们的多数教师对于这个任务的完成，还是不太适应的。在新中国成立以来的几十年中，马克思主义哲学、马克思主义政治经济学和科学社会主义学说分设在不同的院系，由不同院系的教师讲授，这种学科设置造成了两个分离：一是马克思主义的三个主要组成部分相分离，从事马克思主义哲学教学的教师不太懂得马克思主义政治经济学和科学社会主义学说，从事马克思主义政治经济学教学的教师不太了解马克思主义哲学和科学社会主义学说，从事科学社会主义学说教学的教师不太了解马克思主义哲学和马克思主义政治经济学；二是马克思主义的每一个组成部分中的“史”“论”“著”相分离：以马克思主义哲学为例，“史”是指马克思主义哲学史，“论”是指马克思主义哲学原理，“著”是指马克思主义哲学经典著作。讲授马克思主义哲学史的教师对马克思主义哲学原理和马克思主义经典著作缺乏了解，讲授马克思主义哲学原理的教师对马克思主义哲学史和马克思主义哲学经典著作缺乏了解，讲授马克思主义哲学经典著作的教师对马克思主义哲学原理和马克思主义哲学史缺乏了解。为了克服这两种分离，在马克思主义的教学和研究中真正把马克思主义作为一个整体来对待，必须改变教师队伍的这种现状，提高教师完整准确地理解马克思主义的学术水平，建设一支高水平的马克思主义教师队伍，需要做好以下几个方面的工作：

第一，在马克思主义的教学和研究中，要克服把马克思主义各个组成部分分离开来的做法，将马克思主义各个组成部分有机结合起来。不论原来从事马克思主义组成部分哪一个方面教学和研究的教师，都要把马克思主义的三个主要组成部分结合起来进行研究，从事教学。

第二，在马克思主义的教学和研究中，要克服把马克思主义基本原理、马克思主义发展史和马克思主义经典著作分离开来的做法，要把这三者有机结合起来。“论”从“史”出，“论”从“著”出，“史”“论”“著”应该紧密结合在一起。从事马克思主义基本原理的研究和教学的教师，也要研究马克思主义发展史和马克思主义经典著作；从事马克思主义发展史的研究和教学的教师，也要研究马克思主义基本原理和马克思主义经典著作；从事马克思主义经典著作的研究和教学的教师，也要研究马克思主义基本原理和马克思主义发展史。我这是按原来的教学体系来说的，最好的办法是打破原来的教学体系，以学习和研究马克思主义经典著作为轴心，并在研究和教学的过程中总结概括出马克思主义基本原理，梳理出马克思主义发展史。

第三，要编写真正体现马克思主义的整体性特质的马克思主义基本原理教材。2005年以来，我国设置了马克思主义理论一级学科，很多高等学校都建立了马克思主义学院，有关部门组织领导编写了马克思主义基本原理教材，其目的在于把马克思主义各个

① 《马克思恩格斯文集》第7卷，人民出版社2009年版，第181页。

组成部分作为一个整体来加以研究，并且贯彻到教学中去。这个意图是十分可贵的，应该坚持和不断完善。但是，恕我直言，我们编写的马克思主义基本原理教材，虽然主观意图是把马克思主义各个组成部分作为一个统一的完整的学科体系展示出来，但实际上仍然是分别阐述马克思主义哲学、马克思主义政治经济学和科学社会主义学说，是这三个组成部分的“拼盘”，并没有把三个组成部分结合成为一个有机整体加以阐述。要真正把马克思主义的各个组成部分作为一个整体来研究和把握，必须培养一批能够在整体上理解和把握马克思主义的教师，这是一个长期而艰巨的任务。但我们不能等待这样的教师培养出来以后，再从事马克思主义整体化的工作。实际上，我们从设置马克思主义理论一级学科开始，就已经从事这项工作了。今后我们应该不断修改已有的教材，使教材能够较好地体现马克思主义的整体性特质，努力把马克思主义整体化的工作不断推向前进。

第四，要编写真正体现马克思主义的整体性特质的马克思主义经典著作导读教材。近些年来，我国编写出版了一批马克思主义经典著作导读，这是十分可喜。但是，我发现不少导读存在两个不足：一是简单地用马克思主义的基本原理教材中的概念和观点，说明和解释马克思主义经典著作中的相关概念和理论阐述。这种做法有很大的局限性，不利于学习者学好马克思主义经典著作。首先，这种做法容易把马克思主义基本概念和基本原理简单化、教条化、凝固化。其次，这种做法离开经典作家个人的特点、风格和气派，离开经典作家论述有关基本概念和基本原理的时代的具体历史背景、学术背景和语境，难于准确地把握作者的原意，容易导致对作者思想的偏离、误解。二是对一些综合论述马克思主义各个组成部分、充分体现马克思主义整体性的经典著作，只是从马克思主义的某一个组成部分的角度加以解读，没有从各个组成部分的有机结合上去解读。例如，对于《德意志意识形态》这部包括马克思主义三个主要组成部分的著作，导读的编写者只讲其中的历史唯物主义的内容，对于这部著作中的政治经济学原理和科学社会主义原理几乎只字不提。再如，对于充分体现马克思主义整体性的《资本论》这部著作，导读的编写者只阐述其中的政治经济学思想，对其中蕴含的马克思主义哲学理论和科学社会主义理论几乎只字不提。又如，对于标志马克思主义公开问世的第一部著作《哲学的贫困》，导读的编写者只把它作为《德意志意识形态》“延伸阅读”的著作，没有设专章加以解读。这样的《导读》对于学习马克思主义经典著作帮助不大，忽略了学习马克思主义基本原理和马克思主义经典著作之间的差别以及马克思主义各个组成部分之间的内在联系。因此，从事马克思主义教学和研究的教师，需要改进编写马克思主义经典著作导读的指导思想和写作方法，编写出一批高质量的马克思主义经典著作导读教材，以帮助青年学生学好马克思主义经典著作和马克思主义基本原理，提高他们对马克思主义的整体性特质的理解。

第五，要编写一批真正体现马克思主义的整体性特质的马克思主义专题史教材。我国已经编写了一批马克思主义哲学史、马克思主义经济学说史、马克思主义政治学说史、科学社会主义理论发展史、国际共产主义运动史等等，这些都可以称为“通史”。我国还很少见就马克思主义的某一个基本原理编写的发展史，我把这种发展史称为“专题史”。只有“通史”而没有“专题史”，对马克思主义的教学和研究有很大的局限性。对于马克思主义的一些基本原理，如果只讲其从马克思主义经典著作中抽象出来的成熟内容，不讲其孕育、形成、发展和演变的历史过程，是无法从整体上理解和把握这些基本原理的。只有从各个马克思主义基本原理孕育、形成、发展和演变的历史过程，考察这个基本原理，才能对这个基本原理有全面深入准确的理解，才能体现出马克思主义的整体性特质。在这方面我做过一些探讨。例如，我在2012年第四期《北京行政学院学报”上发表过一篇题为“‘两个决不会’原理的孕育、形成和发展的历史过程》的学术论文。“两个决不会”原理即马克思1859年在《〈政治经济学批判〉序言》中所讲的下面一段话：“无论哪一个社会形态，在它所能容纳的全部生产力发挥出来以前，是决不会灭亡的；而新的更高的生产关系，在它的物质存在条件在旧社会的胎胞里成熟以前，是决不会出现的。”① 为了撰写这篇论文，我按照马克思、恩格斯发表的有关论著的时间顺序，阅读了马克思1844年初在《德法年鉴》上发表的《〈黑格尔法哲学批判〉导言》和《论犹太人问题》，马克思、恩格斯在1845—1846年合写的《德意志意识形态》，马克思1847年7月发表的《哲学的贫困》，马克思1847年10月写的《道德化的批评和批评化的道德》，马克思在1849至1850年写的《1848年至1850年的法兰西阶级斗争》，恩格斯在1852年2月至4月初写的《去年12月法国无产者相对消极的真正原因》，马克思1853年5月写的《中国革命和欧洲革命》，马克思在1858年写成的《1857—1858年经济学手稿》，马克思在1859年写的《〈政治经济学批判〉序言》，马克思1871年4、5月间写的《法兰西内战》，恩格斯在1874—1875年写的《论俄国的社会问题》，恩格斯在1892年写的《英国工人阶级状况》一书的德文版序言，恩格斯在逝世前夕即1895年2、3月间为马克思的《1848年至1850年的法兰西阶级斗争》一文写的导言，以及马克思论述有关这个问题与恩格斯、拉萨尔、丹尼尔逊等人的通信。通过系统地阅读马克思、恩格斯的这些有关论著，不仅深刻论述了“两个决不会”这个基本原理的内涵，而且论述了这个基本原理孕育、形成、发展和演变的历史过程，这样就既把马克思主义各个组成部分有机结合起来，又把“史”“论”“著”有机结合起来，在这个基本原理上充分体现了马克思主义的整体性特质。如果我们编写出一部包括若干个马克思主义基本原理的“专题史”教材，对于把握和理解马克思主义的整体性特质肯定会大有益处。

做好以上五个方面工作的过程，既是马克思主义理论学科建设的过程，也是培养和锻炼马克思主义理论学科队伍的过程，更是逐步实现马克思主义整体性特质的过程。

（原载《贵州师范大学学报》（社会科学版）2016年第5期）

---

① 《马克思恩格斯文集》第2卷，人民出版社2009年版，第592页。

牢牢把握发展混合所有制经济的价值定位

何秉孟*

党的十八届三中全会通过的《中共中央关于全面深化改革若干重大问题的决定》（以下简称《决定》）指出，要“积极发展混合所有制经济”。近两年来，就如何落实《决定》的精神，理论界、学术界、经济界乃至各级政府进行了颇为热烈的讨论，有的部门、有的地区或单位甚至推出了实施方案。从有的部门、地区或单位的讨论情况或推出的实施方案看，往往侧重或聚焦于国有企业如何引进私有资本乃至外资，实行股份制、而后上市……似乎一提国企改革就只有“混”，一“混”就必是国企变“股”，而只要国企一旦变“股”就改革大功造成……笔者毫不客气地坦言，这里存在某种认识误区！

一　“混合经济”是西方后凯恩斯主流经济学派的核心理念

“混合经济”这一理念及其实践，出自西方后凯恩斯主流经济学派（或新古典综合派）。20世纪上半叶，是人类遭受苦难最为深重的半个世纪，在不到40年的时间内，资本主义制度给人类制造了三次空前的灾难。1913年，资本主义列强为争夺殖民地和势力范围发动了第一次世界大战，战火蔓延至亚洲、非洲、美洲，先后有30多个国家、15亿人口卷入，持续4年半，伤亡3000余万人，耗费物力、财力不计其数！

第一次世界大战的硝烟刚刚散去，资本主义制度又给人类制造了空前的经济灾难——20世纪30年代的“经济大萧条”，这场经济大灾难带给人类的苦难，不亚于第一次世界大战：仅以这场“经济大萧条”的始作俑者美国为例，猛烈的金融、经济危机，导致美国股票价格下跌幅度达84.3%，银行倒闭达10500多家，占全国银行总数的49%；大批实体工业企业破产，工业生产下降55.5%，倒退回1905年的水平；失业人数由危机前的150万增至1933年的1700万；据美国《财富》杂志估计，1932年美国有3400万成年男女和儿童，约占全国总数28%的人无法维持生计（1100万户农村人口未计在内），仅纽约一地1931年一年中记录在案饿毙街头的案件就达20000余起，全美国30年代由“经济大萧条”引发的大饥荒至少造成800余万人被饿死，约占当时美国总人口1亿2千万的7%！欧洲等地的各主要资本主义国家的情况大体与美国相似，因失业、贫困、饥饿而死亡的人口均以百万计，在长达五六年的“经济大萧条”期间，全球因饥饿而非正常死亡人数数以千万计！

---

* 何秉孟，原中国社会科学院学部主席团秘书长、研究员。

为应对“经济大萧条”，在凯恩斯主义的主导下，各主要资本主义国家政府纷纷同垄断资本相勾连，加强对经济进行管治，并实行扩张的货币政策和财政政策，增加财政投入，兴办国有企业，创造就业岗位，提振社会需求，同时为垄断集团谋利，既逐步稳定了各主要资本主义国家的经济，又推动垄断资本急剧膨胀和国家垄断资本主义迅猛发展。然而，这仅仅是问题的一个方面，与此同时，在德国、意大利当政的法西斯集团和在日本当政的军国主义集团，同样以“反危机”的名义，按军事国家垄断资本主义原则改组国民经济，实行经济军事化，为发动重新瓜分世界的战争做准备，从而使人类面临新的更大的灾难！

1937 年 7 月 7 日，噩梦降临：日本军国主义率先发动了全面侵华的卢沟桥事变；1939 年 9 月 1 日，法西斯德国入侵波兰，在欧洲点燃了战火；德、日为进一步扩大侵略战争，于 1940 年 9 月在东京举行谈判，意大利随后加入，9 月 27 日三国在柏林签订军事同盟条约，即《三国轴心协定》。此后，战火迅速蔓延，从欧洲到亚洲，从大西洋到太平洋，先后有 61 个国家和地区、20 亿以上的人口被卷入战争，作战区域面积达 2200 万平方公里。在从 1937 年到 1945 年的 8 年战争中，各国军民共伤亡 7000 余万人，损失达 5 万多亿美元，人类遭受了一次空前的劫难！

1945 年年中，法西斯德国和军国主义日本先后向以苏、美、中、英等国为首的反法西斯同盟和全世界反法西斯力量投降。刚刚从空前的资本主义“经济大萧条”和两次世界大战摧残的苦海中挣扎出来的各国人民，渴望和平、发展，以休养生息。亿万人民的这一渴求，迫使各主要资本主义国家的政府，特别是欧洲大陆诸国的社会党（工党）政府，在后凯恩斯主流派主导下，推行社会市场经济模式，将私有制基础上的市场经济与国家的适度干预相结合；继续推行扩张的货币政策和财政政策，增加财政投入，在国民经济的重要领域兴办国有企业，使国有经济获得相当发展。以法国为例，曾先后于 20 世纪 30 年代中期、40 年代中后期和 80 年代前期发起过三次国有化运动，特别是 1982 年社会党密特朗政府上台后，在“产业国有化、享受社会化”口号下，国有化运动规模大大超过前两次。1982 年 2 月 11 日，社会党政府颁布《国有化法令》，在工业、金融等领域大规模对大型私人企业实行国有化。在工业领域中，国家通过购买代表公司私人资本的全部股票所有权，使包括电力、汽车制造、天然气、铁路、有色金属、建筑材料工业、化工、军工、原子能等在内的大型私人工业公司国有化。在银行业，凡在国家信贷委员会注册的拥有 10 亿法郎以上活期存款、现金证券投资或短期投资的私人银行都收归国有。金融公司也参照工业公司的做法实行国有化。除此之外，国家通过参股、债转股等办法，对本国一些大型私人公司实行绝对控股，还通过购买部分股权的办法对包括美国、联邦德国在内的外国设在法国的一些公司进行控制。这次大规模的国有化大大提高了国有经济在法国经济中的比重。

更为重要的是，在这几次国有化过程中，法国金融国有化的比重增加幅度更大：至 80 年代中期，国家控制的银行数在注册银行总数中的比重达到 90%，存款额在全国银行存款总额中也达到 90%；国有化银行的存贷款数额分别占注册银行存贷款总额的 84.6% 和 89.8%，占全国银行系统存贷款总额的 74% 和 75%。欧洲其他国家如英国，特别是瑞典等北欧国家情况同法国也差不多。[①] 正因为如此，才有了二战后主要资本主

① 参见刘国光等《关于法国国有经济管理问题的考察报告》，1984 年 2 月 20 日。

义国家二三十年的相对平稳、中速发展的所谓“黄金期”。美国新古典综合派的奠基人阿尔文·汉森、萨缪尔森等人以及二战后主导英国30多年基本理念的巴茨克尔主义、德国的弗莱堡学派正是总结了这些国家的实践，提出了“混合经济”或“社会市场经济”的概念。可见，“混合经济”这一理念及其实践的专利发明权，无疑当归属于西方后凯恩斯主流经济学派或新古典综合学派。

二　“混合经济”的基本特征

汉森1941年及其后发表的《财政政策和经济周期》等论著，对20世纪30年代后资本主义国家发展“混合经济”的实践进行了理论总结，较系统地阐释了“混合经济”的含义及基本特征，他认为，20世纪30年代后欧美国家的经济不再是纯粹的私人市场经济，而是私人经济与社会化公共经济同时存在的“混合经济”；“混合经济”具有双重的意义，即生产领域的“公私混合经济”（国有企业与私人企业并存）和收入与消费方面的“公私混合经济”（公共卫生、社会安全和福利开支与私人收入和消费的并存）。后来，萨缪尔森在其集中、系统反映后凯恩斯主流经济学派理论观点的代表作《经济学》中，也专门论述了“混合经济”。他认为，“混合经济”就是国家机构和私人机构共同对经济实行控制，但是，国家对经济的调节和控制更为重要。对此，萨缪尔森说，普遍存在于世界各地的事实是：现代混合经济国家的人民都要求他们的代议制政府采取各种经济政策，来维持高额的就业数量，旺盛的经济增长和稳定的物价水平。总之，“混合经济”在实质上就是国家干预的、以私人经济为基础的市场经济。汉森、萨缪尔森等还进一步论证，这种经济比纯粹私人经济优越，克服了市场经济的一些弊病，但又不是那种集权式计划经济；这种经济不是削弱市场经济，而是推动它前进的新动力。

从主要资本主义国家“经济大萧条”后，特别是第二次世界大战后的“混合经济”实践，以及后凯恩斯主流学派关于“混合经济”的理论概括来看，所谓“混合经济”有以下特征：一是经济调节机制层面，市场调节与政府调节相结合，以市场调节为主；二是所有制层面，从一个国家或地区的宏观经济结构上看，是私有经济与国有经济并存，以私有经济为基础；从微观上看，即从企业主体看，既有国有企业，又有私人企业，还有国有资本与私人资本合营的股份制企业。由此可见，包括英国的从40年代后期至70年代末的巴茨克尔主义、德国的弗莱堡学派的“社会市场经济”以及欧洲大陆社会党（工党）国际的指导理念——“社会市场经济”和美国的新古典综合学派等在内的后凯恩斯主流派，还是有一些科学成分或者科学因素的。比如，主张以市场调节为基础的同时，注重政府调节；在以私有制经济为基础的前提下，兴办一些国有企业或国有资本与私有资本合股的股份制企业，这些都是对斯密的自由竞争、自主经营、自由贸易等为基本理念的资产阶级古典自由主义经济学的突破和创新，因而值得我们关注、研究。

应该指出的是，上述欧美主要资本主义国家当局及其主张发展“混合经济”的诸学派，其具体的经济理论、经济政策主张等并不一致。比如，德国弗莱堡学派的“社会市场经济”理论与经济政策主张同法国、北欧国家的社会党（工党）的“社会市场经济”理论与经济政策主张就存在差别：德国的弗莱堡学派是第二次世界大战后以联邦德国弗莱堡大学为中心形成的主张“社会市场经济”的经济学流派，这个学派以路德维希·艾哈德、瓦尔特·欧根等为主要代表，路德维希·艾哈德甚至被称为德国“社会市场经济之父”；弗莱堡学派的理论是以社会秩序观念为框架，以个人主义为标准，以边际主义为分析工具的一个综合。在弗莱堡学派看来，历史上存在过的各国社会经济形式可以抽象地归结为两类：一类是自由市场经济；另一类是集中管理经济，这两种模式都不是理想的模式，理想的发展模式是既反对传统的古典自由主义经济学的自由放任主义，又反对凯恩斯主义的需求管理政策，在尊重企业独立自主、自由竞争权利的基础上，实行国家的有限干预，为企业创造自由竞争的环境，以组织形成一种使每个人都可以充分发挥其积极作用的“竞争秩序”。由于弗莱堡学派的理论与政策主张同法国社会党的“产业国有化、享受社会化”口号不同，对“产业国有化”有所保留；又不认同英国工党的“民主社会主义”，明确反对社会主义。所以一般被视为欧洲“社会市场经济”诸学派中偏右的一派。可见，德国的“社会市场经济”不是典型的“混合经济”，只能视为一种比法国及北欧国家社会党（工党）国际的“社会市场经济”要右的经济发展模式。

当然，即便是英国、法国和北欧诸国，在巴茨克尔主义和社会党（工党）国际的“社会市场经济”理念主导之下所构建的偏“左”的“混合经济”，只要我们用马克思主义的立场、观点和方法进行分析，就不难看出同样存在局限性：首先，这些国家的“混合经济”，是以私有经济为基础的，发展“混合经济”的目的，也是为应对经济危机，稳定资本主义经济，巩固资本主义私有制；其次，即使是所谓“社会化经济”甚或“国有经济”，均不是科学社会主义意义上的国有经济或国有企业，而是代表垄断资产阶级利益的国家所有的企业或经济，是国家垄断资本主义的一种政治经济组织形态；再次，这种政治经济组织形式，不是为劳动者、为广大人民谋利的，而是资产阶级的国家机器与私人资本垄断集团相勾连投资建设的、为垄断资本谋利益的经济组织。正如有的学者一针见血地指出的，这些所谓“国有企业”，战时多半交给私人垄断组织经营管理，战后则以低价卖给垄断资本，甚至无代价转归垄断组织①；最后，以股份制形式存在的由资产阶级国家所有的资本与私人资本合办的“混合所有制经济组织”，在所有制性质上说，虽然具有某些社会化因素，但不是一种稳定的经济形态，具有极强的过渡性。也就是说，前进一步，它可以过渡而成为科学社会主义意义上的公有制经济甚至全民所有即国有经济；后退一步，又可以过渡而成为私有企业。以英国为例：第二次世界大战后，英国曾先后出现两次国有化运动。在 1945 年的大选中，保守党大败于工党。1945—1951 年艾德礼工党政府执政期间，英国工党财政发言人德茨克尔和保守党财政大臣巴特勒会谈达成的“两党共识”——巴茨克尔主义，在巴茨克尔主义主导下，工党政府以实行“民主社会主义”为名，掀起了第一次国有化高潮，将大工业，包括钢铁、煤炭、铁路、航空、电信和英格兰银行，实行国有化；1974—1976 年威尔逊工党政府执政期间，同样在巴茨克尔主义主导下，又掀起了第二次国有化高潮：国家企业局、国家石油公司开张营业，4 家大飞机公司被政府收购，重组为英国宇航公司，处于困境的造船厂联合成英国造船公司……两次国有化高潮使国有工业或国有资本控股的股份制企业在英国重要工业部门中的比重占据相当重要的地位。

20 世纪 70 年代末，英国保守党大选赢得胜利，撒切尔夫人出任首相，立即拜顽固

① 参见宋则行、樊亢主编《世界经济史》（上），经济科学出版社 1993 年版，第 506 页。

反社会主义的哈耶克为师，将新自由主义扶上了主流经济学宝座。从 70 年代末开始，在名为“撒切尔主义”、实为新自由主义的主导下，撒切尔政府大刀阔斧推进私有化，采取的办法主要是，除将有的国有企业如国际航空无线电公司整体出售外，更多的是出售国有控股公司的国有股份，1979—1980 年，靠出售部分国有股收益 2. 76 亿英镑，解决了政府财政紧张的燃眉之急；随后，又出售宇航公司 51. 6% 的股份、英国联合港口公司 51. 5% 的股份……80 年代撒切尔政府的私有化使国有经济所占比重减少了 60%。由此我们清楚地看到，这种由国有资本同私有资本合营的以股份制企业或股份公司形式出现的——典型的混合所有制企业即“混合经济”，其资本——股票具有极强的流动性，因而这种经济形态在所有制性质上是极不稳定的，或者说具有极强的过渡性，仅仅通过在资本市场的股票买卖，资本构成随着企业性质瞬间就可能发生根本变化！

三 推进混合所有制改革要把握好价值定位

正是根据混合所有制经济的上述特征，党的十八届三中全会通过的《决定》指出：“国有资本、集体资本、非公有资本等交叉持股、相互融合的混合所有制经济，是基本经济制度的重要实现形式。”《决定》关于我们发展“混合所有制经济”的这一价值定位，是我们党关于发展“混合所有制经济”的重大理论创新！

坚持我们党关于发展“混合所有制经济”的这一重大理论创新，对于确保我国推进包括国有企业改革在内的经济体制改革沿着中国特色社会主义道路健康发展，具有极其重要的意义。我国的经济体制改革，是社会主义制度的自我完善；以公有制为主体，是社会主义初级阶段有中国特色社会主义的根本特征。如果背离或者动摇了这个主体，就动摇了中国特色社会主义的根基，我们的改革就走上了邪路，就落入了撒切尔“改革”或者戈尔巴乔夫“改革”的“陷阱”！正因为如此，习近平总书记 2015 年 7 月中下旬在东北吉林等地调研时强调，国企改革必须实现“三个有利于”，即：“要有利于国有资本保值增值，有利于提高国有经济竞争力，有利于放大国有资本功能”。这一重要论断当然也是衡量采用发展混合所有制经济的形式推进国有企业改革是否成功的最终衡量标准！深刻领会并不走样地落实《决定》关于发展“混合所有制经济”的价值定位和习近平总书记提出的国企改革必须符合“三个有利于”的衡量标准，有助于克服在落实《决定》过程中的种种盲目性与错误认识，保证国有企业改革和发展“混合经济”沿着中国特色社会主义道路健康发展。

以公有制为主体、多种所有制经济共同发展是我国在社会主义初级阶段的基本经济制度。从经济调节机制角度看，要始终坚持政府调节与市场调节相结合；从所有制性质角度看，在宏观层面，是国有经济、集体经济、私有经济、外资企业等多种所有制经济成份并存；在微观层面，要积极发展国有资本、集体所有资本、私有资本（包括外资）合营的现代股份制企业，即“混合所有制经济”。这种经济结构，从字面上或从形式上看，同新古典综合派笔下的“混合经济”区别不大，但从本质上看，有重大区别：首先，正如我们在前面已经指出的，西方主要资本主义国家二战前后发展“混合经济”的实践，是国家垄断资本主义为了应对自由竞争市场经济的“市场失灵”、稳定宏观经济，巩固以私有制为基础的资本主义制度；其次，其所谓“国有企业”或“国有经济”，并不是代表全民的国家所有，而是代表资产阶级利益特别是垄断资本利益。而我国社会主义初级阶段在主张多种所有制经济共同发展的同时，坚持以公有制经济为主体，不仅是为能在资源配置方面发挥市场的基础性作用过程中，克服市场的盲目性、逐利性不可避免地会导致的市场失灵时，更好发挥政府调节作用，以确保宏观经济平稳发展；更重要的是，以公有制经济为主体，能防止两极分化，确保发展成果共享，实现共同富裕，并通过长期地、持续地努力，创造发达的物资条件，最终消灭私有制，实现共产主义的远大理想。由此可见，要落实三中全会《决定》关于发展“混合经济”的精神和习近平总书记关于国有企业改革必须坚持“三个有利于”的指示精神，应该把握以下原则。

第一，国有企业改革采取何种形式不可“一刀切”。国有企业改革的目的，是按照现代企业制度的要求，调整、改革企业内部的不利于激发职工积极性、创造性的组织结构、管理方式、运行机制，以不断增强企业的市场竞争力，不断提高企业的社会效益和经济效益。至于采取什么资本组织形式推进改革来达到这一目的，要根据企业自身的特点来确定，宜“独”则“独”、宜“混”则“混”。有些独资大型国有企业，既不存在资金短缺的问题，且经营管理、市场营销也不错，具有良好的经济效益和社会效益，对于这些国有企业来说，改革的任务是进一步实行科学管理，完善竞争激励机制，练“内功”，以不断地做大做强自己，不仅提高国内市场特别要提高国际市场的竞争力。从宏观上看，这也就是为发展我国的以公有制为主体的社会主义初级阶段的“混合经济”做贡献！相反，如果违反经济发展的客观规律，贪图所谓“改革”的虚荣，硬要发展前景十分看好的这类大型独资国有企业出让股份，去同私有资本或外资去搞重组、合营，就有可能对社会生产力造成巨大破坏！

第二，发展“混合所有制企业”，应坚持公有资本私有资本（外资）双向流动。在微观层面落实《决定》和习近平总书记“三个有利于”讲话精神，发展“混合所有制企业”，关键在于推动公有资本私有资本（外资）双向流动，既要推动、引导私有资本进入国有企业和集体所有制企业，又要推动、引导国有资本和集体所有资本进入私有（外资）企业。当前，有些人、有些主管部门、有些地方只强调前者，压根不提甚至抵制后者，这是违背《决定》和习近平同志“三个有利于”讲话精神的，必须坚决纠正。

第三，在公有资本、私有资本（外资）双向流动，组建“混合所有制企业”的过程中，必须注意坚持公有资本、特别是国有资本的主体地位。国有企业敞开大门吸纳私有资本、甚至外资入股，必须保持国有资本的控股地位，特别是在关系国家安全和国民经济命脉的重要行业和领域尤其应该如此；国有资本入股私有企业和外资企业等非公企业，要努力实现或逐步实现对这些非公企业的控股。通过各种所有制资本的这种双向流动，建成一批公有资本特别是国有资本控股的“混合所有制企业”，增强公有资本特别是国有资本的控制力、影响力，以扭转因前些年改革过程中在新自由主义的误导和干扰下出现的某些失误所导致的集体企业所剩无几、国有经济所占比重大幅下降，宪法和共产党党章庄严规定的公有经济主体地位已经动摇的局面。

第四，严格国有企业“混合所有制”改革的审批和验收程序。以公有制为主体是中国特色社会主义的最本质特征，是全国人民实现共富的基本保障，是中国共产党执政的基础。因此，国有企业实施“混合所有制”改革，能否保证整个过程不偏离“三中全会决定”关于“混合所有制”的价值定位，实现习近平同志强调的“三个有利于”，事关中国特色社会主义的命运，事关全国人民的根本利益！所以，国有企业推行“混合所有制”改革，必须积极而又谨慎，尤其要严格对国有企业的“混合所有制”改革方案进行审批的程序，以及改革基本完成后按“三个有利于”标准对改革成效进行评估、验收的程序。鉴于20世纪末、21世纪初国有企业改革实际存在的私有化偏向导致国有资产大量流失、公有制主体地位被动摇的沉痛教训，国有企业实施“混合所有制”改革的审批和验收评估程序，不能仅由行政主管部门执行，还应授权同级人民代表大会进行监督审查；也就是说，省级国有企业的“混合所有制”改革方案由相关省（市、自治区）人民代表大会审批，对改革结果的评估、验收，也由相关省（市、自治区）人民代表大会执行；中央级特大型国有企业实施“混合所有制”改革方案的审批和改革结果的评估、验收，委托全国人民代表大会执行。将对改革成效的评估、验收结论，作为对国有企业负责人和相关省（市、自治区）负责人政绩考核的重要依据，成绩突出者重奖，造成国有资产流失和国有资本影响力、控制力及国有经济萎缩的，严格予以问责！以此确保国有企业实行“混合所有制”改革、发展“混合经济”沿着中国特色社会主义道路顺利推进。

（原载《马克思主义研究》2016年第5期）

从经济规律和社会矛盾的视角认识新常态争取新发展

吴宣恭*

自从2014年5月习近平在河南考察时提出我国经济正步入新常态之后，新常态迅速成为出现频率很高的新词，经常出现在各种重要会议的文件中，理论界对怎样理解和应对新常态的讨论也不断升温。本文运用历史唯物主义观点，从更根本的层次谈谈对新常态本质的认识，并简述新常态下如何争取新发展。①

一　应从经济发展的阶段性特征去认识新常态

由于新常态的提出基本上处于我国经济增长速度急速下滑时期，许多人首先从经济增长速度的变化理解新常态，认为我国经济体量很大，无法以过去那种高速度继续增长，以前高速增长的常态不能不转为中高速的新常态。有的经济学家说："怎样理解新常态呢？这是相对于我国前一段时期超常的经济高速增长而言的。"有的学者还运用经济模型进行数据验证，说明进入中高速增长速度是新常态。有的研究者不同意当前已经进入新常态，理由是，我国经济增速波动太大，很难视为经济发展新稳态的表现，同样是以增长速度的变化去说明新常态。

跟随这种思路，很多讨论者都从影响经济增长速度的要素去探讨进入新常态的原因，其依据大致是：资源环境约束加大制约生产的发展；人口增长率下降，人口红利消失，导致劳动力紧缺和工资持续提高；技术进步缓慢，全要素生产率提升乏力；资本报酬递减引起资本积累速度趋缓；等等。有人更具体地分析技术引进低效和自主创新不足，从技术进步迟缓去寻找增长速度下降的根源。

这些意见在分析角度上虽有不同，却是都停留在增长要素与增长速度的关系上去认识新常态。

我国在改革开放后就经历过三次经济增长速度的剧烈下滑，如从1978年的11.7%下降到1979年的7.6%、1980年的7.8%、1981年的5.2%；从1988年的11.3%速减为1989年的4.1%和1990年的3.8%；从1996年的10.0%降低到1997年的9.3%、

---

* 吴宣恭，厦门大学经济研究所教授，博士生导师。

① 2014年12月举行的中央经济工作会议提出："科学认识当前形势，准确研判未来走势，必须历史地、辩证地认识我国经济发展的阶段性特征，准确把握经济发展新常态。""认识新常态，适应新常态，引领新常态，是当前和今后一个时期我国经济发展的大逻辑。"

1998 年的 7.8%、1999 年的 7.6%。

不过，这几次增长速度的迅速下降都发生在传统经济制度向新经济制度转变的初期。那时，资本主义私有经济和市场经济制度都还处在初建和成长阶段，都在发挥其促进经济的积极作用，还没有出现重大的经济问题和社会矛盾，某些经济结构出现一时性的不适应，虽然也影响到增长速度，但社会经济关系的阶段性特征并没有改变。因而，几次增长速度急速下降后都能够较快地大幅回升。1978—2004 年间，中国的 GDP 年平均增长率达到 9.4%，这说明三次增长速度的剧烈下滑并没有改变经济发展的常态。可见，增长速度的减缓虽是“新常态”的一个表征，但不能仅从增速的变化去辨别经济发展态势是否正常。

2014 年 7 月 29 日，习近平在中南海召开的党外人士座谈会上再次提到新常态，强调“要正确认识我国经济发展的阶段性特征，进一步增强信心，适应新常态，共同推动经济持续健康发展”。这段话对我们正确认识新常态的本质特征给出了重要的提示，即进入新常态不仅仅是增长速度快慢的变化，而是一个具有“经济发展阶段性特征”的新时期。我们应该深入分析生产关系的发展和变化，从中探索足以反映阶段性变化的重要特点，认识新常态的本质。

我国也有一些专家力图从经济发展的阶段性特征去说明新常态。例如，有的学者根据发展经济学理论，把新常态说成是我国从城乡二元经济向一元经济的转变。有些专家把我国经济发展方式的转变视为新常态，但具体说法各有差异，如有人认为是从要素驱动型转变为创新驱动型的发展方式；有的说是从粗放数量型转变为集约质量型的发展方式；有人提出是从政府主导型向市场主导型的发展方式转变。有些论者则认为全球正面临着深度结构调整期，我国要“惠民生”也必须“调结构，保增长”，进入新常态就意味着经济结构调整的新时期。至于经济结构究竟指什么，不同的人从产业结构、资源配置结构、城乡结构、传统产业与新兴产业结构、金融与实体经济结构到供应消费结构等不同角度加以说明，观点五花八门。有人则认为新常态应是中国从中等偏上收入经济体向现代发达经济体过渡的新的稳态发展路径。

这些观点确实点到了我国值得重视的一些重大经济问题，它们亟须花大力气加以解决，解决过程中发生的变化也标志着我国经济发展前进的必经阶段，但是，只以其中的某个变化当作我国新时期经济发展的阶段性特征却是片面的，没有抓住社会的基本矛盾和新时期的本质变化。例如，有的观点提到的方式转变实际上是相对的，如“粗放型”和“集约型”生产会随着技术的发展不断改变其标准，不能作为新旧常态的界线；有些生产方式是互相交叉、共同存在的，例如，根本不存在只有创新驱动而没有投资驱动、要素驱动的生产方式，各种驱动是互相结合的，在技术创新条件下的投资才是最有力推动经济发展的方式，而且创新也是相对的、不断前进的，存在于各个时期，不是某种经济发展态势的判断标志；经济结构的调整是不断进行的长期过程，没有起点和终点，如产业结构、资源配置结构、供销结构的平衡就不是固定而是暂时的，经常会被打破，必然要根据各个时期的需要和条件不断调整，根本不存在稳定的态势，即所谓的常态，哪里还有新旧的差别？至于把新常态说成是我国从城乡二元经济向一元经济的转变，它的前提，即我国是否具备开始这种转变的条件，本身就遭到质疑，而且，即使存在这种转变的可能性，它必将改善我国的经济结构，减少经济问题和矛盾，促进经济更快发展，这与当前的经济急速下行趋势恰好相反，很难说明新常态出现的缘由。

那么，应该从哪些方面去说明新常态的阶段性特征呢？这就需要了解什么叫作常态，明确常态的定义。

所谓常态，指的是在一定的环境和条件下，事物依照其固有的规律正常变化发展和比较稳定的状态。只要环境条件不发生重大变化，客观规律就会正常发挥作用，事物就会按正常、稳定的状态去发展，这就叫常态。反之，如果客观条件发生了变化，原有的规律作用的情况（如影响的广度、深度和力度）就会随之改变，甚至不复存在，事物发展的状态就可能发生变化，亦即从原来的发展态势进入另一种态势，即新常态。社会经济关系也是一样的。关键在于准确找到足以引起整个社会经济改变发展状态的根本条件。它就是由生产资料所有制决定的、作为经济规律发挥作用的基础的社会生产关系。生产资料所有制和生产关系的变化必然导致经济规律作用的变化。它们的变化积累到一定程度，必然会改变社会经济发展的固有趋势，使经济按照新的态势去发展。因此，要了解经济发展常态的更替或新常态的本质，必须从经济规律发挥作用的根本条件和情况去辨识。

可见，仅从经济发展的个别方面去界定新常态的阶段性特征是远远不够的。党的十八届五中全会指出："我国发展仍处于可以大有作为的重要战略机遇期，也面临诸多矛盾叠加、风险隐患增多的严峻挑战。我们要准确把握战略机遇期内涵的深刻变化，更加有效地应对各种风险和挑战，继续集中力量把自己的事情办好，不断开拓发展新境界。"① 我们必须沿着这个方向，掌握客观条件和经济规律的变化，分析叠加的各种矛盾，寻找出主要矛盾，并根据社会矛盾的脉络，看清新时期内涵的深刻变化，从本质上理解新常态。

二 从生产力和生产关系的矛盾认识新常态的本质特征

我国不少专家认为，从劳动力、资本和全要素生产率等方面看，我国经济潜在增长率并未大幅度下滑，仍有保持高速增长的潜在力量。为什么实际增长率与潜在增长率之间竟然会发生巨大的差距呢？

导致我国近年来经济增长接连下滑的原因很多，主要是高位固定资产投资难以持续、产业结构失调、技术创新进展缓慢、生态环境恶化、资源约束增强、市场秩序混乱、腐败严重、产能和产品大量过剩等。在影响经济增长的这一系列问题中，主要难点，或者说主要矛盾是产品大量过剩。这是因为，相比之下，资源、创新、投资、产业结构等问题涉及的基本是生产环节和供给方面的因素，无论是产业结构调整或是管理和技术创新，都仍然是生产领域的促进要素，它们的改善虽有助于社会生产的发展，但创造出的大量产品能否被吸收和消费，则制约着再生产过程能否持续和发展。而产品大量过剩导致市场滞销、竞争加剧、资金周转困难、成本增加、利润率下降、开工不足甚至倒闭、实体经济资本外移并引起虚拟经济泡沫、劳动者收入下降、消费资料购买力萎缩等，反映的社会供求关系脱节则是最根本的经济结构，涉及的是全局性的问题，也是经

① 十八届五中全会审议通过《国民经济和社会发展第十三个五年规划的建议》（http://news.cnstock.com/news/sns_bwkx/201510/3606162.htm）。

济发展方式转换是否有效的最终标志。不仅如此，大量过剩表明，同我国几十年来生产力高速发展相比，当前市场的出清能力显著低下。尽管政府实行各种限产压产措施，厂家也使尽浑身解数，众多企业依然困难重重；有支付能力的需求连规模压缩后生产出的产品也无法完全消化。巨量产品过剩的存在不仅堵塞了社会生产的进一步扩展，连既有的规模也难以为继。

然而，我们还要进一步探寻造成严重过剩的原因是什么。从供给方面看，主要是由于企业为了追求短期利益，生产盲目扩张，而地方政府缺乏全局眼光，片面追求GDP的增长，对生产布局引导不力，调控失措，脱离社会经济的实际需求，造成过多的产能和产品。从需求方面看：一是国际市场扩展乏力。2008年全球金融危机以来，世界经济普遍出现经济结构深度调整，总量需求增长缓慢的特征，加上贸易保护主义抬头，关税壁垒纷至沓来，使得我国产品的国际销路出现萎缩。二是市场销售困难，实体经济利润率下降，资金转向虚拟经济，工业企业家信心指数回落，固定资产投资，尤其是私有经济投资实业的意愿锐减。在经济旺盛时期建造起来的大量产能已经闲置不用，更谈不上新的建设需求，致使大量生产资料销售困难，积压严重。三是社会生活消费总水平长期低下，而且近年来增长率呈下降趋势，琳琅满目、数量巨大的国产生活用品无人问津。据国家统计局的资料，我国生活消费对国家经济增长的贡献率，2011年为61.6个百分点，2013年前三季度只为45.9个百分点；消费品零售额增长率，2011年是17.1%，2013年前三季度降为12.9%。总之，社会需求方面的以上问题导致需求总量低于生产总量，形成严重的产品过剩。实际上，从三种需求的关系看，生活消费水平低下又是产品过剩的主要矛盾。因为，正是由于生活消费需求不足，产品销售困难，抑制了新的投资意愿，也减少了对生产资料的需求，形成国内需求的全面萎缩，而内需不足则提高了对国外市场的依存度，加大了外贸形势对经济增长的不利牵制作用。

那么，又是什么因素导致我国生产的生活消费品大量过剩？主要根源就在于严重的分配不公和贫富悬殊。一方面，产生了人数日益增多的千万、亿万富豪，他们虽然拥有强大的“土豪式”消费力，但其追求的是高级外国奢侈品、豪车名表珍宝和国外的挥霍生活享受，只为国际资本在中国创造了世界最大的奢侈品市场和豪车市场。因此，相对于他们的巨大消费力，他们对本国产品的消费贡献是十分有限的。另一方面，广大劳动者的收入长期处于十分低下的水平，他们普遍具有改善生活质量的迫切愿望，并非没有更多的生活消费的需要，却因低下的收入所限没有足够的购买能力。如果考虑到我国农村还有近亿的贫困人口（农村的贫困标准是年收入625元人民币），城镇居民还有最低生活保障人员2140万人，整个劳动阶层有支付能力的需求就更加微弱了。在消费水平低下而且增长缓慢的条件下，企业为了减少产品积压，纷纷缩小生产规模，在行业间引起连锁反应，结果造成大面积的产能过剩。2009年上半年，国家统计局监测的24个重要工业行业中，有19个出现不同程度的产能过剩，到第三季度，产能过剩产业就升到21个。[①] 另据有的专家估算，“2012年，中国产能利用率为57.8%远远低于1978年

① 2009年中央工作会议（http：//news.cctv.com/special/zyjjgzhy/shouye/）。

以来产能利用率72%—74%的平均水平"①。正因如此，我国出现了日益严重的生产迅速增长与有支付能力的需求相对缩小的矛盾。

这种矛盾本来是资本主义经济特有的社会矛盾，也是资本主义社会周期性经济危机产生的根源，如今为什么会出现在社会主义国家的中国？这是由我国改革开放以来生产关系演化的特点决定的。

30多年来，我国的生产资料所有制、生产关系、经济规律和社会经济矛盾都出现了二元化，而且越来越显著。这是比城乡二元经济更重要，影响更大、更广、更深远的经济二重结构。当前出现的一切经济现象和问题，只有通过对它的分析才能得到合理的解释。

我国当前实行公有制为主体、多种所有制经济共同发展的基本经济制度，包括以生产资料社会主义国家所有制为主的公有制和以生产资料资本主义所有制为主的私有制。在这两种社会性质根本不同的生产资料所有制基础上，我国社会形成了两种性质不同的主要生产关系：社会主义生产关系和资本主义生产关系。它们同时并存在一个社会，互相影响。

经济规律是在一定生产资料所有制基础上发挥作用的，是一定生产关系运动发展的客观必然性。既然我国存在所有制和生产关系的二元化，社会上便有社会主义和资本主义两类截然不同的经济规律体系同时在发挥作用，使经济规律也出现了二元化。在社会主义生产关系中，劳动者是生产资料、生产过程和劳动产品的主人；社会生产的目的不再是为独占生产资料的少数人牟取利益，而是为了最大限度满足全体人民不断增长的物质和文化需要；为了实现共同目的，劳动者在单位内部结成平等和谐的协作关系，在社会中共同分享各种经济信息，在国家领导下互相配合发展生产，消除了社会生产的盲目竞争和无政府状态；劳动成果在做了必要的社会扣除后，按个人提供的劳动进行分配，消除了一部分人无偿占有别人劳动成果的剥削关系。在这种生产关系中，发挥作用的主要经济规律有社会主义基本经济规律、劳动者平等协作规律、社会生产有计划按比例发展规律、按劳分配规律等。社会主义生产关系的优越性和社会主义经济规律的积极作用，是我国经济持续快速发展、劳动人民生活水平不断提高的最重要因素。

与社会主义生产关系并存的资本主义生产关系则具有截然不同的性质：资本家占有全部物的生产要素，购买和支配着人的生产要素，以取得最大利润为目的，指挥和监督劳动者进行生产，用各种手段加强对工人的剥削，获得包括剩余价值在内的全部劳动成果；在市场中，不同的资本家根据被私有制局限和分割的信息，为攫取最大利益互相争斗。于是，支配他们活动的只能是剩余价值规律、资本积累规律、市场盲目竞争规律、贫富悬殊的分配规律。这些规律虽然在某些方面促进生产的发展，却容易造成社会生产的盲目无序状态，产生一系列经济失调、生态破坏、假冒伪劣和有害有毒产品充斥市场的问题，不利于国家产业结构的优化和升级，不利于国民经济的全面协调和可持续发展，最终不利于社会进步和改善民生。

不仅如此，两种生产关系和经济规律不但并存于我国社会，而且还互相影响。社

---

① 卢现祥：《对我国产能过剩的制度经济学思考》，《福建论坛》（人文社会科学版）2014年第8期。

会主义公有制经济，特别是国有经济对抑制私有经济的剥削和盲目性起着一定的正效应。资本主义的经济规律，尤其是追求剩余价值最大化的规律，则对社会主义的公有经济产生巨大的消极影响，主要是妨碍社会主义经济规律作用的发挥，不利于社会主义生产目的的实现，与公有经济争夺资源、市场和利益，引发国有企业管理人员堕落腐化、国有资产流失，影响公有企业的行为，并把生产过剩的痼疾传染给公有经济。[①] 两类不同的经济规律的影响力孰大孰小，最终取决于两种所有制经济力量的消长。

在经济规律的作用下，我国的社会主要矛盾也出现二重化。社会主义的社会主要矛盾是不发达的社会生产与劳动人民不断增长的需要之间的矛盾。虽然我国的生产力已经获得飞速发展，但是，正如党的十八届五中全会所提出的，社会主义的社会主要矛盾至今依然没有改变。必须坚持以经济建设为中心，实现更高质量、更有效率、更加公平、更可持续的发展。我国的资本主义经济在社会主义国家和公有制经济的制约下，虽然具有一些特点，但它不择手段追逐最大利润的本性并没有改变。30 多年来我国出现各种社会消极现象，如分配差距扩大、贫富两极分化加剧、经济结构失调、市场乱象剧增、自然资源遭严重破坏、生态环境恶化、销声匿迹已久的社会罪恶沉渣泛起等，无一不同资本主义经济的急剧发展密切相关。这表明，在社会主义初级阶段资本主义的社会主要矛盾依然是资产阶级和无产阶级之间的矛盾、受私有制局限的逐利冲动与社会生产协调发展要求之间的矛盾，以及生产无限扩大趋势和劳动者有支付能力的需求相对缩小之间的矛盾。

在改革开放初期，社会主义经济还占统治地位，社会主义经济规律还能较好地发挥主导作用，生产发展满足不了人民生活水平不断提高的需要还是社会主要矛盾。随着资本主义势力不断增强，资本主义经济规律的作用日益加强，它与生俱来的社会弊病就越来越明显，其社会主要矛盾也更加凸显。2011 年，我国民营经济总产值已经占到 GDP 的 50% 以上，加上港澳台和外资企业，资本主义经济所占比重已经大大超过公有经济。此后的几年，资本主义经济更加膨胀，收入和财富悬殊更为突出，[②] 市场秩序进一步恶化，出现更大面积的产品产能过剩，表明资本主义的经济规律已在我国加快发酵。由此必然引发社会生产力与生产关系的新矛盾。

我国的社会生产以世界瞩目的高速度增长。2014 年，我国 GDP 达到 63.6 万亿元，比 1956 年的 1029 亿元、1978 年的 3645 亿元分别增长 617 倍和 173 倍多；同时，我国已是世界第一工业大国和第一农业大国，在世界 500 种主要工业品中，我国有 220 种产品产量位居全球第一位，无论生产资料或生活消费资料都遍销世界各国。2011 年，我国还成为全球唯一外汇储备超过 3 万亿美元的国家，资本供应也非常充足，甚至还存在无法有效投入使用之虞。这么强大的生产能力以及丰富的资金和产品，按理说完全能够为大幅度提高劳动人民的生活水平和全面发展提供充足的物质条件，使社会主义基本经济规律更充分地发挥作用。但是，它们却有一半以上属于

---

① 吴宣恭：《我国当前阶段所有制和经济规律的变化》，《经济纵横》2013 年第 8 期。

② 据胡润研究院的报告，仅是中国 1.7 万名资产 5 亿元以上的富豪，就坐拥 31 万亿元财富，占 2014 年中国 GDP（63.64 万亿元）的一半。2011 年，中国首富的资产为 700 亿元，2015 年，中国首富王健林的资产从 2011 年的 450 亿元增为 2600 亿元。

并掌握在资本主义企业主手中，用于剥削劳动者，攫取更多的利润，恰好与社会主义的生产目的背道而驰。正是在资本主义的剩余价值规律和资本积累规律的作用下，广大劳动者的收入无法随着劳动生产率的提高而增加，购买力无法同生产的迅速提高同步增大，这就必然使产品供过于求的情况越来越恶化，使资本主义的社会主要矛盾日益显露和尖锐化，出现“生产的迅速发展成为生产继续发展的障碍”。我国生产力和生产关系的矛盾达到这样的程度，在其制约下，必然会促使社会经济发展态势开始发生变化。

可见，二元化生产资料所有制、生产关系、经济规律的变化和资本主义社会主要矛盾的加深，是进入新常态的基本原因，新常态是我国迅速发展的生产力和生产关系矛盾发展到一定阶段的产物。只有进行这些本质关系的分析，才能做到习近平提出的“正确认识我国经济发展的阶段性特征”，也才能在“新常态”下实现持续的经济快速发展。

三　在新常态下进一步深化改革，调整发展战略

由于对新常态的不同理解，理论界对如何深化改革、进行战略调整的观点也迥然有别。有的学者主张要“进一步解放思想，推进改革开放，让中国沿着经济自由化、市场化、民营化道路前进，让市场在资源配置中真正发挥决定性作用和让民营经济发挥主要作用。市场化改革千头万绪，民营经济主体化、金融市场自由化、土地要素市场化是三大重要切入口”。

这种观点没有认识到当下经济问题和矛盾的真正根源，是非常错误和有害的。如果按照他们的观点办事，成为主体的民营经济连同港澳台和外资就将占据绝对统治地位，上述的两类生产关系、经济规律、社会主要矛盾的主导方面就会向资本主义转移。要是那样，我国经济的增长不仅达不到中高速，还会下降到今日资本主义发达国家低速增长的常态。

因此，要在新常态下谋取新发展，首先必须树立道路自信、理论自信、制度自信。坚信只有社会主义才能振兴中国。要从我国当前在生产资料所有制、生产关系、经济规律和社会主要矛盾二重化的基本事实出发，正确认识当前经济问题和矛盾不断加深的根源在于资本主义私有制的过度膨胀，是资本主义经济规律消极作用扩展的表现。要充分认识公有制，尤其是社会主义国家所有制的重大积极作用，敢于宣称共产党的共产主义奋斗目标，分清社会主义和资本主义，坦坦荡荡地坚持社会主义道路，“坚持把增进人民福祉、促进人的全面发展、朝着共同富裕方向稳步前进作为经济发展的出发点和落脚点”①。

当前，我国发展仍处于可以大有作为的重要战略机遇期，要准确把握这一时期内涵的深刻变化，更加有效地应对各种风险和挑战。今后，必须遵照党的十八届五中全会的精神，做到“六个坚持”，牢固树立并切实贯彻创新、协调、绿色、开放、共享的发展理念，进一步深化改革，调整今后的发展战略。

---

① 《习近平在中共中央政治局第二十八次集体学习时的讲话》（2015 年 11 月 23 日，http：//opinion. people. com. cn/n1/2015/1224/c1003 – 27968566. html）。

第一，首要的是坚持和完善基本经济制度，坚守底线，扭转国有经济比重不断下滑的趋势，做大做强做优国有经济，切实发展农村集体经济，真正实现以公有制为主体、国有经济为主导。要检讨以往对国有经济重视不够，导致国有资产大量流失的失误，切实以国家所有制的完善和壮大为目标，深化国家所有制的改革，增强国有经济活力、控制力、影响力、抗风险能力。今后国家所有制的改革不能只着眼于归属权的改变，过于强调“产权主体多元化”，削弱国有经济的力量和国有主体的作用，而应将重点放在理顺国家和国有企业的关系，建立国有企业的有效治理结构，提高管理水平和效益，其关键是按照社会主义原则建立激励机制和约束机制，形成企业全体成员的平等协作关系，完善权责明确的领导分工负责制，充分调动劳动者参与管理的积极性，并处理好企业利益和职工利益、长远利益和近期利益的关系，使劳动者根据按劳分配原则共享企业发展的成果。

第二，改革分配制度，在实行人均 GDP 和城乡居民人均收入倍增计划时，还要补充缩小收入差距的措施，缓解分配不公，遏制贫富悬殊现象。要逐步拉平私有经济明显低于国有经济的工资差距；解决国有企业和国家控股公司高层管理人员与普通职工薪酬差别过大的问题。加大改革税制的力度，新增必要的税种，提高累进比率，加强税收管理，改变工薪阶层税收占个人所得税总额的比重过高（约在65%），个人所得税占 GDP 的比重过低（只有2%左右）的不合理现象，对高收入阶层进行有效征税。加强财政制度的再分配功能，扩大公共品的供应，完善社会保障体系，让低收入群体享受实惠（但有些削弱国有经济及其竞争能力的措施，如划转国有资产充当社保基金或加大国企利润上缴比例要慎行或缓行）。通过对不合理分配制度的改革，逐步增加劳动者的实际收入，提高社会消费水平。

第三，利用 CPI 波动空间，实行适度的量化宽松，扩大国家投资，促进经济增长，广开就业门路，在妥善处理过剩产能的同时，通过增量调节产业结构。近年来，我国通胀压力还不太大，2015 年，CPI 上行 1.4%，较 2014 年下降 0.6 个百分点，远低于国家 3.0% 的政策目标。利用这个有利时机，扩大国家投资，既可弥补私有经济投资意愿不高的空缺，还可较快地开拓新兴技术产业和绿色产业，促进产业升级，其发展的空间还是十分巨大的。要肯定 2008 年后大规模投资的必要性，而吸取其失误的教训；不要因为出现大量产能和产品过剩而不敢扩大投资。关键在于把握好投资目的和投资方向，要用以人为本代替利润导向，强调社会效益，树立全局和长远发展的观念，兼顾价值和实物效用。国家投资除了开拓和发展生物技术、信息技术、智能制造、高端装备、航空航天等新兴产业，支持传统产业优化升级之外，要大力治水、治山、治沙、治林，科学开发海洋资源，改善生产条件、人民生活条件和生态环境；更进一步，要树立雄心大略，凭借共产党强大的组织力和公有经济的优势，组建开发大军，充分利用西南地区丰富的水资源，改造和利用西北荒漠地区，发展大规模的生态产业，加强生态文明建设。要积极发展绿色产业，开发新资源，充分利用我国具有较大优势的水电、风电、光电，大力开发生物能源和其他新能源，加大要素供给，减少对国外资源的依赖，提高资源的自给程度。

第四，完善科学创新的驱动机制，构建科学创新社会体系，转换发展方式。全面的创新应兼顾制度创新、管理创新和技术创新。技术创新活动不能停留在号召和政策支持层面，不宜由私人单打独斗，而要运用政府、国有企业和其他大企业的优势，有计划地组织各种社会力量，发挥协作功能，搭建更高的知识型技术创新平台，更多掌握全球价值链的高端核心资源，构建技术创新的社会体系。

第五，坚持依法治国。在维护各种所有制合法权益的同时，更要注意制止公有财产的流失，维护公有经济的主体地位和国有经济的主导作用。加强执法力度，严惩贪污腐败，大力整顿市场秩序，严厉打击危害广大群众的各种不法市场行为，确保人民正常、平安和健康地生活。

（原载《毛泽东邓小平理论研究》2016 年第 4 期）

认识和解决好市场经济在社会主义社会中的两重性问题

周建明*

党的十一届三中全会以来，我们党领导开辟了中国特色社会主义道路，取得了举世瞩目的成就，积累了许多在中国如何建设社会主义的经验，也有过不少教训。其中一个重大问题就是社会主义与市场经济的关系。我们所取得的成就在很大程度上与在社会主义社会也可以搞市场经济认识上的突破相联系；我们遇到的挫折与教训，往往也与在社会主义社会中搞市场经济必然会带来负面影响的认识不足有关。在总结改革开放发展历史经验的基础上，认识市场经济在社会主义现代化中的两重性，是自觉地驾驭市场经济、进一步推进中国特色社会主义伟大事业的关键。

一 社会主义社会搞市场经济，既是对什么是社会主义、怎样建设社会主义认识的重大突破，也提出了严峻挑战

30 多年来的改革开放是一部对什么是社会主义、怎样建设社会主义重新认识的历史，也是对社会主义与市场经济关系重新认识的历史。1992 年党的十四大正式提出了建立社会主义市场经济体制的改革目标，突破了把社会主义经济与市场经济完全对立起来的观念，开创了社会主义国家可以自觉地运用市场经济来利用国际国内两个市场、两种资源，不断发展壮大的历史。

30 多年的改革开放实践表明，在中国那样长期处于社会主义初级阶段的国家，无论从我们所处的整个世界的环境，还是从国内生产力的发展水平来看，要搞社会主义现代化就必须建立和发展市场经济。搞社会主义市场经济的改革不是权宜之计，而是在一个不可逾越的历史发展阶段中需要完成的历史任务。概括地说，在社会主义现代化过程中建立和发展市场经济的重要性体现在以下几个方面：不搞市场经济，我们无法在经济发展中充分调动起千千万万生产者的积极性；无法有效地配置资源；无法通过市场竞争来激励企业创新和优胜劣汰；无法在资本主义主导的经济全球化的环境中利用国际市场、国际资源来谋取发展，不断发展对外经贸关系；无法学习和利用资本主义国家先进的经营管理经验和现代文明的因素；无法通过与其他国家、与跨国企业的竞争来不断壮大自己；无法提高驾驭市场经济和资本主义经济成分的能力；无法通过两种制度的竞争来证明我们走社会主义道路的优越性，甚至也无法在市场经济基础上推动构建新型的国

---

* 周建明，上海社会科学院社会学研究所研究员。

际经济秩序。

30 多年的实践证明，不搞改革开放、否定搞市场经济、反对参与经济全球化就无法加快生产力的发展，就很难使我国综合国力和人民生活水平达到今天这样的程度，我们就找不到社会主义现代化建设的出路。30 多年的经验告诉我们，处于社会主义初级阶段的中国要搞社会主义现代化，必须坚持改革开放，必须搞市场经济和发展多种经济成分。

解决了社会主义“应该不应该”“能不能”搞市场经济的问题，是我们党对什么是社会主义、怎样建设社会主义问题认识上的历史性突破。但同时，这又对我们党提出了新的、严峻的挑战：在社会主义条件下怎样发展好、驾驭好市场经济，既能促进生产力的发展，又能够避免市场经济固有的、与资本主义之间天然的逻辑联系，不断体现社会主义的本质，为社会主义现代化服务？在这方面我们走过许多弯路，有过不少沉痛的教训，也不断遇到新的问题，仍在探索的过程中。由于对这方面的问题与教训系统地分析、总结还不多，许多方面我们在理论上还处于盲目的、不自觉的状态，这也深刻地影响着我们在新的条件下对什么是社会主义、怎样建设社会主义的认识与实践。今天有必要总结正反两方面的经验，以利于中国特色社会主义事业的进一步发展。把问题归纳起来，我们需要回答的是：在我国社会主义现代化建设过程中，市场经济是否具有两重性？也就是说，除了在经济建设中市场经济对生产力的发展有不可替代的积极作用之外，对坚持社会主义、坚持党的领导方面是否还有负面影响？如果有的话，表现在哪些方面？应该怎样应对？

二　在经济领域，市场经济有负面作用是一个共性问题

习近平在学习党的十八届三中全会的精神时指出：“坚持社会主义市场经济改革方向，核心问题是处理好政府和市场的关系，使市场在资源配置中起决定性作用和更好发挥政府作用。这是我们党在理论和实践上的又一重大推进。”① 习近平在这里强调更好地发挥政府的作用，针对的一个重要方面就是市场经济所具有的负面作用。

这些年来，在经济领域中对市场经济的负面作用，我们已经有了相当的认识，也正在实践中不断探索更好发挥政府作用的途径，比如对目前钢铁、煤炭、水泥、平板玻璃和建筑业等过剩领域的去产能以及产业结构的调整，对企业为逐利而乱排放造成环境污染的整治，对股市汇市和金融市场的监管，对农业的扶持和监管，对大众创业的支持与鼓励等。之所以在这些领域需要更好发挥政府作用，是因为市场经济存在着自发性和无政府状态、外部性，生产者存在只追求自己利益的行为短期性和盲目性，分散的生产者与需求之间的联系必须通过市场“惊险的一跳”，生产者和消费者、监管者信息不对称等种种缺陷和问题。对这些问题，必须要由政府发挥作用，通过法治予以规范和监管，通过规划引导，以及通过税收等经济手段进行调节。在市场经济中存在的自发性、外部性、必然导致的垄断、经济自发地金融化等问题，企业存在不惜牺牲消费者、社会、国家利益来逐利等问题，都是搞市场经济的国家遇到的共性问题，必须通过更好发挥政府的作用来加以解决，我国也不例外。在此之外需要特别指出的是，我国搞社会主义市场经济，还特别需要注意发展市场经济对坚持社会主义道路所带来的负面影响和新的

① 《习近平谈治国理政》，外文出版社 2014 年版，第 95 页。

挑战。

三　市场经济必然造成分配不平等和社会两极分化

改革开放以来，人们对分配不平等问题认识随着实践的发展而不断变化。邓小平在20世纪80年代中期曾说过：改革不会出现两极分化。如果导致两极分化，改革就失败了。① 但是，当市场经济的逻辑逐步展开以后，两极分化现象的出现就不以人的意志为转移。1993年，邓小平也注意到了这个问题。他说："十二亿人口怎样实现富裕，富裕起来以后财富怎样分配，这都是大问题。题目已经出来了，解决这个问题比解决发展起来的问题还困难。分配的问题大得很。我们将要防止两极分化，实际上两极分化自然出现。要利用各种手段、各种方法、各种方案来解决这些问题。""分配不公，会导致两极分化，到一定时候问题就会出来。这个问题要解决。过去我们讲先发展起来。现在看，发展起来以后的问题不比不发展时少。"② 关于我国收入与财富分配的不平等问题近年来已有很多讨论，不管用什么口径计算我国的收入分配和财富分配的基尼系数，它们都已经到了令人担忧的地步。在理论上，对于我国搞市场经济为什么必然会导致两极分化的讨论也还没有得到充分展开。

2013年，法国经济学家皮凯蒂出版的《21世纪资本论》在经济学界引起了重视。他指出：财富分配的历史总是受政治的影响，是无法通过纯经济运行机制解释的。尽管现代社会有着强大的财富趋同机制（即知识和技能的扩散）在推动着收入朝更为公正的方向发展，但同时也存在着更为强大的财富分化机制在推动着收入的分化，结果是财富的分配总是有利于资本，导致一小部分拥有资本的人取得了绝大部分收入的分配。他用一个简洁的公式 $r>g$，即资本的收益率总是大于经济增长率来表达这种收入分配的不平等性，来说明财富积累的增长速度要快于国民经济增长和绝大多数人收入增长速度的原因，③ 并且指出造成这种财富巨大不平等的机制与企业家精神没有任何关系，也对提高经济增长率毫无益处。④

皮凯蒂的结论是他从美国、日本、德国、法国、英国、意大利、加拿大、澳大利亚的数据分析中得出的，实际上是当代市场经济发展的规律性趋势，我国也同样不能幸免。目前，我国政府正致力于稳增长、调结构，致力于全面建成小康社会，注重对贫困人口的扶贫，对养老、医疗、最低生活保障等制度的完善，推进基本公共服务均等化，极大地改善了收入最低部分群众和一般民众的福利。但是，对贫困人口和低收入人群收入和福利的改善并不意味着就解决了分配的不平等问题。财富向一小部分掌握资本的人手里集中同时也在发生。正因为如此，邓小平的告诫具有极大的现实意义："社会主义最大的优越性就是共同富裕，这是体现社会主义本质的一个东西。如果搞两极分化，情况就不同了，民族矛盾、区域间矛盾、阶级矛盾都会发展，相应地中央和地方的矛盾也

---

① 参见《邓小平文选》第3卷，人民出版社1993年版，第139页。

② 《邓小平年谱（1975—1997）》（下），中央文献出版社2004年版，第1364页。

③ ［法］托马斯·皮凯蒂：《21世纪资本论》，巴曙松译，中信出版社2014年版，参见《导言》部分。

④ 同上书，第591页。

会发展，就可能出乱子。”[①] 怎样在发展中解决好分配的公正、平等问题，防止、扭转两极分化的发展趋势，有利于逐步走向共同富裕，对坚持社会主义道路的意义无法回避，也不可替代。

皮凯蒂对分配不平等提出的解决方案是征收年度累进资本税。他指出，实行这个方案的难处在于需要在践行公正、平等价值观上高水平的国际协作和区域政治的一体化。他把希望寄托在欧洲的民主上：“如果我们想要重新控制资本主义，就必须把赌注都押在民主上——在欧洲，是欧洲的民主。”“21 世纪的主要挑战之一就是，在民族国家的平台上使社会和财政政策更加现代化，发展新的治理形式和介于公有制和私有制之间的共享产权。只有区域政治一体化可以实现对 21 世纪全球承袭制资本主义的有效管理。”[②] 虽然这个解决方案从目前来看还只是一个带有乌托邦性质的理想，但皮凯蒂提出的在当代市场经济中所出现的分配不平等问题，不仅给欧洲和西方国家，更是给我们这样搞市场经济的社会主义国家提出了严峻的挑战。分配不平等和两极分化问题对中国来说涉及的不只是社会与政治的稳定，还涉及基本制度的正当性。避免两极分化、走向共同富裕不只是执政党在推动改革开放时向全体人民的承诺，也是中国坚持社会主义道路和共产党领导的合法性来源。在这个意义上，市场经济中的分配不平等趋势，反映了搞市场经济与社会主义制度之间具有冲突性的一面，需要高度重视，并寻找破解的路径。

在坚持社会主义条件下搞市场经济，两者的冲突性还表现在随着社会的分化而出现的资本与劳动者的矛盾。

在西方国家主导的经济全球化时代，社会主义国家搞市场经济的改革和对外开放，就不可避免地发展多种经济成分和采用资本主义生产方式进行生产。在这种市场经济中，按照马克思的说法劳动力已不可避免地成为了商品。按照波兰尼的说法这种市场经济带有自我调节的性质，把原来不是商品的劳动力、土地、货币都变成了商品。[③] 这些条件今天在我国都已存在于现实的生产方式中。今天讨论这个问题并不是为了争论这些在改革开放以后出现的新经济成分到底“姓社”还是“姓资”，因为以价值判断为前提的争论离开了一个国家发展的历史条件、历史任务就失去了意义。我们关注的是在这种生产方式中，拥有资本和依靠劳动力为生的两大社会集团出现了，他们通过市场而结合进行生产，也形成了新的生产关系。虽然《中华人民共和国劳动合同法》要求劳资双方依照法律签订劳动合同，并依法保护双方的合法权益。我们党也提出过构建社会主义和谐社会的目标。各级政府和工会对协调劳资关系也做了大量工作。但是，我们党还没有从治国理政的高度对劳资两大集团应该建成什么样的关系、怎样建设这种关系提出明确的方针。在现实生活中，这两大集团之间的关系在很大程度上还没有摆脱自发的状态，缺乏被纳入构建社会主义和谐社会和走向共同富裕轨道的条件。相反，这两大集团之间自发性的摩擦经常发生，往往以损害劳动者的权益、欠薪、企业不履行对劳动者社会保障责任、群体性维权事件等高社会成本的形式表现出来。在社会心理层面，这两大

① 《邓小平年谱（1975—1997）》（下），中央文献出版社 2004 年版，第 364 页。

② ［法］托马斯·皮凯蒂：《21 世纪资本论》，巴曙松译，中信出版社 2014 年版，第 591 页。

③ ［英］卡尔·波兰尼：《大转型：我们时代的政治与经济起源》，冯钢等译，浙江人民出版社 2007 年版，参见第六章“自发调节的市场与虚拟商品：劳动力、土地与货币”。

集团之间的关系更多是朝向对立与冲突的方向发展。

今天来看，社会主义初级阶段的劳资关系既存在统一性和相互依存性——没有资方的投入就不能形成产业和带来就业，就难以加快经济社会发展，没有劳方的参与就无法组织生产过程，形成现实的生产力；同时也存在着利益上的对立性——劳动者收入和资方利润在分配中此长彼消。搞了市场经济改革之后，依靠我们国家制度的优势，完全可以把劳资关系纳入走向双赢与和谐相处的轨道。但如果让其陷于盲目性而导致放任自流，也完全可能出现劳资的对立与冲突，带来一系列经济、社会问题，甚至动摇我国社会主义的基本制度。怎样处理好劳资两大集团之间的关系已成为我国社会主义现代化建设中的重大问题之一。在现实生活中，劳资之间的矛盾不断地以群体性事件表现出来，影响着社会稳定和社会团结，而且“欠薪”这类现象在我国已存在多年。这些问题反映了带有自发性的劳资关系还没有在社会主义制度里受到应有的规范。

在社会主义现代化过程中处理劳资关系我们既有历史经验可以借鉴，也有国际经验可遵循。

在新中国成立之后的过渡时期，我国曾根据新民主主义社会的特点，提出过“劳资两利”的方针。[①] 这个方针是以新民主主义时期需要进一步发展资本主义，劳动者和资本的拥有者、经营者对生产力发展都是必需的认识为前提的。它既是一个指导经济发展的方针，也是一个指导政治关系和社会关系的方针。遗憾的是这个方针实行的时间太短。但它给人以启示：在社会主义初级阶段，既然资本主义经济成分仍然有利于生产力的发展，“劳资两利”的方针也完全可以用来指导今天劳资关系的发展，把劳资关系纳入有利于社会主义的经济、政治、社会、文化发展的轨道中来，避免其自发性。

国际上也有较好地处理劳资关系的经验。二战以后，联邦德国曾经用强化“社会”观念来统合社会中有利益冲突的各个阶级和阶层，尤其是处理好劳资关系。在经济领域，他们建立“社会市场经济”体制，在以劳资两大阶级为主体的社会结构中追求达到“社会和解”，形成“社会伙伴”，核心就是把劳资关系依国家制度规定纳入和平相处、相互合作的轨道。这种体制既承认劳资之间存在悬殊巨大的利益差别，更强调他们之间的共同利益，同时还督促劳资双方谨记自己的社会责任。[②] 在社会市场经济中，法律还规定了在一定规模以上的大企业理事会，必须要有劳方代表的席位，规定企业利润不只是资方的收入，而且也包括劳方在内的集体利润。在政治层面，联邦德国的基本法规定这是一个民主的社会国家，社会性高于阶级的利益。这种既承认市场经济和资本主义生产方式的必要性，又用带有社会主义因素的制度设计来制约、引导和规范劳资关系，倡导了劳资之间的相互包容与合作，避免了劳资冲突，为经济上共赢、社会的团结和政治上的合作提供了条件。

在社会主义社会搞市场经济改革出现新的阶级分化并不可怕，这是由生产力发展水平所决定的。“它还是既不能跳过也不能用法令取消自然的发展阶段。但是它能缩短和

---

① 《中国人民政治协商会议共同纲领》提出了“公私兼顾，劳资两利，城乡互助，内外交流”的发展经济方针，载《新华月刊》1949 年第 1 期。

② ［德］罗尔夫·哈赛等主编：《社会市场经济辞典》，卫茂平等译，复旦大学出版社 2004 年版。参见“社会伙伴关系”“社会市场经济：社会和解”词条。

减轻分娩的痛苦。”① 关键是我们要能够实事求是地认识这种生产方式，认识这种生产关系，依靠我们的国家制度，借鉴历史经验和国际经验来处理好这种新的阶级关系。

四 市场经济与社会主义价值观、意识形态的矛盾

在社会主义社会搞市场经济，必然会出现作为经济基础的市场经济与社会主义核心价值观和意识形态的矛盾。

社会存在决定社会意识，经济基础决定上层建筑和意识形态是历史唯物主义的基本原理。在社会主义国家搞市场经济并不只是引入一种资源配置的机制，也在建立一种新的生产关系，使原有的经济基础发生变化，它必然也会对社会主义核心价值观与意识形态产生重大影响。

首先，市场经济必然确立个人主义的价值观。市场经济的基本逻辑就是把个人确立为最基本的利益主体，把追求个人利益最大化作为经济活动的目标。西方的微观经济学也叫个体经济学，实际上就是对市场经济中经济主体的行为在理论上的抽象。它明确地把经济行为的主体界定为个体。虽然这种个体可以是个人、家庭、企业，但抽象到价值就是个人主义。市场经济作为一种经济存在，它把个人主义作为社会的基本价值来推广，对人们意识的影响作用并不以人的意志为转移。随着市场经济的发展，个人主义必然蔓延开来，与集体的、社会的、国家的利益发生冲突。

市场经济以利益为直接的动力，同时也在塑造着尽可能多地占有和享受物质财富的人生目标。在市场经济中也以财富为标准对“成功人士”作出新的定义，炫富成为一种时尚，在财富榜上的排名成为一种荣耀。我们党把落后的社会生产与人民群众日益增长的物质文化需要之间的矛盾作为社会主义初级阶段的主要矛盾，把解放和发展生产力作为社会主义的本质任务。这里指的物质文化需求是在一定的社会生产力发展水平下的人类社会再生产的必要条件，是社会性的需求。但是，市场经济所激发的是人们对财富的欲望，它既包括有形的物质财富、各类可以想象的服务，也包括对一般等价物货币的追求，而与社会性的需要无关。这种对财富的占有和享受的欲望没有止境，永远也无法被社会生产力的发展所满足，反而会因贪欲的泛滥而造成社会性的不满情绪。

市场经济作为一种物质存在，轻易地就把人际间的关系简化为利益关系。中国特色社会主义社会中，原来的人际关系是丰富的：中国传统的重亲情和友情的关系，在社会主义建设中建立起的平等、相互尊重、相互帮助的同志关系，在农村社区熟人社会中的行为自我约束和互惠关系，在市场经济条件下正在被冷冰冰的利益关系所取代。在这个过程中，人类的理性被简化为利益的算计。

在这种从物质存在到社会意识都发生巨变的背景下，传统的社会主义伦理受到了严重的挑战。在我国的社会主义建设中，曾构建起这样一种社会主义伦理：“先国家，后集体，再个人。”人民公社时期“大河有水小河满，大河无水小河干”的道理深入农村大地。从农村开始的家庭联产承包责任制改革，也和“缴足国家的，留够集体的，剩下都是自己的”口号联系在一起。在机关事业单位，流行的是“大道理要管小道理”“国家的事再小也是大事，个人的事再大也是小事”。国家利益、社会公共利益、集体

① 马克思：《资本论》第1卷，人民出版社2004年版，第10页。

利益先于个人利益是社会主义革命与建设所建立起来的核心价值。正确处理国家、社会、集体与个人利益的关系也是社会主义建设中的重大关系之一。改革开放之前中国在社会主义建设中所取得的成就，以及改革开放过程中之所以能以那么小的成本搞工业化和城镇化建设、搞国有企业和集体企业的改制，都得益于几十年来深入人们心中的这些社会主义的核心价值。而搞了市场经济之后，这些传统的社会主义核心价值观与迅猛发展的个人主义之间发生着冲突。防止个人主义的过度膨胀，正确处理国家利益、社会利益、集体利益与个人利益仍是当代社会主义社会中最重要的关系之一，也是推行社会主义核心价值观中的重点和难点之一。

当市场经济逐渐成为一种普遍存在的生产方式，必然也会导致意识形态的变化。随着市场经济的发展，出现了生产资料私有化、以个人为基础的公民权利、公民社会、西方式的选举、政党政治，以及“宪政”的主张。这种意识形态以市场经济为基础，也从西方新自由主义理论获得强有力的话语支持，试图占领意识形态的舞台。这种意识形态也必然要求重新解释世界历史和中国历史，特别是重新解释近现代历史、中国新民主主义革命史和社会主义革命与建设的历史，否定新民主主义革命、社会主义革命和社会主义建设的正当性。这种意识形态最终在政治上表现为公开反对四项基本原则，核心是否定中国共产党执政的合法性和否定社会主义道路的正确性。

市场经济的发展必然与社会主义核心价值观和意识形态发生矛盾。在这种条件下怎样推行社会主义核心价值观？怎样坚持社会主义的意识形态？中国共产党能否在意识形态领域里打胜仗？都是我们面临的新的挑战。

五　市场经济的诱惑与腐蚀对中国共产党的考验

中国共产党自成立以来就存在着腐败的风险。执政以后权力的诱惑和腐败的风险大大增加。防止共产党在执政以后腐败变质，是毛泽东始终高度警惕，试图寻找解决办法的问题。

搞市场经济还给中国共产党带来了另外一个考验，那就是市场经济所产生的巨大利益诱惑和等价交换的规则对党的腐蚀。

在提出和推进市场经济改革时，我们着重讲了搞市场经济改革有利于生产力发展这一面，但没有对搞市场经济改革必然会对党造成的诱惑和腐蚀有足够的认识，这与后来党内腐败高发有着直接的关系，教训非常深刻。

列宁在十月革命胜利以后曾推行过新经济政策，允许市场经济发挥作用，允许资本主义因素发展，但同时列宁很清醒地看到新经济政策可能给党带来的腐蚀，因此要求加强抵制小资产阶级对工人阶级的影响。① 毛泽东在新民主主义革命时期就看到发展资本主义是进行抗日战争和建设民主共和国不可或缺的，但他同时又指出：“在这个时期内一部分共产党员被资产阶级所腐化，在党员中发生资本主义的思想，是可能的，我们必须和这种党内的腐化思想作斗争。”② 相比之下，我们对改革开放和搞市场经济可能给党造成的诱惑和腐蚀在认识上是不足的。尽管党的十四大就提出了从严治党的要求，以

---

① 参见《列宁选集》第4卷，人民出版社1970年版，第592—593页。

② 《毛泽东选集》第3卷，人民出版社1991年版，第793页。

后在党的建设中也提出了以保持党的先进性和提高党的执政能力的要求，但随着市场经济改革的深化和不断对外开放，重利益而轻理想信念的倾向在党内逐渐滋长，等价交换原则也逐渐渗透到党政军内，官僚主义、形式主义、享乐主义、奢靡之风蔓延开来，一些地区的政治生态严重污染，党内出现了历史上罕见的严重腐败现象。一批党员干部被腐蚀、收买，成为资产阶级的俘虏。2013 年，由群众举报揭发的湖南衡阳市人民代表大会贿选事件表明，等价交换原则同样也无孔不入地渗透到了具有自下而上选举程序的权力机构——人民代表大会。[①] 等价交换的原则渗透到公权力的运行之中，买官卖官、权钱交易、“给钱办事” 成为典型的表现。党的自我净化机制几乎难以发挥作用。

上述这些腐败现象、党性蜕变现象已不仅仅是当事人的素质问题，在更深层次上是社会存在决定社会意识的反映。作为决定着人们意识的经济基础，市场经济也在用自己的方式潜移默化地改变着我们党员的党性与作风，腐蚀着行使公共权力的人。正如习近平所指出的：“改革开放和发展社会主义市场经济，对党内生活带来不可低估的影响。”[②]

面对在全面从严治党中暴露出来的问题，人们比较多考虑的是从完善制度建设、加强党的纪律的角度去考虑加强全面从严治党，但对从思想认识上总结经验教训还很不够。应该说，只有搞清楚社会主义社会中市场经济所具有的两重性，即对发展生产力来说的不可或缺性，以及对社会主义的价值、制度原则、意识形态具有的对立性和强烈挑战性，对党具有高度的诱惑性和腐蚀性，才能在思想上加强党性建设的自觉性和筑起防腐反腐的长城。只有这样，我们才能既利用好市场经济对发展生产力的积极作用，又自觉地提高对市场经济消极作用的警惕，进行预防、抵制和处置。

党的十七届四中全会通过的《中共中央关于加强和改进新形势下党的建设若干重大问题的决定》提出了我们党面临的“四个考验”，指出：“世情、国情、党情的深刻变化对党的建设提出了新的要求，党面临的执政考验、改革开放考验、市场经济考验、外部环境考验是长期的、复杂的、严峻的，落实党要管党、从严治党的任务比过去任何时候都更为繁重和紧迫。”[③] 这“四个考验”集中反映了我们党面临的考验来自两大诱惑：长期执政条件下的权力诱惑和市场经济所带来的巨大利益诱惑。要经得起这两大诱惑的考验，就要落实全面从严治党，搞好党的建设。

六 在总结经验教训中搞好社会主义市场经济

改革开放和中国特色社会主义伟大事业是我们党领导的前无古人的伟大探索。在探索中我们既取得了伟大的成就，也走过弯路，有过许多深刻的教训。对于弯路和教训我们还没有通过系统的总结达到比较自觉的状态。集 30 多年改革开放的经验，我们既要

---

① 经查处，衡阳市十四届人大一次会议期间，76 名省人大代表中共有 56 名存在送钱送物拉票行为，在 527 名出席会议的衡阳市人大代表中，共有 518 名收受钱物。见《新华每日电讯》2014 年 12 月 28 日。

② 中共中央宣传部：《习近平总书记系列重要讲话读本》，学习出版社、人民出版社 2014 年版，第 173 页。

③ 《中共十七届四中全会在京举行》，《人民日报》2009 年 9 月 19 日。

认清我国长期处于社会主义初级阶段所面临的世情国情，充分认识建立和发展社会主义市场经济的必然性和必要性，坚定不移发挥好市场经济的功能，又要认真总结经验教训，充分认识市场经济在社会主义社会中的两重性，充分认识市场经济对坚持社会主义道路和党的建设带来的负面影响。我们党的历史表明，对错误和教训的总结和吸取往往比经验的总结更为重要。对于改革开放，特别是对于在社会主义社会搞市场经济这样伟大的历史性探索，学会用对立统一的两点论来看待问题，善于总结经验与教训，是我们能够在探索中不断前进的保证。

（原载《毛泽东邓小平理论研究》2016 年第 4 期）

不能把邓小平理论歪曲成“实用主义”

周新城*

党的十八大报告提出，提高党的建设的水平，首要的是加强党员的理想信念教育，使党员树立坚定的理想信念，坚守共产党人的精神追求。“对马克思主义的信仰，对社会主义和共产主义的信念，是共产党人的政治灵魂，是共产党人经受住任何考验的精神支柱。要抓住思想理论建设这个根本，教育引导党员、干部矢志不渝为中国特色社会主义共同理想而奋斗。”①

在学习、贯彻党的十八大精神时，学术界就理想信念问题进行了热烈的讨论。有人提出，邓小平是主张淡化意识形态、淡化政治方向的。有人把邓小平理论的精髓概括为“猫论”，即“不管白猫黑猫，只要能把经济搞上去就行”，仿佛邓小平就是不讲理想信念的实用主义者。其实，这种说法也不是现在才出现。20世纪90年代初，邓小平视察南方谈话发表后，就有人说邓小平主张不要问姓“社”姓“资”，谁要讲姓“社”姓“资”，就是“左”，甚至认为，不问姓“社”姓“资”，是改革成功的关键、发展经济的秘诀。这种论调当时就甚嚣尘上，而且众口铄金，似乎真的是邓小平倡导的。这当然是一种误解和歪曲，然而这种说法流传甚广，危害甚大，对此，我们不得不从理论上进行澄清。

一　邓小平是社会主义事业的捍卫者

邓小平是坚定不移地捍卫社会主义事业的，从来没有说过不要问姓“社”姓“资”的话。翻遍《邓小平文选》，始终找不到邓小平有“不要问姓‘社’姓‘资’”的提法。他在1992年视察南方谈话中说：“改革开放迈不开步子，不敢闯，说来说去就是怕资本主义的东西多了，走了资本主义道路。要害是姓‘资’还是姓‘社’的问题。”②有人引用这句话来证明，邓小平主张不要问姓“社”姓“资”。然而“要害是姓‘资’还是姓‘社’的问题”，不等于说不要问姓“社”姓“资”。他在这里说的是：要搞清楚什么是社会主义、什么是资本主义，不要把不是资本主义的东西当作资本主义加以反对，搞得改革开放迈不开步子。在20世纪80年代末90年代初，把资本主义国家里并

---

* 周新城，中国社会科学院世界社会主义研究中心常务理事，中国人民大学教授。

① 胡锦涛：《坚定不移沿着中国特色社会主义道路前进，为全面建成小康社会而奋斗》，《中国共产党第十八次全国代表大会文件汇编》，人民出版社2012年版，第46页。

② 《邓小平文选》第3卷，人民出版社1993年版，第372页。

不具有资本主义性质的先进的经营形式、管理方法，当作资本主义的东西来批判，不敢借鉴和学习，这是我国改革的最大障碍。"要害是姓'资'还是姓'社'的问题"，是就这一点来说的。

邓小平是中国特色社会主义理论的创立者。中国特色社会主义，首先是社会主义，它具备社会主义制度的本质特征和基本原则，是与资本主义制度有着原则区别的；其次，根据中国国情和时代特征，在社会主义本质特征和基本原则的具体实现形式方面，具有鲜明的中国特色。如果笼统地说邓小平主张不要问姓"社"姓"资"，连社会主义都不讲了，哪来什么中国特色社会主义呢？说邓小平不问姓"社"姓"资"是不顾最起码的逻辑。

邓小平不仅没有提过不要问姓"社"姓"资"，正相反，他十分重视我国社会发展的社会主义方向，强调要划清社会主义与资本主义的界限。1993 年版《邓小平文选》第 3 卷里使用最多的词是"社会主义"。如果他主张不要问姓"社"姓"资"，那他为什么还要那么强调社会主义、说那么多关于社会主义的话呢？

二 必须正确理解姓"社"姓"资"问题

在 20 世纪 90 年代，关于要不要问姓"社"姓"资"的问题曾经引起一场大争论，其影响至今犹存。正确理解这个问题，同坚定社会主义信念很有关系。对这个问题必须做具体分析，应该分别从两个层次来讲。

第一，从社会发展的根本方向、根本道路、根本制度这个层次而言，必须严格区分社会主义和资本主义。对于这一层次的问题，邓小平坚定不移，反对资产阶级自由化也最为旗帜鲜明，从来没有说不要问姓"资"姓"社"。作为社会的基本制度，社会主义与资本主义是根本对立的，二者的原则区别是客观存在的现实。邓小平指出，在整个改革开放的过程中，必须始终坚持社会主义的方向。他警告说，否定社会主义制度、主张资本主义制度的资产阶级自由化泛滥，后果极其严重。这是邓小平一贯的思想，1985 年 8 月，邓小平指出："在改革中坚持社会主义方向，这是一个很重要的问题。我们要实现工业、农业、国防和科技现代化，但在四个现代化前面有'社会主义'四个字，叫'社会主义四个现代化'。我们现在讲的对内搞活经济、对外开放是在坚持社会主义原则下开展的。"[①] 这一点，丝毫不能动摇。1987 年，学潮刚刚过去，邓小平在重申中国共产党和中国政府坚持开放政策不变的同时强调："中国的政策基本上是两个方面，说不变不是一个方面不变，而是两个方面不变。人们忽略的一个方面，就是坚持四项基本原则，坚持社会主义制度，坚持共产党领导。人们只是说中国的开放政策是不是变了，但从来不提社会主义制度是不是变了，这也是不变的嘛！"[②] 显然，改革开放存在着方向、性质的问题。有人怀疑和否定四项基本原则，打着拥护改革开放的旗帜，搞全盘西化，想把中国引向资本主义，改变我们社会的性质。所以不能认为改革开放就不要问姓"社"姓"资"。直到 1992 年视察南方的谈话，他还一再强调，改革开放必须在坚持四项基本原则的前

---

① 《邓小平文选》第 3 卷，人民出版社 1993 年版，第 138 页。

② 同上书，第 217 页。

提下开展。

第二，在经济运行的具体机制、发展经济的具体做法、改革开放的具体措施这个层次上，许多问题客观上并没有姓“社”姓“资”的区别。社会主义经济和资本主义经济都是社会化大生产，都是商品经济，都要按照社会化大生产的一般要求进行管理，都要遵循商品经济的一般规律进行运转；因此，许多具体的运行机制、经营形式、管理方法是共同的，而没有社会制度性质的区别。对于改革开放的具体措施来说，资本主义国家运用的具体做法，只要对我们有用，我们就应该利用。导致改革开放迈不开步子的思想障碍是纠缠抽象的姓“社”姓“资”的争论，而不敢吸收资本主义国家先进的、对我们有用的东西。针对这种情况，邓小平提出：“改革开放胆子要大一些，敢于试验，不能像小脚女人一样。看准了的，就大胆地试，大胆地闯。”[①]

可见，不能笼统地谈论姓“社”姓“资”的问题，需要做具体分析。凡是具有社会制度属性的问题上，必须区分社会主义与资本主义，问一下是姓“社”还是姓“资”；凡是没有社会制度属性的问题，就不应该纠缠是姓“社”还是姓“资”。

三 必须正确理解“三个有利于”的判断标准

邓小平在视察南方的谈话中指出，判断改革开放成败得失的标准，“应该主要看是否有利于发展社会主义社会的生产力，是否有利于增强社会主义国家的综合国力，是否有利于提高人民的生活水平”[②]。这就是人们通常所说“三个有利于”的标准。

对“三个有利于”，人们有各种议论。有人把“三个有利于”作为论证邓小平是实用主义者的论据，说邓小平主张只要能够发展生产力、增强综合国力、提高人民生活就行了，不要过问是社会主义还是资本主义；有人还进一步论证，“三个有利于”是判断是不是社会主义的标准，凡是能够促进生产力发展的，就是社会主义。他们认为，“三个有利于”的提出，表明邓小平是不讲政治方向的实用主义者。这显然是一种曲解。

第一，把“三个有利于”当作判断姓“资”姓“社”的标准，只要能够发展经济，就是搞社会主义，这在理论上说不通。这种说法搞混了一个起码的逻辑：社会主义制度适合生产力的性质，能够解放发展生产力，这是正确的命题；但不能反过来说凡是能够解放发展生产力的，就是社会主义制度。因为在人类社会发展的历史上，任何一种社会制度，当它处于上升阶段的时候，都是能够解放发展生产力的，否则它不可能取代旧的社会制度。社会主义与资本主义，作为两种不同的社会制度，区别在于经济基础和上层建筑不同，而不在于它同生产力的关系，不在于能不能解放、发展生产力。邓小平在提出“三个有利于”的时候，前面都有“社会主义社会”“社会主义国家”“人民”的限定词，显然在他的思想里，社会主义是既定的前提，而“三个有利于”指的是在社会主义条件下判断改革成败的标准，而不是用“三个有利于”来判断是不是社会主义。应该警惕有人利用“三个有利于”，打着发展经济的旗号，把明明是资本主义的东西，却说成社会主义，从而力图把我们引到资本主义道路上去。

---

① 《邓小平文选》第3卷，人民出版社1993年版，第372页。

② 同上。

第二，邓小平把“三个有利于”作为改革成败、对错的判断标准，是就改革的具体措施而言的。我国的改革是社会主义制度的自我完善，所以改革的内容不是要不要搞社会主义，而是如何搞社会主义的问题，即采取什么方法来发展生产，运用什么手段来调节经济，也就是说，实行什么样的经济体制和运行机制。建设社会主义的具体方针、政策以及具体的经济体制和运行机制，是多种多样的，可以实行这样的体制也可以实行那样的体制，这应该根据当时的具体条件来进行选择。按照什么标准来选择呢？毫无疑问，应该选择那些能够促进生产力发展的方法、手段、体制，摒弃那些束缚生产力发展的东西。不顾本国国情照搬别国的做法，或者墨守成规固守自己的过时的模式，都是错误的。选择的唯一标准是，是否有利于发展生产力、是否有利于增强综合国力、是否有利于提高人民的生活水平。正如邓小平指出的：“社会主义经济政策对不对，归根到底要看生产力是否发展，人民收入是否增加。这是压倒一切的标准。空讲社会主义不行，人民不相信。”① 我们在制定改革开放的具体措施时，必须以此标准作为选择的依据，必须抛开抽象的姓“社”姓“资”的争论，一切通过实践来回答。实践证明是促进了经济发展的措施，就应该坚持；如果不能促进生产力的发展，就赶快改。陷入抽象的争论，只会贻误时机。

第三，谈到改革的政治方向的对错，邓小平提出了另一个判断标准，即“两个如果”。他指出：“社会主义的目的就是要全国人民共同富裕，不是两极分化。如果我们的政策导致两极分化，我们就失败了；如果产生了什么新的资产阶级，那我们就真是走了邪路了。”② 面对邓小平提出的“两个如果”，除非是故意制造理论混乱，谁也不能说邓小平在改革问题上是不问姓“社”姓“资”的实用主义者。

在谈论改革成败的判断标准时，只谈“三个有利于”这一项标准，而不谈“两个如果”，是不完全的。这是就不同层次的问题提出来的判断成败的标准：一个是就改革的政治方向而言的，另一个是就改革的具体措施而言的。这两个标准是统一的，然而两者终究是有区别的。我们不能用“三个有利于”来取代“两个如果”这一政治方向的判断标准。如果认为只要能促进生产力发展、提高人民生活水平，就是坚持社会主义，用不着再考虑改革的政治方向，那就会上资产阶级自由化的当，因为他们反对社会主义的一个重要手法就是打出非政治化、非意识形态化的旗号，在抽象的发展经济、改善生活的口号掩盖下，贩卖资本主义化的货色。这是很容易迷惑人的。谁不想经济发展得快一些、生活水平高一些呢？然而一旦听任资产阶级自由化的蛊惑宣传，改革走上资本主义化这条道，当窒息生产力、导致两极分化的后果显示出来的时候，却是木已成舟，难以挽回了。俄罗斯的改革就是一个很好的例子。所以，我们在改革进程中，必须时刻注意把“三个有利于”与“两个如果”统一起来，揭露非政治化、非意识形态化背后的实质，保证改革沿着社会主义方向健康地发展。

四　必须正确理解“不搞争论”的含义

有人把邓小平说的“不搞争论，是我的一个发明”这句话，作为邓小平是不讲社

① 《邓小平文选》第 2 卷，人民出版社 1994 年版，第 314 页。

② 《邓小平文选》第 3 卷，人民出版社 1993 年版，第 110—111 页。

会主义信念、不讲原则是非的实用主义者的根据。所以有必要讨论一下邓小平说的“不搞争论”的含义。

我们比较完整地引用一下邓小平关于“不搞争论”的原话。他说：“对改革开放，一开始就有不同意见，这是正常的。”对于改革开放的具体措施，诸如办经济特区，农村的家庭联产承包等，“我们的政策就是允许看。允许看，比强制好得多。我们推行三中全会以来的路线、方针、政策，不搞强迫，不搞运动，愿意干就干，干多少是多少，这样慢慢就跟上来了。不搞争论，是我的一个发明。不争论，是为了争取时间干。一争论就复杂了，把时间都争掉了，什么也干不成。不争论，大胆地试，大胆地闯。”① 很明显，不搞争论是就改革开放的具体措施而言的。改革开放采取什么措施，发展经济采取什么政策，实行什么样的经济体制、运行机制，应该通过实践，根据“三个有利于”的标准进行选择，这靠抽象的争论是解决不了的。改革是一场新的革命，没有现成的方案可以遵循，一切措施都需要探索，在实践中不断总结经验，对的就坚持，不对的赶快改，有问题要及时解决。这就叫“摸着石头过河”。对于改革开放的具体措施，要通过实践来判断对错，逐步完善。

但是，邓小平绝不是主张任何问题都不搞争论。他在涉及我国社会发展方向的重大理论问题上，历来主张分清是非，旗帜鲜明地批判错误思潮。当1979年理论务虚会上出现以否定毛泽东、否定毛泽东思想为特征的，矛头指向党的领导和社会主义制度的错误思潮时，他明确提出要坚持四项基本原则，指出决不允许在这个根本立场上有丝毫动摇。在1983年党的十二届二中全会上，他针对理论界、文艺界出现的精神污染现象，指出作为灵魂工程师的思想战线上的战士，应当高举马克思主义的、社会主义的旗帜，坚决同各种精神污染现象做斗争。他警告说：“有的现象可能短期内看不出多大坏处。但是如果我们不及时注意和采取坚定的措施加以制止，而任其自由泛滥，就会影响更多的人走上邪路，后果就可能非常严重。从长远来看，这个问题关系到我们的事业将由什么样的一代人来接班，关系到党和国家的命运和前途。”② 1986年十二届六中全会讨论社会主义精神文明建设时，有人主张在全会决议中把反对资产阶级自由化的提法删去。针对这一情况，邓小平明确表示：“反对资产阶级自由化，我讲得最多，而且我最坚持。”③ “搞自由化就是要把我们引导到资本主义道路上去”，“反对自由化，不仅这次要讲，还要讲十年二十年”④。针对1986年学潮和1989年政治风波中暴露出来的问题，邓小平又多次强调要旗帜鲜明地反对资产阶级自由化，理直气壮地坚持四项基本原则，指出反对资产阶级自由化不止20年，恐怕要50年、70年。1992年初他又指出，对资产阶级自由化必须防微杜渐，“在苗头出现时不注意，就会出事”⑤。他还说，现在大家都赞成改革，但“某些人所谓的改革，应该换个名字，叫作自由化，即资本主义化。他们‘改革’的中心是资本主义化。我们讲的改革与他们不同，这个问题还要继续争

① 《邓小平文选》第3卷，人民出版社1993年版，第374页。

② 同上书，第45页。

③ 同上书，第181页。

④ 同上书，第182页。

⑤ 同上书，第379页。

论的”①。

从邓小平这一系列论述中可以得出结论：他主张在建设中国特色社会主义的过程中，对于重大理论是非问题不能和稀泥，必须旗帜鲜明地坚持四项基本原则，反对资产阶级自由化。在这个问题上，我们不能让步。在原则问题上，邓小平不是“不搞争论”，而是主张坚决同错误思潮做长期的斗争，而且苗头一出来就要批判。可见，邓小平是十分重视社会主义理想信念的革命家，而不是像某些人描绘的那样的实用主义者。

（原载李慎明主编《世界社会主义跟踪研究报告（2015—2016）——且听低谷新潮声（之十二）》（下），社会科学文献出版社2016年版）

① 《邓小平文选》第3卷，人民出版社1993年版，第297页。

在文艺领域恢复和巩固人民主体地位的宣言

——就学习习近平《在文艺工作座谈会上的讲话》答问

刘润为*

一

问：习总书记在文艺工作座谈会上强调，文艺创作应该以人民为中心。您觉得这句话应该怎么理解？不少人可能认为“以人民为中心”这一创作导向在市场经济条件下过时了，认为这样的作品都是主旋律作品，会变得说教、难看。您怎么看？

答：习近平《在文艺工作座谈会上的讲话》，是新的历史条件下在文艺领域恢复和巩固人民主体地位的宣言。这和他在经济领域、政治领域、社会领域的治国理政思想是相通的、配套的。它的重大历史意义，必将在今后的实践中生意盎然地展开。

这篇讲话的中心思想就是坚持以人民为中心的创作导向。所谓以“人民为中心”，就是说人民既是文艺表现的中心，也是文艺服务的中心，又是文艺评判的中心，或者说一切从人民的需要出发，一切由人民主导，一切归结于人民的根本利益。这是唯物史观在文艺领域的必然要求。

这里需要注意的是：第一，人民是一个历史概念，在不同时期有着不同的外延和内涵。比如在抗日战争时期，民族矛盾是社会的主要矛盾。那个时候，只要不是汉奸卖国贼，如主张抗日的封建地主阶级、大资产阶级，都属于人民的范围。到了解放战争时期，阶级矛盾成为主要社会矛盾，封建地主阶级、大资产阶级就不能再归入人民的范围了，因为此时此刻他们已经变成最大多数人民的对立面。在今天，情形可能更复杂一点。从社会管理上说，只要是没有被剥夺政治权利的人，哪怕他每天都在从事反党、反社会主义、反爱国主义的活动，你毕竟还得承认他是人民；从政治立场上说，上述人等则不可以归入人民的范围。应当说，在社会分化日趋复杂的今天，后者的区分更具本质性的内容。比如说那位“宁可给富人盖厕所，也不给穷人盖房子”的房地产商，在法律层面还是属于人民的，非但属于人民，而且还是共产党员，尽管是受了处分的共产党员，但是从政治立场上说，他与广大劳动者是冰炭不相容的。文艺家在看待人民这一概念时，我认为应当侧重于政治立场的区分。第二，在人民内部，既然是划分为不同阶

---

* 刘润为，中国红色文化研究会会长、《求是》原副总编辑。

层、不同群体的，那么就有一个以谁为主的问题。毫无疑问，在中国共产党领导的人民民主专政的国家，应当以工人、农民、知识分子和解放军战士为主，也就是以占人民绝大多数的广大劳动者为主。我们的文艺既然称为人民文艺，主要的应当是表现他们的生活、为他们服务、接受他们的评判的。如果有一位文艺家站出来说，我就是要为人民中的少数人服务，要为那位房地产商那样的人民服务，那么我们就基本可以判定：他大概根本就不是为人民服务。第三，为人民服务，说到底是要为争取和发展人民在经济、政治、文化上的根本利益服务，也就是要从文艺的一翼，在人民中培养全面自由的个性。传达人民的感觉、愿望和激情是服务，提高人民的感觉、愿望和激情也是服务。文艺家要既当学生又当先生，既适应群众又提高群众。如果只知道做群众的尾巴，就不是真正的为人民服务，至少是不称职的服务。

说在市场条件下“坚持以人民为中心的创作导向”已经过时，是没有依据的。我猜说这话的人是对人民没有感情的人，十有八九可能是新自由主义的信徒。他们的逻辑是：既然是市场经济，就必须遵循无限扩张的资本逻辑，必须遵循利益最大化的市场原则，也就是要以金钱为中心。按照这种逻辑和原则发展下去，文艺就会丧失一切高尚、庄严的内容，而成为资本的婢女或市场的仆役，就会低级趣味遍地流、胡编乱造满天飞。文艺家千万不能忘记，我们的市场经济还有一个定语，即社会主义。江泽民曾经指出：“我们搞的是社会主义市场经济，‘社会主义’这几个字是不能没有的，这并非多余，并非‘画蛇添足’，而恰恰相反，这是‘画龙点睛’，所谓‘点睛’，就是点明我们市场经济的性质。”[①] 什么叫社会主义？就是不允许资本乱来，不允许资本统治一切，不允许资本骑在人民的脖子上作威作福。对于文艺领域来说，就是不允许资本“同某些精神生产部门如艺术和诗歌相敌对”[②]。你们应当注意到，自实行社会主义市场经济以后，我们党一贯强调艺术生产要把社会效益放在第一位。为什么？因为无论怎么发展市场，我们还是搞社会主义的。可以肯定地说，只要社会主义这杆红旗不倒，以人民为中心的创作导向就不会过时。

不过，我们也应当清醒地看到，几十年来，新自由主义及其他错误思潮的工夫也没有白费。在文艺领域的一些环节、一些方面，人民的中心位置已经丧失，甚至被严重边缘化。在一定程度上，文艺成了损害人民根本利益的东西。某些文艺组织则成了以利益为纽带的“联邦”或“邦联”。至于评价尺度，则言必称收视率、言必称市场份额、言必称国际标准。人民群众喜欢什么、厌恶什么，是一些所谓文艺家从来都不大理会的。这与社会主义制度和共产党的执政宗旨是根本不相容的。习近平强调坚持以人民为中心的创作导向，就是要下决心纠正这种偏向、扭转这种局面，把本来属于人民的还给人民。

当然，如果你们一定要打破砂锅“问”到底，以人民为中心的创作导向也有过时的一天。到了共产主义社会就过时了。为什么呢？因为人民和敌人是一种成对的规定，互以对方为其存在的前提。到了共产主义社会，阶级消灭了，人民这一概念自然也就失去了存在的依据。为了这一天的到来，当下我们必须理直气壮地坚持人民民主专政，必须毫不动摇地坚持以人民中心的创作导向，这就是“欲取之，必先与之”的道理。

---

① 江泽民：《社会主义市场经济体制是同社会主义基本制度结合在一起的》，载《论社会主义市场经济》，中央文献出版社 2006 年版。

② 《马克思恩格斯全集》第 26 卷第一册，人民出版社 1972 年版，第 296 页。

坚持以人民为中心的创作导向并非要求所有的作品都是主旋律。人民的审美需要有着无限的丰富性和多变性。他们既需要花前月下、小桥流水的心灵抚慰，也需要怒发冲冠、挑灯看剑的豪荡感激。紧张的劳作战斗之后，他们可能要轻声哼唱“树上的鸟儿成双对……”；抗洪抗震抢险救灾中，他们可能要齐声高唱“团结就是力量……”；如此等等，不胜枚举。正是因为尊重人民丰富的审美需要，我们党在文艺布局上才提出主旋律与多样化的统一。这就好比一棵大树。因为社会主义核心价值观是人民的根本利益在意识形态上的实现形式，所以表现社会主义核心价值观的主旋律作品理所当然地应该是主干。没有这个主干，不但人民的文化利益不能得到保障，经济利益和政治利益也会得而复失。但是只有树干不行，还必须配以枝杈、绿叶、鲜花之类，这就是多样化的作品。把坚持以人民为中心的创作导向与主旋律创作画等号，就等于只要树干不要枝叶、花朵。你们想一想，那是一种多么愚蠢的行为！共产党人能那样干么？所以我说，把以人民为中心等同于主旋律的人，不是脑子糊涂，就是不怀好意。除此二者，恐怕没有别的解释。

认为凡主旋律创作都要导致说教、不好看，这种看法也是不符合事实的。其实，自进入阶级社会以来，文艺总是要传达某个阶级的意识形态，只不过有的明显一些，有的隐晦一些；有的厚重一些，有的稀薄一些；有的直接一些，有的曲折一些。20 世纪 90 年代我就说过，不包含任何思想观念的所谓纯文学，只有鬼才能见到。

回顾一下中外文学史，你们就可以发现，无论包含哪种意识形态的文艺，都有说教式的作品。比如孟郊的《烈女操》：“梧桐相待老，鸳鸯会双死。贞妇贵殉夫，舍生亦如此。波澜誓不起，妾心古井水。”作者是著名诗人，这首诗又是选入《唐诗三百首》的，至少清人蘅塘退士认为它是五万多首唐诗中的上乘之作。可是这首诗除了一些浅显的比兴之外，有多少艺术性可言呢？简直就是封建伦理的直白说教，字里行间散发着反生命的陈腐气味。维克多·雨果是 19 世纪法国的一位著名作家，可是他也有说教式的作品，如《悲惨世界》。这部小说中的主人公冉·阿让，就是一个经不住推敲的形象。他的所言所行，严重背离生活逻辑和性格逻辑，给人的感觉就是一只木偶，由作家随意牵来牵去，以完成对于资产阶级人道主义的演绎。奇怪的是，我们的一些论者似乎从来不去指责封建主义、资本主义的主旋律文艺家，而专门在社会主义主旋律的作品中吹毛求疵。这显然是有失公平的。

记得自 20 世纪 80 年代起，文艺界有一种流行的观点：只有摆脱政治束缚，即放弃社会主义的意识形态，才能产生真正的艺术作品。事实上，自那时起，确有不少作家放弃了社会主义的意识形态，有的则公开站到反社会主义的一边，但是他们创作出了真正的艺术吗？一个没有。说到这里，你们可能会说：难道莫言的作品不是真正的艺术吗？不然怎么能获诺贝尔文学奖呢？事实上，莫言获奖并不是因为他有艺术，反而恰恰是因为那种鲜明、强烈的意识形态性。你们看看他的小说，再看看西方给他的那个颁奖词，就可以知道他恶心中国共产党、恶心社会主义、恶心中华民族，已经到了何等地步！你们千万不要以为诺贝尔文学奖是唯艺术标准。他们和我们一样，都是政治标准第一、艺术标准第二，只不过他们的政治是国际资本的政治，我们的政治是人民的政治。

我们从不讳言社会主义主旋律创作中的说教倾向。这种倾向，是由主客观两种原因造成的。从客观上说，是因为一个时期内，我们在文艺领导上存在“左”的错误倾向，如过多强调党性而相对忽视个性、过多强调社会责任而相对忽视创作自由、过多强调政治标准而相对忽视艺术标准，如此等等。从主观上说，则是因为一些文艺家所要表现的社会主义思想还没有转化为自己的情感形式，还没有获得有血有肉的生活体验的支撑。于是，抽象、空洞、生硬也就在所难免。比如丛维熙的《大墙下的红玉兰》，本来是要表现爱国主义的，然而男主人公的那种爱国主义精神却非常不近人情。他的恋人越狱根本不是出于叛国的动机，但是男主人公却偏要把她打成叛国者，以显示自己对祖国的忠贞。这不是爱国主义，而是教条爱国主义。这样的"爱国主义"说教，有谁会买账呢？相反，凡是获得充实的情感积累和生活积累的主旋律创作，都能产生真正的艺术品。比如周立波的《暴风骤雨》、柳青的《创业史》、贺敬之的《回延安》，还有最近正在热播的电视剧《海棠依旧》等等，你能说这些作品是说教的吗？能说这些作品老百姓不喜欢吗？

总之，说教之过，在于没有贯彻好党的文艺政策，在于文艺家自身存在这样那样的问题，与主旋律或者社会主义意识形态毫无干系。把"说教""难看"之类归罪于社会主义意识形态，其目的绝不是为了纯洁艺术，而是要用损害人民利益的意识形态取代社会主义的意识形态。然而，我们作为社会主义文艺事业的建设者，绝不能因为坚持社会主义意识形态有理而原谅自己在艺术上的缺陷。我们不仅要在意识形态上超越资本主义，也要在艺术上超越资本主义。要有这样的雄心壮志！

二

问：总书记在讲话中还指出，中国精神是社会主义文艺的灵魂。对于中国精神，总书记还特别强调了社会主义核心价值观。您是怎么理解中国精神的？我们现在的文艺作品该如何发掘中国精神的内涵？

答：要理解中国精神，首先要把握传统中国精神。而要把握传统中国精神，就要抓住中国传统哲学观念的主流。这个传统哲学观念是纲，纲举自然目张。

你们都知道，黑格尔和马克思的辩证思维不是西方哲学的主流。在西方，占据主流位置的是形而上学。在看待人世间的各种关系时，这种哲学表现为一种抽象主体原则，也就是孤立地、片面地、对立地看待主体与自我、他人、社会、自然的关系，因而总是以自我为中心，立足于对他者的占有和征服。用古希腊哲学家普罗太戈拉的话来说，就是"人是万物的尺度"①。而中国哲学却正好相反，占据主流位置的是朴素的辩证思维。在看待人世间的各种关系时，这种哲学表现为一种辩证主体原则，也就是联系地、整体地、平等地看待人世间的各种关系。最具经典性的概括就是宋人张载的"民胞物与"（《西铭》）。意思是说，但凡人类都是天地所生的同胞，世间万物都是人类的朋友。这种观念体现到社会制度追求上，就是"天下为公"（《礼记·礼运》）；体现到个人与国家的关系上，就是"尽忠报国"（《宋史·列传第一百二十四：岳飞》）；体现到人与人的关系上，就是"己欲立而立人，己欲达而达人"（《论语·雍也》）；体现到君与民的关系上，就是"民为贵""君为轻"（《孟子·尽心章句下》）；体现到人与自然的关系上，就是"范围天地之化而不过，曲成万物而不遗"（《系辞·上传》）；体现到国与国的关系上，就是"协和万邦"（《尚书·尧典》）；体现到人与自身的关系上，就是"自

① 北京大学哲学系外国哲学史教研室编译：《古希腊罗马哲学》，生活·读书·新知三联书店1957年版，第138页。

强不息”（《易·象传》）、“舍生而取义”（《孟子·告子下》）。当然，传统中国精神像大海一样深邃而广博，远不止如上所述，但是上述几条是精髓，抓住这些，也就掌握了传统中国精神的基本方面。

必须肯定，这些传统中国精神对于中国古代社会的发展是起了积极作用的，起码在一定程度上引导、规范了人们的思想和行为。比如赵威后、李世民这些人受到民本思想的影响，便成了比较开明的封建统治者。因为在道义上有了“天下为公”的主张，受剥夺的先民们可以理直气壮地称剥夺者为“硕鼠”，公开表达“适彼乐土”的社会向往。而屈原、颜杲卿、岳飞、文天祥等，则是忠实实践“自强不息”“舍生取义”精神的仁人志士。

但是，由于历史条件的限制，这些传统中国精神在古代是不可能从根本上得到实现的。这种精神实现质的飞跃，焕发新的活力，形成社会的普遍实践，是中国有了工人阶级、有了中国共产党之后的事。

是中国共产党人，将“天下为公”置于科学社会主义的理论基础之上，从而使空想变成实实在在的社会实践。是中国共产党人，将“尽忠”对象由以君王为主彻底转移到人民一边，从而赋予爱国主义以全新的内涵。是中国共产党人，为“己欲立而立人，己欲达而达人”创造了以公有制为主体的坚实经济基础，从而使公平、正义、友爱成为一种全社会的普遍行为。是中国共产党人，将“民贵君轻”的民本思想提升到人民民主的高度，从而用人民公仆替代了过去的“父母官”。是中国共产党人，将古代人与自然和谐的思想融入实现社会主义现代化的进程，从而发展成为一种全国范围的生态文明建设。是中国共产党人，将“协和万邦”的外交主张发展成为和平共处五项基本原则，从而赋予其无产阶级国际主义的内容。是中国共产党人，将“自强不息”“舍生取义”精神投入亿万人民群众的伟大事业，从而在价值取向上提升到为人民服务、为全人类解放的高度。“砍头不要紧，只要主义真。杀了夏明翰，还有后来人。”这种为共产主义而慷慨赴死的崭新境界，是古代仁人志士所不曾有过的。一言以蔽之，中国共产党人是传统中国精神的忠实继承者、优秀发扬者和成功实践者。没有中国共产党人，传统中国精神很可能在进入近代以后渐渐归于消亡，更不可能实现由传统到现代的创造性转换。

有了以上简略回顾，你们可以看出：社会主义核心价值观其实就是经过中国共产党人创造性转换的中国精神，即红色中国精神的概括。对于这个价值观，我也听到过一些议论。有人说，它与西方的普世价值没有什么区别。这是不对的。当然，从字面上看，“富强、民主、文明、和谐，自由、平等、公正、法治，爱国、敬业、诚信、友善”这些，放到任何一个国家都是可以接受的。但是，这里的每一个概念都有与西方普世价值完全不同的内涵。比如说“民主”，西方的民主是国际垄断资产阶级的民主，我们的民主是人民民主；又如“法治”，西方的“法治”是国际垄断资产阶级专政的国体下实行的“法治”，我们的“法治”是在人民民主专政的国体下实行的法治。用西方语言学的概念说，这叫能指相似、所指不同；用中国话说，叫作“叶徒相似，其实味不同”。怎么可以因字面相似而混为一谈呢？

毫无疑问，习近平提出“中国精神是社会主义文艺的灵魂”，其实质就是以社会主义核心价值观为社会主义文艺的灵魂。但是他为什么用“中国精神”而没用“社会主义核心价值观”呢？据我理解，应当有三个方面的用意：一是提醒文艺家们在弘扬社会主义核心价值观的时候要有点文化的历史感。正如他在《讲话》中指出的："中华优秀传统文化是中华民族的精神命脉，是涵养社会主义核心价值观的重要源泉。"如果只知道今天不知道昨天，只见江流不溯其源，只掌握核心价值观而缺少优秀传统文化的涵养，那个社会主义核心价值观是理解不深、把握不牢、弘扬不好的。鲁迅的那些革命文学作品，无论是小说还是散文、杂文，为什么会那么深沉厚重？一个重要原因就是他对中华优秀传统文化积累太厚、陶冶太深。二是出于对创作规律的尊重。比如苏武、张骞、包拯、林则徐等，都是传统中国精神的载体。我们在今天描写他们，自然应当站在社会主义核心价值观的高度去审视他们的精神价值，但是在表现这些历史人物时，还是要还原他们的传统中国精神，而不能让他们变成社会主义核心价值观的象征。也就是说，对于中国古代题材的创作，社会主义核心价值观是作品的灵魂，传统中国精神是主人公的灵魂。很明显，提"中国精神是社会主义文艺的灵魂"，有利于文艺家在传统中国精神与红色中国精神即社会主义核心价值观之间溯洄溯游，实现历史精神与时代精神的统一。三是强调文化自觉和文化自信。你既然是一位中国文艺家，自然应当在广泛借鉴世界优秀文化的基础上，着眼于反映中国人的生活、讲述中国人的故事、表现中国人的精神。这本来是常识范围的问题，但是一个时期以来，不少文艺家却在"反传统"的旗帜下，醉心于文艺的全盘西化。正如习近平所批评的：他们"'以洋为尊''以洋为美''唯洋是从'，把作品在国外获奖作为最高追求，跟在别人后面亦步亦趋、东施效颦，热衷于'去思想化''去价值化''去历史化''去中国化''去主流化'那一套"。长此以往，在中国文艺的殿堂中，哪里还有人民的位置？习近平强调"中国精神是社会主义文艺的灵魂"，就是在告诫我们的文艺家："要坚守中华文化立场、传承中华文化基因，展现中华审美风范。"一句话，我们首先是中国人，其次才是文艺家。

实践证明，只要我们具有深厚的优秀传统文化修养，能够将传统中国精神融入自己的血脉，将传统中国精神的现代升华——社会主义核心价值观化为支配思想和行动的灵魂，那么无论你是怎样的艺术个性，选取怎样的题材，创作怎样的作品，其间浸透的都是中国精神。恰如鲁迅的名言："从喷泉里出来的都是水，从血管出来的都是血。"①

三

问：今年6月份，上海迪士尼乐园正式开业，吸引了大量游客，这也引起了我国文化界的一些思考。作为西方文化航母，迪士尼来到中国，会不会对我国的文化产业乃至主流价值观的传播造成重大损害？您如何看待当前西方文化入侵的现象？

答：历史的经验值得注意。在对待外来文化的态度上，我们既要反对胡适式的全盘西化，又要反对义和团式的盲目排外。

首先要看到，不但美国的娱乐文化产品有美国的文化内涵，就是它的广告和其他产品也都包藏着美国文化的密码。这些东西看起来没什么，它一不直接宣传美国价值观，二不直接在中国从事颠覆活动，但是这些东西作用于感性层面，能够征服人们的无意识空间。浸淫日久、积累日深，无意识的东西自然要向意识层面转化。比如一个人，从小吃的是麦当劳、喝的是可口可乐、玩的是迪士尼、用的是苹果手机，他很可能会由认为

---

① 鲁迅：《革命文学》，载《鲁迅全集》第3卷，人民文学出版社1981年版，第544页。

美国的东西好而认为美国好，进而认为美国的价值观和社会制度好，这是心理发展的规律性现象。关于这一点，美国人似乎比我们更加明白。早在20世纪50年代，美国中央情报局局长艾伦·杜勒斯就直白地指出：“如果我们教会苏联的年轻人唱我们的歌曲并随之舞蹈，那么我们迟早将教会他们按照我们所需要他们的方法思考问题。”所以说，迪士尼在中国落户，对我国的文化安全确是一种威胁，对我国的文化产业也会造成不小的冲击。这是必须正视的问题。

不过，这种“入侵”能不能得逞，则取决于我们自己。《孙子兵法》说得好：“用兵之法，无恃其不来，恃吾有以待也；无恃其不攻，恃吾有所不可攻也。”迪士尼来了，合同都签了，你还能赶人家走吗？不可能的。我们现在要考虑的是如何把自己的事情办好。把自己的事情办好了，西方的文化渗透非但不能得逞，反而能在一定程度上为我所用。惊慌失色、六神无主，是打不了胜仗的。

换一个角度看，迪士尼到中国来，等于狠狠地将了我们一军，这有什么不好呢？我们在技术手段、内容设计、顾客心理研究等方面不如人家，就要向人家学，就要引进消化吸收再创新，然后变成承载中国文化、中国精神的东西。在这方面，老祖宗们早就给我们做出了榜样。佛教本来是印度的。它要传到中国来，我们的祖先并不拒斥，而是说：你愿意来就来吧。来了以后怎么办呢？就是把它进行了中国化、大众化的改造，结果让它与儒家、道家一样，成了中华传统文化的一大流派。我们是离实现中国梦的目标更近的一代，应当比先人做得更好。当然，在这种中西文化的交互激荡中，受点挫折、吃点亏的事在所难免，但也没什么了不起。跌倒了，爬起来会走得更稳；受过感染，康复后会更有抵抗力。我们要学会与狼共舞，在共舞中把狼玩晕，最后制而胜之。

更为关键的，是要斩断西方对我从无意识到价值观渗透的通道。办法只有一个，就是把社会主义基本制度坚持好、落实好、完善好，把最广大人民群众的根本利益实现好、维护好、发展好，把共产党人的党性实践好、保持好、提高好，让两极分化、贪污腐败、欺负百姓、谀洋媚外之类的现象远离中国。只有这样，以劳动者为主体的广大人民群众才会铁下心来跟着中国共产党走社会主义道路。有了这样的社会基础、有了这样的民意，西方的文化渗透即使像密西西比河一样倾泻而来也没有什么好怕的，更不用说一个小小的迪士尼。

总之，还是像总书记讲的，要有文化自信、道路自信、理论自信、制度自信，并且将这些自信转化为自由自觉、踏踏实实的社会实践。有了这样的“家底”，在对待外来文化方面，我们就能成为“仁者”兼“智者”，就能以高山一般的定力坚守我们的文化血脉，又能以流水一般的转圜吸收一切有益的文化元素。“知者乐水，仁者乐山”，这就是我们的选择、我们的追求！

四

问：总书记最后还提到要加强和改进党对文艺工作的领导。近年来，针对文化领域，特别是影视剧市场出现的一些乱象，国家相关部门加大了管理力度，例如对于人民群众诟病较多的抗战神剧和千篇一律的娱乐节目进行了规范，并且取得了良好的效果。但是也有人认为这种管理会抹杀文艺创新的积极性，甚至阻碍我国文化产业发展。您怎么看待加强管理和创作自由二者之间的关系？管理部门应该扮演什么样的角色呢？

答：凡文艺都有领导，美国文艺是大财团领导，中国文艺是共产党领导；大财团领导文艺是为了资本扩张，共产党领导文艺是为了人民福祉。我们党领导文艺，我看主要有两个功能：首先是要当好服务员，即尊重文艺创作规律，为文艺家多出精品创造有利的主观环境和客观环境；尊重人民群众的审美需要，保障丰富而健康的艺术品的供应。而要当好服务员，就必须当好管理员。当不好管理员，就当不好服务员。管理缺位，让假冒伪劣泛滥，能不伤害严肃文艺家的积极性吗？能够保障人民群众精神食粮的安全吗？

习近平严正指出："要重视文艺阵地建设和管理，坚持守土有责，绝不给有害的文艺作品提供传播渠道。"近年来对一些低俗文艺作品和娱乐节目进行整顿，是落实总书记指示精神的应有之义，广大读者和观众是支持的，但我以为这种整顿的力度还应进一步加大。一些攻击中国共产党、诋毁中华民族的作家作品，还没受到应有的批评；一些无良艺人进行黑社会式的文化操作，还没受到应有的惩处；一些嘲笑穷人、阿谀富贵的作品和节目，还没得到应有的整顿；一些唯洋是尊、唯洋是趋的文艺倾向，还没得到应有的遏制。凡此种种，不仅严重干扰了社会主义文艺的发展繁荣，而且极大损害了中国的国际形象。一位法国朋友曾对我说过：像屈原、毛泽东、雷锋这些人物，连我们法国人都很尊重，你们中国作家怎么可以随意糟蹋呢？这时，他的眼神里流露出来的是鄙夷和不屑。

管一管这些东西，非但不是妨害创作自由，反而是为创作自由提供保障。违规球员被罚出场，叫妨害踢球的自由吗？清除杂草，叫妨害庄稼生长的自由吗？治理 PM2.5，叫妨害人们呼吸的自由吗？这是多么明白的道理！一些无良作家和艺人把这盆清水搅浑，目的在于摆脱党的领导和人民的监督，从而得以肆无忌惮地放纵自己的情欲、物欲和自我表现欲。要知道，摆脱一切约束的状态不是自由，而是无政府主义的自专。

（原载《中华魂》2016 年第 11 期）

治国理政的科学理论指导和行动指南

雷　云*

习近平系列讲话相互联系、相互依存、相互融通，而贯穿始终的一条红线是马克思主义的立场、观点和方法，最终落脚点和归宿是实现中华民族伟大复兴。

习近平系列讲话是一个逻辑严密的思想理论体系，深刻回答了新形势下党和国家事业发展的一系列重大理论和现实问题，归根结底是进一步深入回答了什么是初级阶段的社会主义、在初级阶段怎样建设社会主义这一最基本问题，既坚持了老祖宗，又讲了许多新话。

习近平系列讲话是中国特色社会主义理论体系的最新成果，是指导治国理政新实践的鲜活的中国化马克思主义。

中央宣传部新近推出2016年版《习近平总书记系列重要讲话读本》（以下简称《读本》）。统观全书，它有三个突出优点：

一是对十八大以来习近平同志系列重要讲话的丰富内涵做了精当、准确的全面概括，指出这些讲话已形成为一个系统科学理论，进一步深化了我们党对共产党执政规律、社会主义建设规律、人类社会发展规律的认识，是中国革命、建设和改革的历史逻辑、理论逻辑和实践逻辑的贯通结合，升华了马克思主义发展新境界。

二是深刻阐明了系列讲话的思想精髓和核心要义以及各部分内容之间的严密联系和关系，揭示了讲话在新历史条件下凸显的科学性、实践性、针对性和战斗性，从而成为党治国理政的理论指导和行动指南。

三是行文通俗流畅、深入浅出、生动活泼，内容丰满而又要言不烦，头绪纷繁而又脉络清晰，说服力和可读性很强，是马克思主义中国化、时代化、大众化的优秀之作，正如列宁所说，“最高限度的马克思主义等于最高限度的通俗和简单明了”。因此，它可作为广大党员、干部、群众学习习近平系列讲话精神的重要辅助材料。

系列讲话是对马克思主义发展新境界的升华

中国共产党的全部历史证明：把马克思主义普遍原理与中国实际相结合，是一个永恒性的课题，是决定党的事业、国家和民族的前途命运的关键。“结合”是一篇大文章，建党95年、建国60多年、改革开放30多年以来，党的一切工作说到底都是在做这篇大文章。民主革命是第一次“结合”，改革开放是第二次“结合”。两次“结合”也就是两次大的历史性飞跃，其理论成果是先后形成了毛泽东思想和中国特色社会主义

---

* 雷云，浙江省委宣传部原副部长。

理论体系。但在第二次“结合”、第二次历史性大飞跃中，又包含若干次新飞跃：一是邓小平理论，主要是在20世纪70年代末到90年代初，在深刻总结国内国际社会主义建设经验教训基础上，首次初步而系统地回答了什么是社会主义、怎样建设社会主义的一系列基本问题。二是“三个代表”重要思想，主要是在世纪之交的新形势下进一步回答了这些基本问题，重点是创造性地回答了建设什么样的党、怎样建设党的问题。三是科学发展观，主要是在21世纪头十年，针对国内外关于发展的曲折历程，继续深入回答了这些基本问题，重点是回答了实现什么样的发展、怎样发展的问题。这三个思想理论分别在十五大、十六大、十七大、十八大上得到深入阐述和充分展开，与马克思列宁主义、毛泽东思想一道，被确立为党必须长期坚持的指导思想。指导思想也就是理论基础或行动指南。它们与马列主义、毛泽东思想是一脉相承而又与时俱进的统一的科学思想理论体系，从大范畴来说，都属于马克思主义总体系。

十八大以来，习近平同志发表一系列重要讲话，其外延涉及改革发展稳定、内政国防外交、治国治党治军等各个方面和领域；尤为突出的是其内涵充满着问题意识、时代声音和人民诉求，提出了许多治国理政新理念新思想新战略，都是关系我们党和国家在进入新世纪新阶段后，面临种种错综复杂的新形势新任务的情况下举什么旗、走什么路的问题，为解决这一问题提供科学理论指导和行动指南。可以认为这是第二次“结合”、第二次大飞跃中的又一个新飞跃，在国内处于新的历史机遇期和国际上涌动科技革命新浪潮的大背景下，进一步地深刻回答了什么是社会主义、怎样建设社会主义这个基本问题。比如全面深化改革，是更进一步回答了我们现时需要什么样的改革、怎样深化改革的问题；全面依法治国，是更进一步回答了什么是法治国家、根据历史经验和现实情况怎样建设法治国家的问题；全面从严治党，是更进一步回答了在全面建成小康社会决胜阶段建设什么样的党、怎样建设党的问题；五大发展理念，是更进一步回答了什么是经济进入新常态后新的发展实践、以什么样的新发展理念去引领的问题。对所有这些问题的进一步深入回答，丰富了中国特色社会主义理论体系的内容，升华了马克思主义发展的新境界。这是当代中国化马克思主义的又一个新形态，是发展了的和正在并还将继续发展的21世纪中国的马克思主义，我们姑且称之为习近平治国理政思想。中宣部《读本》把它称作“实现‘两个一百年’奋斗目标和中华民族伟大复兴的科学理论指导和行动指南”，实质就是说它与马列主义、毛泽东思想、邓小平理论、“三个代表”重要思想、科学发展观一样，也是我们党的指导思想。

在这个问题上，我们还要把握好以下两个方面：

一方面，习近平治国理政思想，并不是游离于原来党所确认的指导思想之外的一个完全独立的东西，而是与它们一脉相承的思想理论体系。这个“脉”的主要表现，一是理论主题一致，都是以解决时代提出的现实课题为主旨和任务；二是思想基础一致，都是以辩证唯物主义和历史唯物主义为世界观和方法论；三是政治理想一致，都是以实现社会主义和共产主义为奋斗目标和最终归宿；四是根本立场一致，都是以最广大人民根本利益为出发点和落脚点；五是战略思维一致，都是从全局和长远着眼观察事物和思考问题。这五条决定了习近平治国理政思想在性质上姓“马”，在大范畴上也属于马克思主义的总体系。

另一方面，习近平治国理政思想，并不是对党原来确认的指导思想的简单沿袭或重复，而是与时俱进的思想理论体系。这个“进”的主要表现，就是一系列的创造性发展。比如：首次把“四个全面”并提，作为治国理政的战略布局；阐明它与中国特色社会主义全局的关系以及“四个全面”相互之间的关系。首次把全面深化改革的总目标确定为完善和发展中国特色社会主义制度，推进国家治理体系和治理能力现代化；把市场在资源配置中的作用，从“基础性”修改为“决定性”。首次把全面依法治国的总目标定位于建设中国特色社会主义法治体系，建设社会主义法治国家；提出贯彻中国特色社会主义法治理论，并把它列为这个总目标的内涵之首。首次提出“全面从严治党”的概念，并对它的实质和要求作出新的诠释；提出把思想建党与制度治党结合起来，使反腐败和刹“四风”常态化，等等。这些举旗定向、谋篇布局、攻坚克难、强基固本的思想理论，开辟了治国理政新境界，开创了党和国家事业发展新局面。

总之，既一脉相承又与时俱进，这就是习近平治国理政思想与党原来确立的指导思想之间的内在联系。一脉相承是坚持和继承，这是由我们党是马克思主义执政党这一根本性质决定的；与时俱进是开拓和创新，这是由马克思主义必将随着实践的深入而发展这一理论品质决定的。在开拓和创新中体现着坚持和继承，在坚持和继承的基础上进行着开拓和创新。两者是紧密关联不可分割的，都是自然必然和逻辑使然的。

系列讲话是一个系统完整的科学思想理论体系

习近平系列讲话内涵丰富，博大精深。就主要内容而言，可概括为以下几个部分。

其一，“一个主题”——坚定不移地走中国特色社会主义道路。

自十一届三中全会前后拨乱反正以来，我们党一直在反思总结“文革”及其以前“左”的沉痛教训，重新探索和认识什么是社会主义这个根本性问题。1980 年 4 月，邓小平同志就以大无畏的政治胆魄和理论勇气，石破天惊地指出“不解放思想不行，甚至于包括什么叫社会主义这个问题也要解放思想”。在 1982 年 9 月的十二大上，他进而提出“走自己的道路，建设有中国特色的社会主义”重大命题。从此，我们党坚定地把建设中国特色社会主义，作为现代化建设和改革开放的总方向、总目标、总思路，作为新时期必须始终高举的伟大旗帜。

十八大以后，习近平同志又反复强调道路问题的极端重要性：“道路问题是关系党的事业兴衰成败第一位的问题，道路就是党的生命。”他指出：“党的十八大精神，说一千道一万，归结为一点，就是坚持和发展中国特色社会主义。”他还强调：“这条道路来之不易，它是在改革开放 30 多年的伟大实践中走出来的，是在中华人民共和国成立 60 多年的持续探索中走出来的，是在对近代以来 170 多年中华民族发展历程的深刻总结中走出来的，是在对中华民族 5000 多年悠久文明的传承中走出来的，具有深厚的历史渊源和广泛的现实基础。”历史和现实充分证明，无论是封闭僵化的老路，还是改旗易帜的邪路，都是走不通的绝路、死路。只有中国特色社会主义道路，才是唯一正确的道路。这条道路既不是“传统的”，也不是“外来的”，更不是“西化的”，而是我们“独创的”，是一条人间正道。综观十八大以来习近平同志的系列重要讲话，可以看出这一主题居于核心和灵魂的地位。

其二，“两个一百年”——实现中华民族伟大复兴的中国梦。

“实现中华民族伟大复兴”的提法，首次见于 1987 年的十三大报告。1997 年的十五大报告，首次提出“两个一百年”的奋斗目标。这是 21 世纪建设中国特色社会主义的大战略。报告说：展望下世纪，我们的目标是，第一个十年实现国民生产总值比2000年翻一番，使人民的小康生活更加宽裕，形成比较完善的社会主义市场经济体制；再经过十年的努力，到建党一百年时，使国民经济更加发展，各项制度更加完善；到世纪中叶新中国成立一百年时，基本实现现代化，建成富强民主文明的社会主义国家。2002年的十六大报告和2007年的十七大报告，重申“两个一百年”的奋斗目标，但在具体提法和表述上略有调整。2012年的十八大报告，正式确立在建党一百年时全面建成小康社会，在新中国成立一百年时建成富强民主文明和谐的社会主义现代化国家，实现中华民族伟大复兴的奋斗目标，并把这称为建设中国特色社会主义的“总任务”。

十八大后的2012年11月，甫一履新的中共中央总书记习近平就在参观《复兴之路》展览时说：回首过去，全党同志必须牢记，落后就要挨打，发展才能自强。现在，大家都在讨论中国梦，我以为，实现中华民族伟大复兴，就是中华民族近代以来最伟大的梦想。这个梦想，凝聚了几代中国人的夙愿，体现了中华民族和中国人民的整体利益，是每一个中华儿女的共同期盼。历史告诉我们，每个人的前途命运都与国家和民族的前途命运紧密相连。国家好，民族好，大家才会好。在2013年3月的十二届全国人大一次会议上，他进而系统阐发了中国梦的内涵，指出实现中国梦必须走中国道路，这就是中国特色社会主义道路；必须弘扬中国精神，这就是以爱国主义为核心的民族精神和以改革创新为核心的时代精神；必须凝聚中国力量，这就是中国各族人民大团结的力量。后来他还进一步指出：中国梦既是中国人民追求幸福的梦，也同各国人民追求幸福的梦相通。世界好，中国才会好。中国梦是对实现“两个一百年”奋斗目标即建设中国特色社会主义总任务的形象化表述，成为激励中华儿女团结奋进、开辟未来的一面精神旗帜。

其三，“四个全面”——新历史条件下治国理政的总方略。

“四个全面”是指全面建成小康社会，全面深化改革，全面依法治国，全面从严治党。这是2014年12月习近平同志在江苏调研时提出来的。2015年2月，他在省部级领导干部依法治国研讨班上，首次把它定位于党中央的战略布局。

关于全面建成小康社会。十六大已确定了全面建设小康社会的任务，十七大在此基础上进一步提出全面建设小康社会的新目标，十八大则宣布到2020年全面建成小康社会，实现第一个“一百年”奋斗目标。从“建设”到“建成”虽然只是一字之差，却反映了中国历史的巨大进步和党的使命的重大变化。

关于全面深化改革。改革开放是十一届三中全会的战略决策，是新时期的最鲜明特点，并已取得举世瞩目的成就，创造了令人惊叹的中国奇迹。但习近平同志指出，迈入新世纪第二个十年，国内外环境都在发生极为广泛而深刻的变化，我国发展面临一系列突出矛盾和挑战，在前进道路上还有不少困难和问题，解决这些问题，关键在于全面深化改革。为此，十八届三中全会作出关于全面深化改革的决定，科学设计了改革的新的总目标和总思路、各方面制度和体制改革的新原则和新要求，合理布局了改革的战略重点、优先顺序、主攻方向、工作机制、推进方式，详尽绘制了改革的时间表和路线图。如今各个方面和领域正在按决定精神，既迅速又扎实地把改革往广度和深度推进。

关于全面依法治国。鉴于新中国成立后在法治建设方面的缺失特别是“文革”彻底破坏法治的严重教训，邓小平在20世纪七八十年代提出使民主制度化法律化、实行党和国家领导制度改革的重大任务，开启并实现了法治建设的历史转折。30多年来，特别是十五大确立依法治国基本方略以来，我国的政治体制改革和法治建设积极、稳妥、有序地推进，成效显著。但同时仍存在不少短板和问题，与经济方面的改革和发展不相适应，上层建筑与经济基础之间的矛盾依然突出，也跟不上当今世界的时代潮流。十八届四中全会正是据此作出关于全面推进依法治国的决定，明确规定依法治国的总目标，确认宪法作为国家根本法的至高无上地位，制定全面依法治国的路线图，强调从中国实际出发走中国特色社会主义法治道路，提出贯彻中国特色社会主义法治理论。从民主法治化到建设法治体系，从局部改革到全面推进，使法治建设在历史转折中取得重大成就的基础上，围绕中国特色社会主义总布局实现历史性跨越。

关于全面从严治党。“党要管党，从严治党”“治国必先治党，治党务必从严”，是新时期党中央一贯坚持的一个基本思想和方针。从 1983 年到 2009 年的 26 年间，中央专门就此召开了六次全会，作出了六个专题《决定》。但总的来说效果并不理想，党内腐败和“四风”现象日益蔓延，愈演愈烈。主要原因是失之于宽，失之于松，失之于软，在观念上未摆脱过去所谓“九个指头与一个指头”惯性思维定式的束缚，首先在对反腐败斗争形势的估计上不够清醒和准确，因而抓得不严不实不细不力，学习贯彻一阵风，还缺乏各级领导的带头表率作用。十八大以来，党中央总结经验教训，倾听广大群众的强烈呼声，冲破惯性思维，狠抓全面从严治党，以刮骨疗毒、壮士断腕之决心和勇气，大张旗鼓地反腐败、纠“四风”，“老虎”“苍蝇”一起打，歪风邪气一起刹，同时依据党章出台一系列党纪党规作为制度保障，终于在短短几年里取得重大成效。如今党的政治生态明显改善，党风政风大为改观，党心民心为之一振。从习近平同志的大量论述看，全面从严治党核心在加强党的领导，基础在“全面”，重心在“从严”，关键在思想建党同制度治党相结合，落脚点在保持和发展党的先进性纯洁性，使党真正成为坚强的马克思主义执政党。

习近平同志指出，“四个全面”中第一个“全面”是战略目标，其他三个“全面”是实现这个战略目标的战略举措。四者相互贯通，相辅相成，构成一个完整的统一体，成为党中央在新历史条件下治国理政的战略布局。它是十八大以来党中央“从坚持和发展中国特色社会主义全局出发”而提出和形成的。所谓“全局”，就是十八大报告所说的建设中国特色社会主义的总依据、总布局、总任务，尤其是经济、政治、文化、社会、生态文明建设“五位一体”的总布局。列宁说过，“社会主义者应当善于区分部分和整体，应当按整体提口号，而不是按部分提口号”。“五位一体”总布局和“四个全面”战略布局，都是“按整体提口号”的范例。“四个全面”战略布局，是运用从全局和长远出发思考问题的战略思维对党和国家各项大事的总安排，是治国理政的总方略，是指导我们一切工作的总纲领。

其四，“五大发展理念”——引领新的发展实践的科学思维。

习近平同志指出：“理念是行动的先导，一定的发展实践都是由一定的发展理念来引领的。发展理念是否对头，从根本上决定着发展成效乃至成败。”十八届五中全会确定“十三五”规划需要遵循创新、协调、绿色、开放、共享五大新的发展理念，是针对我国经济发展进入新常态、世界经济经历 2008 年以来的大危机至今仍然复苏低迷的形势提出的治本之策。

习近平同志还指出：“发展理念是战略性、纲领性、引领性的东西，是发展思路、发展方向、发展着力点的集中体现。”创新发展注重的是解决发展动力问题，协调发展注重的是解决发展不平衡问题，绿色发展注重的是解决人与自然和谐问题，开放发展注重的是解决发展内外联动问题，共享发展注重的是解决社会公平正义问题。“五大发展理念相互贯通、相互促进，是具有内在联系的集合体，要统一贯彻，不能顾此失彼，也不能相互替代。”

五大发展理念，说到底都是科学发展的理念。进入新常态后，我国经济发展正处于增长速度换挡期、结构调整阵痛期和前期刺激政策消化期“三期叠加”阶段，在这样的时候，处理发展这个大问题最需要有辩证的思维，有科学发展观的指导。科学发展观的第一要义是发展，核心是以人为本，基本要求是全面协调可持续，根本方法是统筹兼顾。它是马克思主义关于发展的世界观和方法论的集中体现，具有普遍性、根本性和永恒性。发展理念则是在一定历史时期、一定历史条件下关于发展的目标、方向、思路、着力点等战略策略的顶层设计，是对科学发展观的实际把握和运用，具有特殊性、灵活性和过渡性。科学发展观回答的是实现什么样的发展、怎样发展的基本问题；作为一个集合体的五大发展理念主要是从“十三五”规划的角度对这个基本问题的进一步回答，是在新常态下对科学发展观的展开和深化，不仅坚持了发展才是硬道理，尤为显示了科学发展更是硬道理，丰富了科学发展观的深刻内涵，提升了它的指导作用，把它推进到新的境界。列宁曾从一个特定的视角指出：“马克思主义中有决定意义的东西，即马克思主义的革命辩证法”，而辩证法“即最完备最深刻最无片面性的关于发展的学说”，是马克思主义的“活的灵魂”和“根本的理论基础”。科学发展观和作为它在现实中的集中体现和正确运用的五大发展理念，正是涉及了马克思主义中这个最核心的东西。当然，在当下五大发展理念主要是就“十三五”规划而提出的，但也许还适用于以后的“十四五”“十五五”规划的时期。在这个意义上，它也有一定的普遍性、长期性和永恒性，同样体现了马克思主义的“活的灵魂”和“根本的理论基础”。这正是它的理论意义和指导作用之所在。

以上四个部分，是习近平系列讲话的最重要内容。它们之间相互联系、相互依存、相互融通，而贯穿始终的一条红线是马克思主义的立场、观点和方法，最终落脚点和归宿是实现中华民族伟大复兴。它是一个逻辑严密的思想理论体系，深刻回答了新形势下党和国家事业发展的一系列重大理论和现实问题，归根结底是进一步深入回答了什么是初级阶段的社会主义、在初级阶段怎样建设社会主义这一最基本问题，既坚持了老祖宗，又讲了许多新话。它是中国特色社会主义理论体系的最新成果，是指导治国理政新实践的鲜活的中国化马克思主义。十八大以来党和国家各项事业之所以不断取得新成就、开创新局面，根本就在于以习近平为总书记的党中央的坚强领导，在于这一思想理论体系的科学指导。用习近平系列讲话精神武装全党、教育人民，是当前党的一项重大政治任务，也是为全党开展“两学一做”学习教育提供强大思想武器。

（原载《浙江日报》2016 年 6 月 6 日）

澄清供给侧结构性改革的几个认识误区

卫兴华*

习近平同志2016年11月主持召开中央财经领导小组第十一次会议时强调，在适度扩大总需求的同时，着力加强供给侧结构性改革，着力提高供给体系质量和效率。去年底召开的中央经济工作会议对于加强供给侧结构性改革作出了具体部署。几个月来，社会上出现了对供给侧结构性改革的种种解读，但有些解读并不准确，甚至存在较大偏差。只有澄清认识误区，从理论和实践的结合上完整准确地把握中央精神，供给侧结构性改革才能取得预期效果。

供给侧结构性改革与发挥“三驾马车”对经济的拉动作用不是对立的

“供给侧结构性改革”是一个新的经济术语，是党中央的重大创新。因此，不能简单地从西方经济学比如从萨伊的“供给自动创造自身的需求”的观点中寻找我国推进供给侧结构性改革的理论源泉，因为两者根本不搭界。萨伊是用供给创造需求、总供给会与总需求相一致这一观点来否认资本主义会出现生产过剩的经济危机，进而为资本主义制度辩护。而我国的供给侧结构性改革是在供给侧结构与需求侧结构失衡的现实形势下采取的新的有效举措。也不能用某些西方国家供给侧改革失败来说事。我国的供给侧结构性改革是从我国经济运行中的实际问题出发采取的看得见摸得着的改革措施，有利于经济更好发展，与其他国家不能简单类比。

为了正确认识和理解供给侧结构性改革，需要到中央的有关论述中寻找答案。去年底召开的中央经济工作会议指出，“推进供给侧结构性改革，是适应和引领经济发展新常态的重大创新”，应当“在理论上作出创新性概括，在政策上作出前瞻性安排”，“加大结构性改革力度，矫正要素配置扭曲，扩大有效供给，提高供给结构适应性和灵活性，提高全要素生产率”。由此可见，我国的经济政策重点转向供给侧结构性改革，是要“矫正要素配置扭曲，扩大有效供给”。这里强调“提高供给结构适应性和灵活性”，是指提高供给结构对需求变化的适应性和灵活性。因此，决不能将供给侧结构性改革与扩大需求分离开来甚至对立起来，决不能割裂供给与需求的内在联系。推进供给侧结构性改革，是为了通过调整供给结构更好地发展经济以适应和满足国内外市场需求，是适应和引领我国经济发展新常态的重大举措。

有的观点认为，过去一直强调的发挥“三驾马车”（消费、投资和出口）对经济增

---

* 卫兴华，北京市中国特色社会主义理论体系研究中心学术顾问。

长的拉动作用属于需求侧管理，需求侧管理与供给侧结构性改革是对立的、矛盾的，因而推进供给侧结构性改革就要抛弃“三驾马车”。其实，供给侧结构性改革与需求侧管理并不矛盾。消费、投资和出口的“需求”是从发展经济要满足这三方面的需要来讲的，其中只有消费需求是相对于供给侧的需求，出口和投资则不能简单地看作是相对于供给侧的需求。

“三驾马车”中的消费，主要是指国内消费需求，国内消费需求旺盛会有力地带动经济发展。2015年，我国国内消费对经济增长的贡献率达到66.4%。现在和将来依然要重视扩大国内消费需求，它与供给侧结构性改革不是分离的，而是统一的。关于投资，固然存在对投资品的需求，但投资作为生产行为，是为需求提供产品，属于供给侧范畴。至于出口，是用以满足国外的消费需求，对我国来讲，是向国外供给产品，也属于供给侧范畴。因此，不能将促进“三驾马车”拉动经济增长的政策简单地理解成需求政策，也不能误以为中央提出供给侧结构性改革是为了取代对于“三驾马车”的需求侧管理。当前，我国仍然需要发挥消费、投资和出口对经济增长的拉动作用。

从消费方面说，随着精准扶贫、精准脱贫的推进，我国几千万贫困人口脱贫后对日用消费品的需求将不断扩大。应注重满足这些需求，同时在供给结构方面适应国内消费需求结构发生变化的新形势，生产适销对路、质优价廉、安全方便的产品。特别是随着居民收入和生活水平的提高，社会对中高端消费品的需求增加，要求增加中高端商品的多样性供给。

从投资方面说，经济发展离不开投资，我国每年仍然需要新增投资以满足经济发展需要。但应更加注重投资效率的提升和投资结构的优化，做到有压有增，按照“矫正要素配置扭曲，扩大有效供给”的方针进行投资。

从出口方面说，由于受国际需求疲软的影响，我国近年来出口增速下降。应积极探索扩大出口贸易的新途径，包括优化出口结构，提供更加适应国际市场需要的优质中高端产品；提高出口产品附加值，推动我国产业向价值链中高端攀升；等等。

可见，供给侧结构性改革不是针对促进“三驾马车”发挥作用的需求侧管理，反而恰恰是要求投资和出口作为提供产品的供给方进行适应需求变化的结构性改革，实现需求侧与供给侧更好契合、有机统一。因此，在实践中，供给侧结构性改革要包括投资结构性改革和出口结构性改革。

产能过剩、供给结构与需求结构失衡的表现和原因错综复杂，不能简单化理解

随着经济不断发展，我国需求结构发生变化，新的更高层次的需求不断涌现，而供给并未有效适应发展变化了的需求，导致供给与需求不匹配，这是发展中的结构性供求失衡。在实际工作中，应区分并重点关注供给与需求失衡的两种情况。

情况一：供给大于需求导致产能过剩。当某产品在一定时期内的供给严重超过需求时，就会出现产能过剩的情况。产能过剩可以分为生产资料产能过剩和消费资料产能过剩。我国目前存在的突出问题是由钢铁、煤炭等过剩形成的生产资料产能过剩，产品积压、价格下跌，导致一些企业经营困难。

产能过剩的原因是什么？对此存在不同看法。有观点认为，产能过剩是市场决定资

源配置的作用发挥不够、国家干预过多的结果。另有观点认为，造成这个问题的根源在于市场秩序混乱，既没有形成有效的行业自律，又存在明显的地方保护和政府监管失效。后一种观点更符合理论与实际。西方发达国家是成熟的市场经济国家，但会周期性地出现生产过剩即产品与产能过剩。这正是市场经济规律发挥作用的表现，是市场自发性调整的表现。市场经济运行的客观规律是通过供求规律、竞争规律、价值规律调节市场供求。在经济趋热时，生产要素供给紧张，价格不断提高，促使钢铁、煤炭等企业增加产能以扩大供给；但在经济紧缩、需求减少时，则会转为供大于求的情况，形成产能过剩。因此，我国实行社会主义市场经济，既要认识市场决定资源配置的灵活性、效率性、有效性，这是主要方面；又要看到其调节功能的滞后性、自发性所带来的短缺与过剩交替出现的现象，这是由市场本身固有的性质决定的，不能简单归因于政府干预过多。应认识到，由于我国存在行业自律机制不健全、地方保护和监管失效等问题，产能过剩的成因更为复杂。因此，解决产能过剩问题，既不能回归计划经济老路，也不能完全放给市场，而应在充分发挥市场配置资源决定性作用的同时更好发挥政府的作用，把握市场运行规律，加强和改善宏观调控，作出战略性、前瞻性安排；同时，要打破地方保护，构建全国统一大市场。

至于某些一般消费资料产品过剩，其主要原因之一是低收入群体和贫困人口虽有实际需求，但缺少支付能力。这一问题并不是供给侧的问题，而是有效需求不足的问题。目前，我国还有5500多万贫困人口。随着这些人口逐步脱贫进入全面小康，随着居民收入不断提高，对一般消费品的需求量会显著扩大。因此，通过提高低收入群体收入水平扩大其消费需求，是解决一般消费品供给过剩的关键。当然，一般消费品也需要不断提高质量、升级换代，以更好适应市场需求。

要认清我国的产能过剩同资本主义国家产能过剩的区别。资本主义生产和产能过剩会造成经济危机，大量工厂倒闭，大批工人失业，购买力萎缩，商品价格大幅下跌……我国产能过剩则是局部性或结构性的。我国的社会就业总量仍在增加，2015年我国城镇新增就业人数为1312万人；居民购买力和消费量在增加，2015年我国社会消费品零售额达到30.1万亿元，比上年增长10.7%。因此，我国并不存在西方国家那种经济危机。我国解决产能过剩问题，既要发挥市场调节作用，更要发挥政府解困作用，包括多兼并、少破产并对关停企业的工人作出统筹安排等。

情况二：有效供给不足，不能适应和满足需求结构变化后的市场需求。当前我国存在的供给侧结构性问题，一方面是某些产品供给侧过剩、产能过剩；另一方面是某些产品缺乏有效供给，难以满足生产和生活消费的需要。比如，我国的钢铁产能总量过剩，但一些特殊的高级钢材仍需要进口。前一阵子媒体热议的圆珠笔芯的圆珠，就是国内无法生产而需要进口的。虽然通过进口也能满足国内生产和消费需求，但这表明我国在很多领域还有巨大的市场需求难以通过自主生产来满足，这些领域不是产能过剩，而是有效供给不足。出现这一情况的主要原因是技术水平落后，需要通过技术创新来解决。

又比如，随着我国居民生活水平的提高，高收入阶层对高档消费品的需求增加，在海外购买奢侈品成为高端消费者的消费常态。有研究报告表明，2015年全球奢侈品营业额中的一半来自中国消费者，中国消费者的花费达1168亿美元。其中，910亿美元以上的奢侈品消费发生在海外，也就是78%的奢侈品是在国外购买的。不仅如此，由于一些居民对假冒伪劣商品和食品安全问题心存顾虑，连许多一般消费品也在国外购买。还有一些日用消费品中国并不缺，可是国外产品加了点小技巧，使用更方便或是质量更高，国人也会大量购买。诸如此类原因，导致我国相当大一部分购买力流向国外，不利于我国经济发展。解决这一问题，必须依靠增加能满足消费者需求的有效供给。

所以，推进供给侧结构性改革，需要对生产结构和消费结构进行具体分析，根据具体问题提出解决办法，既强调供给又关注需求，目标是提高供给体系的质量和效率，使供给结构与需求结构变化相一致。

供给侧结构性改革不可能一蹴而就，需要统筹抓好近期任务和长期任务

推进供给侧结构性改革，中央提出要抓好去产能、去库存、去杠杆、降成本、补短板五大任务。有人认为，这五大任务是近期任务。不言而喻，这五大任务提出后就要抓紧实施，力求尽快见到成效，但并非都是近期任务，有些需要付出长期努力。其中，去产能、去库存、去杠杆是近期需要完成的任务，以帮助一些行业和企业尽快脱困，尽快改善经济运行质量、提高资源配置效率。而降成本、补短板则不是短期能完成的，需要远近结合、统筹谋划。降成本，固然在短期内可通过减税、企业挖潜、节约成本等见效。但从根本上看，我国一些产品的成本和价格远高于发达国家，是由于我国生产技术水平和劳动生产率比人家低很多。生产技术水平低，产品的质量和档次就低；生产技术水平高，产品的质量和档次就高。劳动生产率低，产品的成本和价格就高；劳动生产率高，产品的成本和价格就低。我国产品要提高质量和档次，需要科技创新、管理创新、制度创新，还需要不断提高职工的能力素质和操作水平。这样才能既提高产品的科技含量和质量，又降低成本和价格，提高产品的国际竞争力。补短板，在产品供给方面至少包括两个方面：一是增加产品的品种数量。有资料表明，我国的产品种类至多有 30 多万种，而发达国家有 60 万至 70 万种。二是开发高端新产品。由于技术水平的问题，我国所需要的某些高端产品不能自产，需要通过进口满足需要。开发高端产品，扩大高端产品生产能力，是补短板的主要任务之一。这同样需要抓科技创新，需要政府、企业、科研机构相互配合、协同发力，是一个需要持续推进、久久为功的过程。

推进供给侧结构性改革需要市场和政府的有效配合

供给侧结构性改革的去产能、去库存、去杠杆、降成本、补短板五大任务，仅从字面上看，容易认为这是一种政府行为，是政府要加大对市场的干预。这种理解和认识并不科学。不错，完成这五项任务，特别是去产能、去库存，离不开政府的作为。但政府的这种作为，是在市场决定资源配置的基础上进行的，是与市场配置资源的方向一致的。试想，如果政府不出手，完全由市场自发调节供求关系，会有许多产能严重过剩的企业破产倒闭，大量工人失业，产生严重社会问题。如果政府不作为，任由假冒伪劣商品泛滥，不仅人民生活质量受到影响，国人也将会更大规模地涌向国外市场，这也会导致国内市场萎缩、大量企业破产倒闭、更多职工失业。现在，在供求结构性失衡的情况下，需要发挥政府弥补市场不足和支持市场功能的作用。政府的作用是正面的，又是与市场调节作用相结合的。

从实际情况看，作为供给侧结构性改革的重要一环，投资结构性改革需要有关企业

按照市场需求变化组织有效投资，从而提供有效供给。同样，出口结构性改革也需要外贸企业根据国外市场需求变化组织货源，依然是市场决定资源配置。政府的作用是弥补市场功能的不足，稳定市场和社会秩序，促进企业和社会持续健康发展。钢铁和煤炭等困难行业去过剩产能，会有大量职工下岗。如果完全靠市场调节，这些职工必然面临完全失业的境地。我国政府并没有坐视不管，中央财政要安排1000亿元专项奖补资金，重点用于职工分流安置。这种政府作为显然是为了弥补市场功能的不足。如果把这视作政府干预，那显然是有利于减少市场混乱、有利于企业发展、有利于减少失业的正当干预，是为了保障和改善民生的必要干预。社会主义市场经济的优势正在于既能使市场在资源配置中起决定性作用，又能更好发挥政府作用。

（原载《人民日报》2016年4月20日）

把工作日在法律上限制为8小时

——纪念马克思这一指示发表150周年

贺祥林*

冯华的博士学位论文《马克思恩格斯工作日制度思想及其意义》即将由光明日报出版社出版，在为其作序之际，提起笔来我思绪颇多，由此带着一串又一串的联想来走笔，由远而近地追问为什么要研究马克思恩格斯工作日制度思想。

一　从马克思中学毕业作文到8小时工作日制度的思想缘起

较远的一串联想首先是，马克思17岁时在中学毕业作文《青年在选择职业时的考虑》中写道："如果我们的生活条件容许我们选择任何一种职业，那么我们就可以选择一种使我们获得最高尊严的职业，一种建立在我们深信其正确的思想上的职业，一种能给我们提供最广阔的场所来为人类工作，并使我们自己不断接近共同目标即臻于完美境界的职业，而对于这个共同目标来说，任何职业都只不过是一种手段。"[①]这表明青年马克思所选择的职业是"一种建立在我们深信其正确的思想上的职业"，其人生价值目标是"为人类工作"。他在文末还写道："如果我们选择了最能为人类而工作的职业，那么，重担就不能把我们压倒，因为这是为大家作出的牺牲；那时我们所享受的就不是可怜的、有限的、自私的乐趣，我们的幸福将属于千百万人，我们的事业将悄然无声地存在下去，但是它会永远发挥作用，而面对我们的骨灰，高尚的人们将洒下热泪。"[②]

其次是，恩格斯《在马克思墓前的讲话》，这可谓是对马克思的一个盖棺论定，他称马克思在"思想上的职业"领域的理论发现"是很多的"，但最突出的是："马克思发现了人类历史的发展规律"；"马克思还发现了现代资本主义生产方式和它所产生的资产阶级社会的特殊的运动规律"，称其"一生中能有这样两个发现，该是很够了。即使只能作出一个这样的发现，也已经是幸福的了"[③]。他在讲话末段指出："正因为这样，所以马克思是当代最遭嫉恨和最受诬蔑的人。各国政府——无论专制政府或共和政府，都驱逐他；资产者——无论保守派或极端民主派，都竞相诽谤他，诅咒他。他对这一切毫不在意，把它们当作蛛丝一样轻轻拂去，只是在万不得已时才给以回敬。现在他

---

* 贺祥林，湖北大学马克思主义学院教授，博士生导师。

① 《马克思恩格斯全集》第1卷，人民出版社1995年版，第458页。

② 同上书，第459—460页。

③ 《马克思恩格斯选集》第3卷，人民出版社1995年版，第776页。

逝世了，在整个欧洲和美洲，从西伯利亚矿井到加利福尼亚，千百万革命战友无不对他表示尊敬、爱戴和悼念，而我敢大胆地说：他可能有过许多敌人，但未必有一个私敌。他的英名和事业将永垂不朽。"①

再次是，青年马克思选择"为人类工作"的视野与愿景终生没有改变，但他发现当时人类生命中最为苦难、最需要争取解放、最迫切获得底线幸福的是工人阶级，因而他更多的是为工人阶级代言，他大公无私高瞻远瞩为人类，但他更多的是为工人阶级着笔解惑谋划解放。这正如列宁所说："马克思的哲学是完备的哲学唯物主义，它把伟大的认识工具给了人类，特别是给了工人阶级。"② 应当说，恩格斯是一位最贴近马克思身心的人，他不仅是唯一参与了马克思"把伟大的认识工具给人类特别是给工人阶级"的人，他也是唯一参与了马克思"两个发现"的人。在马克思恩格斯并肩做出的"两个发现"之间，还蕴含着看似很小却可以放大的发现，那就是：他们既发现了人类生命运动与人类社会运动不可分离的时间规律，也就是属人的社会时间，并将它们划分为劳动时间、自由时间与休息时间，这属于历史唯物主义理论的视域；他们还特别发现了资本主义社会在雇佣劳动制度下这三种时间分布的实然存在的极不合理性与需要改变的历史必然趋势，揭露与批判了超10小时工作日制度与10小时工作日制度，论证了8小时工作日制度思想，这属于剩余价值理论的视域。这两点为科学社会主义提出行动指南提供了重要理论基础。

马克思在《资本论》初稿中指出："劳动时间本身只是作为主体存在着，只是以活动的形式存在着。从劳动时间本身可以交换（本身是商品）来说，它不仅在量上被规定了，而且在质上也被规定了，并且，不仅在量上不相同，而且在质上也不相同；它决不是一般的、自我等同的劳动时间；作为主体的劳动时间同决定交换价值的一般劳动时间不相符合，正像特殊的商品和产品同作为客体的劳动时间不相符合一样。"③ 他接着指出："如果共同生产已成为前提，时间的规定当然仍有重要意义。社会为生产小麦、牲畜等等所需要的时间越少，它所赢得的从事其他生产，物质的或精神的生产的时间就越多。正像在单个人的场合一样，社会发展、社会享用和社会活动的全面性，都取决于时间的节省。一切节约归根到底都归结为时间的节约。正像单个人必须正确地分配自己的时间，才能以适当的比例获得知识或满足对他的活动所提出的各种要求一样，社会必须合乎目的地分配自己的时间，才能实现符合社会全部需要的生产。因此，时间的节约，以及劳动时间在不同的生产部门之间有计划的分配，在共同生产的基础上仍然是首要的经济规律。这甚至在更加高得多的程度上成为规律。"④ 马克思在此是从人类社会的一般与资本主义社会特殊或个别的结合上揭示了时间的分布与节约在经济学上的规律。

马克思在《资本论》第三稿中进一步指出：资本主义社会的"工厂制度的特点是，它本身显示出剩余价值的真正本质。在这里，剩余劳动，从而劳动时间问题成了决定性的东西。但是，时间实际上是人的积极存在，它不仅是人的生命的尺度，而且是人的发

---

① 《马克思恩格斯选集》第3卷，人民出版社1995年版，第777—778页。

② 《列宁专题文集·论马克思主义》，人民出版社2009年版，第68页。

③ 《马克思恩格斯全集》第30卷，人民出版社1995年版，第121页。

④ 同上书，第123页。

展的空间。随着资本侵入这里，剩余劳动时间成了对工人精神生活和肉体生活的侵占"①。在马克思恩格斯所处的资本主义时代，工厂主与工人们彼此为时间这个"人的积极存在"展开拉锯式争夺过程中，前者总是处于强势，后者总是处于弱势，其实际的每日劳动时间或工作日制度，普遍是超 10 小时，其 10 小时工作日制度还未普遍实行，多为沉睡在英国等国的法律文本之中，8 小时工作日制度只有美国在法律上规定并在各级政府机构与国营工厂实行，广大工人阶级只能是单方面的渴望。这就是马克思恩格斯研究与阐明资本主义工作日制度的因由。因而他们谋划把最为苦难的工人阶级解放出来，就是要把工人阶级从过长的劳动时间中解放出来，并推动工人阶级在合理的劳动时间内拿到公平的劳动报酬，从而开启工人阶级最低线的幸福。

二　从学者到学子的思虑看 8 小时工作日制度的重要性

较近的一串联想首先是冯华在博一时选择《马克思恩格斯工作日制度思想及其意义》这个论题做博士学位论文，因由是她的师妹柯斑此前选择了《马克思恩格斯关于工作日制度的思想及其意义》这一论题做硕士学位论文，冯华对柯斑的选题产生了浓厚的兴趣，我提出师生 3 人一并进入同一论题，要求冯华协助我指导，冯华就是在做论文的过程中决定选择这个论题的，我当即同意。

其次是柯斑选择这个论题做硕士学位论文，因由是我给她那个年级与后一年级授课时，讲授了一个"关于基本经济制度与工作日制度的思考"的专题，在这个专题的其四、其五部分，分别简略地讲到"马克思关于 8 小时工作日制度思想的历史意义"与"马克思关于 8 小时工作日制度思想的当代意义"。其中我讲到，作为革命家，马克思是基于美国工人运动实践中提出的要求，于 1866 年 8 月底在其创立的"国际工人协会"即第一国际工作期间，为 9 月在瑞士日内瓦召开的第一次代表大会起草了《给临时中央委员会代表关于若干问题的指示》。他明确地提出："限制工作日是一个先决条件，没有这个条件，一切进一步谋求改善工人状况和工人解放的尝试，都将遭到失败……我们建议把工作日在法律上限制为 8 小时。这种限制是美国工人的普遍要求；代表大会的表决将使它成为全世界工人阶级的共同行动纲领。"② 我还特别讲到，作为思想家，马克思在写作伟大著作《资本论》时，经常带病每日工作 16 小时，而他 1867 年出版的《资本论》第 1 卷第 8 章是专论"工作日"制度问题，在长达 80 页的篇幅中，没有一个字不是为缩短工人阶级的劳动时间说话。我向学生们引读了马克思这段话："一个人在 24 小时的自然日内只能支出一定量的生命力。正像一匹马天天干活，每天也只能干 8 小时。这种力每天必须有一部分时间休息、睡觉，人还必须有一部分时间满足身体的其他需要，如吃饭、盥洗、穿衣等等。除了这种纯粹身体的界限之外，工作日的延长还碰到道德界限。工人必须有时间满足精神需要和社会需要，这些需要的范围和数量由一般的文化状况决定。因此，工作日是在身体界限和社会界限之内变动的。但是这两个界限都有极大的弹性，有极大的变动余地。……资本家按照劳动力的日价值购买了劳动力。劳动力在一个工作日内的使用价值归资本家所有。因此，资本家有权要

① 《马克思恩格斯全集》第 47 卷，人民出版社 1979 年版，第 532 页。

② 《马克思恩格斯全集》第 21 卷，人民出版社 2003 年版，第 268 页。

工人在一日之内为他做工。但什么是一个工作日呢？当然比一个自然的生活日短。短多少呢？关于这个极限，即工作日的必要界限，资本家有他自己的看法。作为资本家，他只是人格化的资本。他的灵魂就是资本的灵魂。而资本只有一种生活本能，这就是增殖自身，创造剩余价值，用自己的不变部分即生产资料吮吸尽可能多的剩余劳动。资本是死劳动，它像吸血鬼一样，只有吮吸活劳动才有生命，吮吸的活劳动越多，它的生命就越旺盛。"① 我也讲到，马克思在此把 24 小时的自然日分出了劳动时间、休息时间和自由时间（即"工人必须有时间满足精神需要和社会需要"）三个组成部分，而马克思工作日制度的思想，又不限于论证"每天也只能干 8 小时"。在《资本论》及手稿内外的许多著作，还有恩格斯一些著作，更多的是揭露与批判以英国为代表的几个世纪超 10 小时工作日制度与 10 小时工作日制度。我还提到，据我所知，至少在我国还未见到专门研究马克思恩格斯关于工作日制度思想的著作与论文。柯珽正是在我这次授课之后选择了这个论题。

再次是我当时为何突发此想讲授这个问题，又评价其历史意义与当代意义的呢？这全在于我订阅了《马克思主义文摘》这份刊物，特别是在 2006 年第 4 期上读到巫继学《过劳死女工证明〈资本论〉没有过时》这篇文摘。该文记述了 2005 年 11 月上旬，中国几乎所有媒体都用《何春梅死了，加班还在继续》这一"惊天地，泣鬼神"的标题评述一条消息：四川籍女工何春梅在广州市的铧鑫工艺品有限公司的装配车间连续加班 4 天后猝死。何春梅是活活累死的。何春梅死了，而老板仍然要关注他那批货是不是能够按时出单。该文又引述了马克思《资本论》第 1 卷第 8 章"工作日"中的一段记述，1863 年 6 月下旬，伦敦所有的日报都用《一个人活活累死》这一"耸人听闻"的标题登载这一条消息，报道一个 20 岁的女时装工玛丽·安·沃克利是怎样死的。玛丽·安·沃克利死了，而使老板娘大为吃惊的是，她竟没有来得及把最后一件礼服做好。该文所记述的一近一远时隔一个半世纪的两个女工在无限制的工作日中活活累死，雄辩地证明《资本论》中的伟大思想没有过时。在 2006 年至 2008 年 3 年间，我常翻阅这篇文摘，还在作者个人独立学术网站上查阅全文。再加之我常听亲朋好友谈到，我们不少企业甚至事业单位的职工经常在加班。我曾参加一个学术会议时，被安排参观考察一家由国企卖给私人的民营纺织企业，当一名女工离开轰隆的纺机去拿器件时，我跟随着问她"来这儿工作多长时间啦"，她说"两年多了"，我再问"这两年多每天上班是 8 小时还是 10 小时呀"，她眼观前后左右后轻声对我说"这个问题我不能告诉你"。职工加班的确在我国依然存在。耳闻目睹的感性事实冲击着我大脑的理性思索，于是我对马克思主义理论专业的研究生们讲授了这个问题。

冯华博士与柯珽硕士的同主题学位论文，开拓了马克思主义理论研究的一个全新视域或新生长点，她们不同程度地研读了马克思恩格斯论述工作日制度的经典文献，但是她们碰到的共同难题之一是，学界尚无对此课题进行研究的第二手参阅文献，因而只能由她们潜心对经典文献全面阅读与系统梳理，并将马克思恩格斯工作日制度思想整理与阐发出来。柯珽的整理阐发是有限的，论其意义也主要是限于现实方面，后来者冯华从《马克思恩格斯全集》旧版与新版若干卷，到《马克思恩格斯文集》10 卷全部，用一年半的时间做了尽可能完整的细阅、发掘与纵横解读，从研读过程到论文完成，她注重

① 《马克思恩格斯文集》第 5 卷，人民出版社 2009 年版，第 269 页。

史论结合，尽可能地运用了历史和逻辑相一致、由抽象上升到具体等辩证逻辑思维方法，特别是对理论联系实际这一马克思主义根本方法与学风的运用及发扬，精神十分可嘉。从她这篇博士学位论文开题到最后答辩，各位导师都认同这是一个很好的选题，开题时有两位导师担心关于这个“工作日制度”问题，可否写得出一篇要求十多万字的博士学位论文。事实上，从送出盲评到现在的文本是11万余字，我还将有关部分删节近2万字。从主要章节看，其梳理了马克思恩格斯研究工作日制度思想的历史背景与基本思路，阐发了马克思恩格斯关于超10小时工作日制度的揭露与评价，阐发了马克思恩格斯关于10小时工作日制度的二重反思，阐发了马克思恩格斯关于8小时工作日制度思想，论证了马克思恩格斯工作日制度思想的多维理论意义与多维实际意义等。文本的出炉与她自身的学术积累和学术激活是相适应的，记得在开题报告与初稿文本中，她在阐明多维理论意义时，其列出的学科或学术视角竟然有马克思主义哲学、政治经济学、科学社会主义、政治学、人类学、历史学、社会学、伦理学、教育学、心理学10个视角，阐发了她的理解与体会，有较成熟与不够成熟之处，由此我建议她只保留前面3个视角，舍弃后面7个视角，尽可能在前面三点上着力。

三　从“三点联想”到“五点建言”

我比较看重的是其阐发的多维实际意义，而且都是趋向于8小时工作日制度思想，其阐发了历史意义之后在现实意义中提出：“从坚持这一制度思想到实施这一制度是坚持依法治国的重要举措”；“从坚持这一制度思想到实施这一制度是促进人的自由解放的重要条件”；“从坚持这一制度思想到实施这一制度是推动人的全面发展的重要保障”；“从坚持这一制度思想到实施这一制度是实现人的体面劳动的第一要务。”这些都是坚持求真务实思索的理论结晶。我更为看重的是其“结束语：反思与建言”这个部分。前两节的反思分别是：“从国内外关于8小时工作日制度不当思想倾向说起”与“对我国改革开放以来实施8小时工作日制度之透视”，第三节是“关于在我国当前实施8小时工作日制度的几点建言”。在提出建言前，先有三点联想：其一是提到美国芝加哥工人阶级在1886年罢工时唱的《8小时之歌》，这首歌一头一尾的歌词是：“我们要把世界变个样，我们厌倦了白白的辛劳，光得到仅够糊口的工饷，从没有时间让我们去思考。我们要闻闻花香，我们要晒晒太阳，我们相信：上帝只允许8小时工作日……让我们一起来高呼，呼声响遍人间和天上：（合唱）8小时工作，8小时休息，8小时归自己！8小时工作，8小时休息，8小时归自己！”其二是提到据中国人民大学马克思主义学院秦宣教授披露：有个单位在庄严的首都人民大会堂某厅推介企业用工制度时，将其“白+黑”和“5+2”等作为推介企业用工制度的创新内容，这里的“白+黑”是指白天加黑夜都用工，这里的“5+2”是指5个工作日加2个休息日都用工。其评论道：这无论是“言”还是“行”，都应当被视为一种“雾霾”。其三是烦请当今中国的每位公民先心平气和地读一读《过劳死女工证明〈资本论〉没有过时》这篇短文。

我要将其五点建言抄录于此，以飨读者：

第一，依据宪法和法律的权威在于实施、宪法和法律的生命在于实施这一崇高法治理念，建议我国各企业、事业用人单位必须全面贯彻实施《中华人民共和国宪法》第二章“公民的基本权利和义务”之第四十三条两款全部内容；《中华人民共和国劳动法》第三十六至四十四条全部内容；《中华人民共和国劳动合同法》第一章至第八章共98条全部内容。特别是围绕“国家实行劳动者每日工作时间不得超过8小时”这一核心内容，主动自明法治观念、主动自查法律行为、主动接受监督检查、主动承担法律责任。

第二，依据立党为公、执政为民、行政为民这一崇高党政理念，建议中国共产党各级党组织与中华人民共和国各级政府，要把推动实施上述三种法律相关条文的全部内容，特别是“国家实行劳动者每日工作时间不得超过8小时”这一核心内容，作为各级党委和各级政府日常工作的重要任务与重要职责，各级党政干部要本着全心全意为人民服务的宗旨与维护中国最广大人民的根本利益的目标，对各自管辖的范围，围绕推动实施这些法律条文内容的现状进行普查，对存在的问题必须依法指导改正，对不查不改的必须追究相关党政领导人的责任。

第三，依据依法治国、法治中国这一崇高法治理念，依据政治协商、民主监督这一崇高政协理念，建议各级人民代表大会和各级政治协商会议机关及代表与委员，要把实施上述三种法律相关条文的全部内容，特别是“国家实行劳动者每日工作时间不得超过8小时”这一核心内容，作为各级人大和各级政协机关及代表与委员进行执法督促检查与执法民主监督日常工作的重要任务与重要职责。

第四，依据工会组织代表职工的利益，依法维护职工的合法权益这一崇高工会工作理念，建议在中国境内的企业、事业单位的各级工会组织围绕实施上述三种法律相关条文的全部内容，特别是将“国家实行劳动者每日工作时间不得超过8小时”这一核心内容，作为各级工会组织日常工作的重要任务与重要职责，要敢为职工说话，敢为职工办事，敢为职工护权益。

第五，鉴于1866年8月底马克思给第一国际的指示中建议“把工作日在法律上限制为8小时”，那么到2016年就可纪念这一指示发表150周年。建议我国上列四大层面的社会主体鼎力作为与良性互动，在我国全面推动贯彻实施上述三种法律相关条文的全部内容，特别是“国家实行劳动者每日工作时间不得超过8小时”这一核心内容，遵循有法必依、执法必严、违法必究的原则，消除法律形同虚设与空置空谈法律的现象，严格实施这些法律条文内容，严厉处罚违反这些法律条文内容的行为，从现在起努力消除违反8小时工作日制度的现象，争取获得显著成效，将此作为对马克思发表这一指示150周年的最好纪念。

冯华这篇博士学位论文的出版发行，可以说是填补了我国马克思主义理论研究和建设的空白，并与之相应填补了对实际问题的理论思考与果敢建言的空白。但是，无论是她或学界的有志之士，对马克思恩格斯工作日制度思想的梳理、解读、阐发，对其理论价值与现实价值的阐明，都还没有完结，正像实施8小时工作日制度还处在进行时一样。在当代世界包括我国在内，资本与劳动之间围绕争夺时间所展开的拉锯战，其正反趋势表明，实行8小时工作日制度仍然是当代世界与我国面临的一大问题。马克思在《1844年经济学哲学手稿》中揭示的“异化劳动”，也就是资本主义雇佣劳动制度下的不和谐劳动、不体面劳动，这在他的《资本论》中转换范畴之后论述得更全面更深刻。在当代世界与我国，无论是私有制为主体的国家或是公有制为主体的国家，抑或是公私企业单位与事业单位，改变“异化劳动”、不和谐劳动、不体面劳动的“先决条件”仍然还是“把工作日在法律上限制为8小时”，而实施8小时工作日制度就是当代人类实现优化劳动、和谐劳动、体面劳动的第一要务与神圣使命。

在序言之尾，我仍然恋念着序首所引马克思那段箴言："如果我们选择了最能为人类而工作的职业，那么，重担就不能把我们压倒，因为这是为大家做出的牺牲：那时我们所享受的就不是可怜的、有限的、自私的乐趣，我们的幸福将属于千百万人，我们的事业将悄然无声地存在下去，但是它会永远发挥作用，而面对我们的骨灰，高尚的人们将洒下热泪。"马克思恩格斯在理论上的发现与开创的事业很多，而且这是一个整体。我们作为一名从事马克思主义理论研究与建设的工作者，一方面要"以我国改革开放和现代化建设的实际问题，以我们正在做的事情为中心"，另一方面要潜心发掘研究马克思主义经典作家早已阐明但依然没有解决好的实际问题，以我们的眼光提出还需要做的事情。我们这里只是疾呼：马克思"把工作日在法律上限制为 8 小时"的事业，在当代世界与我国需要悄然无声地进行下去，把它做好做实。空谈误国，实干兴邦，空谈法律误国，实施法律兴邦，"法典就是人民自由的圣经"（马克思语），法典的实施就是维护人民权益。千百万劳动者不愿加班再加班，不愿洒下辛酸的眼泪；千百万劳动者一旦实行了 8 小时工作日制度，一旦实现了体面劳动而成为高尚的人，他们将一定会洒下热泪！马克思恩格斯的英名与事业将永垂不朽！

（原载《决策与信息》2016 年第 4 期上旬）

论共产主义理想之美

何　畏*

共产主义，从世界第一位空想社会主义思想家莫尔1516年出版《乌托邦》这部描述空想社会主义的著作算起，已经有500年历史了。这500年，共产主义在思想传播和现实实践中，虽然有迷茫、有曲折、有挫折，但它却不可抗拒地走过了从空想到科学、从理论到实践、从运动到社会制度、从单一模式到多种模式的逐步完善的发展过程。今天，共产主义已经成为人类崇高理想境界的代名词。然而，近些年来，国内有人却借口共产主义的遥远而论证它的虚无缥缈，由虚无缥缈进而论证它的空想和幻想。有人甚至枉顾事实，撒弥天大谎，宣称"共产主义欺骗了中国几十年"。对共产主义的戏弄和消解，曾离散了一代人的理想信念，成为邓小平在20世纪末就意识到的"最大失误"。共产主义，一个几百年来依然充满活力和魅力的思想体系及其现实运动，它的理想性、美好性及现实性是不容否定的。一个改变了世界并将持续深刻改变世界的科学共产主义，任何人对它的否定、攻击和嘲弄，不是暴露其利益和立场偏见，就是由于其无知。

信仰缺失是党的干部政治素质修养中一个极大的问题。习近平总书记2013年1月5日在新进中央委员、候补委员学习贯彻党的十八大精神研讨班开班式上的讲话中，通过展示社会主义500年波澜壮阔的历程与逻辑，揭示了在共产主义旗帜下中国特色社会主义创立的历史必然性和中国共产党人的卓越政治智慧。这也恰恰是本文的思路。

创立共产主义的科学之美

科学共产主义创始人以自己全部的生命谱写了人类社会发展的科学真理。

马克思，一个世界上最富经济头脑的精明的犹太民族后裔，一个出生于官学显赫家庭的"官二代"，一个因论文出色而无须答辩就获得学位的哲学博士，一个24岁就当上著名报纸《莱茵报》主编的成功人士，又娶了一位名门贵族之后的妻子，本可以与自己的既得利益阶级一同享有资产阶级统治的好处，而他却选择了一条为常人所百思而不解的道路：一生批判资本主义社会，屡遭驱逐追捕，颠沛流离，常常为付不起房租而遭房东的白眼，但他穷困而从未潦倒，矢志不渝地为创造财富却饱受贫穷的劳动阶级寻找解放真理。科学共产主义的"第二小提琴手"恩格斯，出生于纺织厂主家庭，因父亲逼迫经商而中学辍学，但他19岁开始发表论文，21岁开始出版一本本学术小册子，服了一年兵役却在37岁开始为《美国新百科全书》撰写军事学条目，可谓才智过人，他本可以与他的父亲一起做大自家的产业，好好利用资本主义为企业主提供的发财致富

* 何畏，南京航空航天大学马克思主义学院副教授。

的优越条件，而他却心系无产阶级和劳动人民的命运，与马克思一起甘受理论研究之艰难、经济拮据之困苦、政治围堵之凶险。

科学共产主义的创立是人类理想探索的理论变革，是资本主义制度内在矛盾运动的必然趋势。科学共产主义是资本主义自我否定的历史必然。工人阶级和广大劳动人民与新兴资产阶级一起推翻封建主义，建立了资本主义，实现了人类历史的巨大进步。资本主义创造了巨大的生产力和堆积如山的物质财富，“资产阶级在它的不到一百年的阶级统治中所创造的生产力，比过去一切世代创造的全部生产力还要多，还要大”；资本主义彻底破坏了封建关系，在资产阶级取得了统治的地方，一切封建的、宗法的和田园诗般的关系都被破坏了，“取而代之的是自由竞争以及与自由竞争相适应的社会制度和政治制度、资产阶级的经济统治和政治统治”；[①] 资本主义按照自己的要求改造了世界，它把一切民族甚至最野蛮的民族都卷到所谓资本的文明中来了，它迫使一切民族——如果它们不想灭亡的话——采用资产阶级的生产方式，迫使它们在自己那里推行所谓文明，即变成资产者，一句话，“它按照自己的面貌为自己创造出一个世界”[②]。但是，资本主义取代封建主义后的高歌猛进并没有一曲永恒，欢笑到底，它很快暴露出自己的基因缺陷。马克思对许多人都看得到的资本主义的病征，诊断出了它的病灶、病根和病理，并开出了彻底改造资本主义社会的药方。马克思指出，资本主义发展的局限就在于“资本”本身。一是财富生产的荒诞悖论。资本主义之为资本主义，就在于它以生产资料私有性为基础，生产的根本目的是榨取剩余价值，它不是满足人们的需要，而是刺激虚假需要；它不是创造“富有”，而是制造“短缺”；它不积累社会财富，而是通过否定现存物的有用性而实为新商品找到销路。二是人与物关系的本末颠倒。在资本主义社会，对财富的占有决定着人们的社会地位、社会权益和人生价值，财富成为人与人之间尊卑贵贱的根源，人类创造的财富非但未成为人全面发展的条件，反而使人成了物的工具。三是市场原则的社会泛化。资本主义市场经济交换原则的社会化，使得“人们一向认为不能出让的一切东西，这时都成了交换和买卖的对象，都能出让了。这个时期，甚至像德行、爱情、信仰、知识和良心等最后也成了买卖的对象”[③]。这就使资本主义社会成为一个全面异化的社会。四是资本发展的自我否定。以榨取剩余价值为生产的根本目的，使社会越来越多的人缺乏应有的购买力，从而使资本再生产出的产品没有销路，以产品过剩为特征的周期性经济危机的再现是必然的，开拓国际市场、借贷消费、实行货币宽松政策、创造金融衍生品，都不过是鸦片式的镇痛疗法，从长远看，无异于饮鸩止渴。所有这一切，使得“资本主义生产本身由于自然变化的必然性，造成了对自身的否定”，“它本身已经创造出了新的经济制度的要素，它同时给社会劳动生产力和一切生产者个人的全面发展以极大的推动；实际上已经以一种集体生产方式为基础的资本主义所有制只能转变为社会所有制”[④]；资产阶级创造了强大的生产力的同时，也创造了自己的掘墓人现代无产者，这就使得资产阶级的灭亡和无产阶级的胜利同样是不可避免的。因此，社会主义必然胜利是资本主义必然灭亡的历史结果。

---

① 《马克思恩格斯选集》第 1 卷，人民出版社 2012 年版，第 405 页。

② 同上书，第 404 页。

③ 《马克思恩格斯全集》第 4 卷，人民出版社 1958 年版，第 79—80 页。

④ 《马克思恩格斯文集》第 3 卷，人民出版社 2009 年版，第 465 页。

信仰共产主义的精神之美

共产主义的科学之真，确证了其理想价值的崇高之美，成就了人类历史上为崇高理想奋斗的政治组织——共产党的先进性。共产党之所以为共产党，就是因为信仰马克思主义理论，以社会主义和共产主义为理想目标，所以习近平说，对马克思主义、共产主义的信仰，是共产党人的命脉和灵魂。放弃马克思主义和共产主义信仰，即使共产党还叫共产党，也必然名存实亡。因此对共产党人来说，“革命理想高于天”。

共产主义超凡脱俗的强大魅力根源于它所揭示的人类社会发展规律。其一，社会生产目的的历史性反转。“在资产阶级社会里，活的劳动只是增殖已经积累起来的劳动的一种手段。在共产主义社会里，已经积累起来的劳动只是扩大、丰富和提高工人的生活的一种手段。”① 一句话，在资本主义社会里，人是财富增殖的手段；在共产主义社会里，财富是扩大、丰富和提高人的生活的条件。社会的生产目的、人的生活目的都出现了本体性颠倒。其二，人的社会自由的真正实现。资本主义鼓吹自由的价值观，但是，马克思认为，资本主义自由的核心是贸易自由，因而是资本的自由或资产阶级的自由，对于无产者来说，在名义上自由的背后，是他们不得不出卖劳动力这种残酷的社会强制。共产主义就是要破除资本主义社会关系对人的自由的强制，成为一个充满自由的社会。在《德意志意识形态》中，马克思、恩格斯曾经用一个十分形象幽默的方式描述共产主义社会，他们写道：“在共产主义社会里，任何人都没有特殊的活动范围，而是都可以在任何部门内发展，社会调节着整个生产，因而使我有可能随自己的兴趣今天干这事，明天干那事，上午打猎，下午捕鱼，傍晚从事畜牧，晚饭后从事批判，这样就不会使我老是一个猎人、渔夫、牧人或批判者。”② 这并不是说，未来社会不再有渔夫和猎人，而是说，使一个人不得不成为渔夫、猎人、牧人、批判者，或必然使一些人成为统治者、剥削者的社会关系，再也不能继续存在了。因而共产主义是一个“自由人的联合体”。其三，生产资料私有制和财富占有观念的彻底转变。要实现生产目的的根本反转和人的社会自由，必须实现生产资料私有制向社会所有制的根本转变，必须实现人们对财富占有观念的根本转变。在《共产党宣言》中，马克思、恩格斯表述为“两个决裂”，即“共产主义革命就是同传统的所有制关系实行最彻底的决裂；毫不奇怪，它在自己的发展进程中要同传统的观念实行最彻底的决裂”③。所谓“传统的观念”，主要是与私有制相适应的私人占有观念，用后来法国马克思主义哲学家安德烈·高兹的话说，在资本主义社会，人的富有不是一般的“够了就好”，而是“越多越好”，一言以蔽之，别人拥有的我都有，别人没有的我还有。换句话说，人无我有，人有我优，人少我多。所以在《德意志意识形态》中，马克思、恩格斯提出，无产阶级在改造旧世界的同时，需要不断摆脱“旧社会遗留在他们身上的肮脏的东西”，摈弃私有观念和拜物教，走社会占有、共同富裕之路。

共产主义在历史规律中找到了科学而崇高的社会公正观。共产主义坚持社会所有

---

① 《马克思恩格斯选集》第 1 卷，人民出版社 2012 年版，第 415 页。

② 同上书，第 165 页。

③ 同上书，第 421 页。

制，根除剥削、压迫和一切社会不平等的经济基础，从而也消除传统私有观念产生的根源，社会成员对生产资料共同占有、共同使用、共建共享，各尽所能、各取所需，建设平等、自由、尊严、富裕、和谐的社会。这一百多年来让人为之心向神往、奋不顾身的社会理想及其崇高价值观，是基于人民群众是历史的创造者、社会财富的创造者的事实判断，揭示了无产阶级同整个人类利益的一致性，建设社会主义、共产主义与人类整体文明的统一性，从而确证了无产阶级和劳动人民创造财富与享有财富、创造历史与主导历史进程相统一的公正原则。这就是马克思主义的新公正观，共产主义社会就是这种公正社会，随着资本主义这一人类历史上最后一个对抗性社会经济形态的终结，人类为物质生活资料而竞争厮杀的动物般历史就终结了，人的历史才真正开始。

实现共产主义的实践之美

科学共产主义一经创立，就从马克思、恩格斯的案头走向工人运动，从德国走向整个欧洲，从欧洲走向亚洲、走向世界，成为马克思主义政党进行自身建设和开展实践的理论指南，形成改造资本主义和整个旧世界的声势浩大的社会运动。世界上曾先后建立了数以百计以马克思主义为旗帜的政党和组织、50 多个信仰社会主义的国家，20 世纪六七十年代，出现了社会主义与资本主义平分秋色的世界局面。当今世界，仍有一百多个政党和组织以马克思主义、社会主义、共产主义为自己的信仰。苏联、东欧的改旗易帜虽然给马克思主义、社会主义、共产主义信仰造成重创，同时也使共产主义信仰更具免疫力。苏东的悲剧恰恰向世界宣示一个真理：共产主义是不能背离的，否则就会大难临头。中国特色社会主义的强劲发展，书写了世界马克思主义、共产主义凤凰涅槃、浴火重生的东方故事。

马克思、恩格斯反对把共产主义视为一厢情愿的“应当”，更反对共产主义的盲目与狂热，依据他们创立的唯物史观，“每一历史时代主要的经济生产方式和交换方式以及必然由此产生的社会结构，是该时代政治的和精神的历史所赖以确立的基础”①。因此，要改变人性、人的思想观念、人的社会主张，就不能像人本唯心主义者那样诉诸人的“类本质”或求助“爱的宗教”，而应当改变决定人的本质的社会关系；要改造社会的政治结构和文化精神，就必须从根本上改造社会的经济关系。因此，“对实践的唯物主义者即共产主义者来说，全部问题都在于使现存世界革命化，实际地反对并改变现存的事物”②。用邓小平的话说，社会主义、共产主义是干出来的，不干，半点马克思主义也没有。可是，马克思提醒共产主义者，“两个必然”与“两个决不会”是一个问题的两个方面，资本主义必然灭亡、社会主义必然胜利，但是，“无论哪一个社会形态，在它所能容纳的全部生产力发挥出来以前，是决不会灭亡的；而新的更高的生产关系，在它的物质存在条件在旧社会的胎胞里成熟以前，是决不会出现的”③。无产阶级只应该提出历史发展过程中应当解决且能够解决的时代问题。

共产主义道路蜿蜒曲折，波澜壮阔。黑格尔曾经说过，哲学上从一个概念到另一个

① 《马克思恩格斯选集》第 1 卷，人民出版社 2012 年版，第 385 页。

② 同上书，第 155 页。

③ 《马克思恩格斯选集》第 2 卷，人民出版社 2012 年版，第 3 页。

概念的推论，只是两个语词之间的逻辑转换（比如我们马克思主义者揭示出人类社会形态更替是从原始社会到奴隶社会、封建社会、资本主义社会、社会主义社会、共产主义社会），但是，每一个概念所指称的历史过程的实际演变，则需要几年、几十年、几百年，甚至上千年。恩格斯晚年告诫马克思主义者，从资本主义走向未来社会，需要对人和环境进行持续的双重改造，实现作为一种社会形态的共产主义社会，需要经过无数个历史的“中间站”。然而，共产主义的美好和共产党人为理想奋斗的政治抱负，容易使革命者犯“急性子病”，列宁领导苏俄时期的“战时共产主义”、毛泽东时代发生的“大跃进”，都是共产主义运动中因缺少经验而出现的冒进。以邓小平同志为代表的中国共产党人，总结中外社会主义建设的经验教训，冷静地认识中国社会主义建设所处的初级阶段的基本国情，理性地探索实现科学社会主义理论逻辑与中国社会发展历史逻辑辩证统一的内容、程度和方式，将国际共产主义运动史上的悲壮之美转化为雄壮之美。

共产主义者具有舍我其谁的历史担当。历史必然性不是自然界的四季轮回、花开花落，而是历史主体对历史规律的把握、对历史发展大势的顺应、对不合理事物的改造要求和对合理事物的革命创造。共产主义的美好恰恰是它的历史必然性和现实艰巨性决定的，也正是这双重特性不断为共产党人补充“精神之钙”，使他们“千磨万击还坚劲”，“咬定青山不放松”，在革命战争年代，面对“主义”与生命的抉择时，他们大义凛然：“砍头不要紧，只要主义真。杀了夏明翰，还有后来人。”

与共产主义美好理想相通相接的中国特色社会主义

共产主义理想是世界的、共同的，但不同民族走向共产主义的道路一定是特殊的、具体的。马克思、恩格斯的科学社会主义的历史前提是发达资本主义，高度发达的社会生产力是社会主义的基础，也就是说，仅就物质财富层面而言，社会主义是在社会富裕的基础上所实现的社会的“共同富裕”。但是，马克思明确强调，他的结论是基于对西欧社会的研究，不能把这种具体结论变成“一般历史哲学”，即“一切民族，不管它们所处的历史环境如何，都注定要走这条道路”，如果谁这样做，“会给我过多的荣誉，同时也会给我过多的侮辱”。[①] 马克思主义活的灵魂是具体问题具体分析，而一般历史哲学却往往把具体结论当作“超历史的”。恩格斯强调：“马克思的历史理论是任何坚定不移和始终一贯的革命策略的基本条件；为了找到这种策略，需要的只是把这一理论应用于本国的经济条件和政治条件。”[②]

中国在历史曲折中选择了社会主义。中国共产党成立后，随即投入推翻反动阶级的黑暗统治、立即实现社会主义革命、最终实现共产主义的工人运动。党在实际斗争中很快认识到，中国的社会生产力相对落后，工人阶级比较弱小，在半殖民地半封建的条件下，不首先反对帝国主义侵略、封建军阀统治的斗争，国家就不能独立，人民不能解放，也就谈不上社会主义、共产主义理想。于是党转而坚持“二次革命论”，用“国民革命”代替了“民主革命”。党的“三大”提出，中国工人阶级尚未成为一个“独立的社会力量”，“中国国民党应该是国民革命之中心，更应该立在国民革命之领袖地

① 《马克思恩格斯文集》第3卷，人民出版社2009年版，第466页。

② 《马克思恩格斯文集》第10卷，人民出版社2009年版，第532页。

位”，党的重要任务是帮助国民党壮大组织，要求党的各级组织，在“国民党有组织之地方，如广东，上海，四川，山东等处，同志们一并加入”，“国民党无组织之地方，最重要的如哈尔滨，奉天（今沈阳），北京，天津，南京，安徽，湖北，湖南，浙江，福建等处，同志们为之创设”①。然而，这种真诚的“二次革命论”却被国民党打断了：1927年4月12日蒋介石公然背叛孙中山联俄联共的方针，发动反革命政变，四川、江苏、安徽、福建、广西和广东等省的国民党和反动军阀也以“清党”为名，掀起反共狂潮，包括党的创始人李大钊在内的大批共产党人和革命工人惨遭屠杀，党的组织和工人组织以及一切进步人士都遭受到空前浩劫，而且这些行动得到大资产阶级和一部分民族资产阶级的支持，上海商业联合会致电南京国民党当局，攻击共产党，并表示“对于当局清党主张愿为后盾”。国民党叛变革命和资产阶级的态度表明：在中国，无产阶级政党想走西方议会道路，与资产阶级一起完成资产阶级民主革命的道路走不通。以毛泽东为代表的中国共产党人不得不重新思考“开展什么样的革命、怎样取得革命胜利”这一中国革命的首要问题，坚信中国革命必须由中国共产党领导，它的任务是反帝反封建并过渡到社会主义革命。从此，中国社会发展才最终摆脱总体迷茫而迎来光明前景。鲁迅先生这时也摆脱了彷徨，望着那支爬雪山、过草地到达陕北的英雄红军队伍，献上自己的衷心的祝福：在你们身上寄托着中国和人类的希望。经过28年艰苦卓绝的奋斗，中国人民实现了民族独立和人民解放，建立了新中国和社会主义制度。历史证明，只有社会主义能够救中国。

中国社会主义建设在曲折中发展。中国在特殊的国内外主客观条件下走上了社会主义道路，可它要巩固和发展社会主义却遇到了生产力的瓶颈。五星红旗升起时的中国，历经近代一百多年东西方列强的百般蹂躏、疯狂劫掠，满目疮痍，一穷二白。以毛泽东为代表的中国共产党人，笑对西方政客们的冷嘲热讽，带领全国各族人民为实现伟大的理想开始了新的长征。经过社会主义改造，建立起社会主义基本制度，并以只争朝夕的精神全力推进社会主义建设，建立了独立的较为完整的工业体系和国民经济体系，各方面建设都取得了巨大成就。然而，由于我们党对迅速到来的新生的社会主义社会和全国规模的社会主义建设事业缺乏充分的思想准备和科学研究，在工作指导上出现了失误，许多艰苦探索出的宝贵认识也没能得到贯彻落实，致使社会主义建设道路出现曲折，甚至发生了“文化大革命”这样的全局性、长时间的严重错误。30年的社会主义建设再次给中国共产党人提出一个历史性问题：在生产力水平极其落后的东方大国，“建设什么样的社会主义、怎样建设社会主义”。以邓小平同志为代表的当代中国共产党人通过总结国际共产主义运动的经验教训，提出“社会主义的根本任务是大力发展生产力”的历史性判断，通过改革开放，开创和发展了中国特色社会主义。中国特色社会主义的开创，使我们前进的脚步收回到现实的生产力水平之上：我们突破单一的公有制，建立了公有制为主体多种所有制经济共同发展的基本经济制度；我们告别平均主义的分配方式，实行以按劳分配为主体多种分配方式并存的分配制度；我们改变高度集中的计划经济体制，建立和完善社会主义市场经济体制，如此等等。我们不能不承认，从生产关系上看，借用列宁的话说，这是为了前进而做出的“退却”，是“策略”而不是方向，更不是“最终目标”。可是，不少人，在金钱作用四溢的市场经济的社会环境里，忘记了

① 《中国共产党历史》（第1卷，上册），中共党史出版社2011年版，第113页。

共产主义的理想，包括一些党员领导干部，在解放思想中忘记了共产党人的历史使命、理想目标和性质宗旨，在他们心目中共产主义理想成了幌子、成了单纯的旗号，在探索“中国特色”时忘记了“社会主义”本体。面对一些人在中国特色社会主义建设中的方向性迷失，习近平总书记铮铮之言掷地有声：“中国特色社会主义是社会主义而不是其他什么主义，科学社会主义基本原则不能丢，丢了就不是社会主义。”[①] 他告诫全党，中国特色社会主义的方向和前途是共产主义。中国特色社会主义不仅要坚持解放和发展生产力、坚持改革开放，而且要坚持人民主体地位、坚持维护社会公平正义、坚持走共同富裕道路、坚持促进社会和谐、坚持和平发展、坚持党的领导；我们要全面深化改革、全面依法治国，目的不是放弃社会主义，而是完善和发展社会主义，使我们这个社会主义国家的制度更加完善、定型和巩固，实现治理体系和治理能力现代化。所有这些，既反映社会主义本质属性的要求，也是未来共产主义的新生因素，从而使中国特色社会主义与共产主义相通、相接。因此，习近平指出：“共产党员特别是党员领导干部要做共产主义远大理想和中国特色社会主义共同理想的坚定信仰者和忠实践行者。我们既要坚定走中国特色社会主义道路的信念，也要胸怀共产主义的崇高理想”，“没有远大理想，不是合格的共产党员；离开现实工作而空谈远大理想，也不是合格的共产党员”[②]。以共产主义为方向和前途，绝不是跑步进入共产主义，而是脚踏实地干好中国特色社会主义的每一件工作，实现好不同历史阶段的具体目标，通过立足社会主义初级阶段而终结初级阶段，通过建设富强民主文明和谐的社会主义现代化国家而不断接近共产主义远大理想。共产主义作为一种精神、一种理想、一种运动，就在共产党人日常的追梦中，共产主义者每做一件事，共产主义因素就多一分。

共产主义伟大实践正以强大的生命力诠释出她的精神魅力，拒斥着对她的各种疑惑、嘲弄和诅咒。

（原载《思想理论教育导刊》2016 年第 2 期）

---

① 《习近平谈治国理政》，外文出版社 2014 年版，第 22 页。

② 同上书，第 23 页。

西方马克思主义研究在当今中国之意义

陈学明*

西方马克思主义是20世纪70年代末80年代初流传到我国的。我国学者对其已经进行了长达30多年的研究，西方马克思主义研究伴随着我国改革开放的整个历史进程。西方马克思主义研究已经构成了当今中国马克思主义研究甚至整个理论研究的一个不可分割的组成部分，也已经成为当今中国学界的“显学”。西方马克思主义研究对当今中国的发展产生了重大的影响。

西方马克思主义研究在中国的整个过程，大致可以分为三个阶段：20世纪80年代初至90年代初；20世纪90年代初至21世纪初；21世纪初至现在。笔者在这里回顾一下我国的西方马克思主义研究的这三个阶段，着重揭示各个阶段的研究在当今中国所产生的意义。

一

中国走上改革开放的道路，开辟新的历史时期，关键在于要破除原有的思想障碍，实现思想解放。而在各种思想障碍中，无疑对马克思主义的教条、僵化的错误理解是最大的思想障碍。西方马克思主义研究在中国第一阶段的意义就是促使人们从对马克思主义教条、僵化的理解中摆脱出来，为中国人民实现思想解放提供了强大的思想武器。

从20世纪70年代末开始，西方马克思主义思潮涌进国内，卢卡奇、葛兰西、马尔库塞、哈贝马斯、阿尔都塞、萨特，这些西方马克思主义者的名字在中国一下子耳熟能详，他们的著作成批地被译成中文出版，充斥于中国的书店之中，他们的理论和观点甚至走进了大学的课堂。所有这些，给中国带来了什么呢？最主要的是带来了对马克思主义的看法的改变。人们从西方马克思主义那里知道了马克思主义并不完全是如当时所理解的那样，起码人们知道了马克思主义原来还具有以下这些特点：

其一，现实性。西方马克思主义的理论家为自己提出了使马克思主义“现代化”的使命，20世纪西方马克思主义的发展过程是不断地与现实相结合的过程。20世纪西方的马克思主义之所以能对20世纪西方的历史进程产生重大影响，主要在于它具有“现实性”这一重大特征。尽管有的西方马克思主义学者把马克思主义作为纯学术来进行研究，但总的来说，20世纪西方马克思主义绝大多数派别都注重面对社会现实。即使他们同西方国家的工人运动几乎没有任何直接的联系，即使他们从来也没有企图建立

* 陈学明，复旦大学当代国外马克思主义研究中心特聘教授、博士生导师。

某种政党来实践自己的学说，即使他们大多是在书斋里钻研学问的学者、教授，即使他们写下的著作晦涩难懂，但是，从他们所关注的一些理论问题来看，他们实际上也并没有回避现实的挑战，在他们那深奥难懂的思想中负载着大量关于急剧变化着的资本主义世界的信息，跳动着这个特定时代的脉搏，也倾注了他们对社会主义和马克思主义命运的深刻关注。可以说，他们实际上是在书斋里，用他们特定的语言和方式曲折地反映着他们生活的那个时代。只要看一下整个20世纪西方马克思主义的发展过程，就可以清楚地知道，每一个阶段他们研究的主题都与现实息息相关。20世纪初，主要研讨的是如何看待资本主义的新发展；第一次世界大战前后，围绕着如何看待帝国主义与战争展开研究；苏联十月革命发生以后，又对苏联十月革命的意义以及西方国家的社会主义前景集中进行探讨；在法西斯主义兴起以及随之发生的第二次世界大战期间，研究的注意力转向探讨法西斯主义产生的根源；第二次世界大战结束以后，面对西方资本主义国家基于电子技术革命所带来的新发展，把对科技革命的社会政治效应纳入了研究的视野。西方马克思主义理论家能够比较自觉地使自己的研究与现实结合在一起，当然出于他们对马克思主义哲学的本质特征的认识。在漫长的历史过程中他们越来越深切地认识到，马克思主义哲学是工人阶级自己解放自己的理论，实践性是它的本质特征之一，即它必须面向现实。马克思主义本质上永远是当代的。马克思主义的活力与魅力出自于实践基础上的创造性发展。苏联解体、东欧剧变后，西方的一些马克思主义哲学研究者反思苏联模式的社会主义陷于失败的根源时，往往把失败的根源归结于理论脱离实际，即僵化地、静止地、教条式地理解马克思主义。他们运用大量的事实揭露了由于理论脱离实际给社会主义运动带来的巨大危害，这更激起了他们密切联系实际进行马克思主义哲学研究的自觉性。

其二，开放性。整个西方马克思主义的发展历程都是一个“开放”的过程。这里所说的“开放”，指的是马克思主义哲学的研究者强调马克思主义应向各种思潮开放，吸收各种非马克思主义中的宝贵因素。从属于西方马克思主义的主要是一些把马克思主义哲学与西方某一特定的哲学思潮“融合”在一起的派别，如“存在主义的马克思主义”“结构主义的马克思主义”“弗洛伊德主义的马克思主义”“新实证主义的马克思主义”“分析学派的马克思主义”等。这样，我们看到西方马克思主义的发展往往是借助于与其他西方哲学思潮的结合而实现的。在20世纪西方世界的哲学舞台上，出现了马克思主义哲学与其他哲学思潮相互交融、相互渗透的画面。西方马克思主义理论家在致力于吸收非马克思主义哲学的宝贵因素的过程中，首先是重新把马克思主义哲学同较早的欧洲权威的哲学体系联系起来，退回到马克思以前的哲学舞台上去。他们试图通过这一途径，即直接从欧洲哲学权威出发，沿着青年马克思的轨道，重建马克思主义的哲学体系。当然，他们更多的是试图把一些现代西方哲学思想“补充”到马克思主义哲学中去。可以说，他们广泛涉及现代西方的各种哲学流派，只要一出现有影响的新的哲学思潮，他们都会把其纳入自己的理论视野，寻找可以用来修正和发展马克思主义哲学的“闪光点”。西方马克思主义理论家热衷于马克思主义哲学的“开放”，是与他们对马克思主义哲学的一个基本认识密切相关的，即在他们看来，马克思主义哲学在其创始人那里就是一个“开放”的体系，马克思和恩格斯倘若不吸收他们以前的以及与他们同时的哲学思想，就不可能创立马克思主义哲学体系，而历史发展到今天，马克思主义哲学要继续发展并保持旺盛的生命力，仍然必须保持自己的“开放性”，从一切优秀的哲学思想中吸收养分。

其三，多样性。纵观西方马克思主义在20世纪西方世界的发展，不难看出这种发展往往是通过多样性来实现的。马克思的《1844年经济学哲学手稿》于1932年公开发表以后，围绕着对这一文献的不同解释，更是出现了各种版本的马克思主义解释路向，马克思主义研究的多样性趋势越来越明显。西方马克思主义最鲜明的特点就是多样性。各种西方马克思主义研究流派和思潮相继脱颖而出，“你方唱罢我登场”。西方马克思主义内部也是流派纷呈，除了法兰克福学派之外，“存在主义的马克思主义”“弗洛伊德主义的马克思主义”“结构主义的马克思主义”“新实证主义的马克思主义”“分析学派的马克思主义”“生态马克思主义”“女性主义马克思主义”等先后呈现在人们面前。而且，西方马克思主义内部的各种派别与西方马克思主义之外的各种思潮交织在一起。实践证明，仅仅用“分化”甚至“分裂”这样的词汇来描述和理解这种多样性是十分不妥当的，马克思主义研究的多样性对马克思主义哲学带来的积极意义远大于消极性，这种多样性是马克思主义获得发展的一个重要前提，20世纪马克思主义在西方世界的繁荣是借助于这种多样性来取得的。20世纪西方马克思主义的发展，及至整个马克思主义的发展中这种多样性局面的出现，反映了随着时间的推移，马克思主义创始人那里的观点原本所具有的歧义性会越来越不可避免地显示出来，更反映了对马克思主义的理解会因理解者的立场、处境的不同而必然出现差异。

不能低估由西方马克思主义在中国的传播所带来的对马克思主义的这些特征的重新认识。正是在对这些特征的深刻把握的基础上，推倒了原有的一系列对马克思主义的错误理解，推进了马克思主义的当代化、中国化。这是中国人民实现思想解放的理论前提。

二

20世纪80年代末90年代初，国际风云突变，这主要表现在东欧一批社会主义国家的易帜和苏联的解体。我国的西方马克思主义研究也进入了一个新的阶段。这一阶段我国的西方马克思主义研究的一个重大意义就是为增强马克思主义信念带来推动力，为正确地总结苏联解体、东欧剧变的教训提供借鉴。

可能无论是马克思主义的拥护者、同情者，还是马克思主义的反对者、诋毁者，都未曾想到，在苏联解体、东欧剧变后，自20世纪90年代中期起，在国外，特别是在法、英、德、美等主要资本主义国家，掀起了一股研究和宣传马克思主义的热潮。事实已很清楚地展现在人们面前：马克思主义并没有像一些西方政要和右翼学者所宣称、所希望的那样“行将销声匿迹”，而是在全世界范围内“顽强地活了下来”，并且“活得很好”。面对国外特别是西方世界掀起的这股研究和宣传马克思主义的新热潮，国内有一批从事马克思主义理论和现代西方哲学研究的学者，敏锐地感觉到了其非同寻常的意义，并怀着一种历史使命感和政治责任感，立即加以跟踪探讨。

始于20世纪90年代中期的我国学者对苏联解体、东欧剧变后国外马克思主义特别是西方马克思主义的跟踪研究有声有色，所开展的主要活动有：

其一，召开研讨会。1996年10月14—15日，来自全国各地的几十名学者云集中国人民大学，借“中国当代国外马克思主义研究会”成立之机，围绕着苏联解体、东欧剧变后的国外马克思主义研究动态，当代国外马克思主义研究的形势、问题和任务，以及我们如何开展国外马克思主义的研究等，进行了坦诚而有深度的讨论。1998 年 6 月 26 日，首都 60 多位专家学者在北京大学再次召开会议，集中探讨苏联解体、东欧剧变后的国外马克思主义发展态势。1999 年 8 月 17—22 日，“世纪之交的国外马克思主义研究”理论研讨会在云南大理和迪庆召开。在出席这次会议的全国各地 30 多名学者中，既有长期专门从事当代国外马克思主义研究的专家，也有全国著名的现代西方哲学的研究者。会议就如何评价苏联解体、东欧剧变后的国外马克思主义流派、怎样研究和认识当代国外马克思主义、后现代和全球化条件下马克思主义的命运如何，以及马克思主义理论工作者肩负怎样的责任等问题，展开了讨论。

其二，出席国际马克思主义大会。自 1995 年起，国际马克思主义大会不断地召开，其中有的会议盛况空前。这些会议均有中国学者参加。与会的中国学者不但向大会递交了论文，而且积极参与讨论。回国后，他们根据自己的真情实感写下的一篇篇国际马克思主义大会会议纪要，引起了人们的广泛注意。心系马克思主义的命运和前途的中国人民通过这些纪要受到了深刻而有益的启示。

其三，出国考察国外马克思主义研究状况。为了了解苏联解体、东欧剧变后国外马克思主义、社会主义理论研究状况，不断有中国学者到国外去作专门的考察。中国社会科学院副院长刘吉率领的学者代表团一行五人，于 1995 年 10 月 24 日至 11 月 11 日，访问了法国和德国。通过他们的考察报告我们可以知道：苏联、东欧社会主义国家瓦解后，世界社会主义运动处于低潮，但西欧思想理论界对马克思主义和社会主义的研究热情并没有冷却，整个研究状况不是在下降，而是在上升。比起刘吉率领的中国社会科学院的学者代表团对欧洲的考察来，中国人民大学当代国外马克思主义研究课题组的考察，地域更广泛，历时更长。他们考察的重点有两个：一是以马克思主义作为指导的西方和广大第三世界的共产党、工人党（朝鲜、越南、古巴的党不包括在内）的状况；二是国外特别是西方对马克思主义的研究现状及其走向。他们的结论是：大多数共产党人顶住了苏联解体、东欧剧变的冲击，在低谷中奋斗不息；马克思主义仍然吸引着尊重事实、追求进步、探究真理的人们。

其四，引进有关苏联解体、东欧剧变后国外马克思主义研究的图书资料。苏联解体、东欧剧变后，国外特别是西方世界，随着马克思主义研究的不断升温，有关研究马克思主义的著作、论文触目皆是，一些关于马克思主义的专刊杂志也有增无减。对当代国外马克思主义进行跟踪研究的首要工作就是把这些书籍、论文、杂志引进来。在这方面，我国的理论工作者也倾注了大量的心血。

其五，对苏联解体、东欧剧变后的国外马克思主义进行研究。上述诸多活动在一定意义上说，都是为研究服务的。通过各种方式了解苏联解体、东欧剧变后的国外马克思主义的最新态势，根本目的是为了消化它、研究它，再在此基础上从正面、侧面、反面吸收一切有益的东西。我们对国外马克思主义的研究原来有着很好的基础。对国外马克思主义的最新发展，即苏联解体、东欧剧变后的国外马克思主义的研究则处于起步阶段。但尽管如此，已有不少成果问世。一篇篇信而有征、有血有肉的分析文章，不时见诸报纸杂志。

我国一些专家学者对苏联解体、东欧剧变后国外马克思主义特别是西方马克思主义的跟踪研究，产生的影响远远超出了学术界本身。他们的跟踪研究，他们所写下的有关专著、论文，对我们的思想理论建设具有很大的积极作用。

首先是为增强马克思主义信念带来推动力。苏联解体、东欧剧变后，面临马克思主义遭受重大挫折的事实，增强对马克思主义的信念，加深对马克思主义现实意义的认识，实际上在我们国内也已变得十分迫切。在这种情况下，把国外马克思主义研究的盛况介绍进来，特别是把国外这些马克思主义研究者为什么在别人远离马克思之时自己却要走近马克思主义的种种理由介绍进来，显然是很有必要的。我们的当代国外马克思主义跟踪研究者，在这方面做的工作十分及时也非常有益。例如，有的学者通过介绍和分析国际马克思主义大会告诉中国人民：只要这个世界上还存在着资本主义制度，还存在着剥削和压迫，不管出现多大的反复和曲折，马克思主义的理想不会消逝，马克思主义的旗帜不会倒下。国外这些马克思主义研究者对马克思主义保持着崇高的信念，而这种信念又是建立在对马克思主义的生命力和现实性的认知上。他们用现代资本主义社会内在矛盾仍然存在来论证马克思主义的现实性，理由是充分的。他们把马克思主义的现实意义揭示出来，活生生地摆在世人面前，相信一切正直的人都会有所触动的，就是那些对马克思主义怀有偏见者，也会在高叫马克思主义已过时、死亡时，心里感到发怵。有的学者把德里达论证马克思主义现实意义的主要词句摘录下来，一段一段地加以评述，并富有激情地指出：像德里达这样身份的人能讲出“没有马克思就没有未来”，“地球上所有的人，不管他们愿意与否都是马克思遗产的继承人”。如此目光如炬的至理名言，我们还有什么理由对马克思主义表示怀疑呢?

其次是为正确地总结苏联解体、东欧剧变的教训提供借鉴。苏联解体、东欧剧变在中国引起的震动，实际上一点不亚于在世界其他地区。如何从由共产党执政的苏东社会主义国家的垮台中吸取教训，是摆在中国人面前的一项重大课题。实际上，苏联解体、东欧剧变以来，我们一些真正富有责任感的理论工作者一直在思考这一涉及马克思主义和社会主义前途和命运的问题。正当我们在从事这项工作时，国外的马克思主义研究者在这方面也做出了许多富有见地的思索。我们的一些对苏联解体、东欧剧变后国外马克思主义进行跟踪研究的专家学者，及时地把国外马克思主义研究者的思索引进来，通过他们的桥梁作用，把国外与国内在这一问题上的思考结合在一起。只要仔细观察一下目前国内涉及这一问题的有关文章，不难发现：它们中不乏借鉴了国外马克思主义研究者的文章。例如，在认识苏东社会主义的垮台对社会主义产生什么影响时，常见这样一种提法：苏联模式社会主义的失败不等于整个社会主义事业的失败，反而因为这种“变了味的社会主义”的消失，使真正的社会主义放下了包袱而轻装前进，因此社会主义的追随者“没有理由披上丧衣”。显然，这种提法直接引自国外的马克思主义研究者。

三

进入 21 世纪以后我国的西方马克思主义研究的现实意义主要表现在为开辟中国特色社会主义道路提供理论资源。实际上，我国的西方马克思主义研究在进入 21 世纪以后，无论就其研究的深度还是广度而言，都在原有的基础上又有了新的发展，而这种发展主要表现在对当今中国社会产生越来越大的影响力。当今中国人民正胜利地行走在中国特色社会主义大道上，中国人民对自己的这一道路充满着自信心。中国特色社会主义道路的开辟，是需要理论资源的。不可否认，西方马克思主义是其中不可或缺的理论资源。

中国特色社会主义道路首先面临的一个问题是如何说明这一道路的合法性与合理性，即如何说明我们走这一道路不仅是正当的，而且是可行的。西方马克思主义的理论，特别是西方马克思主义的现代性批判理论，能为这一道路的合法性与合理性说明提供理论资源。我国的一些西方马克思主义研究者致力于从事这一工作。

按照目前国内流行最广、在知识分子中最有影响的新自由主义的理论，中国道路是不可能的，也是不合理的。原因很简单，按照新自由主义的现代性理论，所谓现代化就是西方化，这二者是完全同一的，想在西方式的也是“唯一”的现代化道路之外，再寻找一条新的走向现代文明之路，这是“痴心妄想”。

中国目前所面临的问题实际上是现代性的问题，中国目前所处的危机实际上是现代化的危机。处于新的历史发展起点上的中国所要探讨的问题实际上就是如何面对“现代化”。

按照新自由主义理论，处于新的历史发展起点上的中国，似乎只有以下两种选择：

第一种选择：因为现代性给我们带来了磨难，使我们失去了诸多美好的东西，所以憧憬起前现代性的生活来，竟然产生了干脆放弃对现代性的追求，使中国成为一块置身于世界之外的“非现代化的圣地”的意念。有些人开始主张中国应停止始于20世纪70年代末的现代化的历程。在有些人看来，既然现代化的弊端已暴露无遗，我们为什么不马上悬崖勒马呢？

第二种选择：现代性是人类的必由之路，西方人走过的道路我们中国人也得跟着走。现代性的正面效应与负面作用都不可避免，我们只能置现代化所带来的种种负面效应于不顾，继续沿着原先的路走下去，让中国这块古老的大地彻底经历一次西方式的现代性“洗礼”。只有等到中国的现代化过程基本完成了，才有可能解决这些负面问题，倘若现在就着手去解决，只能干扰中国的现代化建设。

实际上，以上两种选择都是“死路”。前者要中国重新走回头路，而这无论如何都是倒退之举。后者则迟早会葬送中国，很有可能中国人民现代化的成果还没有充分享受到，而代价却已把中国拖垮了。

那么，处于新的历史发展起点上的当今中国，还有没有其他的选择呢？还有没有其他道路可走呢？

有。我们需要科学地阐明：中国走向现代文明是必然的，但走向现代文明的道路可以与西方的道路有区别。

可以提供这种思想资源的，我认为其中之一就是西方马克思主义，严格地说，就是马克思主义的现代性理论。

西方马克思主义的现代性批判理论有四个要点：

其一，人类走向现代文明是必然的，未来的共产主义社会就是高度文明的社会。马克思不但没有拒绝现代文明，而且还为现代文明欢呼！

其二，人类在走向现代文明的过程中，经受了种种磨难，现代化过程中所出现的种种负面效应，其根子不在于现代性理念本身，不在于科学技术、理性本身，而在于承受这种现代性的社会制度和经济运作模式。现代化过程中所出现的那些负面效应并不具有必然性。

其三，资本主义式的走向现代文明的道路不是一条理想的走向现代文明的道路，这是一条人类在现代化上的不归路。对资本主义的批判就是对资本主义制度下走向现代文明道路的批判。

其四，要寻找一条新的走向现代文明的道路，只要换一种社会制度，换一种经济运作模式，人类完全可能既享受现代文明的成果，又避免现代化过程中所出现的那种负面效应。

我认为，在现代性理论方面，西方马克思主义是深得马克思主义要领的。

西方马克思主义的现代性批判理论是西方马克思主义理论体系中最有价值的理论。它的特点在于，它在激烈而愤怒地揭露在当代社会里现代性的负面效应时，并不全盘否认现代性对当代人的积极意义，并不把现代性的负面效应完全归结于现代性本身逻辑发展的必然结果，并不希望现代人放弃对现代性目标的追求，而是要人们对现代性加以“治疗”。它努力地把物对人的统治追溯到人对人的统治，而不是把人对人的统治掩饰为物对人的统治。它强调，只要换一种社会制度，换一种社会组织方式，换一种价值观念，现代性理念以及作为这一理念具体实施的现代化运动完全有可能避免目前所出现的各种弊端。它强烈要求现代化运动不能与资本主义而要与社会主义结合在一起，提出了实现现代性的资本主义形式与社会主义形式之间的区别，这样它就对现代性以及现代化运动的负面效应的揭露和批判变成了对社会主义理想追求的必然性的论证。

联系西方马克思主义的现代性批判理论来反思我们中国的现代化运动，我们只能得出这样的结论：首先，我们决不能放弃对现代性的追求，因为现代性对人类有积极意义，即使在追求现代性的过程中出现了这样那样的问题，那也不是现代性本身造成的。其次，我们也决不能放弃对追求现代性过程中所出现的种种负面效应的关注与消除。既然在追求现代性过程中所出现的负面效应不是根源于现代性本身，那么我们就不应当对这些负面效应持无能为力的态度，而应当积极地寻找出现这些负面效应的真实原因，并且想方设法消除这些原因，使负面效应降到最低限度。

在这里，我们不正是看到了中国道路的合理性和合法性吗？中国道路不正是旨在既充分享受现代文明成果又避免现代性的各种负面效应吗？中国道路不正是通过走一条与西方现代化不同之路来达到这一目的吗？

四

中国特色社会主义道路已经取得了巨大的成就，但与此同时，也面临着一些难题和矛盾必须破解。西方马克思主义研究在当今中国的另一重大意义就是为中国特色社会主义道路破解这些难题和矛盾提供理论启示。

其一，西方马克思主义的市场社会主义理论，能为我们如何解决开辟中国道路必然面临的第一对矛盾即人与人之间的矛盾（两极分化的日益加剧）提供启示。

正当中国改革开放的总设计师邓小平提出市场只是手段，社会主义也可以搞市场经济，从而在全中国范围内掀起以社会主义市场经济为导向的经济改革浪潮之时，一些西方马克思主义理论家也发出了把市场机制引入社会主义经济体制的强烈呼声。尽管在西方马克思主义理论家阵营内部也存在着反对把市场与社会主义结合在一起的声音，但无疑西方马克思主义的主流是力主把两者结合在一起的。尽管对“市场社会主义”的讨论由来已久，甚至可以追溯到 20 世纪 30 年代初，但在西方马克思主义理论家的推动下，这一讨论才成了一个热点。“市场社会主义”已成为当代西方马克思主义理论体系中的一个重要组成部分。

最近几年，我国学界对西方马克思主义研究的一个聚焦点就是对“市场社会主义”的研究。我国的研究者对“市场社会主义”研究的兴趣与日俱增，倒并不是在于“市场社会主义”在西方世界的影响日益扩大，在西方马克思主义理论体系中的地位日益增强，而主要是基于清理马克思的市场理论的需要，以及加深认识我国走社会主义经济道路的必要性的需要。正因为如此，首先，我国的研究者对“市场社会主义”的研究与对马克思的市场理论的梳理是同步的，在一定意义上是合而为一的。西方马克思主义的“市场社会主义”理论为我们正确地梳理马克思的市场理论积累了许多思想资料。一些西方马克思主义理论家指出，从马克思本人提出的理论来看，他是把市场经济与资本主义联系在一起的，而他所设想的社会主义所实行的是无市场的计划经济。所以，这些西方马克思主义理论家所做的一件主要工作是改变马克思把市场与资本主义联系在一起并进而认为社会主义无市场的观点。其次，我国的研究者又把对“市场社会主义”的研究，把对社会主义市场经济这一马克思主义中国化的当代重要理论成果的把握，与对当代中国究竟为什么要走社会主义市场经济的道路以及究竟如何走这一道路的认识结合在一起。在某种意义上，我们正是借助于对“市场社会主义”的研究，深刻认识到了社会主义市场经济是马克思主义中国化的当代重要理论成果，同样也正是借助于这一研究，特别是借助对社会主义市场经济这一马克思主义中国化当代重要理论成果的认识，日益坚定了走社会主义市场经济道路的信心，而且日益丰富和完善了具体实施社会主义市场经济的思路。

关键是要明确，只有切实贯彻社会主义市场经济理论，把市场这种配置资源的方式与社会主义的生产关系、价值目标联系在一起，才能真正消除目前两极分化日益加剧的现象。我们可以借助西方马克思主义的市场社会主义理论来面对这一问题。这就是着眼于生产关系，着眼于调整劳动与资本的关系。

其二，西方马克思主义的生态社会主义理论，能为我们如何解决开辟中国道路必然面临的第二对矛盾即人与自然之间的矛盾（生态危机的日益加剧）提供启示。

生态马克思主义为我们揭示了生态危机与资本逻辑的对立。生态马克思主义者认为，资本的以下两个基本属性决定了资本本质上是反生态的：第一是效用属性。生态马克思主义者在揭露资本在本质上是反生态之时，总是这样提出问题：自然界本来是什么样子的？它与人类的关系本来应是怎样的？资本按其本性必然要把自然界改变成什么样子，必然使其与人类的关系成为一种什么样的关系？应当说，沿着这一思路来思考资本对生态究竟会产生何种影响，是一种马克思主义的思路，也确实抓住了资本与生态之关系的要害。第二是资本的增殖属性。生态马克思主义者强调，资本的效用原则使自然界丧失了自身的价值而成了一种单纯的工具，而与效用原则连在一起的资本的增殖原则，又使自然界的这种工具化变得越来越严重。如果资本只是简单地利用一下自然界而已，如果资本对自然界的利用是有限度的，那么资本对自然界的破坏也会保持在一定的范围之内。问题在于，资本对自然界的这种利用绝不会是有限度的，资本追求的是无限的增殖，从而它对自然界的利用也是无止境的，由此带来的对自然界的破坏也是没有尽头的。生态马克思主义者在探讨当今生态危机的根源时，总是紧紧揪住资本的增殖原则，资本家对利润的贪婪这一点不放，尽管对某些人来说总不太顺耳，但确实是把问题的本质揭示出来了，从而使他们对生态危机的分析、批判显得那么具有震撼力。

按照马克思的生态理论，显然在当今中国消除对自然环境日益严重破坏的关键就在于限制资本逻辑。确实如马克思所分析的那样，当今中国几乎所有的生态问题都与资本无节制地追求利润联系在一起。离开了对资本逻辑的限制谈论保护生态环境无疑是缘木求鱼，一句空话。

其三，西方马克思主义关于人的存在方式的理论，能为我们如何解决开辟中国道路必然面临的第三对矛盾，即人自身内部身、心之间的对立，人的单向度的日益加剧提供启示。

人们有时把西方马克思主义称为“人道主义的马克思主义”，这是有根据的，由卢卡奇所开创的西方马克思主义的主流，始终坚持把马克思主义归结为是一种人道主义，而且围绕着人的本质、人的需要、人的交往、人的自由、人的价值、人的异化等进行过系统的研究。在这一定意义上也可以把西方马克思主义称为“人学”。我国的西方马克思主义研究者对西方马克思主义的“人学”也情有独钟，在这方面所推出的著作和论文汗牛充栋。西方马克思主义理论家对人的研究往往是以对马克思主义的人道主义思想进行阐述的形式展开的，这就为我国研究者把对西方马克思主义的“人学”的研究与对马克思有关人的理论的把握结合在一起提供了很好的条件。最近几年，我国一些研究者所从事的一项重要工作就是利用西方马克思主义理论家对人的研究，特别是对马克思主义人道主义研究的成果，形成了较为完整的关于马克思的人的理论的认识。可以说，在西方马克思主义人学的基础上，我们已经构建了马克思主义的人学体系。在这一体系中，马克思主义关于人的全面发展的理论占有突出的地位。实际上，西方马克思主义理论家对马克思的人道主义思想的阐述最有价值之处，一是揭示了马克思对人的本质规定的全面性，即揭示出马克思不管从什么样的角度去规定人的本质，马克思总把人理解成是具有无限丰富性的总体的人；二是与此相应揭示了马克思总是全面地、整体地论述人的异化，即揭示出马克思所看到的人的异化不是某一方面的异化，而是整体的异化；三是由此出发进一步揭示了马克思所理解的人的发展的第一个要求就是它的全面性，即揭示出马克思所说的人的发展是使人的各个方面、各个层次兼容并包地、相互协调地得以发展。我国研究者把马克思的人的全面发展理论从马克思对人的大量论述中凸显出来，给予充分的关注，显然是吸收了西方马克思主义理论家的研究成果。

中国特色社会主义道路是否具有世界历史意义，主要取决于它是否为人类文明应对所面临的人的存在方式的矛盾与危机作出了自己的贡献，能否成为人类追求文明进步的一条新路，能否为人类探索出一种新的存在状态。如果这样去思考问题，那么我们就能充分认识西方马克思主义关于人的存在方式理论的重大意义。

（原载《思想理论教育》2016 年第 3 期）

世界社会主义运动发展的现状及面临的挑战

聂运麟*

当代世界社会主义运动正在低潮中奋进。与20世纪中叶的世界社会主义运动做比较，当代世界社会主义运动已经发生了重大而深刻的变化，并实现了新的转型，即它已经从过去由一个国际中心领导、走唯一革命道路、建设统一社会主义模式的世界社会主义运动，转变为由本国共产党独立自主领导、走符合本国国情的革命发展道路、建设具有本国特色社会主义的世界社会主义运动。2008年资本主义金融危机以来，世界社会主义运动取得了战役性的成功，但并没有取得战略性的胜利。资本主义各国共产党的战略任务，就是要努力探索各自国家走向社会主义的发展道路。要在这个问题上取得实质性的进展，各国共产党必须从解决自身存在的诸多问题做起，才能最终破解战略发展的困局。

一　现在还有没有世界社会主义运动?

有人认为世界社会主义运动已经不存在了，这种看法是不符合实际的。现在世界上除社会主义国家执政的共产党以外，还有130个左右处在非执政地位的共产党。在这些共产党中，规模大的党有100万左右的党员，如印度共产党（马克思主义）；中等规模的党有10万—40万党员，如日本、法国、西班牙、意大利、俄罗斯、巴西、南非、葡萄牙、印度、尼泊尔等国家的共产党；10万党员以下的共产党就更多了。这些党是干什么的呢？就是搞社会主义运动的。

苏联解体、东欧剧变后的1991年10月5日，邓小平在会见朝鲜劳动党总书记金日成时指出：“中国是大国，也可以说中国的社会主义事业不垮，世界的社会主义事业就垮不了。”① 现在中国特色社会主义事业一年比一年兴旺发达，已经成为世界第二大经济体，是当代世界社会主义运动的中流砥柱，所以今天的世界社会主义运动比起苏联解体、东欧剧变时还要强大些。

对于历史发展的长河来说，社会主义是一个自然发展的历史进程。资本主义的社会基本矛盾是无法在资本主义社会内部解决的，只有社会主义才能解决资本主义的社会基本矛盾，使人类进入到一个更先进、更有效、更适合人类生存和发展的社会，所以人类从资本主义社会变革到社会主义社会，是社会发展的大趋势，是历史发展的必然规律，

---

* 聂运麟，华中师范大学国外马克思主义政党研究中心主任，博士生导师。

① 《邓小平年谱（1975—1997）》（下），中央文献出版社2004年版，第1332页。

是任何力量都无法阻挡的。

当然，如果有人认为社会主义运动已经复兴，甚至发展到高潮期，这也是不符合实际的。因为这20多年来，在资本主义世界并没有出现统治阶级不能照旧统治下去、被统治阶级不愿照旧生活下去的危急形势，没有出现大规模的工农群众运动和大范围的革命运动；反动势力对进步力量的摧残和高压还到处可见，群众的政治意识比较淡漠；资本主义世界共产党员总人数只有过去的三分之一；大多数共产党在政治生活中被边缘化了。在2008年爆发的国际金融危机中，资本主义国家的工人运动虽有一定的复苏，但并没有得到大的增强，这就充分表明当前世界社会主义运动处于低潮是无可争辩的事实。

这里要说明的是，世界社会主义运动走下坡路的时间并不是从苏联解体、东欧剧变开始的，早在20世纪50年代下半叶到60年代，传统社会主义体制就已经表现出增长乏力和社会经济发展速度减缓的趋向。与此同时，苏联的大国主义和大党主义使其与其他社会主义国家之间的矛盾尖锐化（如波匈事件），最后导致中苏两党就国际共产主义运动总路线进行大论战，世界社会主义运动严重分裂。正是这种传统社会主义体制危机和社会主义相互关系危机的发生和发展，并长期找不到解决的途径和办法，使整个世界社会主义运动逐步走向低潮。苏联解体、东欧剧变只是使世界社会主义运动跌入到低潮的谷底，使其陷入最困难的发展时期。

二　苏联解体、东欧剧变以来世界社会主义运动发生了哪些重大变化?

处在世界社会主义运动发展低潮中的资本主义各国共产党，并没有沉沦下去，而是奋起斗争。经过苏联解体、东欧剧变后20多年的艰苦努力，世界社会主义运动已经从低谷中走出来，形成了世界各国共产党人在低潮中奋进的生动局面。这里要特别指出的是，今天的世界社会主义运动已经不是20世纪中叶的世界社会主义运动，它已经发生了重大而深刻的变化。

第一，世界社会主义运动的目标发生了变化。世界社会主义运动是以争取实现社会主义和共产主义为目标的，但是不同时代的社会主义运动对这一目标的理解和实现程度有很大的不同。第二国际时代，欧洲各国的工人政党明确在纲领中规定自己的目标是实现社会主义，但如何达到这一目标，以及为此需要进行哪些经济、政治结构的变革和经过哪些一般的社会发展阶段等，则缺乏明确的理论思考和精确的理论阐明。第三国际时代，各国共产党对如何达到社会主义目标以及为此需要进行哪些经济、政治结构的变革和经历哪些社会发展阶段等，都有了比较清晰的阐明，但其内容却是千篇一律的，即苏联的社会主义发展模式。苏联解体、东欧剧变和中国特色社会主义的成功说明，建设社会主义不存在统一的发展模式，必须根据每个国家的具体国情和时代特征，建设具有本国特色的社会主义。因此，当今世界各国共产党在争取社会主义的目标上，都特别关注本国的具体情况和特点，纷纷提出了建设具有本国特色的社会主义发展目标。

对未来社会主义社会的构建，虽然各国共产党都有自己的特点，但也有共通之处：其一，主张建立公有制起主导作用的混合经济体制；其二，主张把计划经济与市场经济有机地结合起来；其三，主张保护生态环境，实现人与自然的和谐发展；其四，要求把议会民主与直接民主或参与式民主有机结合起来；其五，主张实行最广泛联盟的政策；其六，提倡科学精神，反对教派主义，保证思想、信仰的自由等。[①] 可见，当代世界社会主义运动在目标上已经有了新的发展，它已经从学习苏联模式发展到建设具有本国特色的社会主义。

第二，对当代资本主义有了新的认识。各国共产党已经从“资本主义总危机”的理论误区中走出来，认识到现代资本主义仍然具有一定的自我调节、自我更新和自我发展的能力。

第三，世界社会主义运动的策略发生了变化。它已经从武装夺取政权的革命策略，转变为通过议会民主道路和平地变革资本主义并走向社会主义的策略。

第四，世界社会主义运动的阶级力量配置有了新的变化。它排除了“左”的理论与政策的干扰，实行广泛联盟的政策，主张将广大中间阶级和其他反对垄断资本的力量都包括在自己的联盟之中，进一步扩大了社会主义运动的社会基础。

第五，对走向社会主义革命发展阶段有了新的认识。苏联解体、东欧剧变前，一般马克思主义者认为，经济文化落后国家走向社会主义必须经过人民民主革命和社会主义革命两个发展阶段，而发达资本主义国家则在革命成功后可能直接向社会主义过渡。苏联解体、东欧剧变使人们对社会主义建设的长期性、复杂性和艰巨性有了新的认识。不少发达国家的共产党在制定走向社会主义的具体纲领时采取了谨慎的态度，制定了两步走的战略：第一步，建立民主联合政府，对国家的经济和政治实行民主改造，反对大垄断资本；第二步，对国家的经济和政治进行社会主义改造，建设社会主义社会。美国共产党认为，在美国，“除了工人阶级和大垄断资本家之间的矛盾之外，还存在个体农场主、知识分子、中间阶层、中等资产阶级同大垄断资本之间的矛盾”。基于以上社会矛盾的新特点，美共认为：“美国的社会主义革命分为两个阶段，即反垄断资本的民主革命和社会主义革命两个阶段。”[②] 日本共产党的纲领也指出，日本当前的革命是反对美帝国主义和日本垄断资本的统治的“新民主主义革命”，“这个革命必然从一个争取独立和民主的任务为中心的革命，不间断地发展成为一个社会主义革命”[③]。

第六，共产主义政党采取了新的组织形态。不同历史时期，领导社会主义运动的马克思主义工人政党具有不同的历史发展形态。马克思主义工人政党自产生以来，其发展大致可分为三个历史阶段，与此相适应，出现了马克思主义工人政党发展的三个历史形态。从19世纪中叶至20世纪初是马克思主义政党发展的第一阶段，与此相适应的政党存在形式是群众性政党。从20世纪初至20世纪70年代是马克思主义政党发展的第二阶段，与此相适应的政党存在形式是先锋队政党。从20世纪70年代至今，是马克思主义政党发展的第三阶段，与此相适应的政党存在形式是现代群众性政党。

---

① 曹天禄：《日本共产党的“日本式社会主义”理论与实践》，中国社会科学出版社2004年版，第156页。

② 丁淑杰：《美国共产党的社会主义理论与实践》，中国社会科学出版社2006年版，第143页。

③ 曹天禄：《日本共产党的“日本式社会主义”理论与实践》，中国社会科学出版社2004年版，第127页。

20 世纪末和 21 世纪初，大多数资本主义国家的共产党都提出了使共产党现代化和建设群众性政党的方针，以使党的组织形态更加适应当前国内外形势发展的需要。当今资本主义国家共产党在建设现代群众性政党方面，并没有固定不变的模式，然而从其有关的理论与实践来看，它们既继承了先锋队政党在理论、政治和组织上的优良传统，同时又有自己新的特征，如群众性、开放性、民主性、透明性、独立自主性等。

第七，对马克思主义有了新的认识。苏联解体、东欧剧变使各国共产党进一步地认识到教条主义的危害，当前将马克思主义创造性地运用于本国的具体实际，已经成为世界社会主义运动发展的主流，各国共产党独立自主地探索本国的社会主义发展道路，日益形成具有各自特色的社会主义理论与策略。

第八，世界社会主义运动的国际团结与合作出现了新的形式。当今，发展党与党之间的双边关系，已经成为各国共产党进行国际联系、交流经验和相互支持的主要形式。同时，一年一度的“共产党和工人党国际会议”以及“国际共产主义研讨会”等，也是世界各国共产党加强联系、交流思想观点和工作经验、促进世界社会主义运动发展的重要形式。另外，还有地区和跨地区的国际会议，也是世界各国共产党加强联系、交流思想观点和工作经验、促进世界社会主义运动发展的形式。

第九，世界社会主义运动与其他社会运动的关系有了新的发展。当今各国共产党对其他社会进步力量开展的反对资本主义和争取社会主义的运动采取了宽容的态度：凡是有利于解放生产力，发展生产力，消除两极分化，实现公平和正义的社会运动，各国共产党一般都表示支持，尊重其对社会主义发展道路的不同探索，并愿意学习其成功的经验。同时，主要国家的共产党和社会党的党际关系已经正常化。

第十，各国共产党的工作方式和方法出现了新变化。其一，议会斗争从过去的辅助性的斗争形式发展成为各国共产党争取社会主义的重要斗争形式，与议会外的群众运动相辅相成、互为补充。其二，信息技术在世界社会主义运动的发展中起着越来越重要的作用，能否掌握信息工具、运用信息手段关系到各国共产党的生存和发展。

上述世界社会主义运动发生的并不是一般的变化，而是全面而深刻的重大变化。这种变化已经使世界社会主义运动实现了新的转型，通俗讲就是由“三个一”转变成为“三个本”，即从过去由一个国际中心领导、走唯一革命道路、建设统一社会主义模式的世界社会主义运动，转变成为由本国共产党独立自主领导、走符合本国国情的革命发展道路、建设具有本国特色社会主义的世界社会主义运动。当代世界社会主义运动转型的主要特征是：已经从处在资本主义体制之外的运动，转变为处在资本主义体制之内的运动；从通过无产阶级革命推翻资本主义的运动，转变为通过和平民主方式对资本主义实行革命性变革的运动；从先进社会阶层参加的为多数人谋利益的运动，发展成为多数人参加的为多数人谋利益的运动。与此同时，世界社会主义运动呈现出多样性、渐进性和大众性的发展趋向。从哲学意义上讲，当代世界社会主义运动的本质未变，但却发生了部分质变。

世界社会主义运动发生重大变化和转型不是偶然的，而是有其深刻的社会历史根源：高新科技革命和生产力革命为世界社会主义运动的变革和转型提供了物质前提和基础；时代主题的转换是促使世界社会主义运动变革和转型的重要国际环境；资本主义的新变化是世界社会主义运动变革与转型的客观依据；阶级力量亟待发展壮大是世界社会主义运动变革与转型的内在要求；马克思主义理论是世界社会主义运动变革与转型的理论依据。

对世界社会主义运动的变革与转型，我们要正视现实、正确对待。

第一，世界社会主义运动的变革与转型，是世界经济、政治和社会发展的产物，是各国共产党为适应生存环境的变化而努力改变自己。这是符合世界政党发展规律的，也是符合社会主义运动发展规律的。

第二，这种变革和转型是工人阶级和广大劳动群众经过几个世纪的斗争所取得的成果，是一种社会进步。回溯历史我们可以看到，直到1975年以前，像西班牙、葡萄牙、希腊这样的老牌资本主义国家的共产党还处在非法的地位；到20世纪90年代，前苏东地区的不少国家还一度将共产党置于非法地位。然而，经过人民群众的顽强斗争，到了21世纪第一个十年结束时，所有发达国家的共产党和大多数发展中国家的共产党都已争得合法地位，因而有条件采取不同于过去的斗争方式来进行新的实验，以便用较小的代价和牺牲来取得社会主义的胜利，这是值得我们欢庆的事。早在1871年7月3日，即在巴黎公社失败后的三个多月，马克思在同《世界报》记者的谈话中就指出："在英国，工人阶级面前就敞开着表现自己的政治力量的道路。凡是利用和平宣传能更快更可靠地达到这一目的的地方，举行起义就是不明智的。"①

第三，在争取社会主义的斗争中，各国共产党有独立自主地制定自己的理论和策略的权利，我们应该尊重这一基本权利。邓小平在谈到"欧洲共产主义"时曾经指出："独立自主才真正体现了马克思主义。"② 他说："各国的情况千差万别，人民的觉悟有高有低，国内阶级关系的状况、阶级力量的对比又很不一样，用固定的公式去硬套怎么行呢？就算你用的公式是马克思主义的，不同各国的实际相结合，也难免犯错误。"③ 因此，"各国的事情，一定要尊重各国的党、各国的人民，由他们自己去寻找道路，去探索，去解决问题"④。这与当时苏共不断打压"欧洲共产主义"的态度是完全不同的。

第四，人类实现社会主义的道路将是艰难、曲折而漫长的，在这个过程中，实践才是检验各国共产党的理论与策略是否正确的唯一标准，应该由历史的实践来评价今日世界社会主义运动的是非曲直。邓小平曾经指出："各国党的国内方针、路线是对还是错，应该由本国党和本国人民去判断。最了解那个国家情况的，毕竟还是本国的同志。""归根到底由他们的实践做出回答。"⑤

三 资本主义金融危机以来世界社会主义运动发展的总体态势

2008年夏天爆发的国际金融危机将资本主义再次推上了历史的审判席，从而使人们不得不重新认识马克思主义，重新认识社会主义。这一新的发展形势为世界社会主义

---

① 《马克思恩格斯全集》第17卷，人民出版社1963年版，第683页。

② 《邓小平文选》第3卷，人民出版社1993年版，第191页。

③ 《邓小平文选》第2卷，人民出版社1994年版，第318页。

④ 同上书，第319页。

⑤ 同上书，第318—319页。

运动的复兴提供了新契机。在这次经济危机时期，资本主义国家工人运动表现出新的觉醒，社会主义运动取得了战役性的成功。然而，资本主义国家共产党仍然面临着严峻的局面，斗争并没有取得战略性的胜利。

2008 年夏天，国际金融危机爆发后，资本主义国家的共产党立即行动起来，积极开展应对经济危机及其后果的斗争，在理论与实践中都迈出了新的步伐。

第一，坚持马克思主义的基本原理，科学地揭示当代资本主义经济危机的一系列重大理论问题，如经济危机的性质、根源及特点，经济危机的发展阶段及发展趋势，经济危机对资本主义社会的深刻影响，社会阶级结构的新变化，共产党应对经济危机的战略和策略，等等。

第二，勇敢地投身到反对国际垄断资本转嫁经济危机的斗争中。资本主义国家共产党积极参与和领导了反对将经济危机后果转嫁给工人阶级和劳动群众的斗争：一是参与和领导工人阶级的罢工斗争和群众抗议集会；二是在议会中投票反对资产阶级政府转嫁危机的政策，提出应对危机的正确途径和办法；三是反对国际垄断资本将经济危机的后果转嫁到第三世界国家，反对帝国主义的侵略扩张政策，维护各国人民的主权和独立，保护生态环境和维护基本人权。

第三，加强共产党自身的建设。主要是加强党的马克思主义研究和宣传；运用信息化手段改进党的群众工作；加强党与工会、青年、妇女等群众组织的联系与合作；加强各国共产党和工人党之间的团结与合作，积极举办和参与共产党和工人党的国际会议和地区性会议；等等。

在 2008 年爆发的国际金融危机中，资本主义国家的共产党表现出了新的斗争姿态，这就是党的活动更加积极主动，同时，党参与和领导的反对转嫁危机后果的斗争产生了积极的效果，共产党在群众中的声望有所提升，党员队伍基本稳定，有些国家共产党的队伍还有所发展。例如，在经济危机时期，印度共产党（马克思主义）虽然失去了西孟加拉邦和喀拉拉邦的执政党地位，但其党员人数却保持在 100 万至 110 万，稳居非执政国家共产党党员人数的第一位。俄罗斯联邦共产党、日本共产党和美国共产党等也改变了党员人数不稳定甚至下滑的态势，出现了一定程度的增长（即稳中有升）。可以说，在此次经济危机时期，工人运动和社会主义运动与过去比较都有了显著的进步，斗争取得了战役性的成功。

虽然资本主义国家共产党在经济危机时期的斗争取得了积极的成果，但是人们预期的世界社会主义运动的高涨并没有出现，运动仍然处于低潮，发达资本主义国家的共产党在政治生活中被“边缘化”的处境并没有得到根本改变，世界社会主义运动仍然面临着严峻的局面，斗争并没有取得战略性的胜利。参加第十一次共产党和工人党国际会议的代表对产生这一状况的原因进行了自己的分析。

第一，2008 年国际金融危机到来时，绝大多数国家的共产党还没有从苏联解体、东欧剧变的沉重打击中恢复元气，“资强社弱”的国内外大格局并没有发生根本性的改变，这种历史大背景有利于资本主义应对危机而不利于世界社会主义运动的发展。

土耳其共产党代表穆罕默德·克祖鲁吉尔对此次危机发生的历史背景做了深刻的分析，他认为：“此前资本主义世界曾爆发过的两次大的经济危机（19 世纪末的经济危机和 1929 年的经济大萧条），由于在这两次危机前劳苦大众具有高昂的战斗士气，所以工人运动得到了增强。工人阶级事先在阶级斗争中所取得的经验，为工人以一种更加具有战斗精神的姿态应对危机提供了便利。与资本主义经济世界所爆发的前两次大危机不同，当前的这场危机发生在一个反对革命的时代，这意味着工人阶级的战斗经验相对薄弱。这一因素对危机期间阶级斗争的发展和阶级意识的增强产生了不良影响。这就给资产阶级通过思想手段和政治手段控制劳苦大众留下了更大的发展空间。”① 卢森堡共产党代表阿里·吕克尔特也认为：“具有重大战略意义并给各国共产党和全世界的共产主义运动带来巨大损失的社会主义的失败，至今仍对欧洲大陆有着非常严重的影响。反共产主义的思想清洗无处不在，这不仅仅存在于几个星期前我们所目睹的所谓纪念‘柏林墙倒塌’的宣传活动中，而且还存在于资产阶级的社会结构、学校和资产阶级的大众媒体中。”②

第二，发达资本主义国家政府所实行的社会福利政策，弱化了经济危机对工人的影响，造成工人阶级政治意识的滞后。荷兰共产党代表威廉·凡克拉任伯格认为：“荷兰许多工人还能够量入为出，甚至有时沉溺于生活中的许多美好事物，比如去剧院、听音乐会、去博物馆、出国度假等等，逃避现实世界的现象在不断增长。工人阶级的相当大部分倾向于继续过这种有点质量的生活，而对于这一生活背后的进程却不感兴趣。”“迄今欧洲的社会福利措施已经弱化了经济危机的影响”，并造成工人阶级意识的滞后。卢森堡共产党代表阿里·吕克尔特也认为：“当今工人阶级的政治意识比过去几十年前差了很多，虽然有些工人正在改变对资本主义的认识并开始了完全不同的思考。然而，在大多数工人眼里，资本主义仍然在为他们提供比较舒适的物质生活，所以他们看不出有任何理由需要寻求其他的经济秩序。”③

第三，资本主义国家的共产党自我变革和创新能力不足，拿不出改变现状的有效对策，是妨碍工人运动在经济危机时期得到增强的重要原因。德国共产党代表海因茨·施特尔认为，工人运动在经济危机时期没有得到增强的主要原因，是共产党还拿不出改变现状的对策。在一些受到这场危机影响的工厂、工业行政部门和机构的员工中，以及受到危机影响的人群中存在着反抗的思想，但是迄今仍缺乏一种全面的、团结的反抗。出现这种现象的原因之一，是在上班族和失业人群中广泛存在着对失去工作或者遭遇社会倒退的恐惧。另一个原因就是反共产主义宣传的影响。这种宣传确保不存在关于资本主义制度替代方案的讨论，并使得人们认为他们自身应受到谴责并应对这场危机的爆发负有个人责任。面对这种情况，“反资本主义力量、社会主义以及共产主义力量的影响力还不够，他们拿不出有效改变这种状况的策略，至少当今是如此”④。

第四，不少国家的共产党由于理论上的分歧而导致组织上的分裂状态，宗派主义成为社会主义运动发展的严重障碍，这也是经济危机时期阻碍社会主义运动发展的一个重要原因。卢森堡共产党代表阿里·吕克尔特认为：“直到今天，共产主义运动仍然对社

---

① 聂运麟、刘卫卫、杨威果：《冷静的分析、热切的期待：第十一次共产党和工人党国际会议综述》，《马克思主义研究》2010 年第 6 期。

② 同上。

③ 同上。

④ 同上。

会主义失败的原因、社会主义运动的经验和成就、社会主义运动的缺点和不足、社会主义建设时期的社会矛盾等都缺乏基本的分析和共识；同时，有关社会主义替代方案的标准和特征、社会主义生产力的发展、社会主义市场的发展、各种不同的经济管理方式、行之有效的社会主义计划、社会主义生产资料所有制的形式、政权机构建设和司法机制建设，以及在经济和社会中捍卫人民群众当家作主地位的途径等方面，也都缺乏应有的共识。上述问题的分析和共识乃是社会主义运动发展的一个最重要前提。”以色列共产党代表凡特恩·加特斯对社会主义理论的不足也有同感，“特别是在苏联解体后，我们也期望澄清什么是社会主义”①。

总之，在资本主义各国共产党看来，苏联解体、东欧剧变对世界社会主义运动的沉重打击及其严重影响、资产阶级政府的福利政策对经济危机的弱化、工人阶级既不满意现状又安于现状的政治意识、资本主义各国共产党没有制定出有效应对的理论与策略等，乃是此次经济危机时期工人运动没有得到增强的基本原因。

当前，后经济危机时期已经到来，资本主义国家的共产党的战略任务，就是探索各自国家走向社会主义的发展道路，必须要在这个问题上取得实质性的进展。

大家知道，20 世纪社会主义运动的巨大功绩，就是在俄国这个中等发达的帝国主义国家和在中国这个经济文化落后的半殖民地半封建国家，先后实现了胜利的社会主义革命，揭开了人类历史发展的新篇章。然而，今天世界社会主义运动正在面临新的挑战。1988 年 10 月 17 日，邓小平与罗马尼亚共产党总书记齐奥塞斯库谈话时指出：“我们走的是十月革命的道路，其他国家再走十月革命的道路就难了，因为条件不一样。没有执政的共产党正在寻找其他的、新的途径，但还没有找到一个成熟的观点、成功的办法。”② 日本共产党的纲领也指出：“在迄今为止的世界上，还没有在资本主义时代高度发达的经济和社会的基础上真正开展社会主义变革的经验。在发达资本主义国家中实现向社会主义和共产主义社会的迈进是 21 世纪世界上的新课题。”③ 这一战略性的“新课题”并没有在经济危机时期获得实质性的推进。

在后经济危机时期，资本主义国家共产党要破解社会主义运动发展的战略困局，首先必须从解决自身存在的诸多问题做起，只有使党自身健康起来、强大起来，才能为党探索符合国情的社会主义发展道路创造条件，为破解战略发展的困局创造条件。“打铁还需自身硬。”

当前资本主义国家共产党自身需要解决的主要问题是：解决历史遗留和现实产生的内部分歧，实现共产党自身的团结和统一；排除“左”、右倾思潮的干扰，创造性地制定马克思主义的理论与策略；坚持和发展民主集中制，不断加强党的组织建设；巩固党的阶级基础，扩大党的群众基础；坚持左翼联盟政策，不断巩固和发展广泛的统一战线；突破资本主义政治体制的禁锢，扩大共产党的政治影响力，扭转被边缘化的状态。

总之，对资本主义各国共产党来说，后经济危机时期是又一个新的历史征程的开

---

① 聂运麟、刘卫卫、杨成果：《冷静的分析、热切的期待：第十一次共产党和工人党国际会议综述》，《马克思主义研究》2010 年第 6 期。

② 《邓小平年谱（1975—1997）》（下），中央文献出版社 2004 年版，第 1254 页。

③ 刘洪才：《当代世界共产党党章党纲选编》，当代世界出版社 2009 年版，第 124 页。

始，其主要战略任务就是要探索各具本国特色的社会主义发展道路。然而，完成战略任务征程中的困难和问题不是短时间就能轻易解决的，其间必然要经历一个艰难、曲折的历史过程，才能最终实现战略困局的破解。

（原载《思想理论教育》2016 年第 11 期）

21 世纪的世界社会主义：新格局、新特征、新趋势*

姜　辉**

《世界社会主义研究》在2016年创刊，恰逢世界社会主义诞生500年。从1516年托马斯·莫尔发表人类思想史上第一部社会主义著作《乌托邦》开始到现在，世界社会主义历经500年历史沧桑迈入了21世纪。那么，21世纪的世界社会主义的状况和前景如何？与19世纪、20世纪的世界社会主义相比有什么样的新面貌和新特征？站在新的历史起点上，我们需要用世界眼光和历史视野来观察研究世界社会主义发展的新格局、新特征和新趋势，在世界历史发展变化的宏大时空背景下观察思考问题，正确地、自觉地把握时代背景和发展大势，从当前世界社会主义与世界资本主义在21世纪初的新变化、新发展及二者的竞争较量与力量对比中，全面地、历史地观察分析21世纪世界社会主义的前途命运。

一　21世纪初世界社会主义与世界资本主义竞争的新格局

历史表明，资本主义的每一次重大危机都对世界社会主义运动产生重要影响。资本主义危机必然带来各种矛盾的变化，也必然引致资本主义新一轮的大调整和大变动，因而也深刻地影响到世界社会主义的发展状况以及战略的调整和变化。从这个意义上讲，资本主义危机是观察研究社会主义发展状况、力量、条件、机遇、战略的重要时机。为清晰起见，我们从总体上观察对比20世纪以来三次资本主义危机之后世界资本主义与世界社会主义的变化发展状况与竞争态势的变化。

1929年资本主义危机之后的时期，可以说以苏联为核心的社会主义力量抓住了大好时机，苏联经济高速发展，并成为世界上仅次于美国的世界工业强国，社会主义制度初步显示了独特优势。在世界范围内，实现了社会主义从一国到多国蓬勃发展的辉煌胜利，并在战后形成了世界社会主义阵营。而以美国为核心的资本主义世界在危机之后，通过实行“罗斯福新政”等变革措施，努力缓和资本主义的各种矛盾，甚至通过学习借鉴苏联国有化、计划经济等经验，也较为成功地度过了危机，并在二战后形成了世界资本主义阵营并迎来战后发展的“黄金岁月”。危机之后经过

---

* 本文系作者主持的中国社科院创新工程重大项目“世界社会主义运动的历史经验和新发展”(2014YCXZD010) 的阶段性成果。

** 姜辉，中国社会科学院世界社会主义研究中心副主任，中国社会科学院信息情报研究院党委书记、研究员，博士生导师。

各自调整和发展，可以说是两大社会制度、两大力量势均力敌，一方面进行合作共通，取得了反法西斯战争的胜利；另一方面形成了两极对峙，两种社会制度的阵营长期冷战。

1973 年资本主义危机之后的时期，西方资本主义经过长期“滞胀”病痛的折磨之后，通过“里根革命”和“撒切尔新政”，又一次实现了资本主义的大调整大变化，借助新一轮科技革命和经济全球化的发展，迎来了资本主义 30 余年的“狂飙突进”。而苏联等社会主义国家不但没有抓住资本主义危机的机遇发展自己，而且自身由于体制僵化、缺少与时俱进的彻底改革而陷入严重的危机之中，加上其他因素的综合作用，最终发生苏联解体、东欧剧变，使世界社会主义陷入历史的低谷中。这次较量，世界资本主义占了上风，然而值得庆幸的是，这一时期的社会主义中国异军突起，没有像苏联与东欧国家那样在资本主义进攻中倒下，而是克服各种困难和危机后取得了成功的变革发展，形成了中国特色社会主义道路，并取得世人瞩目的成就，造成了世界社会主义总体低潮中的局部高潮，从而挽救了世界社会主义。这种局面正如邓小平以深邃的历史眼光作出的论断那样：“只要中国社会主义不倒，社会主义在世界将始终站得住。”① 2008 年资本主义危机之后的时期，美国等发达资本主义国家的政治经济实力相对下降，主导世界的能力显得力不从心。苏联解体、东欧剧变之后形成的资本主义“历史终结”的神话破灭，“狂飙突进”的资本主义在全球发展的进攻势头发生逆转。以中国为代表的世界社会主义和以美国与西欧国家为代表的世界资本主义之间的力量对比和关系格局发生了重大变化。这次较量虽然“资强社弱”的总体格局没有发生根本改变，但是资本主义在竞争中明显处于守势，以中国为代表的世界社会主义力量明显上升。这次危机标志着两大社会制度的竞争、世界历史的发展进入一个新的历史时期，呈现出新的态势和新的格局，即世界资本主义在其发展的长周期中开始进入了一轮规模较大的衰退期，而世界社会主义虽然总体上仍然处于苏联解体、东欧剧变之后的低潮期，但以中国特色社会主义发展取得的巨大成就为主要依托和标志，开始进入了世界社会主义发展长周期的上升期。

综上所述，通过对三次资本主义危机时期前后相继的三个不同历史时段的比较考察，我们可以更清楚地看到世界资本主义与世界社会主义在近一个世纪的共存斗争、角逐博弈中各自发展变化的大体脉络。比较而言，从 20 世纪 30 年代危机至 21 世纪初的资本主义危机近 70 多年的时间里，世界资本主义经历了由衰转盛再走下坡路的过程，世界社会主义经历了由盛转衰再到缓慢上升的过程。自苏联解体、东欧剧变以来仅仅 25 年的时间，历史的“魔术手”让人们经历了出其不意的神奇翻转。这也验证了列宁说过的一段话：“历史喜欢捉弄人，喜欢同人们开玩笑。本来要到这个房间，结果却走进了另一个房间。”② 这种境况使历史规律发生作用的必然性与偶然性都有了一次最生动、最充分的现实检验。同时，在这个发展过程中“历史之手”给我们的一个最大惊喜，就是在“神奇翻转”中打开了中国特色社会主义这个“看得见风景的房间”。正如习近平总书记所指出的：“特别是苏联解体、东欧剧变以后，

① 《邓小平文选》第 3 卷，人民出版社 1993 年版，第 346 页。

② 《列宁全集》第 20 卷，人民出版社 1958 年版，第 459 页。

唱衰中国的舆论在国际上不绝于耳，各式各样的‘中国崩溃论’从来没有中断过。但是，中国非但没有崩溃，反而综合国力与日俱增，人民生活水平不断提高，‘风景这边独好’。”①

二　21世纪世界社会主义发展的新特征与新亮点

21世纪初资本主义危机之后，世界社会主义发展的主要特征是“四期并呈”：一是世界范围内反对和变革资本主义运动的集中开展期；二是各具特色社会主义的民族化趋势与加强协调联合的国际化趋势的并存发展期；三是中国特色社会主义成为世界社会主义的旗帜且引领示范作用的上升期；四是处于新一轮衰退期的世界资本主义与处于新一轮上升期的世界社会主义之间的竞争与博弈更趋激烈。具体地看，正确把握21世纪世界社会主义发展面临的新格局，要注意研究和把握以下方面。

1. 21世纪上半叶世界社会主义振兴的重要标志性成果是，社会主义制度赢得比资本主义更广泛的制度优势

回顾世界社会主义发展数百年的历史，我们就会看到：19世纪，世界社会主义运动的中心在欧洲，按照马克思恩格斯的判断，世界革命运动中心的转移，顺次从英国到法国再到俄国。这一时期历史的主题是马克思主义理论的创立、传播、运用和逐渐占主导地位，在实践上是社会主义运动和工人运动的广泛开展并逐渐成熟与强大；在20世纪，世界社会主义的中心转移到俄国，历史的主题是革命和夺取政权，建立新的社会制度。这在俄国十月革命的胜利以及一批社会主义国家的诞生中得到实现；在21世纪，世界社会主义的中心转移到中国，历史主题是在两种社会制度竞争中不断实现社会主义制度的完善和发展，社会主义以充分的制度优势证明其巨大优越性。21世纪初资本主义危机的一个最为集中、最为突出的表现，是资本主义制度的无效和衰败。福山从“历史终结论”到资本主义“制度衰败论”，论证了资本主义政治制度和机制的衰败失灵；在《21世纪资本论》一书中，皮凯蒂论述了资本主义经济制度的衰败失灵；还有许多西方理论家以各种方式述说着资本主义民主、自由、平等这些长期以来被视为“永恒法则”的价值信条的破灭和衰败。与此同时，形成鲜明对比的是，中国正在通过全面深化改革实现着社会主义制度的完善和发展，推动中国特色社会主义制度更加成熟、更加稳定。到21世纪中叶，历史主题和中心任务将是在制度方面赢得比资本主义更广泛的优势，这是世界社会主义振兴的最为重要的标志。邓小平同志高瞻远瞩地说过：“我们中国要用本世纪末期的二十年，再加上下个世纪的五十年，共七十年的时间，努力向世界证明社会主义优于资本主义。我们要用发展生产力和科学技术的实践，用精神文明、物质文明建设的实践，证明社会主义制度优于资本主义制度，让发达的资本主义国家的人民认识到，社会主义确实比资本主义好。”② 习近平也强调了同样的思想：“随着中国特色社会主义不断发展，我们的制度必将越来越成熟，我国社会主义制度的优越性必将进一步显现，我们的道路必将越走越宽广，我国发展道路对世界的影响

---

① 习近平：《关于坚持和发展中国特色社会主义的几个问题》，载《十八大以来重要文献选编》（上），中央文献出版社2014年版，第109—110页。

② 《邓小平年谱（1975—1997）》（下），中央文献出版社2007年版，第1225页。

必将越来越大。”①

2. 中国以雄辩的力量与地位当之无愧地成为世界社会主义发展振兴的中流砥柱和引领旗帜

这是21世纪初期世界社会主义发展史甚至是世界历史上的重大事件。随着历史发展和时间推移，中国特色社会主义对世界的重大意义会越来越清晰。习近平对这个重大意义做了明确概括：中国特色社会主义“使具有500年历史的社会主义在世界上人口最多的国家成功开辟出具有高度现实性和可行性的正确道路，让科学社会主义在21世纪焕发出新的蓬勃生机”②。中国需要抓住机遇，运用大国智慧，敢于担当，很好地承担起应尽的历史责任，作出更大的历史贡献。在正确认识和评价中国特色社会主义世界意义的问题上，有以下几个方面需要强调。一是要客观、充分地认识到中国已经成为世界社会主义的最大、最稳固的阵地和根据地，中国特色社会主义成为世界社会主义的旗帜和风向标，成为21世纪世界社会主义的新的生长点。这已经是无可置疑的客观历史事实，不管人们主观上承认不承认，都是如此。我们不能回避现实，否则历史的老人就把千载难逢的历史机遇收回，我们就可能坐失良机，成为历史的落伍者，甚至会成为延误历史发展和文明进步的历史罪人。中华民族伟大复兴的进程同时就是世界社会主义振兴的进程，二者不可分割。二是承认中国在21世纪初已无可辩驳地成为世界社会主义的旗帜和中流砥柱，并且，根本不同于过去苏联那样搞大党大国主义，视自己为国际共产主义运动的“霸主”的霸权主义做法，将二者简单地比附是完全错误的。三是中国把自己的事情办好，也是对世界社会主义的最大贡献，历史上如此，现在如此，将来也如此。但“不当头”不等于“不作为”，在中国已经成为“醒来的狮子”、国际上负责任的大国、综合国力和话语权今非昔比的今天，我们要认真研究如何正确处理“韬光养晦”与“奋发有为”的关系，认真研究21世纪中国为世界社会主义发展做贡献的战略、内容、途径和方式。四是认真研究中国特色社会主义与世界社会主义的关系，研究中国特色社会主义理论体系、道路和制度的世界意义，研究总结中国特色社会主义最集中地体现人类社会发展规律、社会主义建设规律和共产党执政规律的重要经验和启示，为世界社会主义的理论创新和实践创新作出更大贡献。

3. 世界资本主义与世界社会主义在长期竞争中将发生历史性的转折，这有利于世界社会主义走向振兴

中国将在经济总量上超过美国，成为世界第一大经济体，由此带来两大社会制度力量对比发生转折性变化。目前可以肯定的是，如果不出现大的历史变故，中国的经济总量超过美国，只是时间问题。国际货币基金组织甚至提出，按照购买力平价计算，中国经济总量在2014年就超过了美国。我们姑且把这些预测及其动机放在一边，就从两大社会制度的竞争来讲，21世纪的某个时间点，世界最大的社会主义国家中国在经济上追赶上世界上最发达的资本主义国家美国，这无疑是具有里程碑意义的历史事件，也是两大社会制度力量对比发生重要转折的标志性事件。当然，到那个时候，也许中国还处在社会主义初级阶段，人均国内生产总值和人均收入同发达资本主义国家相比还有较大

① 习近平：《关于坚持和发展中国特色社会主义的几个问题》，载《十八大以来重要文献选编》（上），中央文献出版社2014年版，第109—110页。

② 习近平：《在庆祝中国共产党成立95周年大会上的讲话》，人民出版社2016年版，第4页。

差距，但这并不能否定中国发展的重大历史意义。在世界社会主义发展史上，第一个社会主义国家苏联有过赶超美国的历史，遗憾的是以苏联解体而告失败，那种类型的“赶超”为后人提供了许多教训。如今的“赶超”，绝不是过去运动式的“大跃进”和“超英赶美”。在新的历史起点上，中国在经济总量上超过美国有着新的历史意义。这是人类历史上第一次出现社会主义国家在经济上占据世界头位的情况，从而更充分地证明了社会主义制度的优越性。同时这也标志着以往持续数十年的“西强东弱”“资强社弱”的局面开始发生新的重大变化，东西方之间、社会主义与资本主义之间的关系和秩序格局，在新的力量平衡和竞争态势下被重塑和重组。

4. 判断社会主义发展状况和程度的标准是社会主义国家数量与社会主义理念实现程度的结合

我们判断世界社会主义处于“低潮”或“高潮”的标准，不仅在于看共产党执政的社会主义国家数量的多少，还要在质的标准上看反映社会主义本质的理念价值的广泛实现程度、社会主义制度优越性的充分展现程度。一般地说，数量标准确实是最直接，也是最直观的标准。苏联解体、东欧剧变之后，共产党组织执政的社会主义国家数量由15个减少至5个，这是社会主义的重大损失和挫折。但我们今天看待和评价社会主义的发展状况与形势，仅仅依据数量标准是片面的、有失偏颇的。随着时代的变化和世界社会主义的发展，评判世界社会主义发展形势的标准也要更趋全面和客观。在共产党执政的国家，要看反映社会主义本质的理念是否得到实现，比如生产力发展水平、共同富裕、公平正义等；各国探索本国特色社会主义道路的实践的广度与深度；共产党执政的社会主义国家对于发展中国家的感召力和示范作用，在世界上的影响力和话语权；等等。在资本主义国家，要看社会主义的因素是否增多和提升，劳动者的生活水平和社会权利是否改善与实现，反对资本主义的社会主义及其他进步力量是否增强，等等。总之，要全面地、综合地评判世界社会主义的形势和发展。当然，我们也希望共产党执政的国家数量越多越好，但是必须充分认识到社会主义发展的长期性和曲折性，具体地、历史地、客观地看待社会主义取得的每一个实质进步和每一次历史飞跃。

三　21世纪世界社会主义发展的新问题、新战略与新趋势

21世纪世界社会主义的发展和振兴，要在充分吸收借鉴20世纪世界社会主义发展经验教训的基础上，顺应21世纪时代发展的新趋势，深入研究回答21世纪初世界社会主义发展面临的新情况、新问题、新战略。正如习近平指出的那样：“世界潮流，浩浩荡荡，顺之则昌，逆之则亡。要跟上时代前进步伐，就不能身体已进入21世纪，而脑袋还停留在过去。”我们研究21世纪世界社会主义发展的问题和前途，既要坚持马克思主义的基本原理和立场观点方法，又要发扬马克思主义与时俱进的理论品质，全面准确地把握21世纪世界社会主义的新问题和新趋势。

第一，21世纪的世界社会主义要坚持民族性与国际性的统一。各国共产党及社会主义力量更加独立自主地探索本国社会主义道路，同时开展地区性或世界性的一定形式的协调与联合，或形成一定形式的统一阵线。这种联合是完全必要的，也是世界社会主义发展到当前阶段的必然要求。只有这样，社会主义力量才会在国际资本主义力量和保守右翼力量联合进攻面前增强集体行动能力，不会出现20世纪共产国际那样的国际性

组织。苏联解体、东欧剧变之后，世界范围内各国共产党组织以及社会主义力量经过生存之战后进行调整重组，目前已站稳脚跟，谋求新的作为和新的发展，这为21世纪世界社会主义的发展奠定了一定的组织基础。但21世纪初面临的最大问题仍然是世界范围内社会主义政党及其力量的相对弱小和分散（中国共产党的情况除外）。世界范围内社会主义及左翼力量在地区性或全球范围内开展了一些积极的沟通协调，有了一定的联系平台和途径，比如“欧洲左翼论坛”、拉美的“圣保罗论坛”、反全球化的“世界社会论坛”、国际马克思大会、共产党工人党国际会议等。但同时也要看到存在的局限和问题，比如在关于社会主义基本理论和方向目标的认识上还存在较大分歧；缺少明确的、具有较大程度共识的原则和纲领；在重大问题和重要行动上还不能形成有效的协调一致的战略策略；社会主义政党组织内部分裂严重，派系争斗削弱了自身力量；等等。这在一定程度上影响与制约着21世纪世界社会主义的发展。因而，社会主义政党及各种左翼组织之间形成必要的团结和协调行动，形成多种形式的国际统一阵线是完全符合新发展和新需要的，但不是共产国际那样的大党大国具有“发号施令”的权力、要求各党必须整齐划一行动的组织，不是那种成为领导与被领导、指挥与被指挥的不平等关系的组织，不能将其等同于搞“指挥中心”“整齐划一”“输出革命”等。21世纪世界社会主义的发展，要求认真研究解决各国各党独立自主与形成必要的国际协调合作的关系。在纪念第一国际成立150周年时，西方学者R. 安图内斯（Ricardo Antunes）撰写了一篇题为“1864年与今天的国际工人阶级”的文章，他认为：“面对全球化的资本，世界上的工人及其面对的挑战同样是超越国界的。今天的社会矛盾已经成为社会主义资本总体和劳工总体的矛盾，资本利用了它的全球机制和国际组织，所以对工人阶级的斗争来说，也必然增强了他们的国际性，重视国际工人阶级组织的建设。”① 这也从一个侧面反映出，当前形势的发展要求建立某种形式的国际工人阶级协调联合组织的必要性。

第二，21世纪的世界社会主义要坚持地域性与世界性的统一。21世纪社会主义异彩纷呈，模式多样，各具特色，但在全球化迅速发展的情境下，如何处理好地域性与世界性关系的问题，成为影响世界社会主义发展广度与深度的重要课题。马克思、恩格斯认为社会主义和共产主义是“世界历史性事业”，反对那种“地域性的共产主义”，指出实现共产主义有两个绝对必需的前提：一是生产力的巨大增长和高度发展；二是地域性的个人为世界历史性的个人所代替。他们认为，如果不具备这两个前提，就会造成以下两个后果：“（1）共产主义就只能作为某种地域性的东西而存在；（2）交往的力量本身就不能发展成为一种普遍的因而是不可忍受的力量：它们会依然处于地方的、笼罩着迷信气氛的‘状态’。”“交往的任何扩大都会消灭地域性的共产主义。”同样，“无产阶级只有在世界历史意义上才能存在，就像共产主义——它的事业——只有作为‘世界历史性的’存在才有可能实现一样”②。在全球化、信息化与网络化迅猛发展的今天，历史以前所未有的广度和深度转变为“世界历史”，人类交往日益成为“世界性交往”，个人和民族日益为“世界历史性”的个人和民族所代替。21世纪的世界社会主义绝不

① Ricardo Antunes, “The International Working Class in 1864 and Today”, *Socialism and Democracy*, Vol. 28, No. 2, 2014.

② 《马克思恩格斯选集》第1卷，人民出版社2012年版，第166—167页。

是逐渐消失的“地域性的共产主义”，其发展振兴只有作为“世界历史性”的事业存在才有可能实现。世界社会主义的历史已经证明，社会主义革命可以首先在一国或几国取得胜利，但革命要取得最终胜利、社会主义最终建成，只能是世界性的历史事业。一方面，21 世纪社会主义的突出特征是“本国特色”，民族性更为彰显；另一方面，21 世纪社会主义也会更加超越民族国家的地域性限制，国际性不断扩展。社会主义在形式上是以民族国家为舞台的，在内容上则是国际性的、世界性的。21 世纪世界社会主义的发展振兴，必须正确对待“本国特色”与“世界历史性”的辩证关系，实现民族性的“形式”与国际性的“内容”的有机统一，很好地实现从民族性、地域性的发展壮大向世界性、全球性的普遍联系与拓展转变。

第三，21 世纪的世界社会主义要坚持工人阶级运动与群众性运动的统一。要重新塑造社会主义运动的主体，形成以全球工人阶级为主导的、各种进步力量广泛参加的、阶级运动与其他进步社会运动相结合的反对资本主义的主体力量。20 世纪 70 年代以来，在西方国家出现了所谓“工人阶级主体性危机”，马克思主义关于工人阶级历史使命和历史地位的学说遭遇质疑与挑战，“告别工人阶级”论影响较大，“中产阶级”论占据主流。20 世纪末期以来，随着全球范围内阶级矛盾和阶级冲突的再次激化，以及全球资本家阶级与全球工人阶级的形成与日益分化，“中产阶级的再无产阶级化”现象凸显。特别是 21 世纪初期资本主义危机之后，全球工人阶级的境况恶化，许多“中产阶级”人群生活水准和社会地位下降，幻灭感蔓延，西方社会阶级结构出现了新的境况。一些理论家又重新关注和研究阶级、工人阶级、阶级性不平等、阶级冲突，一些左翼人士重新关注研究阶级斗争、工人阶级运动与社会主义运动的联系，有的重新论证工人阶级的社会主义主体地位。21 世纪世界社会主义发展的一个重要前提就是工人阶级主体地位的再形成，即全球工人阶级的再形成，也就是全球雇佣劳动者阶级的整体发展。20 世纪后期出现的那种社会主义“主体多元庞杂”“主体缺失”“无主体”的局面会有大的改观，资本主义危机后西方阶级状况和阶级关系的变化，比如“中产阶级”的“再无产阶级化”，脑力劳动者与体力劳动者在生活条件上的趋同化，在生产地位上的“同质化”，有助于新的全球工人阶级的形成，这对世界社会主义发展具有重要意义。同时，全球工人阶级从“自在”到“自为”的新型工人阶级意识的形成，使工人阶级的经济斗争、政治斗争、社会解放斗争在新的历史条件下自觉开展和更好结合，从而促进世界社会主义运动的新发展。

当然，全球工人阶级运动的新发展，要与诸如反全球化运动、“左翼替代”运动、民主权利运动、和平运动、生态运动、女权运动以及“占领”运动等各种反资本主义体制和秩序的运动结合起来，克服传统工人阶级运动的狭隘和局限，在 21 世纪的时代背景下构建新的社会主义主体力量联盟。在这种主体力量联盟中，工人阶级是领导性主体，阶级运动是主导性运动。20 世纪中期以后各种“新社会运动”的出现，总体上是以批判和否定传统的阶级运动的面貌和旗帜出现的。然而，半个多世纪的发展历程表明，如果抛开根本的经济根源和经济关系变革，不以作为经济关系之政治表现的阶级关系和阶级斗争为主旨，其他内容与形式的社会运动虽然也取得了一定范围与程度的胜利，但总体上看或停留于单一的抗议活动，或局限于琐细议题的讨价还价，或失之于无关社会秩序变革的泛泛抗争，或因为不具持续动力和接续力量而中道衰微。这次资本主义经济危机之后，一些左翼理论家重新关注阶级问题和阶级运动，阶级不平等、阶级分化、阶级冲突、阶级斗争等话语和范畴再热，这再次证明了阶级运动的重要性，工人阶级回归社会主义主体本位的重要性。新社会运动若不以社会主义为诉求目标，不依赖工人阶级的主体斗争，就很难在改变现存社会秩序上有实质的作为；当代工人阶级运动和社会主义运动若不与其他进步社会运动结盟，相互借鉴，彼此促进，也会由于陷入封闭保守、偏狭孤立而难以有新的发展。

第四，21 世纪的社会主义要坚持社会发展建设与生态文明建设的统一。这种结合是朝着马克思提出的"人和自然界之间、人和人之间的矛盾的真正解决"的历史发展的最终目标迈出实质性步伐的社会主义。21 世纪的社会主义，一方面要在解决社会矛盾、建立社会和谐上取得新的进展，另一方面要在解决人与自然的矛盾、建立人与自然的和谐上取得实质成绩。研究者一般把前者的社会主义运动称为"红色"运动，而把后者称为"绿色"运动，把二者的结合称为"红绿结合"。当前，生态马克思主义和生态社会主义是世界社会主义理论与实践中的重要流派，西方的社会主义运动更多地容纳绿色运动成分，有的国家绿党成为重要的左翼政党，与传统左翼政党在政坛上结成"红绿联盟"。现实社会主义国家也越来越关注环境与生态问题，更加自觉地把实现人与自然的和谐作为社会发展目标。中国也已经把生态文明建设作为中国特色社会主义"五位一体"总布局的重要组成部分，作为人类生产方式与生活方式的重大变革工程。21 世纪的世界社会主义，既注重社会关系与社会制度的变革，也注重人类的可持续发展和全球美好家园建设，这比以往更全面、更充分地展示了马克思所科学预测的"实际日常生活的关系，在人们面前表现为人与人之间和人与自然之间极明白而合理的关系"①。

综上所述，21 世纪初资本主义金融危机之后，世界社会主义既面临着难得的历史机遇，也面临着新的问题和挑战。资本主义危机为世界社会主义的发展造成了一定的客观历史条件，但历史的可能性转化为必然性，世界社会主义要取得新的发展，绝不是一蹴而就的事情，还需要全世界的社会主义者及各种进步力量进行长期的、艰巨的奋斗。这正如马克思所说的："历史是认真的，经过许多阶段才把陈旧的形态送进坟墓。世界历史形态的最后一个阶段是它的喜剧。"② 我们站在新的历史起点上，完全可以自信地说：21 世纪是世界社会主义走向振兴的世纪！

（原载《世界社会主义研究》2016 年第 1 期）

① 《马克思恩格斯选集》第 2 卷，人民出版社 1995 年版，第 142 页。
② 《马克思恩格斯选集》第 1 卷，人民出版社 2012 年版，第 6 页。

对“民粹主义”问题的一些看法

——三种语境的不同解读

汪亭友*

一　马克思主义语境中的“民粹主义”

马克思、恩格斯、列宁、斯大林、毛泽东等都批判过民粹主义，尤其是列宁，对俄国民粹主义进行了尖锐系统的批判。马克思主义语境中的“民粹主义”有其特定含义。马克思、恩格斯特别是列宁批判的民粹主义，主要指19世纪上半叶在俄国平民知识分子中蔓延的、反映俄国农民利益和要求的社会思潮，早期以赫尔岑、车尔尼雪夫斯基等人为代表，后来出现分化（如革命的民粹派、自由主义的民粹派等）。俄国的民粹主义从狭隘的农民观出发，否定资本主义在俄国发展的历史必然性，主张把俄国农村村社当作走向社会主义的起点，由农村村社直接过渡到社会主义。这股思潮反对依靠无产阶级进行社会主义革命，批判无产阶级在俄国的出现是历史的“不幸”，宣扬农民是“本能的共产主义者”和“天生的革命者”，是俄国革命的领导力量；认为历史是英雄创造的，整个人类进步是“芸芸众生”盲目地跟随“那些能够批判地思维的精英”，因此主张由少数精英领导革命，密谋进行夺权活动等。

列宁指出，俄国的民粹主义“相信俄国生活的特殊方式，相信俄国生活的村社制度，由此相信农民社会主义革命的可能性，——这就是鼓舞他们、唤起成十成百的人去同政府作英勇斗争的东西”①。这种“村社社会主义”色彩的思潮，在一定程度上反映了俄国农民反抗农奴制和沙皇专制统治的进步要求，反映了农民争取土地、平等、自由等朴素的愿望，因此，早期的民粹主义和民粹革命家的活动，包括后来分化出来的革命的民粹派，曾起到历史的进步作用。但随着19世纪末20世纪初资本主义发展到帝国主义阶段，马克思主义在俄国的广泛传播并与工人运动相结合，俄国无产阶级登上历史舞台，俄国马克思主义政党的创立及其在思想上、政治上、组织上的日益成熟，社会主义革命的条件逐渐具备并提上实践日程，此时已经不能适应俄国阶级状况和革命形势的民粹主义“已经堕落为最平庸的小资产阶级激进主义的理论”②，沦为反马克思主义的社会思潮。俄国的“民粹主义”看不清人类社会发展的规律，看不到俄国无产阶级的历史地位和肩负的使命，找不到俄国通向社会主义的正确道路，因此逐渐成为俄国无产阶

---

* 汪亭友，中国人民大学马克思主义学院教授。

① 《列宁全集》第1卷，人民出版社1984年版，第229页。

② 《列宁选集》第1卷，人民出版社1995年版，第74页。

级革命的绊脚石，直至走到革命的对立面而消亡。

列宁曾在《什么是“人民之友”以及他们如何攻击社会民主党人?》这篇重要著作中对当时俄国民粹派的实质进行了深刻的揭露，指出：“他们只向工人传播同专制制度作斗争的思想，却不同时向工人说明我国社会关系的对抗性（由于这种对抗性，资产阶级思想家也主张政治自由），不同时向工人说明俄国工人的历史使命是为全体劳动人民的解放而斗争。”[①] 列宁还说：“当工人阶级的先进代表领会了科学社会主义思想，领会了关于俄国工人的历史使命的思想时，当这些思想得到广泛的传播并在工人中间成立坚固的组织，把他们现时分散的经济战变成自觉的阶级斗争时，俄国工人就会起来率领一切民主分子去推翻专制制度，并引导俄国无产阶级（和全世界无产阶级并肩地）循着公开政治斗争的大道走向胜利的共产主义革命。”[②]

毛泽东后来谈到俄国民粹主义时也指出：“所谓民粹主义，就是要直接由封建经济发展到社会主义经济，中间不经过发展资本主义的阶段。俄国的民粹派就是这样。当时列宁、斯大林的党是给了他们以批评的。最后，他们变成了社会革命党。他们‘左’得要命，要更快地搞社会主义，不发展资本主义。结果呢，他们变成了反革命。布尔什维克就不是这样。他们肯定俄国要发展资本主义，认为这对无产阶级是有利的。”[③]

毛泽东还结合中国革命和中共党内长时间存在（主要存在于农民出身党员中）且有广泛影响的民粹思想，指出民粹主义在中国新民主主义革命阶段的表现，强调划清马克思主义与民粹主义的界限，划清新民主主义与民粹主义的界限，清除民粹主义在党内的影响。毛泽东认为，民粹主义在中国新民主主义阶段的表现，就是要急于消灭资本主义，急于消灭富农。毛泽东为此强调在新民主主义社会，还要“广泛地发展资本主义”，不能过早地消灭资本主义，不能急于消灭富农。他说：“我们不要怕发展资本主义。俄国在十月革命胜利以后，还有一个时期让资本主义作为部分经济而存在，而且还是很大的一部分，差不多占整个社会经济的百分之五十。那时粮食主要出于富农，一直到第二个五年计划时，才把城市的中小资本家与乡村的富农消灭。我们的同志对消灭资本主义急得很。人家社会主义革命胜利了，还要经过新经济政策时期，又经过第一个五年计划，到第二个五年计划时，集体农庄发展了，粮食已主要不由富农出了，才提出消灭富农，我们的同志在这方面是太急了。”[④]

毛泽东还进一步从经济基础的角度，分析了新民主主义与民粹主义的区别。他说：“新民主主义社会的基础是工厂（社会生产，公营的与私营的）与合作社（变工队在内），不是分散的个体经济。分散的个体经济——家庭农业与家庭手工业是封建社会的基础，不是民主社会（旧民主、新民主、社会主义，一概在内）的基础，这是马克思主义区别于民粹主义的地方。”[⑤] 他还指出“现在的农村是暂时的根据地，不是也不能是整个中国民主社会的主要基础。由农业基础到工业基础，正是我们革命的任务”[⑥]，

---

① 《列宁选集》第1卷，人民出版社1995年版，第74页。

② 同上书，第81页。

③ 《毛泽东文集》第3卷，人民出版社1996年版，第323页。

④ 同上书，第323页。

⑤ 同上书，第207页。

⑥ 同上。

还说“农民是喜欢共产的”，但“只有经过民主主义，才能到达社会主义，这是马克思主义的天经地义。这就将我们同民粹主义区别开来”①。

总体来看，马克思主义指出并批判的民粹主义，主要指在无产阶级革命运动中出现的，期望不经过资本主义的发展阶段、不依靠无产阶级而直接依靠农民领导社会主义革命、在小农经济基础上走向社会主义社会的一种思潮。这种思潮在无产阶级力量还很弱小、封建经济还很强大、农民人口占大多数、资本主义没有充分发展的国家中容易产生。马克思、恩格斯曾指出，德国、法国、英国在资本主义发展早期出现过这样的派别，号召各国革命家“必须同各地的民粹派作斗争”②。随着世界无产阶级革命浪潮的到来，特别是俄国革命和中国革命的胜利，马克思主义批判的民粹主义逐渐退出历史舞台，很少再被人提起。

二　西方语境中的“民粹主义”

西方语境中的“民粹主义”（populism，也被译成“平民主义”或“大众主义”），是在西方话语体系中被广泛使用的一个政治概念，至今没有统一明确的含义。《不列颠百科全书》给出的解释是，一种捍卫平民利益的政治纲领或行动，通常与精英主义（elitism）相对立，以反对大商业大金融的利益为目标指向。美国乔治城大学历史学教授、《美国历史上的民粹主义信仰》一书作者——迈克尔·卡津（Michael Kazin）说：“‘民粹主义’是一种语言，‘民粹分子’是掌握这种语言的人——他们反对狭隘的阶级论，认为平民同样高贵，而社会精英们更自私自利、不民主，从而制造平民阶级与精英阶级的对立。”③

“民粹主义”同“精英主义”的区别在哪里？按照一般的解释，首先体现在代表的群体及群体的利益不同。“民粹主义”维护的是平民和平民的利益，“精英主义”则代表权贵势力及其背后的大商业、大金融、大资本的利益。其次体现在表达意愿和维护利益的方式不同。“精英主义”推崇“理性”“客观”“中立”“科学”“独立”，是智慧与高贵的化身。美国著名报人威廉·亨利在《为精英主义辩护》一书中认为，精英主义是要向高标准看齐，而这个高标准并不掌握在大众手里。“我们中间有的人比其他人更出色，也就是说，更聪明，更勤奋，更博学，更能干，更难取代。一些观念比其他观念更深刻。一些价值观比其他价值观更有生命力。一些艺术作品比其他艺术作品更具有普遍价值。一些文化比其他文化更完善，因而更值得学习研究，虽然我们不敢明说。”④《知识分子都到哪里去了》一书的作者弗兰克·富里迪认为，知识分子只有努力抵制民粹论所奉行的“联系现实”和“向公众开放”，恢复文化、艺术和学术的自身评判标准，才能从疲乏无力中重新赢得尊严；使人类不同于猴子的从来不是芸芸众生，而是各个领域的杰出者。

而“民粹主义”则是不理性、冲动、好斗、狂热的代名词，头脑简单，易被煽动，为达目的不负责任、不计后果；奉行“人民崇拜”和救世主意识，崇尚愚昧倒退，反

---

① 《毛泽东文集》第3卷，人民出版社1996年版，第275页。

② 《马克思恩格斯全集》第37卷，人民出版社1971年版，第370页。

③ 《咬文嚼字：特朗普算“民粹分子”吗？》（http：//qoofan. com/read/18ADNobwGehtml）。

④ ［美］威廉·亨利：《为精英主义辩护》，胡利平译，译林出版社2000年版，第14页。

精英、反官僚、反富人、反知识分子、反科学、反现代、反主流、反人类，等等。总而言之，“民粹主义”是对一种极端情绪和极端行为的总括，是底层民众对政府、社会、特定人群、特定事件表达自己不满和愤怒的非正常发泄，是影响国家稳定、社会进步的消极力量和危险因素，通常可以同“暴民”“暴政”等词语联系在一起。

“民粹主义”对社会的危险或危害，不仅在于民粹情绪或行动具有较大破坏性，放任自流会出大事，而且还在于底层民众的民粹情绪，容易被打着“民意”招牌的民粹政客利用。民粹政客为满足权力欲望等私利，往往肆无忌惮地迎合底层群众不切实际的要求，为民粹站台呐喊，错误地影响乃至绑架政府的政策决策，误导大众的价值观和社会发展方向。在攫取权力后，这些民粹政客倾向于推行激进的社会变革，用短视、片面的政策解决复杂的问题，或无原则地偏袒民粹的利益，抑或缺乏长远的战略眼光和政治家的深谋远虑，从而经常把国家和社会置于狂躁动荡的危险境地。与此相对应，那些掌握系统知识、具备专业能力和实际管理经验、能有效治理国家和社会的精英群体被边缘化了，失去领导国家和社会的权利和权力。

在此届美国大选中广受诟病的共和党候选人特朗普（又译为川普），包括民主党候选人桑德斯，因他们的言语表达过于情绪化，不讲逻辑，常走极端，对美国社会的既得利益集团、权贵势力和美国面临的内外问题抨击过猛，以及强烈的排外主义，被西方社会视为美国当代“民粹主义”政客的典型代表。拉美地区的一些国家领导人，如阿根廷的胡安·庇隆、巴西的热图利奥·瓦加斯、委内瑞拉的乌戈·查韦斯，甚至包括菲律宾新任总统杜特尔特（被誉为菲律宾的“川普”），也因在国内推行倾向于保护穷人利益的社会政策或者对外推行反对美国和西方世界的强硬政策，而被列为“民粹主义”政治家。从这种语境出发，“民粹主义”和“民粹政治”意味着政治动员、全民狂热和领袖崇拜，是大众政治中的“乌合之众”现象、极权统治中的“愚忠盲从”现象，它是滋生蔓延极权主义甚至纳粹主义的温床，对现代民主法治构成严重威胁。

当然，在西方话语体系中，也有一种试图将“民粹主义”中性化、主张不夹杂政治色彩和情感指向的解读。美国总统奥巴马就将“民粹分子”描述为：“为社会公正（social justice）奋斗的人，确保出身贫苦的儿童在生活和医疗中享有像样的机会（a decent shot）。”他还强调这一解释与牛津辞典中“代表平民利益的政治团体成员”的定义相吻合。因此，奥巴马不赞成把特朗普说成“民粹分子”，因为特朗普的所作所为并不违背美国法律，利用有争议的言论赢得选票，算不上“民粹主义”。[①] 在欧洲大陆，“民粹主义”被解释为用以表达以民意为诉求的一类政治理念和政治行为，包括宣传和动员大众的策略等。在现实中，不分左右、保守和自由的党派和政治家都在用它，非确指某一政治理论、主义、政策或社会阶层。“民粹”甚至不是大众而是政治精英的一种属性、行为和标志。

“民粹主义”的起源，在西方也有不同说法。一种观点认为，“民粹主义”是从美国的一个政党——“民粹党”（the Populist Party）中衍生出来的。该党党名其实叫人民党（the People's Party），1891 年成立，主要代表农场主的利益，“民粹党”是攻击者对它的蔑称。人民党在 1896 年总统选举中被民主党吞没，此后便偃旗息鼓。但该党主张实行累进制所得税、铁路和电报系统归政府所有、议员直选等要求，后来被美国法律或宪法修正

① 《咬文嚼字：特朗普算“民粹分子”吗?》（http：//qoofan. com/read/18ADNobwGehtml）。

案采用（如累进制所得税），公众创议权和全民公决权在美国不少州也被付诸实施。

还有一种说法追溯得更为久远。说“民粹主义”字根“populus”（意指人民或群众）在古罗马时期是指拥有公民权的罗马公民。当时有一群被称为平民派（拉丁语“Populares”）的政治人物，包括提比略·格拉古等人，推动由罗马公民选出的公民大会替代贵族把控的元老院，进行决策，但遭到元老院贵族的反抗。他们认为，只有有教养的贵族精英才拥有统治的智识与能力，而普通民众并不具备，还易受到别有用心者的煽动蛊惑，因此将权力交给人民来决策，必然会带来暴民政治。在西方经常提起的、被哲学家汉娜·阿伦特称为“平庸者之恶”的极端事件，是公元前399年雅典公民大会通过了赐死苏格拉底的决定，后来成为西方主流舆论批判“民粹政治”的经典案例。

对民粹的恐惧、对民主的深恶痛绝，深深植入美国“开国之父”和美国政治设计师的脑海里。美国《独立宣言》签署者拉什说，“民主是恶魔之最，高喊民主的都是疯狗”，《独立宣言》另一位签署者、美国第二任总统约翰·亚当斯认为，“民主最不稳定、最波动、最短命”，“民主很快就会倒退到独裁”。“宪法之父”、美国第四任总统詹姆士·麦迪逊说：“民主是一副由动乱和争斗组成的眼镜，从来与个人安全，或者财产权相左，通常在暴乱中短命。”为防止民主“民粹”化、政治“暴民”化，美国统治集团在实践中逐步建立了两党轮流执政、三权分立制衡、总统制、议会制、联邦制、司法中立、军队国家化等基本政治制度，美国的宪政就是在此基础上形成的。

尽管迫于民众的压力，美国统治集团不得不从20世纪初开始逐步取消了财产、性别、种族等因素对选举权的限制，从20世纪60年代起搞“一人一票”的所谓“全民普选”，美国主流舆论也开始大力倡导“选举民主”“大众民主”。但美国统治集团意识到这类民主可能会给自己的统治带来不利影响，于是注重运用金钱的力量影响并操控选举，不仅取消了团体和个人对候选人和政党的捐款上限，而且利用资本同媒体、政客搞起了联姻，资本、捐款集团、政党、候选人、媒体共同操纵选举的走向，左右甚至决定选举的结果。西方报刊鼓吹的“大众民主”“选举自由”，逐渐演变成了选民只能选择资本、政党和媒体层层包装后的候选人，变成了选民选择这个候选人或那个候选人的自由。美国统治集团这样做的目的，是要确保社会精英亦即垄断资本的代理人，稳居国家权力金字塔的顶端，做到麦迪逊总统所说的“应该使少数阶级在政治上享受特殊的永久的地位”，避免占人口多数的下层民众靠选票实现对占人口少数但处于统治地位的资本权贵势力的“专政”。

因此，不难看出，西方语境中的“民粹主义”，实质上是掌权的资本权贵势力用来压迫平民百姓（主要是劳动者）反抗的一种意识形态工具。近年来，美国“占领华尔街”“民主之春”运动，法国“黑夜站立”运动，以及其他反映普通民众特别是下层民众诉求的抗议示威活动，无不被西方舆论打上“民粹主义”的底色，其原因即在此。“民粹主义”还是统治集团内部的各派势力争权夺利，用来排斥异己、倾轧对手的话语工具。美国亲民主党势力批评特朗普是保守的右翼“民粹分子”，而亲共和党的势力则批评桑德斯是沾染了社会主义色彩的左翼“民粹分子”。在英国，支持脱欧的被说成“民粹分子”，反对脱欧的也被说成“民粹分子”。“脱欧公投”是民粹主义，而之前同样是卡梅伦当首相的苏格兰“脱英公投”，却没人批评它是“民粹主义”。逻辑混乱和双重标准的背后，往往是不加掩饰的党派之争、各种势力集团的利益之争。

“民粹主义”概念本身也含义模糊。一般认为“民粹”中的“民”是指“平民”，但“平民”是相对权贵而言的，两者的区分和对立，既可适用于资本主义社会，也可适用于奴隶社会和封建社会。具体到资本主义社会，资本所有者和权贵势力以外的，都可以算作平民。甚至于中小资本所有者、中产阶层，也可归到平民范围，而不仅仅是指社会底层的平民。这种过于宽泛的表述，使得什么是平民的利益、平民利益同权贵利益的边界和具体表现在哪里、两者对立和冲突的根源是什么等诸如此类的问题不易说清楚。这也是“民粹主义”在西方遭到滥用、谁都可以用它来打击别人的一个原因。

比如英国的“脱欧公投”被西方视为“民粹主义”的杰作，但我们很难从利益上说清楚哪些人是“民粹”，哪些人不是“民粹”。因为脱欧对英国有利有弊，需要具体分析。对不同资本、不同行业的影响也是如此，利弊得失可谓千差万别。对与欧洲市场联系紧密的资本、行业和从业人员，影响的程度可能要大些，而对依靠本土发展的资本、行业和从业人员，影响可能要小些。赞成脱欧的民众，担心欧洲移民潮等问题会损害自身的利益，如工作机会减少、工资下降、地价攀升、子女受教育机会减少、福利下降以及对社会不安定带来影响等。但是，如果脱欧将造成英国经济衰退这一说法成立的话，脱欧对英国民众在就业和福利等方面的损害，就可能远大于不脱欧的不利影响。也就是说，从利益的角度很难判断，赞成脱欧的是“民粹派”，反对脱欧的就是“精英派”。把赞成脱欧的和反对脱欧的都看成“民粹”，就不可理喻了。

从意愿表达和利益维护的方式上，何谓理性何谓不理性，从来就没有一个统一的认识和判断标准。有种观点把是否尊崇法治、遵守法律视为判断是否理性、是否“民粹”的标准，进而视违背法治、践踏法律的言行为“民粹”。可是按此标准，如何理解西方把特朗普、桑德斯还有英国的“脱欧公投”说成“民粹”呢？因为，无论特朗普、桑德斯的竞选活动还是英国的“脱欧公投”，都是在法律规定的范围内或按法律规定的程序进行的。

马克思主义认为，西方宣扬的理性不过是资本的理性、资本的权威，维护的是资产阶级当家作主的社会秩序。资本主义社会普遍存在的现象是，赞成资产阶级统治的是理性的精英主义，反对资产阶级统治的就是“民粹”。“占领华尔街”“民主之春”“黑夜站立”运动是“民粹”，而推翻一个主权国家政权，酿成数十万人死亡、数百万人无家可归的悲剧，却被说成精英集团理性、正确的行动。符合统治集团利益需要的公投，是直接民主的良好体现；反之，不符合统治集团利益需要的公投，就是“民粹”。

“民粹主义”还被用来抨击无产阶级革命。在一些人的“民粹主义”理论看来，“民粹主义”同极权主义、纳粹主义之间，并不存在一条不可逾越的鸿沟。“民粹主义”是一种介于理性主义与极权主义之间的情绪和行为，一旦失控，它就会转向极权主义、专制统治。按照这种理论，一战后的俄国布尔什维主义，二战期间的纳粹主义，中国共产党领导的以人民大众为主体的社会革命、政治运动等都是如此。如有人明确地说：“浩浩荡荡的新民主主义革命和社会主义革命，从某种意义上说就是民粹的胜利。”这实际上是说，“民粹主义”可以同极权主义、纳粹主义、共产主义相提并论。

“民粹主义”把社会的精英与平民这两个群体割裂开来、对立起来，宣扬精英群体可以享受管理普通大众的特权，把前者凌驾于后者之上，这是封建等级特权思想的延续和唯心史观的表现。毫无疑问，受过系统教育的知识群体、社会公职人员和国家官僚队伍，他们拥有专门的知识、技能、管理经验等，在社会的各个领域发挥着普通民众难以发挥的重要作用。因此，不管在哪种社会，知识群体、公职人员和官僚队伍的作用都能得到统治阶级的重视，从而享有较高的社会地位。

但要看到，历史活动是群众的事业，人民是历史的创造者。历史是由各种方向不同的社会力量融成的历史合力的结果，但决定历史结局的是人民群众。人民群众是历史活动的主体，推动历史前进的决定力量。恩格斯指出，“自从阶级产生以来，从来没有过一个时期社会上可以没有劳动阶级而存在的”，“无论不从事生产的社会上层发生什么变化，没有一个生产者阶级，社会就不能生存”。[①] 不能因为精英集团有特殊作用和贡献，就认为精英比平民高贵，精英集团理应享有管理国家的特权，卑贱的大众就只能服从精英的统治。社会精英同普通大众只是在社会中的分工不同而已。

如果进一步分析，资本主义社会的知识精英，如医生、律师、教士、诗人和学者等，实质上是资产阶级“出钱招雇的雇佣劳动者”[②]，他们同无产阶级和劳动群众的社会地位并无本质的区别，都是资本统治和压迫的对象。只有在人民当家作主的社会主义社会，知识群体才能成为工人阶级的一部分，同广大人民群众一道成为国家和社会真正的主人，知识分子的才华才能得到充分的施展。把知识精英同劳动群众对立起来，无非是资产阶级分化瓦解知识分子的一种手段。

至于国家公职人员和官僚队伍，如警察、法官、政府公务员，包括军队等，是国家机器的一部分，是统治阶级专政的依靠力量。资本主义国家的公职人员和官僚队伍，被看成凌驾于人民大众之上的社会的主人，这是一切剥削阶级的偏见和观念，事实也是如此。当然，在社会主义国家，公职人员和官僚队伍则是人民的公仆。这是由社会主义国家的性质和人民群众的社会地位所决定的。人民群众同国家公职人员和各级各类领导干部是鱼水关系，而不是对立的精英与民粹的关系。

三　中国语境下的“民粹主义”

“民粹主义”一词在中国的使用，最初源自国外学者对毛泽东和毛泽东思想的研究。比较早的如美国学者莫里斯·迈斯纳，他在20世纪60年代提出毛泽东思想中的“民粹主义”问题。此后，施拉姆、沃马克、史华慈、永野英身等国外学者，也热衷于从“民粹主义”角度，研究毛泽东及中国“文化大革命”问题。他们认为，毛泽东从青年时期起就盲目崇拜农民，有“贫下中农”倾向；不重视专业技术，不信任知识分子和专家，有反官僚、反城市的倾向；崇尚献身革命的浪漫情怀，未能摆脱民粹主义对资本主义批判的局限等，是存在“民粹主义”的具体表现。

改革开放后，国内也有学者响应甚至照搬国外学者的观点，把“民粹主义”作为毛泽东领导革命和发动“大跃进”“文化大革命”等群众运动的一个思想根源。不仅毛泽东存在“民粹主义”，近代中国历史上的洪秀全、章太炎、鲁迅、章士钊、李大钊、梁漱溟等，也是“民粹主义”的突出代表。

2015年底，在“文化大革命”发动50周年前夕，有人借反思“文化大革命”重提“民粹主义”，批判“文化大革命”是一场“民粹运动”。有人完全拾国外学者牙慧，批判毛泽东和“文化大革命”受“民粹主义”影响，“‘崇尚人民’，信奉群众运

① 《马克思恩格斯全集》第19卷，人民出版社1963年版，第315页。

② 《马克思恩格斯选集》第1卷，人民出版社1995年版，第275页。

动，把民众和群众运动理想化、绝对化”，“轻视知识、知识分子，反对文化崇拜，造成反智主义盛行”，“强烈的反资本主义、反资产阶级情绪”。[①]

还有人说，毛泽东“于1920年代在湖南领导的农民运动（被反对派称为‘痞子运动’和‘惰农运动’）即为民粹主义运动，而后中共领导的以下层农民为主体的土改和革命运动，虽然有中共的强有力的组织和领导，但其社会基础、革命目标、底层动员方式和革命的行为方式都具有民粹特征”[②]。因为毛泽东重视农民问题，注重维护农民等劳动群体的权益，就把毛泽东和毛泽东思想扣上“民粹主义”的帽子，这是完全站不住脚的。毛泽东虽然重视农民问题和农民利益，中国革命也从农民运动起家并最终依靠农民这个“最可靠的同盟者”和“革命的主力军”取得了胜利，但中国革命是无产阶级领导的，通过新民主主义走向社会主义。它不同于资产阶级领导的旧民主主义革命，更不同于封建年代的农民革命。在新民主主义革命时期，毛泽东始终没有忽视工人阶级的领导作用，始终强调坚持无产阶级的领导。他也从来没有盲目崇拜农民，从不回避农民的弱点和缺点，指出农民作为小生产者的自发性、落后性，农民代表的生产方式与新民主主义社会的经济基础不相适应，所以毛泽东提出要教育、改造农民。

1936年12月，毛泽东在《中国革命战争的战略问题》一文中详细分析了中国社会各阶级的性质、特点，在革命中的地位、作用。他说：“中国农民群众和城市小资产阶级群众，是愿意积极地参加革命战争，并愿意使战争得到彻底胜利的。他们是革命战争的主力军；然而他们的小生产的特点，使他们的政治眼光受到限制（一部分失业群众则具有无政府思想），所以他们不能成为战争的正确的领导者。因此，在无产阶级已经走上政治舞台的时代，中国革命战争的领导责任，就不得不落到中国共产党的肩上……只有无产阶级和共产党能够领导农民、城市小资产阶级和资产阶级，克服农民和小资产阶级的狭隘性，克服失业者群的破坏性，并且还能够克服资产阶级的动摇和不彻底性（如果共产党的政策不犯错误的话），而使革命和战争走上胜利的道路。”[③] 1959年底到1960年初，毛泽东在读苏联《政治经济学教科书》的谈话中再次提到无产阶级是新民主主义革命的领导者。他说：“一九二一年，中国共产党成立以后，立即积极参加民主革命，站在民主革命的前头。无产阶级代替资产阶级的地位，无产阶级政党代替资产阶级政党的地位，成为民主革命的领导者。”[④]

新民主主义革命胜利后，毛泽东更强调依靠工人阶级领导的政权的力量，教育、引导和组织农民走社会主义道路。毛泽东的农民观，既不同于俄国的“民粹主义”，更与西方的“民粹主义”毫无一致。至于说毛泽东存在其他方面的“民粹主义”，要么造谣污蔑，要么荒谬至极。

关于“文化大革命”等群众运动发动的原因及其错误根源，中央早有定论，但从未与“民粹主义”有任何瓜葛。关于“文化大革命”的性质，《关于建国以来党的若干历史问题的决议》说得非常清楚，它“是一场由领导者错误发动，被反革命集团利用，

---

① 刘建国：《民粹主义思想与文化大革命运动》，《炎黄春秋》2015年第11期。

② 丛日云：《论网民政治参与中的民粹主义倾向》，《领导者》总第59期，2014年8月。

③ 《毛泽东选集》第1卷，人民出版社1991年版，第183—184页。

④ 《毛泽东读社会主义政治经济学批注和谈话》上卷，中华人民共和国国史学会2000年印制，第89页。

给党、国家和各族人民带来严重灾难的内乱”[①]。这场内乱的原因固然与“文化大革命”的发动方式有关，这种疾风暴雨式的群众运动不合时宜于我国社会性质和社会的主要矛盾已经发生根本转变的社会条件，但“文化大革命”错误的实质和根源不在于是否依靠和发动群众，不在于以什么方式依靠和发动群众，而在于毛泽东对当时党内和社会上的阶级斗争形势作出了错误估计，是党的思想政治路线出现“左”的偏差导致的。把“文化大革命”依靠和发动群众（尽管是名义上的）说成“民粹主义”，把参加“文化大革命”的人说成“民粹分子”，就无法理解中国共产党一贯奉行的群众路线，无法说明以此为“法宝”取得胜利的中国革命，无法解释十八大以来党的群众路线教育实践活动。参加“文化大革命”的人的情况也是复杂的。除极少数阴谋家野心家外，参与者的初衷、对“文化大革命”的态度各异，思想认识上也有前期和后期的变化，简单套用“民粹分子”这顶帽子是没有说服力的。

除上述观点外，近年来，国内知名公知大V、媒体人士，包括境内外的学者，把“民粹主义”概念进一步泛化、复杂化，似乎可以批评解释中国社会的一切问题和现象。如有人把反思改革中出现的一些问题，说成“反对改革开放路线”的“民粹”，说“民粹主义的要害是反对改革”；有人把人民群众对钓鱼岛、“南海仲裁案”等涉及国家主权问题上表现出来的强烈爱国情感说成“民粹主义”，戏称他们为“小红粉”“五毛党”甚至“爱国贼”；还有人把人民群众对以习近平为核心的党中央作出的一系列正确决策的衷心拥护说成“民粹”，危言耸听地说“民粹左派”与“左”的思潮的代表人物“里应外合，内外呼应，形成群体性的思想势力，来影响政府，对执政党施加压力”，要求中央与这种“民粹”保持距离；也有人把平民百姓上访，网民对党和政府工作提出批评意见，对违法乱纪的官员、警察、法官、富商以及散布错误观点的知识分子进行抨击，说成仇官、敌富、反智的“民粹主义”，就连历史上的太平天国和义和团运动也不放过，也要扣上“民粹”的帽子。

还有人明确说，中国民粹的社会影响力，“至少显性的部分超过了自由派”，“他们主要是市场经济的失败者，在改革中利益受损，而不彻底的市场改革导致社会收入差距过大，让他们耿耿于怀，愤愤不平。以下岗工人为主体，抵制市场改革，怀念计划经济，怀念‘文化大革命’。他们也激烈地反对官员贪腐，同时质疑‘公知’卖国；有较强的行动欲望，有较高的组织能力，更多的是一种利益驱动、情绪表达，缺乏理性的思考，缺少系统的政治诉求。更多的是借用‘老路’的计划经济、‘文化大革命’时期的语言，很容易被左翼网友蛊惑”[②]。

不难看出，同西方一样，一些人对待“民粹主义”，也是根据自己的需要，按照自己的好恶观念进行认识和评判的。把一些自己不认可的现象和问题，贴上“民粹主义”的标签进行批判，甚至以此为由头否定中央的路线方针政策。如有人批评共同富裕，说这一目标是典型的“民粹主义”纲领，其源头可追溯到太平天国运动颁布的宣扬“无处不均匀，无人不饱暖”的《天朝田亩制度》。还有人说，中国走向文明、走向世界存在两大阻力，一个是极端民族主义，一个是“民粹主义”，它们跟世界潮流格格不入，

---

① 《关于建国以来党的若干历史问题的决议》（注释本），人民出版社 1983 年版，第 30 页。

② 祝华新：《四类值得深入研究的网络社群》（http://www.08kan.com/gwk/MzAxMjAyODc-wMw/200580411/7/395bf14df367157aa7fd90e5088b00b5.html）。

说“现实中存在一种走向法西斯的力量，而且相当不弱”。还有人把中国“民粹主义”出现的原因，归结为长期以来的专政思想、阶级斗争思想、阶级斗争立场的“宁左勿右”等，不一而足。

应当看到，当前确有一些人对我国改革有这样或那样的批评意见，在我国的改革实践中也确实存在这样那样的问题，这也是我国全面深化改革开放的原因和动力所在。一方面，存在这样那样的批评意见属于正常现象。毕竟改革是一场深刻的社会革命，是对社会利益格局的调整优化，在保护发展群众利益的同时，就难免会影响到一部分人的既得利益。改革举措造成群众利益受损，也会影响到群众对改革的评价，对党和政府工作的评价。另一方面，这些批评意见，无论是有根据的还是没有根据的，都需要我们严肃认真地对待和处理。有则改之，无则加勉。岂能用“民粹主义”一概加以否定呢？即使群众作出诸如越级上访等不理性、不合规甚至违法的举动，包括爱国言行中出现偏激甚至违法的情况，也需要在党和政府的领导下耐心地去做工作，依法依规进行引导、教育和处理，是什么问题就按什么问题对待。简单套用“民粹主义”，只会将他们推到党和政府的对立面。

还比如，群众对某些官员、警察、法官、富豪以及一些知识分子提出批评，也要区分情况对待。对违法乱纪的官员、警察、法官、富豪，散布错误观点的知识分子提出批评，当然是正确的，这是群众进行监督的权利。即便在某些情况下因为某些因素群众的批评错了或过火了，也没有必要斥之为“民粹主义”。在改革过程中出现的诸如下岗职工等社会弱势群体，对于他们的诉求，无论是否正当，也没必要简单套用“民粹主义”加以否定和批评。

我们丝毫不否认中国社会存在某些偏激急躁的言行，对我国经济社会和谐稳定发展构成不利影响，需要引起党和政府的高度重视和警惕，并正确认识和妥善处理，但从上述对中国“民粹主义”的描述来看，绝大多数情况属于人民内部矛盾，需要通过教育、引导、改革、发展、法治等途径加以解决。如果不分青红皂白地被说成“民粹主义”进行否定、排斥和批判，这既与我们党一贯倡导的群众路线、实事求是、正确处理人民内部矛盾的方针相悖，也不利于我国社会的和谐稳定与发展。

当前宣扬“民粹主义”论的主要是长期坚持“普世价值”“宪政民主”“历史虚无主义”“新自由主义”等错误思潮的鼓吹者。党的十八大以来，党中央非常重视意识形态工作，旗帜鲜明地批驳反马克思主义思潮，自然就引起这些人的不满。同时由于人民群众也越来越看清了这些错误思潮的实质、危害，错误思潮已经不能再被用来欺骗民众了，因此，就需要有新的旗号、新的幌子达到他们的目的。“民粹主义”包括他们批判的“民族主义”，就是这个背景的产物。然而，万变不离其宗。同历史上打着各种旗号的反马克思主义思潮一样，其实质仍然是否定党的领导和社会主义制度。

需要注意的是，西方怎么用“民粹主义”，那是他们自己的事情，包括我国学者从学术上研究西方“民粹主义”，也应该没有禁区，但如果运用西方“民粹主义”理论研究中国的情况和问题，那就需要有正确的立场观点方法，切不可照搬，也不能仅从自己的好恶出发。中国有自己的特殊国情，话语体系和意识形态同西方有着本质的区别。

（原载《世界社会主义研究》2016 年第 2 期）

红军长征的伟大意义和深远影响

张文木*

习近平总书记在纪念红军长征胜利80周年大会上发表的重要讲话中指出："穿越历史的沧桑巨变，回望80年前那段苦难和辉煌，我们更加深刻地认识到，长征在我们党、国家、军队发展史上具有十分伟大的意义，对中华民族历史进程具有十分深远的影响。"

历史事件离我们愈是遥远，其性质便愈能清晰地呈现。80年前，中国共产党领导的中国工农红军，以非凡的智慧和大无畏的英雄气概，战胜千难万险，付出巨大牺牲，胜利完成震撼世界、彪炳史册的长征，宣告了国民党反动派消灭中国共产党和红军的图谋彻底失败，宣告了中国共产党和红军肩负着民族希望胜利，实现了北上抗日的战略转移，实现了中国共产党和中国革命事业从挫折走向胜利的伟大转折，开启了中国共产党为实现民族独立、人民解放而斗争的新的伟大进军。后来的历史证明，长征的意义已远超出长征事件本身，它深刻影响着中华民族伟大复兴的进程并指引着它的前进方向。

一 长征是中国共产党寻找真理的伟大远征

习近平总书记指出："长征是一次检验真理的伟大远征。"从一定意义上说，困难是政党进步最稳固和最靠得住的阶梯。真理往往都是在克服困难的过程中找到的，困难是寻找真理的加速器，困难越大，人们离真理就越近。艰苦卓绝的长征使中国共产党以前所未有的速度迅速接近、检验和接受真理。

1927年，第一次国内革命战争失败，中国共产党召开了"八七会议"。毛泽东提出了"枪杆子里出政权"的论断。他说："革命不是请客吃饭，不是作文章，不是绘画绣花，不能那样雅致，那样从容不迫，文质彬彬，那样温良恭俭让。革命是暴动，是一个阶级推翻另一个阶级的暴烈的行动。"会议作出开展土地革命和武装斗争的决定，而促成大家接受这个符合中国革命实际的决定的直接因素就是从1927年的血泊中学到和找到的经验。

湘赣边界秋收起义后，毛泽东把队伍拉上了山，开辟了井冈山革命根据地。1965年毛泽东在重上井冈山的路上告诉身边的同志："战争时期，检验路线的正确不正确，比较容易，王明说自己的路线正确，根据地是整片整片失去嘛！张国焘说自己路线正确，八万人过了两次草地，大队伍被打得七零八落。和平时期检验路线的正确不正确，

---

* 张文木，中国社会科学院世界社会主义研究中心常务理事，北京航空航天大学战略问题研究中心教授。

要难得多。”残酷的斗争环境犹如高速离心机，迅速将错误认识和观念抛弃，而将正确的东西保留下来。

“真理只有在实践中才能得到检验，真理只有在实践中才能得到确立。”战争中的流血牺牲是最残酷最严格的实践。1934 年 11 月湘江之战失败后，红军主力从出发时的 8 万多人锐减过半，近 3 个人中就有 1 人牺牲。在生死面前，人最容易摆脱不切实际的哲学思辨。在一次次战争考验特别是遭遇湘江之战的失败的惨痛教训后，中国共产党逐渐摆脱了对共产国际洋教条的迷信，从中国本土寻找力量，认识到毛泽东的思想和战略的正确性。长征的胜利使我们党进一步认识到，只有把马克思列宁主义基本原理同中国革命具体实际结合起来，独立自主解决中国革命的重大问题，才能把革命事业引向胜利。这是在血的教训和斗争考验中得出的真理。

1964 年 3 月 24 日，毛泽东曾经有一次在谈到《毛泽东选集》时说：“这是血的著作。”血的著作，也是在血泊中找到的真理。最残酷的革命实践让中国共产党以最快速度接近并找到真理。

二 长征中确立了毛泽东在红军和党中央的领导地位

湘江战役失败后，为了纠正“左”倾领导在军事指挥上的错误，中共中央政治局在贵州遵义召开会议。这次会议是我们党历史上一个生死攸关的转折点，会议解除了博古、李德的最高军事指挥权，确立了毛泽东同志在红军和党中央的领导地位，开始确立了以毛泽东同志为主要代表的马克思主义正确路线在党中央的领导地位，开始形成以毛泽东同志为核心的党的第一代中央领导集体，这是我们党和革命事业转危为安、不断打开新局面最重要的保证。

长征初期，红军队伍中仍然存在着各种各样的思想，党内不断进行着各种各样思想路线的交锋和斗争。博古、李德等尽管失去了领导地位，但他们并没有认识到自己的错误，还在观望新的领导集体的实践结果。1935 年 5 月 25 日，中央红军强行渡过大渡河、飞夺泸定桥，这使红军摆脱了蒋介石的包围，避免了重蹈太平天国石达开全军覆没的危境，实践有力地证明了毛泽东的思想路线的正确性。

1935 年 6 月中旬，中央红军翻越夹金山在四川懋功与红四方面军会师，这时中共中央内部关于长征路线出现分歧。其主要表现在南北两个大方向，具体说就是三个方位，一是南下川北，这是张国焘提出的方案，当时张国焘在党内还有较高的地位和较强的实力，其主张和认识有很大的影响力。其二是北上陕甘，这是毛泽东提出的方案。最后一个就是张国焘作为妥协而提出的北进新疆的方案。长征是应该往川康走，往陕北走，还是往西北走？为了中国革命胜利发展，党中央毅然率领红一方面军主力单独北上，于 1935 年 10 月胜利到达陕北。北上陕甘路线使中国革命取得了巨大的成功，而张国焘的路线给中国革命再次带来了惨痛损失。历史最终证明毛泽东的思想路线是正确的。

红军到达陕北后，特别是西安事变形成国共合作后，中国共产党迅速成长壮大并成为全中国抗日战争的中流砥柱。延安整风期间，全党充分认识到毛泽东的思想对于中国革命的生死攸关的意义，并最终在党的七大确立了毛泽东思想为全党的指导思想。

今天来看，如果没有长征及其路途上经历的种种生死考验，这些共识的形成是很难想象的。邓小平同志曾明确指出："没有毛主席就没有新中国，这丝毫不是什么夸张"；"没有毛泽东思想，就没有今天的中国共产党，这也丝毫不是什么夸张。"没有毛泽东、没有毛泽东思想，"至少我们中国人民还要在黑暗中摸索更长的时间"。

中国革命的真理是历经血与火的洗礼炼出来的。中央红军长征出发时还有 8 万多人，到达陕北时只剩 8000 多人。残酷的斗争环境不仅是对整个党、整个红军的一次生死考验，也是对各种思想正确与否的迅速检验。人虽少了，但大家思想统一了，大家都统一到正确体现马克思列宁主义与中国革命实际相结合的毛泽东思想这面旗帜下。自从中国共产党和中国人民选择了毛泽东思想，中国革命就开始比较顺利地闯过一道道急流险滩，从一个胜利走向另一个胜利。

三 实事求是、群众路线和独立自主是长征留给我们党最为宝贵的经验

对于长征来说，每一次危急关头，都可能孕育着胜利，而每一次的胜利，又都可能潜伏着失败。长征中红军能一次次转危为安，都离不开毛泽东等党的领导人能够坚持实事求是的思想路线，坦然面对遇到的问题，并不断总结教训。因此，长征的胜利是马克思列宁主义与中国革命实际相结合的结果，也正是长征使中国共产党迅速抛弃照抄照搬洋教条，实事求是，独立自主，立足本国实际地制定路线、方针、政策，坚定地依靠人民，最终将中国革命引向成功的道路。

红军打胜仗，人民是靠山。面对正义和邪恶两种力量的交锋、光明和黑暗两种前途的抉择，我们党始终植根于人民，联系群众、宣传群众、武装群众、团结群众、依靠群众，以自己的模范行动，赢得人民群众真心拥护和支持。长征用胜利告诉我们，人民群众有着无尽的智慧和力量，只有始终相信人民，紧紧依靠人民，充分调动广大人民的积极性、主动性、创造性，才能凝聚起众志成城、夺取革命胜利的磅礴之力。

实事求是、群众路线和独立自主，这是红军长征留给我们的最重要的启示。这也是毛泽东思想活的灵魂，是贯穿中国共产党党性修养的基本原则。

因此，毛泽东强调："我们应当相信群众，我们应当相信党，这是两条根本的原理，如果怀疑这两条原理，那就什么事情都做不成了。"在长征途中，在中国革命漫长的征程中，毛泽东始终以身作则，很好地体现出这一党性修养。不管是被党内同志认可还是被误解，也不管党的路线正确还是暂时错误、革命形势是高潮还是低潮，作为党员的毛泽东从中国人民的解放事业大局出发，始终坚守党性原则，始终与党在一起，不离不弃，将个人荣辱与整个党的事业融为一体，个人服从组织，少数服从多数，下级服从上级，全党服从中央。在大家没有认识到真理时，毛泽东耐心等待党内多数同志随着实践的推进逐步觉悟。1964 年 4 月 21 日，毛泽东告诫身边的同志说："切记不要相信领导坏了党就垮了。党总是一分为二的。"毛泽东相信，只要符合历史唯物主义的大道理，困难和低潮乃至错误的认识只是一时的，正确的思想和实践，终将会得到历史的认可。正因为如此，他才能在中国革命和建设波澜壮阔的实践中，凝聚起全党全国人民的力量，不惧挑战、排除万难、奋勇前进。

实事求是、群众路线和独立自主，就是把马克思列宁主义的普遍真理同中国具体实际相结合，党领导人民走中国自己的路。《国际歌》唱道：从来就没有什么救世主，也不靠神仙皇帝，要创造人类的幸福全靠我们自己。伟大的长征告诉我们，只有坚持实事

求是、群众路线和独立自主，我们党才能带领人民取得胜利。

1958 年 4 月 2 日，毛泽东在武昌东湖会见外国友人时说："一个国家总有它的特点，不适合这个特点的东西就行不通。"当年李德不了解中国国情，照搬外国经验，否定毛泽东的战略战术，他要求红军"正规化"，打阵地战，导致第五次反"围剿"失败，丢失了根据地，红军被迫开始长征。遵义会议前夕，中国共产党和共产国际已无法取得联系，既不能向共产国际请示，同样也无法得到共产国际的支援。然而正是这种"断奶"式中断，迫使中国共产党人第一次在没有共产国际的影响下，学会了将马克思列宁主义与中国革命的实际相结合，独立自主地走出了自己的路，独立自主地制定党的路线、方针和政策，并在这种实践中形成一条对中国共产党未来发展意义重大并贯穿党的工作全过程的实事求是、群众路线和独立自主的原则。正是这些原则指导着中国共产党从长征胜利，走向抗日战争胜利、解放战争胜利，最终建立起社会主义制度。毫无疑问，今天为中国改革开放带来巨大成就的中国特色社会主义理论，其核心也正是实事求是、群众路线和独立自主。

毛泽东说："群众是真正的英雄。"政党的命运，取决于人心的向背；军队的胜败，取决于为谁而战。蒋介石国民党剥夺了人民的生产资料，并以此获得买办利润和少数买办阶层的支持。国民党的军队发展队伍，靠的是"发红包"、拉壮丁；共产党通过革命使农民得到土地，工人得到工厂，让人民拥有生产资料，并由此获得最广大的人民的支持。共产党的军队发展队伍，靠的是人民群众积极参军参战。最终，人民成了坚定地支持共产党的阶级基础。有了人民的支持，中国共产党就有了不竭的动力，这一点在解放战争中体现得最为明显。在解放战争中，可以说最终是人民用手推车推倒了拥有美式装备的蒋家王朝，在共产党领导下建立起了中华人民共和国。

"革命不是请客吃饭，不是作文章"，发展也不能仅是请客吃饭和做文章。今天，实现"两个一百年"奋斗目标，实现中华民族伟大复兴的中国梦，必须保持党同人民群众的血肉联系，这是历久弥新的永恒课题。不忘初心，不忘根本，永远扎根人民，一切为了人民，一切依靠人民，我们党就能坚如磐石，这是长征胜利留给我们党的最重要的经验，何时何地都不能丢。

如果说十月革命给中国送来了马克思主义，那么红军的长征则给中国共产党和中国人民送来了毛泽东思想，从此中国共产党获得了带领中国人民从胜利走向胜利的法宝，这也是我们今天在推进改革发展、实现中华民族伟大复兴中国梦的征程中须臾不能离开的思想武器。从这个意义上说，长征的意义是深远的、永恒的，对于今天的中国共产党和 13 亿多中国人民而言，是要永远铭记的。

（原载《红旗文稿》2016 年第 21 期）

党的领导经验的深刻总结

——重温毛泽东《党委会的工作方法》

梁 柱*

毛泽东在他的领导工作中，十分注意思想方法和工作方法问题。在他看来，领导工作不仅要决定方针政策，而且还要制定正确的工作方法。有了正确的方针政策，如果在工作方法上疏忽了，或者采取错误的工作方法，还是要发生问题的。这就从能否正确贯彻党的方针政策的高度指明了工作方法的重要性。毛泽东写于1949年的《党委会的工作方法》一文，是他在党的七届二中全会上所做的结论的一部分。这个文件是对党的领导经验和工作方法的深刻总结，是对党委会工作方法的制度性建设，今天读起来仍让人感到十分亲切。从毛泽东所阐述的党委会的工作方法中，我们能够很好地体会到贯穿其中的是民主与集中的统一，党的领导与群众路线的结合，方法与目的的贯通。这种充满辩证唯物主义的工作方法，对于实现和完善党的领导具有普遍的意义。对于我们今天在新的历史条件下治国理政、加强和改进党的领导，有着重要的启示和指导作用。

要建立民主与集中相统一的党委会内部关系

要在工作方法上贯彻党内民主原则和民主精神，一个重要的前提条件，就是要建立正常的党委会内部关系。毛泽东按照党的民主集中制的原则，形象地把党委书记比作“班长”，提出党委书记要善于当“班长”。他说：“党委要完成自己的领导任务，就必须依靠党委这‘一班人’，充分发挥他们的作用。”“书记、副书记如果不注意向自己的‘一班人’作宣传工作和组织工作，不善于处理自己和委员之间的关系，不去研究怎样把会议开好，就很难把这‘一班人’指挥好。如果这‘一班人’动作不整齐，就休想带领千百万人去作战，去建设。”① 他特别强调，把党委书记比作“班长”，这不过是一个比方，这同军队中班长和战士之间的关系是不一样的。这就是说，书记和委员之间的关系是少数服从多数，在讨论问题时是平等的关系，在决定问题票决时都同样只有一票，绝不是一个人说了算。一切重要问题（当然不是无关重要的小问题或者已经会议讨论解决只待执行的问题）均须交委员会讨论，由到会委员充分发表意见，作出明确决定，然后分别执行。同时，又要充分发挥书记的“班长”作用，集体领导和个人负责，二者不可偏废。

---

* 梁柱，北京大学中国特色社会主义理论体系研究中心教授。

① 《毛泽东选集》第4卷，人民出版社1991年版，第1440页。

各级党委会作为研究情况和决策的领导机构，坚持集体领导原则是贯彻党内民主的重要体现。毛泽东从党的制度建设上着眼，强调“党委制是保证集体领导、防止个人包办的党的重要制度”。他特别指出：“重要问题的解决，不是由党委会议做决定，而是由个人做决定，党委委员等于虚设。委员间意见分歧的事亦无由解决，并且听任这些分歧长期地不加解决。党委委员间所保持的只是形式上的一致，而不是实质上的一致。”① 党的历史经验表明，只有形成实质上的一致，即在认识统一的基础上形成的决定，才能真正发挥集体领导的作用。所以，毛泽东不仅从正确处理党委会的“班长”同委员之间的关系上，坚持集体领导的原则，而且还提出在党委会内部“要把问题摆到桌面上来”、要“互通情报”等具体方法，以使集体领导的原则得到保证。这就是要在党委会中建立正常的同志关系和工作关系。在工作中，意见分歧，看法不一致，甚至意气用事，彼此隔阂，都是难以避免的。但是，共产党人有着共同的奋斗目标，一心为公，不谋私利，所以，不论是来自五湖四海，还是不同的山头，都有着坚实的团结基础。只要把问题提到桌面上来，克服背后议论的自由主义风气，一切问题都会迎刃而解。在这里，毛泽东强调“班长”和委员之间还要互相谅解，他说：“书记和委员，中央和各中央局，各中央局和区党委之间的谅解、支援和友谊，比什么都重要。”② 这就是要求共产党人要有全局观念，要以大局为重，正确处理个人与组织、局部与整体的关系，真正做到全党、全国一盘棋。事实证明，只有胸怀全局的人，才会真正懂得团结的重要性，才会在同志间建立起互相尊重、彼此信任、相互支持的友好团结的工作关系。毛泽东认为，要建立这种正常的同志关系和工作关系，就要在党委各委员之间提倡互通情报、互相交流，“这对于取得共同的语言是很重要的”③。毛泽东十分重视党内要有共同语言，有了共同语言才会有团结的基础。这不仅要通过委员之间的互相交流、互相通报来取得，而且要通过学习马克思主义理论来取得。有了马克思主义理论，才会有观察问题、分析和解决问题的科学的、共同的方法，党内才会有共同语言。只有这样，党内的民主原则和民主精神才能得到有效的贯彻。

毛泽东上述党委会的工作方法，实际上已涉及党委会内部的民主生活和民主制度问题。这是健全党委会的重要保证，对我们今天推进党内民主建设、加强党的领导有重要的启示意义。党的各级领导首先是高级领导要有正常的政治生活，领导人要模范遵守党的民主制度和党内民主生活准则，建立正确的党的领导制度，否则，党内民主以至人民民主都会得不到保证，党委会的领导作用也得不到正常的发挥。应当肯定，改革开放以来党的建设取得了长足的进步，但还存在诸多值得重视的问题，诸如在一些地方和单位不恰当地强化了“一把手”的作用，个人说了算、家长制作风等现象严重存在，党委成员之间不沟通情况，不交流思想，“鸡犬之声相闻，老死不相往来”；意气用事，互相推诿，各唱各的调，形不成合力；甚至搞团团伙伙，争权夺利，置党与人民的利益于不顾；等等。出现这种情况，不仅仅是工作和认识上的分歧，更重要的是一些人失掉了共产党人的理想信念，热衷于“争名于朝，争利于市”，心目中只有个人的政绩和升迁；失掉了学习理论的兴趣，使党内缺乏共同语言。这是值得我们高度重视的。

---

① 《毛泽东选集》第 4 卷，人民出版社 1991 年版，第 1340 页。

② 同上书，第 1441 页。

③ 同上。

群众路线是党委会的基本工作方法

毛泽东对党委会工作方法的规定中，一再强调必须贯彻群众路线和注重调查研究，力求做到民主决策、科学决策。他十分重视决策过程中对情况的了解和准确把握，要做到“胸中有‘数’”。他在这里所说的“数”，不仅是指对一般情况的掌握，而且强调要对客观情况做定量的分析。他说：“对情况和问题一定要注意到它们的数量方面，要有基本的数量的分析。任何质量都表现为一定的数量，没有数量也就没有质量。”① 他举例说，“要进行土地改革，对于地主、富农、中农、贫农各占人口多少，各有多少土地，这些数字就必须了解，才能据以定出正确的政策。对于何谓富农，何谓富裕中农，有多少剥削收入才算富农，否则就算富裕中农，这也必须找出一个数量的界限。”② 他语重心长地说：“我们有许多同志至今不懂得注意事物的数量方面，不懂得注意基本的统计、主要的百分比，不懂得注意决定事物质量的数量界限，一切都是胸中无‘数’，结果就不能不犯错误。”③ 这是对党的领导经验和领导方法的深刻总结，也是对他自身实践经验的深刻说明，对我们今天从事领导工作的同志来说，是极其有益的经验之谈。

那么，怎样才能真正把握客观情况、做到“胸中有数”呢？在毛泽东看来，这只有向群众学习，向实际学习，调查研究是认识客观事物的唯一正确途径。他在《关于领导方法的若干问题》一文中就指出：“从群众中集中起来又到群众中坚持下去，以形成正确的领导意见，这是基本的领导方法。”④ 现在，他在《党委会的工作方法》中又提出领导干部“要‘不耻下问’，要善于倾听下面干部的意见”。⑤ 这就是调查研究，就是“先做群众的学生，再做群众的先生”的工作方法。这正是毛泽东所坚持的工作作风和工作方法。他说：“我自己认识农村，就是经过好几年的工夫的。”“到井冈山之后，我作了寻乌调查，才弄清了富农与地主的问题，提出解决富农问题的办法，不仅要抽多补少，而且要抽肥补瘦，这样才能使富农、中农、贫农、雇农都过活下去。”“贫农与雇农的问题，是在兴国调查之后才弄清楚的，那时才使我知道贫农团在分配土地过程中的重要性。”⑥ 为了保证土地革命正确而健康地开展，毛泽东做了大量调查研究的工作。他在《宁冈调查》和《永新调查》的基础上，科学分析了边界土地状况：“大体说来，土地的百分之六十以上在地主手里，百分之四十以下在农民手里。江西方面，遂川的土地最集中，约百分之八十是地主的。永新次之，约百分之七十是地主的。万安、宁冈、莲花自耕农较多，但地主的土地仍占比较的多数，约百分之六十，农民只占百分之四十。湖南方面，茶陵、酃县两县均有约百分之七十的土地在地主手中”⑦。正是这样基本的数量的分析，为制定正确的土地革命政策提供了现实的依据。毛泽东这种甘当

---

① 《毛泽东选集》第 4 卷，人民出版社 1991 年版，第 1442 页。

② 同上书，第 1442—1443 页。

③ 同上书，第 1442 页。

④ 《毛泽东选集》第 3 卷，人民出版社 1991 年版，第 900 页。

⑤ 《毛泽东选集》第 4 卷，人民出版社 1991 年版，第 1441 页。

⑥ 《毛泽东文集》第 2 卷，人民出版社 1993 年版，第 378—380 页。

⑦ 《毛泽东选集》第 1 卷，人民出版社 1991 年版，第 68—69 页。

小学生的态度和科学的调查研究方法，堪称全党典范。

在毛泽东确立的实事求是的思想路线中，就是把调查研究作为马克思主义的基本原理同中国革命的实践相结合的中间环节和桥梁提了出来，为理论联系实际指明了正确的方向。实事求是即理论联系实际的原则，也就是要从中国社会实际和中国革命与建设实际出发，创造性地运用马克思主义的基本原理，而调查研究则是达到实事求是的根本方法。毛泽东认为，“共产党的正确而不动摇的斗争策略，决不是少数人坐在房子里能够产生的，它是要在群众的斗争过程中才能产生的，这就是说要在实际经验中才能产生。因此，我们需要时时了解社会情况，时时进行实际调查”①。他指出：“现在我们很多同志，还保存着一种粗枝大叶、不求甚解的作风，甚至全然不了解下情，却在那里担负指导工作，这是异常危险的现象。对于中国各个社会阶级的实际情况，没有真正具体的了解，真正好的领导是不会有的。”② 他提出了“没有调查研究就没有发言权”这一振聋发聩的警示。毛泽东不仅把调查研究看作是党必须遵循的工作路线和工作方法中不可或缺的一个重要方面，而且把调查研究提到洗刷唯心精神、防止一切机会主义和盲动主义错误的哲学高度来认识。他强调要“使同志们知道离开了实际情况的调查，就要堕入空想和盲动的深坑”。他严肃指出：“许多的同志都成天地闭着眼睛在那里瞎说，这是共产党员的耻辱，岂有共产党员而可以闭着眼睛瞎说一顿的吗?”③ 正因为这样，在延安整风运动中，毛泽东把调查研究作为转变党的作风的基础一环来加以提倡。这表明，毛泽东是把调查研究作为认识世界（自然的和社会的）唯一正确的途径，正如他所指出的：“我的经验历来如此，凡是忧愁没有办法的时候，就去调查研究，一经调查研究，办法就出来了，问题就解决了。打仗也是这样，凡是没有办法的时候，就去调查研究。”④“如果不是这样做，则官越大，真理越少。大官如此，小官也是如此。”⑤

毛泽东在工作方法中体现的群众路线和调查研究的基本方法，既是党内民主的过程，也是集中群众智慧和正确意见的过程。为了保证这个过程的正确和效率，他提出的相关工作方法具体而周到，生动易记，比如，他提出要有“安民告示”，不要临时凑合，不要开无准备的会，不搞形式主义走过场；一旦形成决定，就要“抓紧”，他特别强调“党委对主要工作不但一定要‘抓’，而且一定要‘抓紧’”，“抓而不紧，等于不抓”；等等。⑥ 这些看似通俗易行的方法，实际上坚持下来并不容易，要有对党的事业高度负责的精神，要有忠实于民主集中制原则的态度，才有可能真正实行，才能完成党的任务。

善于团结不同意见的人一道工作

党内民主和党内团结，是相辅相成的两个重要方面。在毛泽东看来，党委会不但要

① 《毛泽东选集》第1卷，人民出版社1991年版，第115页。

② 《毛泽东选集》第3卷，人民出版社1991年版，第789页。

③ 《毛泽东选集》第1卷，人民出版社1991年版，第92、109页。

④ 《毛泽东文集》第8卷，人民出版社1999年版，第261页。

⑤ 《毛泽东年谱（1949—1976）》第5卷，中央文献出版社2013年版，第410页。

⑥ 《毛泽东选集》第4卷，人民出版社1991年版，第1442页。

增强自己内部的团结，而且要通过正确的工作方法，不断加强党内的团结统一，增强党的凝聚力和战斗力。毛泽东特别强调要“注意团结那些和自己意见不同的同志一道工作”①，并且把它作为一项重要的工作方法提了出来。共产党人是在崇高的共产主义理想的旗帜下集合起来的，是以全心全意为人民服务作为自己唯一的宗旨，是不谋私利的，因而有着团结的坚实基础。但是，由于认识的差异，掌握情况和看问题的角度不同，在工作中会有意见的分歧，这是难以避免的，也是一种正常的现象。这其中虽然也存在是与非、正确与错误的分歧（这应当是不越过党的章程规定为底线），但都应当是允许的，都应当在服从多数的原则下，尊重少数，允许保留意见，而不能采取排斥和打击的态度。更何况，有时真理掌握在少数人手里，因而团结和保护少数是一个重要的原则问题。在我们党的历史上，曾发生过“残酷斗争，无情打击”的错误做法，对党的事业造成了严重的危害。事实上，在党内可怕的并不是存在不同的意见，真正可怕的是“鸦雀无声”，这就是党内只允许一种声音，那样的话，党内民主，党员的积极性和创造性，就会不复存在，就会危及党的生命。

毛泽东不仅强调要善于团结和自己的意见不同的同志一道工作，而且还特别提出“我们当中还有犯过很大错误的人，不要嫌这些人，要准备和他们一道工作”② 的重要思想。对这些同志要“一看、二帮”，要采取团结的方针，这是我们党兴旺发达的一个标志。毛泽东在领导工作中，既勇于坚持真理，修正错误，又善于团结犯了错误的同志一道工作。中共七大召开的时候，毛泽东提议把包括王明在内的几位犯过严重错误的同志，选进中央委员会。他在说服其他同志时说，他们的错误，是在一定历史条件下犯的，特别是中国的小资产阶级像一片汪洋大海，而中国还没有小资产阶级政党，他们之中革命的人都加入了中国共产党，当然也把他们的思想情绪带了进来，这是不足为怪的。现在经过整风，惩前毖后，治病救人，已经把是非弄清楚了，就不应太着重个人的责任。有同志回忆，七大选举那天，唱票时代表可以自由活动，可是毛泽东仍然坐在台上听唱票，直到王明的选票过了半数，他才放心地离开座位。后来他说，如果选不上，大家心中都会不安的。一人向隅，举座不欢。这个事例，是贯彻党内团结方针的生动写照。

毛泽东非常重视党内团结问题，为此，还专门提出了两个重要的思想，并且把它作为党委会的工作方法提了出来。

一是要“力戒骄傲”。他说：“这对领导者是一个原则问题，也是保持团结的一个重要条件。”③ 毛泽东历来倡导党内要始终保持谦虚谨慎、不骄不躁的作风。他在分析党的历史上所犯错误的原因时，总是把它归结到党内出现了骄傲情绪。1944 年郭沫若写了一篇重要的史学论著《甲申三百年祭》，总结明王朝灭亡和李自成农民战争失败的历史教训，毛泽东对此非常重视，把它当作整风文件看待。他给郭沫若的信中说：“小胜即骄傲，大胜更骄傲，一次又一次吃亏，如何避免此种毛病，实在值得注意。”骄傲所以会导致失败，这是因为，骄傲了就会不恰当地强调个人的作用，就会脱离群众，脱离实际，就会影响和损害党的团结。这是党的历史教训所证明了的。当时中国革命正面

① 《毛泽东选集》第 4 卷，人民出版社 1991 年版，第 1443 页。
② 同上。
③ 同上。

临着胜利的前夜，毛泽东特别提出：“禁止给党的领导者祝寿，禁止用党的领导者的名字作地名、街名和企业的名字，保持艰苦奋斗作风，制止歌功颂德现象。”① 后来他在党的八大提出的“虚心使人进步，骄傲使人落后”，成为激励共产党人永远保持谦虚谨慎、不骄不躁的优良作风的经典名言。共产党人所以能够避免历史上农民战争失败的命运，保持谦虚谨慎、不骄不躁的优良作风，不仅因为他们有先进的理论指导，而且能够自觉地运用批评和自我批评的武器，洗涤自己身上的污垢。正因为这样，毛泽东把能够进行自我批评作为我们党和其他政党相区别的一个显著标志。毛泽东在自己的领导工作中，从不讳言自己的错误。1945 年，他在《“七大”工作方针》的讲话中说：“我这个人也犯过错误。1927 年我写过一篇文章，有马克思主义的观点，但是在经济问题上缺乏马克思主义观点，所以经济问题写错了。此外，在 20 多年的工作中，无论在军事、政治各方面，在党务工作方面，我都犯了许多错误。这些东西都没写上去，不写并不是否定它。因为按照真实历史，真实情形，我是有错误的。”1962 年，在扩大的中央工作会议上，毛泽东总结“大跃进”的经验教训时指出，社会主义经济对于我们来说，还有许多未被认识的必然王国。“拿我来说，经济建设工作中的许多问题，还不懂得。工业、商业，我就不大懂。对于农业，我懂得一点，但是也只是比较地懂得，还是懂得不多。”他当着全国 7000 多干部的面，做了认真严肃的自我批评，他说：“去年六月十二号，在中央北京工作会议的最后一天，我讲了自己的缺点和错误。我说，请同志们传达到各省、各地方去。事后知道，许多地方没有传达。似乎我的错误就可以隐瞒，而且应当隐瞒。同志们，不能隐瞒。”他还说：“凡是中央犯的错误，直接的归我负责，间接的我也有份，因为我是中央主席。”② 这些都表现了一个共产党人光明磊落的胸怀和党内完全平等的民主作风。

二是要“划清两种界限”。这里提到的两种界限，首先，是革命还是反革命？是延安还是西安？其次，在革命的队伍中，要划清正确和错误、成绩和缺点的界限，还要弄清它们中间什么是主要的，什么是次要的。毛泽东指出：“我们看问题一定不要忘记划清这两种界限：革命和反革命的界限，成绩和缺点的界限。记着这两条界限，事情就好办，否则就会把问题的性质弄混淆了。”③ 划清这两种界线，是关系到客观事物的质的规定性问题，是关系到对一个人的认识和处理的大问题。毛泽东在这里强调，对一个人必须有全面的根本的估计，如果把成绩为主说成错误为主，就有可能把党内矛盾同敌我矛盾混淆起来，造成难以挽回的损失。这种令人痛心的教训，在党的历史上曾一再出现过。在延安整风运动后期，转入审干阶段以后，由于错误地估计形势，夸大敌情，将来自白区的许多同志，抓住一点，波及其余，无限上纲，当成“特嫌”加以审查，制造了许多冤假错案。毛泽东及时发现了这种错误做法，他亲自起草了《关于审查干部的决定》，规定了首长负责、亲自动手、调查研究等审干方针。随后又规定了肃反的原则是“一个不杀，大部不抓”，对受迫害的同志进行了彻底平反。他说：“必须拿这种实事求是的方针去和内战时期曾经损害过党的主观主义方针完全区别开来，这种主观主义方针就是逼、供、信三个字。”毛泽东还亲自出面，向被整错的同志赔礼道歉，他诚恳

① 《毛泽东选集》第 4 卷，人民出版社 1991 年版，第 1443 页。

② 《毛泽东年谱（1949—1976）》第 5 卷，中央文献出版社 2013 年版，第 79、78 页。

③ 《毛泽东选集》第 4 卷，人民出版社 1991 年版，第 1444 页。

地说：错误可以给人教训，“给别人戴错帽子的同志，因为犯过错误，以后再给别人戴帽子时，就会比过去谨慎。被戴错帽子的同志，以后给别人戴帽子时，也会谨慎，因为他吃过亏。将来我们到北平、上海、南京再去审查干部，做反奸工作时，就会好得多”①。

毛泽东之所以把善于团结同志一道工作作为党委会的工作方法提了出来，是因为党内团结是完成党的任务必不可少的前提条件。正如他要求“党委的同志必须学好‘弹钢琴’”② 一样，就是在工作中要学会协调，要互相配合，要有节奏地进行，这就需要依靠团结的力量，互相理解和配合，才能演奏出胜利的乐章。所以学会“弹钢琴”，既是一种工作方法，也是一种工作境界。

由上可见，毛泽东在党的领导工作中，是在方法与目的相统一的高度上重视工作方法问题，他说：“我们不但要提出任务，而且要解决完成任务的方法问题。我们的任务是过河，但是没有桥或没有船就不能过。不解决桥或船的问题，过河就是一句空话。不解决方法问题，任务也只是瞎说一顿。”③ 因而要充分重视领导方式和工作方法的正确性，重视在领导方式和工作方法中贯彻民主集中制的原则，切实转变我们的工作作风，这对于我们今天加强党的执政能力和领导能力建设，仍是一个重要的课题。

（原载《红旗文稿》2016 年第 16 期）

① 《毛泽东文集》第 3 卷，人民出版社 1996 年版，第 263—264 页。
② 《毛泽东选集》第 4 卷，人民出版社 1991 年版，第 1442 页。
③ 《毛泽东选集》第 1 卷，人民出版社 1991 年版，第 139 页。

始终保持马克思主义无神论在人民群众思想中的主导地位

朱晓明*

2016年4月召开的全国宗教工作会议旗帜鲜明地指出：党员坚持马克思主义无神论是大原则，共产党员要做坚定的马克思主义无神论者，绝不能在宗教中寻找自己的价值和信念。如何始终保持马克思主义无神论作为主流意识形态在人民群众思想中占据主导地位，是我们必须面对的重大现实课题。

一　中国特色社会主义宗教理论本质上是马克思主义无神论

1. 中国特色社会主义宗教理论与马克思主义无神论本质上是一致的。马克思主义无神论是科学的无神论。它具有三个鲜明的特点：一是辩证唯物主义和历史唯物主义的理论，始终坚持用历史说明宗教，而不是用宗教说明历史，阐明了宗教产生的社会基础，同时与将宗教泛文化化的文化主义划清了界限。二是科学社会主义运动的实践，把宣传无神论作为科学社会主义运动的有机组成部分。三是贯彻始终的科学精神，继承和发展人类在无神论思想方面的优秀成果，特别是结合科学进步不断作出的新贡献，促使无神论不断丰富、充实，更有说服力。马克思主义无神论在理论、实践和科学三个方面的特点，与中国特色社会主义宗教理论是一致的。

我国哲学史家、宗教学家任继愈曾指出：马克思主义宗教学本质上是一种科学无神论。它是在批判地总结和继承历史上的无神论的优秀成果的基础上发展起来的。如果我们不研究中外无神论的理论和历史，就不能深入地把握马克思主义宗教学和科学无神论的内容。中国特色社会主义宗教理论是当代中国的马克思主义宗教观，在世界观上立足于马克思主义无神论，本质上也是马克思主义无神论。只有深刻认识马克思主义无神论作为主流意识形态的基础地位和指导作用，才能融会贯通，深入把握中国特色社会主义宗教理论的丰富内容和前进方向。

2. 中国特色社会主义宗教理论贯穿和体现了马克思主义无神论。中国特色社会主义宗教理论对宗教基本问题的阐述，贯穿和体现了马克思主义无神论的原则立场。例如，在宗教的本质问题上，重申宗教观念是支配人们日常生活的外部力量在人们头脑中幻象的反映。在宗教的社会作用问题上，强调要辩证看待我国宗教的社会作用，指出宗教具有积极作用和消极作用两重性，是一种积极性和消极性共生共存的社会现象；要正确认识和把握其两重性，最大限度发挥宗教的积极作用，最大限度抑制宗教的消极作

* 朱晓明，中国无神论学会理事长，中国藏学研究中心原党组书记。

用。在社会与宗教的关系上，提出宗教是我国社会的一部分，社会要理性看待宗教，宗教必须顺应社会、服务社会、履行社会责任；要积极引导宗教与社会主义社会相适应，支持宗教界积极探索适应我国社会主义社会的途径，改革和调整与社会进步不适应的地方，跟上时代发展步伐。在党和政府与宗教的关系上，提出要牢牢把握坚持党的领导、巩固党的执政地位、强化党的执政基础这个根本，坚持政教分离原则；中国共产党主张无神论，共产党人和信教群众世界观的不同，不妨碍政治上团结合作；要坚持用辩证唯物主义和历史唯物主义观察、分析宗教现象和宗教问题，按照宗教自身规律和社会发展规律做好宗教工作；等等。

从巩固马克思主义指导地位和党的执政基础、维护意识形态安全的高度，始终坚持党在统一战线中的领导权，是党的光荣传统和成功经验。在意识形态领域，必须始终坚持马克思主义无神论的主流话语和主导地位。这是党在思想领域、意识形态领域坚持党的先进性和纯洁性的必然要求。我国是共产党领导的社会主义国家，既不能用封建主义、资本主义思想意识和价值观念来作为全社会的精神支柱，也不能用宗教来作为全社会的精神支柱。如果让有神论在我国社会蔓延开来，会对我们党的指导思想、执政基础等产生不良影响。

3. 坚持马克思主义无神论是大原则。中国特色社会主义宗教理论和党的宗教工作基本方针，主要是关于宗教领域、宗教工作的。马克思主义无神论的覆盖面更大，不仅涉及宗教领域，而且覆盖全社会，涉及许多不同领域不同方面。我国立法、行政、司法，以及经济、政治、社会、文化、生态等方方面面都要坚持这个大原则。

无神论宣传教育要区分对象。坚持马克思主义无神论，是对共产党员的要求，是对先进分子的要求。无神论宣传教育的对象面向全社会，重点是党员领导干部和青少年。前者关系到执政的权力和资源如何使用；后者关系到中国人精神世界的未来面貌。同时，党历来明确不向宗教界人士和信教群众进行无神论宣传，也不在宗教场所进行无神论宣传，不在信教群众中发动有神还是无神的辩论。同时，任何宗教组织和教徒也不应当在宗教活动场所以外布道、传教，宣传有神论，更不得进行反对马列主义、毛泽东思想的宣传。保障信教自由，不但不能削弱反而应当加强普及科学教育的努力，加强反对迷信的宣传。

要严格划清宗教与利用宗教破坏社会正常秩序的非法活动之间的界限。无神论宣传教育绝不是制造信教与不信教群众的对立，绝不是要信教群众放弃自己的宗教信仰，而是要使更多的人学会正确看待宗教现象，理性选择自己的世界观，也使信教群众更好摆正宗教信仰、宗教活动与国家法律、政府管理、国民教育、社会共同利益的关系，在此基础上与我们共同维护其宗教信仰自由权利，共同反对境内外一些势力利用宗教对我国进行的渗透分裂活动和宗教领域存在的种种乱象。

宗教工作有两个基本原则：一是国家要实行宗教信仰自由政策，二是党要坚持进行无神论宣传教育。这两个基本原则相辅相成，缺一不可。毛泽东指出："共产党员可以和某些唯心论者甚至宗教徒建立在政治行动上的反帝反封建的统一战线，但是决不能赞同他们的唯心论或宗教教义。"① 政治行动上结成统一战线，是执行宗教政策；思想信仰上不赞同唯心论、有神论，是坚持无神论。二者结合，体现了马克思主义宗教观。在

---

① 《毛泽东选集》第2卷，人民出版社1991年版，第707页。

当代中国，无神论者和宗教信徒在政治、经济和社会生活中存在着根本利益的一致，这是两者在政治行动上能够结成统一战线的现实基础。与此相比，他们在信仰上的差异是次要的。只有既在世界观上坚持马克思主义无神论，又在政治行动上团结宗教界人士和信教群众，才是辩证唯物主义和历史唯物主义在宗教问题上的明确立场、清醒认识和正确态度，才是全面完整的中国特色社会主义宗教理论。

二 始终保持马克思主义无神论作为主流意识形态在人民群众思想中占据主导地位

1. 不仅要坚持马克思主义无神论，而且要积极宣传马克思主义无神论。作为马克思主义的信奉者，共产党员当然要坚持无神论，不坚持无神论就不是马克思主义者了，也就不是彻底的唯物论者了。我们不仅要坚持马克思主义无神论，而且要积极宣传马克思主义无神论，普及科学文化知识，帮助和引导人们划清唯物论和唯心论、无神论和有神论、科学和迷信、文明和愚昧的界限，逐渐消除宗教产生和传播的思想基础和社会基础。

马克思主义无神论作为我国主流意识形态，在人民群众中占据主导地位，是对全局来说的，而不是只对宗教界来说的。对宗教界，我们实行的是“政治上团结合作，信仰上互相尊重”。在全社会，在广大人民群众中，则要旗帜鲜明地使无神论成为主流、主导。

要达到这样的要求就不能把中央关于坚持马克思主义无神论，宣传马克思主义无神论的要求停留在会议上、锁在抽屉里。不能把对宗教界和对宗教人士的政策和要求误解为是对全社会的政策和要求。不能因为不能向宗教界和信教群众宣传无神论，不能在宗教场所宣传无神论，而放弃了在面向社会的大众传媒和宣传教育中开展有理有力有效的无神论宣传教育。

2. 不能以一般的马克思主义教育代替无神论教育。无神论是马克思主义的基础和前提，也是马克思主义的重要内容。有的同志认为，我们天天在讲马克思主义，没有必要再讲无神论。这是一种误解。列宁在《论战斗唯物主义的意义》中指出，一般的马克思主义宣传教育不能代替专门的无神论宣传教育。他说：“一个马克思主义者如果以为，被整个现代社会置于愚昧无知和囿于偏见这种境地的亿万人民群众（特别是农民和手工业者）只有通过纯粹马克思主义的教育这条直路，才能摆脱愚昧状态，那就是最大的而且是最坏的错误。应该向他们提供各种无神论的宣传材料，告诉他们实际生活各个方面的事实”①。在当代中国，一般的中国特色社会主义理论的宣传教育，也不能代替马克思主义无神论宣传教育。我们也应该为人们提供各种无神论的宣传材料，特别要善于运用身边发生的事例，告诉人们实际生活各个方面的事实和道理，而不是把无神论宣传教育仅仅停留在干巴巴的理论、原则和概念的说教上。

3. 坚持不懈、广泛深入地开展马克思主义无神论宣传教育。要坚持不懈开展马克思主义宗教观、文化观、唯物论和无神论等宣传教育活动，要把无神论宣传教育与普及

① 《列宁专题文集·论辩证唯物主义和历史唯物主义》，人民出版社2009年版，第325页。

科学知识和先进文化相结合，引导、形成健康文明进步的生活方式和社会风尚。无神论在本质上与科学知识和先进文化的精神内涵是一致的，无神论宣传教育在内容和形式上也应与科学知识和先进文化相结合，从而使无神论宣传教育有知识、有文化，生动活泼，使人们喜闻乐见，达到润物无声的效果。把无神论与普及科学知识和先进文化联系起来、结合起来，就能打开无神论宣传教育的新眼界、新局面。

1959 年 10 月 13 日，毛泽东在与任继愈的谈话中提出，研究宗教要“外行”才能把宗教作为对象来研究。[①] 因为有信仰的人，如果研究他所信仰的宗教，有时不免有局限性。这里所说的“外行”，指的是不信教的人。相信和坚持无神论，才能以科学理性的态度认识和对待宗教。任继愈认为，宗教继续存在这个事实，可以找到科学的说明，但决不能由此证明它有科学性。宗教本身不是科学，但是用历史唯物主义的立场、观点、方法来研究宗教，这种研究就是科学。马克思主义者也要有人研究宗教知识、宗教文化，但是这种研究，是用马克思主义的立场、观点、方法对宗教现象、宗教历史、宗教制度、宗教体系的研究。

当前，在以马克思主义为指导的宗教研究中，要特别注意两个问题：一是要对宗教“去神秘化”，要揭示宗教赖以存在和发展的社会基础和原因，揭示积极引导宗教与社会主义社会相适应的规律和途径。二是要对宗教“去极端化”，揭示宗教极端主义的表现和危害，揭示宗教极端主义不仅危害社会，而且也危害宗教自身的利益、形象和前途。要科学地研究宗教，但不能在宗教研究中渲染神秘主义，不能在社会科学研究和国民教育中鼓吹信教、传教，不能用公共资源和行政力量发展宗教。

无神论解决的是人们世界观上的问题，只要人们还有不能认识的问题，就可能产生超自然的幻想，即使原有的问题解决了，还会有新的问题层出不穷，不可能毕其功于一役，也不可能一劳永逸。普及科学知识和先进文化，引导、形成健康文明进步的生活方式和社会风尚也不可能一蹴而就。因此，无神论宣传教育要坚持不懈，一要坚持，一以贯之；二要不懈怠，不停步，坚持韧性的战斗。

（原载《红旗文稿》2016 年第 17 期）

---

① 《毛泽东年谱（1949—1976）》第 4 卷，中央文献出版社 2013 年版，第 209 页。

旗帜鲜明地坚持和宣传无神论 共产党员不能信教是政治纪律

朱维群*

中国特色社会主义的理论源头和基础是马克思主义，而马克思主义的世界观是辩证唯物主义与历史唯物主义，无神论又是这一世界观的基础性组成部分。因此，我们坚持中国特色社会主义的理论和事业，理所当然包括坚持和发展马克思主义无神论。4月召开的全国宗教工作会议旗帜鲜明地指出：党员坚持马克思主义无神论是大原则。如何始终保持马克思主义无神论作为主流意识形态在人民群众思想中占据主导地位，是我们必须面对的重大课题。党的干部特别是领导干部、宗教工作干部，有必要对此进行深入思考。

马克思主义无神论属主流意识形态

始终保持马克思主义无神论作为主流意识形态在人民群众思想中占据主导地位，是我们党运用中国特色社会主义宗教理论对我国社会宗教现象进行科学分析的结果，也是由党领导的人民革命和社会主义建设伟大实践得出的必然结论。旧中国的统治势力利用宗教唯心主义巩固其统治地位，但其自身存在却是非常“物质”的，根本不是宗教的“心理调适”“道德教化”功能所能撼动，更何况在这种历史条件下宗教总体上是“适应”而不是反抗当时的殖民地、半殖民地半封建社会。毛泽东《湖南农民运动考察报告》中把神权同政权、族权、夫权一起并列为束缚中国人民特别是农民的四条绳索，虽然后来被有的学者指为“简单化”，但却是中国人民解放事业从一开始就面临的非常现实的问题。在中国，马克思主义无神论从一开始就不仅是一种学说，还是人民在物质和精神两方面求得解放的强大思想武器。在这一理论支撑下，党不是引导人民把希望与未来寄托于天国与来世、寄托于神灵护佑与启示、寄托于向统治阶级的向善劝化，而是依靠人民自己的力量，依靠长期艰苦的“武器的批判”，依靠对中国革命规律性的认识深化，一步一步夺取最后的胜利。党的宗教工作，从来不是为了从超自然力量那里获得什么支持，而是为了把信教群众团结到党的周围，为实现党的政治纲领而奋斗。无神论对我们事业的影响如此之直接与深刻，以至我们党和军队经常被直接称为“无神论的党”“无神论的军队”。

面对建设中国特色社会主义的长期艰巨任务，无神论仍然是党和人民事业的理论基石和思想武器。毫无疑问，宗教在我国仍将长期存在，广大信教群众同样是建设国家的

---

* 朱维群，全国政协常委、民族和宗教委员会主任。

积极力量，是我们党执政的重要基础，我们不能把有神论和无神论的对立等同于政治上的对立。但是，作为共产党领导的社会主义国家，无论是从执政党的世界观出发，从正在进行中的建设现代化国家的实践出发，从抵御境外利用宗教进行渗透、保证国家安全出发，还是从巩固党最广大的群众基础出发，我们都不能放弃无神论而转向宗教寻找精神支柱，不能在无神论和有神论之间持中立、调和态度，不能任由有神论无限制地蔓延，变成主流意识形态。为此，党不仅要自身坚持而且要旗帜鲜明地向社会宣传马克思主义无神论，普及科学文化知识，帮助和引导人们划清唯物论和唯心论、无神论和有神论、科学和迷信、文明和愚昧的界限，特别是加强对青少年的科学世界观包括无神论的宣传教育，引导他们相信科学、学习科学、传播科学。

坚持马克思主义无神论是做好宗教工作的前提条件

坚持马克思主义无神论的大原则，也是做好党的宗教工作的前提条件。宗教作为一种古老的社会现象，有其复杂的阶级根源、社会根源、自然根源和认识根源，这些根源及宗教的产生、发展、消亡，宗教的社会功能等问题，在宗教信仰者那里是无法说清楚的，在很多情况下干脆就是禁区。只是由于辩证唯物主义世界观出现，“以一定历史时期的物质经济生活条件来说明一切历史事件和观念，一切政治、哲学和宗教的”（恩格斯）①，宗教的神秘面纱才被揭开，人们才可能以科学的态度认识宗教现象和处理宗教问题。在中国这样宗教历史悠久、宗教种类众多、信教人数庞大的国情下，我们党的宗教工作之所以总体上能够最大限度发挥宗教的积极作用、消解其消极作用，之所以能把广大信教群众团结在党和政府周围，之所以能够引领宗教逐步与社会主义社会相适应，不是因为我们放弃了无神论，对宗教无原则地妥协迁就，而是因为我们坚持了马克思主义无神论，对宗教现象作出科学的理论说明并据此制定了正确的宗教政策。

党的宗教工作是无神论者做有神论者的工作，这就有了一个统一战线谁领导谁、谁影响谁的问题。在我们看来，当然应当是无神论者政治上领导、影响有神论者而不是相反。这里讲的领导、影响，不是个人行为，也不是去试图改变对方的世界观，而是在宗教工作领域坚持党的领导，建立和谐的宗教关系，建立和发展政治共识。党的宗教工作者在统一战线中尤其要坚定地站在无神论的立场，积极发挥政治导向、引领作用，如果在世界观上与宗教相混淆，甚至成为宗教的服膺者，其结果只能是丧失优势，有意无意充当宗教的尾巴。

新时期以来，宗教领域发生了很大变化，我们不仅要研究当前宗教现象的走向，也需要考虑到，宗教的发展在未来会给我国社会带来什么变化。中国历史上虽然活跃着不同宗教，但从来不是一个宗教国家，而是世俗国家；中华文化虽然包含着丰富的宗教文化因素，但总体不是一种宗教文化，而是世俗文化；中国老百姓大多数不信教或不持某种固定宗教信仰；受中华文化的浸濡，信教群众在信仰上具有许多鲜明的中国特点，外来宗教或快或慢趋于“中国化”。这些构成了中国国情一部分。我们党作为一个唯物主义、无神论的党能够从人民中生长出来而且得到人民广泛、长期、坚定的支持，我们党执政后，执政地位能够如此坚固，与这些国情是分不开的。如果任凭有神论在我国意识

① 《马克思恩格斯选集》第3卷，人民出版社1995年第2版，第209页。

形态领域迅速扩大甚至成为主流意识形态，如果任凭有些势力搞宗教“去中国化”“极端化”，最终会对我们党的指导思想、执政基础产生什么样的影响，不能不引起我们的思索。坚持和宣传无神论，其意义和紧迫性已经远远超出宗教工作范围。

共产党员不能信教是政治纪律

始终保持马克思主义无神论作为主流意识形态在人民群众中占据主导地位，关键在于党的正确理论导向和政策实施，也在于党对党员世界观上的要求。我们党建党至今，始终坚持并公开申明自己的无神论世界观，对党员进行无神论教育，并实行党员不能信教的原则。毛泽东同志在抗日战争最艰苦阶段公开申明“共产党员可以和某些唯心论者甚至宗教徒建立在政治行动上的反帝反封建的统一战线，但是决不能赞同他们的唯心论或宗教教义”①。这不仅表明党的世界观的坚定性，同时也是党在统一战线中必须坚持政治上独立性和领导地位的一种宣示。一个时期以来，有些党员以为市场开放了，党员不能信教的原则也可以“开禁”了，一些党的组织对党员世界观纯洁性的要求也降低了，宗教的影响渗透进一些党员的头脑。这些年宗教领域种种消极现象，与一些党员特别是领导干部在世界观上向宗教屈膝，向宗教寻求自己的价值和信念、填补精神空虚是分不开的。需要特别指出的是，有些学者利用自己的地位和影响，以各种方式开具党员可以信教的种种理由。最近还有人为了绕过中央多次重申的“党员不能信教”原则，“巧妙”提出“信教可以入党”的主张。此中逻辑，就如同“室内不许吸烟，吸烟可以入内”一样奇怪。向社会开展马克思主义无神论教育，宗教学科研、教学领域不能是例外，同时应更好承担起研究、宣传、普及无神论的责任。

政治纲领同世界观高度一致，党员不信仰任何宗教，是我们党区别于国内外多数政党的一大特点，也是一大优势。它使党的政治纲领、组织体系、思想方式统一建立在辩证唯物主义世界观基础上，从而获得强大的凝聚力、战斗力；使党得以从科学的角度认识宗教现象，做出科学的判断、决策，实行正确的政治引导；也使宗教工作干部能够避免信教必然带来的亲疏有别，真正执行“各宗教一律平等，国家不使用行政力量扶持或压制某种宗教”的原则。如果对党员信教“开禁”，将从根本上瓦解党的世界观统一性基础，将使党成为内部宗教派别林立的松散组织，将使党的宗教工作至少一部分成为宗教徒对宗教徒的工作。在党的思想教育工作中，无神论的教育和党员不能信教的政治纪律要求，不仅不应被忽视，而且应当是一项硬任务。

（原载《环球时报》2016 年 5 月 4 日）

---

① 毛泽东：《新民主主义论》，人民出版社 1952 年版，第 57 页。

第三篇

学科建设

马克思主义基本原理

一　学科概况

2016年，马克思主义基本原理学科在学科设立十年建设的基础上，结合时代发展的新要求，继续向前推进。2016年，学科发展的最新动态表现在以下几个方面。

（一）学术活动

2016年，全国各地高校和科研单位组织召开了一些与马克思主义基本原理学科相关的各类学术会议，研究讨论的内容涉及学科建设、人才队伍培养、理论前沿、基本原理专题、基本原理概论课程讲授等方方面面。

全国高校马克思主义理论学科研究会与各高校主办的相关会议。如2016年4月23—24日，由全国高校马克思主义理论学科研究会、国务院学位委员会马克思主义理论学科评议组、《马克思主义理论学科研究》编辑部、西安交大马克思主义学院联合主办的“全国高校马克思主义理论学科研究会第23次学科论坛”在西安交大召开，会议主题是“马克思主义理论学科人才培养模式及其规范问题”，与会专家和学者围绕马克思主义理论学科人才培养问题，就马克思主义理论学科人才一般要求和规范管理、各高校马克思主义理论学科人才培养的做法和经验等，进行了热烈讨论和充分交流。2016年9月23—25日，由全国高校马克思主义理论学科研究会与浙江大学联合举办的“第十一届全国高校马克思主义理论学科博导论坛”在浙江大学召开，会议围绕“马克思主义理论学科的优先、优势、优质发展”展开研讨，与会者就马克思主义理论学科人才培养模式、马克思主义理论学科的整体发展及学科群建设、马克思主义理论学科建设与思想政治理论课建设、马克思主义理论学科与国家智库建设等问题进行了广泛而充分的研讨。

马克思主义基本原理理论前沿和专题研究是学科理论研究的重要内容。2016年5月14—15日，由中国社会科学院马克思主义研究院与北京高校中国特色社会主义理论研究协同创新中心（中国政法大学）主办的2016年全国马克思主义基本原理学术研讨会在京举行，本届会议主题是“坚持与发展：‘互联网+’时代马克思主义基本原理研究”，会议围绕着“互联网+”时代马克思主义基础理论研究面临的问题与挑战、“互联网+”时代马克思主义基本原理学科建设问题探讨、“互联网+”时代马克思主义基本原理及其应用研究等展开讨论，这些都是当前马克思主义基本原理面临的前沿课题，与会学者们的积极研讨对推进马克思主义基本原理时代前沿课题研究具有重要意义。

如何上好马克思主义基本原理概论课，是当前高校原理课教师们最为关注的问题之一。2016 年 8 月 5—11 日，由中国社会科学院马克思主义研究院马克思主义原理研究部主办、盐城师范学院承办的第二届全国“马克思主义基本原理概论通讲”研修班在江苏盐城召开，针对当前高校在马克思主义基本原理概论教学、研究方面的现状和存在的问题，本研修班强调从整体性和科学性角度全面把握高校马克思主义基本原理概论课的教学内容。2016 年 7 月 9 日，由北京市高教学会马克思主义原理研究会举办、中国人民公安大学承办的“构建马克思主义基本原理话语体系学术研讨会暨 2016 年马克思主义原理研究会暑期备课会”在北京西郊宾馆召开，来自北京大学、清华大学、中国人民大学、北京师范大学等各会员单位的 100 多人参加了本次会议，大会分专家报告、名师指导教学、微课教学观摩三个主题。微课教学观摩邀请来自中央财经大学、中国农业大学、北京石油化工学院等获得北京市思政课微课比赛一等奖的老师做了现场演示，与会的原理课教师们做了充分交流。

中国《资本论》研究会和部分省的《资本论》研究会，也召开了相关会议，就经典著作、政治经济学原理等进行研讨。2016 年 6 月 18—19 日，中国《资本论》研究会第 18 次学术研讨会在吉林财经大学举行，本次会议主题是“贯彻落实习近平总书记关于当代马克思主义政治经济学的系列重要讲话精神，建设中国特色社会主义政治经济学”，重点研讨了《资本论》与当代中国马克思主义政治经济学、《资本论》及马克思主义政治经济学基本理论研究、《资本论》与当代西方经济学比较研究、《资本论》与中国经济改革和发展重大问题研究等内容。2016 年 10 月 28—29 日，由安徽省《资本论》研究会主办、阜阳师范学院承办的安徽省《资本论》研究会 2016 年学术年会在阜阳师范学院举行。2016 年 11 月 19 日，陕西省社会科学界第十届学术年会“《资本论》与中国特色社会主义政治经济学的构建”分场暨陕西省《资本论》研究会 2016 年学术年会在西安召开。

2016 年 8 月 5—7 日，由中国历史唯物主义学会和中国社会科学院联合主办，河南科技大学承办的“2016 年中国历史唯物主义学会年会暨第四届中国社会科学院马克思主义哲学论坛”在河南省洛阳市举办，来自中国社会科学院、中央编译局、北京大学、南京大学、武汉大学等高校和科研机构的 170 余位专家、学者参加了会议，本次会议的主题是“新的历史起点和历史唯物主义新发展”，与会者就“五位一体”总布局、“四个全面”战略布局、“五大发展理念”等治国理政新思想、新战略对历史唯物主义基本原理的丰富、深化和创新展开了热烈讨论和深入交流。

（二）关于基本原理课教学实践

如何增强马克思主义基本原理概论课的教学实效性、提高学生们学习马克思主义原理的兴趣，仍然是 2016 年度学术界，特别是高校教师们最为关注和研讨最多的问题之一。首先，学者们结合互联网时代发展特点，分析了当前马克思主义基本原理概论课教学面临的困难和问题。教师们普遍认为，互联网给马克思主义基本原理概论课教学带来极大挑战，原理课教学改革迫在眉睫。武汉工程大学马克思主义学院吴秋凤教授等认为，互联网已经成为大学生获取信息、了解世界的主要渠道。他们通过互联网掌握信息的能力甚至超过了老师，挑战着老师的权威性。他们希望不仅到课堂听老师讲课，还可以拿着电脑或智能手机在任何场所、利用任何空闲时间去自主学习。目前在高校思想政治理论课课堂上，存在着老师讲得慷慨激昂，而学生却各干各的，抬头率不高、点头率更低的现象。因此，如何吸引学生的注意力、提高学生的学习兴趣和教学效果，成为马克思主义基本原理概论课教师的现实难题。[①] 西藏民族大学马克思主义学院范蓉认为，原理课堂大量使用多媒体具有重要作用，但是在使用过程中存在很多问题，如“教师过度利用图片和视频，课件的表现形式倒是丰富多彩了，但也容易使学生上课时抱有‘看热闹’的心态，过于花哨的画面导致他们将注意力放在这些影像资料上而忽视了关键的教学内容，严重影响课堂教学效果。”[②] 北京大学医学部公共教学部讲师张莉通过对该校本科生的问卷调查，发现马克思主义基本原理概论课教学中遇到的困难和存在的问题主要有三点：“一是马克思主义基本原理的整体性特点得不到体现，学生感到老师或者是在讲马克思主义哲学，或者是在讲政治经济学，或者是在讲科学社会主义。二是老师课堂传授内容虽然清晰、明白、生动且有条理，但学术性、前沿性相对欠缺。三是较大程度上存在着理论本身的阐释多，对理论所要完成的历史任务和回答的时代问题相对关注不够，思想史、社会史背景的真实再现少等问题。”[③] 西华师范大学教授王成光分析了教师方面的原因，认为原理课的教学并没有达到预期效果，突出的问题是，教师的马克思主义理论基础和学科背景达不到教学要求，因为“原理”课相比其他思想政治理论课，理论性更强，理解和把握难度更大，教师的教学负担过重，缺少对教材内容的深入分析和科学研究等。[④]

针对当前马克思主义基本原理概论教学面临的困难和问题，很多教师结合自身教学实践，提出了课堂教学改革的思路和办法。教师们探讨了在互联网时代，应该如何上好原理课，提出了微课、慕课、翻转课堂、手机课堂等“互联网 + 教育”新模式。吉林大学马克思主义学院付秀荣、刘蕊萱认为，面对智能手机与 Wi-Fi 的来袭，强硬地要求学生交出手机回归课堂既不合适，也不会收到好的教学效果。面对新的挑战与考验，思想政治理论课教师要精心设计“互联网 + ”环境下的课堂教学，引导学生在课堂教学中利用智能手机及 Wi-Fi 查阅资料、辨析材料，引导学生主动思考，积极交流，在理性甄别、反思中增进马克思主义理论认同，促进学生的全面自由发展，进而实现思想政治理论课教学的“素质教育翻转”。[⑤] 陕西师范大学哲学系讲师李敬峰认为，“翻转课堂”是课堂教学与网络教学相融合的一种新颖的教学方法，“翻转课堂”作为一种“课前视频学习 + 课堂讨论”的全新教学模式，适用于政治性、理论性较强的马克思主义基本原理概论课堂教学。从视频制作、课堂实施、评价体系以及课后安排等方面建构马克思主义基本原理课程的“翻转课堂”模式，

---

① 吴秋凤、徐璐:《“互联网 +”背景下“马克思主义基本原理概论”教学改革探索》,《湖北广播电视大学学报》2016 年第 6 期。

② 范蓉:《高校“马克思主义基本原理概论”课程建设中运用多媒体教学的若干思考》,《中国培训》2016 年第 9 期（下）。

③ 张莉:《突破“马克思主义基本原理概论”教学困境的三方面尝试》,《学校党建与思想教育》2016 年第 4 期。

④ 王成光:《“马克思主义基本原理概论”实施集体备课的必要性》,《宜春学院学报》2016 年第 1 期。

⑤ 付秀荣、刘蕊萱:《“互联网 +”背景下思想政治理论课教学的“素质教育翻转”——以“马克思主义基本原理概论”课为例》,《思想教育研究》2016 年第 9 期。

可更加高效地推动马克思主义基本原理课程的实效性、可接受性。① 本年度，有很多学者提出了慕课教学模式，将实体教学和网上教学相结合，如华南农业大学张由菊讲师认为，马克思主义基本原理概论课程因其教材版式的相对统一性、知识结构的相对独立性和内容体系的相对稳定性而适于进行慕课教学模式的设计开发。② 西华师范大学教授王成光提出“马克思主义基本原理概论”实施集体备课的必要性：有利于教师知识增长、素质提高，有利于教师进行科学研究，有利于减轻教师的教学负担，同时解决了教师队伍不足、理论基础不扎实和课程本身的理论性强、课程之间的交叉重复等问题。集体备课是一种有组织、有计划的教学研究活动，是教师学习与提高的过程。③

（三）关于基本原理课教材建设

本年度，学者们继续就马克思主义基本原理的教材体系以及教材体系与理论体系、教学体系的有效转化进行了探讨。北京大学哲学系赵家祥教授指出：必须编写真正体现马克思主义的整体性特质的马克思主义基本原理教材，“我们编写的马克思主义基本原理教材，虽然主观意图是把马克思主义各个组成部分作为一个统一的完整的学科体系展示出来，但实际上仍然是分别阐述马克思主义哲学、马克思主义政治经济学和科学社会主义学说，是这三个组成部分的‘拼盘’，并没有把三个组成部分结合成为一个有机整体加以阐述。要真正把马克思主义的各个组成部分作为一个整体来研究和把握，必须培养一批能够在整体上理解和把握马克思主义的教师，这是一个长期而艰巨的任务。今后我们应该不断修改已有的教材，使教材能够较好地体现马克思主义的整体性特质，努力把马克思主义整体化的工作不断推向前进。”④ 海南师范大学马克思主义学院丁匡一副教授认为，马克思主义基本原理概论的教材体系从结构到论证都隐含着苏联阐释范式，也因之具有主体性弱化、批判性精神缺失等特征。应积极推进阐释话语的范式转化，从实践——辩证法的视角，将马克思主义基本原理置入实践的视界中去加以把握与阐释，重构马克思主义基本原理的教材体系及论证逻辑。⑤ 关于马克思主义基本原理的理论体系、教材体系与教学体系的有效转化的不足问题，上海工程技术大学讲师彭兴伟认为，马克思主义基本原理的理论体系、教材体系与教学体系的有效转化，在逻辑上包含了这样两个问题：第一，什么需要转化，需要转化什么？一是将教材的章节体系转化为教学的逻辑体系，二是有效地解决教材中的概念术语与日常的教学语言的转化。第二，什么是有效，怎

① 李敬峰：《“马克思主义基本原理概论”“翻转课堂”模式的建构与应用》，《河南教育》2016年第6期。

② 张由菊：《慕课与“马克思主义基本原理概论”课程的适融性研究》，《高教学刊》2016年第14期。

③ 王成光：《“马克思主义基本原理概论”实施集体备课的必要性》，《宜春学院学报》2016年第1期。

④ 赵家祥：《马克思主义的整体性特质和教师队伍建设》，《贵州师范大学学报（社会科学版）》2016年第5期。

⑤ 丁匡一：《教材体系与阐释话语的范式转换——以“马克思主义基本原理概论”为例》，《德州学院学报》2016年第3期。

样转化才能有效？即通过教学设计，让学生学懂、认同马克思主义基本原理，从而作为他们自己基本的世界观与方法论。这两个问题左右了我们如何进行教学设计，以实现教学目的，达到预期的教学效果。①

关于教学内容方面，本年度，有很多学者提出了将理想信念教育、社会主义核心价值观教育融入马克思主义基本原理概论课的重要性，并提出了实施方法。教师们普遍认为，马克思主义基本原理概论课教育教学与社会主义核心价值观教育二者本质属性一致，内容高度契合，功能目标相同，在教学实践中二者应该相互促进、相辅相成。武汉大学马克思主义学院胡建兰认为，将社会主义核心价值观有机融入马克思主义基本原理课，既是丰富“马克思主义基本原理”教学内容，增强课程的吸引力和感染力的需要，也是促进大学生对社会主义核心价值观知情意行的统一，培养中国特色社会主义事业合格接班人的必然要求。② 安徽科技学院王玉平结合本校马克思主义基本原理课程教学实际，介绍了通过热点新闻评论、参观校史馆、暑期社会调查等形式，将社会主义核心价值观融入马克思主义基本原理课实践教学，让学生在实践活动中感悟、体验、认同、践行社会主义核心价值观，提高社会主义核心价值观教育的实效性。③

二 重大问题研究进展

2016 年度马克思主义基本原理学科在以往研究取得的成果基础上，在基础理论研究、重要原理研究、原理现实应用研究等方面继续向前发展。

（一）基础理论研究

1. 马克思主义基本原理研究

关于马克思主义基本原理的内涵、内容概括等问题一直以来是学界关注的重点课题。2016 年度，理论界相关研究的进展表现在以下方面。

一是将马克思主义基本原理的研究置于“互联网 +”时代背景下思考，就马克思主义基本原理在互联网时代所面临的挑战、互联网时代为马克思主义基础理论研究提供的新条件和新机遇等进行了探讨，并就互联网时代物质生产方式的根本变革等马克思主义原理问题进行了研究，取得了初步成果。如中国社科院马克思主义研究院研究员余斌认为，“互联网 +”时代指的是以互联网为基础设施和创新要素的经济社会发展新形态下的时代，在这一时代下，马克思主义基本原理受到了一些挑战，需要回答新时代的新问题。“互联网 +”时代的经济社会形态虽然发生了一些新的变化，而且变化相当巨大，出现了大量的新现象，但是，马克思主义基本原理仍然适用于这个时代。这是由马克思主义基本原理的科学性所决定的。这种被历史反复检验过的科学性是我们“道路

① 彭兴伟：《“马克思主义基本原理”教材与教学的有效转化》，《学理论》2016 年第 9 期。

② 胡建兰：《社会主义核心价值观有机融入“马克思主义基本原理”课探析》，《教书育人·高教论坛》2016 年第 2 期。

③ 王玉平：《社会主义核心价值观融入“马克思主义基本原理”课程实践教学的探索》，《安徽科技学院学报》2016 年第 5 期。

自信、理论自信、制度自信”的根本所在。[①] 厦门大学马克思主义学院教授张艳涛认为，互联网一方面对马克思主义基础理论研究提出了新问题、新挑战，同时也为马克思主义基础理论研究提供了新机遇。深化马克思主义基础理论研究是马克思主义发展和创新的前提。在“互联网+”时代尤须深化马克思主义基础理论研究，尤须坚持马克思主义基本原理，尤须创新思政课教学方式方法，以便在多元多样多变时代有效克服碎片化、娱乐化、图像化弊端，让互联网为人民和国家利益服务。[②] 中国社科院马克思主义研究院研究员张建云认为，互联网对人类物质生产方式最为根本的变革，就是实现了生产与消费一体化，形成了以消费为主导的新生产模式，去中介化、彰显服务的新商业模式，以信息创新驱动取代资本驱动的新经济发展模式，具有网状分工体系与小微化、自组织化等特征的新组织模式。透过纷繁复杂的表象，运用马克思主义基本原理准确把握、理性总结和概括物质生产方式这一伟大变革，对于深化马克思主义理论研究具有根本性意义。[③] 如果处理不当，互联网对人的发展也会具有负面影响，本年度有学者关注到了这个问题，并进行了初步分析，如上海社会科学院哲学所副研究员张志宏提出：由于海量的信息资源冲击人的视觉和认知系统，导致人的注意力分散。人的大脑不得不花更多的时间在整理信息上而不是处理信息上，人成了人工智能的“秘书”，而人工智能成了人的老板，人被物化成了信息的接收器。人脑在认知能力方面的发育增强，但是在创造能力与审美意识、道德判断等高端精神方面发展却弱化，人类的创造力却下降，丧失了对人的本质的确立和追求。[④]

二是关于马克思主义基本原理内容概括和整体性研究，本年度有很多学者从多个角度进行了探讨。北京航空航天大学副教授赵义良等认为，通过对当前学界马克思主义基本原理整体性研究的文献回顾，可以发现，进一步深化马克思主义基本原理的整体性研究，还需要强调三个基本观念：在方法上，突出价值取向与科学论证的有机统一；在内涵上，直面整体性内涵与体系化表达二者的矛盾；在实践上，强化理论阐释与具体运用的密切结合。只有澄清这三个基本观念，才能凸显马克思主义基本原理价值与真理、内容与形式、历史与现实有机统一的整体性逻辑和学科特色。[⑤] 福建医科大学副教授庄文城认为：马克思主义基本原理是有机的整体，否认其中任何一条基本原理，都会把马克思主义肢解，导致马克思主义的碎片化，引起连锁反应，相应地否认其他原理，最终会从整体上否定马克思主义基本原理。马克思主义不是教条的学说，而是随着时代的发展而不断地丰富和发展的科学理论体系。指导当代中国实践的马克思主义只有一个，是由不同理论形态构成的马克思主义理论体系。马克思主义理论体系以马克思主义基本原理为核心和命脉，它们之间既一脉相承又与时俱进，是对马克思主义基本原理的运用和发

---

① 余斌：《“互联网+”时代的马克思主义基本原理》，《观察与思考》2016年第7期。

② 张艳涛：《互联网+时代马克思主义基础理论研究面临的问题与挑战》，《兰州学刊》2016年第8期。

③ 张建云：《大数据互联网与物质生产方式根本变革》，《教学与研究》2016年第11期。

④ 张志宏：《信息化时代人的精神困境与文化救赎》，《江汉论坛》2016年第10期。

⑤ 赵义良、刘佳：《深化马克思主义基本原理整体性研究的三个基本观念——基于文献回顾视角的一个有限观察》，《辽宁大学学报（哲学社会科学版）》2016年第4期。

展，本质上属于同一个马克思主义。[1] 海南大学马克思主义学院副教授涂刚鹏认为，马克思主义基本原理主要包括以下七个密切联系、有机统一的内容：一是马克思主义唯物论原理，二是马克思主义唯物辩证法原理，三是马克思主义认识论原理，四是马克思主义唯物史观原理，五是马克思劳动价值理论，六是马克思剩余价值理论，七是科学社会主义原理。[2] 中山大学马克思主义学院叶启绩教授认为，马克思主义基本原理的核心内容从理论上说，表现为一个体系，它是以马克思主义实践观为基础，以揭示与把握客观世界的发展规律为条件，以考察劳动价值与人的价值的背离与统一为内容，以明确社会发展的历史主体地位为力量，以实现人的自由发展与人类解放为根本目标的，相互交融、相互渗透、相互支持的科学的理论体系。[3]

三是针对当前马克思主义面临的诸多挑战，很多学者进一步探讨了马克思主义基本原理的当代价值和时代意义问题。北京外国语大学马克思主义学院副教授陈永胜认为，有了马克思主义的世界观和人生观，有了这个人生的正确的“总开关”，才能自觉抵制和消除享乐主义等腐朽思想的影响，才能坚持健康昂扬的价值取向，正确地处理个人利益与党和人民利益的关系，自觉地做到人民利益至上，为实现共产主义这个伟大而崇高的目标而无私奉献。[4] 武汉科技大学讲师康丹认为，马克思主义基本原理的当代价值在于，马克思主义基本原理是实现中华民族复兴的理论武器，是治理社会建设和谐社会的重要保障，是建设法治社会的理论基础，也是构建新型国际关系体系的重要理论依据。[5]

2. 马克思主义整体性研究

马克思主义整体性问题是理论界自学科设立以来就一直极为重视的问题。当前，整体性研究面临着如何突破瓶颈、深入推进的困难。2016 年度，学者们倾向于从综合角度来理解整体性，强调从全面的内容、多维的视角、多样的方法、综合的路径等来理解马克思主义整体性，这从一定程度上反映出学界对整体性问题理解的深入。北京大学赵家祥教授认为，马克思主义的各个组成部分构成一个有内在联系的统一整体，可以从以下几个方面理解马克思主义的整体性特质的最基本的含义：第一，从马克思主义产生的社会历史条件看马克思主义的整体性；第二，从马克思主义的理论来源看马克思主义的整体性；第三，从马克思主义理论体系的内容看马克思主义的整体性；第四，从马克思主义发展的历史过程看马克思主义的整体性；第五，从马克思主义经典著作的实际情况看马克思主义的整体性。[6] 中山大学马克思主义学院何友鹏、钟明华认为：从狭义的重构角度看，重构其整体性应包含五个方面：一是确立一个初始内核，即马克思主义理论

---

① 庄文城：《马克思主义基本原理是指导当代中国实践的理论体系的命脉》，《马克思主义研究》2016 年第 10 期。

② 涂刚鹏：《论马克思主义基本原理的整体性及教学实现》，《学理论》2016 年第 1 期。

③ 叶启绩：《关于马克思主义及其基本原理与整体性的思考》，《思想理论教育》2016 年第 1 期。

④ 陈永胜：《论马克思主义的精神实质及其当代意义》，《人民论坛》2016 年第 5 期（中）。

⑤ 康丹：《马克思主义基本原理与其当代价值探析》，《决策探索》2016 年第 4 期（下）。

⑥ 赵家祥：《马克思主义的整体性特质和教师队伍建设》，《贵州师范大学学报（社会科学版）》2016 年第 5 期。

的新唯物主义内核；二是弥合两个内在向度，消除马克思主义理论分延谱系中“人本”和“科学”路径的对立；三是统摄三种唯物主义，即将历史唯物主义、辩证唯物主义、实践唯物主义等统摄在整体性之中；四是凸显一个思想主题，即马克思主义理论的中心是无产阶级革命和人类解放；五是还原一个科学体系，即作为马克思主义理论基底的历史科学体系。从广义的重新建构角度看，需要从总体上理解和把握共产主义思想，要把马克思主义理论理解为一种动态发展的开放体系。[①] 浙江工商大学马克思主义学院教授何丽野认为，马克思主义的整体性可以从各个方面来把握而不拘泥于单一性，如果从方法论方面来把握的话，那么，“历史的方法”可以视为马克思主义整体性的一个重要特征。它发端于马克思关于“现实的感性世界”的理解，又被用于对旧唯物主义物质与社会观的批判，接着成为马克思批判国民经济学家的武器。它成为马克思主义理论内部的逻辑联结的纽带，成为贯穿马克思主义三个组成部分的一条红线，既是马克思主义理论区别于其他理论的特点，也是马克思主义者与反马克思主义者斗争的焦点所在。[②] 哈尔滨师范大学马克思主义学院副教授张妍认为，马克思主义理论是世界观与价值观的科学统一体，在内容上具有整体性、在价值论层面涵盖整体性、在历史中延续整体性、在实践中反映整体性，并在方法论意义上渗透整体性。马克思主义理论是一个具有完备的“内容整体”“历史整体”“价值整体”“方法整体”性质意义的逻辑整体。多重维度的整体性解读，标识了马克思主义理论作为一个理论整体的科学性。[③]

对于如何深入推进整体性研究，本年度有很多学者在研究方法上进行了深入思考，如河北师范大学马克思主义学院教授范树成认为，对马克思主义既要进行宏观的整体性研究，又要进行微观的组成部分的研究，要将二者有机地结合起来。如果不对马克思主义的组成部分进行微观研究，就整体而研究整体，我们就无法深入理解和具体把握马克思主义的整体性，整体性研究就会流于空泛；如果不在整体性原则的指导下进行微观研究，我们就无法准确地理解马克思主义不同组成部分的相互关系及其所体现的整体性特征，也就无法全面地理解马克思主义。[④] 长安大学马克思主义学院副教授代建鹏认为，完善马克思主义整体性研究需要三管齐下：深入考察马克思主义形成史，理解马克思主义的理论渊源与思想原型；详细梳理马克思主义学科史，体悟前人对马克思主义的理解方式与认知结构；努力追踪马克思主义经验史，把握马克思主义的存在样态与现实境遇。[⑤]

本年度，有学者强调要在体制、机制上强化整体性教学和研究，要编写真正体现马克思主义的整体性特质的教材。如北京大学赵家祥教授认为，原理课教师要把马克思主义的三个主要组成部分结合起来进行研究和教学，要克服把马克思主义基本原理、马克思主义发展史和马克思主义经典著作分离开来的做法，要把这三者有机结合起来。

---

① 何友鹏、钟明华：《马克思主义理论整体性重构的基本问题及其框架》，《南京大学学报（哲学·人文科学·社会科学）》2016 年第 6 期。

② 何丽野：《“物质历史观”与马克思主义的整体性——从“马克思主义基本原理概论”教材的一处疏漏说起》，《教学与研究》2016 年第 3 期。

③ 张妍：《马克思主义整体性与整体论的逻辑思想探究》，《学术交流》2016 年第 7 期。

④ 范树成：《马克思主义整体性研究的方法论》，《高校马克思主义理论研究》2016 年第 2 期。

⑤ 代建鹏：《完善马克思主义整体性研究的三条路径》，《学术交流》2016 年第 2 期。

"论"从"史"出，"论"从"著"出，"史""论""著"应该紧密结合在一起。①

3. 经典著作研读

2016年度，研读马克思主义经典著作受到高度重视。除了高校、科研单位及机关事业单位组织的专业读书会、研修班等（如中国社会科学院马克思主义研究院原著读书会、北京高校马克思主义经典著作读书会）进行定期研读外，向高校学生讲授经典著作受到高度重视，许多高校教师将原著学习融入到原理课、思政课之中，并就如何提高学生们的学习兴趣、改进学习方法、提高分析问题解决问题的能力等进行了探讨，也有学者就经典著作选读的教材编写等进行了探讨。首都师范大学马克思主义学院陈新夏教授探讨了经典著作教育的重要性，他指出，马克思主义经典著作教育在马克思主义理论教育中至关重要。将作为马克思主义理论文本依据的经典著作渗透于马克思主义理论教育中，可以使学生直接了解马克思主义的内容，掌握马克思主义经典作家分析问题和解决问题的方法，学习马克思主义经典作家优良的学风和文风，也有助于增强马克思主义理论教育的生动性。② 关于马克思主义经典著作选读课程设置、教材编写、课程教学等领域内若干重大疑难问题，贵州大学哲学社会科学研究院杨仁厚教授进行了总结，认为，课程设置问题主要有课程的名称、层次、性质、类型、特点、意义等；教材编制中值得重视的问题包括文献的选取（最佳篇数、入选标准、内部比例）、导读的撰写（结构的完整、深浅的适度）、导言的安排（一定要有完整的导言）、经典的呈现方式；课程教学中值得注意的问题是：教师要加强专业修养，展示事业热情，谙熟教学技巧，构建独特风格，因为影响教学效果的根本因素是教师的能力、热情、风格、技巧等。③ 关于如何将经典原著融入原理课堂，兰州大学马克思主义学院教授杨宏伟认为，经典原著融入"原理"课教学要坚持三条原则：一是坚持以基本原理为主导的原则，要坚持以基本原理为主导、以经典原著为辅助的原则，不能以经典原著代替基本原理；二是坚持基本原理的整体性原则；三是坚持基本原理联系社会实践的原则。他还提出要坚持经典原著融入"原理"课教学的三个结合：基本原理阐释与经典原著印证相结合，引证式融入与精读式融入相结合，纸质文本与电子媒介相结合。④

2016年度，马克思的《资本论》仍然是备受关注的经典著作，对《资本论》的研读进入到更高、更深的层次。《资本论》是一部百科全书，本年度关于《资本论》的研读体现了这个特色，研读内容既涉及《资本论》中所内含的基本原理、基本范畴、内在逻辑等，也涉及《资本论》的翻译、研究等各个方面。

《资本论》诞生于19世纪，有人因此认为它所提供的分析资本主义的方法工具，是从对19世纪资本主义的观察出发而设计的，不适用于对当今金融垄断资本主义社会的分析。吉林大学教授白刚认为，《资本论》的命运不取决于其自身，而取决于它的批

---

① 赵家祥：《马克思主义的整体性特质和教师队伍建设》，《贵州师范大学学报（社会科学版）》2016年第5期。

② 陈新夏：《马克思主义理论教育中的经典著作教育》，《思想理论教育导刊》2016年第3期。

③ 杨仁厚：《马克思主义经典著作选读课程建设重要疑难问题探讨》，《教育文化论坛》2016年第1期。

④ 杨宏伟、刘栋：《经典原著融入"马克思主义基本原理概论"课教学的探索》，《思想理论教育》2016年第10期。

判对象——资本主义。不论是在商业资本主义时代、工业资本主义时代，还是在金融资本主义时代，本质上都是“资本的时代”。由于《资本论》抓住资本的社会关系本质，它在金融资本主义时代并不会过时。[①] 武汉大学教授屈炳祥认为《资本论》为社会主义实施商品经济提供了思想依据。《资本论》揭示的商品经济产生的根本前提并不是生产资料的私有制，而是使生产者“彼此当作独立的人相对立”或“彼此当作外人看待的关系”。社会主义初级阶段存在商品经济的经济基础。[②] 南京大学哲学系教授唐正东探讨了《资本论》如何以独特的方法论视角全面铺开对资产阶级政治经济学及资本主义现实生产过程的批判。他认为在马克思的政治经济学批判视域中是沿着对交换价值及交换关系的批判、对商品关系的批判、对剩余价值及剥削关系的批判、对资本主义生产过程批判这一路径演进的。[③] 北京大学哲学系教授仰海峰从资本逻辑结构化的微观层面来讨论机器问题，以深化对《资本论》哲学的理解。他认为，在马克思看来，机器具有生产工具和对社会生活的全面建构这两项重要功能。科学、技术与机器直接建构了人们的社会生活与交往关系，因此很难将科学、技术与其特定的社会存在形式剥离开来，当机器以及科学、技术与资本逻辑结合为一体时，它们成为资本权力建构的重要因素。[④] 哈尔滨工程大学教授王林平、黑龙江省社会科学院编审高云涌探讨了阐释资本逻辑正确的切入点。他们认为马克思不是从“时间维度”“时间境域”，而是从“时间尺度”入手提出问题的，“劳动时间作为价值的内在尺度”的理论设定贯穿于马克思考察资本主义的“价值创造和资本创造”研究过程的始终，并成为劳动价值论的基本理论内核。[⑤]

在《资本论》文本研究方面，中共中央编译局译审张钟朴在介绍《资本论》第1卷法文版、俄文版、英文版、德文第3版、德文第4版的修改情况的基础上，概括了上述各个版本的版本价值和理论意义，认为马克思和恩格斯在推动《资本论》第1卷各个版本发表的过程中，不断地结合资本主义的实际发展变化更新完善自己的理论观点。[⑥]

此外，2016年是《德意志意识形态》诞生170周年，本年度，本篇著作的研读亦受到学界高度重视。研究内容包括：一是深入探讨《德意志意识形态》中马克思恩格斯关于历史唯物主义原理的基本形成、具体内涵及重大意义。北京大学哲学系教授赵家祥认为，《德意志意识形态》一书是标志历史唯物主义基本形成的著作，在马克思主义发展史上占有极其重要的地位。这部著作中论述的历史唯物主义基本原理和重要思想有：“现实的个人”是历史唯物主义的出发点，社会存在决定社会意识，物质生产是人类社会存在和发展的基础，“两种生产”理论，社会基本矛盾是历史发展的基本动力，

---

① 白刚：《回到〈资本论〉——21世纪的“政治经济学批判”》，《学习与探索》2016年第7期。

② 屈炳祥：《论〈资本论〉与“中国特色社会主义”之缘》，《当代经济研究》2016年第4期。

③ 唐正东：《马克思政治经济学批判的逻辑层次》，《中国社会科学》2016年第10期。

④ 仰海峰：《机器与资本逻辑的结构化——基于〈资本论〉的哲学探讨》，《学习与探索》2016年第8期。

⑤ 王林平、高云涌：《质—量分析方法与资本逻辑的时间尺度——基于〈资本论〉及其手稿文本的考察》，《南京社会科学》2016年第11期。

⑥ 张钟朴：《〈资本论〉第一卷法文版及其他版本——〈资本论〉创作史研究之六》，《马克思主义与现实》2016年第3期。

人和环境的辩证统一，分工及其在社会发展中的作用，所有制形式与社会形态的划分，实践的观点是马克思主义的基本观点。这些基本原理和重要思想初步构成了历史唯物主义的科学体系。① 中国人民大学哲学院教授安启念认为，马克思的劳动实践思想吸收了唯心主义的积极因素，超越费尔巴哈，把历史和唯物主义结合在一起，形成他的唯物史观。这是包含人、自然界和社会的历史在内的大唯物史观。实践活动的特点决定了大唯物史观的唯物主义性质。马克思的唯物史观是劳动实践思想和我们所熟悉的历史唯物主义基本原理的有机结合，《德意志意识形态》中有对它的完整表述。② 二是《德意志意识形态》中马克思恩格斯关于意识形态思想的深入挖掘。洛阳师范学院马列部副教授吴胜锋不赞同把马克思的意识形态术语固化为一种单一的否定性概念，他认为，《德意志意识形态》中马克思意识形态术语的含义具有丰富与多维的特性，马克思在《德意志意识形态》中表述了含义有别的多种意识形态概念，包括：作为观念科学的意识形态概念，作为哲学批判的意识形态概念，唯物史观中的意识形态概念。③ 南京政治学院上海校区马克思主义理论系的李晓阳、黄再胜认为，尽管《德意志意识形态》距今已有 170 年的历史，但其中关于德意志意识形态批判的论述和思想仍然具有极大的理论价值和指导意义。大数据时代下，我国意识形态安全面临全新机遇和严峻挑战，深入学习和体会马克思主义经典作家的意识形态批判理论，对于推进我国社会主义意识形态的建设和发展具有重要的启示意义。④ 三是关于《德意志意识形态》的版本研究。清华大学人文学院哲学系教授韩立新对国内外《德意志意识形态》之“费尔巴哈”章编译版本进行了梳理和介绍，借刊登《费尔巴哈》章的新 MEGA 第 I 部门第 5 卷正式付梓之际，建议中央编译局编译一个以新 MEGA 为底本的汉译本。新译本应该做到：第一，采取将文本分成左右两栏进行编译的方针；第二，恢复文本中原有的页码信息和手稿状态信息；第三，适当地增加“题注”的内容。⑤

（二）重要原理研究

1. 历史唯物主义研究

2016 年度学界关于历史唯物主义原理的研究仍然是沿着两个方面展开。一方面是对历史唯物主义基本原理、基本范畴、基本原则的深入挖掘、整理和诠释，如对历史唯物主义的科学内涵、实践问题、人的发展问题、现代性问题等的深入研究。另一方面是以历史唯物主义为视角对现实问题的分析、解读和解决，例如，从历史唯物主义视角审视、分析中国道路、“一带一路”战略、生态建设、“五大发展理念”、“四个全面”实

---

① 赵家祥：《历史唯物主义基本形成的标志性著作——纪念〈德意志意识形态〉诞生 170 周年》，《深圳大学学报（人文社会科学版）》2016 年第 1 期。

② 安启念：《从〈德意志意识形态〉看马克思的唯物史观思想———纪念〈德意志意识形态〉创作 170 周年》，《天津社会科学》2016 年第 6 期。

③ 吴胜锋：《马克思意识形态概念辨析——基于〈德意志意识形态〉文本的解读》，《马克思主义研究》2016 年第 6 期。

④ 李晓阳、黄再胜：《〈德意志意识形态〉中的意识形态批判理论及其当代启示》，《思想教育研究》2016 年第 8 期。

⑤ 韩立新：《〈德意志意识形态〉之〈费尔巴哈〉章编译上的根本问题——写在新 MEGAI/5〈德意志意识形态〉卷正式出版之前》，《清华大学学报（哲学社会科学版）》2016 年第 6 期。

施战略，等等。

历史唯物主义原理博大精深，如何正确理解历史唯物主义原理的丰富内涵始终是学者们关注的课题。本年度，学界继续深化了对这个问题的研究。北京航空航天大学思想政治理论学院副教授赵义良认为，马克思基于对劳动问题的探索，通过思维具体实现了历史具体，从而跨越了思辨的深渊，打开了一条通往社会现实的道路。唯物史观的精神内核内嵌于“历史具体”中，这种历史观始终站在现实历史的基础上。只有深入到“资本主义生产方式以及和它相适应的生产关系和交换关系”中，才能使唯物史观的基本原理由思维抽象走向思维具体，从而实证地揭示出资本主义生产方式的历史过渡性和暂时性，论证社会主义取代资本主义的历史必然性。① 中国人民大学哲学院副教授罗骞认为，由于历史性原则的引进，历史实践中介的对象化意义上的对象性存在成为历史唯物主义范畴中的“物”，这个“物”不仅是指作为独特存在领域的历史状态和历史过程本身，而且是指由历史性实践中介的存在物。通过实践概念，唯物主义在马克思这里变成了历史的和辩证的；通过这一转变，形而上学的思辨本体论终结了。历史性、唯物性和辩证性“三位一体”使马克思的思想进入了一个全新的存在论视域：后形而上学视域中的历史存在论。② 中国人民大学哲学院教授安启念认为，马克思大唯物史观的核心范畴是劳动实践和以它为基础的人与环境的相互作用协同发展。马克思的大唯物史观不仅包括人类社会，而且包括自然界和人本身。历史是在劳动实践活动基础上自然界、人类社会和人自身的协同进化。在马克思看来，历史就是人的形成史、解放史，历史学就是人学。这种理论把自然界以及文化和历史传统等因素纳入史学研究的视野，对于我们深入理解社会的发展以及人的发展至关重要。③ 关于如何深化历史唯物主义研究，清华大学马克思主义学院副教授李成旺提出了三个方法自觉：其一，要在思想比较研究中呈现历史唯物主义本真精神，因为历史唯物主义是马克思恩格斯实现历史观革命的积极成果；其二，要在深层历史文本学视域中恢复历史唯物主义本来面貌，这是超越马克思哲学传统理解模式的内在诉求；其三，要始终保有现实关切、站在时代前沿回应历史唯物主义所面临的新挑战，因为马克思主义哲学的生命力就体现在与现实实践结合中不断发展完善自身并为未来开辟道路。④

历史唯物主义不是抽象原理。本年度，学界结合时代发展、经济社会发展实践的需要，以历史唯物主义为视角，运用历史唯物主义原理对现实问题进行分析、解读和解决。一是对现代性问题的批判。中共中央党校韩庆祥教授认为，中国的现代性所处的历史方位和国情与西方不同，要建构当代中国的现代性，既要遵循科学的方法论，也需要采取适当路径；既要批判借鉴“西方的现代性”的经验教训，也要立足中国国情；既要体现现代性的一般本质，也要考虑中国的特殊实际；既要遵循人类社会历史发展规律

---

① 赵义良：《唯物史观的精神内核及其生成逻辑》，《中国社会科学》2016 年第 7 期。

② 罗骞：《重新理解唯物主义的科学内涵与当代价值（笔谈）——马克思的唯物主义为何是历史的且辩证的?》，《南京大学学报》（哲学·人文科学·社会科学版）2016 年第 1 期。

③ 安启念：《马克思的大唯物史观及其史学价值》，《理论探索》2016 年第 1 期。

④ 李成旺：《深化历史唯物主义研究几个重要问题再省思》，《中国高校社会科学》2016 年第 2 期。

和我国社会历史发展规律，也要符合人性发展的价值诉求；既要克服现代性的消极弊端，又要释放出现代性中的积极精神等。[①] 首都师范大学马克思主义学院陈新夏认为，当代中国现代性问题与前现代性问题并存，且从不同角度制约着人的发展态势。从人学的视角看即以推进人的发展为目标，我们的现代性反思应当既要通过发展并完成现代性而去除人的依赖关系，又要通过管控现代性的负面效应而超越物的依赖性。[②] 二是对中国道路的研究，首都师范大学马克思主义理论研究所副教授黄志军认为，可以借助于历史唯物主义这一理论视角，从外部反思和内部反思审视中国道路：一是要立足于世界现代化的进程检视中国道路的历史定位和发展方向；二是要秉持从中国的历史进程和社会现实境况出发思索中国道路的独特价值和可以推广的共识。在这个意义上，历史唯物主义对于辩证地理解中国道路的实际生成过程和内在结构具有重要启示意义。[③] 上海师范大学哲学学院高惠珠教授从历史选择论的新理解、对社会理性与价值理性的新认识及主体历史意识的新自觉三个维度，对历史唯物主义理论在当代中国特色社会主义道路的形成与发展中得到了新拓展进行了具体阐释，包括中国道路与认知理性和价值理性的新拓展，中国道路与选择主体历史意识的新拓展，等等。[④]

2. 马克思平等理论的研究

马克思的平等理论是近年来理论界关注的一个热点问题。《马克思主义与现实》2016 年第 6 期围绕这一专题发表了 4 篇文章。中共北京市委党校童萍副教授梳理了马克思对平等与商品生产之间关系的论述，并阐述了其方法论启示和现实意义。在马克思看来，任何平等观念都是对特定生产关系和经济关系的反映和表现，不能离开生产关系和经济关系抽象地谈论平等问题。就资本主义而言，一方面它在商品交换的层面保留了与劳动者个体私有制和简单商品生产相适应的平等观念；另一方面它在商品生产的层面又把这种平等推向了自己的反面，从而形成了与资本主义私有制和资本主义商品生产相适应且具有悖论性的平等观念。既不能把这两种性质不同的平等观念混为一谈，也不能用简单商品生产的平等为资本主义商品生产的不平等进行辩护。[⑤] 清华大学张瑜副教授等通过对马克思《大纲》的深入挖掘，在对马克思共同体思想的梳理过程中总结了马克思的平等观。他们认为，马克思依据所有制形式演变的不同历史阶段，把共同体的发展分为自然共同体、虚假共同体再到未来共同体三个阶段，与此相对应的是偶然的个人、抽象的个人、具体的个人。个人与共同体的辩证关系也从相互依存到相互对立，到最后个人的再生产获得了全面的规定性乃至真正的自由与平等关系的实现。共同体形式在根本上与所有制形式相一致，共同体范畴中自由与平等的关系也在个人与群体的辩证演化中获得新的规定性。马克思的共同体理论坚持逻辑与历史相统一，构成了自由主义的政治哲学基础“自我所有原则”及其对自由平等观的有力批判，并最终破解了自由

---

① 韩庆祥：《“唯物史观视域中的现代性问题”笔谈：现代性的本质、矛盾及其时空分析》，《中国社会科学》2016 年第 2 期。

② 陈新夏：《中国现代性问题的特殊性及其人学反思》，《哲学研究》2016 年第 8 期。

③ 黄志军：《从历史唯物主义审视中国道路的两个原则》，《思想理论教育导刊》2016 年第7 期。

④ 高惠珠：《从中国道路看历史唯物主义理论的新拓展》，《哲学动态》2016 年第 6 期。

⑤ 童萍：《平等的悖论——马克思论平等与商品生产的关系》，《马克思主义与现实》2016 年第 6 期。

主义学说中个人与群体相对立，自由与平等不可兼容的理论难题。[①] 湖北科技学院徐珍博士以生产方式、经济组织方式、资源配置方式、财富分配方式这四个核心范畴为分析手段，探究了社会结构、所有制与平等的关系，试图回答所有制如何决定平等这一问题。作者指出，所有制之于平等的关系，实质上是国家政体与体制之于平等的关系。进而言之，国家是通过所有制这一关键要素实现平等的。从这个意义上说，所有制既是平等与不平等的表现形式，又是造成平等与不平等的直接原因。在资本主义条件下，一切不平等的根源不再是简单的人对人的直接占有、人对人的直接统治，而是借助资本这个中介而实现的全面的统治和占有，因此，必须把人的解放确立为从资本主义国家中解放出来。社会主义所有制是实现社会主义平等的关键因素。而在具体实践过程中，除了社会主义所有制之外，社会主义国家的国体、政体、体制和法律体系在实现人格平等、政治平等和社会平等方面又较之所有制的作用更为根本。[②] 井冈山大学邹平林认为马克思的平等观实质上包含自由的价值规定性、经济的现实制约性以及历史的发展辩证性等三重意蕴。他还阐述了马克思平等观与我国当前正确处理平等与自由、效率和财富增长等其他社会价值目标之间的关系，正确处理规则平等与结果平等之间的关系，以及将务实精神与超越性追求结合起来的重要意义。[③]

《山东社会科学》2016 年第 11 期设立了“当代政治哲学视域中的马克思主义平等理论”专题，刊载了 3 篇相关论文。武汉大学李佃来教授结合政治哲学史，深入辨析了马克思的权利平等思想。他指出，在《哥达纲领批判》中，马克思之所以批评和反对基于“应得”的“平等的权利”，原因之一就在于，他看到了结果不平等对权利平等所形成的实际制约，进而看到了应得权利之不应得和不平等的问题。就此来讲，马克思实际并没有因为批评和反对基于“应得”的平等权利，而导向对权利平等这一政治哲学的立论前提的根本否弃，相反，在这种对应得权利的批评和反对中，恰恰蕴含了一种对平等权利的真诚而执着的追求。就共产主义初级阶段而言，马克思虽然认同应得原则在社会分配中的基础性意义，但在思想意识深处，他并不认为这一原则就是理解权利平等问题的唯一合法性支点，而是认为应同时将结果不平等对权利平等所形成的实际制约纳入进来作整体性把握。共产主义高级阶段是马克思政治哲学所关涉的最高历史位阶。马克思为这个历史位阶的政治哲学所确立起的价值标准，就是以人的自我实现为根本旨趣、具有超越性特质的人性标准，用马克思具有高度概括性的话来表述，就是“各尽所能、按需分配”。这个人性标准看似与马克思的权利平等思想没有任何关系，但实则是通向马克思共产主义高级阶段权利平等思想的一座桥梁。[④] 北京航空航天大学王代月副教授等遵循马克思的逻辑，探讨了资本对平等的影响。认为资本对平等具有二重性影响，或悖论式的影响：一方面，它通过推动商品经济的发展，奠定平等实现的物质基础；另一方面，资本对剩余价值的追逐，必然造成大量事实上的不平等。他们主张今天的中国应该以社会主

① 张瑜、刘礼：《共同体理论视阈下的自由平等观——基于马克思〈大纲〉的探求》，《马克思主义与现实》2016 年第 6 期。

② 徐珍：《论所有制与平等之间的内在逻辑》，《马克思主义与现实》2016 年第 6 期。

③ 邹平林：《论马克思平等观的三重意蕴》，《马克思主义与现实》2016 年第 6 期。

④ 李佃来：《马克思权利平等思想辨析》，《山东社会科学》2016 年第 11 期。

义的价值诉求引导资本，减轻资本对平等的不利影响。[①] 除了上述两个专题，中国人民大学张晓萌博士从经济、社会和历史三个维度梳理了马克思的平等理论，认为马克思主义平等观根植于历史的发展和人的现实实践，来源于社会生产力的不断提升、社会形态逐步更迭的历史进步，基于人类的生存境遇并面向人的“独立性和个性”而展开，因此是具有历史规定性的价值原则。[②]

3. 政治经济学理论体系创新研究

中国经济改革与发展在制度基础、发展取向、机制设计、路径设定、时序安排和政策选择上均有其独特性，为中国特色社会主义政治经济学创新发展提供了巨大的空间。本年度学界在中国特色社会主义政治经济学创新研究方面的研究成果非常丰富，学者们分别从创新的原则和思路以及学科体系、学术体系和话语体系的构建等方面进行了探讨和研究。

中国社会科学院学部委员程恩富提出了马克思主义政治经济学理论体系多样化创新的若干学术原则和思路。认为政治经济学需要包括微观经济和宏观经济的有关内容，但要避免简单地将两者混合导致缺乏统一的方法论逻辑；要摒弃资本主义与社会主义两分法的框架，重新设计一种较为完整的、研究现代市场经济的马克思主义政治经济学体系结构；应尽快构建历史与逻辑相吻合的广义政治经济学新体系。他还提出了一种由渺观经济、微观经济、中观经济、宏观经济、宇观经济组成的马克思主义政治经济学的体系结构，认为政治经济学体系构建在方法和原理上应分层递增，而不宜专题化。[③]

在中国特色社会主义政治经济学理论体系的构建方面，中国人民大学教授张宇提出了“制度、运行、发展和开放”四位一体的体系结构。张宇认为，中国特色社会主义政治经济学的主要研究对象是中国特色社会主义经济制度——它是中国特色社会主义生产关系的具体体现，主要研究内容分为社会主义基本经济制度、社会主义基本分配制度和社会主义市场经济制度三个方面。中国特色社会主义经济运行是中国特色社会主义经济制度在经济活动中的实现，经济运行过程研究应该分成微观经济运行、中观经济运行和宏观经济运行三个层次的内容。中国特色社会主义经济发展是中国特色社会主义经济运行、长期积累的结果，其主要内容包括经济增长、经济发展以及城乡一体化三个方面。中国特色社会主义对外开放则主要包括参与经济全球化、发展对外关系和参与全球经济治理三个方面的内容。[④] 西北大学教授高煜认为，创新发展当代中国马克思主义政治经济学的话语体系的核心是将当代中国最新发展思想和实践转化为系统理论与学说基础上的学科话语，其总体任务是以当代中国最新发展思想和实践为现实依据，用中国话语阐述马克思主义政治经济学基本理论在当代中国的新内涵。要将积累的大量实践话语上升为学术话语，在已有的话语基础上，不断加强学术话语的系统化、学说化创新发

---

① 王代月、李宇晨：《资本逻辑下的平等悖论》，《山东社会科学》2016 年第 11 期。

② 张晓萌：《马克思主义的平等理论：历史与规范的辩证统一》，《东岳论丛》2016 年第 6 期。

③ 程恩富：《马克思主义政治经济学理论体系多样化创新的原则和思路》，《中国社会科学》2016 年第 11 期。

④ 张宇：《中国特色社会主义政治经济学》，中国人民大学出版社 2016 年版。

展，实现从零散性的理论话语转变为系统的学说话语。[①]

关于中国特色社会主义政治经济学学术体系，南开大学教授周立群认为，中国特色社会主义政治经济学系统性体系构建关键在于进行科学的理论抽象和建立有内在联系的范畴体系。当前使用的一些基本范畴和概念多是文件和时事表述用语，这些范畴对于财政、金融、保险、贸易等分支学科来说，其理论基础的作用显得薄弱，从而难以形成一个有内在逻辑的范畴体系作为各分支学科的理论基础和理论基石。社会主义市场经济的一些重大命题需要基本理论的创新发展，否则每推进一步都会引发这类基本问题的争论。[②] 中国人民大学教授张雷声探讨了当代中国马克思主义经济学的研究范式，认为当代中国马克思主义经济学的科学性和它的理论发展过程，决定其研究范式必然是以人民为中心的研究立场、以唯物史观为核心的研究方法、以马克思经济思想为本源的研究思路、以经济发展实践为导向的研究取向。[③]

北京大学中国道路与中国化马克思主义协同创新中心教授顾海良探讨了中国特色社会主义政治经济学系统化过程中的“术语革命”问题。顾海良认为，中国特色社会主义政治经济学术语革命的重要特征，就是把握“生产力水平”这一“可靠的根据”，以生产力的术语革命为基点，形成中国特色社会主义政治经济学体系的主线和内在逻辑。中国特色社会主义政治经济学系统化过程中形成了诸如社会主义初级阶段及其基本路线、社会主义主要矛盾、经济体制、社会主义本质、共同富裕、经济新常态、新发展理念、对外开放等原始创新性“术语的革命”，同时在对马克思经济学整体方法论和社会历史观的基本遵循中，也有更多的批判借鉴性“术语的革命”，其大多取自当代流行的各种经济学。而五大发展理念是对“实现什么样的发展、怎样发展”问题作出的、术语革命意义上的提炼和升华，成为中国特色社会主义政治经济学的主导理念和发展方向。[④]

关于政治经济学的中国特色问题，中国社会科学院经济研究所研究员杨春学认为，“中国特色”除了“社会主义初级阶段”这一底色特征之外，还应包括存在于中华文明之中而且仍然对当今有着重大正面影响的思想基因，“初级形态”的社会主义和中华文明思想基因的理论化，是我们辨识“中国特色”的实践和理论问题的坐标或参照系的底色，只是对其中的思想基因还存在一个理论化的问题。社会主义与市场经济的有机结合是中国对社会主义经济形态发展的最重大贡献，是“中国特色”重要表现。[⑤] 南开大学教授逄锦聚探讨了中国特色社会主义政治经济学的民族性与世界性。他认为中国特色社会主义政治经济学的民族性包括两重含义：一重含义是基本立场、基本观点、基本方法的特殊性；另一重含义是决定基本立场、基本观点、基本方法的基本国情、基本实践的特殊性。世界性也包括两重含义：一重含义是在

---

① 高煜：《当代中国马克思主义政治经济学话语体系创新发展——对研究框架的一个思考》，《西北大学学报（哲学社会科学版）》2016 年第 5 期。

② 周立群：《中国特色社会主义政治经济学的系统构建与创新》，《经济研究》2016 年第 3 期。

③ 张雷声：《当代中国马克思主义经济学的研究范式》，《思想理论教育导刊》2016 年第 3 期。

④ 顾海良：《马克思经济学“术语的革命”与中国特色“经济学说的系统化”》，《中国社会科学》2016 年第 11 期

⑤ 杨春学：《社会主义政治经济学的“中国特色”问题》，《经济研究》2016 年第 8 期。

中国特色社会主义政治经济学的民族性中，包含着人类共同的价值追求，具有世界范围经济学理论的一般性和普遍性；另一重含义是中国特色社会主义政治经济学可以与别国经济理论与实践相互学习和借鉴。[①]

4. 劳动价值论的研究

随着改革的深入和市场经济的发展，经济生活中出现很多新的经济现象，使劳动价值论研究面临新的任务和挑战。本年度学术界从坚持和发展劳动价值论、劳动价值论的当代运用等角度进行了研究探讨。

兰州大学教授王维平、厦门大学庄三红等在回顾国内外关于劳动价值论论战历史的基础上，对争论的主要观点进行了评析。他们认为，关于劳动价值论的百年论战是劳动价值论重要性和生命力的体现。论战也为我们如何在当代全球化和社会主义市场经济新条件下，坚持和发展马克思劳动价值论提供了宝贵的现实启迪。在劳动价值论时代化的进程中要正确处理好坚持与发展的辩证关系。要用历史唯物主义和辩证唯物主义原理理解劳动价值论的真理性，又要重视对劳动价值论的反思，进一步完善劳动价值论。既要从整体上把握马克思的劳动价值论体系，不能单独地理解劳动价值论的某些观点，单独地看待劳动价值论的某些结论，又要重视马克思的相关论述，而不能跳过某些必要的理论中介，扩大劳动价值论的使用范围。[②]

中共上海市委党校第一分校刘珍英认为，创造价值的并不是“劳动”，而是“抽象劳动”，“抽象劳动”并不是人对劳动的抽象，而是市场对劳动的抽象；脱离劳动的“价值实体”只有在拜物教的意义上才成立；按劳分配既不是按劳动创造的价值进行分配，更不是按劳动力价值分配，只有劳动不再创造价值，按劳分配才成为可能。并认为这些观点从马克思的观点来看都是不言而喻的。人们之所以未能把握，是由于缺乏“否定性辩证法”的视野。[③] 复旦大学教授顾钰民针对上述有关论点提出了不同见解。顾钰民指出，具体劳动和抽象劳动是同一劳动的二重性，没有离开具体劳动的抽象劳动，也没有离开抽象劳动的具体劳动，创造价值的并不是“劳动”的观点显然难以成立。对“抽象劳动”进行抽象的主体是马克思，而不是市场，市场抽象的不是“抽象劳动”，而是把个别劳动时间抽象到社会必要劳动时间的过程。而按劳分配已经是一个客观存在，不是可能不可能的问题，需要研究的是如何认识现实中的按劳分配，切实贯彻按劳分配。[④]

上海对外经贸大学教授王朝科、贵州大学教授郭凤芝研究了基于劳动价值论的价值函数。他们认为在马克思主义政治经济学中，价值函数是劳动价值论的数学表达式，它反映的是商品的价值量与生产该种商品耗用的活劳动量以及不变资本之间的关系，价值函数应该包含价值创造函数和价值形成函数两种表达式，这是价值函数研究共同的逻辑起点。马克思分别在《资本论》第一卷和第三卷中提出了社会必要劳动时间Ⅰ和社会

---

① 逄锦聚：《中国特色社会主义政治经济学的民族性与世界性》，《经济研究》2016 年第 10 期。

② 王维平、庄三红：《国内外基于〈资本论〉研究的劳动价值论百余年论战再回顾及其辩证思考》，《兰州大学学报》2016 年第 3 期。

③ 刘珍英：《马克思对“价值”的否定理解》，《思想理论教育》2016 年第 3 期。

④ 顾钰民：《劳动创造价值是马克思经济学的核心——与刘珍英〈马克思对“价值”的否定理解〉四个观点的商榷》，《思想理论教育》2016 年第 10 期。

必要劳动时间Ⅱ的概念。他们认为，社会必要劳动时间Ⅰ是一个均值概念，社会必要劳动时间Ⅱ则是一个总量概念，两者始终处于矛盾运动之中，两者共同决定商品的价值量。他们通过引入社会劳动量的浪费率将两者统一起来，从而得到整个国民经济的价值创造函数和价值形成函数。①

中国社会科学院学部委员金碚从 GDP 核算、产业结构及其演变趋势、企业追求的目标、人才、劳动报酬标准等几个现实问题的理论讨论入手，揭示马克思劳动价值论的现实意义和理论启示。以 GDP 核算为例，GDP 的基本经济学意义是以交换价值计量单位即货币尺度作为核算工具，估算真实使用价值量的生产规模总量及其增长。科学认识 GDP，除了关注其价值量表现之外，更重要的是应关注其实质量。关注 GDP 的实质量，就要观察和分析构成 GDP 的真实商品和服务的使用价值性质。GDP 的重要性并不在于它的（交换）价值总量，重要的是 GDP 所蕴含的使用价值量与质的实体性质。对 GDP 认识的偏颇，往往导致对国家经济状况的判断发生误解，对于现实经济中的价值创造特别是创新性劳动的状况也可能误判，更难以进行正确的国际比较。②

上海财经大学教授冯金华研究了价值与资源最优配置问题。他认为在价值与资源最优配置的关系上，现代西方经济学和传统政治经济学都有各自的局限。一方面，现代西方经济学尽管较多地讨论资源最优配置的价格条件，但却没有进一步深入分析隐藏在价格背后的价值，因而提出的资源最优配置的价格条件缺乏牢固的价值基础。另一方面，传统政治经济学尽管详细研究过价值的概念和价值量的决定，但却很少把它们与资源的最优配置联系起来。冯金华根据等价交换和劳动价值论的假定，得出资源最优配置的价格—价值条件是当且仅当资源的配置恰好使得所有不同产品的以价值和价格表示的边际收益的比率均相等。③

湖南省委讲师团教授谭跃湘从劳动价值论的视角讨论了闲暇时间和劳动时间的配置问题。他指出闲暇与劳动是一枚硬币的两面，闲暇是劳动的条件，劳动是闲暇的基础，闲暇是劳动创造价值的必要条件，劳动是价值的唯一源泉并不意味着价值量总能与单个劳动者劳动时间的延长成正比例。从劳动者的角度，实现劳动和闲暇的最优配置，应以劳动和闲暇为自变量，价值收益为因变量，分析三者之间的函数关系，并遵循如下准则：劳动者的劳动时间应以边际劳动等于边际价值为均衡点；劳动者的闲暇时间应以边际闲暇时间等于边际价值收益为均衡点。④

（三）现实应用研究

1. 五大发展理念的科学社会主义解读

党的十八届五中全会提出要牢固树立创新、协调、绿色、开放、共享的发展理念，学者们运用科学社会主义的相关理论对五大发展理念进行了解读。中国社会科学院马克思主义研究院辛向阳研究员从科学社会主义的视角，对五大发展理念进行了全面深入解读。他指出，社会主义创新应当在制度的基础上持续创新，是累积性创新，是节约社会

① 王朝科、郭凤芝：《基于劳动价值论的价值函数研究》，《当代经济研究》2016 年第 12 期。

② 金碚：《马克思劳动价值论的现实意义及理论启示》，《中国工业经济》2016 年第 6 期。

③ 冯金华：《劳动价值论和资源最优配置》，《福建论坛（人文社会科学版）》2016 年第 5 期。

④ 谭跃湘：《劳动价值论视角的闲暇与劳动均衡配置》，《求索》2016 年第 7 期。

资源的创新，不能是对社会造成巨大阵痛的创新，创新发展就是充分发挥社会主义制度优越性的发展；协调发展就要注重区域协调，使各个区域之间能够相互联动，形成一种协同发展的局面，就要注重城乡协调，健全城乡发展一体化体制机制，推进城乡要素平等交换、合理配置和基本公共服务均等化；就要注重物质文明和精神文明协调，用中国梦和社会主义核心价值观凝聚共识、汇聚力量，加强社会主义精神文明建设，建设社会主义文化强国；绿色发展要求社会主义的生产力是以社会消耗最少、经济效益最大的方式发展，要求不断变革社会主义生产关系，以生产关系的绿色化推动社会经济发展，要求我们要建设政治上的绿水青山；开放发展就是要统筹开放型经济顶层设计，实现开放型经济治理体系和治理能力现代化，建设开放型经济强国，就是要善于借鉴发达国家好的发展经验和做法，使中国特色社会主义呈现出更加强大的生命力，就是要向世界展示中国的文明大国、东方大国、负责任大国、社会主义大国形象；共享发展就是要坚持以人民为中心的发展思想，把增进人民福祉、促进人的全面发展作为发展的出发点和落脚点，就是要解决好收入分配问题，使中等收入者占多数。① 南京政治学院孙力教授等运用科学社会主义有关原理对五大发展理念进行了系统解读。他们认为，五大发展理念既是以中国特色社会主义的实践为基础，也是以整个社会主义运动以及当代现代化进程为基础提炼的发展观念，是中国共产党对社会发展规律认识不断深化的必然产物。它既是马克思主义社会发展科学方法论的时代升华，也是对人类文明成果特别是当代社会发展思想借鉴的成果。② 江西行政学院王仕国教授认为，五大发展理念是运用马克思主义发展观的基本原理和方法结合当代中国发展实践的最新理论成果，是指导和解决我国当前发展问题的行动指南。五大发展理念的提出，是以习近平同志为核心的党中央在新的历史时期对马克思主义发展观的中国化、时代化，不仅在理念内涵上丰富了马克思主义发展观，而且在方法论上进一步推动了马克思主义发展观的创新，实现了发展理念的自我更新、自我变革，开辟了马克思主义发展观中国化的新境界。③ 中共上海市委党校上官酒瑞副教授对五大发展理念的整体性特征进行了分析。他认为，五大发展理念是一个整体，其整体性特征为：构成要素间关系的集合性，与治国理政新思想的关联性，与党的发展观念史变迁的传承性，与世界发展大势的一致性。④

2. 关于供给侧结构性改革的讨论

自“供给侧结构性改革”这一概念提出以来，学术界对此存在新自由主义和马克思主义政治经济学两种明显不同的解读。本年度学者继续就如何理解供给侧结构性改革、用什么样的理论指导供给侧结构性改革、如何进行供给侧结构性改革进行了探讨。

中国社会科学院学部委员程恩富、华南师范大学教授方兴起认为供给侧结构性改革可借鉴德国嵌入式生产系统转型。他们指出，供给侧结构性改革可分为存量改革和增量改革两个层次，第三次工业革命、大衰退和第四次工业革命三大因素叠加对我国经济产生的巨大冲击，既要去产能去杠杆，又要补第三次工业革命的“课”，还要跟上第四次

---

① 辛向阳：《科学社会主义视阈下的五大发展理念》，《东岳论丛》2016 年第 6 期。

② 孙力、蒋瑛：《科学社会主义对发展理念的贡献》，《思想理论教育》2016 年第 9 期。

③ 王仕国：《五大发展理念与马克思主义发展观的新发展》，《求实》2016 年第 11 期。

④ 上官酒瑞：《论五大发展理念的整体性特征——一种认识论的分析》，《科学社会主义》2016 年第 4 期。

工业革命的步伐，使得我国供给侧结构性改革急迫且艰巨，这要求去产能去杠杆的存量改革与智能化机械化融合的增量改革协调并进。他们强调，虽然因错失第三次工业革命机遇，就整体而言我国制造业仍处于工业化而不是智能化的进程中，但是我国有若干具有国际竞争力的优势产业和骨干企业，有能力抓住第四次工业革命重大历史机遇。只要其坚持自主创新，并借鉴第四次工业革命领跑者——德国的嵌入式生产系统转型的经验，在“关键共性技术”上取得突破，就能够带领我国制造业创新供给体系，将我国建设成为引领世界制造业发展的制造强国。①

中国社会科学院马克思主义研究院研究员余斌分析了供给侧结构性改革的现实背景和理论背景，认为我国之所以要进行供给侧结构性改革，是因为我国并不是需求不足，而是需求端改变了，而供给端并没有改变，导致需求外溢。特别是这些外溢的需求，有许多并不是国内不能生产的高端商品，而是国内完全能够生产的产品。供给侧结构性改革就是要改变供给的结构来满足外溢的需求，把消费能力留在国内。供给侧结构性改革的关键是要坚持“两个不能动摇”，强化公有制经济的垄断竞争地位，不仅要在劳动密集型的低端市场上进行竞争，还要在资本密集型的高端市场上进行竞争。

南开大学教授刘凤义基于其总结的中国特色社会主义政治经济学原则，提出了供给侧结构改革应坚持的若干政策指引。刘凤义认为中国特色社会主义政治经济学重大原则至少包括以人为本、满足需要、共享发展、公有主体等几个方面。基于上述原则，供给侧结构性改革应最大限度地减少阵痛、保证广大人民群众的利益，化解产能过剩时应以“满足需要”为原则制定相应政策，不应通过降低工人工资的方式提高企业“效率”，在改革中要坚持做大做强国有企业。②

中国人民大学教授邱海平论述了马克思主义政治经济学对于供给侧结构性改革的现实指导意义。他指出，供给侧结构性改革应按照生产力与生产关系辩证统一的原理，分析当前中国经济所表现出来的供给侧方面存在的问题，不能只停留在生产力层面上，而是必须深入认识生产关系层面存在的问题；供给侧结构性改革必须坚持社会主义原则和方向，必须坚持公有制为主体、多种所有制经济共同发展的中国特色社会主义基本经济制度和发展道路；供给侧结构性改革既应强调供给又要关注需求，既要着眼当前又要立足长远。③

西北大学教授任保平等认为供给侧结构改革主要是针对中国新常态下的供给结构问题，从供给侧入手，针对经济结构和生产问题而进行的改革，实质是改善和调节劳动分工，促进旧的分工体系向新分工体系的转化，从而促进经济增长和经济发展。因此供给侧的改革可以用马克思主义政治经济学的分工理论来作为理论依据。供给侧的改革要以改善社会分工和企业内部分工体系，形成新主体、培育新动力、发展新产业为出发点，

---

① 程恩富、方兴起：《供给侧结构性改革可借鉴德国嵌入式生产系统转型》，《华南师范大学学报》（社会科学版）2016 年第 5 期。

② 刘凤义：《中国特色社会主义政治经济学原则与供给侧结构性改革指向》，《政治经济学评论》2016 年第 2 期。

③ 邱海平：《马克思主义政治经济学对于供给侧结构性改革的现实指导意义》，《红旗文稿》2016 年第 3 期。

目标是促进社会分工的深化，培育新的发展动力。①

北京大学副教授方敏、胡涛认为在政治经济学中，与总供给和总需求相对应的范畴分别是生产和消费，讨论的供给侧与需求侧问题，实际上就是政治经济学讨论的生产与消费之间的关系。他们认为供给侧结构性改革的理论基础包含两方面内容：一是生产（供给侧）是经济发展的基础和决定性因素，作为生产关系变革的改革只能以发展生产力为根本目标和检验标准。二是运用矛盾分析方法，把生产与消费的矛盾、总供给与总需求的矛盾归结为特定社会结构和历史发展阶段的产物。中国改革开放以来的经济改革，具有鲜明的“供给侧改革”性质，中国经济增长主要得益于改革开放释放的“改革红利”及其“供给侧效应”。②

中国社会科学院马克思主义研究院博士后韩东认为供给侧结构性改革所要解决的各种问题，如产能过剩、结构失衡等问题，都和资本的过度扩张、市场的无序发展、政府的缺位和错位等密不可分。供给侧结构性改革从表面上看是为了改变长期推行的需求刺激的经济增长方式，将发展的重心从注重需求转到改变供给上来。但从深层次看更是为了改变供给的方式和内容，重新调整生产与消费、政府与市场的关系，将一切唯利润导向转到生产切实满足人民群众的消费需求上来，使政府职能归位，行政目标去资本化，在充分发挥市场作用的同时，加强政府对社会生产的调节能力，使社会生产按比例协调发展。③

中国人民大学副教授张晨论述了在供给侧结构性改革中如何将发挥市场决定性作用和更好发挥政府作用结合起来。认为既要充分保障企业的市场主体地位，提高政府服务供给侧的能力和水平，又要进一步提高政府驾驭市场经济的能力，实施结构优化、目标精准、能够增加有效供给的中长期调控和产业政策，培育新动力，发展新产业，以增强供给侧的合理性、协调性。同时，要处理好结构优化和经济增长的辩证关系，绝不能片面强调结构调整而忽视经济总量的增长，并要重视发挥国有企业的主导作用。④

三 总体述评

马克思主义基本原理学科是马克思主义理论学科的基础性学科，决定和影响着马克思主义理论一级学科和所属其他二级学科的发展，具有核心地位，其重要性不言而喻。经过十年的准备和积累，2016 年度，马克思主义基本原理学科发展开始进入一个新的发展时期，这是一个困难与机会并存的瓶颈期，也是为学科未来发展开创新路、寻找新生长点的关键期。具体来说，未来学科发展，人才培养进入提质期，理论研究进入深化期。理论研究是学科建设的核心，而人才培养是学科发展的关键。未来学科发展在人才培养和理论研究两个方面担负着开拓创新、深入发展的重任。

---

① 任保平、张如意：《供给侧结构改革的政治经济学逻辑》，《人文杂志》2016 年第 6 期。

② 方敏、胡涛：《供给侧结构性改革的政治经济学》，《山东社会科学》2016 年第 6 期。

③ 韩东：《坚持用马克思主义政治经济学指导供给侧改革》，《政治经济学评论》2016 年第6 期。

④ 张晨：《以中国特色社会主义政治经济学指导“供给侧结构性改革”》，《政治经济学评论》2016 年第 2 期。

第一，人才培养进入提质期。

事实上，倡导开设“马克思主义基本原理”课，从总体上研究和讲授马克思主义基本理论，在20世纪八九十年代就提出了，只是由于种种原因没有坚持下去，其中最主要原因就是教师队伍和科研队伍培养滞后，缺乏相应的必要的制度保证和配套措施。在总结高校思想政治理论课教学经验和研究当前存在问题的基础上，党中央颁布了《中共中央 国务院关于进一步加强和改进大学生思想政治教育的意见》和《中共中央关于进一步繁荣发展哲学社会科学的意见》。根据意见精神，中共中央宣传部、教育部提出了设立马克思主义理论一级学科的任务，国务院学位委员会和教育部发出了《关于调整增设马克思主义理论一级学科及所属二级学科的通知》，正式设立马克思主义理论一级学科，下设“马克思主义基本原理”等六个二级学科。“马克思主义基本原理”作为一个学科体系来研究和设置，最直接的意义就是可以培养硕士研究生和博士研究生，从而解决了师资队伍和科研队伍的人才培养问题，从制度上保证了“马克思主义基本原理”学科的可持续发展问题。

作为一个新设立的学科，马克思主义基本原理学科在设立之初是缺乏专业人才队伍的。学科在设立的十年期间，努力培养专业人才。学科设立后，马克思主义基本原理学位点一直处于不断建设完善之中。2009 年，马克思主义理论一级学科博士点覆盖的院校有 21 个，马克思主义基本原理博士点有 32 个；一级学科硕士点覆盖的院校有 94 个，马克思主义基本原理硕士点有 163 个。到 2015 年马克思主义理论学科设立 10 年之际，学科布局已十分可观。调查显示，全国一级学科博士点有 41 个，一级学科硕士点有 187 个，保留二级学科博士点有 78 个，二级学科硕士点有 211 个，在整个哲学社会科学学科体系中属于“排头兵”。[①] 其中马克思主义基本原理学科与其他二级学科相比，学位点数和培养研究生数都居于前列。与此同时，从 2014 年春季开始，在中央大力倡导和推动下，马克思主义理论骨干人才计划（“百人计划”）正式实施，由中宣部委托中国社会科学院等单位，每年招收 100 名具有马克思主义理论基本素养的人才，通过攻读博士学位的定向培养方式，培养马克思主义理论骨干人才。随着研究生教育的发展，一批批以“马克思主义基本原理”为专业的博士生和硕士生源源不断毕业，走向教育和科研等工作岗位，汇入基本原理学科专业人才队伍之中，属于马克思主义基本原理学科的人才队伍不断扩大、充实。在学科建设制度保障之下，马克思主义基本原理学科人才队伍的数量获得了切实保障。

但是，一定数量的人才队伍仅仅是学科建设的一个基本条件，学科高质量的发展需要的是高素质人才。从当前学科研究人员队伍整体素质看，尽管以马克思主义基本原理为专业的研究生源源不断毕业，充实到学科教学和研究队伍之中，但是，有不少马克思主义基本原理专业研究生的导师是从别的专业（马克思主义哲学、政治经济学或科学社会主义等）转过来的，他们各自有各自的专业背景和知识背景，缺乏马克思主义原理整体性教学和研究的素养和能力。而整体性教学和研究是理解马克思主义基本原理本质精神的根本方法，是基本原理学科建设的关键所在。马克思主义基本原理学科的教学和科研人员必须具备的理论素质是：一方面要通晓马克思主义哲学、政治经济学和科学

① 唐红丽、牛冬杰、潘玥斐：《打铁还需自身硬——发挥马克思主义学院理论人才培养优势》，《中国社会科学报》2016 年 1 月 18 日。

社会主义的全部内容，并且通晓马克思主义的每一个组成部分中的“史”“论”“著”，因而对马克思主义基本原理有深刻的认识、理解和掌握。另一方面，要有熟练运用基本原理解释和解决现实问题的能力，对现实问题的分析要体现出马克思主义综合、整体研究的宽阔视野和思想深度。相比较，当前学科的人才队伍的理论素质远远达不到这个要求。因此，学科人才队伍的这个普遍状况，不可避免地影响了学科的高质量发展。在学科人才队伍数量有了一定保障的情况下，如何提升人才队伍整体素质就是一个关系到学科未来发展质量的关键性问题。基本原理学科的高质量发展需要尽快培养一支能贯通马克思主义哲学、政治经济学和科学社会主义理论，贯通每一部分的“史”“论”“著”，并且理论功底扎实、理论视野宽阔、富有创造力的综合型研究和教学队伍。这个问题的解决绝不是一蹴而就的。学科人才队伍培养进入提升质量的发展期，是一个比扩大人才队伍数量要艰难得多的任务，需要多方努力，协同解决。

第二，理论研究进入深化期。

理论研究是学科建设的核心内容和主体内容，离开科学研究，没有科研成果，学科建设终会落空，因此，必须把理论研究作为学科建设的一项核心工作。学科设立的十年期间，学科界围绕马克思主义基本原理学科的基本理论问题，如马克思主义基本原理概念界定及内涵概括、马克思主义整体性研究，以及基本原理学科边界问题、基本原理学科的地位和意义、学科制度建设等等问题进行了广泛而深入的研究，形成了一系列初步的、对学科建设起着奠基意义的科研成果。这些成果为学科理论研究的发展奠定了良好基础，也推动学科的理论研究进入新的发展期，这是一个艰难的瓶颈期。

基本原理学科的理论研究要突破瓶颈、创新发展，有两个问题必须切实解决。

一是马克思主义整体性教学和研究问题。最近两年，学界关于基本原理研究已经发生转向，逐渐从注重概括、提炼若干条马克思主义基本原理向注重建构马克思主义基本原理科学体系转变；从一般地、泛泛地谈论马克思主义基本原理整体性问题向“拿出体现整体性研究的理论成果”的思路上转变。但是，令人满意的研究成果不是很多。马克思主义哲学、马克思主义政治经济学和科学社会主义学说分设在不同的院系，这种学科设置造成了两个分离：一个是马克思主义的三个主要组成部分相分离，一个是马克思主义的每一个组成部分中的“史”“论”“著”相分离。因此，尽管学界提出了构建马克思主义基本原理体系、加强马克思主义理论整体性研究等问题，但是要真正解答这些问题，提出令人信服的研究成果，还有很长的路要走。

二是互联网时代马克思主义基本原理如何深化研究问题。

随着“互联网＋”时代的到来，马克思主义基本原理面临着诸多挑战，如何正确运用基本原理解释和解决现实问题，彰显马克思主义理论生命力，也考验着理论工作者的学识和智慧。2016年度，学界关于这方面问题的研究刚刚起步，主要是高校的教师们深切地认识到当今“互联网＋”时代，以MOOC（大型开放式网络课程）、微信等为代表的新媒体铺天盖地席卷而来，给马克思主义原理教学带来了极大冲击，马克思主义基本原理概论课的教学改革迫在眉睫，教师们在努力探讨如何面对智能手机与Wi-Fi，如何使学生们更有效地学习马克思主义基本原理。

其实，互联网给马克思主义基本原理的教学和理论研究所带来的冲击远远不止这些。互联网对人类生产和生活的改变具有根本性质，随着互联网向纵深发展，人类的物质生产方式正在发生不同于以往的变革。透过纷繁复杂的表象，运用马克思主义基本原理准确把握、理性总结和概括物质生产方式这一伟大变革，对于我们深刻理解正在到来的互联网时代、深化马克思主义理论研究都具有根本性意义。同时，马克思主义基本原理研究只有抓住互联网发展这个具有根本性意义的时代课题，才能真正理解时代先声，把握时代脉搏，提炼时代精神精华，彰显马克思主义原理的力量。

互联网时代深化马克思主义基本原理研究是一个从根本上发展马克思主义的重大课题，但是，这个问题具有复杂性、综合性、深远性，使这个问题的研究具有很大难度。能否真正把互联网时代的马克思主义基本原理研究透彻，深深地考验着这个时代马克思主义学者的理论能力。

（供稿：张建云、彭五堂、张伟）

马克思主义中国化

一　学科概况

（一）全国“马克思主义中国化研究”学科建设概况

2016 年是毛泽东同志逝世 40 周年、中国共产党成立 95 周年、纪念红军长征胜利 80 周年、西安事变 80 周年、社会主义改造完成 60 周年等重大历史事件纪念日众多的一年。这一年的毛泽东思想研究主要围绕一些大事展开，毛泽东、毛泽东思想在中国共产党的历史上、长征途中、统一战线、党的建设、社会主义建设等方面的重大贡献和时代启示等成为研究重点，虽然研究成果在数量上不如前两年，但质量上有所提升，涌现出一批优秀著作和论文。尤其是 2016 年是毛泽东同志逝世 40 周年，从年初开始，缅怀毛泽东同志的纪念活动便在全国各地不断举行，一直持续到年底，带动了理论研究。

2016 年，学术界还围绕坚持和发展中国特色社会主义这条主线进行研究，发表了一批有价值的科研成果，提出了一些重要的理论观点。特别是关于习近平总书记系列重要讲话精神、治国理政战略思想的研究成为学术界研究的热点。

1. 学术活动

近年来，在学术交流中逐渐形成了一批以全国高校和科研单位为主体的系列论坛会议，2016 年的主要学术会议有：

——4 月 9 日，由中国社会科学院马克思主义理论学科建设与理论研究工程领导小组主办，中国社会科学院马克思主义研究院承办的“中国社会科学院第三届毛泽东思想论坛”在北京召开，论坛主题为“毛泽东与中国共产党”。

——4 月 9 日，由西南科技大学马克思主义学院与《中国特色社会主义研究》杂志社联合举办的“中国特色社会主义战略布局、发展理念与中国道路”学术研讨会在四川省绵阳市举行。

——6 月 28 日，毛泽东思想生平研究会、中国井冈山干部学院在江西井冈山联合召开“毛泽东与中国共产党的伟大精神”学术研讨会暨毛泽东思想生平研究会 2016 年年会。

——9 月 20 日，中国社科院中国特色社会主义理论体系研究中心与中共安徽省委宣传部在合肥主办的全国社科院系统中国特色社会主义理论体系研究中心第二十一届年会暨理论研讨会，会议主题为“习近平治国理政新理念新思想新战略研究”。

——9 月 23—25 日，由教育部高等学校社会科学发展研究中心、北京大学“中国道路与中国化马克思主义”协同创新中心等单位主办的“中国特色社会主义理论体系研讨会暨第六届马克思主义理论学科博士生论坛”在宁夏银川举行。

——10 月 29 日，全国毛泽东文艺思想研究会 2016 年学术年会在郑州师范学院举行，会议主题为“毛泽东文艺思想与新世纪中国马克思主义文艺理论的建构”。

——11 月 13 日，中国社会科学院马克思主义研究院、华南理工大学联合主办的“第七届马克思主义中国化学术论坛——习近平治国理政思想与马克思主义中国化最新进展”在广州举行。

——12 月 24 日，由全国毛泽东哲学思想研究会、湘潭大学毛泽东思想研究中心、湖南省韶山管理局、韶山毛泽东同志纪念馆等单位联合主办，在韶山召开了主题为“思想建党与制度治党——从全面从严治党看毛泽东党建思想的当代价值”的第九届全国“毛泽东论坛”。

此外，由全国毛泽东哲学思想研究会主办、贵州省兴义民族师范学院承办的“毛泽东哲学思想与党的建设”学术研讨会暨全国毛泽东哲学思想研究会第 23 次年会，以及由中国毛泽东诗词研究会主办的“毛泽东诗词与中国共产党的伟大精神”学术研讨会暨中国毛泽东诗词研究会第 16 届年会等，都是本年度值得关注的重要会议。

2. 学术成果

马克思主义中国化学科的研究具有稳定性和连续性，同时，其重点和热点问题的研究又呈现出一定的阶段性。下面通过研究成果检索进行简单分析。

在中国知网上，以“篇名”为内容检索条件，在 2016 年 1 月 1 日至 12 月 20 日时间段里对论文检索，显示数据为：篇名含有“马克思主义中国化”的各类文章有 410 篇，略低于去年同期 415 篇；篇名含有“中国特色社会主义理论体系”的各类文章有 195 篇，与去年 185 篇基本持平；篇名含有“邓小平”的有 556 篇，较去年 840 篇减少 284 篇；篇名含有“‘三个代表’重要思想”的有 3 篇；篇名含有“科学发展观”的有 140 篇；篇名含有“中国梦”的有 2271 篇，较去年的 3462 篇、前年的 5342 篇分别减少 1191 篇和 3071 篇，研究热度降低；篇名含有“习近平”的有 9110 篇，比去年同期的 5344 篇增加 3766 篇，研究热度陡增；篇名含有“四个全面”的有 890 篇，较去年的 3737 篇减少 2847 篇；篇名含有“治国理政”的文章 618 篇，比去年的 336 篇增加 282 篇；篇名含有“五大发展理念”的文章 2103 篇，比去年的 432 篇增加 1671 篇。

国家图书馆馆藏目录收录 2016 年出版的题名中含有“中国特色社会主义理论”的各类专著 59 项，比去年增加 51 项；题名含有“邓小平”的各类专著 29 项，比去年的 40 项减少 11 项；题名含有“习近平”的各类专著 85 项，比去年的 51 项增加 34 项；题名含有“中国梦”的各类专著 118 项，比去年的 186 项减少 68 项；题名含有“四个全面”的各类专著 26 项，与去年的 24 项基本持平；此外，题名含有“五大发展理念”的专著 8 项，题名含有“治国理政”的专著 27 项。

通过科研成果数量的变化可以看出：第一，对一些基本理论问题如“中国特色社会主义理论体系”的研究相对较为稳定；第二，理论研究的重点和热点随着中国特色社会主义道路的充分展开和社会主义制度的不断发展和完善而转移；第三，对一些理论问题的研究已经充分展开，形成大量科研成果。

就毛泽东思想的研究来说，2016 年出版的著作具备一定的数量，虽然有影响力的专著不多，但整体质量较好。主要著作有：沙健孙的《毛泽东与中国革命新道路的开辟——土地革命战争时期历史论要》；中共中央党史研究室的《中国共产党的九十年》；曹应旺的《抗战时期的毛泽东》；戴立兴的《毛泽东人民观及其当代意义研究》；韩毓海的《重读毛泽东，从 1893 到 1949》；韩毓海的《伟大也要有人懂——一起来读毛泽东》等。虽然其中有不少是普及性读物，但在扩大毛泽东、毛泽东思想的影响力方面却比理论著作的作用大很多，吸引了更多人对毛泽东、毛泽东思想的关注。

在中国知网上，以“篇名”为内容检索2016年1月1日至12月31日时间段的论文，篇名含有“毛泽东”的各类文章有1789篇，数量比2015年的1956篇有所下降；篇名含有“毛泽东思想”的各类文章有170篇，数量比2015年的224篇下降不少。2016年发表的篇名含有“毛泽东”“毛泽东思想”的各类文章，数量与2013年、2014年相比下降较多，这应该引起我们的重视。

（二）中国社会科学院“马克思主义中国化研究”重点学科建设情况

中国社会科学院马克思主义中国化学科主要依托于中国特色社会主义理论体系研究室，现有学科成员9名，其中研究员3名、副研究员5名、助理研究员1名，其中4名学科成员加入中国社会科学院创新工程。2016年，本学科在中国特色社会主义理论和实践研究方面，在中国特色社会主义理论体系交流和传播方面均取得了可喜的进展，对非马克思主义或反马克思主义的理论、观点进行了矫正和批判，发挥了作为马克思主义阵地和堡垒应有的作用。

2016年，贺新元研究员主持、彭海红副研究员参与的马克思主义研究院创新课题“中国特色社会主义思想史研究（2002—2012）”、贾可卿副研究员主持的国家社科基金项目“正义视阈中的共同富裕思想研究”、陈亚联副研究员参与的创新工程项目“马克思主义中国化思想史”均进展顺利。11月12—13日，本学科在广州举办第七届马克思主义中国化学术论坛：“习近平治国理政思想与马克思主义中国化最新进展”；组织、参与第五届中日社会主义学者论坛。学科成员贺新元研究员就习近平系列重要讲话相关问题接受中国社科网专访。学科成员陈亚联副研究员参加中国社科院马研究院等单位主办的西藏、宁夏、北京等地以及西班牙、法国、意大利等国的多次学术会议。学科成员还多次就农村改革与发展政策、农民精神等主题为“中组部、农业部农村实用人才带头人和大学生村官示范培训班”的农村干部、致富带头人、大学生村官进行专题讲座。

在中国社会科学院创新工程项目带动下，本学科的科研人员在一些研究领域逐渐形成了自己的特点和优势，各项研究工作顺利进展，取得了若干重要成绩。理论研究方面发表了数量较多、质量较高的论文。其中学科带头人金民卿研究员发表了《毛泽东是中国特色社会主义的理论先驱》《青年毛泽东思想转变中的自我清算特征及其启示》《毛泽东与中国共产党的理论自主性》等文章，在全国产生了较大影响。各类调研活动、学术交流活动丰富活跃，在宣传和捍卫马克思主义、巩固马克思主义思想阵地等方面发挥了应有的作用，学科在国内学术界的影响力进一步提升，得到了比较广泛的认可。学科成员主编、参与的《马克思主义中国化基本经验与规律性研究》一书出版，学科成员在《光明日报》《求是》《红旗文稿》《中国社会科学报》《深圳特区报》《贵州社会科学》《西藏研究》《人民论坛》《思想理论教育导刊》《特区实践与理论》《观察与思考》《前线》等刊物和论文集上，公开发表学术论文20余篇，其中核心期刊8篇。

二 重大问题研究进展

（一）关于毛泽东思想

1. 对毛泽东的科学评价

对毛泽东的正确评价成为专家、学者重点聚焦的问题。受历史虚无主义思潮的影响，党的十八大之前一个历史时期，攻击、抹黑、诋毁毛泽东的言论引人注目。党的十八大之后，在以习近平同志为核心的党中央坚强领导下，从官方到学界以及民间，对毛泽东的评价越来越客观、公正。2016年是毛泽东逝世40周年和“文化大革命”爆发50周年、结束40周年，是中国共产党成立95周年、红军长征胜利80周年、社会主义改造完成60周年，这一切都和毛泽东密切相关，也必然涉及对毛泽东的评价。从年初开始，一些专家、学者便陆续发表了大量的文章，高度评价毛泽东的伟大贡献和毛泽东思想。特别是借助纪念中国共产党成立95周年、红军长征胜利80周年、社会主义改造完成60周年等重大事件，毛泽东的伟大功绩和历史地位再次得到党内外的充分认识和高度肯定。在中央、地方主办的众多研讨会、座谈会、论坛上，毛泽东的丰功伟绩成为大家讨论的焦点。尤其是习近平总书记在庆祝中国共产党成立95周年大会、纪念红军长征胜利80周年大会上的讲话中，深切怀念为中国革命、建设、改革和为中国共产党建立、巩固、发展作出重大贡献的毛泽东等老一辈革命家，高度评价了毛泽东的伟大历史贡献，引领我国思想界展开深入研究，推出了一系列研究成果，形成热潮。

恰逢中国共产党成立95周年，对毛泽东与中国共产党关系的研究，是2016年的一大亮点。2016年4月9日举行的主题为“毛泽东与中国共产党”的第三届中国社会科学院毛泽东思想论坛，深入探讨毛泽东与中国共产党的关系，学者一致认为毛泽东与中国共产党是不可分割的整体，学习好、继承好毛泽东的光辉思想和伟大精神是中国思想界长期关注和研究的重点。求是杂志社社长李捷在主题报告中强调，毛泽东对我们党、对我们国家、对我们民族，至少有四个不可磨灭的贡献：一是为中华民族和危难中的中国带来和缔造了一个马克思主义的先进政党；二是缔造了一个执掌全国政权的马克思主义先进政党，开启了现代化征程；三是缔造了一个“拒腐蚀、永不沾”的马克思主义先进政党；四是以凤凰涅槃的精神为中华民族、为我党留下了两道未解的跨世纪难题，即如何保证党和国家不改变颜色，如何既驾驭资本又不成为资本的俘虏。[①] 北京大学原副校长、北京大学中国特色社会主义理论研究中心梁柱教授认为，毛泽东是中国共产党批评与自我批评作风的最主要的培育者、倡导者和实践者。他完整地提出了包括批评与自我批评在内的党的三大作风，并认定有无认真的自我批评，也是中国共产党和其他政党区别的显著标志之一。毛泽东运用批评与自我批评开展党内斗争、解决党内矛盾，积累了丰富的经验，这些经验对我们今天仍然有重要的启示意义。[②] 清华大学马克思主义

---

① 朱继东、李张容：《毛泽东与中国共产党是不可分割的整体——第三届中国社会科学院毛泽东思想论坛综述》，《马克思主义研究》2016年第5期。

② 梁柱：《马克思主义政党的不可缺少的武器——毛泽东论批评与自我批评》，《中国浦东干部学院学报》2016年第2期。

学院肖贵清教授和博士研究生王然指出，无论是在民主革命战争时期还是在社会主义建设时期，毛泽东始终注意从严加强党的建设，坚持从党的建设实际出发，将马克思列宁主义的建党学说与中国共产党的建设实际相结合，创造性地提出了从严加强党的思想建设、从严培育优良作风、从严开展严肃认真的党内批评、发动群众监督党员干部等一系列独到的治党思想和方法，具有鲜明的时代性和创新性。① 中国社会科学院马克思主义研究院金民卿研究员则认为，毛泽东高度重视党的理论建设，科学论述并始终坚持中国共产党的理论自主性，着力清除理论依附性的思想根源，排除各种非无产阶级思想的干扰，把马克思主义普遍原理同中国具体实际创造性地结合起来，形成了中国化马克思主义的理论建构，并把这种独创性的理论建构深化到道路、制度和政策创新当中，为中国共产党的理论自主性作出了特殊贡献。② 这些研究成果全面、客观评价了毛泽东对党和国家、民族的巨大贡献，既有理论深度，又有历史高度，还有思想力度，不仅对本年度的毛泽东思想研究起到了指引方向、奠定基调等重要作用，而且对一些错误认识、观点起到了澄清谬误、拨乱反正的效果，得到多方面好评。

中共党史出版社 2016 年 6 月出版的《中国共产党的九十年》（全 3 册）记述了 1921 年至 2012 年中共十八大召开期间的党的历史，分为新民主主义革命时期、社会主义革命和建设时期、改革开放和社会主义现代化建设新时期，是迄今为止国内公开出版的权威读物中，反映中国共产党历史时间跨度最长、内容最为系统完整的党史著作，全书 60 余万字，展现了毛泽东在中国共产党历史上、人民军队建设史上、中国社会主义革命和建设历史上的伟大贡献。

2016 年是红军长征胜利 80 周年，毛泽东在红军长征中所起的巨大作用和对红军长征胜利的巨大贡献自然成为专家学者关注的焦点。中国社会科学院当代中国研究所副研究员刘仓认为，根据毛泽东的建议和指导，中央红军在长征中经历放弃湘鄂川转攻川黔边，改变川黔边、经营川滇黔，否定青新康、北上川陕甘，最后落脚陕甘、奠基西北。长征的胜利及其落脚点的选择，使党和红军找到了相对安全的地理位置；宣传北上抗日反蒋的主张，在政治上赢得了主动；锻炼了经过艰难困苦考验的红军队伍，将战略退却和战略进攻相结合，为民族民主革命的最终胜利创造了条件。③ 中共湖南省委党史研究室夏远生研究员认为，毛泽东对长征胜利发挥着决定性作用，其历史贡献主要有三：从通道到遵义，毛泽东力挽狂澜，实现了党和红军伟大的战略转折；运筹帷幄、用兵如神，毛泽东军事思想和战略战术的高超运用，创造了世界战史奇观；长征精神成为中国革命胜利的强大动力和宝贵财富。④ 中共中央党校中共党史教研部李东朗教授则指出，通过长征，中国共产党形成了以毛泽东为代表的成熟的领导集体，实现了政治路线的全面转变，推动实事求是成为中共中央的决策指导思想，形成了中央领导体制和机制的崭新形态，从而使党走向了成熟。⑤

毛泽东党建思想、为人民服务思想、群众路线思想、文化思想、统战思想、民主思

---

① 肖贵清、王然：《试论毛泽东从严治党思想的特色》，《思想理论教育导刊》2016 年第 5 期。

② 金民卿：《毛泽东与中国共产党的理论自主性》，《毛泽东研究》2016 年第 4 期。

③ 刘仓：《毛泽东对长征路线的选择及落脚陕甘战略的确定》，《毛泽东研究》2016 年第 3 期。

④ 夏远生：《毛泽东对红军长征胜利的三大历史贡献》，《毛泽东研究》2016 年第 3 期。

⑤ 李东郎：《长征与中国共产党的建设》，《军事历史研究》2016 年第 5 期。

想、民生思想、教育思想也是专家学者研究的重点，不少学者撰文并高度评价毛泽东的巨大贡献和人民领袖的崇高地位。这一系列文章启发和教育了广大党员群众更加敬重伟大领袖毛泽东。

2. 关于毛泽东相关著作的研究

毛泽东的一些重要著作依然是本年度毛泽东思想研究的重点和亮点。如梁柱教授指出，毛泽东写于 1949 年的《党委会的工作方法》是对党的领导经验和工作方法的深刻总结，是对党委会工作方法的制度性建设。从其所阐述的党委会的工作方法中，我们能够很好地体会到贯穿其中的是民主与集中的统一，党的领导与群众路线的结合，方法与目的的贯通。这种充满辩证唯物主义的工作方法，对于实现和完善党的领导具有普遍的意义；对于我们今天在新的历史条件下治国理政、加强党的执政能力和领导能力建设，有着重要的启示和指导作用。① 中共中央文献研究室第一编研部助理研究员吕臻认为，《党委会的工作方法》中的十二条经验，不仅是党委会的工作方法问题，也是党的思想建设、组织建设和作风建设的重要内容。今天重温这篇光辉文献，深入理解蕴含其中的多重历史与现实含义，对于我们加强和改善党的领导，充分发挥党的领导核心作用，具有重要意义。②

北京大学中国道路与中国化马克思主义协同创新中心主任顾海良教授指出，《论十大关系》是中国特色社会主义政治经济学的序篇，是毛泽东在提出“第二次结合”重要思想过程中，对中国社会主义建设道路理论探索的最初重要成果，也是对中国特色社会主义政治经济学的最初重要探索，其所阐释的基本理论对于当今续写中国特色社会主义政治经济学新篇章依然有着重要影响。中国特色社会主义政治经济学的生命活力就在于适应全面建成小康社会的要求和需要，在于同中国经济发展实际的结合，形成中国特色社会主义建设道路发展的理论逻辑。续写中国特色社会主义政治经济学的新篇章，最重要的就是要从当前经济改革和发展的事实出发，不断弘扬和拓新《论十大关系》坚守的“从中国的实际出发”的立场和思路。③ 中共江苏盐城市委党校杨卓华教授则进一步指出，《论十大关系》是马克思主义与中国实际第二次结合的经典之作。它不仅阐述了社会主义建设中需要正确处理的十对矛盾，而且揭示了社会主义建设基本理念，奠定了党的发展理论的思想基础。在党的十八届五中全会上，习近平总书记系统论述了创新、协调、绿色、开放、共享五大发展理念。五大发展理念代表世界发展趋势和科学发展方向，是对人类社会发展规律的深刻把握、发展方向的科学揭示、发展道路的开拓创新，与引领我国经济发展新常态相适应，同人民群众热切期盼在发展中有更多获得感的新期待相呼应，是对《论十大关系》蕴含发展理念的继承、发展和超越。④ 这些研究成

---

① 梁柱：《党的领导经验的深刻总结——重温毛泽东〈党委会的工作方法〉》，《红旗文稿》2016 年第 16 期。

② 吕臻：《历史与现实：〈党委会的工作方法〉的四重含义》，《马克思主义研究》2016 年第 4 期。

③ 顾海良：《中国特色社会主义政治经济学的序篇——纪念毛泽东〈论十大关系〉发表 60 周年》，《毛泽东邓小平理论研究》2016 年第 3 期。

④ 杨卓华：《五大发展理念与毛泽东〈论十大关系〉关系探讨》，《马克思主义研究》2016 年第 4 期。

果深入剖析了毛泽东著作的深刻内涵、重大意义，进一步凸显了毛泽东思想的博大精深和对当今中国的重要启示意义，产生了较好影响，带动了更多人学习、研究毛泽东同志的著作，并用以指导我们的工作。

3. 关于毛泽东阶级、阶级斗争思想

毛泽东关于阶级、阶级斗争的思想再度成为专家学者关注的焦点之一，引导人们更加科学地看待社会主义社会的阶级斗争。中国人民大学马克思主义学院周新城教授指出，如何估量社会主义社会的阶级斗争，这是所有社会主义国家共同面临的问题。毛泽东对此做了艰苦的探索。必须把毛泽东这一探索放到国际共产主义运动史的背景下来研究。毛泽东指出，社会主义社会仍然存在阶级斗争，存在资本主义复辟的危险。40 年后的苏联解体、东欧剧变，证明这一论断是正确的，富有战略远见。否定“文化大革命”，并不能否定这一战略思想。必须把社会主义社会仍然存在阶级斗争的思想与以阶级斗争为纲区分开来。在社会主义社会里，一方面，阶级矛盾不再是社会主要矛盾。另一方面，阶级斗争在一定范围内将长期存在。这两句话必须一起说，才能全面地说明社会主义社会阶级斗争问题。① 中国社会科学院马克思主义研究院朱继东研究员进一步指出，实际而言，不提阶级斗争并不能代表阶级斗争已经不存在了，正视阶级斗争既不是重提“以阶级斗争为纲”，也不是要搞阶级斗争扩大化，在资本主义社会阶级和阶级斗争同样存在。为此，真正的马克思主义者应运用科学的理论，深入剖析当前的阶级斗争等问题，尤其是应该对阶级斗争的一些错误认识及时进行澄清，从而起到正本清源、引领舆论、凝心聚力的效果。② 这些文章关于毛泽东阶级和阶级斗争相关思想的研究，批驳了错误观点，指出了问题本质，起到了很好的引领作用。

4. 关于毛泽东革命和建设时期的探索

毛泽东在土地革命战争时期、抗日战争时期、社会主义革命和建设时期的积极探索，也是本年度毛泽东思想研究的重点和亮点，涌现出不少优秀作品。李捷研究员的《毛泽东对苏联社会主义建设经验教训的总结》就是其中的代表性文章之一。文章指出，1956 年苏共二十大后，在国际共产主义运动出现一股全盘否定斯大林的风潮面前，毛泽东和中国共产党旗帜鲜明地顶住了这股逆流，澄清了事实，稳住了阵脚，维护了社会主义阵营的团结。不仅如此，毛泽东还娴熟地运用辩证唯物主义和历史唯物主义的世界观和方法论，一分为二地分析了斯大林的功绩与错误，分析了苏联社会主义建设的成功经验与教训，并且以此为鉴戒，开始了独立自主地探索适合中国国情的社会主义建设道路，使科学社会主义在中国出现了勃勃生机。毛泽东主持起草的《关于无产阶级专政的历史经验》和《再论无产阶级专政的历史经验》两篇重要文献，不仅在国际共产主义运动出现逆流的关键时刻起到力挽狂澜的作用，而且开启了对适合中国国情的社会主义建设道路的伟大而艰辛的探索。这一历史性贡献，深深地镌刻在科学社会主义发展的历史丰碑上，深深地镌刻在新中国发展的历史丰碑上。③ 中国社会科学院马克思主义研究院金民卿研究员也指出，毛泽东是中国特色社会主义的理论先驱，他在探索适合中

---

① 周新城：《科学对待毛泽东关于社会主义社会阶级斗争的理论》，《思想教育研究》2016 年第 3 期。

② 朱继东：《关于阶级斗争几种错误认识的澄清》，《思想教育研究》2016 年第 7 期。

③ 李捷：《毛泽东对苏联社会主义建设经验教训的总结》，《毛泽东思想研究》2016 年第 5 期。

国国情的社会主义建设道路的过程中，明确提出了要实现马克思主义同中国实际第二次结合的历史性命题，系统阐述了社会主义矛盾学说，作出了我国处于不发达社会主义阶段的初步判断，制定了建设社会主义强国的目标和四个现代化的战略，提出了发展社会主义商品经济的理论观点，构建了经济、政治、文化、外交等方面的方针政策，探索了执政党建设的规律，形成了一系列独创性的理论创新成果，成为新时期党开创中国特色社会主义事业的思想源头、中国特色社会主义理论体系的直接理论来源。[①] 2016 年 10 月由中国人民大学出版社出版的北京大学教授、中共中央党史研究室原副主任沙健孙的《毛泽东与中国革命新道路的开辟——土地革命战争时期历史论要》，和 2016 年 2 月由中译出版社出版的中央文献研究室第五编研室副主任曹应旺研究员的《抗战时期的毛泽东》等专著也是这方面的代表作品。这些著作研究深入、论证扎实，进一步丰富、深化了毛泽东思想研究，引导理论界对毛泽东思想的研究。

（二）关于中国特色社会主义政治经济学的研究

中国特色社会主义的经济建设在不断推进，传统的政治经济学也必然跟随时代的脚步，解答现实的问题，在实践中不断发展创新。中国特色社会主义政治经济学是对中国特色社会主义经济发展实践和经济发展理论的思想表现和经验总结。围绕如何建设中国特色社会主义政治经济学，学术界展开了热烈的讨论。

南京大学经济学院教授洪银兴认为，党的十八届三中全会精神确认，基本经济制度的改革和完善既坚持“两个毫不动摇”，又坚持“两个不可侵犯”：毫不动摇地巩固和发展公有制经济并保证其主体地位，毫不动摇地鼓励、支持、引导非公有制经济发展；公有制经济财产权不可侵犯，非公有制经济财产权同样不可侵犯。基本经济制度的改革和完善，解决了既能充分释放多种非公有制经济活力，又能坚持公有制的主体地位的重大理论和实践问题，是中国特色社会主义政治经济学取得的成果。[②]

武汉大学经济发展研究中心简新华教授提出：按照创新、协调、绿色、开放、共享的发展新理念，效率和公平统筹兼顾的中国特色社会主义政治经济学的要求，既要消除“短缺经济”的不足，又要避免“过剩经济”的缺陷。中国社会主义市场经济运行的基本特征应该是“供求基本平衡经济”。根据目前社会主义市场经济发展的状况，特别是在私有经济比重已经超过 60%、贫富差距已经相当大、市场已经在资源配置中发挥基础性甚至决定性作用的情况下，更需要我们担心和关注的是如何消除、防范、避免需求不足特别是劳动者的消费需求不足、生产过剩的问题。[③]

一些学者对中国特色社会主义政治经济学的内容进行了概括和总结。中国人民大学经济学院张宇教授认为其内容主要有：以人民为中心的发展思想；社会主义的根本任务是发展生产力；中国正处于并将长期处于社会主义初级阶段；公有制为主体、多种所有制经济共同发展是社会主义初级阶段的基本经济制度；按劳分配为主体、多种分配方式

---

① 金民卿：《毛泽东是中国特色社会主义的理论先驱》，《毛泽东思想研究》2016 年第 2 期。

② 洪银兴：《以创新的理论构建中国特色社会主义政治经济学的理论体系》，《经济研究》2016 年第 4 期。

③ 简新华：《发展和运用中国特色社会主义政治经济学引领经济新常态》，《经济研究》2016 年第 3 期。

并存是社会主义初级阶段的基本分配制度；改革是社会主义制度的自我完善，是推动发展的强大动力；社会主义市场经济体制是同社会主义基本制度结合在一起的；坚持对外开放的基本国策；牢固树立创新、协调、绿色、开放、共享的发展理念，用新发展理念引领发展行动；坚持走中国特色新型工业化、信息化、城镇化、农业现代化道路。① 中国人民大学卫兴华教授认为应当包括以下内容：关于社会主义本质论；关于社会主义初级阶段理论；关于社会主义初级阶段的基本经济制度，即公有制为主体、多种所有制经济共同发展的所有制结构；在分配关系上实行按劳分配为主体、多种分配方式并存；关于社会主义市场经济的理论观点；关于中国特色社会主义理论、制度、道路相统一的理论；关于促进社会公平正义、把效率和公平统一起来的理论；关于用好国际国内两个市场、两种资源和坚持改革开放与独立自主相统一的理论；关于改革、发展、稳定三者的统一；关于树立和落实创新、协调、绿色、开放、共享的发展理念的理论；关于我国经济发展进入新常态的理论；等等。②

上海财经大学丁晓钦、中国社会科学院马克思主义研究院程恩富教授对中国共产党提出的“共享经济”与西方经济理论中的“分享经济”做了区分，认为二者有着重要区别。首先，表现在两者建立在不同的产权主体和分配主体的基础上。“共享经济”与以公有制为主体、多种所有制共同发展的基本产权制度和以按劳分配为主体、多种分配方式并存的基本分配制度相联系，其共享主要通过占主体的公有制企业来实现，即由每个劳动者共同占有和使用生产资料，劳动报酬实行按劳分配，企业内部贫富差别不大，而占辅体的非公有制企业则通过劳资两利的国民收入初次分配和再分配，也能在一定程度实现共享。而“分享经济”与以私有制和按资分配为主体的基本产权制度和分配制度相联系，其分享主要通过占主体的私有制企业来实现，即生产资料为私人占有，在资本家的支配下由工人使用，按股分配利润，从而形成股份较少的大量工人获利较少的分享格局。其次，两者具有不同的目的。“共享经济”是贯彻以人民为中心的发展思路，促进全民共同享受发展成果，全民共同增加主人公幸福感，全民共同提高富裕水平为最终目的，而“分享经济”则是以延缓经济危机为动机和手段，少量分股分利给工人，以便实现资本家的长期利润最大化。③

清华大学政治经济学研究中心蔡继明教授强调，中国特色社会主义政治经济学研究应遵循一般、特殊和个别的辩证方法，既不要把一般经济关系和特定所有制捆绑在一起，也不要把一般商品经济范畴当作资本主义特殊范畴；既不能用单一要素解释由复杂要素构成的系统，也不能把社会化大生产共有的特征限定为资本主义生产方式特有的现象；既要根据当代资本主义的发展和中国改革开放的实践丰富和完善马克思主义政治经济学的基本原理，又要运用马克思主义政治经济学的方法论原则，勇于对传统的理论进行批判、继承和创新。④

中国特色社会主义政治经济学既有民族性又有世界性。南开大学政治经济学研究

---

① 张宇：《发展中国特色社会主义政治经济学》，《人民日报》2016 年 2 月 23 日。

② 卫兴华：《中国政治经济学蕴含的根本原则》，《北京日报》2016 年 2 月 29 日。

③ 丁晓钦、程恩富：《共享发展：中国特色社会主义政治经济学的新话语》，《光明日报》2016 年 7 月 6 日。

④ 蔡继明：《中国特色社会主义政治经济学的辩证法》，《改革》2016 年第 2 期。

中心逄锦聚教授认为，中国特色社会主义政治经济学的民族性包括两重含义：一重含义是，基本立场、基本观点、基本方法的特殊性；另一重含义是，决定基本立场、基本观点、基本方法的基本国情基本实践的特殊性。中国特色社会主义政治经济学的世界性也包括两重含义：一重含义是在中国特色社会主义政治经济学的民族性中，包含着人类共同的价值追求，具有世界范围经济学理论的一般性和普遍性。另一重含义是中国特色社会主义政治经济学可以与别国经济理论与实践相互学习和借鉴。无论是民族性还是世界性，关键在于创新。中国特色社会主义政治经济学只有立足我国国情和实践，汲取优秀传统文化，同时又能认真吸取别国经济学的有益成分和实践经验，提出具有主体性、原创性的理论观点，构建具有自身特质的学术体系、话语体系，才能真正形成自己的特色和优势，并为世界经济和经济学理论的发展贡献中国智慧。①

厦门大学经济研究所胡培兆教授认为，社会主义初级阶段各种可以释放正能量的积极要素主次有序地相互结合，具有过渡性社会特征的“兼容经济学”正在形成，如对内改革与对外开放的兼容、公有制经济与非公有制经济的兼容、按劳分配与多种分配方式的兼容、国家规划与市场配置的兼容、社会公平与经济效率的兼容、有效供给与有效需求的兼容、内资与外资合作合资的兼容、国资与民资混合的兼容等，表现出大海般宽阔的胸怀与气魄。其宗旨是最大限度地挖掘、整合和发挥各种要素资源的合力作用，以推动现代生产力的发展和人民福祉的提高，并对世界经济作出更大贡献。立足于中国国情的中国特色、中国风格、中国气派的当代中国马克思主义政治经济学，必将成为世界文明最亮丽的精神财富。②

（三）关于“四个自信”的研究

关于为何和如何坚定中国特色社会主义自信，中国社科院马研院陈亚联副研究员认为，首先要清楚中国特色社会主义是什么。中国特色社会主义在本质上是科学社会主义。科学社会主义有实践、理论和制度三个层面。与之相应，中国特色社会主义是实践、理论、制度紧密结合的，既把成功的实践上升为理论，又以正确的理论指导新的实践，还把实践中已见成效的方针政策及时上升为党和国家的制度，由此形成了中国特色社会主义道路、理论体系、制度。中国特色社会主义道路是实现途径，中国特色社会主义理论体系是行动指南，中国特色社会主义制度是根本保障，中国特色社会主义文化是精神根基，四者统一于中国特色社会主义伟大实践中。坚定道路自信、理论自信、制度自信、文化自信，就是要坚定对中国特色社会主义的自信。③

关于文化自信，中共中央党校马克思主义学院李长学、中央编译局马克思主义研究部王子凤、中共中央党校科社教研部胡振良教授提出，文化自信的本质是价值自信，中国特色社会主义价值是改革开放以来党领导人民在社会主义现代化建设道路上将马克思主义基本原理与中国社会主义伟大实践相结合而形成的，既是对革命文化和社会主义先

① 逄锦聚：《中国特色社会主义政治经济学的民族性与世界性》，《经济研究》2016 年第 10 期。

② 胡培兆：《以民族的自尊自信创建中国特色社会主义经济学》，《中国社会科学》2016 年第 11 期。

③ 陈亚联：《坚定中国特色社会主义自信》，《光明日报》2016 年 10 月 6 日。

进文化的继承与升华，又是对外来优秀文明成果的吸纳和借鉴，还是对中华优秀传统文化的延续与创新，而其继承、借鉴和创新的生成逻辑恰恰是中国特色社会主义文化自信的根据所在。[①] 中共中央党校哲学教研部董振华教授认为：中国特色社会主义的文化自信具有坚实的理论基础，即体现了马克思主义必须与时俱进的内在要求；具有深刻的实践理性，即承载着“为大多人谋福利”“造福人民”的核心价值追求；具有广泛的世界意义，即证明了并不存在所谓的文化上的“普世价值”，而是每个民族必须根据自己的文化传统和具体实际建设适合自己的精神家园。[②]

济南大学贺方彬教授主张从全球化视角来解读中国特色社会主义自信。这不仅可以使人们获得一种新的更为宏阔的视野，而且更能凸显中国特色社会主义自信的深层内涵，展现其完整图景。中国特色社会主义自信不是民族国家范围内的自说自话，而是在全球化的世界语境中逐渐生成的。中国特色社会主义自信不是单方面的，而是道路自信、理论自信、制度自信的有机统一，具体表现为：中国特色社会主义道路在世界视野下的正确性把握，中国特色社会主义理论体系在全球化视域下的真理性肯定，中国特色社会主义制度在世界历史中的正义性认同。[③]

南阳师范学院焦金波副教授强调中国特色社会主义的自信是理性的自信，这种理性表现为对社会发展阶段的冷静心态，表现为在成就面前的清醒认识。这种理性是基于对中国国情的深刻领悟，基于对社会主义建设规律的初步把握。共产党的光荣伟大之处就在于，她矢志不渝地坚持实事求是的思想路线，能够以极大的勇气正视不足，承认不足。对待问题，不回避、不掩饰，坦然面对，勇于改正。承认困难和不足，就是告诫全党、全军和全国各族人民在马克思主义中国化事业中保持清醒的头脑，保持一种理性的自信，脚踏实地埋头苦干。坦然面对成就，勇于承认缺点；在困境中自信，在胜利前自省。这正是马克思主义中国化事业顺利发展中应秉持的科学态度和理性心态。[④]

中国社会科学院马克思主义研究院侯惠勤教授认为，文化自信的主体是当代中国，即中国特色社会主义中国。这一点是首先要明确的。这是继承了5000年中华文明优秀传统的中国，是彰显了500年社会主义进步运动精神的中国，也是实现了民族独立、人民解放，初步实现了国家富强、人民富裕，正以不可阻挡之势迈向伟大民族复兴的中国。不能把体现文化自信主体性的民族性片面地定位在“传统中国”或“文化中国”。中国优秀传统文化是传统，社会主义和革命文化也是传统。文化自信的核心是对于马克思主义及其中国化的自信，是中国特色社会主义意识形态的自信。对当代中国而言，马克思主义不是外来文化，而是中华民族走向伟大复兴的实践指导，是当代中国的立国之本，也是当代中国社会主义先进文化的内核。必须打破“中、西、马”学术格局，才能确立马克思主义的学术指导地位。不在“体、用、魂”上纠缠，而在中国特色哲学社会科学的整体框架下，确立马克思主义是哲学社会科学所有学科的立场、历史观、核

① 李长学、王子凤、胡振良：《中国特色社会主义文化自信何以可能》，《科学社会主义》2016年第5期。

② 董振华：《关于中国特色社会主义文化自信的几点思考》，《科学社会主义》2016年第5期。

③ 贺方彬：《全球化语境与中国特色社会主义自信》，《中州学刊》2016年第3期。

④ 焦金波：《中国特色社会主义自信的理性特征》，《中共山西省委党校学报》2016年第3期。

心话语和基本学术范式。[①]

复旦大学马克思主义学院顾钰民教授提出，坚定中国特色社会主义制度自信具体建立在以下三方面的基础上：一是对中国特色社会主义制度的历史发展和选择的自信，即立足于对中国历史和国情的深刻认识；二是对中国特色社会主义实践的自信，即立足于对当代中国发展的科学认识；三是对中国特色社会主义道路和理论的自信，即立足于对道路和理论的整体认识。这三方面自信，在逻辑上必然得出对中国特色社会主义制度的自信。[②]

（四）关于中国特色社会主义理论体系的丰富和发展问题的研究

党的十八大以来，中央站在历史和时代的高度，立足新的历史条件，深入推进党的理论创新，在发展地位、发展理念、发展内涵、发展动力、发展目标等方面提出一系列新思想、新观点、新论断，丰富和发展了中国特色社会主义理论，为开拓中国特色社会主义新境界进一步指明方向。全国政协文史和学习委员会副主任陈光林认为：中国特色社会主义是全面发展的社会主义，促进人的全面发展是社会主义的优越性所在，是社会主义社会与资本主义社会的本质区别。习近平总书记坚持促进人的全面发展的社会主义本质和优越性，以人民为中心，人民为主体，充分调动人民的积极性，发展依靠人民，发展为了人民，发展成果人民共享。这一重要思想，从社会主义发展规律和人类社会发展规律上，反映了中国特色社会主义政治经济学的规律要求和党的执政目的。[③]

中共十八届五中全会深刻总结改革开放以来的发展经验，立足于破解制约全面建成小康社会的瓶颈性难题、服务于全面建成小康社会的奋斗目标，适时提出要坚持和完善以创新、协调、绿色、开放、共享为核心的五大发展理念。国防大学马克思主义教研部教授颜晓峰就此指出：五大发展理念有助于把社会主义建设规律同人类社会发展规律统一起来，准确把握经济社会发展的最新要求；把中国发展趋势同世界发展潮流连接起来，充分发挥中国发展的巨大潜力；把引领中国新发展同深入探索中国特色社会主义发展规律贯通起来，凝练表述新的历史条件下党领导发展的认识成果；把发展理念与发展行动一致起来，努力推动发展全局深刻变革。[④] 北京大学马克思主义学院孙代尧教授、中共中央党校科社教研部何海根认为：在五大发展理念中，共享是发展的出发点和落脚点，与马克思主义经典发展理论中强调分享和共同占有的思想一脉相承，是中国特色社会主义不断探索与深化发展的理论创新成果。共享发展理念的提出，既是为了解决中国发展中面临的矛盾和问题，也是对发展目的的再确认。共享发展体现了坚持人民主体地位的原则，是中国特色社会主义的本质要求。强调共享共富，表明我们党对发展的理解从以价值导向为理论起点向以操作导向为理论起点转变。体现公平正义的有效制度安

---

① 侯惠勤：《从“四个自信”上深化中国特色社会主义的研究》，《思想教育研究》2016 年第 8 期。

② 顾钰民：《中国特色社会主义制度自信研究》，《兰州学刊》2016 年第 10 期。

③ 陈光林：《以人民为中心的发展思想彰显中国特色社会主义政治经济学的鲜明党性》，《党建》2016 年第 2 期。

④ 颜晓峰：《中国特色社会主义发展规律的新认识》，《中国特色社会主义研究》2016 年第1 期。

排，是推进和实现共享发展的关键。①

中共中央党校教授沈宝祥提出：坚持和发展中国特色社会主义应重点关注三点，一是要辩证理解和把握“中国特色”。中国特色不是“中国独有”，也不是“中国例外”。中国特色是普遍性与特殊性的统一，是两重意义上的普遍性与特殊性的统一。其一是社会主义的普遍性与特殊性的统一；其二是人类社会的普遍性与特殊性的统一。二是要紧紧抓住社会主义本质论。我国还是一个发展中国家，还说不上共同富裕。特别是贫富差距不是缩小，而是不断拉大。如果不切实坚持社会主义本质论，改革开放就会走偏方向。三是要清醒认识我国还处在社会主义的初级阶段。初级阶段就是不发达阶段。这种不发达是全面的，包括经济、政治、文化，包括制度、体制以及社会管理方式，特别体现在人的素质上。从不发达到发达是一个很长的历史过程；从不发达到发达又是社会各个方面同步前进的过程，不可能某一方面孤立地突飞猛进。②

以改革开放为标志，中国共产党人成功开辟了中国特色社会主义道路，这无疑是一件具有历史意义的伟大事件。求是杂志社《红旗文摘》杂志总编辑张西立认为：中国特色社会主义是科学社会主义基本原则与中国改革发展的具体实际相结合的产物，其根本价值取向是以人民为中心，其本质要求是解放和发展生产力，消灭剥削、消除两极分化，最终实现共同富裕。历史已经并将反复证明，中国特色社会主义是我们这个拥有十多亿人口、五千年历史传统的东方大国赢得独立、走向振兴，进而为人类作出贡献的不二之选。在这个问题上，不管现实困难多大、未来道路多么艰辛、他人如何评说，处于执政地位的中国共产党人必须时刻保持清醒，注意防范和回应来自“左”、右两个方面的干扰和冲击。③

复旦大学哲学学院刘放桐教授强调了社会主义和资本主义的对立统一关系。他认为，社会主义取代资本主义的过程是一个复杂的对立统一过程。在这个过程中，资本主义为社会主义在某些方面准备物质条件，社会主义在扬弃资本主义的同时又借鉴资本主义的某些成果。在处理社会主义与资本主义的关系上，既要旗帜鲜明地守住社会主义的底线，特别是在政治上要牢牢把握社会主义的革命政权，严防西化、资产阶级自由化等思潮的侵袭，反对把西方的模式普适化和绝对化，又要善于学习和借鉴西方资本主义中一切有益于社会主义的东西。马克思的社会实践观的优胜地位使它能指导人民摆脱各种干扰和抵抗。过去是这样，现在和将来还是这样。我们完全可以相信马克思主义将指导世界人民最后取得社会主义和共产主义的胜利。④

（五）关于习近平总书记系列重要讲话精神的研究

随着习近平总书记重要讲话的不断发表，其思想体系日渐形成，吸引着越来越多专

---

① 孙代尧、何海根：《论中国特色社会主义发展理论的新发展》，《山东社会科学》2016 年第 2 期。

② 沈宝祥：《坚持和发展中国特色社会主义的几点思考》，《科学社会主义》2016 年第 2 期。

③ 张西立：《中国特色社会主义为什么能够屹立并发展》，《中国井冈山干部学院学报》2016 年第 4 期。

④ 刘放桐：《从马克思主义哲学对现代西方哲学的比较研究增进对中国特色社会主义的“三个自信”》，《中国浦东干部学院学报》2016 年第 2 期。

家学者加入到研究行列中，对习近平总书记讲话的研究继续升温，研究成果全面开花。在中国知网上，检索2016年1月1日至12月31日时间段论文，篇名含有“习近平”的各类文章有9158篇，比2015年的5442篇，数量大幅度上升，优秀成果大量涌现。

习近平总书记在哲学社会科学工作座谈会上的重要讲话引起哲学社会科学界强烈反响，成为专家学者研究的重点和最大亮点。中国社会科学院院长、党组书记王伟光教授撰文指出，习近平总书记的重要讲话立意深远、思想深刻，富有时代性、战略性、前瞻性，具有很强的思想性、理论性、政治性、针对性和指导性，通篇贯穿着马克思主义立场观点方法，凝结着我们党对哲学社会科学工作者的殷切希望和对哲学社会科学事业的迫切期待，体现了我们党对哲学社会科学工作规律的新思想新认识。讲话具有巨大的理论说服力和思想引领力，是一篇加快构建中国特色哲学社会科学的纲领性文献，为做好新时期哲学社会科学工作提供了根本遵循和行动指南。① 中共中央编译局原秘书长杨金海指出，习近平总书记在哲学社会科学工作座谈会上的重要讲话，对进一步繁荣发展我国哲学社会科学提出了明确要求，其中特别强调要坚持以马克思主义为指导，构建有中国特色的哲学社会科学体系。这是对我国哲学社会科学工作者提出的殷切希望。落实好这个总要求，需要我们坚定马克思主义理论自觉和理论自信，掌握运用马克思主义基本理论分析问题的方法，在回答时代问题中坚持和发展马克思主义。② 武汉大学马克思主义学院梅荣政教授认为，习近平总书记在哲学社会科学工作座谈会上的讲话是一个纲领性文献，对于全面繁荣发展中国特色哲学社会科学具有根本性的理论指导和实践指南意义。当代中国哲学社会科学必须坚持以马克思主义为指导，立足广大人民群众的实践；吸收国外思想文化成果，必须坚持分析鉴别，洋为中用；对待中国的传统文化，必须坚持科学扬弃，古为今用；要应时代需要设中国特色社会主义学专门学科，研究社会主义特别是中国特色社会主义发展规律。③ 这些文章从多个角度深入阐释习近平总书记在哲学社会科学工作座谈会上的重要讲话，吸引了更多的人加入到研究行列中来。

习近平总书记坚持发展中国特色社会主义的系列重要讲话也是专家学者关注的焦点，并且研究越来越深入。中国社会科学院原副院长李慎明研究员认为，对于以习近平同志为总书记的党中央在思想理论方面的新发展，中央先后有五大重要提法，这五大重要提法是五个同心圆。坚持和发展中国特色社会主义，是习近平总书记系列重要讲话、重要思想、治国理政新理念新思想新战略、“四个全面”战略布局和五大发展理念的核心要义，也可以说是以上五个不同层次不同范畴的五个圆的共同的圆心。中国特色社会主义道路主要体现在经济领域，主要体现着中国特色社会主义的经济基础；中国特色社会主义理论体系体现在中国特色社会主义的文化领域，是中国特色社会主义的行动指南；中国特色社会主义制度主要体现在中国特色社会主义政治领域，是中国特色社会主义的可靠保障；坚持以人民为中心的发展思想是中国特色社会主义的灵魂本质；坚持中

---

① 王伟光：《加快构建中国特色哲学社会科学的纲领性文献——学习习近平总书记在哲学社会科学工作座谈会上的重要讲话体会》，《光明日报》2016年5月20日第1版。

② 杨金海：《用马克思主义指导哲学社会科学发展的方法论思考——学习习近平总书记在哲学社会科学工作座谈会上讲话精神的几点体会》，《思想理论教育》2016年第7期。

③ 梅荣政：《创新科学理论和伟大实践的光辉指南——学习习近平总书记在哲学社会科学工作座谈会上讲话》，《马克思主义研究》2016年第9期。

国共产党的领导是中国特色社会主义的根本选择。[①] 南京航空航天大学马克思主义学院副教授何畏认为，“不忘初心”，成为我们改革开放30多年沿着中国特色社会主义道路“继续前进”的保证。在面对改革的“硬骨头”“深水区”时，有的人以社会主义的“中国特色”为名，模糊、排挤甚至否定“社会主义”本体，用新自由主义代替中国特色社会主义；有的人面对过大的收入差距、严重的不正之风，以教条主义态度反对改革，用僵化的社会主义理论公式反对发展着的中国特色社会主义。习近平总书记在“七一”讲话中从八个方面阐述了当代中国共产党人“不忘初心、继续前进”的原则、方法和任务。“不忘初心、继续前进”体现了历史本体论与实践创造论的辩证统一，为坚持和发展中国特色社会主义提供了根本方法论。[②] 河海大学常州校区人文社科部讲师刘景尧则指出，习近平同志紧紧围绕“坚持和发展中国特色社会主义”的主题，对中国特色社会主义的历史渊源进行了立体式探究，对中国特色社会主义的本质属性作出了回应式界定，对中国特色社会主义的显著特征作出了联系式明确，对中国特色社会主义的发展战略进行了创新式制定，对中国特色社会主义的作用影响给予了扩展式断定，有助于人们正确认识和深入理解中国特色社会主义，从而更加坚定中国特色社会主义的道路自信、制度自信、理论自信和文化自信，进一步增强实现中国特色社会主义事业伟大胜利的坚强决心和必胜信心。[③] 这些研究纠正了社会上对中国特色社会主义的一些错误认识，深化了人们对中国特色社会主义本质的正确理解和深入把握。

此外，习近平党建思想、经济思想、文化思想、共产主义思想、人类命运共同体思想、新闻舆论思想、生态思想、扶贫思想、民生思想、教育思想以及从整体角度探索梳理的治国理政思想也是专家学者研究的重点，习近平总书记的每一次重要讲话都成为专家学者研究的富矿，也成为各大报刊关注的焦点。

三　学科建设有待深入研究的几个问题

本年度毛泽东思想研究有一些不足之处，并且有些问题是多年来一直存在的，应该引起大家的重视并尽快解决好。首先是研究力量和相关作品在数量上比往年都有所减少。真正担当毛泽东思想研究主力的，大部分依然是一些老学者老专家，有影响力的中青年学者专家偏少，研究力量后劲不足；其次，不少专家学者对毛泽东思想的当代启示方面的研究着力不够，对网络上抹黑、曲解毛泽东和毛泽东思想等进行旗帜鲜明地回应、揭批的文章依然偏少，关于毛泽东思想的整体性和毛泽东思想的世界影响研究也欠缺；再次，对毛泽东思想的文本研究依然不足，一些问题的根源需要进一步挖掘；最后，不少毛泽东思想研究方面的文章与往年的主题重复，国家社科基金等有关社科类的研究项目中关于毛泽东思想研究依然数量偏少。

---

① 李慎明：《习近平总书记系列重要讲话的核心要义是坚持和发展中国特色社会主义》，《世界社会主义研究》2016年第1期。

② 何畏：《坚持和发展中国特色社会主义的根本方法论——学习领会习近平总书记“七一”讲话》，《江苏社会科学》2016年第6期。

③ 刘景尧：《习近平对中国特色社会主义的理论贡献及影响论析》，《毛泽东思想研究》2016年第6期。

关于中国特色社会主义理论体系的研究，既要坚持马克思主义，又要发展马克思主义，必须回答新时代的挑战，说出马克思主义经典作家没有说过的新话。哲学社会科学学者必须立足中国改革开放的伟大实际，不断推进马克思主义中国化、时代化、大众化，构建中国特色的学科体系、学术体系、话语体系。这是今后很长一段时间必须面对的重大课题。

（供稿：朱继东、贾可卿、彭海红）

马克思主义发展史

一　学科概况

（一）2016年马克思主义发展史学科建设呈现的主要特点

第一，马克思主义发展史研究的世界视野与文本回归。往年的马克思主义发展史更多地立足国内对马克思主义思想史和观念史展开研究，而2016年马克思主义发展史学科的相关研究课题与方法，拓展了国际视野，把思想史、观念史与文献学研究结合了起来。

第二，马克思主义发展史学科加强了对现实问题的观照。马克思主义的发展是依托于实践的科学理论的发展，因而是鲜活的。在每一次重大的现实实践背后总有理论在发挥指导作用，经过实践检验的理论进一步实现理论创新。如对列宁“帝国主义论”的探讨，就超越了以往就理论而理论的研讨，更加深入到理论对现实的观照中，更注重研究“帝国主义论”的当代价值与解释力。

第三，马克思主义发展史学科体现了马克思主义理论史、经典文献文本史、中国特色社会主义发展史三位一体的整体结构。马克思主义理论史是马克思主义发展史的主线，通过梳理马克思主义理论的逻辑发展，澄清马克思主义的思想来源、产生过程以及理论背景，体现出马克思主义作为历史科学和实践科学的统一，强调史论结合、以史引论、以论带史的研究特色。经典文献文本史研究为马克思主义理论和发展提供了可靠材料，以经典文本为主线的研究方式彰显了马克思主义理论的整体性和丰富性。中国特色社会主义发展史揭示出了马克思主义理论和中国特色社会主义实践之间的内在关系，彰显了中国特色社会主义实践对于丰富和完善马克思主义理论所具有的重大意义。马克思主义发展史学科的历史、理论和文本的“三结合”体现了历史对现实强大的参照作用与解释力，体现了马克思主义与时俱进的科学品格和强大生命力。

第四，在苏联解体、东欧剧变之后，中国成为国际共产主义运动及其马克思主义发展的中心和主体，阐述中国以及亚洲的社会主义运动及其理论思想无疑成为当代世界马克思主义发展史研究的主要内容。中国思想界为此作出了巨大的贡献，2016年继续坚持以往的努力。

（二）2016年马克思主义发展史理论研究与学科建设的重要学术活动

1. 2016年4月8日，中国辩证唯物主义研究会、中国社会科学院哲学研究所、中共中央党校哲学教研部在京联合举办“习近平总书记治国理政新理念新思想新战略的哲学思考”理论座谈会。中国社会科学院院长、党组书记，中国辩证唯物主义研究会会长王伟光；中共中央党校原副校长，中国辩证唯物主义研究会名誉会长杨春贵出席会议并讲话。来自中国社会科学院、北京大学、中共中央党校、中国政法大学等单位的专家学者围绕会议主题展开研讨。中国社会科学院哲学研究所党委书记、中国辩证唯物主义研究会副会长王立民教授主持座谈会。王伟光指出，习近平总书记关于治国理政提出的一系列新理念新思想新战略，推动中国特色社会主义建设进入了一个新阶段，为马克思主义中国化和马克思主义哲学中国化开辟了新境界。加强对习近平总书记治国理政新理念新思想新战略的研究是今年中央提出的一个重要战略部署，也是思想理论战线上的一个重要任务。哲学界理应积极行动起来，从哲学维度认真研究习近平总书记的治国理政思想。杨春贵指出，战略问题十分重要，对于党和国家来说是一个根本问题。党的十八大以来，习近平总书记的系列重要讲话集中体现了我们党在新的历史条件下高瞻远瞩、总揽全局的战略眼光、战略智慧和战略定力。他的关于坚持和发展中国特色社会主义战略方向的论述，关于实现中华民族伟大复兴战略目标的论述，关于协调推进四个全面战略布局的论述，关于统筹国内国际两个大局的论述，深刻回答了我们所面临的重大实践和理论问题，进一步丰富和发展了中国特色社会主义理论体系。此次会议上领导的讲话和专家学者的发言对于我们深入学习贯彻习近平总书记治国理政新理念新思想新战略具有重要的现实意义和理论价值，我们要继续从哲学维度进行深入思考，更好地推进马克思主义哲学的创新和中国特色社会主义事业发展。

2. 2016 年 4 月 23 日，由《哲学研究》编辑部、中国人民大学哲学院、中国人民大学马克思主义哲学研究中心联合主办的“历史唯物主义与中国道路”学术研讨会在人文楼五层会议室举行。来自中国人民大学、清华大学、北京大学、中国社会科学院、中共中央党校、南开大学、首都师范大学、《教学与研究》编辑部的 22 位学者与会。中国人民大学陈先达教授指出历史唯物主义与中国发展道路问题是一个重要而复杂的理论和实践问题，中国道路不仅与历史唯物主义相关，更与整个马克思主义相关。陈先达教授认为中国道路比中国模式的提法更为确切。道路包括过去、现在和未来，具有动态性；模式是成型的、稳定的，具有静态性。各国有不同的发展道路，却没有唯一的社会发展模式。马克思主义，尤其是历史唯物主义是中国特色社会主义道路的“导航仪”。中国道路，就其实践方式而言具有中国特色；就其总体目标而言同人类历史发展方向相一致。中国政法大学李德顺教授、中国人民大学郭湛教授、北京大学丰子义教授等多位教授都谈了自己关于中国道路的观点和看法。《哲学研究》编辑部鉴传今总结指出，本次学术研讨会呈现了马克思主义哲学所面临的以及理论和实践当中所遭遇的问题，展示了新时期马克思主义学者的理论任务、研究的重点以及对于国家和社会主义所肩负的使命和责任。

3. 2016 年 6 月 8 日上午，“首都当代中国马克思主义论坛 · 2016”在中国人民大学举行。论坛由北京市委宣传部、北京市中国特色社会主义理论体系研究中心、北京市社科联、北京大学、清华大学、中国人民大学、北京师范大学、《北京日报》、宣讲家网等单位共同主办，围绕十八大以来以习近平同志为总书记的党中央治国理政新理念新思想新战略进行了深入研讨。北京市委常委、宣传部部长、市中国特色社会主义理论体系研究中心主任李伟做主旨发言，中国人民大学党委书记靳诺致辞，北京市社科联主席沈宝昌主持论坛开幕式。中国人民大学陈先达教授、中国人民大学校长刘伟教授、中共中央党校副教育长兼科研部主任韩庆祥教授、北京师范大学党委书记刘川生教授、中国人民大学国家发展与战略研究院副院长杨光斌教授、清华大学马克思主义学院副院长肖贵清教授、北京大学马克思主义学院执行院长孙熙国教授、北京日报报业集团党组书记、社长傅华同志分别做了主题发言，围绕当代哲学社会科学工作者的使命、习近平治国理政思想的时代背景、全面深化改革、全面从严治党、寻找可治理的民主方式、当前中国文化发展面临问题及应对、五大发展理念引领全面建成小康社会、发挥平台优势传播中国学问等主题进行了交流研讨。北京市委宣传部副部长、市中国特色社会主义理论体系研究中心常务副主任赵卫东和中国人民大学校长助理、马克思主义学院院长郝立新分别主持了两个阶段主题发言。

与会者一致认为，党的十八大以来，以习近平同志为总书记的党中央治国理政新理念新思想新战略是马克思主义中国化最新成果，是指导具有许多新的历史特点的伟大斗争的鲜活的马克思主义，也是我们凝聚力量、攻坚克难的强大思想武器，是实现“两个一百年”奋斗目标、实现中华民族伟大复兴的中国梦的行动指南。首都乃至全国社科理论工作者，要以高度的使命感和责任感，深入研究阐释习近平总书记系列重要讲话的重要政治意义、理论意义、实践意义和方法论意义。要学习贯彻习近平总书记哲学社会科学工作座谈会重要讲话精神，增强构建中国特色哲学社会科学理论体系的自觉性和坚定性，刻苦钻研、顽强攻关，为树立中国特色社会主义道路自信、理论自信、制度自信，发展21世纪马克思主义、当代中国马克思主义，作出社科理论工作者应有的贡献。

4. 2016年7月5日，纪念列宁《帝国主义是资本主义的最高阶段》创作100周年中俄学术研讨会在北京召开，本次研讨会由中国社会科学院世界社会主义研究中心和红旗文稿杂志社共同举办。全国人大内务司法委员会副主任委员、中国社会科学院原副院长、世界社会主义研究中心主任李慎明同志、求是杂志社社长李捷同志到会并做主旨报告，来自俄共中央、俄罗斯莫斯科大学和中国社会科学院、求是杂志社、中央编译局、北京大学、清华大学、中国人民大学等中央机关、科研机构和高校的专家学者及中国社会科学报、求是网等媒体的记者六十余人参会。与会学者普遍认为，列宁的《帝国主义是资本主义的最高阶段》在今天并没有过时，并且在今天有非常重要的理论意义和现实意义。中国应高度重视对时代问题的研究，在这一阶段，中国应尽全力弘扬当今仍然存在的和平与发展这一时代主题，同时高度警惕西方敌对势力对我进行“西化、分化”的图谋和金融帝国主义在特定条件下的战争相加的可能性，辩证看待形势，居安思危，坚定走中国特色社会主义道路和共产主义一定胜利的信心。

5. 2016年8月6—7日，由中国历史唯物主义学会、中国社会科学院马克思主义理论学科建设与理论研究工程领导小组办公室、中国社会科学院国家文化安全与意识形态建设研究中心联合主办，由河南科技大学马克思主义学院承办的“2016年中国历史唯物主义学会年会暨第四届中国社会科学院马克思主义哲学论坛”理论研讨会，在河南洛阳隆重举行。来自包括中国社会科学院、北京大学、中国人民大学等60多所高校和教育部社科中心、中共中央党校、中央编译局、北京市社科院等全国20多家社会科学研究机构的120多名学者参加了会议。会议的主题是“新的历史起点和历史唯物主义新发展”。中国历史唯物主义学会会长侯惠勤教授在致辞中指出，在新的历史起点上，必须坚持和发展中国特色社会主义，坚持“四个自信”，推动马克思主义在实践中创新发展。与会专家、学者紧紧围绕会议主题，通过大会发言、小组讨论等形式，重点就“五位一体”总布局、“四个全面”战略布局、“五大发展理念”等治国理政新思想、新战略对历史唯物主义基本原理的丰富、深化和创新展开了热烈讨论和深入交流。

6. 2016年8月6—7日，中国辩证唯物主义研究会2016年年会暨“哲学思维与以习近平同志为总书记的党中央治国理政新理念新思想新战略”理论研讨会在广西壮族自治区举行。研讨会由中国辩证唯物主义研究会、中共中央党校哲学教研部、中国社会科学院哲学研究所联合主办，广西区委党校承办。中国社会科学院院长、党组书记、中国辩证唯物主义研究会会长王伟光做主题报告。广西壮族自治区党委副书记、党校校长李克致辞。国防大学副校长、中国辩证唯物主义研究会副会长毕京京等三十余位专家学者做大会发言。来自中共中央党校、中国社科院、北京大学、中国人民大学以及各级党校、科研院所和地方高校的100多名专家学者参加了研讨会。本次研讨会紧密围绕“哲学思维与以习近平同志为总书记的党中央治国理政新理念新思想新战略”这个主题，对以习近平同志为总书记的党中央治国理政新思想的时代背景、实践基础、科学体系、哲学依据进行了深入探讨。从马克思主义世界观和方法论的高度，对以习近平同志为总书记的党中央治国理政思想以及当代改革发展中的重大理论问题和现实问题，以及推进中国特色社会主义伟大事业与马克思主义哲学创新展开深入的研讨交流。王伟光在讲话中指出，以习近平同志为总书记的党中央治国理政新思想是当代中国马克思主义的最新理论成果，是对中国特色社会主义理论体系的丰富和发展，也是十八大以来全党智慧的结晶。加快推进中国特色哲学社会科学的构建和发展，必须以马克思主义为指导，全面系统地研究和阐释以习近平同志为总书记的党中央治国理政新思想。以习近平同志为总书记的党中央治国理政新思想是时代的理性思维，也是时代的理论产物。只有站在马克思主义唯物史观的立场，搞清楚理论所产生的时代背景，才能对这一理论成果的精神实质得出正确的结论。以习近平同志为总书记的党中央治国理政新思想，以中国共产党所领导的95年波澜壮阔的历史实践和新的实践为实践基础，形成了包括改革发展稳定、治党治国治军、内政外交国防、哲学、经济学、科学社会主义等在内的科学体系，其哲学依据就是马克思主义的哲学世界观和方法论。与会专家学者围绕新发展理念的哲学基础、“四个全面”的战略布局、中国道路的文化自信和文化认同、社会主义核心价值观、中华文明和中国话语权、国家治理现代化等问题进行了深入研讨。

二　重大问题研究进展

2016年马克思主义发展史研究在下列问题上着力颇多。

（一）关于马克思主义文献的出版和文本研究

2016年，人民出版社重新出版了《马克思恩格斯全集》（1—50卷）。为满足广大读者对马列经典著作的阅读需求，进一步完善马列经典著作的版本体系，人民出版社采用数码印刷新技术，实现了《马克思恩格斯全集》第一版（1—50卷）整套重印再版，以此向中国共产党成立95周年献礼。《马克思恩格斯全集》第一版于1956年至1986年出版，是目前完整的马克思恩格斯著作中文版本，全部采用铅字排版印刷，由于出版周期跨度大、铅印纸型无法长期保存，致使重印难度非常大，已脱销十余年之久。在《马克思恩格斯全集》第二版短期内难以出齐的情况下，形成了马克思主义经典著作出版的空白。为填补这个空白，人民出版社在中央编译局的大力支持下，先是在“中国共产党理论资源数据库”的建设过程中，利用数字技术，实现了所有马列经典著作包括马恩全集第一版在内的数字化产品，为广大读者阅读和查询经典著作提供了新的途径。在此基础上，人民出版社又通过数字印刷这一全新的技术手段，将《马克思恩格斯全集》第一版整套重印再版。

由北京大学哲学系教授聂锦芳策划、主编的12卷本“重读马克思：文本与思想”丛书中的三部，受国家出版基金资助、被列入“马克思主义研究论库”，由中国人民大学出版社推出，即黄建都的《“苦恼的疑问”及其解决——〈莱茵报〉—〈德法年鉴〉时期马克思文献及思想再研究》、李彬彬的《思想的传承与决裂——以“犹太人问题”为中心的考察》和杨洪源的《政治经济学的形而上学——〈哲学的贫困〉与〈贫困的哲学〉比较研究》。这些著述力求把版本考证、文本解读、思想阐释与现实意义重估结合起来：一是对马克思“苦恼的疑问”及其求解之法的甄别；二是以“犹太人问题”为中心考察马克思与先驱思想的传承与决裂过程；三是通过《哲学的贫困》与《贫困的哲学》比较研究，探究马克思“政治经济学的形而上学”方法。这些著述是编者及其“学术共同体”多年来提倡回到马克思的文本、文献，悉心探究其思想的原始状况、论证逻辑和演变历程，进而凸显其思想史价值和现实意义所做的努力和取得的成果。①

2016年度，马克思主义经典著作的文本研究有新的进展，一是准备了多达44年之久的新MEGA第I部门第5卷即载有《费尔巴哈》章的《德意志意识形态》将正式付梓。《德意志意识形态》在历史唯物主义的形成史上占有举足轻重的地位，但是，其中最为核心的《费尔巴哈》章却是马克思恩格斯没有完成的手稿。如何对它进行合理地编排，不仅是自梁赞诺夫以来《德意志意识形态》文献学研究的焦点，也一直是原文以外其他文种进行编译的难点，中文版也不例外。清华大学人文学院哲学系韩立新教授借此版本出版之际，回顾国际上《费尔巴哈》章编辑的发展史，分析和总结新中国成立以来我国在《费尔巴哈》章编译上的得失，提出了合理的编译建议，他建议中央编译局编译一个以新MEGA为底本的汉译本。新译本应该做到：采取将文本分成左右两栏进行编译的方针；恢复文本中原有的页码信息和手稿状态信息；适当地增加“题注”的内容。②

第二，围绕《关于费尔巴哈的提纲》（下文简称《提纲》）和《巴黎手稿》取得的文本研究进展。北京师范大学哲学学院教授鲁克俭撰文，提出一个基于MEGA2的《提纲》的文本研究路线图。他认为，这一路线图包括《提纲》文本研究的方法论、《提纲》文本研究的“两步骤原则”。“两步骤”即《提纲》文本研究的地基清理和《提纲》的文本解读。文章从《提纲》手稿的文献学问题、中译文讨论两方面进行文本研究的地基清理；从《提纲》中“实践”概念的新解读，《提纲》第二条与“真理标准”，《提纲》与《1844年经济学哲学手稿》的关系，如何理解人的本质是“一切社会关系的总和”，《提纲》的共产主义主题，《提纲》第十一条是否意味着“行动主义”

---

① 聂锦芳：《探究马克思思想的原始状况——三部马克思文本个案研究新著简介》，《中华读书报》2016年10月19日第9版。

② 韩立新：《〈德意志意识形态〉之〈费尔巴哈〉章编译上的根本问题——写在新MEGAI/5〈德意志意识形态〉卷正式出版之前》，《清华大学学报（哲学社会科学版）》2016年第6期。

等六个方面进行文本解读。①

中共中央党校马克思主义学院讲师王巍对《巴黎手稿》中的“实践”概念进行了再解读，他认为对《巴黎手稿》逻辑主线的理解有两种代表性观点：其一认为是以异化劳动为核心的人本学唯心史观；其二认为是以实践观为核心的新唯物主义逻辑。这两种观点都没有充分重视文献学的成果，将《巴黎手稿》看作一个同质性的文本。以文献学研究新成果为依据，以“实践”概念为核心，运用“学术文本词频统计”方法，对《巴黎手稿》进行文本梳理和思想研究，可以发现，以《穆勒笔记》为分界线，马克思的思想发展经历了两个不同阶段，后一阶段的思想水平高于前一阶段，笔记本Ⅲ中的“实践”概念已非常接近科学的实践观。这一研究同时也佐证了《穆勒笔记》写作于笔记本Ⅰ和笔记本Ⅱ之间的文献学事实。②

（二）关于列宁“帝国主义论”的相关研究

2016 年是列宁的通俗读本《帝国主义是资本主义的最高阶段》（以下简称“帝国主义论”）发表 100 周年。这本小册子丰富和发展了马克思的资本理论，开创了马克思主义发展的新阶段。对此，中国学界从马克思主义发展史的角度，围绕“帝国主义论”的实质、内涵、方法论、面临的时代困境、当代价值与启示等方面，进行了细致、深刻的论述。

在这部经典著作中，列宁对资本主义从自由竞争进入垄断阶段进行了详细深刻的阐述，把握了时代发展的规律，对生产、银行、金融资本、帝国主义瓜分世界、帝国主义的性质和历史地位进行了批判和剖析，具有重大的理论价值和现实意义。当今资本主义出现了诸多新变化，呈现出与列宁“帝国主义论”中描述的一致性，同时也具有差异性。从马克思主义发展史的角度看，“帝国主义论”的政治经济学理论是继承和超越了前人的成果，从而有助于对资本主义瓜分殖民地和世界市场后所形成的国际格局做出科学的分析和论断，体现了列宁对帝国主义本质的准确把握，体现了那个阶段的马克思主义发展史上的历史与逻辑、理论与实践、动态与静态的统一。③

在方法论上，这本著作体现了列宁对唯物主义历史观的深入研究和深刻理解，同时，“帝国主义论”也是这一历史观的具体运用和生动体现。“帝国主义论”是对在实践中产生的资本主义发展新阶段实际情况的理论表现和科学总结。列宁的“帝国主义论”不是一般的学术著作，而是在错综复杂的国际环境下，以马克思主义为指导，解决人类社会面临的紧迫问题，实现无产阶级社会主义革命的实践性著作，不仅具有强烈的问题意识，而且具有强烈的现实针对性。④

---

① 鲁克俭：《基于 MEGA2 的〈关于费尔巴哈的提纲〉文本研究：一个路线图》，《创新》2016 年第 1 期。

② 王巍：《〈巴黎手稿〉“实践”概念再解读》，《北京行政学院学报》2016 年第 5 期。

③ 参见蔡潇《马克思主义发展史视域中的列宁〈帝国主义论〉》，《人民论坛》2016 年第 17 期。

④ 参见朱炳元《列宁“帝国主义论”：方法论、核心意蕴与当代价值》，《毛泽东邓小平理论研究》2016 年第 6 期。

列宁根据资本主义国家内部“资本积累”与“贫困积累”的实质性对立，以及这种对立随资本输出不断蔓延到非资本主义国家形成帝国主义这一事实，提出了“帝国主义是垂死的资本主义”和“无产阶级社会革命的前夜”等科学论断。但列宁去世后，随着资本全球扩张不断深入和扩展，“资本积累”主要集中在欧美资本主义国家，“贫困积累”主要集中在东方落后国家，由此产生的社会主义革命所需的“物质条件”与“主体条件”在东西方国家的分离，使得现实中的资本主义发展和社会主义实践以及两大制度间的关系，较之列宁的论断出现了巨大差异，并由此引发了系列质疑和争论。如何理解这个问题，涉及如何认识“帝国主义论”所面临的当代困境。学者们通过分析认为，当代马克思主义者必须在资本批判的历史唯物主义高度上，通过对列宁帝国主义论生成机理的揭示，与时俱进地传承帝国主义论精髓要义所应具有的理论和实践自觉，绝不能教条地认知列宁帝国主义论的精髓实质。对待“帝国主义论”，必须根据不同的时代背景而分析和论证资本主义和社会主义的具体结论，做到以帝国主义论的生成机理为出发点，揭示该理论在社会主义诞生条件分离时代所具有的新意和价值；必须承认列宁所预判的作为资本主义最高和最后阶段的帝国主义在危机中得到不断发展的基本事实，并揭示其文明化程度得以不断提升的根源和实质。①

“帝国主义论”出版已经100周年，随着时代的变迁，其科学论断不断萌发出新的生机，形成丰富的当代价值与启示，对现实生活依然具有强大的解释力。列宁在《帝国主义是资本主义的最高阶段》一书中依据唯物史观和唯物辩证法的基本原理，在占有大量历史和现实资料的基础上，揭示了资本主义发展到帝国主义阶段的垄断性、金融寡头、资本输出、国家垄断同盟形成、分割世界领土及其导致的腐朽性、寄生性、垂死性等基本特征。有学者认为，“帝国主义论”对中国具有四大当代价值，启示中国共产党必须树立四个根本不变的基本立场：资本主义对内对外剥削压迫的本质没有根本改变，帝国主义是现代战争的根源没有根本改变，社会主义和资本主义对立的主线索没有根本改变，“两个必然”的历史发展规律和趋势没有根本改变。② 还有学者从当代解释力的角度进行阐释，认为列宁运用唯物辩证法和唯物史观对帝国主义问题进行科学分析，进而对帝国主义的实质、历史地位和发展趋势做出科学判断，决定了“帝国主义论”必然具有当代解释力。当今时代，资本垄断依然占据主导地位，金融寡头依然实现着全面统治，资本主义的寄生性和腐朽性依然存在，霸权主义依然盛行，当代资本主义的垄断实质并没有根本改变，资本主义文明最终必然会被新型的社会主义文明替代。中国特色社会主义的日益强大，一方面证明了“帝国主义论”在当代具有的强大解释力，另一方面也为我们进一步发展“帝国主义论”指明了方向。③

（三）关于马克思主义视域中的“灌输论”研究

全国高校思想政治工作会议于2016年12月7—8日在北京召开。中共中央总书记、国家主席、中央军委主席习近平出席会议并发表重要讲话。他强调，高校思想政治工作

---

① 参见邱卫东、胡博成《列宁帝国主义论的时代困境：历史根源及当代启示》，《当代世界与社会主义》2016年第3期。

② 参见郝贵生《列宁帝国主义论的当代启示》，《马克思主义研究》2016年第8期。

③ 参见顾玉兰《论列宁帝国主义论的当代解释力》，《马克思主义研究》2016年第8期。

关系高校培养什么样的人、如何培养人以及为谁培养人这个根本问题。要坚持把立德树人作为中心环节，把思想政治工作贯穿教育教学全过程，实现全程育人、全方位育人，努力开创我国高等教育事业发展新局面。习近平指出，思想政治工作从根本上说是做人的工作，必须围绕学生、关照学生、服务学生，不断提高学生思想水平、政治觉悟、道德品质、文化素养，让学生成为德才兼备、全面发展的人才。与此相连，国内马克思主义理论界提出要将最早由列宁明确提出的“灌输论”放置到广阔的马克思主义视域之中，使之和当今的高校思想教育相联系，进一步发挥“灌输论”理论的先进性指导作用。

意识形态领域内的“灌输”理论是马克思主义的重要组成部分，在国际共产主义运动中起到了积极作用，尤其是对无产阶级政党争取人民群众、理论武装群众、建成坚强的思想堡垒等方面具有不可替代的意义和价值。从马克思、恩格斯到考茨基，都曾经对无产阶级政党夺取政权，发展和维护无产阶级的意识形态提出和倡导思想灌输理论，为列宁灌输理论的形成和完善提供了理论基础。马克思、恩格斯在不同场合肯定了思想“灌输”是无产阶级获得精神力量的必由之路，而列宁在《怎么办?》一书中，对思想灌输理论的运用做出了全面而深刻的阐发，强调只有用革命的理论武装人民，才能取得革命的胜利。而如何把革命的理论投入到人民中去，他明确选择的手段就是“灌输”，自此，无产阶级理论家形成了科学系统的马克思主义思想“灌输”理论。①

有学者以“灌输论”对无产阶级革命运动的作用为切入点展开研究，认为马克思主义的思想灌输理论是马克思主义经典作家在革命实践中指导工人运动的重要原理之一，是现代思想政治教育的基本理论。马克思主义的思想灌输理论贯穿于无产阶级革命运动的整个过程。②

欧美资本主义倡导思想自由化和多元化，往往将本身所含有的灌输手段和方法与自由、多元对立起来，完全否定“灌输论”。如将“灌输论”简单等同于强制输入，将其与专制集权画等号；抑或认为“灌输论”是革命的产物，在中国特色社会主义建设时期已经不再适用；或是将“灌输论”的作用矮化，认为在实践中灌输效果收效甚微。对此，学界将“灌输论”放置在马克思主义发展史的历史视野之中，与今日高校思想教育工作相结合，为“灌输论”的历史地位和作用正名，提出要发挥“灌输论”在思想教育工作中的重要作用。

有学者提出，马克思主义时代化是“灌输论”的语境支撑。作为思想政治教育的基本手段和方法的“灌输论”随着语境的变化必须与时俱进，以时代化的理论形态接受马克思主义时代化语境发出的挑战，也是对新时期“灌输论”的必要性和有效性的有力回应。同时，“灌输论”揭示了思想政治教育的基本规律。思想政治教育过程是一个个体先认同接受、到内心信服、再外化于行的过程，而认同接受、内心信服就是个体内化的过程，这个过程的前提就是需要必要的和恰当的外部灌输。再次，“灌输论”是思想政治教育现代化的现实诉求。宣传和传播先进文化是党的思想

---

① 参见王秀林等《列宁“灌输论”与提高大学生核心价值观教育实效性研究》，《教育现代化》2016 年第 18 期。

② 姚壮：《马克思主义“灌输论”的历史发展及其当代价值》，《经营管理者》2016 年第 9 期。

政治教育的优良传统，社会主义先进文化作为一种社会意识，必须依靠“灌输论”来实现其积极的能动作用。[①] “灌输”是整个文化教育工作最基本的形态之一，是最基本的手段和方法。马克思主义所以公开强调思想政治教育所具有的灌输性，是因为它深知科学社会主义是不能在工人群众中自发产生的，必须从外部有意识地灌输进工人群众中去。

（四）关于“有机马克思主义”的学术定位研究

“有机马克思主义”是近年来在美国比较流行的一种理论，其西方创始人小约翰·柯布认为，在学术定位上，它是后现代马克思主义，属于过程马克思主义哲学的一个分支。2015 年，《马克思主义与现实》杂志刊登了《论有机马克思主义》等四篇论文，人民出版社出版了菲利普·克莱顿所著的《有机马克思主义》一书，“有机马克思主义”学说开始进入中国马克思主义研究者的视野。根据其创始人的自我定位，有机马克思主义亦可被称为过程马克思主义，是当代建设性后现代主义思想家和过程哲学家为了应对现代性危机特别是生态危机而从有机整体概念出发，依据自然科学的最新成果所提出的对经典马克思主义的新阐释和新发展。[②]

也有学者对有机马克思主义持谨慎态度。武汉大学哲学学院教授汪信砚发表在《哲学研究》2015 年第 11 期上的《有机马克思主义与马克思的马克思主义》一文，较为客观地评述了有机马克思主义的含义以及它与经典马克思主义之间的联系与区别。持该观点的学者认为，有机马克思主义的一些思想和主张有利于澄清当今世界人们对于马克思主义的各种歪曲和误解、有利于人们认清对资本主义进行变革的必要性、有利于对马克思主义基本原理进行“生态重塑”，凸显了当代加强马克思主义生态理论建设的必要性和重要性，认为有机马克思主义所主张的“文化嵌入式的马克思主义”体现了马克思主义的基本精神，也昭示了马克思主义发展的方向。但是，他们强调，有机马克思主义并没有超越马克思的马克思主义，也并没有坚持阶级斗争的立场方法和历史唯物主义的世界观与方法论，需要谨慎地借鉴与吸收其中的有益成分，鉴别不适合中国发展的部分。中国社会科学院马克思主义研究院研究员冯颜利撰文提出，有机马克思主义吸收了中国化马克思主义和生态学马克思主义的理论成果，在批判资本主义与现代性、揭示生态危机根源等的深度与广度上都有所推进。但是，另一方面，有机马克思主义毕竟是正在生存与发展中的一个国外马克思主义研究新流派，其局限性也很明显。我们不能把有机马克思主义不完善的观点当成自己的观点，不能过分夸大有机马克思主义的意义与价值，更不能用有机马克思主义指导中国的生态文明建设。[③]

有学者较为详细地比较了有机马克思主义和生态学马克思主义的异同，以此来明确有机马克思主义的定位问题。中南财经政法大学哲学院教授王雨辰从理论基础、话语体

---

① 参见郭勤艺《马克思主义视域中“灌输”与“灌输论”之辨》，《贵州社会科学》2016 年第 5 期。

② 王治河、杨韬：《有机马克思主义及其当代意义》，《马克思主义与现实》2015 年第 1 期；转引自杨富斌《有机马克思主义的出场及意义》，《东北师大学报（哲学社会科学版）》2016 年第 2 期。

③ 冯颜利：《为什么要加强有机马克思主义研究》，《国外社会科学》2016 年第 1 期。

系、内在价值和解决途径四个方面，深入剖析了二者的差异。[①] 生态学马克思主义是以历史唯物主义为理论基础的生态文明理论，坚持历史唯物主义的历史分析法和阶级分析法；而有机马克思主义则把马克思主义理论看作与生态思维相矛盾的历史决定论和现代性哲学，主张用怀特海的过程哲学与马克思主义相结合，建立一种怀特海式的后现代的建构性的马克思主义理论，其生态文明的理论基础是怀特海式的马克思主义。生态学马克思主义建立在马克思主义思想与话语体系之中，而有机马克思主义则更偏向于西方内在价值逻辑。在对待资本主义的态度上，生态学马克思主义和有机马克思主义都批判资本主义制度和现代性价值体系，但生态学马克思主义主要侧重于分析资本主义制度本性与生态危机之间的必然联系，并在此基础上对现代性价值体系展开批判；有机马克思主义则侧重于分析现代性价值体系的特点与后果，分析个人主义价值观与经济主义发展观和生态危机之间的联系，具有强烈的西方个人主义色彩。这就导致了二者在解决生态危机上的途径不同，生态学马克思主义始终坚持以历史唯物主义理论和方法来分析生态危机的根源，主张通过制度和生态价值观的双重变革来解决生态危机，是马克思主义理论性质的生态文明理论；有机马克思主义则认同马克思主义的阶级分析和经济分析，又批评马克思主义的现代哲学立场，主张用怀特海哲学来修正、补充马克思主义，其理论重点在于批判现代性价值体系，主张以有机教育为切入点，通过树立共同体价值观和建立混合市场社会主义来解决生态危机。

2016 年 12 月以来，哈尔滨工业大学人文与社会科学学院教授尹海洁发表《拆穿“有机马克思主义”的画皮》的文章（又名《神学骗子骗了中国 50 多所大学》），通过微信公众号“思想火炬”在网络领域流传，详细回顾了有机马克思主义自 2015 年开始进入中国思想界的历程，对有机马克思主义的真实目的与动机，其理论中包含的陷阱进行了强烈质疑。作者指出，首先，有机马克思主义的创始人美国人菲利普·克莱顿、小约翰·柯布以及他们的宣传者王治河的身份存疑，他们并非供职于美国一流高校科研机构的专业学者，也并没有在美国马克思主义研究学界形成一个有力的学说流派。其次，该文质疑持有机马克思主义观点的美国学者频繁访华并开展相当丰富的论坛、出版大量论文与书籍的目的并不单纯是为学术交流，更多地带有意识形态渗透的色彩，需要国内学界加以甄别。最后，前两点的质疑建立在对有机马克思主义实质的识别基础之上。该文认为，有机马克思主义在马克思主义的旗号之下，宣扬神学与唯心主义世界观，试图用生态危机来取代马克思主义关于社会基本矛盾学说，与马克思主义有着根本立场和原则上的差别。该文认为有机马克思主义的实质与目的是以马克思主义之名行反马克思主义之实，借马克思的影响力兜售基督教哲学、以生态文明为借口遏制中国发展、用有机马克思主义取代真正的马克思主义，搞乱中国的意识形态。

针对尹海洁的质疑，山东大学历史文化学院马光的文章《到底是谁骗了谁？——对〈神学骗子骗了中国 50 多所大学〉一文的质疑》通过网络流传，回答了尹海洁质疑，反驳了柯布为学术骗子的论点。可见，对有机马克思主义的研究，已经不仅仅局限于一种学术思想，更是进入到了意识形态领域。这里需要指出和讨论的是，给马克思主义套上一顶“有机”的帽子，造出一个所谓的新概念而另起炉灶，是否严肃和科学。

① 王雨辰：《生态学马克思主义与有机马克思主义的生态文明理论的异同》，《哲学动态》2016 年第 1 期。

这是需要人们注意的。

（五）围绕发展“21 世纪中国的马克思主义”展开的研究

习近平总书记在中共中央政治局第二十次集体学习时指出：“要根据时代变化和实践发展，不断深化认识，不断总结经验，不断实现理论创新和实践创新良性互动，在这种统一和互动中发展21 世纪中国的马克思主义。”[①] 在2016 年5 月17 日主持召开的哲学社会科学工作座谈会上，强调指出：“我国哲学社会科学的一项重要任务就是继续推进马克思主义中国化、时代化、大众化，继续发展21 世纪马克思主义、当代中国马克思主义。”[②] 在庆祝中国共产党成立95 周年的讲话中，强调要坚持马克思主义的指导地位，坚持把马克思主义基本原理同当代中国实际和时代特点紧密结合起来，推进理论创新、实践创新，不断把马克思主义中国化推向前进，不断开辟21 世纪马克思主义发展新境界。“发展21 世纪中国的马克思主义”这一理论命题提出后，马克思主义理论界围绕这一命题进行研究和探讨。

2016 年5 月5—6 日，由中国人民大学马克思主义学院、马克思主义与中国道路协同创新中心、马克思主义研究院国外马克思主义研究所、21 世纪中国马克思主义研究协同创新中心联合举办的主题为“21 世纪的马克思主义——新视角”国际学术会议在中国人民大学召开。与会者分别就如下议题进行探讨和对话：（1）21 世纪马克思主义政治经济学研究的多维度开展（以对《1844 年经济学哲学手稿》《政治经济学批判大纲》和《资本论》及其手稿群的研究为例）；（2）21 世纪马克思主义中国化的历史使命（以对当代资本主义新特点的深入分析和生态文明建设为例）；（3）21 世纪马克思主义哲学发展的最新动态和逻辑进程（以辩证法研究的范式转变和资本逻辑批判的理论路径探讨为例）；（4）国外马克思主义新社会运动研究及其思想史轨迹（以《资本论》在当代英美世界的传播与接受及其对欧洲和英美国家性别、种族和阶级运动理论与实践的影响为例）。

中国人民大学马克思主义学院教授梁树发认为历史经验是马克思主义的重要视角，发展21 世纪马克思主义需要借鉴马克思主义发展的历史经验。梁树发教授撰文《历史经验与21 世纪马克思主义展望》，文章认为“21 世纪的马克思主义”指向的是未来马克思主义的发展。是否具有“21 世纪的马克思主义”的理念以及能否实际开展未来马克思主义研究，是检验我们在马克思主义研究问题上是否具有理论自觉的标志。历史经验是认识马克思主义的重要视角。根据历史经验，对21 世纪的马克思主义作出的预测是：将继续强劲推进马克思主义具体化、民族化进程；中国特色社会主义成为21 世纪马克思主义发展的标志性成果；马克思主义将再次与西方激进政治运动结合；马克思主义将在理论内容上获得突破性发展；马克思主义的学科化趋势得到加强。[③]

上海交通大学马克思主义学院教授陈锡喜撰文《不断开辟21 世纪马克思主义发展新境界》，文章认为21 世纪马克思主义的外延，不只是当代中国马克思主义在21 世纪

---

① 《习近平在中共中央政治局第二十次集体学习时强调：坚持运用辩证唯物主义世界观方法论提高解决我国改革发展基本问题本领》，《人民日报》2015 年1 月25 日。

② 习近平：《在哲学社会科学工作座谈会上的讲话》，人民出版社2016 年版，第9—10 页。

③ 梁树发：《历史经验与21 世纪马克思主义展望》，《理论视野》2016 年第5 期。

的延伸，而且是研究对象和研究主体的扩大；21 世纪马克思主义的内涵，不只是当代中国马克思主义在世界范围的拓展，而且是对人类社会发展规律认识的提升。开辟 21 世纪马克思主义发展新境界的现实基础是：以中国特色社会主义的兴起为代表的社会主义新道路的开辟，资本主义社会基本矛盾在当代世界的新表现，和平发展合作共赢的世界潮流的形成；实践需要是：为中国特色社会主义提供更有深度的马克思主义辩护，为发展中国特色社会主义提供新的理论供给，对当代世界诸多矛盾的挑战提供合乎时代特点的批判性解释。中国马克思主义理论界对开辟 21 世纪马克思主义新境界所承担的责任是：真学真懂真信、站稳人民立场、坚持问题导向、拓展国际视野。①

有学者围绕如何创新发展 21 世纪马克思主义的问题展开研究。武汉大学马克思主义学院教授袁银传、秦红撰文《21 世纪中国马克思主义的创新发展路径》，文章认为 21 世纪中国马克思主义的创新发展需要反思 20 世纪马克思主义发展史和社会主义发展史，深入总结马克思主义和社会主义发展的历史经验；需要立足实践，揭示当今时代、实践、科学发展的基本规律，反映当今人类实践发展的潮流和趋势；需要聆听时代的声音，回应时代的呼唤，认真研究和解决当今时代提出的重大而紧迫的问题。②

吉林大学马克思主义学院教授韩喜平、博士研究生孙贺撰文《发展 21 世纪中国的马克思主义的战略思考》，文章认为，发展 21 世纪中国的马克思主义是习近平总书记提出的重大理论课题。以科学的理论指导实践并在重大问题解决过程中推进理论深化和创新是中国化马克思主义“活”的灵魂。发展 21 世纪中国的马克思主义显示了中国成就基础上的理论自信，是对 21 世纪中国向现代化转化过程中遇到的重大问题的积极主动回应，是对马克思主义的创新和发展。创新 21 世纪中国的马克思主义要从中国传统文化，党的历史和人类历史，人民群众和实践中汲取养分、智慧、经验和力量，在回答重大理论和解决重大问题过程中涵养和建构 21 世纪中国化马克思主义。③

（六）对国家虚无主义展开的批判研究

近半个世纪以来，特别是近 30 多年来，历史虚无主义在社会主义国家泛滥，造成思想舆论方面和政治方面的危害，成为国内外敌对势力颠覆社会主义国家政权或策动“颜色革命”而实现历史大倒退的重要手段和战略。对此，学界不断进行历史和理论的批判，力求澄清事实真相，坚定中国特色社会主义道路。2016 年，从马克思主义发展史学科的角度来看，对历史虚无主义的批判进入到批判国家虚无主义的阶段。随着经济全球化、政治多极化和思想多元化的不断发展，历史虚无主义发展出国家虚无主义这一变种，其实质是“在理论上否定、歪曲、消解马克思主义国家观的思潮；在实践上，企图弱化社会主义国家主权意识，让渡国家利益，淡化国家认同，抹黑国家形象，攻击社会主义制度，否定党的领导，否认社会主义国家存在的合法性等，便于西方国家推行其新自由主义的经济主张、政治制度、价值标准，目的是把社会主义中国纳入西方阵

---

① 陈锡喜：《不断开辟 21 世纪马克思主义发展新境界》，《思想理论教育导刊》2016 年第 9 期。

② 袁银传、秦红：《21 世纪中国马克思主义的创新发展路径》，《思想理论教育》2016 年第 9 期。

③ 韩喜平、孙贺：《发展 21 世纪中国的马克思主义的战略思考》，《理论建设》2016 年第 1 期。

营中”①。

国家虚无主义的表现十分丰富与隐蔽，往往是打着经济全球化的旗号，力主冲淡意识形态色彩，进而突破政治制度的屏蔽，达到“颜色革命”、颠覆政权的目的。近年来，我们可以看到，通过对国家阶级统治和暴利工具职能的消解来否定马克思主义国家观，将国家淡化为公共服务的机器的做法，常常是通过消解马克思主义国家发展的真实历史达到的。在推行经济全球化的过程中，国家虚无主义有意识地将国家主权放到了经济全球合作的对立面，试图证明主权是束缚全球经济发展的窠臼，必须在经济发展中逐渐抛弃。而这所谓的“全球思维”带来的“全球繁荣”不过是意识形态渗透的遮羞布。所谓“弱化”国家的论调，旨在强化美国的国家霸权，这是国家虚无主义的实质和政治目的。

和一般的历史虚无主义相比，国家虚无主义借助经济全球化和建设命运共同体的旗号，推进对社会主义意识形态渗透和社会主义政权的颠覆，显得更为隐蔽，必须加以警惕。对此，有学者提出，国家虚无主义的实质是唯心主义、私有制逻辑和意识形态斗争在国家问题上的体现，必须加强马克思主义国家理论的教育和研究；强化公民的主权意识，加强爱国主义教育；增强综合国力，提高维护国家主权的硬实力。②

对此，要针对这种否定马克思主义国家观，否定社会主义制度，抹黑丑化社会主义国家，对中国的国家主权、国家利益、国家认同、国家形象等方面进行弱化、歪曲、消解的错误思潮进行坚决的批判。这种国家虚无主义的错误思潮是唯心主义在国家问题上的表现，是私有制逻辑在国家问题上的体现，是意识形态斗争在国家问题上的展现。要消除国家虚无主义带来的危害，必须加强马克思主义国家理论的教育和研究，强化国家主权意识，加强爱国主义教育。

三　简要评论

总体来看，2016 年马克思主义发展史学科建设取得一定进展，在以下方面有待深化研究：

第一，须深化研究习近平总书记系列重要讲话和治国理政新理念新思想新战略。党的十八大以来，以习近平总书记为核心的党中央把握时代大趋势、回答实践新要求、顺应人民新期待，围绕改革发展稳定、内政外交国防、治党治国治军发表一系列重要讲话，形成一系列治国理政新理念新思想新战略，是中国特色社会主义理论体系最新成果，是马克思主义中国化最新成果，是当代中国马克思主义，体现出坚定的人民立场、鲜明的问题意识、科学的工作方法，具有系统性、整体性特征。

深入学习贯彻习近平总书记系列重要讲话和治国理政新理念新思想新战略，是我们党和国家各项事业不断取得新成就、开创新局面的根本思想保证。习近平总书记系列重要讲话和治国理政新理念新思想新战略中蕴含丰富思想内涵，将这些新理念新思想新战略作为中国特色社会主义理论体系最新成果，放在马克思主义发展史的大脉络中进行研

① 辛向阳：《论国家虚无主义思潮的危害及应对策略》，《马克思主义研究》2016 年第 7 期。

② 参见辛向阳《论国家虚无主义思潮的危害及应对策略》，《马克思主义研究》2016 年第 7 期；刘书林《历史虚无主义在当代社会主义国家泛滥的深刻教训》，《理论探索》2016 年第 1 期。

究，积极构建21世纪中国的马克思主义思想体系和话语体系。

第二，马克思主义发展史研究要坚持理论与实践的统一、继承与创新、坚持与发展的统一。历史研究是马克思主义发展史的基础研究。历史要起到以史为鉴的作用，必须关注现实、立足实践，坚持马克思主义的立场观点方法，凸显问题导向。2017年是十月革命胜利100周年，也是马克思《资本论》第一卷发表150周年，马克思主义发展史学科需要抓住这些历史节点进行深入分析。

第三，须整合力量进行马克思主义发展史的研究。马克思主义发展史研究是一个大工程，在进行阶段史、专题史、传播史等研究的同时，需要整合力量在马克思主义发展通史方面下功夫，形成有影响、有分量的著作。2016年中国社会科学院马克思主义研究院桁林研究员主持的创新课题《中国特色社会主义历史进程初探》，初步完成对中国特色社会主义阶段的马克思主义发展史进程的梳理，期待今后相关马克思主义发展史的成果越来越丰硕。

（供稿：任洁、夏一璞）

国外马克思主义

一 学科概况

2016 年国外马克思主义研究学科综述，主要梳理国外共产党研究、西方马克思主义研究和国外左翼思想研究三方面的主要内容。

（一）国外共产党研究概况

2016 年国外共产党研究，聚焦国际共运、世界社会主义运动以及当代资本主义、政党政治发展的热点问题，出版与发表了不少研究成果。

首先，自希腊激进左翼联盟上台执政以来，激进左翼政党如何转变为主流政党及其执政问题的研究成为一个重要的研究话题。卢克·马奇主编出版了《激进左翼：从边缘小党到主流政党》[①] 一书，主要考察三个目标，一是激进左翼知识分子如何应对危机，即如何界定危机的起因和后果；二是激进左翼如何在选举中应对危机，即危机是如何帮助或削弱激进左翼选举的；三是左翼组织的应对，即危机是否导致新的政党结构、组织方式和党内关系的产生。《执政的激进左翼政党：以希腊激进左翼联盟与塞浦路斯劳动人民进步党为例》[②] 一书探讨了两个激进左翼党如何赢得政权及其执政的经验。面对资本主义历史上最严重、最长的危机，激进左翼有望抓住这个时机推进自己的政治议程。作者以这两个执政的左翼党为例，旨在探讨在欧洲其他地区的激进左翼如何实现稳定执政及实施政治纲领，包括西班牙的“我们能”党和英国的工党。

其次，关于激进左翼作为整体的政党家族的研究也逐渐兴盛起来。2016 年出版的《西欧激进左翼政党家族：1989—2015》一书[③]，对西欧激进左翼 1889—2015 年发展演变的轨迹提供了一种全新的分析和解释。这本书通过总体研究（17 个国家）、个案研究（德国、意大利和法国）与比较研究的方法，详细地阐述了西欧激进左翼的性质、力量、凝集力及影响的发展演变。在苏联解体、东欧剧变之后，这个政党家族超越自我，踏上了复苏之路，寻求填补由逐步新自由主义化的欧洲社会党造成的不满的工人阶级和支持福利主义选民代表的空缺。激进左翼由此成为当代政治生活中一支重要的左翼力量。但是，尽管获得一些选举成绩，一些左翼政党（如希腊的激进左翼联盟、西班牙的“我们能”党）崛起，但是它没有体现出作为新自由主义可信的替代选择。

---

① Luke March, *Europe's Radical Left: From Marginality to the Mainstream?* 2016.

② Y. Katsourides, *Radical Left Parties in Government: The Cases of SYRIZA and AKEL*, Palgrave Macmillan UK, 2016.

③ Fabien Escalona, *The radical left party family in Western Europe*, 1989 – 2015, Routledge, 2016.

政治研究欧洲联盟网站（European Consortium for Political Research）在2016年做了一个关于“一个新兴的西欧激进左翼政党家族”的学术讨论会，马奇在《我们对激进左翼了解什么？不了解什么？（以及我们想知道什么）》① 一文中认为，过去的十多年间，激进左翼的研究工作主要集中于一些国家的个案研究，或者对比较成功的激进左翼做比较分析，现在需要在“国家场域”中，在这些文献基础上，直接关注几个基本问题，如激进左翼政党家族的定义、本质、分类及其如何构成。

第三，继续关注激进左翼的国别研究和个案分析。《在紧缩年代的欧洲激进左翼》对西班牙、葡萄牙、希腊、英国、法国、爱尔兰、北欧、比荷卢经济联盟等国家和地区激进左翼政党进行了研究，为相关研究者提供了最新的一手资料。其他相关研究也很丰富，如《为激进左翼留下什么？对西欧激进左翼政党在1989年前后的政策比较分析》②《红色欧洲对非欧洲：对欧盟和经济危机的态度对激进左翼选民的影响》③《逆转：葡萄牙激进左翼从边缘小党到政府支持者》④《美国激进主义：自第二次世界大战以来的美国左翼》⑤ 等。“变革网”“国际视点”等在线网站以及《国际社会主义》杂志、罗莎·卢森堡基金会等发表很多文章，对激进左翼运动和政治进行了分析。

第四，关于各国共产党现状及其历史研究的新进展。日本共产党、美国共产党、南非共产党、中东欧共产党继承者等都是学者关注的焦点，如《日本共产党：永久的反对派，道义的指南者》⑥《美国共产党的兴盛与衰落》⑦《向西欧学习：中东欧共产党后继者的政策转型和纲领改变》⑧ 等。同时，也有一些关于共产党史的研究，如《南非共产党：种族、欧洲中心主义和莫斯科》《英国共产党文献》⑨《超越斯大林主义：共产主义政治演进》⑩《苏联共产党历史概要》⑪ 等。

2016年度国内学界的国外共产党研究也稳步推进。9月24日在华侨大学举办的第

① Luke March, “What We Know and do not Know About the Radical Left (And What do we Want to Know?)”, https://ecpr.eu/events/paperdetails.aspx? PaperID=3655&EventID=5.

② Andreas Fagerholm, “What is left for the radical left? A comparative examination of the policies of radical left parties in western Europe before and after 1989”, *Journal of Contemporary European Studies*, No. 1, 2016.

③ Laurie Beaudonnet & Raul Gomez, “Red Europe versus no Europe? The impact of attitudes towards the EU and the economic crisis on radical-left voting”, *West European Politics*, No. 3, 2016.

④ Marco Lisi, “U-Turn: The Portuguese Radical Left from Marginality to Government Support”, *South European Society and Politics*, No. 4, 2016.

⑤ Howard Brick & Christopher Phelps, *Radicals in America: The U. S. Left Since the Second World War*, Cambridge University Press, 2016.

⑥ Peter Berton, *The Japanese Communist Party: Permanent Opposition, but Moral Compass*, Routledge, 2016.

⑦ Caleb T. Maupin, *The Rise and Fall of the U. S. Communist Party*, 2016.

⑧ Dan Hough and William E. Paterson, *Learning from the West?: Policy Transfer and Programmatic Change in the Communist Successor Parties of East Central Europe*, 2016.

⑨ Dave Cope, *Bibliography of the Communist Party of Great Britain*, 2016.

⑩ Ronald J. Hill, *Beyond Stalinism: Communist Political Evolution*, 2016.

⑪ N. Popov, *Outline History of the Communist Party of the Soviet Union*, 2016.

四届国际共产主义运动论坛“当代世界社会主义与社会发展”，以及10月15—17日在兰州财经大学举办的中国国际共运史年会，都有相关国外共产党研究的专题讨论。同时，2016年度关于国外共产党的专著以及40余篇相关论文，分国别、历史、理论等不同方面对国外共产党进行了系统考察和评析。

2016年10月28日至30日，第18届共产党工人党国际会议在越南河内召开，会议的主题是“资本主义危机与帝国主义的进攻——共产党和工人党为和平、工人和人民的权利、社会主义而斗争的战略与策略”。57个共产党和工人党参加了会议。① 与会代表就提高联合协调合作机制效益的措施达成共识，选举产生由包括越南共产党在内的19个成员党组成的2016—2018年任期工作小组，同时一致通过会议号召（共同文件），提出今后世界各国共产党和工人党的配合行动计划，特别是将于2017年举办的十月革命100周年纪念活动。该号召也强调了致力于和平与社会主义、捍卫各国独立主权斗争的重要性以及通过符合国际法律的和平措施解决所有争端的必要性；再次重申了各国共产党和工人党对越南人民社会主义祖国建设和捍卫事业的团结与支持。②

（二）西方马克思主义研究概况

1. 西方马克思主义学科发展情况概述

2016年度，西方马克思主义学科研究视野在交流和研究中得到扩展。一方面，国内外学界对西方马克思主义重要人物和经典著作文本的考据和梳理取得进展，例如“法兰克福学派批判理论”“辩证法研究”“欧陆哲学与西方马克思主义”“英美哲学与西方马克思主义”“有机马克思主义”等各种专题研究百花齐放。另一方面，国内外学界着力于理论联系实际，面向重大现实问题展开研究，如“民主与正义”“资本主义与全球化”“生态马克思主义”等专题讨论。

从国外学者发表的著作看，对具体概念的重新理解和阐述成为一个新的学术增长点，例如，拉埃尔·杰西的《异化》③ 认为，异化这一概念具有黑格尔—马克思主义传统，它曾经在20世纪的欧洲政治和社会思想中占有重要地位。但随着后现代主义的兴起，后形而上学拒斥传统人道主义，包括其中的异化概念，并且批判人性论解释上的基础主义观念，异化这一概念也在自由主义政治哲学中不断被边缘化。在拉埃尔·杰西看来，异化仍然是表达人与人关系的重要概念，在当代社会，人的无助、迷茫有增无减，人们沮丧地接受僵化社会中的固定角色，不再抱有解放的冲动和希望。为了帮助社会批判理论致力于批判现实的不合理现象，减轻现实生活中人们的无意义感、孤独感、渺小感，杰西切断了异化这一概念同传统人性概念的关联，为它增添了社会哲学内涵，并以此重新启动对异化的社会病理学研究。拉埃尔·杰西把黑格尔的哲学、现象学、分析哲学等融合起来，使黑格尔、克尔凯郭尔、海德格尔等人与托马斯·内格尔、伯纳德·威廉姆斯、查尔斯·泰勒等人进行对话，从宏观与微观两个层面展开了对异化的再认识。

---

① http：//solidnet. org/18th-imcwp.

② 越通社：《第十八次共产党和工人党国际会议落下帷幕》，2016年10月30日（http：//cn. qdnd. vn/webcn/zh-cn/120/361/370/426269. html）。

③ Rahel Jaeggi，*Alienation*，Columbia University Press，2016.

2. 学科成果及重要会议述评

（1）学科成果述评

2016年度，西方马克思主义研究面向重大现实问题，涌现出一批具有一定深度的原创性的成果。法兰克福学派成果颇丰，如哈贝马斯出版了专著《转型期》英文版，针对全球化时代的国际秩序，对欧洲政治方案和民主观念等问题做出了回应。① 新出版的论文集《哈贝马斯与欧洲经济危机》提供了一个关于认同在欧盟运作中的重要性的新颖视角，这一视角是哈贝马斯在《欧盟的危机：一种回应》中所例示的。② 奥菲出版了专著《陷入困境的欧洲》的德文版，呼吁一种共同的经济社会政策，缩小欧元区各国的差距。③ 霍耐特与法国哲学家雅克·朗西埃（Jacques Rancière）之间的对话以英文发表。④ 霍耐特聚焦于承认概念对现代社会进行批判，朗西埃提出基于分歧（异见）的现代政治理论，二者的交锋试图提出新的正义框架，激发社会政治变革的新观念。针对全球经济危机以来人们对资本主义的批判，杰西区分了批判资本主义的三种方法，即功能的、道德的和伦理的论证策略，阐述了这些批判的规范性预设和标准⑤。

西方马克思主义的研究视野不断扩大，由哲学扩展到经济、政治、语言和文化等领域。例如，《人类科学史》杂志组织了一期以“哲学与（政治）经济”为主题的文章，讨论法兰克福学派的经济视野。马赛厄斯·罗斯（Matthias Rothe）和巴斯蒂安·荣（Bastian Ronge）所著的《法兰克福学派：哲学与（政治）经济》⑥，梳理了法兰克福学派的历史，聚焦了经济的哲学批判遗产。曼弗雷德·甘格尔（Manfred Gangl）的《围绕弗里德里希·波洛克的国家资本主义的争议》⑦ 讨论霍克海默的挚友波洛克的经济观对早期法兰克福学派的影响。里克·库恩（Rick Kuhn）的《亨里克·格罗斯曼与批判理论》⑧ 则再现了格罗斯曼与霍克海默关于马克思主义方法的交锋。《在否定辩证法与经济客观性的批判》一文中，沃纳·博内费尔德（Werner Bonefeld）认为阿多诺的否定辩证法是以经济对象为形式的社会世界的辩证法。⑨ 弗兰克·恩斯特（Frank Engster）

---

① Jürgen Habermas, *Time of Transitions*, John Wiley & Sons, 2016.

② Gaspare M. Genna, Thomas O. Haakenson & Ian W. Wilson, *Jürgen Habermas and the European Economic Crisis: Cosmopolitanism Reconsidered*, Routledge, 2016.

③ Claus Offe, *Europa in der Falle*, Suhrkamp Verlag, 2016.

④ Axel Honneth & Jacques Rancière, *Recognition or Disagreement: A Critical Encounter on the Politics of Freedom, Equality, and Identity*, Columbia University Press, 2016.

⑤ Rahel Jaeggi, “What (if Anything) Is Wrong with Capitalism? Dysfunctionality, Exploitation and Alienation: Three Approaches to the Critique of Capitalism”, *The Southern Journal of Philosophy*, Vol. 54, 2016, pp. 44 – 65.

⑥ Matthias Rothe & Bastian Ronge, “The Frankfurt School: Philosophy and (political) economy”, *History of the Human Sciences*, Vol. 29, No. 2, 2016, pp. 3 – 22.

⑦ Manfred Gangl, “The controversy over Friedrich Pollock's state capitalism”, *History of the Human Sciences*, Vol. 29, No. 2, 2016, pp. 23 – 41.

⑧ Rick Kuhn, “Henryk Grossman and Critical Theory”, *History of the Human Sciences*, Vol. 29, No. 2, 2016, pp. 42 – 59.

⑨ Werner Bonefeld, “Negative dialectics and the critique of economic objectivity”, *History of the Human Sciences*, Vol. 29, No. 2, 2016, pp. 60 – 76.

《主体性及其危机》认为在第一代法兰克福学派中，经济是主体性的一个组成部分。[①] 在《历史社会学与本体论》一文中，卡尔斯坦·奥尔森（Karsten Olson）分析了经济在奥托·基希海默和卡尔·施密特《合法律性与合法性》一文中的地位。[②] 又如，戴维·谢尔曼（David Sherman）发表《阿多诺的否定辩证法》一文，认为阿多诺发展辩证法使之适应时代的需要，考察了阿多诺对启蒙理性及其与资本主义社会关系的批判。[③]

国内学者紧跟学术前沿，关注时代主题，研究的深度和广度都更进一步。南京大学张亮教授在《霍克海默与法兰克福学派的理论创新道路》一文中认为，霍克海默是法兰克福学派形成过程中的“精神领袖”，他继承马克思所开辟的理论创新道路，并组织、领导学派成员沿着“哲学与社会科学的联盟”这一道路，对现代资本主义社会进行了较深入的探索。[④] 复旦大学的王凤才教授分三部分梳理了法兰克福学派第三代学术领袖霍耐特《自由的权利》一书的精粹[⑤]，连载发表在《学习与探索》杂志上。国内学者还对霍耐特的成果进行深入分析和评价。有的学者认为，霍耐特对正义论的规范性重构不是一种与社会分析脱节的正义论建构，而是要复兴一种黑格尔式的，从社会现实出发的，相互承认的“社会自由”模式，在黑格尔的思想水平线上看待马克思对资本主义批判所描述的那些弊端。[⑥]

（2）重要会议述评

2016 年度，西方马克思主义学科的学术交流较为丰富。2016 年 6 月中国社会科学院马克思主义研究院和山东省社会科学院联合主办的第三届全国国外马克思主义研究论坛在山东济南召开。与会人员认为，推进国外马克思主义研究要坚持一体两翼，一方面要及时掌握国外关于马克思主义研究的最新资料、最新动态，进行分析研究；另一方面要深入挖掘马克思主义经典文本，为研究奠定扎实基础。第十一届全国“国外马克思主义论坛”于 2016 年 11 月在广西南宁举办。与会学者围绕“法兰克福学派批判理论及其最新发展研究”“国外马克思主义新思潮、新流派、新动向、新人物研究”“国外马克思主义与其他问题研究”等议题分组展开了深入研讨，提出关注现实问题，为国外马克思主义研究不断注入新活力。

（三）国外左翼思想研究概况

随着世界金融危机的影响在发达国家愈益显示出在政治上的效应，同时也进一步向

---

① Frank Engster, “Subjectivity and its crisis: Commodity mediation and the economic constitution of objectivity and subjectivity”, *History of the Human Sciences*, Vol. 29, No. 2, 2016, pp. 77 – 95.

② Karsten Olson, “Historical-sociology vs. ontology: The role of economy in Otto Kirchheimer and Carl Schmitt's essays ‘Legality and Legitimacy’”, *History of the Human Sciences*, Vol. 29, No. 2, 2016, pp. 96 – 112.

③ David Sherman, “Adorno's Negative Dialectics”, *Philosophy Compass*, Vol. 11, No. 7, 2016, pp. 353 – 363.

④ 张亮：《霍克海默与法兰克福学派的理论创新道路》，《学术月刊》2016 年第 5 期。

⑤ ［德］霍耐特：《〈自由的权利〉精粹》（上），王凤才译，《学习与探索》2016 年第 1 期。《〈自由的权利〉精粹》（中），《学习与探索》2016 年第 2 期。《〈自由的权利〉精粹》（下），《学习与探索》2016 年第 3 期。

⑥ 贺翠香：《论霍耐特的社会自由概念及其正义论构思》，《哲学研究》2016 年第 4 期。

全球社会蔓延，世界各地反新自由主义全球化的浪潮持续高涨，主要资本主义国家政局出现较大变化，在这个大的背景下，国外左翼思潮、运动、政党等各种组织持续发展，在批判当代资本主义制度、寻求替代方案中显示出很强的生命力，但同时也存在着许多问题。发达资本主义国家的大选中，民粹主义异军突起，左右翼民粹主义都有明显的表现，使其政治社会前景处于非常不稳定、难预测的状况。拉美国家左翼和中左政权受到打击和削弱，但仍然有较深厚的生存土壤。俄罗斯、东欧国家左翼力量有发展，但仍不能成为政治主流。南亚左翼运动和组织蓬勃发展，日益显示出较强的影响力。对于全球性的左翼力量，最受瞩目的就是“全球左翼论坛”“世界社会论坛”等，2016 年它们都开展了活动。

一年一度的全球“左翼论坛”于 2016 年 5 月 20—22 日在美国纽约城市大学召开。论坛的主题是“愤怒、反抗、革命：组织我们的力量”。论坛组织了 380 多场次的主题研讨活动，涉及阶级斗争、环保、女权、战争、新媒体、劳工运动甚至中国和平崛起等多个政治经济文化主题，几乎将世界上能被人注意到的议题都囊括进来了。①

2016 年 8 月 9—14 日，第 12 届世界社会论坛（WSF）在加拿大蒙特利尔举行，这是该论坛首次在北方国家举行。此次活动共有来自 125 个国家的 35000 名参会者。论坛共有 1300 场次各种活动，平行举办了六大主题活动，分别是自由媒体论坛、世界议会论坛、原住民论坛、技术与自由世界论坛、争取无民用及军事核能的世界社会论坛和草根音乐节（Hoodstock）等。②

2016 年 10 月 21—22 日，第七届世界社会主义论坛——“创新 21 世纪马克思主义”在北京召开，来自 36 个国家的近百位专家学者、共产党代表以及近 300 位国内学者共计四百余人，结合世界政治经济格局和中国特色社会主义的最新发展，探讨创新 21 世纪马克思主义的理论与实践问题。自 2004 年首届“世界社会主义论坛”召开以来，从 2012 年第三届论坛开始，论坛每年举办一次，逐渐成为中国与世界进行马克思主义理论交流的重要平台。

国外左翼思想在批判当代资本主义全球化、要求诉诸阶级斗争和共产主义方面取得一些理论进展，生态社会主义运动作为全球性的左翼运动影响力日渐增强，综观本年度的左翼思潮和运动的发展，可以说是正在出现一种激进化的趋势，即国外左翼普遍认识到资本主义制度本身是不可行的，要求以共产主义对之进行全面的变革和替代，这是几十年来新自由主义全球化带来的恶果，更是由资本主义内在不可克服的基本矛盾所决定的。

二　重大问题研究进展

（一）国外共产党重大问题研究进展

2016 年学界的国外共产党研究主要关注下述几个重大问题。

1. 关于国外共产党对中国特色社会主义的研究问题

改革开放以来，中国取得了举世瞩目的发展成就，吸引了世界共产党和工人党的

① 2016 leftforum Panels，http：//www. leftforum. org/panels/approved/2016.

② Assessment of the World Social Forum 2016 held in Montreal，15 August 2016，Press Release，https：//fsm2016. org/en/bilan-de-ledition-du-forum-social-mondial-a-montreal/.

广泛关注，他们充分肯定中国特色社会主义所取得的伟大成就。余维海和黄冰琼在《近年来国外共产党和工人党论中国特色社会主义》一文中，认为国外共产党通过多种不同渠道表达了自身对中国特色社会主义的看法，肯定中国特色社会主义所取得的伟大成就，解读中国特色社会主义的内涵，声讨以美国为首的霸权主义国家对中国的围堵和遏制，期望中国特色社会主义在推动世界社会主义运动和维护世界和平中发挥更大作用。[①] 首先，大多数共产党和工人党充分肯定中国所取得的经济发展成就，认为中国不断繁荣壮大，尤其是在2008年的国际金融危机中，已经成长为全球重要的经济力量。国外共产党和工人党赞扬作为中国领导核心的中国共产党的治国理政能力，肯定中国共产党的理论创新能力与执政能力。其次，共产党和工人党认为中国特色社会主义的成功客观上声援了世界社会主义力量，激励了世界各国人民的斗争。再次，国外共产党试图解读中国特色社会主义的内涵，认为中国道路是一个还处在形成、发展过程中的事物，其实质是通过市场经济建设社会主义的道路，这既是一条在与资本主义并存、竞争当中寻找到的道路，也是一条新的“和平振兴”的道路。此外，国外共产党声讨以美国为首的霸权主义国家对中国的围堵和遏制，期望中国特色社会主义在推动世界社会主义运动和维护世界和平中发挥更大作用。中国特色社会主义的伟大事业科学地利用好社会主义的“命运共同体”中的力量，为中国特色社会主义建设服务。因此，系统了解他们对中国特色社会主义的基本观点，能够拓宽我们的理论视野，有利于更有效地加强与世界共产党和工人党之间的对话和交流，为中国特色社会主义赢取更多的国际支持。

李亚洲在《俄罗斯联邦共产党对中国特色社会主义的认识与评价》一文中，从俄共对中国特色社会主义性质的认识、对中国特色社会主义国际影响力的评价、对共产党的评价、对“中国梦”民族复兴蓝图的评价四个方面进行了阐述。作者指出，俄共认为中国特色社会主义成功的模式是“社会主义 + 中国民族传统 + 国家调控的市场现代化技术和管理”，中国共产党正在成功地领导着这一独特的世界规模的社会主义实验。俄共盛赞中国共产党治国理政的能力，认为中国在共产党的领导下，出色地把社会主义与中国人的勤劳，把可调控的市场经济与出色的管理结合起来，获得了良好的结果——世界上最快的发展速度。这一切源自于中国在坚持社会主义选择的前提下，积极发展市场经济。政治稳定、经济发展成就使中国民众更加看好光明的未来。俄共尤其关注中国共产党与民主党派合作的经验，汲取这些经验将使俄罗斯受益匪浅。[②]

2. 关于世界社会主义运动的整体性研究问题

聂运麟在《资本主义国家共产党关于革命发展阶段的新理论》一文中认为，社会主义革命将经历哪些必需的发展阶段，这是各国马克思主义工人政党在领导社会主义革命过程中，必须在党的纲领中首先予以解决的重大理论与实践问题。姜辉在《21世纪的世界社会主义：新格局、新特征、新趋势》一文中认为，21世纪是世界社会主义走向振兴的世纪，其主要特征包括：社会主义制度赢得比资本主义更广泛的制度优势；中

① 余维海、黄冰琼：《近年来国外共产党和工人党论中国特色社会主义》，《当代世界与社会主义》2016年第3期。

② 李亚洲：《俄罗斯联邦共产党对中国特色社会主义的认识与评价》，载《世界社会主义五百年：“源流·现状·趋势”学术研讨会暨当代世界社会主义专业委员会2016年年会论文集》。

国成为世界社会主义发展振兴的中流砥柱和引领旗帜；两大社会制度在长期竞争中的力量对比将发生历史性的转折；社会主义国家数量与社会主义理念实现程度的结合成为判断社会主义发展状况和程度的标准。于海青在《国外共产党研究：域内外比较与推进路径》一文中认为域内外共产党研究在视角、视域、主题、框架构建等方面存在明显差异。国内长期以来的研究思路是一直把国外共产党作为一个独立的政党形态来研究，而国外学界大多将共产党研究纳入更广阔的激进左翼视域，主张将共产党定义在激进左翼政党范畴内一个完整的政党家族性概念上进行研究。

3. 卡斯特罗去世对世界社会主义的影响问题

在卡斯特罗的领导下，古巴成为西半球唯一的社会主义国家，并抗住了长达半个多世纪来自美国的外交孤立、经济制裁、物资禁运，甚至各种颠覆、破坏。卡斯特罗致力于社会主义事业，是对不同社会制度的探索。尽管西方把他视为是“残暴独裁者”，对他进行攻击和贬低。但是，第三世界国家领导人的唁电和声明大多称赞卡斯特罗是“伟人”或“英雄”。习近平同志把卡斯特罗称为“我们这个时代的伟大人物”，认为“他把毕生精力献给了古巴人民争取民族解放、维护国家主权、建设社会主义的壮丽事业，为古巴人民建立了不朽的历史功勋，也为世界社会主义发展建立了不朽的历史功勋”。联合国官方微博写道：“在半个多世纪的岁月中，他在古巴和全球政治领域留下了重大的印记。他的革命理想波澜壮阔。在全球论坛上，他是伸张社会正义的一个强有力的声音。”

4. 国外共产党理论与实践的个案研究

2016 年度国外共产党的国别研究继续稳步推进。独联体共产党、爱尔兰共产党、希腊共产党、加拿大共产党、英国共产党、日本共产党、葡萄牙共产党的相关理论主张进入了研究视野。周华平、魏飞建所著《萨莱诺转折：意大利共产党的历史性抉择》一文评价了萨莱诺转折对意大利共产党的重要历史意义。以陶里亚蒂为领导的意大利共产党人面对国内外政治压力，通过分析政治力量的对比以及人民对和平的期盼，最终选择实行萨莱诺转折策略，参加巴多里奥联合政府。这次调整奠定了意大利战后和平与民主的基础，并扩大了共产党的影响力。意大利共产党以此为起点探索着在发达资本主义国家走向社会主义道路的路径。这一选择对意共本身以及意大利这个国家的未来都产生了巨大的影响，同时也为国际共产主义运动增添了新内容。① 王喜满等人对希腊共产党探索社会主义的当前成就、历史经验进行了分析和总结，并指出希共面临巨大的挑战，国内外反共势力强大、反共策略灵活、国际共产主义运动处于低潮期、希腊共产党自身力量相对薄弱等都制约着希共的未来发展。②

在苏东地区共产党研究方面，俄罗斯联邦共产党、保加利亚共产党、摩尔多瓦共产党人党、乌克兰共产党成为重点研究对象。刘淑春等人撰写的《独联体国家共产党的理论与实践研究》，对独联体空间各共产党的重建与发展的诸多问题进行了较系统的研究。用俄罗斯联邦共产党中央副主席诺维科夫的话讲，“本书所研究探讨的诸问题，无

---

① 周华平、魏飞建：《萨莱诺转折：意大利共产党的历史性抉择》，《社会主义研究》2016 年第 5 期。

② 王喜满、王芳、华玉龙：《希腊共产党探索社会主义的当前成就、历史经验和未来走向》，《中国矿业大学学报（社会科学版）》2016 年第 3 期。

论在俄罗斯的社会科学界，还是在西方的社会科学界，尚无前例”[①]。该书将俄罗斯、白俄罗斯、乌克兰、摩尔多瓦、高加索的格鲁吉亚、亚美尼亚、阿塞拜疆和中亚五国的共产党状况进行了介绍、分析，并对发展前景进行了展望。有些政党，比如高加索地区三国共产党，首次出现在国内学界研究的视野中。李世辉在《苏联解体以后的乌克兰共产主义运动（1991—2016）》一文中认为，在苏联解体之后25年间，乌克兰共产主义运动形成了多个共产主义政党并存的格局，其中以乌克兰共产党实力较强，其他几个共产主义政党实力较弱。作者预测了2013年政治危机后，在整个国家“去共产主义化”的强大寒流之下，乌克兰共产主义政党的发展走势。他强调，一是乌克兰共产主义运动改旗易帜的可能性不大，而且不会放弃自己的指导思想和奋斗目标；二是左翼力量大联合是趋势。2015年，在基辅市召开了乌克兰左、左中政党和社会团体联盟“左翼反对派”成立大会，标志着乌克兰左翼在危机面前出现了多年未形成的大联合；三是团结国际力量，寻求国际援助废除“法禁”成为重要途径。作者还在《乌克兰共产党走下政坛的原因与发展趋向》一文中总结了乌克兰共产党在2014年、2015年经历了议会党团被强制解散、议会大选首次败北、被依法禁止活动等急剧转变的原因。[②]

在发展中国家共产党研究方面，南亚地区毛主义共产党的综合研究成为一个关注焦点，多篇文章探讨了南亚毛主义的历史、理论、特点和发展态势。王静撰写的《印度共产党（毛主义者）的理论与实践研究》，深入透视历史脉络，纵观世界变化，对在“毛泽东主义”旗帜下不断展开的、横贯印度乃至整个南亚地区的、酷烈的共产主义运动进行了多面研究，并将历史探讨、现状揭秘、理论分析和对运动的战略评估融为一体，提供了国内对于该问题较深刻和全面的研究。

（二）西方马克思主义重大问题研究进展

1. 马克思与黑格尔关系的研究

“黑格尔与马克思的关系”一直是国外马克思主义研究领域的一个重要问题，国内外学者对此问题的观点见仁见智。首先，在哲学上，有的主张去黑格尔化，有的强调黑格尔对马克思的影响。有的认为，阿尔都塞的多元决定辩证法思想的主要论敌是马克思主义哲学中的黑格尔化思潮，首先针对的是马克思辩证法的黑格尔化。[③] 在阿尔都塞看来，马克思对黑格尔辩证法的颠倒并不是如人们通常所说的那样，将唯心主义辩证法颠倒为唯物主义辩证法，而是进行了一种结构上的改变，完全取消了黑格尔的辩证法，是一种与黑格尔辩证法完全不同的辩证法。另一些学者则针锋相对。例如，齐泽克对阿尔都塞的多元决定辩证法理论进行了驳斥，认为阿尔都塞的多元决定辩证法思想误解了黑格尔。又如，塞耶斯认为，黑格尔的辩证法具有唯心主义神秘性的外壳，马克思继承了黑格尔辩证法的科学态度，并对其进行了唯物主义的改造。[④] 塞耶斯同时也认为马克思

---

① 参见诺维科夫为该书撰写的《致读者（代序）》，载刘淑春等著《独联体国家共产党的理论与实践研究》，中国社会科学出版社2016年版。

② 李世辉：《乌克兰共产党走下政坛的原因与发展趋向》，《社会主义研究》2016年第6期。

③ 李西详：《多元决定辩证法思想的理论变迁》，《南京大学学报》2016年第5期。

④ 陈慧平：《塞耶斯从马克思主义人性论角度对功利主义的批判》，《马克思主义研究》2016年第3期。

与黑格尔的区别在于科学态度，黑格尔的辩证法虽然倡导科学态度，但他自己却没有将科学态度进行到底。

其次，有的认为马克思的某些经济观念不受黑格尔哲学的影响。里克·库恩（Rick Kuhn）通过对格罗斯曼和霍克海默之间关系的研究认为，他对黑格尔与马克思学术关系的判断显现了经典马克思主义和初步成熟的批判理论之间的距离。① 该文章认为，格罗斯曼在法国的孔多塞、英国的詹姆斯·斯图尔特等人的作品中发现"连续经济体系"这一观念，并由此认为黑格尔不是影响马克思生产方式观念的人。霍克海默反对说，格罗斯曼的方法是实证主义的，它误解了黑格尔哲学。为了回应霍克海默的批评，格罗斯曼重申了自己的马克思主义方法。可见，理解黑格尔与马克思之间的关系，是判断什么是马克思主义的一个关键点。

国内学者认为，黑格尔对马克思的基本哲学立场和辩证法等方面产生了深刻影响。复旦大学张双利教授认为，马克思的《黑格尔法哲学批判》以市民社会和现代国家之间的关系问题为核心线索，沿着两个不同的方向对黑格尔的法哲学进行批判：一是直接揭示其基本哲学立场，认为它是借助于观念的自我运动来解决现代政治的实际难题，是一种神秘主义；二是具体考察其法哲学思想的实践意义，认为它所给出的解决问题的方案不仅不能真实地解决市民社会与政治国家的二元对立，而且还会使我们陷入保守和倒退，无法守住现代政治的基本高度。张双利认为，该著的成就主要在于对黑格尔国家哲学的直接反驳，对于马克思本人来说，它的实际意义不是立即解决那些令其感到困惑的现实难题，而是使这些问题以更加明确的方式被提出来。② 有的学者考察了"否定"这一概念，认为马克思和阿多诺的辩证法都以黑格尔为起点。他们意识到了黑格尔辩证法所存在的问题，而这个问题的缺口恰恰就是"规定了的否定"。从黑格尔、马克思到阿多诺的辩证法的发展过程及哲学的变革之中，否定始终起着至关重要的作用。③

2. 关于西方马克思主义价值与局限的思考

一方面，我国学者总结了西方马克思主义研究的现实意义。陈学明认为，我国学界对西方马克思主义长达30多年的研究对中国社会的发展产生了深远的影响，促使人们从对马克思主义教条、僵化的理解中摆脱出来，为实现思想解放提供了强大的思想武器；为增强马克思主义信念带来了推动力，为正确总结苏联解体、东欧剧变的教训提供了借鉴；为中国特色社会主义道路提供理论资源。④ 张帆认为，马克思主义中国化要想发挥出巨大的力量必须建立在西方马克思主义已有的理论成果上，例如西方人探讨的生产力和生产关系的问题，对辩证论的探索和质疑等，有助于我们把握现阶段资本主义社会发展的趋势。⑤

另一方面，国内外学者对西方马克思主义研究的局限性进行了反思。董新春认为，

---

① Rick Kuhn, "Henryk Grossman and Critical Theory", *History of the Human Sciences*, Vol. 29, No. 2, 2016, pp. 42 – 59.

② 张双利：《再论马克思对黑格尔法哲学的批判》，《哲学研究》2016年第6期。

③ 张梅艳：《论"否定"及其在哲学变革中的意义——从黑格尔、马克思到阿多诺》，《内蒙古大学学报》（哲学社会科学版）2016年第5期。

④ 陈学明：《西方马克思主义研究在当今中国之意义》，《思想理论教育》2016年第3期。

⑤ 张帆：《西方马克思主义与马克思主义中国化会通融合的必要性》，《才智》2016年第1期。

在经历了高涨的革命热情、深刻的社会批判及广泛的文化反思之后，当前的西方马克思主义陷入一种看似百花齐放、实则深度迷惘的窘境。霍布斯鲍姆回顾20世纪的左派历程后无奈地说：我们确实不知道，自己正在走向何方。乔姆斯基也为世界各国人民的基本的民主倾向性和潜在的革命性如何转化为现实的问题而苦恼。对西方马克思主义发展居功至伟的佩里·安德森甚至因“除资本主义外，别无他路”的感慨而被批评为一种“看起来很奇怪的保守主义”。有学者认为，对马克思资本主义批判理论的误读是其陷于自由主义的个人本体论窠臼并最终陷于困境的决定性因素。[①]

3. 法兰克福学派研究

第一，霍克海默是法兰克福学派形成过程中的“精神领袖”。张亮认为，霍克海默继承并发展了马克思所开辟的理论创新道路，并组织、领导学派成员沿着“哲学与社会科学的联盟”这一创新道路，对现代资本主义社会进行了成果丰硕的探索。[②] 王文敬、洪晓楠分析了霍克海默的科学观。[③] 蒋颖分析了霍克海默对德国观念论的扬弃，认为最初霍克海默站在黑格尔辩证哲学的立场上对康德知识论的二元论进行批判，后来又否定了康德唯心主义的道德哲学，产生了实践的历史唯物主义构想，也就是社会批判理论的前身。[④]

第二，阿多诺是法兰克福学派第一代的主要代表人物。戴维·谢尔曼（David Sherman）在《阿多诺的否定辩证法》一文中认为，否定辩证法概念是阿多诺思想的哲学内核。[⑤] 主题具体包括：阿多诺对德国唯心主义传统中观念性的批判、对启蒙理性及其与资本主义社会的关系的批判、对普遍历史的合理拒斥、对复兴经验的关注以及替代现有认识论范式的星丛（constellation）概念。罗松涛着重探讨了阿多诺非同一性道德哲学的主题：个体生命相对于道德法则的优先性。[⑥] 常培杰分析了阿多诺关于艺术作品的真理性内容。[⑦] 作为阿多诺美学理论的核心概念，“真理性内容”具有哲学层面、社会历史层面、美学层面的内涵。王尚文认为，强调艺术的自律性一直是阿多诺美学与艺术哲学的核心，与他对于启蒙的批判以及人性的宣扬紧密结合。[⑧] 黄圣哲认为，阿多诺的历史理论试图克服自然与历史的概念对立，将历史视为有别于自然科学的、具有自身独特意蕴的自然史的辩证法。[⑨]

阿多诺的“非唯心主义”维度也受到学界的关注。周爱民认为，根据韦伯的界定，阿多诺判定康德的道德哲学属于信念伦理学，并对之展开了批判。他的批判直

---

① 董新春：《西方马克思主义的当代困境》，《江苏行政学院学报》2016年第4期。

② 张亮：《霍克海默与法兰克福学派的理论创新道路》，《学术月刊》2016年第5期。

③ 王文敬、洪晓楠：《论霍克海默的科学观》，《江海学刊》2016年第5期。

④ 蒋颖：《在康德与黑格尔之间——论霍克海默对德国观念论的扬弃》，《求是学刊》2016年第4期。

⑤ David Sherman, "Adorno's Negative Dialectics", *Philosophy Compass*, Vol. 11, No. 7, 2016, pp. 353-363.

⑥ 罗松涛：《个体生命的优先性——论阿多诺非同一性道德哲学的主题》，《哲学研究》2016年第7期。

⑦ 常培杰：《阿多诺论艺术作品的“真理性内容”》，《哲学动态》2016年第8期。

⑧ 王尚文：《阿多诺论艺术的自律性》，《哲学与文化》2016年第4期。

⑨ 黄圣哲：《历史作为自然史：论阿多诺的历史理论》，《哲学与文化》2016年第4期。

指康德道德哲学的两个理论前提，即理性是目的自身、理性存在者是“本真的自我”。阿多诺的批判击中了康德道德哲学的要害，并提供了这样的启示：若要真正过上正确的生活，既不能夸大抽象自由的重要性，也不能放弃对权力统治的批判。[①] 罗松涛认为，阿多诺试图以一种否定的辩证法来解决特殊与一般、客体与主体以及个体与社会之间的对立关系。这种否定的辩证法之所以是“非唯心主义的”，就在于它赋予了特殊、客体、个体这些“非概念物”以优先性，一般、主体以及被商品等价交换逻辑所统治的总体化社会只有以“鲜活的人类个体存在”为基底，才能获得自身的实体性。在他看来，萨特那种绝对的选择自由的观念像世界由之而出的绝对的自我的观念一样，是虚幻的。[②]

第三，马尔库塞是法兰克福学派的重要代表人物，其对“巴黎手稿”的解读和技术观成为国内学者关注的焦点。张秀琴认为，马尔库塞是第一个对1932年公开出版的“巴黎手稿”进行及时解读的人，并由此掀开了西方学界的“巴黎手稿热”。[③] 朱彦振认为，基于对马克思《1844年经济学哲学手稿》的深入研究，马尔库塞认为历史唯物主义既是一种实践基础上的哲学批判理论，又是一种劳动基础上的感性本体论。[④] 黄璇认为，技术作为一种控制体系，是马尔库塞技术哲学的核心观点，马尔库塞技术观的特殊之处在于：既有海德格尔哲学教诲的印记，又总在试图超越海德格尔哲学的消极性，走向和自己政治信仰相一致的马克思主义，并始终对反抗压迫、实现人的真正自由保持乐观态度和昂扬斗志。[⑤]

第四，哈贝马斯是法兰克福学派的主要代表人物，国内外学者考察了其理论策略和现实分析。谢永康将哈贝马斯对启蒙辩证法的解释策略概括为“以目的合理性来替换工具理性概念”，认为哈贝马斯将工具理性批判置于韦伯合理性理论语境中来评判，此策略过滤掉了启蒙辩证法的丰富内涵和批判潜能。一旦走出韦伯的理论框架，启蒙辩证法便可以在知性文化批判和绝对理性的元批判等层面上与近代以来的理性批判传统展开对话。[⑥] 在《哈贝马斯与欧洲经济危机》一书中，国外学者提供了一个关于认同在欧盟运作中的重要性的新颖视角，这一视角是哈贝马斯在《欧盟的危机：一种回应》中所例示的，从而确定实施哈贝马斯的建议的可能性。[⑦] 全书讨论了哈贝马斯的论据并将它们放入历史情境之中；欧洲人在多大程度上共享哈贝马斯所描述的理想，这些理想对于其改革方案是关键的；通过宗教和文学的透镜，分析哈贝马斯世界主义的影响，哈贝马斯的观念在教育、国家经济和人权等场所的影响等。

---

① 周爱民：《论阿多诺对康德道德哲学的批判——从信念伦理学谈起》，《哲学动态》2016年第3期。

② 罗松涛：《个体生命的优先性——论阿多诺非同一性道德哲学的主题》，《哲学研究》2016年第7期。

③ 张秀琴：《马尔库塞对马克思“巴黎手稿”解读的贡献》，《北京大学学报（哲学社会科学版）》2016年第2期。

④ 朱彦振：《马尔库塞历史唯物主义观评析》，《南京政治学院学报》2016年第2期。

⑤ 黄璇：《技术控制及其超越：从海德格尔到马尔库塞》，《国外社会科学》2016年第2期。

⑥ 谢永康：《启蒙辩证法与理性批判的潜能》，《中国社会科学》2016年第7期。

⑦ Gaspare M. Genna, Thomas O. Haakenson & Ian W. Wilson, *Jürgen Habermas and the European Economic Crisis: Cosmopolitanism Reconsidered*, Routledge, 2016.

4. 有机马克思主义研究

在当代美国马克思主义阵营中，继以福斯特为代表的生态学马克思主义之后，以克莱顿为代表的有机马克思主义受到了国内学者的关注。近年来，对有机马克思主义的讨论主要包括有机马克思主义与生态学马克思主义的关系，有机马克思主义与马克思主义理论的生态内涵之间的差异，有机马克思主义研究的价值及局限性等问题。中国社科院冯颜利研究员在《国外社会科学》2016 年第 1 期和《社会科学家》2016 年第 9 期还分别组织了一批文章，讨论有机马克思主义的内涵与特征，并指出了有机马克思主义的局限性与时代意义。

一方面，国内学者通过与生态学马克思主义相比较，力图深化对有机马克思主义的研究，吸收其思想资源。有的学者认为，有机马克思主义在以下方面不同于生态学马克思主义：认为生态危机根源在于“现代性”思想，哲学基础是有机哲学，解决危机的路径是建构整体价值观的社会共同体。① 有机马克思主义强调文化精神领域的重要性，为我们启示了建立与生态文明建设相适应的价值观念体系的紧迫性。有的学者强调，有机马克思主义承认文化的多样性和差异性，将各国的文化逐渐融合，有利于形成符合人类生态文明发展的国际经济新秩序。②

另一方面，国内学者指出了有机马克思主义的局限性。冯颜利认为，不能把有机马克思主义不完善的观点当成自己的观点，不能过分夸大有机马克思主义的意义与价值，更不能用有机马克思主义指导中国的生态文明建设，应准确把握有机马克思主义是在资本主义产生的事实，不能不加批判地全盘接收。③ 具体地说，有机马克思主义为弥合资本主义市场经济与社会主义计划经济之间的鸿沟，提出的第三条道路的方案没有真实可靠的现实推动力，也就只能停留在理论设想层面。④ 有的学者认为，有机马克思主义存在一些对马克思主义的误读和曲解，例如过于强调历史发展的偶然性，过于夸大思想文化、宗教传统等上层建筑的作用，片面认为马克思主义是经济决定论等等。⑤

（三）国外左翼思想重大问题研究进展

1. 国外左翼资本主义批判研究的新进展

2008 年金融危机以来，国外左翼从不同角度对资本主义展开了广泛深入的批判，主要集中于资本主义全球化批判的角度、世界范围内工人阶级斗争的角度、人类可持续发展的角度等，对《21 世纪资本论》的探讨以及对当今难民问题的关注也成为左翼批判资本主义的突破口。

第一，批判资本主义全球化，要求诉诸阶级斗争，思考共产主义替代资本主义的可能性。

---

① 燕连福、谢芳芳：《有机马克思主义与生态学马克思主义——两种生态观的比较与启示》，《浙江社会科学》2016 年第 9 期。

② 崔赞梅、唐庆：《从生态学马克思主义到有机马克思主义——资本主义替代选择研究的推进》，《国外社会科学》2016 年第 1 期。

③ 冯颜利：《为什么要加强有机马克思主义研究》，《国外社会科学》2016 年第 1 期。

④ 冯颜利：《深化有机马克思主义研究要注意的若干问题》，《社会科学家》2016 年第 9 期。

⑤ 王玉鹏、孟丽荣：《论有机马克思主义的马克思主义》《国外社会科学》2016 年第 1 期。

有的国外左翼学者对资本主义全球化做了细致的分析。约翰·史密斯《21 世纪的帝国主义》考察了新自由主义全球化时代背景下核心资本主义国家与边缘国家之间的关系。他认为，核心资本主义国家不再需要依靠军事力量和殖民主义（虽然这些仍然存在），而是通过市场机制和积极支持低工资地区进行劳动力套利，从而越来越能够从全球的南方工人榨取利润。[①]

萨米尔·阿明在《阿拉伯世界的再次觉醒》一书中说，“阿拉伯之春”属于全球南方大规模“第二次觉醒”的一部分。他认为，阿拉伯人民不断增长的对独立和大众民主的渴望是他们觉醒的原因。这种对民主的觉醒是美国最害怕的，因为独立国家的真正自治，必然意味着美帝国的终结。伊曼纽尔·沃勒斯坦认为，阿明的这本书是理解当代中东政治斗争一个不可或缺的指南。[②] 阿明出版的另一本著作是《俄罗斯与从资本主义到社会主义的长期过渡》。他认为，十月革命创造了苏联也创造了一个与资本主义分道扬镳的运动——这一变革至今仍在继续。阿明考察了俄罗斯资本主义的轨迹、布尔什维克革命、苏联解体、俄罗斯和社会主义的未来。[③]

弗雷德里克·詹姆逊认为，自 20 世纪 60 年代以来，在福柯的影响下，西方的政治哲学一直强调权力。于是，原本的“阶级政治”转向了“身份政治”，从而削弱了工会。詹姆逊认为，今天政治哲学的重心应该重新强调经济。在全球化所代表的金融逻辑下真正掌握领导权的是新兴的全球阶级比如欧盟的全球阶级。在全球化的情境下，应该有一整套全新的政治概念，甚至是全新的社会主义概念。詹姆逊认为，全世界的左派都对跨越国境的实际政治联盟毫无兴趣，而银行家和有钱人反倒成了真正的国际主义者。那左派可以做些什么呢？詹姆逊认为应该去研究媒体，谁控制着媒体，媒体的结构是什么。[④]

第 17 次共产党和工人党国际会议认为，一方面，2008 年的全球性经济危机已经在全球范围内造成了一系列连锁危机，世界经济局势仍有可能持续恶化；另一方面，经济危机带来了资本主义国家之间的激烈竞争，在世界经济走向尚不明朗的条件下，资本主义强国之间的竞争愈演愈烈，个别敏感地区内的冲突加剧，需要高度警惕战争危险。此外，经济危机必然引起国际局势和力量对比的巨大变化，葡萄牙共产党认为，在国际力量对比上，新旧势力将可能发生更替，中国将在未来发挥越来越重要的作用。国外共产党与工人党还认为，以职业分化为基础的工人阶级内部的结构性变化，并不能得出无产阶级已经消失、无产阶级已经普遍“中产阶级”化的观点。今天，在世界范围内，工人阶级的数量持续增长，甚至在资本主义条件下，已经出现了普遍的“无产阶级化”，这是资本主义经济社会发展带来的全球战略和两极分化

---

① John Smith, *Imperialism in the Twenty-First Century: Globalization, Super-Exploitation, and Capitalism's Final Crisis*, http://monthlyreview.org/product/imperialism_in_the_twenty-first_century/.

② Samir Amin, *The Reawakening of the Arab World: Challenge and Change in the Aftermath of the Arab Spring*, http://monthlyreview.org/product/reawakening_of_the_arab_world/.

③ Samir Amin, *Russia and the Long Transition from Capitalism to Socialism*, http://monthlyreview.org/product/russia_and_the_long_transition_from_capitalism_to_socialism/.

④ 丁雄飞：《特朗普是左派的朋友还是敌人?》，2016 年 11 月 7 日，澎湃新闻（http://www.thepaper.cn/newsDetail_forward_1556298）。

的必然结果。随着资本主义经济的动荡，被掩盖的普遍的“无产阶级化”将会逐渐显露出来。①

国外左翼一直对2008年经济危机以来工人阶级贫困化的问题保持关注。“世界社会主义（WSWS）网站”的一篇文章研究了经济危机以来工人收入不断遭受挤压的现状。作者认为，当企业精英把经济收缩的成本和市场的不确定性强加给工人阶级时，工资会进一步降低。英国国家经济和社会研究所预测，2017年的可支配收入仍将下降0.5%。据《卫报》称，如果目前的趋势继续下去，实际工资在2020年之前将不会上升。这只会加剧工人面临的债务危机。有机构表示，在福利冻结的情况下对家庭收入进一步挤压的情况会更为严重，有超过七百万人已经在使用信用卡支付日常所需，有更多的家庭陷入更严重的债务问题。②

自2008年资本主义经济危机的“大衰退”爆发以来，世界范围内对资本主义的替代可能——共产主义的讨论大大增加。国外激进理论家召开的四次共产主义大会的论文在2016年汇编成三本《共产主义的观念》书籍。有学者认为，在法国出版的《民主，在何种状态下》和《什么是人民》被视为讨论当代资本主义和共产主义议题的最富有影响力的书籍。齐泽克、巴迪欧、朗西埃、巴里巴尔、奈格里、迈克尔·哈特、阿甘本、布鲁诺·波斯蒂尔斯（Bruno Bosteels）、彼得·霍华德（Peter Hallward）、阿尔贝托·托斯卡诺（Alberto Toscano）、约迪·迪安（Jodi Dean）、鲍里斯·格罗伊斯（Boris Groys）等人形成了最新讨论共产主义问题的核心圈。③

第二，从生态环境和可持续发展的角度批判资本主义。

以环保问题为切入点对资本主义进行批判也是目前国外左翼学者青睐的领域。他们认为日趋恶劣的环境问题主要产生于资本主义生产方式本身，并从多个角度对此进行了深刻的揭示和批判。本·萨利姆·希姆什在《全球化还能以人为本吗》中认为，新自由主义指导下的全球化使贫富差距日益扩大，经济发展日益远离人本经济的原则，2008年经济危机就是这一恶果的显现。他提出要从人本主义经济学政策出发解决问题。如要终结市场的专制；必须基于伙伴关系和公平原则在国家和世界范围内平衡劳资关系；要选择绿色经济、非污染的工业化和可再生能源；通过哲学、艺术和伦理学等人文学科的自由教化，使新自由主义主导下的教育形式走向温和中道。④ 希姆什的观点具有非常重要的参考价值，但他从人本主义出发抨击市场的专制既解决不了市场的专制问题，更解决不了资本主义发展逻辑制造的一系列矛盾。

伊恩·安古斯在《面对“人类世”：化石能源资本主义与地球系统危机》中通过对“人类世”（Anthropocene）的研究表明，资本主义对增长不可遏制的追求，在几百万年才形成的化石燃料的快速消耗的推动下，把我们的世界推向灾难的边缘。他认为在人类

---

① 关巍：《“后”金融危机时代世界社会主义运动的前途与命运——基于对第十七届共产党和工人党国际会议的考察》，《社会科学论坛》2016年第10期。

② Joe Mount，UK：“Working-class families in record levels of debt”，12 November 2016，http：//www.wsws.org/en/articles/2016/11/12/debt-n12.html.

③ 蓝江：《共产主义的可能性——当代激进政治理论家的思考》，《黑龙江社会科学》2016年第5期。

④ 本·萨利姆·希姆什：《全球化还能以人为本吗》，孙艳译，《第欧根尼》2016年第1期。

的生存需要激进的社会变革，由新的生态社会主义文明替代化石能源的资本主义。[①]

罗伯·华勒斯在《大农场制造大流感》一书中认为，资本主义农业使密集种植、密集养殖和农产品长途运输不可避免，但目前人类许多最危险的新疾病就是出现在这些生产和运输消费的环节。他第一次将传染病、农业、经济和自然科学的考察结合在一起，将疾病的政治经济学和科学融合进人们对传染病的新理解中。[②] 弗雷德里克·詹姆逊认为，左派应该重构国家的概念，面对生态危机，必须有一个强大的国家。[③]

第三，批判《21 世纪资本论》。

对资本主义批判的深入体现在对《21 世纪资本论》的评价和讨论上。这本书虽然已经出版了两年，但它造成的影响仍然没有平息。此书通过梳理大量数据对西方社会愈演愈烈的不平等问题作出了回答，即市场竞争并不会自动导致经济平等，反而会导致日益严重的不平等。这本书出版后即遭到了资产阶级右翼的抨击和责难，但左翼却给了这本书相当高的评价，因为它“不仅明确地把收入分配作为经济学的理论核心，而且用大量数据证伪了新古典经济学的理论假设”，还“为 18 世纪晚期以来大多数财富不公平分配的资本主义国家提供了劳动与社会运动的弹药”。同时，不少左翼学者认为，皮凯蒂并没有真正实现对新古典经济学的超越，他分析的局限性在于他把不平等单纯地看成是可以通过经济手段解决的单纯的经济问题，而不是社会政治问题。最关键的是，皮凯蒂对造成收入分配不平等根源的分析远远低于马克思。正如福斯特认为的那样，皮凯蒂完全不懂得资本和社会剥削的关系，资本在皮凯蒂那里只是作为私人财富而存在。皮凯蒂还把资本积累混同于财富积累，回避了不平等与权力的内在关联，因而只关注分配而不关注生产。最后，皮凯蒂解决收入分配不平等的方案是纯粹的乌托邦。由于把资本等同于财富，皮凯蒂也就把马克思关于资本与劳动的对立转换为劳动内部的对立，即把作为阶层或阶级之间的财富分化转换为阶层或阶级内部之间的收入分配的分化。因此，《21 世纪资本论》与马克思的《资本论》相比，前者不可能望后者项背。[④]

第四，难民问题也为资本主义批判提供了新弹药。

在难民问题上，左翼是持宽容立场的，他们认为是帝国主义政策使中东北非的人民成为无辜的难民，反对右翼将难民描述成恐怖分子或占福利便宜的人，反对右翼用种族主义煽动人们对难民的排斥。总部位于英国的《社会主义评论》杂志认为政府和媒体不能故意煽动种族主义，应该团结起来共同应对种族主义，并呼吁“打开边界，让难民入境”[⑤]。也有左翼意识到极右翼在利用难民问题吸引选民，法西斯主义已经在悄然滋生。在一篇名为《德国左翼面临新纳粹》的文章中，作者认为 2016 年 3 月德国的地

---

① Ian Angus, “Facing the Anthropocene: Fossil Capitalism and the Crisis of the Earth System”, http: //monthlyreview. org/product/facing_ the_ anthropocene/.

② Rob Wallace, *Big Farms Make Big Flu: Dispatches on Infectious Disease, Agribusiness, and the Nature of Science*, http: //monthlyreview. org/product/big_ farms_ make_ big_ flu/.

③ 丁雄飞：《特朗普是左派的朋友还是敌人?》，2016 年 11 月 7 日，澎湃新闻（http: //www. thepaper. cn/newsDetail_ forward_ 1556298）。

④ 卜祥记、石建水：《国外左派经济学家对皮凯蒂的回应与质疑》，《哲学研究》2016 年第 7 期。

⑤ Sally Campbell, *Editorial: Racist offensive can be countered*, Socialist Review, February 2016 (410), http: //socialistreview. org. uk/410/editorial-racist-offensive-can-be-countered.

方选举中，新兴的右翼排外政党德国选择党（AfD）成为最大赢家，德国大规模法西斯政党的危险已经成为一种真正的威胁。但作者认为，资本主义危机及其激起的社会不满和不安被用来煽动对难民或伊斯兰的恐惧，但这些不满和不安并不会使人们自动倒向右翼。以希腊为例，那里的工人阶级从下到上发起了群众性大罢工和斗争，即使这些斗争并没有成功，种族主义也很难有机会去煽动人们。①

总之，2016 年国外左翼对资本主义的批判从政治、经济、生态环保和国际关系等方面进一步深化，其中很多观点值得我们重视。

2. 国外左翼思想研究中值得关注的热点

第一，西方社会左右民粹主义登上政治舞台。在欧债危机和紧缩政策的影响下，西方国家普通民众的福利下滑，同时面临着外来移民以及恐怖活动所带来的各种不安全感，欧美国家底层民众对于现任政权的不满情绪激增。极端左翼和极端右翼的政党在这种背景下，利用各种政策主张及时捕获这些不满，借着民主投票上台执政或参政，形成了这几年非常有特色的西方政党政治民粹化的趋势。极左翼民粹主义与极右翼民粹主义其实具有很多共同的特点，比如迎合民众的现实利益需要（反紧缩）、疑欧倾向等等，只是极左翼的民粹主义更强调反精英的平等和公正主题，而极右翼的民粹主义更加强调本土主义与种族主义。

在欧洲，总体上看，北部为极右翼民粹主义占上风，南部极左翼民粹主义有着不俗的表现，以希腊激进左翼联盟与西班牙的“我们能党”最为突出，法国和意大利极右翼民粹主义和极左翼民粹主义都有较多的民众支持。

在欧债危机中希腊是重灾区，希腊激进左翼联盟的成立于 2015 年登上政坛，正是对于这个境况的一种民粹主义情绪的集中爆发，它主张反欧元、反紧缩、反移民，推行广泛的平等和公正，适应了希腊本土民众的基本需求。齐普拉斯上台后，对外希望通过给债权国施压为希腊人民争取到更多的权益，对内奉行的仍是庇护主义，2016 年 7 月希腊接受了比以前更为苛刻的救助协议，这使希腊激进左翼联盟的进取之风严重受挫。

西班牙的“我们能党”同样高举反紧缩的旗帜，是新兴并迅速崛起的极左翼政党，与希腊激进左翼联盟相互支持。2014 年成立之后 3 个月就获得了 120 万选票，现已成为议会第三大政党，打破了持续 30 多年人民党与工社党轮流执政的局面。但是在希腊接受救助协议之后，“我们能党”也调低偿债的调门，不再许诺增加工资，导致民众支持率下降。但作为西班牙第三大党仍是有实力的政治力量。

法国激进左翼政党的新反资本主义党与其他左翼结盟，在 2014 年欧洲议会选举中表现不俗。但是，2015 年巴黎恐怖袭击之后，刺激了右翼民粹主义的发展，法国极右翼政党“国民阵线”民众支持率迅速上升。

欧洲左翼政党政治十分强大，在欧盟的 28 国中，绝大部分都存在极左翼政党。极左翼政党比激进左翼政党更为激进，是左翼中的左翼，他们反市场经济、反私有制、反资本主义民主框架。冷战结束后，极左翼政党大多经历了一个“去激进化”的过程。但总体上看，极左翼政党逐渐远离了马克思主义理论，或者向中左靠拢，或者向右翼趋同，极左翼政治也逐渐蜕变为后现代主义的多元文化主义政治，在某种程度上，传统极

---

① Volkhard Mosler and Martin Haller, “Germany’s left faces new Nazis”, *Socialist Review*, April 2016, http: //socialistreview. org. uk/412/germanys-left-faces-new-nazis.

左翼政党与中左翼政党在1968年运动之后获得的政治潜能几乎耗尽，在金融危机与债务危机的重创之下，经济政策乏力、社会动员能力明显处于颓势，这也是为什么在资本主义世界性危机的有利条件下，欧洲传统左翼政党并没有崛起的一个重要原因。而像希腊激进左翼联盟、“我们能党”之类的极左翼后起之秀的关注点只是本国的经济利益和社会福利，服从的是现实政治的权衡考量，既没有宏大整体的解放目标，也没有坚定稳固的阶级立场，因此，称之为后现代主义的革命有一定道理。而后现代主义革命缺乏科学理论的指导，最终仍将陷入改良的窠臼，而就当前的僵局来看，不超越资本主义框架的改良只会是越改越糟。所以，对于欧洲激进左翼的前景，很多人认为并不明朗，但也有人认为，右翼民粹主义崛起的影响并不足以与“68运动”之后左翼发展势头相比，激进左翼仍有发展的空间[①]。我们认为，右翼民粹主义存在进一步发展的空间，但也由于法西斯主义的前车之鉴，当前的右翼民粹主义发展失控的可能性并不太大，当然，由于传统社会主义过度集中的政治实践与启蒙运动以来的欧洲意识形态大相径庭，所以，欧洲一举实现向社会主义的过渡可能性也不太大。当然，最可能的是，如果激进左翼仍然沉浸于“后现代主义革命”的迷梦，那么也难逃被资本主义体制收编的最终命运。

第二，拉美左翼的危机与反思。虽然英美等西方国家现在是新自由主义的大本营，但新自由主义的最初舞台却是搭建在拉美。早在20世纪50年代中期，为抵抗共产主义的影响和新殖民主义的扩张，新自由主义就开始被有意识地输入美国的后院——拉丁美洲。1973年美国支持智利军事政变后，即在该国展开了新自由主义的大规模试验，20世纪80—90年代拉美成为新自由主义的重灾区，对拉美的发展造成了严重的负面影响。在此背景下，拉美左翼才有可能以变革者的形象上台执政，因此多数评论认为是新自由主义的危害造成了拉美左翼的崛起。如今，拉美左翼在经历一段发展时期后，由于全球经济形势急转直下也陷入了发展瓶颈之中，多个左翼政权处于风雨飘摇之中，有西方媒体甚至称拉美“左翼已经听到丧钟的敲响”[②]。它们如何克服执政危机并走出困境引发世人关注。

近两年来，由于经济不景气和左翼政党任期内的政策失误与腐败等问题，拉美主要国家的左翼执政党正面临一场严重的危机，可能导致“粉色浪潮”的消退。[③] 在拉美多个左翼政权处于动摇之中的同时，玻利维亚的莫拉莱斯政权却较为稳固。莫拉莱斯自2005年上台后，即在2006年5月1日宣布对本国石油和天然气资源实行国有化。国有经济为他执行有利于中下层人民的社会和经济政策提供了经济基础，在他执政期间玻国经济发展、人民生活水平有了相当改善。因此，即便是拉美左翼“粉色浪潮”在消退，

① 金灿荣：《理性客观看待“右转”浪潮》(http://news.xinhuanet.com/herald/2016-05/24/c_135381133_4.htm)；刘作奎：《欧洲左翼政党真“崛起”了?》，《新京报》2015年2月2日；刘咏秋、陈占杰：《欧洲极左翼：丰满理想遭遇骨感现实》(http://news.xinhuanet.com/herald/2015-08/18/c_134529339.htm)；史志钦：《民粹主义何以在欧美愈演愈烈》，《人民论坛》2016年第5期(上)；柴尚金：《西方极端政党民粹化及警示》，《科学社会主义》2016年第2期；于海青：《西班牙“我们能”党兴起透视》，《当代世界》2016年第5期；李凯旋：《西欧极右翼政党核心意识形态探析》，《中国社会科学院研究生院学报》2015年第4期。

② 宋宇：《西媒分析拉美左翼政权相继陨落：存在共同原因》，2016年5月14日，参考消息网(http://www.cankaoxiaoxi.com/world/20160514/1159351.shtml)。

③ 张晓通、苗岭：《“粉色浪潮”——拉丁美洲左翼政党的兴衰》，《国际论坛》2016年第4期。

他仍是拉美地区唯一一个仍执掌政权的第一代左翼领导者。有学者认为，在当前的形势下他“反美斗士”的形象更加凸显。但在全球经济危机影响下，玻国内经济面临的挑战和困难也逐渐显现，其能否改变经济结构、实现可持续发展、保持执政魅力还需进一步观察，未来几年“莫拉莱斯神话”能否延续面临诸多不确定因素。[①] 徐世澄认为，拉美左翼政权面临严峻挑战，一是经济下行压力增大，二是党和政府内部腐败严重引起民众不满，三是国内保守势力和反对派的进攻，四是左翼政党和执政联盟各政党之间，左翼政党内部以及左翼政党与新社会运动之间存在分歧，五是美国明里暗里干涉拉美左翼国家的内政。从目前情况来看，委内瑞拉和巴西的左翼政府面临的挑战最为严峻，其次是厄瓜多尔、玻利维亚、阿根廷和尼加拉瓜等国的左翼政府。值得一提的是，拉美左翼政党已经清楚地认识到所面临的挑战，并正在采取措施，应对挑战。[②] 有学者从拉美与美国的关系角度指出，随着美国对拉美左翼不再穷追猛打，并且改善了美国与古巴的关系，使拉美左翼也随之调整了与美国的关系，但由于二者在根本利益和原则上的区别，这种调整不可能彻底改变拉美左翼的反美倾向，只能使这种反美立场由激进变得较为温和而已。[③]

《新左翼评论》在一篇名为《查韦斯之后的委内瑞拉》的文章中评价了拉美左翼15年来的“政治遗产”。作者认为，左翼政权使人们有机会表达自己的愿意并接近权力，因此，这是一个革命性的时期。在拉丁美洲政治的上一个世纪，左翼一直被美国支持的军事干预拒之政府门外。左翼运动在整个地区第一次能够行使权力这么久。普罗大众比以前更加意识到他们的权利和他们的潜在力量。玻利瓦尔革命尤其是委内瑞拉的社会关系转化，并对整个大陆产生了巨大影响。但是，它从来没有正确地制度化，因此，被证明是不可持续的。[④] 事实上，在拉美左翼信奉的理论里，马克思主义并不占据主导地位，因此，在许多左翼观察家看来，拉美左翼运动是中小资产阶级以反帝为主要诉求的激进主义运动。有学者就认为，所谓“玻利瓦尔主义”“21世纪社会主义”等新颖的意识形态口号下隐藏的不过是委内瑞拉20世纪最后二十多年来奉行的石油经济发展模式。[⑤]

综上所述，拉美左翼面临的困难不小，要想走出内忧外患，单靠抛弃新自由主义、实行改良主义政策已经行不通了，在土地改革、国有化和政府人民化方面必须采取革命性的举措。

第三，生态社会主义将在全球气候正义运动中获得大发展。21世纪以来，资本主义世界不仅经济危机频发，而且资本主义在全世界范围的资源能源掠夺所导致的生态环境破坏也已经到了触目惊心的地步，在这种情况下，生态学马克思主义努力在实践上有所作为，积极与左翼政党、左翼运动、反对资本主义的群众运动、第三世界的土著运

① 王慧芝：《玻利维亚左翼政权真的固若金汤吗》，《世界知识》2016年第19期。

② 徐世澄：《拉美左翼政权面临严峻挑战》，《当代世界》2015年第12期。

③ 袁东振：《拉美左翼力量反美倾向的演变》，《美国研究》2016年第1期。

④ Julia Buxton，Venezuela After Chávez，New Left Review 99，May-June 2016，https：//newleftreview. org/II/99/julia-buxton-venezuela-after-chavez.

⑤ 张晓通、苗岭：《“粉色浪潮”——拉丁美洲左翼政党的兴衰》，《国际论坛》2016年第18卷第4期。

动、妇女争取权利的运动以及全球范围内的气候正义运动等谋求联合，明确提出了在整体上变革资本主义体系，实现生态社会主义的主张。生态社会主义不仅作为一种具有鲜明马克思主义诉求的左翼思潮，而且也在日益变成一种现实的反对资本主义、走向社会主义的运动。生态社会主义者不仅通过著书立说、召集会议、建立生态社会主义网络等宣传马克思主义、反对资本主义对于劳动力和自然环境的不正义行为，而且通过各种联合进行现实的抗议、反叛活动，在动员全世界的群众反抗资本主义、走社会主义之路中影响力日渐增大。尽管生态社会主义者并非完全是马克思主义者，但是马克思主义在生态社会主义思潮和运动发展中的作用仍是核心，同时也是赋予这个运动发展生机的动力之源。

综观学界近期的研究成果，有一个非常明显的变化，即在研究的生态社会主义（生态马克思主义）的代表人物方面越来越多地关注“新生代”的生态社会主义者，比如乔尔·克沃尔、迈克尔·洛威、伊恩·安格斯、德里克·沃尔、丹尼尔·泰努诺、克里斯·威廉姆斯、维克多·沃利斯①等等。这种关注焦点的转移标志着生态社会主义发展中一个明显的转向，即从理论到实践的转向。生态社会主义正在努力转变为一种具有影响力的反抗资本主义的左翼运动。比如世界各地的生态社会主义者利用网络等现代媒体技术不断加强彼此之间的联合，生态社会主义政党的建立也已经成为现实，比如英格兰和威尔士绿党、瑞士的左翼党、北欧绿色左翼联盟、英国绿色社会主义联盟、德国生态左翼党等，2011 年新西兰也开始筹建自己的生态社会主义政党，发布多个生态社会主义宣言，可以说生态社会主义政治逐渐走向西方政治的前台。当前，生态社会主义抓住气候正义运动高涨的时机，积极参与气候变化问题讨论和行动，矛头直指资本主义经济运行体制与利润至上的资本逻辑本身，受到世界人民越来越多的重视。

第四，西方激进左翼哲学研究继续深化。国内学界将当代西方著名哲学家巴迪欧、齐泽克、阿甘本、朗西埃等的研究称为“激进左翼哲学”，他们结合后现代主义哲学、精神分析、数学等理论，在批判当代资本主义的最新发展方面提出了非常富有洞见的观点，对我们认清当代资本主义发展的实质、丰富马克思主义具有助益。这些批判哲学家对资本主义体系本身提出了激进的批判，经济危机不仅昭示了资本主义经济制度的无能，而且也显现了所谓的民主制度的破产。他们关注资本主义的经济社会危机，对金融危机、难民危机、暴恐危机以及当前遍及欧美的民粹主义思潮都提出了自己的看法，归根结底，他们认为资本主义是一个失败的制度，要想彻底解决资本主义社会的各种危机，只有走共产主义的道路。这种“新共产主义”，它有着深刻的历史和理论背景，第一，之所以重新祭起共产主义的大旗，是因为由于民主社会主义的影响，社会主义在当代已经失去其激进变革的锋芒，共产主义的概念就是要突出对于资本主义毫无保留的革命和追求彻底解放的愿望；第二，新共产主义之“新”在于有别于历史上的老的共产主义，即国家极权主义的和经济决定论的老共产主义，尽管左翼思想家对于经济基础和阶级斗争问题有着不同的见解，但是不能再回复到原来的现实的社会主义却是他们的共识，因此，这里就再次显示了“共产主义”的“精神性”和“幽灵性”，难怪有学者

① 这些新生代的生态社会主义者 2015 年出版的专著主要有 Michael Löwy, *Ecosocialism: A Radical Alternative to Capitalist Catastrophe*, Haymarket Books, 2015; Derek Wall, *Economics After Capitalism: A Guide to the Ruins and a Road to the Future*, Pluto Press, 2015。

认为新共产主义具有强烈的乌托邦色彩；第三，新共产主义强调建构新时代的革命主体，尽管建构途径以及对新的主体的想象各有不同，但是对于主体性的强调却是新共产主义的主要特征，也正是由于这个特征，新共产主义在唯物主义与唯心主义之间保持了一种暧昧不清的姿态。在理论上齐泽克等提出了新的"辩证的唯物主义"，国内学界对于他们的这一理论进行了及时的跟踪和研究。对于这种辩证唯物主义的核心是改装的唯心主义还是新时代为背景的唯物主义，以及他们所提出的辩证唯物主义与马克思的理论之间的异同，仍是有待进一步深入研究的问题。这些当代的激进左翼哲学家都仍然在世，他们尽管年事已高，却仍然笔耕不辍，近些年出版了不少专著，国内学界及时地把这些著作进行了翻译，最突出的当推南京大学出版社的"当代激进思想家译丛"系列与由吴冠军、蓝江主编的"左翼前沿思想译丛"。

在激进左翼哲学研究中必须提到的一个亮点就是英国著名学者大卫·哈维，在2016年6月，哈维应邀在南京大学、山东大学、首都师范大学等地进行了多场演讲，听者甚众，以青年学生和高校教师、科研工作者为主体，哈维作为当代左翼学者的旗帜性人物，提出了富有创见的历史—地理唯物主义，哈维将地理—空间因素引入马克思的历史唯物主义，同时用马克思的历史唯物主义观点来分析当代的城市、空间和生态问题，不仅在现时代坚持马克思主义，而且与上述激进左翼哲学家相比较，哈维对当代资本主义的批判更具有科学性。哈维赞成马克思在《资本论》中对资本增殖过程的分析，指出资本运动有四个阶段，分别是生产、实现、分配、价值增殖，再到生产，这是一个循环运动，这种运动是一种螺旋式上升的过程，在这里，哈维提出了极富洞见的"螺旋失控"观点，认为资本的循环是黑格尔称之为的"恶的无限性"，即必然导致最终失控的无限性。哈维认为，当前欧美的经济社会危机就已经证明了这种失控。在这种情势下，哈维认为，"我们必须开展社会运动，来抵抗资本主义的剥削机制。但当前资本主义危机，往往引发异化的政治活动——资本的动力转化成了政治压力，催生了特朗普这样的非传统政治家，以及欧洲新法西斯主义浪潮这类现象。因而，当下是一个异常危险的时刻"①。他建议左翼政治应该突破传统，在政治结构中吸收马克思的批判和自我批判精神，并在新时代的技术和媒介下，创造出新的组织形式和社会运动。② 国内学者对哈维的思想也非常关注，发表了许多研究成果，鉴于哈维的创见与其对于马克思主义的坚持，国内学界有必要继续深入研究他的思想。

三 学科研究与发展应注意的问题

（一）国外共产党研究与学科发展应注意的问题

2016年度的国外共产党研究虽取得了很大进展，但总体上看还存在不少问题。尽管国内外学者开始对国外共产党和激进左翼运动进行了整体研究，但是研究侧重于围绕某一具体共产党进行个案评析，以及具体发展情况的介绍比较多，综合性研究相对比较薄弱。从2016年的整体情况看，相关研究中跟踪报道占很大比重，理论分析尤其发人深省的理论思考少之又少。这些研究成果虽然有助于了解当前共产党的发展动态，但由

① 林品：《大卫·哈维中国演讲》(http://club.kdnet.net/dispbbs.asp?id=11806294&boardid=3)。

② 大卫·哈维：《资本的空间与时间》，陈国战整理，《中华读书报》2016年7月6日第13版。

于缺少宏观的背景把握和整体性分析，我们很难对整个地区的发展状况、特点、趋势和前景有一个总体概观。共产党研究不只是情况介绍，更应是着眼于世界社会主义运动宏观背景的深入理论分析和探讨。把研究化约为介绍，只会将这一研究领域越做越窄。对国外共产党研究而言，需要突破传统思维定式，不断拓展研究的“问题”意识，强化理论思考的切入点。从这个意义上说，当前国外共产党研究的关键问题是亟须转换研究思路。只有这样，我们的视野才会变得更加宏观，思考问题也会变得更加深入，国外共产党研究也才能够有更大收获。

（二）西方马克思主义研究与学科发展应注意的问题

西方马克思主义研究成果丰富，具有创新性的理论和概念层出不穷，关注和回应现实问题，学科发展具有很强的生命力，但仍需要注意以下几个问题。

首先，在理论上，不能只顾追踪令人眼花缭乱的新概念和新理论，要立足于经典文本，进行细致扎实的分析研究，区分马克思的思想与德国观念论的差别，区分马克思的思想与国外马克思主义研究学者思想的异同，辨别马克思主义的立场、观点和方法。

其次，理论联系实践，将马克思主义理论研究与中国问题联系起来，把学科发展的落脚点落在我国发展的重大理论和现实问题上，既要开门研究，又要立足本国实际，为建设中国特色社会主义提供思想资源和智力支持，为增强马克思主义的信念提供理论资源。

（三）国外左翼思想研究与学科发展应注意的问题

弗雷德里克·詹姆逊从马克思主义的跨学科性（或反学科性）入手，强调了马克思主义具有克服资本主义危机的问题意识，这种问题意识决定了其实践性，也决定了其最基本的特点，诸如实践性、对剩余价值和阶级斗争的强调、意识形态性等。鉴于此，他认为，不能仅仅从学术性的专业角度狭隘地理解马克思主义，这也是当代一些马克思主义研究中应该克服的局限。有学者认为，马克思主义是实践性很强的理论，学术性对马克思主义的遮蔽，在西方学术界不但一直存在，而且有愈演愈烈之势。我国学术界也不同程度地存在着这种倾向。我们要深入研究马克思主义，还要发展具有中国特色的马克思主义。希望詹姆逊的研究对我们能够有所启发，也有助于克服某些局限和马克思主义教条化的危害。①

如今中国学者聚焦最多的当代西方左翼学者之一就是齐泽克了。有学者认为，齐泽克既不是传统的马克思主义考，亦非“后马克思主义者”，而是全部西方马克思主义历史轨迹的新制高点，作为一个样本，齐泽克是观察当代激进思想、反思其历史轨迹的最好的一面镜子。② 但齐泽克的理论与马克思主义仍然有着不小的差距，对于以齐泽克为代表的西方马克思主义学者的学术成果，我们必须熟悉并加以研究，但不能忘记从马克思主义出发进行批判性吸收，否则便会步入为研究而研究的学术怪圈，不能在批判的基础上丰富和发展马克思主义。

“文化马克思主义”是当代西方左翼的研究热点之一。这一由卢卡奇开创、法兰克

① 李世涛：《跨学科意义上的马克思主义：詹姆逊的阐释》，《甘肃社会科学》2016 年第 5 期。

② 胡大平、齐泽克：《当代西方左派激进思想的幽灵》，《山东社会科学》2016 年第 6 期。

福学派发展、其影响延续至今的资本主义文化批判理路目前已陷入困局。有学者认为，受黑格尔思辨方法的影响，文化马克思主义在创立伊始即已存在思想批判与现实政治相脱离的弊端，马克思资本主义批判的客观经济维度也被其有意抛弃。随着新自由主义的盛行，“文化马克思主义”逐渐走向低落与迷茫。重读马克思资本主义双重批判理论，加强文化与经济关系研究，是“文化马克思主义”走出困境的不二选择。①

国外左翼研究所涉及的研究对象既包括马克思主义的也包括小资产阶级左翼和资产阶级左翼的理论、思潮、运动和人物，但目前国外左翼研究存在的最大问题就是将以上所有研究对象统称为“左翼”，而鲜少区分三者的不同。马克思恩格斯在《共产党宣言》中已经为我们提供了划分小资产阶级“社会主义”和资产阶级“社会主义”（还有封建的“社会主义”）的标准，我们应在此基础上根据时代的新特点在左翼内部区分出小资产阶级的和资产阶级的左翼。否则，笼统地将马克思主义和大小资产阶级的观点、理论一概称之为“左翼”，难免会使马克思主义理论的科学性和革命性受到严重的“修正”。这一工作在国内还尚未开展，一是从理论承袭来看，从国外左翼研究这一学科开展伊始，也没有区分三者的区别，因此现阶段的国外左翼研究不过是在延续上一阶段的研究；二是国外左翼流派众多，若要一一区分界定，需要大量的人力物力，对于国外左翼这一学科而言，研究者人数有限，从而精力和时间有限，也就不可能很好开展这一工作；三是由于阶级分析法的式微，对于理论的阶级分析也就被淡忘了，只要是符合中下层人民立场，或是反对金融垄断资本的观点、理论和人物等都被视为是左翼的。这样的划分从建立反帝、反垄断资本的统一战线来讲是必要的，但却失之于科学性和革命性。建议有关部门组织相关课题进行攻关，从理论源头厘清不同性质的左翼理论、思潮和人物等，这对于提高我们的理论鉴别能力、理论批判能力具有极其重大的意义。

总之，与形形色色的左翼流派不同，马克思主义以彻底的批判性来看待资本主义，并将自己的主张归结为一句话：消灭私有制，并且认为消灭私有制的过程既是历史发展的必然趋势但也离不开人的主观能动性的发挥，更应重视革命党的理论、组织与制度建设。非马克思主义的左翼理论要么无法发现资本主义掘墓人——无产阶级所具有的革命性，要么就是不相信无产阶级能够承担起这一历史重任，从而把希望寄托于精英。或者他们只反对“恶”的资本主义，譬如新自由主义治下的资本主义社会，将社会民主主义这种改良主义的实现视为人类社会发展的最好归宿。但他们的希望无疑必然会破灭，因为资本主义的自我修复能力并不能阻止它为了利润而不惜毁灭自己，这个时候，他们的希望破灭又会归于深深的失望和抑郁，这不仅不能拯救自己更不能解放人类。

（供稿：张莉、唐芳芳、宋丽丹、张剑、冯颜利）

① 董新春：《当代西方左翼“文化马克思主义”研究现状及趋势》，《国外社会科学》2016年第5期。

国际共产主义运动

一　学科概况

2016年，恰逢世界社会主义500年、列宁《帝国主义是资本主义的最高阶段》创作100周年、苏共二十大召开60周年、苏联解体25周年等，国内外学界格外活跃，学术会议频繁召开，研究成果不断涌现。从总体来看，"国际共产主义运动"学科一方面围绕国际共产主义运动史、当代资本主义和世界社会主义等方面，举办了形式多样的学术交流活动，对学科发展起到了直接的推动作用；另一方面，继续深化和拓展研究领域，推出了一系列有价值的研究成果。更为欣喜的是，国际共运学科建设在国内得到了中央的重视，在国际学术领域话语权与影响力也在不断提高。

（一）学科发展情况概述及特点

2016年，国际共产主义运动学科建设取得了新的发展，国内外影响得以进一步扩大。2016年3月，中国社会科学院马克思主义研究院原党委书记、全国政协委员吴恩远等学者向中国人民政治协商会议第十二届全国委员会第四次会议提交了《增设马克思主义本科专业和恢复"国际共产主义运动"二级学科》的联名提案。全国政协和教育部对此高度重视，9月1日教育部回函：根据国务院学位委员会、教育部颁布的《学位授予和人才培养学科目录设置与管理办法》规定，二级学科由学位授予单位自主设置，有条件的高校可自主设置国际共产主义运动二级学科，培养国际共产主义运动方面的专门人才。中央的重视与学科建设的逐步重建激活了科研工作者研究国际共产主义运动的热情，为国际共运学科建设发展提供了空前的历史机遇和动力，对学科建设起到巨大的推动作用。

中央对国际共运学科的重视不仅表现在国内要求进教材、进课堂、进头脑方面，而且表现在力求充分发挥马克思主义理论研究和建设工程作为国际学术交流平台的作用。根据中央领导同志有关指示精神，《国际共产主义运动史》教材课题组自2013年起在中国社会科学院国际合作局、信息与情报研究院支持下，经人民出版社授权，由俄罗斯著名中国汉学家、俄罗斯科学院哲学所布罗夫教授领衔，组织俄罗斯汉学家历经两年把中国版《国际共产主义运动史》翻译成俄文，并由俄罗斯环球出版社出版发行。2016年8月30日，"《国际共产主义运动史》俄文版首发式"在北京举行。这是"马工程"教材首次输出外文版权。据悉，待条件成熟后，《国际共产主义运动史》还将翻译成英文、德文、西班牙文，在其他国家出版和发行。中国版《国际共产主义运动史》翻译成世界主要语言读本，有助于做到"中国立场、国际表达"，逐步扩大中国在国际相关学术领域的话语权和影响力。

（二）学术会议

2016 年，围绕着国际共产主义运动的研究内容，国内外各界召开了形式多样的学术交流活动。

1. 围绕世界社会主义运动的理论、现实和历史等问题举行了多种层级和形式的学术交流活动。2016 年 3 月 1 日在北京召开“《2015—2016 世界社会主义黄皮书》发布暨坚持和发展中国特色社会主义——习近平治国理政思想与‘四个全面’战略布局”学术研讨会。6 月 14—20 日“21 世纪社会主义论坛”国际学术会议分别在俄罗斯、白俄罗斯、保加利亚召开。7 月 30—31 日，由中国科学社会主义学会、中共中央党校科学社会主义教研部主办，中共云南省委党校、云南省科学社会主义学会承办的中国科学社会主义学会 2016 学术年会在云南省委党校召开，主题为“社会主义历史经验：社会主义 500 年的回顾与前瞻”。9 月 24 日，由中国社会科学院马克思主义研究院和华侨大学共同举办的“第 4 届国际共产主义运动论坛”在华侨大学召开，主题为“当代世界社会主义与社会发展”。10 月 9—15 日，第三届“中国道路欧洲论坛”分别在西班牙、法国和意大利召开，主题为“五大发展理念与中国道路”。10 月 14 日，由中国国际共运史学会和兰州财经大学联合主办的中国国际共运史学会 2016 年年会暨学术研讨会在兰州财经大学召开，主题是“世界社会主义五百年：历史、现实与未来”。10 月 21 日，由中国社会科学院主办的“第 7 届世界社会主义论坛”在北京召开，会议主题是“创新 21 世纪马克思主义”，旨在探讨创新 21 世纪马克思主义的理论与实践问题。10 月 22 日山东大学主办“21 世纪世界社会主义与当代中国发展”研讨会，主题是“世界社会主义的历史与经验、流派与格局”。11 月 1—4 日，由中国社会科学院马克思主义研究院、越南社会科学翰林院和老挝国家社会科学院共同主办的“第四届社会主义国际论坛”在广西师范大学召开，来自中国、越南、老挝的百余位中外学者围绕“社会主义改革（革新）：回顾与展望”的主题，就社会主义改革的理论与实践问题，进行了广泛而深入的交流。11 月 19 日，由中国社会科学院主办的第四届科学社会主义论坛在南宁召开，主题为“社会主义思想 500 年与科学社会主义”。

2. 围绕当代资本主义及国外共产党和工人党展开研讨。2016 年 5 月 20—22 日，以“愤怒、反抗、革命：组织我们的力量”为主题的“全球左翼论坛”在纽约城市大学召开。5 月 27 日，由中国社会科学院美国研究所主办的“《美国研究报告（2016）》（《美国蓝皮书》）发布式暨‘2016 年大选与美国内外政策’”学术研讨会在北京举行。7 月 5 日，由中国社会科学院世界社会主义研究中心和红旗文稿杂志社共同举办的纪念列宁《帝国主义是资本主义的最高阶段》创作 100 周年中俄学术研讨会在北京召开，与会专家充分肯定了列宁对金融帝国主义诸多判断的正确性，对此书发表的重要理论意义和现实意义进行了研讨。10 月 28 日，主题为“资本主义危机及帝国主义的进攻——为争取和平、工人和人民利益、社会主义而斗争的战略和策略”的第十八次共产党和工人党国际会议在越南首都河内召开。

3. 围绕国际共运史重大问题及共运学科问题进行交流。2016 年 8 月 30 日，由中国社会科学院、人民出版社联合俄罗斯环球出版社共同举办的《国际共产主义运动史》俄文版首发式在中国社会科学院召开。9 月 5 日在北京举行第五届“中日社会主义学者论坛”，主题为“《资本论》、十月革命与当代社会主义”。10 月 29 日，由中国马克思主义哲学史学会、列宁思想研究会、教育部人文社会科学重点研究基地——北京大学中国特色社会主义理论体系研究中心联合主办的2016年列宁思想研究会年会暨“列宁时代观、国家观、社会主义改革观与当代”学术研讨会在北京大学召开，与会学者围绕列宁《帝国主义论》中的时代观、从《国家与革命》到“列宁遗嘱”中的国家观、列宁主义思想实质、哲学基础及其当代历史命运等问题展开交流。11月18日，主题为“创新21世纪马克思主义”的第七届世界社会主义论坛在北京召开。11月26日，第二届全国高校马克思主义理论及相关学科博士生学术论坛在武汉大学召开，围绕“马克思主义与21世纪社会主义”展开探讨和交流，等等。

从总体来看，2016年的学术会议有两大明显的特征。一是从会议的主题发言和提交的论文内容来看，可以用三个中心词来概括：理解、创新、回顾。“理解”是让国际社会更多地了解和理解中国道路，从而减少对中国发展道路的猜忌和敌视。像“中国道路欧洲论坛”“21世纪社会主义论坛”“社会主义国际论坛”这类学术活动向国外学者与政要阐述中国的发展变化，回应国外对中国特色社会主义的关切，以提升中国的全球话语权。“创新”意味着在国际政治经济格局发生重大变化的时代背景下，以新的全球化视角考察世界社会主义的理论和实践形式。11月20日山东大学举办首届“国际中共学与世界社会主义比较”学术研讨会，从国际视野审视中国共产党和中国特色社会主义，呈现了世界社会主义研究的多元化，有助于推动学术界对社会主义理论的进一步探索和研究。“回顾”是指总结世界社会主义运动的经验教训，是每次研讨会中的不可或缺的主题。二是从参会人员的年龄构成来看，年轻人占的比例很大，国际共运史研究队伍能够薪火相传。第二届全国高校马克思主义理论及相关学科博士生学术论坛从79所大学的412篇论文中遴选出120篇优秀论文参会，其中的49篇获得不同等级的嘉奖。由此，可以预见未来几年从事马克思主义研究的科研队伍会不断壮大，学术水平也会不断提高。

（三）研究成果

2016年度，学界继续对国际共产主义运动的历史与现实问题进行深入而多角度的研究，取得了丰硕的成果。

1. 加强和深化对国际共运史重要历史人物、事件和组织的研究

一是对苏联问题的研究。2016年是苏联解体25周年，有关苏联的问题成为讨论的重点。不仅包括从宏观方面对苏联解体原因的探讨、对苏联模式历史功过及经验教训的总结、对苏联兴亡经验教训的分析，如孔寒冰、陈参的《苏联模式的实质和时空性反思》，也包括从具体的历史人物入手，对苏联改革历程的回顾，如李永全的《苏联改革历史回顾——从赫鲁晓夫到戈尔巴乔夫》、刘显忠的《戈尔巴乔夫改革前苏联的政治、经济及社会状况》。还有采用对比的方法，对中苏社会主义的对比研究。例如：唐土红的《从“中苏论战”到“中国道路”》、李捷的《毛泽东对苏联社会主义建设经验教训的总结》、许冲的《十月革命与中国特色社会主义话语的建构》等等。

二是对苏共二十大的研究。2016年是苏共二十大召开60周年，围绕这一历史事件，国内学者从不同视角予以考察。不仅包括从历史进程着手对苏共二十大这一历史事件来龙去脉的梳理，如：马双有的《赫鲁晓夫的“秘密报告”是如何出台的?》等。还有借助陆续解密的珍贵文献档案的整理，对当年苏联社会各界对赫鲁晓夫秘密报告反应

的历史画面的再次重现。如：张盛发的《60 年前苏联国内对赫鲁晓夫秘密报告的反应——写在苏共 20 大召开 60 周年之际》和《苏共中央对传达赫鲁晓夫秘密报告后所出现问题的应对和处理——写在苏共 20 大召开 60 周年之际》。还有从较为宏观的历史和逻辑方面对苏共二十大及其意义、启示的挖掘，如：胡振良的《从历史过程审视"苏共二十大"及其意义》、桂立的《苏共二十大"秘密报告"主要内容及启示》，等等。

三是对列宁思想及著作的研究。本年度学界尤为注重对列宁思想及著作的研究。既包括对其经典著作的研究，例如：邱卫东、胡博成的《列宁帝国主义论的时代困境：历史根源及当代启示》，李景治的《列宁帝国主义论与当代资本主义的发展》，顾玉兰的《论列宁帝国主义论的当代解释力》；也包括对其领导权思想、教育思想、文化思想、人的全面发展思想、党的建设等具体思想的研究，例如：俞良早的《苏俄时期列宁的"领导和决策"》、杨海波的《略论列宁的文化领导权理论》；也不乏从方法论入手对其理论逻辑的探讨，例如：贾建芳的《列宁开创社会主义建设道路的理论逻辑》等等。

2. 继续加强世界社会主义国家发展动态与世界社会主义理论的研究

一是继续关注各社会主义国家的发展现状与党代会召开相关情况的研究。除对中国特色社会主义的发展持续关注外，学界对越南、古巴、老挝和朝鲜的党代会的召开及其改革举措给予了高度重视。代表性成果有：潘金娥的《从越共十二大看越南革新的走向》和《越南革新：历史的车轮如何转动?》、徐世澄的《从古共六大到古共七大：古巴社会主义模式的更新》、于蔷的《古巴社会主义发展的经济和社会模式概念化草案》、张慧玲的《从古共"七大"看古巴社会主义发展新动向》、李紫莹的《古巴共产党管党治党的基本经验与启示》、方文的《老挝人民革命党管党治党的经验教训》、林今淑等的《评估安理会制裁对朝鲜经济的影响》、李敦球的《"七大"之后朝鲜将有何变化》、郑继永的《朝鲜劳动党七大的几个看点》等。

二是对世界社会主义运动现状及世界社会主义发展趋势进行深入研究和探讨。代表性的著作有：李慎明主编的《世界社会主义跟踪研究报告（2015—2016）——且听低谷新潮声》、聂运麟的《关于世界社会主义主要流派发展的几个问题》、吕薇洲等的《世界社会主义整体发展视阈中的国外社会主义流派》、姜辉的《21 世纪世界社会主义的新特点》和《当前世界社会主义正进入谋求振兴期》等。

3. 继续深化对当代资本主义制度的反思与批判

一是关于西方民主虚伪性的研究。西方民主的虚伪性在 2016 年的美国总统竞选和英国脱欧等事件中暴露无遗，学者们从不同的角度纷纷加以批判。在论述美式民主方面，主要论著包括袁野和姚亿博的《2016 年美国大选初选为"美式民主"祛魅》、沈逸的《从 2016 年美国大选看美式民主的困境》、李翠亭的《欧洲难民危机与美国民主输出的悖论》、徐岚的《"邮件门"打破了美国选举的"民主神话"》、汪仲启的《从总统选举看美国民主政治病症》、寿慧生的《从特朗普的民粹主义看精疲力竭的美国民主》、高婉妮的《美国大选：权贵们的走秀场》；从英国脱欧这一角度论述西方选举式民主弊端的文章有张利华的《从英国脱欧公投看西方民主困境》、马钟成的《从英国脱欧公投看西方政治体制的衰败》、刘道前的《从英国"脱欧"看西方民主模式的弊端》；从总体上批判西方民主的文章有张树华的《西方自己将民主变成了"坏东西"》、何畏的《"民主典范"的假民主和反民主》、苏长和的《西方民主出了什么问题》、漆程成和刘小溪的《对西方民主困境的再思考》等等。

二是关于美国社会主义的研究。美国一直以来都被视为社会主义运动的例外，但是2016年学者们对美国例外论也进行了批判分析，重要的论著包括轩传树和谭扬芳的《意料之外还是情理之中：美国大选中的社会主义现象评析》、梁大伟的《论19世纪末20世纪初美国社会主义运动的历史性转折——以1877年铁路工人大罢工为中心的考察》、张新宁的《如何理解美国2016年大选中的"社会主义"因素》、大卫·科茨的《新自由主义的衰落与社会主义的未来——大卫·科茨访谈》等。

三是关于民粹主义的研究。学者们对近年来所谓在西方出现的民粹主义给予了大量关注，重要论著包括杨光斌的《滥用"民粹主义"已成西方掩饰政治真相的手段》、任彦的《奥地利总统选举敲响民粹主义警钟》、熊一舟的《民粹主义在西方愈演愈烈》、何农的《欧美民粹主义的政治光谱》、欧阳辉的《警惕民粹主义与极端民族主义合流》、陈云的《有效应对国际民粹主义"病变"》、梁雪村的《民粹主义：一个"欧洲问题"?》等等。

二 重大问题研究进展

（一）苏联解体原因的持续考察

自1991年苏联解体后，关于苏联解体原因的考察一直持续不断。2016年是苏共解散、苏联解体25周年，对于苏联解体原因的考察分析更是一个热议不衰的话题。值得注意的是，在这个特殊的年份，国外学界政界的研究成果或言论，也极易成为国内外学界有关苏联解体原因论争的导火索。例如，2016年1月22日，网上一则俄罗斯总统普京21日对革命领袖列宁做出负面评价的消息，即21日当天普京总统主持召开了科学教育委员会咨询会议，谈到"列宁的思想最终导致了苏联解体，它像是被安放在'俄罗斯'大厦下的核弹，后来这枚核弹爆炸了"，在俄罗斯社会引发争议。吴恩远教授认为这些报道或者断章取义，或者只选择自己需要的观点，不是完整阐述普京的思想，严重歪曲了事实真相。但这也在一定层面上反映了国内外各界对苏联解体原因的关注程度之高。针对普京讲话断章取义引发的争论，吴恩远教授先后撰写了《"列宁思想导致了苏联解体"?》[①]《列宁领导的十月革命是"伟大的革命"》[②] 予以澄清。他认为，学界一般都认为苏联解体涉及历史和现实的因素。大致说来，苏联体制存在的弊端是历史因素，以戈尔巴乔夫为代表的苏联领导人执行的错误政策是现实因素。普京谈到列宁"民族自治"等思想是"埋在俄罗斯大厦下缓慢引爆的地雷"从而导致苏联解体，也在学理之中。争论在于：苏联解体是历史因素为主还是现实因素为主？普京讲话本来并非主要评价苏联解体原因，但由于涉及这个内容，引发了社会争论。

本年度，国内学界对苏联解体原因的关注既有依循认识论逻辑对"苏联解体"的

---

① 吴恩远：《"列宁思想导致了苏联解体"？——评对普京讲话断章取义引发的争论》，《中国社会科学报》2016年2月1日。

② 吴恩远：《列宁领导的十月革命是"伟大的革命"——评对普京讲话断章取义引发的争论》，《红旗文稿》2016年第6期。

认知路线的整体认知，也有具体到经济危机真相、政治制度优劣、意识形态工作得失、执政党建设、民族问题等方面对苏联解体成因的考察与分析，其中不乏争论与史实澄清。比较有代表性的观点概括如下：

在宏观层面，华侨大学哲学与社会发展学院卢坤在《苏联解体：不同意识形态的解读及其影响》[①] 一文中，从宏观上依据认识逻辑，将 20 世纪 90 年代以来国内围绕苏联解体的理论解释划归到客观主义路线、主观主义路线、道德主义路线和历史主义路线之中。内容囊括了学界分析苏联解体原因时提出的经济失败论、民族分裂论、制度模式衰败论、国际政治危机论（和平演变与争霸论）、改革亡国论、意识形态失败论、心理论（野心论、阴谋论、民心论）、文明论、背叛论、异化蜕变论、历史虚无主义论、历史本质主义论（原罪论）、历史普遍主义论（终结论）、历史现象论等。对近年来国内学界出现的各种解释版本予以系统梳理，综合呈现。

具体到经济层面对苏联解体原因的分析，从 1991 年苏联解体前至今，关于苏联经济在 20 世纪 70 年代末 80 年代初就已经走向崩溃的观点，关于苏联经济体制无法改革只能摧毁的说法层出不穷。这种观点坚持把苏联解体主要原因看成是“苏联体制”的危机，认为戈尔巴乔夫接手的苏联已经病入膏肓，无可救药。戈尔巴乔夫的“责任只能是直接意义和浅层次上的，是表面性的，属于导因性质”。中国社会科学院马克思主义研究院国际共产主义运动研究部助理研究员康晏如在《苏联经济危机的谎言与真相——基于卡拉－穆尔扎的分析》[②] 一文中，借助俄罗斯学者卡拉－穆尔扎对戈尔巴乔夫改革政策的分析和苏联 1985 年前后主要经济数据的对比，对这一流行的观点予以批驳，认为这是一个完全错误的结论。俄罗斯学者卡拉－穆尔扎通过对戈尔巴乔夫改革政策的分析和苏联 1985 年前后主要经济数据的对比，得出结论，苏联经济在 1985 年以前并没有发生崩溃，也不具备经济危机爆发的特征，相反，正是戈尔巴乔夫的改革和一系列去苏维埃化的政策决议导致了苏联经济的恶化和随后的崩溃。

从意识形态层面对苏联解体原因进行分析，也是本年度学界热衷的研究视角。云南大学中国特色社会主义理论体系研究中心主任蒋红教授在《苏共意识形态工作的深刻教训》[③] 一文中，将意识形态工作开展不力、意识形态阵地逐步松动并最终垮塌视为苏联解体的一个重要因素。认为苏共意识形态工作的失败，是主观认识和客观实践、内部原因和外部原因、政治因素和经济社会因素等交互作用的结果。具体而言，对马克思主义的教条化理解和运用，严重动摇了马克思主义在苏联的认同基础；苏共高层领导马克思主义信仰和共产主义理想信念的丧失，使苏共意识形态无以存身；苏共宣传思想工作自我孤立，不能得到人民群众的认同和接受；对社会思潮重强力管控轻疏导引导，极大地损害了苏共的执政形象；推行大国沙文主义外交政策，从外部瓦解了苏共的意识形态领导权。不仅如此，国内学者还进一步从政治哲学与意识形态话语层面揭示了马列主义、西方马克思主义、西方自由主义、俄罗斯共产党以及俄罗斯戈尔巴乔夫支持者在“苏联解体”原因解释方面彼此殊异的意识形态的目的性表达，反映出我国学者对苏联

---

① 卢坤：《苏联解体：不同意识形态的解读及其影响》，《社会主义研究》2016 年第 5 期。

② 康晏如：《苏联经济危机的谎言与真相——基于卡拉－穆尔扎的分析》，《红旗文稿》2016 年第 12 期。

③ 蒋红：《苏共意识形态工作的深刻教训》，《红旗文稿》2016 年第 15 期。

解体这一重大政治事件的反思是在逐步深化的。

（二）世界社会主义五百年

自1516年英国的托马斯·莫尔发表《乌托邦》一书，到2016年已经有整整500周年。国内学界先后以“社会主义历史经验：社会主义500年的回顾与前瞻”“世界社会主义五百年：历史、现实与未来”“社会主义思想500年与科学社会主义”为主题召开了多次重要的学术会议。学界也围绕这一重大历史事件积极撰文。概括来说，大致包括如下几个方面。

许多学者对世界社会主义500年历史进行了回顾。中国浦东干部学院院务委员刘靖北教授认为世界社会主义500年经历了“五大转变”或者说“五次飞跃”。第一次飞跃，空想社会主义的产生和发展，社会主义实现了从“无”到“有”的飞跃；第二次飞跃，马克思、恩格斯创立科学社会主义理论，社会主义实现了从空想到科学的飞跃；第三次飞跃，俄国十月革命胜利，建立世界上第一个社会主义国家，社会主义实现了从理论到现实的飞跃；第四次飞跃，第二次世界大战后，欧亚一系列国家走上了社会主义道路，社会主义实现了从一国向多国的飞跃；第五次飞跃，中国进行改革开放，开辟中国特色社会主义道路，实现了社会主义从传统到现代的飞跃。①

外交学院思政部讲师孟艳从思想源头上考察了空想社会主义思想的精神实质和当代价值。认为自1516年《乌托邦》发表以来，社会主义经历了整整500年的曲折历程，这一历程首先从空想社会主义开始。空想社会主义者从公有的经济制度和民主的政治制度两方面，构建了未来社会主义制度，成为科学社会主义直接的思想来源。正确认识和评价空想社会主义者对未来社会制度的预测，有助于我们坚定社会主义信仰，并不断发展完善中国特色社会主义制度。②

中国人民大学国际关系学院蒲国良教授结合各国实践，认为世界社会主义运动发展500年，经历了由空想社会主义到科学社会主义的转变，由科学社会主义理论的传播到社会主义和工人运动的发展，由社会主义在一国实践到多国实践，由社会主义在苏东的曲折到中国特色社会主义的成功的历程。他还强调，世界社会主义运动发展500年，从乌托邦到中国梦，是社会主义理念逐步演变与进化的过程。在当今时代，面临严峻的挑战，世界社会主义能否抓住机遇，迎来大发展、大跨越的光明前景，在某种程度上取决于社会主义自身。③ 中国人民大学高放教授指出，这500年告诉我们，建设社会主义，需要处理好封建主义、资本主义、社会主义、共产主义这四个主义的关系：要彻底铲除封建主义余毒，不能让专制主义等渗透到社会主义体制中来；要充分利用资本主义文明成果，不能急于消灭资本主义；要逐步发展社会主义，不能用党政命令和群众运动办法急于过渡到社会主义；要领导人做“社会公仆”表率，与民众同甘共苦，逐步为长远

① 《第三届当代世界与社会主义研讨会专家观点摘编》（http：//theory. people. com. cn/n1/2016/1010/c40534－28765452. html）。

② 孟艳：《空想社会主义思想家对共产主义社会的向往——纪念〈乌托邦〉发表五百周年》，《科学社会主义》2016年第3期。

③ 蒲国良：《世界社会主义五百年回眸》，《科学社会主义》2016年第5期。

的共产主义目标做准备，不能先享有“各取所需”的特权，命令群众加快进入共产主义。[①] 中国人民大学国际关系学院博士生黄帅认为，500 年来，社会主义已经从涓涓细流发展为弥漫全球的滚滚波涛，目前全世界拥有 130 多个社会主义政党，1 亿多党员，社会主义政党在中国、越南、古巴等国长期执政。[②]

不管从哪个视角考察，都离不开对中国特色社会主义与整个世界社会主义关系的考察。学者们一致肯定了中国特色社会主义的成功在世界社会主义发展历程中的重要意义，认为，中国特色社会主义与整个世界社会主义在理论和历史上是一脉相承的，中国特色社会主义就是当代社会主义，它是对传统社会主义模式的扬弃，既坚持了科学社会主义基本原则，又富有鲜明的时代特征，具有普遍世界意义。中国特色社会主义的新发展很大程度上决定着社会主义的前途命运。中国特色社会主义的成功让科学社会主义在 21 世纪焕发出蓬勃生机。从世界社会主义 500 年、中华文明 5000 年的角度考察中国特色社会主义的历史来源和历史方位，将赋予中国特色社会主义更加鲜明的特色感和理论感。[③]

总之，学者们都倡导运用马克思主义立场观点方法，加强对世界社会主义运动经验与教训的研究，从中进一步认识和把握社会主义发展规律，更好地推进中国特色社会主义伟大事业不断发展。

（三）列宁的《帝国主义论》仍是认识资本主义的理论基础

2016 年，学界以纪念列宁的《帝国主义是资本主义的最高阶段》创作 100 周年为契机，通过重温列宁对资本主义的精辟分析，剖析资本主义面临的历史和现实问题。学者们普遍认为，列宁的《帝国主义是资本主义的最高阶段》没有过时，在今天有非常重要的理论意义和现实意义。由于资本主义的基本矛盾仍然存在，帝国主义论仍然是理解资本主义的理论基础。

学者普遍认为，垄断仍然是当代资本主义的主要特征。列宁在《帝国主义是资本主义的最高阶段》中指出，19 世纪末 20 世纪初，资本主义从自由竞争阶段发展到垄断阶段，垄断是资本主义发展的新阶段，成为资本主义主要形态。垄断和帝国主义是密切联系在一起的。列宁还指出了垄断的几种主要形式，即生产集中达到了资本家垄断同盟的阶段；大银行占垄断地位；原料产地被垄断组织和金融寡头占据；国际垄断组织开始在经济上瓜分世界，从领土上瓜分殖民地已经完毕。中国人民大学国际关系学院教授李景治认为，第二次世界大战后，私人垄断发展到了国家垄断。国家垄断的主要特征是垄断组织同国家政权进一步结合起来。一方面，垄断组织进一步介入和干预国家政治。金钱政治已成为普遍现象，民主选举变得越来越表面化、形式化。政府的各级高官，都在不同程度上成为垄断组织的“代理人”。另一方面，政府直接地为垄断组织特别是大型跨国公司服务，甚至不惜牺牲本国选民和其他国家人民的利益。例如，掠夺性的开发造成资源的枯竭和环境的污染，以及广大发展中国家的长期贫穷落后。随着新科技革命的

① 高放：《世界社会主义风云激荡 500 年》，《党政研究》2016 年第 6 期。

② 黄帅：《莫尔的乌托邦社会主义理想及其时代价值和启示》，《探索》2016 年第 4 期。

③ 郇雷：《社会主义 500 年的历史经验——中国科学社会主义学会 2016 年年会综述》，《科学社会主义》2016 年第 5 期。

兴起和经济全球化进程的加快，国际垄断组织，特别是大型跨国公司，在经济全球化中的地位和作用进一步凸显。不管是国家垄断还是国际垄断和全球垄断，均不能否认垄断仍然是当代资本主义的主要形态，在国家乃至世界经济生活中，处于至关重要的地位。①

许多学者认为，列宁的《帝国主义论》有助于我们深刻认识当前在全球范围内爆发的国际金融危机和当今世界上所发生的各种主要事物的本质，有助于科学地找到应对的战略举措。马克思早就指出资本主义的内在矛盾，特别是生产的社会化和生产资料的私人占有制之间的矛盾，必然导致周期性的经济危机。列宁更是强调指出，在资本主义垄断阶段，这种周期性的经济危机不仅不会减弱和消失，反而会进一步加剧。20 世纪 30 年代，资本主义世界的经济大萧条完全验证了列宁论断的正确性。从一定意义上说，20 世纪末 21 世纪初，资本主义周期性经济危机又进入一个新的阶段，出现了新的特征。这就是经济危机主要体现为金融危机，金融危机成为资本主义经济危机的主要形态。② 南京大学中国特色社会主义理论研究中心教授姜迎春指出，一个世纪以来，绝大多数经济危机都肇始于金融领域。金融投机主义的蔓延和盛行破坏了资本主义社会的经济结构，对资本主义社会文明也造成了不可逆的深度败坏。③

长期以来，不断有人指责和否定列宁关于“帝国主义是垂死的资本主义”的论断，认为列宁的这一“预言”落空了。对于这种观点，许多学者都予以了驳斥。姜迎春认为，这样的指责和否定没有注意到列宁所运用的马克思主义的历史辩证法。马克思主义强调资本主义有其产生、发展、灭亡的历史过程。诚如资本主义制度产生之前的任何一种社会制度都是经过反复才退出历史舞台那样，资本主义制度的命运当然也要经历这样的历史过程。马克思主义认为，与其他社会制度一样，决定资本主义命运的也是其固有的“基本矛盾”，这可不是一个纯粹的理论逻辑，而是一个具体的实践过程。④ 李景治等认为帝国主义的“垂死”是一种“状态”，并不意味着它将立即灭亡。在这种状态中，资本主义仍可能在矛盾中继续生存发展，当然也不可避免地继续经历周期性的经济危机和金融危机，这些危机也可能会激化矛盾，引起革命。只不过革命的具体形态在不同历史时期表现不同。当然，资本主义在这种状态中也学会了自我调节，寻找继续生存和发展的良方。取代资本主义的社会主义力量也同时在发展，但也会遭遇挫折，这两方面就决定了“垂死状态”必将是一个长期的过程。⑤ 在这一过程中，中国特色社会主义成为资本主义现代化之外的又一种选择。求是杂志社社长李捷认为，资本主义发达国家在把其他国家变为资本输出地、原料来源地、商品倾销地的同时，也把现代化的理念、行为、管理以及教育输入这些地方。尽管造成了这些国家对资本主义发达国家的依赖，但是客观上也激发了这些国家追求现代化的斗志，即独立自主地走现代化发展之路。在

① 李景治：《列宁帝国主义论与当代资本主义的发展》，《社会主义研究》2016 年第 3 期。

② 同上。

③ 姜迎春：《列宁〈帝国主义论〉的当代价值》，《光明日报》2016 年 6 月 8 日。

④ 同上。

⑤ 李景治：《列宁帝国主义论与当代资本主义的发展》，《社会主义研究》2016 年第 3 期；徐蓝：《100 年后重读列宁〈帝国主义是资本主义的最高阶段〉的启示》，《红旗文稿》2016 年第 13 期；郝贵生：《列宁帝国主义论的当代启示》，《马克思主义研究》2016 年第 8 期。

探求这条发展之路的过程中，包括中国在内，都曾经“以苏为师”，把苏联视为榜样。可惜的是，这些努力最终都没有取得成功。如今，中国特色社会主义的成功则让广大发展中国家看到了希望，在资本主义现代化道路之外，还可以通过非资本主义的方式实现现代化。中国特色的社会主义，在选择现代化发展道路时，没有完全隔断历史和现实世界的联系，而是把改革开放作为基本国策。因此，在经济制度上，强调公有制经济和非公有制经济“两个毫不动摇”“两个共同发展”，强调更好发挥市场在资源配置中的决定性作用和更好地发挥政府的作用，强调更好地利用国际国内两个市场、两种资源、两方面的人力资本；在政治制度上，强调发挥统一战线的作用，发挥协商民主的作用，发挥依法治国的作用，等等。与此同时，中国特色社会主义也没有放弃科学社会主义最根本的东西。例如，在强调“两个毫不动摇”“两个共同发展”的同时，始终坚持公有制的主体地位，始终坚持国有企业的关键作用，始终反对形形色色的私有化主张。在强调发挥好市场在资源配置中的决定性作用的同时，始终坚持社会主义市场经济是社会主义本质特征与市场经济一般规律的高度统一，始终坚持不能弱化政府在经济政策和宏观调控中的重要作用，始终强调在国计民生重要领域、意识形态领域、生态文明建设领域不能只讲经济效益、不讲社会效益，始终反对形形色色的所谓“市场化”主张。在社会主义民主政治上，始终强调坚持中国共产党领导是中国特色社会主义的本质特征，始终强调坚持党的领导、人民当家作主、依法治国的有机统一，始终反对照搬西式民主和所谓“宪政民主”。在此基础上，我们党还提出以人民为中心的发展思想，提出创新、协调、绿色、开放、共享的新发展理念，提出推动国家治理体系和治理能力现代化，提出在全面深化改革中努力扩大中等收入群体政策，等等。①

列宁在写作《帝国主义论》时，正值资本主义在经济、政治、军事上全面展示其威力和强势的时期，但列宁没有被这些表象迷惑，对帝国主义和因帝国主义意识形态渗透而产生的修正主义思潮做了科学的“病理分析”，为马克思主义、社会主义的实践发展确立了新方向。而今，《帝国主义论》仍是我们观察和剖析当代资本主义的“透视镜”。但学者们也强调指出，我们不能止步于此，我们要像列宁那样，善于运用唯物辩证法，科学把握现实的复杂性和多样性，不断开创马克思主义发展的新境界。② 列宁的《帝国主义是资本主义的最高阶段》是帝国主义和无产阶级革命时代产生的伟大著作。这一结论，并不取决于其中的某些具体论断在当今是否有了改变，而取决于它所揭示的关于资本主义和社会主义（共产主义）的客观发展规律是永恒的。③

（四）美国总统大选和英国脱欧凸显西方民主危机重重

21 世纪初，西方民主陷入了前所未有的困境：希腊、葡萄牙、爱尔兰和西班牙等欧元区国家出现严重的债务危机，英国面临苏格兰分离主义问题，西欧国家还面临难民危机和恐怖袭击困扰，欧美各国遭遇巨大的财政赤字，各国政府显得力不从心，无所适从。这从侧面反映了西方“选举式”民主遭遇了危机。

清华大学欧洲研究中心主任张利华教授认为，熊彼特和亨廷顿把民主的标志确认

① 李捷：《重读列宁〈帝国主义是资本主义的最高阶段〉》，《红旗文稿》2016 年第 15 期。
② 姜迎春：《列宁〈帝国主义论〉的当代价值》，《光明日报》2016 年 6 月 8 日。
③ 李捷：《重读列宁〈帝国主义是资本主义的最高阶段〉》，《红旗文稿》2016 年第 15 期。

为“选举”的主张深刻地影响了西方国家，成为西方国家判定民主的共识。比如，美国和欧盟就是以此为标准确认世界上哪些国家是民主国家，哪些国家是非民主国家和半民主国家的。但是，民主包括了实质民主与形式民主两个方面，其中实质民主是形式民主的精神和灵魂，形式民主是实质民主的实施载体，两者缺一不可。实质民主是指国家的主权来自于人民，服务于人民，受制于人民；形式民主则是指民主的制度、体制、机制和操作程序。正是由于混淆了实质民主与形式民主的区别，把形式民主当作实质民主，用工具民主取代实质民主，抹杀了民主的精神实质，使“民主”成为政客、政党派别和资本集团谋取自身利益的工具，导致当今西方国家的民主政治陷入困境。[①]

复旦大学国际关系与公共事务学院苏长和教授认为，民主的本义是人民民主，是形成在国家治理中用于团结各方面力量、有序调动和激发各个阶层和群体参与国家和社会治理的一套制度体系。民主并非必然通过党争的方式实现。从历史上看，资产阶级革命以后出现的多党制满足了当时贵族、地主、资本家等阶层等分割政治权力的需要，他们通过代议制和多党制，将人民的意愿分流到不同党派下，从而制造了民主的假象，这个时候，人民民主的整体性被现实政治中的对抗替代。[②]

学者从美国2016年大选和英国脱欧公投来分析选举式民主遭遇的困境。新华社世界问题研究中心研究员徐长银认为，美国总统大选中的令人瞠目结舌的丑恶现象，折射了美式民主的堕落。竞选就是互相攻击成为美国总统选举以及西方其他国家选举的共同特点。昔日的朋友一旦成为竞争对手就成为仇敌，美国2016年的总统选举就是如此。比如，为了攻击竞争对手和争夺选民，美国总统选举中的竞争者们可谓不择手段。在美国历届的总统大选中，揭露参选人各种丑闻的新闻层出不穷，特别是性丑闻，几乎人人不可避免。在美国今年的总统初选中，无论是党内的竞争者，还是党外的对手，相互谩骂、人身攻击、威胁和恐吓的现象司空见惯。“狼狈为奸”“下流痞”“让人恶心”“骗子”“疯子”是这次竞选中的常用词汇。[③]

兰州大学高婉妮认为美国大选不过是权贵们的走秀场。表面上，美国的各级政府都是经过选举产生的，是代表普通民众利益的，美国也因此标榜为世界上最民主的国家，然而一场场大选就是美国权贵的走秀场，他们通过这场走秀，为掌控国家权力寻求正当性外衣。她进一步指出，2016年的总统选举不论是民主党的希拉里，还是共和党的特朗普，都非富即贵。这再一次证明，美国政治仅是豪门望族的游戏场，美国的民主也只不过是少数人的民主，美国的历史是美国特色的家族统治和门阀政治的历史。豪门望族通过金钱操纵选举，随后，他们又以选票来为获得的权力披上正当性的外衣，使其为自己及密友服务。美国民主的本质实际上就是少数有钱有势者制定规则，成为维护他们利益的工具。在美国如此，在世界上其他西方国家也是如此。[④]

徐长银认为，美国两党领导层为保证选出其意向中的总统候选人，对初选都有一套

---

① 张利华：《从英国脱欧公投看西方民主困境》，《人民论坛》2016年第23期。

② 苏长和：《西方民主出了什么问题》，《人民论坛》2016年第31期。

③ 徐长银：《美国总统选举暴露西方民主的虚伪性》，《党建》2016年第10期。

④ 高婉妮：《美国大选：权贵们的走秀场》，《红旗文稿》2016年第18期。

可操控的规定，如果参选者得不到党内高层的支持，就很难走完初选的全过程。① 复旦大学国际关系与公共事务学院副教授沈逸等认为，美国的初选制度沦为特制的“筛子”，成为各党的大佬们操纵选情的工具。比如，科罗拉多州共和党未举办任何初选或党团会议就将 34 张党代表票全部送给了克鲁兹，让特朗普颗粒无收，后者因此怒斥这是在“作弊”，大声疾呼不能把投票建立在政治之上。此外，“赢者通吃”的选举制度则造成了选票与民意之间的错位，而“选民资格”则限制了民意的自由表达。还有诸如“多轮投票”“超级代表”等制度设计，也都体现了共和、民主两党内寡头政治的现实。此次大选还暴露出美式民主不能阻止暴力和民粹主义，美国媒体在政治上也没有秉持中立立场，无法承担“第四权力”之责，当然也就不可能成为民主的有效监督者。特朗普的崛起意味着美式民主所依赖的中坚力量——中产阶级队伍日益萎缩，曾经稳定的橄榄形社会结构日益走向分化和固化，这也说明美式民主引以为傲的自我纠错功能正面临前所未有的挑战。②

海洋安全与合作研究院高级研究员马钟成认为英国脱欧公投是英国垄断资本转移社会矛盾的必然产物，本质上是一场由资本操纵的、去政治化的政治公投。脱欧运动主要是由极右政党独立党和保守党里的极右派所主导。在脱欧问题上，保守党高层分裂成了留欧派和脱欧派，工党自身也分裂了。值得注意的是，在西方政体下，真正对老百姓有利的议案，是上不了公投台面的，在媒体操纵下，民众的兴趣焦点转移到移民问题和脱欧问题上。英国脱欧公投乱象的背后，是资本主义政党媒体化与政治选举的异化，也是西方政治体制全面衰败的标志。③

尽管在西式民主的对外宣传和学术研究中，常常将多党竞争视为民主的一个标准，并主张其他国家只有向这个标准看齐才能视为民主化，但从现实政治运转来看，对抗式民主造成许多相互否决的现象，在国际关系中，还出现外交承诺的随意性，成为有效全球治理的国内制度障碍。苏长和认为，“民主”这个词在西方政治学早期本来并不是一个好词，在其后来近千年的历史中也不是一个关键词，在资产阶级革命时期短期被改造成一个好词，后来成为社会主义运动的专有词，在冷战时期同社会主义的竞争中苦心改造又夺回了这个词，而在当今西式民主颓势中，其又很可能抛弃这个词。西方学术界出现了否定民主的动向，认为“民主”不是美国的政治价值，“共和”才是。④ 这也提醒我们要保持头脑清醒，对西方民主洞若观火，不要东施效颦，更不要邯郸学步，迷失自我。

（五）美国刮起了“社会主义”旋风

从 1906 年德国学者桑巴特提出“为什么美国没有社会主义”的经典问题以后，“美国例外论”就似乎成了一种标准解释，但是 2016 年美国大选却重新出现了社会主义的话题。河南财经政法大学张新宁认为，以民主党总统候选人伯尼·桑德斯（Bernie

---

① 徐长银：《美国总统选举暴露西方民主的虚伪性》，《党建》2016 年第 10 期。

② 袁野、姚亿博：《2016 年美国大选初选为“美式民主”祛魅》，《当代世界》2016 年第 7 期；沈逸：《从 2016 年美国大选看美式民主的困境》，《光明日报》2016 年 10 月 26 日。

③ 马钟成：《从英国脱欧公投看西方政治体制的衰败》，《红旗文稿》2016 年第 15 期。

④ 苏长和：《西方民主出了什么问题》，《人民论坛》2016 年第 31 期。

Sanders）为代表，在美国社会出现了一股“社会主义”的声浪。桑德斯说，必须告诉超级富豪阶级和那1%的富人，在这个极度不平等的社会上，他们不能霸占一切。不能再去维持华尔街和亿万富豪阶级用金钱收买选票的政治献金体制。美国需要用“激进理念”创造一种服务于全体人民、而非仅仅为那1%富人服务的体制。桑德斯2006年当选联邦参议员，是美国历史上第一个公开信奉“社会主义”的参议员，2015年4月参加2016年总统大选，也由此在美国刮起一阵所谓“社会主义”旋风，重新勾起了人们对“美国为什么没有社会主义”这一经典问题的回忆。①

一些人觉得桑德斯的政见和主张明显带有“社会主义”色彩，进而把桑德斯认作是“社会主义者”。更有人甚至猜测，“桑德斯总统”可能会给美国带来久违的“社会主义”前景。当然，现实是桑德斯输掉了民主党内的初选，而部分接受了他政策主张的希拉里·克林顿则最终惜败于民粹色彩浓厚的唐纳德·特朗普。

轩传树和谭扬芳认为，“事实是检验真理的唯一标准”，不管桑德斯们的“社会主义”政策主张在美国社会里拥有多少支持者，总统大选的失败都说明“社会主义”政策理念在美国社会里仍然处境艰难。对于这股“社会主义”旋风，我们要辩证地加以分析，才能更好地解释社会主义在美国的前景。首先，自称为“社会主义者”的桑德斯属于马克思批判过的“资产阶级社会主义”者。根据其政策主张，“决不允许削减社保、退伍军人抚恤待遇、联邦医疗保险、医疗补助和公共教育经费”，“决不允许亿万富翁逃税”，实际上是在现行的资本主义制度框架下对生产关系进行调整的思路，丝毫没有触及资本主义制度下资本对劳动的统治和剥削本质，这与马克思设想的“各尽所能，按需分配”的社会主义大相径庭。其次，桑德斯“异军突起”反映了美国资本主义制度面临的严重危机。桑德斯在竞选活动中大加鞭挞了美国社会里严重的两极分化和贫富悬殊现象，也因此在青年学生和普通民众里获得了大量支持。但是美国人却没有认识到这正是生产资料的资本主义私人占有和生产关系的社会化之间存在的基本矛盾必然导致的结果，不从改变私有制着手，就无法解决两极分化和马太效应。最后，“社会主义”旋风预示着社会主义思潮在西方国家的回归。尽管长久以来，美国的社会主义一直默默无闻，美国的政治家们也都对社会主义避而不见，但是在美国的许多大学里都有研究马克思主义的学者，还有很多刊物也致力于宣传社会主义思想，每年一度的纽约“左翼论坛”也是公众交流思想的重要平台。正是在这些人和机构的努力教育下，社会主义的火种才得以在美国工人运动和社会运动里保存下来。但是，美国目前仍然是世界头号强国，社会主义在美国的发展任重道远。②

美国马萨诸塞大学阿默斯特分校经济学教授、世界政治经济学学会副主席大卫·科茨认为，社会主义是一种为需要而生产，而不是为利润而生产的制度（比如资本主义制度）。虽然从来没有一位作为社会主义者的美国总统候选人有机会赢得胜利，但桑德斯的崛起表明美国人的社会主义思想日益开放，人们对社会主义的兴趣提升了。在19世纪后期，美国工人开展了影响力很大的社会主义运动，20世纪的美国社会主义运动

---

① 张新宁：《如何理解美国2016年大选中的“社会主义”因素》，《当代世界与社会主义》2016年第2期。

② 轩传树、谭扬芳：《意料之外还是情理之中：美国大选中的社会主义现象评析》，《国外社会科学》2016年第6期。

经历了起起伏伏。在第一次世界大战之前的几年里，美国产生了强大的社会主义力量，随后在20世纪30年代的大萧条期间，又产生了能量强大的共产党。但在第二次世界大战结束后，社会主义思想在美国工人群体中就没有影响力了，只有少数人还在坚持。从二战后到自由市场思想在经济领域重新占主导地位之前，主流意识形态是凯恩斯主义。从20世纪70年代后期开始，新自由主义思想就在美国占据统治地位。2008年发生的金融危机着实打击了新自由主义，但是在银行被拯救、经济得以在一定程度上恢复之后，经过不到九个月的时间，新自由主义思想与政策又回归了。实际上新自由主义无法为大多数人带来繁荣，它只为少数人服务。在新自由主义时期，美国的大多数人过得并不好，而且随着时间推移只会变得更糟。所以社会主义对于大多数人来说是唯一乐观的未来，也是解决严重的全球气候问题的唯一方法。①

（六）科学社会主义与各社会主义流派的关系

苏联解体、东欧剧变后，社会主义主要流派的发展出现了复杂的局面：有的社会主义流派已经或正在淡出历史舞台，有的社会主义流派的实力相对削弱了，有的社会主义流派获得一定的发展，还有新的社会主义流派产生了。在此情况下，如何正确处理科学社会主义与各社会主义流派之间的关系，就成为我们面临的一个重要问题。

聂运麟就科学社会主义与各社会主义流派的关系指出，科学社会主义与其他社会主义流派长期共存，这是历史发展的必然，不取决于人们的好恶。对现存于世界的各种社会主义流派，科学社会主义政党要采取实事求是的科学态度：一要面对现实；二要正确对待。面对现实，就是要承认其他社会主义流派产生和发展的历史必然性，承认其代表了一部分社会阶层的利益和愿望，承认其理论和政策主张有其合理的甚至是科学的成分，承认其有积极的历史作用的一面。正确对待，就是要辩证地对待各种社会主义流派，肯定其他社会主义流派有其正面的和具有积极作用的一面；同时又要认清其思想政治体系中存在的严重弊病，不为其错误思想所干扰，对其反共、反科学社会主义的言行，则要进行有理、有利、有节的批评和斗争。②

正确处理科学社会主义与各社会主义流派之间的关系，还要全面了解、客观把握国外各种社会主义流派的发展演变、理论主张和本质特征。吕薇洲等认为，必须将其置于世界社会主义发展的宏大历史视野下，置于世界社会主义理论和运动发展的整个历史长河中。这就要求我们不仅要阐述各种思潮流派及其与中国特色社会主义的关系，挖掘当代国外社会主义各种流派中积极合理的思想观点和政策主张，而且要廓清国外各种社会主义理论流派与中国特色社会主义理论体系的本质区别，用马克思主义引领多元化的社会思潮。③ 对于这一主题，蒲国良也认为，社会主义思潮的流变折射的是社会主义理念持续扩张和渗透的过程，“百家争鸣，百舸争流”是世界

---

① 大卫·科茨、黄斐：《新自由主义的衰落与社会主义的未来——大卫·科茨访谈》，《当代世界与社会主义》2016年第2期。

② 聂运麟：《关于世界社会主义主要流派发展的几个问题》，《当代世界与社会主义》2016年第3期。

③ 吕薇洲等：《世界社会主义整体发展视阈中的国外社会主义流派》，中国社会科学出版社2016年版，第1、6页。

社会主义图谱的应有底色，应以开放的心态、开阔的视野和建设性的思维对待各派社会主义思潮。①

（七）现有社会主义国家研究

2016年，四个社会主义国家分别召开党代会，总结改革和革新的成就经验和不足，继续推动社会主义理论和实践的创新发展。我国学者对此进行了跟踪研究，发表了不少相关成果。

1. 越共十二大与革新开放三十年

越南共产党第十二次全国代表大会于2016年1月20—28日在河内举行。这是越南革新启动30周年的一次会议，并且是在国内和周边局势出现了很多新情况的背景下召开的，因此备受国际舆论关注。

在越共十二大召开的前夕，越南国内外都有不少否定越共政权正当性和存在必要性的声音，甚至在越共党内，一些退休高官、退役将军要求取消越共党章中规定的政治思想和指导原则，抛弃社会主义道路，实行军队国家化，废除一党专政等，反映出越南社会上及党内的意识形态斗争异常激烈。在此情形下，越南共产党面临着意识形态和指导思想上的严峻考验，越南社会主义向何处去，成为越南党和国家亟待回答和解决的重大理论和现实问题。然而，越南共产党清醒地认识到，无论是苏联解体、东欧剧变所导致的至今仍尚未恢复元气的国家，还是近年来西亚北非陷入持久动荡与战争的国家，都在昭示推行西方国家所标榜的“自由”“民主”等价值理念，都不会给所在国带来任何实际的好处，而是出现各种“水土不服”，甚至会带来灾难性的后果。在此关键时刻，越共认为，继续实现社会主义目标和坚持共产党的领导地位，就必须把马列主义和胡志明思想作为思想基础和理论基石。因此，越共十二大指出越南革新30年的巨大成就表明，走向社会主义道路符合越南的实践和历史发展趋势，证明党的革新路线是正确的、有创造性的，并强调在构建社会主义定向市场经济体制过程中，要“创造性地运用、发展马克思列宁主义和胡志明思想，坚持民族独立和社会主义的目标”②。

对于如何认识越南人民在革新中的作用与地位，越共十二大的报告总结革新30年五条经验中的一条就是始终贯彻“以民为本”的观点，“发挥人民在发展社会经济中做主的地位。改革、完善发挥人民做主的地位的政策、机制；根据宪法、法律规定保证人们在经济活动中的自由权、民主权，保证祖国阵线和社会政治组织有效参与制定和监督落实经济体制以及社会经济发展”③。报告的最后还提出了未来的六项重点工作任务，其中第五项就是“大力吸收和发挥人民的各种资源和创造力。关心提高人民的物质和精神生活水平，解决紧迫性的问题，加强社会管理，保证社会安定和个人的安全，保障社会民生，提高社会福利，减少贫困，发挥人民当家作主的

① 蒲国良：《热话题与冷思考——关于世界社会主义思潮的对话》，《当代世界与社会主义》2016年第3期。

② 潘金娥：《从越共十二大看越南革新的走向》，《当代世界与社会主义》2016年第1期。

③ 《越南共产党第十一届中央委员会在党的第十二次全国代表大会上的政治报告》（上），《南洋资料译丛》2016年第4期。

权利和民族大团结力量”。在科学规划国家平衡道路方面，越共十二大召开之前，由于过去几年的多项指标未能完成，因而2020年成为现代化工业国的目标实现不了，因此，在本次党代会上，越南提出未来革新要“在政治、经济、文化、社会、国防、安全、外交等各方面更加全面、同步地推进国家发展。其中，经济社会发展是中心，党的建设是关键，文化和人的建设是精神基础，加强国防安全是经常性的重要工作”①。在如何处理外交关系上，越共“十二大”再次强调在国际法和平等互利基础上，外交工作继承一贯对外政策，坚持独立、自主、和平、合作与发展的对外路线，建立全方位、多样化的对外关系。② 越南副总理、外交部部长范平明在越共“十二大”上指出，越南外交将做好四方面的工作：一是坚持“同步展开”的方针，彻底落实“十二大”通过的各项对外工作方向，加强党对融入国际进程的领导；提高政党外交、国家外交、人民外交之间以及各部委、各级别、各地方之间的配合效果；二是在确保国家—民族最高利益的基础上，进一步大力推动和深化各种外交伙伴关系，尤其是战略伙伴、全面伙伴关系，为国家营造和平稳定环境，促进政治、经济、贸易、投资、科学、技术等领域的对外关系，为国家发展和融入国际进程营造有利的条件；三是提高融入国际效果，充分落实各项国际承诺，加强宣传和普及工作，使每个组织和每个公民清楚了解他们在融入国际中将会面对的挑战和机遇，以便积极主动地参与其中；把融入国际进程主要由国家相关部门推动变成各地方、组织、企业和人民积极主动参与的过程；四是落实大会文件中有关融入国际的重大决定，集中落实《到2020年、面向2030年融入国际总体战略》和中央政治局关于融入国际的第22号决议。③ 这些新论述、新提法体现了越共在实践总结与理论创新方面所取得的最新成果，也表明越南更加注重科学规划国家平衡发展道路。

2. 古共七大与治国理政新方略、新目标

2016年4月召开的古共七大首次提出了古巴“经济社会发展模式理论化”“2030年经济社会发展国民计划”等治国理政新方略和建设“繁荣与可持续的社会主义”的更新目标，进一步为古巴社会主义建设指明了发展方向。

在党的建设方面，李紫莹认为，半个多世纪以来，古巴共产党领导古巴人民克服重重困难，稳定国内经济局面，维护社会主义道路，巩固了执政地位，这样巨大的成就与古巴共产党始终高度重视政党治理并采取有力措施加强自身建设密不可分；该党创造性地建设了马克思主义与爱国主义相结合的指导思想体系；坚持群众路线，始终把群众利益放在第一位；严明党内纪律和监督，严惩腐败。④ 古巴七大重申必须坚持社会主义政治体制和古共一党制不动摇，要发挥党在领导经济社会模式更新中的核心作用。在古共七大上，接近九十高龄的菲德尔·卡斯特罗出席会议，强调古巴在思想基础上要始终坚持马克思列宁主义和马蒂思想为指导，古巴的社会主义制度不可更改，并鼓励古巴继续坚持共产主义理想信念。

---

① 潘金娥：《从越共十二大看越南革新的走向》，《当代世界与社会主义》2016年第1期。

② 李岚：《从越共十二大看越南革新的特点与方向》，《当代世界》2016年第3期。

③ 《党的‘十二大’：范平明外长发言》，2016年2月2日（http://kienthuc.net.vn/doc-30s/dai-hoi-dang-xii-tham-luan-cua-bo-truong-bo-ngoai-giao-pham-binh-minh-625116.html）。

④ 李紫莹：《古巴共产党管党治党的基本经验与启示》，《当代世界与社会主义》2016年第5期。

在经济社会发展模式方面，古共七大指出当前古巴社会主义的中心任务是经济建设，“只有提高劳动生产率，创造更多财富，古巴社会主义才能得以持续巩固和发展”[①]，并强调在坚持“主要生产资料全民所有制”的前提下，允许私有制存在和发展，但绝不意味着“对资本主义的复辟”[②]。为了对经济发展模式有一个更加清晰的阐释，劳尔在古共七大工作报告中指出，“这是我们第一次在党的代表大会提出‘概念化’的议题，所谓‘概念化’是对经济社会模式更新基本理论和主要特点加以总结和提炼”。“这份提案的目的在于清晰阐述经济社会模式更新的特点，使之成为服务于符合古巴国情的社会主义建设的理论纲领。该提案是在充分吸收古巴历史、革命历程、民族文化的精神内涵以及分析国内外形势的基础上起草的。当然，提案也借鉴了其他国家社会主义经济社会发展的经验。”劳尔进一步明确提出，“‘概念化’的宗旨和原则来自马蒂思想、马克思列宁主义、古巴革命领袖菲德尔的思想，还有古巴革命自身的发展经验”[③]。在古巴经济社会模式更新的具体实践中，古共七大制订了新的“五年计划纲要”，出台了《2016—2030 年中长期经济社会发展规划》提案。接着，在该报告中又提出，到 2030 年全国经济社会发展计划的制订分两步，《到 2030 年全国经济社会发展计划：国家的建议、轴心和战略部门》只是第一步，它制定了基本理论，第二步再确定目标。[④] 这就为古巴今后短期、中长期经济社会模式的更新和发展，从理论、路线、方针、政策方面都做出了明确的规定，从而科学规划古巴未来的发展方向和道路。

在对外关系方面，当古美正式恢复外交关系后，奥巴马总统也应邀访问了古巴，两国关系正式破冰。吴白乙认为，奥巴马对古巴的访问，标志着美国和古巴两个近邻正式结束“冷战”状态，有望恢复基本的人员往来；意味着美国与拉美地区关系进入新的调整、互动阶段；古巴成为大国博弈的“香饽饽”，奥巴马访古意在确保美国成为最大赢家。[⑤] 杨建民认为，美国总统奥巴马对古巴进行历史性访问，美古关系正常化迈出重要一步；但访问成果有限，美古之间的重大分歧仍难以解决，因此看待美古关系正常化的前景并不能过于乐观。[⑥] 古共七大报告对此重申道：“我们愿意同美国开展互相尊重的对话并建设一种以前两国之间从未存在过的新型的关系，因为我们相信，建立这种关系会对我们两国互相都有利。”可以预见，古巴对古美关系正常化的大方向不会变。但是古美复交并不意味着两国关系的全面正常化，美国仍未解除对古巴的经济封锁，并且在七大报告中也用较大篇幅表达了古巴对美国的不信任，两国关系充满变数。正如古巴驻华大使白诗德所说，“我们愿意在尊重和主权平等的基础上与美国开展互相尊重的对

① 张慧玲：《从古共“七大”看古巴社会主义发展新动向》，《当代世界与社会主义》（双月刊）2016 年第 4 期。

② 同上。

③ 劳尔 2016 年 4 月 16 日在古共七大所作的中心报告全文，参见古巴共产党官方网站：http://www.pcc.cu/pdf/congresos_ asambleas/vii congreso/informe_ central_ vii_ congreso_ pcc.pdf。

④ 徐世澄：《从古共六大到古共七大：古巴社会主义模式的更新》，《拉丁美洲研究》2016 年第 5 期。

⑤ 吴白乙：《奥巴马访古巴的“一箭三雕”之功》，《人民论坛》2016 年第 10 期。

⑥ 杨建民：《奥巴马访问古巴：美古关系正常化中的变与不变》，《当代世界》2016 年第 4 期。

话，并建立一种新型关系，但是，不要指望古巴为实现上述目的而放弃自己的原则，或对其主权和独立做出让步”[①]。

3. 朝鲜劳动党七大与党政体制的“新常态”

2016 年理论界关注朝鲜问题的一个焦点就是朝鲜劳动党第七次代表大会于 5 月 6—9 日在平壤举行，这是该党时隔 36 年召开的全国代表大会。对经济工作的高度重视是朝鲜劳动党七大最大的亮点，并提出了具体的措施：立足国情，制定科学的经济发展战略；制定 2016—2020 年国家经济发展五年规划；重视科技力量在经济建设中的作用。同时，在对外政策上朝鲜将对外敞开怀抱，金正恩指出：“朝鲜党和政府将同尊重朝鲜主权、友好对待朝鲜的所有国家改善关系并实现关系正常化，即便过去其与朝鲜处于敌对关系。”[②] 朝鲜劳动党七大的召开，首要的意义是结束了内外危机导致的国家政治“非正常”状态，正式向国内外宣告朝鲜的党政体制步入正轨。通过七大，朝鲜再次明确朝鲜劳动党对全社会的领导，明确朝鲜劳动党在政治社会生活中占据首要地位的国家体制。与此相适应，郑继永认为，“先军政治”作为克服危机的权宜之计的状况将得到扭转，朝鲜式社会主义应有之义的“先党政治”将主导政治生活。而这一转变，也应成为分析金正恩领导下的朝鲜的路标与出发点。[③]

为了促进经济发展，金正恩执政以来在农业领域推出一系列的改革，并取得了显著成效，学者们在肯定成绩的同时，也表达了对朝鲜农业改革的担忧。曹培忠指出，“圃田担当制”允许农民以更多的自由度来耕作及处置，在有限的农场中允许职工 5 人组承包土地生产经营，在交足国家的粮食以后，以工分形式购买自己生产的农业产品，同时允许自己自由交易。然而，目前朝鲜“圃田担当制度”没有大面积推广，依然在农场阶段，无论是范围还是内容，都比较初级。[④] 李圣华、权哲男也认为，朝鲜农业生产中存在的平均主义分配方式、农业投入不足、农业政策的失败以及自然灾害是影响朝鲜粮食生产的主要因素。[⑤] 只有增加农业生产物资投入、深化农业体制改革和市场化，才能真正推动朝鲜农业改革。

在朝鲜“经济建设和核武装建设并举的战略路线”的指引下，理论界对朝鲜问题的关注也绕不开影响区域安全的朝核问题。2016 年初，朝鲜进行了第四次核试验，继而又于 2 月 7 日发射远程弹道导弹，接着，2016 年 9 月 9 日朝鲜又宣布成功进行了第五次核试验。朝鲜核试验和导弹试射加剧了半岛紧张并招致国际制裁，美韩军演再度给东北亚安全蒙上阴影。[⑥] 2016 年 3 月 2 日，联合国安理会针对朝鲜进行第四次核试验，通过了进一步制裁朝鲜的 2270 号决议。这是安理会对朝鲜所进行的第五次制裁决议，韩国媒体称之为安理会迄今为止“最强有力而全面的”制裁，并且后续的更严厉制裁还将出台。

---

① 何晓报：《古共七大后专访古巴驻华大使白诗德》，《当代世界》2016 年第 6 期。

② 李敦球：《“七大”之后朝鲜将有何变化》，《中国青年报》2016 年 5 月 14 日。

③ 郑继永：《朝鲜劳动党七大的几个看点》，《世界知识》2016 年第 12 期。

④ 曹培忠：《中国农业承包制度与朝鲜圃田制度之比较》，《延边大学学报（社会科学版）》2016 年第 3 期。

⑤ 李圣华、权哲男：《朝鲜农业改革探析》，《东疆学刊》2016 年第 3 期。

⑥ 刘江永：《朝鲜半岛局势与东北亚可持续安全》，《东北亚论坛》2016 年第 2 期。

国际社会对朝制裁，必然会导致朝鲜对外贸易的大幅下降，影响朝鲜经济特区以及经济开发区的开发进展，影响企业的开工率和居民生活，进而影响朝鲜经济恢复速度。对此，林今淑、金美花指出，2012 年开始实施的"我们式的管理体制改善措施"，虽然在调动生产者的积极性方面取得一定的成效，但是，由于朝鲜政府的本意是对计划经济体制进行修补和完善，而不是彻底转向市场经济体制，因而其前景难以预料。朝鲜要从根本上取得经济好转和持续的发展，需要走改革开放之路，但如果不走弃核之路，朝鲜将难以实现真正意义上的对外开放。①

对于是否将朝鲜列为我国"一带一路"战略中的一环，学者们展开了讨论。石源华指出，朝鲜在地域上是东北亚的核心地区国家，在政治上是实现东北亚地区和平与安全的关键国家，在经济上是实现各国互联互通的必经要道。没有朝鲜的参加，"一带一路"建设将不能实现周边合作圈的合围。② 对此，梁立昌认为，重新评估东北亚国际局势应成为当务之急，其中，朝鲜之于中国的重要性在于它是实施东北亚地区"一带一路"战略不可缺少的重要一环，不过由于朝鲜接二连三的核试验已经造成地区局势动荡和中朝关系不协调，这给中国实施这一战略带来一定挑战。③

4. 老挝人民革命党十大与革新开放事业的新篇章

2016 年，老挝人民革命党召开了第十次党的代表大会，我国学者对老挝的关注度提升，研究成果反映了老挝经济建设成就和党政建设的理论成果。老挝学者方习·老峰表示，老挝全面实施经济体制改革和对外开放政策，社会经济逐步发展，人均国民收入从 1986 年的 114 美元提升至 2015 年的 1913 美元，但贫富差距扩大及农村和城市发展不平衡等问题导致老挝的减贫工作任重而道远。④ 在老挝经济社会发展的历史节点上，老挝人民革命党十大成为理论界关注的热点。

在党的建设和指导思想方面，老挝人民革命党十大总结了 30 年"革新开放"事业的实践经验，强调坚持"七条经验"，第一条就是必须坚持党的有原则的全面革新路线，继续在坚持社会主义目标和国家独立的基础上，创造性地运用和发展马列主义理论、凯山·丰威汉思想。⑤ 对此，方文认为，这是在老挝党的文件中首次将凯山·丰威汉思想与马列主义并列作为党的思想理论基础，凯山是老挝开国领袖，是老挝革新事业的开创者和奠基人，这种提法体现了老挝党将马列主义与本国国情相结合的初步成果，是对老挝特色社会主义理论的积极探索。⑥

王璐瑶指出，老挝人民革命党十大报告科学规划了老挝经济社会发展道路，提出了未来的远景规划。到 2020 年，争取实现人均国内生产总值达 3190 美元，较 2015 年增长 1.6 倍，解决贫困问题，摆脱欠发达状态。到 2025 年，使老挝成为中等收入的发展

---

① 林今淑、金美花：《评估安理会制裁对朝鲜经济的影响》，《现代国际关系》2016 年第 5 期。

② 石源华：《"一带一路"建设不能少了朝鲜》，《世界知识》2016 年第 19 期。

③ 梁立昌：《"一带一路"战略视野中的朝鲜因素评估与政策应对》，《济南大学学报（社会科学版）》2016 年第 2 期。

④ 赵琳露：《老挝学者期盼借鉴中国经验促减贫》，中国新闻网（http://news.hexun.com/2016-11-03/186731070.html）。

⑤ 王璐瑶：《老挝人民革命党十大规划党和国家未来发展》，《当代世界》2016 年第 3 期。

⑥ 方文：《老挝人民革命党第十次全国代表大会述评》，《学术探索》2016 年第 3 期。

中国家，国内生产总值较2015年增长2倍以上。[①]

在对外关系的处理上，老挝人民革命党十大报告强调，在维护老挝国家和人民利益的前提下，强调继续坚持和平、独立、友好、合作的外交路线，在相互尊重独立、主权和互利共赢原则基础上，开展全方位、宽领域、多层次的对外合作。[②] 在处理与中国、越南等社会主义战略伙伴国家关系时，老挝党代会报告提出“发展传统友好、团结合作”的理念，巩固与发展社会主义国家的合作成果。在处理区域关系上，作为东盟2016年轮值主席国，老挝强调要加强在东盟共同体和其他次区域合作机制下的合作，提高竞争力，在世界贸易组织和东盟经济共同体框架下推动与国际经济接轨。

面对地缘政治的新情况，美国总统奥巴马和中国总理李克强于2016年9月间先后访问老挝，引起舆论媒体和专家学者的高度关注。人们揣测奥巴马出访老挝，意欲完成美国“亚太再平衡”战略中的东南亚“拼图”。而老挝《人民报》和《巴特寮报》等主流媒体于2016年9月7日分别刊登李克强总理《巩固中老传统友好增进两国人民福祉》的署名文章，对奥巴马的意图做了坚定的回应。据彭博新闻社网站12月5日报道，中国的投资正在给较小的东南亚邻国带来前所未有的改变，在中国企业需求向国外转移产能的同时，也为中国企业提供了低成本的生产地。此外，这也帮助亚洲最大的国家及其周边国家适应一个似乎正在形成的新时代。

三 学科发展需要注意改进的问题

虽说近几年来，国际共产主义运动学科整体处于不断恢复阶段，但由于国际共产主义运动研究总体仍处于比较薄弱的境地，这也为本学科的发展设置了障碍。

从研究内容和成果来看，尽管相关论著颇丰，但是在理论研究方面仍然存在许多亟待回答的问题，如对“资本主义”的理解。我们必须站在马克思主义的立场上，密切联系实际，根据日益复杂的现实情况，不断向前推进马克思主义经典作家对资本主义和社会主义的理论分析。这就需要从事国际共产主义运动研究的学者精心研读经典著作，敏锐把握当代资本主义和世界社会主义的新发展和新变化，及时跟踪国内外学界的最新动态，推进本学科的建设。

从人才培养、整体队伍素质方面来看，由于国内高校和科研机构缺乏国际共运专业设置，导致国际共运人才培养机构缺乏，国际共运专业人才后备力量不足；在学术交流与成果发表方面，国际共运专业科研成果的发表与推广等仍有一定的困难。不过可喜的是，从2014年起，中宣部委托中国社会科学院实施“马克思主义理论骨干人才计划”，每年计划招收100名具有马克思主义理论基本素养的人才，通过攻读博士学位的定向培养方式，培养马克思主义理论骨干人才。该计划的实施对于培养更多优秀的国际共产主义运动学科的学者提供了重要平台。除此之外，国内高校和科研院所的科研人员不妨开展更为深入和广泛的交流与合作，以实现优势互补、资源共享，协同促进人才的培养与交流，争取培养出一批熟悉国际共运重大理论、事件和人物，关注重大理论和现实问题

---

① 王璐瑶：《老挝人民革命党十大规划党和国家未来发展》，《当代世界》2016年第3期。

② 同上。

的专门人才。促进基础理论研究与应用研究相结合的成果的诞生与发表，以史为鉴，更好地服务于现实。

（供稿：张福军、潘西华、牛政科）

中国近现代史基本问题*

一 研究概况

（一）学科研究状况

1. 关于近代史研究

2016年，国内中国近代史研究成果丰硕，各个领域均有拓展和深化，呈现稳步发展的良好态势。同时，海内外学者强化合作，学科之间深化交流，重点研究新意迭现，研究领域开疆拓土。今年出版的《两岸新编近代史》集中了两岸学界诸多优秀的研究者，较为集中地体现了近30年来两岸研究的新成果，是一次共写史书，建立共识的有益尝试。同时，利用中国、美国、日本等国的史料数据库，以及新型的地理学和统计学软件与方法研究近代史，成为今年的亮点。

“周年纪念”是近代史学界的一项重要传统，也带动了相关主题成为该年的学术热点。

2016年是孙中山先生诞辰150周年，北京、南京、上海、台北等地举行了隆重的学术纪念活动，许多优秀著作问世。如新星出版社出版尚明轩的《孙中山图文全传》一书，以孙中山的思想和生平活动为主线，吸纳最新研究成果，生动再现了孙中山一生的活动轨迹。尤其是广东人民出版社出版的《孙中山研究口述史》12卷本采访了近百位研究孙中山的专家学者，以口述史的方法对既有研究做了总结回顾，颇具新意。许多期刊推出了孙中山研究的纪念专栏，相关论文涵盖了孙中山革命生涯的各个时期，这些研究不但令孙中山的形象更为立体丰满，也加深了对孙中山时代的认知。

去年适值西安事变爆发80周年，学界除了召开学术会议外，李义彬的《西安事变事略》、曾景忠的《西安事变发生后奉系旧部和东北籍人士的反应》及冯兵的《西安事变后蒋介石对其形象的重塑》等论著也出版。12月3—4日，由中国史学会、中国社会科学院近代史研究所与陕西师范大学共同主办的“西安事变与民族命运——纪念西安事变80周年学术研讨会”在西安召开，弘扬了西安事变的抗日爱国精神，有利于开创西安事变研究的新局面。

抗战史依然是近代史研究的一个热点。《抗日战争研究》2016年第1期与第2期发表国内外知名学者笔谈，探讨如何继续推进抗日战争史的研究，指出抗战研究未来的发展方向，应有新视野（比较视野、国家视野、国际视野）、新方法（军事研究、社会研究、文化研究）、新境界（共有、共鸣、共享）。同时，学术界出版了张宪文主编的《中国抗日战争史》四卷本、肖如平的《南京国民政府与一·二八淞沪抗战研究》、解

---

* 为了避免与中国近现代史学科重复，本综述主要关注党建党史学科问题的研究。

学诗主编的《抗日义勇军与抗日救亡运动》，出版的抗战研究资料也有多部。研究论文关注面更为广泛，在对日关系、士兵教育、战地救护、军备建设等研究领域均有建树。

此外在近代经济史、政治史、思想史与社会文化史、革命史、中外关系史以及人物研究等方面都取得了丰硕的成果。政治史和思想史研究得到深化与扩展，对历史人物政治思想的研究依然受到重视，在重大历史事件的研究方面也取得进展。受社会史、新文化史的影响，地方社会的权力运作、地方仪式与政治等问题也进入研究者的视野。新文化史研究广受青睐。形象研究、记忆研究、心态史、阅读史、概念史等课题，对深化政治史、思想史、文化史研究具有积极意义，并日益成为近代史研究中新的学术生长点。经济史研究内容多元、细化，既有对银行、牙行、企业、商会等经济组织的深入研究，也有对国地税、遗产税、田赋征收机制、财政监理等经济制度的缜密分析；既有对乡村借贷、土地交易、价格管控等具体经济行为的剖析，也有对商业化、货币市场、苦力贸易等问题的客观考察。以上研究共同织就了本年度近代经济史研究的学术图景。社会史因其强烈的社会关怀成为学术研究热点，在具体研究实践中，社会生活、社会群体、慈善组织等议题均有推进，环境史、医疗史、交通史等呈现强劲的发展势头。

2. 关于国史研究

以学术活动带动学术研究是本年度国史研究的特点。2016 年，中国社会科学院当代中国研究所精心策划和组织以“中国改革开放的历史经验”为主题的第十六届国史学术年会，加强重点组稿，严格论文评审，积极鼓励学术创新，改进会议交流组织方式，进一步扩大了在国内外的学术影响力。与有关单位合作举办了“庆祝中国共产党成立 95 周年暨学习习近平‘七一’重要讲话学术座谈会”，主题为“马克思主义史学理论研究和学科建设”的中国社科院马克思主义史学理论论坛第四届年会。

在 2016 年国史研究著作方面，“中华人民共和国史研究丛书”无疑是最重要的一部作品。“中华人民共和国史研究丛书”共六卷，分别为《中华人民共和国政治史》《中华人民共和国经济史》《中华人民共和国文化史》《中华人民共和国社会史》《中华人民共和国外交史》《中华人民共和国史研究的理论与方法》。这套丛书是国史研究在努力形成学科道路上的又一阶段性成果，是国史研究构建自身学科体系、话语体系的又一创新成果，也是国史研究继续深化和细化的基础性成果。

国史学科建设、国史研究理论与方法的成果增多。本年度，《当代中国史研究》发表了较多这方面的文章：比如杨凤城的《关于当代中国史研究中学术性与政治性关系的若干思考》（2016 年第 3 期），宋月红的《构建中华人民共和国史研究学科体系初探》（2016 年第 6 期），周一平、施林峰的《谈谈中华人民共和国史研究的考证方法》（2016 年第 4 期），左玉河的《口述历史与国史研究》（2016 年第 3 期），张思的《田野历史学与国史研究》（2016 年第 3 期），王冠中的《大数据对当代中国史研究的挑战》（2016 年第 3 期），行龙的《从社会史角度深化国史研究的思考》（2016 年第 3 期）。

此外，朱佳木的《当代中国史理论问题十二讲》也引起学界较大关注，该书所讲的十二个问题既涉及关乎党和国家前途命运的大是大非问题，也包括一些正本清源、廓清耳目的重大理论分析。

与此同时，继续推动和支持国史学会发挥在国史宣传、教育方面的积极作用。本年度国史学会举办了主题为“陈云的思想与四个全面战略布局”的第十届陈云年会、纪念中共八大召开 60 周年学术座谈会、第六期“中华人民共和国史高级研修班”、纪念朱德同志诞辰130周年座谈会等系列活动，促进了国史的研究、宣传和教育事业发展。

3. 关于党史研究

2016年的中共党史研究继续呈现欣欣向荣之势，研究涉及政治、经济社会、思想文化等诸多领域。2016年的党史研究硕果累累，佳作不断。相关著作有于化民等主编的《裂变与重构：人民共和国的创世纪》，金冲及的《生死关头：中国共产党的道路抉择》与《第二条战线——论解放战争时期的学生运动》，刘统的《北上：党中央与张国焘斗争始末》，苏若群、姚金果的《第一次国共合作始末》及高波翻译的美国沙培德的《战争与革命交织的近代中国（1895—1949）》等书。代表论文有黄道炫的《抗战时期中共干部的养成》，该文系统通过对教育、培训、考核、批评与自我批评多个环节的考察，呈现出中共别具特色、动态调整、内外结合、知行结合的干部培养体系。

此外，利用新方法、新视角，回溯中共革命理论中的概念、形象、认同演进过程，是今年党史研究的一大亮点。例如，主要著作有：周游的《“愚公移山”寓言在现代中国的阐释与运用（1936—1976）》，曹龙虎的《“民主革命”界说：一项基于近代中国情境的概念史考察》，朱益飞的《民主革命时期中共对民族资产阶级政治认同的嬗变历程》，王建伟的《孙中山逝世前后中共的宣传策略》等。此外，在学术资料方面，今年出版的有《上海工人运动历史资料》（全五册）、《抗日战争时期陕甘宁边区财政经济史料摘编》《中共首次亮相国际政治舞台档案资料集》《中共早期党报图录》等。

2016年是红军长征胜利80周年，学界举行了一系列纪念长征的学术研讨会，成为研究的热点问题。学术会议的召开极大地推动了长征研究的发展，大批优秀的研究成果涌现出来，其中既有对红军领导权变迁，红一、四方面军从分到合的历史进程的探讨，又有对蒋介石是否对红军“放水”等问题的探讨。另外，相当数量的经典研究和资料汇编问世，如中共中央党史研究室第一研究部编的新版的《红军长征史》，这些都为长征研究提供了有益的参考。

4. 关于党建研究的动态和主要成果

2016年，党建研究主要体现以下四个方面。

一是学术成果丰硕。2016年，编辑出版的资料和普及读物十几种，主要有：中共中央国家机关工作委员会编著的《学习习近平同志关于机关党建重要论述（修订版）》；中共中央文献研究室的《习近平关于全面从严治党论述摘编（小）》；中共中央组织部研究室（政策法规局）编著的《全面从严治党》，该书是解读全面从严治党重大战略思想的简明读本，具有两个特点——一是作者权威，二是可读性强；崔耀中的《全面从严治党新要求、新特点、新部署》，该书是对六中全会精神的解读。

出版的著作也有一定的数量。著作主要有：全面从严治党研究课题组的《全面从严治党理论与实践研究》；崔建民、陈东平的《党建蓝皮书：党的建设研究报告No. 1（2016）》；房晓军、张子礼、胡业福的《中国共产党党性修养史论（1921—1966）》；杨德山的《新时期以来党内民主建设的理论与实践研究》；王炳林的《党的历史与党的建设研究》等。

在中国知网上，以“篇名”为内容检索条件在2016年1月1日至12月31日时间段里对论文进行全面检索，显示数据为：篇名含有“党建”的各类文章有10060篇，较去年同期的9341篇增加719篇；篇名含有“党的建设”的各类文章有880篇，较去年同期的698篇增加182篇，呈现了比较平稳的增长。而篇名含有“全面从严治党”

的各类文章4184篇，较去年同期增加2543篇，增长近0.65倍。

二是学术会议及学术交流较多。2016年，召开全国性的学术会议和学术交流活动十几次，比较重要的有中国领导科学研究会在京召开“全面从严治党”理论研讨会、中国社会科学院马克思主义研究院主办的“第三届执政党建设理论与实践论坛”、中国浦东干部学院中国特色社会主义研究院、全国党建研究会举办的“纪念中国共产党成立95周年暨学习贯彻习近平总书记党建思想研讨会”、中央党校中国特色社会主义理论体系研究中心主办的“增强‘四个意识’与全面从严治党理论研讨会”，等等。

三是课题研究组织安排有序。2016年，国家社会科学规划办公室发布的课题指南中党史·党建类课题共96项，其中党建课题37项。全国党建研究会确定的重点研究课题有3项：“提高党领导经济社会发展能力研究”，“严格党内政治生活、营造良好政治生态研究”，“从严管理干部与完善干部激励保障机制研究”。确定自选课题共80项。中央组织部党建研究所2016年共确定6个重点调研课题：习近平总书记党建思想研究；十八大以来党的建设成就与经验研究；滇西集中连片贫困地区基层党建工作研究；中国特色党建智库建设研究；以五大发展理念谋划推动组织工作问题研究；换届后领导班子思想政治建设问题研究。

四是学术热点集中。其一，对习近平全面从严治党思想的研究进一步深入。在中国知网上检索关键词“全面从严治党思想”及“习近平党建思想”，论文数量均比去年有了较大的增长，表明“全面从严治党”作为中国执政党加强自身建设已经越来越受到社会各界包括学界的关注。

其二，党的十八届六中全会提升了学界对严肃党内政治生活的关注度。在中国知网上检索关键词“党内政治生活”，显示在2016年1月1日至12月31日时间段里，有各类文章675篇，2015年是79篇，较去年同期增长了7.54倍。

其三，对党建现实问题的研究不断深化。围绕推进全面从严治党的新的实践要求，2016年度，对于党建现实问题的研究也非常的突出。比如加强对国企党的领导、互联网+党建的探讨、全面从严治党向基层延伸等，均是年度热点，论文数量较多。服务型党组织、党领导经济建设能力、社会组织党建、民主集中制的实施、反腐败的治本之策等问题也是2016年度学界关注较多的问题。

2016年对于党建其他方面的研究也较多，比如对于思想建党和制度治党相结合等重大理论问题的研究，仍然是热点。

（二）党建党史领域主要活动

1. 党建研究会换届

2016年3月23日，全国党建研究会第六次会员代表大会在京召开。会议选举产生了第六届理事会及其领导机构。中共中央总书记、国家主席、中央军委主席习近平做出重要指示，希望全国党建研究会坚持正确政治方向，发挥党建高端智库作用，发扬成绩，发挥优势，围绕协调推进“五位一体”总体布局和“四个全面”战略布局，深入研究党建理论和实际问题，深入总结全面从严治党实践经验，为构建中国化的马克思主义党建理论体系，为加强和改善党的领导、确保党始终成为中国特色社会主义事业的坚强领导核心做出新的更大的贡献。

中共中央政治局常委、中央书记处书记刘云山在会见与会代表时说，习近平总书记的重要指示充分体现了对党建研究工作的高度重视，深刻阐明了党建研究会的职责定位，阐明了党建研究工作的根本遵循和主要任务，具有很强的政治性、指导性和针对性，我们要深入学习领会、认真贯彻落实。中共中央政治局委员、中央组织部部长赵乐际，中共中央书记处书记、中央纪委副书记赵洪祝参加会见。

2. 党的十八届六中全会召开

2016 年 10 月 24—27 日，中国共产党第十八届中央委员会第六次全体会议在京举行。全会听取和讨论了习近平受中央政治局委托做的工作报告，审议通过了《关于新形势下党内政治生活的若干准则》和《中国共产党党内监督条例》，审议通过了《关于召开党的第十九次全国代表大会的决议》。

六中全会全面分析党的建设面临的形势和任务，系统总结近年来特别是党的十八大以来全面从严治党的理论和实践，就新形势下加强党的建设作出新的重大部署，对确保党始终成为中国特色社会主义事业的坚强领导力量，对统筹推进"五位一体"总体布局和协调推进"四个全面"战略布局，更好进行具有许多新的历史特点的伟大斗争、推进党的建设新的伟大工程、推进中国特色社会主义伟大事业，实现中华民族伟大复兴的中国梦，意义重大、影响深远。

3. 开展"两学一做"教育实践活动

2016 年 2 月下旬，中央印发关于开展"两学一做"学习教育的方案，习近平总书记多次作出重要指示和批示，深刻阐明了学习教育的重要意义、基本要求和主要任务，强调学习教育是加强党的思想政治建设的一项重大部署，是协调推进"四个全面"战略布局的有力抓手，要求各级党组织精心组织、扎实推进，务必取得实效。

学习教育开展以来，中共中央政治局常委、政治局委员以讲党课、参加支部组织生活等方式带头参加学习教育，以上率下，树标立规。中共中央政治局于 12 月 26—27 日召开民主生活会，以深入学习领会党的十八届六中全会精神为主题，围绕"两学一做"学习教育的要求，重点对照《关于新形势下党内政治生活的若干准则》、《中国共产党党内监督条例》，联系中央政治局工作，联系党的十八大以来党中央抓作风建设的实际，联系自身执行中央八项规定的实际，进行自我检查、党性分析，开展批评和自我批评，研究加强党内政治生活和党内监督的措施。各级党委（党组）把开展学习教育作为 2016 年党建工作的龙头任务，认真贯彻落实中央要求和学习教育总体安排，抓紧抓实各项工作。在全国 441.3 万个基层党组织的具体组织下，8875 万余名党员广泛参与到学习教育中来。

4. 第三届执政党建设理论与实践论坛召开

2016 年 8 月 21—23 日，全国第三届"执政党建设理论与实践论坛"在宁夏大学召开。本次论坛由中国社会科学院马克思主义研究院主办，宁夏教育工委、中国科学院大学马克思主义研究部、宁夏大学马克思主义学院联合承办。来自全国 70 余家国内高校和科研院所 130 余位专家学者，围绕"思想建党与制度治党"主题展开了深入研讨。

5. 庆祝建党 95 周年

2016 年 7 月 1 日，庆祝中国共产党成立 95 周年大会在人民大会堂隆重举行，习近平总书记发表重要讲话，号召全党不忘初心、继续前进，永远保持建党时中国共产党人的奋斗精神，永远保持对人民的赤子之心。讲话全面深刻地回顾了我们党团结带领中国人民不懈奋斗，所走过的波澜壮阔历史进程和作出的伟大历史贡献，深刻阐述了面向未来、面对挑战必须牢牢把握的八个方面要求，对全党在新的历史起点上统筹推进“五位一体”总体布局、协调推进“四个全面”战略布局，做好党和国家的各项工作，具有重要的指导意义。

围绕学习贯彻习近平总书记“七一”重要讲话精神以及如何正确认识中国共产党95年的历史，思想理论界展开热烈讨论，举办了一系列的学习和纪念活动。同时，海外媒体对习近平“七一”讲话予以高度关注，并对其中有关坚持马克思主义信仰、从严治党和领土主权等方面内容进行报道和解读。

6. 纪念长征胜利80周年

2016年10月21日，纪念红军长征胜利80周年大会在北京人民大会堂隆重举行。中共中央总书记、国家主席、中央军委主席习近平在大会上发表重要讲话。中央隆重召开纪念红军长征胜利80周年大会，把纪念活动推向高潮。10月24日，经中央军委批准，中央军委办公厅发出通知，就认真学习贯彻习主席在纪念红军长征胜利80周年大会上的重要讲话作出部署。习近平总书记的讲话，在全国各地各族干部群众中引起强烈反响，各种学术研究和纪念活动也深入开展。

社会各界高度评价习近平总书记在纪念红军长征胜利80周年大会上的重要讲话，认为讲话站在历史和全局的高度，深刻阐述了长征胜利的重大意义和长征精神的深刻内涵，明确提出弘扬伟大长征精神、走好今天的长征路六个方面的要求，号召全党全国各族人民弘扬伟大长征精神，在实现“两个一百年”奋斗目标、实现中华民族伟大复兴新的长征路上续写新的篇章、创造新的辉煌，为我们这一代人走好自己的长征路指明了方向、提供了遵循。

（三）中国社会科学院党建党史学科建设状况

2016年，根据中办发31号文件的有关精神，党建学科已经被列为马克思主义理论一级学科下的二级学科①，可以看出，党建学科将面临新的发展机遇。2016年，中国社会科学院党建党史学科建设平稳有序进行，在学术研究、科研队伍建设和人才培养等方面取得进展。

1. 学科成员概况

中国社会科学院党建党史学科主要依托于马克思主义研究院马克思主义研究部党建党史研究室，现有学科成员6名，其中研究员3名、副研究员1名、助理研究员2名。学科带头人系金民卿研究员。2名学科成员参加中国社会科学院创新工程。

2. 主持或参与课题情况

2016年初，邓纯东、戴立兴、于晓雷承担的“习近平全面从严治党思想的理论特色”子课题荣获2015年度中央组织部重点课题评比一等奖。金民卿、戴立兴、于晓雷、刘海飞参与了中国社科院副院长王京清主持的国家重大委托课题“习近平党建思想研究”，项目进展顺利。本年度戴立兴主持的中央组织部重点课题“习近平党建思想研究”的子课题“习近平总书记党建思想的实践特色研究”已结项。刘海飞主持的国家

---

① 过去，党建一直和党史放在一起，专门代码是030204，专门名称：中共党史（含：党的学说与党的建设）。

社科基金项目“中国共产党干部任用中的五湖四海原则研究”进展顺利。

3. 组织大型学术活动、进行学术讲座、接受媒体采访

2016 年 8 月，由中国社会科学院马克思主义研究院和宁夏大学马克思主义学院联合举办的第三届“执政党建设理论与实践研讨会”在银川举行。来自全国各地社会科学院、党校和高校等教学研究机构的党建专家以及党务工作者 130 多人参加了会议。

邓纯东、金民卿等学者就习近平总书记全面从严治党思想、习近平总书记“七一”讲话、“纪念中国工农红军长征胜利 80 周年”“十八届六中全会精神解读”等问题多次接受媒体采访，并应邀举办学术讲座。特别是，党的十八届六中全会刚一结束，就组织本学科研究人员在《中国社会科学网》《马克思主义研究网》发表了 6 篇系列文章，并组织人员在报纸、杂志等刊物发表理论文章，对会议精神进行解读、宣传。

4. 发表科研成果

中国社会科学院党建党史学科在 2016 年度取得丰硕科研成果。

本学科相关研究人员先后出版专著 3 部：金民卿主编《中国共产党精神的时代解读》，社会科学文献出版社 2016 年版；戴立兴著《毛泽东人民观及其当代意义研究》，社会科学文献出版社 2016 年版；刘海飞著《打铁先有自身硬——党的领导与自身建设》，国家行政学院出版社 2016 年版。

在《人民日报》《光明日报》《红旗文稿》《人民论坛》《中国社会科学报》等刊物、报纸上公开发表各种学术论文 30 余篇，其中核心期刊 15 篇。此外，本学科研究人员还撰写《要报》等内部文稿 10 多篇，参加各类调研课题撰写 2 万多字。

二 重大问题研究进展

1. 关于孙中山的研究

2016 年是孙中山先生诞辰 150 周年，国内与国际上举行了各种隆重的学术纪念活动。11 月 11 日，纪念孙中山先生诞辰 150 周年大会在北京人民大会堂隆重举行。中共中央总书记、国家主席、中央军委主席习近平在大会上发表重要讲话。在此契机下，理论界也有许多优秀著作问世，许多期刊推出了孙中山研究的纪念专栏，相关论文涵盖了孙中山革命生涯的各个时期。这些研究不但令孙中山的形象更为立体丰满，也加深了对孙中山背后的时代的认知。

关于孙中山的研究以前所未有的态势发展。关于孙中山的研究不仅范围有很大拓宽、研究的方法和思路有很多创新，而且学术水平也有显著提高。学术界研究聚焦孙中山的法治、监察、福利、民生等方面的思想，回溯孙中山学医从医、北上、赴台以及与廖仲恺家族往来的史实，探讨孙中山研究在大陆、台湾的现状、困境与趋势。多数学者在坚持阶级分析方法的原则下，借鉴了西方综合研究的理论，将孙中山的思想和实践作为整体进行全方位的考察，更加彰显了孙中山在近代中国的历史地位，从而加深了对孙中山作为 20 世纪中国社会第一位伟大改革家的认识，恢复和显示了孙中山作为中华民族伟大代表和时代巨人的形象。

关于孙中山与振兴中华、民族复兴的关系。学术界研究观点主要包括：孙中山的“振兴中华”和他心目中“理想国”的关系；从孙中山的实处世界、理想世界、过渡世界的矛盾关系入手，讨论孙中山的振兴中华思想；强调了民族自信和文化自信的重要性

及其在民族复兴中的重要地位。关于对孙中山三民主义的认识，尤其是对民生主义的讨论。张海鹏认为，从民生主义看孙中山，不能一般地说孙中山反对阶级斗争、拒绝阶级斗争学说；有学者认为孙中山的民生主义具有超前性和主观性，带有明显的民粹主义倾向。对孙中山实业救国思想的讨论，则从多方面拓展了对民生主义的认识。

关于孙中山思想的研究，从来都是孙中山研究的重要方面。今年学者们更加关注过去研究较少的方面，大大拓展了旧有的研究主题，将孙中山研究伸展到与之相关的各个方面。如对孙中山的国际秩序观、宗族观、卫生思想、社会救济思想、乡村治理思想、国术思想、尚俭思想、共享思想的研究。再比如对孙中山著作版本的关注，对孙中山影像与形象的梳理，对孙中山对名誉事件反应、孙中山的疾病医疗、孙中山逝世以后的上海纪念设施、孙中山与邮票关系等方面的研究，都使我们更能认识到孙中山思想的博大精深，是中华思想文化的宝库。

2. 关于长征若干问题的研究

高度重视长征的历史意义和价值的研究。红军长征的胜利，实现了党北上抗日的战略方针，宣传了党的主张，播撒了革命火种，锻造了革命力量，形成了以毛泽东为核心的中央领导集体，确立了实事求是的思想路线，实现了中国革命从挫折走向胜利的重大转折，谱写了我们党、军队和中华民族历史上的壮丽篇章。人民日报评论员文章认为，弘扬伟大长征精神，我们必须不忘初心、坚定理想信念，不断增强道路自信、理论自信、制度自信、文化自信；弘扬伟大长征精神，我们必须把人民放在心中最高位置，坚持一切为了人民、一切依靠人民，为人民过上更美好的生活而矢志奋斗；弘扬伟大长征精神，我们必须立于时代潮头，统揽大局、统筹全局，把我们的军队建设好，把我们党这个领导核心建设好，把改革发展的全局维护好。①

长征的研究视域有新的拓展。比如西路军问题、扩红问题、红军长征中的经济供给、长征中的左右两路军、长征中的文化工作、长征中的商业、长征中的财税工作、华侨与长征、外国人与长征等，都是近年来长征研究的新领域的拓展，丰富了长征研究。

近年来受历史虚无主义的影响，出现了种种质疑、否定长征的错误言论。比如，质疑"二万五千里长征"的真实性，否认遵义会议开始形成了毛泽东在红军和党中央的领导地位，否定红军"飞夺泸定桥"，认为红军取得胜利是因为蒋介石为红军长征"放水"，等等。这些错误言论抹黑红军的英勇事迹，丑化和矮化领袖，极大地混淆了人们的视听，学术界的研究都直接或间接地给予有力的批驳。

3. 关于习近平党建思想研究

关于习近平党建思想产生的背景及思想起源。南京信息工程大学中国特色社会主义理论体系研究基地客座研究员齐卫平认为，习近平总书记关于"全面从严治党进入重要阶段、党面临的风险和考验集中显现"新形势的概括，是一个崭新判断。② 北京联合大学韩强教授认为，习近平党建思想承接于马克思主义党建理论体系，植根于中华传统文化肥沃土壤，反映了当代政党政治文明的发展取向，认真探究其深厚的理论、历史和

① 人民日报评论员：《弘扬伟大长征精神》，《人民日报》2016 年 10 月 22 日。

② 齐卫平：《习近平党建思想的新判断：全面从严治党进入重要阶段》，《理论学刊》2016 年第 5 期。

时代渊源，对于切实学习理解并积极贯彻这一重要思想具有重大意义。[①] 中共贵州省委党校马克思主义与党的建设研究院黄亦君认为，习近平党建思想的形成和发展主要是基于新常态下世情、国情、党情等的深刻变化，与马克思、列宁的党建思想和毛泽东、邓小平、江泽民、胡锦涛等党的主要领导人的党建思想一脉相承。[②]

关于习近平党建思想的内容。2016 年出版的《习近平总书记系列重要讲话读本(2016 年版)》第七部分以正标题“打铁还需自身硬”、副标题“关于全面从严治党”进行概括，具体分为九大块：中国共产党是中国特色社会主义事业的坚强领导核心；管党治党一刻不能松懈；补足共产党人精神上的“钙”；培养选拔党和人民需要的好干部；作风建设永远在路上；用制度治党、管权、治吏；用铁的纪律维护党的团结统一；坚持以零容忍态度惩治腐败；充分调动广大党员干部的积极性、主动性、创造性。[③] 这是中央关于习近平党建思想的一次阐述。在全国党建研究会召开的“纪念中国共产党成立 95 周年暨学习贯彻习近平总书记党建思想研讨会”上，与会同志概括了习近平总书记党建思想的丰富内涵：“中国特色社会主义最本质的特征是中国共产党领导，中国特色社会主义制度的最大优势是中国共产党领导”；“以人民为中心”“让群众满意是我们做好一切工作的价值取向和根本标准”；“思想建党与制度治党相结合，同向发力、同时发力”；“党的作风是党的形象”，坚持“以零容忍态度惩治腐败，坚决遏制腐败现象蔓延势头”；“严肃党内政治生活是全面从严治党的基础”；“培养选拔党和人民需要的好干部”；“把抓基层打基础作为长远之计和固本之策”“管党治党一刻不能松懈”等。[④]

关于习近平党建思想的特点和特征。中国社科院马克思主义研究院院长邓纯东研究员认为，习近平关于党的建设重要论述具有鲜明特点：强调党要管党、从严治党，“打铁还需自身硬”；强调思想建设是党的建设的灵魂工作；强调要以解决党内突出问题为导向，以党风廉政建设和反腐败斗争的显著成效取信于民；强调弘扬党的优良传统，同时又要勇于改革创新；强调自律和他律的结合，并将其成熟做法上升到制度层面。[⑤] 郭亚丁认为，习近平党建思想有以下特点：体现了共产党人的历史担当；制度治党的思路明确清晰；加强党的建设的全面性突出；加大管党治党的从严力度；党建思路的传承性明显；具有强烈的问题意识；形式与内容表现出了务实风格。[⑥] 广东技术师范学院蔡朝晖、张多来则认为，习近平党建思想具有实践性、创新性、科学性、人民性、开放性等基本特点。[⑦]

对于习近平党建思想的研究态势，学者们也进行了探讨。许多人认为要构建“大党建”的视野，比如天津财经大学赵秀华教授指出，习近平管党治党思想的研究尚有

---

① 韩强：《习近平党建思想的理论和文化渊源研究》，《中共宁波市委党校学报》2016 年第4 期。

② 黄亦君：《习近平党建思想的历史逻辑与现实观照》，《学习论坛》2016 年第 4 期。

③ 中共中央宣传部：《习近平总书记系列重要讲话读本》，学习出版社、人民出版社 2016 年版。

④ 《全国党建研究会召开“纪念中国共产党成立 95 周年暨学习贯彻习近平总书记党建思想研讨会”》，《中国组织人事报》2016 年 7 月 21 日。

⑤ 邓纯东：《习近平同志关于党的建设重要论述的鲜明特点》，《红旗文稿》2016 年第 8 期。

⑥ 郭亚丁：《习近平党建思想的鲜明特点》，《浙江日报》2016 年 1 月 13 日。

⑦ 蔡朝晖、张多来：《论习近平党建思想的基本特征》，《湖北行政学院学报》2016 年第 6 期。

空间，要着眼于习近平党建思想的“实践品格”，构建“大党建”视野，还要注重研究方法的创新。

4. 关于加强和规范党内政治生活问题的研究

绝大多数学者认为，严肃党内政治生活是我们党的优良传统。中央党史研究室穆兆勇认为，党的一大纲领对党员条件、组织机构和工作制度做了规定，确定采用委员会制度，要求党员接受党的纲领和政策，严守党的纪律，保守党的秘密，忠实于党。这表明，我们党从一开始就把严肃党内政治生活作为自己的本质要求，与非马克思主义政党有了根本区别。[①] 中共山西省委党校党史党建教研部副教授崔建周认为，延安时期是中共党内政治生活走上正常化的重要历史时期。这一历史时期，党的建设的思想、理论进一步成熟，党内各项法规进一步完善，党内政治生活逐步摆脱了错误倾向的影响。[②] 中央党校党史教研部教授沈传亮则认为，党从成立之日起，就高度重视党内政治生活，为保证党在各个历史时期完成中心任务发挥了重要作用。[③]

学者们普遍认为：严肃党内政治生活是全面从严治党的基础。中国科学院原纪检组组长王庭大认为，严肃认真的党内政治生活、纯净健康的党内政治生态，是党的优良作风的生成土壤，是党的旺盛生机的动力源泉，是保持党的先进性纯洁性、提高党的创造力凝聚力战斗力的重要条件。有了严肃严格的党内政治生活，全面从严治党就有了坚实的基础。[④] 中央党校党建教研部教授戴焰军认为，有什么样的党内政治生活，就有什么样的党员、干部作风。我们党内目前存在的很多问题，其根源都可以追溯到党内政治生活的不正常，解决这些问题，应该从严肃党内政治生活入手。[⑤]

关于《关于新形势下党内政治生活的若干准则》的颁布，学者们认为，这是新形势下的党内政治生活指南。《共产党员》杂志由单洁主持的对《关于新形势下党内政治生活的若干准则》解读中认为，《准则》明确了新形势下加强和规范党内政治生活的方向、目标、原则、任务、举措，对我们党的组织生活提出新要求。[⑥] 武汉大学党内法规研究中心副主任、教授李斌雄则认为，制定和修订两部党内法规，开创了在党内法规轨道上解决党内存在的突出矛盾和问题的新路径。制定和修订两部党内法规的过程体现了科学决策、民主决策和依法决策。[⑦]

对于如何严肃党内政治生活，学者们纷纷从不同角度谈了自己的观点和看法。《党建》杂志组织了10位专家学者围绕“如何严肃党内政治生活”这一问题展开了论述，认为：坚定理想信念是开展党内政治生活的首要任务；坚持党的基本路线是党内政治生活正常开展的根本保证；坚决维护党中央权威是加强和规范党内政治生活的重要目的；

---

① 穆兆勇：《党章与开展党内政治生活的历史回顾》，《紫光阁》2016年第11期。

② 崔建周：《延安时期党内政治生活正常化的经验与启迪》，《马克思主义研究》2016年第4期。

③ 沈传亮：《严肃党内政治生活是一以贯之的优良传统》，《学习时报》2016年8月18日。

④ 王庭大：《党要管党从严治党必须严肃党内政治生活》，《前线》2016年第10期。

⑤ 戴焰军：《严肃党内政治生活是全面从严治党的基础》，《中国党政干部论坛》2016年第11期。

⑥ 《新形势下的党内政治生活指南〈关于新形势下党内政治生活的若干准则〉〈中国共产党党内监督条例〉解读》，《共产党员（河北）》2016年第31期。

⑦ 李斌雄：《中国共产党党内法规的重大创新——党的十八届六中全会精神理论研读》，《学习与实践》2016年第11期。

保持党同人民群众的血肉联系是党内政治生活的根本要求；严明党的政治纪律是党内政治生活的重要内容；坚持民主集中制原则是党内政治生活正常开展的重要制度保障；坚持正确选人用人导向是严肃党内政治生活的组织保证；严格党的组织生活制度是党内政治生活的重要内容和载体；加强对权力运行的制约和监督是加强和规范党内政治生活的重要举措；保持清正廉洁的政治本色是加强和规范党内政治生活的重要任务。[①]

关于严肃党内政治生活的关键，学者们普遍认为，要增强党内政治生活政治性、时代性、原则性、战斗性。中国社会科学院马克思主义研究院发展研究部主任辛向阳认为，政治性、时代性、原则性、战斗性，这“四性”不仅反映了党内政治生活的本质要求，也是党内政治生活的基本特征。[②] 国防大学马克思主义研究所研究员颜晓峰认为，只有把“四性”立起来、强起来，全面从严治党才能严之有据、严之有规、严之有度。[③]

三 关于近代史和党建党史需要深入研究的若干问题

1. 关于近代史和党史、国史研究存在的问题

其一，要更加重视基础研究，更深入地批评历史虚无主义。学术界总有人持历史虚无主义的态度，不能正确看待党和国家的历史，利用一系列敏感历史时间节点大做文章，采取各种方法和手段攻击诋毁英雄人物、歪曲党的历史、抹黑丑化党和政府形象。理论界与历史虚无主义思潮展开了针锋相对的斗争，旗帜鲜明地反对抹黑英雄、否定领袖、歪曲历史的错误倾向，运用法治手段捍卫英雄尊严和历史真相。在分析和研究历史时，一方面要研究历史发展中的伟大成就，另一方面须客观研究历史上发生的错误及发现错误、制止错误、纠正错误的历史过程，分清主流和支流，才能全面、公正地评价历史。

其二，近代史和党史都是政治性很强的学科，需要史料的准确、可靠。在文字资料方面，各种专题史料、区域史料和个案史料的整理出版取得显著进步。同时实地调查和口述史的发掘和抢救也得到了重视，先后出版了不少口述记录，弥补了现有史料的不足。有学者指出研究党史必须做到：严谨踏实，认真阅读资料；尊重史料，不割裂史料，更不能故意歪曲史料；实事求是，诚实注释；正确解读、应用资料，党史才能成为信史，党史研究才会有真正的繁荣。

其三，目前的许多国史专著，给人一种感觉，即各方面内容的简单相加，甚至是在原来社会主义时期党史的基础上又加上人民代表大会和政府的活动，加上外交、国防、文教、民族等方面的内容。其中缺乏有机的综合和分析，缺乏整体的交融和不可分感，缺乏宏观的把握和考量，这是国史学者需要注意并应解决的问题。另一方面，国史研究还需要尽可能地运用学术规范话语。促进国史研究中的话语转换，不但不意味着削弱国

① 郭倩倩、秦龙：《严肃党内政治生活的现实定位与实践探索》，《中共福建省委党校学报》2016年第12期。

② 辛向阳：《着力增强党内政治生活的政治性时代性原则性战斗性》，《光明日报》2016年11月9日。

③ 颜晓峰：《着力增强党内政治生活的政治性时代性原则性战斗性》，《党建》2016年第11期。

史所负有的意识形态功能，反而会使这种功能更为有效，更重要的是它将极大地促进国史研究，进一步提高其学术水平。

2. 今后党建研究需要注意的问题

党建研究的价值在于它在现实中的指导作用。目前来看，党建研究的力量多，成果也比较丰硕。但是如何使成果得到有效转化，是一个值得考虑的问题。一方面，研究成果本身要体现学术性和实践性相结合。即大多成果需要做好调查研究工作和统计分析工作，并且运用好其他的一些科学研究方法，这样的成果才能经得住考验。另一方面，要加强出版工作。把一些优秀的成果成系列地推出来，使得在社会上产生影响力，并且在实践中得以广泛运用。

（供稿：戴立兴、于晓雷、刘海飞）

思想政治教育

一　研究概况

2016 年，思想政治教育学科在既往的基础上持续推进。学者们坚持理论自信和学科自觉，以习近平总书记系列重要讲话精神为指引，以高度的责任感和积极进取精神深化思想政治教育研究，学科建设和学术研究取得重要进展。

（一）学科学术交流活动活跃而丰富

2016 年，思想政治教育学界学术研讨会和学术论坛丰富多样，各类研讨会主题鲜明，研讨内容丰富。研讨会关注思想理论领域重大理论问题与现实问题，并将综合研究与专题研究相结合，为专家学者和广大教师提供学术研究平台和学习交流渠道，对于深化学科理论研究和推进学科建设起到了积极作用。

第四届全国重点高校思想政治教育本科专业协同建设研讨会

2016 年 4 月 16—17 日，第四届全国重点高校思想政治教育本科专业协同建设研讨会在武汉大学召开。来自全国近 60 所高校、媒体和学术杂志的 140 余位专家和学者围绕思想政治教育本科专业建设的现状与实践、思想政治教育学科发展的成就与未来等问题展开了广泛的研讨。其中，加强全国高校思想政治教育本科专业协同创新，提高思想政治教育本科专业的办学水平，推动思想政治教育本科专业和学科建设是学者们讨论的重点。研讨会的具体议题包括思想政治教育专业建设与学科建设、思想政治教育专业建设成就与经验、思想政治教育专业教学质量标准、思想政治教育专业发展规划、思想政治教育专业教学改革、思想政治教育专业实践教学等。与会专家在对思想政治教育专业的建设状况进行充分的探讨与交流的基础上，提出了目前思想政治教育本科专业建设中存在的问题，并对未来思想政治教育本科专业的建设和发展提出了建议与展望。

2016 年 5 月 21 日，由教育部人文社科重点研究基地清华大学高校德育研究中心、北京市高校中国特色社会主义理论体系研究协同创新中心、清华大学马克思主义学院主办的“第六届全国思想政治教育高端论坛暨十八大以来党的理论创新”学术研讨会在清华大学举行，来自全国近百所高校的 160 多名专家学者和教育主管部门负责人参加了研讨会。此次会议正值习近平同志在哲学社会科学座谈会上重要讲话发表之际。与会专家学者认真学习领会习近平同志重要讲话精神，就马克思主义对我国哲学社会科学的指导地位、中国特色社会主义学术话语体系构建、培育和践行社会主义核心价值观、大学生思想政治教育的特点与规律等问题进行了深入研讨。

第六届全国思想政治教育高端论坛

2016 年 7 月 16—17 日，第九届《思想理论教育导刊》论坛——“高校思想政治理论课话语体系建设”理论研讨会在哈尔滨师范大学召开。来自全国各地 50 余所高校的 80 余位专家学者参加了论坛。本次论坛的主要任务是深入学习贯彻习近平总书记系列重要讲话，尤其是在哲学社会科学工作座谈会、庆祝中国共产党成立 95 周年大会上的讲话精神，贯彻落实《关于进一步加强和改进新形势下高校宣传思想工作的意见》《普通高校思想政治理论课建设体系创新计划》的工作部署，扎实推进高校思想政治理论课话语体系建设的研究。清华大学刘书林教授做了《牢牢把握社会主义意识形态话语权，推进高校思想政治理论课话语体系建设》的主题报告，与会专家与学者围绕论坛主题，就思想政治理论课话语体系建设进行了深入交流和探讨。

第九届《思想理论教育导刊》论坛——
“高校思想政治理论课话语体系建设”理论研讨会

2016 年 7 月 23—24 日，由中国社会科学院马克思主义研究院和东北师范大学联合主办，中国社会科学院马克思主义研究院原理部和东北师范大学马克思主义学部承办的“2016 年全国思想政治教育学术研讨会”在东北师范大学召开。这是中国社会科学院马克思主义研究院自成立思想政治教育学科以来举办的第六届全国性学术研讨会。会议旨在进一步推进马克思主义理论的学习教育，研讨会主题为“马克思主义理论教育研究”，研讨会以专家主题报告、交流发言和自由发言相结合的形式进行。海南省社科联主席赵康太教授、北京师范大学马克思主义学院院长王树荫教授、中国社会科学院马克思主义研究院原理部主任余斌研究员、东北师范大学王占仁教授分别做了主题报告。与会专家学者从不同学术视角，围绕马克思主义理论教育的思想传统与现实问题、实践创新与国际比较等问题展开深入的研讨。

为全面推进高校思想政治理论课综合改革创新，2015 年，中宣部、教育部联合印发了《普通高校思想政治理论课建设体系创新计划》（简称《创新计划》）。实施《创新计划》的目标是整体推进教材、教师、教学等方面综合改革创新，编写充分反映马克思主义中国化最新成果、教师好用学生爱读的系列教材；建设一支对马克思主义理论真学、真懂、真信、真用的教师队伍；培育推广理论联系实际、富有吸引力感染力的多种教学方法；重点建设一批教学科研皆强的马克思主义学院；逐步构建重点突出、载体丰富、协同创新的思想政治理论课建设体系，努力把思想政治理论课建设成为学生真心喜爱、终身受益、毕生难忘的优秀课程。

2016 年全国思想政治教育学术研讨会

2016 年，一些高校以贯彻落实《普通高校思想政治理论课建设体系创新计划》为主题召开了相关研讨会。2016 年 1 月 13 日，由温州大学马克思主义学院和《思想理论教育导刊》编辑部联合主办了“全国高校思想政治理论课课堂教学体系创新研讨会”。来自清华大学、中国人民大学、浙江大学、吉林大学、中山大学、山东大学等 88 所高校的近 200 名专家学者，围绕《普通高校思想政治理论课建设体系创新计划》精神，从不同角度深入探讨交流了进一步创新高校思想政治理论课课堂教学体系的有效途径和方法。

2016 年 7 月 14 日，由西南财经大学主办、内蒙古财经大学承办的全国高等财经教育研究会思想政治教育协作委员会“2016 年度教学改革研讨会暨高校思想政治理论课建设体系创新计划研讨会”在呼和浩特召开，来自全国财经类高校的 60 多位专家学者参加了研讨会。专家介绍了各自学校的思想政治理论课教育教学创新实践经验、遇到的问题与解决方法等情况，并针对思政课建设存在的主要问题，围绕落实思想政治理论课建设体系创新计划，提出了许多建设性意见和解决方案。主要有：一是加强协会建设，力争推动中央相关部门对不同类别高校的思想政治教育教学分类指导改革；二是积极推进思想政治理论课“教·习·学”改革；三是在科研投入上重点支持思想政治教育教学研究项目的审批和成果推广实践；四是加强各高校及其内部不同专业教师之间的交流与合作，积极推进资源共享；五是加强学校教育和社会教育、学校研究和地方与国家相关研究机构的联合等。

（二）关于进一步加强马克思主义学院建设问题

习近平总书记在 2016 年 12 月 7 日召开的全国高校思想政治工作会议上强调，高校思想政治工作关系高校培养什么样的人、如何培养人以及为谁培养人这个根本问题。要坚持把立德树人作为中心环节，把思想政治工作贯穿教育教学全过程，实现全程育人、全方位育人，努力开创我国高等教育事业发展新局面。马克思主义学院作为高校思想政治理论教育的主阵地，肩负着重要的历史使命。

自从全国各高校按照中央要求，纷纷建立自己的马克思主义学院以来，如何建设好马克思主义学院，使其成为真正具有战斗力的堡垒，成了一个常问常新的问题。特别是在当前高校意识形态形势严峻的情况下，如何把思想政治工作贯穿教育教学的全过程，马克思主义学院大有可为。2016 年 6 月 16 日，“马克思主义理论学科及马克思主义学院建设”研讨会在西安理工大学举行。“马克思主义学院建设”是研讨会的重要议题之一。与会专家一致认为，马克思主义学院是巩固高校意识形态前沿阵地的中坚力量，是事关社会主义前进方向的重要事业。“天下马院是一家”，做大做强马克思主义学院需要寻求多方面的支持，借力开展共建活动，实现资源共享，促进共同发展。有学者认为要“以教促建”，通过提升思想政治理论课的教学质量来推动和促进学院建设。例如，对于高校思想政治理论课教学，要邀请一流的、优秀的马克思主义理论家走上讲台讲好思想政治理论课；高校思想政治理论课教师对各种社会思潮等需要从理论上进行深刻分析、在批判上下功夫，增强理论的说服力，引领社会思潮走向；思想政治理论课教师要真信、真懂、真教马克思主义，运用叙事教学法、故事教学法等丰富课堂内容，讲好经典人物的经典故事、改革开放以来的实践故事、地域历史文化故事和自身的故事。也有学者对思想政治教育二级学科建设存在的问题进行了分析，认为思想政治教育学科理论体系尚不够成熟完善，学界对学科理论体系的认识尚不一致，对思想政治教育的基本范畴尚未达成共识，思想政治教育学原理本身还处于科学化过程中等。为此，思想政治教育学科建设要重点抓好三个方面，一是加强队伍建设，形成一支有坚定的马克思主义信仰的教师队伍。二是围绕着社会思潮、大数据时代背景下的网络思想政治教育、中华优秀传统文化、社会主义核心价值观等重大问题，不断推出高水平理论研究成果。三是要在改进教学方式方法上下功夫，增强高校思想政治理论课教育教学的实效性。①

对于如何建设好马克思主义学院，学者们的建议大体上是一致的，侧重点略有不同。郑州大学于向东认为，办好高校马克思主义学院，加强马克思主义学院建设，有三个突破点。一是从思想和行动上，把马克思主义学院作为高校思想政治理论教育的“主阵地”；二是把思想政治理论课教师作为思想政治理论教育的“主力军”；三是把思想政治理论课堂教学作为思想政治理论教育的“主渠道”。增强“三主”意识、推进“三主”建设，才能使马克思主义学院更好地完成其担负的艰巨而又光荣的历史使命。②武汉大学佘双好总结了武汉大学马克思主义学院能够在短时间内实现飞速发展，实现学科建设和人才培养的多方面跨越的主要做法和经验，值得同行学习。首先，要形成坚强的领导班子。这种坚强体现在四个方面，一是领导班子齐整；二是领导班子要善于谋划；三是领导班子要齐心协力；四是领导班子作风要硬。其次，注重建章立制，依法治

① 易鹏、鲁宽民：《陕西省“马克思主义理论学科及马克思主义学院建设”研讨会综述》，《思想理论教育导刊》2016 年第 10 期。

② 于向东：《加强高校马克思主义学院建设的若干思考》，《思想理论教育导刊》2016 年第 3 期。

院、民主治院，在原有基础上建立起较为齐全的学院建设的制度体系，使学院方方面面的工作都做到有章可依、有章可查，为学院发展奠定了稳定坚实的制度基础。再次，学院以马克思主义理论学科建设为龙头，带动学院其他方面工作的全面发展，形成学科建设、思想政治理论课程建设和学院发展相互支撑、共同促进的良性发展局面。学院充分调动广大教师积极性，内强素质，外求发展，不仅确保教师待遇逐年增长，而且注重教师的思想政治和业务培训，提升教师的政治素质和业务素质。最后，学院注重文化建设，形成了风清气正、昂扬向上的学院文化。①

（三）高校思想政治理论课教学改革研究继续推进

近些年来，市场经济的快速发展以及多元多变多样思想价值观念的出现对高校思想政治理论课造成了一定程度的冲击，高校思想政治理论课改革一直是学界关注的热点。2016年，学界主要围绕两大问题展开探讨。一是关于高校思想政治理论课话语权问题，二是对慕课、微课等教学方式的反思。

高校思想政治理论课话语权的研究，论点主要集中在话语权面临的挑战、话语权有效性、新的话语体系构建等方面。当前高校思想政治理论课话语权面临的挑战主要来自三个方面：一是社会体制转型中的各种矛盾对思想政治理论课话语权主体的冲击；二是各种社会思潮对思想政治理论课话语权阵地的侵蚀；三是复杂的国际社会变化对思想政治理论课话语权的挑战。哈尔滨师范大学李庆霞认为，要应对话语权面临的挑战，须从当今我国社会体制转型的大背景出发，不回避矛盾，积极引导学生自主地去认识社会变迁中的问题，深入研究利益调整中的各种社会思潮产生的过程及所代表的观点，洞察中国成为世界第二大经济体时世界各国主要是美国的遏制战略，说明坚持中国特色社会主义的重要意义。② 有学者从高校思想政治理论课教学实效的增强来探讨思想政治理论课的话语重构。如，吉林大学邵彦敏等认为，当前思想政治理论课话语受到西方话语、新媒体话语的冲击，重构势在必行。话语重构存在四个逻辑要求，一是提升思想政治理论课的学理高度，学术话语不可缺；二是阐释思想政治理论课的时代要求，政策话语不可丢；三是增强思想政治理论课的信服程度，数据话语不可少；四是呈现思想政治理论课的本真品味，生活话语不可无。具体到运用上，表现为课程话语要懂、精、通；教师话语要熟、活、柔；课堂话语要真、鲜、亲。③ 星海音乐学院陈平也有类似观点，认为高校思想政治理论课话语权的获得是话语体系建设的前提，话语体系建设的基础在于思想课教师话语能力的建设，而关键则是思政课教师话语艺术的建设。④

2016年，学界对思想政治理论课网络化教学的反思也在深入。从网络化教学的现

---

① 佘双好：《武汉大学马克思主义学院建设基本经验和发展设想》，《高校马克思主义理论研究》2016年第4期。

② 李庆霞：《高校思想政治理论课话语权面临的挑战与应对》，《思想理论教育导刊》2016年第11期。

③ 邵彦敏、张春波：《增强高校思想政治理论课教学实效的话语重构》，《思想理论教育导刊》2016年第11期。

④ 陈平：《高校思想政治理论课话语体系建设的前提、基础和关键》，《思想理论教育导刊》2016年第11期。

状来看，将现代化信息技术运用到思想政治理论课教学过程是当今教学改革的趋势或者说特点。翻转课堂、慕课、微课等教学方式继续受到关注，“慕课”“微课”作为网络化教学改革的典型，相关研究成果呈井喷式增长。以知网论文为例，用“慕课”作为关键词进行搜索，2013 年论文数量 15 篇，2014 年 324 篇，2015 年 899 篇，2016 年高达 1277 篇。同样，“微课”从 2013 年至 2016 年论文数量分别为 64 篇、484 篇、1719 篇、2759 篇。另外，借由网络自媒体高速发展的东风，高校还出现了一批“思政网红”，思想政治理论课教学一时之间呈现“百花齐放”的局面。除此以外，一些高校开始尝试利用互联网技术解决“到课率”“参与率”“抬头率”等教学痛点。① 但另一方面，与思想政治理论课教学网络化一哄而上不同，也有不少学者开始反思这些教学改革的有效性，强调回归思想政治理论课教学的本真。

运用慕课等技术手段来创新高校思想政治理论课教学实践，有一定的现实合理性。中央财经大学黄明伟等认为，高校思想政治理论课运用慕课教学，在某种程度上为提升高校思想政治理论课的针对性和即时性、增强高校思想政治理论课的感染力和影响力、创新高校思想政治理论课的教学模式和教学方法提供了新机遇。② 但是，全面引入慕课是存在一定风险的，山东大学马秋丽认为，其风险来自于三个方面，一是极有可能削弱思想政治理论课意识形态教育效果，二是导致思政课同质化和流于形式，三是导致思政课教师队伍不稳定。③

复旦大学顾钰民从思想政治理论课的性质、规律和目标等方面，对高校思想政治理论课改革的“慕课热”进行了深入的分析，他提出的三大问题值得学界探讨。一是“慕课”教学形式是否符合思政课的性质和特点；二是“慕课”形式是否遵循思政课教学规律；三是“慕课”形式是否有利于实现思政课教学改革目标。他认为，“慕课”的兴起与课程的性质有内在联系，在自然科学、社会科学的一些课程中具有良好的成长基础。这类课程的特点是不具有意识形态性质，学生以接受纯知识性内容为主，考核标准易掌握、程序简单、通过率高。而思政课是我国社会主义大学性质的体现，反映了国家意识形态，以马克思主义基本原理、中国化马克思主义理论，中国革命、建设、改革开放史和大学生思想道德修养与法律基础知识为主体内容，属于思想政治教育的范畴，教学过程需要教师和学生进行面对面的交流、沟通、对话才能取得好的教学效果。从教学规律来看，思想政治理论课教学有自身规律：教师必须了解学生，尽可能多地面对面与学生接触、交流、互动，了解学生的思想实际，掌握他们的思想动态，这是做人的思想政治工作具有的普遍规律，思政课提高教学有效性也必须遵循这条规律。“慕课”这一教学形式与思政课的教学规律却背道而驰，关键在于减少甚至割断了教师与学生之间面对面接触这一根本环节。总的来说，从提高思政课教学效果来看，“慕课”形式的改革并不符合思政课教学规律；从加强思政课教师队伍建设来看，“慕课”这一形式带来的

---

① 沈震、钱伟量：《基于移动互联网技术的思想政治理论课课堂教学改革》，《北京工业大学学报（社会科学版）》2016 年第 3 期。

② 黄明伟、潘建：《高校思想政治理论课运用慕课教学的特殊性及其发展思考》，《思想教育研究》2016 年第 5 期。

③ 马秋丽：《高校思想政治理论课引入慕课的风险及规避策略探析》，《思想理论教育导刊》2016 年第 3 期。

结果只会起到削弱作用，基本没有促进作用；从思政课教师教学投入来看，“慕课”这一教学形式的变化一定会影响到教师教学投入的变化。①

总的来说，对近年来高校思想政治理论课网络化教学改革蔚然成风的现象持保留意见的学者，一般认为网络化教学改革虽然取得了一定的成效，但也存在一些误区。如，南京师范大学张振认为，网络化教学改革的误区主要表现为重“技术”、重“过程和形式”和重“整体”等方面，而忽视思政理论课教师的主导作用；忽视对学生的考核、忽视教学的差异性等问题，这导致思政理论课教学的时效性和针对性难以保障。要矫正这些误区，首先还是要充分发挥教师在思想政治课教学中的主导作用，其次要多渠道加强对学生的考核，切实增强思想政治理论课的实效性；最后要坚持因材施教，充分考虑差异性。②

今年思想政治教育教学领域出现的一个新现象值得关注。即所谓的“思政网红”。对此，不少学者持肯定态度，认为这是教学改革取得的效果之一，这些“思政网红”大都是年轻教师，具备一定的学科背景和专业素养，有个人魅力，有拿手绝活，而且不照本宣科，深受学生欢迎。也有部分学者反思了这一现象，认为它的出现是网络经济泡沫化的副产品，容易偏离思想政治理论课的初心。上海商学院陈志强认为，思政课不是娱乐场，更不是名利场，来不得浮躁，更容不得轻狂。思政课可以没有“网红”，但不能没有学科意识和目标导向。从目前来看，一些“思政网红”的授课内容随意性过大，且取材需要凝练和提升，需要从学科角度加以科学把握。最需要引起社会关注的是，“思政网红”的泛娱乐化倾向。尽管“思政网红”不是纯商业行为，但其演进方式和“网红”一样，都是通过新媒体推送获得眼球效应和轰动效果。他认为，即使可以有“思政网红”，也应防止“思政网红”因过度包装而出现“重娱乐”“轻思想”的庸俗化倾向。③

二　重大问题研究进展

2016 年，思想政治教育学科在以往研究的基础上，在基础理论研究与重大现实问题研究等方面继续推进，取得重要进展。

（一）基础理论研究

1. 思想政治教育学基本问题研究

（1）关于思想政治教育本质的研究

思想政治教育本质是思想政治教育理论研究的基础性和前沿性问题，对思想政治教育本质的把握是推进思想政治教育学科发展和实践深化的前提。近年来，学界对思想政治教育本质问题的研究取得了较大的进步，研究成果逐渐增多，但对思想政治教育本质

---

① 顾钰民：《高校思想政治理论课改革“慕课热”以后的“冷思考”》，《思想理论教育导刊》2016 年第 1 期。

② 张振：《高校思想政治理论课网络化教学改革的误区及其矫正》，《延安大学学报》（社会科学版）2016 年第 3 期。

③ 陈志强：《“思政网红”不能只追求“红”》，《解放日报》2017 年 1 月 17 日。

的界定众说纷纭。2016 年，学者们大致从如下角度对思想政治教育的本质进行了探讨。

关于思想政治教育本质内涵的研究。主要有以下几种认识。一是认为思想政治教育的本质是“人民性”。大连理工大学马克思主义学院的赵宇认为，“人民性”是思想政治教育的本质特征与内在要求，思想政治教育的人民性是党的宗旨的体现，是中国特色社会主义理论体系的本质规定与要求，是中国共产党在革命和建设中不断实践形成的马克思主义中国化的重要成果。① 二是“转化论”。如东北师范大学姚箐箐等认为思想政治教育的本质是“社会主流意志转化为个人意志”，即将社会占统治地位的阶级、政党或集团对社会成员思想观念、政治观点、道德规范等方面的诉求转化为社会成员的个人意志，是由外部施加到内部认同的过程。并认为这种本质观符合本质的基本规定，体现了思想政治教育工具性价值与目的性价值的统一。② 三是“工具性”和“交往性”。如首都师范大学李基礼提出应从“外在视角和内在视角”出发来分析思想政治教育的本质问题。从外在视角来看，思想政治教育是政治系统维持自身稳定的控制手段，其本质属性为工具性；从内在视角来看，思想政治教育是以语言为媒介、达成理解、形成共识的交往行动，其本质属性为交往性。③

关于如何研究思想政治教育本质问题。除对思想政治教育本质内涵的研究外，许多学者对当前思想政治教育本质研究存在的问题进行分析，在方法论层面对如何认识和把握思想政治教育本质问题进行探讨。有研究者认为，缺乏共识是思想政治教育本质分歧的根源。为此，东北师范大学姚箐箐等提出对于思想政治教育本质的理解和认识应当具有一定的共识，一是明确本质的内涵和规定是正确认识思想政治教育的前提；二是认识思想政治教育本质应有融贯古今、跨学科的视野；三是思想政治教育的本质应内含工具性价值与目的性价值相统一的取向。④ 中国人民大学郭灏认为思想政治教育本质这一元问题，不是孤立单一的问题，而是与思想政治教育的其他元问题相关联的，与思想政治教育其他元问题一起共同构成思想政治教育元理论的基石；对思想政治教育元问题的探讨和研究形成的理论成果，也不应呈现为孤立单一的本质问题理论成果，而应当在思想政治教育本质问题研究的基础之上，对已有的思想政治教育理论进行反思，建构与思想政治教育本质规定以及其他元问题研究成果相契合的思想政治教育元理论体系，才能系统推进思想政治教育的学科化建设，真正实现思想政治教育的跨越式发展。⑤ 西安科技大学张铭钟认为，对于思想政治教育本质的研究，必须将其置于我国具体的历史事件中去系统化认识思想政治教育的发生机理和过程，即理论化地考察党在早期革命和当代改革过程中确立的思想政治教育对象、目标、功能、方法、体系、规律及其内在本质。从现有文献来看，学者主要集中在对思想政治教育功能与作用、方法与手段、目标与价值等方面探讨，从不同维度体现了思想政治教育的本质属性，而对思想政治教育的本质的探求离不开其产生的土壤以及时代条件，在历史语境下去梳理分析，可以看出，思想政

① 赵宇：《人民性：思想政治教育的本质特征》，《继续教育研究》2016 年第 1 期。
② 姚箐箐、王立仁：《思想政治教育本质研究述评》，《思想政治教育研究》2016 年第 5 期。
③ 李基礼：《双重视角下思想政治教育本质研究》，《学校党建与思想教育》2016 年第 12 期。
④ 姚箐箐、王立仁：《思想政治教育本质研究述评》，《思想政治教育研究》2016 年第 5 期。
⑤ 郭灏：《思想政治教育本质研究的现状、问题与趋向》，《思想教育研究》2016 年第 4 期。

治教育的本质就是推动党的意识形态实现社会化的一种“教化”手段。[1]

（2）关于思想政治教育内容的研究

思想政治教育的内容是构成思想政治教育理论体系的重要方面，对于实践中思想政治教育的实效性也具有重要作用。本年度，学者们关于思想政治教育内容的研究，除了从总体上强调教育内容需要创新和优化，主要落脚于核心价值观、网络热点、社会思潮、传统文化等方面。总体看来，目前对该问题的研究还应区分“思想政治教育的内容”与“思想政治理论课内容”。

思想政治教育内容时代化问题。许多学者强调要依据时代变化以及党和国家提出的社会发展目标来调整和优化思想政治教育内容。如华中师范大学曾兰认为，为提升大学生思想政治教育的质量，需要从整体上规划教育内容，突出重点，促进大学生全面发展的同时，增强思想政治教育的主导性，提高针对性，与时俱进拓展教育内容，促进思想政治教育质量的持续提升。思想政治教育内容应从宏观上进行整体规划，内容要素的选择要充分体现社会、时代发展的需要以及个人现实生活、全面发展的需求，既要坚持社会主导性内容、价值规范性内容与对象需求性内容的统一，又要坚持政治性内容、认知性内容与日常性内容的统一；既要坚持普遍性内容与个性化内容的统一，又要坚持传授知识、培养能力与促进成人的统一。[2] 上海对外经贸大学卢岚从“四个全面”战略布局的视角来论证思想政治教育内容发展的问题，认为思想政治教育内容发展与社会结构变迁紧密联系、相互渗透，并在双向互动中体现出制度变迁所固有的历史合理性与选择性的辩证关系。当代中国正在进行的社会转型具有总体性特征，“四个全面”战略布局正是回应社会转型的总体性特征需要而提出的理论。这意味着与社会转型的总体性特点相配合的思想政治教育内容发展模式也应具备一种总体性的建设性思考。[3]

将社会思潮作为高校思想政治教育的重要内容。中国人民大学马克思主义学院王易认为，社会思潮是高校思想政治教育的重要内容。社会思潮多元化是当前高校思想政治教育面临的主要形势，积极应对这一形势需要回答三个问题：研究社会思潮对高校思想政治教育的意义，具体的研究内容是什么，以及如何研究和引领社会思潮。思想政治教育不能不回应社会思潮，绕开社会思潮，离开学生关心的思想理论热点，就会陷入无的放矢的说教，学生接受的思想政治教育就只能是理论条条；同时，回避社会思潮，也就离开了学生的思想实际，与教育对象形成了隔阂，不可能使思想政治理论课收到实效。她认为，研究社会思潮是了解和把握高校学生思想理论动态的重要内容，并认为研究社会思潮的关键在于揭示规律。一是厘清社会思潮产生和发展的规律，二是把握社会思潮传播和演变的规律，三是加强对社会思潮的本质、社会作用和发展趋势的研究，透视社会思潮产生和发展的脉络，分析其主要理论观念、利益诉求和基本特征。她同时还认为，研究社会思潮需要以一种更加开放和包容的自信心态正视多元文化并存的现实。加强马克思主义的宣传不等于排斥其他思想的存在，加强马克思主义的教育也不等于否定其他理论的价值和意义。要用马克思主义的立场、观点和方法对社会上存在的各种影响

---

① 张铭钟：《思想政治教育本质理论系统化研究》，《湖南社会科学》2016 年第 2 期。

② 曾兰：《论内容优化与大学生思想政治教育质量的提升》，《思想教育研究》2016 年第 2 期。

③ 卢岚：《思想政治教育内容发展的若干问题研究——基于“四个全面”战略布局的视角》，《思想教育研究》2016 年第 9 期。

较大的价值观念和社会思潮进行全面、客观、理性的分析，让学生自己在深入学习思考的过程中认清各种思想流派的起源流变、精神实质，并逐步提高鉴别、甄辨的能力。①

将社会主义核心价值观融入思想政治教育。东北大学张哲认为，党的十八大精神赋予了新时期大学生思想政治教育新的时代内涵，大学生思想政治教育工作要将中国特色社会主义道路理想信念教育、培育和践行社会主义核心价值观、促进学生全面发展作为新时期大学生思想政治教育的重点内容。② 中南民族大学宫丽认为，在大学生中培育和践行社会主义核心价值观是高校立德树人的崇高使命，也是思想政治教育的本质要求。思想政治理论课是高校立德树人的主阵地，是培育和践行社会主义核心价值观的关键一环。核心价值观的塑造是在外在的教育宣传、激励示范作用下形成内在的心理认同和道德约束的过程，表现为主体文化自觉认同和认同基础上的自觉践行。这决定了大学生核心价值观培育应融入思想政治理论课教育教学，用社会主义核心价值观去引领个体价值观的塑造，内化于心外化于行。③

少数民族思想政治教育内容问题。针对民族高校学生的特点，有学者提出要根据民族地区发展的要求以及少数民族大学生与生俱来且时刻变化的思想行为情况来确定思想政治教育的内容。如南京晓庄学院商学院洪伟认为，少数民族大学生思想政治教育要有自己的特色，要结合时代特点，紧密联系社会主义核心价值观，突出爱国主义教育、民族观宗教观教育、道德教育、法制教育和就业观教育。④ 西北民族大学刘晓飞等也认为，民族院校更应该根据其特殊性，从内容、形式、方法、机制多方面改进和创新，多管齐下，与党和国家的方针政策紧密联系，在教学大纲的基础上深入渗透传统道德和时代特色，既需要以思想政治教育目的和任务为客观依据，又应该以受教育者的思想状况为现实依据，教育内容应从五个方面加以完善，即中国特色社会主义理论和中国梦教育、中国特色社会主义民族理论教育、民族团结和爱国主义教育、品德修养和道德实践教育、心理素质教育。⑤

（3）关于思想政治教育价值的研究

思想政治教育价值包含社会价值和个体价值，这是学界较为一致的观点。在思想政治教育价值问题上，很多学者倾向于从人学视野考察思想政治教育价值，并强调思想政治教育个体价值的重要性。2016 年对思想政治教育价值的研究依然囿于上述认识之中。

有研究者认为，思想政治教育价值论研究几十年来一直沿用的“术语体系”和“解释框架”值得商榷，提出要对“价值”这一概念重新审视。如天津师范大学闫艳认为，从马克思交往实践观这一视角出发，价值不仅是一个表明主体与客体关系的范畴，也是表明主体与主体关系的范畴，是这两种关系的产物。马克思交往实践观很好地揭示

① 王易：《关于社会思潮是高校思想政治教育的重要内容》，《思想教育研究》2016 年第 1 期。

② 张哲：《基于党的十八大的大学生思想政治教育内容体系研究》，《教学与研究》2016 年第 7 期。

③ 宫丽：《社会主义核心价值观培育贯穿于思想政治理论课教学的几点思考》，《思想理论教育导刊》2016 年第 4 期。

④ 洪伟：《新时期少数民族大学生思想政治教育内容研究》，《教育观察》2016 年第 5 期。

⑤ 刘晓飞、廉武辉：《新时期民族高校思想政治教育的内容》，《民族高等教育研究》2016 年第 3 期。

了“客体满足主体需要”“主客体关系说”的价值内涵对人的拒斥和消解，还价值以“属人性”——价值就是人的价值。① 再如中国矿业大学钱美玲、丁三青认为，当前思想政治教育价值论域以价值概念作为逻辑起点，通过从抽象到具体的逻辑方法，建构思想政治教育价值的理论体系。从“价值概念”出发，导致整个思想政治教育价值论的起始范畴陷入“遗漏人”的逻辑悖论而难以自圆其说，消解了思想政治教育价值论的人学基础。从逻辑起点的内涵和基本规定性出发，立足于马克思主义的人学视野，确定“现实的人”为思想政治教育价值论的逻辑起点，对于进一步完善思想政治教育价值论的逻辑结构，构筑科学的思想政治教育价值理论体系具有重要的理论价值和实践意义。②

此外，有研究者从社会价值入手，强调其中的政治价值的重要性。湖南农业大学的曾文和华中师范大学的张耀灿认为，在思想政治教育的社会价值中，政治价值是其首要价值。思想政治教育政治价值生态是指在思想政治教育过程中，建立在政治价值基础上的人与人、人与社会、人与政治制度之间的和谐关系。它帮助人们形成政治价值生态意识，从而树立正确的政治价值观念，坚守一定的政治责任，使先进的政治理念和思想起到和谐社会政治关系，推动社会政治经济发展，维护社会政治稳定的作用。当前，我国思想政治教育政治价值生态失衡，出现了诸如“政治性淡化”、意识形态领域斗争“迟缓、被动、缺失”“非政治化”等倾向，影响极深、危害极大。因此，必须切实从体现思想政治教育政治价值的政治责任、政治教育内容和方法上搞好生态建设，从而不断促进思想政治教育学这门学科的发展。③

2. 马克思主义理论与思想政治教育研究

2016 年 5 月 17 日，习近平总书记在哲学社会科学座谈会上发表了重要讲话，指出，“以马克思主义为指导，是当代中国哲学社会科学区别于其他哲学社会科学的根本标志，必须旗帜鲜明加以坚持”④，深刻阐明了马克思主义在我国哲学社会科学领域的指导地位。思想政治教育是伴随我国改革开放历史进程而发展起来的、运用马克思主义理论与方法，专门研究人们思想品德形成、发展和思想政治教育规律，培养人们正确世界观、人生观、价值观的一门新兴学科，是我国哲学社会科学的重要领域，要在新形势下大有作为，就必须毫不动摇地坚持以马克思主义为指导，这是思想政治教育学科创新发展的根本遵循。

强调思想政治教育必须坚持以马克思主义为指导。思想政治教育以马克思主义理论为指导，同时马克思主义理论又是思想政治教育的理论基础和重要内容。思想政治教育研究中毫无例外存在着马克思主义“空泛化”“标签化”等问题，学者们进行了深入的探讨。西南大学黄蓉生认为，对新形势下出现的新情况新问题，思想政治教育学科唯有以马克思主义为指导，坚持问题导向，聆听时代的声音，回应时代的呼唤，认真研究解

---

① 闫艳：《对价值和思想政治教育价值的续思——基于马克思交往实践观的视角》，《湖北社会科学》2016 年第 6 期。

② 钱美玲、丁三青：《思想政治教育价值的逻辑起点再认识》，《学校党建与思想政治》2016 年第 1 期。

③ 曾文、张耀灿：《论思想政治教育政治价值的生态研究》，《马克思主义研究》2016 年第1 期。

④ 习近平：《在哲学社会科学工作座谈会上的讲话》，《人民日报》2016 年 5 月 19 日。

决重大而紧迫的问题，才能真正把握住历史脉络、找到发展规律，推动创新发展。实现这一目的的关键在于广大思想政治教育工作者要自觉坚持以马克思主义为指导，自觉把中国特色社会主义理论体系贯穿研究和教学全过程，转化为清醒的理论自觉、坚定的政治信念、科学的思维方法，这是坚持以马克思主义为指导的实践追求。① 西南大学白显良认为，马克思主义是党和国家的指导思想，也是哲学社会科学繁荣发展的理论指南。以马克思主义为指导推进科学研究，是我国哲学社会科学繁荣发展的基本要求。思想政治教育作为马克思主义理论学科下属的二级学科，理应以马克思主义为指导开展科研工作，使理论研究及其成果呈现鲜明的马克思主义理论学科特色、学科气派和学科风格。在思想政治教育科研中坚持马克思主义，首先要坚持马克思主义的世界观和方法论，运用马克思主义的立场、观点和方法分析和解决具体问题。为此，一是把握马克思主义的精髓与实质，避免标签化地“穿靴戴帽”；二是把握马克思主义活的灵魂，避免简单化地“演绎推论”；三是坚持马克思主义的理论品质，避免刻板化地“定域关注”；四是把握马克思主义的根本方法论，避免主观主义和形而上学。② 云南大学王川认为，在当今思想政治教育中仍旧需要自觉坚持马克思主义，彻底地阐述马克思主义理论和中国特色社会主义理论的思想内涵及具体实践含义，利用意识性为主导与非意识性为辅助相结合的教育方法来实施思想政治教育，通过思想政治教育把马克思主义理论内化到受教育者的思想观念中，将社会主义意识形态和资本主义意识形态具体划分，厘清两种社会制度对应的思想体系，明确我国思想政治教育的基本导向目标，彻底展现马克思主义理论的时代指导价值。③

将马克思主义理论的具体观点融入思想政治教育。上述学者大体是从总体上论述马克思主义理论与思想政治教育学科建设、高校思想政治理论课建设、思想政治教育的关系。在2016年学界的研究成果中，更多的则是从马克思主义的某一种理论入手，来分析理论与实践在某种意义上的联系或结合，如马克思主义灌输论、人学理论、需要理论、人的本质论、交往理论等等。如福建师范大学陈艺勇认为，灌输理论是马克思主义的重要内容，它没有过时，不应该被否定。高校思想政治工作作为一种意识形态教育，更应自觉接受马克思主义灌输理论的科学指导。在思想政治教育实践中，要始终坚持灌输内容的真理性、科学性、完整性，要关注灌输过程的有意义性，打破“填鸭式”“硬手段”等错误方式，实现灌输方式的多样化。④ 山东师范大学杜丽佳认为，马克思交往理论是唯物史观的重要组成部分。它立足于现实的人的物质生产实践活动，作为人的存在和发展方式，体现了社会主体间的关系，是人自由全面发展的基础，蕴含着丰富的思想政治教育资源。理解和掌握马克思交往

① 黄蓉生：《以马克思主义为指导：思想政治教育学科创新发展的根本遵循》，《思想教育研究》2016年第6期。

② 白显良：《在思想政治教育科研中坚持马克思主义的几个问题》，《思想理论教育导刊》2016年第2期。

③ 王川：《论思想政治教育与坚持马克思主义理论的彻底性》，《福建教育学院学报》2016年第7期。

④ 陈艺勇：《高校思想政治教育必须以马克思主义灌输理论为指导》，《佳木斯大学社会科学学报》2016年第2期。

理论的核心内容，有助于从思想道德素质的形成、思维方式的转变等方面挖掘其主体间性思想政治教育意蕴，并以此为引导，建立以交往为纽带的教育者与受教育者之间的主体间关系，实现以平等对话、相互理解、共同发展为内容的思想政治教育过程的建构，实现主体间性思想政治教育的创新发展。① 武汉大学项久雨认为，“以人为本”是马克思主义人学理论中的重要原则，由于在思想政治教育主客体关系中，人的发展是核心指标，那么，是否有利于促进人的发展就成为判断思想政治教育主客体关系是否合理的内在尺度。因此，我们就必须从马克思主义人学的立场出发，将“以人为本”原则作为确立思想政治教育主客体关系的前提依据，把现实的人作为优化思想政治教育主客体关系的逻辑起点，从人的需要出发，把人的发展作为落脚点，从而构建动态和谐的思想政治教育主客体关系。② 但学界一直对此有不同的看法，甚至形成争论。在本年度也有学者提出不同认识。如西安科技大学赖雄麟等认为，思想政治教育人学视野以及研究范式的提出，在某种程度上存在着理论瑕疵和逻辑的不自洽，产生了某种程度的“疑”与“惑”，说明这一范式尚需进一步完善。③

3. 思想政治教育话语问题研究

党的十八大以来，以习近平同志为核心的党中央多次强调宣传思想工作、新闻舆论工作的重要性。宣传、舆论工作的根本目的在于将真理、真相、真情传达给广大人民群众。要做到这一点，关键是要抓住“话语权”，即你说的话群众会听。话语权掌握在谁手里，谁就能决定社会舆论的走向。2016 年，话语权、话语体系研究成为热点，思想政治教育话语转型也成为学者们关注的话题，学界主要探讨了思想政治教育话语权的重要性和特点，当前话语面临的困境和如何实现话语转换等问题。

思想政治教育话语及其特征。中国人民大学刘建军认为，思想政治教育的话语转换，就是在思想政治教育过程中，教育者用受教育者更喜欢听、更容易懂，从而更能够接受的话语，来表达思想政治教育的内容，以提高受教育者的兴趣和理解水平，从而增强思想政治教育实效性。东北师范大学李艳认为，思想政治教育话语权与中国马克思主义话语权直接相关，体现和反映国家意识形态话语权是思想政治教育的重要特征。党的十八大以后，掌握思想政治教育话语权是我们加强意识形态工作，巩固马克思主义在意识形态领域的指导地位，实现其领导权的重要组成部分。④ 闽西职业技术学院林振东认为，思想政治教育话语作为一种具有鲜明意识形态性的复杂语言符号系统，具有主体主导性、内容政治性、形式稳定性以及表述直接性等鲜明特征。⑤ 江南大学侯勇认为，思想政治教育话语是在意识形态政治实践中潜隐政治权力运作展现出来的意识形态言语符号系统。思想政治教育话语权是在意识形态政治实践活动中形成的话语影响力、吸引力和控制力，包括理论话语主导权、学科话语

---

① 杜丽佳：《马克思交往理论视域下主体间性思想政治教育研究》，《南方论坛》2016 年第 2 期。

② 项久雨：《以人为本：思想政治教育主客体关系的马克思主义人学之维》，《教学与研究》2016 年第 2 期。

③ 赖雄麟、梁东亮：《思想政治教育人学范式献疑》，《思想教育研究》2016 年第 3 期。

④ 李艳：《思想政治教育话语权的内在规定》，《马克思主义研究》2016 年第 3 期。

⑤ 林振东：《略论思想政治教育话语及其现代化转型》，《思想政治教育研究》2016 年第 5 期。

引领权、工作话语管控权。[①]

思想政治教育话语困境与应对。学者们分析了当前思想政治教育话语所面临的困境与挑战，并在此基础上提出了如何走出困境与应对挑战、实现思想政治教育话语转化的方法和途径。江南大学侯勇认为，随着社会现代化与思想政治教育系统内部转型，思想政治教育系统内部遭遇理论话语“主导权弱化”、学术话语“引导权式微”、实践话语“管控权失落”等困境。[②] 武汉理工大学蒙良秋认为，在新媒体时代，高校思想政治教育话语变革面临现实话语与虚拟话语断裂、宏观话语与微观话语悬隔、历史话语与现实话语脱节、主体话语与客体话语错位等现实挑战。[③] 西北工业大学崔华华等认为，思想政治教育话语在社会现代性和社会结构转型中面临多重现实困境：文化大交融下的多样化内容解构了其主导力；大数据时代下的多维化选择降低了其吸引力；传统思维观下的单向化传输阻滞了其亲和力；生活化语境下的情境化错位减弱了其辐射力。并提出了实现由思想政治教育权力话语向话语权力转换的三个策略和四个突破。三个策略：第一，工具性功能话语转化为价值性话语引领，实现理论话语主导；第二，文件话语应用向学术话语生长，实现学科话语引领；第三，政治性话语关注向公共性话语转型，实现工作话语管控。四个突破：一是从一元化到多维化的思想政治教育话语结构整合，二是从政治工具性到生活体验性的思想政治教育话语价值超越，三是从单向威权式到交往引导式的思想政治教育话语方式转换，四是从集体规训型到个体发展型的思想政治教育话语理念共生。[④] 武汉大学马克思主义学院张哲认为，对当前思想政治教育话语困境问题的思考既是思想政治教育基于理论自觉的审视，也是增强思想政治教育时代有效性的重要基点。应对思想政治教育话语困境，应植根于中国特色社会主义实践基础上来增强思想政治教育的话语自觉；应善于运用新概念、新范畴、新表述以丰富思想政治教育话语表达；应重视受教育者话语接受实际进而增强思想政治教育话语传播实效；应在积极应对各种形式的话语竞争中提升思想政治教育话语主动权等。[⑤] 闽西职业技术学院的林振东认为，思想政治教育话语的现实困境主要表现在：当前，思想政治教育话语正面临着官样话语偏好引发“离散化”，单项灌输导致“虚弱化”，价值取向偏离造成“内卷化”等现实困境。要摆脱这些困境，应着力于推进思想政治教育从“工具话语”向“价值话语”、从“官样话语”向“日常话语”、从“控制话语”向“互动话语”、从“独享话语”向“共享话语”等的一系列转变。[⑥]

此外，中国人民大学刘建军认为，广大思想政治教育者要增强话语转换的自觉性，在三个方面狠下功夫，即话语娴熟、思想透彻、思维圆融。话语娴熟是话语转换的表层基础，要熟练掌握思想政治教育的主流话语，熟练掌握哲学社会科学的相关学术话语，熟练运用生活化的话语；思想透彻是话语转换的内层基础，要对表达和传递的思想理论

---

① 侯勇：《权利话语与话语权力：思想政治教育话语权建构与转型》，《理论与改革》2016 年第 3 期。

② 同上。

③ 蒙良秋：《新媒体时代高校思想政治教育话语变革研究》，《教育评论》2016 年第 2 期。

④ 崔华华、张翼：《思想政治教育话语及其现代转型》，《理论探索》2016 年第 1 期。

⑤ 张哲：《论思想政治教育的话语困境与出路》，《教学与研究》2016 年第 7 期。

⑥ 林振东：《略论思想政治教育话语及其现代化转型》，《思想政治教育研究》2016 年第 5 期。

做到理解透彻和处理自由；思维圆融是话语转换的深层基础，要用心掌握辩证法，使我们的思维更加辩证、灵活和自由，要去了解和体悟不同的生活方式，从而掌握不同话语和不同思维的特点。[①] 东北师范大学李艳认为，针对当前各种形式的弱化马克思主义，消解思想政治教育话语权的倾向，必须从根基上进行清理。在理论上，坚持彻底性；在学科上，坚守思想性；在研究上，坚持科学性。[②]

（二）重大现实问题研究

1. 意识形态领域的相关问题研究

在经济全球化背景和改革开放的历史进程中，人们的思想进一步多元多样，加上西方的文化渗透与国内的思潮涌动互为犄角，使我国的主流意识形态面临着被边缘化的危险。因此，“维护意识形态安全”成了哲学社会科学工作者的重要命题和艰巨任务。2016 年，学界关于意识形态问题的研究成果丰硕，其中不乏有价值的成果。

意识形态话语权成为关注的重点。中国社会科学院侯惠勤认为，从马克思主义的观点看，意识形态话语权既不是单纯的叙事技巧，也不是神秘的精神支配，而是统治阶级运用国家力量进行思想统治的方式。现代无产阶级无论作为革命前的被压迫阶级，还是革命后的统治阶级，都是依靠科学理论占领历史制高点才获得思想统治权的，因此社会主义国家主流意识形态的核心话语必然是建立在历史必然性基础上的科学性话语。在重大的历史关头鲜明地提出科学总结历史经验、深入破解现实矛盾和彰显政治远见的主导性议题，是实现话语权的关键。[③] 首都师范大学李宏伟认为，意识形态话语权主要指统治者借由语言文字所表达的执政理念、政策、法规能被听众（被统治者）所接受、所认可、所遵从、所信奉。从讲话者、讲话内容、听众这三个维度出发，实现意识形态话语权要把握四个方面内容：唯实、为民、未来、畏言。具体而言，实事求是是意识形态话语权的信任底线，为民服务是意识形态话语权的价值诉求，面向未来是意识形态话语权的战略导向，敬畏语言是意识形态话语权的自觉自省。[④]

总结党的十八大以来中国共产党意识形态理论创新成果。中国社会科学出版社赵剑英认为党的十八大以来，以习近平同志为核心的新一届中央领导集体高度重视党的意识形态工作，围绕意识形态工作的诸多问题发表了一系列重要讲话，提出了许多富有创见的新思想新观点新论断，推动了党的意识形态理论的创新。一是强调了新形势下党的意识形态工作的极端重要性，在增强“三个自信”的基础上确证党的意识形态的合理性。重塑共产党人的理想、信念和宗旨，提倡学习马克思主义世界观和方法论；二是注重从中华优秀传统文化源泉中汲取营养，增强国际话语权，改变“做得好，说不好”“有理说不出，说不好”的“失语”局面；三是全面加强信息化网络化条件下党的意识形态工作，科学把握和运用网络传播规律，充分运用新技术新应用创新新媒体传播方式，弘

---

① 刘建军：《思想政治教育话语转换的三重基础》，《思想理论教育导刊》2016 年第 5 期。

② 李艳：《思想政治教育话语权的内在规定》，《马克思主义研究》2016 年第 3 期。

③ 侯惠勤：《意识形态话语权建设方法论研究》，《贵州省委党校学报》2016 年第 2 期。

④ 李宏伟：《意识形态话语权的四个基点》，《理论月刊》2016 年第 1 期。

扬主旋律，激发正能量。①

网络意识形态问题成为关注和研究的又一重点。针对互联网时代意识形态领域出现的新问题、新特征，学界也给予了相当的关注和研究。如北京联合大学李俊卿等，总结了互联网背景下我国意识形态表征、安全风险，并提出了相应的防范措施。他们认为，当前网络意识形态斗争场景多以文化的形式出现，其载体日益影像化、视觉化，消费主义至上已成为网络意识形态传达的重要内容。而我国网络意识形态安全面临的压力主要包括互联网技术层面本身的严峻挑战；发达国家利用文化传播进行意识形态渗透的风险；政治娱乐化、消费主义及各种错误思潮引发的身份感缺失和价值观模糊以及网络舆论开放性与自主性对意识形态安全造成的压力。对此，有必要转变传统媒介的宣传方式，建立感性意识形态的理念；加强软硬件的自主研发，发挥大数据在意识形态舆情监测方面的作用；增强意识形态的国际网络话语权等。② 在应对互联网时代意识形态问题上，除了官方的积极作为，"群众"的力量也不可小觑。复旦大学吴海江等从网络"自干五"（新意见群体）现象出发，认为"新意见群体"正显示出巨大的舆论能量，并且越来越成为一种介入社会现实的重要力量，其特点是秉持理性客观、尊重事实的态度，认同中国当下社会政治秩序，认同中国现代化发展道路。作为一种网络意见表达群体，"自干五"的理念与意在构建广泛社会认同的社会主义核心价值观具有内在的一致性。"自干五"现象启示我们在加强和改进主流意识形态建设上，要在核心价值观理论阐释上有新的突破，要对公众的意见采取更加多元包容的态度，要对社会中新的群体、新的文化现象予以足够的关注，充分发挥他们的主动性，使其成为社会正能量的重要传播者。③

2. 关于共产主义理想问题研究

在 2015 年关于共产主义理想的问题讨论的基础上，2016 年思想理论界对共产主义理想问题进行了深入研究。主要围绕三个方面：一是考察共产主义的形成历史，二是论述坚持共产主义的重大意义，三是共产主义信仰教育的路径思考。

关于共产主义理论的形成史问题。关于共产主义的形成史，有学者从共产主义理想的历史形态进行了梳理。中国人民大学刘建军认为，在共产主义信仰的发展史上，马克思恩格斯不可磨灭的功绩，就是实现了这个信仰的科学化转向，使之成为一种科学的信仰。只有马克思和恩格斯才明确了共产主义理想其实是一种新的社会形态，一种出现在资本主义之后的社会形态。而用社会形态的范式和社会形态更替的逻辑来看待共产主义理想，其形态轮廓和历史定位一下子清晰起来。这就是科学的魅力，马克思恩格斯用科学的态度和理论来对待共产主义理想，将其奠定在科学的基础之上。④ 中国人民大学冯景源也研究了共产主义理论的形成过程，认为马克思主义的形成是从共产主义理论开始

---

① 赵剑英：《论十八大以来中国共产党意识形态理论创新》，《马克思主义研究》2016 年第 7 期。

② 李俊卿、张泽一：《互联网背景下我国意识形态表征、安全风险及防范》，《思想理论教育导刊》2016 年第 10 期。

③ 吴海江、杜彦君：《互联网时代如何进一步加强和改进主流意识形态建设——基于"自干五"现象的思考》，《毛泽东邓小平理论研究》2016 年第 2 期。

④ 刘建军：《论共产主义理想的历史形态》，《中共杭州市委党校学报》2016 年第 5 期。

的。政治经济学、唯物史观理论的创立，是科学论证共产主义的需要，而这种论证是在不同的阶段上进行的。马克思主义三大理论分别是共产主义、唯物史观和政治经济学；它们不是同时形成的，最早形成的是共产主义理论，它居于核心的地位；唯物史观哲学、政治经济学是为了论证共产主义的科学性在不同的“理论驿站”上创立的。依据“从后思索”的观点，马克思共产主义理论的确立，不仅是理解马克思为什么要进行经济学批判研究和哲学批判研究，也是了解他的人生观、价值观确立过程的一把钥匙，同时透视出他为共产主义理论和实践献身的伟大一生的内在原因。[①]

关于坚定共产主义信仰的重大意义。关于为什么要坚定共产主义信仰，学者们研究的侧重点各有不同。或者认为它给人以强大精神力量，或者认为它是变革社会的指路明灯。武汉大学梅荣政认为，坚定共产主义理想信念，是共产党人安身立命的根本。没有坚定的共产主义理想信念，就不能做中国共产党的党员。共产主义在现实生活实践中前进，一陷入唯心史观就看不见这一铁的事实。实现共产主义需要经历一个将社会环境和人根本改造过来的漫长过程。坚持和发展中国特色社会主义，是中国共产党人坚持共产主义理想在当代的使命。[②] 中国社会科学院辛向阳等认为，共产主义是人类社会最崇高的理想和目标，是马克思依据人类社会发展规律得出的科学结论。共产主义理想是中国共产党的政治灵魂，是中国共产党带领全国各族人民实现中华民族伟大复兴的强大精神力量。共产主义理想贯穿整个中国共产党历史，是中国共产党取得新民主主义革命、社会主义革命和建设以及改革开放一系列重大胜利和辉煌成就的精神密码。[③] 南京航空航天大学何畏认为，科学共产主义是对资本主义固有矛盾及其弊端辩证否定的结果。它坚持唯物史观，主张只有建立生产资料社会所有制才能彻底改变旧社会的社会政治结构、文化结构和人的思想观念；认为人民群众作为历史的创造者理应是社会财富的享有者，从而使社会公正观摆脱了西方传统的价值偏好说；坚持“两个必然”与“两个决不会”的辩证统一，从而为马克思主义政党改造资本主义社会、建设社会主义指明了远大理想与实现目标历史承续的方法论。[④]

对“共产主义渺茫论”的批判。针对某些关于共产主义是“乌托邦”，是“虚无缥缈”等妖魔化共产主义的论调，学界也给予了有力的反驳。中国社会科学院朱继东认为，改革开放以来，国内外一些人或势力想尽一切办法故意污名化甚至妖魔化共产主义，使得讲共产主义被一些人认为是“左”或走弯路的根源、不可能实现的乌托邦等。对此，我们一定要理直气壮地回击那些抹黑、诋毁、妖魔化共产主义的言行，讲清楚如何正确认识共产主义、为什么要坚定共产主义理想信念等问题，使更多的人看清楚，共产主义不仅是真假共产党人的重要试金石，也是一个人是否热爱人民、是否坚持真理的重要试金石。[⑤] 北京大学梁柱认为，共产主义是推不倒的，因为它是科学，反映了人类

---

① 冯景源：《马克思共产主义理论的制定及其研究的意义——兼谈马克思主义“三个组成部分”的“核心”问题》，《东南学术》2016 年第 2 期。

② 梅荣政：《坚定共产主义最高理想》，《思想理论教育导刊》2016 年第 4 期。

③ 辛向阳、陶利江：《共产主义理想是实现中华民族伟大复兴的强大精神力量》，《思想理论教育导刊》2016 年第 4 期。

④ 何畏：《论共产主义理想之美》，《思想理论教育导刊》2016 年第 2 期。

⑤ 朱继东：《在回答好时代问题中高举共产主义旗帜》，《思想理论教育导刊》2016 年第 2 期。

社会发展的规律，是不可抗拒的历史潮流。这已为马克思主义理论的科学性和实践中社会主义运动的巨大成就所证明。一切悲观失望的论调和“推墙派”的盲动，都是没有根据的，必然要被历史前进的步伐踏碎。革命低潮并不可怕，因为历史的进程不是直线的，暂时的失败不能改变历史所昭示的发展方向。[①] 厦门大学张有奎等批判了“共产主义的虚无主义”，指出这一论调按照现代资产阶级的方式想象共产主义，从而把共产主义错误地理解为比资产阶级先驱更具破坏性和激进的乌托邦。在马克思看来，真正的共产主义使得人们摆脱了自身仅仅是生产—消费机器的异化状态和无意义感，摆脱虚假意识形态的束缚，摈弃超验的价值、意义和真理的理论预设，破除资本逻辑的统治和霸权，变革现存世界并实现人的解放，因而是破解虚无主义的密钥。[②]

关于共产主义信仰教育问题。对于如何进行共产主义信仰教育，学者们也提出了一些看法。北京师范大学王晓广、王炳林认为，当前做好共产主义信仰教育工作，必须着重从理论、历史和实践维度阐明共产主义的科学性、合理性和必然性。坚定的信仰来自于清醒的理论认知，共产主义信仰之所以具有如此巨大的魅力，正是源自对马克思主义理论的科学性、革命性和实践性的认知和认同。共产主义信仰教育若要有说服力，除了让人们领会这一理论本身的科学性和强大魅力以外，还要向人们讲清人类社会发展的历史进程和规律。要让人们懂得共产主义的实现不是一蹴而就的事情，而是一个从量变到质变、从现实到理想的长期的、渐进的过程。[③] 北京交通大学颜吾佴认为，人民群众中进行共产主义理想信念教育对于中国共产党团结带领中国人民实现自己的历史使命不但是非常必要的，而且是现实可行的。关键在于四个坚持：一是要坚持先进性与群众性的统一，二是坚持渐进性与全面性的统一，三是坚持引导性与实践性的统一，四是坚持建设性与抑制性的统一。[④] 中国人民大学陈先达提出要对青少年进行共产主义理想教育。他指出，我们在进行社会主义核心价值观的教育，进行中国传统基本的伦理和道德教育的同时，适当进行共产主义教育，进行共产主义远大理想教育，并不是要他们立即从事共产主义建设，而是把它作为世界观和人生观教育的一部分，让我们的青少年明白人类社会将来朝什么方向前进，什么样的制度是人类最美好的制度，什么样的理想是人类最美好的理想。虽然我们现在距离共产主义社会还有很长一段路，但如果我们的青少年特别是大学生，一点不懂社会发展史，不懂什么是共产主义，就不可能真正理解什么是社会主义，什么是资本主义，不可能真正理解当代中国社会主义初级阶段的本质和中国社会的未来走向。[⑤]

3. 关于社会主义核心价值观问题研究

自从将社会主义核心价值观确立为“富强、民主、文明、和谐，自由、平等、公正、法治，爱国、敬业、诚信、友善”以来，对社会主义核心价值观的研究持续成为思想理论界的重要内容。学界从社会主义核心价值观的内涵、特征，尤其是如何培育和

---

① 梁柱：《共产主义是推不倒的》，《思想理论教育导刊》2016 年第 4 期。

② 张有奎、白锡能：《“共产主义的虚无主义”及其批判》，《现代哲学》2016 年第 3 期。

③ 王晓广、王炳林：《共产主义信仰教育要把握好三个关系》，《思想理论教育导刊》2016 年第 4 期。

④ 颜吾佴：《坚持开展共产主义理想信念教育》，《思想理论教育导刊》2016 年第 4 期。

⑤ 陈先达：《做坚定的马克思主义理论工作者》，《光明日报》2016 年 3 月 2 日第 1 版。

践行等方面展开研讨。

关于社会主义核心价值观内涵与特征。社会主义核心价值观的基本内容虽已确立，但学界对其理解阐释仍存在分歧。不同观点的交流、碰撞实际上起到了答疑解惑、拨云见日的效果。如中共中央党校李蕊认为，社会主义核心价值观内容阐释的分歧主要集中于三个基本问题：是价值还是价值观？是社会主义的价值观还是普世价值观？何为核心、够不够核心？弘扬社会主义核心价值观，需要从理论上厘清上述问题。既要正视价值和价值观在理论实质上的差异，又要看到两者在现实中的紧密关联，认识到社会主义核心价值观是价值实体与价值观念的内在统一；既要看到“社会主义”是社会主义核心价值观的本质规定，又要看到其“中国特色”的时空限定与“人类共性”的价值一般；既要看到“核心”是“核心主体”的价值观与价值观的“核心内容”之统一，又要认识到进一步凝练“核心之核心”的必要。① 再如兰州大学王学俭等认为，准确理解习近平总书记关于社会主义核心价值观的系列讲话，应当深入把握社会主义核心价值观的科学内涵：一是反映社会主义核心价值体系的内核。同社会主义核心价值体系一样，社会主义核心价值观体现了社会主义意识形态的本质，凝结了社会主义先进文化的精髓，凸显了社会主义制度在思想和精神层面的质的规定性，构成了中国特色社会主义的价值表达。二是标定价值观念的最大公约数。社会主义核心价值观被视为“全党全社会价值共识”、各种社会认知的“最大公约数”、当代中国精神世界的“价值公约数”。社会主义核心价值观深邃契合着国家远大理想，广泛凝结着社会长久期待，真切诉说着人民共同愿望，因而成为当之无愧的理想之准绳、心灵之罗盘、期待之指针、愿望之坐标、行动之向导。三是明确国家价值目标。社会主义核心价值观从三个方面明确了国家层面的价值目标、社会层面的价值取向、公民个人层面的价值准则。从国家、社会和公民三个层面告诉人们什么是真善美、什么是假恶丑，从而抵制低俗思想、腐朽文化和错误舆论的侵害。社会主义核心价值观的三个层面，既相互区别，又内在贯通，从而把涉及国家、社会、公民的价值要求融为一个整体。② 针对一些人一直将社会主义的价值观与所谓的普世价值混为一谈，安徽师范大学宫晓红等认为，所谓的普世价值实际上是资本主义核心价值观，社会主义核心价值观与其有根本的区别，区别根源于经济基础，经济基础不同，其本质也不同。社会主义的经济基础是以生产资料公有制为基础的生产关系，社会主义核心价值观与生产资料公有制相适应。资本主义的经济基础是以生产资料私有制为基础的生产关系，资本主义核心价值观与生产资料私有制相适应。③

关于培育和践行社会主义核心价值观。社会主义核心价值观一旦确立，如何培育和践行就成为关键问题。所谓核心价值观的践行，就是在实践上对核心价值观加以实施，使之转化为国家制度、社会风尚和个人修为的过程。如云南大学李兵提出，社会主义核心价值观作为理论或观念形态的东西，作为国家所倡导的价值理想、价值导向和价值规范，只有被人们领悟和理解，并内化为个人的价值目标、价值取向和价值认同，才能真

① 李蕊：《弘扬社会主义核心价值观需厘清的基本理论问题》，《社会主义研究》2016 年第3 期。

② 王学俭、郭绍均：《关于社会主义核心价值观的几个重点问题——学习理解习近平总书记关于社会主义核心价值观的系列讲话》，《社会主义核心价值观研究》2016 年第 2 期。

③ 宫晓红、单传友：《论社会主义核心价值观与资本主义核心价值观的原则性区别》，《思想理论教育导刊》2016 年第 5 期。

正在现实生活中发挥其应有的引领、激励和规范的作用；而只有核心价值观所指向的“价值”不同程度地存在于人们的生活之中，并与人们的工作和生活发生真实关联的时候，它才会在人们心中得到不断的强化和巩固。因此，切实把核心价值观落实到经济社会发展实践和社会治理之中，是培育和践行社会主义核心价值观有效的实践进路。核心价值观的践行主体涉及国家、社会和个人三个层面。因此，山东师范大学任者春认为应从三个层面入手：一是政府通过行政和法律手段有效倡导和推进核心价值观的践行，二是各种社会组织发挥组织优势积极奉行和引导其成员遵守核心价值观的要求，三是大众个体对核心价值观的内心认同和身体力行。当三重主体各尽其力、相互支撑时，就会形成核心价值观践行的良好氛围，推动社会和谐发展。① 中国社会科学院付安玲和华中师范大学张耀灿提出大学生核心价值观隐性培育的观点。所谓价值观隐性培育，就是通过隐藏培育的预期目的、系统理论和既定规范等内容，让人们受到“无形”的潜在影响。他们认为实施隐性培育符合大学生社会主义核心价值观培育和践行的客观规律。并提出隐性培育的五个着力点：一是立足生活实践，打牢核心价值观隐性培育的根基；二是挖掘显性课程的隐性资源，构建核心价值观隐性培育的平台；三是借助网络文化隐性教育的优势，拓展核心价值观隐性培育的载体；四是学校、家庭、社会三位一体，形成核心价值观隐性培育的合力；五是提升学生素质，抓住核心价值观隐性培育的关键。② 北京市思想政治工作研究会专门研究了社会主义核心价值观的践行规律，提炼出推进社会主义核心价值观践行要遵守的五大规律，为当下和今后的践行实践提供启示和参考。社会主义核心价值观践行的规律主要有：从主体上呈现出一种国家主导之下，国家、社会和公民（社会个体）共同参与、相互促进、整体推进“三位一体”运行机理，即国家主导下多主体整体推进规律；从方向和目标上呈现出以人的发展为根本导向的规律；从存在形态呈现出一种价值观念与政策制度相互转化、互为促进、不断强化的规律；从发生机制看，呈现出一种内化和外化相互联系、互相强化的规律；从辩证过程看，呈现出一种反复性和长期性发展的规律；长期性，主要指对社会主义核心价值观的认知和践行是一个长期实践、逐步积累的过程。③

4. 新媒体与大学生思想政治教育研究

随着信息技术的快速发展，新媒体逐渐成为人们生活的一部分，成为人们获取和传递信息的主要方式。它对于人的现实生活影响巨大且无法规避。学界一般认为，新媒体之于大学生思想政治教育，既是机遇又存挑战，扬长避短才能解决新媒体时代大学生思想政治教育领域出现的新问题，开创思想政治教育领域的新实践。

本年度思想政治教育学界主要研究的问题是新媒体对大学生思想政治教育的挑战及应对。如东北师范大学陈华巍等认为，要实现思想政治教育的目的，我们有必要消解新媒体的负面效应，充分利用新媒体的积极效能和资源优势，即教育主体坚守铸魂育人本

① 任者春：《从“为政以德”到“化民易俗”：中国古代核心价值观践行的基本经验探析》，《山东大学学报（哲学社会科学版）》2016 年第 1 期。

② 付安玲、张耀灿：《大学生社会主义核心价值观的隐性培育初探》，《思想理论教育导刊》2016 年第 4 期。

③ 北京市思想政治工作研究会课题组：《社会主义核心价值观践行规律研究》，《思想政治工作研究》2016 年第 1 期。

位，强化文化自觉；塑造教育客体的价值研判能力，优化思想品格；教育介体融入革故鼎新的气度，深化承载能力；教育环体凸显人文关怀理念，净化育人时空。① 上海大学欧阳光明等认为，要借助新媒体平台优势，因势利导，进一步促进新媒体时代思想政治教育话语权的多维建构。如，依托新媒体优势提升思想政治教育话语体系的影响力；从中国特色社会主义理论体系中汲取思想资源；以新媒体为载体搭建思想政治教育的新平台；提高思想政治教育工作者的新媒体驾驭能力。② 四川师范大学张桢认为，高校思想政治教育工作者切实调整自身的教育意识并提升技术水平，才能通过不断的实践构建出大学生思想政治教育新载体。如，构建"红色网站"以促进红色文化的传播；虚拟化社区平台的合理化应用；借助微博载体实现德育的普及；建立校内思想政治教育信息资源库；加强手机平台的应用等。③

新媒体的发展离不开网络技术的普及，作为思想政治教育的主要实践之一，网络思想政治教育经过近20年的发展，取得了一定的成效，相关研究成果颇为丰富。2010年以来，伴随着互联网基础设施和终端设备的发展，加之大数据、人工智能、云计算、移动互联网、物联网等技术的推动，互联网越来越成为人们生产生活的重要场域，越来越深刻地改变着人们的思想观念和行为方式，网络思想政治教育也越来越面临着诸多挑战和更加繁重的任务，而网络思想政治教育研究也呈现出滞后于互联网新发展和网民新需求的新问题。有学者运用大数据，梳理分析了网络思想政治教育研究的现状和存在的问题，并提出推进网络思想政治教育研究发展的新举措。如中央财经大学胡树祥、高宇认为，互联网的新发展凸显了网络思想政治教育研究的"三个滞后"，一是"质"与"量"不相符，且出现"质"与"量"齐下的状况严重滞后于互联网发展和研究进程；二是网络思想政治教育研究内容和对象狭窄，研究方法传统单一，严重滞后于网民的规模扩展、结构变化、需求变化；三是网络思想政治教育研究人员、研究团队数量不足，严重滞后于网络思想政治教育研究对人力资源的迫切需要。为了改变这种"滞后"的现状，首先要扩展网络思想政治教育对象，顺应网民规模和结构的快速变化；其次，要深化网络思想政治教育教育内容，顺应网民日益增长的精神文化需求；再次，善用大数据的研究方法，顺应互联网技术和实践的发展要求；最后，要壮大网络思想政治教育研究队伍，顺应网络思想政治教育发展的迫切需求。④

三 学科发展与学术研究需要注意的问题

思想政治教育学科虽然仅有三十几年历史，但已经初步形成了具有自身特定的"概念""范畴""原理"的思想政治教育学原理知识体系，初步形成了以"思想政治

① 陈华巍、王贵新、刘国军：《新媒体视域下大学生思想政治教育有效路径论析》，《思想教育研究》2016年第3期。

② 欧阳光明、刘秉鑫：《新媒体时代思想政治教育话语权及其建构维度》，《思想教育研究》2016年第6期。

③ 张桢：《新媒体环境下大学生思想政治教育载体探析》，《高教探索》2016年第2期。

④ 胡树祥、高宇：《网络思想政治教育现状的大数据分析与思考》，《思想理论教育导刊》2016年第7期。

教育学原理”为基础，以“思想政治教育发展史”“思想政治教育方法论”“中国共产党思想政治教育史”“马克思主义思想政治教育理论基础”等为主干学科和以“比较思想政治教育学”“思想政治教育管理学”“思想政治教育心理学”“思想政治教育社会学”等为分支学科构成的思想政治教育学科体系。这个成就是相当显著的，它是在思想政治教育学界老中青一代代的拓荒式努力下取得的。但是目前形成的体系和研究成果，一方面为学科发展奠定了良好基础，另一方面也似乎固化为学科进一步发展的屏障。因此，30 年后的今天，思想政治教育研究需要进入到深化、提升阶段，亟待理论研究的突破与创新。

我们认为，今后发展应从以下方面发力。

（一）进一步强化学科意识，深化思想政治教育基础理论研究

学科基础理论解决的是学科的根本性问题，对于整个学科来说处于基础性地位，决定和影响着整个学科的发展。学科基础理论研究构成了学科建设的核心内容和主体内容。根不深难以叶茂。缺乏雄厚扎实的基础理论，学科建设就会因基础不牢而落空。因此，必须把基础理论研究作为学科建设的重中之重。目前，思想政治教育基础理论研究总体来看缺乏深度，创新能力不够、重复研究严重。这已成为影响思想政治教育学科深入发展的突出问题之一。如，关于思想政治教育概念界定的问题、思想政治教育“本质”“规律”“范畴”“价值”、研究对象、基本矛盾、客观规律以及评价标准体系等方面的基本问题，基本止步于原有的研究基础之上而没有根本性的突破。例如，“思想政治教育的本质”问题的研究，基本上依然是在已有的研究结论基础上重复研究。就 2016 年来看，对于该问题的研究仅有少量综述类的文章，尚无专门研究的成果。虽然出现了从单纯概括本质是什么转向对认识和把握“思想政治教育的本质”原则、方法等方面的研究的进步，但遗憾的是还未见到有深度的研究成果。因此，目前亟待深化对思想政治教育基础理论问题的研究，解决制约思想政治教育学科发展的根本问题，构建起逻辑自洽、语言自洽、体系自洽的思想政治教育理论体系，真正提高思想政治教育学科的科学化水平。

（二）进一步增强问题意识，拓展思想政治教育内容

思想政治教育是一门实践性很强的综合性学科，这已经成为思想政治教育学界的共识。解答思想疑惑、回应理论诉求、化解心灵矛盾，是思想政治教育的重要功能。然而，伴随着思想政治教育专业化和学科化的不断发展，学界越来越关注思想政治教育理论体系的研究，而日常思想政治教育实践活动却没有受到应有的同等重视。脱离实践要求，缺乏问题意识成为思想政治教育研究不可忽视的问题。因此，思想政治教育要把“问题意识”作为思想政治教育研究创新的突破口和着力点。思想政治教育研究要拓展思想政治教育实践的“问题域”，回答实践不断提出的问题。为此，需要界定思想政治教育理论研究的问题和问题意识，剖析思想政治教育研究中片面追求学科体系意识、淡化问题意识的不良倾向。当前，要把现实问题研究作为思想政治教育研究的重要内容，尤其应把“当代社会思潮”作为思想政治教育研究和教学的重要内容。思想政治教育的对象是人的“思想”，而社会思潮是影响人们思想的重要内容，因此思想政治教育不能回避社会思潮。思想政治教育绕开社会思潮，就会远离人们所关心的思想理论热点，

思想政治教育就会变为游离于活生生的生活实际而陷入无的放矢的说教。而解决不了思想实际问题的理论说教，必然会令人生厌而难以收到成效。因此，思想政治教育应加强社会思潮研究，揭示社会思潮产生和发展的规律，特别是加强对错误社会思潮本质、危害的研究，提高人们自觉坚持马克思主义的立场、观点和方法鉴别是非的能力。

（三）进一步增强批判意识，积极开展学术争鸣

对旧事物、旧观念的批判是马克思主义发展的固有逻辑。在学术问题上特别是重大理论研究上缺乏批判精神，不用批判思维去看待和鉴别原有的理论研究成果，就会导致重复研究和创新观点不足。学术争鸣、学术批评是推进学术繁荣、促进学科理论发展完善的强大动力和重要方式。近几年思想政治教育学科领域的学术争鸣有所开展但还很不够。缺乏批判精神、批判思维、批判勇气和批判能力，成为思想政治教育研究开拓创新的巨大障碍。在思想政治教育研究中，重复性研究较多、争鸣性研究不多、批判性研究稀缺，创新性严重不足，这必然造成理论研究成果整体层次不高，真正意义上的开拓性、原创性学术成果极其匮乏。习近平总书记在全国哲学社会科学座谈会上的讲话中指出，“创新可大可小，揭示一条规律是创新，提出一种学说是创新，阐明一个道理是创新，创造一种解决问题的办法也是创新”。因此，思想政治教育研究者应不断提高马克思主义理论水平，提高把握学术研究前沿动态和驾驭海量学术信息与资源的能力，树立批判精神、增强批判意识，提高批判能力，使辨析、商榷、争鸣、批评、批判——这些学术研究中可贵的东西，真正成为思想政治教育学术研究的常态，成为推进学术研究的一种重要的动力，成为学术研究的生命。从而推进包括思想政治教育在内的我国哲学社会科学的进步、繁荣和发展，推动整个理论创新事业的健康发展。

（供稿：梁海峰、侯为民、李春华）

科学无神论

2016年是科学无神论学科发展史上具有重要意义的一年。4月22—23日，全国宗教工作会议在北京召开，习近平总书记在会上做了重要讲话。其中关于马克思主义无神论的理论阐述，取得重要突破，在马克思主义无神论研究和发展史上写下了浓墨重彩的新篇章。以此次会议的召开为契机，科学无神论的学科建设也取得了很大进展。

一　学科发展概况

（一）学术活动和学术交流

2016年，围绕全国宗教工作会议精神，中国社会科学院科学与无神论研究中心与中国无神论学会联合举办一系列的学术研讨会和工作座谈会，继续推动科学无神论的学科建设。此外，其他相关平台和机构也举办了一些与科学无神论相关的学术交流活动。

1. 推动无神论学科建设和阵地建设

2015年12月，习近平总书记和刘云山、刘延东、刘奇葆等中央领导同志在北京科技大学左鹏教授关于加强无神论学科建设的研究报告上作出重要批示，要求："要加强无神论阵地和学科建设，要有具体举措。""认真落实……商相关部门研究提出具体措施办法。""认真落实，加强无神论理论研究和宣传。"

（1）关于学科建设。2016年1月15日，中国无神论学会召开会议，专题研讨由中国社会科学院马克思主义研究院龚云研究员和北京科技大学左鹏教授起草的"关于在马克思主义一级学科下设立无神论二级学科的建议"，1月22日，将建议报送中宣部、教育部。

2016年2月6日，教育部学位管理与研究生教育司、国务院学位委员会办公室来函，对学科建设问题做了回复。①经过组织调研和专家论证，专家们认为，加强无神论教育，需要哲学社会科学和自然科学各学科共同努力，高校当前最紧要的是加强无神论课程建设，特别是公共课建设，把无神论作为学生思想政治教育的重要内容，渗透融入到相关课程，覆盖到所有学生，加强宣传引导，用马克思主义无神论来强化正面教育。②2011年，国务院学位委员会、教育部在修订学科目录时，对学科设置与管理模式进行了改革，学科门类和一级学科目录由国务院学位委员会、教育部制订，二级学科由学位授予单位自主设置。③提出改进措施。针对无神论教育目前存在的问题，教育部和国务院学位委员会将从落实高校意识形态主体责任、坚持教育与宗教分离原则、加强无神论教师队伍建设、加强无神论课程建设与教学管理、加强马克思主义无神论研究等方面积极努力，同时鼓励和支持相关高校自主设置无神论二级学科或研究方向。

（2）关于阵地建设。中宣部副部长王晓晖2016年1月25日批示：转伟光同志，请社科院提出具体工作方案。

2月20日，中国无神论学会在中国藏学研究中心举行专题会，研讨综合阵地建设方案，由龚云同志起草上报，社科院分管党组成员要求马研院再审。

3月29日，中国无神论学会在中国社科院马研院再次召开研讨会，集中专题研讨在社科院建立无神论研究所的方案。由龚云同志起草方案，并上报马研院。后经社科院党组同意，以社科院名义上报中宣部。

2. 学习贯彻全国宗教工作会议上习近平总书记的讲话精神，推动马克思主义无神论的学习和宣传教育

2016年4月27日下午，中国无神论学会在北京科技大学召开全国宗教工作会议精神传达会。学会领导和部分理事集体学习刚刚召开的全国宗教工作会议精神，研讨学会工作如何贯彻落实会议精神。

全国政协民族和宗教委员会朱维群主任解读全国宗教工作会议精神和参加会议的体会。与会同志一致认为，习近平总书记在全国宗教工作会议上的讲话是指导新的历史条件下全国宗教工作的纲领性文件，其中关于马克思主义无神论的重要论述，是党的历代主要领导人中讲得最充分、最透彻、最到位的，学习之后深感振奋、备受鼓舞，我们要抓住有利机遇，在落实上下功夫，推动无神论研究和宣传教育在体制机制、阵地建设、学科建设和舆论话语等方面取得实质性的进展。

会议决定，动员学会同志集中撰写一批贯彻会议精神，重点是坚持马克思主义无神论方面的理论文章，争取在重要报刊上公开发表，并由《科学与无神论》杂志结集出版。会议请龚云同志向中国社科院马研院、信息情报院有关领导汇报学会2016年年会有关设想。并请学会各位专家学者解放思想，集思广益，为提升马克思主义无神论的地位、作用和影响力，建言献策。

5月11日，中国社会科学院信息情报院组织了专题座谈会，邀请中国无神论学会部分学者参加，就如何落实习近平总书记在全国宗教工作会议上关于加强马克思主义无神论研究和宣传教育问题进行研讨和建言献策。主要发言题目有：中国无神论学会理事长朱晓明研究员的“破除思想障碍，完善体制机制”，教育部高校社会科学发展研究中心田心铭研究员的“严明‘共产党员不得信仰宗教’的政治纪律”，中国社会科学院张新鹰研究员的“把握习近平总书记在全国宗教工作会议上讲话的新鲜内涵”，中国社会科学院马克思主义研究院习五一研究员的“坚持我国宗教坚持中国化方向”，龚云研究员的“加强马克思主义无神论阵地和学科建设的建议”，中国社会科学院马克思主义研究院黄艳红副研究员的“加强青少年无神论宣传教育的对策与建议”，等等。会上还讨论了贯彻落实的意见。此次研讨侧重于解决落实会议精神的重点、难点、焦点问题。会后，信息情报院整理了四份要报上报。

8月6日、9月4日，中国无神论学会先后组织了两次专题研讨会，主题分别为：“全国宗教工作会后宗教学术理论界的状况和倾向”“高校宗教学教学研究机构情况”。

3. 科学无神论论坛和中国无神论学会学术年会

2016年6月24—26日，由中国社会科学院马克思主义理论学科建设与理论研究工程领导小组主办、中国社会科学院科学与无神论研究中心和中国无神论学会联合承办的第四届科学无神论论坛在中国社科院北戴河培训中心召开。此次论坛的主题是“理论

创新与科学无神论学科建设”。来自中国社科院、教育部、北京科技大学、武汉大学、中国矿业大学、北京工商大学、内蒙古工业大学、齐齐哈尔大学、河北省社科院等单位的近50名专家学者参加论坛，围绕“深入系统地开展马克思主义宗教观研究”“马克思论现代国家的无神论本质”“恩格斯的无神论思想”“当代西方无神论研究”等主题展开了热烈讨论。

10月18日，中国无神论学会学术年会筹备会在中国社会科学院马研院召开，学会理事长和部分在京理事参加会议。会上讨论了年会举办的时间、地点和主题。学会理事长朱晓明同志还就最近完成的一篇论文在会上征求了大家的意见。会上各位理事通报了最近的一些情况。

2016年12月3—4日，由中国无神论学会和中国社会科学院科学与无神论研究中心主办的中国无神论学会2016年学术年会在北京召开。来自教育部高等学校社会科学发展研究中心、国家宗教事务局研究中心、中国社会科学院、中国科普研究所、中央社会主义学院、北京科技大学、中国矿业大学、武汉大学、上海师范大学、东北师范大学、内蒙古工业大学、温州医科大学、南京政治学院、广东省委党校、广州市社会主义学院、中原工学院、河北省社会科学院等高校和研究机构的50余位专家学者围绕“学习贯彻全国宗教工作会议精神，推进无神论事业发展”这一主题，就如何加强马克思主义无神论研究和宣传教育、牢牢掌握宗教工作的主动权、坚持教育与宗教相分离、正确理解和贯彻全国宗教工作会议精神等方面进行了深入的讨论。全国政协民族和宗教委员会主任朱维群同志参加会议，并发表重要讲话。

4. 其他学术交流活动

2016年4月8—11日，由湖南城市学院马克思主义学院和科学无神论网站联合举办的“2016无神论国际会议”在湖南益阳召开。出席会议的有美国无神论协会主席大卫·西尔弗曼（David Silverman）、孟加拉国作家 Taslima Nasrin 和湖南城市学院教授涂建华、中华文化学院副教授王珍等。会议就无神论与宗教、无神论与道德、无神论国际合作和瑜伽神秘主义问题进行了学术研讨。会议还签署了《2016无神论国际（益阳）会议宣言》。

10月29—30日，一个致力于传播主流科学信息、揭露伪科学骗局、推广理性科学精神的科普平台——科学公园，在北京举办了2016年科学与无神论论坛。这是科学公园举办的第五届无神论论坛。论坛邀请了美国无神论者协会主席大卫·西尔弗曼做了题为“与上帝开战”（Fighting God）的演讲，同时还邀请习五一研究员做了题为“警惕当代中国伊斯兰教逆中国化倾向”的报告。

11月，上海师范大学李申教授的《占星术十日谈》，作为中国反邪教协会讨论占星术网站的开篇文章发布。在反邪教协会二届三次理事会上，李申教授介绍了中国无神论学会在反邪教斗争中的历史作用。建议恢复两科联盟学术讨论会，以加强反邪教理论的研究。

11月4日，朱晓明应中宣部的安排，在兰州大学为西部十二省思想政治理论课青年教师培训班讲课，题目是“目前我们党的民族政策和宗教政策”。

5月至11月，习五一研究员以《宗教因素与国家安全》《宗教极端主义是暴力恐怖主义的精神支柱》《坚持“宗教信仰自由”打破“教族一体”的束缚》《警惕打着基督教旗帜的邪教组织》《警惕当代中国伊斯兰教逆中国化的倾向》《境外宗教渗透的新特点新趋势》等为题，在武汉大学、浙江大学、北京科技大学等地讲课或发言，参与学术活动。

11月6日，由左鹏教授"名师工作室"组织，习五一研究员向首都高校教师做了"境外宗教渗透的新特点新趋势"讲座。

（二）2016 科学无神论科研项目

2014年度的国家社科基金委托项目"科学无神论基本理论问题研究"进展顺利。李申教授承担的专著《科学无神论原理》已经完成，经过编辑初审，出版社正在复审和终审。课题的另一项成果《科学无神论基本理论问题研究》论文集已送交出版社。以上两本著作均将由人民出版社出版。

2016年，中国社会科学院马克思主义研究院马克思主义无神论研究室主任龚云研究员主持的创新工程项目"马克思主义无神论与党的意识形态研究工作"完成结项。

（三）科研成果概况

2016年，科学无神论学者的科研成果颇丰，出版的主要著作有：

（1）习五一主编的《马克思主义无神论研究》（2015·第4辑）由中国社会科学出版社于2016年3月出版。该书收录了2014年发表的全国范围内科学无神论学科具有代表性的论文37篇，除3篇特约文稿外，还有34篇论文分别涉及"纪念毛泽东关于加强宗教问题研究的批示50周年""科学无神论与马克思主义宗教理论""科学无神论与宗教研究""自然科学与科学无神论""中外无神论思想史""破坏性膜拜团体（邪教）研究"和"科学无神论宣传教育工作"等七个主题。

（2）米歇尔·鲁斯（Michael Ruse）的《无神论——每个人都应了解的知识》（*Atheism: What Everyone Needs to Know*）由牛津大学出版社（Oxford University Press）出版。该书采用问答式的方式，从多个热点问题入手，讲述了有关无神论的知识，包括无神论的历史、支持和反对无神论的争论，科学与宗教的关系、生命的意义（一个人是否能做一个幸福美满的无神论者）等等。鲁斯强调指出，有关无神论的争议不是一个事实问题，而是一个强烈的道德关注问题。鲁斯是佛罗里达州立大学沃克迈斯特科学史和科学哲学项目教授、主任，曾与斯蒂芬·布利万特（Stephen Bullivant）合编《牛津无神论手册》（*The Oxford Handbook of Atheism*）。

（3）朱维群同志的首部文稿集《民族宗教工作的坚持与探索》2016年4月由四川人民出版社出版。该书收录了作者有关坚持和完善中国共产党民族工作理论政策、加快民族地区经济社会发展、深入开展反分裂斗争，以及全面贯彻党的宗教工作的基本方针、反对宗教极端主义、坚持党的辩证唯物主义世界观等重大问题所发表的文章、所做的报告及回答外国政要、记者的提问等。该书与作者从事的民族宗教实际工作紧密结合，表现了作者努力运用党的理论政策，对我国民族宗教领域现实问题作出的分析和回应；还收录了作者在不同场合同西方政要、媒体就中国民族宗教政策尤其是涉藏、涉疆问题的对话。无论发表的文章、所做的报告还是回答提问中，都充分体现了作者良好的理论修养和坚持马克思主义（尤其是马克思主义无神论）的立场。

（4）武汉大学段德智教授等著的《境外宗教渗透论》由经济科学出版社于2016年5月出版。该书是教育部哲学社会科学研究重大课题攻关项目"境外宗教渗透与我国意识形态安全战略研究”的最终成果。内容包括上篇“境外宗教渗透概论”、中篇“境外宗教渗透别论”和下篇“境外宗教渗透策论”。上篇包括“‘境外宗教渗透’的结构语义学解析”“境外宗教渗透与意识形态安全”和“境外宗教渗透与意识形态”三章，旨在对境外宗教渗透进行逻辑解析。中篇包括“美国公民宗教及其殖民主义本质”“境外宗教渗透与苏联解体”“境外宗教渗透与东欧剧变”和“中国防范和抵制境外宗教渗透的基本历程”四章，旨在从境外宗教渗透主客模式的角度，分别对美国公民宗教的世界霸权主义本质，以及苏联、东欧和中国防范和抵制境外宗教渗透的经验教训进行史学考察。下篇包括“历史并未终结：‘意识形态终结论’批判”和“防范和抵制境外宗教渗透的战略思考”两章，旨在对社会主义国家防范和抵制境外宗教渗透做一些战略性思考。

（5）李申教授的《任继愈传》由河北人民出版社于2016年10月出版。该书是中国无神论学会的首任理事长、科学无神论学科的创始人任继愈先生的传记，作者李申是任继愈先生的学生。书中用大量亲历的事件和翔实的材料，记述了任继愈先生的一生，其中许多都涉及中国无神论史的重要史料，尤其对中国当代无神论史的研究具有重要参考价值。

（6）国家宗教事务局宗教研究中心编的《马克思·恩格斯·列宁论宗教著作精选和导读》由宗教文化出版社于2016年8月出版。该书选编了经典作家马克思、恩格斯和列宁论述宗教的重要篇章共14篇，并加上详细的导读。这些篇章时间跨度近80年，全面反映了马克思主义宗教观的创立和发展过程，以及马克思、恩格斯、列宁在不同历史时期对创立、阐述和发展马克思主义宗教观的理论贡献。导读不仅介绍了每一篇章产生的历史背景，而且对该篇章的重点内容进行了梳理和解读，立场观点鲜明，十分有利于广大干部学习和掌握党的宗教理论和方针政策。

二　重大问题研究进展

2016年，科学无神论学科的研究成果可以归为五大主题：科学无神论理论与实践研究，科学无神论与宗教研究，中西方无神论思想史，科学无神论宣传教育工作，破坏性膜拜团体（邪教）研究。

（一）科学无神论理论与实践研究

2016年，围绕科学无神论的两个现实热点问题展开了两场争论。在这两场争论中，科学无神论的学者进一步深化了科学无神论的理论阐述，更将科学无神论的理论与当前中国的现实问题结合起来，使科学无神论的理论更加明晰，针对性更强。

1. 围绕共产党员能否信教和宗教信徒能否入党的争论

《世界宗教研究》2016年第1期以首篇位置刊登长文《论积极引导宗教的现实意义》（以下简称《意义》），一方面表示认同“共产党员不能信教”，另一方面又倡言“宗教信徒可以入党”。[①] 全国宗教工作会议近1个月后，《新华文摘》又摘发该文。由于作者是著名宗教学学者，又在宗教研究领域负有重要领导职责，所以文章一出就受到学界广泛关注，也引发了一些尖锐的批评。

---

① 卓新平：《论积极引导宗教的现实意义》，《世界宗教研究》2016年第1期。

随着全国宗教工作会议的召开，有关专家学者们开始解读会议精神和习近平总书记的讲话精神。习近平总书记在讲话中指出："共产党员要做坚定的马克思主义无神论者，严守党章规定，坚定理想信念，牢记党的宗旨，绝不能在宗教中寻找自己的价值和信念。"为此，《中国纪检监察报》4 月 30 日头版评论指出，一些贪官之所以置党的纪律规定于不顾，弃守共产党人应有的底线，不信马列信鬼神，不问苍生问"大师"，根本原因在于他们的世界观、人生观、价值观严重扭曲。党员沉迷于宗教，实际上是在思想上、理论上、行动上与党分道扬镳。这样的党员，不应该再留在党内。①

5 月 4 日，朱维群指出，始终保持马克思主义无神论作为主流意识形态在人民群众思想中占据主导地位，是我们党运用中国特色社会主义宗教理论对我国社会宗教现象进行科学分析的结果，也是由党领导的人民革命和社会主义建设伟大实践得出的必然结论。这些年宗教领域种种消极现象，与一些党员特别是领导干部在世界观上向宗教屈膝，向宗教寻求自己的价值和信念、填补精神空虚是分不开的。尤其有些学者利用自己的地位和影响，以种种方式开具党员可以信教的理由。他明确指出，有人为了绕过中央多次重申的"党员不能信教"原则，"巧妙"提出"信教可以入党"的主张。如果对党员信教"开禁"，将从根本上瓦解党的世界观统一性基础，使党成为内部宗教派别林立的松散组织，使党的宗教工作至少一部分成为宗教徒对宗教徒的工作。②

6 月 21 日，朱维群进一步阐释"为什么'宗教信徒入党'行不通"。起因是《意义》一文的作者对朱维群等人前述观点作出连续激烈的反批评，继续坚持"信徒可以入党"问题应允许研讨，同时谴责批评他的人是"肆意把学术问题变为政治问题"。4 月的全国宗教工作会议已经再一次严肃批评了"党员可以信教"的错误观点，并明确指出共产党员要做坚定的马克思主义无神论者。并且，中国共产党如果要同时接受"信徒可以入党"和"党员不能信教"，不仅逻辑上无法说通，工作上也无法操作。朱维群批驳了《意义》一文作者所举证的"列宁关于信徒和司祭可以入党"的观点以及"周恩来关于允许宗教徒入党"的论述。他提出，长期以来，党促进宗教界爱党爱国情怀的提升、最大限度地发挥宗教的积极作用、抑制其消极作用，是靠党的政治纲领和各项工作方针正确，靠党卓有成效地领导包括宗教界在内的爱国统一战线共同奋斗，靠党真心实意地保护宗教信仰自由，不断提高依法管理宗教事务的水平，而不是靠混淆两种世界观的界限、放弃科学世界观的基础地位以迎合、取悦宗教。③

此后，田心铭撰文指出，共产党员不得信仰宗教是一条重要的政治纪律。全面从严治党，必须严格这条政治纪律。因为党以马克思主义哲学的辩证唯物主义和历史唯物主义为世界观基础，如果党员信仰宗教，必然会动摇这一基础。中国特色社会主义的理论和实践是建立在马克思主义世界观的基础之上的，如果党员信仰宗教，必然危害中国特色社会主义事业。中国共产党是具有严密组织体系和强大组织能力的党，如果党员信仰宗教，必然危害党的组织。他认为，共产党员不得信仰宗教，宗教信徒不能加入党组织，这是同一件事情的两个方面。他还针对允许信徒入党的两大理由进行了辨析和批

① 桑林峰：《共产党员绝不能信仰宗教》，《中国纪检监察报》2016 年 4 月 30 日。

② 朱维群：《旗帜鲜明地坚持和宣传无神论　共产党员不能信教是政治纪律》，《环球时报》2016 年 5 月 4 日。

③ 朱维群：《为什么"宗教信徒入党"行不通》，《环球时报》2016 年 6 月 21 日。

驳，他指出，作为中国共产党的党员干部，拿列宁关于俄国社会民主党的论述和其他国家政党的政策来公开反对中国共产党的党内法规，不仅站不住脚，而且还违背党的思想原则和纪律。他还指出，要求党组织以吸收宗教信徒入党来“体现政治上、社会意义上对宗教的关怀和包容”，颠倒了社会主义社会与宗教的关系、党与宗教的关系，不是引导宗教与社会主义社会相适应，而是企图让社会主义社会去适应宗教。①

2. 围绕无神论宣传是否过头的争论

全国宗教工作会议上，习近平总书记提出了“三个如何”，要求深入思考和研究。科学无神论的专家学者备受鼓舞，积极宣传科学无神论。朱维群率先撰文指出，要旗帜鲜明地坚持和宣传无神论。他提出，马克思主义无神论属主流意识形态，要始终保持其在人民群众思想中占据主导地位，面对建设中国特色社会主义的长期艰巨任务，无神论是党和人民事业的理论基石和思想武器。他还指出，坚持马克思主义无神论的大原则，也是做好党的宗教工作的前提性条件。而且，坚持和宣传无神论，其意义和紧迫性已经远远超出宗教工作范围。②

然而，《世界宗教研究》2016 年第 4 期以首篇位置刊登文章《关于中国特色社会主义宗教理论的几个问题》，作者为国家宗教局原局长叶小文，他认为，在社会主义中国如何始终保持马克思主义无神论作为主流意识形态在人民群众思想中占据主导地位，需要深入思考；在信教群众面前大谈共产党员不得信教，宗教信徒不可入党，道理对，政策硬，但是这就好像跑到宗教场所谈无神论一样，会引起不必要的歧义和疑虑。③

对此，朱维群予以反驳诘问：“无神论宣传过头了吗?”他认为，“跑到宗教场所谈无神论”仅仅是假设，当前有关“党员可不可以信教”和怎样看待无神论宣传的争论并非发生在宗教界与党政之间，而是发生在党政及宗教学学界内部。社会生活的急剧变化和宗教领域种种新情况新问题的发生，使得如何保持马克思主义无神论在人民群众思想中的主导地位成为党必须面对的重大课题；现实生活中一些党员背离辩证唯物主义世界观而转向宗教，特别不断有人散布、鼓吹“党员可以信教”，这些构成了这场争论的实质起因。全国宗教工作会议强调，我们不仅要坚持而且还要积极宣传马克思主义无神论。因此，无神论这面旗帜应当理直气壮地举起来，不必藏着掖着，因为党坚持自己的世界观是构建积极健康的政教关系的前提性条件。④

针对朱维群的以上反驳，叶小文紧接着进行了解释和回答。作者同意必须坚持共产党员不得信教，但认为问题的根子不在于宗教的侵蚀，而是在于从严治党。同时，坚持认为无神论的旗帜怎么举和在哪里举，有个不能“过头”的问题，认为理直未必都要气壮；并认为无神论宣传急不得松不得，主要是松不得，左不得右不得，难的是左不得。⑤

随后，朱晓明再次提出，对无神论既要坚持更要积极宣传。他指出，马克思主义无神论是中国特色社会主义宗教理论的世界观基础。在意识形态领域，必须始终坚持马克

---

① 田心铭：《严明“共产党员不得信仰宗教”的政治纪律》，《红旗文稿》2016 年第 14 期。

② 朱维群：《旗帜鲜明地坚持和宣传无神论》，《环球时报》2016 年 5 月 4 日。

③ 叶小文：《关于中国特色社会主义宗教理论的几个问题》，《世界宗教研究》2016 年第 4 期。

④ 朱维群：《无神论宣传过头了吗?》，《环球时报》2016 年 9 月 8 日。

⑤ 叶小文：《答〈无神论宣传过头了吗〉》，《环球时报》2016 年 9 月 10 日。

思主义无神论的主流话语权和主导地位。加强无神论宣传教育，重点对象是党员领导干部和青少年。前者关系到执政的权力和资源如何使用，后者关系到中国人精神世界的未来面貌。他认为，不能因为不以宗教界和信教群众为对象宣传无神论，就放弃在面向社会的大众传媒中开展无神论宣传教育。同时，宗教界人士和信教群众了解面向社会进行的马克思主义宣传教育的一些基本道理，也有助于他们摆正宗教信仰与国家法律、与政府管理、与国民教育、与社会共同利益的关系。①

针对《环球时报》5月至9月发表的关于信徒不能入党和宣传无神论的若干篇文章，浙江大学陈村富教授认为，那些文章的基本观点可以归纳为以下5个错误论断：（1）无神论是马克思主义的前提和基础；（2）马克思主义无神论是中国特色社会主义宗教理论的世界观基础；（3）坚持无神论是做好宗教工作的前提性条件；（4）党的宗教工作是无神论者做有神论者的工作；（5）信徒可以入党“那就是宗教合法进入党内，唯心主义世界观、有神论在党内合法存在”。他认为，无神论被无限吹大，取代了马克思主义哲学的地位。②

对此，朱维群明确指出，陈村富教授的文章思维混乱，逻辑不清，但所提问题却有一定代表性。他认为，无论从逻辑上看还是从历史演进轨迹看，马克思主义哲学乃至整个理论体系都是建立在无神论的基础之上。马克思主义无神论在今天同样是中国特色社会主义事业的理论基石和思想武器。“宗教信徒不能入党”，同我们党一贯的“党员不能信教”原则其实是一个问题的两个方面。“信徒不能入党”已经包含在“党员不能信教”原则之内。我们不仅要坚持马克思主义无神论，而且要积极宣传马克思主义无神论。统战部和宗教局更应主动承担中央向全党提出的这项任务。③

朱晓明再次指出，中国特色社会主义宗教理论本质上是马克思主义无神论。我们不仅要坚持马克思主义无神论，更要积极宣传，不能以一般的马克思主义教育代替无神论教育。有信仰的人研究所信仰的宗教不免有局限性；只有相信和坚持无神论，才能以科学理性的态度对待宗教。④ 他还指出，要深刻认识马克思主义无神论的当代价值，它是中国共产党人世界观的起点和基石。共产党员要做坚定的马克思主义无神论者，绝不能在宗教中寻找自己的价值和信念。无神论宣传教育要和普及科学知识和先进文化相结合，引导形成健康文明进步的生活方式和社会风尚。⑤

3. 其他相关理论问题

除了上述两场争论外，科学无神论学科的学者们一直在提倡和思考无神论宣传的理论问题，李申教授在中国无神论学会2015年学术年会上的总结时就指出，要旗帜鲜明地宣传马克思主义无神论。有人质疑宣传无神论是否有用。他用任继愈先生曾讲过的话

---

① 朱晓明：《对无神论，既要坚持更要积极宣传》，《环球时报》2016年9月12日。

② 陈村富：《简论马克思主义与宗教：兼议宣传无神论与信徒能否入党的两场争论》，《世界宗教研究》2016年第5期。

③ 朱维群：《不坚持无神论就不是马克思主义者》，《环球时报》2016年12月23日。

④ 朱晓明：《始终保持马克思主义无神论在人民群众思想中的主导地位》，《红旗文稿》2016年第17期。

⑤ 朱晓明：《坚持马克思主义无神论是思想战线的一项重要任务》，《实践（思想理论版）》2016年9月10日。

来回答：医疗不能消灭疾病，但可以挽救许多人的生命，抵制细菌和病毒、增进身体健康。无神论宣传不能使所有的人都不信神，但可增进人类的精神健康。他还指出，无神论、马克思主义和共产主义理想关系密切。共产主义是一种“消灭现实状况的运动”，不是旅游中要到达的景点，到就是到，不到就是没到。也就是说，共产党人倡导的事业，每一步发展，就是共产主义阶段性的实现。无神论不仅是真理，而且被越来越多的人所接受，其表现为宗教的衰落。尽管一些地区出现宗教复兴，但不会长久。共产主义是真理，无神论也是真理。他呼吁大家都成为为真理而斗争的英雄。①

还有学者就马克思主义无神论学科建设提出了系统的思考。左鹏指出，作为否定和批判有神论的知识体系，无神论完全可以构成一门独立学科。但根据我国现行的学科分类标准和学科专业目录，尚不能独立进行无神论的学科建设，可以考虑在马克思主义理论一级学科下增设马克思主义无神论二级学科。建议借鉴费孝通先生在社会学恢复重建时提出的“五脏六腑说”，从马克思主义无神论原理、无神论史、有神论批判、马克思主义无神论宣传教育等四个方面来构建其完整的学科体系，从学会、研究机构、专业学习、图书资料、专业期刊等五个方面来培育其系列的学科部门，由此推动马克思主义无神论独立学科地位的早日确立。②

科学无神论学科的名称采用“科学无神论”一词。有学者对国外学者对这一名称理解变化的历史进行了梳理和分析。作者指出，早在1880年英国的韦恩·詹姆斯·米歇尔（Winn，James Michel）曾以“‘科学无神论’的瓦解”为题批驳达尔文的进化论等科学理论或成果中蕴含的无神论因素。苏联建立后，“科学无神论”是否是一门独立的学科，曾在苏联学界引起过激烈的争论。有些学者认为“科学无神论”是马列主义世界观的一部分，是马列主义哲学不可分的部分，是马克思主义的一部分。也就是说，“科学无神论”是一门相对独立的哲学学科。由苏联政府批准且在全国高等教育机构中使用的“科学无神论”教材就提出“科学无神论”是马列主义世界观的有机组成部分。但是也有学者认为“科学无神论”是一门完全脱离哲学且有自己的研究领域的非哲学学科。还有美国学者认为，“科学无神论”从理论层面来说是一个纯粹的俄语概念。苏联解体后，有不少西方学者认为“科学无神论”成为一种独立的信仰系统。进入21世纪后，不少外国学者又认为“科学无神论”是一种半信半疑地理解世界的方式。作者分析后认为，“科学无神论”的不同含义显示了无神论在向前发展，也意味着人们对世界的不同理解。③

（二）科学无神论与宗教研究

1. 马克思主义无神论与任继愈的宗教研究

2016年是我国著名学问家，也是科学无神论学科的创始人任继愈先生100周年诞辰。4月12日，中国社会科学院世界宗教研究所在北京召开“纪念任继愈诞辰一百周年座谈会”。

---

① 李申：《旗帜鲜明地宣传马克思主义无神论 成为为真理而斗争的英雄——在中国无神论学会2015年学术年会上的总结发言》。

② 左鹏：《马克思主义无神论学科建设刍议》，《科学与无神论》2016年第2期。

③ 陈发扬：《国外“科学无神论”一词的演变及分析》，《科学与无神论》2016年第4期。

中国社会科学院院长、党组书记王伟光在回顾任继愈先生的学术贡献时提出，任继愈是一位自觉接受马克思主义指导的学问家，他的贡献之一就是奠定了马克思主义宗教学的基础。他创立了马克思主义宗教学。王伟光还强调指出，任先生的观点是，国家要研究宗教，是继承发扬中华传统文化、促进民族团结、参与国际交流和构建新的社会共识、促进社会各方面发展的大事；信徒可以研究宗教，但承担不起此重任。研究宗教讲无神论，避免先入为主、人为造成局限，使研究丧失科学性。因此，只有以历史唯物主义观点来研究宗教，才能做到比较科学，既不走样，也不迷信，既不完全肯定宗教，也不会轻率地对之加以否定。王伟光特别指出，任先生虽然是宗教学者，但是他不信教，他提倡无神论。①

中国社会科学院世界宗教研究所吴云贵研究员在此纪念大会上指出，任继愈先生在宗教学研究领域最重要的贡献就是，他矢志不渝地坚持以马克思主义科学的世界观和方法论来研究宗教问题。谈到如何树立马克思主义宗教观，吴云贵指出，一是在宗教史学研究中，用唯物史观去研究宗教的历史，用人类的社会经验史去代替“道成肉身”的上帝神明救赎史观；二是在宗教现状研究方面，应当密切关注世界形势的变迁对宗教形态、趋势、功能作用造成的影响，密切关注中国的国情、社情、教情可能或已然发生的变化，要有大局观，要注意站在党性和党的方针政策的立场看待中国现代化进程中的宗教现象和宗教问题，开展具有针对性的战略研究，提出建议和应对措施；三是在宗教学理论研究领域，既要坚持马克思主义基本原理，又要体现“与时俱进”的精神，不断通过开拓创新来提高理论研究水平。他还强调指出，研究主体需要树立包括科学无神论在内的辩证与历史唯物主义世界观和方法论，要与宗教唯心主义和形而上学划清界限。马克思主义宗教观认为，宗教归根结底是作为实践主体的人的思想、意志、情感、态度和行为的体现。②

2. 马克思主义宗教观研究

国家宗教事务管理局研究中心加润国研究员对恩格斯《反杜林论》中体现的宗教观进行了研究，指出，《反杜林论》是在马克思完成了唯物史观和剩余价值论两个伟大发现、社会主义由空想变为科学并成为欧洲工人运动指导思想的情况下，恩格斯为回击小资产阶级社会主义者杜林散布的错误思想、全面阐述马克思主义基本理论、维护党的思想统一而完成的鸿篇巨制。恩格斯通过批驳杜林在宗教问题上的谬论，以十分精练的语言全面准确地阐述了他和马克思在宗教问题上的理论观点，包括对宗教本质、宗教根源、宗教发展规律和宗教政策的系统阐述，以及对宗教道德的重要阐述，成为马克思主义宗教观的“百科词条”，对列宁和中国共产党的宗教观、新中国的宗教学研究产生了深远影响。③

还有学者梳理了马克思主义经典作家关于教育与宗教相分离的思想，指出，在近代

---

① 王伟光：《当自觉接受马克思主义指导的学问家——纪念任继愈先生诞辰一百周年》，《世界宗教文化》2016 年第 2 期。

② 吴云贵：《以马克思主义为指导坚持宗教研究的正确方向》，《科学与无神论》2016 年第 3 期。

③ 加润国：《马克思主义宗教观的系统阐述——恩格斯〈反杜林论〉的宗教观研究》，《科学与无神论》2016 年第 3 期。

西方教育与宗教相分离思想的基础上，马克思、恩格斯结合社会现实问题更为深刻地认识到宗教垄断教育所带来的负面影响，进而说明教育与宗教相分离的必要性。马克思主义经典作家从以马克思主义基本理论为基础阐述政教关系、强调宗教的私人性质，促进政教分离等两个方面进行教育与宗教相分离的理论构建。而且，他们还分别从无神论的宣传教育、剥夺教会财产以及世俗化国民教育制度的确立角度，探索教育与宗教相分离的现实途径。①

朱晓明对“宗教极端主义”与“宗教”的关系进行了辨析，指出，宗教极端主义和宗教极端势力是对同一事物不同方面的界定，前者是思想观念，后者是行为载体。他明确指出，在政治上、法律上，要严格区分“宗教”和“宗教极端主义”，但在思想上、根源上，又要深刻认识“宗教极端主义”与“宗教”的内在联系。他认为，正确认识“宗教极端主义”与“宗教”的联系至关重要，“否定”“切割”“宗教极端主义”与“宗教”内在联系的危害不可低估。最后他指出，马克思主义关于宗教问题的理论研究、政策研究，包括反对宗教极端主义，要超越宗教，服从全局。②

段德智等在2015年出版了《境外宗教渗透与苏东剧变研究》一书，不仅得到新闻出版总署有关专家的肯定，也引起学界的广泛好评。对于如何思考和撰写本书的内容，段德智撰文专门讲述了这一过程。他指出，该书的基本目标在于确证和阐释境外敌对势力利用宗教对苏东国家实施的政治渗透及其政治图谋，确证和阐释境外宗教渗透对苏东剧变的历史影响，强调抵御境外宗教渗透对社会主义国家维护意识形态安全和国家安全的绝对必要性。③

中国社会科学院世界宗教研究所曾传辉研究员认为，围绕中国特色社会主义宗教理论的学术研究可以从以下几个方面开展：（1）结合时代需要系统深入地学习马克思主义基本理论和方法，增强运用马克思主义立场、观点、方法来认识和对待宗教的本领，尤其要提高对改革开放以来我国纷繁复杂的宗教问题的分析认识水准，这是中国特色社会主义宗教理论研究的中心任务；（2）系统深入地研究马克思主义宗教理论的经典著作，必须用思想史的学术规范对经典作家的宗教论著进行文本解读；（3）深入系统地开展马克思主义宗教观基本理论研究，对一些基本问题加以重新总结概括；对一些当前的热点理论问题如宗教文化的性质、无神论宣传等进行回应；（4）深入系统地开展马克思主义基本原理与中国宗教国情相结合的历史研究，这是马克思主义中国化研究的重要组成部分；（5）关注和总结其他社会主义国家，尤其是原苏联和现行社会主义国家的宗教理论与政策的经验与教训；（6）批判借鉴西方马克思主义的宗教理论；（7）将无神论纳入中国特色社会主义宗教理论学术研究的视野。④

---

① 张晓晨：《论马克思主义经典作家的教育与宗教相分离的思想》，《科学与无神论》2016年第2期。

② 朱晓明：《正确把握“宗教极端主义”与“宗教”的区别与联系》，《科学与无神论》2016年第4期。

③ 段德智：《我们是如何思考和写作〈境外宗教渗透与苏东剧变研究〉的》，《科学与无神论》2016年第2期。

④ 曾传辉：《中国特色社会主义宗教理论研究的意义》，《宗教学研究》2016年第4期。

3. 中国化的马克思主义宗教观

有人对新中国成立初期中国共产党处理宗教问题的历史进行了梳理，指出，中国共产党从“国家与宗教关系”框架内认识和处理宗教问题，实行宗教自由政策，积极推进宗教革新运动和民主制度的改革，开展“三自”爱国运动，将“旧宗教团体”逐步转变为有益于新民主主义社会的人民宗教事业。其经验在于：以马克思主义宗教观为指导认识和处理宗教问题，从国家整体、全局的高度认识和处理宗教问题，在坚持正确的策略和方法中认识和处理宗教问题，坚持领导和管理相结合来把握和处理宗教问题。①

有人对毛泽东在社会主义全面建设时期有关宗教问题的论述进行了梳理，指出，毛泽东非常重视宗教问题，包括作出要加强宗教问题研究的重要批示，强调要用民主的方法解决宗教问题，重申了党的宗教信仰自由的政策，提出要建立与宗教界的统一战线，以及对宗教要进行适当的改革等主张。以习近平同志为核心的党中央继承和发展了毛泽东的宗教理论，提出要加强对宗教知识的学习和研究，要采用教育疏导的方法解决宗教问题，要全面贯彻党的宗教信仰自由政策，同宗教界结成最广泛的统一战线，积极稳妥地推进宗教改革等。②

习近平在全国宗教工作会议上再次强调指出“要引导宗教与社会主义社会相适应”。有学者对宣传无神论与积极引导宗教与社会主义社会相适应的关系进行了辨析，认为向人民群众宣传无神论是社会主义社会的应有之义。无神论宣传多在学术层面，所涉及的一些宗教的负面作用有事实依据，且不妨碍宗教在社会主义中国的合法存在及正常发展，无神论宣传并不会妨碍积极引导宗教与社会主义社会相适应。作者批评指出，以要积极引导宗教与社会主义社会相适应为借口而反对人民群众宣传无神论的主张，实质是要求社会主义社会去适应宗教。这种声音的出现一方面与个别党员干部的认识不清有关，另一方面也反映了积极引导宗教与社会主义社会相适应还有很多工作要做。③

还有学者对引导宗教适应社会主义社会的内涵进行了阐释④，提出，我国现有的宗教一要适应中华文化的发展，二要适应中国的社会主义制度。这就要求，一方面要引导宗教教义阐释符合时代进步要求，另一方面要引导宗教活动适应社会主义治理体系。同时，还要与宗教界在爱国主义、社会主义旗帜下结成统一战线。

有学者对首都高校中青年教师的宗教信仰状况进行了调查分析，发现，中青年教授的总体信教比例不高，为4.28%，其信教状况与专业具有一定关联度，主要集中在法学、文学和工学三个专业，信教原因也相对集中。尽管高校中青年教师对宗教的认识比较客观理性，但他们对党的宗教政策理解模糊，对宗教的社会影响也存在认识偏差。作者提出，在统一认识、加强领导机制的情况下，要加强有关政策和马克思主义宗教观的宣传教育，尤其要抓住重点人群，即加强对党员教师的教育、对少数民族教师的宣传、

① 张峰：《新中国成立初期中国共产党处理宗教问题的历史与经验》，《科学与无神论》2016年第2期。

② 刘景尧：《毛泽东在社会主义全面建设时期的宗教主张及当代启示》，2016年第6期。

③ 王奇昌、魏慧臻：《宣传无神论与积极引导宗教与社会主义社会相适应关系辨析》，《科学与无神论》2016年第4期。

④ 黄艳红：《引导宗教适应社会主义社会》，《中国社会科学报》2016年7月5日。

对信教教师的引导和对外籍教师的管理。在尊重正常宗教信仰的同时，实施依法管理。①

（三）中西方无神论思想史

1. 中国无神论思想史

李申指出，春秋战国时代仍然普遍信仰着天神、地神和人鬼三大类为数众多的神祇。但是，现实逐渐使人们发现，天并不总是喜欢帮助有德行的人，于是就发出了怨天甚至恨天的呼声。有些先进的思想家开始否定或质疑某些天象预示吉凶的功能，而且某些传统的神祇或神祇的传统功能逐渐被否定，某些传统巫术也被否定，传统占卜术的地位逐渐衰落。对传统神祇观念的质疑甚至否定，不仅促进了一般意义上的思想进步，也促进了古代神祇观念的进步。对古代占卜结果的重新解释，是重塑传统神奇观念的重要内容之一。他认为，这一时期的无神论思潮，是中国古代思想进步的重要组成部分，但这些先进思想只是少数人的创造。不过，经过质疑、否定和重塑，传统的不重视德行甚至根本不讲德行的神祇，被重塑为德行的发出者和维护者，从而完成了原始宗教向国家宗教的转变，而古希腊宗教就未能完成这种转变。②

熊伯龙是我国明末清初时期无神论史上的一位重要的思想家，但其无神论著作《无何集》一书在他辞世近百年之后才得以面世。有学者对《无何集·鬼神类》进行了分析，指出熊伯龙的主要观点有："物死不为鬼"，人死无知且不能害人；"畏死而后神明之说兴"，世上所传神怪之事为耦合，而非先知。作者认为，熊氏《无何集》对宗教神学与封建世俗迷信进行了全面的清算，总结了无神论史上反神学斗争的历史经验，对封建神学的欺骗性及其产生的根源做出了初步的分析，其无神论思想有着承前启后的作用。不过，作者还提出，虽然熊伯龙以朴素的唯物主义自然观立场直面鬼神，但其鬼神观有时陷入偶然论、宿命论。③

有学者从中西哲学比较的角度，对朱熹"天地之心"既有意识又无意识的论断进行了细致分析，进一步探讨了目的论的本质，并从本体维度比较了西方的一神论与中国早期思想中的无神论，凸显了朱熹无神论思想在跨文化视域中的重要地位。作者指出，朱熹认为"天"与"地"是宇宙，它们有心是因为：（1）因果存在规律性与可预测性；（2）宇宙拥有朝向生产与再生产、转化及生发发展的确定倾向。这种立场与西方对因果律的解释不同，属于本体论无神论的思想。另外，朱熹认为理就是万物之理（太极），同时也是"理一分殊"。作者认为，朱熹尽管也和康德一样，将存在视为整体、视为"生"，但他的预设与前提完全不同。与西方哲学家相比，朱熹对目的论之本质的探讨更为彻底。他的本体无神论论述能够为西方哲学提供有益的参照与借鉴，具有较大的现实意义与价值。④

---

① 邹秀春、陆洋：《新形势下首都高校中青年教师宗教信仰状况调查与分析》，《科学与无神论》2016年第3期。

② 李申：《春秋战国时代的无神论思潮》，《科学与无神论》2016年第4期。

③ 钟艳艳：《熊伯龙〈无何集〉鬼神观简析》，《成都大学学报（社会科学版）》2016年第6期。

④ 任博克（Brook A. Ziporyn）、郭晨：《朱熹的"天地之心"意识论——一神论与无神论在本体维度的跨文化思考》，《燕山大学学报（哲学社会科学版）》2016年第4期。

2. 西方无神论思想史

河南大学陈卫华对当代西方新无神论思潮兴起的原因进行了分析，指出，当代西方新无神论思潮是2006年以来在欧美国家知识精英阶层中兴起的一股批判宗教极端主义、对抗宗教尤其是基督教势力的思想文化潮流。导火索是"9·11"事件中伊斯兰教极端主义者的挑衅，直接动因是宗教右翼和政治保守主义的联姻。其文化动因在于：无神论作为亚文化群体的身份和道德认同的内在需求；欧洲和美国精英阶层的世俗化为新无神论的产生提供了契机；当代西方高等教育体制上的变化使得教会呈现衰落趋势，为新无神论的产生创造了条件；智能设计论强力干预美国教育系统，使得无神论者空前团结。总之，它的兴起是多种因素交织而成的，既与当代西方社会的现代化、世俗化、理性化以及科学教育的发展等社会宏观走势密切相关，又是对宗教原教旨主义复兴及神权政治的反抗和斗争，也是西方无神论者作为"少数派"亚文化身份获取社会认同、表达政治诉求的需要。①

有学者对西方历史上两位无神论思想家巴塔耶和萨特进行了深入研究，指出，巴塔耶的《内在体验》以其无神学视角来批判神学传统内的神秘主义，并以此为基础阐明神秘体验所具有的非神学价值（即纯粹生存论意义上的价值）。而萨特从《内在体验》的表述方式与表述内容两方面入手，论证了该书的神秘主义本性。作者通过深入解析萨特对巴塔耶的批判，阐明了萨特在"存在—虚无"本体论基础上构建起来的无神论人本主义的内涵：萨特认为无论巴塔耶如何从原则上抗拒神秘主义及其神学前提，他的"内在体验"主张由于未能跳出传统神学所构建的超越性视角，从而势必包含对某种形式的超越者的领会，由此必然会被定性为一种神秘体验。总之，巴塔耶未能通达真正意义上的无神论，即那种拒绝以任何方式在关乎人的问题中置入"非人"因素、始终坚持在"人"这个单一而绝对的内在平面上考量一切问题的思想要求。②

（四）科学无神论宣传教育工作

中国社会科学院马克思主义研究院韩琪博士借鉴美国著名无神论学者对无神论教育的定义，将无神论的教育分为关于无神论的教育以及教育某人成为无神论者的教育。她指出，马克思主义无神论的教育在当前我国非常缺乏，关于无神论的教育和针对无神论者的驾驭之间的差别往往为人所忽视。出现这种状况的一个重要原因是马克思主义无神论与我国传统文化的关系没有厘清。中国传统文化中的宗教，完全不同于西方历史上的宗教，不具备政治化的特点和倾向。马克思主义无神论的教育需要深入理解中西传统的这种差异。③

大学生信教是目前我国高校面临的一个突出问题。这种现象已经遍及全国，在民族地区尤其普遍。随着互联网时代的到来，高校传教活动更加频繁，传播手段越发先进。有学者调查显示，不少大学生甚至是一些党团员，都不由自主地受到吸引，被各种宗教团体所俘获。大学生信教不仅影响到大学的正常学习秩序，制约和降低大学生的创新能

① 陈卫华：《当代西方新无神论思潮兴起的原因考量》，《思想教育研究》2016年第11期。

② 王春明：《"内在体验"为何仍是一种神秘体验？——解析萨特对巴塔耶的批判及其无神论人本主义的内涵》，《哲学动态》2016年第8期。

③ 韩琪：《探析当代中国马克思主义无神论的教育问题》，《科学与无神论》2016年第2期。

力，而且还削弱甚至颠覆大学生的政治信仰，干扰高校的安定团结。作者认为，破解该问题的关键在于必须牢牢坚持以马克思主义宗教观为指导，从以下几个方面做好工作。其一，加强科学精神的培养，引导大学生自觉抵御宗教迷信；其二，大力弘扬中华传统文化，使大学生自觉树立正确的人生观和价值观；其三，革新思想政治教育形式，让社会主义核心价值观成为大学生的信念支撑；其四，开设相关宗教课程对大学生进行无神论教育，帮助他们以科学的态度对待宗教。①

也有人指出，目前我国高校频频出现相信封建迷信、笃信宗教和歪理邪说等各种有神论的现象，已经危及马克思主义在意识形态领域中的指导地位。导致这一现象的一个重要原因就是，高校对马克思主义科学无神论教育认识不清、重视不足。作者指出，不能将马克思主义科学无神论教育简单地等同于马克思主义宗教观教育，而且，马克思主义科学无神论教育应常态化。②

还有人指出，对大学生进行马克思主义无神论的宣传和教育一直是党和国家的一项重要工作，也是巩固马克思主义指导地位的重要手段。改革开放以来，党和政府有计划地对不同人群开展有针对性的马克思主义无神论教育，取得了一定的成绩。作者从国家、学校、社会、家庭四个层面，探讨了大学生马克思主义无神论教育的具体对策，指出，首先要加强党和国家对马克思主义无神论学科的领导，马克思主义理论学科是各个高校的重点建设学科，马克思主义无神论作为马克思主义理论学科的一个分支，其学科建设必不可少；其次要发挥学校教育的主体职能；再次，大学生马克主义无神论宣传教育要与法制教育相结合；最后，要重视学校、家庭、社会“三位一体”的互动教育。③

也有人提出在新媒体境遇下探索科学无神论教育的新途径。作者提出从四个维度来进行路径创新：(1) 防范西方错误思潮、宗教势力运用新媒体形式在高校进行无形渗透；(2) 破除宗教等有神论的神秘感，对立场模糊或对宗教感兴趣的学生群体及时开展科学无神论教育；(3) 将高校意识形态教育模式和新媒体进行融合，建立“线上＋线下”联动教育；(4) 纯洁高校学生党员队伍，依规依法治理宗教信仰违规行为。④

大学生信教近年来日益受到关注，但占据我国高等教育半壁江山的高等职业学校的大学生的信仰状况和无神论教育问题却受关注不多。有学者通过调查发现：包括宗教在内的各种有神论思想对大学生的影响比较大，家庭和环境是学生产生有神论信仰的两大主要因素，学生的有神论信仰具有盲目性和非理性的特点。作者认为，进行系统的科学无神论教育是帮助高职大学生树立科学的世界观、人生观的一条重要途径，应高度重视；要改变现有单一的方式，采用生动多样的无神论教育方式方法；同时还要使学校、

① 徐菲：《关于对高校大学生进行马克思主义宗教观教育的若干思考》，《郑州轻工业学院学报（社会科学版）》2016 年第 2 期。

② 周吉珍：《论高校开展马克思主义科学无神论教育的重要性》，《社科纵横》2016 年第 10 期。

③ 林贤明：《大学生马克思主义无神论教育的对策研究》，《科学与无神论》2016 年第 4 期。

④ 徐国旺：《新媒体境遇下科学无神论教育在高校面临的挑战和应对策略》，《科学与无神论》2016 年第 5 期。

家庭和社会教育有机结合，形成科学无神论教育的合力。①

还有研究生将硕士论文选题聚焦于中学生的有神论信仰状况，通过调查显示，有相当部分学生对“命运”等存在模糊的认知，甚至有宿命论倾向，宗教知识匮乏，但却受宗教和现代迷信的影响很大，并且他们有神论思想的来源呈多元化。作者最后对在中学生中开展马克思主义宗教观教育的途径进行了探讨，建议以“两课”为主要渠道，采用多学科渗透的方式加强马克思主义宗教观教育，同时编写适合中学生的马克思主义宗教观教育教材、课外读物，加强校园文化建设等。②

（五）破坏性膜拜团体（邪教）研究

有学者指出，新兴宗教或新宗教运动（NRM）是有别于正统教会的非传统宗教团体，与现实社会秩序存在种种张力，与之相关的冲突及暴力事件引起了学术界的关注。学术界探究了 NRM 与外部世界如政府权威间的张力、冲突与相互作用的机制，为考察 NRM 与社会组织之间对抗的复杂性提供了解释框架。作者对大卫·布罗姆利等人的解释框架进行分析，认为他们注重分析 NRM“组织的”动态性，采用“资源动员”模式解释了 NRM 及反运动组织的关系，认为 NRM 暴力事件首先是一种集体暴力，批判了 NRM 有暴力倾向的社会观念“迷思”，提出了解释 NRM 暴力事件的“戏剧结局”范式。③

有人从法治角度来探讨了邪教治理工作。作者认为，反邪教工作是一项复杂的社会系统工程，需要进行综合治理。除了社会治理之外，法律治理也是一个重要的手段。作者认为，除充分利用现有法律打击邪教外，还应当完善专门法律，制定反邪教法，针对宗教团体采取严格的准入和观察制度，明确执法标准，丰富执法手段。④

有人对法国反邪教立法进行了述评，指出，法国反邪教法 2001 年制定，内容为 6 章 24 条，该法制定的目的是针对侵犯人权和基本自由的行为。全文并未对邪教进行概念界定，也未罗列认定邪教的具体标准（1995 年法国议会邪教问题委员会就已经提出了认定邪教的十大标准），该法的适用对象并非局限于邪教，而是适用于所有从事对其内部成员生理或心理征服的法律实体。该法律有四个主要特点：一是没有规定明确的邪教概念；二是规定对邪教进行严厉处罚；三是规定对邪教信徒精神损害进行救助；四是规定对邪教进行依法强制解散。⑤

有人从国际膜拜团体研究会年会来审视国际邪教问题研究，指出，国际膜拜团体研究会（ICSA）从剧烈斗争向柔性治理转型。从 2010 年开始，每届年会开始设置更为聚焦的主题，兼顾实际工作与学术研究。2016 年 ICSA 年会展现了国际上膜拜团体研究领域关于膜拜团体警示教育、脱教咨询与社会治理、膜拜伤害及其测度、膜拜团体前成员

---

① 唐左、戴志国、吴国庆：《高职大学生无神论信仰状况调查分析——以广东科学技术职业学院为例》，《广东青年职业学院学报》2016 年第 2 期。

② 王泽林：《中学生有神论现象调查及教育策略研究》，硕士学位论文，扬州大学，2016 年。

③ 郭宏珍：《大卫·布罗姆利的新兴宗教运动与暴力研究——NRM 的“戏剧结局”》，《西南民族大学学报（人文社会科学版）》2016 年第 2 期。

④ 杨铂：《法治视野下的邪教治理》，《中国公共安全（学术版）》2016 年第 1 期。

⑤ 方海涛、陈荣鹏：《法国反邪教立法述评》，《广西警官高等专科学校学报》2016 年第 3 期。

康复四个维度新的视角和关切。中国学者的膜拜团体研究主要体现在中国现代化进程中的邪教认定与治理、中国的社会救助与帮辅、邪教与媒体传播、邪教警示教育、膜拜伤害及其测度等方面。作者认为，邪教的认定、邪教危害程度的标定、邪教形成和伤害成员的机制，将是今后邪教研究的重点。[①]

有人以基层治理“全能神”的实证研究为基础，总结了一套适合县域的邪教预警和治理机制。作者指出，全能神在传播上呈现出再组织化、再魔魅化、多元化和欺诈性等特征，可以通过全面摸排、以百日攻坚的勇气打击邪教，加强组织建设、强化社区动员能力，创新宣传方式、满足农民精神文化需求、关注需求市场、关怀弱势群体，大力培育和发展公益组织等措施来进行综合治理。[②]

三 学科发展需改进的几个问题

王岐山在全国政协十二届常委会第十八次会议上的讲话中指出，现在有的党员干部不信马列信鬼神，不信组织信“大师”，被立案审查当天公文包里还带着香灰，与共产党人的信仰背道而驰。那么，如何理解、对待和解决这样的问题，是科学无神论的学者们需要思考的问题，也正是他们能够发挥作用的地方。这表明，科学无神论的学科建设，是加强我国意识形态建设的一项重要而又紧迫的任务，是全面从严治党的必然要求，是在思想文化和意识形态领域的一项基础性工作。

从今年发表的学术成果来看，主题较为集中。尤其是论文，涉及当前我国重大的理论和实践问题的较多。这表明，科学无神论学科的现实针对性非常强。但是，作为一个学科建设，还需要有深厚的学术基础和积累。同时，科学无神论作为一门交叉学科，涉及的领域相对较广，需要有不同背景和研究方向的学者来参与和开展，这也需要本学科的学者与其他学科领域的学者增进交流与合作，进一步扩大影响。2017 年，我们需要努力的方向有：

（1）采取具体举措，落实加强学科建设和阵地建设的指示。科学无神论要成为一门独立的学科，需要在我国学科体系当中有自己的位置。目前本学科虽然事实上在马克思主义理论学科下开展，但尚未获得我国现行的学科分类标准和学科专业目录，不能独立进行无神论的学科建设。应当考虑在马克思主义理论一级学科下增设马克思主义无神论二级学科。中国社会科学院作为党中央直属的国家哲学社会科学最高研究机构，应大力加强科学无神论研究机构，增加研究人员，从全国范围和海外调集和选聘无神论方面的专门人才，使其成为我国马克思主义无神论研究的坚强阵地，科学无神论与社会公共政策的国家高端智库。

（2）加强基础理论研究。马克思主义经典作家的有关马克思主义无神论的论述和思想的研究需要系统展开，中国共产党有关无神论的思想、政策和工作发展的历史也需要进行系统的梳理和总结。

---

① 陈天嘉：《复杂化与胶着态的邪教与反邪教运动——从国际膜拜团体研究会年会审视国际邪教问题研究》，《北京社会科学》2016 年第 10 期。

② 王凯元、徐文兵：《破坏性膜拜团体“全能神”的县域传播和治理》，《科学与无神论》2016 年第 2 期。

（3）增进交流与合作。西方新无神论思潮风起云涌，对科学思想有着较为深入的理解，对宗教等有神论有较为深入的批判，我们应当借鉴。苏联的科学无神论学科发展的经验和教训也值得学习和总结。其他相关学科，包括哲学（尤其是科技哲学）、历史学、文学等各领域会涉及无神论相关问题，而目前这些学科领域里能有马克思主义无神论立场来探讨这些问题的文章寥寥无几。因此，我们需要与这些学科的学者增进交流，扩大科学无神论学科的影响。

（供稿：黄艳红）

第四篇

热点聚焦

习近平经济思想研究

十八大以来，习近平总书记就我国经济建设与改革发表了一系列重要讲话，提出了很多新概念、新战略、新方案，对我国经济建设与改革具有重要的指导作用，具有独立的理论价值和思想价值。学者们从整体上或某个方面对习近平经济思想的内容、特点等进行了提炼、总结和分析。

清华大学教授胡鞍钢等认为习近平经济思想的理论来源是马克思主义政治经济学，习近平经济思想的主要内容包括“新常态”论、“两手合力”论、“基本经济制度”论、“共同富裕”论、“人民主体”论、“五大发展”论等。[①] 国家行政学院教授张占斌认为习近平关于经济建设和改革的系列讲话回答了对中国经济怎么看、怎么办、如何干以及为谁干等问题，认为“一个中心”“两个实现”“三个自信”“四个全面”和“五大理念”是习近平经济思想体系框架的“魂”。[②] 中国人民大学教授张宇总结了习近平同志关于经济体制改革方面的新思想，认为其以坚持和发展中国特色社会主义为改革方向，在方法上以重大问题为导向，抓住关键问题作进一步研究思考，进而提出了在新的历史条件下坚持和完善基本经济制度的新思想和新部署。[③]

中国社会科学院经济研究所研究员王立胜研究了习近平经济思想的创新思维及其表现。王立胜认为习近平经济思想创新思维具体表现在：问题导向是其思想起点的创新，唯物辩证法是其思想方法的创新，而起点的创新和思想方法的创新全方位地展现为坚持中的创新、继承中的创新、集成中的创新和突破中的创新四种创新形态，最后集中于经济目标的创新——“中国梦”思想的提出和组织实施。[④]

中共中央党校教授韩庆祥认为习近平经济思想彰显了其民本情怀，是以人民为中心的政治经济学说：把人民当作主体，一切依靠人民；把人民当作目的，一切为了人民；尊重人民，以人民为中心。[⑤]

武汉大学教授桂起权、嘉应学院教授沈健探讨了习近平思想的辩证特点。认为习近平在政府与市场关系、公有制与非公有制关系、供给侧结构性改革、国际关系等一系列重大问题的回答上，均体现了辩证法和两点论，比西方主流经济学派的观

---

① 胡鞍钢：《习近平经济思想：当代马克思主义政治经济学的重大创新》，《人民论坛》2016 年第 1 期。

② 张占斌：《习近平经济思想：中国特色社会主义政治经济学的新突破》，《人民论坛》2016 年第 2 期。

③ 张宇：《习近平关于经济体制改革的新思想》，《人民论坛》2016 年第 18 期。

④ 王立胜：《习近平经济思想的创新思维》，《当代世界与社会主义》2016 年第 5 期。

⑤ 韩庆祥：《习近平以人民为中心的政治经济学说》，《人民论坛》2016 年第 1 期。

点更全面、更深刻、更符合中国实际。①

四川师范大学教授王万民、四川省逻辑学会副会长林胜强从“互动性思维”视域分析了习近平的经济战略思想。他们从总体与局部、自主与开放、城市与乡村、市场规律与政府调控，以及历史、现实与未来，经济制度、经济体制与经济机制等多个方面论证了习近平经济战略思想的互动性特征。②

中共中央文献研究室副研究员王德蓉研究、概括了十八大以来习近平对我国参与全球经济治理的战略谋划。战略谋划的主要内容包括：积极主动参与全球经济治理，推动全球经济治理体制向着更加公正合理方向发展；以共商共建共享的理念引领我国参与全球经济治理实践；以提高制度性话语权作为我国推动全球经济治理体制变革的基本路径；坚持我国作为发展中国家的国际定位。③

（供稿：张伟）

① 桂起权、沈健：《从邓小平的“政治—经济不等式”到习近平的“政府—市场”两点论——经济辩证逻辑思想剖析》，《广东社会科学》2016年第6期。

② 王万民、林胜强：《互动性思维视域下习近平同志经济战略思想探析》，《毛泽东思想研究》2016年第4期。

③ 王德蓉：《十八大以来习近平对我国积极参与全球经济治理的战略谋划》，《党的文献》2016年第5期。

列宁帝国主义理论的时代价值

2016 年是列宁《帝国主义是资本主义的最高阶段》创作 100 周年，学者们结合当代资本主义和社会主义的现实对列宁帝国主义理论的当代意义进行了全面检视。《求是》杂志社社长李捷指出，帝国主义时代资本的输出和海外扩张唤醒了一大批发展中国家的民族独立运动，并努力探求自己的现代化道路。中国特色社会主义的成功为广大发展中国家提供了通过非资本主义方式实现现代化的现实选择。[①]中国人民大学李景治教授认为，垄断依然是当代资本主义的主要形态；金融资本仍旧支配其全部经济生活；金融危机已成为资本主义经济危机的主要形式，列宁帝国主义论依然具有生命力。[②]天津师范大学郝贵生教授认为，当代资本主义自我调节、促进生产力和社会发展的现实并不表明资本主义的剥削本性已经改变，资本主义必然灭亡、社会主义必然胜利的历史趋势没有改变。[③]南京审计大学教授顾玉兰结合现实，阐述了列宁帝国主义论的基本逻辑和主要结论，说明了列宁帝国主义理论的当代解释力何以可能、何以体现及何以延续。[④]苏州大学朱炳元教授分析总结了列宁帝国主义论的方法论特征以及理论内容的核心意蕴，并运用该理论剖析了当代资本主义。[⑤]中国社会科学院马克思主义研究院陈人江在梳理总结列宁关于帝国主义世界体系统治结构的基本认识的基础上，分析了战后帝国主义世界体系统治结构的特点。[⑥]与上述观点不同，华东理工大学邱卫东和胡博成认为，列宁根据资本主义国家内部“资本积累”与“贫困积累”的实质性对立以及这种对立随资本输出不断蔓延到非资本主义国家形成帝国主义模式这一事实，提出了“帝国主义是垂死的资本主义”等核心论断。但“资本积累”主要集中在资本主义国家、“贫困积累”主要集中在东方落后国家的历史境遇，由此产生的社会主义革命所需的“物质条件”与“主体条件”在东西方国家内部的分离，使得现实与列宁的论断之间出现了巨大差异。[⑦]

（供稿：彭五堂）

---

① 李捷：《重读列宁〈帝国主义是资本主义的最高阶段〉》，《红旗文稿》2016 年第 15 期。

② 李景治：《列宁帝国主义论与当代资本主义的发展》，《社会主义研究》2016 年第 3 期。

③ 郝贵生：《列宁帝国主义论的当代启示》，《马克思主义研究》2016 年第 8 期。

④ 顾玉兰：《论列宁帝国主义论的当代解释力》，《马克思主义研究》2016 年第 8 期。

⑤ 朱炳元：《列宁〈帝国主义论〉：方法论、核心意蕴与当代价值》，《毛泽东邓小平理论研究》2016 年第 6 期。

⑥ 陈人江：《帝国主义本质再审视》，《马克思主义研究》2016 年第 8 期。

⑦ 邱卫东、胡博成：《列宁帝国主义论的时代困境：历史根源及当代启示》，《当代世界与社会主义》2016 年第 3 期。

世界社会主义运动的回顾、反思和展望

2016年是托马斯·莫尔《乌托邦》一书问世500周年，学者们以此为契机，对世界社会主义运动进行了回顾、反思和展望。中国人民大学秦宣教授回顾总结了世界社会主义运动的经验教训，提出没有千百万人民群众的实践创新，就没有社会主义的辉煌成就。他认为，面向未来，要使社会主义走出低潮，再现辉煌，必须首先依靠实践创新解决社会主义发展中面临的实际问题，壮大社会主义的力量，增强社会主义的吸引力。[①] 中国人民大学蒲国良教授通过回顾近500年来社会主义从空想到科学，从理论到实践的曲折历程，阐明了社会主义思想传承与演变的历程，是一个空想色彩不断褪色、糟粕成分不断祛除、科学元素不断增强的过程，一个社会主义理念不断现代化、本土化、民族化的过程，一个理想主义方案逐步完善、现实主义精神日益增强的过程，一个理想信念不断融入现实、渗入人们日常生活的过程。[②]《科学社会主义》杂志2016年第2期以"社会主义的历史命运"为主题，刊载了一批青年学者的短论。何海根回顾了科学社会主义理论自诞生以来同各种打着社会主义招牌的理论或思潮，以及同修正主义的斗争，并回顾了科学社会主义在中国的艰难传播历程。他指出，无论是作为一种思潮、运动或是现实的国家制度，社会主义已经改变了世界乃至人本身。苏联东欧为社会主义赢得了掌声，其解体和剧变也损害了社会主义的声誉。在苏联东欧失败的地方，中国却迈出了成功向前的一步。东方国家和西方国家的发展阶段不同，科学社会主义到了东方国家，所承担的具体的历史使命也相应会发生变化。如今，历史的重担和科学社会主义的希望落在了中国特色社会主义身上。消除社会对立与两极分化，消除生产中或多或少的无政府状态，这是科学社会主义的使命。只要中国把发展问题解决好，把发展中产生的新问题解决好，科学社会主义就能够经受住任何考验。[③] 郇雷结合马克思主义经典作家的相关论述，强调了社会主义政权处理好民主化问题的重要意义。他指出，民主政治主要解决两大问题：一是权力的制约，即如何限制公权力滑向腐败；二是权利的保障，即如何确保公民法定权利不受侵犯及如何确保公民法定权利得到实现。社会主义民主的核心价值在于人民性，这种人民性体现在权力来源上的权为民所赋，体现在权力运作上的人民当家作主，体现在党的使命和国家职能上的为人民服务。人民民主使得中国共产党执政合法性的政治基础得到进一步巩固，使得世界社会主义在上世纪末的大溃败中重现生机，使得社会主义价值理念的吸引力更加

---

① 秦宣：《21世纪社会主义复兴的先决条件》，《科学社会主义》2016年第4期。

② 蒲国良：《世界社会主义五百年回眸》，《科学社会主义》2016年第2期。

③ 何海根：《经受无穷拷问的科学社会主义》，《科学社会主义》2016年第2期。

凸显。[①] 岳亮回顾了近代中国社会发展的历史，他指出，近代中国社会不断地试验、探索、失败的教训，要求马克思主义的中国化，走有中国特色的社会主义制度，这是中国人民在一次又一次的道路选择上饱经苦难之后比较出来的经验。[②] 张源从普遍性与特殊性矛盾统一的二重视角分析了中国特色社会主义的内涵。他认为，中国特色社会主义的发展遵循人类社会发展的普遍性规律，走向世界历史、汇入人类文明发展的潮流之中，这是中国特色社会主义事业的内在要求。[③] 刘晨光通过回顾人类解决社会不平等问题的各种设想，对社会主义的未来发展进行了展望。在他看来，未来理想的社会主义至少应包括物质文明和精神文明两方面的建设，物质高度发展和精神极大提升都是实现社会主义的必要条件，而要把这两方面都搞好，需要一种具有引领作用的自觉自信的政治文明建设。[④]

（供稿：彭五堂）

① 郇雷：《民主政治与社会主义的命运》，《科学社会主义》2016 年第 2 期。
② 岳亮：《社会主义与中国：历史的选择与选择的历史》，《科学社会主义》2016 年第 2 期。
③ 张源：《走向世界历史的中国特色社会主义》，《科学社会主义》2016 年第 2 期。
④ 刘晨光：《社会主义的未来》，《科学社会主义》2016 年第 2 期。

对有机马克思主义的理论辨析

2014年5月，在第八届生态文明国际论坛大会上，有机马克思主义理论被正式提出。该理论以怀特海过程哲学思想为思想基础，将马克思主义理论与过程哲学（有机哲学）相结合，以中国传统文化中的生态思想及中国生态文明建设实践为思想理论资源，是一种正在形成的西方新马克思主义思潮。该理论一经提出就受到国内外学者的关注，其中独特的中国元素特别引起了中国学者的注意。2016年度，有机马克思主义成为理论界研讨的一个热点话题。

有些学者认为，有机马克思主义就是马克思主义。哈尔滨工业大学建设性后现代研究中心主任、美国中美后现代发展研究院常务副院长王治河等认为，有机马克思主义是对经典马克思主义的“新阐释”“新发展”，在根底上是一种厚道马克思主义，“这种厚道性体现在它针砭资本主义的不义，强调对自然厚道，对他人厚道，对农人厚道，对将来世代厚道，反对消费主义式的暴殄天物，主张惜物论，将追求人与自然的永续的共同福祉作为自己的奋斗目标”[①]。北京第二外国语学院法政学院教授杨富斌认为，有机马克思主义是一种独特的、颇具中国特色的、新形式的马克思主义中国化，是打通“中西马”的有益尝试。有机马克思主义是针对全球化时代资本主义生产方式和现代性的种种弊端而提出的建设性替代选择，建设以全人类和地球的共同福祉为目标的生态文明；以这种新的社会形态取代当代资本主义工业文明的社会形态，以阶级分析方法来看当今全球化市场经济和资本逻辑；有机马克思主义还是对中国特色社会主义的有益补充和发展，是中外学者从新的视域丰富和发展马克思主义的尝试。[②]

有些学者认为，有机马克思主义属于西方马克思主义新流派，但是其许多观点、主张对于我们很有借鉴意义。阜阳师范学院信息工程学院讲师罗晶认为：作为在生态学马克思主义基础之上发展起来的西方马克思主义新流派，有机马克思主义目前还未形成系统完整的理论体系，但在对惜物主义价值观的倡导、对资本主义制度的批判以及对中国生态文明建设的认可等核心问题上具有普遍共识，为中国生态文明建设提供了诸多启示。[③] 南昌大学人文学院哲学系副教授黄学胜认为，有机马克思主义是近年来北美兴起的一个新的马克思主义研究学派，尚处于生成当中，理论本身并不成熟，但是其所主张的：自由

---

① 王治河、高凯歌、樊美筠：《有机马克思主义是一种厚道马克思主义》，《江海学刊》2016年第3期。

② 杨富斌：《有机马克思主义的出场及意义》，《东北师大学报（哲学社会科学版）》2016年第2期。

③ 罗晶：《有机马克思主义：理论特质与实践价值》，《江汉论坛》2016年第2期。

应是“为了共同体的自由”，民主应是“服务于共同福祉”的民主，正义应是“各尽所能，按需分配”的正义等等观点，对于我国当前的文化建设以及中国特色社会主义的道路建设，有积极的启示意义。①

有些学者运用马克思主义基本原理对有机马克思主义理论主张和思想本质进行了理性辨析。中国社科院马克思主义研究院研究员冯颜利指出：有机马克思主义在批判资本主义与现代性、揭示生态危机根源等的深度与广度上都有所推进，对中国特色社会主义的发展成就及其对人类文明的贡献、对中国传统优秀文化推崇，有利于我们增强道路自信、理论自信和制度自信。但有机马克思主义毕竟是正在生存与发展中的一个国外马克思主义研究新流派，其局限性也很明显。我们不能把有机马克思主义不完善的观点当成自己的观点，不能过分夸大有机马克思主义的意义与价值，更不能用有机马克思主义指导中国的生态文明建设。② 江苏师范大学副教授王玉鹏等认为，有机马克思主义在总体上来说试图继承、坚持和发展马克思主义的核心理念和基本精神，但是由于其本身是在当代西方资本主义的语境中产生的一种国外马克思主义流派，从而导致它在一定程度上对马克思主义的偏离，表现在，过于强调历史发展的偶然性，认为历史发展不可预测、无规律可循，陷入某种唯心主义的泥沼；过于夸大思想文化、宗教传统等上层建筑的作用，以致片面认为马克思主义是经济决定论；有机马克思主义提出的消解资本主义和社会主义的二元对立，主张混合制、超越公—私二分法和“价值中立”教育的“第三条道路”，也值得仔细分析和商榷。③ 西南大学马克思主义学院副教授吴艳东认为，有机马克思主义“第三条道路”的主张表明了这一理论唯物主义的不彻底性。有机马克思主义对传统农村经济形式和小城镇经济形式的复古回归、“混合制”主张的片面性，无法真正超越公—私的二分法，以及“共同价值观”的存在性问题等的主张凸显了其理论上具有先天缺陷，所提出的“第三条道路”也必然行不通。④

（供稿：张建云）

① 黄学胜：《有机马克思主义的自由、民主与正义思想评析》，《湖北行政学院学报》2016 年第 3 期。

② 冯颜利：《为什么要加强有机马克思主义研究》，《国外社会科学》2016 年第 1 期。

③ 王玉鹏、孟丽荣：《论有机马克思主义的马克思主义观》，《国外社会科学》2016 年第 1 期。

④ 吴艳东：《有机马克思主义的“第三条道路”研究》，《国外社会科学》2016 年第 1 期。

关于马克思主义与中华传统文化的关系问题研究

习近平总书记指出，“中国共产党人始终是中国优秀传统文化的忠实继承者和弘扬者”[①]。2016 年，马克思主义与中国传统文化的关系问题依然是学界的关注热点之一。

针对当前有些人鼓吹“复兴儒教”“以儒代马”等观点，中国人民大学哲学院教授陈先达认为，当前不存在马克思主义与中国传统文化孰轻孰重的问题，只存在如何正确理解和处理两者关系的问题。中国社会制度和道路不能儒化，以儒学为主导的传统文化要创造性转化和创新性发展。只有坚持中国共产党的领导，坚持马克思主义指导地位，才能保证中华文化永不断流。[②] 中共中央文献研究室副研究员高长武认为，“以儒代马”之说看似抬高了传统文化的地位，事实上曲解了马克思主义与包括儒家思想在内的中国传统文化的关系，在现实中根本行不通。[③]

关于马克思主义与中华传统文化的关系，南开大学教授李元旭等认为目前主要存在意识形态、文明与体用三种阐释范式，三者各有不足，我们一方面要坚持对中国马克思主义的文化自信和自觉，另一方面还要探寻更具阐释力和适应性的阐释范式。[④] 山东社会科学院哲学研究所所长郝立忠认为，在传承中国优秀传统文化的过程中，必须以马克思主义为指导，确立正确的评价原则、评价标准和评价方法，坚持用马克思主义审视中国传统文化。[⑤] 贵州师范大学马克思主义学院讲师李旭华认为，马克思主义为中国传统文化的现代转化指明了方向，提供了根本的方法，确立了总体思路。[⑥]

对于马克思主义与中华优秀传统文化的结合路径，内蒙古农业大学职业技术学院党政办副主任李一吉认为，要坚持以马克思主义为主流的指导思想，根植于中国富有特色的文化环境资源中，实现马克思

---

① 习近平：《在纪念孔子诞辰 2565 周年国际学术研讨会上的讲话》（http：//news. xinhuanet. com/politics/2014 -09/24/c_ 1112612018. htm）。

② 陈先达：《不应再有这种奇谈怪论——再论正确处理马克思主义和中国传统文化关系》，《北京日报》2016 年 1 月 18 日。

③ 高长武：《重视优秀传统文化不能动摇马克思主义指导地位：今日中国岂可“以儒代马”》，《人民日报》2016 年 3 月 16 日。

④ 李元旭、平章起：《马克思主义和中华传统文化关系的三种主要阐释范式》，《深圳大学学报（人文社会科学版）》2016 年 7 月。

⑤ 郝立忠：《马克思主义视野中的中国传统文化》，《社会科学报》2016 年 8 月 4 日

⑥ 李旭华：《马克思主义与中国传统文化的现代转化》，《理论月刊》2016 年第 6 期。

主义与中国文化资源融合的新跨越。[①] 陈方刘认为，马克思主义与中国传统文化的结合点主要有两个，一是马克思主义与中国传统文化之间的相通，二是马克思主义与中国传统文化之间的互补。[②] 大连理工大学马克思主义学院副教授刘志礼等认为，马克思主义与中国优秀传统文化的有机融合应包含价值塑造、理论阐释、话语构建三方面。[③]

学者们普遍认为，正确处理马克思主义与中国传统文化的关系，是进一步推动马克思主义中国化的前提与基础。

（供稿：杨俊峰）

① 李一吉：《马克思主义与中国传统文化的差异性与相通性》，《人民论坛》2016 年 11 月(上)。

② 陈方刘：《马克思主义与中国传统文化的结合点》，《中国社会科学报》2016 年 5 月 26 日。

③ 张洋、刘志礼：《马克思主义与中国优秀传统文化三个层面的有机融合》，《理论探索》2016 年第 3 期。

关于意识形态安全问题的研究

20世纪80年代到党的十八大之前的一个较长历史时期内，学术理论界研究意识形态问题的较少。党的十八大以来，以习近平同志为核心的党中央高度重视意识形态工作，吸引了越来越多人关注、研究意识形态，相关研究文章逐年增多。在中国知网以“意识形态”为关键词搜索，2016年发表了1160多篇文章，这些文章围绕意识形态安全、当前意识形态领域面临的挑战以及意识形态领导权、管理权、话语权等展开，深入梳理了毛泽东意识形态思想和习近平意识形态思想的联系，且理论与实践结合，这个领域的研究持续升温。

中国社会科学院马克思主义研究院朱继东研究员认为，随着党中央对意识形态安全的高度重视，党的思想理论建设与意识形态安全之间的关系越来越受关注。党成立90多年来的经验教训表明，抓好思想理论建设事关党和国家的前途命运。而当前意识形态领域的新问题、新挑战，也更加凸显抓好思想理论建设的重要性和紧迫性。面对历史的经验教训和时代的热切期盼，我们应从六方面努力把思想理论建设提升到一个历史新高度以确保意识形态安全，这也是发展21世纪中国的马克思主义和确保我们的党永远不变质、我们的红色江山永远不变色的需要。① 天津师范大学马克思主义学院刘娜副教授认为，维护自媒体意识形态安全，在技术层面应重视技术能动性，确立技术“行动者”理念；在理论层面应坚定马克思主义立场，增强自媒体研究学术话语权，鼓励跨学科合作，实现资源融合；在实践层面应摆脱“自上而下”传播思路桎梏，提升自媒体利用能力和防御力，争取国际意识形态角逐主动权。② 江苏省行政学院公共管理教研部刘伟副教授指出，执政党要加强社会主义先进文化和主流价值观建设，促进意识形态价值和内涵的时代生发，打造网络传播平台和运行机制，提升话语传播效率和影响力，为社会主义民主政治的发展，以及国家治理现代化的实现，提供良好的社会政治氛围和话语支撑。③

意识形态领导权、管理权、话语权是密切相连、不可分割的统一整体，但又各有侧重性，在2016年，意识形态话语权成为“三权”之中最受关注的。中国社会科学院马克思主义研究院侯惠勤教授提出，现代无产阶级无论作为革命前的被压迫阶级，还是革命后的统治阶级，都是依靠科学理论占领历史制高点才获得思想统治权的，因此社会主义国家主流意识形态的核心话语必然是建立在历史必然性基础

① 朱继东：《党的思想理论建设与意识形态安全》，《马克思主义研究》2016年第2期。

② 刘娜：《自媒体意识形态安全问题及对策》，《马克思主义研究》2016年第7期。

③ 刘伟：《论互联网时代意识形态传播能力建设的挑战及应对》，《社会主义研究》2016年第2期。

上的科学性话语。在重大的历史关头鲜明地提出科学总结历史经验、深入破解现实矛盾和彰显政治远见的主导性议题，是实现话语权的关键。[①] 南京审计大学赵欢春教授认为，意识形态话语权彰显了一个政党政权舆论和理论的自卫能力，成为关乎"国家安全"的战略力量。就当代中国而言，建构意识形态强势话语权已是当务之急。其核心要义是坚持中国共产党的领导和马克思主义的指导地位；其物质基础是提升国家实力、打造理论队伍、建设话语平台；其根本方法是凝练好话语主题、把握好话语导向、贴近话语对象。[②] 福建医科大学庄文城副教授也认为，意识形态话语权建设时时可以创新，处处充满挑战，方法和路径很多，根本上应该从增强实力、体现优越性、坚定立场、问题意识、理论彻底性和话语阵地等关键方面，强化意识形态话语权建设。[③]

（供稿：朱继东）

---

① 侯惠勤：《意识形态话语权建设方法论研究》，《中共贵州省委党校学报》2016 年第 2 期。

② 赵欢春：《意识形态话语权及其当代建构》，《江苏社会科学》2016 年第 5 期。

③ 庄文城：《论意识形态话语权的本质与建设之要》，《中国社会科学院研究生院学报》2016 年第 5 期。

唯物史观与历史唯物主义是否同义？

唯物史观与历史唯物主义这两个名词是不是指称同一种理论，不仅直接关系到唯物史观与历史唯物主义的关系，而且关系到历史唯物主义的学科性质和归属，以及历史唯物主义在马克思主义哲学中的地位等一系列重大理论问题。关于唯物史观与历史唯物主义是否同义的争论始于20世纪80年代。

2011—2012年，黑龙江大学哲学学院教授张奎良在多篇论文中提出，唯物史观与历史唯物主义在学科性质、理论前提、基本问题、研究对象和适用域、研究目的和路径方面都存在区别。他发表了三篇区别唯物史观与历史唯物主义的文章：《关于唯物史观与历史唯物主义的概念辨析》发表于《哲学研究》2011年第2期；《唯物史观与历史唯物主义的生成和特点》发表于《马克思主义与现实》2012年第2期；《恩格斯与历史唯物主义》发表于《哲学动态》2012年第11期。在这些文章中，张奎良教授对唯物史观与历史唯物主义两个概念进行了区分。他从科学与逻辑的视野内考察，认为唯物史观与历史唯物主义具有各自的特点：唯物史观是全人类的共同财富，而历史唯物主义是无产阶级的意识形态；唯物史观和历史唯物主义的外延不同。唯物史观作为指导历史科学的总观点，其外延涵盖全部人类历史，是以物质实践决定观念形成、社会存在决定社会意识为统领对历史演进机制和规律的科学说明。而历史唯物主义外延小于唯物史观，是唯物史观的近代部分，是对这个时期无产阶级革命斗争的哲学指引。历史唯物主义必定就是唯物史观，而唯物史观中近代以前的内容不属于历史唯物主义。唯物史观与历史唯物主义的研究对象和研究路径也不一样。唯物史观的对象是全部人类社会历史，在推出历史唯物主义之后，重点转向人类原生形态史、种族史、土地史、家庭史、婚姻史、伦理史、文化史、宗教史等。其使命是发现人类历史演进的深层奥秘，增进对人类历史发展各层面细节的了解，绘制出更加精细的历史演进的图谱来。而历史唯物主义不过是辩证唯物主义、实践唯物主义、自然唯物主义、经济唯物主义、直观唯物主义等诸多唯物主义中的一种唯物主义，其本质不是科学，而是历史领域中的唯物主义哲学，其使命不是发现或揭示近代以来的历史真实，而是要对已经出现或发生的历史和现实事件、人物，用唯物主义观点进行哲学反思和透视，由此及彼，由表及里，发现事物本质联系，揭示内在规律，最后达到对事物的深层次的认识和理解；最后，关于唯物史观与历史唯物主义的适用范围和常用概念也各有自己的特点。把历史唯物主义与无产阶级历史使命联系在一起，就自然地区分了它们的适用时代，唯物史观涵盖全部历史，历史唯物主义主要适用于近代以来的资本主义社会和未来共产主义时期。

2016年，湖南大学马克思主义学院教授舒远招撰文认为，张奎良教授在上述几篇文章中阐述的问题各有侧重，但在区别唯物史观与历史唯物主义这一点上是一致的。舒远招教授认为，应该承认，马克思生前的确没有触及和使用过历史唯物主义这个术语，而是恩格斯在批评巴尔特等人将历史唯物主义当作构造体系的套语的过程中才得以确认的。单纯从唯物史观和历史唯物主义这两个术语来看，它们也的确具有一种表面上的区别：唯物史观落在历史观上，是诸多历史观的一种类型，而历史唯物主义落在唯物主义上，是诸多唯物主义的一种类型。但是，这种表面上的区别绝不应该成为将它们当作两种理论的理由，因为它们实质上是完全同一的。舒远招教授认为，张奎良教授为了把唯物史观与历史唯物主义说成是两种不同的理论而提出的一系列说法，比如唯物史观以整个人类历史为对象，而历史唯物主义的对象只是近代史；唯物史观是全人类的财富，而历史唯物主义是无产阶级的意识形态；唯物史观追求的是事实和真实，而历史唯物主义追求的是正确的认识和思想等等，所有这些观点都是牵强附会和经不起推敲的，张奎良教授对唯物史观和历史唯物主义所做的详尽的区别并没有任何经典作家的论述作为文本论据，是对唯物史观和历史唯物主义的不恰当的、人为的、生硬的区别。他夸大了两者的区别而否认了两者实质上的同一性，从而得出了一系列经不起推敲的结论。①

（供稿：任洁）

---

① 舒远招：《略论唯物史观与历史唯物主义的区别——与张奎良教授商榷》，《马克思主义与现实》2016年第2期。

究竟什么是无产阶级?

马克思的唯物史观认为，阶级斗争是推动历史发展的基本动力，资产阶级与无产阶级两大阶级之间的对立和斗争最终会导致无产阶级革命，人类社会将步入无阶级的社会。无产阶级因其阶级地位、阶级特征而成为承担消灭阶级、解放全人类这一伟大世界历史使命的“特殊阶级”。无产阶级在马克思的唯物史观中地位重要，遭到西方马克思主义学者的攻击和质疑，现实发生的种种变化也在冲击着马克思的“无产阶级”概念。比如，当代法国著名社会学家、哲学家雷蒙·阿隆认为，马克思创造了一个“无产阶级的神话”；英国哲学家赫伯特·布鲁姆（Herbert Blumer）甚至认为，马克思的阶级完全不是实在的，而只是思想抽象或范畴；还有一些西方学者从社会功能的角度，认为西方已经出现了一个有利于社会稳定的中产阶级，中产阶级的出现，证明马克思设想的两极分化的阶级发展趋势出现了逆转，两极分化的阶级观念太过简单化。

如何深入理解无产阶级概念，以马克思主义的立场和观点应对所谓的无产阶级消亡论观点十分必要。有学者认为，分析马克思主义者科恩曾试图澄清无产阶级的具体含义，但没有成功，原因在于他没有注意到异化和私有财产在无产阶级概念中的地位和作用。在分析马克思的文本《神圣家族》的基础上，从异化和私有财产之间的关系出发，通过对马克思无产阶级理论的分析，可以看到，马克思及其异化思想是德国古典哲学的产物，并且综合了英国古典经济学中的市民社会理论。马克思在构建无产阶级理论的时候，既充分吸收了思想史的资源，同时又是在具体的社会语境中来展开论述的。无产阶级正是在这种极强的综合中表现出了普遍的、彻底的革命性。如果像分析的马克思主义那样，通过分析的方法而抛弃掉历史和社会的维度，就很难全面、科学地理解马克思的无产阶级理论。[①]

有学者认为，在资产阶级产生之前的历史阶段，无产阶级并不存在；无产阶级仅指代工业无产阶级；马克思从物质基础、斗争目的、存在状态三个方面将无产阶级定义为“真正共同体”；无产阶级是一个道德范畴。[②] 有学者认为，在近代政治哲学的演进中，康德以“普遍的自由”作为权利科学的基本法则，而黑格尔扩充了“自由”的意义，将康德的“不矛盾原则”改造成“矛盾原则”，“超拔”出了一个兼具普遍性与特殊性的“辩证的概念”。马克思以“政治国家”与“市民社会”之间的差异为框架，批判了黑格尔法哲学的神秘主义本质，他紧扣德国的现实，认为要实现德国的革命，需要一个

---

① 田毅松：《“究竟什么是无产阶级”：反驳与论证——基于异化论的无产阶级概念分析》，《马克思主义与现实》2016 年第 1 期。

② 卢鹏：《准确理解马克思的“无产阶级”概念》，《中国社会科学报》2016 年 12 月 13 日。

全新的元素的出现。这个全新的元素就是从市民社会中诞生的“非市民社会阶级”，即“无产阶级”。马克思认为，德国解放的可能性就在于形成这样一个由于自己遭受普遍的苦难而具有普遍性质的领域，在这样一个领域，“它表明人的完全丧失，并因而只有通过人的完全回复才能回复自己本身。社会解体的结果，就是无产阶级这个特殊的等级”。探讨“无产阶级”作为“政治国家”与“市民社会”之间“能动性力量”的必然性与现实性。这便是马克思哲学的政治主题。①

有学者认为，西方资产阶级学者关于无产阶级问题上的错误，主要在于他们的理论大多立足于工人阶级绝对数量的减少以及经济、政治意义上阶级斗争的淡化。西方资产阶级学者关于无产阶级消亡论的理论话语存在不实之处，主要基于两个重要原因：一是以物质生活水平作为阶级的唯一衡量标准，二是以静止的分析方法替换了马克思的历史辩证法。此外，马克思在政治经济学研究中是将生产、再生产作为资本主义存在、发展的核心环节，而一些西方研究者过分强调消费对无产阶级的影响，选择性忽视了无产阶级所具有的生产性力量。以他们的逻辑来看，工人阶级不是处在激烈的抗争中，就是突然陨落并无以为继。也就是说，他们只看到变化了的社会现实，而未看到无产阶级变化了的斗争方式。正确理解新的社会变化给阶级理论带来的冲击，首先要认识到虽然人们的生活经验不断发生变化，但资本主义剥削工人阶级获取剩余价值的方式并没有任何改变，阶级之间的流动也极其困难。其次要认识到无产阶级范畴在马克思主义理论中是一个辩证范畴，马克思对无产阶级的存在方式、历史发展、斗争目标、道德追求等方面都进行了综合性的考察和说明。因此，马克思对无产阶级范畴的理解依旧符合当前的社会现实。我们应坚持以物质基础作为界定无产阶级范畴的根本出发点，但同时不应将之孤立化、抽象化，应当注意马克思在运用无产阶级范畴时所具有的多重含义。②

（供稿：任洁）

---

① 王时中、邹雷靖：《无产阶级是社会的能动性力量》，《中国社会科学报》2016年11月15日。

② 卢鹏：《准确理解马克思的“无产阶级”概念》，《中国社会科学报》2016年12月13日。

文本学视域中的马克思恩格斯学术思想关系再探讨

马克思恩格斯的学术思想关系问题是马克思主义发展史上的重要问题，是伴随着马克思学说和马克思主义的核心问题。因为这不仅关系到对马克思恩格斯关系的定位，而且关系到对马克思学说和马克思主义关系的理解。目前，关于二者的学术关系，存在“对立论”“一致论”“差异论”以及“多变论”几种观点。

20世纪90年代以来，马克思恩格斯关系问题成为MEGA2研究的关键问题之一，从而再次成为德国学者关注的核心问题之一。复旦大学哲学学院教授王凤才、哲学学院博士生袁芃撰文认为，在马克思恩格斯关系问题上，德国学者也没有摆脱以下几种模式：（1）强调马克思与恩格斯、马克思与马克思主义的对立，认为所谓“马克思主义”实乃“恩格斯主义”，马克思恩格斯思想统一是“神话”；断定恩格斯的自然辩证法已经离开了马克思恩格斯原来的共同信念，并努力追求所有现实领域普遍有效的规律，从而陷入了实证主义。（2）强调马克思与恩格斯、马克思与马克思主义的统一，指出“两者统一是‘神话’”的说法是错误的，断言马克思恩格斯思想的“高度一致性”，以及马克思学说与马克思主义的统一性。（3）强调马克思与恩格斯思想的差异，认为尽管马克思恩格斯关注点不同，但要真正创立“恩格斯主义”则是不可能的。王凤才、袁芃重点阐述了德国学者在研究马克思恩格斯学术关系上的独特之处，即他们立足于MEGA2讨论马克思与恩格斯、马克思与马克思主义的差异，尤其是在“利润率趋向下降规律”和“资本主义崩溃”问题上，出现了两种不同观点：一是占支配地位观点认为，利润率趋向下降规律以及资本主义体系崩溃问题，是恩格斯的虚构而非马克思的看法。二是非主流观点认为，利润率趋向下降规律以及资本主义体系崩溃问题，是马克思恩格斯共有的观点。尽管德国学者的有些看法需要进一步斟酌，但这些观点可以拓展国内学者的学术视野，并能够对当代中国的马克思主义研究提供有益的启示。①

中共中央党校马克思主义学院教授王巍认为，对“马克思—恩格斯关系”问题的学术探讨，应当深入到马克思和恩格斯的文献文本之中。以《关于费尔巴哈的提纲》为例，就存在着马克思原始稿和恩格斯修改稿两个版本。文章对《提纲》原始稿与修改稿进行了逐条比较，发现二者之间存在着一定的文字差异，通过对这些文字差异进行解读分析，发现二者在根本思想观点和理论原则上具有一致性，但同时二者在理论的侧重点和对一些具体问题的认识程度上存在一定差异。王巍认为，应当坚持“在差异基础上的一

① 王凤才、袁芃：《MEGA2中的马克思恩格斯关系问题》，《探索与争鸣》2016年第2期。

致”的观点，并用这种观点来开展今后对“马克思—恩格斯关系”问题的文献研究、文本分析和思想解读。在探讨马克思恩格斯学术思想关系问题的基础上，王巍进一步阐述了关于文献学研究方法的几个观点：一是认为文献学研究必须要和文本学解读尤其是思想研究相结合，否则就会沦为一种“机械的文献偏执主义”；二是认为不能用所谓的“党性原则”来教条地否定文献学研究的成果。如果文献学研究的最新成果确实证明了既有研究成果的不完善和不准确，那就要勇于改正自己的观点。这种修正并不能说明既有成果没有能够体现出高的水平，恰恰相反，这正是马克思主义哲学“实事求是”原则的真实体现，才是研究马克思主义基本理论和基本问题的真正科学态度；三是认为要以正本清源的精神理解和把握马克思主义的基本观点。[1]

（供稿：任洁）

---

① 王巍：《“马克思—恩格斯关系”的文本学审视——以〈关于费尔巴哈的提纲〉原始稿与修改稿的比较为例》，《贵州师范大学学报》2016年第3期。

西亚北非共产党研究

2016年国内对西亚北非的苏丹、土耳其、阿拉伯等国共产党进行了研究，形成了国外共产党研究的热点。西北大学中东研究所冯燚梳理了苏丹共产党的理论新认识，指出苏丹共产党坚持马克思主义基本理论与本国实践相结合的原则，采取灵活的宗教政策，制定适合本国国情的发展模式，在国内外重大问题上坚持明确立场，支持阿拉伯民族主义、坚决维护国家统一等。

不少研究者与土耳其左翼和社会主义运动加强联系，并对其理论、历史与实践发展进行了深入探讨。华中师范大学政治与国际关系学院副教授余维海对新土耳其共产党的纲领进行了综述、评析，认为该纲领反映了新土耳其共产党的马克思主义工人政党本质，但也流露出了较强的理想主义色彩，理论创新略显不足，在切实可行的行动方案上较为薄弱。新土耳其共产党要实现更好的发展，需要在推进马克思主义本土化与时代化上进行更富智慧的探索。土耳其詹尤克等运用马克思主义理论，对20世纪80年代以来土耳其共产主义运动的危机，提出土耳其共产主义运动主要存在两个重要问题，即自由主义思潮在共产主义者思想领域蔓延，以及民族主义和分裂主义在共产主义组织中蔓延，从而导致共产党人很难与广大劳动群众结合在一起，共产主义运动也无法像80年代那样掀起高潮。但当前土耳其仍然活跃着忠于马克思列宁主义基本理论的共产主义党派，自觉抗拒后现代主义的侵蚀，这些真正的马克思主义者，用阶级觉悟团结劳动群众，为抵抗帝国主义入侵和建立平等的社会创造条件。

“阿拉伯左翼论坛”是近年来西亚北非地区共产党加强地区性联系与交流的新实践。中共中央对外联络部研究室曹倩对该论坛进行介绍和评析，指出论坛自2011年已连续6年顺利召开，目前共有成员政党28个，已成为阿拉伯地区左翼政党团结的一种新形式。余维海等认为，论坛的成立加强了阿拉伯左翼政党之间的联系，也为左翼力量合作提供了平台。但受各种复杂因素的影响，阿拉伯左翼论坛的实际作用和影响力有待进一步扩大。此外，中联部还于2016年2月25日组织召开“阿拉伯地区社会主义发展状况与前景”主题对话会，来自埃及、伊拉克、黎巴嫩、毛里塔尼亚、摩洛哥、巴勒斯坦、叙利亚、突尼斯等8国16个共产党和左翼党的领导人，围绕阿拉伯地区社会主义发展现状、面临挑战、斗争策略以及世界社会主义理论与实践、世界中左翼力量团结合作等问题与国内学者深入研讨，进一步推动了该地区共产党研究的深入发展。

（供稿：于海青）

何以重构民主与正义

面对当今全球化趋势和经济危机等问题，民主和正义问题成为西方马克思主义研究的热点。法兰克福学派的代表人物哈贝马斯2016年出版的专著《转型期》探讨民主与人权的关系。[①] 该书还联系欧洲现状，讨论我们应该如何理解欧洲的政治方案，如何才能克服欧盟的民主赤字。作为法兰克福学派批判社会理论的第三代传人，霍耐特的民主与正义问题研究以原创性和深刻的洞察力闻名。霍耐特以《为承认而斗争》出名，将哈贝马斯的交往行为理论转型到相互承认理论，这个转型被称为“政治伦理转向”[②]。霍耐特的重心逐渐转向政治哲学，留意民族国家范围及国际秩序下的不正义问题。霍耐特的《自由的权利：民主生活的社会基础》一书出版，指出“法律自由”和“道德自由”在现代西方社会出现很多病理学特征，主张在个人关系、市场经济和政治决策等领域中重建一种“社会自由”，即平等互惠的相互承认机制，重构一种多元平等的正义论。[③] 这种正义论产生了广泛影响，获得国内外学者的普遍肯定，同时也因其概念的模糊性，正义普遍性的难以建立及方法论上的悖论招致诸多质疑和批评之声。

法国后马克思主义哲学家雅克·朗西埃（Jacques Rancière）与霍耐特进行激烈交锋。[④] 霍耐特强调承认逻辑为个人提供了越来越多的自由可能性，朗西埃认为社会是一种治安秩序，政治是一种必须彻底维护平等的力量。霍耐特批评朗西埃的政治观念在实际的历史社会之外，朗西埃认为霍耐特的承认理论过于依赖主体性概念。二者试图通过交流提出新的正义框架。

国内学者的讨论也很热烈。2016年，《学习与探索》连载了由复旦大学王凤才教授翻译并介绍的《〈自由的权利〉精粹》。[⑤] 有学者指出，霍耐特通过主张“社会自由”重构一种多元平等的正义论，这种规范性重构与哈贝马斯、罗尔斯不同，不是进行一种抽象的与社会分析脱节的正义论建构，而是要复兴一种黑格尔式的从社会现实出发的“相互承认”的社会自由模式。有的学者针对民主与正义

① Jürgen Habermas, *Time of Transitions*, John Wiley & Sons, 2016.

② 贺翠香：《论霍耐特的社会自由概念及其正义论构思》，《哲学研究》2016年第4期。

③ 同上。

④ Axel Honneth & Jacques Rancière, *Recognition or Disagreement*: *A Critical Encounter on the Politics of Freedom*, *Equality*, *and Identity*, Columbia University Press, 2016.

⑤ ［德］霍耐特：《〈自由的权利〉精粹》（上），王凤才译，《学习与探索》2016年第1期。《〈自由的权利〉精粹》（中），《学习与探索》2016年第2期。《〈自由的权利〉精粹》（下），《学习与探索》2016年第3期。

能否协同增效等问题，将霍耐特的正义论与哈贝马斯后形而上学的正义观以及弗雷泽的后社会主义视域正义观进行了比较。[1]

（供稿：唐芳芳）

---

① 杨礼银：《晚期法兰克福学派视域中民主与正义的关系》，《武汉大学学报（人文科学版）》2016年第5期。

国外左翼眼中的特朗普胜选

特朗普的胜选，在马克思主义者看来是资产阶级极右翼势力重新主宰西方政治舞台的一个信号；在资产阶级左翼看来，特朗普是与“进步主义”相悖的人物，特朗普的上台代表着资本主义面临的危机在加深。在多数左翼知识分子看来，特朗普身上具有某种法西斯主义的特质。正如后现代主义思想家朱迪斯·巴特勒所说，“就是因为特朗普太危险，所以我才会把票勉强投给希拉里，特朗普的危险之处表现于他对民主政治存在着潜在的巨大危害”。她指出，特朗普体现了白人对黑人民权运动的对抗和民粹主义的暗流涌动。①

托派第四国际对特朗普的上台非常悲观。其官方网站上的一篇文章认为，统治阶级试图通过民粹主义的措施最大限度地刺激经济增长，这将加剧对美国工人阶级的剥削。统治精英们转向特朗普表明，他们准备使用更专制的统治方式和警察国家的暴力来对付社会日益增长的反抗。一个极右的、独裁的、军国主义的政权正在华盛顿成型，特朗普政权将施行野蛮的政策。反对特朗普的斗争要求工人阶级进行独立的政治动员，通过以社会主义的和国际主义的纲领建设自己的党组织。②

萨米尔·阿明指出，必须把唐纳德·特朗普的胜选放在资本主义制度崩溃这一更广阔的框架下考察。英国退欧、唐纳德·特朗普的胜选和欧洲法西斯主义政党支持率的上升，以及希腊激进左翼联盟和西班牙社会民主力量党的崛起，都是全球化下新自由主义体制的危机的深度表现。所有试图拯救这一体制以避免出现最坏结果的轻微的调整是注定要失败的。③

诺姆·乔姆斯基认为，新自由主义政策多年来造成了收入停滞和社会严重的两极分化，绝望情绪弥漫美国社会。那些选举特朗普的人认为他会带来“变革”，但在一个原子化的缺少教育和组织的社会里，那些封闭的人并不清楚后果会是什么。特朗普的上台预示着某种

---

① Scott MacLeod：《思想家朱迪斯·巴特勒：精英支持特朗普是反智的》，2016 年 11 月 15 日，界面新闻（http：//www. jiemian. com/article/956261. html）。

② Patrick Martin，After the election of Trump：The realignment of US politics，18 November 2016 http：//www. wsws. org/en/articles/2016/11/18/pers-n18. html.

③ Samir Amin，The Election of Donald Trump，2016 年 11 月 30 日，http：//mrzine. monthlyreview. org/2016/amin301116. html.

“友好的法西斯主义”的兴起显得更加真切了。① 詹姆逊认为特朗普掌权有可能带来新的法西斯主义，因为他提出的“美国优先”在20世纪30年代时，美国的极右翼法西斯主义者也使用了同样的口号。②

（供稿：宋丽丹）

① C. J. Polychroniou：《乔姆斯基：那个巨大的危险，随着特朗普的上台变真切了》，沈河西、罗昕编译，2016年11月17日，澎湃新闻（http：//www. thepaper. cn/newsDetail_ forward_ 1562665）。

② 丁雄飞：《特朗普是左派的朋友还是敌人?》，2016年11月7日，澎湃新闻（http：//www. thepaper. cn/newsDetail_ forward_ 1556298）.

对苏共二十大的不同评说

60年前召开的苏共二十大以批判“斯大林个人崇拜及其后果”而载入史册，该评价在2015年曾受到美国学者格雷弗·弗的“颠覆性”挑战。[①] 2016年国内学者继续从不同视角予以考察。

中国社会科学院俄罗斯东欧中亚研究所研究员张盛发以整理陆续解密的珍贵文献资料为契机，再现了当年苏联社会各界对赫鲁晓夫秘密报告反应的历史画面。他认为赫鲁晓夫在苏共20大所做的“秘密报告”不仅引起苏共党员和苏联民众对斯大林截然相反的评价，也引发了对苏共中央及其现任领导人的不满和对现行社会制度的质疑以及其他大量令人惊恐的问题，从而也就产生了至今仍然困扰俄罗斯社会的所谓斯大林问题。斯大林问题并没有随着时代的变迁而消失，许多问题仍是待解的难题，至今俄罗斯各界对此众说纷纭。[②]

中共中央党校科社部教授胡振良从较为宏观的历史和逻辑方面论述了苏共二十大及其意义，认为苏共二十大是“后斯大林时代”苏联政策调整和战后世界社会主义历史进程的产物，是“苏联模式普遍化”进程和新中国借鉴苏联初期探索中遇到的事件，从内容到形式、从影响到结果都有特殊意义。它不仅对历史发展留下相对消极的后果，也以一种特殊的方式提出了各国社会主义模式改革的命题，在开启社会主义改革、社会主义模式转换与社会主义从传统向现代发展的历史进程中具有特殊的地位和意义。[③]

昆明理工大学社会科学学院教授桂立则从苏共二十大“秘密报告”的产生背

---

① 在《苏共二十大——“秘密报告”与赫鲁晓夫的谎言》一书中，格雷弗·弗指出赫鲁晓夫“秘密报告”中直接“揭露”斯大林或贝利亚的论点，无一与事实相符，整个“秘密报告”是由谎言拼凑而成的。

② 张盛发：《60年前苏联国内对赫鲁晓夫秘密报告的反应——写在苏共20大召开60周年之际》，《俄罗斯学刊》2016年第5期；《苏共中央对传达赫鲁晓夫秘密报告后所出现问题的应对和处理——写在苏共20大召开60周年之际》，《俄罗斯学刊》2016年第6期。

③ 胡振良：《从历史过程审视“苏共二十大”及其意义》，《当代世界与社会主义》2016年第1期。

景、主要内容、影响的分析中得出几点启示，强调要正确看待党的领导人所犯的错误，要正确解决领袖和党的关系问题以及对党的最高领导人的监督问题，要重视贯彻执行党的集体领导原则和扩大党内民主的重要性。①

对于赫鲁晓夫在苏共二十大上所做的“秘密报告”，我们应从历史过程、历史位置去加以审视，给予客观审视与评价。

（供稿：潘西华）

① 桂立：《苏共二十大“秘密报告”主要内容及启示》，《党政研究》2016年第6期。

越古老朝四国党代会召开及政策走向引发热议

2016年越古老朝四个社会主义国家分别召开党代会，既对本国社会主义实践进行总结，也体现出理论上的传承创新和政策上的延续发展，从中可以窥见未来较长一段时期四国内政外交政策的基调、侧重点和走向。学界对四国党代会的召开及政策走向表现出极大的热情，关注的焦点集中在三个方面：

一是强调坚持社会主义制度不可更改。古小松指出，越共十二大召开前夕，国际上有不少否定越共政权正当性和必要性的声音，甚至在越共党内也有人要求取消越共党章中规定的政治思想和指导原则，抛弃社会主义道路，实行军队国家化，废除一党专政等。[①] 为此，越共十二大指出越南革新路线是正确的，并强调要“创造性地运用、发展马克思列宁主义和胡志明思想，坚持民族独立和社会主义的目标”，凸显越共坚定走社会主义道路的信心和决心。针对古巴思想界姓“资”姓“社”问题的激烈争论，尤其是关于社会主义能否实行市场经济的思想争论[②]，菲德尔·卡斯特罗出席古共七大会议时强调：古巴要始终坚持以马克思列宁主义和马蒂思想为指导，坚持社会主义制度不动摇，并鼓励古巴继续坚持共产主义理想信念。基于朝鲜劳动党七大召开前夕金正恩较少提起“主体思想”，一些国外媒体认为朝鲜的“主体思想”有名无实。有学者指出朝鲜不可能抛弃“主体思想”，因为它是朝鲜得以维持和发展的根本动力。[③] 事实印证了该学者的判断，朝鲜劳动党七大强调，朝鲜的社会主义能在艰难困苦的形势下取得“辉煌胜利”，依靠的是“主体思想”和“先军政治”。正处于向社会主义过渡时期初级阶段的老挝国内对于社会主义向何处去也发生了争论。对此，老挝人民革命党十大表示会继续创造性地运用和发展马列主义理论、凯山·丰威汉思想。

二是与时俱进地提出一些治国理政新理念。在经济领域，四个国家从不同角度对所有制结构进行了界定。越共十二大强调，“国有经济为主导，私营经济是国民经济发展的重要动力”。古巴七大提出在坚持“主要生产资料全民所有制”的前提下允许私有制存在和发展，绝不意味着

---

① 古小松：《从越共十二大看越南的道路与方向》，《人民论坛·学术前沿》2016年第7期。

② Rosa Miriam Elizalde, “Cuba no se Está Proponiendo un Socialismo de Mercado”, http://www.rebelion.org，2016年8月10日。

③ 方浩范：《朝鲜劳动党第七次党代会的召开与中国的对策》，《延边大学学报（社会科学版）》2016年第2期。

"对资本主义的复辟"①。朝鲜劳动党七大提出将强化国家作为经济组织者的作用，全面确立朝鲜式经济管理方法，从各个领域强化人民经济的自立性和主体性；老挝人民革命党十大将坚持有原则的全面革新开放路线不动摇，发挥市场在资源配置中的主要作用，强调非公经济的作用。在党的建设上，越南十二大针对国内外否定越共政权正当性和必要性的声音，提出党建的目标是从政治、思想、组织和道德上建设纯洁、强大的党；针对西方"多党制"等政治架构的干扰，古巴七大重申必须坚持社会主义政治体制和古共一党制不动摇，发挥党在领导经济社会模式更新中的核心作用；朝鲜劳动党七大强调朝鲜式社会主义应有之义的"先党政治"将主导政治生活②，体现了从"先军政治"向"先党政治"的过渡；老挝人民革命党十大在老挝党的文件中首次将凯山·丰威汉思想与马列主义并列作为党的思想理论基础，体现了老挝党将马列主义与本国国情相结合的初步成果。③ 在对外关系上，越共十二大强调要坚持"国家—民族利益至上"的原则，建立全方位、多样化的对外关系；古巴七大强调要加强对外开放的力度，同所有国家发展互利的经贸合作关系；朝鲜劳动党七大释放了友善开放的态度，指出只要对方尊重朝鲜主权，朝方就将与之改善关系；老挝人民革命党十大强调继续坚持和平、独立、友好、合作的外交路线，加强与中国、东盟的关系。④

三是立足国情科学规划社会主义未来发展的中心任务。越共十二大提出了党建、精简编制、提高经济质量、保卫主权独立等发展任务；古巴七大提出了2016—2021年的纲要更新，到2030年全国经济社会发展计划的制订分两步，第一步制定基本理论，第二步再确定目标；朝鲜劳动党七大指出切实执行2016—2020年国家经济发展五年战略，显示出朝鲜有着走向经济强国的政策需要与宏伟抱负；老挝人民革命党十大提出未来15年远景规划，并立足国情，提出今后发展的方针任务。

社会主义四国在党代会上分别选举产生新一届领导集体，在政治、经济、社会、外交等方面采取了一系列新的战略举措，以适应不断变化的世界格局。

（供稿：张福军）

---

① 张慧玲：《从古共"七大"看古巴社会主义发展新动向》，《当代世界与社会主义》2016年第4期。

② 郑继永：《朝鲜劳动党七大的几个看点》，《世界知识》2016年第12期。

③ 方文：《老挝人民革命党第十次全国代表大会述评》，《学术探索》2016年第3期。

④ 王璐瑶：《老挝人民革命党十大规划党和国家未来发展》，《当代世界》2016年第3期。

民粹主义在西方世界“走红”现象广受关注

民粹主义“走红”是2016年国际政治的一大看点。不论美国特朗普代表的右翼民粹主义还是桑德斯代表的左翼民粹主义，都对华尔街和政治精英的结盟传统提出了严重质疑，对美国在世界上的领导地位丧失、美国普通民众的收入低下忧心忡忡。作为美国的亲密盟友，欧盟各成员国自身也面临严峻挑战：法国的极右翼政党“国民阵线”借欧洲难民问题发酵之机，四处发表“反穆斯林移民”的言论；德国右翼分子也寻机制造暴力案件；英国脱欧；意大利修宪公投失败。民粹主义在西方世界的走红广受国内外学者的关注。

国内学者大多认为，民粹主义源自各国出现的严重经济、社会问题，比如收入分配两极分化，社会治安状况恶化，而各国精英阶层，比如官员、学者、富豪等却都束手无策，政府的应对措施也流于形式，无穷无尽的争吵代替了行之有效的政策。以2016年美国总统大选为例，左右翼民粹主义的出现，实际上根源于同样的社会和政治因素。美国存在的严重经济不平等增强了富人对政治的影响力，从而引致中下阶层对特权阶层的强烈不满。最近40余年里美国的政治极化愈演愈烈，导致两党政治陷入严重的僵局。民众对政府和政客的信任度已经降到二战以来的最低点，对两党建制派的不满与愤怒也不可抑制地爆发出来。这为民粹主义运动的兴起提供了丰富的土壤。[①] 也就是说，正是由于西方体制赖以存在的经济基础和政治文化出了问题：在经济上贫富差距拉大的同时，西方社会的党争与极化，以及西方民众对选票政治的失望，导致民众对精英的不满，才造成了今日民粹主义在西方世界的走红。[②]

与国内学者众口一词相比，国外学者对民粹主义的产生根源表达了不同的看法。有学者认为，如果说支持民粹主义的群体来自收入减少的低技能劳动者，那么这显然与事实不符。过去十年来，欧洲高—低学历岗位之间的“工资溢价”水平大致稳定，其中，德国、意大利略有上升，而英国、法国则略有下降。此外，不同教育程度的劳动力就业率差距也保持稳定，甚至略有缩小。在21世纪初，欧洲低技能劳动者的数量比大学毕业生还要多出50%，而现在大学生的人数则超过了低技能劳动者。[③] 经济发展和福利水平也不一定与民粹主义有直接关联。比如，奥地利的失业率是欧洲最低的，经济发展也不错，但是民粹主义政党自由党候选人诺

---

① 周琪、付随鑫：《从桑德斯现象看美国左翼民粹主义运动》，《学习时报》2016年5月16日；周穗明：《21世纪民粹主义的崛起与威胁》，《国外理论动态》2016年第10期。

② 钟声：《民粹主义何以在西方“走红”》，《人民日报》2016年2月26日。

③ 闫勇：《学者驳“全球化助长民粹主义”说》，《中国社会科学报》2016年5月23日。

伯特·霍弗尔在4月举行的总统选举第一轮投票中领先。此外，北欧国家和德国的经济发展相对稳定、失业率比较低，但是一些民粹主义政治势力也在不断发展。因此，不能简单地将欧洲民粹主义的兴起与所谓“全球化过程中失败者的反抗”画等号。近来欧洲民粹主义的泛滥与20世纪60年代末以来欧洲工人阶级组织的衰落有关，为了与兴起的民粹主义对抗，欧洲左翼政党不能一味将自身的形象和定位模糊化，更不能疏远工人阶级。[①]

在正确认识民粹主义产生根源的同时，我们也应看到，在当代西方学术话语中，“民粹主义”一般指的是倾向于“平民”的思想，是与“精英主义”相对立的。而在马克思主义的话语体系中，如毛泽东所指出的：“所谓民粹主义，就是要直接由封建经济发展到社会主义经济，中间不经过发展资本主义的阶段。俄国的民粹派就是这样。当时列宁、斯大林的党是给了他们以批评的。”[②] 列宁在批判俄国民粹派时尖锐地指出，他们以“人民之友”自居，“其实他们是社会民主党最凶恶的敌人”[③]。因此，在我们看来，无论“平民”或“精英”，都包含着不同阶级的人们。当特朗普的主张被说成是“民粹主义”时，他所代表的“平民”，主要是那些没有进入国家机构并直接掌握权力的有产者，这从其所组建的“富豪内阁”可见一斑。实际上，无论在赞成或反对“民粹主义”的论者中，都包含了不同阶级的思想和政治倾向，未能把反映不同阶级利益和愿望的思想观点区分开来。我们应该重视研究当代那些被称为“民粹主义”的思潮及其所反映的社会矛盾和现实问题，但是不宜把这个已经被用得混乱不堪的话语当作表达我们自己观点的概念和分析现实问题的语言工具。[④]

（供稿：牛政科）

① 闫勇：《学者驳“全球化助长民粹主义”说》，《中国社会科学报》2016年5月23日。

② 《毛泽东文集》第3卷，人民出版社1996年版，第323页。

③ 《列宁全集》第1卷，人民出版社2013年版，第102页。

④ 田心铭：《观察美国特朗普政府要坚持马克思主义的立场观点方法》，《红旗文稿》2017年第5期。

深入学习阐发习近平总书记系列重要讲话精神

十八大以来，随着新一届党中央领导集体治国理政实践的逐步展开，“习近平治国理政思想”逐渐成为理论界认同的重要用语。十八届五中全会正式使用了党中央“治国理政新理念新思想新战略”的表述。2016 年，习近平治国理政思想成为理论界、国史学界研究的热点和重点问题之一，《当代中国史研究》等杂志专门开设“学习中共十八届五中全会精神笔谈”“治国理政新理念新思想新战略”等专栏，刊登系列文章，深化习近平治国理政思想研究。

总体来看，2016 年，理论界对习近平治国理政思想的研究趋向多角度和全方位的综合研究，尽力从内涵和外延及其本质特征上对治国理政做出规范性研究。例如，有学者全面分析习近平治国理政思想的历史基础、时代基础、实践基础、哲学基础、理论基础和政治基础，有学者对习近平治国理政思想的主要内容进行概括总结，对习近平治国理政思想的鲜明品格、价值意义进行探讨评价。① 这些都为习近平治国理政思想研究的进一步深化奠定了良好基础。

本年度理论界还推出了习近平治国理政思想研究专著。中国社会科学院院长王伟光教授所著的《马克思主义中国化的最新成果——习近平治国理政思想研究》一书，由中国社会科学出版社出版。该书汇集了王伟光对十八大以来习近平总书记系列重要讲话精神和治国理政思想的系列研读文章，内容涉及广泛，论证严谨且自成体系，对理解习近平总书记系列重要讲话精神具有十分重要的参考价值。中共中央党史研究室冯俊的《加强中共党史学科建设的理论指南——习近平总书记哲学社会科学工作座谈会重要讲话学习体会》一文，则阐述了习近平这一讲话对加强中共党史学科建设的理论指南意义。②

哲学社会科学各个领域纷纷举办专题学习座谈会、研讨会，就习近平总书记在哲学社会科学座谈会上讲话的精神实质和重大意义、新的重要思想观点、如何构建中国特色哲学社会科学、哲学社会科学工作者在当代的历史使命和任务等问题进行深入充分的探讨。

（供稿：刘海飞）

---

① 参见韩庆祥、储峰《理论界如何看待习近平治国理政思想》，《理论视野》2016 年第 1 期；韩庆祥《论习近平治国理政思想》，《中共福建省委党校学报》2016 年第 1 期；毕京京《十八大以来党中央治国理政新理念新思想新战略》，《唯实》2016 年第 5—7 期；王立民《书写马克思主义哲学新篇章——论习近平总书记治国理政的哲学思想》，《中国社会科学报》2016 年 1 月 14 日。

② 《中共党史研究》2016 年第 8 期。

坚持以马克思主义指导哲学社会科学问题

2016年5月17日，习近平总书记在哲学社会科学工作座谈会上发表重要讲话，强调了发展中国哲学社会科学的重大意义。他指出，“一个没有发达的自然科学的国家不可能走在世界前列，一个没有繁荣的哲学社会科学的国家也不可能走在世界前列。坚持和发展中国特色社会主义，需要不断在实践和理论上进行探索、用发展着的理论指导发展着的实践”①。近一年来，学界围绕哲学社会科学发展问题，进行了充分的探讨，肯定了以马克思主义为指导，是当代中国哲学社会科学区别于其他哲学社会科学的根本标志，并提出了一些坚持的原则和方法，同时，也提出了一些有别于科学马克思主义的错误观点和态度，需要我们时刻警惕。

教育部顾海良认为，对中国特色哲学社会科学如何坚持以马克思主义为指导的问题，习近平总书记提出的三个方面的要求是我们的基本遵循。一是要解决“真懂真信”的问题，从根本上坚持以马克思主义关于世界的物质性及其发展规律、人类社会及其发展规律、认识的本质及其发展规律等一系列基本原理为指导。二是要解决好“为什么人”的问题。哲学社会科学工作者要树立为人民做学问的理想，尊重人民主体地位、聚焦人民实践创造，自觉地把个人学术追求同国家和民族发展紧紧联系在一起。三是要落实到“怎么用”的问题上来。把坚持马克思主义和发展马克思主义统一起来，弘扬马克思主义与时俱进的理论品质，结合新的实践不断作出新的理论创造。② 教育部田心铭认为，坚持马克思主义为指导，要“自觉把中国特色社会主义理论体系贯穿研究和教学全过程，转化为清醒的理论自觉、坚定的政治信念、科学的思维方法”③。南开大学逄锦聚认为，马克思主义是发展的和开放的，坚持以马克思主义为指导，从根本上是坚持以马克思主义基本原理包括马克思主义基本立场、基本观点和基本方法为指导。首先，要坚持马克思主义代表广大人民群众根本利益的基本立场，解决好为什么人的问题。其次，要坚持马克思主义辩证唯物主义和历史唯物主义的世界观和方法论，这是其他哲学社会科学不可比拟的。再次，要坚持马克思主义具有强大生命力，不断为实践所证明的基本观点，它们是繁荣哲学社会科学的

---

① 习近平：《在哲学社会科学工作座谈会上的讲话》，《人民日报》2016年5月19日。

② 顾海良：《以马克思主义为指导构建中国特色哲学社会科学》，《思想理论教育导刊》2016年第6期。

③ 田心铭：《旗帜鲜明坚持当代中国哲学社会科学的“根本标志”》，《思想理论教育导刊》2016年第6期。

重要保证。[①]

在坚持马克思主义为指导的过程中，如何避免错误观点和态度的消极影响，学者们也有所阐释。如，复旦大学顾钰民认为，以科学的态度坚持马克思主义，要认清习近平总书记强调过的两种不是马克思主义的态度，一是教条主义态度，二是实用主义态度。教条主义是把马克思主义经典作家在特定历史条件下、针对具体情况说的话作为不变的、不分时间地点、到处适用的真理。实用主义是依据一定的实际需要"剪裁""搬用""评价"马克思主义，让马克思主义为我所取、合己所需。二者都是把经典作家语录为自己所用，为自己的观点开辟道路。[②] 除了教条主义和实用主义，西南大学白显良另外补充了形式主义和主观主义这两种错误倾向。他认为，所谓形式主义地对待马克思主义，本质上就是不在把马克思主义基本原理和具体实际相结合的"结合"、理论联系实际的"联系"上下功夫，而是抓住一些非本质、非关键的方面，做一些表面文章，重形式轻内容。所谓的主观主义，就是自以为是，妄加附议，仅凭主观想象和一时热情，盲目作出结论。[③] 上述四种错误观点和倾向都是我们必须认清和认真克服的。

（供稿：梁海峰）

① 逄锦聚：《旗帜鲜明地坚持以马克思主义为指导》，《思想理论教育导刊》2016 年第 6 期。
② 顾钰民：《用马克思主义的态度对待马克思主义》，《思想理论教育导刊》2016 年第 6 期。
③ 白显良：《克服对待马克思主义的几种错误倾向》，《思想理论教育导刊》2016 年第 6 期。

党内监督问题研究

加强党内监督的重要意义。中央纪委副书记吴玉良认为，第一，加强党内监督是马克思主义政党建设一以贯之的宝贵经验；第二，加强党内监督是实现我们党肩负的历史使命的重要保证；第三，加强党内监督是推进国家治理体系和治理能力现代化的必然要求；第四，加强党内监督是实施全面从严治党战略的现实需要。全面从严治党永远在路上，必须以持之以恒的决心和行动强化党的自我监督。①

监督机制存在的主要问题。中共海南省委常委、纪委书记马勇霞认为，主要存在着监督意识不强、监督重点不突出、监督合力尚未形成、监督制度效能不足、监督信息不对称等问题。监督机制存在上述缺陷的原因在于：对权力的双重性认识不足，监督指向不全面；组织结构不科学，监督缺乏权威性；监督法规制度不健全，执行力不强。要完善监督机制，科学配置监督资源是前提，优化组织体系是基础，健全法规制度是保障，运用科学技术是支撑。②

学者普遍认为，加强党内监督需要在以下几个方面持续发力。

“强化党内监督，必须坚持、完善、落实民主集中制。”中央纪委研究室研究员邵景均认为，民主集中制是党的根本组织原则和领导制度，是强化党内监督的关键抓手。坚持民主集中制，是保持党的创造力、凝聚力、战斗力的重要法宝。有了这个法宝，强化党内监督就有了坚实的制度支撑。必须从坚持、完善、落实民主集中制入手，既加强党内民主，使大家在党内充分发表意见，使那些不正确的说法、做法受到批评和抵制；又加强党内集中，确保民主基础上的正确意见得到公认、成为主流。③

“完善监督制度，做好监督体系顶层设计。”全国政协社会和法制委副主任施芝鸿认为，新形势下党内监督的顶层设计，主要体现在以下四个方面：第一，顶层设计了由六大监督主体构成的新形势下党内严格的自我监督体系。一是党中央集中统一领导的顶层监督；二是党委（党组）的全面监督；三是纪检机关的专责监督；四是党的工作部门的职能监督；五是党的基层组织的日常监督；六是广大党员的民主监督。第二，顶层设计了一种把类似于组织内的外部监督和党外各种监督方式以及人民监督、司法监督相结合的全方位监督体系。第三，顶层设计了新形势下党内监督执纪的“四种形态”。第四，顶层设计了同网络化、信息化、大数据相联系而又使党内监督充分体现时代性的网

① 吴玉良：《新时期加强党内监督的重要意义》，《人民日报》2016 年 12 月 8 日。

② 马勇霞：《完善中国特色社会主义监督机制》，《学习时报》2016 年 5 月 3 日。

③ 邵景均：《探索强化党内监督的有效途径》，《人民日报》2016 年 2 月 5 日。

上监督形式。①

“整合问责制度，健全问责机制。”邵景均认为，必须整合问责制度、健全问责机制，坚持有责必问、问责必严。可考虑制定党内问责条例，让失责必问成为常态。把监督检查、目标考核、责任追究有机结合起来，实现问责内容、对象、事项、主体、程序、方式的制度化、程序化。有了健全的问责制度和机制，坚持从严治党、强化党内监督就有了可靠抓手。②

“抓住‘关键少数’，破解一把手监督难题。”中央党校教授辛鸣表示，一把手是“关键少数”中的“关键少数”，对其监督是重点更是难点。部分干部，不少曾有一把手的经历，只有破除“批评领导、官位难保”的问题，完善党内民主生活尤其是监督机制，加大上级巡视和派驻纪检的监督作用，才能解决上级监督太远、同级监督太软、下级监督太难的问题。

（供稿：于晓雷）

① 施芝鸿：《〈条例〉新形势下加强党内监督的顶层设计》，《中国纪检监察报》2016 年 12 月 14 日。

② 邵景均：《探索强化党内监督的有效途径》，《人民日报》2016 年 2 月 5 日。

揭开历史虚无主义的底牌

2016年，有两起特殊案件引起了社会舆论的高度关注。一起是“狼牙山五壮士”中两位英雄的后人诉《炎黄春秋》前执行主编侵害名誉权、荣誉权案，第二起是革命烈士邱少云胞弟诉加多宝等一般人格权纠纷案。两起案件均以原告胜诉，被告败诉并被判处赔礼道歉、消除影响告终。这两起案件的重要意义在于，它昭示着一向打着“还原历史”“寻找真相”“重新评价”等幌子的历史虚无主义，不仅触碰了社会道德底线，更触碰了法律底线。同时也表明，人们对历史虚无主义的批判和抵制不再停留于历史研究等学术领域，开始运用法治手段捍卫英雄尊严和历史真相。[①] 近年来，类似上述诋毁国家英烈的事件时有发生，网络上甚至出现了一股恶搞和诋毁国家英烈的歪风，刘胡兰、邱少云、董存瑞、黄继光、雷锋等英雄均被诋毁侮辱。有学者指出，此类事件性质恶劣，混淆视听，严重误导青少年，不仅仅是污蔑诋毁英雄本人，更是诋毁污蔑英雄们身上所体现的信仰和精神，否定中国共产党流血牺牲的奋斗历史，侵蚀党、军队、国家发展壮大的根基。对这类行为必须进行坚决斗争和严厉打击。然而，近年来虽有个案判决，从整体宏观来说此类问题没有较为完善的法律法规，制定一部行之有效的法律法规来保护国家英烈名誉迫在眉睫。

侮辱、诋毁国家英雄人物是历史虚无主义惯用手法之一。经过学界的不断揭露，历史虚无主义的手段已经昭然天下，它们或者利用敏感历史时间节点或特殊事件，大肆攻击诋毁英雄人物，歪曲党的历史，抹黑丑化党和政府形象；或者打着学术研究的旗号，企图否定和颠覆唯物史观，否定党的意识形态工作；或者以“重新定义”的手段，散布奇谈怪论、搅浑水、迷惑群众，妄图扭转党中央坚持的社会主义意识形态导向。[②] 关于历史虚无主义的本质，学界已有定论。历史虚无主义以历史唯心主义的选择论为逻辑起点，歪曲和否定近代以来，尤其是中国共产党和新中国的历史，质疑社会主义的历史必然性和合理性，否定中国共产党的领导地位和中国的社会主义制度。历史虚无主义成为在社会意识形态领域攻击马克思主义和社会主义，迎合西方和平演变需求，分化、制约中国和平发展的一支重要力量。[③]

时至今日，历史虚无主义之所以还有一些市场，一是利用“学术研究”的幌子，打着“学术研究无禁区”的旗号，“还原历史真相”，迷惑了一部分群众。

---

① 祝念峰、王晓宁：《不能放任历史虚无主义攻击诋毁英雄人物》，《红旗文稿》2016年第21期。

② 刘书林：《2015历史虚无主义思潮方寸大乱》，《人民论坛》2016年第3期。

③ 冯兵：《近年来国内历史虚无主义研究现状与前瞻》，《南京政治学院学报》2016年第4期。

二是制造和散布的许多涉及理论问题的谬论。比如，在如何看待新中国提前向社会主义过渡的问题上，历史虚无主义鼓吹者编造其原因在于毛泽东主观上急于搞社会主义，攻击这是决策失误，使国家走了弯路。又如，在如何看待社会主义社会必须坚持中国共产党领导的问题上，历史虚无主义鼓吹者总是把这说成是什么违背了“普世价值”和“西方宪政”，是“不合法”的、“不民主”的。再如，在如何看待社会主义社会还存在阶级斗争的问题上，历史虚无主义鼓吹者为掩盖国际资本和国内外敌对势力颠覆、分裂社会主义中国的图谋，故意抹杀阶级斗争客观存在的事实，把马克思主义阶级斗争的观点等同于“以阶级斗争为纲”。等等。像以上这些被历史虚无主义思潮混淆是、颠倒黑白的问题还有不少，针对这类问题进行研究，并加以拨乱反正、正本清源，不仅能起到驳斥谬论、说服群众的作用，而且有助于中国当代史研究的理论创新，促进中国当代史研究话语体系的形成。[①]

对于历史虚无主义思潮，宽容就意味着纵容，宽厚就意味着妥协，宽松就意味着自毁长城。因此，只有坚决反击，才能巩固我们事业的根基。为此，需要从三个方面做出努力：第一，积极应战，主动出击，牢牢掌握意识形态话语权；第二，强化阵地意识，守土有责，守土尽责；第三，严守纪律，捍卫底线，保证党员队伍的纯洁性、先进性和战斗性。[②]

（供稿：梁海峰）

---

① 朱佳木：《在回应历史虚无主义思潮的挑战中推动中国当代史研究的理论创新和话语体系建设》，《中国当代史研究》2016 年第 6 期。

② 樊建新、龙斌：《历史虚无主义的“蹩脚表现”》，《人民论坛》2016 年第 3 期。

“党员不能信教”“信徒不能入党”的问题再次引发争议

全国宗教工作会议之后，《中国纪检监察报》2016 年 4 月 30 日头版评论指出，一些贪官之所以置党的纪律规定于不顾，弃守共产党人应有的底线，不信马列信鬼神，不问苍生问“大师”，根本原因在于他们的世界观、人生观、价值观严重扭曲。党员沉迷于宗教，实际上是在思想上、理论上、行动上与党分道扬镳。这样的党员，不应该再留在党内。①

5 月 4 日，第十二届全国政协民族和宗教委员会主任朱维群指出，始终保持马克思主义无神论作为主流意识形态在人民群众思想中占据主导地位，是我们党运用中国特色社会主义宗教理论对我国社会宗教现象进行科学分析的结果，也是由党领导的人民革命和社会主义建设伟大实践得出的必然结论。这些年宗教领域种种消极现象，与一些党员特别是领导干部在世界观上向宗教屈膝，向宗教寻求自己的价值和信念、填补精神空虚是分不开的。尤其有些学者利用自己的地位和影响，以种种方式开具党员可以信教的理由。最近还有人为了绕过中央多次重申的“党员不能信教”原则，“巧妙”提出“信教可以入党”的主张。如果对党员信教“开禁”，将从根本上瓦解党的世界观统一性基础，将使党成为内部宗教派别林立的松散组织，将使党的宗教工作至少一部分成为宗教徒对宗教徒的工作。②

6 月 21 日，朱维群进一步阐释“为什么‘宗教信徒入党’行不通”。《世界宗教研究》2016 年第 1 期以首篇位置刊登长文《论积极引导宗教的现实意义》，一方面表示认同“共产党员不能信教”，另一方面又倡言“宗教信徒可以入党”③。全国宗教工作会议近一个月后，《新华文摘》又摘发该文。由于作者是著名宗教学学者，又在宗教研究领域负有重要领导职责，所以文章一出就受到学界广泛关注，也有一些尖锐的批评。6 月 3 日后，该文作者做出连续激烈的反批评，继续坚持“信徒可以入党”问题应允许研讨，同时谴责批评他的人是“肆意把学术问题变为政治问题”。然而，将“信徒可以入党”和“党员不能信教”二者同时施行于中国共产党，不仅逻辑上无法说通，工作上也无法操作。4 月的全国宗教工作会议再一次严肃批评了“党员可以信教”的错误观点，并明确指出共产党员要做坚定的马克思主义无神论者。朱维群批驳了“意义”一文作者所举证的“列宁关于信徒和祭司可以入党”的观点以及“周恩

---

① 桑林峰：《共产党员绝不能信仰宗教》，《中国纪检监察报》2016 年 4 月 30 日。

② 朱维群：《旗帜鲜明地坚持和宣传无神论　共产党员不能信教是政治纪律》，《环球时报》2016 年 5 月 4 日。

③ 卓新平：《论积极引导宗教的现实意义》，《世界宗教研究》2016 年第 1 期。

来关于允许宗教徒入党”的论述。长期以来，党促进宗教界爱党爱国情怀的提升、最大限度地发挥宗教的积极作用、抑制其消极作用，是靠党的政治纲领和各项工作方针正确，靠党卓有成效地领导包括宗教界在内的爱国统一战线共同奋斗，靠党真心实意地保护宗教信仰自由，不断提高依法管理宗教事务的水平，而不是靠混淆两种世界观的界限、放弃科学世界观的基础地位以迎合、取悦宗教。①

田心铭强调，共产党员要做坚定的马克思主义无神论者，绝不能在宗教中寻找自己的价值和信念。全面从严治党，必须严格这条政治纪律。党以马克思主义哲学的辩证唯物主义和历史唯物主义为世界观基础，如果党员信仰宗教，必然会动摇这一基础。中国特色社会主义的理论和实践是建立在马克思主义世界观的基础之上的，如果党员信仰宗教，必然危害中国特色社会主义事业。中国共产党是具有严密组织体系和强大组织能力的党，如果党员信仰宗教，必然危害党的组织。历史已经证明，只有中国共产党才能代表包括信教群众和不信教群众在内的中国最广大人民的根本利益，全心全意地为全中国人民服务。②

（供稿：韩琪）

---

① 朱维群：《为什么“宗教信徒入党”行不通》，《环球时报》2016年6月21日。

② 田心铭：《严明“共产党员不得信仰宗教”的政治纪律》，《红旗文稿》2016年第14期。

无神论宣传是否过头的问题引发激烈争论

《世界宗教研究》2016年第4期以首篇位置刊登文章《关于中国特色社会主义宗教理论的几个问题》，认为在社会主义中国如何始终保持马克思主义无神论作为主流意识形态在人民群众思想中占据主导地位，需要深入思考；在信教群众面前大谈共产党员不得信教，宗教信徒不可入党，道理对，政策硬，但是这就好像跑到宗教场所谈无神论一样，会引起不必要的歧义和疑虑。①

朱维群予以反驳："无神论宣传过头了吗?"事实上，当前有关"党员可不可以信教"和怎样看待无神论宣传的争论并非发生在宗教界与党政之间，而是发生在党政及宗教学学界内部。社会生活的急剧变化和宗教领域种种新情况新问题的发生，使得如何保持马克思主义无神论在人民群众中的主导地位成为党必须面对的重大课题；现实生活中一些党员背离辩证唯物主义世界观而转向宗教，这些构成了这场争论的实质起因。全国宗教工作会议旗帜鲜明地强调，我们不仅要坚持而且还要积极宣传马克思主义无神论。党坚持自己的世界观，不必藏着掖着，这是构建积极健康的政教关系的前提性条件。②

朱晓明强调，对无神论既要坚持更要积极宣传。马克思主义无神论是中国特色社会主义宗教理论的世界观基础。在意识形态领域，必须始终坚持马克思主义无神论的主流话语权和主导地位。加强无神论宣传教育，重点对象是党员领导干部和青少年。前者关系到执政的权力和资源如何使用，后者关系到中国人精神世界的未来面貌。不能因为不以宗教界和信教群众为对象宣传无神论，就放弃在面向社会的大众传媒中开展无神论宣传教育。同时，宗教界人士和信教群众了解面向社会进行的马克思主义宣传教育的一些基本道理，也有助于他们摆正宗教信仰与国家法律、与政府管理、与国民教育、与社会共同利益的关系。③

针对《环球时报》上5月至9月关于信徒不能入党和宣传无神论的若干篇文章，陈村富指出，以下五个论断都是错误的：无神论是马克思主义的前提和基础；马克思主义无神论是中国特色社会主义宗教理论的世界观基础；坚持无神论是做好宗教工作的前提性条件；党的宗教工作是无神论者做有神论者的工作；信徒可以入党，那就是"宗教合法进入党内，唯心主义世界观、有神论在党内合法存在"。这里被无限吹大的无神论取代了马克思主义哲学的地位，看似在宣传全国宗教工作

---

① 叶小文：《关于中国特色社会主义宗教理论的几个问题》，《世界宗教研究》2016年第4期。

② 朱维群：《无神论宣传过头了吗?》，《环球时报》2016年9月8日。

③ 朱晓明：《对无神论，既要坚持更要积极宣传》，《环球时报》2016年9月12日。

会议精神，实际上在帮倒忙。①

朱晓明则指出，中国特色社会主义宗教理论本质上是马克思主义无神论。我们不仅要坚持马克思主义无神论，更要积极宣传，不能以一般的马克思主义教育代替无神论教育。有信仰的人研究所信仰的宗教不免有局限性；只有相信和坚持无神论，才能以科学理性的态度对待宗教。②要深刻认识马克思主义无神论的当代价值，它是中国共产党人世界观的起点和基石。共产党员要做坚定的马克思主义无神论者，绝不能在宗教中寻找自己的价值和信念。无神论宣传教育要和普及科学知识和先进文化相结合，引导形成健康文明进步的生活方式和社会风尚。③

朱维群明确指出，陈村富教授的文章思维混乱，逻辑不清，但所提问题却有一定代表性。无论从逻辑上看还是从历史演进轨迹看，马克思主义哲学乃至整个理论体系都是建立在无神论的基础之上。今天，马克思主义无神论同样是中国特色社会主义事业的理论基石和思想武器。“宗教信徒不能入党”，同我们党一贯的“党员不能信教”原则其实是一个问题的两个方面。“信徒不能入党”已经包含在“党员不能信教”原则之内。我们不仅要坚持马克思主义无神论，而且要积极宣传马克思主义无神论。统战部和宗教局更应主动承担中央向全党提出的这项任务。④

（供稿：韩琪）

---

① 陈村富：《简论马克思主义与宗教：兼议宣传无神论与信徒能否入党的两场争论》，《世界宗教研究》2016 年第 5 期。

② 朱晓明：《始终保持马克思主义无神论在人民群众思想中的主导地位》，《红旗文稿》2016 年第 17 期。

③ 朱晓明：《坚持马克思主义无神论是思想战线的一项重要任务》，《实践（思想理论版）》2016 年 9 月 10 日。

④ 朱维群：《不坚持无神论就不是马克思主义者》，《环球时报》2016 年 12 月 23 日。

第五篇

论文荟萃

马克思主义基本原理

【马克思主义政治经济学理论体系多样化创新的原则和思路】

程恩富，《中国社会科学》2016 年第 11 期

一　现有政治经济学主要体系简评

经过 30 多年的探索和发展，我国出版了数十种马克思主义政治经济学教材，其主要理论体系的建构大致有以下几种：两大类结构的政治经济学体系（在 20 世纪八九十年代，把政治经济学分成资本主义部分和社会主义部分两大类，是主流理论体系的结构），三篇结构的政治经济学体系（这种体系先设政治经济学的一般原理篇，集中阐述基本范畴、原理和观点；再设资本主义经济、社会主义经济两篇），四篇结构的政治经济学体系（借鉴西方经济学和苏联东欧国家政治经济学的理论体系，这种体系主要由商品经济、经济制度、经济运行、经济发展四篇构成），六篇结构的政治经济学体系（这是参照原有政治经济学和西方经济学的理论模式，综合设计而形成的体系）。

二　创新政治经济学体系的原则与思路

第一，应科学地汲取西方主流经济学体系结构的某些思路，而不宜进行简单的混合式模仿。

第二，应综合把握马克思的《政治经济学批判》“六册计划”与《资本论》“四卷结构”之间的辩证发展关系，而不宜将二者相互对立。可考虑按照如下逻辑安排：除了在导论部分阐述政治经济学的产生与发展、对象与范围、任务与方法、性质与意义，以及在尾论部分阐述经济制度一般原理以及资本主义和社会主义两种经济制度的异同、共存、竞争和发展趋势之外，主干内容可以分篇阐述直接生产过程、流通过程、社会再生产总过程、国家经济过程和国际经济过程。其中，前三个经济过程重点体现《资本论》关于市场经济的叙述方法；后两个经济过程重点体现“六册计划”中的后三分册叙述方法。其中的各篇章节都依循先范畴一般、后范畴特殊的分析法来阐述。

第三，应尽快构建广义政治经济学体系，而不宜只着眼于完善市场经济的政治经济学。社会主义经济制度的发展已有近百年的历史，我们总不能坐等到共产主义社会，再来创立各种狭义的政治经济学体系，而是要不断前进。

第四，可按照不同的叙述方法，分别谋划政治经济学体系的不同建构，以利于比较研究，而不宜单一化。可以创新出另一种马克思主义政治经济学的体系结构。即依序叙述“渺观经济→微观经济→中观经济→宏观经济→宇观经济”。渺观经济重点阐述劳动与生产一般、个体经济行为和经济活动中的人性。微观经济重点阐述家庭的分工、生产、收入与财富、消费、储蓄与投资、人口；阐述企业的分工、生产、分配等。中观经济重点阐述产业的发展、运动、组织、分工、结构和多产业关系等。宏观经济重点阐述国民收入决定与核算、产品市场和货币市场的一般

均衡、总需求与总供给关系和模型、失业与通货膨胀、经济增长和周期等。宇观经济重点阐述国际的分工、生产、贸易、金融、资源与财富分配、生产价格与价值规律、竞争与垄断、全球化与区域化、经济发展不平衡、经济体系、经济调节与秩序。

第五，应完整地构建在方法和原理上分层递增的政治经济学体系，而不宜专题化。政治经济学教材和教学都是专题研究，这种不规范的安排亟须改革创新。

第六，应严密构建起始范畴与主线理论逻辑自洽的政治经济学体系，而不宜随意化。我们不妨把同时研究资本主义和社会主义社会经济制度的理论体系，称为“中义”政治经济学。遵循马克思关于社会剩余劳动的构思，社会剩余劳动理论可作为广义政治经济学的主线（红线）理论。但市场经济中的社会剩余劳动一般要转化为社会剩余价值，因而社会剩余价值理论可视为“中义”政治经济学的主线。

（供稿：张建云）

【唯物史观的精神内核及其生成逻辑】

赵义良*，《中国社会科学》2016 年第 7 期

进一步推进对唯物史观精神内涵的研究，目前需要深入挖掘和探索的两个关键问题是：唯物史观在马克思主义基本原理整体框架中的精神内核如何把握？其发展演进的逻辑轨迹如何？

一　在“历史具体”的深处追寻唯物史观的精神内核

经典唯物史观虽然被基础性地概括为生产力与生产关系、经济基础与上层建筑这两对基本矛盾，但其精神实质则呈现在马克思把握人类社会历史及其现实发展的本质规定即“历史具体”的深处。所谓历史具体，最为简要的界定，就是指它蕴含着两个基本特性：具体性和历史性。这里的具体性，既不是简单杂乱的经验材料，也不是抽象同一的普遍性，而是蕴含着普遍性的具体性，或者说是多样性的统一。相对于经验材料而言，它具有普遍性；相对于抽象普遍性而言，它又具有具体性。这里的历史性，重视过程性，即强调从过程而不是从结果的视角来把握人类社会及其历史发展；同时也重视现实性，即强调人类社会不断发展变化的历史不是精神的、观念的历史，而是建立在社会实践基础之上的现实的客观历史，正是在这一点上，它与唯心史观从根本上区分开来。从总体上看，具体性和历史性不是两个相互独立、各不相干的实体性存在，而是相互依存的统一体，是唯物史观精神内核内在的两个基本维度，我们只有从这两个维度出发，才能准确和真切地把握唯物史观的精神内核。

二　思维抽象：唯物史观的确立及对唯心史观的批判

马克思发现，揭开历史之谜的钥匙，不在理性或精神之中，而在物质生活关系所构筑的市民社会中，“而对市民社会的解剖应该到政治经济学中去寻求”。在政治经济学批判的道路上，马克思获得的第一个重要成果，就是《1844 年经济学哲学手稿》。其中最值得我们关注的是关于劳动，特别是异化劳动的思想。从理论性质上看，劳动是一个具有内在张力的概念，它既可以是古典经济学理论的重要内容，也可以是黑格尔历史哲学抽象思辨的内在原则。马克思正是在对古典经济学与黑格尔劳动概念及其内涵的双重继承与超越的过程中，丰富和发展了劳动概念及其

* 赵义良：北京航空航天大学思想政治理论学院副教授。

内涵，进而奠定了唯物史观大厦的新地基。

三　思维具体：唯物史观的展开及其对经济学自然主义的超越

在《德意志意识形态》中，马克思、恩格斯将“现实的个人”作为历史的现实前提，并由此生发出了唯物史观的基本内容，这为“生产力”在人类社会发展中重要地位的确立开辟了方向。与之密切相关的另一个概念是“有生命的个人的存在”。“有生命的个人的存在”虽然强调的是个人的肉体存在，但它所蕴含的人与自然之间的关系，为走向历史具体的唯物史观同样奠定了初步的基础。

（供稿：张建云）

【历史唯物主义视角下历史人物评价问题新探——兼论“广义历史创造者”概念】

程恩富、詹志华*，《哲学研究》2016年第10期

近年来，学界和社会上时常出现任意拔高或贬低历史人物的现象，这种随意解构历史、歪曲历史或虚无化历史的问题为何较为严重呢？除了个别人有不良动机之外，主要与人们漠视历史唯物主义关于历史人物的科学评价和创新不足有关。

一　从历史概念的内涵和外延的界定来把握历史人物的创造者身份

马克思主义经典作家在三种含义上使用“创造历史”：一种是从人民群众直接或最终创造进步历史的意义上来使用的。还有一种是从人民群众、统治阶级和正反面历史人物共同创造历史意义上来使用的（至于某一历史时期的性质另当别论），即恩格斯论述的“合力”形成或创造。

从历史概念的内涵和外延深究，我们认为人民群众是“历史创造者”的主体（同时作为人的主体和主要力量的主体），而不是“历史创造”唯一的“主体”。除了人民群众，历史创造主体还应包括在人类社会历史进程中留下明显意志印迹的正反面历史人物，只是他们的创造活动并不总是与社会历史发展的规律相吻合的。我们确立“广义历史创造者”这一概念和理论，是要阐明“历史创造者”应包括“历史促进者”与“历史促退者”及其合力形成或创造历史的观点，并不否定只有人民群众才是历史创造者的狭义概念。

二　从历史必然性与偶然性的辩证关系中来理解历史人物的活动

历史人物的创造活动，尽管其社会活动的性质有优有劣，但这些活动并非可以被随心所欲地创造，而是只能在一定条件下进行的。这些条件，既包括必然性因素，也包括偶然性因素。历史人物的出现及其创造活动是历史必然性与偶然性共同作用的结果。同时，历史人物的出现及其创造活动的偶然性，在一定的条件下可以向必然性转化。这就要求善于抓住历史的机遇，推动历史的进步。

三　从历史客观规律与主观意志的辩证关系中来认识历史人物的作用

支配人类历史进程的客观规律并不能等同于“去人化”的自然规律，它并不排斥人的主观意志及其能动性的发挥，反而这种客观规律存在和实现于人的意愿、人的活动和人的主观能动性之中，并由此造成历史因果关系的不确定性。

一般说来，客观规律是不以人的主观意志为转移的，但在历史领域，客观规律恰恰是奠基在人的主观意志之上。只不过这种“主观意志”，不是单个人的“主观意志”，而是“作为合力的意志”。“作为合力的意志”扬弃了所有“单个意志”

* 詹志华：福州大学马克思主义学院副教授。

的主观随意性，因而具有客观性。然而，肯定历史发展具有客观规律，并不意味着可以否定历史上出现的种种偶然性。事实上，必然性即客观规律正是通过无数的偶然性（奠基于“单个意志”的主观意愿之上）为自己开辟道路的。

四　从“英雄”与“人民”的辩证关系中来评价历史人物的功过

我们认为，尽管每一个历史人物都参与历史的创造活动，但并不是每一个人都可以成为推动历史进步的力量。评价历史人物的功过，关键是要看他们的活动是否能够从本质上反映广大人民群众的要求，否则，尽管一些历史人物也许能够决定历史进程的个别面貌或局部后果，但终究不能将其归类于推动历史发展的进步力量。从社会作用来看，历史人物是实现一定历史任务的发起者、组织者或领导者，是历史发展中的关键力量甚至是直接的决定性力量，而人民群众也可能是实现一定历史任务的发起者，但总是历史发展中的主体力量和最终决定性力量。并不是所有的历史创造主体都能成为推动社会历史发展的力量，归根到底，人民群众才是推动历史发展的最终决定力量。

（供稿：张建云）

【重读列宁《帝国主义是资本主义的最高阶段》】

李捷，《红旗文稿》2016 年第 15 期

列宁在《帝国主义是资本主义的最高阶段》中，根据大量的事实和数据，勾画出资本主义条件下资本发展演变的内在逻辑。这就是：其一，资本主义自由竞争产生生产集中，而生产集中发展到一定阶段就导致垄断。其二，生产集中产生垄断，则是现阶段资本主义发展的一般的和基本的规律。其三，由垄断产生金融资本。生产的集中，从集中生长起来的垄断，银行和工业日益融合或者说长合在一起，这就是金融资本产生的历史和这一概念的内容。“金融资本造成了垄断组织的时代。”也就是说，金融资本的出现和发展，进一步巩固了垄断局面。其四，在帝国主义阶段，资本的占有同资本在生产中的运用相分离，货币资本同工业资本（生产资本）相分离，达到了极大的程度。这一特征，在金融资本中体现得更为充分。其五，资本主义国家内部产生“过剩资本”，开始向海外输出资本。资本输出是在 20 世纪初才发展起来的。其六，通过资本输出，“金融资本还导致对世界的直接的瓜分”。

当今的资本主义世界，仍然是按照这样的逻辑运动着。从 2008 年开始的国际金融危机，依然如此。尽管资本主义国家为度过危机而实行的每次改革都是沿着打破垄断的方向进行，但是，这一趋势（即从反垄断走向更高层次的垄断）总是周而复始地出现，成为一种不以人的意志为转移的规律。统治者为使自己的统治更长久，不能不限制甚至牺牲一些眼前的利益，但是金融资本发展的固有逻辑，却是要打破这种限制，而从根本上来说，也就在自我膨胀中走向自我灭亡。这就是历史发展的辩证法。

马克思主义在揭示人类社会发展规律的同时，也揭示了资本发展演变的内在逻辑。这个内在逻辑分为国内、海外两个方面。在国内方面，马克思主义科学地预言了随着资本主义内部固有矛盾的发展，亦即资本发展演变的内在逻辑的展开，资本的私人占有同社会化大生产的冲突会越来越加剧，因此，无产阶级革命和社会主义代替资本主义，是历史的必然。而这种情况，在 20 世纪至今，还没有成为现实。也就是说，资本主义还在按照内部固有规律运动着，还没有走到这个社会再也不可能容纳新的社会生产力的历史尽头。

与此同时，在海外方面，资本的输出和海外扩张，却唤醒了一大批发展中国家的民族独立运动，并促使这些国家在谋求政治独立、经济独立的同时，努力探求自己的现代化道路。而这种探求，曲折地但又是必然地最终趋向于社会主义。

中国特色社会主义，在选择现代化发展道路时，没有完全隔断历史和现实世界的联系，而是把改革开放作为基本国策。因此，在经济制度上，强调公有制经济和非公有制经济“两个毫不动摇”“两个共同发展”，强调更好发挥市场在资源配置中的决定性作用和更好地发挥政府的作用，强调更好地利用国际国内两个市场、两种资源、两方面的人力资本；在政治制度上，强调发挥统一战线的作用，发挥协商民主的作用，发挥依法治国的作用；等等。

（供稿：彭五堂）

【科学社会主义视阈下的五大发展理念】

辛向阳*，《东岳论丛》2016 年第 6 期

无论是解放生产力，还是发展生产力；无论是消灭剥削、消除两极分化，还是实现共同富裕，都必须崇尚创新，以创新发展推动中国特色社会主义事业的发展。创新发展就是在遵循创新一般规律和社会主义创新特殊规律基础上的发展。以社会主义本质看待创新发展就要看到我们的创新在遵循创新一般规律的基础上，有自己的特殊性。社会主义创新应当在制度的基础上持续创新，是累积性创新，是节约社会资源的创新，不能是对社会造成巨大阵痛的创新。创新发展就是充分发挥社会主义制度优越性的发展。以社会主义本质看待创新发展还要看到社会主义创新是有独特优越性的，这就是社会主义制度本身是不断发展创造的社会，是不断改革的社会，社会主义能够为创新发展带来强大的制度保证。

协调发展是社会主义的基本特征，社会主义本身就蕴含着对于协调的要求。协调发展就要注重区域协调，使各个区域之间能够相互联动，形成一种协同发展的局面。协调发展就要注重城乡协调，健全城乡发展一体化体制机制，推进城乡要素平等交换、合理配置和基本公共服务均等化。协调发展就要注重物质文明和精神文明协调，用中国梦和社会主义核心价值观凝聚共识、汇聚力量，加强社会主义精神文明建设，建设社会主义文化强国。

马克思主义创始人认为，未来社会即共产主义社会应该实现人和自然之间、人和人之间的“真正和解”，即人与自然、人与人之间的真正协调。绿色发展要求社会主义的生产力是以社会消耗最少、经济效益最大的方式发展。绿色发展要求不断变革社会主义生产关系，以生产关系的绿色化推动社会经济发展。绿色发展要求我们要建设政治上的绿水青山。

社会主义的基本要求就是在开放中发展，在吸收人类文明的成果中发展和壮大自己。开放发展就是要统筹开放型经济顶层设计，实现开放型经济治理体系和治理能力现代化，建设开放型经济强国。开放发展就是要善于借鉴发达国家好的发展经验和做法，使中国特色社会主义呈现出更加强大的生命力。开放发展就是要向世界展示中国的文明大国、东方大国、负责任大国、社会主义大国形象。

---

* 辛向阳：中国社会科学院马克思主义研究院马克思主义发展研究部主任，研究员，博士生导师。

社会主义发展的根本目的就是在共建共享中实现人民的共同富裕。共享发展就是要坚持以人民为中心的发展思想，把增进人民福祉、促进人的全面发展作为发展的出发点和落脚点。共享发展就是要解决好收入分配问题，使中等收入者占多数。

（供稿：彭五堂）

【马克思所有权批判及其相关的公平正义观】

张文喜*，《中国社会科学》2016 年第 8 期

马克思发展了一个多层次的所有权概念。从根本上，它揭示了私有财产权在经济利益实现方式上的二重性，即私有财产权概念蕴含了两种绝对异质的自由观。也就是说，一些人对某种东西的自由支配或从中获益的权利，意味着排斥另一些人对某种东西的自由支配或从中获益的权利。所以，私有财产权作为实现人的自由的手段，必定只是从限制人的自由中夺取的。在这里资产阶级法权制度按照原则必然是矛盾的。为此，关于所有权，马克思的争执不仅关注“谁是所有人”这个问题，而且唯一紧要之事就是要弄清楚“所有制”的性质（是私有财产还是公有财产）问题。后一个问题，就是所谓什么样的所有权合乎什么样的制度问题。马克思认为，颠覆以往所有权取得合理性的最终途径，只能从“每个人的自由发展是一切人的自由发展的条件”这一共产主义基本原则中求索。

独树一帜，这就是马克思批判财产权的创新方式：他通过对财产权的历史考量，指出财产权对每个民族、每个阶级、每个个人不是相同的重要，但它决不是冷静的利害计算和生计筹谋问题，而是经由斗争来裁决的问题。马克思看到了这之中的对抗。而另一方面，我们还应觉悟到，要为共产主义不被局限于私有财产以及与之发生简单对立的范围内而斗争。一旦人们将马克思所有权批判本质置于当前时代的这种视野，这种思想的质朴性就十分鲜明地表现出来：马克思的坚持，不在于反对一般意义的私人财产所有权，而在于反对资本主义私人所有权的运动，反对作为带有剥夺性质的财产权利，反对一种以生产资料占有为前提的垄断、威胁、从而宰制他人存在状况的经济和政治制度。这样的犀利批判表明，对每一个法权制度的“扬弃”，只可能是诉诸实际的现存关系的必然性的改变。

马克思的批判融解了私有财产权被神化的观念。其结果是，马克思深刻地改变了所有权的公平正义批判的面貌：所有权批判应当脱胎换骨，发现一个新未来，这未来背反地将财产与人的自由全面发展联系在一起。因此，关于财产权批判，作者认为必须强调马克思所持的历史看法，指出其更大的意义在于人从财产中解放的意义。

（供稿：彭五堂）

【澄清对马克思再生产理论的认识误区】

卫兴华，《中国社会科学》2016 年第 11 期

该文就学界研读马克思再生产理论存在的三个认识误区，进行辨析。一是普遍存在对内涵扩大再生产和外延扩大再生产范畴的认识误区。二是将外延型和内涵型的扩大再生产同粗放型和集约型的生产混同。三是对马克思这一重要观点的解读杂

* 张文喜：中国人民大学哲学院教授、博士生导师。

乱不清——所使用资本和所消费资本之差额的增大，成为决定积累规模的因素。

长期以来，我国学界认为“外延”与“粗放”同义，“内涵”与“集约”同义。基于这种误解，前些年中央提出我国经济增长方式由粗放型转向集约型时，有些学者认为，这也就是我国的经济发展由外延型转向内涵型。这种推理既不符合马克思主义经济理论的本意，也不符合中国社会经济发展的实际。

例如多年前新建的上海宝钢，是外延扩大再生产，但它利用先进技术设备，绝非粗放型经营。再如我国的高铁建设，也是应用最先进技术的外延扩大再生产，与粗放经营无关。从实践上看，主张由外延扩大再生产转向内涵扩大再生产是悖理的。

马克思在《资本论》中提出了决定资本积累量的几个因素，其中一个因素是“所使用的资本与所消费的资本之差额的增大”。这个差额的增大怎样会成为扩大资本积累的因素呢？对这个问题的解读，国内外的专家学者们一直模糊不清。

为分析问题方便起见，这里只考察作为固定资本主要部分的机器。假定开办新工厂，投入10台机器，每台机器10万元，共100万元，机器的寿命期为10年，每年转移到新产品中的价值共10万元。即所使用的资本为100万元，第一年消费的资本为10万元，下一年，机器的价值又转移10万元，以此类推。假定生产6年后，价值转移60万元。这时所使用的资本和所消费的资本差额为40万元。只利用40万元价值的10台机器，继续发挥着原值100万元机器的功能。机器的原价值逐年转移，但其使用价值即机器的功能并不随着其价值转移的程度而同步减弱。这与无偿使用的自然力一样。而且，预付资本额越大，所使用资本和所消费资本的差额就越大。如果机器为20台，总价值为200万元，每年转移价值为20万元，6年后，价值转移共计120万元，与所使用资本的差额为80万元。即折旧后总价值只剩80万元的20台机器，仍能发挥原值200万元机器的基本功能。

问题只讲到这里是不够的。“差额的增大”怎样会成为决定资本积累扩大的因素呢？无代价地利用自然力，能成为决定资本积累扩大的因素吗？

在前例中，假定某企业有10台机器，共计100万元。可使用10年，每年折旧1/10，即10万元。现在从次年折旧起，每年用10万元折旧费增添一台新机器。因为新增机器也要折旧，愈往后折旧费就越高于10万元，可增加更多的机器，扩大生产。如果机器扩大为20台，共计200万元。即便依然使用10年，所使用资本与所消费资本的差额扩大了。原来所使用资本为100万元，每年消费10万元。现在所使用资本为200万元，每年消费20万元，差额扩大了一倍，折旧费也增大了一倍，可以有加倍的折旧基金用于积累基金。可见，所用资本和所费资本差额的增大这一因素，在马克思所指出的决定积累规模的诸因素中，并不是无足轻重的，它对积累规模的扩大有着重要作用。

（供稿：张伟）

【“互联网+”时代的马克思主义基本原理】

余斌*，《观察与思考》2016年第7期

如果交换劳动创造价值，那么在交换

* 余斌：中国社会科学院马克思主义研究院马克思主义原理研究部主任，研究员，博士生导师。

活动上耗费的时间（从社会必要的角度来看）越多，商品的价值就越高，从而商品的价格也越高。然而，我们看到的却是，使用了电子商务交易手段的商品的价格通常会下降。事实上，电子商务与非电子商务一样，其经营者之所以能够获得利益，都是由于加速了产业资本的循环，使得在同一时间内，产业资本能够产生更多的剩余价值，进而从产业资本那里瓜分了多出来的剩余价值而获得利益。

互联网技术提供新的交往工具，加强了“互联网＋”时代人与人之间的交往，加强了各阶级内部的联系。但是，一方面创建网站需要资本投入，另一方面，互联网上的竞争更加激烈，网络内容的复制和传播十分容易，网络经济的共享性特征使得网上内容的供给商很难直接从互联网用户那里收费，从而更加依赖广告商的支付，也就是更加依赖资本。这都使得网上内容特别是网站对新闻、评论等内容的筛选和推荐，更加讨好资本，更加维护资本的利益，从而加强了资本对整个社会的控制，特别是在网络舆论上的操控。

尽管一些传统的垄断企业可能会因为互联网的发展而失去自己的垄断，但是任何技术的进步，包括互联网技术的发展，在资本的推动下，最终都是有助于垄断的。首先，与产业垄断相比，金融垄断才是更为重要的垄断，互联网企业的发展与金融资本的风险投资具有十分密切的关系，“烧钱”这一互联网企业特有的或突出的特征，已经表明金融垄断资本对互联网企业的重要意义。其次，网络购物的发展，把分散在各地的消费需求集中起来加以满足，使得原来满足这些消费需求的线下小商铺难以为继，并使得具有一定垄断性的线上电子商城日益壮大。再次，原有的垄断企业由于资本雄厚，他们完全有实力使自己的经营模式适应互联网技术的发展，并利用互联网技术强化自己的垄断地位。事实上，互联网有利于集中来自世界各地的订单，更有利于大规模生产的进行，即便这些生产的个性化十足。其实，生产的个性化与规模化并不矛盾，虽然生产的个性化意味着商品的样式变多，每一种样式的产品数量相对较小，但是，要满足多变的样式生产，必然要增加更多的投入，从而也强化了大企业的地位。

从自由竞争向垄断竞争的发展，不是坏事而是好事，它代表了生产力发展水平的提高。垄断的出现有利于人类社会向以公有制经济为根本的社会主义社会过渡。从而对于社会主义国家来说，在关系国计民生的重大领域，公有制经济必须居于垄断性的主导地位。互联网技术的出现，深刻改变了人类社会的存在形态，但不会改变反而只会推进人类社会向社会主义社会发展的历史进程。

（供稿：张伟）

【劳动、价值和均衡价格】

冯金华*，《学习与探索》2016 年第 5 期

现代西方主流经济学的均衡价格理论至少存在两方面的局限。首先，它总是把均衡价格与价值混为一谈。在现代西方主流经济学中，“价值”一词已经沦落为“均衡价格”的另外一个说法，失去了独立的科学含义。以均衡价格概念取代价值概念、以均衡价格理论取代价值理论，早就被绝大多数西方主流经济学家视为理所当然；其次，由于现代西方主流经济学总是混淆均衡价格与价值，所以它也总是混淆均衡价格理论和价值理论。

* 冯金华：上海财经大学教授、博士生导师。

把均衡价格和价值混为一谈既存在“质”上的问题，也存在“量”上的问题。从“质”上讲，均衡价格和价值是截然不同的两种东西。后者是“绝对量”，衡量的是一单位商品中包含多少单位的社会必要劳动时间，而前者则是“相对量”，衡量的是在均衡状态下一单位商品相当于多少单位的货币。换而言之，均衡价格仍然属于价格的范畴，不过是一种特殊的价格，即恰好使得供求相等的价格。进一步来看，即使不考虑均衡价格与价值在质上的区别，仅从“量”上讲，一种商品的均衡价格通常也不会恰好等于它的价值。

即使就均衡价格本身而言，现代西方主流经济学的解释也是流于表面和肤浅，因为它只是满足于从供求关系来说明均衡价格，而完全忽略了隐藏在供求关系及均衡价格背后且对供求关系及均衡价格起着决定作用的价值。

与现代西方主流经济学把价值等同于均衡价格，又把均衡价格归因于供求关系正好相反，该文要在价值规律的基础上，说明均衡价格的决定、实现和变化。具体来说，首先，根据价值规律的两个基本内容，即商品的交换按照价值量相等的原则进行（即所谓的“等价交换”）；价值量由社会必要劳动时间决定（即所谓的“劳动决定价值”），推导均衡价格与价值之间的数量关系（即所谓的“价格—价值方程”）。其次，根据价格—价值方程说明，任意一种商品的均衡价格是该商品的价值的货币表现，即等于该商品本身的单位价值与单位货币的价值的比率，从而证明，价值是均衡价格的客观基础。再次，根据价格—价值方程说明，任何偏离均衡水平的价格之所以会导致供求失衡，是因为在非均衡的价格水平上，商品本身的价值不再等于商品通过交换所能够得到的货币的价值。因此，是商品的价值与商品所能够交换到的货币的价值之间的失衡导致了供求的失衡。同样，价格越高，之所以供给量会越大而需求量会越小，也是因为相对而言，价格越高，商品的价值就越是低于它通过交换所能够得到的货币的价值。因此，商品的价值与商品所能够交换到的货币的价值的相对大小，说明了供给曲线向右上方倾斜和需求曲线向右下方倾斜。最后，根据价格—价值方程说明，供求关系的变化之所以会导致均衡价格的变化，是因为伴随供求关系的变化，商品中包含的社会必要劳动时间会发生变化。因此，最终来看，仍然是社会必要劳动时间的变化而非供求关系的变化决定了价值和均衡价格的变化。

（供稿：张伟）

马克思主义中国化

【毛泽东对苏联社会主义建设经验教训的总结】

李捷，《毛泽东思想研究》2016 年第 5 期

1956 年，既是中国社会主义改造成功实现之年，也是中国共产党独立自主地探索中国社会主义建设道路的起步之年。在这一年中，发生了一个在国际共产主义运动中影响深远的重大事件，引发了毛泽东对社会主义建设规律的深深思考。这就是苏共二十大的召开和斯大林评价问题的提出。在国际共产主义运动出现一股全盘否定斯大林的风潮面前，毛泽东和中国共产党不但没有为其所动，而且旗帜鲜明地顶住了这股逆流，澄清了是非，稳住了阵脚，维护了社会主义阵营的团结。不仅如此，毛泽东还娴熟地运用辩证唯物主义和历史唯物主义的世界观和方法论，一分为二地分析了斯大林的功绩与错误，分析了苏联社会主义建设的成功与教训，并且以此为鉴戒，开始了独立自主地对适合中国国情的社会主义建设道路的探索，使科学社会主义在中国出现了勃勃生机。

毛泽东主持起草的《关于无产阶级专政的历史经验》这篇文章和毛泽东在起草过程中所做的修改，提出了不少重要的思想。这些重要思想，既是对国际共产主义运动经验教训的总结，也可以看作是对中国社会主义建设规律的初步探索的开端。（一）第一次提出实现马克思列宁主义基本原理同中国具体实际第二次结合的命题。（二）正确评价斯大林的是非功过，实事求是地对待共产党人所犯错误和工作中的失误。（三）鉴于苏联和中国共产党的历史上的经验教训，尤其是斯大林问题的教训，及时提出建立一定的制度保证群众路线和集体领导的贯彻实施，防止个人突出和个人崇拜现象发生。（四）根据苏联和中国的社会主义建设经验，初步论述了社会主义社会的矛盾问题。

毛泽东对斯大林问题的思考，并没有到此为止。随着全盘否定斯大林的恶果的日益显露，1956 年 12 月，毛泽东又主持起草了《再论无产阶级专政的历史经验》一文。这篇文章紧紧围绕以下四个问题，进一步阐明了一些重要的理论观点。（一）进一步强调要正确总结和坚持苏联革命和建设的基本道路、基本经验。（二）全面评价斯大林的是非功过问题，指出全盘否定斯大林的严重后果。（三）在进一步强调反对教条主义的同时，鲜明地提出了坚决反对右倾思潮的问题。（四）结合当时国际共产主义运动中的经验教训，进一步论述了社会主义社会的矛盾问题，初步形成关于正确区别和处理两类不同性质的矛盾问题的思想。

毛泽东主持起草的《关于无产阶级专政的历史经验》和《再论无产阶级专政的历史经验》两篇重要文献，不仅在国际共产主义运动出现逆流的关键时刻起到力挽狂澜的作用，而且开启了对适合中国国情的社会主义建设道路的伟大而艰辛的探索。这一历史性贡献，深深地镌刻在科学社会主义发展的历史丰碑之上，深深

地镌刻在新中国发展的历史丰碑之上。

（供稿：王永浩）

【不断开辟21世纪马克思主义发展新境界——深入学习贯彻习近平同志“七一”重要讲话精神】

徐光春*，《人民日报》2016年7月26日

“不断开辟21世纪马克思主义发展新境界”是习近平同志在庆祝中国共产党成立95周年大会上对全党提出的重要要求，向全世界昭告了在新的历史阶段中国共产党人自觉肩负起的一项重要历史使命。

一　具有宽阔的眼界

不断开辟21世纪马克思主义发展新境界，首先要以更加宽阔的眼界审视马克思主义在当代发展的现实基础和实践需要，弄清楚、看透彻、想明白当代中国发展的具体实际。眼界决定观察问题的广度、思考问题的深度、解决问题的力度。只有具有更加宽阔的眼界，才能运用好唯物辩证法，坚持发展地而不是静止地、全面地而不是片面地、系统地而不是零碎地、普遍联系地而不是孤立地观察事物，把握客观规律，正确认识世情、国情、党情；才能从实际出发，锐意进取、大胆创新，不断有所发现、有所创造、有所前进，不断把马克思主义中国化推向前进。

二　坚持问题导向

问题是创新的起点，也是创新的动力源。坚持问题导向，努力研究问题、解决问题，是不断开辟21世纪马克思主义发展新境界的必由之路。马克思主义本身就是在研究和解决如何解放无产阶级和全人类这样一个重大历史性课题的过程中诞生和发展起来的。马克思主义中国化的理论成果，也是中国共产党人在研究和解决中国革命、建设和改革重大问题中形成和发展起来的。毛泽东思想和中国特色社会主义理论体系的形成和发展充分说明，只有坚持问题导向，马克思主义才能在中国生根开花，才能不断焕发生机活力。

三　坚持以我们正在做的事情为中心

马克思主义在中国的发展，始终是以中国共产党人正在做的事情为中心的，在服务中心、指导中心、推动中心的实践中不断得到创新发展。革命战争年代，中国共产党人紧紧围绕推翻三座大山、实现民族独立和人民解放这一中心，把马克思主义基本原理同中国革命的实际相结合，在服务、指导和推动革命斗争的伟大实践中成功地发展了马克思主义。新中国成立后，中国共产党人紧紧围绕巩固政权、发展经济、开展社会主义建设这一中心，把马克思主义基本原理同中国社会主义建设的实际相结合，在服务、指导和推动社会主义建设的伟大实践中进一步发展了马克思主义。在改革开放新时期，中国共产党人紧紧围绕改革开放、建设中国特色社会主义这一中心，把马克思主义基本原理同中国特色社会主义事业的实际相结合，在服务、指导和推动中国特色社会主义事业的伟大实践中又一次发展了马克思主义。新形势下，不断开辟21世纪马克思主义发展新境界，仍然必须坚持以我们正在做的事情为中心。

四　坚持聆听时代声音

时代是思想之母，时代的发展变化是不断开辟21世纪马克思主义发展新境界的引擎。“21世纪马克思主义”“当代中国马克思主义”，突出强调的都是时代

* 徐光春：中央马克思主义理论研究和建设工程咨询委员会主任。

性。习近平同志在“七一”重要讲话中指出：“时代变化和我国发展的广度和深度远远超出了马克思主义经典作家当时的想象。”因此，推动马克思主义在当代发展，我们必须聆听时代的声音、踩着时代的足印、关注时代的变化。

（供稿：王永浩）

【习近平同志关于党的建设重要论述的鲜明特点】

邓纯东，《红旗文稿》2016 年第 8 期

党的十八大以来，以习近平同志为总书记的党中央，提出了许多党的建设新思想、新观点、新举措，极大地丰富了党的建设理论，体现了习近平同志关于党的建设重要论述的鲜明特点。

一　强调党要管党、从严治党，“打铁还需自身硬”。全面从严治党，涵盖思想、组织、作风、反腐倡廉和制度建设各个领域，体现了党的建设系统性、整体性。它既是“四个全面”战略布局的重要组成部分，又在其中处于关键地位，是全面建成小康社会、全面深化改革、全面依法治国的重要保证，从思想上、政治上、组织上坚持正确方向，凝聚起强大合力。全面从严治党，充分体现了以习近平同志为总书记的党中央对党永葆先进性和纯洁性的深刻忧思，充分彰显了我们党自我净化、自我完善、自我革新、自我提高的无畏勇气和坚强决心。

二　强调思想建设是党的建设的灵魂工作。中国共产党强调必须坚持马克思主义的立场、观点和方法，首先在思想上确保正确的方向。习近平同志强调党的建设要有灵魂，指出保持党的先进性、纯洁性，离不开党的思想建设这一灵魂工作。我们党的建设如果离开了马克思主义的指导，一般性地强调执政党规律，就不能确保党的先进性，这也是不符合我们党的建设实际的。

三　强调要以解决党内突出问题为导向，以党风廉政建设和反腐败斗争的显著成效取信于民。党的十八大以来，习近平同志向全党、全社会释放了一个明确的信号，就是对事关党的事业和党的建设全局的重大问题，绝不遮掩、绝不回避、绝不含糊。为此，他始终强调抓好党的建设要坚持问题导向，实事求是分析党内存在的突出问题，提出解决方案。

四　强调弘扬党的优良传统，同时又要勇于改革创新。习近平同志提出，要将毛泽东首创的我们党重视思想建设的优良传统发扬光大。他强调全体党员都要学习毛泽东、周恩来等老一辈无产阶级革命家在革命实践中表现出来的共产党员的党性修养、精神境界、思想作风，解决好党组织的先进性、纯洁性问题。党的十八大以来，习近平同志根据新情况、新问题，在党的建设方面提出了许多新思想、新要求，体现了改革创新的精神。

五　强调自律和他律的结合，并将其成熟做法上升到制度层面。党员素质的提高和组织战斗力的增强，要靠自律与他律相结合，两者相辅相成。党员干部要通过思想建设，通过学习马克思主义科学理论，用正确的世界观、价值观来武装自己，提升自律的品质。习近平同志高度重视制度建设，强调要用党的组织原则、党的纪律、党的规矩管好党员特别是领导干部，要加强对党员特别是领导干部的党内外监督，加强他律的力度。

（供稿：王永浩）

【科学对待毛泽东关于社会主义社会阶级斗争的理论】

周新城，《思想教育研究》2016 年第 3 期

社会主义社会还有没有阶级斗争？怎

么估量社会主义的阶级斗争？这是无产阶级取得政权以后面临的一个重大课题。应该说，在生产资料所有制社会主义改造完成、社会主义制度建立以后，毛泽东花了很大精力来研究这个问题。

一　应该把毛泽东对社会主义社会阶级斗争问题的探索放到整个国际共产主义运动史的背景下来研究。因为这是所有社会主义国家面临的共同问题，谁也回避不了。十月革命胜利以后，世界上所有社会主义国家都在探讨这个问题。必须联系其他社会主义国家对这个问题的判断，才能看到毛泽东的探索的历史意义。孤立地看，可能看不清楚。毛泽东在20世纪50年代中期提出社会主义国家仍然存在阶级斗争，仍然存在资本主义复辟的危险，需要反修防修，这在当时国际共产主义运动中是振聋发聩的。许多人不理解，甚至反对毛泽东这些思想，改革开放以来国内也有人非议。然而现在回过头来看，尤其是经历了苏联东欧国家政局剧变、制度演变甚至亡党亡国的悲剧以后，人们不得不承认，毛泽东这些观点是具有战略远见的，事实证明了毛泽东的观点是一种伟大的预言，不幸而言中。

二　否定“文化大革命”，但不能否定毛泽东反修防修、防止复辟资本主义的思想。我们党的十一届六中全会的决议详细分析了“文化大革命”的错误。然而这不等于说毛泽东提出的在社会主义国家里仍然存在阶级斗争、必须防止资本主义复辟的思想是错误的，绝不能因为“文化大革命”的错误而予以否定。对这个问题应该做科学的分析，切忌“把脏水同孩子一起泼掉”。如果否定了毛泽东这个战略思想，那对苏联解体、东欧剧变就无法做出科学的判断了。

三　否定以阶级斗争为纲，但不能否定社会主义社会仍然存在阶级斗争。是否存在阶级斗争与是不是以阶级斗争为纲是不同的两码事，有人故意把两者混淆起来，利用否定以阶级斗争为纲，来否定社会主义社会在一定范围内仍然存在阶级斗争。他们想制造一种氛围：谁也不能讲阶级观点、阶级分析方法，更不能讲阶级斗争。这是不正常的现象。

四　阶级矛盾不再是社会主要矛盾，但阶级斗争在一定范围内将长期存在，这才全面反映社会主义社会阶级矛盾、阶级斗争的状况。实事求是地说，改革开放前，主要的错误倾向是夸大阶级斗争，酿成了严重后果；目前主要的错误倾向则是缩小甚至否定阶级斗争，如果不予以纠正，那同样也会导致严重后果。我们必须全面地、科学地对待毛泽东关于社会主义社会的阶级斗争和防止复辟资本主义的思想，坚持它的正确方面，扬弃它的错误方面。无论哪个方面都是国际共产主义运动的宝贵财富。

（供稿：王永浩）

【马克思主义政党的不可缺少的武器——毛泽东论批评与自我批评】

梁柱，《中国浦东干部学院学报》2016年第2期

毛泽东是我们党批评与自我批评作风的最主要的培育者、倡导者和实践者，形成了一套行之有效的理论与方法，成为解决党内矛盾、加强党的建设的正确方针。他从党和人民事业的高度，不但指明批评与自我批评是保证党的纯洁性和提高党的战斗力的重要方法，而且也是保持党的领导正确性的必不可少的武器。毫无疑义，这是无产阶级政党不可丢弃的马克思主义的方法，也是正常的党内生活的一个重要体现。重温毛泽东在这方面的思想和经验，对于我们今天克服党内严重存在的理想信念失落和唯利是图、脱离群众的倾向，都有重要的启迪和指导意义。

一　毛泽东在1945年召开的党的七大政治报告中，总结党的建设经验，完整地提出了包括批评与自我批评在内的党的三大作风，并指出，有无认真地自我批评，也是我们和其他政党互相区别的显著的标志之一。这个深刻的命题，既反映无产阶级政党应有的品格，也说明无产阶级政党是不能离开这样应有的特征的。首先，无产阶级政党的性质决定了它具有不同于其他政党的品格和作风，而批评与自我批评是保持无产阶级政党纯洁性的有效武器。其次，在党内实行批评与自我批评，其目的是为了坚持真理，修正错误，这是无产阶级政党的性质、宗旨和历史使命所决定的，也只有它能够做到这一点。再次，共产党员从入党的一天起，就意味着献身共产主义事业，所以能够自觉地以党性原则要求自己，随时随地通过自我批评打扫自己身上的灰尘。由上可见，批评与自我批评是共产党的显著特征和应有的品格，只有坚持和发扬这样的优良品格，才能保持无产阶级政党的性质、宗旨，也才能完成自己的历史使命。

二　毛泽东运用批评与自我批评开展党内斗争、解决党内矛盾，积累了丰富的经验，这些经验对我们今天仍然有重要的启示意义。(一) 在正常的情况下，党内矛盾是由不同的认识导致的，应当通过党内民主的方法，即批评与自我批评的方法加以解决。(二) 批评要从大处着眼，要重在分析。(三) 开展批评与自我批评，应该成为党内生活的一种常态。(四) 开展党内批评与自我批评，领导机关和领导干部要起表率作用。(五) 开展批评与自我批评，要正确处理"治病"和"救人"的关系。

三　毛泽东培育和倡导的批评与自我批评的作风，以及他在这方面积累的丰富经验，包括正反两方面的经验，都是我们党的宝贵的财富，有重要的当代价值。首先，正确的批评与自我批评，是党内民主生活的重要体现和保证，只有正常的党内生活才能使党的事业顺利发展。其次，开展批评与自我批评，是增强党的团结统一和战斗力的有力保证。再者，党的批评与自我批评作风，是党的优良传统和政治优势，在新的历史条件下要继承下来，坚持下去。

（供稿：王永浩）

【从"四个自信"上深化中国特色社会主义的研究——访中国社会科学院马克思主义研究院博士生导师侯惠勤教授】

《思想教育研究》2016年第8期

记者：为什么中国特色社会主义道路是实现中国现代化的历史必由之路?

侯惠勤：首先要深刻理解，中国特色社会主义道路是把马克思主义基本理论运用到中国具体国情和时代特征中开创出来的，是马克思主义的理论逻辑和中国社会发展的历史逻辑相结合的产物。还要深刻理解，"中国特色社会主义不是从天上掉下来的，是党和人民历尽千辛万苦、付出巨大代价取得的根本成就。"这其中包括正确地吸取了我们自身和国外尤其是苏联社会主义建设的经验教训。

记者：为什么说中国特色社会主义理论体系是正确的、科学的理论?

侯惠勤：理解这一论断，关键是弄清什么是马克思主义、怎样对待马克思主义。正确看待马克思主义，要处理好马克思主义和中国特色社会主义理论体系的关系。正确处理坚持和发展马克思主义的关系，关键在"马克思主义和中国实际相结合"的把握上。中国化的马克思主义、中国特色社会主义就是这种创新、发展的马克思主义，使近代以来积贫积弱的中国不但避免了被开除"球籍"的危险，而且正在为当代人类新文明的探索作出自己的贡献。

记者：为什么说中国特色社会主义制

度是中国特色鲜明、制度优势明显的先进制度？

侯惠勤：从马克思主义的观点看，一种社会制度是否先进，最根本地看是否有利于解放和发展本国的社会生产力。中国特色社会主义道路制度的优越性和先进性，就在于它体现了社会主义的本质，在实现现代化的过程中防止新的阶级分化，在解放和发展生产力的过程中尽量使发展成果惠及全体人民，逐步实现共同富裕。因而它能够最大限度地激发中国人民的创造热情、凝聚中华民族的团结奋斗精神、提升中华儿女的民族自尊心和国家认同感，最大限度地使财富创造的源流涌现、盘活并有效整合现有的内外资源，最大限度地捕捉和利用每一个发展的机遇、应对每一个阻碍发展的挑战，不管你承认与否、学习与否，这个“制度”确实有其过人之处，这就是“中国特色社会主义制度”。

记者：文化自信为什么是更基础、更广泛和更深厚的自信？

侯惠勤：文化自信的主体不是别的，而是当代中国。首先要明确，文化自信的主体是当代中国，即中国特色社会主义中国。文化自信的核心是对于马克思主义及其中国化的自信，是中国特色社会主义意识形态的自信。文化自信必须以马克思主义为指导。必须以习近平总书记关于“坚持以马克思主义为指导，是当代中国哲学社会科学区别于其他哲学社会科学的根本标志”的论断为导向，不在“体、用、魂”上纠缠，而在中国特色哲学社会科学的整体框架下，确立马克思主义是哲学社会科学所有学科的立场、历史观、核心话语和基本学术范式。

（供稿：王永浩）

【中国特色社会主义政治经济学的序篇——纪念毛泽东《论十大关系》发表60周年】

*顾海良**，《毛泽东邓小平理论研究》2016年第3期

1956年4月25日，毛泽东在中共中央政治局扩大会议上发表的《论十大关系》的讲话，至今已经过去60年了；1976年12月26日，《人民日报》公开发表《论十大关系》也已经过去40年了。但是，岁月的风尘并没有褪去《论十大关系》所蕴含的理论光辉，也没有减小《论十大关系》所具有的思想力量。回溯历史，如果说我们正在成就中国政治经济学“系统化的经济学说”，那么毛泽东当年发表的《论十大关系》就是这一“系统化的经济学说”的序篇。

一　马克思主义基本原理与中国实际“第二次结合”的最初成果。

毛泽东关于“进行第二次结合”“更努力找到中国建设社会主义的具体道路”等重要思想的提出，是对中国革命和建设历史反思以及现实思考的结果，过去我们“按照中国的情况办事”，靠的是“自己的独创”，取得不断的“胜利”；现在我们依然要“根据中国的国情”，“不用或者少用苏联的拐杖”，努力找到中国自己的社会主义发展道路。《论十大关系》实际上是毛泽东在提出“第二次结合”重要思想过程中，对中国社会主义建设道路理论探索的最初重要成果，也是对中国特色社会主义政治经济学的最初重要探索，写就了中国特色社会主义政治经济学的序篇。

二　社会主义经济建设的基本方针和主要关系。

* 顾海良：全国人大教科文卫委员会委员，教育部社会科学委员会副主任委员，教授，博士生导师。

《论十大关系》一开始，毛泽东就指出：提出“十大关系”或者说“十个问题”，实际上“都是围绕着一个基本方针，就是要把国内外一切积极因素调动起来，为社会主义事业服务”。毛泽东论述的中国社会主义建设的“十大关系”，凸显了经济关系在各方面关系中的“普照的光”的作用和地位；在经济关系中，凸显了最基本的物质生产领域和过程的“普照的光”的作用和地位。

三 社会主义经济建设的发展主题和兼顾原则。

关于发展问题，在准备《论十大关系》讲话之前的调研中，毛泽东已经做了多方面的阐释，其中最有影响力的是以下三个方面：第一，关于发展和制度建设的关系问题。第二，关于发展中遵循自然规律和社会规律问题。第三，要“打破迷信”，走出中国自己的发展道路。对于中国社会主义建设道路上“矛盾”、“问题”的解决办法，就是毛泽东倡导的“兼顾”原则。“兼顾”原则的根本就在于调整社会经济发展中人与人之间的关系，特别是其中的物质利益关系。

四 续写中国特色社会主义政治经济学的新篇章。

《论十大关系》是中国特色社会主义政治经济学的“新的理论”“新的著作”的开拓之篇，在中国特色社会主义建设道路的新的探索中，在续写中国特色社会主义政治经济学的新篇章中具有重要的指导意义。中国特色社会主义政治经济学的生命活力就在于适应全面建成小康社会的要求和需要，在于同中国经济发展实际的结合，形成中国特色社会主义建设道路发展的理论逻辑。续写中国特色社会主义政治经济学的新篇章，最重要的就是要从当前经济改革和发展的事实出发，不断弘扬和拓新《论十大关系》坚守的“从中国的实际出发”的立场和思路。

（供稿：王永浩）

【长征与中国共产党的建设】

李东朗*，《军事历史研究》2016 年第 5 期

艰苦卓绝的长征是中国共产党人震惊世界的伟大壮举，而长征在使中国共产党经受了极为严峻考验的同时，也极大地提升了中国共产党。长征以极端艰苦、极端特殊的方式促进了中国共产党的自身建设。

一 形成了以毛泽东为代表的成熟的中央领导集体。1935 年 1 月在长征途中召开的遵义会议，改变了中共中央的领导格局。会议认为第五次反“围剿”的失败和长征初期的严重损失，“A、博（即李德、博古）二同志是要负主要责任的”，决定“取消三人团”，实际上停止了博古的最高领导权和李德对红军的指挥权，结束了第三次“左”倾路线对全党的统治；更为重要的是，会议补选毛泽东为中央常委，毛泽东进入党的领导核心，开始了对全党的领导。毛泽东在全党领导地位的形成，这是长征期间党的建设的最大功绩，意义十分深远。党的成熟，关键是党的领导核心的成熟，以毛泽东为代表的党中央的建立，标志着中国共产党走向了成熟。

二 推动实现了党的政治路线的转变。历史地考察遵义会议在改变军事路线、组织路线的同时，也改变了政治路线。否则遵义会议就不会有那么巨大的历史功绩。首先，“左”倾教条主义的政治路线在遵义会议后被废止。其次，军事路线的解决实际上就是改变了政治路线。再

* 李东朗：中共中央党校中共党史教研部教授，博士生导师。

次，遵义会议后中共中央夺取长征胜利和复兴革命的一系列举措，反映了政治路线的转变。

三　开启了实事求是思想路线领导全党的大门。长征的过程是中共中央克服博古、李德等教条主义领导思维，树立和弘扬实事求是思想路线的过程，长征的胜利是实事求是思想路线的胜利，并由此形成了实事求是思想路线主导全党的基本机制。第一，结束了教条主义思想路线在党中央的统治。第二，实事求是思想路线主导着党中央的决策。第三，遵义会议以后的长征历史是贯彻实事求是思想路线的历史。

四　在党内形成了新的风尚和机制。第一，树立了党内民主的新风气。第二，恢复和加强了政治局决定党的大政方针的工作机制。第三，党独立自主领导中国革命的意识和能力得到明显的提升。第四，锻炼和造就了党在政治、军事等各方面优秀的领导人，形成了正确的组织路线。第五，恢复了党对军队绝对领导的基本制度。第六，培育了伟大的长征精神。

长征对中国共产党建设的作用和影响是广泛的、深刻的，上述内容足以证明其丰硕成果。总之，伟大的长征以极端艰苦、极端特殊的方式考验和磨炼了中国共产党人，中国共产党通过长征，自身建设实现了历史性的飞跃。

（供稿：王永浩）

【党的思想理论建设与意识形态安全】

朱继东*，《马克思主义研究》2016年第2期

党中央对意识形态安全高度重视，党的思想理论建设与意识形态安全之间的关系越来越受关注。尤其是党的十八大报告强调“要抓好思想理论建设这个根本”，是继党的十七大报告指出“思想理论建设是党的根本建设”和党的十七届四中全会将“坚持把思想理论建设放在首位，提高全党的马克思主义理论水平”作为执政党建设首要的基本经验加以总结之后，党中央对思想理论建设重要性的再强调。在新中国走过60年的历程后，以习近平同志为总书记的新一届党中央率领中国迈入新时代。在新时代，我们要真正确保党永远不变质、我们的红色江山永远不变色，要实现中华民族伟大复兴的中国梦，就必须充分认识到抓好思想理论建设的重要性和紧迫性，认真总结党成立90多年来在思想理论建设中的经验教训，尤其是针对意识形态领域出现的新问题、新挑战，采取有效措施大力提高思想理论建设的能力、水平，从而为积极推进和完善“四个全面”战略布局提供先进的理论指引和强大的动力源泉。

一　党成立90多年来的经验教训：抓好思想理论建设事关党和国家的前途命运。高度重视加强思想理论建设、坚持思想建党是马克思主义政党的优秀传统。中国共产党人更是高度重视思想理论建设。毛泽东就是这方面的表率。改革开放以来，从邓小平到江泽民、胡锦涛，都多次强调加强思想理论建设。党的十八大以来，习近平同志特别重视思想理论建设，将其提高到了一个新的历史高度，不仅强调意识形态工作是党的一项极端重要的工作，而且强调从严治党要“坚持思想建党和制度治党紧密结合”。

二　意识形态领域的新问题、新挑战凸显抓好思想理论建设的重要性和紧迫性。（1）西方加强意识形态渗透威胁马克思主义在意识形态领域的指导地位。

* 朱继东：中国社会科学院马克思主义研究院研究员。

(2) 大话、空话、套话盛行削弱马克思主义在意识形态领域的指导地位。(3)“唯洋是举”严重冲击马克思主义在意识形态领域的指导地位。(4) 文化体制的市场化改革动摇马克思主义在意识形态领域的指导地位。

三 从六方面努力把思想理论建设提升到一个历史新高度以确保意识形态安全。(1) 领导干部身先士卒，全党齐心协力抓好意识形态工作。(2) 认真总结文化体制改革的经验教训，坚持党管意识形态。(3) 预防和平演变，筑牢反意识形态渗透的钢铁长城。(4) 理论联系实际，探索马克思主义大众化的新途径。(5) 坚决反对“唯洋是举”，真正构建中国自己的话语体系。(6) 大力推进理论创新，发展21世纪中国的马克思主义。

（供稿：王永浩）

马克思主义发展史

【以马克思主义为指导，构建中国特色哲学社会科学】

顾海良，《思想理论教育导刊》2016年第6期

习近平总书记在主持哲学社会科学工作座谈会上的重要讲话，以“结合中国特色社会主义伟大实践，加快构建中国特色哲学社会科学”为中心论题，从社会发展和人类进步的历史进程中，对哲学社会科学的重要作用和时代价值作出全面阐释；从我国哲学社会科学发展的历史进程的内在规定性上，对中国特色哲学社会科学要坚持马克思主义指导地位的必然性作出深刻论述；从当代中国和世界变革的大势上，对中国特色哲学社会科学的学术体系和学科体系发展方向，对加快构建中国特色哲学社会科学作出重大部署。习近平总书记的这一重要讲话，构成繁荣发展我国哲学社会科学事业的指导思想和规划纲要。这一重要讲话是习近平治国理政新理念新思想新战略的重要组成部分，也是21世纪中国马克思主义的重要文献。

一　坚持马克思主义为指导，是加快构建中国特色哲学社会科学的基本要求和显著标志

当代中国哲学社会科学是以马克思主义进入我国为起点的，是在马克思主义指导下逐步发展起来的。坚持以马克思主义为指导，是当代中国哲学社会科学要真正为中华民族的思维能力、精神品格、文明素质贡献智慧和力量的必然选择。对中国特色哲学社会科学如何坚持以马克思主义为指导的问题，习近平总书记提出了三个方面的要求。一是坚持以马克思主义为指导，首先要解决“真懂真信”的问题。二是坚持以马克思主义为指导，核心要解决好“为什么人”的问题。三是坚持以马克思主义为指导，最终要落实到“怎么用”的问题上来。

二　坚持用马克思主义中国化的新的理论指导新的实践，将其贯穿于学术研究、学科发展和话语体系建设全过程，是加快构建中国特色哲学社会科学的必然遵循和根本方向

“一个没有发达的自然科学的国家不可能走在世界前列，一个没有繁荣的哲学社会科学的国家也不可能走在世界前列。坚持和发展中国特色社会主义，需要不断在实践和理论上进行探索、用发展着的理论指导发展着的实践。”习近平总书记的这一论述，强调了构建中国特色哲学社会科学的三个根本问题：一是繁荣的哲学社会科学同发达的自然科学，在坚持和发展中国特色社会主义中具有同样重要的作用和意义；二是在实践的不断发展中推进哲学社会科学理论发展，是坚持和发展中国特色社会主义的内在需要和基本要求；三是坚持用发展的理论指导发展的实践，既是建设和发展中国特色社会主义的必然遵循，也是构建中国特色哲学社会科学的根本方向。从指导思想上来看，发展的理论，最根本的就是当代中国发展的马克思主义理论，也就是作为中国化马克思主义最新成果的中国特色社会主义理论体系。

与时俱进的理论品质，既体现于发展的实践推进理论的发展，也实现于发展的理论指导实践的发展。新形势下，中国特色哲学社会科学的发展要面向新的实践，要注重以中国化马克思主义的新的理论形态为指导，研究新的实践、指导新的实践，并在这一过程中揭示中国特色社会主义发展的新特点新趋势，提炼和总结出自于新的实践的规律性成果，不断开拓21世纪中国马克思主义的新境界。

三 全面把握和彰显指导思想、学科体系、学术体系、话语体系方面的基本特点，是加快构建中国特色哲学社会科学的基本任务和重要目标

“要按照立足中国、借鉴国外，挖掘历史、把握当代，关怀人类、面向未来的思路，着力构建中国特色哲学社会科学，在指导思想、学科体系、学术体系、话语体系等方面充分体现中国特色、中国风格、中国气派。”这是习近平总书记从发展思路、科学内涵和根本特征等方面，对如何加快构建中国特色哲学社会科学提出的总体要求。实现这一总体要求，最为重要的就是在指导思想、学术体系、学科体系、话语体系上，把握和彰显继承性和民族性、原创性和时代性、系统性和专业性等方面的特点。

一是继承性和民族性特点。坚持“不忘本来、吸收外来、面向未来”，既要深入研究关系国计民生的重大课题，又要积极探索关系人类前途命运的重大问题；既要准确判断中国特色社会主义发展趋势，又要善于继承和弘扬中华优秀传统文化精华。

二是原创性和时代性特点。要以我们正在做的事情为中心，从我国改革发展的实践中挖掘新材料、发现新问题、提出新观点、构建新理论，加强对改革开放和社会主义现代化建设实践经验的系统总结。

三是系统性和专业性特点。中国特色哲学社会科学应该涵盖历史、经济、政治、文化、社会、生态、军事、党建等各领域，囊括传统学科、新兴学科、前沿学科、交叉学科、冷门学科等诸多学科，不断推进学科体系、学术体系、话语体系建设和创新，努力构建一个全方位、全领域、全要素的哲学社会科学体系。

（供稿：任洁）

【关于中国马克思主义哲学体系的历史沉思】

杨耕*，《哲学研究》2016年第1期

要正确理解和把握中国的马克思主义哲学体系及其特征，就要深入考察和分析中国马克思主义哲学体系的形成、确立和演变的历史进程。这是一个有待深入开掘的研究领域，蕴藏着一系列重要的理论问题。本文拟就中国马克思主义哲学体系的形成、确立和演变做一历史的考察和审视，以深化我们对马克思主义哲学的研究。

一 从《社会哲学概论》《现代社会学》到《社会学大纲》

中国学者建构马克思主义哲学体系始于20世纪20年代。从总体上看，这种建构是沿着两个方向展开的：一是以瞿秋白为代表，以辩证唯物主义为主导建构马克思主义哲学体系；二是以李达为代表，以唯物主义历史观即历史唯物主义为主导建构马克思主义哲学体系。

二 从《辩证唯物主义历史唯物主义》到《辩证唯物主义原理》《历史唯物主义原理》

在中国马克思主义哲学史上，1961

---

* 杨耕：北京师范大学党委常委、副校长、教授。

年，艾思奇主编的《辩证唯物主义历史唯物主义》标志着辩证唯物主义和历史唯物主义体系在中国主导地位的确立。

1981 年、1983 年，肖前、李秀林、汪永祥主编的《辩证唯物主义原理》《历史唯物主义原理》出版。在关于马克思主义哲学的对象、性质和内容的规定，以及辩证唯物主义和历史唯物主义的关系上，《辩证唯物主义原理》和《历史唯物主义原理》从总体上继承了《辩证唯物主义历史唯物主义》的观点，同时，又深化了这些观点。

三　从《马克思主义哲学基础》《马克思主义哲学导论》到《马克思主义哲学原理》

重建中国马克思主义哲学体系始于20 世纪 80 年代。1985 年、1987 年出版，高清海主编的《马克思主义哲学基础》标志着中国学者开启了重建马克思主义哲学体系的历史进程。

《马克思主义哲学基础》所建构的马克思主义哲学体系已经在总体上突破了辩证唯物主义和历史唯物主义的“二分结构”，并产生了重大影响。但是，《马克思主义哲学基础》在马克思主义哲学的理论起点上没有实现根本突破，仍然是以一种“抽象物质”为理论起点的。同时，《马克思主义哲学基础》在辩证唯物主义和历史唯物主义的关系问题上没有实现根本突破，仍然认为历史唯物主义是辩证唯物主义在历史领域的“贯彻”“运用”“体现”。

1991 年的辛敬良主编的《马克思主义哲学导论》所建构的理论体系体现了实践唯物主义精神，为重建中国马克思主义哲学开辟了广阔的思维空间。但是，在如何克服“抽象物质”的问题上，《马克思主义哲学导论》又显得力不从心了。

1993 年出版的《马克思主义哲学原理》明确指出：马克思主义哲学是实践的唯物主义哲学，力图从一个新的视角阐释马克思主义哲学是唯物论与辩证法的统一、唯物主义自然观与历史观的统一、认识论与本体论的统一、世界观与方法论的统一、主体性原则与客观性原则的统一。但是，《马克思主义哲学原理》所建构的这种马克思主义哲学体系，并没有把实践的观点是马克思主义哲学的首要的基本的观点这一精神真正贯彻下去，尤其是没有把实践的观点贯彻到本体论之中，没有贯彻到辩证法之中，因而也就没有真正实现自己的目标，即以实践范畴为基础建构自然观、历史观、认识论和价值论，从而以实践唯物主义为根本线索建构马克思主义哲学体系。

四　简短的结语

就马克思主义哲学体系建构中的三个重大问题做一简明扼要的说明。

一是建构马克思主义哲学体系是以思维与存在的关系问题作为基本线索，还是以无产阶级和人类解放作为理论主题？建构马克思主义哲学体系必须以无产阶级和人类解放为理论主题，以实践为逻辑起点和建构原则。

二是建构马克思主义哲学体系是以辩证唯物主义和历史唯物主义“二分结构”为基本框架，还是以实践、辩证、历史的唯物主义“一体化”为基本框架？我们应以实践唯物主义、辩证唯物主义、历史唯物主义的“一体化”作为马克思主义哲学体系的基本框架。

三是建构马克思主义哲学体系是把“纯粹”的哲学批判作为本质规定，还是把哲学批判、意识形态批判和资本批判的统一作为本质规定？哲学批判、意识形态批判和资本批判的高度关联、融为一体，这是马克思独特的思维方式，是马克思主义哲学的独特的存在方式。

（供稿：任洁）

【马克思历史认识模式的复杂性及实践解读】

叶险明*，《中国社会科学》2016 年第 4 期

马克思关于社会主义与资本主义关系的历史认识模式，对落后国家社会主义理论和实践的深远影响，是其对整个近现代世界历史变迁所起的潜移默化作用的重要构成部分。但对这种影响的认识，学界往往流于简单化和片面化，缺乏对其复杂性的全面把握。

在马克思那里，所谓“历史认识模式”是指，在科学的历史观层面上的关于资本主义与社会主义关系的历史叙事方式，其根本旨趣和核心理念在于：昭示资本主义向社会主义（共产主义）演变发展的历史必然性，全面把握人类达到自由而全面发展的那种社会状态的规律和趋势，为人和社会的彻底解放指明道路。

笔者以为，在马克思那里，先后形成了两种相互联系的历史认识模式形态。以高度发达、成熟的资本主义向社会主义（共产主义）演变发展为内容的历史认识模式形态，是马克思历史认识模式的第一种形态。这一历史认识模式是马克思在 19 世纪 70 年代以前唯一的历史认识模式形态，也是马克思历史认识模式的主导形态。马克思历史认识模式的第二个形态的主要内容是：包括农村公社在内的整个俄国具有与西欧国家不同的特点，故其在一定的历史环境中，有可能不必经历资本主义生产发展的各个阶段，缩短向社会主义发展的历程，从而最终“达到在保证社会劳动生产力极高度发展的同时又保证每个生产者个人最全面的发展的这样一种经济形态”[①]。笔者以为，在马克思那里，“第二种历史认识模式形态”的功能就在于，在方法论上把资本主义与社会主义关系的普遍和特殊区分开来，其主要表现是：在没有忽略“普遍”的同时，强调了具有不同于西欧国家特点的俄国在一定的世界历史条件下向社会主义发展的特殊性（虽然这种“特殊性”还是以一种可能性的形式表现出来的），从而在方法论上避免了把西欧社会发展道路泛化为世界各个民族国家发展道路的可能。可以认为，“第二种历史认识模式形态”的形成，不仅标示着马克思在思维方式、话语系统以及社会发展道路意义上对“西方中心主义”彻底批判和超越的完成，[②] 而且标示着马克思历史认识模式的丰富和拓展。

这里必须说明的是，马克思历史认识模式的上述两种形态在逻辑上又是紧密相连的。“第一种历史认识模式形态”是马克思历史认识模式的主导形态，其主要根据在于：只有在逻辑上首先科学考察西欧社会资本主义形成和发展的过程，才可能从世界历史的高度全面昭示资本主义与社会主义的关系及其演变规律。此其一。其二，大部分尚未解体的俄国农村公社是否能成为“俄国社会新生的支点”，从而整个俄国是否能缩短向社会主义发展的历程，取决于它所处的历史环境，而对这种历史环境的预设离不开“第一种历史认识模式形态”。

笔者以为，正确全面地把握马克思历史认识模式的两种形态及其相互关系，对于我们全面认识科学社会主义理论逻辑的启示意义就在于，社会主义只能从资本主义发展过程中产生，而不可能在前资本主

---

* 叶险明：浙江师范大学马克思主义与全球化研究中心特聘教授。

① 《马克思恩格斯文集》第 3 卷，人民出版社 2009 年版，第 466 页。

② 参见叶险明《马克思超越“西方中心论”的历史和逻辑》，《中国社会科学》2014 年第 1 期。

义社会形态中产生：对于资本主义类型的国家来说，社会主义是在“资本主义制度所创造的一切积极的成果”的基础上对资本主义的超越；对于某些非资本主义类型的国家（资本主义有了一定程度的发展）来说，社会主义是在汲取或“占有资本主义制度所创造的一切积极的成果”的基础上对资本主义的超越。

（供稿：夏一璞）

【唯物史观历史进步动力学建构的基础】

梁树发*，《教学与研究》2016 年第 1 期

根据唯物史观历史进步论的发展，本文提出唯物史观历史进步动力学的建构问题。这个建构的基础在于：马克思和恩格斯奠定的唯物史观历史进步动力论的基础；一种以实践思维为基础的包括结构分析、活动分析、作用形式分析、比较分析等在内的多维视角的历史分析方法的形成；以《中共中央关于制定国民经济和社会发展第十三个五年规划的建议》的新动力观为标志的唯物史观历史进步动力论的新发展。这三个方面构成唯物史观历史进步动力学建构的基础或基本要素。

一　唯物史观历史进步动力论基础的奠定

马克思主义经典作家关于生产力是历史进步的最后决定力量、历史在生产力与生产关系的矛盾中和在经济基础与上层建筑的矛盾中前进、阶级斗争是阶级社会发展的直接动力和人民群众是历史的创造者等思想，确立了唯物史观关于历史进步动力的基本观点，奠定了唯物史观历史进步动力论的基础。

二　以实践思维为基础的整体的和多维视角的分析方法

人类文明的进步和无产阶级的实践发展使历史进步动力得以丰富和发展无论是对已被认识到的动力的进一步理解，还是历史进步新动力的发现，都需要科学的方法。马克思主义哲学关于历史进步动力论的发展，一方面表现为丰富了对历史进步动力类型的认识，一方面表现为历史进步动力认识的科学方法论的形成。马克思主义经典作家关于历史进步动力的研究奠定了动力认识的科学方法论基础，并在他们的后继者的发展中，形成了以实践思维为基础的整体的和多维视角的分析方法。

历史分析和历史进步动力认识的实践思维，既是动力类型认识的具体方法，又是多维视角分析方法的基础。因此，唯物史观关于历史进步动力的分析方法是以实践为基础或主导的多维视角分析方法。

三　唯物史观历史进步动力论的新发展

历史进步动力研究的意义在于通过对历史进程中重大事件、现象的发生与历史进步之间逻辑联系的研究，达到对历史进步规律的认识，为发展道路选择和发展战略制定提供理论指导。在历史进步动力研究中，动力的发现具有重要意义，可以说人类在多大程度上把握了历史进步的动力就在多大程度上把握了历史进步的规律。因此学者们把历史进步动力研究的关注力主要投在对动力类型的认识上是毫不奇怪的。但是，这种关注力的习惯性投入也限制了我们的眼界，关于历史进步动力论的更广泛的内容被忽略了，尤其是对如何对待动力问题的忽略。经验表明，唯物史观历史进步动力论新发展主要就在这里。

受最近发表的《中共中央关于制定国民经济和社会发展第十三个五年规划的建议》的启发，本文从动力预测、动力

* 梁树发：中国人民大学马克思主义学院教授。

增强、动力转换和动力培育四个方面谈谈唯物史观历史进步动力论的发展。以动力预测、动力增强、动力转化、动力培育为标志的动力新观念实现了由单一决定动力观向决定与建构相统一的新动力观的转变。它给予我们的启示是：正如历史本身是人的活动的结果一样，历史进步的动力也是人的活动的结果。人在其结果面前不应失去其主体性，把动力看作是与主体对立的不变的客体。主体通过自己的活动创造了历史的动力，他还要通过自己的活动积极地"干预"动力，而预测、增强、转换、培育可以被看作这种"干预"的基本形式。

（供稿：任洁）

【中国特色社会主义理论形态的四大特征】

辛向阳，《科学社会主义》2016 年第 1 期

理论形态有多种多样，主要的形式有两种：一种是，从概念、判断到推理，再到分析论证方法，有严密逻辑性的系统的知识或者观点，也就是说有一个内在的逻辑体系。这是一种学理型或者学术型的理论，如洛克、斯宾诺莎、莱布尼茨、康德、黑格尔、费希特、萨特、海德格尔、马尔库塞等人的理论体系就属于这样的体系。一种是以决议、谈话、对话、笔记、通信或者其他方式出现的一个个相对独立的观点，表面上看既没有学术上的逻辑推导，也没有形式上的相互支持，但从整体上和实质上讲，这些观点之间有不可分割的内在联系，解答了一系列有着深刻内在关系的基本问题。这是一种实践型的理论体系。中国特色社会主义理论体系就属于这样一种体系。这一体系的基本特征有这样几点：直接现实性、集体智慧性、实践逻辑性和多样载体性。

一　具有直接现实性的特点，直接面对重大的现实问题并加以解决

中国特色社会主义理论体系有着强烈现实性的特点，它是在解决时代提出的新课题、发展遇到的新挑战、人民要求的新期盼中产生和完善起来的。从邓小平理论到"三个代表"重要思想，从科学发展观到习近平总书记系列重要讲话，都具有这样的特点。

二　具有集体智慧性的特点，是中央领导集体智慧和集体创新的产物

中国特色社会主义理论体系中的每一个科学体系的提出都是全党智慧的结晶，更是中央领导集体理论创新的结晶。集体智慧结晶的特点体现在它是大集体智慧的结晶，也就是说，中国特色社会主义理论体系是多个中央领导集体一脉相承、与时俱进的结果。

三　具有实践逻辑性，在实践发展基础上层层递进，显示出旺盛的生命力

中国特色社会主义理论体系中所有的重要理论观点都是在实践基础上逐步完善起来的。实践不断提出需要理论回答的重大问题，中国特色社会主义理论体系是中国特色社会主义实践逻辑在理论上的自觉反映。

社会主义初级阶段基本经济制度的思想是中国特色社会主义理论体系重要的组成部分，这一思想是随着改革开放后经济发展的实践逻辑而丰富和发展起来的。

发展的思想是中国特色社会主义理论体系的有机组成部分，这一思想是在不断解决中国发展中遇到的问题中丰富和发展起来的。

四　具有多样载体性的特点，理论创新体现在代表大会报告、全会的决定以及领导人的重要讲话之中

马克思恩格斯的理论创新主要体现为各种主要的学术著作，列宁理论在十月革命之前也主要是重要的学术著作。在无产

阶级政党夺取政权执政以后，由于需要解决的现实问题非常多，理论创新很少表现为大部头的著作，而是主要体现为代表大会、全会的报告与决定、领导人的重要讲话。这一特征在中国特色社会主义理论体系中体现得更加明显。首先，中国特色社会主义理论体系的创新体现在党的代表大会的报告中。其次，中国特色社会主义理论体系的创新体现在党的全会的决定中。最后，中国特色社会主义理论体系的创新体现在领导人的重要讲话中。

（供稿：任洁）

【关于列宁无产阶级专政思想的几个问题】

安启念*，《马克思主义与现实》2016年第5期

在列宁的思想中，迄今为止人们议论最多的，是他关于无产阶级专政的思想。对这一思想的种种意见，批评者居多。但是，我认为关于列宁的这些思想还有进一步讨论的必要。本文将从列宁这一思想的内涵、理论根源、现实根源和历史评价四个方面略加分析。

从总体上看，在列宁关于无产阶级专政的论述中，对专政的理解始终如一，强调它是“依靠暴力或专制力量行事的政权，不受法律限制”。对于无产阶级专政概念，列宁的思想很明确：无产阶级专政是指“由无产阶级对资产阶级采用暴力手段来获得和维持的政权，是不受任何法律约束的政权”。实际上，作为专政主体的无产阶级和作为专政对象的资产阶级，含义并不确定。在列宁的无产阶级专政思想中，专政的对象首先是指被推翻的资产阶级、地主阶级及其代表，沙皇和贵族。列宁统称这些人为剥削者。因为布尔什维克党归根到底是党的领袖，在思想上集中代表了无产阶级的进而广大劳动群众的根本利益和根本诉求，是无产阶级的化身。当然无产阶级专政的实施要依靠工人阶级，离不开工农联盟。工人、农民一方面是专政对象，另一方面又是专政主体。对以上结论，列宁自己没有明确做过表述，但是它又确实合乎逻辑地隐含在他的相关论述中。

列宁的无产阶级专政思想有着深刻的理论根源。人为地建立一种全新的制度，需要规划和方案，这种规划与方案，就是马克思恩格斯关于社会主义制度的设想。按照历史唯物主义，关于一种社会制度的认识属于社会意识，它是对社会存在的反映，应该产生在该制度问世并有相当发展之后。以往的社会形态更迭都是这样发生的。现在要在新制度还不存在时便事先提出关于它的设想，然后人为地使之变为现实，社会意识走在了社会存在的前面，表现出意识形态的先行性质。社会主义革命中意识形态先行，是马克思恩格斯固有的思想，体现在《共产党宣言》对新社会建立步骤所做的说明中。

列宁无产阶级专政思想还有自己的现实根源。概括地说，它是俄罗斯国情的产物。列宁自己深知俄国是一个带有“中世纪”特色的国家，资本主义的发展具有合理性，布尔什维克实行无产阶级专政，它的社会主义建设事业会受到资本主义势力的影响，更会受到强大封建主义势力的制约。布尔什维克以专政的手段控制局面、开辟道路，基本原因就在这里。

在当今世界，列宁最受诟病的，正是他的无产阶级专政的思想与实践。人们责备它们不民主、不人道、践踏人权，而且举出大量事实。然而以此全面否定列宁和

* 安启念：中国人民大学哲学院教授。

布尔什维克的无产阶级专政的思想与实践，甚至对列宁及其继承人斯大林恶毒咒骂，显得过于情绪化，缺少严肃的科学态度。严肃的科学态度是什么？就是历史的态度。

按照马克思恩格斯的理论，共产主义是人道主义的真正实现，是民主政治的最后完成——民主本身的消亡。历史证明，人道主义的实现和民主政治的建立与完善是历史的必然趋势。但是历史同样告诉我们，人道主义和民主政治没有统一的模式与实现步骤。前进方向是确定的，采取什么方式、通过什么形式、先做什么、后做什么，一切要取决于各个国家的具体国情，他人的经验只有参考价值。

不能说列宁的无产阶级专政思想完美无缺，不能说没有更为合理与温和的替代方法可以选择，更不能把它视为普遍适用的固定模式，但是离开对俄罗斯国情的具体分析，离开俄罗斯和整个人类的历史发展来认识和评价列宁的有关思想，从方法论上讲是不科学的。

（供稿：夏一璞）

【论列宁帝国主义论的当代解释力】

顾玉兰*，《马克思主义研究》2016年第8期

帝国主义问题，是近百年来受到普遍关注并存在严重分歧的重大问题。对这一问题的认识，不仅影响到人们对资本主义历史命运的基本判断，而且直接关系到人类对未来文明形态的选择。列宁认为，这是一个有着重要理论意义和现实意义的问题，“不研究这个问题，就根本不会懂得如何去认识现在的战争和现在的政治”①。因此，他对这一问题做了极其深入的思考和研究，形成了全面而又系统的帝国主义论。列宁帝国主义论以马克思主义唯物史观为指导，把帝国主义问题置于人类社会文明历史演进的宽广视野之中，对19世纪末20世纪初资本主义发展过程中出现的新现象进行实证分析，指认出资本主义发展新阶段——帝国主义阶段的特殊性，进而揭示资本主义的历史地位及发展趋势。该理论至今仍闪烁着真理的光辉。

列宁对于帝国主义的认识，坚持马克思主义唯物史观的基本原则，从引起垄断的生产集中开始。他首先以德国和美国为例，用现代工业调查提供的最完备最确切的材料说明，生产集中于大企业的过程非常迅猛。然后用事实证明，生产集中产生垄断，是现阶段资本主义发展的一般的和基本的规律。这样，也就抓住了帝国主义的本质。列宁利用历史文献及现实材料，借助于生产集中、资本集中、垄断、金融资本、金融寡头等概念，运用辩证思维方法，揭示了帝国主义的本质（资本垄断）及规律（不平衡发展），阐明了它的历史地位（垂死的或过渡的资本主义，无产阶级社会主义革命的前夜）及发展趋势（寄生性或腐朽日益加深，经济政治发展不平衡加剧），得出了符合历史发展规律的科学结论（社会主义新型文明形态必然代替资本主义文明形态）。这使帝国主义论有效解释当代资本主义成为可能。

列宁帝国主义论形成于20世纪初。它在国家垄断资本主义时代宣告了资本主义文明终结及向社会主义文明转变的历史必然性。因此，该理论有着鲜明的前瞻性。它塑造了人类建立未来文明共同体的价值理想，对无产阶级社会主义革命和民族殖民地解放运动具有十分重要的现实指导意义。列宁帝国主义论在成功指导十月

* 顾玉兰：南京审计大学马克思主义学院教授。

① 《列宁选集》第2卷，人民出版社2012年版，第576页。

社会主义革命之后，又深刻地影响了亚非拉民族殖民地的解放运动特别是现代中国革命的进程，为中国革命和中国社会的现代化指明了正确的前进方向。中华民族的独立与解放，新中国的建立与崛起，中国特色社会主义的日益强大，进一步证明了列宁帝国主义论的真理性。

中国特色社会主义形成于和平与发展时代，抑或国际垄断资本主义时代。其克服了列宁帝国主义论的时代局限性，为我们在全球化时代条件下发展列宁帝国主义论、延续列宁帝国主义论的当代解释力指明了方向。要我们善于认识把握新时代条件下的新情况新变化，并结合新实践经验，不断对已有理论进行创新，就一定可以延续列宁帝国主义论的当代解释力，进而续写当代帝国主义论的新篇章。

（供稿：夏一璞）

【马克思主义发展史意义上的列宁帝国主义理论——纪念列宁《帝国主义是资本主义的最高阶段》诞生 100 周年】

蔡潇、周青鹏*，《南京政治学院学报》2016 年第 4 期

2016 年是列宁创作《帝国主义是资本主义的最高阶段》（以下简称《帝国主义》）100 周年。列宁在这部经典著作中，对资本主义从自由进入垄断进行了详细深刻的阐述，把握了时代发展的规律，对生产、银行、金融资本、帝国主义瓜分世界、帝国主义的性质和历史地位进行了批判和剖析。一百年来，资本主义的新变化呈现出与列宁帝国主义理论中描述的诸多一致性。列宁的帝国主义理论在马克思主义发展史上具有重要价值和意义。

一　列宁继承了马克思恩格斯以生产关系为基点的方法来剖析帝国主义

任何一部经典著作的面世都有其深刻的社会历史背景。列宁的《帝国主义》诞生于 1916 年，适逢俄国二月革命和十月革命资本主义的新变化时，辩证地采纳了许多资本主义政治经济学家的结论，同时批判了其中的错误。这部经典著作是在与资本主义的辩护士们及第二国际机会主义者考茨基等人的辩论中诞生的，既否定了资本主义辩护士们根据数据得出的肤浅结论，更批判了与资本主义调和妥协的第二国际的考茨基的超帝国主义论。

列宁《帝国主义》的政治经济学背景延续了前人既有成果，是在资本主义辩护士和第二国际机会主义者的论调中进行的正本清源。没有霍布森、希法亭和考茨基就无法成就站在其基础之上的列宁，站在马克思、恩格斯肩膀上，列宁捕捉到了帝国主义的本质。

二　列宁帝国主义理论是世界体系、依附、全球化理论的先驱

列宁的帝国主义论是世界体系、全球化理论的先驱和奠基。列宁在《帝国主义》中呈现出的是一种世界体系、全球化的视野，他关注的是整个资本主义在全球的变化，是从人类社会历史发展的角度去看的。列宁在分析殖民地被瓜分的时候指出了被瓜分国家的依附性。这些殖民地成了附属国，政治形式上独立但被金融和外交的依附关系控制着。殖民地瓜分是帝国主义战争的实质。列宁的国际视野是对世界殖民地被瓜分整个动态过程的俯视，从生产的集中出发到垄断的产生，从银行资本到大国将世界殖民地瓜分殆尽，从殖民地重新分配到帝国主义战争，这是一系列连续的过程，展现的是全球化的视野。

---

* 蔡潇：华中师范大学博士生，黄冈师范学院讲师；周青鹏：黄冈师范学院马克思主义学院教授、副院长。

三　列宁帝国主义理论在方法论上体现的历史与逻辑、理论与实践、动静态统一

列宁对帝国主义进行了批判，认为帝国主义是垂死的、寄生的和腐朽的。虽然在100年之后来看，列宁的论断与现实出现了差异，但列宁对帝国主义本质的把握是准确的，他对帝国主义的批判体现了马克思主义发展史历史与逻辑的统一、理论与实践的统一和动态与静态的统一。列宁《帝国主义》诞生百年不仅是在理论上开创了一个新的理论时代，更为重要的是在实践上成为马克思主义与非马克思主义交锋的前沿阵地。列宁尖锐地指出了帝国主义对于无产阶级上层的收买和腐蚀是机会主义出现的重要原因，鞭挞了粉饰掩盖帝国主义本质的投降和妥协行为。

四　结论与启示

我们重读列宁的《帝国主义》是为了探寻列宁帝国主义理论的当代价值和意义。百年来对列宁帝国主义论的直接否定、间接否定和各种误读纷繁复杂，要把握好人类社会历史发展的基本规律，用马克思主义基本原理来指导中国特色社会主义建设，要求我们在马克思主义理论上正本清源、辨明真理。当今的帝国主义国家倡导的“软实力”，其本质也是文化帝国主义。无论是伦理帝国主义、生态帝国主义、科学帝国主义、文化帝国主义还是金融帝国主义等诸多“帝国主义”概念的异化、变种，其本质还是列宁所阐述的帝国主义理论的本质，贪婪和掠夺始终是各种形式帝国主义的本性。列宁的帝国主义理论所指出的历史图景只是一种预测的可能性，而不是绝对化、教条化的必然，这是诸多学者对列宁帝国主义理论误读和否定的重要来源。厘清列宁帝国主义理论的马克思主义逻辑理路，就会发现列宁帝国主义理论是延续马克思、恩格斯从生产方式出发来研究帝国主义的，方法论上体现的是历史与逻辑、理论与实践、动静态统一。

（供稿：夏一璞）

【论马克思恩格斯社会主义观的实践逻辑】

吴阳松*，《当代世界与社会主义》2016年第3期

走社会主义道路是我们一贯坚持的基本原则，然而究竟什么是社会主义，很长一段时间以来我们并没有完全搞清楚。搞清楚什么是社会主义，涉及一个社会主义观的基本问题，可以说有什么样的社会主义观，就会有什么样的社会主义革命、建设和改革的方法与路径。梳理马克思、恩格斯的社会主义观，观照苏联等社会主义国家的建设实践，反思我国社会主义建设和改革的历史进程，对我们更加清晰地认识中国特色社会主义具有重要的理论意义和现实意义。

资本主义生产方式的矛盾运动必然要求步入社会主义，但那些资本主义生产方式尚未建立或刚刚建立的民族和国家，如何步入社会主义？是不是一定要等到建立资本主义生产方式并使这一生产方式发展到矛盾尖锐化的程度，社会主义革命才能爆发而后才能迈入社会主义呢？马克思、恩格斯同样深入探讨并回答了这一问题。可以说，马克思、恩格斯的著作主要是以“西方”社会为研究界域，通过考察西欧资本主义生产方式，揭示了人类社会发展的一般规律和基本走向，认为人类社会必将从较低级的社会形态向较高级的社会形态演进，那些处在前资本主义发展阶段的

* 吴阳松：广州大学马克思主义学院讲师。

民族和国家必将走上资本主义的发展道路。但从“一般”回到“个别”层面，特别是19世纪70年代后通过对“东方”社会的具体考察，马克思、恩格斯“修正”了“东方从属于西方”的一般性结论，明确反对把西欧资本主义的发展模式搬用到东方社会，即不认为一切民族都必将走上资本主义发展道路，而存在直接跃升步入社会主义的可能性。他们认为这一可能性存在的一个重要依据是基于在世界历史背景下，生产力与生产关系的矛盾运动具有民族性与世界性的双重特点。在世界历史的作用下，生产力与生产关系的矛盾运动不再局限在某单一民族或地域范围内，而是跃出民族和地域的疆界，越发表现出世界性和共通性的特点，从而使得各民族国家的发展逐渐成为一个相连的整体。这个整体不是各民族历史的简单相加而是各民族历史的“系统值”。因而，各民族的生产力与生产关系的矛盾运动就不是局限在一个相对独立的地域范围，而是进入到了世界的“运动场”而越发表现出世界性。因而，马克思明确提出，在“历史环境”的合力作用下，经济文化落后国家如能把握好“历史所能提供给一个民族的最好的机会”，就能够把这种“可能性”化为“现实性”而直接走上社会主义道路。

综上所述，我们发现马克思、恩格斯社会主义观有两个生成维度：一是从发达的资本主义裂变而来的社会主义。这里的社会主义是从资本主义经济事实中得出的确切结论，是“资本主义后”的社会主义，体现了人类社会前进的一般规律，具有普遍性意义，堪称经典社会主义。二是从经济文化落后国家跃升而来的社会主义。这里的社会主义是在世界历史背景下生产力与生产关系矛盾运动的民族性与世界性双重作用的产物，是运用历史唯物主义和辩证唯物主义从具体的历史环境中所得出的正确论断，是“资本主义前”的社会主义，体现了人类社会发展的特殊性与多样性。马克思、恩格斯社会主义观的两个维度有机统一于唯物史观，共同体现了人类社会形态演进的普适性与多样性特点。

（供稿：夏一璞）

【21世纪中国马克思主义的三重蕴意】

张劲松*，《科学社会主义》2016年第4期

在时间维度上，21世纪中国马克思主义推进和延续一百多年来马克思主义中国化的历史进程，又深深地镌刻着新世纪的时代烙印和现实特性。在空间范围上，它立足中国国情并解决中国问题，具有中国特色、中国风格和中国气派，同时为全球发展和治理提供中国的价值观念和解决路径。只有从中国现代化的历史进程和全球一体化的空间格局中才能准确地把握21世纪中国马克思主义的理论内涵和历史使命。

一　坚持“中国特色”，解决中国问题

马克思主义中国化进程既坚持马克思主义基本原理和科学社会主义，又立足于中国的具体处境、现实国情和时代条件，应对和解决中国革命、建设和改革开放中的各种问题，从而形成具有中国特色的马克思主义理论。立足中国国情，坚持中国特色，是马克思主义中国化最重要的现实基础和理论起点。

坚持中国特色就是要独立自主，走适合本国国情的发展道路，这也是21世纪

---

* 张劲松：福州大学马克思主义学院教授。

中国马克思主义的立足点和行动指南。只有从本国国情和时代特征出发，独立自主地创造新理论，提出新观点，寻求新方法，才能解决中国社会发展过程中的新矛盾、新问题。十八大报告明确指出，社会主义初级阶段是当代中国的最大国情、最大实际，我国仍处于并将长期处于社会主义初级阶段的基本国情没有变，人民日益增长的物质文化需要同落后的社会生产之间的矛盾这一社会主要矛盾没有变，我国是世界最大发展中国家的国际地位没有变。这一总体性、根本性的重要判断是坚持中国特色、解决中国问题的客观基础和起点。进入新世纪以来，转变经济发展方式、提升国家治理能力、参与全球发展与治理等成为中国共产党人面临的重大挑战。

二　延续中国道路，提升中国话语

中国道路是在马克思主义中国化进程中形成的一条以社会主义制度为基础的独特发展道路。这种道路立足中国实际、坚持中国特色、解决中国问题、弘扬中国文化，从而使之有别于奠基于西方文明之上的资本主义发展道路。

中国道路的成功提升了中国话语在全球话语体系中的重要性和影响力，对以资本主义国家为主体的西方意识形态形成了有力地冲击和挑战。中国道路的实践经验、理论成果和制度体系，不断为中国话语注入崭新内容和核心要素，并成为其塑造和传播的重要载体和坚实基础，开创一种不同于西方发展模式的新道路和新话语。

中国道路的成功实践和制度优势为中国话语提供了坚实的基础和鲜活的内涵，中国道路的创新性和独特性使中国话语日益成为一种具有全球影响力的理论体系。21 世纪中国马克思主义必须继续坚持这一道路，系统地总结和提炼其有效的制度体系和内在的价值观念，使之成为一种具有世界意义的发展模式和理论话语。

三　弘扬中华文化，贡献中国智慧

马克思主义中国化是将马克思主义基本原理与中华民族的历史文化传统相结合的伟大成果。中国优秀传统文化中的哲学理念、人文关怀和价值观念等，既为马克思主义中国化提供认识和改造世界的理论方法，同时也为建设社会主义注入东方智慧和文化滋养。

21 世纪中国马克思主义既要坚守马克思主义的基本立场和方法，又必须植根中国传统文化。十八大以来各种治国理政方略从中华传统文化中汲取了丰富的资源，从而进一步将马克思主义中国化进程奠基于中华民族深厚的文化底蕴之上。习近平指出，传统文化是现代国家治理体系的形成因素之一，“一个国家选择什么样的治理体系，是由这个国家的历史传承、文化传统、经济社会发展水平决定的，是由这个国家的人民决定的。我国今天的国家治理体系，是在我国历史传承、文化传统、经济社会发展的基础上长期发展、渐进改进、内生性演化的结果”。

（供稿：夏一璞）

国外马克思主义

【先天观念综合的现实历史基础——索恩-雷特尔《脑力劳动与体力劳动》初解】

张一兵*，《学术月刊》2016 年第 10 期

阿尔弗雷德·索恩-雷特尔，是西方马克思主义第一代理论家中离法兰克福学派最近的人。他的《脑力劳动与体力劳动——西方历史的认识论》一书，是西方马克思主义思想史中极为重要的哲学认识论专著。这里我们要解读的文本，是索恩-雷特尔在 1937 年 3—4 月完成的一份送给本雅明看的手稿，他自己给的标题是《对先天论的批判性清算：一项唯物主义的研究》。此文也是这本书 1989 年终版中的第二个附文。在本文中，我按历史时间线索，将其视作他的“巴黎草案”的同质思想构境物来解读。用他自己的话来说，对康德哲学认识论唯心主义伪相的破境已经进入到“存在批判”的更深构境层之中。

一上来，索恩-雷特尔就向本雅明直接挑明了自己研究的基本意图，即对康德一类唯心主义先天论的批判性清算，这也是索恩—雷特尔对这一手稿的命名。他认为，对康德一类唯心主义先天观念独立存在伪相的破境批判，关键在于将思维重新归结到社会存在中来，如果这样去理解，唯心主义的理性拜物教就终结了，这首先是唯心主义和马克思的历史唯物主义对理性思维的阐释方案的根本对立。

索恩-雷特尔提出了生产先验这一关键性的范畴。我认为，这是索恩-雷特尔的历史唯物主义破境方案最具实质内容的理论进展。仅凭生产先验这一概念，索恩-雷特尔就能获得西方马克思主义思想史中的重要地位。可惜的是，他并没有能力真正深入地研讨这个关键性概念。在后来阿多诺的《否定的辩证法》一书中，我们看到了索恩-雷特尔这一概念的影响。阿多诺将索恩-雷特尔的生产先验改造成更宽泛的“社会先验”概念。

索恩-雷特尔最终的理论目的，即为康德唯心主义先验哲学的伪境批判提供一个历史唯物主义的破境答案。依他的观点，康德先验哲学中的所有原创性的秘密都可以在马克思对资本主义商品—市场经济的深刻剖解之中获得现实支撑。值得肯定的是，在这一段极为重要的表述中，索恩-雷特尔似乎有了一定的构境层区隔的自觉：一是货币交换的齐一综合功能是康德式先验观念综合中起关键性逻辑框架作用的“先天知性形式”的现实基础。看起来发生在主观世界中的自我意识的“一”恰恰是由现实中货币的夷平来实现的，先天综合判断中的那种原初的齐一性之基础是资本主义商品交换的综合功能奠定的，知性逻辑功能性运转背后的是金钱的万能。二是建构知性的“先天理性形

---

* 张一兵：南京大学特聘教授、马克思主义社会理论研究中心主任。

式”背后起关键性作用的是资本，这里，资本是作为资本主义商品经济中货币的本质关系出现的，这无疑是正确而深刻的观点。三是康德那个著名的“向自然立法”，实际上是现代资产阶级物化规律向全部存在的宣战。这让人想起福柯在《词与物》中的相近判断。由此，索恩-雷特尔才会信心满满地断言，从资本主义全部物化分析入手，我们就可以重建全部康德知识哲学，在先天观念综合的逻辑构境背后我们就会发现斯密那只“看不见的手”。

（供稿：唐芳芳）

【马克思资本逻辑场域中的主体问题】

仰海峰*，《中国社会科学》2016年第3期

从一定意义上说，建立在生产逻辑基础上的主体，构成了早期西方马克思主义和国内实践唯物主义重新阐释马克思哲学的基本构架，这也是当前我们言说马克思哲学的基本构架。这里的深层问题在于：这种生产逻辑是否真的构成了马克思哲学的全部内容？这种生产逻辑是否会被新的理论逻辑所取代？按照我的理解，经过1845年的哲学变革，马克思确立了生产逻辑，并以此作为说明资本主义社会的基础。在这个过程中，马克思逐渐意识到，将生产逻辑运用于资本主义社会，并不能从根本上剖析资本主义社会，反而可能得出李嘉图社会主义者的结论。在《1857—1858年经济学手稿》中，马克思开始意识到资本逻辑的独特性，从而形成了面对资本主义社会的双重逻辑，即生产逻辑与资本逻辑，而劳动本体论的确立则使生产逻辑仍处于主导地位。但在《资本论》中，马克思的思想发生了重大转变，他看到了在资本主义社会资本逻辑对生产逻辑的统摄作用，从生产逻辑转向了资本逻辑。资本逻辑是一种结构化的逻辑，在资本结构化的过程中，主体变成了资本增殖的工具。这意味着，建立在生产逻辑基础上的主体理论，需要在资本逻辑的构架中重新被审视。

当资本逻辑统摄生产逻辑时，这意味着主体、客体都被纳入资本逻辑中，成为资本增殖的要素，主体—客体的历史解释模式不再是《资本论》哲学的主导模式，卢卡奇的《历史与阶级意识》以及《关于社会存在的本体论》中主体—客体的历史辩证法，已不能真正地展现《资本论》意义上的马克思哲学。

在《资本论》中，马克思展示了资本逻辑的形式化结构特征。这种形式化的结构体现在两个层面：（1）在现象层面体现为商品的形式化结构。（2）商品的世界只是资本逻辑的现象界，其本质界是以获取最大限度的剩余价值为目的的生产界。

在资本逻辑的结构化运行中，主体的位置发生了根本性的变化。在生产逻辑中，劳动本体论确立了主体的主导性地位，但在资本逻辑的结构化运行中，主体变成了资本实现自身价值增殖的工具。这是理论视域的根本改变：曾被马克思反复论证的主体，在资本逻辑的运行中变成了主体无法控制的他物的工具，社会运行的过程呈现为无主体的过程，或者说资本才是真正的“主体”。

上述讨论表明，按照传统的主体理论，我们无法理解资本逻辑在马克思哲学中的地位和作用，更无法真正进入《资本论》的哲学思想。当马克思以资本逻辑统摄生产逻辑，并以此来建构对资本主

---

* 仰海峰：北京大学哲学系党支部书记、教授、长江学者。

义社会的批判理论时，以主体为基础的哲学批判模式被他扬弃了，这正是以劳动本体论为基础的卢卡奇的理论所无法达到的深度，同样也是以卢卡奇为基础的古尔德无法理解的深度。

（供稿：唐芳芳）

【论马克思早期哲学中的主谓词关系问题】

徐长福*，《哲学研究》2016 年第 10 期

马克思探索独立的理论道路是从批判黑格尔法哲学中的国家观开始的，其基础工作是方法批判，其关键是对主谓词颠倒的批判。

在《黑格尔法哲学批判》中，马克思对黑格尔主谓词颠倒的批判有两条鲜明的原则。其一为外延原则：外延小的做主词，外延大的做谓词，而不能相反。其二为基体原则：基体做主词，偶性做谓词，而不能相反。

马克思认定黑格尔的法哲学只是其逻辑学的补充，这就涉及逻辑学中的抽象理念和法哲学中较为具体的经验概念之间哪个该做主词哪个该做谓词的问题。在黑格尔看来，制度合理的国家要“按照概念的本性在自身中区别和规定自己的活动”，包括各种权力。对此，马克思的批判是：黑格尔“不是用逻辑来论证国家，而是用国家来论证逻辑”。所谓“用逻辑论证国家”，就是用国家的经验概念做主词，用逻辑的抽象理念做谓词；所谓“用国家论证逻辑”则与之相反。如果用逻辑来论证国家，就意味着首先承认国家的客观存在，再根据经验事实去把握这种存在，最后将其上升为抽象理念。相反，如果用国家来论证逻辑，就意味着首先承认黑格尔这套逻辑的真理性和实在性，再把国家当作它的一种外部表现和例证。

综上所述，马克思批判黑格尔颠倒主谓词，表明他在贯穿整个哲学史的一个根基性问题上产生了觉悟，并且，正是经由这一门径，他才摸索出了一条属于自己的理论道路。就此而言，马克思关于主谓词关系的原则性观点可以被视为开启他的哲学乃至整个思想的一把钥匙。

（供稿：陈慧平）

【塞耶斯从马克思主义人性论角度对功利主义的批判】

陈慧平**，《马克思主义研究》2016 年第 3 期

塞耶斯立足于马克思主义的历史唯物主义人性论，从人性与历史的辩证互动入手，对功利主义从哲学基础、实践方式、预期目的等方面展开了系列批判性思考，值得中国学界借鉴。

在塞耶斯看来，功利主义人性论是与启蒙理念一脉相承的、抽象化的传统人性论，其思想误区在于没有把人性当作历史的产物。根据马克思主义的历史唯物主义人性论，人性有其自然来源，并且是变动着的，为自然和社会的历史所共同塑造，固定的、抽象的人性是没有的。

塞耶斯认为，黑格尔辩证法的可称道之处是它体现出科学态度，只有从科学态度出发，人们才能客观地看待现实，从内部、内在性出发去认识现实及其规律，现

* 徐长福：中山大学马克思主义哲学与中国现代化研究所、哲学系暨实践哲学研究中心教授，博士生导师。

** 陈慧平：中国社会科学院马克思主义研究院国外马克思主义研究部西方马克思主义研究室主任、副研究员。

实也才能不被主观意志或人格化的东西所曲解。把科学态度应用到人性问题上，就要承认人来源于自然界，这是关于人性的一个不容否认的前提性现实。根据科学态度，人性以及建立在人性基础上的伦理和政治理想，不是先验理性的产物，不是纯粹主观的，相反，它们是历史的产物，有其自然、社会、历史根源。理性本身也“存在于世界之中”，也是自然和社会发展的产物，而不是思辨头脑的产物。

黑格尔的辩证法虽然倡导科学态度，但他自己却没有将科学态度进行到底，塞耶斯指出，黑格尔的辩证法具有唯心主义神秘性的外壳，马克思继承了黑格尔辩证法的科学态度，并对其进行了唯物主义的改造。

（供稿：王艳阳）

【评积累的社会结构理论对马克思主义经济学主要贡献】

马国旺*，《政治经济学评论》2016年第1期

20世纪80年代初，戈登等学者提出了积累的社会结构理论（简称SSA理论）。积累的社会结构理论发展了马克思主义经济学，其具体表现在以下四个方面。

一　发展马克思主义经济学的中间层次理论和历史辩证法

它的方法论贡献主要集中在两个方面上：一是在马克思主义经济学的理论体系中发展了中介范畴和中间层次理论。SSA理论通过SSA这个中间范畴进行中间层次的理论分析，阐述了促进或制约资本积累的主要制度条件和因素。二是发展了马克思的历史辩证法。SSA理论借鉴阿尔都塞的“超越决定”理论，用它阐述SSA理论的矛盾复杂性、结构整体性、相对历史持久性和时空多样性。相关研究发展了马克思主义历史辩证法。

二　对劳动控制系统的演进和当代劳资关系特征的新阐释

该理论把资本对劳动控制系统的演进以及相应的劳资关系和阶级斗争作为构成SSA系统的关键因素，并在这个基础上阐释资本主义积累在经济制度方面的变迁过程和当代劳资关系特征。戈登等认为，每一种SSA都会在现有的生产力水平上通过特定的劳动控制系统去规范劳资关系、缓和劳资矛盾，并依据劳动控制系统类型把自工业革命以来SSA的演进依次划分为三个阶段：初始的无产阶级化、同质化、分割化。华莱士和布雷迪提出了第四个阶段，即空间化。

三　对马克思主义经济长波和经济危机理论的创新发展

（一）开创了马克思主义长波理论的制度经济学研究。这方面贡献主要有三点：一是克服了曼德尔长波理论的方法论困境；二是从制度结构变迁角度区分再生产周期和非再生产周期；三是把新自由主义SSA界定为长波停滞阶段。（二）关于本轮经济危机根源的探析。通过剖析新自由主义特征，SSA理论揭示本轮经济危机从可能性向现实性转化的具体条件，相关研究是值得借鉴的。

四　深化对当代资本主义发展特征的理解

该理论认为各国SSA的多样性赋予资本主义生产方式某种制度弹性。新自由主义是其中影响最大的一种模式，它不仅影响各国SSA的发展，而且孕育一种新的SSA，即全球新自由主义SSA。相关研究深化了对当代资本主义发展特征的

* 马国旺：天津财经大学经济学院教授。

理解。

五　结论及研究展望

SSA 理论在多个方面提出独到的理论见解，这些观点丰富和发展了马克思主义经济学。当然，它的某些观点或结论仍需进一步推敲，主要表现在三个方面：第一，它的方法论仍面临一些亟待解决的难题。第二，它把马克思的剩余价值理论、资本循环理论和资本积累一般规律的丰富思想简化为劳资关系和阶级斗争因素。第三，它对资本主义制度的灵活性和自我修复能力持某种乐观态度，淡化了资本主义必然灭亡的历史趋势。

（供稿：周淼）

【国外政治经济学研究的新进展（2015）】

刘凤义、陈伟凯*，《政治经济学评论》2016 年第 3 期

本文着重介绍 2015 年国外马克思主义经济学在基本理论创新和当代资本主义经济现实两方面研究的新进展。

一　国外马克思主义政治经济学在理论研究方面的新进展

2015 年国外马克思主义经济学在理论方面的进展，内容比较丰富。本文选取资本循环理论模型、资本周转和金融化模型、非生产性劳动与再生产模型这几个方面，其内容既是马克思主义政治经济学中长期关注的问题，也具有很强的理论性，而且还代表了国外马克思主义政治经济学的研究水平，对我们的研究有一定的启发性。(1) 经理人阶级与资本循环模型。瓦苏德万在资本循环的理论框架下，探讨金融化及经理人阶级控制对积累—分配动态关系的影响，分析了两种动态体制。(2) 资本周转率与金融化。帕萨雷拉等认为在马克思对金融化及非生产性部门如何影响剩余价值的生产及实现的分析中，资本周转率是一个极为重要的概念，并着重强调金融与资本周转之间的关联。(3) 非生产性劳动与再生产模型。奥尔森根据美国战后的经验，将非生产性劳动整合到马克思的扩大再生产模型中，从而将劳动榨取与技术变化内生化，来分析非生产性劳动对经济增长的双重作用。(4) 其他。2015 年马克思主义政治经济学理论的创新除了上述介绍的若干理论模型外，还有一些研究借鉴了新古典经济理论、后凯恩斯经济学以及复杂理论等方法。

二　对当代资本主义经济的经验研究

2015 年国外马克思主义经济学界在经验研究方面的新进展总体上可以分为两个方面：一是资本积累，主要研究当代资本主义出现的新变化对资本积累的影响，一般以利润率为落脚点，比如利润率的变动趋势，金融化对积累的影响，危机与利润率的关系等；二是阶级关系，侧重分析对工人阶级的影响，以收入分配和不平等为落脚点，如阶级收入不平等演变情况，金融化对劳资关系的影响等。就方法论而言，2015 年的研究充分体现了国外马克思主义政治经济学界的多元范式，既有定量分析也有定性研究。具体来说，定量研究既有以描述统计分析为主的分析，也不乏经济计量模型，而定性研究则包括制度历史研究、案例分析和调查访谈等。量化方法在马克思主义政治经济学的运用，关键在于寻找马克思理论的概念范畴的可操作定义，从而与现实的统计数据对接。例如价值与价格的关系问题，就涉及转型问题等一系列争论。利润率的测算也有较多争议，如对资本价值的计算要采用历史价

---

* 刘凤义：南开大学经济学院教授；陈伟凯：美国马萨诸塞大学阿默斯特分校经济系博士研究生。

格还是重置价格，对公司所得以及折旧的处理方式等问题。在做历史和跨国比较时，不同国民收入核算体系在马克思经济理论的框架下应该如何解读也值得注意，有学者就在转型国家的核算问题上做文章，反驳全球化时期世界经济呈现停滞的观点。

（供稿：周淼）

【拉美左翼力量反美倾向的演变】

袁东振*，《美国研究》2016 年第 1 期

拉美地区一直存在强烈的民族主义倾向和反美情绪，而拉美左翼在传统上是反美倾向的主要代言人。拉美左翼的反美倾向既源于他们与美国主流理念和政策主张的差异，更源于他们对美国的霸权主义及干预拉美地区事务的不满。随着美国对拉美政策和策略的调整，特别是美国与古巴关系的改善及其所带来的拉美左翼的温和化，拉美左翼反美主义的激烈程度会有所降低，但反美依然是拉美左翼的基本政治立场和政策取向。

一　拉美左翼和右翼的相对性和变动性

拉美的左翼具有相对性。在拉美地区，左翼和右翼是相对的，不是绝对的，“左”和“右”的性质可以随所处时空的不同而有所不同。同一类政党，在一个拉美国家属于左翼，在其他拉美国家可能就是右翼。拉美左翼具有明显的变动性。拉美左翼和右翼不是固定不变的，而是可以相互转换的。同一个政党，在一个特定时期是左翼，在另一个时期可能就是右翼。尽管如此，拉美左翼和右翼还是有明显判断标准的。无论是左翼还是右翼都有自己的社会和政治基础，有自己的支持群体，有自己的政治组织。一般说来，左翼通常代表中下层诉求，要求变革现存秩序，主张社会权利与利益的重新分配。而右翼通常代表中上层利益，要维护自己的传统特权和既得利益，主张温和的社会改良，反对剧烈的社会变革。

二　拉美左翼具有天然反美倾向

尽管反美是拉美左翼的共同特性，但拉美左翼的构成非常复杂，拉美左翼对美国的态度并不完全一样。一般说来，传统左翼反美倾向较重，而 21 世纪以后崛起的新左翼对美国的态度相对温和、务实；在野的拉美左翼反美倾向较重，而他们一旦上台执政，其反美色彩通常会有不同程度的减弱。21 世纪以来上台执政的拉美左翼并不是传统左翼，他们大多是拉美国家资产阶级阵营中的左翼势力或比较激进的力量，意识形态特色较淡。这些左翼力量虽然也具有一定的反美情绪，但对美国的态度相对理智，反美口号较温和，美国与拉美左翼的矛盾、冲突和对抗主要集中在委内瑞拉、玻利维亚等少数激进左翼执政的国家。

三　拉美左翼反美的主要内容

包括拉美左翼在内的许多拉美人反美，并不是反对美国的物质文明和文化，相反，他们对美国文化中许多正面的特点给予充分肯定，他们也承认美国在实施民众教育、经济发展等方面的成就。拉美人的反美主义，主要是抵制拉美的“美国化”倾向，不认同美国理念的普世价值，反对美国对拉美事务的干涉和霸权立场，反对美国敌视和压制拉美左翼力量的政策，以及反对美国对古巴的干涉和封锁。

（供稿：周淼）

---

* 袁东振：中国社会科学院拉丁美洲研究所研究员。

【21 世纪以来国外马克思主义研究的新趋向】

蓝江*，《马克思主义理论学科研究》2016 年第 2 期

21 世纪以来，尤其是 2008 年全球金融危机爆发之后，当代国外马克思主义讨论的几个核心问题值得关注。

一　辩证唯物主义的复兴

从存在主义和人本主义的马克思主义开始衰落的时候，辩证唯物主义的复兴之路就已经开启了。首先开始重新思考辩证唯物主义的是法国马克思主义哲学家路易·阿尔都塞，在他的《保卫马克思》中，已经涉及了对辩证唯物主义的重构。正是在阿尔都塞的新辩证法的思维下，他的弟子阿兰·巴迪欧依循着阿尔都塞所指明的道路，明确地指出，辩证唯物主义，而不是历史唯物主义才是所有真正唯物主义科学的根基。齐泽克也将自己的理论根基表述为一种辩证唯物主义。阿尔都塞、巴迪欧和齐泽克的辩证唯物主义的复兴，也带来了一种新的思潮冲击了整个西方哲学，这是由巴迪欧的弟子梅亚苏与哈曼、格兰特、布拉西耶四位年轻的思想家结成的一个致力于新唯物主义的团体，他们称之为思辨实在论或思辨唯物主义。

二　重读《资本论》与新政治经济学批判

在 2008 年全球金融危机之后，在西方主要资本主义国家，都不约而同地爆发了一场对马克思的《资本论》关注的热潮。在新世纪的第一年，迈克尔·哈特和安东尼奥·奈格里的《帝国》一书给马克思主义对资本主义的政治经济学批判重新带来曙光。大卫·哈维一直将马克思的《资本论》视为研究资本主义问题的关键，美国杜克大学的弗里德里克·詹姆逊也在 2011 年推出了他的《重读〈资本论〉》。在 21 世纪的新政治经济学中，最令人瞩目的事件是年轻新锐法国经济学家、思想家皮凯蒂的《21 世纪的资本论》的出版。这些都代表着在全球金融危机之后，越来越多的思想家开始关注资本主义经济本身造成的政治不平等问题，这是一种新的政治经济学，一种需要在当下重建的马克思主义的政治经济学批判。

三　生命政治学批判与新共产主义

国外一些马克思主义思想家认为对资本主义必须进行生命政治学的批判，仅仅进行政治经济学批判还远远不够。当代激进左翼思想家重新提出了建设共产主义的问题，同时也指出必须将取代当代资本主义的生命治理当作一个重要的议题，也就是说，我们不仅仅要在经济关系上解放我们自己，让我们的个体从资本主义的物象化的束缚中挣脱出来，也需要面对我们肉体，一个严重依赖于资本主义生产，并直接成为资本主义的产品的身体。对资本化和治理化身体性的超越，成为当代马克思主义思想家的核心命题。

（供稿：周淼）

【苏丹共产党对社会主义发展道路的探索】

冯燚**，《当代世界与社会主义》2016 年第 1 期

苏丹共产党的前身是成立于 1946 年的苏丹民族解放运动，1956 年正式改名为苏丹共产党。本文主要就苏丹共产党的发展历程、对社会主义革命的理论探索、在国内外重大问题上的政治立场和发展前景进行系统分析。

---

* 蓝江：南京大学马克思主义社会理论研究中心教授、哲学系教授。

** 冯燚：西北大学中东研究所研究员。

一 苏丹共产党的发展历程及战略目标

苏丹共产党主要经历了六个发展阶段：第一个阶段是1918—1958马克思主义思想的传入和苏丹共产党的建立；第二个阶段是1958—1964年阿布德政权时期，苏丹共产党的发展壮大时期；第三个阶段是1964—1969年后阿布德时期，苏丹共产党达到鼎盛阶段；第四个阶段是1969—1985年尼迈里政变上台后，苏丹共产党艰难生存。代表小资产阶级利益的尼迈里政权宣布取缔一切政党，苏丹共产党进行了抵制；第五个阶段1985—1989年，后尼迈里政权时期，苏丹共产党的力量逐渐地得到恢复；第六个阶段是1989年至今，巴希尔政权时期苏丹共产党的缓慢发展阶段。

二 苏丹共产党对社会主义革命的理论探索

表现为采取灵活的宗教政策，即在苏丹多种族、多民族、多宗教的现实国情背景下，采取坚持唯物主义与尊重伊斯兰教信仰相融合的方式，坚持政教分离原则，不允许利用政治推行或禁止宗教，也不允许通过宗教干预政治；苏共积极探索军事理论，即强调军队在苏丹共产党争取社会主义斗争中的积极地位和作用，曾围绕军队问题进行了很多次重大的争论和研讨；苏共积极制定适合苏丹国情的发展模式，在政治上，主张联合各党派和工会完成苏丹民主制度建设的任务，在经济上，认为借鉴发达资本主义国家的发展模式会扩大苏丹贫穷范围，加大苏丹的不平等现象，主张探索适合苏丹国情的经济发展道路；在社会上，提倡保护环境、进行教育改革、建立健全的医疗卫生体系。

三 苏丹共产党在国内外重大问题上的政治立场

在国内外重大问题上坚持明确和一贯的立场，表现为支持阿拉伯民族主义、反对犹太复国主义和维护国家统一的政治立场。

四 苏丹共产党的发展前景

苏丹共是一个富有生命力和创造力的马克思主义政党，在苏丹政治生活中起着重要作用。但是，苏丹国内局势动荡不安，经济发展缓慢，民生凋敝，广大民众渴望政治、经济和社会稳定。苏共当前的政治策略是建立广泛的民族统一战线，发动人民群众推翻巴希尔的专制统治，行动策略是通过反对派的联合来改变权力结构。尽管苏丹国内反对派众多，但大多具有宗教、族裔和区域背景，力量弱下，错综复杂，存在狭隘的党派利益之争。苏丹共产党也于2011年因南部地区的共产党组建南苏丹共产党而发生了分裂。在苏丹的政治舞台上，如何有效地整合力量，进行争取社会主义的斗争，是苏丹共产党面临的一个重大的、亟待解决的难题。这个难题不攻克，苏丹共产党就难以在苏丹政治舞台上发挥重大作用。

（供稿：陈爱茹）

【深化有机马克思主义研究要注意的若干问题】

冯颜利*，《社会科学家》2016年第9期

有机马克思主义是国外马克思主义研究的一个新概念，也是近两年中国学界研究和讨论的一个热点主题。但有的错误地把它当成马克思主义中国化的新成果。要以马克思主义的态度辨正有机马克思主

* 冯颜利：中国社会科学院马克思主义研究院国外马克思主义研究部主任，研究员，博士生导师。

义，就应注意思考以下几个问题。

一 正确认识有机马克思主义的价值与局限的问题

一方面，有机马克思主义不仅对资本主义工业化发展造成的严重生态危机后果进行批判，还对造成这一后果的现代性假设进行了系统分析和批判。同时，它还对资本主义一系列虚假意识形态进行了揭露和批判，如对西方自由、平等、民主、公正等资本主义价值虚伪性的揭示。这些分析和批判有利于帮助社会主义中国认清资本主义的本质和必然灭亡的客观规律。此外，有机马克思主义在理论构建中，着力融入了中国优秀传统哲学的智慧，这为我们继承和弘扬优秀传统文化提供了启示，为我们推进优秀传统文化的创新性转化和创造性发展提供了启示。

另一方面，有机马克思主义沿承了西方学界对马克思主义的一些偏见和误解，把马克思主义看成是历史决定论的、局限于现代主义假设基础上的思想理论。此外，有机马克思主义在宣称坚持马克思主义的同时，又偏离了马克思主义的方向，有机马克思主义提出的资本主义替代方案不具现实操作性。

二 有机马克思主义为何不是马克思主义中国化的新探索

虽然在有机马克思主义的理论构建和实践探索中有中国学者的广泛参与，也着力融合中国传统哲学的智慧，也推崇马克思主义中国化发展的方式和途径。但是，它毕竟是在西方后现代语境下的理论产物，存在着各种理论局限性。所以，有机马克思主义只是国外马克思主义发展的新概念和新范式，而不是马克思主义中国化的新探索。

三 有机马克思主义能否取代资本主义的问题

有机马克思主义试图为全球生态灾难和资本主义探寻替代方案，并尝试为解决生态危机寻找合适的出路，为资本主义探索恰当的替代选择。但从其理论体系和现实状况来看，有机马克思主义不可能转化为实践措施，现实上也不可能取代资本主义。从当前的世界局势和现实状况来看，资本主义必然灭亡不可能短时期内实现，但是，世界社会主义终将取代资本主义，这是由历史发展客观规律决定的，也是人类社会历史发展的必然趋势，只有坚信这一点，才能坚定信心，更好地繁荣发展中国特色社会主义。

（供稿：王艳阳）

国际共产主义运动

【近年来学界关于列宁的几个争议问题】

吴恩远*，《俄罗斯中亚东欧研究》2016 年第 3 期

本文对近年来学界有关列宁的三个争议问题进行了探讨和澄清。

一是关于十月革命的发动与所谓列宁的“德国奸细”问题。自苏联解体以来，在俄罗斯社会生活当中一直在不断复制和流传着这样一种说法：十月革命并不是一次具有世界历史意义的社会革命，而不过是一个巨大的阴谋，是一次在西欧一小撮阴谋家和冒险家的情报机关帮助下，由“德国奸细”列宁和“英美特务”托洛茨基所密谋组织、挑唆完成的一次“政变”。把十月革命的发生说成少数人的“阴谋”，目的是否定俄国社会主义革命的必然性。事实上，十月革命的发生是俄国社会各种矛盾发展的必然产物，这场气势磅礴、席卷全国、震惊全世界的运动绝非靠少数人的“阴谋”就能发动。十月革命的胜利是历史的必然，而不是少数人的“密谋”。

二是关于列宁生前最后对斯大林评价的一段译文释义再探讨。1922 年 12 月 24 日，列宁在病重期间口授给其夫人娜·康·克鲁普斯卡娅几封转致党的代表大会的信件，其中涉及对某些中央委员的评价。1923 年 1 月 4 日，列宁再次对 12 月 24 日一信做补充，仍然口授其夫人转交中央委员会。这就是著名的对斯大林的评价。这段话对苏联历史，对国际共产主义运动史产生了很大影响。第三版《列宁选集》对这段评价进行了重新翻译，改动较大，特别是删去了“这个人在各方面同斯大林一样”这句话，也引起学界较大反响。笔者不揣冒昧试译这句话：“因此，我建议同志们仔细想个办法把斯大林从这个位置上调开，任命另一个人担任这个职位，这个人在所有其他方面与斯大林同志的区别仅仅在于他还有一个优势，这就是较为耐心、较为谦虚、较有礼貌、较能关心同志，而较少任性等等。”

三是对列宁说的“我们对社会主义的整个看法根本改变了”的理解。这是列宁晚年所写《论合作社》一文中著名的一句话，但这是指何种范围、哪种程度上的“根本改变”，却有不同理解。新经济政策是列宁对马克思主义经济学的一大发展。由于“合作社”建筑在贸易自由的基础上，列宁又认识到“合作社与社会主义是完全一致的”，实际是承认社会主义存在商品货币关系，而且认识到这个过渡时期是长期的，最重要的是认识到建设社会主义必须利用资本主义的市场、商品等经济形式。这就是列宁为什么说对社会主义看法“根本改变”的原因。但列宁当时并没有把商品经济看作社会主义的固有属性，没有认识到“商品经济”“市场经济”既不姓“社”也不姓“资”，还

* 吴恩远：中国社会科学院俄罗斯东欧中亚研究所原所长，博士生导师。

没有达到这方面“对社会主义整个看法的根本改变”。但这并不否定列宁的新经济政策对马克思主义理论发展的伟大贡献。

（供稿：潘西华）

【关于世界社会主义主要流派发展的几个问题】

聂运麟，《当代世界与社会主义》2016 年第 3 期

苏联解体、东欧剧变后，社会主义主要流派的发展出现了复杂的局面：有的社会主义流派已经或正在淡出历史舞台，有的社会主义流派的实力相对削弱了，有的社会主义流派获得一定的发展，还有新的社会主义流派产生了。社会主义流派是社会主义的不同思潮和政治派别，它涵盖理论、组织和实践三个层面。众多社会主义流派依据其社会主义理论并依托一定社会组织形式开展的社会实践活动，就构成了广义的世界社会主义运动。

世界社会主义流派的发展和变化不是偶然的，而是有其深刻的社会历史根源，推动其演进的主要因素是：社会主义流派是资本主义社会基本矛盾发展的产物；社会经济的发展变化与阶级结构的新变动，为各种社会主义流派的存在和发展提供了物质前提和社会基础；“新自由主义”的推行激化了资本主义社会的基本矛盾，为各种社会主义流派的产生和发展提供了新的动力；科学社会主义的成功和失误，都对世界社会主义流派的历史演进产生了影响。

当代世界社会主义主要流派从指导思想、社会成分和基本政治态度看，可以大致分为马克思主义的和非马克思主义两大社会主义派系。马克思主义的即科学社会主义派系，在推动社会历史发展中的巨大作用，已经被 20 世纪社会主义运动的发展所证实。而非马克思主义的社会主义流派的历史作用则具有两重性。一方面，当今各种社会主义流派的多彩纷呈，是世界社会主义运动不断发展的一个重要表现，它在总体上扩大了社会主义的世界影响。另一方面，各种非马克思主义的社会主义流派模糊了科学社会主义与非科学社会主义的思想界限，使广大劳动群众受到非马克思主义的社会主义思潮的影响，这就会阻碍科学社会主义的发展。

近 170 年的世界社会主义主要流派的演进历史表明，尽管各种社会主义流派纷繁复杂，潮起又潮落，但在世界社会主义运动的历史发展长河中，起主导作用的始终是科学社会主义。对现存于世界的各种社会主义流派，科学社会主义政党要采取实事求是的科学态度：一要面对现实；二要正确对待。

面对现实，就是要承认其他社会主义流派产生和发展的历史必然性，承认其代表了一部分社会阶层的利益和愿望，承认其理论和政策主张有其合理的甚至是科学的成分，承认其有积极的历史作用的一面。

正确对待，就是要辩证地对待各种社会主义流派，肯定其他社会主义流派有其正面的和具有积极作用的一面；同时又要认清其思想政治体系中存在的严重弊病，不为其错误思想所干扰，对其反共、反科学社会主义的言行，则要进行有理、有利、有节的批评和斗争。

历史的经验已经表明，世界社会主义运动的团结，是社会主义事业发展壮大的重要因素。世界社会主义运动不是“少数人的运动”而是“绝大多数人的运动”。从这个基本点出发，共产党和工人党应正确处理与其他社会主义流派及其政党或组织的关系，以便将工人阶级和劳动群众团结在科学社会主义的旗帜下，组织成浩浩荡荡的社会主义革命大军，去争取

社会主义的新胜利。

（供稿：张福军）

【20 世纪下半叶社会主义流派在欧洲的历史演进】

吕薇洲*，《当代世界与社会主义》2016 年第 3 期

世界反法西斯战争的胜利为欧洲社会主义流派的发展提供了新的契机。

二战胜利后，一些在 20 世纪上半叶甚至更早就已在欧洲存在的社会主义流派，总体呈现出力量日趋增强、影响不断扩大、势力不断扩张的态势。

战后民主社会主义在其发源地西欧率先得到了恢复发展。在欧洲社会（民主）党的积极推进下重建的社会党国际，力量和影响较前都有显著增长，不少社会党都在本国和国际舞台上发挥过重要作用。它们在增进工人和人民大众福利，促进工人参与民主管理和民主决策等方面做了大量工作。但在经济、政治、文化、社会和国际关系等方面的基本思想观点和政策主张与奉行科学社会主义的共产党有着本质区别。苏联解体、东欧剧变前夕社会党国际公开主张通过自由化和民主化改造共产党社会，并在苏东社会动荡时采取“东进战略”，促使苏东地区的共产党社会民主党化。

市场社会主义也在理论和实践两个层面获得了重大发展。种类繁多的市场社会主义理论模式于 20 纪 60—80 年代，相继在欧美国家和苏东国家问世。这些理论模式从不同角度，回答了社会主义是否可以引入市场机制、计划和市场如何协调等一系列问题。除在理论层面取得了长足发展之外，市场社会主义在二战后的南斯拉夫和匈牙利等国的经济体制改革中被付诸实施。但由于东欧各国赖以实践的市场社会主义理论模式不完善，加之受到其他诸多经济政治因素的制约，这些实践最后均以走上资本主义市场经济之路告终。

托派社会主义在苏联遭到镇压和驱逐后，到巴黎建立了“世界社会主义革命党”（即“第四国际”）。二战一结束，第四国际便以恢复组织、扩大队伍为己任，采取了一系列比较务实的战略策略，包括利用各种集会加强同群众联系，广泛发行图书、出版报刊杂志等，借以扩大自己的影响。短短几年托派成员就超过了二战前的规模。随后，托派根据当时世界形势变化不断修正其理论、调整其战略，并取得了较明显的发展。

除原有一些社会主义流派得到了新发展外，20 世纪下半叶的欧洲，还涌现出了一些新的社会主义流派。有产生于绿色运动、声称“人们在一个成熟的工业社会中，精神和生命正濒于崩溃和毁灭的边缘”，并将这种全球生态危机归因于资本主义制度，主张建立一个符合生态环境的、没有剥削的社会，实现一种历史上从未有过的“生态社会主义”；有在欧洲一些国家风行一时、宣称要“使革命的马克思主义同西欧各国具体实践相结合，走一条既不同于欧洲社会民主党所走的道路，也不同于苏联东欧已有的社会主义模式的革新路线”的“欧洲共产主义”；有认为“新的时代破坏了工业社会主义的价值，而使得更一般的、与工业化没有联系的社会主义范式具有现实意义”的“后工业社会主义”；有在第二次女权运动中产生，主张“彻底变革社会制度，为妇女解放创造必要条件”的女权社会主义；等等。

社会主义流派在 20 世纪下半叶欧洲

* 吕薇洲：中国社会科学院马克思主义研究院国际共运研究部主任，研究员，博士生导师。

的发展呈现出了以下两大特点：其一，社会主义流派突破了地域界限。不少社会主义流派都将其影响由欧洲地区扩展到整个世界范围，包括到亚非拉第三世界国家推广其理论思想、扩大其社会影响。其二，社会主义流派突破了自身存在的状态。由大都停留在思想理论层面发展成为在理论和实践的相互作用中不断推进，不少社会主义流派都力图将自己的理论主张付诸实践，从而使这一时期的世界社会主义运动取得了辉煌成就。

（供稿：潘西华）

【世界社会主义五百年回眸】

蒲国良*，《科学社会主义》2016 年第 9 期

1516 年，英国思想家托马斯·莫尔《乌托邦》一书的问世标志着近现代意义上社会主义的开端。但它由最初极少数先哲的思想火花，最终生成磅礴激荡的社会运动，则是 19 世纪中叶以后的事情，其间经历了无数的困难、曲折和失败。进入 20 世纪，伴随着第一次世界大战的隆隆炮声，在沙俄帝国的母体上奇迹般地诞生了一个崭新的社会主义制度。其直接的后果是世界上十几个国家加盟社会主义阵营。苏联解体、东欧剧变使社会主义运动遭遇了空前挫折，但它并没有改变世界社会主义运动的总趋势。与苏东社会主义理论与实践遭遇空前挫折形成鲜明对比的，是社会主义在中国的浴火重生。中国特色社会主义，既坚持了社会主义的基本原则，又深深扎根于当代中国的沃土，是社会主义建设的一种全新探索，给 21 世纪世界社会主义的发展注入了新的活力和动力。

世界社会主义五百年，是从乌托邦到中国梦，社会主义理念逐步演变与进化的过程。在 16—17 世纪的原始资本积累时期，出现了正在形成中的无产者反抗早期资产者的斗争，其理论表现形态便是以英国的莫尔、德国的闵采尔和意大利的康帕内拉为代表的早期乌托邦思想。17 世纪中叶和 18 世纪末，英法两国先后爆发资产阶级革命。这一时期的乌托邦社会主义又带有明显的平均主义和禁欲主义特征。进入 19 世纪，伴随资本主义生产方式和政治统治进一步扩展而来的是社会问题的大量涌现与社会危机的空前加剧，诞生了三个伟大的乌托邦社会主义者：圣西门、傅立叶和欧文。随着工人阶级作为一支独立政治力量正式登上历史舞台，马克思恩格斯完成了对乌托邦社会主义的扬弃与超越，形成了科学社会主义的原生形态。科学社会主义的诞生，标志着社会主义发展进入一个全新的阶段。列宁从俄国实际出发，在落后的俄国领导人民取得了十月社会主义革命的胜利，初步探索了在落后国家如何进行社会主义建设的道路。随后，各国共产党人纷纷把马克思主义、列宁主义理论同本国实际相结合，进一步丰富和发展了这一理论，并用这一理论指导本国的社会主义革命和建设事业。以毛泽东为代表的中国共产党人从中国实际出发，创造性地发展了马克思列宁主义，形成毛泽东思想，开创了农村包围城市的革命道路，领导中国革命取得了胜利。改革开放以来，中国社会主义理论与实践探索的最大成就，是开辟了中国特色社会主义道路，形成中国特色社会主义理论。当代中国社会主义的重新定位，是中国社会主义现代化建设的基本立足点和出发点，实现中华民族伟大复兴的“中国梦”则是中国特色社会主义的进一步具象化，是科学

* 蒲国良：中国人民大学国际关系学院教授。

社会主义当代化和中国化的具体体现。

进入21世纪以来，世界社会主义的发展既存在着难得的机遇，也面临着各种严峻的挑战。能否抓住机遇，迎来大发展、大跨越的光明前景，在某种程度上取决于社会主义自身。对于现实社会主义国家而言，目前的当务之急是首先要从理论上弄清楚，在21世纪，在当今时代，现实社会主义究竟是什么？它从哪里来，到哪里去？只有自省、自觉、自信才能自立，才能朝着认定的目标和方向去奋斗，实现自强，才能拥有未来。

（供稿：潘西华）

【从越共十二大看越南革新的走向】

潘金娥*，《当代世界与社会主义》2016年第1期

2016年1月20—28日，越南共产党第十二次全国代表大会在河内举行。这是越南革新启动30周年的一次会议，并且是在当前越南国内和周边局势出现了很多新情况的背景下召开的，因此备受国际舆论关注。

在会议召开前，越南各界对越共十二大进行了精心筹备。越共十二大报告草案对越南革新30年的得失、经验进行了总结，并提出了今后的发展方向。30年来，越南革新在如下几个方面还存在问题：一是实践总结工作和理论研究跟不上发展要求，未能对革新过程中出现的问题作出解释和对实践进行指导，未能为党制定方针路线和国家制定政策提供理论依据。二是经济发展不够持续稳定，产能未能有效发挥。社会存在不稳定的潜在因素和可能性。人民还未能充分、公平地享受到革新事业的成就。政治革新未能与经济革新同步，政治系统的能力和工作成效未能与其任务相匹配。三是为实现“到2020年把越南基本建设成为一个面向现代化的工业国奠定基础”的目标的各项指标未能完成。四是在1994年召开的越共七届中期会议上提出的“四大危机”依然未能消除，并且有些方面更加复杂化。越共十二大报告还总结了革新成功的五条主要经验，提出今后需要继续贯彻和处理好“九大关系”。从“九大关系”中可见，越南继续把处理好改革和稳定的关系放在首要位置，继续重视经济建设，强调理顺经济改革与政治改革、发展生产力与完善生产关系、市场与政府、对外开放与独立自主的关系。

越共十二大报告的主题集中体现了今后五年越南发展的总体目标和方向。即加强建设纯洁、坚强的党，提高党的领导能力、执政能力和战斗力，建设牢固的政治系统；发挥全民族和社会主义民主的力量；全面、同步推动革新事业；快速和持续发展经济，为早日把越南建设成为面向现代化的工业国奠定基础。

越共十二大是在越南社会主义革新进程中的一个重要时刻召开的，大会总结了革新30年的经验和不足，明确表示今后将坚持社会主义的革新方向，并采用新的选举制度选举出具有延续性的新一届领导班子，实现了权力的平稳过渡。然而，在稳定的表面背后，各种力量的斗争和面临的挑战并未消除。实际上，各种途径的消息显示，越共高层人事的变化是各种力量斗争和妥协的结果。在阮富仲此前掌政期间，伴随着越南政治体制的改革，各种思想鱼龙混杂，导致越南社会出现了各种不同的社会思潮，其中夹杂了实行西方民主化、多党制和三权分立的主张。与此同时，不少党员干部对西方“和平演变”

* 潘金娥：中国社会科学院马克思主义研究院国际共运研究部副主任，研究员。

不以为然，党内多年贪污腐败现象未能得到扭转。目前越南已经签署加入美国主导的跨太平洋伙伴关系协定（TPP）。TPP一旦得到成员国国会的通过，将成为美国运用其国内法主导亚太地区经济的一个平台，越南也将被纳入其中。TPP条款中涉及工会制度、国有企业、自由结社以及党和国家对经济的管控权受到跨国公司限制等内容。实际上，这反映了美国通过TPP改变越南的信心。

内外挑战相互交错，对以阮富仲为首的新一届越共领导班子将是一个巨大考验。实际上，阮富仲在越共十二大闭幕式上总结时提出：越南面临着很多困难和挑战，他希望新一届中央领导班子能够团结一致，克服重重困难，挑起越南人民和历史交给他们的重任。这也是我们的期待。

（供稿：张福军）

【意料之外还是情理之中：美国大选中的社会主义现象评析】

轩传树、谭扬芳*，《国外社会科学》2016年第6期

当资本主义生产关系成为社会生产力发展的严重桎梏的时候，社会主义运动就会到来。现在，日益深化的金融危机宣告了新自由主义的破产，占领华尔街式的社会运动起来了，曾经新自由主义化的一些欧洲社会民主党开始明确提出“重新左翼化”的斗争目标，日益崛起的社会主义中国更是在经济实力、制度规则和价值文化等各个方面开始对世界产生吸引力，世界社会主义出现复兴之势。在这样的时代背景和国际环境下，与其说伯尼·桑德斯代表了工人阶级对不平等、战争、压迫与日俱增的反抗以及民众反抗资本主义不断高涨的情绪，不如说他代表了统治阶级对这些变化的反映，因为其根本目标是防止出现工人阶级的独立政治运动而非增加劳动人民的福祉。

他所主张的“社会主义”也不是马克思列宁主义的社会主义，而是欧洲“民主社会主义”与美国20世纪罗斯福“新政”、约翰逊社会改革的混合物，是资产阶级面对风起云涌的社会运动而不得不给予工人和底层人民一些可以随时收回的好处，以便把这些运动引入改良主义轨道进而换取资产阶级统治的长治久安和对劳动人民的持续剥削的“资产阶级的社会主义”。

桑德斯的“社会主义”很难由口号走向现实。一是效仿丹麦、瑞典，用民主社会主义的方式来改善全民福利，是需要雄厚财政支持的，在北欧这些小国也许行得通，而对于美国如此体量的国家，能否行得通就成了一个问题。二是在缺乏有组织的工人运动和直接挑战资产阶级统治根基的群众斗争的情况下，是很难对美国既有的政治经济秩序动刀子的，即使是向大资本征税以为全面福利提供财政支持这种改良主义的刀子。

桑德斯的“社会主义”将在一定程度上影响美国政治，也对改善世界社会主义舆论环境具有积极意义。在本届美国总统初选中，桑德斯以社会主义为名获得广泛的民意支持和强劲的得票势头本身，已经反映出美国资本主义内在矛盾的不断激化，说明美国民众开始对现状强烈不满、对新自由主义资本主义失去信心，转而对社会主义产生好感并寄予期望。当然，美国的现实问题是不可能通过一次选举、一次政党轮替或社会经济政策上的修修补补就能解决的，社会主义作为替代资本主义

* 轩传树：上海社会科学院国外社会主义研究中心主任、研究员；谭扬芳：中国社会科学院科研局管理评价处处长、研究员。

一种崭新的社会体系也是不可能寄希望于一位主张“民主社会主义”的总统候选人的当选就能实现的。从资本主义过渡到社会主义必然是需要主客观条件的相互配合，是需要基于特定政治经济结构条件下的阶级斗争一步一步来完成的。在作为世界资本主义大本营的美国，社会主义力量的崛起无疑再一次向世人证明：历史并未终结，人类走向社会主义始终是不可抗拒的历史趋势！

（供稿：牛政科）

【走出低谷的多样探索　世界社会主义回暖潮流中的“五个潮头”】

王东*，《人民论坛》2016 年第 6 期

纵观这 20 多年世界思潮走向，特别是近两三年来世界社会主义思潮最新走向，借助于经济全球化时代资本主义普遍危机的时代本质趋势，当代世界社会主义已经走出最低谷，正在探索适应新时代、新国情的多样化新道路。在这股社会主义复苏的回暖潮流中，有五个潮头特别值得重视。

生态危机、全球问题、人类困境，从 20 世纪 70 年代开始逐步引起人们关注，生态社会主义思潮应运而生，在世纪之交得到长足发展，而在最近几年更引起广泛关注、强烈反响。生态社会主义者认为，生态危机是科学技术造成的，但根源不在科学技术，而是资本主义生产方式的内在矛盾。因为资本主义生产的动力是追求利润最大化，资本追求利润最大化的必然结果就是掠夺自然、破坏环境、使自然屈从于商业组织，成为“商品化的自然界”和“军事化的自然界”。

2008 年当代国际金融危机爆发之后，对于资本主义非正义的声讨，对于社会主义正义的呼唤，如火山爆发一样重新涌现出来。这方面的一个典型事件，就是 2014 年法国经济学家皮凯蒂一部经济学新著《21 世纪资本论》，不仅在欧美，而且在全世界都引起了广泛热议。《21 世纪资本论》的最大特点，是搜集了美国等现代资本主义发达国家的大量数据，建构了数学模型。著作以隐藏在资本主义经济发展背后的财富和收入的分配动态为主题，运用历史资料，揭示了在资本主义发展过程中存在的“令人不安”甚至“恐惧”的财富和收入的不平等趋势。

拉美各国试图突破“资本主义后院”的依附地位，依据全球化时代新特点，走出适合本国特点的新道路。委内瑞拉是拉美 21 世纪社会主义的大本营，委内瑞拉前总统查韦斯则是拉美社会主义的主要旗手。2013 年查韦斯病逝，拉美地区的社会主义遭受巨大损失。在新的历史条件下，拉美社会主义的其他倡导者注重将社会主义理念与本国的具体实际相结合，提出了关于社会主义的新主张，并以不同方式继续推进拉美社会主义的实践。

在俄罗斯、独联体国家中，社会主义力量、社会主义思潮并没有销声匿迹，仍然顽强地存在着，并且不时发出复兴社会主义的呼唤。A. 巴加图里亚提出，要用马克思主义经典理论，来分析苏联解体的历史经验；左翼运动、共产主义运动应该拥有适应 21 世纪的现代理论。他更呼唤，不仅要用马克思主义经典理论，去认识现实社会主义，更要立足新的历史时代、鲜活实践，去创造新理论，开创新局面。

胡志明思想源于马列主义，但并不局限于马列主义。通过“爱民”这条线，建立“属于人民、来自人民、为了人民”的越南社会主义。胡志明思想是一个体

* 王东：北京大学哲学系教授。

系，概括起来就是：为祖国谋独立和统一，为人民谋自由和民主，为全人类谋平等和幸福，为各民族谋和平和友谊，为时代文化和人文关系谋发展。

（供稿：张福军）

【欧洲难民危机与美国民主输出的悖论】

李翠亭*，《武汉大学学报（哲学社会科学版）》2016 年第 5 期

目前涌入欧洲的难民主要是通过土耳其进入欧洲的叙利亚难民和通过地中海进入欧洲的北非难民。邻国约旦、黎巴嫩和土耳其已收留了绝大多数的叙利亚难民。随着时间的推移，邻国越来越不堪重负，人道主义援助物资越来越匮乏，造成难民与庇护者之间的冲突日趋严重。虽然英、法等国以崇尚自由、平等、博爱自居，并追随美国参与了对中东地区的“民主干预”，但面对涌入欧洲的难民大潮，各国都以保护本国利益为目标。就如何应对难民问题，欧洲内部争论不休，道义之争、党派之争和欧盟一体化之争日趋激烈。欧洲停滞的经济、居高不下的失业率、公众的安全担忧等因素都构成了难民获得庇护的障碍。因此，相对于土耳其、黎巴嫩和约旦，欧洲对难民表现出了明显的冷漠。欧洲和国际社会保护难民群体的机制总体上存在不足，欧盟缺少共同庇护难民的政策，缺乏采取集体行动的动机，再加上“反移民”政治人物通过煽动民众的恐慌情绪获得政治支持，使得本可以管理的难民问题演变为一场严重的政治危机。

地区间经济发展的差异是移民问题的根源，而不是产生难民潮的根源。引发难民潮的不是来自欧洲的“拉力”，而是出自中东的“推力”。21 世纪以来，以美国为首的西方国家打着民主输出的旗号一再助推中东地区的政权更迭，导致该地区的安全局面严重失控，使得政府与反对派之间的冲突演变为战乱和杀戮。饱受战争摧残的民众沦为难民。以美国为首的西方国家所搞的民主输出正是引发该地区难民潮的主要外部根源。

小布什执政时期的美国外交政策一直被诸如推进民主、铲除暴政、播撒自由、造福人类等伟大的使命所驱引，甚至不惜使用武力强行向中东地区输出民主，开创了一个“民主战争”的时代，也是一个难民大潮的时代。几十年来，美国主流民意不曾支持过接收难民的政策。小布什积极点火，奥巴马煽风助火，造成难民危机后，美国又隔岸观火，让全球承担救火的成本。美国对待难民的态度对其道德和政治权威构成了巨大的讽刺。难民危机既对欧洲构成了挑战，又对欧美敲响了警钟。警钟敦促美国及其追随者深刻反思其民主输出战略是否具有合法性。难民危机只是国际治理大舞台上的一个场景，但留给世界特别是发展中国家的教训是多方位的。一是西式民主并非放之四海而皆宜。二是美国民主输出战略是祸根。三是稳定与发展相互依存。四是尽早结束冲突，结束战乱，在和平的环境里大力发展经济、科技和教育。

（供稿：牛政科）

【马克思主义时代观与国际秩序的重构——再议马克思主义国际关系理论的发展路径】

刘海霞**，《欧洲研究》2016 年第 2 期

马克思主义时代观对国际体系发展和

* 李翠亭：河北师范大学外国语学院副教授。

** 刘海霞：中国社会科学院马克思主义研究院副研究员。

变革动力的观察，是基于更深刻更基础的生产方式和社会层面的变革，而不仅仅涉及权力、利益、制度、文化等层面。马克思主义时代观从生产力和生产关系相互运动的角度揭示了“历史向世界历史的转变”过程，其要旨是揭示共产主义必然取代资本主义的社会发展规律。自改革开放以来，历届中国政府都在强调和平与发展的时代主题，为马克思主义时代观增加了新的内涵。

现存国际秩序是二战后美国等发达国家主导建立的，随着其构成基础的改变，不断呈现出越来越多的局限性：生产秩序的不合理造成分配不平等和全球需求不足；霸权国对国际组织的垄断导致国际秩序的不公正；不合理的生产秩序和对世界决策权力的垄断，导致了一系列国际安全问题。

面对国际秩序的诸多缺陷，西方主流国际关系理论并不足以解决问题、应对危机，马克思主义国际关系理论应该站在时代的前沿反映这些新变化新问题。

第一，以马克思主义政治经济学视角分析国际秩序的变化与转型。首先，国际力量对比“趋向均衡”，世界权力格局被打破，多个发展中心逐渐形成。其次，新兴经济体群体性崛起，成为塑造世界格局的重要力量。发展中国家对于世界经济的再平衡和国际政治的民主化起着越来越重要的推动作用。再次，世界权力的转移与分散加速国际秩序失范，推动全球治理机制变革。亚投行的成立就可视为对现行国际秩序的积极补充和完善。正是生产的全球化带来了权力的分散化，生产力发展的不平衡造成了各国实力的不平衡，打破了国际秩序的均衡状态，大国关系、资本主义大国和发展中国家的关系、发展中国家之间的关系都面临着重构，而且体系的危机反过来也会对国家产生影响，当前经济危机就迫使资本主义进行制度重构。

第二，重视阶级分析方法在国际关系理论研究中的运用。国际冲突主要源于国际垄断资产阶级在全球范围内追逐利益最大化而造成的多重矛盾。跨国管理者阶级、民族资本家、新自由主义推动的产业工人分化，以及和平主义、生态运动和女权运动和种族/“少数”民族运动等群体之间的矛盾与冲突，推动了世界秩序的变革。

第三，建立“中国学派”的马克思主义国际关系理论，提高中国的国际话语权。中国和平式融入、参与式建设世界秩序，可谓形成“中国学派”马克思主义国际关系理论最鲜活的素材和最生动的注脚。以习近平为核心的中国新一代领导集体倡导的很多新理念，奠定了构建国际新秩序的基础。一是以“合作共赢、共同发展”为理念，推动建立国际经济新秩序。二是以“命运共同体”“利益共同体”为理念，推动建立国际政治新秩序。三是以“共同、综合、合作、可持续安全”为理念，推动建立国际安全新秩序。

（供稿：牛政科）

【苏联解体：不同意识形态的解读及其影响】

卢坤*，《社会主义研究》2016 年第 5 期

20 世纪 90 年代以来，围绕苏联解体的理论解释路线多元纷呈，折射出后冷战时代全球观念政治秩序重构中种种不同的势力图谋。

“解体”解读的多元化认识路线。依循认识论逻辑，形形色色针对“解体”

* 卢坤：华侨大学哲学与社会发展学院、生活哲学研究中心讲师。

的认知观念可分别划归到客观主义路线、主观主义路线、道德主义路线和历史主义路线之中。（1）客观主义解读路线基于社会形势与环境，社会结构、发展规律或趋势的认识，建构关于苏联解体的解释模式，确证“解体”是社会发展的客观结果，历史当事人的主观意愿或努力受制于这个客观进程，而无济于改变事件演变整体逻辑，包括：经济失败论、民族分裂论、制度模式衰败论、国际政治危机论（和平演变与争霸论）、改革亡国论等。（2）主观主义路线基于社会精神文化与心理主义的分析，把苏联解体的因果、意义诉诸意识形态、宗教信仰、民族精神、社会政治心理与个人心理特质等社会主观性结构维度的解释，包括：意识形态失败论、心理论（野心论、阴谋论、民心论）、文明论等。（3）道德主义路线诉诸道德意识形态与政治伦理分析，把苏联解体的根源归因于权力精英阶层或领袖对于共产主义政治与信仰的背叛，权力—制度的腐化蜕变等政治道德缘由，包括：背叛论、异化蜕变论等。（4）历史主义路线基于对苏联社会历史过程的性质、总体特征和趋势的定性判断，建构关于苏联解体的诠释，包括：历史虚无主义论、历史本质主义论（原罪论）、历史普遍主义论（终结论）、历史现象论等。

“解体”解读的多元意识形态旨归。从意识形态类型上看，“解体”可以阐释成为马列主义、西方马克思主义、西方自由主义、俄罗斯共产党以及俄罗斯戈尔巴乔夫支持者等彼此殊异的意识形态的目的性表达。（1）“解体”阐释是捍卫马列主义思想和政治合法性的斗争，马列主义者就此阐明了什么是正确马克思主义，为什么马克思主义仍是未来唯一正确指导思想等原则性问题。（2）“解体”阐释显现出西方马克思主义理论前景不明，政治倾向分化明显。（3）“解体”阐释强化了西方新自由主义意识形态的霸权性影响。（4）“解体”阐释展示出俄罗斯共产党捍卫马列主义和苏维埃社会主义历史尊严的不懈意志，及努力促成俄罗斯社会各界回归理性而公正的苏联记忆，俄共强调要“把真相告诉人们——党不仅仅是个组织。它首先是意识形态”①。（5）“解体”阐释成为苏联解体当事人的政治辩护词，戈尔巴乔夫改革派诉诸“阐释”以洗白自身政治背叛行为。在“解体”阐释中，前改革派极力向世人表明改革路线的正当性和“解体”的偶然性。

“解体”解读的中国路线。苏联解体的中国解读反映出中国马克思主义者对于重构马克思主义理论权威认同的渴望；展现出中国马克思主义者对于复兴马克思主义意识形态合法性信仰的焦虑；表达出中国马克思主义者对于强化马克思主义意识形态统治力的诉求与强烈愿望。

（供稿：潘西华）

① ［俄］根纳季·久加诺夫：《前进——俄罗斯社会主义的前途》，胡昊等译，当代世界出版社2008年版，第335页。

中国近现代史基本问题

【孙中山——20世纪追寻中国梦的历史巨人】

周兴樑*，《团结报》2016年6月23日

孙中山是近现代中国的伟大爱国者，杰出民主革命家，开创现代化建设事业之先驱。他为祖国的独立、民主、统一和富强，进行了近40年艰苦卓绝的革命斗争。

一 勇筑中国梦的伟大爱国者

孙中山是19世纪末登上近代中国历史舞台而进行救国斗争的。孙中山的爱国主义内容极为丰富。首先，他第一次将爱国与忠君严格区分开来，使其爱国主义与民主主义相联系，具有完全资产阶级革命性质的划时代内容。其次，孙中山痛感“中国现状之危，我人当起而自救”，因而主张将爱国与进行民主革命运动紧密结合起来，始终坚持爱国就必须走民主革命的救国道路。再次，孙中山将爱国救国与实现和维护祖国的统一连在一起，为反对国家分裂和促成祖国实现完全统一奋斗了后半生。

二 尽瘁于国事的杰出民主革命家

孙先生近40年的救国革命历程波澜壮阔，其活动之足迹遍及亚欧美洲之广大地区，战斗生涯延伸至两个世纪，并贯穿于近代中国民主革命的旧新两个历史阶段；他毕生为倡导、坚持、实践和捍卫民主共和制而奔走呼号。孙中山在此战斗过程中，为近代中国民主革命事业建树了以下几项功绩：首先，孙中山是“中国历史上第一个用民主主义纲领来领导号召革命的……伟大先行者”。其次，孙中山是民主共和制度的宣传与坚持者。再次，孙中山领导人民推倒清廷并结束封建帝制，成为中华民国的缔建者及共和制度的全面实践家。最后，孙中山是民主共和制度的忠实捍卫者，并通过艰难的奋斗将它发展到了一个崭新的阶段。

三 建设头等强国事业的卓越开创者

孙中山在革命的实践中超越前人，不仅提出了“按照当时标准实现现代化”之理论问题，而且还具体制定了建设头等强国的规划蓝图——《实业计划》。首先，孙中山在确定中国现代化建设的战略目标时，强调“振兴中国的目的，就在于把中国变成足以和西方各国并驾齐驱的国家”。其次，孙中山始终认定中国现代化建设的第一步工作，是要实现国家独立与民族解放，进而建设一个适合于现代化发展需要的民主共和国。再次，孙中山强调中国的现代化建设应以经济建设为中心，要努力振兴实业和全面增强国力。最后，孙中山亲自制定了实现国家工业化的国民经济建设方案——《实业计划》。第一次在中国人民面前展现了一幅实现国民经济全面现代化，以赶超世界先进国家的宏伟蓝图。

孙中山是中国现代化建设事业的最早

---

* 周兴樑：中山大学历史系教授。

倡导者、设计师和总工程师。他是中国近代史上第一个提出交通、工业、农业、科技和国防现代化完整方案并力图付诸实践的人。它表达了亿万中国民众渴望祖国繁荣富强的忠诚愿望，并给后人以启迪和影响，因此成为中国现代化历史进程中的一块丰碑。

（供稿：于晓雷）

【学习党史需正确认识把握的若干问题】

曲青山，《光明日报》2016 年 6 月 27 日

今年是中国共产党成立 95 周年，学习党的历史，需要正确认识和把握好这样几个重大问题。

一 正确认识和把握党领导人民进行革命的必要性

中国共产党诞生于风雨如晦、灾难深重的旧中国，它一诞生就肩负起了争取民族独立、人民解放和实现国家富强、人民富裕的两大历史任务。在这两大历史任务中，前一个历史任务是实现后一个历史任务的前提和基础，后一个历史任务是前一个历史任务的发展趋势和必然结果。

革命的发生要有一定的主客观条件，不是随意发生的。改良失败了，人们就选择了革命；旧民主主义革命失败了，人们就选择了新民主主义革命。这就是历史的辩证法，这就是社会历史发展的逻辑。只有进行革命才能扫除中国社会生产力发展的障碍，为实现现代化开辟前进的道路，为现代化的实现提供前提和条件。

二 正确认识和把握党的历史发展中经历的曲折和失误

对社会主义革命和建设时期两次大的曲折和失误，由于我们党成为执政党，是党在全国执政的条件下发生的，所以，就出现了各种各样的说法和看法。有的人借口这个时期党在探索中所出现的曲折和失误，把新中国成立后的这一段历史说得一团漆黑、一无是处，这是不对的，因为这不符合历史事实。但另一方面，对曲折和失误也要敢于面对，如果不正视这些错误，不认真地研究这些错误，不从错误中得到经验教训，也是完全错误的。正确认识和把握历史，应把历史人物和历史事件放到其所处的时代和社会历史条件下去分析、去评价，实事求是，既不拔高，也不苛求。

在党的十一届三中全会上，我们党之所以能够顺利实现新中国成立以来党的历史上具有深远历史意义的伟大转折，之后，我们党之所以能够带领全国各族人民成功开辟中国特色社会主义道路，取得改革开放和社会主义现代化建设举世瞩目的伟大成就，重要的原因之一，就是我们党全面深刻地总结和吸取了历史上的经验教训，特别是“文化大革命”的经验教训。从党的历史中我们可以看到，党多次犯过错误，但它绝不忽略和掩盖错误，而是敢于正视和纠正错误，在人民群众的支持下自己纠正自己的错误。

三 正确认识和把握改革开放前后两个历史时期

中国共产党的 95 年，分为三个历史时期，即新民主主义革命时期的 28 年，社会主义革命和建设时期的 29 年，改革开放和社会主义现代化建设新时期至今已有 38 年。党的三个时期的历史，虽然具体内容各不相同，但是，它们的主流和本质是一致的，主题和主线是一脉相承的。党的历史是一个不可分割的有机整体。

习近平总书记说：“不能用改革开放后的历史时期否定改革开放前的历史时期，也不能用改革开放前的历史时期来否定改革开放后的历史时期。”学习领会习近平总书记的重要讲话精神，要把握好这样几个问题：一是改革开放前后两个历史时期是“相互联系”的，这里所说的联

系并不只是时间上的延续和顺延，而是在坚持社会主义的发展方向、基本制度、根本任务、奋斗目标基础上的联系，不能将这两个历史时期对立起来、割裂开来。二是改革开放前后两个历史时期是有“重大区别”的，它们的重大区别在改革开放上，在中国特色社会主义的开创上，在进行社会主义建设的思想指导、方针政策、实际工作上，也包括在社会主义实践探索的内外条件和实践基础上。三是改革开放前后两个历史时期相互不能“否定”，对在前一个历史时期中发生的“文化大革命”运动要彻底否定，但是，要把“文化大革命”运动与“文化大革命”历史时期区分开来，这是两个不同的范畴。前一个范畴指的是一场政治运动，后一个范畴指的是一段内涵更丰富、范围更广大的历史。

（供稿：于晓雷）

【谈谈抗日战争史研究的理论与方法】

欧阳恩良*，《光明日报》2016 年 4 月 25 日

一　坚持以唯物史观为指导，反对历史虚无主义

任何人文社会科学都具有科学认知和意识形态的双重功能，历史研究的指导思想问题是关系到史学工作者站在什么样的立场的原则问题。深入系统地研究抗日战争史，首先必须坚持以唯物史观为指导。坚持以马克思主义唯物史观为指导进行抗日战争史的研究，就是要坚持正确方向、把握正确导向，将抗日战争置于历史进步的坐标上去评判日本侵华战争的反动本质和中国人民抗日战争的合法正义，并用这一标准去评判该时期的重大事件、重要党派、重要人物；就是要将抗日战争作为一个动态的历史过程去把握其发展趋势和矛盾变化，不仅要研究七七事变后全民族抗战 8 年的历史，而且要注重研究九一八事变后 14 年抗战的历史；就是要将抗日战争置于特定的时空背景下去把握局部抗战与全民族抗战、正面战场与敌后战场、中国人民抗日战争与世界反法西斯战争等重大关系。

二　构建中国抗战史研究话语体系，淡化西方话语权的影响

新中国成立以来，革命性话语、现代性话语在中国抗日战争史的研究中发挥了重要作用，近年来后现代主义理论和方法对中国抗日战争史研究也产生了诸多影响。构建和提升中国抗日战争史研究的话语权，必须遵循以下原则：第一，从整个世界反法西斯战争的视角来研究中国抗战，充分展现其作为世界反法西斯战争的东方主战场的地位和作用；第二，以追求人类文明发展进步为价值取向，反对逆历史潮流的错误思潮；第三，以维护中华民族整体利益为出发点和落脚点，淡化党派、阶层、群体利益，力戒狭隘民族主义；第四，以促进中国传统史学方法与西方近现代史学方法的交融为基本途径，既要避免唯古独尊，也要避免食洋不化；第五，以加强与国外各界思想、文化、学术交流为扩大影响的平台，加强话语自信。

三　树立整体性观念，避免“碎片化”倾向

历史是由无数史实交联互动的发展过程，历史研究则是以史实为基础的实证和思辨活动。如何树立起整体性观念，避免碎片化倾向，同样成为中国抗日战争史研究中一个不可回避的议题。树立抗日战争史研究的整体性观念并不是倡导框架式的宏观叙事模式。它包含两个方面的内容，

---

* 欧阳恩良：贵州师范大学马克思主义学院院长，教授。

一是抗日战争史研究的外部环境的整体性；二是抗日战争史研究内容的整体性，就是要把抗日战争看成是一个内部包括多种结构要素的、相互联系的、相互影响的、多层次的统一体。

避免抗日战争史研究的碎片化倾向，就是要避免有意或无意地斩断抗日战争研究中微观与宏观之间的逻辑联系。一是指要反对将抗日战争进行人为的肢解，各自圈地占山，各部门掌控的文献史料拒绝共享，缺乏不同学科领域理论和方法的交流沟通，各自局限在细小的研究空间中敝帚自珍；二是指将具体的史实从抗日战争整体联系中剥离出来，忽视其时代背景和内部各要素的相互关联，只见树木，不见森林，使抗日战争史研究变成没有思想、没有逻辑的“一地鸡毛”。

四　加强对话与交流，消解非此即彼的范式壁垒

新中国成立以来，政治史、革命史、文化史、社会史等各具特色的理论与方法都对中国抗日战争史的研究产生了重要影响。这些研究“范式”之间又往往被理解为相互对立、相互替代、非此即彼的关系，从而引发了偏执不同“范式”的学者之间的争论。其中从政治史范式向社会史范式的转变，被大部分学者视为在中国近现代史研究中具有里程碑意义。如何探索抗日战争研究的新方法，成为深入抗战史研究必须解决的课题。在这方面，已有不少学者做出和正在做出有益的尝试。一些学者提出了“重振政治史”的口号；一些学者提出了构建“政治—社会史”的理论；一些学者则提出了“新社会史”或“新新史学”的概念。而综观这些建议，其中都渗透着一个共同的思想，即呼吁加强不同范式之间的对话与交流，消除非此即彼的范式壁垒。将宏大的政治叙事与人民的日常生活挂钩，在坚持唯物史观、以历史学为本位的前提下，借鉴多学科理论与研究方法，综合考量政治与社会环境、社会结构、社会文化、社会治理等方面的互动关系及影响，被不少学者视为深化抗日战争史研究的新路径。

（供稿：于晓雷）

【中共党史研究中的历史思考、现实思考、理论思考】

孙英*，《中共党史研究》2016 年第 3 期

在中共党史研究中，重视三个方面的思考，即历史思考、现实思考、理论思考，具有重要意义。

第一，中共党史研究必须坚持历史思考。所谓历史思考，首要的是辨明历史真实，即通过对史料的挖掘、整理、考证和辨析，对纷繁复杂的历史进行全面系统的思考，实现对历史真实的准确把握。这是历史研究中最重要的基础，也是研究成果具有科学性的根本保证。至此，历史思考并没有止步，它还需要透过历史现象，寻找历史发生的原因与结果，剖析历史的内在本质；还需要对历史各种因素、各种条件、各种关系及其相互作用，进行全面的考察，发掘历史过程的变化轨迹，区分局部与整体、特殊与一般、偶然与必然，剖解历史的演进规律；还需要全面思考历史的主流支流、是非。着重把握以下两个基本要点：其一，以历史空间的客观实在为根本依据，从横的方面对历史进行全面考察。其二，以历史演进的客观过程为根本依据，从纵的方向对历史探本求源。

第二，中共党史研究必须坚持与时俱进的精神，进行现实思考。所谓现实思

---

* 孙英：中共中央党史研究室原主任。

考，就是要针对社会和时代新的实践、新的问题、新的要求，提出和确立历史研究课题，总结经验教训，为现实提供借鉴；就是要立足于社会和时代新的高度、新的资料、新的技术、新的手段等，对历史作出新的认识和新的评价；就是要以现实为基点，连接过去与未来，把握历史趋势，找到发展方向，科学预见未来。

现实思考大致包括以下四个要点：其一，从现实出发，针对现实需要，提出历史课题，作出历史解答。其二，现实思考的一个重要方面，就是站在时代的高度挖掘历史的现实意义。其三，现实是历史的结果，又是未来的先兆，现实思考要从“结果”的缘由中寻找前行的路标。其四，现实思考重在寻找历史的智慧和启示。

第三，在中共党史研究中，最高层面的要求是进行理论思考。理论思考是一种理性化的思维方式，以抽象性为主要特点，在具体的、实在的、经验的基础上，运用逻辑、概念、范畴等基本元素，透过历史现象剖析历史本质和发展规律，并以理论形态将认识成果固定下来。中共党史研究中的理论思考，是在总结党的历史经验基础上，对历史认识进行理论抽象的工作；是把党的经验所透射的共产党执政规律、社会主义发展规律和人类社会发展规律的认识进行系统化、科学化的过程；是把历史本质和规律加以理论表述，使其能够转化为党的工作的理论指导的行为。

第四，坚持在中共党史研究中进行历史思考、现实思考和理论思考，还必须注意以下几点：一是必须坚持科学的、正确的理论指导，即马克思主义的理论指导。二是坚持党性与科学性的统一。三是贵在解放思想，独立思考。

（供稿：于晓雷）

【锻造有理想有信念的马克思主义政党】

全国党的建设研究会，《求是》2016年第19期

扎实开展“两学一做”学习教育，要深入学习贯彻习近平总书记的重要指示，进一步推进全面从严治党，为锻造有理想、有信念的马克思主义政党奠定坚实基础。

一　锻造有理想有信念的马克思主义政党是新形势下加强党的建设的重要目标

锻造有理想有信念的马克思主义政党，是推进党领导的伟大事业的必然要求。只有这样，才能确保我们党始终走在时代前列，始终成为中国特色社会主义事业的坚强领导核心。我们党正带领全国人民进行具有许多新的历史特点的伟大斗争。党肩负的历史使命和艰巨任务对党的领导提出了更高要求，更加需要在党的理想信念这面光辉旗帜下，把全党同志团结起来，把广大人民群众凝聚起来，形成攻坚克难、再创辉煌的强大力量。

二　加强党性教育，为锻造有理想有信念的马克思主义政党奠定坚实思想基础

有理想有信念的马克思主义政党，必须是思想上先进的党。党员坚定理想信念，必须有坚实的思想理论基础；而坚实的思想理论基础离不开扎实有效的党性教育。党性教育就是对党员进行理想信念、基本理论、宗旨意识、组织纪律、道德修养等方面的教育。只有通过坚持不懈的党性教育，才能使广大党员坚定对马克思主义的信仰，牢记共产党人的远大目标和历史使命，牢牢占据推动人类社会进步、实现人类美好理想的道义制高点。

三　严肃党内政治生活，为锻造有理想有信念的马克思主义政党营造良好政治生态

严肃党内政治生活是我们党的优良传统，是提高广大党员思想政治素质的基本途径。党员坚定理想信念，离不开党内政

治生活的磨炼，离不开党内良好政治生态的陶冶。严肃党内政治生活，可以引导激励党员在党的理想信念指引下奋斗不息，可以帮助党员抵制各种错误思潮的冲击，及时纠正思想上出现的偏差，始终坚定理想信念不动摇。在“两学一做”学习教育中，一定要把严肃党内政治生活作为关键环节，着力解决党内政治生活中存在的问题，增强党内政治生活的政治性、时代性、原则性、战斗性，全面净化党内政治生态。

四 持之以恒加强作风建设，为锻造有理想有信念的马克思主义政党强化行动自觉

要使我们党成为有理想有信念的马克思主义政党，必然要求大力发扬党的优良作风，始终与人民群众保持血肉联系。党的作风建设，是推动广大党员践行理想信念的动力，也是我们党朝着远大目标踏实前进的保证。有了优良作风，广大党员就能够一步一个脚印地为实现理想信念而勤奋工作，把理想信念时时处处体现为行动的力量；党的各级组织就能够把党的路线方针政策落到实处，推动党的事业的航船驶向理想的彼岸。

五 严明纪律规矩，为锻造有理想有信念的马克思主义政党提供有力保障

有理想有信念的马克思主义政党，必须是团结统一、步调一致的党。守纪律讲规矩是我们党对党员的一贯要求，是党的鲜明特征和显著优势。锻造有理想有信念的马克思主义政党，必须有严明的纪律规矩做保障。纪律规矩为党员的思想和行为确立导向，引导党员坚定理想信念，矢志不渝为理想信念而奋斗。纪律规矩还为党员的思想和行为提供规范，加以约束和矫正，防止和纠正错误与偏差，使党员始终沿着党的理想信念指引的方向前行。

（供稿：刘海飞）

【严肃党内政治生活是全面从严治党的基础】

戴焰军*，《中国党政干部论坛》2016 年第 11 期

党要管党必须从党内政治生活管起，从严治党必须从党内政治生活严起。这是因为，党内政治生活是党组织教育管理党员和党员进行党性锻炼的主要平台，是通过批评和自我批评等方式解决党内其他各种问题的主要平台，是规范党内各种关系、强化党的政治纪律和政治规矩、贯彻党的民主集中制原则的主要平台。

一 党内政治生活是党的传统政治优势

严肃认真的党内政治生活是中国共产党的一个传统政治优势。它以马克思列宁主义、毛泽东思想、中国特色社会主义理论体系和习近平总书记系列重要讲话精神为指导，以建立在党内平等关系基础上的党内民主生活为基础，以严格的党内纪律和各项规章制度为保障，以党内批评和自我批评为武器，以政治性、时代性、原则性、战斗性为特征，以保持党的先进性和纯洁性为目标，以党内形成既有民主又有集中，既有自由又有纪律，既有统一意志又有个人心情舒畅、生动活泼的政治局面为常态标准，构成一个完整的党内政治生活体系。

中国共产党是一个伟大、光荣、正确的党，这不是说我们党从来没有犯过错误。我们这个党之所以伟大，就在于我们能够通过党内政治生活，通过党内思想斗争、批评和自我批评，通过不断清除党内

* 戴焰军：中共中央党校党建教研部教授。

各种不健康的东西，自觉纠正错误，使自己不断发展，并领导各项事业的发展。遵义会议是这样，延安整风是这样，十一届三中全会是这样，今天全面从严治党也是这样。

二　党内政治生活是解决党内各种问题的重要平台

全面从严治党从根本上讲，就是中国共产党通过自我学习、自我教育、自我净化、自我完善、自我革新、自我提高，自己解决自己内部存在的问题，祛病疗伤、激浊扬清，使自己内部思想更为纯洁、作风更为纯洁、队伍更为纯洁，从而保持党在整体上的先进性。而党的这种自我净化、自我完善、自我革新、自我提高能力，是建立在严肃认真的党内政治生活基础之上的。

党内政治生活不正常，是党内其他各种问题的根源所在，加强和完善党内政治生活是解决党内其他问题的根本途径。

所以，党要管党，首先要从党内政治生活管起，从严治党，首先要从党内政治生活严起。只有全党都按照十八届六中全会提出的要求，认真解决好党内政治生活在新形势下所要解决的各种问题，才能真正形成我们所期望的那种良好的党内政治生活氛围，形成良好的政治生态，保证我们这个党有一个健康而强壮的肌体，经得起各种风浪、能应对各种考验、领导全国人民为我们民族伟大复兴的目标奋斗。

三　解决党内政治生活问题是一项艰巨任务

党内政治生活对于全面从严治党的基础性作用，决定了必须保证党内政治生活的政治性、时代性、原则性、战斗性。

党内政治生活的时代性，是指党内政治生活的内容、形式都要根据时代发展要求不断创新，以符合当前党在新形势下自身建设的实际需要。例如，在新形势下，党内教育除进行思想理论教育外，思想道德教育还必须放在十分重要的位置。又如，党内组织生活，面临在新的社会组织形式下大量流动党员和在新经济组织、新社会组织就业的党员这种新情况，党员的组织观念教育、组织生活制度健全完善就成为基层党组织党内政治生活必须认真解决好的一个问题。再如，党内批评与自我批评，党内关怀、激励、爱护，都需要认真研究当前条件下解决好这些问题的新要求，提出切实可行的措施。

（供稿：刘海飞）

【新一轮国有企业改革中须把好“党管企业”的边界】

王金柱*，《观察与思考》2016 年第 3 期

一　适度强化“党管企业”是现阶段深化国有企业改革的根本保证和题中应有之义

应当说，从改革开放以来特别是近年来我国经济发展的实践看，的确凸显出国有经济的战略重要性和某些独特的优势，这种战略重要性和独特的优势，也的确与党对企业的领导和企业党的建设（“党管企业”）有着密切的关联。从目前情况来看，之所以三令五申突出强调党对国有企业的领导和企业党的建设，主要基于这样一些现实的考虑：国有企业支撑了中国的经济大局，成为党执政的基础力量和党驾驭经济的重要依靠；国有资产监管体制和国有企业改革任务艰巨，困难巨大；国有资产流失严重，对国有企业的监督严重缺失；国有经济快速发展中成为腐败易发频发领域，国有企业领导层出现大面积腐

* 王金柱：中共中央党校党建部原理室主任，教授。

败，反腐败和监督任务十分艰巨；目前迫切需要在党的引导和支持下增强国有企业广大职工群众的归属感和凝聚力，按照以人为本的要求，实现广大职工群众的共同富裕和全面发展。

因此，现阶段强调“党管企业”十分必要也十分紧迫。党在全面深化改革的关键阶段更不能放手甚至退出企业，这样做是十分危险的也是毫无道理的，必须全面加强党对国有企业的领导和企业党的建设。

二　强化“党管企业”不能偏离国有企业市场化改革的主线索和大方向

习近平总书记对《中共中央关于全面深化改革若干重大问题的决定》做说明时指出：“国有企业是推进国家现代化、保障人民共同利益的重要力量。经过多年改革，国有企业总体上已经同市场经济相融合。同时，国有企业也积累了一些问题、存在一些弊端，需要进一步推进改革。”这一重要论断明确告诉我们：无论怎样改革，国有企业的地位作用不可削弱、不可动摇、不可替代。国有企业市场化改革的大方向不容置疑、不可改变，要始终坚持、不断推进。

改革开放以来，国有企业改革的主线索和大方向始终没有改变，并且在不断丰富、不断创新、不断深化。纵观改革开放以来的国有企业改革，在总体走向上可以得出如下的几点经验和结论：国有企业通过不断改革应该是越来越接近成为市场主体的企业，按照经济规律运作，而不是相反；国有企业改革应该是越来越走向现代化、科学化、规范化，充分吸收经济制度、企业制度、管理制度、企业文化等方面的文明成果，以规范经营决策、资产保值增值、公平参与竞争、提高企业效率、增强企业活力、承担社会责任为重点，不断完善现代企业制度。而不是在企业制度设计上随意作为；国有经济和国有企业是市场经济的一种经济形式，而且是一种特殊的形式，要有所为、有所不为，守准自己最合适的领域，凭借政治力量和行政垄断“做大”是有悖经济常理的。

三　“党管企业”最终是把促进国有企业科学发展和提高党建科学化水平有机结合起来

国有企业党的建设究竟如何在深化企业改革中推进？归根到底，党的建设必须有利于国有企业改革和发展，必须在深化国有企业改革和发展中推进党的建设，既要防止“弱化”和“虚化”党的领导，也要防止在改革过程中过度强化“党管企业”，影响到企业的改革和发展。要科学加强党的领导和党的建设，把促进国有企业科学发展和提高党的建设科学化水平有机结合起来，把全面从严治党的要求贯穿到国有企业党建过程中。而且，随着国有企业改革的推进，党和企业的关系还会有新的变化。

第一，必须坚持全面从严治党，坚持党对企业的科学领导，坚持党组织进入企业有效发挥作用。第二，必须坚持国有经济和国有企业改革的市场化方向，并不断深化改革。第三，伴随着国有企业深化改革，必须不断创新党对企业的领导方式和党组织发挥作用的具体途径。

（供稿：于晓雷）

思想政治教育

【论坚持和发展马克思主义的基本原则】

田心铭*，《马克思主义研究》2016年第4期

一　坚持把马克思主义基本原理同本国具体实际相结合

把马克思列宁主义的理论同中国具体实际相结合这一原则中的“马克思列宁主义”也表述为“马克思主义”，“理论”也表述为“普遍真理”“基本原理”“普遍原理”，“实际”也表述为“实践”，“统一”也表述为“结合”。我们所要坚持和作为指导思想的马克思主义理论，不是指马克思主义经典作家关于特定对象的个别性结论或理论判断，而是具有普遍真理性的理论，因而称之为普遍真理或基本原理、普遍原理。这一原则虽然来自中国共产党的实践和理论总结，但是它的精神实质具有超出一国范围的普遍适用性。也就是说，“把马克思主义基本原理同本国具体实际相结合”是坚持和发展马克思主义的基本原则。

二　坚持“结合”原则，才能坚持和发展马克思主义

马克思主义理论只有在同各国具体实际相结合中才能得到坚持，即确立为科学真理并转化为改造世界的物质力量。马克思主义理论指导实践、改变世界和接受实践检验的过程，就是与各个不同国家的具体实际相结合的过程。马克思主义理论同社会实践相结合的主要途径或方式，是通过以它为指导的各国工人阶级政党从本国实际出发，组织和领导本国人民改造世界的实践。马克思主义理论只有同各国具体实际相结合，才能随着社会实践的发展而不断丰富和发展。理论只有在社会实践中才能得到运用、检验和发展，而各国实践的社会历史条件和实践活动本身无不具有特殊性，这就决定了，只有把马克思主义基本原理同各国具体实际相结合，才能坚持和发展马克思主义。

三　“结合”原则的两个基本点

“把马克思主义基本原理同本国具体实际相结合”作为坚持和发展马克思主义的基本原则，第一，必须坚持从本国具体实际出发，反对以教条主义的态度对待马克思主义，第二，必须坚持马克思主义指导思想，反对轻视理论的经验主义和否定马克思主义的错误思想。坚持马克思主义指导思想，坚持从本国具体实际出发，这两个基本点的统一构成了“结合”原则的基本内容。坚持“结合”原则，既要有对马克思主义的坚定信念和深刻理解，又要有对社会实际的深入研究和正确认识，要反对一切离开马克思主义或脱离本国实际的错误倾向。

四　马克思主义的一条基本原理

马克思主义作为一个科学思想体系，主要是由它的基本原理构成的；马克思主义的发展，也主要是它的基本原理的发

* 田心铭：教育部高等学校社会科学发展研究中心研究员。

展。“结合”原则是马克思主义在其发展中形成和确立的一条基本原理。中国共产党提出“把马克思主义基本原理同本国具体实际相结合”的原则，本身就是马克思主义在实践中发展的生动体现。确立这条基本原则或基本原理，是中国共产党人对马克思主义理论的一个重要贡献，也是对世界社会主义运动的贡献。把马克思主义基本原理同本国具体实际相结合，是坚持和发展马克思主义的基本原则，是应该得到普遍遵循的马克思主义的基本原理，也是坚持和发展社会主义事业的成功之道。

（供稿：梁海峰）

【意识形态话语权建设方法论研究】

侯惠勤，《中共贵州省委党校学报》2016 年第 2 期

一　话语权的获得及其实质

只有站在超越资本主义的历史高度，资本创造财富的历史光环才会消退，批判资本主义的道德高地才能真正构建。只有通过科学理论把握人类社会的历史逻辑，才能站到历史的制高点上。工人阶级的解放和科学的理论相互依赖，科学性和阶级性的统一既是马克思主义的理论品格，也是工人阶级解放的实践品格。任何轻视科学理论的作用、崇拜工人运动自发性的倾向，都会干扰乃至最终葬送工人阶级和人民群众的解放事业。走自觉培育核心价值观之路，最根本的是要有先进的思想和彻底的理论。把核心价值观培育与思想理论建设相割裂，离开真理观谈价值观，就价值观说价值观，结果导致价值混乱，甚至助长了错误价值观的泛滥。用价值观拒斥思想理论，最终将背离科学社会主义的轨道，走向成为资产阶级思想俘虏的邪路。以价值观为思想武器，只能陷入一场没有结果的混战，最终的受益者将是占统治地位的剥削阶级。

二　话语权的建构及其规律

意识形态话语权的客观基础决定了其建构并非主观随意所为，而是具有客观规律性的过程。马克思提出了“现实的人”和“抽象的人”的根本区别，从而奠定了自身话语权的根基。马克思主义意识形态的话语特点是“科学性”，其理论支点则是“人民群众及其历史创造”。马克思主义意识形态话语权的运用主要体现在确立历史真实、直面现实和把握未来的思想力量上，确立了科学的客观坐标，争得了话语权。以人性诉求为行为依据，必然经由价值多元而陷入价值混乱，最终将丧失判断善恶是非的行为准则。人类社会之所以朝着消灭阶级、共同富裕的方向发展，并不是人们向往的结果，而是社会生产力的发展提出了这一要求，与之相适应的社会主义制度才会应运而生。与生产力发展相一致的生产关系，决定了一定历史条件下的主导价值观。马克思主义不是用人性掩盖和回避现实的社会矛盾，而是从现实的社会矛盾出发说明和解决人性问题。对抽象人性论的批判和抵制，防止其泛滥，是马克思主义话语权的关键。

三　话语权的运用及其关键

虽然话语权的获得和建构都具有客观条件性，但它的具体运用和实际成效却留下了巨大的主观能动性空间。如果我们在意识形态话语权上运用得当，将不仅能够牢牢掌控国内的思想舆论斗争，而且能够在国际思想舞台上也有所作为。既然马克思主义话语权来自通过理论制高点站到历史的制高点，因此，其话语权的优势就在于从人类历史发展规律上，以理论的前瞻性和预见性提出问题、设置议题，对我们面临的重大实践课题发出决定性的声音。不难看出，围绕着“根本问题”而设置的主导性议题，必然是意识形态话语权争夺的主要形式。而正确地设置主导议题和

揭穿伪命题，则是把握意识形态话语权的两大任务：第一，正确的主导性议题必然是科学总结历史经验、深入破解现实矛盾和彰显政治远见的结论，也是马克思主义世界观、历史观和价值观的具体运用和集中体现。第二，正确的主导性议题也必然是历史伟大转折关头、在事关党和国家前途命运根本问题上做出关键抉择的科学判断，也是思想把握现实、理论创新实践的集中展示和具体运用。否定中国共产党领导的任何命题，不管有多少伪装，归根到底都是站不住的伪命题。

（供稿：梁海峰）

【历史虚无主义在当代社会主义国家泛滥的深刻教训】

刘书林*，《理论探索》2016 年第 1 期

历史虚无主义在社会主义国家泛滥的主要教训可以概括为以下几方面：

第一，社会主义国家必须维护社会主义事业的实践历史，使其不被历史虚无主义思潮歪曲、否定和丑化，这是保证无产阶级政党占据执政地位、保证历史进步大趋势的必要政治条件。对社会主义事业实践的历史考察不能断章取义，不能攻其一点、不及其余，而要具有连续性。要善于连续地看待历史发展，不要把今日的社会主义实践与过去的社会主义实践对立起来，这样才能避免历史虚无主义。

第二，社会主义国家的执政党必须保持思想和政治路线的正确性，这是识别和抵制历史虚无主义思潮的基本保证。保持无产阶级政党的先进性和阶级性，识别和抵制历史虚无主义思潮，两者互为因果关系。无产阶级政党在思想上和政治上的路线正确与否，是决定一切的根本所在。这有赖于无产阶级政党“四条路线”的正确，即党的思想路线、政治路线、组织路线、群众路线的正确。

第三，社会主义国家必须维护国家开创者的历史地位及其思想的指导地位，及时反击和揭露国内外反动势力否定和丑化领袖和导师的污蔑和谎言，才能防止和抵制历史虚无主义思潮的泛滥。历史虚无主义的一个重要特点就是集中对社会主义国家开创者的领袖和导师进行肆无忌惮的否定和丑化。需要特别注意防止以反对所谓“个人崇拜”为名或者以其他名义否定和丑化社会主义国家开国领袖和导师的阴谋破坏活动。

第四，社会主义国家必须划清共产党与社会党两类不同性质的政党在历史与现实中的原则界线，警惕“共产党的社会党化”危险倾向，坚决拒斥民主社会主义思潮。在西方敌对势力对社会主义国家采取“和平演变”的战略以来，苏联和东欧国家的执政党始终存在自我变质的危险，这就是苏共“社会党化”的危险。历史虚无主义在苏联的泛滥，把这种危险变成了无情的现实。划清共产党人与社会党人之间的界限，保持共产党人的本色，防止共产党人向社会党人蜕变，防止科学社会主义被曲解成所谓“民主社会主义”，这也是一条重要的教训。

第五，社会主义国家的执政党在宣传教育工作中必须科学地处理宣传和思想政治教育中的政策和策略，保持宣传和教育内容的连续性和稳定性，防止由于不慎而导致宣传教育的被动，以至于为历史虚无主义留下泛滥的可乘之机。在纠正历史实践中的错误的时候，一定要坚持实事求是的科学态度，防止全盘否定党的历史上的集体决策和主要实践。防止造成翻案风的

---

* 刘书林：清华大学马克思主义学院教授。

狂热，防止逐渐扩大化地纠正社会主义实践中的错误，防止把纠正所谓极左变成纠正社会主义。对于历史事件，一定要坚持把史实放到一定的历史条件下进行科学的分析，切忌脱离历史条件孤立地、片面地看问题，以至于走向历史虚无主义的极端。

（供稿：梁海峰）

【思想政治教育学原理研究的拓展与深化】

郑永廷*，《思想理论教育》2016 年第 5 期

一　思想政治教育学原理研究的成果与任务

第一，思想政治教育学原理研究的进程与成果。思想政治教育学原理的研究起步早、推进快、成果多、影响大，不仅推进了思想政治教育的科学化，而且成为思想政治教育学科形成、稳定的标志。第二，思想政治教育学原理研究的主要问题与任务。一是关于思想政治教育概念界定的问题。思想政治教育的概念界定，是思想政治教育学原理研究的前提，是思想政治教育学科立论之基。必须对各种思想政治教育概念进行分析、比较，进一步深化思想政治教育概念研究，形成更接近思想政治教育本质的概念共识。二是关于思想政治教育本质问题。对思想政治教育本质的认识各有侧重，尚不一致，还需要对各种思想政治教育本质研究的成果进行比较、分析、深化研究，准确揭示思想政治教育的本质。三是关于思想政治教育基本规律问题。学术界对思想政治教育基本规律的研究逐步深入，取得了丰硕的成果。但这些规律研究的成果，也各不相同。思想政治教育基本规律绝不会很多，否则就不是基本规律了。同时，基本规律多，而且又不一致，遵循规律的思想政治教育行为就会不一致，无疑会因认识的多样导致行动的矛盾甚至冲突。因此，加大对思想政治教育规律的研究力度非常必要。

二　思想政治教育学原理的拓展研究

第一，面向教育对象的拓展研究。思想政治教育学原理在研究教育对象时，要加强对我国当代社会几大类型人员的需要、身心、交往、活动特点的研究，为建构不同类型的思想政治教育形态奠定基础，为增强各类人员思想政治教育的针对性与实效性提供指导。同时，如何运用网络媒体，研究具有“流动性”的思想政治教育的理论与方法，如何以人们必须遵循的道德与法纪规范为内容，建构自我教育的理论与方法体系，则是思想政治教育学原理拓展研究的空间。第二，面向生态领域的拓展研究。生态道德是生态文明的伦理基础，开展生态道德教育是促进人的全面发展和提高社会文明程度的客观要求。因此，加强生态文明教育的理论与方法研究，是思想政治教育学原理拓展研究的重要任务。

三　思想政治教育学原理前沿问题的深化研究

第一，“四个全面”战略布局丰富、深化了理想信念教育。思想政治教育既要善于联系“四个全面”战略布局的实际，加强个体的理想信念教育，激发精神创造力，又要敢于正视、面对多元文化影响的现实，抵制、批判错误思潮，传播、凝聚正能量，形成精神凝聚力。研究精神创造力、精神凝聚力的价值、形成与作用，是思想政治教育学原理研究的前沿课题。第二，“四个全面”战略布局丰富、充实了社会主义核心价值观教育。思想政治教育

---

* 郑永廷：上海大学马克思主义学院、中山大学马克思主义学院教授。

学原理不仅要立足于“四个全面”战略布局的实际，研究培育和践行社会主义核心价值观的理论与方法，而且要研究社会主义核心价值观引领、规范“四个全面”战略布局的作用与效果。第三，“四个全面”战略布局丰富、拓展了社会主义法治教育。思想政治教育学原理要以这一战略实施为基础，拓展社会主义法治教育理论与方式的研究。

（供稿：梁海峰）

【以马克思主义为指导：思想政治教育学科创新发展的根本遵循】

黄蓉生*，《思想教育研究》2016 年第 6 期

一　以马克思主义为指导的必然规定

思想政治教育学科以马克思主义为理论指导，以党的思想政治工作为实践基础，致力于培养具有坚定的马克思主义信仰和社会主义信念，树立建设中国特色社会主义的共同理想，能够系统掌握马克思主义基本原理和马克思主义中国化理论，全面掌握思想政治教育的理论、方法和教育对象特点，把握人们思想品德形成、发展规律，善于运用马克思主义的立场、观点、方法分析和解决人们思想问题与实际问题，积极从事马克思主义理论科学研究和宣传教育的专门人才。贯穿其中的根本要求是：思想政治教育学科培养的人才应当精通马克思主义基本理论，不能对马克思主义一知半解，也不能误解、曲解马克思主义，更不能反对马克思主义。由此可见，思想政治教育学科创新发展，坚持以马克思主义为指导有其特定的规定性和必然性。

二　以马克思主义为指导的实践追求

思想政治教育学科唯有以马克思主义为指导，坚持问题导向，聆听时代的声音，回应时代的呼唤，认真研究解决重大而紧迫的问题，才能真正把握住历史脉络、找到发展规律，推动创新发展。实现这一目的的关键在于广大思想政治教育工作者要自觉坚持以马克思主义为指导，自觉把中国特色社会主义理论体系贯穿研究和教学全过程，转化为清醒的理论自觉、坚定的政治信念、科学的思维方法，这是坚持以马克思主义为指导的实践追求。

三　以马克思主义为指导的价值取向

坚持以马克思主义为指导，推动思想政治教育学科创新发展的终极取向，就是要致力于积极“改造世界”，即解决马克思主义理论教育中的现实问题。一要解决对马克思主义真懂真信的问题。要结合时代发展变化，增强问题意识，创新教育理念和方式方法，帮助人们真懂马克思主义，引导人们真信马克思主义。二要解决培养中国特色社会主义事业合格建设者和可靠接班人的问题。立足高校实际，推动思想政治教育学科创新发展，需要回答和解决研究什么、主张什么和为什么人的问题，归根结底，要求加强和改进大学生思想政治教育工作，培养造就千千万万具有坚定理想信念、高尚道德品行、丰富科学知识和深厚实践本领的专门人才，这是关系全面建成小康社会目标的顺利实现、关系中华民族伟大复兴的战略工程。三要解决坚持马克思主义的立场、观点、方法的问题。要把坚持马克思主义和发展马克思主义统一起来，结合新的实践不断作出新的理论创造，把推动学科创新发展，落到研究我国发展和党执政面临的重大理论和实践问题上来，落到提出解决问题的正确思路和有效办法上来，用马克思主义占领意识形态阵地，旗帜鲜明地同各种错误思

---

* 黄蓉生：西南大学马克思主义理论研究中心教授。

潮做斗争。

（供稿：梁海峰）

【思想政治教育话语转换的三重基础】

刘建军*，《思想理论教育导刊》2016年第5期

所谓思想政治教育的话语转换，主要指思想政治教育过程中，教育者用受教育者更喜欢听、更容易懂，从而更能够接受的话语，来表达思想政治教育的内容，以提高受教育者的兴趣和积极性，从而增强思想政治教育实效性。思想政治教育的话语转换不仅涉及话语和语言表达，而且涉及不同话语系统之间的关系，涉及话语与思想的关系，涉及话语转换与思想方式转换的问题。顺利地实现话语的转换，尤其是实现好这种转换，需要相应的前提条件。

话语娴熟是话语转换的表层基础。首先，要熟练掌握思想政治教育的主流话语。思想政治教育的主流话语就是马克思主义的和中国共产党的话语。实现话语转换，并不是完全不要主流话语，也不是要削弱主流话语。话语转换并不是完全不要原来的话语，更不是盲目崇拜和完全照搬西方话语。其次，要熟练掌握哲学社会科学的相关学术话语。只用纯正的马克思主义语言，只用中央文件语言来进行宣传教育，效果并不好。社会学的、心理学的、政治学的、管理学的概念已经进入人们的日常生活，并成为普通公众能够理解的理论语言。思想政治教育者在进行宣传教育的时候，适当借鉴和采用一些这样的术语，符合人们的需要，有助于人们的理解。最后，要能熟练运用生活化的话语，特别是青年人的时尚性话语。用纯学术语言讲述的道理，人们不容易听懂，就需要实现话语方式的转换，使学术语言生活化。作为思想理论工作者，要熟悉人民群众的日常语言，特别是要熟悉广大青年的常用语言。

思想透彻是话语转换的内层基础。比掌握话语更重要的是掌握思想，比话语娴熟更重要的是思想的融通。话语转换只是为了更好地表达思想，更有力地传递思想，从而更有助于受教育者理解和接受这种思想。因此，重要的是把马克思主义理论搞通，把我们党的大政方针的精神搞透。对于马克思主义的基本观点，不仅要一般性地知道和理解，而且必须有更深入更透彻的理解。马克思主义的哲学、政治经济学和科学社会主义是三个基本组成部分，但不是彼此隔离的，而必须打通理解，一体化地掌握。思想的通透、理论的会通不只是发生在主流理论内部，而且还涉及主流理论与非主流理论的关系。我们不仅要打通马克思主义理论内部的不同部分，而且还要能打通马克思主义理论与马克思主义之外的一些理论体系的关系，打通马克思主义理论与社会现实的联系。真正做到用马克思主义的真精神，用马克思主义的思想高度和科学方法，去评判其他的理论体系，去看待社会生活中的各种问题，找到说服人的道理所在。

思维圆融是话语转换的深层基础。思维方式上的灵活性和圆融性，不同思维方式上的互通性，是话语转换更深层的基础。思维的灵活性和圆融性，表现在人们能够多角度多方向地思考问题和阐述问题，尤其是能够在不同的角度和方向之间自由地进行切换。一是要用心掌握辩证法，使自己的思维更加辩证，更加灵活，更加自由。二是要去了解和体悟不同的生活方式。不断提高自己思维转换和话语转

---

* 刘建军：中国人民大学马克思主义学院教授。

换的能力，提高思想政治教育的针对性和实效性。

（供稿：梁海峰）

【高校思想政治理论课改革“慕课热”以后的“冷思考”】

顾钰民*，《思想理论教育导刊》2016 年第 1 期

“慕课”的兴起与课程的性质有内在联系，在自然科学、社会科学一些课程中具有良好的成长基础。这类课程的特点是：（1）不具有意识形态性质，如自然科学的课程；（2）具有广泛社会影响的课程，如文学、社会学等课程；（3）由“明星”教师执教的课程；（4）学生以接受纯知识性内容为主，考核标准易掌握、程序简单、通过率高的课程。思政课是我国社会主义大学性质的体现，反映了国家意识形态，是中国社会主义大学特有的课程。课程以马克思主义基本原理、中国化马克思主义理论，中国革命、建设、改革开放史和大学生思想道德修养与法律基础知识为主体内容，属于思想政治教育的范畴，教学过程需要教师和学生进行面对面的交流、沟通、对话才能取得好的教学效果。思政课的性质和特点决定了必须有相应的教学形式与之配套，以实现课程性质、特点和形式的一致性。

在“慕课”改革的热潮中，教学行政主管部门的认识比较清醒，始终保持科学、冷静、务实的态度，对思政课的“慕课”改革既允许进行探索，又不“一刀切”积极推广，而是让实践来作出检验，在实践基础上再作出判断。这是在深刻把握思政课性质和特点的前提下，实事求是推进思政课教学改革的正确态度。

“慕课”这一教学形式与思政课的教学规律背道而驰，减少甚至割断了教师与学生之间面对面接触这一根本环节。思政课以问题为导向的教学改革，是思政课本身长期实践并已经取得成效的探索成果，并不是只有在“慕课”教学形式下才能做到。

思政课改革的基本目标有两个：一是提高教学质量和效果，以切实满足学生对理论的需求，使教学内容能够真正入脑入心，学生终身受益；二是建设一支能够适应思政课教学要求和符合时代特征的教师队伍。从目前的实践来看，“慕课”改革并不能实现思政课教学改革的基本目标。首先，从提高思政课教学效果来看，“慕课”形式的改革并不符合思政课教学规律。“慕课”改革形式最大的特点是用现代化教学手段来沟通教师和学生之间的联系，以替代教师和学生直接的面对面教学接触，这种方式对以做人的思想政治工作为基本功能的思政课来说，放弃了原来教学模式的优势，使教学效果大打折扣。其次，从加强思政课队伍建设来看，“慕课”这一形式带来的结果只会起到削弱作用，基本没有促进作用。“慕课”教学形式下，思政课的教学只是由少数“明星”教师担任主讲，其他的教师都成为主讲教师的助手。这不仅对主讲教师来说会带来不必要的压力和麻烦，更不利于其他教师的正常发展和成长。这种状况的持续，影响的将是整个教师队伍的教学动力和队伍整体建设。再次，从思政课教师教学投入来看，“慕课”这一教学形式的变化一定会影响到教师教学投入的变化。思政课建设需要有一支献身于事业，具有强烈使命感、责任感，按照思政课教学规律、实事求是、脚踏实地、勇于创新的教师队伍。“慕课”改革如果不利于队伍建

* 顾钰民：复旦大学马克思主义学院教授。

设这一根本，当然就不能成为思政课改革的理想选择。

（供稿：梁海峰）

【马克思主义对思想政治教育“休谟难题”的解答】

李春华*，《思想教育研究》2016年9期

“休谟难题”的实质是事实判断如何向价值判断转化的问题。思想政治教育的“休谟难题”是马克思主义科学理论的教育如何转化为受教育者的世界观、人生观和价值观的问题。理论的彻底性提供了可能性，主体需要提供了必要性，实践观提供了现实性。但现实中依然客观存在着“彻底的理论”还是没能很好地“抓住人”的问题。因此，从思想政治教育本身来说，需要进一步解决理论的彻底性、主体的需要以及理论指导实践的问题。

第一，马克思主义理论的科学性为事实判断向价值转化提供了前提和可能性，但当前仍需要进一步解决好理论的“彻底性”问题。思想政治教育必须首先关注马克思主义理论本身，加强对马克思主义理论的研究，揭示其实质，探讨理论自身发展的规律。思想政治教育工作者，首先自己要深入研究、全面准确地理解和把握马克思主义理论。回到文本、研读原著，是理解和把握马克思主义科学性、完整性的一种重要方法和途径。研读原著，才能了解马克思主义发展的历史逻辑和历史必然性，从马克思主义发展的历史进程中把握马克思主义发展的内在规律，才能更深刻地把握马克思主义的实质和精髓，完整准确地理解马克思主义的基本观点和基本理论。

第二，作为主体的无产阶级和广大劳动群众的立场和需要，为事实判断向价值判断转化提供了必要性，但他们对马克思主义理论的需要常常不能自觉地意识到，这就需要通过教育来进行“灌输”。首先，与接受理论的主体的立场有关系。立场是由自身所处的利益关系、阶级地位所决定的，站在不同立场的人会有不同的价值判断。不同立场的人对待马克思主义的态度是不同的。在当前的中国，由于存在多种利益关系，人们的立场自然是不同的，因而对马克思主义的看法也是不同的。其次，与主体的需要相关联。只有使人们真正认识到自身对马克思主义的需要，才能使理论真正“抓住人”。思想政治教育，必须结合人的思想实际，结合他们工作和生活中遇到的问题去宣传教育，使其确立马克思主义的立场、观点和方法，并用其来解决实际问题。只有这样，才能够使无产阶级和广大劳动群众自觉地意识到马克思主义理论对他们的重要性，从而自觉地把马克思主义理论变成自己的需求。

第三，马克思主义理论的实践性为事实判断向价值判断转化提供了现实性，所以要强调理论联系实际，在解决实际问题中实现科学理论向价值目标的转化。

马克思主义的实践观解决了事实判断向价值判断转化的现实性问题。只有通过实践将“事实”与“价值”联系起来，在解决实际问题中实现科学理论向价值目标的转化，才能使理论真正“抓住人”。中国共产党将马克思主义科学理论与中国具体实际相结合，创造性地运用马克思主义，不断进行理论创新，推进马克思主义中国化，取得了中国革命的胜利和建设与改革的重大成就，对世界社会主义发展作出了巨大贡献。正是在这一伟大实践中，

---

* 李春华：中国社会科学院马克思主义研究院研究员。

马克思主义科学理论的价值目标得到了实现。

（供稿：梁海峰）

【高校思想政治教育学科化与科学化刍议】

宇文利*，《思想理论教育导刊》2016年第5期

思想政治教育学科的学科化和科学化大体要经过几个阶段：一是对思想政治教育感性经验的描述阶段，即把思想政治教育活动或实践中获得的感性经验用特定的语言、话语和概念描述出来；二是对思想政治教育命题进行哲学升华和科学思辨阶段，即通过对思想政治教育活动的思想概括和理论总结，把上述经验描述用具有哲学普遍性的学术语言表现出来，构成思想政治教育理论的原始形态；三是对思想政治教育进行科学性调查和实证培育阶段，用实证来验证前面所得到的哲学思辨性的理论成果，或者用理论来反哺实践；四是对思想政治教育进行科学规范与再综合化阶段，学科的共识大多在该阶段达成；五是思想政治教育实践归化阶段，即使理论再回归到实践，通过解决实践中的问题来检验理论的效果和信度的阶段。思想政治教育专业和学科的学科化和科学化的共同进程目前已经初步完成了纯粹经验描述的阶段，并在哲学思辨的阶段上取得了巨大进展。思想政治教育学科的研究范式将会发生从“文本式”向“田野式”的转向；教学理论来源会由实践生成，即从理论教学为本到实践教学为重；研究取向更关注教育过程和教学细节，实现由“泛科学化”向“深度学科化”的迈进。

造成思想政治教育学科自信心不强的原因，一是该学科建立的时间太短，学科的理论基础尚欠雄厚，学科认同尚处在形成期；二是该学科尚处于“借鉴”阶段，学科边界还不够清晰，学科的独立性尚弱而依附性太强，理论争议过多而共识太少，学科的跨学科性所带来的边界模糊是主要原因；三是该学科理论的应用度还不高，可用于解决实践问题和实际问题的理论还不够完善，理论说服力和应用性有待提升。

思想政治教育学科的学科自信应源于人们对思想政治教育学科发展现状和前景的判断与把握，源于思想政治教育学科不断成熟的理论知识体系和应用方法体系，也源于不断提升的思想政治教育学科化和科学化程度。只有通过学科化和科学化，才能消除该学科建设初期存在的大量的“依附性”，增强思想政治教育学科的独立性、系统性和完整性，才能更好地彰显思想政治教育的学科特殊性。在借鉴其他学科时应该借鉴什么、借鉴到何种程度、如何处理好模仿与更新、借鉴与独创的关系，是学科建设特别是思想政治教育学科化和科学化中不可忽视的内容。高校思想政治教育在推进其学科化和科学化的进程中需要紧紧扭住本学科的中心点，厘清本学科所要解决的独特矛盾和所要化解的内部张力，增强学科的主体性和本体意识。在这个进程中，学科化和科学化既需要有意识地保持和提升学科自信，又能够不断地培育学科自信。

高校思想政治教育的科学化和学科化本身是发挥教育实践自觉性的过程，也是实践自觉的结果。为保持实践自觉，在高校思想政治教育的科学化和学科化的进程中应努力克服两种不良倾向：一是“唯科学主义”。二是“伪科学主义”。实事求是地开展科学研究和教育，才是思想政

* 宇文利：北京大学马克思主义学院教授。

治教育科学化和学科化的内在需要，也才是正直的研究者纳而不弃的科学态度和实践自觉。

（供稿：梁海峰）

【在思想政治教育科研中坚持马克思主义的几个问题】

白显良*，《思想理论教育导刊》2016年第2期

一　思想政治教育科研如何体现马克思主义的世界观与方法论

第一，把握马克思主义的精髓与实质，避免标签化地“穿靴戴帽”。要贴近思想政治教育实践，做一番深入的研究工作后得出正确的结论。第二，把握马克思主义活的灵魂，避免简单化地“演绎推论”。要坚持马克思主义具体问题具体分析这个活的灵魂，立足学科具体实际开展研究。第三，坚持马克思主义的理论品质，避免刻板化地“定域关注”。一方面，理论研究要依据时代、实践的发展更新话语体系、理论主题，围绕实践提出的现实问题开展研究。另一方面，马克思主义自身伴随着时代、实践也在不断发展，研究者要善于从中汲取智慧营养。第四，把握马克思主义的根本方法论，避免主观主义和形而上学。

二　思想政治教育科研如何体现马克思主义理论的学科属性

第一，坚持马克思主义理论的一元化指导地位，反对指导思想多元化。坚持以马克思主义为指导，不是用政治去限制学术，也不是用政治去替代学术，更不是用政治去冲击学术，不会妨碍理论研究增强学术性与推进学术繁荣。第二，凸显马克思主义理论教育研究的核心地位，避免泛化研究论域。离开对马克思主义理论教育的研究，学科理论研究就偏离了马克思主义学科方向。第三，坚持服务于马克思主义理论教育实践需要，力戒研究无的放矢。思想政治教育学科要服从和服务于社会主义意识形态建设需要，担负起捍卫马克思主义在我国意识形态领域指导地位的特殊学科使命。第四，努力体现马克思主义理论学科的整体性特征，避免割裂学科整体。

三　思想政治教育科研应如何对待马克思主义的具体论断

第一，要完整加以把握和引用，避免断章取义。不能不顾经典作家分析问题的针对性、分析条件的特定性及上下文语境。第二，要把握精神实质，避免形式主义。不能停留于对其字面意思的理解，也不能止于从形式上加以引用和把握。第三，要具体历史地对待，避免主观附会。要具体地历史地加以分析，不能固守马克思主义论断本身，也不能主观主义地想当然，附加给它以没有的意思。第四，要忠实原典文献，避免随意剪裁。引用马克思主义的具体论断，必须完整、准确，忠实于马克思主义经典作家的原典论述。第五，要独立表达见解，避免过度寻章摘句。科学研究重要的是要表达研究者自己的独立见解与思想，而不在于堆砌前人的既有成果，也不在于汇编前人的精彩语录。

四　思想政治教育科研如何在马克思主义指导下推进理论创新

第一，立足实践创新，避免理论研究远离现实实践。必须把理论研究植根马克思主义在当代中国的发展，贴近当代中国马克思主义思想政治教育的实践，并努力从中汲取营养，以永葆理论研究的生机与活力。第二，突出问题导向，避免形式主

---

* 白显良：西南大学马克思主义学院教授。

义的花样翻新。第三，坚持批判继承，避免因循守旧或无端妄想。只有正确处理继承与创新的关系，坚持批判继承、继承创新，才能实现真正意义上的理论创新。第四，端正学风文风，避免八股式的研究与写作。今天思想政治教育理论研究中也存在一种八股的风气，其主要表现是：理论研究不提出真正的问题，也不着眼于问题的分析与解决，而是遵循着一定的模式、套路去开展研究。由此，实现真正的理论创新，有必要从端正学风文风做起。

（供稿：梁海峰）

科学无神论

【为什么“宗教信徒入党”行不通】

朱维群，《环球时报》2016年6月21日

《世界宗教研究》杂志2016年第一期以首篇位置刊登题为“论积极引导宗教的现实意义”长篇文章。文中一方面表示认同“共产党员不能信教”，另一方面又倡言“宗教信徒可以入党”。

将“信徒可以入党”和“党员不能信教”二者同时施行于中国共产党，在逻辑上是无法说通的，在工作上是无法操作的。因为在吸收宗教信徒加入党组织的那一刻，问题就变成了党内允许宗教信徒合法存在，变成了党员可以信教，“党员不能信教”原则已遭否定。

今年4月全国宗教工作会议再一次严肃批评“党员可以信教”的错误观点，郑重指出，我们党在这个问题上的态度是十分明确的，这就是共产党员要做坚定的马克思主义无神论者，严守党章规定，坚定理想信念，牢记党的宗旨，绝不能在宗教中寻找自己的价值和信念，并特别强调共产党员不能信教是政治纪律。毫无疑问，这里的“绝不能”既是针对党员信仰宗教的，也是针对宗教信徒入党的，因为后者“在宗教中寻找自己的价值和信念”这一点上，同前者没有任何区别。党的这一纪律，不可能只对一部分党员有效，而对另一部分党员无效。

的确，党章没有明确写着“信徒不能入党”。党章作为全党理论、思想和行动的最高章程，不可能事无大小，一一点到。党的组织和党员践行党章，在很多情况下要靠对党章精神的正确理解和同实际工作的紧密结合。党章指出，中国共产党以马克思列宁主义、毛泽东思想、邓小平理论、“三个代表”重要思想和科学发展观作为自己的行动指南。这一行动指南无论在哪个发展阶段上，其世界观基础都是辩证唯物主义和历史唯物主义，而无神论又是这一世界观的基础性组成部分。党章同时指出，中国共产党党员是中国工人阶级的有共产主义觉悟的先锋战士。“共产主义觉悟”同宗教信仰分属唯物主义和唯心主义两大世界观阵营，二者无法兼容。坚持党的行动指南，坚持对党员的“共产主义觉悟”的要求，其中就包含了“党员不能信教”，当然也包含了“信徒不能入党”。

长期以来，我们党促进宗教界的爱党爱国情怀的提升，最大限度地发挥宗教的积极作用，抑制其消极作用，是靠党的政治纲领和各项工作方针正确，靠党卓有成效地领导包括宗教界在内的爱国统一战线共同奋斗，靠党真心实意地保护宗教信仰自由，不断提高依法管理宗教事务的水平，而不是靠混淆两种世界观的界限、放弃科学世界观的基础地位以迎合、取悦宗教。广大宗教界人士希望于执政党的是不断提高理论和工作水平，把国家搞好，并不是希望共产党里多一些同他们一样的宗教信徒。

（供稿：韩琪）

【科学无神论的真理与智慧——纪念任继愈先生 100 周年诞辰】

习五一[*]，国家图书馆编《永远的怀念——任继愈先生百年诞辰纪念文集》，国家图书馆出版社 2016 年版，第 189—199 页。

任继愈先生是当代中国马克思主义宗教学的开创者和奠基人。他提出，马克思主义宗教学本质上是一种科学无神论。

“科学无神论”创于建立西方资本主义国家制度时期，因为它汲取近现代自然科学的成果，以科学的精神和科学的方法为武器，对科学发展起着推动作用，所以被称为“科学无神论”。近代西方的无神论思潮，由于它具有鲜明的反封建主义制度和批判神学政治的性质，又被称为“战斗无神论”。它起着巨大的解放思想作用，是民主宪政和个人自由的基点。自然科学对宗教的批判，常常发展为哲学上的无神论。

单纯批判宗教不能克服宗教异化，只有进一步消灭产生宗教异化的社会制度和社会条件，才有可能克服宗教异化。于是，马克思、恩格斯从对宗教的批判，转向对政治、法和社会的批判，从理性主义的启蒙无神论，发展为辩证唯物主义和历史唯物主义的科学无神论。

在创立苏维埃社会主义国家的事业中，列宁继承和发展了马克思主义无神论。在实践上，科学无神论是对俄罗斯神权政治进行批判的思想武器，也是防范和肃清宗教对工人政党侵蚀的重要举措。在理论上，从唯物主义和辩证法认识论上，批判宗教思维方法的谬误，揭示了宗教神学产生的认识论根源，为探索唯物辩证的思维方法作出重要贡献。

中国的社会基础决定着马克思主义无神论中国化的实践方向。与西方社会的文化传统不同，中华民族在数千年的历史长河中，宗教信仰多元兼容，宗教问题一直不是社会的主要问题。中国共产党人，面对中国的具体实际，将宗教问题纳入统一战线的范畴，妥善地解决了革命事业中的宗教问题。

1963 年毛主席批示的精神，从国际战略角度提出研究宗教问题的重要性，对于创立当代中国马克思主义宗教学，具有战略性的指导意义。有三个要点：一是宗教研究要掌握在马克思主义者手中；二是要坚持用历史唯物主义的观点研究宗教；三是研究宗教要批判宗教神学。

科学无神论是马克思主义世界观的前提和思想基础。马克思主义无神论是科学无神论发展的高级形态。一个时期以来，有种舆论，力图把科学无神论从马克思主义宗教观和社会主义意识形态中剔除出去，这是危险的，既不符合人类历史和当代社会世俗化的潮流，也与中国的人本主义传统相悖。

自改革开放以来，科学无神论事业的发展，经历过两个重要的转折点。第一次是 20 世纪 90 年代末。第二次是 2009 年冬至 2010 年春，中国社科院成立“科学与无神论研究中心”。这两个重要的转折点都与任继愈先生密切相关。

我们一定要继承任继愈先生的崇高精神，锲而不舍，百折不挠，将科学无神论学科逐步建设起来。让任先生的遗愿化为实际的宏图。

（供稿：韩琪）

[*] 习五一：中国社会科学院马克思主义研究院研究员。

【马克思主义无神论学科建设刍议】

左鹏[*]，《科学与无神论》2016 年第 2 期

无神论是对有神论的否定和批判。千百年来，有神论的思想成果汗牛充栋、自成体系，宗教学、宗教神学都把这当作重要的或基本的研究对象而得以建立和发展。与此相对应，无神论的思想成果同样浩如烟海，从理论上讲，也可以作为一类知识体系，构成一门独立学科。但在现实中，无神论的独立学科地位尚不能说已经完全确立。

把无神论作为宗教学下的一个“三级学科”或研究方向确有其合理性，因为宗教学研究所应遵循的根本宗旨与基于信仰主义的神学思辨有着本质的不同，都必然要求以无神论为其基本立场和最终归宿。坚持这样的立场和归宿，既能保证宗教学研究的正确方向，又能促进无神论学科的健康发展。然而，近些年来，委身于宗教学的无神论别说发展，就连生存也成为了问题。

如果无神论进入马克思主义理论一级学科，倒是内外条件俱备，具有很大的可行性。从理论上讲，无神论本来就是马克思主义理论大厦的基石，是马克思主义其他一切理论的前提。作为从整体上研究马克思主义基本原理和科学体系的学科，马克思主义理论决不能忽视对无神论的研究，因为这是它的奠基工程、铸魂工程。

而今，无论是为了坚定理想信念，坚守共产党人精神追求，防止一些党员干部在封建迷信和宗教影响下失去自我，还是为了教育引导大学生正确认识和对待宗教问题，抵御宗教渗透和防范校园传教，都需要把马克思主义无神论教育作为基础性工作，融入到党校、行政学院、干部学院主体班次的培训中去，融入到高校思想政治理论课和有关专业课程的教学中去。这与当年调整增设马克思主义理论一级学科及所属二级学科的形势完全一致，据此完全可以把“马克思主义无神论”增设为马克思主义理论一级学科下的一个二级学科。

在马克思主义理论一级学科下设立马克思主义无神论二级学科，是当前形势下推进无神论学科建设的工作目标。实现这一目标，既需要教育部有关职能部门的大力支持，更需要学术界和社会的广泛认同。而要取得这样的支持和认同，最根本的还是把今天作为“三级学科”或研究方向的无神论建设好，全面提高其理论深度和学术蕴涵，以扎实的内功为学科的升级创造条件。

作为学科的马克思主义无神论至少应具备以下四条主要枝干：马克思主义无神论原理、无神论史、有神论批判以及马克思主义无神论宣传教育。而如何把有限的人力更有效地组织起来，如何吸引更多的人参与到无神论研究和宣传教育中来，则需要加快系列学科部门的培育，为已经或可能从事无神论研究和宣传教育的人提供组织的依托、搭建成长的平台。这里，可以从以下五个方面来审视学科发展的现状、规划学科发展的方向：学会、研究机构、专业学系、图书资料、专业期刊。

（供稿：韩琪）

【正确把握“宗教极端主义”与“宗教”的区别和联系】

朱晓明，《科学与无神论》2016 年第 4 期

宗教极端主义集“宗教”与“极端

---

* 左鹏：北京科技大学马克思主义学院教授。

主义”于一身，是披着宗教外衣的政治现象。其发展，一般经由初始的信仰极端化、行为狂热化，继而发展为宗教政治化、组织诡秘化，最终导致宗教异化、蜕变为宗教极端主义。

在政治上、法律上，要严格区分“宗教”和“宗教极端主义”。宗教极端主义尽管打着宗教的幌子，但它一旦触犯法律，问题性质就发生变化，已经不是宗教问题或民族问题，而是严重的违法犯罪问题。在思想上、根源上，又要深刻认识“宗教极端主义”与“宗教”的内在联系。对宗教极端分子来说，他绝对认同自己的活动是“宗教”行为，普通追随者亦是如此。有人认为，应将宗教与宗教极端主义进行彻底区分、彻底切割。这不是实事求是的科学态度，既无助于厘清思想根源，清除思想基础，也不能使宗教界认清宗教极端主义对宗教自身的危害和宗教界理应承担的与宗教极端主义划清思想界限的责任。

正确认识“宗教极端主义”与“宗教”的联系至关重要。在宗教极端主义仍然猖獗的严峻形势面前，党和政府不能以“不要害怕，不要担心，这与你们无关”的说法，来安抚宗教界人士，使他们误认为反对宗教极端主义只是党和政府自己的事，与宗教界无关。与此相反，党和政府应旗帜鲜明地提醒和告诫宗教界，要充分认识“宗教极端主义不仅是全社会的敌人，而且首先是危害宗教、危害宗教界的敌人”。宗教极端主义对宗教和宗教界的最大危害是企图夺占所利用的宗教的“正统”地位，为此不惜挑起与法律和国家政权的对抗，不惜牺牲被其蛊惑欺骗的狂热分子的生命，甚至对爱国宗教领袖以及无辜群众大开杀戒，严重污损了宗教的声誉。如果一个宗教不能从自身的机体中构建可以及时清理其内生性极端主义行为的制度，而是听任宗教“正统”地位被宗教极端主义者侵蚀、占据，最后必然导致它与社会的张力持续增加直至破裂。

否定、切割“宗教极端主义”与“宗教”内在联系的危害不可低估。这将导致对宗教社会作用的错误判断，以及对反对宗教极端主义的摇摆和质疑。马克思主义政党在宗教问题上有两个基本点：一是国家要实行宗教信仰自由政策，一是党要坚持进行无神论宣传教育。宗教既是一种社会实体，又是一种意识形态。因此，宗教工作既是社会管理工作，又是意识形态工作。在改革开放和建设社会主义市场经济的条件下，要全面认识和把握宗教所具有的社会实体和意识形态这两种属性。既要重视宗教的社会实体属性，强调依法管理宗教事务，积极引导宗教与社会主义社会相适应；又要重视宗教的意识形态属性，加强和创新科学无神论宣传教育，发挥思想宣传教育工作在提升全民族科学文化素质、培育和践行社会主义核心价值观方面的基础性作用。

（供稿：韩琪）

【中国特色社会主义宗教理论研究的意义】

曾传辉*，《宗教学研究》2016 年第 4 期

习近平总书记2016 年 4 月 23 日在全国宗教工作会议上发表重要讲话，指出做好新形势下的宗教工作，就要坚持用马克思主义立场、观点、方法认识和对待宗教，遵循宗教和宗教工作的规律，深入研究和妥善处理宗教领域各种问题，结合我

* 曾传辉：中国社会科学院宗教研究所研究员。

国宗教发展变化和宗教工作实际，不断丰富和发展中国特色社会主义宗教理论，用以更好指导我国宗教工作实践。中国特色社会主义宗教理论就是中国特色社会主义理论的宗教篇，是中国共产党在近一个世纪的革命和建设中积累的宝贵精神财富，我们宗教学界有义务为丰富和完善这个宝库添砖加瓦。

要理解什么是中国特色社会主义宗教理论，就必须了解中国宗教国情的特色有哪些。笔者认为，对这个理论体系的形成起决定作用的有关国情中，最重要的有两个方面：第一，宗教信徒在我国总人口中所占比重很小。第二，我国由坚持无神论的马克思主义政党缔造并长期执政。中国共产党和政府实行宗教信仰自由政策，坚定地贯彻政教分离的原则。

今年召开的全国宗教工作会议上，习近平总书记的重要讲话正式用中国特色社会主义宗教理论这个概念对上述成果加以概括，标志着中国共产党关于宗教的理论和政策已自成体系。

从知识体系构建来看，个人以为围绕中国特色社会主义宗教理论的学术研究可以从以下几个方面开展：

1. 结合时代需要系统深入地学习马克思主义基本理论和方法，增强利用马克思主义立场、观点、方法认识和对待宗教的本领，尤其要提高对改革开放以来我国纷繁复杂宗教问题的分析认识水准，这是中国特色社会主义宗教理论研究的中心任务。

2. 系统深入地研究马克思主义宗教理论的经典著作。

3. 深入系统地开展马克思主义宗教观基本理论研究。

4. 深入系统地开展马克思主义基本原理与中国宗教国情相结合的历史研究，这是马克思主义中国化研究的重要组成部分。

5. 关注和总结其他社会主义国家，尤其是苏联和现行社会主义国家的宗教理论与政策的经验与教训。

6. 批判借鉴西方马克思主义的宗教理论。

7. 将无神论纳入中国特色社会主义宗教理论学术研究的视野。尽管无神论与马克思主义宗教理论侧重点有所不同，前者以批判宗教神学为主，后者以揭示宗教的社会基础和应对策略为主，但坚持无神论是中国特色社会主义宗教理论研究题中应有之义。

（供稿：韩琪）

【春秋战国时代的无神论思潮】

李申*，《科学与无神论》2016 年第 4 期

春秋战国时代的中国人，普遍信仰着天神、地祇（地上的神）和人鬼（即人死后所成的神）三大类为数众多的神祇。早期的事神观念认为，祭品愈是丰盛，祭祀愈是频繁，就愈能得到神的欢心。后来，人们认为，人的德行，才是讨好神祇的主要手段。神给人指示的方式，主要是通过“天象”，天象不常遇见，于是人们又制作了各种道具来探测神意。

早在春秋以前，人们就认为，天，或上帝，是公平的，它喜欢和帮助有德行的人。但是现实使人们发现，不是这样的，于是发出了怨天甚至恨天的呼声。历史地看问题，怨恨上天不公甚至凶残的诗篇就是否定上天权威的无神论观念。

周内史叔兴不认为小鸟退飞预示着人间的吉凶，也就是否认这样的天象是上天

* 李申：上海师范大学哲学学院教授。

的指示。在当时，是一种先进的无神论思想。

当初夏朝正处于有德的时期，被称为“奸”的魑魅魍魉，就是《山海经》上记载的、具有兽形或魔怪形象的山川之神。它们被称为“奸”，也就是说，这一时期先进的人们，已经不再认为它们是神。当时社会的先进思想，对乌龟的崇拜也降低了。用龟甲占卜的事，也逐渐衰落了。

反对禳祭，主张用改变政治、加强戒备、搞好民生、加强修养的办法对待自然灾害和异常天象，是春秋时代又一鲜明的进步思想，也是无神论思潮的同道。

春秋时期，人们虽然也进行占卜，但最后做出决定的，往往是根据当时的形势，而不是根据占卜的结果。战国时代，占卜的地位更加衰落。对占卜态度的变化，也是古代无神论观念发展的重要内容。

对传统神祇观念的质疑甚至否定，不仅促进了一般意义上的思想进步，也促进了古代神祇观念的进步。所谓进步，就是更加利于保护人的生命财产和社会生产力、社会财富。进步的重要表现，就是对传统神祇观念的重塑。对古代占卜结果的重新解释，就是重塑传统神祇观念的重要内容之一，而重塑神祇形象和品质，则是重塑神祇观念的核心。

春秋战国时代的无神论思潮，是中国古代思想进步的重要组成部分。不过正因为是先进思想，所以在出现之初，总是少数先进人物的创造，是阴云密布孔隙中的一道亮光。整个社会，还是传统神祇观念的统治。

经过质疑、否定和重塑，传统的，不重视德行甚至根本不讲德行的神祇，被重塑为德行的发出者和维护者，从而完成了原始宗教向国家宗教的转变。

相比之下，古希腊人处死了苏格拉底，使他们到底也未完成这样的转变。古希腊宗教后来传到罗马，罗马国教后来又被基督教所取代，其未能完成无德、不德神祇向崇德神祇的转变，当是重要因素之一。

（供稿：韩琪）

【用科学思想消除鬼神迷信】

加润国*，《科学与无神论》2016 年第 1 期

消除鬼神迷信，要用科学思想揭露超自然观念的本质。古人相信脱离物质运动的超自然力，是因为缺乏关于物质运动的科学知识。只要坚持不懈地向人们宣传普及以上科学道理，鬼神迷信的地盘就会逐渐缩小。一旦人们破除了鬼神迷信，邪教组织和恐怖组织编造的歪理邪说和极端思想自然就没人相信了。

消除人们的鬼神迷信思想，除了加强自然科学和社会科学特别是宗教学知识的教育普及之外，还必须加强辩证唯物主义和历史唯物主义教育，彻底破除唯心主义和形而上学的思想方法。

由于鬼神观念、有神论思想以及唯心主义和形而上学的长期影响，由于近代科学是从孤立地研究世界的不同方面开始的，导致唯心主义和形而上学思想方法特别是狭隘的经验观察方法长期统治着科技工作者的头脑，致使一些知识分子甚至大科学家无法摆脱迷信思想。

破除唯心主义和形而上学的思想方法，消除愚昧迷信的认识论根源，必须改进各类学校中的马克思主义哲学教育。哲学教育的核心应该是帮助学生树立科学的世界观，而不是灌输一大堆所谓的哲学知

* 加润国：国家宗教局研究中心研究员。

识。进一步说，我们的哲学教育应该大大地增加批判错误思想的分量。哲学教科书可以只用三分之二甚至三分之一的篇幅来正面阐述马克思主义哲学的基本原理，而用另外的三分之一甚至三分之二篇幅来批判相关的错误思想。

那种认为无神论思想简单浅薄的观点是错误的。鬼神迷信和有神论思想已有几千年甚至数万年历史，至今影响着人类的大多数。

那种认为加强科学无神论宣传教育与落实党的宗教信仰自由政策、团结宗教界人士和信教群众有矛盾的观点也是错误的。无神论是科学世界观的思想基础和基本内容，是党的思想理论宣传的应有之义。只要讲究方式方法、避免伤害宗教感情，无神论宣传教育是完全正当和绝对必要的。

在我们党关于宗教工作的文件中，有关加强科学无神论宣传教育的论述是很多的，相关的工作部署和要求也是明确的，但实际工作中的贯彻落实一直不好。改变这种局面，一是要注意在宣传工作文件和教育工作文件中移植宗教工作文件中的相关论述，以引起足够重视；二是要在宣传部和教育局增设相应的机构和人员，专门开展宗教神学和鬼神迷信影响干部群众情况的调查研究，并落实相关政策。

中国宗教学研究的领导权应牢牢掌握在坚定的马克思主义者手中。

（供稿：韩琪）

【对“圣战”的简略考察】

金宜久*，《世界宗教文化》2016年第4期

在反对宗教极端主义特别是反对恐怖主义的暴恐活动时，很自然地会涉及“圣战”问题。一般认为，“圣战”是阿拉伯语词“吉哈德”的意译，“吉哈德”有“努力”“竭力”“奋斗”等含义。伊斯兰教兴起后，人们对该语词的理解有所发展。探讨语词“吉哈德”或“圣战”时，应根据事件以明确的词义表述出来，而不使之复杂化这样才能更好地开展对相关问题的研究。

无疑，“圣战”并非世俗性的战争，它乃有其明确目的的宗教性战争。实际上，“圣训”同样有关于“圣战”的训示。穆罕默德正是通过这类经文，激励信众参与反对偶像教徒的战斗，不断取得胜利，最终战胜麦加贵族反对派，统一阿拉伯半岛，伊斯兰教得以创立，成为半岛的统治宗教。至于当年是否已有现代含义的语词“圣战”，则完全是两码事。

人们同样可从世界史中读到有关“圣战”的事件，我们并不一定非要把“圣战”与“吉哈德”联系起来。因为人们从历史事件中，完全可悟出此类事件的“圣战”性质，即它在本质上不是什么“努力”“奋斗”，而有着确切的群体性战斗的含义。从十字军东侵可见，“圣战”并非仅仅源自阿拉伯语词“吉哈德”，也可以是地地道道的基督教的产物。

“圣战”就是为宗教、为信仰而从事的战争。我们既不应把现代理解并应用的“圣战”加之于古人。同时，也不应否认、抹杀、忽略古人的战争行为中确有“圣战”的事实。

由宗教学者确立的教法主张，受到穆斯林主体社会信众的广泛认可和遵循。可是，宗教学者并未将战争这一“定制”纳入所确立的基本功课，即“五功”之中。

---

* 金宜久：中国社会科学院荣誉学部委员、世界宗教研究所研究员。

应该指出的是，在伊斯兰教的大部分信众热衷于世俗享受的同时，还有一部分信众力避俗务，追求坚忍、禁欲、克己、守贫、清净、虔敬的生活，关注自我内心的修持。这些以后被称为“苏菲”。他们面对着社会上不断从事的战争，在遵奉经训有关“吉哈德”教诲的同时，适时地提出关于“吉哈德”应分为“大吉哈德”和“小吉哈德”，这种区分为的是把国家、社会的政治、军事行为转化为个人的伦理道德、精神功修行为。

严格说来，“圣战”本身是个中性词，它并无褒义贬义之分。作为宗教性的战争，“圣战”的历史作用是个仁者见仁智者见智的问题，难以一概而论。

就当前的“圣战”形式而言，不管哪种形式的“圣战”，其手段都是血淋淋的，极其残忍的。“伊斯兰国”也好，极端组织也好，其政治目的无外乎就是建立他们心目中的伊斯兰教法统治的“伊斯兰国家”和“伊斯兰制度”。其直接攻击对象往往是无辜的受害者，更多的是平民百姓。这是人们应予坚决反对的。“圣战”在当今社会并非信众的宗教义务，宣扬“圣战”本身违背伊斯兰主体社会的民意，因而是不得人心的。

（供稿：韩琪）

【当前新疆暴恐活动新变化探析】

戴继诚*，《科学与无神论》2016年第1期

当前，新疆正处于暴恐活动的活跃期、反分裂斗争的激烈期、干预治疗的阵痛期，三股势力顶风作案，孤注一掷。暴恐活动呈现出以下一些新特点：

一　从活动主体看，年轻化、文盲或半文盲比例升高。

二　从活动范围看，出现地域扩大化、迁徙化特征。近年来，新疆暴恐活动向东疆、内地转移的趋势已经彰显。所谓“迁徙化”是指受境外分裂势力编造的“圣战殉教进天堂”思想影响，某些受骗群众企图偷渡出境，一旦受阻，不惜就地发动暴恐活动。暴恐活动地域的扩大化与迁徙化流动性强，且有跨国犯罪背景，不仅增加了警方侦查与打击的难度，也牵涉到国际合作打击恐怖主义问题。由于西方国家在反恐问题上对我采取双重标准，打击该类犯罪，任重道远。

三　从活动方式看，小团体化、家族式、独狼化特征明显。由于受宗教极端主义洗脑，这些暴恐分子思想顽固，手段残忍，突发性强，防范难度大。

四　从暴恐手段上看，“热兵器”使用频率上升，对抗性与危害性呈激增态势。

五　从欺骗手段看，暴恐音视频已成为威胁新疆稳定的最大思想毒源之一。暴恐音视频曲解宗教教义、灌输“伊吉拉特”和“吉哈德”（圣战）等宗教极端思想，宣扬“圣战殉教上天堂”，已经成为暴恐团伙的“思想指引”“行动指南”和“训练教材”。

六　“伊吉拉特”团伙活跃，出现与国际极端势力合流趋势。伊吉拉特，又译称“伊吉来特”“希吉拉”“希支拉”“西吉来”，意为“迁徙”，源于伊斯兰教历史上的一次重大事件。近现代以来，中东地区的宗教极端势力不断将“迁徙”和“圣战”捆绑，在宗教外衣下从事政治活动，彻底掩盖了该事件的本来意义。被歪曲的“伊吉拉特”运动具有以下特点：（1）夸大伊斯兰教的危机意识；（2）歪曲伊斯兰教功修；（3）蓄意制造

* 戴继诚：中国人民公安大学副教授。

族群差异；（4）崇尚暴力和杀戮。

境内“三股势力”与国际恐怖势力已经合流，打击“三股势力”是维护世界和平的重要一环。

“伊吉拉特”没有完整统一的组织构架，与“东伊运”或“伊扎布特”不同，但同样具有国际背景，涉及非法移民、偷渡、贩卖（伪造）证件（护照）等跨国犯罪行为，影响中国与周边国家的外交关系。

此外，新疆三股势力中，“民族分裂”是目的，宗教极端是群众基础，暴力恐怖是手段，三者相互倚重，各有分工，但从目前的新趋势看，政治目标，即“独立建国”的诉求有所淡化，“圣战进天堂”“保卫宗教”的活动异常猖獗。这一方面是受国际宗教极端主义，尤其是“伊斯兰国”极端势力的影响；另一方面，也与境外分裂势力的引导有关。

（供稿：韩琪）

【遏制和打击宗教极端势力的策略原则与基本路径研究】

贾友军*，《实事求是》2016 年第 3 期

一　遏制和打击宗教极端势力的策略原则。打击宗教极端势力作为一项重大的政治斗争，牵涉面广，情况复杂，政治性、政策性强，国内外影响大，应当特别重视以下策略原则：（1）法治原则。（2）持久战原则。（3）区别对待原则。（4）协同性原则。全国一盘棋，避免出现新疆与内地在反对宗教极端势力问题上不一致、不协调，甚至相互矛盾的做法。（5）疏导原则。积极探索在社会主义市场经济条件下，边疆多民族地区国家意识、国家认同理论以及引导路径建构与实施，对症下药。（6）重视发挥少数民族社会精英作用的原则。

二　遏制和打击宗教极端势力的基本路径。坚决遏制和打击宗教极端势力必须加强立体化全方位全过程的系统治理，建立起多层次的防火墙或防坡堤。

（一）预防体系建设。优化社会环境，最大限度铲除宗教极端主义滋生土壤，防止宗教极端组织扩展与渗透，防止宗教极端思想传播。

（二）体制机制与能力体系建设。（1）必须建立起基于长远考虑上下联动、反应迅捷、坚强有力的领导指挥系统。建议成立国家反恐中心，作为打击极端主义、恐怖主义的最高领导机构，全面负责全国范围的反恐怖工作。同时还要组成由安全、公安、武警、外交、民族宗教、宣传教育、财政、网络信息等部门参与的协调指挥机构；新疆作为反恐斗争的前沿地区，也应当成立对应的工作机构，具体负责新疆地区反对恐怖主义，打击宗教极端势力的领导以及具体组织协调等全方位工作。（2）明确责任主体，形成有效工作体制机制。（3）重视反对宗教极端主义、暴力恐怖主义的情报信息工作与预警机制建构。搭建信息收集整理、信息发布以及预警平台。（4）切实提高国家以及新疆反对极端主义相关部门工作人员综合素质。（5）强化国家和新疆反对极端主义的现代技术武装。（6）加强预防演习与宣传教育。

（三）消除影响，减少社会阵痛的干预治疗体系建设。（1）认真总结打击宗教极端势力犯罪活动的经验教训。开展宗教极端主义生成机理的研究和打击宗教极端主义工作体制机制完善研究，建立打击宗教极端主义的备案制度。（2）做好高

* 贾友军：新疆农业大学教授。

危群体的改造及其思想转化工作。（3）做好遭受极端势力损害单位、个人的补偿与安抚等工作。（4）积极开展社会心理疏导与矛盾化解工作，及时有效地开展危机公关，为新疆持续发展创造良好社会环境。

（供稿：韩琪）

第六篇

著作选介

马克思主义基本原理

【马克思主义十五讲】

陈先达，人民出版社 2016 年版

该书立足中国现实，以问题为导向，对理论领域和实际工作中关注的十五个马克思主义重大理论问题做了回答：什么是马克思主义、如何对待马克思主义？学者特别是青年学者如何才能做到真信真懂马克思主义？有理想、有抱负的哲学社会科学工作者的历史使命是什么？如何理解马克思主义的基本原理及其当代价值？哲学如何更好地关注现实？如何坚持马克思主义在意识形态中的指导地位？当前马克思主义研究中需要注意哪些问题？如何看待历史唯物主义的史学功能？如何进行价值评价与道德评价？为何说马克思主义中国化是马克思主义发展的必由之路？马克思主义与中国传统文化有何深层次的内在关联？如何看待中国特色社会主义与历史周期率的关系？如何树立新的财富观？我们所说的价值共识与西方所谓的普世价值有何本质区别？如何从哲学的维度悟透人生？作者将研究领域"姓马"与"信马"的问题做了深入的分析，认为"姓马"是专业，是谋生的手段，而"信马"是信仰，它是高于谋生的精神追求。该书说理透彻，行文流畅，兼具学术性和可读性，是理论工作者和广大党员干部研究与学习马克思主义的优秀参考，也有助于青年学者和学生掌握和运用马克思主义分析当代现实问题，增强对马克思主义的信心和吸引力。

（供稿：张伟）

【马克思主义基本原理研究】

叶启绩*等，人民出版社 2016 年版

该书以马克思主义基本原理为研究对象，在深刻理解马克思主义哲学原理的基础之上，联系当今国际、国内现实，从实践的视角分析了"实践与人的类本质的构建""人对客观世界的把握""实践与辩证法"三个理论专题，在梳理马克思主义哲学思想发展史的基础上，考察了劳动价值与人价值的关系。书中指出，马克思主义基本原理是科学的理论体系，它以马克思主义实践观为基础，以揭示与把握客观世界的发展规律为条件，以考察劳动价值与人价值的背离与统一为内容，以明确社会发展的历史主体为力量，以实现人的自由发展与人类解放为根本目标的，以上各方面相互交融、相互渗透、相互支持，构成统一的科学的理论体系。作者指出，要理解马克思主义的整体性，《共产党宣言》思想的整体性、方法的整体性和叙述的整体性为理解马克思主义整体性开启了一条思路；同时，还要从马克思主义与马克思主义基本原理的关系、马克思主义基本原理各个部分的部分性等中理解

---

* 叶启绩：中山大学马克思主义学院教授，博士生导师。

马克思主义整体性。作者还结合马克思主义原理与当今资本主义的新发展、新特点，分析了资本主义社会，研究了改造资本主义社会的历史主体，并重申从必然王国向自由王国的发展，探索了当代中国马克思主义的新发展。

（供稿：张建云）

【论坚持和发展马克思主义政治经济学：兼论以马克思主义引领中国经济学教育】

丁堡骏*，中国社会科学出版社 2016 年版

马克思主义是中国共产党的指导思想，作为马克思主义一个重要组成部分的马克思主义经济学理论，理应成为中国经济学的主流。然而，在改革开放的过程中，在我们学习、借鉴和吸收西方经济学的科学合理成分时，经济学界却出现了对经济学地位问题认识上的偏差，一定程度上动摇了马克思主义经济学的理论指导地位。面对马克思主义经济学的指导地位削弱和边缘化的现实，远非道义上的呼吁和支持所能解决的问题，坚持马克思主义经济学主导地位归根到底还是理论能否说服人的问题。因此坚持马克思主义经济学主流地位命题本身至少应包含以下几个方面的内容：第一，必须在理论上说明中国社会主义改革开放取得巨大成就的指导思想归根到底是马克思主义经济学及其最新发展；第二，必须澄清为什么马克思主义经济学是科学的，而现代资产阶级经济学从总体上是不科学的；第三，必须从理论和实践的结合上阐明现代西方资产阶级经济学及其各种流派存在的社会经济基础，以及这些学说与马克思主义经济学的矛盾和斗争；第四，要从理论和实践上说明，马克思主义经济学必须一方面批判现代资产阶级经济学及其各种流派，指出它们作为一个学说体系来看的不科学性和不合理性，另一方面又要注意从这些学说中借鉴有益的东西，用以解决社会主义市场经济中的问题，并通过革命性的改造用以丰富和发展马克思主义政治经济学。作者围绕上述内容对如何坚持马克思主义经济学主流地位作了理论上的分析。

* 丁堡骏：吉林财经大学经济学二级教授。

（供稿：张伟）

【45 位著名学者纵论政治经济学】

中国社会科学院马克思主义研究学部编，中国社会科学出版社 2016 年版

该书是根据习近平总书记 2015 年在中央政治局就马克思主义政治经济学基本原理和方法论进行第二十八次集体学习上的讲话精神，由中国社会科学院马克思主义研究学部组织国内 45 名著名专家学者就发展当代中国的马克思主义政治经济学方面撰写的论文组成，包括当代中国研究、经典理论创新、政策分析应用等三部分。在当代中国研究部分，刘国光、卫兴华、程恩富、顾海良等 13 位专家就中国特色社会主义政治经济学的理论来源、内容、形成、研究方式、体系构建及其创新与发展等方面问题进行了探讨。在经典理论创新部分，李成勋、颜鹏飞、王振中、李炳炎等 15 位学者就马克思主义政治经济学的理论创新进行了研究。包括提出新的马克思主义政治经济学理论框架、将马克思主义政治经济学研究拓展到新的研究领域、运用新的方法研究马克思主义政治经济学等。在政策分析应用部分，周新城、何干强、项启源等 17 位学者运用马克思主义政治经济学分析我国改革和发展中遇到的各种理论和实践问题，包括如何

坚持正确改革的方向、如何正确认识市场和政府的关系、如何发展民生、如何实现创新发展绿色发展等。

（供稿：张伟）

【实践与马克思主义理论整体性】

夏建国*，社会科学文献出版社2016年版

马克思主义理论整体性研究是马克思主义理论学科的基础性和前沿性课题。本书以实践作为马克思主义理论整体性研究的新视角，将实践升华为马克思主义理论的总体性概念，将马克思主义理论整体性与层次性相结合从逻辑起点整体性、理论内容整体性、价值指归整体性、实践功能整体性和发展创新整体性等方面论述了实践与马克思主义理论整体的历史联系及内在逻辑关联性；揭示了实践在马克思主义理论整体创立中的奠基作用，在中心逻辑线索，即实践概念的基础上构建起了马克思主义理论的整体性。本书对马克思主义理论三大主要组成部分赋予了新的内容理解和体系定位，对理解马克思主义理论“既是三大主要组成部分又是一个统一整体”这一围绕马克思主义理论整体性的难题做了一种新的研究和解答。本书的具体内容包括：马克思主义理论整体性研究现状述评，马克思主义理论整体性研究的实践视角，实践与马克思主义理论整体性研究的主要内容及其逻辑结构，马克思主义理论及相关概念研究，实践与马克思主义理论创立的逻辑起点，实践与马克思主义理论整体的创立，实践的合理性与马克思主义理论的价值指归，实践的真理标准与马克思主义理论的实践功能，当代实践与马克思主义理论整体的创新发展，实践主题的转换与马克思主义理论在中国的创新发展，实践与马克思主义理论整体的逻辑构架，等等。

（供稿：张建云）

* 夏建国：武汉大学马克思主义学院三级教授。

马克思主义中国化

【胡锦涛文选】

中共中央文献编辑委员会，人民出版社 2016 年版

该书选录了胡锦涛同志在 1988 年 6 月至 2012 年 11 月这段时间内的重要著作，共有报告、讲话、谈话、文章、信件、批示等 242 篇，很大一部分是第一次公开发表。全书生动记录了中国共产党十六大后的 10 年里，以胡锦涛同志为总书记的党中央团结带领全党全国各族人民坚持和发展中国特色社会主义的历史进程，全面展示了科学发展观孕育、形成、发展的历史过程，是学习贯彻科学发展观的基本教材。收入的著作包括党的十七大报告、十八大报告，在纪念党的十一届三中全会召开三十周年大会上的讲话、在庆祝中国共产党成立九十周年大会上的讲话；有深入论述深化改革开放、转变经济发展方式、建设创新型国家、社会主义政治文明、政治体制改革、中国特色社会主义文化发展道路、社会主义核心价值体系和社会主义荣辱观、文化强国、构建社会主义和谐社会、推动建设和谐世界、生态文明等的重要著作。全书涉及经济、政治、文化、社会、生态等各领域，涵盖改革发展稳定、内政外交国防、治党治国治军等各方面，系统阐述了科学发展观的一系列重大观点，进一步回答了什么是社会主义、怎样建设社会主义和建设什么样的党、怎样建设党的问题，创造性回答了新形势下实现什么样的发展、怎样发展等重大问题，是马克思主义中国化的重大成果。

（供稿：郑萍）

【马克思主义中国化的最新成果：习近平治国理政思想研究】

王伟光，中国社会科学出版社 2016 年版

中国社会科学院院长王伟光教授的新著汇集了作者对十八大以来习近平总书记系列重要讲话精神和治国理政思想的研读文章，包括马克思主义中国化的当代理论成果、坚持和发展中国特色社会主义的政治宣言、中国共产党与中国梦、坚持群众路线与中国特色社会主义道路、当今中国发展进步的精神旗帜、为什么人的问题是哲学社会科学研究的根本问题、当今中国马克思主义的重要文献、科学运用马克思主义世界观和方法论的典范、学好用好马克思主义哲学，努力掌握看家本领、指导和推动中国特色社会主义伟大实践的科学指南、牢牢把握意识形态工作的领导权、管理权、话语权；加强中国特色新型智库建设，哲学社会科学研究大有可为；习近平治国理政思想的灵魂、主线、目标与核心内容等近 30 篇。作者认为，习近平总书记系列重要讲话全面阐发和深度丰富了党的十八大精神，形成了一系列治国理政的新思想、新理念和新战略，是对中国特色社会主义道路、理论体系和制度，

对中国特色社会主义的基本理论、基本路线、基本纲领、基本经验和基本要求的科学论述，是全面阐述事关中国特色社会主义前途命运的一系列重大原则问题的当代中国马克思主义重要文献，是对中国特色社会主义理论体系的丰富、发展和创新，是马克思主义中国化的最新理论成果。全书内容广泛，论证严谨且自成体系，对理解习总书记系列重要讲话精神具有十分重要的现实意义和参考价值。

（供稿：郑萍）

【中国道路为什么能成功（丛书）】

邓纯东主编，国家行政学院出版社2016年版

中国社会科学院马克思主义研究院院长、党委书记邓纯东研究员策划编写的这套丛书，包括10本专著：《国魂铸就根基——确保中国梦实现的国家意识形态》《打铁先有自身硬——党的领导及其自身建设》《效率与公平兼顾的制度保障——公有制为主体的基本经济制度》《人民是国家的真正主人》《科学民主与规范高效的统一——民主集中制的决策与执行体制》《两个坚定不移，避免老路、邪路——改革开放焕发社会主义巨大活力》《两手并用——正确定位与充分发挥政府和市场作用》《传统特性与现代规律的有机衔接——中国特色国家和社会治理模式》《文化基因与精神血脉的现代作用——中国优秀传统文化与中国道路》《和平、发展、合作、共赢——独立自主的和平外交营造国际环境》。该丛书着力于“为什么”的角度，全面、系统地分析、揭示、回答了中国道路取得伟大成功的各方面原因，满足国内外对中国道路成功原因的探寻，是一套学术积累深厚、可读性强的学术著作；在向国内特别是向国际上讲好中国故事、传递中国声音、树立中国人民的道路自信、理论自信、制度自信、文化自信，增强中国在国际领域的话语权方面具有一定价值。丛书由马克思主义研究院朱燕、刘海飞、张福军、梁孝、陈建波、侯为民、陈人江、刘须宽、汪海鹰、尚伟这10名中青年研究人员参与撰写，被列为中国社会科学院2015年度马工程重点项目。

（供稿：郑萍）

【中国特色社会主义专题研究】

秦宣*，高等教育出版社2016年版

中国人民大学秦宣教授的这本著作论述中国特色社会主义理论体系的形成发展过程和主要内容。全书共分五篇。第一篇中国特色社会主义理论体系研究，从整体上论述中国特色社会主义道路、理论体系和制度，反映了中国特色社会主义的整体框架，并论及其与毛泽东思想的关系和国际影响；第二篇邓小平理论研究，研究邓小平关于中国特色社会主义的思想，包括邓小平理论与中国现代化、中国发展模式，邓小平关于民主与法治、政治文明、制度文明、党内民主、改革开放的思想、稳定观及其现代意义；第三篇研究“三个代表”重要思想及其在中国特色社会主义中的地位，论及其理论创新以及本质等；第四篇研究科学发展观及其在中国特色社会主义中的地位，论及构建社会主义和谐社会、社会主义核心价值体系建设、社会主义核心价值体系与文化软实力建设等；第五篇研究中国共产党的十八大以来以习近平为总书记的党中央对中国特色社

* 秦宣：中国人民大学马克思主义学院教授。

会主义的新发展，内容包括“中国梦”的科学内涵和时代特征、中国梦与中国特色社会主义制度创新、意识形态工作、党的群众路线教育实践活动、制度自觉、制度自信和制度创新、四个全面等。本书是作者近 20 年研究中国特色社会主义的汇集。

（供稿：郑萍）

【毛泽东人民观及其当代意义研究】

戴立兴*，社会科学文献出版社 2016 年版

中国社会科学院马克思主义研究院研究员戴立兴撰写的《毛泽东人民观及其当代意义研究》提出，毛泽东人民观是毛泽东思想的重要基石，整个毛泽东思想体系正是在这块坚实的基石上构筑起来的。毛泽东人民观，是毛泽东思想的核心元素和灵魂，也是其最革命和最生动的部分，贯穿毛泽东思想的各个组成部分，并在实践中指引着中国革命和社会主义建设事业不断取得胜利。研究毛泽东人民观，有助于更全面、更客观地认识毛泽东思想。从现实角度看，研究毛泽东人民观，有助于更好地坚持党的指导思想和性质、宗旨，解决我们在建设中国特色社会主义事业中遇到的诸多问题。从当前时代背景来看，研究毛泽东人民观，对于坚持群众路线、密切党群关系、加强党的先进性和纯洁性建设有指导意义；有助于正确处理人民内部矛盾，充分调动群众积极性创造性，协调各阶层利益，构建社会主义和谐社会；有助于加强民主法治建设，建设社会主义法治国家。该书初步建构了毛泽东人民观研究的理论体系，对毛泽东人民观的基本概念、形成条件、形成过程、主要内容及现实启示等进行了深入探讨和系统提炼，形成了具有较强创新意义的研究框架，是一本研究毛泽东人民观的比较系统的学术专著。

（供稿：郑萍）

【中国定力】

徐成芳**，人民出版社 2016 年版

该书运用马克思主义的历史观和发展观，把中国定力问题放到中国和世界发展的大历史中加以考察，以宏大的理论视野和鲜明的问题意识，全面梳理总结了中国定力的由来、性质和现实表现，深刻分析阐发了在实现中国梦的历史进程中，中国应当保持什么样的战略定力、道路定力、理论定力、制度定力、外交定力和实现梦想的定力等等重大问题。本书用“中国定力”这一概念为纲领性线索，贯穿历史、总结成败、阐发中国特别是中国共产党的实践探索和理论创新。首先，从理论上对中国定力的相关概念与基本问题进行了解析，对中国定力思想发展的脉络进行了考察，对中国定力的多种向度进行了分析，提炼出中国定力的历史基础、文化基础和理论基础。其次，把全球化的时代背景与中国转型的现实背景结合起来，立足于道路自信、理论自信、制度自信、文化自信，回溯中国历史发展的重大问题和事件，多维多重地审视中国定力问题，辩证地分析研究中国定力的生成与捭阖，揭示中国各种积极定力的内在关联，找出巩固发展积极定力的主要问题，探寻中国定力发展的主要规律。再次，兼顾学术性与可读性，避免人云亦云的生硬的政

* 戴立兴：中国社会科学院马克思主义学院党建党史研究室主任，研究员。

** 徐成芳：大连理工大学马克思主义学院教授。

治说教，而是在讲故事中植入价值，努力从历史的厚度、文化的深度、对比的强度上深刻而鲜活地表达对中国特色社会主义“千磨万击还坚劲，任尔东西南北风”的坚强定力，对政治话语的学理表达和大众化有机统一进行了有益尝试。

（供稿：李建国）

马克思主义发展史

【治国理政新布局：“四个全面”托起中国梦】

辛向阳，中国人民大学出版社 2016 年版

该书主要阐述了中国梦的主要内涵和“四个全面”战略布局的逻辑结构，系统地分析了中国梦的实现面临着的诸多问题。这些问题的解决要靠“四个全面”战略布局。“四个全面”战略布局的战略目标是全面建成小康社会，这是中国梦的第一个梦想，显然中国梦与“四个全面”战略布局之间存在着十分密切的联系。本书提出，全面深化改革是实现中国梦的强大动力，全面依法治国是实现中国梦的法治基础，全面从严治党是实现中国梦的根本保障。系统阐述了“四个全面”战略布局的三大逻辑。对于“四个全面”的逻辑体系进行了有学术含量的分析。本书联系实际，善于讲中国故事，自觉地把理论性的内容转化为大众化的语言。

（供稿：任洁）

【通往自由之路——马克思哲学思想研究】

安启念，中国人民大学出版社 2016 年版

一种观点认为马克思的哲学思想是辩证唯物主义以及它在社会历史领域的运用即历史唯物主义；另一种观点强调实践活动在马克思哲学思想中的巨大意义，对辩证唯物主义世界观则予以否定，认为它根本不是马克思的思想。本书作者提出，马克思唯一关心的是人类解放，他的哲学思想是大唯物史观。大唯物史观涵盖了自然界、人类社会和人本身，认为历史就是它们之间的相互作用和协同发展；人在劳动实践活动中改变环境，同时也改变着自身，这种辩证运动是历史发展的深层机制；历史发展的趋势是人类解放。这种大唯物史观克服了唯物主义和唯心主义的对立，把人道主义与科学理性结合起来，是马克思对人类文明的巨大贡献。这是一本充满创新精神、令人耳目一新的著作。

（供稿：夏一璞）

【共产主义的原貌：马克思《1844 年经济学哲学手稿》】

陈培永*，广东人民出版社 2016 年版

该书立足于领导干部在当前中国特色社会主义建设中遇到的重大理论与现实问题的困惑，从现实出发重新诠释《1844 年经济学哲学手稿》这篇马克思主义经典文献，以经典著作的思想解释现实问题，把经典哲学中的哲理通俗化为面向大众的睿智，成为为人、为官、为学的处世箴言。本书以小品文的写作风格，图文并

---

* 陈培永：广东省委党校哲学教研部教授。

茂的形式，让广大读者在轻松愉悦的氛围中，掌握马克思经典著作的精髓，感受经典的无穷魅力。这部著作促使人们热情、理性地去思考共产主义，看看马克思对共产主义最早的系统论述，弄清楚共产主义最初的轮廓。

（供稿：任洁）

【马克思主义法学理论在中国的传播与发展（1919—1966）】

张小军*，中国人民大学出版社2016年版

马克思主义法学理论是马克思主义的重要组成部分，是运用马克思主义基本原理、立场、方法来解读和推进中国法制发展的根本指导原则和理论支撑。对于这一部门史的研究，有利于我们全面掌握马克思主义发展史清晰的脉络和鲜活的历史进程。这本由马克思主义法制史专家撰写的马克思主义法学理论在中国近现代时期的诞生与成长，是一本用社会史、文化史的视角研究思想理论的著作，全面系统地叙述了从十月革命到“文化大革命”前马克思主义法学在中国传播与发展的历史。从政治家、革命家层面到一般学术界、法学教育层面，从思想理论层面到中国革命和建设的法制实践层面，全面展示了这一时段马克思主义法学中国化的重大历程。马克思主义法律思想1919年后经由中国知识界传入中国，中国革命家在革命根据地对它进行了创造性的发展，并将之应用到根据地法制实践中，获得了巨大成功。新中国成立后，经过司法改革、法学教育院系调整，法学知识体系化等“意识形态国家机器”的全面改造及其苏联法学知识体系的移植，我国社会主义的法学知识体系和司法体制逐步建立起来，同时，马克思主义的法学知识也作为现代中国法律知识的一部分而被大众化、社会化。

（供稿：夏一璞）

【马克思主义的主要流派（三卷本）】

［波兰］莱泽克·科拉科夫斯基**，黑龙江大学出版社2016年版

科拉科夫斯基是波兰著名哲学家，东欧新马克思主义的重要代表人物。1927年出生在波兰的拉多姆（Radom），年轻时就加入了波兰共产党，在纳粹占领波兰时期从事地下活动。二战后，他作为波兰统一工人党的理论家而知名，并积极参与了波兰党组织的一系列批判其他思潮的活动（他在此书中对此表示了忏悔）。20世纪50年代初，科拉科夫斯基逐渐和波兰党的正统观念拉开距离，参与了当时东欧泛起的改革思潮。1968年，科拉科夫斯基和波兰统一工人党分道扬镳，随后移居西方，在多所大学内担任教职，做研究工作。1976年至1978年，《马克思主义的主要流派》在西方出版，给科拉科夫斯基带来了国际性声誉。早在20世纪初期，我国学者在《20世纪的新马克思主义》一书中就详细介绍了作者及这部著作。2016年中译本的出版，有助于拓展我国对马克思主义发展史认识与研究的世界视野。

《马克思主义的主要流派》分为三卷本，第一卷讨论马克思主义的形成和理论体系；第二卷讨论19世纪末期的马克思主义，截至列宁主义的兴起和俄国革命；第三卷则讨论一战之后直到20世纪70年代的马克思主义诸流派。在书中，科拉科夫斯基探讨了马克思主义的思想和政治起

* 张小军：陕西师范大学政治经济学院法学系副教授。

** 莱泽克·科拉科夫斯基：波兰著名哲学家，东欧新马克思主义重要代表人物。

源，并且讨论了截至70年代初，世界各地主要的马克思主义流派。除了列宁、托洛茨基和苏联的马克思主义者，以及中国人比较熟知的德国社会民主党、卢森堡、法兰克福学派、卢卡奇、葛兰西、科尔施、布洛赫等，也包括了克齐维茨基、勃若佐夫斯基、拉布里奥拉等中国人不甚熟悉的马克思主义者。不过，该书并没有覆盖世界上所有的“马克思主义的主要流派”，它的眼光仅仅局限于欧洲，忽略了如日本的马克思主义者、中国等亚非拉地区马克思主义流派，甚至于同属英美体系的美国《每月评论》的斯威齐（Paul Sweezy）、巴兰（Paul Baran）等，英国的马克思主义历史学家小组成员，如佩里·安德森、希尔（Christopher Hill）、E. P. 汤普森等，以及拉丁美洲的马克思主义诸流派，统统付之阙如。这也成为了这本书最受诟病的缺陷。

（供稿：夏一璞）

国外马克思主义

【世界社会主义整体发展视阈中的国外社会主义流派】

吕薇洲等，中国社会科学出版社2016年版

该书是吕薇洲研究员主持的国家社科基金项目“世界社会主义运动视阈中的国外社会主义流派研究”的最终成果。该书运用历史与逻辑、理论与实践、分析与比较相结合的方法，纵横交错地对国外社会主义流派进行了系统考察和阐述。

全书共九章。前四章按历史发展的轨迹，将国外社会主义流派还原到宏大的世界社会主义发展进程中，置于人类社会发展的整个历史长河里，分四大时期若干阶段，纵向考察各流派产生的历史背景和社会条件，把握其发展变化的内在逻辑和基本规律，力图全面客观地阐述国外社会主义流派的发展演变、理论主张和本质特征。后五章选取民主社会主义、市场社会主义、生态社会主义、原苏东地区的新社会主义以及拉美21世纪社会主义等当代最具代表性和影响力的五种国外社会主义流派进行具体辨析，既剖析各流派的发展脉络、理论观点、本质特征及地位作用，又探讨各流派对世界社会主义正反两方面的影响和启示，并阐述各种思潮流派及其与中国特色社会主义的关系，廓清国外各种社会主义理论流派与中国特色社会主义的本质区别。

（供稿：陈爱茹）

【塞浦路斯劳动人民进步党革新社会主义的理论与实践】

王喜满*，中国社会科学出版社2016年版

该书以塞浦路斯劳动人民进步党革新社会主义为题，力图在马克思列宁主义的指导下，对塞浦路斯劳动人民进步党的理论和实践进行了全面而系统的研究。全书由绪论、塞浦路斯劳动人民进步党的创立和发展、塞浦路斯劳动人民进步党革新社会主义的历史条件、理论主张、实践活动、重点解析以及前景展望等七部分组成。该书指出，塞浦路斯劳动人民进步党是在艰辛的探索中不断前进的。它顽强地坚持将革命道路与议会斗争道路相结合并成功上台执政。塞浦路斯劳动人民进步党之所以能够取得辉煌的成就，与它极具特色的社会主义理论主张是分不开的。塞浦路斯劳动人民进步党坚持马列主义指导，不断进行自我革新，根据本国国情，独立自主地走出了一条通过总统选举成功上台执政的艰辛道路。尽管命运多舛，在内外强大的压力下，执政五年的塞浦路斯劳动人民进步党在2013年总统竞选中失利，再次失去执政地位。但是，在资本主义爆发国家金

---

* 王喜满：辽宁大学马克思主义学院讲师。

融、经济危机的大背景下，塞浦路斯劳动人民进步党根据不断变化的新形势，在揭示资本主义制度性危机本质的基础上，提出了塞浦路斯政府应对世界经济危机不利影响的举措，同时强调，要加强自身党的建设，对未来社会主义充满希望。

（供稿：陈爱茹）

【现代哲学的变更与后现代主义和西方马克思主义】

刘放桐*，华东师范大学出版社2016年版

后现代主义和西方马克思主义是现当代西方各国广为流行并引起学界广泛关注的两种重要思潮，它们同现当代西方其他思潮一样，都包括了各种不同派系。它们各有不同的理论特征，彼此之间不仅存在差异，有时甚至相互对立。但在超越和反对西方近代哲学的绝对主义和思辨形而上学等倾向上，在对所谓“现代性”的批判和超越上，它们却往往存在重要的共同之处，并由此使它们与西方近代哲学在具有划时代意义的哲学思维方式上区别开来。后现代主义和西方马克思主义的产生和流行各有独特的社会和思想理论背景，但都是在马克思哲学上的革命变更与西方哲学从近代到现代转型的大背景下出现的，是这种变更和转型的特殊的、既包含着扭曲又包含着发展的形态。为了对它们有较为深刻和全面的认识，就应当首先把握这个大背景，由此出发来考察和认识它们在不同的理论形态下所体现的现当代哲学的根本倾向，特别是较为准确地揭示它们与高度体现现当代哲学发展的正确方向的马克思主义哲学之间的复杂的社会历史和思想理论联系。该书系统介绍了后现代主义与西方马克思主义两种思潮极其影响，并从对现当代哲学可能的发展道路的比较研究中进一步揭示只有发展着的马克思主义才能体现当代哲学发展的正确走向。

（供稿：唐芳芳）

【语言哲学——国外马克思主义、现代西方哲学】

尹树广**，人民出版社2016年版

20世纪语言哲学转向以来，国外马克思主义也发生了同样的变化并一直持续至今，众多学者在语言本体论、话语实践理论、当代语言哲学方面作出了重要贡献。该书主要汇集了国内从事国外马克思主义、现代西方哲学、语言学专业的20多位学者的研究论文，内容主要包括国外马克思主义语言哲学一般理论、马克思的语言哲学、国外马克思主义语言哲学的新发展、现代西方语言哲学、诠释学、修辞哲学、符号学。这些学者在多年的教学和学术研究工作中一直致力于语言哲学研究，跟踪国内外最新研究的发展，对相关领域的一般理论和个别论述、语言本体论和话语实践理论、语言哲学方法论、语言哲学思想的社会作用有较深入的理解。该书中既有对马克思、索绪尔、维特根斯坦、巴赫金、本雅明、阿多诺、梅劳－庞蒂语言哲学思想的回溯，也有对当今知名学者哈贝马斯、德里达、布尔迪厄、利奥塔、列维纳斯、阿甘本、巴迪欧、詹明信、勒赛克尔语言哲学论述的探讨，有助于初学者和专门研究者了解相关领域的思想史和新的理论进展。

（供稿：陈慧平）

* 刘放桐：复旦大学哲学系教授。

** 尹树广：华南师范大学政治与行政学院教授。

【印度共产党（毛主义者）的理论与实践研究】

王静*，社会科学文献出版社 2016 年版

在未经历社会主义革命的第三世界，封建主义、帝国主义、官僚买办资本主义的遗毒广泛存在。苏联解体后，新自由主义席卷全球，南亚成为重灾区。正是在这一时代背景下，由尼泊尔革命直接带动，21 世纪南亚毛主义力量重新整合，掀起了新一轮反抗运动的高潮。2004 年印度共产党（毛主义者）甫一成立，就展示出巨大的实力和潜力，对印度资产阶级政权造成冲击，并逐渐替代尼泊尔共产党（毛主义者）成为南亚毛主义运动的中心和领导者。对印度乃至南亚毛主义运动的来龙去脉进行系统分析和梳理，已经成为共产主义运动研究、国际地缘政治研究以及中国全球战略研究必须面对的重大课题。该书深入透视历史脉络，纵观世界变化，对在“毛泽东主义”旗帜下不断展开的、横贯印度乃至整个南亚地区的、酷烈的共产主义运动进行多面研究，并将历史探讨、现状揭秘、理论分析和对运动的战略评估融为一体，提供了国内对于该问题最为深刻和全面的研究。该书由中国社会科学院原副院长李慎明作序一，题目为《于无声处待惊雷》，并评价此书“以印共（毛）的理论和实践问题为主题，对当今世界众多重大问题都做了较为精彩的马克思主义立场的剖析，这对一位 80 后的年轻学者来说，是难能可贵的。某种程度上来说，这本著作是穿透新自由主义阴霾的一缕阳光”；由清华大学中文系、历史系教授汪晖作序二，题目为《“毛主义运动”的幽灵》，汪晖教授评价此书“这是我在中文世界所见到的有关这一运动最为全面和深入的研究。这是一部十分难得的书”。

（供稿：王艳阳）

【*The Ways of the World*（世界之路）】

［美］大卫·哈维（David Harvey）**，Profile Books LTD（伦敦：简介图书有限公司），2016 年

该书是当代著名左翼哲学家、马克思主义学者大卫·哈维迄今为止最重要的自选集，其中涉及了对于马克思主义的地理政治学建构设想、后现代条件下的全球反叛、对当代资本主义尤其是金融危机的分析以及从地理政治学的视角对于资本主义与自然关系之悖论富有洞见的阐述，该书彰显了哈维的马克思主义学者立场，是研究哈维思想以及当代资本主义的不可或缺的重要作品。内容包括：“地理学中的革命和反革命理论和贫民聚居区形成的问题”“资本主义积累的地理学——马克思主义理论的重构”“资本主义下的城市化过程——分析框架”“纪念碑和神话——圣心大教堂的修建”“时空压缩和后现代条件” “从管理至上主义到企业家主义——晚期资本主义城市治理中的转型”“环境的本质——社会改变和环境改变的辩证法” “武力特殊主义和全球野心”“‘新’帝国主义——通过剥夺的积累”“金融危机的城市根源——为反资本主义斗争回收城市”“资本进化”等。

（供稿：张剑）

---

* 王静：中国社科会科学院马克思主义研究院国外部助理研究员。

** 大卫·哈维：纽约城市大学人类学和地理学杰出教授。

国际共产主义运动

【世界社会主义跟踪研究报告（2015—2016）——且听低谷新潮声】

李慎明主编，社会科学文献出版社2016年版

该书是中国社会科学院世界社会主义研究中心主持编撰的第12本“世界社会主义黄皮书”，由2015—2016年度具有前沿性和代表性的研究成果集结而成，从九个方面对当今世界范围内的社会主义思潮、运动、理论与制度进行了多视角、深层次、全方位的研究与探讨，反映了整个世界，尤其是亚洲、欧洲、美洲地区社会主义发展和研究的新动态。

全书分上下两册。上册包括总论，世界社会主义理论探索，美国动态，俄罗斯动态，世界社会主义运动与政党动态五个板块，收录的文章主要探讨世界社会主义理论和实践的新进展，并重点介绍美国和俄罗斯两国对世界社会主义发展的最新探索。下册包括关于意识形态工作的理论、对策及国际经验，党的思想、理论和组织建设，依法治国，专题研究“时代、霸权与历史虚无主义”四个板块。收录的文章有些是探讨在错误思潮泛滥的当下，为何及如何解决意识形态领域的问题，以及如何通过加强马克思主义理论创新掌握意识形态话语权；有些是关于为何及如何处理好党与法的关系，以及社会主义法治为何必须坚持党的领导；其中关于“时代、霸权与历史虚无主义”的专题文章，重点研究了“坚持和平发展道路坚决反对霸权主义”“对当今时代和世界形势的估计”“当今世界仍然处于金融帝国主义时代，必须居安思危，坚定信心”“正确把握时代特征自觉抵制历史虚无主义”和“时代问题是关系全局性、战略性的重大理论问题”。

（供稿：张福军）

【独联体国家共产党的理论与实践】

刘淑春[*]等，中国社会科学出版社2016年版

该书是刘淑春研究员主持的国家社科基金项目“独联体国家共产党的理论与实践”的研究成果。该书不仅对目前独立国家联合体各国活动的20个共产党的经验进行了多视角的研究，也对原苏联地区共产主义运动的现状及前景作出了评价。

该书以总—分—总的框架构成，共分六个部分。第一部分概述苏联解体后原苏联地区的共产党——共产党联盟—苏共，这是以重建苏联共产党、重建社会主义的联盟国家为主旨的地区协调组织；第二部分介绍俄罗斯联邦领土上的“一大众小”八个共产党，其中重点介绍俄罗斯联邦共产党；第三部分介绍乌克兰、白俄罗斯、摩尔多瓦三国的共产党；第四部分介绍亚

---

[*] 刘淑春：中国社会科学院马克思主义研究院研究员，硕士生导师。

美尼亚、格鲁吉亚、阿塞拜疆高加索三国的共产党；第五部分介绍哈萨克斯坦、吉尔吉斯斯坦、乌兹别克斯坦、土库曼斯坦、塔吉克斯坦中亚五国的共产党；第六部分为研究心得与启示，通过梳理独联体共产党20多年的理论与实践，得出几点思考和结论。

该书认为独联体共产党人对本国和世界社会主义历史与现实问题的思考和探索是积极的、多视角的，为解答资本主义如何过渡到社会主义这一历史性课题提供了许多有益的启示。他们对当今世界政治格局变化及发展趋势的分析，对苏联解体和国际共产主义运动遭受挫折的教训的总结，在现有条件下旨在实现社会主义的实践探索，都是当代国际共产主义运动发展的重要组成部分，也是我国需要了解、研究和借鉴的宝贵财富，对于推动世界社会主义运动的复兴具有重要意义。

（供稿：潘西华）

【共产国际与中国共产党关系探源（上、下）】

黄修荣、黄黎*，人民出版社2016年版

该书是一部全面阐述共产国际与中国共产党关系问题的学术专著，从共产国际建立和中国共产党诞生起一直写到1943年共产国际解散为止，全面评价了共产国际的功过是非。

该书认为，纵观历史，共产国际、联共（布）在指导中国革命过程中起过重要的作用。中国共产党的成立、第一次国共合作的形成、北伐战争，乃至土地革命、抗日战争，都曾得到共产国际和联共（布）的大力帮助，在一定程度上加快了中国革命的进程。但是，共产国际和联共（布）的错误指导也妨碍了中国革命的发展。在共产国际和联共（布）影响下产生的陈独秀右倾错误以及土地革命战争时期的三次“左”倾错误，使中国革命遭受了重大损失。科学总结共产国际、联共（布）在帮助中国革命过程中的经验教训和所起的作用，从中找出规律性的认识，不仅是历史研究的需要，而且具有现实意义。对于丰富和发展马克思主义、深刻理解和掌握毛泽东思想的科学体系、促进国际共产主义运动继续向前发展，具有十分重要的意义。

该书利用中共中央党史研究室第一研究部主编的21卷《共产国际、联共（布）与中国革命档案资料丛书》等国内外各种难得的珍贵档案文献资料，立论公允，史料丰富，力求在过去研究的基础上有所创新。

（供稿：潘西华）

【国际金融危机与当代资本主义】

徐崇温**，重庆出版社2016年版

该书全面探讨了2008年国际金融危机产生的根源、本质、发展历程和后果，否定了仅仅把危机归结为政策失误或行为不当以及外部因素冲击的观点。该书认为，在经济全球化进程加速的背景下，社会生产力获得极大发展，但生产资料的私人占有性质依旧未变，因此资本主义制度的基本矛盾也没有改变。正是生产力无限扩张与社会有限需求之间的矛盾导致了这次国际金融危机。

全书分为五编，第一编“国际金融

* 黄修荣：中共中央党史研究室第一研究部主任、研究员；黄黎：国家博物馆副研究馆员，法学博士。

** 徐崇温：中国社会科学院研究生院博士生导师，复旦大学国外马克思主义研究中心兼职教授。

危机的发展历程”，在分析国际金融危机的形成及其特征之后，又分别详细分析了欧洲主权债务危机、美国联邦政府和地方政府债务危机、日本主权债务危机的情况。第二编“国际金融危机爆发的原因”分析了危机的三种具体成因：美国新自由主义的宏观经济政策、政府监管缺失、过度的透支消费，以及制度根源即资本主义社会的基本矛盾。第三编“国际金融危机对当代资本主义的严重冲击”分析了金融危机对新自由主义、美国梦、历史终结论的打击，世界中心由西向东的转移趋势，世界格局多极化的发展趋势，以及国际金融危机对西方各国政治、社会、民主等各方面的冲击。第四编“美国、日本逆时代潮流而动的举动”分析了美国“重返亚太”战略的起因和失败的命运，日本政治的右倾化发展。第五编“资本主义的走向和社会主义的未来”分析了资本主义必然走向社会主义的发展趋势。

（供稿：牛政科）

【拉丁美洲的替代一体化运动——ALBA-TCP的经验与启思】

贺钦*，时事出版社2016年版

拉丁美洲的一体化运动是一个渐进、复杂和多维的历史进程。进入21世纪以来，拉美一体化进程在价值与经验层面上均出现了不同程度的积极变化，并由此步入了重构和创新的历史新阶段。该书试图通过对拉丁美洲一体化进程的回顾与反思，阐释发展中国家在全球化时代参与区域经济一体化面临的挑战与选择，并进一步论证外围国家探索替代一体化模式的必要性。

以美洲玻利瓦尔联盟—人民贸易协定（ALBA-TCP）为代表的拉美替代一体化运动旨在取代资本一体化，使人民成为资源红利的真正受益者，使拉丁美洲有胆识、有力量打破中心—外围二元格局，在国际社会中谋求新的历史地位与认同。自2005年成立以来，ALBA-TCP在增进地区福利与团结方面成绩显著。当前，受地缘政治经济因素影响，ALBA-TCP正面临成立十余年来最为严峻的挑战。该书试图通过对ALBA-TCP历史经验与意义的考察，探寻拉美替代一体化运动谋求地区团结与发展的可能性。

该书认为，只有符合拉美国家发展规律、阶段特征和拉美人民根本利益的替代一体化道路，才能真正破解拉丁美洲“丰饶而又苦难”的发展谜题，成就拉丁美洲自主发展的全新未来。建构包含社会主义价值的地区一体化替代模式是发展中国家在经济全球化时代，抵御新殖民主义、争取团结自主发展、超越资本主义发展桎梏、探索21世纪社会主义的现实选择。

（供稿：张福军）

* 贺钦：中国社会科学院马克思主义研究院助理研究员。

中国近现代史基本问题

【中国共产党的九十年（上、中、下）】

中共中央党史研究室主编，中共党史出版社2016年版

2010年7月，习近平同志提出编写《中国共产党的九十年》的任务，并在编写工作启动后亲自审定编写工作方案，作出长篇重要批示，给予重要指导。该书在中共中央党史研究室室务委员会具体领导下，历时六年编写完成。在编撰过程中，注意吸收《中国共产党历史》第一卷、第二卷和《中国共产党的七十年》的精华，并积极吸收党史研究最新成果。

在该书编撰过程中，恰逢中国共产党第十八次全国代表大会召开，为了记述内容的完整性，将时间下限向后顺延，反映了1921—2012年中国共产党的历史。全书分为新民主主义革命时期、社会主义革命和建设时期、改革开放和社会主义现代化建设新时期三册，共60余万字。该书随文插图400余幅，图文并茂、准确生动地展现了中国共产党90余年的奋斗历程、光辉业绩和取得的伟大成就。

这部权威通史类党史基本著作的出版，是党史学界取得的重大研究成果，也为广大党员、干部、群众和青少年学习党史提供了一部重要的教科书。

（供稿：于晓雷）

【党的历史与党的建设研究】

王炳林*，人民出版社2016年版

该书从问题出发，对中国为什么选择马克思主义、为什么选择社会主义等问题进行了深入探讨，对中国特色的革命道路和建设道路进行了概括总结，从党的历史中揭示马克思主义中国化的历史必然性。在深入党的学习历程和总结学习经验的基础上，探讨了建设学习型党组织的若干重大理论和实践问题，对学习型党组织的基本特征、建设路径、考核体系等重大问题进行探讨，对于新时期加强学习型、服务型、创新型党组织建设具有重要参考价值。

实现中华民族伟大复兴的中国梦是近代以来中国人民的夙愿，在历史与现实相统一的基础上阐释中国人民追梦的历程以及阐释中国梦的科学内涵，也是该书的重要内容。

（供稿：于晓雷）

【中国共产党思想建设的长征】

刘汉峰**主编，北京古籍出版社2016年版

该书定位为党的理论宣传通俗读本，以党的思想建设为主题，以党的历史发展脉络为写作顺序，以党的思想建设重要成果为章节展开读本写作。读本写作体例为

---

* 王炳林：教育部高等学校社会科学发展研究中心主任。

** 刘汉峰：北京市委党校·北京党建基地研究员。

以论代史、史论结合的形式，选用一定比例的党史案例，突出党的主要领导在党的思想建设上的思想点，并以此为全书各章标题，力求表达准确、形式新颖、格调清新、语言生动。

全书共 16 章，第一章讲党的诞生时的思想启蒙，第二章讲古田会议精神，第三章讲共产党员修养之思想建设，第四章讲延安整风时期的思想建设，第五章讲七大对毛泽东思想的概括总结，第六章讲七届二中全会提出的两个务必的思想，第七章讲八大在思想认识上对群众路线的认识，第八章讲邓小平理论的确立，第九章讲两手抓思想，第十章讲南方谈话中对马克思主义发展道路的认识，第十一章讲的是领导干部要抓好“三讲”，第十二章讲的是用“三个代表”武装全党，第十三章讲的是用科学发展观统领全局，第十四章讲的是共产党人要有理想信念，第十五章讲的是思想建设和制度建设相结合，第十六章讲中国梦与民族复兴。

该书比较系统、准确地反映了党进行思想建设的过程，在此基础上揭示了进行思想建设的一些规律、特点，为今后的思想建设提供了一些重要的历史借鉴，是一部比较好的进行思想教育、党性教育的读物。

（供稿：于晓雷）

【中国共产党的社会基础拓展研究：基于当代中国社会变迁的视野】

温敬元[*]等，社会科学文献出版社 2016 年版

这部论著，以马克思主义党群关系理论为指导，运用党建学说、政治学和社会学等交叉学科理论与知识，系统分析和研究了当代中国社会变迁视野下党的社会基础拓展问题。本书有以下几个特点：

一是内容比较系统全面。全书紧紧围绕“党的社会基础拓展”这个主题，分六个篇章进行分析和论述，分别是基础理论篇、历史回顾篇、社会变迁篇、机遇挑战篇、对策思路篇、国外政党篇。全书各个篇章相互联系，环环相扣，共同构成一个有机统一整体。

二是分析问题的视野比较开阔。作者把党的社会基础拓展问题放到党执政的历史过程，特别是当代中国社会变迁的背景下进行研究，既有历史视野，又有现实视野，既注意理论分析，又突出问题导向。本书的研究不但有国内视野，而且有国际视野。

三是理论上有不少创新点。比如，对党的社会基础拓展的表现形式的阐释。作者提出，它有两种表现形式：其一是量方面的拓展，主要表现为数量的增加和范围的扩大；其二是质方面的拓展，主要表现为结构的优化和认同度的提高。

四是有较强的现实针对性。首先，该论著以“当代中国社会变迁视野下党的社会基础拓展研究”为主题，选题具有较强的针对性和现实感。其次，作者坚持理论联系实际，注重调查研究，书中的大部分内容都来源于现实，取材于实际，特别是采用大量的调查数据与案例，比较真实地反映了当前党的社会基础的实际状况。最后，提出的对策建议有的放矢，对于进一步拓展党的社会基础有实际参考价值。

（供稿：于晓雷）

---

* 温敬元：中共福建省委党校党建教研部副教授。

思想政治教育

【中国共产党思想政治教育史】

王树荫*，中国人民大学出版社2016年版

思想政治教育是中国共产党的优良传统和政治优势。中国共产党思想政治教育史是研究党的思想政治教育发生、发展的历史规律的科学。中国共产党90多年的思想政治教育以1949年新中国成立为界，分为新民主主义思想政治教育和社会主义思想政治教育；也可以思想政治教育服务的中国共产党中心工作、中心任务的变化，分为新民主主义革命时期的思想政治教育、社会主义革命和建设时期的思想政治教育、改革开放新时期的思想政治教育。该书以此定性和划段为依据，分十章构建中国共产党思想政治教育史的学科框架和教材体系，展示了中国共产党思想政治教育历史发展全貌，明确中国共产党思想政治教育史的基本任务和主要内容，总结了中国共产党思想政治教育的历史经验。该书是新编21世纪思想政治教育专业系列教材之一。

（供稿：梁海峰）

【马克思主义理论学科建设和思想政治理论课教学研究】

顾钰民，中国人民大学出版社2016年版

该书集中反映了作者多年来教学和研究的成果与思考，针对马克思主义理论学科建设和思想政治理论课教学提出了许多独到的见解。全书分为三篇：第一篇高校马克思主义理论学科建设，第二篇高校思想政治理论课教学内容改革，第三篇思想政治理论课教学方法研究。该书对马克思主义理论学科建设与思想政治理论课的关系、高校思想政治理论课教学改革理念、加强思想政治理论课教学有效性和针对性的思路和途径等若干重要问题进行了系统的梳理和分析，并深入阐释了与高校思想政治理论课教学相关的重点、基础理论，如中国特色社会主义道路、理论、制度，马克思主义中国化、时代化的历史进程，中国特色社会主义文化、生态文明建设等。该书全局意识深刻，坚持研究方法的整体性；问题导向明显，注重研究内容创新性；实践价值突出，强调研究成果的实效性。

（供稿：梁海峰）

【高校思想政治理论课虚拟社会实践研究】

吴满意**等，电子科技大学出版社2016年版

该书较为系统地探讨了高校思想政治理论课虚拟社会实践问题。虚拟社会实践作为一种在网络虚拟现实技术日益成熟、

* 王树荫：北京师范大学马克思主义学院教授。

** 吴满意：电子科技大学马克思主义教育学院教授。

普及的科技成果平台上崛起的一种新的人类实践样态，在实践的场地选择、支撑条件的提供、交通安全的保障等方面有效地弥补了传统社会实践的尴尬与不足，理应走进高校思想政治理论课的视野，成为高校思想政治理论课社会实践的延伸和补充方式。该书以虚拟社会实践为切入点，较深入地研究了高校思想政治理论课虚拟社会实践的理论基础与思想渊源、历史源流、基本内涵与属性、虚拟社会实践的场域、师生角色重构等基本问题，探讨了思想政治理论课虚拟社会实践集成系统的设计思路与开发路径，为建构高校思想政治理论课虚拟社会实践的理论体系做了积极探索，可谓是一部深入探究高校思想政治理论课社会实践新样态——虚拟社会实践的拓荒之作。该书融理论性实践性于一体，汇聚思想性、理论性、可操作性和可仿性。

（供稿：梁海峰）

【中国大学生思想政治教育发展报告2015】

沈壮海*等，北京师范大学出版社2016年版

该书从思想政治理论课程教学、日常思想政治教育两个维度展开，重点对2014年国内大学生思想政治教育研究的主要成果进行了全面的梳理，以系统反映围绕这两个研究主题形成的主要成果，并予以了简要的评论。通过知识图谱的绘制，对2014年大学生思想政治教育研究的新进展予以可视化的整体反映，概述呈现年度研究热点。该书由三部分构成。第一部分为围绕大学生思想政治及其教育引导状况进行年度调查形成的综合研究报告。基于第一手数据，从不同维度描述了当代中国大学生思想政治状况的基本态势，反映了大学生心中思想政治教育的进展与成效，围绕数据进行了纵向历时性的比较分析，提出了加强改进大学生思想政治教育的有关对策建议。第二部分为大学生思想政治教育研究进展的综合分析报告。从思想政治理论课程教学、日常思想政治教育两个维度展开，重点对2014年国内大学生思想政治教育研究的主要成果进行了全面系统的梳理，并予以简要评论。第三部分为大学生思想政治教育的年度大事记及重要文献的选编。以大事记的形式较为详细地呈现了2014年度大学生思想政治教育的整体进展，呈现了党和国家对大学生思想政治教育的新要求，并精选附录了有关大学生思想政治教育的重要指导性文献。

（供稿：梁海峰）

【网络思想政治教育学】

唐亚阳**等，人民出版社2016年版

该书是目前国内学界第一本网络思想政治教育学理论著作。网络思想政治教育学是互联网时代的产物，是在有机回应互联网时代思想政治教育、新特质、新问题、新需求进程中不断发展的。当前思想政治教育的重大变化是，互联网时代催生了中国共产党思想政治教育形态从“传统”到“网络”的转型，促成了“网络思想政治教育”这一有别于“传统思想政治教育”的崭新的思想政治教育形态。该书立足中国共产党思想政治教育形态从“传统”到“网络”的历史性转型，遵循学科成立的基本标准，较为系统地论述了网络思想政治教育学

---

* 沈壮海：武汉大学马克思主义学院教授。

** 唐亚阳：湖南商学院党委书记、教授。

出场的时代背景、实践基础，探讨了网络思想政治教育学的学科定位、研究对象与研究方法，建立了网络思想政治教育学的理论体系。在此基础上，秉承全球视野、坚持国家站位，对网络思想政治教育学的一系列重要问题如网络思想政治教育本质、规律、机理、方法、评价等进行了创造性的阐释。

（供稿：梁海峰）

科学无神论

【境外宗教渗透论】

段德智[*]等，经济科学出版社2016年版

该书是教育部哲学社会科学研究重大课题攻关项目“境外宗教渗透与我国意识形态安全战略研究”的最终成果。由三篇内容构成，分别是上篇“境外宗教渗透概论”、中篇“境外宗教渗透别论”和下篇“境外宗教渗透策论”。

上篇包括“‘境外宗教渗透’的结构语义学解析”“境外宗教渗透与意识形态安全”和“境外宗教渗透与意识形态”等三章，旨在对境外宗教渗透进行逻辑解析。中篇包括“美国公民宗教及其殖民主义本质”“境外宗教渗透与苏联解体”“境外宗教渗透与东欧剧变”和“中国防范和抵制境外宗教渗透的基本历程”等四章，旨在从境外宗教渗透主客模式的角度，分别对美国公民宗教的世界霸权主义本质，以及苏联、东欧和中国防范和抵制境外宗教渗透的经验教训进行史学考察。下篇包括“历史并未终结：‘意识形态终结论’批判”和“防范和抵制境外宗教渗透的战略思考”等两章，旨在对社会主义国家防范和抵制境外宗教渗透做一些战略性思考。

该书认为，为有效防范和抵制境外宗教渗透，不仅需要积极引导宗教与社会主义社会相适应、普及马克思主义宗教观和宗教法规教育，而且还需要采用“后发制人”和“先机制敌”相结合的积极防御战略。对境外宗教渗透，既不应熟视无睹，也不要草木皆兵，要正确认识和处理这项工作与社会主义建设大事业的辩证关系。

（供稿：韩琪）

【马克思主义无神论研究（第4辑·2014）】

习五一主编，中国社会科学出版社2016年版

该书是“马克思主义专题研究文丛”中的第四部，收录了2014年全国范围内马克思主义无神论研究领域具有代表性的文章。除三篇特约文稿之外，其余文章按主题分为以下七个板块：“纪念毛泽东关于加强宗教问题研究的批示50周年”“科学无神论与马克思主义宗教理论”“科学无神论与宗教研究”“自然科学与科学无神论”“中西方无神论思想史研究”“破坏性膜拜团体（邪教）研究”“科学无神论宣传教育工作”。

特约文稿中，朱维群认为，处理暴恐事件要从民族宗教问题中“脱敏”。要更多强调中华民族的一致性和共同性，不要再去强化民族间的区分，而且反暴恐将是一项长期任务，内地也需要重视。

在“纪念毛泽东关于加强宗教问题

---

[*] 段德智：武汉大学二级教授。

研究的批示 50 周年”板块，田心铭认为，马克思主义的宗教研究必须坚持无神论立场。因为马克思主义宗教观是彻底无神论的宗教观；在宗教研究中坚持真理，必须坚持无神论；在宗教研究中维护最广大人民的根本利益，必须坚持无神论。

在“科学无神论与马克思主义宗教理论”板块，习五一认为，科学无神论是抵御境外宗教渗透的重要思想武器。宗教因素涉及全球安全和中国国家安全，加强科学无神论建设，从思想文化上提供抵御境外宗教神学渗透的理论武器，才能确保我国文化和意识形态安全。

（供稿：韩琪）

【民族宗教工作的坚持与探索】

朱维群，四川人民出版社 2016 年版

该书收入作者自 2008 年以来在从事民族宗教工作的过程中，对该领域的重大问题发表的文章、所作报告以及回答外国政要、记者问等一共 43 篇，尤其是关于涉藏和涉疆问题。作者认为，相当长一个时期内，中国社会将仍处于转型过程之中，各领域变化快速而深刻，这种变化会不断给民族宗教工作提出新的课题和挑战，而我们工作的理论、政策、措施和方法一方面需要坚持，保持其总体上的连续性和有效性，另一方面也需要不断适应新的社会实际，不断进行新的探索，作出必要的调整和创新，并接受新的实践的检验。作者期待在今后的新的实践中，能进一步深化认识，甚至对文集观点予以纠正和批判。

在同西方政要、媒体就中国民族宗教政策尤其是涉藏涉疆问题进行对话时，作者发现，讲中国的事，无论是自由人权、民族宗教、西藏新疆，我们都不亏理，没有任何理由说不过外国人，关键在于丢掉幻想，不怕交锋，同时要有充分的说理准备。民族宗教问题今后长时期仍将是某些国际势力对中国“找碴”的重点领域，我们有必要继续掌握和提升向国际社会传播中国声音的能力，包括面对面辩驳的能力。

（供稿：韩琪）

【任继愈传】

李申，河北人民出版社 2016 年版

该书旨在向社会大众介绍任继愈先生的为人与为学，分为以下九个部分：任继愈的家世与少年时代；大学时期；北大教书期间；“文化大革命”时在世界宗教研究所；“文化大革命”后在世界宗教研究所；国图的工作和最后的日子；任继愈先生的为人；任继愈先生的为学；离世等。该书较详尽地记述了任先生的一生，从幼年的成长到青年时期的求学，乃至成年后的工作、事业和所取得的成就。作者以亲切的笔调表达了他对任先生的为人和为学的无限崇敬，以及对先生的深切缅怀。

该书对任先生一生经历的一些重要事件做了较详细的记述，比如“‘文化大革命’中的宗教研究”“儒教问题与对‘文化大革命’的反思”“关于世界宗教研究所办所方向的争论”“重建无神论学会”等。这些都是研究和宣传马克思主义宗教观、马克思主义无神论思想的重要珍贵史料。

（供稿：韩琪）

【永远的怀念——任继愈先生百年诞辰纪念文集】

国家图书馆编，国家图书馆出版社 2016 年版

任继愈先生是国家图书馆历史上任职时间最长的馆长，前后领导国家图书馆 20 余年，直接见证了百年国图在白石桥

畔的新生和发展，为国家图书馆在百年历史传承的基础上快速实现现代化、国际化发展作出了突出贡献。先生智慧澄明、学养深厚，在哲学、历史、宗教、古典文化等领域都有非凡造诣，不仅为后世留下了丰厚的学术成果，同时也以其厚朴敦行、笃学为诚垂范后世。

2016 年是任继愈先生 100 周年诞辰，为纪念任先生对我国图书馆事业发展的贡献，研究总结其文献整理、保存与保护思想，以期继承、创新和发展，国家图书馆面向社会征文，组织编纂了这部纪念文集。

文集收录了任先生的家人、同事、友好、学生，以及其他与先生有过直接或间接接触的人士撰写的各类纪念文章共计 54 篇。这些文章分别从治学、谋事、育人、处世等方面对先生的一生经历与成就进行了回顾和总结，寄托了大家对先生的深切怀念，也为我们更好地学习和理解先生关于中国图书馆事业发展和中华传统文化遗产保护的理念与思想提供参考。

（供稿：韩琪）

第七篇

课题概览

2016年度国家哲学社会科学基金课题简介（部分）

【党的建设基本理论研究（重点项目）】

中国人民大学马克思主义学院　杨德山

研究背景：长期以来，理论界和学术界对党的建设的研究主要集中在两个方面，一是紧跟形势，对党建文献做理论阐释；二是依据中央党建工作部署，对现实存在的突出问题做调查研究。相对而言，对党的建设基本理论问题的关注力度不够。目前为止的“党的建设基本理论研究”存在明显的缺陷：一是缺乏历史关怀，往往是从概念、公式到概念、公式的推导；二是缺乏系统性，对党建基本理论中的各个方面的互相联系分析不多；三是一些学者机械地套用西方政治学、政党学的理论范式解构中共党建基本理论，得出与事实不相符合，对社会还有一定负面影响的结论。

研究内容：由三个逻辑联系非常严密的“问题群”组成，即“建设什么样的党”（目标）、“怎样建设党”（途径）、“这样建设党为的是什么”（目的）。每一个“问题群”又由若干现实理论认识问题组成：“目标”——“马克思主义执政党”与西方执政党的区别，与无产阶级革命党的关系，改革开放前后中国共产党的变化，“三型”政党的建设要求。“途径”——理论基点：党的本质属性与党建基本规律之间的关系，基本路线内容丰富、中心工作转变与党建工作重点转变之间的关系，马克思主义政党学说中国化、时代化的进程与党建理论创新关系，中国特色社会主义理论与执政党建设理论关系。党建主线：执政能力建设问题的提出，中共执政能力建设举措；执政能力建设与先进性和纯洁性建设之间关系，先进性和纯洁性之间关系。外部建设：执政能力建设的基本内容及相互关系，中国特色社会主义事业基本方面与执政能力建设基本内容之间的关系，党提高领导各种政治和社会力量的能力，党的各级领导班子和领导干部在哪些方面提高领导水平和执政能力，基层党组织、基层党组织带头人和普通党员在执政能力建设方面承担的责任。内部建设：（1）思想，新时期党的思想建设存在的问题，包括的内容及相互关系；（2）组织，新时期以来民主集中制理论的发展情况，现实生活中民主集中制的运行状况，党的基层组织建设如何创新党建方式，干部、人才队伍和领导班子建设存在的问题及解决之道，党员队伍的变化趋势和党员队伍建设；（3）作风，党风建设的重要性，三大优良作风、两大优良传统的现实价值，党风建设内涵的演变；（4）反腐倡廉，新时期反腐倡廉建设的经验和教训，十八大之后反腐倡廉建设的基本思路和主要经验是什么；（5）制度，制度建设在党建中的地位，制度建设的历程，新时期以来制度建设的经验教训，制度治党与思想建党的关系；（6）党内建设几个方面的互相关系。“目的”——“领导核心”与欧美执政党的区别，“领导核心”的历史和现实依据，“党的领导”与“党—国”体制区别，“党的领导”与“依法治国”之间关系。

研究特色：1.“全面性”。(1) 从中共党史、中共党建史、中共党建理论史出发关注所研究的每个概念、命题和原理，弄清它们的来龙去脉，从而把握它们内涵的准确性，发展的规律性，避免对问题的简单化处理；(2) 现实的横向的比较，针对目前部分学者将“中介”理论套用于中共，把中共视为“全民党”“全方位政党”，用中国国民党的今天估量中共的未来作出回应；(3) 需要有整体性和系统性意识，党建理论各个组成部分不是分散的存在，而是有机的统一。2.“从严性”。坚持正确的政治立场，坚持严格的学术规范。

【强化党内法规制度执行力的对策与机制研究（重点项目）】

中共天津市委党校党建研究所　张亚勇

研究背景：执行力是制度建设的生命。党的十八大以来，中央坚持建章立制和严格执纪相结合，在注重立规的同时，以空前的决心和力度狠抓党内法规制度执行，取得了举世瞩目的成效，党风政风明显好转，人民群众满意度攀升。我们之所以能够在短期内取得这样显著的效果，根本原因在于制度的执行力得到了明显加强。同样，很多问题没有得到根本解决，重要原因也在于制度的执行力没有真正到位。因为制度执行力不够，即使中央以前所未有的高压进行管党治党，不收敛、不收手、顶风作案的违规违纪案件仍然频频发生；犹豫观望，为官不为，不贪不占也不干的干部仍然为数众多。这要求我们必须在既有成效的基础上，进一步提高党内法规制度执行力，使党内法规制度真正做到行得通、做得到、管得住，真正成为管党治党的紧箍咒和高压线，长期持久地生威发力。本课题提出并构建强化党内法规制度执行力的对策机制，形成了具有中国特色的党内法规制度执行力理论支撑范式，为我们党更好地推进全面从严治党，实现依规管党治党提供理论指导，为有关党政部门的实际工作提供参考，有助于保障各项党内法规制度的执行落实，解决反腐败工作中存在的短板和瓶颈问题。

研究内容：本课题主要研究五个方面的问题：(1) 界定党内法规制度执行力的概念、内涵、本质、价值功能、原则要求、绩效评估等基本理论问题，从而构建起党内法规制度执行力的理论模型。(2) 总结党内法规制度执行的历史经验。根据党内法规制度执行力在不同历史阶段呈现出的强弱不同，大体分为改革开放之前、改革开放以来、党的十八大以来三个阶段进行研究。(3) 根据党内法规制度执行力测度的多维指标和多层级调研的采录结果，梳理、归纳和总结党内法规制度执行力在实践中取得的成效及存在的突出问题。(4) 采用实地调研和案例分析的方法，深入剖析影响党内法规制度执行力的宏观和微观因素。(5) 在详细分析党内法规制度执行各个环节和流程、内外部影响因素的基础上，重点提出科学制定机制、提高执行主体素质、资源配置机制、制度执行文化等几大机制。

研究创新：在研究视角方面，课题把党内法规制度执行力研究放在中国政治不断发展、全面从严治党、依规治党不断取得新成效的大背景下进行研究，使研究更具时代性和开拓性。在研究方法方面，本课题对公共政策学、法理学、社会学等其他学科的成果进行了借鉴应用，使研究方法更加丰富。在研究观点方面，首次提出了“权力配置是否科学决定着党内法规制度执行力强弱的状况”“制度执行力问题实质是利益问题”等新观点。

【马克思《政治经济学批判大纲》中的哲学思想新探（重点项目）】

河北大学政法学院　宫敬才

研究背景：自 20 世纪 60 年代开始，国外研究马克思《政治经济学批判大纲》的热潮逐渐兴起，焦点是马克思政治经济学的形成和其中的哲学思想。改革开放后，我国马克思主义政治经济学和哲学两个领域的学者开始重视和研究这一文献且成果丰硕，为后人研究提供了可资借鉴的理解线索。

研究内容：本课题是建基于国内外已有研究成果基础上的新尝试，主要内容如下：（1）导论。导论部分的主要内容是梳理国内外研究《政治经济学批判大纲》的历史和现状，总结已有研究的成功经验和不足之处，为重新探讨《政治经济学批判大纲》中的哲学思想提供合理根据。（2）第一章：哲学分析框架的形成。这一章结合马克思政治经济学研究的历史再现哲学分析框架的形成过程，并从历史维度揭示哲学分析框架与政治经济学分析框架的内在联系。（3）第二章：哲学分析框架与相关问题。这一章从逻辑层面揭示哲学分析框架与政治经济学分析框架、具体性哲学思想和正确认识资本主义生产的内在联系。（4）第三章：资本原始积累过程中的主、客体关系。资本原始积累是残酷的社会历史转型过程，这一过程中诞生了作为主体的雇佣劳动者和资本家，他们互为主、客体。这种主体、客体及二者之间关系的社会历史性变化为资本主义社会的到来准备好了前提条件。该章从主、客体关系角度再现这一社会历史转型过程。（5）第四章：资本生产准备过程中的主、客体关系。资本生产需要前提条件，前提条件的准备是货币资本与包括劳动能力在内的商品的交换过程。过程中的货币资本与劳动能力交换形成了雇佣劳动者和资本家之间互为主、客体的关系。这样的关系貌似平等和自由，实际是雇佣劳动者被剥削和劳动被异化的开始。该章从哲学、政治经济学和法学三个维度揭示货币资本与劳动能力交换中的主、客体关系本质及其特点。（6）第五章：资本生产过程中的主、客体关系。资本生产过程中存在双重的主、客体关系，一是雇佣劳动者与资本家之间的主客体关系，二是劳动者与劳动对象之间的主、客体关系。后一主、客体关系具有两种性质，任何人类劳动所具有的一般性质和资本主义生产所特有的异化性质。这一性质使剩余价值被创造出来，雇佣劳动者的异化成为现实。该章将哲学分析与政治经济学分析紧密结合地再现这一内容。（7）第六章：资本生产实现过程中的主、客体关系。资本生产过程的结果之一是产品。产品进入流通过程后成为商品。商品资本与消费者手中的货币交换，资本的生产过程告一段落，资本家追逐剩余价值的目的成为现实。这一过程中雇佣劳动者与资本家之间的主、客体关系被掩藏起来，人们见到的是资本家与消费者之间的主、客体关系。被掩藏起来的主、客体关系发生了法权意义上“两个辩证地转化”，资本家把雇佣劳动者创造的财富据为己有成为法定权利；雇佣劳动者出让自己创造的财富成为法定义务。该章将侧重法权分析地再现这一伟大思想。（8）第七章：资本再生产过程中的主、客体关系及其前景。资本再生产过程的不断重复是资本生产的内在趋势。其中的各种主、客体关系及其性质伴随这一社会历史过程的始终。这样的过程并非简单重复，主、客体之间的矛盾和斗争呈日渐加剧之势。尤为突出者，雇佣劳动者与资本家之间的矛盾以阶级斗争的形式表现出来。最终结果令人向往，共产主义社会中的主、客体关系以主体的自由全面发展为根本特点，此时的主体是“完整的人”。该章将再现这个伟大理想。（9）第八章：哲学分析框架的理论价值。主、客体关系的哲学分析框架是《政治经济学批判大纲》的哲学基础，后来的政治经济学文献如《资本论》，情况同样如此。这说明，主客体关系的哲学分析框架是马克思政治经济学的有机组成部分，占有不可或缺的重要地位。这样的地位告诉世人，要真正理解马克思的政治经济学，就必须承认和重视其中的哲学分析框架内容。

研究特色：（1）关注和研究《政治经济学批判大纲》中的政治经济学内容和哲学内容是如何密不可分地交织在一起的。（2）关注和研究《政治经济学批判大纲》中政治经济学和哲学两个层面的节点作用：弥补《1844年经济学哲学手稿》的理论缺陷，为《资本论》的写作奠定基础。（3）重点研究和详尽展开《政治经济学批判大纲》中政治经济学内容和哲学内容背后的分析基础，即主、客体之间的辩证关系。（4）厘定基本事实：《政治经济学批判大纲》中的政治经济学分析框架是动态过程论，借以凸显资产阶级经济学静态要素论的错误性质。

【马克思主义伦理思想史（重点项目）】

中国人民大学哲学院　张宵

研究意义：本课题研究的马克思主义伦理思想史有五个方面：马克思恩格斯伦理思想史、欧陆马克思主义伦理思想史、苏俄马克思主义伦理思想史、英美马克思主义伦理思想史、中国化马克思主义伦理思想史。这五个方面内在相关，互有影响，较为完整地反映了马克思主义伦理思想在世界主要国家和地区170余年的发展轨迹。遗憾的是，迄今为止，在世界范围内，还没有一部这样的马克思主义伦理思想史问世。在国内，马克思主义伦理思想史是伦理学专业的核心课程，但在当前，该门课程既没有成型的课程体系，也没有成熟的教材。这在很大程度上源于薄弱的马克思主义伦理思想史研究。近些年，随着政治哲学研究的兴起，马克思主义分析学派的伦理学研究受到广泛关注，成为一时的显学，带动了国内的马克思主义伦理学研究。但从总体状况来看，大部分研究没有跳出西方规范伦理学的分析框架，对伦理学研究的马克思主义性质语焉不详。这在很大程度上也源于对马克思主义伦理思想史研究的积累不够。从社会主义发展史的角度看，马克思主义伦理思想史研究和社会主义政党的意识形态工作关系密切。历史上，不少重大的、和伦理道德相关的讨论和争议甚至可以影响政党的意识形态工作方针。依据上述重要理由，课题组选择这个项目，希望做一些开创性工作。

研究内容：（1）“马克思恩格斯伦理思想史”方面。研读马克思恩格斯的文本。在马克思恩格斯伦理思想发展的不同时期（主要有五个：1841—1843；1843；1844；1844—1847；1848—1883），研读相关文献，注意区分不同时期伦理思想的变化，特别是在过渡时期的思想转变。在此基础上，进一步探明伦理思想发展的基本轨迹，确切掌握马克思恩格斯的伦理思想和道德观念，为后续研究打下理论基础。（2）“欧陆马克思主义伦理思想史”方面。从第二国际时期开始，①研究欧陆地区马克思主义伦理思想的发展轨迹；②研究伯恩斯坦和考茨基在伦理学问题上的重大争论及其深远后果；③研究人道主义在马克思主义研究史上的兴起以及异化和人道主义问题；④研究早期法兰克福学派与西方马克思主义在伦理学上的关联；⑤研究法国存在主义马克思主义与结构主义马克思主义在法共内部和法国理论界的争论及其后果；⑥研究东欧新马克思主义的人道主义特征。（3）“苏俄马克思主义伦理思想史”方面。从十月革命开始，①研究苏联马克思主义伦理思想的发展轨迹；②研究苏维埃早期党内的伦理学争论及其在党的意识形态工作中的影响和作用；③研究战时共产主义政策时期党内和理论界关于伦理学问题的争论；④研究列宁共产主义道德思想对马克思主义伦理思想的继承和发展；⑤研究苏共二十大前后关于伦理学问题的争议及其对党的意识形态工作的影响；⑥研究苏共在社会主义建设时期历次关于伦理学问题的争论及其与党内意识形态指导思想走向的关系；⑦研究苏共垮台前后社会思潮的变化及其党内关于伦理学问题的争论；⑧研究苏联解体后俄罗斯社会转型时期社会思潮的变化及其国内伦理学研究的局面和状况。(4)“英美马克思主义伦理思想史”方面。从英国新左派开始，①研究英美马克思主义伦理思想的发展轨迹；②研究汤普森的社会主义人道主义思想及其在新左派内部引起的伦理学争论；③研究马克思主义分析学派在20世纪70年代前后兴起的历史背景；④研究英美马克思主义分析学派的道德主义与非道德主义之争；⑤研究马克思主义分析学派重建的道德价值论；⑥研究马克思主义分析学派重建的道德理论；⑦研究“分析的方法”对马克思主义伦理学研究的合理性及其限度；⑧研究英美马克思主义伦理学的应用伦理学转向。(5)“中国化马克思主义伦理思想史”方面。从五四以后马克思主义在中国传播开始，①研究中国化马克思主义伦理思想的发展轨迹；②研究早期党内领导人关于马克思主义伦理思想的基本观点；③研究民主革命时期党内领导人关于马克思主义伦理思想的基本观点；④研究社会主义革命和建设时期党内领导人关于马克思主义伦理思想的基本观点；⑤研究改革开放以来中国化马克思主义伦理思想的研究状况；⑥研究20世纪80年代关于马克思主义伦理学的重大理论争议；⑦研究马克思主义伦理思想和社会主义精神文明建设的关系；⑧研究马克思主义伦理思想和公民道德建设、以德治国方略的关系；⑨研究马克思主义伦理思想与社会主义荣辱观的关系；⑩研究马克思主义伦理思想与社会主义核心价值观的关系。

研究特色：相对于国内外已有的研究，本课题有特色的学术价值和应用价值在于：(1)把人道主义马克思主义和科学主义马克思主义两方立场的来源、形成、发展、对抗、调解作为贯穿整个思想史研究的逻辑主线。(2)运用这条逻辑主线串联马克思主义伦理思想史上形形色色的理论观点，既纵向梳理它们的承继关系，也横向比较它们的异同关系。(3)通过这条逻辑主线贯通马克思主义伦理思想史研究的五个方面，从总体上勾勒出马克思主义伦理思想的发展轨迹和历史源流。(4)结合社会主义运动史，依据这条主线透视道德价值与社会主义政党意识形态工作的关系，为当前意识形态工作实践，特别是社会主义思想道德建设提供具有参考价值的经验和建议。

【经济增长的马克思主义分析与我国经济在新常态下的结构调整与改革研究（重点项目）】

南开大学经济学院 张俊山

研究背景：经济增长是现代社会关心的重要问题，近几年我国经济从以往的高速增长转变为中高速增长，20世纪八九十年代我国经济以每年9%，个别年份甚至10%以上的速度增长，而近几年来下降到7%以下，刚刚过去的2016年经济增长率仅为6.7%。面对连续几年经济增长率的下降，我国提出了关于经济新常态的基本判断和供给侧结构性改革的任务。经济发展的新常态反映出我国经济正处于一个重大的历史转变时期，需要我们从理论上科学地认识这个转变。当前理论界对于“新常态”“供给侧改革”“结构调整与升级”等情况的认识仍然主要是以西方经济理论的既有范畴和观念来把握的，例如，三驾马车、四大要素、全要素生产率、供给、需求、人力资本、中等收入陷阱等概念，是当前“新常态”“供给侧改革”研究中的常用术语。用西方理论考察当前的问题固然有简单、直观的特点，但是，这些理论大多是对表面现象的描述，而且它们都有很强的唯心主义拜物教观念，因此，无法对问题的本质原因作出科学的说明。本课题试图运用马克思主义的经济理论考察构成“新常态”经济的本质、考察作为“供给侧结构性改革”对象的国民经济结构及其运动的内部规律性。本课题旨在把马克思主义政治经济学应用于国民经济结构、运行、发展领域，用政治经济学的方法提出对这一领域的系统性认识。这不仅对于认识“新常态”“供给侧结构性改革”等现实问题具有意义，而且对政治经济学理论建设也具有长远意义。

研究内容：本课题内容主要包括关于经济增长和结构调整两个互相联系的方面。关于经济增长，本课题以劳动价值论为起点，说明经济活动及其发展中影响价值形成及价值形式的各种原因，说明在这些原因影响下价值形式的量变逻辑，进而揭示经济增长的原因及增长现象后面的本质变化。我们对于经济增长有以下基本判断：经济增长是国民经济机体内部变化在价值形式变动规律作用下呈现在社会表面的经济总量单调变化。基于这一认识，我们认为对于经济增长的认识不能停留在流行的所谓增长因素分析的方法上，也不能简单地把增长归因于“四大要素”增减变化。我们把经济增长理解为国民经济机体变化呈现出的表面现象，我们追求经济增长不是追求反映经济增长的数字百分比，而是追求健康的国民经济机体发展，健康的国民经济机体不仅给社会带来财富，而且通过合理的经济关系将财富分配给社会成员，并以此为生产开辟广阔的前景，呈现出持久、合理的增长。这一理解引导我们去考察国民经济机体的结构及其成因、变化。考察“新常态”，本质上就是考察出现了引起国民经济机体内部因素及其构成方式变化的新情况。我们初步判断，引起变化的重要新情况是新技术革命、生态环境对原有生产方式的承载力、社会主义市场经济的生产关系。

研究特色：本课题将全面运用马克思主义的生产一般理论、必要劳动和剩余劳动划分理论、资本循环与周转理论、社会再生产理论等，吸收当代生态马克思主义的思想理论，结合信息革命的新事实，认识国民经济机体及其新变化，从而达到对“供给侧结构性改革”的理论化认识。本课题努力开拓马克思主义政治经济学在研究国民经济结构、发展方面的应用前景，这一研究将努力改变当前在经济结构、发展方面西方理论话语及概念体系占主导的现状，使我们对国民经济结构、发展问题有全新的马克思主义认识。

【新的历史条件下马克思政治经济学的建构（重点项目）】

北京师范大学经济与工商管理学院
李翀

研究意义：本课题的研究对象是在新的历史条件下构建马克思的政治经济学。150年以来主要资本主义国家经济的变化：（1）马克思所处的时代是第一次科学技术革命的时代，现在第三次科学技术革命已经充分展开。（2）马克思所处的时代是自由竞争的资本主义时代，现在资本主义已经进入成熟的垄断资本主义时代。（3）马克思所处的时代是金本制时代，但是现在货币已经开始进入电子货币的发展阶段。（4）马克思所处的时代是工业化初期的时代，现在服务业已经在经济中占据主要地位。（5）马克思所处的时代是产业资本居于主导地位的时代，现在金融资本已经居于主导地位。在资本主义经济发生如此之大的变化的情况下，在继承马克思政治经济学基本原理和基本方法的基础上，用活生生的事实去充实和发展马克思政治经济学，才能增强马克思政治经济学的生命力。

研究内容：马克思的政治经济学是指马克思在《资本论》中所形成的理论体系，本课题概括为马克思的分工理论、劳动价值理论、货币理论、剩余价值理论、资本积累理论、资本循环理论、资本再生产理论、生产价格理论、垄断价格理论、商业资本理论、借贷资本理论、收入分配理论、经济周期理论等。本课题分别从下述四个方面对马克思《资本论》所涉及的 13 个经济理论展开深入的研究：（1）对马克思相关经济理论的主要内容进行概括，一方面要准确理解马克思的相关理论，另一方面便于继承或者拓展马克思相关经济理论的研究工作。（2）回顾经济学界对马克思相关理论的主要讨论或者争论，对这些观点进行深入的分析和评论，而且这种分析和评论是给予直接和正面的回应。（3）马克思是根据当时资本主义历史条件提出他的经济理论的。但是，资本主义的历史条件已经发生变化，这就要在新的历史条件下继承和发展马克思政治经济学。（4）把马克思相关理论放在 21 世纪的经济中来考察，一方面论证马克思相关理论对 21 世纪经济的适用性，另一方面根据马克思相关理论去认识 21 世纪经济中的新现象和新问题。

研究创新：本课题研究学术思想和学术观点的创新表现在下述方面：（1）理论体系的创新。本课题试图对马克思政治经济学的各个经济理论数十年来的争论进行回顾和分析，就马克思政治经济学的各个经济理论对 21 世纪经济的适用性进行验证，在新的历史条件下去拓展马克思的经济理论，这本身就是一种理论体系的创新。（2）单个理论的创新。本课题的研究试图在新的历史条件下按照马克思的研究范式对马克思政治经济学的某些理论进行拓展。例如，在信用货币制度下构建马克思的货币理论，提出价值转化为生产价格的解决方法，建立生产价格转化为垄断价格的新理论，这些都是属于单个理论的创新。

【城镇化进程中农户土地退出及其实现机制研究（重点项目）】

中国社会科学院农村发展研究所　刘同山

研究意义：考虑到城乡发展一体化的需要和农民的需求，十八届五中全会、2016 年中央一号文件和“十三五”规划纲要都指出，要维护进城落户农民土地承包权、宅基地使用权，支持引导其依法自愿有偿转让上述权益，从而明确了农村土地制度改革的新方向。但整体而言，无论是政界还是学界，目前关注的重点都是土地流转及随之而来的“三权分置”问题，而且倾向于将承包地、宅基地分开考虑、分头推进，对进城落户农民土地整体退出的重要性认识不足，对如何实施更是存在疑问。因此，从城乡大变革的时代背景出发，结合中央改革精神，统筹考察城镇化进程中农户承包地、宅基地退出及其实现机制，有重要的理论和实践价值。

研究内容：所谓土地退出，是指在农村土地集体所有制下，作为集体成员的农户，彻底放弃部分或全部土地权利的一种自主选择行为，主要是有退地意愿的农户把土地转让给其他有受让资格的人或者直接退还给作为所有者和发包方的集体。

本课题基于大样本农户调查和农村改

革试验区土地退出典型做法，研究城镇化进程中部分农户土地退出的必要性、可行性及实现机制。具体而言，研究内容主要涉及四个方面：（1）“离农、进城、不弃地”对农民市民化、农业现代化等造成的负面影响；（2）异质性农户土地退出意愿、形成机理与选择偏好；（3）土地退出的多案例比较分析；（4）基于农户分化的土地退出机制设计及相关政策建议。

研究特色：与现有的研究相比，本课题可能有三方面的特色：首先，从城镇化进程中的“人地分离”出发研究农村土地制度，提出除不断细分土地产权外，还可以在坚持农村土地集体所有的基础上，通过土地财产权、成员身份权“双重退出”的方式，整体考虑农民市民化和农村土地制度改革问题。这弥补了研究观念的局限性和渐进式、单向度土地赋权改革的不足。其次，关于农民与农村土地“人地分离”的研究，加入了农户分化这一特殊视角，不再追求农村土地制度改革（如家庭联产承包制）的普适性，而是更注重不同类型农户的差异化土地制度需求，呼吁制定更具包容性的土地退出通道。最后，将基于内生转换模型（ESR）或处理效应模型（TEM）的平均处理效应（ATE）、门槛回归等计量分析方法与多案例比较分析方法相结合，不仅关注农户土地退出的影响因素，还注重考察土地退出的必要性、实现机制和政策效应，政策参考性更强。

【“一带一路”沿线东南亚国家的宗教治理经验及管理模式研究（重点项目）】

中国社会科学院世界宗教研究所　郑筱筠

研究意义：东南亚国家处于我国在“一带一路”倡议实施中较为重要的区域。在东南亚各国的历史发展进程中，宗教作为一种变量，极大地影响着东南亚国家的政治、经济、文化和社会建设。由于东南亚各国政治宗教化、宗教政治化特征凸显，因此对于宗教问题的处理将会影响其政治局面。就东南亚的未来的发展而言，宗教将会呈现更为复杂的局面。因此对之进行正确评估，充分了解其宗教治理模式对我国的宗教管理和宗教安全有着极为重要的意义，对于我国有关部门制定相关政策无疑具有一定的意义和价值。

研究内容：本课题拟通过文献文本研究和实地调研，了解东南亚地区的各个国家的宗教管理法规及其政策，分析其宗教管理现状，研究其宗教政策，深入分析东南亚国家在不同历史阶段的宗教治理经验，比较东南亚各国在宗教治理方面的异同之处，并在此基础上，结合现有的社会学和政治学上的宗教管理理论和模式，丰富政教关系的模式，对东南亚各国宗教治理和管理模式进行深度分析和研究，梳理其历史过程和发展动力，最终形成东南亚各国的宗教管理经验和理论模型。

研究创新：对“一带一路”沿线的东南亚国家的宗教管理的研究还是国内外学术界研究的弱项，更未建立东南亚各大宗教管理模型和东南亚各国政府治理宗教的管理模型。本项目的创新之处在于试图建立一横一纵的研究坐标系，对东南亚宗教管理体系展开系统的研究，通过聚焦纵向历史经验和横向比较的管理模式，打破国别界线，总结归纳东南亚各国宗教治理经验和管理模型，梳理“一带一路”沿线的东南亚国家不同的宗教治理和管理阶段，对于各种理论的宗教治理模式可以提供具有现实意义的对话和检视，不仅能验证、补充现有的理论，并且总结出新的宗教治理模式。

【马克思主义土地产权理论视域下的中国农地制度创新研究（一般项目）】

广东财经大学马克思主义学院　杜奋根

研究意义：十八届五中全会提出五大发展理念，农地产权制度创新已成为“四化”同步发展的主要驱动力，直接关系到农民共享改革发展成果与全面建成小康社会目标的实现。以“马克思主义土地产权理论视域下的中国农地制度创新研究”为题，一是对马克思主义经典著作中关于土地产权制度思想进行挖掘和梳理，同时对中国化的马克思主义土地产权制度思想进行新的归纳和总结，注重马克思主义土地产权制度理论的整体性研究；二是在对改革以来各种不同土地产权制度变革模式进行绩效评价的基础上，把马克思主义土地产权理论与我国农地“三权分离”改革实践中的难点问题结合起来，形成一个独特的理论分析框架，使得马克思主义土地产权理论在中国土地产权制度改革的实践中得到检验，并在实践中得以丰富和发展，不断提升马克思主义理论学科在中国农地产权制度改革实践中的话语权；三是以马克思主义土地产权理论为指导，在经济社会发展的新常态下，深入土地制度背后的机制和逻辑之中，在中国当前国情语境下讨论中国农地产权制度创新的总体思路和具体方案。

研究内容：（1）基础理论：研究马克思主义土地产权理论的整体性发展。即研究马克思土地产权理论和马克思主义中国化土地产权理论的内在逻辑，从而把握从马克思到中国特色社会主义土地产权理论的整体性发展。（2）现实考量：对我国农地产权制度改革实践中的不同模式进行比较分析。（3）农地“三权分离”改革：一个理论分析框架。①研究马克思主义土地产权权能理论与我国农地“三权分离”改革。②研究马克思主义土地产权制度多样性理论与我国农地“三权分离”改革。③研究马克思主义土地股份制理论与我国农地“三权分离”改革。④研究马克思主义土地产权市场化理论与我国农地“三权分离”改革。（4）制度构想：农地“三权分离”改革的总体思路和具体方案。①对农地“三权分离”改革进程中的农地产权市场制度、农地征收制度和农地管理制度的设计提出自己的设想；②对农地集体所有权、农户承包权和土地经营权之间的对接关系进行分析，得出研究的基本结论；③在马克思主义土地产权理论指导下，对农地“三权分离”改革的具体方案提出政策建议。

研究创新：（1）研究农地“三权分离”改革，不可脱根脱域，其依据只能是马克思主义土地产权理论，只能是新农村建设实践经验的升华；（2）坚持“规划权”高于“所有权”基本观点，农地“三权分离”改革，不但不能弱化土地管制权，而且要强化政府对土地的管制，防止土地用途非法转换而获取超额利润；（3）农地产权制度不仅仅是一个经济问题，更是一个政治问题，中国现行的土地制度安排是新民主主义革命和社会主义革命的重要成果，农地集体所有权制度是农民实现共同富裕的土地制度基础，必须坚持农地集体所有权基础上衍生出承包权和经营权；（4）尊重现有农地制度演化的历程，在坚持农地集体所有权的前提下，在社会主义市场经济条件下探索土地资源配置的高效率。

【“创新、协调、绿色、开放、共享”五大发展理念的政治经济学研究（一般项目）】

上海财经大学经济学院　冒佩华

研究意义：在我国全面深化改革的关键时期和全面建成小康社会的决胜征程中，面对国情和世情的深刻变化，习近平总书记以最大的政治魄力和理论智慧，果断提出了“创新、协调、绿色、开放、共享的发展理念”（以下简称“五大发展理念”）。“五大发展理念”作为中国特色社会主义政治经济学重要组成部分，是马克思主义政治经济学基本原理与中国实际和时代特征相结合的最新成果。本课题试图以马克思主义政治经济学基本原理为理论基础，对“五大发展理念”的理论逻辑和现实路径展开探讨，具有重要理论意义和实践意义。（1）理论意义：本课题从马克思主义政治经济学的根本立场和原则——人民主体性出发，对“五大发展理念”的理论逻辑和现实路径进行分析，不仅把对“五大发展理念”的探讨引向深入，而且也为马克思主义政治经济学创新发展贡献“中国智慧”，同时也对中国特色社会主义政治经济学的发展提出新的要求和任务。（2）实践意义：本课题通过对“五大发展理念”的理论逻辑和现实路径的全面深入探讨，对破解我国经济发展难题，全面实现小康社会决胜阶段的各项目标和任务提供思想指引和行动指南，具有重要现实意义。

研究内容：本课题研究包括七个部分内容，具体如下：（1）考察“五大发展理念”的理论渊源。①马克思主义政治经济学的根本立场和首要原则：人民主体性；②马克思主义政治经济学的发展理念：全面发展观。（2）研讨“五大发展理念”的基本内涵。①阐释“五大发展理念”的人民主体性原则。②围绕人民主体性原则，分析“五大发展理念”系统化的逻辑体系。③分析“五大发展理念”的功能和作用。（3）“创新的政治经济学”的理论逻辑与现实路径分析。基于马克思“生产力决定生产关系、生产关系反作用于生产力、生产力与生产关系在矛盾运动中促进经济不断发展”的基本规律和方法论，探讨我国改革开放以来，政治经济学的重大理论创新以及制度创新、技术创新的现实路径与其背后的内在逻辑，分析这些创新对于中国经济持续高速增长的贡献度。（4）“协调的政治经济学”的理论逻辑与现实路径分析。基于马克思主义经济学的基本理论和方法，探讨如何在全面建设小康社会的决胜阶段，实现区域协调和城乡一体化发展，如何在经济总量做大后解决经济和社会发展之间的不平衡，有效避免“中等收入陷阱”问题。（5）“绿色的政治经济学”的理论逻辑与现实路径分析。基于马克思主义政治经济学的自然力理论，探讨绿色政治经济学的理论逻辑体系和分析框架，解决中国绿色发展的政治经济学理论基础问题。（6）“开放的政治经济学”的理论逻辑与现实路径分析。以马克思主义政治经济学的国际价值理论为基础，探讨中国在国际贸易、国际投资和国际金融领域中如何实现平等的开放，并探讨在技术提升的条件下如何使我国在国际经济秩序中取得制度和规则话语权。（7）“共享的政治经济学”的理论逻辑与现实路径。基于马克思经济学的理论和方法，探讨随着经济社会的发展以及发展成果的积累和扩大，如何构建新的共享理论和共享模式，并借助于新的技术平台和手段建立让全体人民共享社会发展成果的机制。

研究创新：本课题的创新主要体现在以下两个方面：（1）学术思想的创新。①以人民主体性原则和立场为主线，深入分析“五大发展理念”的理论逻辑和现实路径；②从马克思主义政治经济学的基本原理出发，致力于形成创新、协调、绿色、开放、共享五大中国特色社会主义政治经济学的理论体系和框架。（2）学术话语的创新。“五大发展理念”是一个既可以融入又可以超越世界话语体系的“非西方话语体系”，既是一个让中国读懂中国、破解中国发展难题的话语体系，又是一个让世界读懂中国、突破与超越西方霸权话语体系的发展话语体系，也是一个让中国融入世界、破解世界发展困境的中国话语体系，还是一个让中国引领世界、提升中国软实力的理论写照。

【俄罗斯新社会主义思想研究（一般项目）】

中国社会科学院马克思主义研究院　陈爱茹

研究意义：通过对当代俄罗斯“新社会主义”思想、“21世纪社会主义”思想的研究，一方面，深化对什么是社会主义，怎样建设社会主义问题的认识，为中国特色社会主义建设事业提供新的理论支撑；另一方面，总结和研究当代俄罗斯“新社会主义”“21世纪社会主义”思想，透过俄罗斯“新社会主义”“21世纪社会主义”思想，进一步总结苏联解体的经验和教训，“前事不忘，后事之师”，为中国特色社会主义在21世纪的发展提供可资借鉴的历史经验和教训，以便在未来的社会主义建设中，发挥社会主义的制度优势、道义优势，规避社会主义发展史中曾出现的弊端和问题。这正是该项目研究和梳理苏联解体之后俄罗斯学术界对社会主义进行的新探索和新研究，试图找到的答案。

研究内容：本课题的研究对象主要是苏联解体之后俄罗斯的“新社会主义”“21世纪社会主义”思想。主要包括俄罗斯的主要左翼政党纲领中的“新社会主义”“21世纪社会主义”理念和思想，学术界的“新社会主义”和“21世纪社会主义”思想。重点在于对俄罗斯的“新社会主义”和“21世纪社会主义”思想进行提炼和分析。难点在于对大量的第一手资料进行翻译、整理、分析和归类。

创新之处：（1）选题新。俄罗斯对社会主义的新探索和再思考，属于一个全新的选题，其形成的历史是苏联解体以来的不足30年的时间。苏联解体之后，俄罗斯各左翼政党和学界在俄罗斯新自由资本主义发展路径导致国家陷入发展困境、社会两极分化日益加剧的背景下，开始重新回到社会主义寻找出路，希望通过社会主义思想摆脱国家发展困境。关于21世纪社会主义和新社会主义的研究，目前在国内外学术界尚未有专著出版。本项目的研究是一个大胆的尝试，将苏联解体20多年来俄罗斯社会对社会主义的新思考和再探索进行研究和分析。为中国特色社会主义在21世纪的发展提供“他山之石”。（2）材料新。本课题主要利用苏联解体以来俄罗斯发表的最新左翼政党纲领、科研成果、学术专著和理论思考等第一手材料作为进行课题研究的基础材料。（3）研究视角新。本课题以俄罗斯新社会主义思想为主线，通过左翼政党和学术界的双重解读，将其对资本主义、市场经济、宏观调控、公平正义、十月革命、苏联与中国特色社会主义的关系和认识进行梳理和分析，揭示为什么社会主义才是人类历史发展的方向。

【古巴社会主义模式研究（一般项目）】

广西大学发展规划处　王承就

研究意义：（1）学术价值。研究古巴社会主义模式，既涉及对社会主义发展模式、公平与效率、政府与市场、公有制与非公有制、所有制及其实现方式等重大理论问题的认识，也涉及共产党执政下如何进行经济、政治、文化和社会建设等重大实践问题，具有较高的学术价值。（2）应用价值。本项目研究，有助于国人全面了解古巴社会主义的新实践、新探索、新状况、新经验，增强对古巴社会主义的认识，为发展古中友好合作关系和建设中国特色社会主义提供参考与借鉴。

研究内容：主要研究古巴社会主义模式形成、发展的环境（背景）、进程及经济、政治、文化和社会建设模式的发展的主要措施与绩效，进而研究古巴如何处理公平与效率、政府与市场、经济建设与政治建设、文化建设和社会建设的关系，探索古巴社会主义模式对后发国家建设社会主义的启迪。本项目使用系统论的方法开展研究，古巴社会主义模式是由“经济、政治、文化和社会建设”四个要素构成的系统，系统结构的核心是经济建设；这四个要素相互联系、相互作用、相互影响，系统与环境交互作用。“经济、政治、文化和社会建设”又是相对独立的子系统，系统内部的要素、结构、层次存在着多因素、多变量、多层次的交互作用，存在着复杂辩证因果关系、质量互变关系、结构—功能关系，它们的变化必然引起社会变革。古巴社会主义模式研究，就是要研究环境与古巴社会主义模式这个系统的交互作用如何推动系统的变化，“经济、政治、文化和社会建设”各个子系统的要素、结构和层次的变化引起各子系统功能的变革，进而引起古巴社会主义模式的发展。古巴社会主义模式发展过程中呈现出的规律性东西可为其他国家的社会主义建设提供借鉴。

研究创新：（1）研究视角新。本研究用全面、系统的视角研究古巴社会主义模式，与从经济建设、社会建设等单一视角进行研究相比，能更加客观、科学地反映古巴社会主义模式的政策效果与整体绩效、古巴社会主义建设规律。（2）研究方法新。本研究采用系统论的研究方法，构建系统模型，分析系统与环境、系统内部要素、结构、层次的交互作用，这与之前人们研究古巴社会主义模式所采用的方法是不同的。

【南欧激进左翼政党新发展及其对社会主义运动的影响研究（一般项目）】

中国社会科学院马克思主义研究院
于海青

研究背景：南欧是欧洲激进左翼政治发展最具代表性的地区。希腊、葡萄牙、西班牙、意大利四国的共产主义政党一直是西方最具影响力的共产党，在西方社会主义运动中发挥着重要作用，在地区和国家政治舞台上也扮演着较为重要的角色。国际金融—经济危机爆发后，南欧激进左翼政治大变动、大改组。希腊激进左翼联盟、西班牙“我们能”党、葡萄牙左翼集团等在危机前位于政治边缘或在危机中方始建立的激进左翼政党迅速崛起，从“边缘”性政党上升为“主流”政党，进入全国议会，甚至上台执政或参政，打破了南欧政坛长期以来由中左中右政党轮流把持的格局。与此同时，传统上一直占据激进左翼主导地位的南欧各国共产党的社会基础、政治地位和组织实力等，因这些新兴左翼力量的兴起以及其他主客观因素的影响而发生了很大变化。

研究内容：本研究以国际金融—经济危机下南欧共产党以及迅速崛起的南欧新兴激进左翼政党为研究对象，尝试对其在危机以来发展变化的背景、原因、理论和实践进行系统考察和分析，并深入探讨地区性社会主义运动的变化特点及其面临的挑战。对国际金融—经济危机背景下南欧激进左翼政党的兴起、发展趋势及其对社会主义的影响进行系统研究，具有重要的学术价值和现实意义。（1）服务于分析和考察当代资本主义发展新情况的需要，有助于我们认识和把握资本主义政治发展的新动态，促进我国关于当代资本主义社会矛盾冲突新变化的研究；（2）服务于深入研究世界左翼运动现状的需要，有助于我们认识当代欧洲左翼政治的新发展，深化西方左翼政治新变化的研究。

(3) 服务于探讨世界社会主义运动新实践的需要，有助于我们总结和梳理西方社会主义运动的新特点及其面临的新挑战，推动社会主义研究向纵深推进。此外，南欧地区拥有重要地缘政治地位，也是我国“一带一路”发展战略的主要枢纽，其政治变动和社会转型对我国在该地区的经济投资、战略合作影响巨大。对相关问题进行深入研究，可以为党和国家决策提供参考。

研究创新：（1）新的研究主题。激进左翼政党研究在国内刚刚起步，在国际上也是一个新的研究领域。无论个案研究还是综合性分析考察，都处于学科领域前沿，相关研究成果能够与国际研究接轨，有益于学科研究视野的拓展与完善。(2) 新的研究视角。从政党政治发展变化入手，探讨当代资本主义的新问题、新矛盾和新冲突，有利于我们从宏观上对当代资本主义新变化有更全面、深入的认识。(3) 新的研究材料。本课题研究所依据和采用的都是一手英文最新资料，方便国内了解和掌握西方政治的最新发展动态。

【马克思恩格斯对错误社会思潮的分析批判及其当代价值研究（一般项目）】

北京科技大学马克思主义学院　李晓光

研究背景：马克思主义发展的历史既是马克思主义理论由形成、创立、发展到在世界范围内传播并进一步发展的历史，也是不断地与各种非马克思主义、反马克思主义思潮做斗争，最终确立马克思主义在工人运动中的指导地位，以至于在社会主义国家作为主导意识形态的历史。在当今社会思潮多样化的时代，马克思主义作为主导意识形态如何更好地发挥引领作用？面对这一时代命题，本课题力图基于马克思恩格斯在世时对于一些错误社会思潮的批判理路进行分析，从而挖掘其当代启示与价值，最终落脚点在于马克思主义理论在当代的发展与深化，从而巩固马克思主义作为主导意识形态的地位。本课题的研究可以说是针对马克思主义发展史的某一阶段的某一专题进行的研究，主要属于专题史研究领域。就目前国内的总体研究情况而言，研究较为系统的是以传统的马克思主义哲学史、经济学说史为依据的专题史，其他专题史方面的成果还较少问世。因此，本课题试图将对错误社会思潮的分析批判作为主题做一较新的尝试。总之，本研究具有重要的学术价值和现实意义。

研究内容：本课题研究的重点，一是立足于马克思在世的19世纪40—70年代，马克思恩格斯对于当时主要错误社会思潮批判的脉络，分析马克思恩格斯批判的理路，总结批判的背景、批判的内容、批判的方式与特征，以及批判的后果、效果等。而由于研究内容的庞杂以及研究时间所限，马克思去世后，尤其是围绕第二国际期间针对伯恩施坦修正主义的批判将作为本课题结题之后的后续课题做进一步深入研究。二是探究马克思恩格斯分析批判理路的当代启示与价值。马克思主义从当年的多样化社会思潮中独树一帜，到今天在中国成为主导意识形态，如何更好地发挥其引领作用，挖掘马克思恩格斯批判理路的当代启示与价值实有必要。本课题总体研究框架如下：（1）导论：分析批判错误社会思潮的必要性及理论基础。(2) 第一章，19世纪40年代马克思恩格斯对于青年黑格尔派的分析批判。(3) 第二章，19世纪40年代马克思恩格斯对于“真正社会主义”的分析批判。(4) 第三章，19世纪40年代马克思恩格斯对于费尔巴哈人本主义的分析批判。(5) 第四章，19世纪40年代马克思恩格斯对于蒲鲁东主义的分析批判。(6) 第五章，19 世纪 50—60 年代马克思恩格斯对于巴枯宁无政府主义的分析批判。(7) 第六章，19 世纪 50—60 年代马克思恩格斯对于拉萨尔主义的分析批判。(8) 第七章，19 世纪 70 年代马克思恩格斯对于杜林主义的分析批判。(9) 第八章，马克思恩格斯批判错误社会思潮的理路分析——理论、方法、运动。(10) 第九章，马克思恩格斯分析批判错误社会思潮的当代启示与价值——产生根源、现实影响、引领原则、引领路径。(11) 结语，用马克思主义引领当代多样化社会思潮。

研究创新：本研究可能出现的创新之处为：(1) 选题具有独到之处。本课题以马克思恩格斯批判错误社会思潮的理路为研究主题，力图结合在当今社会思潮多样化的时代，马克思主义作为主导意识形态如何发挥引领作用这一时代命题，从而挖掘其当代启示与价值。因此，选题较独到。(2) 研究具有综合性和整体性。本研究力图梳理 19 世纪 40—70 年代马克思恩格斯批判当时错误社会思潮的理路，进行较完整而系统的分析，在一定程度上可以弥补国内在这方面研究的不足。

【新中国成立以来党维护国家海洋权益的历史经验研究（一般项目）】

中国社会科学院当代中国研究所　王巧荣

研究意义：21 世纪以来，伴随中国海洋权益面临日趋复杂的严峻形势，学术界关于中国海洋权益争端问题，特别是关于中国南海、东海海洋权益争端问题的研究也走向深入，一系列高质量的研究成果不断面世。但关于新中国成立以来党维护国家海洋权益的历史经验的研究尚未展开。本研究的价值在于：将在一定程度上深化关于国家海洋权益问题的研究，因而，具有重要的学术价值。同时，以历史视角研究党维护国家海洋权益的目的在于，以史为鉴，为党在新的形势下更好地维护国家海洋权益提供智力支持，因而，本研究具有重要决策参考价值。

研究内容：本研究以对海洋权益进行理论分析为切入点，在简要回顾人类社会关于海洋权益认识发展历程的基础上，深入系统探讨新中国成立以来党维护国家海洋权益的历史进程和取得主要成就，总结党在维护国家海洋权益方面留下的经验教训，为当前及未来党和政府更好地维护国家海洋权益提出政策建议。研究重点是：(1) 新中国成立以来不同历史时期党维护国家海洋权益的举措、成就及特点。(2) 新中国成立以来不同历史时期党维护国家海洋权益的历史经验。重点探索两个核心问题：(1) 探讨新中国成立以来党对海洋权益在国家利益中地位认识的发展变化；(2) 探讨国家海洋权益安全对实现国家主权安全、领土完整及中华民族伟大复兴“中国梦”的意义。

研究特色：本课题将在借鉴国内外已有的相关研究的基础上，在充分挖掘国内相关文献资料的基础上，利用英美等国外解密的有关中国近海争端的档案资料，以史论结合的方法系统探讨新中国成立以来党维护海洋权益的举措、成就，分析新中国成立以来党在不同历史时期维护国家海洋权益的特点，总结中国海洋权益管理的经验教训，并对未来党更加有效维护国家海洋权益提出启示性建议。

研究创新：有三个方面创新：(1) 研究视角创新。以党对国家海洋权益认识深化的历史进程为主线，沿着新中国成立以来不同历史时期党关于维护国家海洋权益决策的历史脉络，探讨党维护国家海洋权益的历史进程。目前这在该领域研究中尚属首次。(2) 在研究资料运用上有新的突破。目前学界关于中国海洋权益问题研究不深入、不系统的一个重要原因是受研究资料缺乏的制约，本课题除深入挖掘中国内地及香港、台湾地区的各种文献资料外，还将利用美国国务院、中情局有关解密档案。需要注意的是，美国这些相关档案虽已解密多年，但到目前为止，还未被学界重视。（3）研究方法创新。坚持“论从史出”原则，避免目前关于中国海洋权益研究中存在的某些空泛化现象。本研究在采取历史学实证分析的方法基础上，综合运用国际法学、国际关系学、政治学的研究方法，力争使本课题研究达到一个较高水准。

【中国共产党制定与执行政策的历史经验研究（一般项目）】

广州大学公共管理学院　刘雪明

研究意义：政策和策略是党的生命，中国共产党在领导中国革命和建设的过程中，历来十分重视党的政策和策略问题，也十分重视总结党的历史经验，但是学术界对党制定与执行政策的历史经验迄今缺乏系统的总结。本课题将从中共党史、党的建设与公共政策等多学科交叉的独特视角，对中国共产党制定与执行政策的理论及其实践活动展开分析与研究，从而对其历史经验进行总结和提炼。这一研究，在学术上可以弥补以往研究的不足，在理论上可以丰富党的执政理论以及马克思主义政策理论，在实践上还有助于提高党的政策制定与执行能力，进而推动中国特色社会主义建设。

研究内容：本课题将中国共产党制定与执行政策的历史经验作为一个独立的研究对象而加以研究。主要研究内容分为三个部分：第一部分分析党对政策重要性的论述，以及党制定与执行政策的一些共同性原则，具体又分为三章：政策和策略是党的生命；正确的思想路线是党制定与执行政策的根本保证；为人民谋利益是党制定与执行政策的出发点和归宿。第二部分总结党制定政策的历史经验，也初步定为三章：从群众中来到群众中去的政策制定方法；以民主化科学化为核心的政策制定体制；抓主要矛盾及循序渐进的政策制定模式。第三部分总结党执行政策的历史经验，拟分为四章：原则性与灵活性相结合的政策执行原则；中央权威与地方积极性相统一的政策执行体制；宣传教育与强制执行相结合的政策执行手段；先试点、再总结、后推广的政策执行模式。

研究特色：（1）在学术思想上，拓宽了中共党史学研究的领域。党的历史经验一直是中共党史研究的重点，而且已有不少的研究成果；但是迄今未对党制定与执行政策的历史经验做专门、系统的研究，更没有高质量的学术著作出版，本课题将弥补这个不足，这将拓宽中共党史研究的视野，充实中共党史研究的领域。（2）在学术观点上，丰富了党的历史经验的总结。以往的研究涉及党的许多历史经验，如新民主主义革命时期的历史经验、社会主义建设时期的历史经验、改革开放以来社会主义现代化建设的历史经验等，其中不少都已蕴含着党的政策及其执行，但是均没有把党制定与执行政策作为一个独立的研究对象来总结它的历史经验，所以本课题研究将会是一个新的尝试。（3）在研究方法上，突出多学科交叉研究的方法。以往的研究主要是从中共党史学的角度去研究党的历史经验，现在我们则强调，要从中共党史学和公共政策学相结合的角度，结合党的建设理论，运用交叉学科综合研究的方法去研究党制定与执行政策的历史经验。这种新的研究视角、新的理论指导、新的研究方法，是实现本课题研究创新的重要保证。

【"马克思—恩格斯思想关系"的文本学研究（一般项目）】

北京交通大学马克思主义学院 刘秀萍

研究意义：近年来，随着学界对经典作家文本个案、马克思主义断代史、专题史研究的逐步深入，"马克思—恩格斯思想关系"也成为国内学术界讨论较多的一个话题。但总的来看，还缺少通过对具体文本的全面解读来梳理他们二人复杂思想关系的研究成果。本课题研究独到的价值和意义就在于：（1）矫正国内学界在马克思主义理论宣传和研究中存在的过于宏观和笼统的做法，加强对马克思主义复杂内涵和发展过程的阐释和理解，提升这一领域研究的专业化水准；（2）改变西方学界有的学者过于纠缠细节和个案而出现的"只见树木，不见森林"的情形，注重实证，但又不"唯实证论"；（3）在准确理解经典马克思主义理论内涵和思想实质的基础上，推动当代中国特色社会主义建设的实践进程。

研究内容：本课题是从文本学的角度对"马克思—恩格斯思想关系"的细节的重新梳理，初步拟对马克思、恩格斯合作创作、发表时又联合署名的《神圣家族》《关于费尔巴哈的提纲》《德意志意识形态》《共产党宣言》等文献进行认真细致的考证和解读，并在翔实的资料甄别和辨析的基础上，对二人的工作及其思想关系进行总体的把握和判断。其中包括：（1）《神圣家族》中不同章节的写作情形；（2）恩格斯对《关于费尔巴哈的提纲》的校订、修改和刊布；（3）《德意志意识形态》合作过程和主导思想的甄别；（4）《共产党宣言》过程稿和最后定稿的关系梳理。还需要指出的是，甄别"马克思—恩格斯思想关系"还有一部很重要的文献，就是恩格斯对《资本论》第二、第三卷的整理、补充和出版，鉴于这是一个更为复杂和重大的课题，有可能的话将专门对此进行研究。

研究特色：对于研究者来讲，如何从总体上客观而准确地把握马克思—恩格斯之间复杂的思想关系的性质是课题的重点也是难点。本课题将根据国际上最新的文献，注重对文本内容更加详细而扎实的解读，将版本考证、思想阐发与关系辨析紧密结合起来，力求全面而系统地展示马克思和恩格斯宽广的理论视野、丰富的知识领域、多样的论证方式、广泛的思想议题和独特的思考路径。在此基础上，进一步厘清马克思主义研究中的方法论问题，尝试从文本学角度对学界争论不休的"马克思—恩格斯思想关系"作出客观、中肯的判断和定位，以深化对马克思主义理论复杂性、丰富性和全面性的理解。

【《资本论》及其当代价值研究（青年项目）】

中国人民大学马克思主义学院 庄忠正

研究意义：（1）拓展研究视域。在"政治经济学批判"的视域中解读《资本论》，《资本论》不是学科分类意义的"政治经济学"，而是特殊意义的"政治经济学批判"；作为"政治经济学批判"，《资本论》"不再是哲学"，而是"改变世界"的"新世界观"，它不是"运用"了历史唯物主义，而是"构建"了历史唯物主义。（2）回应西方思潮。针对西方学者对马克思与政治经济学关系的诘难，在"改变世界"的"新世界观"的意义上，重新诠释两者的关系，即马克思不仅使政治经济学"正立过来"，克服其形而上本性，而且"使现存世界革命化"，推翻政治经济学形而上学得以产生的现实基础，彻底超越了政治经济学。（3）深化马克思主义的整体性研究。《资本论》不再是学科分类意义的"政治经济学"，而是作为“一整块钢铁”的马克思主义的集中体现，实现了“三大批判”的统一。(4) 解决现实问题。当前我们所面临的最大问题是改革开放所带来的现代性问题，而它们归根到底是由资本逻辑造成的。驯服资本、超越“资本的文明”是当代中国最为严峻的现实问题和理论问题。

研究内容：(1) 总体框架：①《资本论》的三种解读模式；②《资本论》与“政治经济学批判”；③《资本论》与“改变世界”的“新世界观”；④《资本论》与“一整块钢铁”的马克思主义；⑤《资本论》与中国特色社会主义。(2) 主要内容：①“政治经济学批判”的哲学意蕴。主要探讨两个问题：一是如何理解政治经济学与政治哲学的理论渊源；二是如何理解政治经济学的形而上学。②马克思与政治经济学的关系。主要探讨两个问题：一是如果《资本论》不是“一种全新的、独特的经济理论”，那么马克思如何超越政治经济学？二是如果马克思通过“政治经济学批判”，变革了政治经济学的术语，使其“正立过来”，那么马克思实现的“政治经济学批判”是不是一种新的形而上学？③《资本论》与历史唯物主义的关系。主要探讨两个问题：一是如何理解历史唯物主义的双重维度，即关于“现实的人及其历史发展”的“存在论”和关于“改变世界”的“新世界观”；二是《资本论》是“运用”还是“构建”了历史唯物主义？④《资本论》与“一整块钢铁”的马克思主义的关系。在“政治经济学批判”视域中研究《资本论》的理论性质，把马克思主义诠释为“一整块钢铁”，实现“三大批判”的统一。⑤《资本论》的当代价值。驯服资本、超越“资本的文明”是中国政治体制改革和经济体制改革所亟须解决的重大问题。

创新之处：(1) 在“政治经济学批判”视域中诠释《资本论》的哲学思想。马克思研究政治经济学的目的并不是“提出一种全新的、独特的经济理论”，而是“政治经济学批判”；《资本论》不是学科分类意义或研究领域意义的“政治经济学”，而是特殊意义的“政治经济学批判”，即揭露政治经济学的形而上学，揭露“物和物的关系”掩盖的“人和人的关系”。(2)《资本论》“不再是哲学”，而是“改变世界”的“新世界观”。在《资本论》中，马克思构建了历史唯物主义，而不是运用了历史唯物主义；《资本论》不仅是关于“现实的人及其历史发展”的“纯粹的科学认识”，而且是关于“人类解放”的“行动”。(3)《资本论》的当代价值。当代中国面临的重大问题是资本构成现实世界的形而上学，中国特色的精神—文化建制和政治—法律建制是驯服资本、超越“资本的文明”的有效途径。

【毛泽东思想的当代价值研究（青年项目）】

北京理工大学马克思主义学院 江大伟

研究意义：随着我国改革开放的进行以及国际环境的变化，历史虚无主义沉渣泛起，尤其是新媒体条件下，其传播速度、影响范围进一步扩大。近几年历史虚无主义把“虚无”的重点指向毛泽东，鼓吹“非毛化”，否定毛泽东思想的指导地位及其当代价值，对我国意识形态安全产生极大危害。因此，立足于当今变化发展的实际，探寻毛泽东思想与当代中国社会发展的现实关联，深入挖掘和提炼毛泽东思想的当代价值，对于驳斥“非毛化”错误思潮的影响，充分认识毛泽东思想对于中国特色社会主义理论体系形成发展的意义，坚定党的理论自信，有着重要的学术价值和现实意义。

研究内容：（1）毛泽东思想认识与评价中“非毛化”错误思潮的实质及危害。本部分内容将重点评析“非毛化”否定毛泽东思想价值的错误观点、“非毛化”的实质、危害，进而揭示科学认识毛泽东思想当代价值的方法论原则。（2）党对毛泽东思想价值认同的历史审视。党对毛泽东思想的正确认识是科学阐释毛泽东思想价值的基础。本部分从纵向历史发展的视角，着重分阶段梳理分析党对毛泽东思想价值认识的历史进程。（3）毛泽东思想的当代价值分析。针对“非毛化”歪曲否定毛泽东思想价值的错误观点，着重从以下几个方面阐释毛泽东思想的当代价值：其一，毛泽东思想“活的灵魂”是马克思主义中国化的世界观和方法论，具有长远指导作用。其二，毛泽东思想是中国特色社会主义理论体系的思想渊源，对当代中国治国理政具有重要现实意义。针对“非毛化”鼓吹的“割裂论”“过时论”，提出必须要认识到马克思主义中国化两大理论成果具有整体统一性。其三，毛泽东思想彰显的人民主体的价值观确立了建设中国特色社会主义的价值取向。对毛泽东思想的评价也应放在人民的立场上，而不是像“非毛化”思潮从少数个人的利益出发得出错误的历史结论。其四，毛泽东思想的理论品格对推进党的理论创新具有重要意义。针对“非毛化”将毛泽东思想和新时期党的理论创新对立起来，对毛泽东思想独具特色的理论品格的分析是对其错误观点的有力回应。（4）实现毛泽东思想价值认同的路径分析。本部分主要着重从现实路径方面，分析如何在当今时代条件下增强人民对毛泽东思想价值的认同。提出要坚持唯物史观和历史辩证法的立场和方法，不断赋予毛泽东思想新的时代内涵，努力让人民群众掌握其精神实质，区分对象、分层次开展传播。

创新之处：（1）从回应历史虚无主义“非毛化”错误思潮入手，揭示其实质和危害，针对其错误观点有的放矢地阐释毛泽东思想当代价值，缩小“非毛化”的空间。（2）结合时代条件，着重从整体上（毛泽东思想体现的世界观、方法论、价值观、理论品格以及与中国特色社会主义理论体系的关系等层面）深入挖掘毛泽东思想对于当今具有重要指导意义的思想内容，探讨实现毛泽东思想价值认同的现实路径。

【大数据时代我国社会主义意识形态建设研究（青年项目）】

石家庄铁道大学马克思主义学院　樊瑞科

研究背景：伴随网络信息化加速发展的趋势，大数据时代的来临，我国社会主义意识形态建设必须强化互联网思维，树立大数据意识。从理论而言，本课题研究有助于扩展和深化我国社会主义意识形态建设研究的理论视野，丰富研究范式，为意识形态建设的理论和实践提供新的研究思路、理念观点和方法路径。从实践而言，作为信息化发展的最新成果，大数据为优化我国社会主义意识形态建设提供了新的技术手段，为社会主义意识形态建设提供了新的平台载体，对于提升我国社会主义意识形态建设的科学性、实效性和针对性大有裨益。

研究内容：（1）系统梳理大数据发展历程、内涵、特征、属性、功能及在当代中国发展现状等基本问题。以大数据为切入点，界定大数据时代我国社会主义意识形态建设的特定内涵、鲜明特征、重要意义等。（2）详细分析大数据融入我国社会主义意识形态建设的理论依据和现实条件。（3）辩证看待大数据时代我国社会主义意识形态建设的新机遇和新挑战。

从机遇而言，大数据有助于我国意识形态建设的理念更新、治理转型、传播优化等，从而有效提升我国社会主义意识形态建设的科学性和实效性。从挑战而言，大数据对我国社会主义意识形态权威性和主导性构成潜在危机，数据真伪影响意识形态建设的针对性和准确性，数据滥用影响我国社会主义意识形态建设的实际效果，数据伦理考验我国社会主义意识形态建设的应对能力，数据霸权威胁我国社会主义意识形态建设的人文维度，西方发达国家在大数据技术和应用上的比较优势挑战我国的“数据主权”和意识形态安全。(4) 从提升大数据思维意识、健全大数据体制机制、构建大数据服务平台、搞好大数据人才技术、维护大数据信息安全、提倡各主体多元参与等方面探索大数据时代我国社会主义意识形态建设的实现路径选择和优化。此外，本课题还想做一项补充研究，即西方发达国家应用大数据改善本国主流意识形态建设的理论和实践。我国意识形态建设应主动借鉴西方国家将大数据应用于国家安全、学校教育、社会治理等显性或隐性意识形态建设的理论与实践并结合本国实际进行创新。

创新之处：从视角而言，本课题属于跨学科的交叉性、综合性研究；从观点而言，本课题认为我国社会主义意识形态建设的实效提升不仅需要透彻的理论说明，更需要借助先进科学技术提升其实效性、科学性；从方法而言，本课题尝试运用大数据分析方法考察我国社会主义意识形态建设问题。

【《1857—1858 年经济学手稿》哲学思想研究（青年项目）】

中国社会科学院哲学研究所　杨洪源

研究背景：《1857—1858 年经济学手稿》（以下简称《1857—1858 年手稿》）是处于马克思理论核心位置的一组重要文献，马克思通过对资本主义生产方式的深入分析把 18 世纪 40 年代他和恩格斯共同创立的唯物史观建立在严密的现实基础之上，在进行与古典政治经济学完全不同的马克思主义政治经济学的表达与构建的同时，也将社会主义变为有客观规律支撑的一门科学。当前，尽管国内外学界已经破除了所谓“《资本论》初稿论”的影响，将《1857—1858 年手稿》视为概念体系完整的独立著作，并在版本考证、出版传播、方法结构和思想阐释等方面取得了一系列成果，但在哲学思想阐发方面的研究仍相对薄弱，特别是由于缺乏对马克思在该手稿中直接引述、批判的 140 余部政治经济学著作和 12 部哲学著作的深入理解，使得《1857—1858 年经济学手稿》的基本部分至今还如同一块广袤的未被深耕过的荒漠土地，没有得到全面、详尽且系统的解读，结出应有的理论硕果。本研究正是为了改变上述状况而做努力。

研究内容：本课题是以《1857—1858 年手稿》为研究对象的马克思主义哲学文本、文献研究，在掌握全新文献资料的基础上，从整体性角度重新研究《1857—1858 年手稿》的哲学思想，展现其理论空间和实践价值。(1) 将《1857—1858 年手稿》置于 19 世纪 50 年代的思想史语境中，深入理解当时的历史状况和社会思潮，充分理解马克思所批判的政治经济学和哲学的致思路向、研究方法和理论内容；(2) 在文本研究的基础上，探讨《1857—1858 年手稿》的论证思路和理论内涵，提炼和概括其中的哲学思想；(3) 在思想史研究的视野内澄清《1857—1858 年手稿》的历史地位；(4) 结合当前资本全球化的态势和开拓当代中国马克思主义政治经济学新境界的理论诉求，重新评价《1857—1858 年手稿》的当代意义。

研究特色：(1) 文献创新，不仅囊

括马克思直接引述批判的政治经济学和哲学著作，而且包括各个版本的《1857—1858年手稿》、MEGA中与之相关的“补充卷”部分、当时的书信等，可以说是在全面文献资料下的研究。（2）视角创新，突破过去《1857—1858年手稿》研究中包括仅就哲学而揭示哲学思想、哲学思想研究薄弱、没有深入探究哲学、政治经济学和社会主义学说之间有机联系等局限性，基于文本学、比较研究等方法，从整体性视角审视《1857—1858年手稿》的哲学思想。（3）观点创新，如《1857—1858年手稿》是统一于“破除资本主义生产方式的‘藩篱’，实现人的自由全面发展”的一部整体性著作；黑格尔不仅在逻辑学方法启迪着马克思对政治经济学材料的加工，而且其辩证法所具有的强大历史感亦被马克思所接受，以进行政治经济学的批判和建构等。

【马克思不平等、消费不足和经济危机理论的现代化研究（青年项目）】

北京大学马克思主义学院　贺大兴

研究背景：经济危机是资本主义挥之不去的梦魇。源自于发达国家的经济危机，如1929年的大萧条、2001年的科技泡沫、2008年的房地产次贷危机，无不给世界经济带来严重的打击。西方国家现有的理论和政策，如真实周期理论、财务杠杆理论和金融自由化政策，既无助于揭示危机的深层次原因，也不能从根本上抑制危机的爆发。

马克思从经济不平等的角度，借助资本主义生产力绝对扩张和消费力相对不足的矛盾，揭示了危机产生的一个重要原因。马克思的贡献是多方面的。首先，马克思指出了资本主义的内在矛盾，危机产生不可避免。其次，马克思的危机理论是真正的内生经济危机理论。当代大多数西方学者，把“外生的冲击”当作危机的根源，沉迷于用“冲击响应”模式解释危机中各种经济现象的耦合程度，忽略了危机的本质。最后，马克思的解释符合大众的直觉。贫富差距越大，社会的消费能力越差，越容易出现生产过剩。

马克思的危机理论无疑是非常深刻的，但遗憾的是，它在国内外学术界受到的重视程度不够。原因主要是两个方面。首先，马克思的理论是非均衡理论。学术界习惯于在一般均衡的框架下研究经济现象，缺乏处理非均衡理论的系统性方法。其次，在现有的西方宏观经济学研究中，为了保证需求定理在宏观层面成立，一般会假设个体的偏好满足“齐次性”。该假设下，财富分布对总需求不会产生任何影响。这从根本上限制了从不平等角度研究经济危机的可能性。

研究内容：本项目的主要工作，就是借助“非齐次偏好”理论、大众市场理论等当代的研究成果，模型化马克思的经济危机理论，促进马克思消费不足理论在学术界和社会的传播。主要内容包括：（1）总结和比较马克思及马克思之前的经典作家对不平等、消费不足等相关问题的探讨，解释马克思理论的内在机制；（2）通过历次危机前后的历史数据，证实马克思对危机根源的判断；（3）借助现代的数学成果，从理论层面描述马克思危机理论的运行机制；（4）从数值模拟和计量分析的角度，检验不平等与危机之间的关联；（5）针对我国的具体情况，提出符合国情的缩减收入差距、扩大内需和推动经济增长的政策建议。

研究创新：（1）用学术界前沿的理论和方法，揭示马克思不平等、消费不足和经济危机理论的机制，推动马克思理论的数学化和形式化，有助于马克思理论在学术界的传播。（2）用历史和经验数据验证马克思理论的重要结论，有助于加强马克思理论的说服力和影响力。

【马克思主义视阈下中国实体经济与虚拟经济的利润率比较研究（青年项目）】

四川大学经济学院　李亚伟

研究背景：过往数十年间，在以美国为代表的发达资本主义国家里，经济重心出现了由生产向金融的长期结构性转向。这种结构性转向逐渐向全球经济蔓延。受到2008年全球金融危机和2009—2010年欧债危机的冲击，中国实体经济的营利能力近年来出现下滑，货币资金纷纷撤离实体经济而转入虚拟经济领域，造成实体经济空心化。实体经济是中国经济的根基，如果听任其空心化，中国经济的基础和长期发展动力就会被削弱。如何让资本回归实体经济，成为亟待解决的问题。利润率引导资本积累，对实体经济和虚拟经济的利润率动态及其成因进行比较研究，有助于寻求此问题的解决路径。

研究内容：本课题尝试以中国经济为研究对象，通过比较研究实体经济和虚拟经济的利润率动态及其决定因素，探讨如何引导资本回归实体经济。首先，度量并对比中国实体经济（非金融类企业部门）和虚拟经济（金融企业部门）的利润率动态；接着，研究在金融化背景下实体经济的利润率决定机制，并与虚拟经济的利润率影响因素相比照；然后，分析实体经济与虚拟经济的相互关系，探究如何从制度上引导资本回归实体经济。

研究创新：（1）纳入资本积累金融化带来的效应，采用统一的利润率定义，度量并比较实体经济与虚拟经济的利润率；（2）分两个阶段探讨实体经济利润率的决定机制，并发展出一个兼顾商品价值生产和实现的利润率决定模型；（3）采用一个分析框架整理影响利润率和资本积累的制度安排，在制度层面上考察如何引导资本回归实体经济。

2016年度中国社会科学院创新项目简介（部分）

【习近平总书记系列重要讲话精神研究】

中国社会科学院马克思主义研究院
邓纯东（主持）　辛向阳（首席）

研究意义：党的十八大标志着我们党领导的中国特色社会主义伟大事业进入全面建成小康社会的决定性阶段，党领导人民开创的社会主义伟大实践，已经行进到一个新的历史起点上。党的十八大以来，以习近平同志为总书记的党中央高举中国特色社会主义伟大旗帜，以对党、对人民、对民族高度负责的精神，总揽全局、运筹帷幄，励精图治、奋发有为，开创了党和国家事业发展的崭新局面。学习研究习近平总书记系列重要讲话精神也成为一个热点。深入学习研究习近平总书记系列重要讲话精神，是当前和今后一个时期全党的重大政治任务，对于全党全国进一步统一思想、统一行动，不断开创中国特色社会主义事业新局面，具有十分重要的理论意义和实践意义。

研究内容：全面深入地研究习近平总书记系列重要讲话的理论定位、基本内容、话语体系、逻辑结构、实践基础、未来发展以及国际影响等，为全面研究习近平同志的思想和中国特色社会主义道路提供一个较为完善的理论架构。具体内容包括：（1）习近平总书记系列重要讲话的理论定位；（2）习近平总书记系列重要讲话的基本内容；（3）习近平总书记系列重要讲话的话语体系；（4）习近平总书记系列重要讲话的逻辑结构；（5）习近平总书记系列重要讲话的实践基础；（6）习近平总书记系列重要讲话的未来发展；（7）习近平总书记系列重要讲话的国际影响。

研究特色和创新：（1）坚持以历史唯物主义为指导，站在全局的视角进一步概括习近平思想作为马克思主义中国化的最新成果在中国特色社会主义的理论创新性发展中历史地位和对我国社会主义伟大实践的指导意义；（2）坚持理论与实践相结合的研究方法，针对习近平总书记的治国理政方针和战略展开具体的理论分析，并提取其思想精华分析其对我国具体的改革实践和中国梦的伟大社会工程的指导作用；（3）坚持辩证分析与历史分析相统一的原则，深入探讨习近平的五大发展理念、四个全面战略布局等思想的现实基础、问题导向及其合理布局。

【阶级和阶层的马克思主义分析】

中国社会科学院马克思主义研究院
程恩富

研究意义：作为经济概念的阶级和阶层问题，近年来重新回归中国社会研究的视野。众所周知，随着社会主义市场经济体制的确立，我国多种所有制结构发生了深刻的变化，成为当代中国社会结构变革的现实基础。实际上，社会的阶级关系变化与阶层结构变动的进程如此迅速，已不仅体现为不同社会群体间在收入分配、财富占有等方面的利益分化，还重塑了当代中国社会的阶级和阶层意识，从而对中国社会的走向产生着巨大的影响。因而，分析阶级及其基础上的阶层结构演变的原因、特点和发展趋势，有助于我国社会主义和谐社会的建立，有助于坚持和完善中国特色社会主义理论和制度，有助于顺利进行具有许多新的时代特点的伟大斗争。

研究内容：（1）马克思主义关于阶级和阶层的基本理论。主要阐述马列主义及其中国化理论中的阶级阶层观点，分析阶级阶层的概念、方法和分类，阐述阶级斗争思想的演变发展，科学批驳当前否定存在国内外阶级斗争的种种错误观点。（2）改革开放以来我国资产阶级的发展及其总体情况。将先后分析改革开放前我国社会的阶级结构、我国的所有制变革与民族资产阶级的发展、当前我国资产阶级群体数量及其财富占有规模、当前我国资产阶级内部各阶层的分析等问题。（3）当前我国劳动阶级的规模及其结构变动。将先后分析当代中国社会劳动阶级的总体情况、管理劳动者阶层的内部结构及其特点、知识劳动者阶层及其构成、产业劳动者阶层的重组及其流动、个体劳动者阶层发展状况等问题。（4）我国社会阶级分化与阶层变动的各种影响。将先后分析我国阶级分化的经济影响、政治影响以及阶级内部各阶层间关系重塑的社会影响，并提出协调阶级阶层关系的对策思路。

研究特色和创新：（1）理论性强。拨乱反正，廓清在阶级阶层和阶级斗争问题上的种种谬误，科学阐明马列主义及其中国化理论体系中有关阶级阶层和阶级斗争的基本思想，从而为不忘初心，增强大局意识和政治意识，大力弘扬将革命进行到底的精神，为顺利进行具有许多新的时代特点的伟大斗争提供一种理论基础。（2）客观性强。将提出科学划分当前我国阶级阶层的依据，准确描述其内在结构和演变。（3）对策性强。分析各个阶级阶层的社会表现和政治态度，为协调阶级阶层关系和巩固以工农联盟为基础的人民民主专政而提供政策性建议。

【国外马克思主义研究思想发展史】

中国社会科学院马克思主义研究院　冯颜利

研究意义：近些年来，中国学术界特别致力于开展马克思主义当代性的研究，研究较多地基于对马克思本人思想及文本的研究，也较多地消化和批判了西方学术特别是国外马克思主义研究的成果。应当说，对于建构与中华文明复兴相适应的理论建设要求而言，这样的消化与批判还将持续。但是，对于中国学术而言，马克思主义当代性研究的立脚点，还是中国道路以及马克思主义中国化，其中尤其需要对此展开思想史层面的研究。应当说，同对马克思本人的学说在思想史层面的研究相对不足一样，目前学界对马克思主义中国化在思想史层面的研究，同样也是不足的。对此，中国马克思主义者当有足够的理论自觉及其学术担当。

苏联解体之后，世界对马克思主义的认识发生了很大的变化，全面、系统、综合地研究当代国外马克思主义思想发展的历史，变得迫切而必要。通过梳理国外马克思主义研究思想发展史，主要希望达成以下三个方面的目的：一是廓清什么是马克思主义的根本观点和立场，以及在国外马克思主义中，哪些是属于马克思主义的，既要辨别国外马克思主义研究者中的真假马克思主义与真假马克思主义话语，又有利于在对外交往中增强我话语权、提升我软实力；二是从社会历史的视角对国外马克思主义展开研究，并且指出马克思主义各种流派和倾向的产生根源，在任何时期，马克思主义思想都不仅和工人运动、资本主义以及国际局势发展的情况紧密相关，因此，从时代、阶级关系、政治经济和思想的发展角度宏观把握国外马克思主义的思想发展历史至关重要；三是要有批判性，这也是现代最具有批判精神的思想——马克思主义本身所固有的特点。

研究内容：项目设计为2016年1月—2017年12月，用两年时间完成国外马克思主义研究的思想发展史整体规划中的一部分，其他部分将在今后的科研工作中逐步推进，最终以一整套书的形式体现出来。全套研究专著将涉及如下问题的研究：（1）西方马克思主义研究的思想发展史；（2）俄罗斯的马克思主义发展史；（3）欧洲共产党理论中的马克思主义发展史；（4）南亚的马克思主义发展史。

创新之处：（1）材料新。国外马克思主义研究大量新情况、新观点的产生，为国外马克思主义研究的思想发展史提供了难得的机遇。（2）研究方法新。从纵横两个方面强化马克思主义理论来源研究；"一源多流"是马克思主义的存在状态，只有把主流与支流结合起来，才能全面理解马克思主义发展史；正确回答马克思和恩格斯关系问题，必须把实证方法与总体性方法结合起来；在普遍与特殊的结合中，认识中国化马克思主义在总体马克思主义中的理论地位；国外马克思主义的认识与评价，要求把"是不是马克思主义"与"有没有马克思主义"的考量结合起来，并把"有没有马克思主义"作为"第一提问"。

【欧美国家和地区的社会主义研究】

中国社会科学院马克思主义研究院
吕薇洲

研究意义：苏联解体、东欧剧变后，欧美国家和地区的共产党和其他左翼政党作为世界社会主义运动的一股主体力量，尽管也一度受到影响，但它们及时反思苏联解体、东欧剧变的原因和教训，积极调整其理论主张和纲领政策，并在一些国家和地区得到了程度不同的恢复和发展。2008年国际金融危机发生后，欧美国家左翼掀起了新一轮对资本主义的批判和对社会主义的探索。尽管从总体来看，当前社会主义在欧美国家和地区仍处在积蓄力量、重谋发展的时期，但毕竟出现了复兴的希望。系统研究欧美国家和地区共产党和其他左翼政党的发展变化，深入剖析欧美国家和地区社会主义思潮和运动的发展变化，不仅有助于坚定共产主义理想和社会主义信念，而且有利于科学社会主义理论的创新发展。

研究内容：本项目将坚持历史与现实相结合的角度，对欧美主要国家和地区的社会主义进行分析和阐释。本项目的研究不仅要对其社会主义的历史传统进行概述，分析社会主义理论和运动产生的必然性，更要对苏联解体、东欧剧变后各国社会主义发展的现状进行研究，分析剧变以来各国共产党和左翼政党、社会主义思潮、社会主义运动的发展变化，并在此基础上深刻把握世界社会主义运动的总体趋势，提出可供中国特色社会主义借鉴的经验，深化对科学社会主义理论的认识。通过研究，本项目拟出版世界社会主义丛书。丛书既有对国别社会主义的分析，也有对某一地区社会主义的论述，还有对重要社会主义思潮的阐释。

研究创新：（1）全面展示当前社会主义在欧美国家和地区的发展。苏联解体、东欧剧变后，社会主义力量、思潮和运动仍然在资本主义国家广泛存在，并与现有的社会主义国家一起构成世界社会主义的重要组成部分。对欧美国家和地区社会主义的发展进行全面展示，有助于人们认识到，在资本主义体系范围内，尤其是作为资本主义核心的欧美地区，社会主义仍然在持续的发展和壮大中，更有助于人们坚定社会主义信念。（2）理论与现实相结合，深入分析资本主义国家共产党和其他社会主义力量兴衰的原因。（3）历史与现实相对照，准确把握世界社会主义的发展前景。社会主义思潮在欧美都曾占据过重要地位，苏东地区的社会主义更是取得过辉煌的成就。2008 年金融危机发生后，资本主义的各种弊端日趋明显，反对资本主义制度的工人运动和社会运动接连不断。因此，通过对欧美社会主义的历史与当前的现实相对照的方法，对社会主义取代资本主义的历史必然性和这一过程的曲折性将有更为准确的把握。（4）以马克思主义为统领，剖析和批判各种反社会主义的错误思潮，吸收左翼思潮的合理成分，为推进世界社会主义顺利发展提供理论保障。

【亚非拉国家和地区的社会主义研究】

中国社会科学院马克思主义研究院　潘金娥

研究意义：世界社会主义运动 160 多年的历史经验告诉我们，社会主义发展道路具有多样性；而马克思主义与时代特征和具体国情相结合，在实践中不断发展和创新，从而保持了强大的生命力。亚非拉国家大都是发展中国家，很多国家与中国具有相似的历史和文化背景，社会主义发展道路亦有相似之处，因此，总结亚非拉国家和地区社会主义运动的历史经验与教训，了解其他现存社会主义国家的发展道路和社会主义建设的最新动态，分析世界社会主义运动的新特征新趋势，将对我们今后如何坚持走中国特色社会主义道路、发展中国特色社会主义理论体系和完善中国特色社会主义制度，具有重要的理论意义。从现实意义来说，十八大以来，党中央尤其重视发展与周边国家、拉美左翼国家和非洲国家的外交关系，因而，研究亚非拉国家社会主义运动的历史与现实，将有助于我们对这些国家的全面了解，找到与这些国家合作的正确途径，从而为我国外交发展战略提供有益支持。从学术角度来看，研究现存社会主义国家的成果较为丰富，主要包括对越南、古巴的研究较为集中，而对拉美 21 世纪社会主义的研究刚刚起步，对非洲、亚洲其他国家和地区的社会主义运动研究成果非常稀少。因此，对亚非拉社会主义运动的研究成果，无疑将会丰富社会主义运动研究的学术资源。

研究内容：当前在亚非拉地区，有四个板块的社会主义运动值得我们关注：一是中国、越南、古巴、朝鲜和老挝等五个现存社会主义国家；二是拉美地区方兴未艾的 21 世纪社会主义；三是正在出现积极新变化的一些国家共产党领导的社会主义运动，如尼泊尔、印度、南非等；四是阿拉伯国家和地区的社会主义。主要包括四个部分：（1）越南、古巴、老挝、朝鲜等四个现有国外社会主义国家的社会主义发展道路研究；各国改革和革新及其与中国的比较等。（2）拉丁美洲的 21 世纪社会主义研究系列研究成果。包括：拉美“21 世纪社会主义”的最新动向；拉美非执政共产党及新社会运动的理论与实践。（3）西亚和北非洲地区阿拉伯社会主义运动的历史与趋势研究。（4）南非地区共产主义运动的现状与新趋势研究。

研究成果：在综合考虑本研究项目的重要意义和马研院国际共运研究学科的实际情况等因素的基础上，预计完成较为完整的亚非拉社会主义研究系列成果大约需要五年时间。预计在 2016—2017 年，两年共撰写完成的专著有：《古巴社会主义》《老挝社会主义》《越南社会主义》《尼泊尔社会主义》和《阿拉伯社会主义》等，此外还将完成学术综述或论文 20 篇以上，完成系列报告 5 篇以上。由于本项目研究人员大多具有国际共运相关学科背景，而且掌握了研究对象国的语言，因而研究视角将更为贴近现实，研究成果值得期待。

【金融危机以来国外左翼思想理论前沿、重点、热点问题研究】

中国社会科学院马克思主义研究院
李瑞琴

研究意义：2008年以来的世界金融经济危机使资本主义的“历史终结论”神话不攻自破，新自由主义彻底破产，资本主义制度的内在局限性、矛盾性、冲突性进一步暴露。世界左翼思想和理论发生了什么变化，产生了什么新观点和新见解，对于世界发展有着怎样的影响，未来世界左翼运动、思潮、思想将呈现出怎样的一种趋势，于中国特色社会主义事业的推进有着怎样的影响，需要深入研究和深刻把握。

研究内容：（1）西方中产阶级及其相关理论与实践。在资本主义全球化背景下，西方社会从事研发、设计和服务的非产业工人数量激增，但其仍属全球资本主义分工条件下总体工人的一部分；资本向第三世界国家的扩张大大增加了全球无产阶级的数量。经济危机以来，西方社会的所谓“中产阶级”多数破产者成为无产者。马克思主义关于资本主义日益分裂为两大直接对立的阶级的判断再一次被验证。（2）生态社会主义。分析生态社会主义在当代的发展，指出其理论上和实践中有待改进和完善之处，彰显马克思主义的科学性和有效性。第一，它在社会主义替代资本主义的原因本质方面认识不清；第二，它的反生产主义倾向与马克思主义基本精神不相容；第三，它与马克思主义在社会变革所依托的阶级力量方面有差别；第四，它的斗争策略有一定的空想性。（3）国外左翼视角下的世界发展差距问题。从左翼发展经济学家和左翼学者的视角，对冷战后南北差距问题的背景、南北差距问题的表现、南北差距问题的成因、南北差距问题的危害以及南北差距问题解决的对策和前景，进行全面分析。

研究特色：（1）问题新。全球的阶级问题、发展差距问题、生态危机问题是当代普遍关注的重大问题。对这些问题进行马克思主义解答具有挑战性，并将对学术研究及实践运动产生积极影响。（2）角度新。将马克思主义基本原理与当代全球广受关注的热点、难点、重点问题实现有机结合。（3）资料新。大量采用第一手外文文献，更好实现与国际学术发展的同步性。（4）话语体系新。既突破老的教条主义，又坚持马克思主义立场观点和方法，同时使理论研究与对策建议相互支撑，以实现新突破。

【美国经济金融战争与世界经济解体战略】

中国社会科学院马克思主义研究院
杨斌

研究背景：杨斌为中国社科院马克思主义研究院的研究员，曾经长期留学日本、美国，研究国际关系与国际贸易金融等专业。该项目立项时的2016年初，全球经济面临着国际贸易出现骤然下降的极为危险局面，反映国际贸易的重要指数波罗的海干散货指数短期内骤降了近20%，现在已经急剧下降到了低于上次全球危机最低点的危险水平，意味着美欧泡沫经济一旦破灭将产生共振效应并再次引爆全球经济危机。2015年美国股市和金融衍生品泡沫拉升经济的作用日趋乏力，意味着正在日益接近泡沫濒临破灭和市场价格骤然暴跌的临界拐点。2015年据国际清算银行的统计数据，全球金融衍生品的交易规模不断膨胀，已经高达710万亿美元，比危机前膨胀了20%。2015年频频出现了一些金融机构发生巨大金融衍生品亏损的耸人传闻，是美欧在金融领域将发生更大震荡的“山雨欲来风满楼”迹象。该研究课题对于中国防范美国利用泡沫经济和市场失灵作为掠夺各国民众财富的金融战争武器，以及当前深化改革开放并避免全球金融动荡频发的冲击，维护国家经济金融安全和社会稳定有着重要的理论和现实意义。

研究内容：2000年杨斌写的著作《威胁中国的隐蔽战争》，是国内第一部研究美国隐蔽经济金融战争的专著。该课题计划继续延续从软战争角度研究中国经济金融安全的独特优势，深入拓展这一全新研究领域并将其推向一个新高度。这样做还因为这一独特的研究视角产生了广泛的社会影响，引起了有关国家安全、国防、经济部门的某些领导的高度重视。有关领导曾专门找杨斌谈话表示希望重点研究鲜为人知美国的世界经济有控制解体战略，特别是当前全球经济面临爆发具有大萧条特点的特大经济金融危机时，美国如何利用全球经济金融危机作为威力巨大的破坏性武器，发动隐蔽软战争攻势突破中国经济金融安全的防火墙并遏制中国崛起。

研究意义：杨斌已经出版了课题专著《金融软战争——当心股票、存款横遭劫掠》，论述当前全球经济危机走势与中国对策。这本书的精彩之处在于同老百姓的切身利益息息相关，包含大量独特的趋势预测、风险预警、理论分析和对策建议。该著作提出了借鉴侦探科学的独特经济研究方法，以便更加有效地研究马克思主义重视的阶级博弈在今天的新特点。该著作还创立了独特的新市场失灵理论和特大经济危机理论，提出了独特的应对特大全球经济金融危机的政策建议。杨斌希望社会各界能重视他的预测预警、分析判断和政策建议，避免中国再次像股市改革效仿美国模式一样遭受大股灾损失。

【时代、世界格局与我国发展研究】

中国社会科学院马克思主义研究院　栾文莲

研究背景：当今世界处于什么时代，时代性质与特点，认清这个问题对于在复杂的国际环境中，坚持社会主义道路，建设和发展中国特色社会主义，有重要意义。当今世界仍处于金融帝国主义时代，或者说由资本主义向社会主义过渡的时代。这是我们坚持中国特色社会主义，坚定共产主义信念的时代依据。

当今处于金融帝国主义时代，这是国际金融危机与金融霸权，世界上各种不平等、不公正，战争、传统与非传统安全威胁的根源。充分认识这个问题，积极防范风险，是我们建设中国特色社会主义，实现全面小康的重要前提。

国际金融危机深化背景下，资本主义世界矛盾更加激烈。国际力量对比发生着变化，新兴国家和一大批发展中国家快速发展，国际影响力不断增强，是世界历史近代以来最具革命性的变化。国际力量对比变化必然反映到世界格局的变化。建立新的国际治理机制，追求公平正义成为多数国家的共识。我们既要认清时代性质，又要看准世界各种力量对比的变化，特别是2008年金融危机后，世界格局发生着的变化。

研究内容：关于对帝国主义时代的认识的研究：（1）马克思主义经典作家关于时代、时代性质、时代特点的理论及其当代现实意义。（2）运用辩证唯物主义世界观、方法论认识时代性质、时代特征与时代主题。（3）垄断资本主义发展进程中的当代特征。（4）国际金融危机深化、资本主义长期停滞，以及当今世界格局。（5）资本主义总危机理论及其当代意义。（6）资本主义社会基本矛盾与国际金融危机。中国改革发展应对国际挑战，从容开创发展机遇也是本课题研究的内容。21世纪前20年，我国全面小康社会建设，以及21世纪中叶建成中等发达水平国家，在这一国际格局发生变化的环境中进行。认识时代特征和时代本质，敏锐把握世事、世情的发展，与各国人民一道共谋发展，趋利避害，坚持我国基本国情立场，坚持权利义务的平衡，对于建成全面小康社会，坚持社会主义的发展道路不动摇，具有重要战略意义。

研究特色：基础研究与现实应用研究相结合，既要深入学习研究马克思主义经典作家关于时代问题的论述，也要结合当代发展的特点，认识时代问题，时代性质。对于当代帝国主义，及其他所固有的问题，如危机问题，霸权问题，各种威胁等进行研究。要把握2008年国际金融危机以来资本主义复苏乏力，陷入长期停滞的情况，对当今资本主义发展走势，重重矛盾，国际力量对比变化进行研究。认识和研究在这个背景下对发展中国特色社会主义弘扬共产主义的机遇与挑战。因此本项研究具有重要的创新意义和创新价值。

【马克思主义话语体系梳理研究】

中国社会科学院马克思主义研究院 侯为民

研究背景：话语体系是一个阶级、民族、国家在理论与实践活动中赖以确立话语权的前提、基础和表达形式的概念系统，具有鲜明的意识形态特色。马克思主义基本范畴的确立和话语体系的构建及其在中国化进程中的衍进，极大地凝聚了中国的社会共识，推动了当代中国的进步。正确理解和运用马克思主义话语体系，关系到我国能否抵制错误思想，筑牢思想防线；关系到中国特色社会主义的实践能否得到科学的解读，关系到能否在借鉴西方理论的同时辨别和纠正其错误，还关系到能否扩大中华文化的国际影响力。习近平同志讲到改革时曾指出："有人把改革定义为往西方普世价值、西方政治制度方面改，否则就不是改革。这是偷换概念，曲解我们的改革。"在当前世界，对话语体系的运用已经成为衡量执政党的领导理念和实践是否成熟的重要尺度。同时，它也关系到执政党的基本理论、基本路线、基本政策和发展战略能否在全国范围发布、畅通和实施。总之，正确运用马克思主义话语体系已经成为掌握马克思主义话语权的基础。

研究内容：当前，我国在话语权方面出现的问题，主要体现为对马克思主义经典作家话语的误读、曲解和有意回避，对中国化马克思主义话语的错误引用和不科学的运用，对西方话语的过度推崇和不加辨析地引用，以及打着创新和发展等口号用一些新名词对马克思主义话语的替代。因此，在研究方法上，本项研究一方面是重视话语体系的辨别和整合。在注重文本基础上梳理和提炼出马克思主义基本原理中的基本概念、判断、表述和核心范畴，梳理和总结我党重大理论成果中的主题语言和概念内涵，使之成为马克思主义话语体系研究梳理时的核心元素，巩固马克思主义意识形态的主导地位。另一方面，则是直面现实，发挥理论导向作用。即面向中国特色社会主义实践和人民群众实际关心的问题，赋予马克思主义话语体系研究以实践特色、时代特色、民族特色，运用恰当的语言和方式来表达马克思主义的观点和立场。从具体研究内容看，本课题主要从四个方面，即马克思主义经典作家的话语体系、中国化的马克思主义话语体系、需要批判和辩驳的本土和外来话语以及值得改造和利用的西方话语，进行分类而系统的梳理和分析。

研究特色：本项目研究的特色和创新之处主要在于三个方面：一是坚持从文本研究出发，正确阐释马克思主义话语的科学性和应用性，对错解、曲解马克思主义话语的倾向进行辩驳和批判。二是重视系统研究和分类梳理相结合，注重从多个维度、多个方面对各种学术话语和流行的理论话语进行梳理研究和分析。三是紧密联系实际，注重社会效果。重点围绕当前中国社会舆论的热点问题和全面深化改革中面临的争论，进行梳理总结和分析研判。既指出其产生的背景、特点和主要内容，又指出其理论的趋向和现实的导向，从而做出科学的评析，在一些基本理论和重大现实问题上澄清认识，发挥出引导正确舆论导向的作用。

【马克思主义无神论与党的意识形态工作】

中国社会科学院马克思主义研究院　龚云

研究意义：项目在全国深入学习贯彻习近平宗教工作会议讲话背景下，具有重要现实和理论意义。马克思主义无神论既是马克思主义理论的组成部分，也是马克思主义理论的重要基石。坚持马克思主义在意识形态领域的指导地位，就要坚持马克思主义无神论；巩固马克思主义在意识形态领域的指导地位，就要加强马克思主义无神论的研究教育宣传。党的十八大以后，习近平总书记高度重视无神论研究教育宣传，特别是在 2016 年 4 月召开的全国宗教工作会议上发表的重要讲话中，关于马克思主义无神论发表了重要思想，是马克思主义无神论中国化的最新成果。但是，习近平总书记关于马克思主义无神论的思想没有得到学术界的应有重视。把马克思主义无神论放在党的意识形态工作格局中进行研究，十分重要和迫切，关系到党的主流意识形态安全，关系到巩固马克思主义在意识形态领域的指导地位，关系到巩固全国人民共同团结奋斗的思想基础，关系到如何引导宗教与社会主义社会相适应问题。

研究内容：项目的研究内容包括四部分：（1）马克思主义无神论研究宣传教育是党的意识形态工作的重要组成部分。马克思主义无神论是马克思主义的理论前提，坚持马克思主义无神论是党的意识形态工作的重要任务，宗教对主流意识形态构成严重冲击和影响，降低宗教信众增加速度和抵御宗教对群众的精神诱惑和思想渗透，必须重视马克思主义无神论。（2）必须从意识形态安全高度坚持马克思主义无神论的基本要求。要始终坚持马克思主义无神论是个大原则，共产党员要做坚定的马克思主义无神论者，始终保持马克思主义无神论作为主流意识形态，在人民群众思想中占据主导地位。（3）在党的意识形态工作格局中加强马克思主义无神论的研究宣传教育工作，必须破除阻碍马克思主义无神论的思想障碍、体制机制障碍和利益障碍，加强马克思主义无神论阵地建设、学科建设和宣传教育。（4）全面落实习近平总书记宗教工作会议讲话精神，引导宗教与社会主义相适应。完整准确地理解习近平总书记在宗教工作会议讲话精神，要正确认识、处理宗教问题与政治问题、国际问题的关系，牢牢掌握宗教工作的主动权，积极引导宗教与社会主义社会相适应。

研究特色：第一，在学术界第一次把马克思主义无神论的研究宣传教育放在党的意识形态工作格局中进行研究；第二，在学术界极力为宗教张目的社会氛围下，通过理论分析和实地调查，辩证地分析了宗教的社会作用及其对主流意识形态的冲击和影响。

【当代马克思主义文学理论与文学批评研究】

中国社会科学院文学研究所　丁国旗

研究意义：新时期以后，随着西方文艺理论与思潮的大量引入，尤其是“西马”理论的引入，我国马克思主义文艺理论与文学批评研究处于收缩状态。而文艺学的越界与扩容、日常生活审美化、文化研究的兴起、视觉文化转向、全球化、消费文化盛行等所带来的新的研究热点，更是进一步将马克思主义文学理论与批评挤到了学术研究的边缘。进入新世纪以来，虽然理论界对此有所警觉，但在研究的视野与思路、观点与方法等方面存在持重有余、活泼不足的现象，面对新的文学现实，理论研究滞后，相关文学批评不能针对当下文学实践发出自己的声音，在文学艺术的发展建言献策等方面更是无从谈起。我所马克思主义文艺理论学科虽然在这些年做出了一些成绩，但研究力量还较分散，很难突破现有理论研究滞后的怪圈。“当代马克思主义文学理论与文学批评研究”创作工程项目的设立，将给我们提供一次学科力量整合的良好机会，将为切实推进文学所的马克思主义文艺理论学科的提升与发展贡献力量。

研究内容：党中央给中国社会科学院有三个定位是“马克思主义的坚强阵地、我国哲学社会科学研究的最高殿堂、党中央国务院的思想库和智囊团”。“当代马克思主义文学理论与文学批评研究”创新工程项目将切实落实这三个定位，尤其是落实“马克思主义的坚强阵地”这一定位，将项目研究总体框架定在马克思主义文艺理论与批评的学术研究、开展马克思主义文学批评实践活动两个方面，具体包括马恩列斯等马克思主义文艺经典论著研究、“西方马克思主义”文艺与美学思潮研究、中国化马克思主义文艺理论与批评史研究、当代马克思主义文艺批评与实践研究、习近平文艺思想研究、当下文艺文化思潮热点研究，以及针对具体文艺作品组织开展文学批评活动等。

研究创新：本项目研究所选择的任何理论问题，都将切实针对现实文艺的需要，针对现实的文艺问题，不高谈阔论，只解决问题。在进行当代中国马克思主义文艺理论与批评理论的新话语、新体系的建构与努力，根据文艺的新情况、新问题，提出新的理论对策与新的理论阐释，力争提出一些有影响的新的理论范畴、新的理论主张、新的理论观点，总结出一些有突破性的文艺理论的新规律、新思想。本项目还将重视加强同国内外相关学科、学会的学术交流活动，通过举办研讨会、成果交流会、发布会等形式，组织研究队伍，开展学术创新，做好成果的宣传工作，不断扩大学术影响。

【马克思主义与中国特色民族理论与政策创新研究】

中国社会科学院民族学与人类学研究所　陈建樾

研究意义：马克思主义民族问题理论是马克思主义关于处理和解决民族问题的基本理论，是中国特色社会主义理论体系的重要组成部分，也是中国特色社会主义道路和中国民主政治的基本制度架构之一。本项目所涉及的主题包括：多民族国家民族问题的基本理论、马克思主义民族理论与现代民族问题、多民族国家内部的民族团结、国家治理体系下的民族区域自治制度及其发展与完善、城镇化进程中少数民族适应和管理等。

在上述研究主题方面，国内学术界已经有长期的研究，也有很多学术著作和论文面世，这些研究一方面体现出本项目研究的活跃度渐趋增加，另一方面也体现出学科和观点的多样化和多元化，这都是近年来我国边疆民族问题热点趋增、烈度趋强和社会关注度聚焦有关，同时也预示着本项目研究的重要性和必要性。

社会主义中国是一个统一的多民族国家，在处理民族问题的政策和制度架构方面应有基本的共识基础，这既是学术研究的政治性规范，也是学术研究的科学性归依，任何无视或忽略国情的理论研究都不足为据；另外，在现有制度框架之下，我国民族政策和民族事务管理制度存在发展、完善和调整、改革的必要；还有，民族理论与政策研究既是思想理念的研究，也是应用对策的探究，而马克思主义民族理论是基本的理论来源，对中外各国各学科的民族理论应汲取其精华而为我所用，做到古为今用、洋为中用。

研究内容：本项目主要内容及基本观点马克思主义经典作家民族理论的汇编整理与专题研究；中国共产党民族团结理论发展历程和民族团结事业的专题研究；多民族国家统一与民族区域自治的应用对策研究；城市化进程中的少数民族流动人口及其对策研究；边疆民族地区的区域性政策研究。首先，马克思主义民族理论是中国这个统一多民族国家处理和解决民族问题的基本理论依据，马克思主义关于民族平等、民族团结、民族发展、民族融合的理论和中华民族多元一体的架构是研究的基本前提和客观国情；其次，民族是具有利益指向的人类群体，在民族不可能消除的现实条件下，统一多民族国家必须在制度安排上妥善地尊重和保护各个民族的利益，并据此凝聚各民族对统一多民族国家的共识，形成多元一体的国家民族；最后，在一个多元世界和多民族国家内部，能否相互包容和是否彼此尊重在很大程度上决定了国际关系和族际关系的状态，如何处理差异和怎样对待多样的问题实际上又与如何看待历史遗产和怎样借鉴国际经验关联在一起；而在国内民族政策的讨论中，这一议题也是绵亘十年的争论焦点和关键；本课题组认为，尊重差异、包容多样，是处理社会多元和多民族国家内部民族问题的重要原则，它既是处理国与国关系的基本原则，也是统一多民族国家治国理念的主要内容之一，更是社会主义民主政治的基本理念。

研究意义：本项目研究所涉及的问题，既是当前民族工作和民族政策研究无法回避的时代主题，也是中国特色社会主义的政治问题，还是马克思主义普遍原则与多民族国情如何具体结合的科学问题，更是马克思主义民族理论如何与时俱进的学术议题。本项目的研究，力图在坚持马克思主义民族理论基本理念的基础上，以多学科与综合性结合、理论性与典型性相联系的研究路径推进民族理论学科的理论研究。

【马克思主义政治哲学与中国政治生态学建构】

中国社会科学院哲学研究所　毕芙蓉

研究意义：马克思主义政治哲学是马克思主义哲学的题中应有之义。马克思在《关于费尔巴哈的提纲》中指出，“哲学家只是以不同的方式解释世界，而问题在于改变世界”。马克思之所以建立自己的哲学，就是为了改造世界，为了实现共产主义这样一个崭新的世界。建构一个新世界，就是马克思主义哲学的政治性所在。马克思主义哲学的革命性就体现在它旗帜鲜明的政治性中。近些年的马克思主义哲学研究中，从社会哲学、发展哲学、经济哲学的角度去阐发的较多，而从马克思主义哲学作为一种整体，一种具有鲜明的政治批判角度进行的研究较少。与此同时，随着有中国特色社会主义建设的深入发展，社会主义市场经济的发展也遭遇了自己的瓶颈，亟须政治制度和政治文明的建设和发展。马克思主义政治哲学，作为一种丰厚的思想资源，有待深入阐发并服务于中国政治生态学的建构。

研究内容：本课题旨在以马克思主义基本理论为指导，对中西方政治哲学的发展历史以及主要论题进行全面梳理，尤其是围绕当代政治哲学中的热点问题，结合当代中国的政治实践和理论成果，对政治哲学中的最为关键的问题：正义问题、自由问题、平等问题、民主问题做出具有中国特色的理论解答。

研究创新：本课题在问题选择上以政治哲学最为基础问题为中心，是基础性研究，但突出了中国经验、中国特色，具有创新性；在学术观点上，坚持马克思主义思想，以现实问题带动理论研究，在传统的文献研究和原理研究的基础上，扩展马克思主义理论的研究范围，将政治哲学的研究引入马克思主义理论研究领域；在研究方法上，突破以人物为中心的研究方法，转以问题研究为中心；分析工具，采用概念分析方法，遵循历史和逻辑相统一的原则，对相关问题进行研究。文献资料上，既重视经典文献的深度解析，又注重最新文献的翻译、介绍和梳理，力求全面而深入。

【新民主主义革命思想在解放战争时期的丰富与发展】

中国社会科学院近代史研究所　于化民

研究背景：解放战争时期是新民主主义革命思想发展的重要阶段，也是在实践中取得完全胜利的阶段。作为中共的指导理论和马克思主义与中国革命实践结合的产物，新民主主义革命思想在解放战争时期得到进一步发展，体系更加完备，内容更加丰富和成熟。中共不但完整地提出了中国新民主主义革命的总路线，在军事斗争、土地改革、统一战线、策略思想等方面也有许多创新和发展，尤其是在建国思想方面，对新民主主义国家的政治、经济、文化、国防、外交的基本制度和政策方针进行了探讨，提出了新中国制度和政策体系的基本构架，从而为建立新中国打下了坚固的思想和理论基础。联系中国革命的实际进程，系统深入地研究解放战争时期新民主主义革命思想的新发展，对于更加准确全面地了解中共是如何认识、把握中国革命的特点与规律，并将其应用于革命的具体实践，最终夺取中国革命的胜利的，对于廓清历史虚无主义制造的理论混乱，正确评价中共第一代领导集体的理论贡献和历史功绩，无疑有着重要意义。

研究内容：本课题以解放战争时期中国革命的进程为逻辑主线，主要研究新民主主义思想在解放战争时期的重大理论发展。主要包括如下几个方面：(1) 党在解放战争中的总路线与总政策。(2) 人民战争、人民军队思想的新发展。(3) 土地改革与根据地建设思想。(4) 人民民主统一战线的方针和策略。(5) 新中国建国方略的构想与实现。课题将对以上重要思想观点的产生、完善和实践效用进行深入分析，力求有所创新，以达成课题预期目标。

研究创新：本课题研究将坚持唯物史观，努力运用马克思主义立场观点方法认识问题、分析问题和解决问题。在问题选择上，将着重对那些关系中国新民主主义革命进程和前途的重大问题进行考察分析，注重详略得当，对已有定论的问题只做适当介绍和评述，不占用过多篇幅，而把重点放在此前研究关注不够的方面。同时，在研究和写作中注意提炼归纳新问题。在学术观点上，坚持实事求是的科学精神和锐意求新的探索精神，把自己的观点和看法建立在坚实的史实和史料基础上，不弄虚作假，不刻意回护，不故作玄虚，力求客观理性，尊重历史和良知，经得起时间的检验。在研究方法和文献资料的处理上，坚持理论与实践相结合，注意联系解放战争时期中共的军事、政治、经济、统战、文化等项工作的实际，重视对文献资料的考察，兼顾其他历史资料，重视吸收利用海内外研究成果。在文献资料的收集利用方面，随着大量党的文献和领导人文集、专集及部分海外史料的公开出版，资料问题较之以前已有极大改善。研究中不仅应当注意花大力气收集有关毛泽东的文献资料，也要注意收集中共其他领导人、党的主要理论工作者的著述或思想资料，不仅关注中共方面的资料，也注意收集民主党派、知识界甚至国民党方面的资料，尽可能把资料收集得全一些，为开展课题研究充分占有资料。在话语体系方面，以中国化的马克思主义的概念、范畴为基本遵循，突出中国特色，同时避免泛政治化的空洞议论，尽量使用学术语言探讨问题，表达观点，努力做到言之有物，严守学术规范。

【中国共产党的“中华民族”之观念研究】

中国社会科学院近代史研究所　郑大华

研究背景：目前学术界还没有人梳理过中国共产党的“中华民族”观念及其内涵。从现实意义来看，我们要实现中华民族伟大复兴的“中国梦”，就必须坚持毛泽东所确立的中国共产党的“中华民族”观念及其内涵，引导和教育各族人民树立起正确的“中华民族”观，我们既要承认中国是一个多民族的国家，中华民族是中国各民族的共同称谓，同时又要强调中华民族内部各民族一律平等，反对一切不利于民族团结的言行，要与大汉族主义、地方民族主义，尤其是民族分裂主义做坚决的斗争。近来有个别学者提出，中华民族是一个“国族”的概念，主张“中华民族的国族一体化”，并且认为“中华民族的国族一体化”是实现中华民族伟大复兴的“中国梦”的基石。实际上这一主张不过是五四前后孙中山提出的“大中华民族”观和40年代蒋介石提出的“中华民族是一个”理论的翻版，从根本上来说它不符合中国自古以来就是一个多民族国家的具体国情，是一种扩大化了的大汉族主义民族观。就此而言，该课题也有在理论上辨别是非、正本清源的重要意义。

研究内容：本课题的主要内容有四：第一，“中华民族”观念从提出到确立再到被各族人民广泛认同之历史的考察。第二，新民主主义革命时期中国共产党的“中华民族”观念和内涵演变的历史考察。第三，社会主义革命和建设时期中国共产党的“中华民族”观念和内涵的进一步丰富和发展。第四，坚持中国共产党的“中华民族”观念和内涵是实现中华民族伟大复兴的“中国梦”的根本保证或基石。

研究创新：由于目前学术界和理论界还没有人系统研究过中国共产党的“中华民族”观念的形成、内涵及其演变，因而本课题本身就具有填补学术研究空白的创新意义，无论研究内容，还是研究方法，都具有一定的创新性。本课题的研究将坚持以马克思主义、毛泽东思想的民族理论为指导，坚持具体问题具体分析的原则，结合历史学、民族学和政治学的研究方法，做到宏观理论分析与微观事实考证的逻辑统一。

【以习近平同志为总书记的党中央治国理政新思想新实践与西亚非洲发展问题】

中国社会科学院西亚非洲研究所　安春英

研究意义：党的十八大以来，以习近平同志为总书记的党中央形成了一系列治国理政新理念新思想新战略，它是中国特色社会主义理论体系的最新发展，开创了我们党马克思主义中国化的新境界。值得注意的是，面对国际形势的深刻变化和世界各国同舟共济的客观要求，以习近平同志为总书记的党中央，审时度势，提出了构建合作共赢为核心的新型国际关系重要理念，即以合作取代对抗、以共赢取代独占。这是对传统国际关系理论的超越和创新。如何全面且准确阐释这一新思想，全面推进中国特色大国外交，成为当下学界研究的重大理论与现实议题。

研究内容：西亚和非洲地区有 70 多个国家，是世界上发展中国家最为集中的两个地区。中国始终重视与其他发展中国家的关系，将发展中国家视为中国外交可以倚重和依托的重要战略力量，也是践行中国特色大国外交、施展负责任大国形象的重要舞台。近年来，受北非剧变溢出效应的影响，西亚非洲国家的政治局势、地区秩序、对外关系均发生了重大变化，尤其是在西亚北非地区，一些经历了政权更迭、内乱冲突的国家正在进行由乱向治的政治转型。而此时的中国，在对外关系中以更积极、主动、有为的姿态推进与世界其他国家包括发展中国家的互利合作，提出了共建“一带一路”战略倡议。西亚非洲地区不仅拥有对中国经济发展至关重要的油气资源，而且在基础设施、工程承包、产能转移、信息产业等领域与中国有着广阔的合作前景，在“一带一路”建设中扮演着重要的、不可或缺的角色。那么，中国在参与西亚非洲政治治理、经济治理、安全治理过程中，如何彰显中国新一届政府倡导的合作共赢的理念？中国与西亚非洲国家之间如何构建利益共同体和命运共同体？这正是本专辑选编的要义与核心内容。

研究成果：本专辑选编的是以习近平同志为总书记的中央领导在党的十八大以来（即 2012 年 11 月至 2016 年 10 月）中国社会科学院西亚非洲研究所学者发表的学术论文或研究报告，所刊《西亚非洲》刊载的相关学术论文，以及国内外媒体对本所研究人员宣传以习近平同志为总书记的党中央的治国理政新理念新思想新战略的报道及重要观点。本专辑在附录中还编入了《中国对阿拉伯国家政策文件》和《中国对非洲政策文件》。

2016年度教育部人文社会科学研究课题简介（部分）

【马克思主义中国化的世界向度研究（规划基金项目）】

广东财经大学马克思主义学院
仇晓敏

研究背景：马克思主义中国化不是一个自我设限的封闭理论体系，而应是一个与世界文明保持密切互动的开放过程。不仅是马克思主义在中国的“民族化”和“本土化”的问题，而且也是马克思主义“世界化”的逻辑延伸和空间拓展的问题。所以推进马克思主义中国化，要有世界历史眼光，将马克思主义中国化置于全球化视野和人类文明进程中加以观照和把握。马克思主义中国化的理论成果在世界范围的广泛传播，不仅标志着中国人重新回到世界舞台中央，同时也对世界历史产生了重要影响。随着中国在国际舞台上的地位日趋提高，研究马克思主义中国化的世界向度的实际应用价值便显得尤为重要。而且马克思主义中国化的命运是与其世界命运紧密关联的，这就现实地决定了马克思主义中国化的世界意义，又现实地构成其世界命运的一部分，通过与国外马克思主义的对话和交流，全面提升马克思主义中国化的国际影响力和话语权。

研究内容：该研究内容根据计划分为五大部分。第一部分，解读马克思主义中国化世界向度研究的必然性。主要分析马克思主义中国化在世界历史进程中出场与繁衍；马克思主义中国化的世界向度研究的理论价值和实践价值。第二部分，研究马克思主义中国化世界向度的全球化语境。首先从理论上分析，“历史向世界历史转变”构成了马克思主义中国化世界向度的理论境遇；世界向度是马克思主义的本质特征和基本要求。其次从实践上分析，和平与发展的世界时代主题是国际环境；经济全球化是物质基础；当代世界科学技术发展与进步使世界一体化是关键；国际文化的交往与融合并不断扩大是文化载体。第三部分，阐释马克思主义中国化理论成果世界向度的本质要求。从马克思主义中国化两大历史性理论成果分析世界向度的本质要求：让世界分享马克思主义中国化的理论成果。让国外更多了解马克思主义中国化的理论成果，并且同世界分享马克思主义中国化的理论成果。第四部分，探析马克思主义中国化世界向度的实现方法。即本土与国际相兼顾、继承与借鉴相统一、共存与补充相结合、辨析和吸纳相协调、科学尺度与价值尺度相统一，遵循马克思主义的传播规律、文化传播规律、时空传播规律等方法。第五部分，论述马克思主义中国化世界向度的现实意义。理论上，马克思主义中国化的理论成果对世界发展具有一定的借鉴意义，对解决许多国际问题具有一定的指导意义。实践上，有利于增强中国马克思主义在世界的话语权与影响力；有利于实现公平、正义、民主世界新秩序，反对霸权主义和强权政治，维护世界和平和促进共同发展。

研究特色：通过该课题研究要分析清

楚马克思主义中国化世界向度研究的必然性；明确指出马克思主义中国化世界向度的全球化语境究竟是什么；科学归纳出马克思主义中国化世界向度的实现方法和本质要求有哪些；准确概括出马克思主义中国化世界向度的现实意义何在。总之，在全面推进马克思主义中国化的过程中，我们必须要立足中国基本国情，形成本土视野和世界向度相结合的发展思路，以中国现实问题为导向，通过马克思主义与中国传统文化的双向互动，通过中国向度和世界向度的内外互补，积极吸收借鉴国外研究马克思主义中国化的研究成果，在对话和碰撞中，不断开辟马克思主义中国化的新境界。

【马克思利益机制思想视域下共享发展研究（规划基金项目）】

湖南工业大学思政部　龙迎伟

研究背景及意义：党的十八届五中全会鲜明提出了创新、协调、绿色、开放、共享的发展理念。“五大发展理念”是一个有机体，共享发展理念是其落脚点，体现了中国特色社会主义本质要求。马克思说：“‘思想’一旦离开‘利益’，就一定会使自己出丑。”可见，只有科学建构相应的利益机制，才能把共享发展理念照进现实。理论意义：（1）有利于进一步丰富和发展马克思主义的利益机制思想。本课题通过对马克思主义经典著作特别是马克思本人的经典文本的研究，结合如何实现共享发展，进一步从理论上厘清马克思利益机制思想的深刻内涵。（2）有利于构建和形成与共享发展相适应的利益机制理论范式。本课题在马克思利益机制思想的指导下，结合我国当前经济和社会发展的新常态，探索实现共享发展的利益主体、利益客体和利益实现途径（生产）三者相互影响、相互作用的运动规律，进一步揭示影响共享发展的利益矛盾，初步建构实现共享发展的利益机制、体制。现实意义：（1）为全面建成小康社会提供理论支持。共享发展体现为“人人参与、人人尽力、人人享有”，本课题通过建构一种利益机制，从利益的角度充分调动广大人民群众的积极性，推动共享发展，实现共同富裕。（2）为各级党委和政府实现国民经济和社会发展“十三五”规划提供理论指导。本课题研究有利于各级党委和政府全面认识“十三五”规划的历史条件和历史任务，并为此提供政策咨询和实践指导。

研究内容：（1）共享发展的理论与实践的现实困境研究。①总结国内外为实现共享发展所做的积极实践和理论探索；②研究我国实现共享发展的理论难题和现实困境。（2）马克思利益机制思想的内涵及其对共享发展的重要作用研究。着重从实现共享发展的角度进一步探讨马克思利益机制思想的深刻内涵及其对实现共享发展的重要意义。（3）马克思利益机制思想视域下共享发展的内涵和价值研究。①研究共享发展的本质属性、内在要求和运动规律；②研究共享发展的理论价值诉求与现实价值诉求的联系与区别；③研究共享发展对我国经济社会发展的意义。（4）社会主义市场经济条件下共享发展的利益主体研究。①研究我国利益主体的现实表现和主要特征及其对实现共享发展的影响；②研究实现共享发展对我国利益主体的现实要求；③探讨建立与共享发展相适应的利益主体关系的路径。（5）社会主义市场经济条件下共享发展的利益客体研究。①研究我国当前利益客体的主要类型和基本特征；②研究我国当前利益主体对利益客体的享有现状及其对共享发展的影响；③研究建立与共享发展相适应的利益主体对利益客体的全面享有格局的途径。（6）社会主义市场经济条件下共享发展的利益机制的实现途径研究。本课题既研究实现“全过程”共享的生产方式的基本特征、内在要求和运动规律，也要结合我国具体实际研究如何建立这种生产方式。（7）社会主义市场经济条件下共享发展的利益机制的矛盾运动研究。①研究人与人的关系如何影响人对物的共享。如，利益表达机制影响了利益分配；②研究人与物的关系如何影响人与人的共同发展。如，贫富差距导致了人类的不平等；③研究生产方式和人与人的关系、人与物的关系如何相互影响最终实现共享发展。（8）社会主义市场经济条件下共享发展的利益机制实践研究。具体包括：实现共享发展的利益激励和利益动力机制研究，实现共享发展的利益保障和利益补偿机制研究，实现共享发展的利益协调机制研究，实现共享发展的利益观念支持机制研究。

研究特色：（1）已有研究的主要目的是实现利益共享，本课题研究的目的是实现人的全面发展。（2）已有研究主要是通过“政府主导型”推动共享发展，本课题主要研究如何通过人自身的努力实现共享发展。（3）本课题主要通过比较研究法研究我国在社会主义市场经济条件下实现共享发展的特殊规律。

【马克思主义中国化的元问题反思与整体性论证研究（青年基金项目）】

山西大学马克思主义研究所　尹占文

研究背景：2005 年马克思主义理论被确立为国家一级学科。“05 方案”的实施促使学科性发展倒逼学理性要求，从整体性出发研究马克思主义中国化或研究马克思主义中国化的整体性成为学术界关心的“热点话题”。但就研究的整体态势而言，正本清源地对中国马克思主义进行前提性反诘和反思性论证的成果比较少，直接从元理论角度研究整体性的成果少之又少。本课题旨在通过反思元问题来论证马克思主义中国化的整体性，进一步探寻马克思主义中国化整体性研究的合理进路。

研究内容：本课题研究紧紧围绕“马克思主义中国化的整体性”这一主题，从“困境与出路”“言说与论证”“整合与创新”三个层次来安排研究内容和框架结构：第一部分困境与出路：马克思主义中国化研究的碎片化困境与整体性出路。本部分重点研究为什么要通过反思元问题进行马克思主义中国化的整体性研究。元问题反思属于整合研究，只有在研究方法层面实现创新和突破才能有效破解当前研究的碎片化困境，增强元理论研究的方法自觉是推动马克思主义中国化整体性研究的根本出路。第二部分言说与论证：马克思主义中国化的元问题追问与整体性论证。本部分重点研究怎样通过论证元问题进行马克思主义中国化的整体性研究。课题紧扣元问题“究竟何以”的逻辑形式把对马克思主义中国化的整体性研究归约四个基本问题的论证研究：马克思主义中国化究竟何以可能、究竟何以需要、究竟何以发生和究竟何以发展。第三部分整合与创新：马克思主义中国化命题的元问题反思与整体性进路。本部分重点研究通过反思论证什么样的元问题进行马克思主义中国化的整体性研究。马克思主义中国化命题的元问题，即“马克思主义中国化究竟是什么命题”，是理论的整体性和理解的整体性的有机统一，这是对马克思主义中国化整体性进行整合创新的学术进路。

研究特色：（1）元问题反思拓展了马克思主义中国化整体性研究的新视角；（2）元问题论证夯实了马克思主义中国化整体性的科学基础；（3）在科学论证“马克思主义究竟何以中国化”的基础上又进一步追问“马克思主义中国化究竟是什么命题”，开辟了马克思主义中国化整体性研究的学术进路。学术观点：就马克思主义中国化的整体性而言，理论的整体性是根本，理解的整体性是核心。反思和论证马克思主义中国化的元问题将大大促进理论的整体性和理解的整体性共同发展的“新局面”，进一步提升马克思主义中国化整体性的表达效果和理解效果。

【马克思恩格斯“论中国”研究（青年基金项目）】

西藏民族大学马克思主义学院
王东红

研究意义：全球事务的“中国因素”，国家治理的“中国经验”，学术市场的“中国研究”，都促进了“中国（特色）社会主义”这一论域的繁荣。随着《马克思恩格斯全集》历史考证版相关卷次的不断出版，马克思主义经典著作中的“中国”话语也越来越受到重视。从1840年至1894年，马克思恩格斯至少有150多件作品（不含译作、读书笔记）和800多处直接论及中国。国内外提及马克思恩格斯“论中国”主要始于20世纪20年代。至今，在文献编纂和初步研究上已取得了一定成果，但研究问题域较窄、研究结论基本雷同、研究方法以导读性宏观介绍论证为主，也有诸多误解需澄清，诸如马克思恩格斯“论中国”持有“欧洲中心主义”、表现出鲜明的颂华或贬华倾向、对中国的研究水平倒退了等。因此，有必要基于国际跨学科微观考证分析的理念，以及历史与理论相统一的整体性视角，根据唯物辩证法和概念史等的观点，运用文献计量、个案分析等文献研究、调查研究、比较研究的方法，将马克思恩格斯对中国的直接论述作为研究对象，以“为何论”“论什么”“怎么论”为线索，并分析这些论述的“前史”即渊源与形成过程、“后史”即传播与影响过程，进而得出马克思恩格斯“论中国”的特点和启示。这有助于推进马克思主义中国化历史与理论的研究，增强中国历史和中国人民选择马克思主义的学理基础，树立科学的中国观和马克思主义观。就此已形成了一些初步讨论轮廓和结论。

研究内容：（1）考察马克思恩格斯“论中国”的创作轨迹。即在明晰马克思恩格斯生平事业、自身条件以及马克思恩格斯论述“中国”所形成文献的思想渊源、时代背景和资料依据等创作背景的基础上，对马克思恩格斯“论中国”的阶段予以划分。根据两人所形成的文献，确定两人“论中国”各自的起点和终点，并依据“论中国”的标志性文献，以及文献的数量、质量、内容和体裁，确定两人“论中国”的具体阶段，并据此分析马克思恩格斯“论中国”的研究方法、创作特点以及所形成的成果类型。（2）概括马克思恩格斯“论中国”的思想框架。这一研究的核心部分主要说明了马克思恩格斯“论中国”的理论视角和主要内容。他们不仅用很多称谓来指代“中国”，并根据国际事务中的中国角色，对中国的地域和物品、人物及其类型化的人以及中国在一些历史事件中的表现进行了评述，展示了中国停滞与变革、专制与自由等的多维侧面。在具体事实描述的基础上，马克思恩格斯根据“共产主义”世界历史趋势，阐述了中国独特的经济社会结构、历史文化传统以及未来发展道路的选择。他们的这些中国论述既充满着感情色彩，又积淀着理论支撑，且对“中国和世界形势变化中的中国”有着持续的关注，便也生成了认识的变化和观点的深化，从而，折射出两人对中国的多重复杂态度。（3）描述马克思恩格斯“论中国”的国际传播。马克思恩格斯“论中国”的作品在发表或被发现后，很多在当时就被转载，后来在中国、俄国、英国、德国等都被编入了他们的著作集，特别是形成了专题的汇编。在20世纪中期对中国性质的讨论中，美国学者就马克思恩格斯“论中国”的内容产生了争鸣。而在意大利、日本、墨西哥等其他国家，共产党人和学者等译介者将这些作品译为母语版，甚至和马克思恩格斯对本国的论述进行了对比。在中国，中国共产党、理论界和老百姓也对马克思恩格斯“论中国”进行了传播。并与其他作品的传播相比，考察马克思恩格斯“论中国”传播的多维景象和内在特点。（4）就马克思恩格斯“论中国”加以比较分析。以“马克思恩格斯”为中心，考察其“论中国”与论俄国、印度、波斯等经济文化落后国家，英国、法国、美国等经济社会发达国家以及与奥地利等与中国同类或相类比的国家，凸显“中国”在马克思恩格斯思想中的独特形象。以“中国”为核心，考察马克思恩格斯与同时代东西方世界思想家对中国的论述，以及李卜克内西、梅林、倍倍尔、卢森堡、让·饶勒斯和特定阶段的考茨基、普列汉诺夫、列宁、斯大林等俄国和苏联理论家，还有李大钊、瞿秋白、毛泽东、邓小平、江泽民、胡锦涛、习近平等后续社会主义领导者对中国的论述，从而彰显马克思恩格斯对中国论述的时代性和独到之处。

研究意义：对马克思恩格斯“论中国”进行当代阐释。在当代世界大势和中国发展的背景下，估价马克思恩格斯“论中国”以来，他们的独到论述对其理论成果、对社会主义实践的影响，并指出他们对中国的论述所存在的局限及其产生的原因。同时，讨论马克思恩格斯“论中国”对于中国人认识本国国情、世人观察中国以及传播中国形象、全面看待马克思主义等的当代价值。还尝试解析两人“论中国”与中国研究、马克思主义中国化和中国特色社会主义的内在关联，如马克思恩格斯“论中国”在当时及其以后的国际范围内传播了中国形象，开启了“中国研究”的科学社会主义学派，奠基了理论领域的马克思主义中国化。

【印度社会主义运动研究：以印度共产党（马克思主义）为视角（青年基金项目）】

中国人民公安大学马克思主义学院　禚明亮

研究意义：印共（马）具有强烈的反资本主义、反全球化的情绪，它坚持马克思主义哲学原则，主张马克思主义指导思想地位，主张将马克思主义基本原理与印度实际相结合，用社会主义制度来取代本国的资本主义制度。在政治实践上，印共（马）领导着印度各邦和国民议会中左翼政党的左翼阵线联盟，在喀拉拉邦、西孟加拉邦和特里普拉邦的影响力很大，并曾在这些邦长期执政，具有丰富的地方执政经验。本课题选题为“印度社会主义运动研究：以印度共产党（马克思主义）为视角”，旨在通过印度最大的左翼政党——印度共产党（马克思主义）这一视角来回顾、分析和研判印度社会主义运动的历史、现状与未来前景。本选题的理论价值和实际应用价值在于：（1）进一步丰富和拓宽对马克思主义民族化、本土化的理论理解。印度共产党（马克思主义）的社会主义理念和政治实践本质上将马克思主义科学原理与印度本土实际相结合的过程，该党在运用马克思主义基本原理解决印度问题的时候，实际上实现了马克思主义的民族化和本土化，也即马克思主义的印度化。（2）印度社会主义运动解决印度实际问题的经验和做法带有可参考性。印度共产主义派别在应对西方资本主义新自由主义入侵、对美依附性国际地位、国内贫富差距拉大、种族压迫、农村欠发达地区发展等问题时的政治主张和实际做法可以给其他社会主义国家，包括中国，提供有益的借鉴和参考。（3）印度社会主义运动是世界社会主义运动的重要组成部分。世界社会主义运动的复兴离不开各个地区社会主义运动的复兴。因此研究印度社会主义运动的历史、现状和未来走势，尤其是其通过议会选举上台进行地区执政的经验，从某种程度上具有国际性参考价值。

研究内容：通过印度共产党（马克思主义）的运动视角来研究和把握印度社会主义运动的特殊性、规律性和未来发展趋势，力图通过印度共产党（马克思主义）这一主线向读者们展现一个完整、真实、清楚的印度社会主义运动。主要内容包括印度社会主义运动的兴起和发展历程、印度共产党（马克思主义）的基本政治、经济、文化、军事、对外关系的主张和地区执政的政治实践、印度社会主义运动的特殊性、规律性及未来发展前景等。

研究特色：本课题拟通过静态分析与动态分析相结合、理论与实践相结合的方法，全面回顾和研究印度社会主义运动的历史，分析和探讨印度共产党（马克思主义）的政策主张与政治实践在这一运动中的独特地位和作用，以期把握印度社会主义运动的特殊性、规律性和未来发展趋势。

【中国特色劳资合作路径研究——基于劳资关系演化视角（青年基金项目）】

青岛大学经济学院　许清清

研究意义：（1）理论意义与价值。关于劳资合作问题，学界主要集中在研究劳资合作的具体措施，对劳资关系演化的基本规律研究甚少；然而劳资关系演化的基本规律是研究劳资合作路径的基础。因此，本课题尝试研究劳资关系演化的基本规律，进而探索劳资合作路径，从而实现对中国特色的劳资合作路径的系统分析。（2）实际运用价值。现阶段中国经济发展步入新常态，工资的提高与部分外资的撤离加剧了劳资冲突的程度，使劳资关系向合作转化的路径更加艰难。习近平总书记提出要全面贯彻党的十八大和十八届三中、四中全会精神，落实中央经济工作会议精神，要求深入研究我国经济的新情况新问题，并建设中国特色社会主义理论体系。我国社会主义特有的劳资关系，先天具有劳资合作关系跨越式演化的基础；因此亟待后天探寻中国特色的劳资合作路径，一条符合劳资关系演化规律，又优于西方发达国家的劳资合作路径。

研究内容：本课题在我国“资强劳弱”劳资非平衡发展引起的尖锐劳资冲突的背景下，探究劳资合作问题。首先，用演化博弈的方法构建劳资关系演化博弈模型以证明平衡的劳资关系是劳资合作的关键；其次，用演化的方法寻找劳资关系演化规律与演化路径，确定劳资关系转变的关键点，从而构建劳资关系演化模型；再次，通过分析西方发达国家劳资冲突的历史数据，画出美国、德国和日本等国家在劳资合作路径中的分岔点；并比较政府行为选择的国际经验与缺陷，分析这些国家演化成不同劳资体系的原因；最后，系统分析我国政府在劳资关系转型过程中的每一阶段的作用以实现中国特色的劳资合作路径。

研究创新：（1）本课题把企业看成是一个 N 人联盟。在研究劳资关系时，坚持了以劳资双方为主线的研究传统，同时把劳资关系扩展到劳方（资方）内部的分化、劳方（资方）内部联盟状态、劳方（资方）与其他要素主体的联盟，突破了就“劳资”研究劳资关系，增加了劳资关系的复杂性。（2）通过加入“创新”因素的“非对称博弈模型”的动态复制分析劳资关系平衡与失衡两种情况下的演化，从而提出平衡的劳资关系是劳资合作的关键这一结论。（3）项目研究涉及的理论都是国际前沿领域，而应用这些理论结合实际数据进行分析的相对较少，且少有利用中国数据进行研究的成果。从实践来看，劳资合作是我国实现经济转型的重要途径，本项目恰好是将相关理论与我国具体实践紧密结合的体现。

第八篇

会议综述

大力推进当代中国马克思主义政治经济学的创新发展

——“中国社会科学院马克思主义政治经济学研讨会”述要

杨　静

2016年1月13日，为了深入学习和贯彻习近平总书记关于马克思主义政治经济学的重要讲话精神，“中国社会科学院马克思主义政治经济学研讨会”在北京召开。本次研讨会由中国社会科学院马克思主义研究学部主办，本院当代中国研究所、《中国社会科学》哲学社会科学部、经济研究所政治经济学研究室、世界经济与政治研究所马克思主义世界政治经济理论研究室共同承办，院内专家学者约70人出席。研讨会重点研讨了三个方面的内容，分别是学习贯彻习近平总书记关于马克思主义政治经济学的重要讲话、促进中国社科院关于马克思主义政治经济学的理论问题研究、促进以马列主义及其中国化经济理论为指导的经济改革与发展的现实问题研究。

中国社科院马克思主义研究学部主任程恩富教授指出，促进中国社科院关于马克思主义政治经济学的研究，其重要举措是推动中国社科院各相关研究单位实现跨所联合研究，不断加强合作，增加相互了解，共同推进马克思主义政治经济学的创新发展，继续使中国社科院保持其在国内研究马克思主义政治经济学第一学术重镇的地位。今后，我国现代政治经济学的资本主义部分，应进一步加强对当代资本主义经济的规范分析，注重概念、规律和定理的提炼；应加强对当代资本主义的实证和定量分析，运用大数据和长时段的客观史料来揭示制度变迁和演化的规律与结果；应加强系统论、控制论、博弈论等研究方法对当代资本主义经济的深层次研究；应加强完善依据《资本论》等体系所构建的现代政治经济学新体系，构建对当代资本主义研究的马克思主义微观经济学和宏观经济学分析体系。现代马克思主义政治经济学的社会主义部分，应继续加强社会主义基本制度与市场经济有机结合的理论研究和创新，以便坚持社会主义市场经济的改革方向，坚持辩证法、两点论，继续在社会主义基本制度与市场经济的结合上下功夫，把两方面优势都发挥好；应继续加强完善社会主义基本经济制度的理论研究和创新，以便在支持、引导非公有制经济发展的同时，确保和发挥公有制的主体地位和国有经济的主导作用；应继续加强和完善社会主义基本分配制度的理论研究和创新，以便不断缩小财富和收入差距，促进社会的包容性发展和公平正义；应继续加强社会分工、国际分工、对外贸易、对外金融、对外投资、经济全球化区域化伙伴化的基本理论研究和创新，以便发展更高层次的开放型经济，积极参与全球经济治理，坚决维护我国发展利益，积极防范各种风险，确保国家经济安全。

中国社科院原党组成员何秉孟研究员强调，深化马克思主义政治经济学或者中国特色社会主义政治经济学研究，首先要解决的一个大问题就是切实贯彻习近平总书记关于马克思主义政治经济学的一系列重要指示，核心就是要真信、真用、真搞马克思主义政治经济学，而不是笃信西方的主流经济学，不是搞西方的新自由主义经济学，尽快扭转马克思主义政治经济学在西方经济学冲击下被边缘化的趋势，不能再使马克思主义政治经济学旁落，使这个旗帜旁落。此外，进一步发展当代中国的马克思主义政治经济学，就是要解答在新时期的经济工作中怎样坚持中国特色社会主义政治经济学的重大原则问题，这些重大原则到底包括哪些内容，需要我们深入研究并明确提出来。在推进马克思主义政治经济学的研究方面，重要的任务就是要重塑中国社科院在马克思主义政治经济学学科方面的优势，不断开创当代中国马克思主义政治经济学研究的新局面。

中国社科院当代中国研究所常务副所长武力研究员认为，当前我们加强马克思主义政治经济学的建设，不仅是非常必要的，而且也是恰逢其时，但是也应看到当代中国马克思主义政治经济学的创新发展是挑战与机遇并存。从经济史的角度来看，其最大的挑战在于理论滞后于实践，滞后于我们现在新的经济社会发展要求，从理论体系的完整性、影响力来说，都没有达到应有的高度。习近平总书记有关发展马克思主义政治经济学的系列讲话，既是对我们政治经济学界的鞭策，也是一个婉转的批评，这么多年来，我们对社会主义的探索大大推进了一步，但理论却是相对滞后的，所以从这个角度来说，我们政治经济学界任重道远、责任重大，需要在这方面加强努力。此外，当代中国马克思主义政治经济学的创新发展，需要各个学科最前沿的理论支持，最前沿的实践探索，因此，要从理论联系实际、理论联系历史的角度，通过有效组织、有规划地联合同行学者来共同丰富和完善，离开实际与历史，任何一个学科与理论都很难建立在坚实的基础上。

《中国社会科学》哲学社会科学部副主任许建康研究员指出，当代中国马克思主义政治经济学的创新，首先要实现概念范畴与理论体系的创新，破除概念范畴与理论体系仍然沿用西方经济学分析的局面，要充分认识到马克思主义政治经济学的指导地位是否被坚持、有没有丧失，已不再仅仅是一个理论争论的问题，而是和现实中明天要采取什么政策，后天要采取什么政策紧密地联系在一起了。其次，要着重通过两方面的深入研究来推进马克思主义政治经济学的创新发展，一是加强对马克思经济危机理论的研究。要从马克思所提出的从生产资料分配和劳动分配的角度来认识我国当前的产能过剩问题，要用马克思主义政治经济学来解读供给侧改革；二是深化对马克思有关资源配置基础思想的研究。在马克思看来，市场配置资源是有条件的，这个条件就是通过周期性的经济危机不断达到均衡来实现的，市场资源配置基础依据的是价值规律，而不仅仅是西方经济学所说的资本黏性和沉淀资本的问题。因此，只有从马克思有关资源配置基础的研究出发，才能更好地认识社会主义市场经济中市场的决定性作用和更好地发挥政府作用。

中国社科院经济研究所政治经济学研究室主任、《资本论》研究中心主任裴小革研究员强调，当前我们的马克思主义政治经济学学科发展所面临的一个最大困难就是人才不足，后继乏力，这并不是短时间内就能解决的问题。虽然目前中国社科院有一大批专门从事马克思主义政治经济学研究的人员与队伍，但是从整个国家来看，从事这一研究的研究人员还是非常不足的，更多的是研究西方经济理论与西方经济思想史的学者。因此，从长远来看，创新发展坚持马克思主义政治经济学在于对年轻人的培养与引进。此外，要不断提高对马克思主义政治经济学研究的重视程度，中国社科院尤其是经济学科片所，更要重视对马克思主义政治经济学的坚持与发展，其重点就是搞好我院这方面智库的建设，做好与马克思主义政治经济学的创新发展研究相关的创新工程项目，扭转个别期刊只刊发计量模型实证类、政策类论文的局面，大力引进、积极培养学科研究新人。

中国社科院经济研究所左大培研究员认为，运用马克思主义的观点研究西方理论和现实，也属于马克思主义政治经济学研究。马克思本人是非常注重联系现实进行研究的，比如被马克思所预言到的1857—1858年的那次经济危机，说明马克思本人对于资本主义市场体系如何运行，包括金融与虚拟经济是如何运行的，都有着非常清楚的见解。因此，必须从现实出发来创新发展当代中国马克思主义政治经济学。此外，创新发展当代中国马克思主义政治经济学，必须摒弃新自由主义对我国改革的误导。现在很多东西可能走到了一个被误导的方向上，比如怎样科学解释西方所说的中国威胁论、中国崩溃论等。当代中国马克思主义政治经济学就是要以唯物史观为指导，还原事情的本貌，做好经济实践分析，然后以此为基础进行理论概括。对于中国社科院，要推进马克思主义政治经济学的研究，一是先把社科院内部的政治经济学研究者联合起来，通过这种联合，推动中国社科院理论经济学的新发展；二是创办一个理论经济学杂志，不断扩大影响力。

中国社科院国际合作交流局副局长胡乐明教授提出，发展创新当代中国马克思主义政治经济学的一个未来走向应该在于建设。虽然批判也是很重要的，但是更重要的是建设，这个建设用学术语言来说，就是提高它的解释能力和预测能力，这是相当重要的。同时，繁荣、推动当代中国马克思主义政治经济学的发展，不仅要加强对中国特色社会主义实践的研究，也不能偏废对当代资本主义的研究，这主要有三个方面的原因：一是当代资本主义已经发生了变化，不同于马克思时代的那个资本主义了，然而国内马克思主义政治经济学有关当代资本主义变化的系统化理论成果较少；二是当代中国特色社会主义市场经济的发展，需要对当代资本主义进行有意义的借鉴，要利用资本主义来发展社会主义，应借鉴更多具有社会主义因素的莱茵资本主义模式而非英美的资本主义模式；三是加强对当代资本主义研究的一个重要意义在于为发展中国家和世界社会主义运动提供一些新的理论支持。当代中国的马克思主义政治经济学，应该对世界有所贡献、有所作为，特别是发展中国家经济的发展，包括世界社会主义运动，需要我们提供理论支持，这应该是当代中国马克思主义政治经济学所担负的一个重要使命。

中国社科院马克思主义研究院马克思主义原理部主任余斌研究员认为，马克思主义政治经济学可以对我国改革开放以来取得的成绩和存在的问题作出生动的解释。中国改革开放以来所取得的成就，从马克思主义政治经济学的角度来分析，首先就是靠劳动时间的凝结，靠劳动人民的劳动。没有这几亿劳动者劳动时间的凝结，是不可能取得这个成就的。但是改革开放以来，我们现在对劳动者凝结的劳动时间太不爱惜了。比如对于GDP的计算，计算的主要是增量而不是存量，比如盖一栋酒店，这里面有一个GDP，用两年后把它砸了，砸它也有GDP，再盖还有GDP，按增量算是三个GDP，如果我们从过去的劳动存量来看则是巨大的浪费。再如我们的可持续发展，如果从马克思主义政治经济学的角度来分析问题，是可以深刻理解习近平总书记所讲的绿水青山就是金山银山的道理。说绿水青山是金山银山，是从注重使用价值这个角度或者是从对人的有用性来讲的，而西方经济学只注重交换价值而不要使用价值，对此西方经济学是解释不了的。

中国社科院世经政所马克思主义世界政治经济理论研究室主任欧阳向英研究员介绍了该研究室目前正在尝试进行的马克思主义国际政治经济学研究。她认为，马克思主义国际政治经济学是构建中国马克思主义政治经济学理论体系的重要组成部分，但是马克思主义国际政治经济学又不同于国内政治经济问题的研究，而是要以国际劳动为起点，来研究整个世界经济和国际关系问题。当然，目前国内对马克思主义国际政治经济学很多问题的研究还处在一个起步阶段，因此，在学科建设上需要我们付出更多的努力，让更多的研究人员参与进来，联合本院其他单位以及高校来共同研究。

（原载《马克思主义研究》2016 年第 3 期）

《2015—2016 世界社会主义黄皮书》发布暨坚持和发展中国特色社会主义

——习近平治国理政思想与“四个全面”战略布局学术研讨会综述

秦益成

2016 年 3 月 2 日，由中国社会科学院世界社会主义研究中心和社科文献出版社共同主办的《2015—2016 世界社会主义黄皮书》发布暨坚持和发展中国特色社会主义——习近平治国理政思想与“四个全面”战略布局学术研讨会在北京举行。来自中组部、中联部、教育部、中央党史研究室、国务院中国文化交流网、中共中央党校、北京大学、清华大学、中国人民大学、武汉大学、辽宁大学、中国井冈山干部学院，以及中国社会科学院等单位的专家学者围绕坚持和发展中国特色社会主义、习近平治国理政、“四个全面”战略布局进行了深入探讨。

此次出版的《世界社会主义跟踪研究报告（2015—2016）》是由中国社会科学院世界社会主义研究中心主持编撰的第 12 本（每年 1 本）。该书从九个方面对当今世界范围内的社会主义思潮、理论、运动与制度进行了多视角、深层次、全方位的研究与探讨，反映了世界社会主义发展和研究的最新动态。

一　习近平治国理政思想的灵魂是坚持和发展马克思主义

中国社会科学院院长、党组书记王伟光指出，党的十八大以来，以习近平总书记为核心的党中央形成了一系列治国理政新理念、新思想、新战略，提出了指导改革开放和中国特色社会主义建设的系列治国理政思想。通过学习《习近平谈治国理政》，联系十八大以来习近平总书记系列重要讲话精神，我们可以清晰地看到：贯穿习近平治国理政思想的灵魂是坚持和发展马克思主义，主线是坚持和发展中国特色社会主义，目标是实现中华民族伟大复兴中国梦，核心是“四个全面”战略布局。习近平总书记始终强调加强思想理论建设，“巩固马克思主义在意识形态领域的指导地位，巩固全党全国人民团结奋斗的共同思想基础”，这是我们党的根本政治任务。马克思主义就是我们认识世界、把握世界的科学方法论。对马克思主义的信仰，对社会主义和共产主义的信念，是共产党人的政治灵魂，是共产党人经受住任何考验的精神支柱。放弃马克思主义指导是苏共垮台的重要原因。认真学习和掌握马克思主义理论，是我们特别是领导干部做好一切工作的看家本领。中国特色社会主义理论体系是马克思主义中国化的最新成果，是当代中国的马克思主义，是坚持和发展中国特色社会主义的行动指南。

全国人大内务司法委员会副主任委员、世界社会主义研究中心主任李慎明指出，以习近平同志为总书记的党中央治国理政新理念新思想新战略虽然有许多不同的表述方法，但对当代中国共产党人来说，说一千，道一万，我们所做的事业，归结为一点，就是坚持和发展中国特色社会主义。所以说，坚持和发展中国特色社会主义是习近平总书记系列重要讲话、重要思想、治国理政、“四个全面”战略布局和五大发展理念的核心要义。

中组部原部长张全景指出，坚持和发展中国特色社会主义，不仅是贯穿于党的十八大报告的一条鲜明主线，更是习近平总书记治国理政思想的重要内容，是确保我们沿着正确道路前进的重要保证。我们应该更加自觉地深入研究马克思列宁主义、毛泽东思想和中国特色社会主义理论之间的关系，研究习近平总书记治国理政思想和中国特色社会主义之间的关系，为实现中华民族伟大复兴作出新的理论贡献，也应当为世界社会主义运动贡献中国智慧。

二 “四个全面”战略布局是我们党治国理政的总体方略

中国社会科学院原副院长汝信提出，“四个全面”是一个完整的战略布局，贯穿着系统的辩证思维，可以说是相互联系、相辅相成、相互促进、相得益彰。其中居首的是全面建成小康社会，这是我们党建设中国特色社会主义总体计划的阶段性目标，是实现中华民族伟大复兴中国梦的第一步；全面深化改革为全面建成小康社会提供了动力；全面依法治国是制度保障，与全面深化改革互为条件、密切相连；全面从严治党则事关加强党对整个社会主义建设的领导，是我们一切事业成败的关键，是当前工作的重中之重。

武汉大学梅荣政教授提出，“四个全面”战略布局的根本出发点是毫不动摇地坚持和发展中国特色社会主义，体现了党的最高纲领和基本纲领的统一。“四个全面”战略布局的总依据是社会主义初级阶段理论，就是要坚持党在社会主义初级阶段的基本路线。哲学依据是辩证唯物论和历史唯物论，提出“四个全面”战略布局，意在必须解决好当前党和国家事业发展中的主要矛盾。

苏州大学朱炳元教授认为，“四个全面”的主题和主线就在于坚持和发展中国道路，“四个全面”厘清了中国现阶段存在的基本情况和基本问题，抓住了中国转型发展过程中的主要矛盾和关键问题，提出了中国现阶段治国理政的总体纲领，明确了当前工作的重点领域和主攻方向。

北京航空航天大学张文木教授提出，60 年前，毛泽东提出的《论十大关系》，使中国人对经济发展道路的认识自新民主主义革命以来再次回归到辩证唯物主义方法论和认识论上来。习近平总书记提出的“四个全面”，与 1956 年毛泽东提出的《论十大关系》一样，具有极其深刻的拨乱反正和正本清源的划时代意义。可以说，“四个全面”是引领未来中国全面建成小康社会的总纲。只有抓住这个总纲，我们对习近平总书记其他论述的理解才有纲举目张的效果。

中国社会科学院马克思主义研究院辛向阳研究员认为，“四个全面”战略布局，既有战略目标，也有战略举措，是两者的有机统一；是中国在新的历史条件下的治国理政方略；是实现中华民族伟大复兴中国梦的理论指导和实践指南。推进“十三五”时期经济社会发展，一定要紧紧扭住全面建成小康社会这个战略目标不动摇，紧紧扭住全面深化改革、全面依法治国、全面从严治党三个战略举措不放松。

中国社会科学院当代中国研究所郑有贵研究员、福建师范大学李方祥教授、辽宁大学马克思主义学院院长房广顺教授等都对“四个全面”战略布局对中华民族伟大复兴的作用进行了论述和评价。

三　不断开拓当代中国马克思主义政治经济学新境界

吉林财经大学副校长丁堡骏教授指出，习近平总书记强调“马克思主义政治经济学是马克思主义的重要组成部分，也是我们坚持和发展马克思主义的必修课”。我们要“不断开拓当代中国马克思主义政治经济学新境界”。这是习近平总书记向全党特别是向我们思想理论界提出的坚持和发展马克思主义政治经济学的时代任务。21 世纪经济学的发展，能够对人类社会前进作出贡献的只能是马克思主义政治经济学及其现代创新和发展。

中国社会科学院马克思主义研究学部主任程恩富教授指出，党中央强调了要坚持中国特色社会主义政治经济学的重大原则。根据马克思主义政治经济学的一般原理，我国发展社会主义市场经济，要坚持中国特色社会主义政治经济学的八个重大原则：科技领先型的持续原则、民生导向型的生产原则、公有主体型的产权原则、劳动主体型的分配原则、国家主导型的市场原则、绩效优先型的速度原则、结构协调型的平衡原则、自力主导型的开放原则。

首都经贸大学丁冰教授提出，落实“四个全面”战略布局的基础在于坚持公有制经济的主体地位不动摇。生产资料公有制才是社会主义的包括党建、政权、法律、意识、文化等在内的一切上层建筑的基础，也是能从根本上保证人民，特别是广大劳动群众实现共同富裕，从而实现全面建成小康社会这个近期目标的重要前提。

南京财经大学经济学院何干强教授指出，习近平总书记强调坚持以人民为中心的发展思想是经济工作的根本立场，有很强的针对性；坚持根本立场就是要坚持公有制的主体地位；以人民为中心发展经济，目的是不断壮大有利于人民的经济，这就必须组织广大劳动人民，依靠自己的力量自力更生、艰苦创业；要反对有人用西方资产阶级经济学误导改革。

四　坚持科学社会主义的基本原则和改革开放的“底线思维”

中国人民大学周新城教授指出，有文章说，当前除了科学社会主义之外，还有民主社会主义，生态社会主义，民族社会主义，中国特色社会主义。这一提法的错误之处是不仅把中国特色社会主义当作科学社会主义之外的一个社会主义流派，而且将其与科学社会主义基本原则相对立；中国特色社会主义不是从天上掉下来的，它是科学社会主义发展历史进程中的一个阶段。中国特色社会主义与科学社会主义是“流”与“源”的关系。

中国社会科学院原副院长、研究员朱佳木强调，重视对党史国史军史的学习、研究、宣传，重视对历史虚无主义思潮的抵制和批判，同样是习近平总书记治国理政思想的重要内容，也是“四个全面”战略布局的重要组成部分。我们绝不能让国内外敌对势力利用历史虚无主义这股思潮搞乱人心、搞乱中国的阴谋得逞。

北京大学中国特色社会主义理论研究中心梁柱教授提出，干部问题是治国理政的关键问题。当前，我们党的干部，其优势是有比较高的文化水平，视野也比较开阔，富有进取精神。但存在的弱点也是明显的，比较普遍的是，马克思主义的理论修养和党性锻炼不足，有相当一批干部对党的历史和传统与作风知之甚少，对人民群众缺乏深厚的感情。因此，重视马克思主义哲学、政治经济学和科学社会主义的学习是各级干部的当务之急。

中国社会科学院学部委员李崇富提出，习近平总书记所说的治国理政中的“底线”（亦称“红线”“警戒线”“高压线”“带电的高压线”）和“底线思维”，前者主要是指我们共产党人绝对不应触碰、践踏和逾越的那些事关党和人民事业的兴衰成败、中国特色社会主义的前途命运、中国工人阶级与广大人民的长远和根本利益的原则界线；后者则是指在人们的思想观念中应当具有明确的“底线意识”和对各种“底线”的敬畏，以期在行动上时刻保持和增强坚守“底线”的清醒、坚定与自觉。我们目前从事的事业具有探索性、创新性和风险性，由此可能造成失误、挫折，乃至某种失败，故而全党和各级领导干部就必须坚持“底线思维”和“强化底线思维”，防止在改革和建设中“犯颠覆性”错误。

教育部社科中心原主任田心铭教授提出，中国特色社会主义是在实践、理论、制度的相互作用中前进的。中国从党的十八大以来，进入了以全面建设中国特色社会主义为显著特征的新阶段，制度建设进入了以完善和发展中国特色社会主义制度为主要历史任务的后半程，理论建设正在理论创新和实践创新的良性互动中发展 21 世纪中国的马克思主义，而这一切都集中反映在党中央治国理政的新理念新思想新战略之中，统一于中国特色社会主义的伟大实践之中。

中国社会科学院中国特色社会主义理论体系研究中心主任尹韵公研究员、中国社会科学院马研院龚云研究员、上海社会科学院轩传树研究员、天津师范大学薛新国教授、上海财经大学刘光峰教授等都从不同角度论述了习近平的“治国理政思想”与“四个全面”的问题。

（原载《马克思主义研究》2016 年第 3 期）

毛泽东与中国共产党是不可分割的整体

——第三届中国社会科学院毛泽东思想论坛综述

朱继东　李张容

2016年4月9日，第三届中国社会科学院毛泽东思想论坛在北京举办，本届论坛的主题是“毛泽东与中国共产党”。《求是》杂志社社长、毛泽东思想论坛主席李捷研究员做主题报告，中国社会科学院马克思主义研究院副院长樊建新研究员致开幕词，中国社会科学院原副院长李慎明研究员，中共中央党史研究室原副主任、北京大学沙健孙教授，北京大学原副校长梁柱教授，湖南省社会科学院院长刘建武教授、中国社会科学院马克思主义研究院中国化研究部主任金民卿研究员等出席会议并做主题发言。来自全国科研机构、高等院校和有关单位的140多位专家学者围绕论坛主题展开了热烈而深入地研讨。

一　毛泽东对党和国家作出了不可磨灭的贡献

如何客观评价毛泽东对党和国家以及中华民族作出的巨大贡献一直是大家关注和争论的焦点问题，李捷在报告中指出了其至少有四个不可磨灭的贡献。

第一，给中华民族和当时处于危难中的中国，缔造了一个推进马克思主义中国化的先进政党。他领导这个先进政党不是教条主义地运用马克思主义，而是沿着马克思主义中国化的道路，结合本国的实际创造性地运用马克思主义的基本原理。他的最突出贡献首先是思想理论上的贡献，并在党的建设和国家制度上有许多创新。有些人说当年毛泽东只知道革命，不知道建设、不知道搞制度建设，其实这完全是对历史的无知。毛泽东在开辟革命道路的同时，就是在创造性实践的基础上进行了理论上的创新探索。

第二，缔造了执掌全国政权的马克思主义先进政党。这是一个历史性的跨越。他领导我们党夺取了政权还掌握了政权，并巩固了新生政权，而且打败了当时不可一世的美国侵略者。在此基础上，党领导人民开始了现代化的征程。毛泽东从1945年就开始考虑一个核心问题：执掌了全国政权的中国共产党会不会重蹈李自成的历史覆辙？会不会变质？正因为如此，1945年，毛泽东同黄炎培进行了著名的“窑洞对”，提出了跳出“历史周期律”的新路；1949年，进京前夕又提出了“两个务必”；新中国成立以后，领导我们开展“三反”“五反”运动。历史证明，中国共产党真正是一个没有私利的工人阶级先锋队，同时又是中国人民和中华民族的先锋队。

第三，缔造了一个“拒腐蚀、永不沾”的马克思主义先进政党。毛泽东、邓小平、陈云、习近平都反复强调，我们这个党能不能长期执政，能不能成为坚强的领导核心，关键还在自身。别人打不倒自己，只有自己会把自己打垮。从这个意义上说，毛泽东是进行这种探索的第一人。为了实现共产主义理想，他提出了一个命题：如何防止我们党改变颜色，如何防止西方的和平演变。时至今日，这个命题对我们党、对中华民族仍具有特别的重要性。

第四，他为共和国、为中华民族、为我们党留下了两道跨世纪课题。第一道课题是如何确保我们的党永远不变质、我们的红色江山永远不变色。第二道课题实际上与第一道课题紧密结合在一起，而且也是我们改革开放以来面对的一个问题，就是如何既驾驭资本而又不成为资本的俘虏。这里，资本的俘虏包括国内资本的俘虏、国际资本的俘虏、国际垄断资本意识形态的俘虏。我们现在实施的“四个全面”战略布局就是在完成这两道课题。

二 毛泽东的光辉思想和伟大精神是党的宝贵财富

与会专家学者围绕论坛主题展开热烈探讨，大家一致认为，毛泽东与中国共产党是不可分割的整体，如何学习、继承毛泽东的光辉思想和伟大精神是我们永远应该关注和研究的重点。

李慎明认为，毛泽东的伟大人格主要表现在两个方面：一是勇于坚持真理，勇于坚持原则。为此，他不计较个人荣辱，不怕误解，不怕孤立，甚至不怕受到组织处分。二是勇于开展自我批评。他曾在一次中共中央政治局常委扩大会议上说，干部没有缺点和错误的，一个也没有。世界上圣人是没有的。他不仅大力提倡自我批评精神，而且还身体力行真诚、坦荡地做自我批评，他是我们党勇于开展自我批评的典范。他不仅在自己应承担的具体责任上勇于开展自我批评，而且还勇于对党和国家发展中出现的一些重大问题做自我批评。这种精神今天仍然值得党的领导干部特别是高级干部效仿。

梁柱在题为“毛泽东《论十大关系》的现实意义”的发言中指出，经过长达半个世纪的历史检验，充分证明毛泽东的《论十大关系》一文，作为探索适合中国国情的社会主义建设道路的伟大之作，体现其中的充满活力的唯物辩证法的方法论在一定意义上更具有普遍、长远的价值，是值得后人认真研究和学习的。其中，把调查研究作为马克思主义的基本原理同中国实际相结合的中间环节和桥梁，是毛泽东确立的实事求是的思想路线的一个重要内容和特点。他不仅把调查研究看作党必须遵循的工作路线和工作方法中不可或缺的一个重要方面，而且把调查研究提到洗刷唯心精神，防止一切机会主义、盲动主义错误的哲学高度来认识。同时，《论十大关系》充分体现了独立自主的探索精神。

金民卿在题为“毛泽东与中国共产党的理论自主性”的发言中指出，理论上的自主是马克思主义政党独立自主性的关键标志。中国共产党成立后，就把马克思列宁主义写在自己的旗帜上，并在其指导下领导中国革命。但是，什么是马克思主义和怎样坚持马克思主义，中国的基本国情和中国革命的基本特点是什么，如何探索具有中国特点的革命道路，从一开始就成为中国共产党必须认真解决的重大问题。在长期的革命和建设实践中，毛泽东认识到党的理论建设对于革命和建设取得胜利的重要性，对此进行科学论述并始终坚持中国共产党的理论自主性，着力清除理论依附性的思想根源，排除各种非无产阶级思想的干扰，把马克思主义普遍原理同中国具体实际创造性地结合起来，形成了中国化马克思主义的理论建构，并把这种独创性的理论建构深化到道路、制度和政策创新之中，为中国共产党的理论自主性作出了特殊贡献。当前，重温毛泽东关于理论自主性的思想，切实坚持和维护党在理论上的独立自主性，具有重要意义。

三　坚决反对和批驳“非毛化”的历史虚无主义思潮

在论坛上，与会专家学者对“非毛化”的历史虚无主义思潮进行了有力的批判和驳斥。

樊建新指出，一个时期以来，国内外一些人、一些势力，之所以不遗余力地通过造谣、抹黑等手段攻击和诋毁毛泽东，就是因为毛泽东是横亘在他们面前的一座绕不开的丰碑。针对这股错误思潮，习近平总书记在十八届中共中央政治局第一次集体学习时就特别强调，马克思列宁主义、毛泽东思想一定不能丢，丢了就丧失根本。在纪念毛泽东诞辰120周年座谈会上的讲话中，他又强调指出，毛泽东思想这个旗帜丢不得，丢掉了实际上就否定了我们党的光辉历史；任何时候都不能动摇高举毛泽东思想旗帜的原则，我们将永远高举毛泽东思想的旗帜前进。这些话都具有很强的现实针对性，是毛泽东思想研究者应该牢记的重要遵循。

沙健孙在题为“毛泽东关于正确对待外国文化的思想”的发言中指出，1956年我国开始全面建设社会主义时，毛泽东就提出了“向外国学习”的口号。这里所说的外国，既包括社会主义国家，也包括发达资本主义国家，还包括发展中国家。毛泽东指出，在外国文化中，有我们必须接受的、进步的好东西，而另一方面，也有我们必须摈弃的腐败的东西。正因为如此，毛泽东告诫人们，在“向外国学习”的态度上，我们既要放下架子，又要破除迷信。他指出，西方世界的太阳是傍晚的没落的太阳。东方人“要在破除迷信的条件下学习西方”。要“打倒奴隶思想，埋葬教条主义”。毛泽东的这个告诫，至今仍然具有重要的意义。

福建师范大学马克思主义学院副院长李方祥教授等学者对一些抹黑毛泽东的书籍所造成的恶劣影响进行了有力的批驳。

四　在新的历史条件下坚持、继承和发扬好毛泽东思想

在党的十八大开辟的新的历史条件下，如何进一步坚持好、继承好、发扬好毛泽东思想，成为与会专家学者热议的重点之一。

近年来出现了两种错误倾向：一是只拥护改革开放，而不认可毛泽东在新中国成立以来领导中国社会主义建设所取得的成绩；二是只拥护毛泽东，而质疑改革开放以来的路线、方针、政策。因此，李捷在主题报告中反对将二者对立起来，他说，我们要高举中国特色社会主义伟大旗帜，紧密团结在以习近平同志为总书记的党中央周围，坚持和发展中国特色社会主义。是否做到了这一点，有一个重要的试金石，这就是：一方面，是否坚持和维护毛泽东思想、毛泽东的伟大历史地位和当代价值；另一方面，是否坚决拥护和维护改革开放以来“一个中心，两个基本点”的基本路线。这两个方面缺一不可。

刘建武和中共中央党校的薛广洲教授分别做了题为“习近平与毛泽东党建思想的内在联系”和“毛泽东关于如何跳出中国历史发展‘兴勃亡忽’周期律的思考与启示”

的发言。

李捷强调指出，毛泽东思想研究要秉承三性：第一是要有学术性。学术性不是表态、不是空论，是用事实说话，用自己精湛的研究来说话；第二是要有战斗性。必须要在同各种错误思潮做斗争的基础上进行研究，要在明辨真伪、解疑释惑中扩大阵地、扩大影响、自我创新中搞研究，而不能搞成“书斋里的学问”；第三是要有开放性。毛泽东思想本身是开放的，中国特色社会主义本身也是开放的，因此我们的研究也要开放，永无止境。

中国人民大学周新城教授、广州大学副校长徐俊忠教授对嘉宾的发言做了点评。

（原载《马克思主义研究》2016 年第 5 期）

牢固树立五大发展理念的理论与实践问题研究

——第七届中国特色社会主义论坛综述

刘新玲　连晓龙

2016年5月7日至8日，在福建农林大学召开了"第七届中国特色社会主义论坛"高层研讨会，本次研讨会由求是杂志社《红旗文稿》编辑部、高等教育出版社《思想理论教育导刊》编辑部和福建农林大学共同主办。中国社会科学院原副院长李慎明、《红旗文稿》杂志社社长李菱、《思想理论教育导刊》常务副主编刘书林、福建农林大学党委副书记庄祥生以及福建省委宣传部、教育厅主管领导出席了论坛。本届论坛的主题为"牢固树立五大发展理念"，共有来自全国高校系统的主管校领导、宣传部门领导、马克思主义学院院长和专家学者70余人参加了会议。与会代表围绕会议主题，对五大发展理念的相关理论和实践问题进行了广泛交流和深入讨论。

一　五大发展理念是马克思主义中国化的重大理论创新

五大发展理念集中体现了以习近平为总书记的新一届党中央领导集体对共产党执政规律、社会主义建设规律和人类社会发展规律的认识达到了新高度、新境界，是马克思主义中国化的重大理论创新。

1. 五大发展理念是习近平总书记治国理政新思想在发展理念上的新概括。李慎明分析了五大发展理念在习近平总书记系列重要讲话中的地位，提出了五大同心圆观点。他认为习近平总书记系列重要讲话有五大重要提法，这五大重要提法构成了五个同心圆，由外而内依次为习近平总书记系列重要讲话，习近平总书记关于改革发展稳定、内政外交国防、治党治国治军的重要思想，以习近平为总书记的党中央治国理政新理念新思想新战略，"全面建成小康社会、全面深化改革、全面依法治国、全面从严治党"战略布局，创新协调绿色开放共享的五大发展理念，其中五大发展理念是五个同心圆中最内层、最核心的圆，充分理解和牢固树立五大发展理念是学习和贯彻习近平总书记系列重要讲话精神的核心要义所在。福建省高校思政课教指委主任郑传芳教授认为，五大发展理念是党和政府面对经济社会发展新机遇、新矛盾和新挑战所提出的新的发展理念，对破解发展难题、增强发展动力、厚植发展优势具有重大指导意义。

2. 五大发展理念是对中国特色发展理论的重大创新。五大发展理念科学回答了关系我国长远发展的许多重大理论和实践问题，集中体现了习近平总书记对中国特色社会主义发展理论的创新，开拓了中国特色社会主义发展理论的新境界。学者们从现代发展理论、五大发展理念与科学发展观关系等视角展开了论述。武汉大学马克思主义学院副教授李华认为五大发展理念是对现代发展理论的最新创造，必将推动中国特色发展话语的构建，也必将为中国乃至世界发展中国家的发展提供有力的理论支撑。湖南科技大学马克思主义学院副院长吴怀友、中国青年政治学院马克思主义学院院长李伟认为五大发展理念是对科学发展观的发展和创新。五大发展理念将科学发展观的基本要求、根本方法及发展战略提升为发展理念，比如将“全面持续可协调”提升为“协调、绿色”等，实现党和国家的发展理论从战略层面向理念层面过渡。与科学发展观相比较，五大发展理念更加具体，更加紧密地呼应社会现实的迫切需求，具有极强的现实性。

3. 五大发展理念是对马克思主义政治经济学的重大创新。中南大学马克思主义学院院长张卫良认为五大发展理念作为马克思主义政治经济学的创新性发展和创造性运用，首先，它进一步阐释、论证与发展了以公有制为主体，多种所有制共同发展的基本经济制度。其次，五大发展理念是对生产力理论的关键突破，在研究对象上它突出研究生产力，并从发展生产力的角度研究生产关系，将生态环境的保护与改善视为对生产力的发展。最后，五大发展理念从马克思主义政治经济学的“总任务”与“总问题”出发，厘清中国特色社会主义现代化建设中的生产规律，从而为进一步强化发展理念，深化发展逻辑，完善发展方法，赢得发展契机提供基本指向。

二 五大发展理念是解决中国现实突出问题的战略指引

五大发展理念是针对我国发展中的突出矛盾和问题提出来的，贯穿着鲜明的问题导向。在实践中发现和解决问题，是我们认识世界、改造世界的重要方法。五大发展理念以问题为牵引，直指我国发展中的突出矛盾和问题，为我国现实突出问题的解决提供了战略指引。

1. 以五大发展理念破解社会治理新难题。“创新、协调、绿色、开放、共享”的发展理念既是我国改革开放30多年经验的总结，也是新形势下的发展新要求，以五大发展理念指导社会治理新难题的破解，纠正偏错、吸取教训、解决问题，方能使社会处于和谐状态。刘书林认为，首先应以创新思维强化党员干部教育，要使改革充满活力就必须加强党员干部关于马克思主义科学理论的学习和认识，振奋中国共产党党员的学习和创新精神；其次应以协调理念解决精神文明、物质文明、生态文明三者失衡发展问题，致力于主流意识形态话语的构建；再次应以绿色发展理念指导生态文明的建设，发挥政府和人民团体的作用，走出一条与西方不同的保护生态道路；复次应在对外开放中，将坚持对外开放与坚持科学社会主义话语体系建设相结合、与反对敌对势力的颠覆相结合；最后应以共享发展理念指导社会保障的完善，增强人民群众在改革中的获得感，启动深刻的群众动员，维护社会政治稳定。在治理自然生态环境问题和“政治生态环境”问题方面，长春理工大学马克思主义学院院长张淑东认为应以绿色发展理念指导生态社会的建设，通过相关机制的建立唤起全民承担的生态责任意识。井冈山大学马克思主义学院院长刘家桂认为习近平总书记的绿色发展理念应包括绿色经济理念、绿色环境发展理念、绿色政治生态理念等不同方面，其中“绿色政治生态”理念就是指政治清明，从政环境优良，这是更高层次的绿色发展。

2. 以五大发展理念指导“三农”工作新发展。福建农林大学副教授郑兴明认为应以五大发展理念为指导，以农地制度改革为目标，破解现代农业发展中家户土地制约问题，为广大农民共享改革发展成果提供可能。同时五大发展理念应该成为马克思主义土地理论当代化研究的切入点和出发点。武汉理工大学马克思主义学院教授许传红认为五大发展理念对正确认识和处理城乡关系意义重大，在中国新型城乡关系的构建中：崇尚创新，让城乡关系更加和谐；注重协调，让城乡关系更加均衡；倡导绿色，让城乡关系更可持续；厚植开放，让城乡关系更加有序；推进共享，让城乡关系更加平等，加快城乡一体化，着力形成以工促农、以城带乡、工农互惠、城乡一体化的新型城乡关系。

3. 以五大发展理念引领中国开放发展新阶段。湖南大学马克思主义学院院长陈宇翔认为开放发展理念首先是全方面的开放发展，这是全球化时代世界各国各民族竞争、生存和发展必须要面对和处理好的重大关系和问题。马克思主义世界历史理论是开放发展理念重要的思想源泉，新阶段下的开放发展理念是对马克思主义世界历史理论在内的思想的重要发展。习近平总书记提出的“一带一路”战略构想，体现了其全球眼光和全球治理的大智慧，开启中国开放发展的新阶段。吉林大学马克思主义学院副教授周玲玲认为我们党提出开放发展战略，是直面当前对外开放过程当中的突出的矛盾和问题，适应当前国内外发展大势的一种变化，体现了我们党对经济社会发展规律的认识和深化，并结合“一带一路”规划的提出背景说明“一带一路”发展战略与开放发展理念非常具有前瞻性，是对原有国际经济秩序的一种突破。

三　五大发展理念中共享理念的理论与实践问题研究

党的十八届五中全会提出发展成果由人民共享，充分体现了社会主义本质和党的宗旨，但同时只有共建才能共享，共建的过程也就是共享的过程。共享发展理念成为本次研讨会众位专家学者研讨的聚焦点所在。

1. 共享发展理念的理论透视。湖南大学马克思主义学院原院长柳礼泉、北京师范大学马克思主义学院副院长熊晓琳等从共享发展的逻辑起点、目标、条件、原则、要求、思路、标准等七个方面对共享发展理念的理论蕴涵进行了详尽的论述。学者们认为共享发展的逻辑起点是人人共享，共享发展的目标则是解决社会贫富差距的问题，共享发展的条件是坚持发展中国特色社会主义。共享发展的原则一是坚持共建、共享共富相统一的原则，二是坚持发展的目的、发展的方式和发展的结果相统一的原则。共享发展的思路，首先是营造共享发展的氛围，正确引导共享发展的预期，其次是通过共享发展的顶层设计完善共享发展的体制机制，把握共享发展的节奏和力度。共享发展的标准，第一个是在共享发展中人民的获得感是否得到了提升，第二个是经济社会发展的活力是否得到了增强，第三个是看人民团结社会和谐是否得到了增进。关于共享发展的要求，上海大学马克思主义学院院长陶倩认为我国现存的分配制度之中，第一次分配是按贡献分配，多劳多得，第二次分配是基于公平正义考虑，通过完善社会保障制度等措施弥补第一次分配所造成的差距，但这种弥补仍显不足，社会贫富差距仍然不断加大。共享发展要求基于道德力量的第三次分配，大力发展志愿服务和慈善活动等公益事业，进一步引导共享理念的落实。

2. 共享发展理念的层次划分。东北师范大学马克思主义学院副院长孟宪生认为共享发展包括生存性的共享和发展性的共享，生存性共享是当前共享发展的最基本的层次，就其内容来看，生存性共享满足人民基本的生存需求，包括基础教育和基础医疗等等。除此以外，共享发展还包括发展性共享，这是共享发展理念更深层次的内容，是基于人全面发展的制度设定，在有效解决现实问题的基础上，为个体的发展提供可持续条件。河北经贸大学马克思主义学院郭建教授将共享发展理念划分为四个层次：第一层次是基础型共享，即通过大力发展社会生产力和公有制经济，为共享发展奠定物质基础；第二层次是民主型共享，即通过发展社会主义实然民主，为共享发展的实现提供民主政治基础；第三层次是公平型共享，即通过改善收入分配不合理状况，为实现共享发展提供政策保障；第四层次是奉献型共享，在第三次分配中，通过发展慈善事业、志愿服务事业，为实现共享发展助力。

3. 共享发展理念的领域实现。共享发展既是人人共享也是全面共享，这种共享涉及政治、经济、文化等方方面面，与会学者从民族问题、清除民粹主义的干扰等多个领域对共享发展理念的实现进行了论述。新疆农业职业技术学院马克思主义学院院长王学利认为共享反映了社会主义本质的内涵，是解决新疆社会主义建设事业中暴露的不同民族问题的一剂良药，共享理念应成为破解新疆民族问题的思想武器和行动指南，成为各族人民支援新疆建设，实现全面小康社会的热切期盼和共同信念。同时共享发展理念也是提高新疆职业教育教学质量的必然要求，贯彻共享发展理念，构建北疆协同，中高本衔接的现代职教体系。西南交通大学政治学院院长林伯海认为当下民粹主义对于共享发展理念的干扰主要表现在：一是误导民众将共享发展等同于齐步发展，二是误导民众将共享发展等同于平均式的发展，三是鼓动非理性的共享发展。应以共享发展理念消除民粹主义带来的干扰影响，首先要科学理解共享发展的内涵，厘清共享发展、同步发展、平均发展之间的关系和区别；其次应健全推进共享发展的实现机制，建立实现共享发展的法制秩序。

（原载《思想理论教育导刊》2016 年第 8 期）

坚持与发展："互联网 +"时代马克思主义基本原理研究

——2016 年全国马克思主义基本原理学术研讨会综述

靳晓春　郑雯君

由中国社会科学院马克思主义研究院与北京高校中国特色社会主义理论研究协同创新中心（中国政法大学）主办的 2016 年全国马克思主义基本原理学术研讨会，于 2016 年 5 月 14 至 15 日在北京召开。来自中国社科院、北京大学、清华大学、中国人民大学、中国政法大学等全国 70 多所高校和科研机构的 90 多位专家学者参加了会议。会议围绕"坚持与发展：'互联网 +'时代马克思主义基本原理研究"这一主题展开了研讨，20 多位专家学者就"'互联网 +'时代马克思主义基础理论研究面临的问题与挑战""'互联网 +'时代马克思主义基本原理学科建设问题""'互联网 +'时代马克思主义基本原理及其应用"等展开了广泛交流。

中国社科院马克思主义研究院院长、党委书记邓纯东研究员，中国政法大学党委副书记、纪委书记胡明教授分别为大会致辞。邓纯东研究员在致辞中指出，正确回答"互联网 +"时代对马克思主义基本原理提出的问题并借此推进理论的创新，是当代马克思主义理论工作者的神圣使命。为此，他提出三点建议：首先，要准确认识与分析我们所处时代的特点。互联网极大地改变了人类的生产方式、生活方式，马克思主义理论研究与创新一定要重视并努力研究这些变革，丰富马克思主义基本原理并用于解释与指导实践。其次，党的十八大提出中国特色社会主义建设五位一体的总布局，这一总布局的推进将提高我国生产力，改变我国的社会结构以及人民的生存方式、生活方式，我们需对此进行科学研究。最后，推动"互联网 +"时代马克思主义理论的创新需响应中央号召，认真学习习近平总书记系列重要讲话并用于指导我们的研究。胡明教授在致辞中向大会介绍了"北京高校中国特色社会主义理论研究协同创新中心（中国政法大学)"的情况。他表示，研讨会主题契合该中心"推进马克思主义基础理论研究综合创新，巩固马克思主义在哲学社会科学中的指导地位"的宗旨，中心作为大会的主办方之一，将全力支持相关研究。

研讨会上，中国社科院马研院马克思主义原理研究部主任余斌研究员回答了"互联网 +"时代对马克思主义基本原理提出的一些新问题。关于互联网上价值创造的问题，余斌认为电子商务模式下经营者减少了流通中所需资本、加速了产业资本的循环，因而他们从产业资本家手中瓜分了更多的剩余价值而获益。针对"网民社会劳动时间的付出形成互联网社会的价值，知识形成社会部分公用品，资本无偿占有公用品并将之纳入资本以获得利润"的观点，余斌认为网民在网上的自由行动不算生产性行为，而知识形成社会部分公用品、网络体现的社会生产力成为资本内在生产力的观点，马克思也早有类似论述。针对“网络信息产品高固定成本、低复制成本的特殊成本结构下成本降低部分转化为商品的虚拟价值”的观点，余斌认为这种收益实质上为知识产权带来的租金。关于“互联网＋”时代阶级关系的问题，余斌认同去技能化与去地化导致了高科技无产阶级的产生。他认为无产阶级中还产生了新的仆从阶级，互联网技术加强了资本对整个社会的控制。马克思主义基本原理仍然适用于“互联网＋”时代。

中国政法大学马克思主义学院副院长郜丽华教授基于马克思主义整体性的视角，对迈克尔·A. 莱博维奇“超越”《资本论》的逻辑进行了简要梳理与评析。莱博维奇的工人阶级政治经济学的主要为容包括以下两点：第一，倡导以人类需要的首要性替代生产力决定论；第二，强调工人联合起来与资本家进行阶级斗争的必要性。郜丽华认为莱博维奇的工人阶级政治经济学是发展马克思主义经济学的有益尝试，但其主观主义的方法论特点与马克思唯物主义研究方法形成背离。他意图建构的工人阶级的政治经济学批判重于建构，尽管看到了工人阶级的需求和阶级斗争在人类社会发展中的重要作用，但具体的措施却没有走出改良主义的老路。

中国青年政治学院马克思主义学院肖峰教授探讨了“互联”对马克思主义的联系观的影响。他认为互联作为基于互联网的新型联系更鲜明地呈现出以人为本、以实践为基础、以技术为平台、以再度社会化为特征的新联系观，也形成了一种对“自在联系观”加以辩证否定的“自为联系观”，使联系从过去只能作为“发现”和“认识”的对象演变为可以“建构”“改造”和“创制”的实践对象。当我们用互联的观点看世界时，呈现的是一幅由我们介入其中并由我们自己一手建构起来的世界联系的新图景。并且通过互联网时代的“互联”，使得我们在联系的自然状态与人工状态之间、联系的客观状态与主观状态之间、联系的自为状态与为我状态之间、联系的事实状态与价值状态之间，以及在本体论的联系与认识论的联系之间、认识论的联系与实践论的联系之间都可以把握到新的哲学内涵，并从中发掘出有待探索的新问题。

中国人民大学经济学院邱海平教授运用马克思主义生产力与生产关系辩证统一的原理分析了供给侧结构性改革问题。他认为分析当前中国经济所表现出来的供给侧方面存在的问题，不能停留在生产力这个层面上，而必须深入认识生产关系这个层面存在的问题，应该更多地从完善初级阶段的社会主义生产关系这个角度出发去理解供给侧结构性改革的本质内容。关于中国特色社会主义政治经济学的建立，他认为在方法论上不能简单照搬历史唯物主义中的“生产力—生产关系—上层建筑”的“范式”，应该从近代以来世界体系的发展与中国自身社会结构的实际出发，从理论上重新解释新中国成立以来的“国家”性质和特点及其与生产关系和社会生产力的关系，重新构建一个中国近代以来的“社会发展”分析范式。

北京大学哲学系聂锦芳教授介绍了自己在特里尔大学交流期间了解到的《马克思恩格斯全集》“历史考证版”（MEGA）的编辑进展及出版现状，并阐述了自己关于马克思文本研究的观点。他认为不能通过原理教科书和后人特定条件下的阐释来学习和掌握马克思主义，原始文本、文献才是最重要、最直接的基础。只有对其重要文本个案进行全面、系统且深入的研究，才能呈现马克思思想的原貌、复杂性及其演变轨迹，进而彰显其思想史意义和现实价值，凸显马克思主义的当代影响力。

清华大学马克思主义学院王峰明教授回应了“互联网＋”时代马克思主义基本理

论研究面临的挑战。王峰明认为就思想文化领域而言，“互联网＋”时代是一个“思想的指尖化”的时代，马克思主义理论大众化的问题，较之以前更为突出，也更加紧迫。这种挑战源于马克思主义的理论特质：马克思主义理论把本质和现象区别开来，一方面要求透过现象把握本质，另一方面要求从本质出发理解、解释、说明现象。面临挑战，马克思主义理论研究应该做到以下几点：要关注和回应现实问题，要重视和加强比较研究，要重视和加强文本研究，要努力构建马克思主义的话语体系。

中国社会科学院哲学所段伟文研究员对互联网进行了政治经济学分析。他认为互联网的发展为混合经济——公共物品与私人物品、共有资源与私人资源相互补充提供了可能。互联网所带来的共享经济的发展表明，私有资源不应被视为一切生产活动的基础，基于共有资源的共享经济既可以给资本主义也可以给社会主义带来活力。由资本主导的互联网经济呈现出五个特征：共享经济与长尾效应，注意力经济与生产型消费，维基经济学与商品化界限的模糊化，基于创造性劳动的加速积累与集中化，信息方式、信誉经济与数据歧视。

此外，与会代表中国社科院马克思主义研究院张建云研究员探讨了互联网时代如何加强马克思主义原理研究的问题，概括了互联网对人类物质生产方式的根本变革，即实现了生产与消费一体化，形成了以消费为主导的新生产模式、去中介化的新商业模式、信息资源创新驱动的新经济发展模式、具有网状分工等特征的新组织模式。北京联合大学马克思主义学院李艳艳副教授分析了“互联网＋”时代马克思主义理论研究与宣传的重要性，并强调“互联网＋”时代马克思主义理论研究与宣传工作是辩证统一的关系。沈阳师范大学马克思主义学院李福岩教授提出了“互联网＋”时代马克思类哲学的新使命，认为“互联网＋”时代呈现出的人类联合发展的大趋势，有力印证了马克思类哲学的现实性和科学理想性。中国政法大学马克思主义学院孙美堂教授借鉴自然科学范式的变化，对历史唯物主义的研究范式做了反思。吉林大学付秀荣教授关注了“互联网＋”时代高校思想政治理论课的实践，提出面临挑战，教师必须与时俱进，积极调整教学方式。黑龙江省委党校赵福生教授探讨了“互联网＋”语境下历史唯物主义的坚持和发展问题，提出丰富研究内容、积极回应社会现实的新变化等主张。厦门大学张艳涛教授探讨了“互联网＋”时代马克思主义基础理论研究面临的问题与挑战，提出高校思想政治课的教学要构建基于网络平台的网络教学新模式，克服多元多样多变时代信息碎片化、娱乐化、图像化的弊端。成都大学岳鹏副教授指出，“互联网＋”给新时期高校思想政治理论教育带来了从保守向创新、从独享向共享、从封闭向开放转变的三大历史机遇，也提出了教育资源配置、教育者信息技术能力、学生自主学习能力三大现实挑战。河北省社会科学院经济论坛杂志社覃志红副研究员认为，“互联网＋”时代马克思生产理论面临重大的挑战和质疑，马克思生产理论的精神实质和时代价值问题，已经成为推进马克思主义哲学研究的重要问题。上海市委党校赵恩国助理研究员分析了“互联网＋”时代个人自由及其悖论等问题。

（原载《管理学刊》2016年第5期）

“习近平系列重要讲话学术论坛（2016）”综述

夏一璞

为了深入理解和贯彻党的十八届五中全会提出的“创新、协调、绿色、开放、共享”五大发展理念，2016年5月20日，由中国社会科学院马克思主义研究院、中共浙江省委党校、浙江省社会科学界联合会、浙江省中国特色社会主义理论体系研究中心主办，中共浙江省委党校政治学教研部、浙江省科学发展观与浙江发展研究中心承办，《马克思主义研究》编辑部协办的“习近平系列重要讲话学术论坛（2016）”在浙江省杭州市召开。论坛主题为“五大发展理念与中国特色社会主义”。中国社会科学院马克思主义研究院院长、党委书记邓纯东发表书面致辞，中共浙江省委党校常务副校长陆发桃与浙江省社会科学界联合会党组成员、副主席陈先春出席会议并致辞。来自国内各高校、研究机构的90多位专家学者与会并展开交流。

一　深入学习研究习近平系列重要讲话精神，繁荣哲学社会科学事业

党的十八大以来，习近平总书记科学把握当代中国发展实际和当今世界发展大势，围绕坚持和发展中国特色社会主义，实现中华民族伟大复兴的中国梦，围绕推进经济建设、政治建设、文化建设、社会建设、生态文明建设，围绕从严管党治党、全面提高党的建设科学化水平，提出了许多富有创见的新理念新思想新战略。

邓纯东指出，习近平系列重要讲话深刻回答了新的历史条件下，党和国家事业发展面临的一系列重大理论和现实问题，是我们实现“两个一百年”奋斗目标和中华民族伟大复兴中国梦的科学理论指导和行动指南。深入学习贯彻习近平系列重要讲话精神是我们党和国家各项事业不断取得新成就、开创新局面的根本思想保证，也是我们举办这次论坛的主旨与目的。

陆发桃在致辞中指出，习近平系列重要讲话内涵丰富、思想深邃、博大精深，是坚持和发展中国特色社会主义的最新理论成果。5月17日，习近平总书记主持召开了哲学社会科学工作座谈会并发表了重要讲话，他强调指出，必须高度重视哲学社会科学，结合中国特色社会主义伟大实践，加快构建中国特色哲学社会科学。这是新形势下繁荣发展我国哲学社会科学的纲领性文献，为马克思主义理论研究宣传工作指明了方向、明确了任务。

陈先春表示，深入学习贯彻习近平系列重要讲话精神，需要哲学社会科学提供思想动力、学理支撑、科学方法，不断破解改革发展的新课题；需要有理想有抱负的哲学社会科学工作者立时代之潮头、通古今之变化、发思想之先声，积极为党和人民述学立

论、建言献策，这是哲学社会科学工作者的光荣使命，也是哲学社会科学繁荣发展的时代契机。

二　“五大发展理念”是马克思主义发展观的集大成和创新发展

2016年4月，由中共中央宣传部组织编写，学习出版社、人民出版社出版的《习近平总书记系列重要讲话读本》（2016年版）中第八个专题集中阐述了“五大发展理念”，并明确“五大发展理念”为“新发展理念”。新发展理念是我们党将马克思主义基本原理同我国具体实际和时代特征相结合的理论结晶，彰显了马克思主义的真理性，彰显了我们党执政兴国的高超智慧与能力。

国家行政学院科研部、政治学教研部原主任许耀桐在发言中指出，发展观是马克思主义的基本观点之一。“五大发展新理念”是马克思主义发展观的集大成和创新发展，标志着马克思主义发展观达到了一个新的水平，是马克思主义中国化的最新成果，是中国特色社会主义的最新发展。“五大发展理念”是今后很长时期我国发展思路、发展方向、发展着力点的集中体现，是“十三五”主动适应和引领经济新发展的主抓手，是把握“十三五”经济社会发展的主脉络，是新一届中央领导集体治国理政的主纲领，是创新当代中国马克思主义发展观的主命题。

山东师范大学马克思主义学院院长高继文认为，“五大发展理念”是对中国特色社会主义理论的总结、深化和升华，是指导“十三五”乃至更长时期我国发展全局的根本思想，是党领导我国社会主义现代化建设指导思想的新发展。

三　深刻领会“五大发展理念”丰富内涵，实现科学发展

党的十八大以来，以习近平为总书记的党中央紧紧把握时代进步的脉搏，精心洞察中国和世界发展的大势，在全面、客观地分析中国和世界经济政治发展所面临的机遇与挑战的基础上，尤其是科学研判和积极应对中国经济社会发展新常态的条件下，进一步提出了如何实现科学发展的问题，强调了五大发展新理念，把科学发展观带入一个新的境界。要实现中国社会主义事业的科学发展，必须深刻领会“五大发展理念”的科学内涵。

辽宁师范大学马克思主义学院院长李玉珂从科学社会主义发展的历史来阐述“五大发展理念”的基本内涵。他指出，创新是发展的第一动力，内在于社会生产力的发展要求之中；协调是持续健康发展的内在要求，只有社会的各子系统及诸要素之间协调有序地运转，社会才能保持正常运行；绿色是永续发展的必要条件，是科学社会主义的基本原则；开放是国家繁荣发展的必由之路，是生产社会化发展的规律性体现；共享是中国特色社会主义的本质要求，体现了发展成果分配的关系。

中共中央编译局原秘书长、中国马克思恩格斯研究会常务副会长杨金海分析了创新的基本原理、创新的必要性和可能性。他强调，创新不是简单的标新立异，而是要实现“新”“科学”与“有效”的三者统一。创新要以人为本，从实际出发，既要有民族眼光，也要有世界标准。

四　自觉践行“五大发展理念”，夺取全面建成小康社会的决战胜利

党的十八届五中全会确立的“五大发展理念”彰显了强烈的问题意识和目标导向，集中反映了我们党关于发展动力、发展结构、发展条件、发展战略和发展目的等各要素及其内在逻辑的新认识，是我国发展理论的又一次重大创新，是关系我国发展全局的一场深刻变革。

浙江财经大学马克思主义学院院长华正学提出，“五大发展理念”是政府创新形象的务实选择。他系统阐述了以习近平为总书记的党中央创新政府形象的现实逻辑、理论逻辑、历史逻辑和思维逻辑，进而论证了党的十八大以来，以习近平为总书记的党中央不仅对创新政府形象有着科学明确的要求，而且在实践中采取切实可行的措施，扎扎实实地推进政府形象创新的建设工作。其创新政府形象的路径选择在基本理念、总体思路和基本方法上，与“五大发展理念”高度契合。

辛向阳将关注点放在了全面建成小康社会之后路该怎么走上，他提出了三大方面的要求：首先，要沿着全面建成小康社会的自身逻辑前行。这就需要经济保持“双中高”的服务社会，创新驱动发展成效显著的创新型国家，发展协调性明显增强的两型社会，人民生活水平和质量普遍提高的健康社会，国民素质和社会文明程度显著提高的文明社会，生态环境质量总体改善的美丽国家，各方面制度更加成熟、更加定型的魅力社会。其次，要沿着“两个一百年”的奋斗目标前进，要建设开放型经济强国，建成世界一流的制造强国、质量强国，建成世界一流的科技强国和知识产权强国，建成社会主义文化强国，建成海洋强国，建设体育强国。最后，要继续沿着中国特色社会主义道路前行，沿着中国特色社会主义的发展阶段和发展战略前行，沿着社会主义初级阶段的发展趋势前行。

江西师范大学马克思主义学院院长周利生以习近平总书记关于信息文明的论述为切入点，将信息生产力视为创新动力的重要一环，认为社会主义中国具有建设信息社会、解放和发展信息生产力的独特的制度优势、规模优势和文化优势。“五大发展理念”与互联网时代的“创新、开放、共享、合作、协同”的“互联网精神”内涵高度契合，既标志着中国对信息时代、信息生产力的认识到达了新的战略高度，又体现了一种与时俱进的马克思主义理论自觉，可以成为引领未来信息生产力发展的重要力量。

五　以“五大发展理念”为先导，创新地方发展实践

作为马克思主义中国化的最新理论成果，“五大发展理念”是改革开放以来我们党对中国发展道路长期探索的理论和经验结晶，同时也凝聚着大量地方创新发展的实践经验，并对地方实践进行了科学指导，取得了丰硕的成果。

中共浙江省委党校副校长何显明认为，习近平同志主政浙江期间围绕“八八战略”的一系列重要探索，为形成“五大发展理念”提供了最直接、最丰富的实践经验支撑和理论思考准备。他针对浙江“先成长先烦恼”的现实挑战，基于“为全国贡献浙江的探索和经验”的责任担当，就推动浙江新发展进行了大量的前瞻性探索，凝聚形成

了一整套与“五大发展理念”息息相通的新的发展理念、发展思路。

中共浦江县委常委、宣传部部长郑月琴以浦江县践行“五大发展理念”前后的社会巨变为例，从现实的角度论证了“五大发展理念”对中国特色社会主义发展事业的重大指导作用。

（原载《马克思主义研究》2016 年第 7 期）

政治经济学创新与供给侧改革

——中国经济规律研究会第26届年会综述

兰 玲 徐 曼

2016年5月21—22日，中国经济规律研究会以“政治经济学创新与供给侧改革”为主题，在辽宁大学召开第26届年会。中国社科院马克思主义研究学部主任程恩富会长、中国社科院学部委员杨圣明名誉会长、厦门大学吴宣恭教授、首都经济贸易大学文魁教授、武汉大学简新华教授、北京师范大学白暴力教授等，以及来自全国各高等院校和科研院所的百余位专家学者出席了会议。辽宁大学党委书记周浩波教授致辞，辽宁大学经济学院院长谢地副会长主持了本次会议。

一 马克思主义政治经济学的创新与发展

习近平总书记指出，学习马克思主义政治经济学基本原理和方法论，要同我国经济发展实际相结合，不断形成新的理论成果，要立足我国国情和我国发展实践，揭示新特点新规律，提炼和总结我国经济发展实践的规律性成果，把实践经验上升为系统化的经济学说。与会专家学者一致认为，要坚持马克思主义政治经济学的基本原理，创新中国特色社会主义政治经济学，不断推进马克思主义政治经济学的学科体系、学术体系和话语体系的建设和创新。

1. 中国特色社会主义政治经济学的创新与应用

程恩富认为，发展我国的社会主义市场经济，要坚持中国特色社会主义政治经济学的八个重大原则，即：科技领先型的持续原则、民生导向型的生产原则、公有主体型的产权原则、劳动主体型的分配原则、国家主导型的市场原则、绩效优先型的增速原则、结构协调型的平衡原则和自力主导型的开放原则。不断发展的马列主义及其中国化经济理论已经能够科学解释和根本解决一切重要的经济问题，关键在于决策者是否真正集思广益，学好用好现代政治经济学。杨圣明认为，中国特色社会主义政治经济学的研究对象是公有制的生产关系、分配关系和消费关系，马克思主义政治经济学的理论基础是辩证唯物主义和历史唯物主义，政治经济学在我国依然具有强烈的阶级性，要站在唯物史观的高度，从认识论、发展论和价值论相统一的角度来发展当代马克思主义政治经济学。吴宣恭认为，“五大发展理念”紧紧围绕满足人民群众日益增长的物质和文化需要、促进人的全面发展这一社会主义经济的根本目的，集发展方向、发展方式、发展条件、发展维度、发展路径、发展目标为一体，高度概括和综合了社会主义基本经济规律多维度加深扩展的内涵，全面反映了社会主义经济的本质要求，极大丰富了马克思主义的科学发展观。中国社科院马研院侯为民研究员认为，“共享发展”是社会主义制度属性与价值诉求的统一，具有极强的现实指向性，是我国的改革实践与社会主义现代化建设最终目标的统一，推进共享发展，既要正视当前社会主体分化、利益分化的现实，又要科学分析改革的依靠力量、改革对象和改革范围，使市场经济体制中的社会主义因素成为经济社会发展的基础性力量。

2. 马克思主义政治经济学基本原理的时代性解读

白暴力对马克思主义政治经济学进行了数理分析，他在马克思经济理论的基础上，构建了系统的宏观经济模型，为解决我国经济建设中的现实问题提供了研究和决策的数量分析基础。中国社科院马研院余斌研究员批评了“互联网＋”时代交换劳动创造价值、网民上网时间等于劳动时间、虚构虚拟价值、网民形成了一个新阶级、互联网可以去垄断等一些错误观点。他认为，电子技术和互联网的出现虽然加速了信息的生成与流动，加速了生产的变革和新形成的关系的变化，但马克思主义基本原理的科学性决定了其仍然适用于这个时代。淮北师范大学段学慧教授认为，按比例发展规律既适用于宏观经济领域，也适用于微观经济领域，计划机制和价值规律都是实现按比例发展的手段，在以私有制为主体的市场经济条件下，价值规律强制性地为按比例规律开辟道路；在未来的自由人联合体中，按比例规律是通过计划手段来实现的；在社会主义初级阶段，应当把计划调节和市场调节结合起来，处理好政府与市场的关系。

3. 马克思主义政治经济学的学科发展

杨圣明认为，要培养和选拔坚持马克思主义的人才，改变政治经济学研究的西化问题。河南财经政法大学刘美平教授认为，必须以马克思主义政治经济学的学科建设和马克思主义基本原理学科建设为主要抓手和突破口，以课程改革为中心，以高校干部任免、人才培养、职称评审、科学研究、社会服务等方面为重点，进行深刻的高校层面意识形态教育工作的全面改革。

二　供给侧结构性改革的学理与对策

习近平总书记强调，供给侧改革同西方经济学的供给学派不是一回事，供给侧结构性改革，重点是解放和发展社会生产力，从根本上使我国供给能力更好地满足广大人民日益增长、不断升级和个性化的物质文化与生态环境需要，从而实现社会主义的生产目的。与会专家学者运用马克思主义政治经济学的基本原理对供给侧结构性改革进行了学理研究，并着重从制度改革方面对中国供给侧结构性改革提出了政策建议。

1. 供给侧结构性改革：马克思主义政治经济学的解读

南开大学何自力教授认为，需求侧管理与供给侧管理是宏观调控的两种具体形式，我国要建立供给侧管理与需求侧管理相统一的宏观调控体制。文魁认为，结构性改革更为深刻的理论内涵是供给结构如何与需求结构相匹配，他把这种结构平衡的资源配置的理想状态叫作资源配平，并提出马克思的再生产理论，特别是关于两大部类平衡关系的论述为在资源配平意义上的结构性改革提供了理论依据。北京大学曹和平教授梳理了供给侧结构性改革这一提法的由来，深度解读了供给侧结构性改革中的五个理念、四个全面、五个支柱及“三去一降一补”的政策措施。西北大学任保平教授认为，马克思主义政治经济学中的分工理论是供给侧改革的理论依据，我国的供给侧改革应通过社会分工深化、企业内部分工调整，以及国内分工与国际分工相协调三个方面，促进旧分工体系向新分工体系的转化，从而解放生产力和改善生产关系。谢地认为，供给侧结构性改革的理论依据源于马克思主义政治经济学，现实依据则是我国微观、中观、宏观、国际经济关系、政府治理等不同层面广泛存在的供给侧结构性矛盾，因此，供给侧结构性改革的着力点就是通过机制、体制和制度创新，破解供给侧结构性矛盾。吉林大学魏益华教授运用马克思关于“第二种含义的社会必要劳动时间”的理论来解释中国供给侧结构性改革的必要性，认为在促进我国企业增加有效供给的过程中，政府要实现改革供给结构和提升供给质量两个目标。

2. 供给侧结构性改革：公有制为主体与加强政府调节的政策建议

简新华认为，结构性改革是与结构调整优化有关的制度改革，目前的生产过剩、有效供给不足和有效需求不足等背后的原因都是制度性缺陷，因此，供给侧和需求侧都要进行结构性改革，特别是与所有制结构、分配结构有关的改革，应当增强社会主义经济特征和经济规律的作用，减弱资本主义经济特征和经济规律的作用。福建三明学院钟卫华教授认为，经济体制改革过度市场化和过度私有化是我国出现产能过剩的主要原因，要解决产能过剩问题，必须发挥好政府对市场的调控作用，同时要注重公有制经济的引领和主导作用。武汉大学龙斧教授、浙江财经大学田家官教授都对此问题阐述了自己的观点。

三 供给侧改革需要正确处理的若干问题

习近平总书记强调，要坚持和完善社会主义基本经济制度和社会主义基本分配制度，坚持社会主义市场经济的改革方向，用新的发展理念来引领和推动我国经济发展，特别是供给侧改革。与会学者从所有制与分配制度的改革及创新动力等方面阐述了供给侧改革需要正确处理的若干问题。

1. GDP 与宏观经济运行

四川大学张衔教授、龙斧教授都反对用 GDP 作为判断宏观经济的指标，提出可以用人均可支配收入作为替代性指标，来判断宏观经济结构，并提出可以根据马克思的政治经济学原理来建立一套马克思主义宏观经济学的宏观经济统计指标，来衡量我国社会主义宏观经济结构。

2. 公有与私有

南京财经大学何干强教授、吴宣恭教授、侯为民研究员都认为，深化改革必须坚持公有制的主体地位，做大做优做强国有企业，发挥公有制经济在民生事业建设中的导向作用。淮北师范大学张作云教授批判了把中外一切上市公司和股份制公司都说成是“新公有制企业”的理论，认为这是打着“公有制”的招牌，把我国改革开放引向邪路的新自由主义理论。吉林大学纪玉山教授对我国医疗卫生事业的市场化、私有化体制改革方向进行了批判。

3. 收入与分配

曲阜师范大学刘刚副教授批判了基于比较优势理论提出的由于工资上涨而增大滑入“中等收入陷阱”风险的观点，他认为，比较优势理论不能解释劳动在国民收入中份额持续减少的现象，而应用知识产权优势与工资变动的生产方式基础是可以解释和解决这一问题的。辽宁大学赵桂芝教授对我国农村居民收入分配的动态演变给予了多维测度与解析，以居民福祉改善为基准，提出了以提高农民福利水平作为收入分配改革的最终目标，推出财税新政和关注城镇化进程的对策建议。南京财经大学王云中教授、上海财经大学宁殿霞博士也就此问题谈了自己的观点。

4. 创新与发展

吉林大学李政教授分析了创新在技术超越型国家的发展路径，比较了日本、韩国和以色列等国的创新经验，探讨了其对中国技术赶超的启示问题。中国民航大学王勇教授、黑龙江大学魏枫副教授、西安交通大学张慧芳副教授都对创新与发展的关系谈了自己的见解。

（原载《马克思主义研究》2016 年第 7 期）

聚焦习近平治国理政思想

——全国马克思主义青年学者论坛（2016）综述

田芝健　吉启卫

为深化习近平总书记治国理政新理念、新思想、新战略研究，2016 年 5 月 28—30 日，由中国社会科学院马克思主义研究院、中国社会科学院马克思主义研究学部、苏州大学主办，苏州大学马克思主义学院、苏州大学“江苏省中国特色社会主义理论体系研究基地”承办，中国社会科学院《马克思主义研究》编辑部协办的“全国马克思主义青年学者论坛（2016）”在苏州大学举行。中国社科院学部委员、苏州大学马克思主义研究院名誉院长靳辉明教授，中国社科院马克思主义研究院党委书记、院长邓纯东研究员，江苏省委宣传部副部长、江苏省中国特色社会主义理论体系研究中心执行主任双传学教授，苏州大学党委书记王卓君教授，中国社科院马克思主义研究院副院长樊建新研究员等领导和专家以及来自全国各地的马克思主义青年学者，人民日报社、光明日报社、中国社会科学报社、《马克思主义研究》《中国特色社会主义研究》《理论探索》等媒体的代表共 100 余人参加了会议。会议期间，与会学者围绕“习近平治国理政思想研究”这一主题展开研讨，取得了丰硕成果。

一　关于习近平总书记“5・17”重要讲话研究

2016 年 5 月 17 日，习近平总书记在京主持召开哲学社会科学工作座谈会并发表重要讲话。讲话是加快构建中国特色哲学社会科学的纲领性文献，对当前和今后发展和繁荣中国特色哲学社会科学具有十分深远的意义。

靳辉明教授在发言中指出，习近平在讲话中特别强调：“坚持以马克思主义为指导，首先要解决真懂真信的问题”。“真懂、真信”的核心是“真信”。对马克思主义没有信仰，一切都谈不上。这里的信仰不是迷信，而是相信科学真理。马克思主义之所以能够对人类思想、对社会发展产生如此深刻的影响，就因为它是科学真理。

邓纯东研究员指出，2013 年习近平总书记发表了“8・19”重要讲话，今年又发表了“5・17”重要讲话，要求加强党的意识形态工作和哲学社会科学工作，要求坚持不懈地抓好马克思主义以及中国化成果的宣传工作。本次论坛就是加强宣传工作的重要形式、重要载体，就是要落实总书记“8・19”讲话和“5・17”讲话精神，加大对马克思主义以及中国化成果的宣传，同时要对各种非马克思主义、反马克思主义错误思潮进行批评、批判与斗争。

樊建新研究员在主题报告中指出，哲学社会科学应该在马克思主义中国化中担负起它的神圣职责。以马克思主义为指导的哲学社会科学在真理性、价值性、科学性和政治性上是高度一致的。这是中国哲学社会科学和其他哲学社会科学的一个本质区别。哲学社会科学工作者要认真学习习近平总书记“5·17”重要讲话精神，结合各自研究领域，用马克思主义指导解决中国问题。

武汉大学沈壮海教授在主题报告中指出，学习习近平总书记“5·17”重要讲话精神可以从三个方面入手：第一个方面：充分认识这次会议的重要意义。第二个方面：应该把握住习近平总书记讲话中的关键性论述。第三个方面：我们要自觉践行讲话中对于学者提出的一系列明确要求。

二　关于习近平治国理政思想研究

党的十八大以来，以习近平同志为总书记的党中央形成了一系列治国理政新理念、新思想、新战略，进一步丰富和发展了党的科学理论，为我们开展各项工作提供了基本遵循。

王卓君教授认为，本次论坛以“习近平治国理政思想研究”为主题，充分体现出当代马克思主义理论研究和教学工作者的高度责任感、使命感。我们要以习近平总书记系列重要讲话精神为指引，认真学习、研究、宣传、贯彻好以习近平为总书记的党中央关于治国理政的新理念、新思想、新战略，以本次论坛的举办为契机，进一步加强马克思主义理论研究、学科建设和人才培养工作，为加快构建中国特色哲学社会科学作出积极的贡献。

双传学教授认为，要进一步深化对总书记关于治国理政的“三新”的学习和研究。第一点，要坚持宏观性，把准研究的方向和方位。加强对这样一个重大理论成果的研究，必须把它放到马克思主义发展的大坐标中来把握。第二点，要坚守精准思维。精准思维是总书记倡导的一种重要的方法论，它强调的是具体和准确。研究治国理政新理念、新思想、新战略，实际上也要在精准上下功夫。第三点，要坚持问题意识。习近平总书记指出，坚持问题导向是马克思主义的鲜明特点。治国理政新理念、新思想、新战略从实践中来，也需要在实践中加以应用、得到彰显。加强对这一理论的研究解释，必须紧密地联系实际，牢固树立问题导向。第四点，要坚持融通创新，彰显话语魅力。总书记强调要发挥哲学社会科学的作用，注意加强话语体系建设。

樊建新研究员认为，习近平总书记系列重要讲话与其治国理政思想有着紧密的联系。他认为，理论创新周期的长短不能一概而论，它不完全取决于人的主观意志，而是由客观实际、实践需要、党的理论水平和党的理论成熟度等共同决定的。党的十八大以后，党的理论和实践结合明显提速。改革开放30多年取得的成绩是显著的，但同时引发的问题也确实不少。解决这些问题需要理论创新和理论指导。

苏州大学方世南教授认为，习近平治国理政思想以唯物史观为基石，充分体现了这一思想的人民性、整体性、求实性和创新性。一是以人民为中心的发展思想彰显了习近平治国理政思想的价值诉求。唯物史观是人民史观，坚持以人民为中心的发展思想是治国理政的基本要求；唯物史观是人与社会关系以及人与自然关系紧密结合观，坚持以人民为中心的发展思想实质上是为了达到“两大提升”与“两大和解”。二是整体性思维体现了习近平治国理政思想的系统方法论。唯物史观的社会生产理论、社会有机体理论，自然解放、社会解放和人类解放的整体解放理论体现了整体性思维。习近平治国理政思想的整体性思维是对中国差异性、多样性、不平衡性国情的反映，具有中国特色和民族文化内涵。三是从实际出发突出了习近平治国理政思想的实践哲学。唯物史观倡导从实际出发，习近平治国理政思想的实践哲学体现在将实事求是作为客观分析现实情况、从而制定准确的战略和政策的前提。四是开拓创新展示了习近平治国理政思想的时代特征。唯物史观坚持社会基本矛盾推动社会发展的规律性，习近平坚持以创新的精神在探索和遵循规律中不断与时俱进。五大发展理念将创新发展居于首位，是用唯物史观观察、分析当代中国发展实际的结果。

苏州大学田芝健教授认为，以习近平为总书记的党中央治国理政的一系列新观念、新思想和新战略是马克思主义中国化最鲜活的成果和内容，将随着实践的发展不断丰富和完善。他认为，习近平治国理政思想是自主创新与集成创新有机结合的创新集成。习近平治国理政思想体系，针对社会有机体、国家有机体、政党有机体的特点，在国情总判断的基础上，形成了治国理政总灵魂、总题目、总理念、总方略、总布局、总目标。以人民为中心的思想是习近平总书记治国理政思想的总灵魂；坚持和发展中国特色社会主义是习近平总书记治国理政思想的总题目；“五大发展理念”等新理念是坚持和发展中国特色社会主义发展的总理念；我国仍然处于社会主义初级阶段，同时进入全面建成小康社会的新时期，这是对我国基本国情的总判断；“四个全面”战略布局是坚持和发展中国特色社会主义的总方略；政治、经济、文化、社会、生态文明“五位一体”建设是坚持和发展中国特色社会主义的总布局；“两个百年”奋斗目标和实现中华民族伟大复兴中国梦是坚持和发展中国特色社会主义的阶段性总目标。习近平治国理政思想具有科学性、民本性、发展性，要从整体上系统地进行把握。

苏州大学朱炳元教授认为，当前意识形态领域的一个倾向性和苗头性问题就是在学术探讨的幌子下对马克思主义基本原理和核心理论的全面否定。从哲学方面讲，一些学者认为，以经济与阶级为核心解释历史发展是对人类社会发展动力的单向和线性的理解；有人认为唯物史观把物质生产作为分析社会现象的基础和出发点是“见物不见人”，不是以人为本；等等。从政治经济学方面讲，有的学者全面否定马克思的两大发现之一的剩余价值论和剥削理论，鼓吹剩余价值论是一个理论解释，它夸大了工人阶级的劳动价值贡献量；等等。从科学社会主义方面讲，有的人认为无产阶级专政“是一种理论假说”“在现实中是一种虚幻”“既缺乏科学依据，又缺乏法律条文”“后人有责任研究专政论断中的缺陷”等。这些错误观点产生的原因，既包括个人方面的原因，如对理论学习特别是马克思主义原著的学习放松了；又包括社会方面的原因，如各个不同阶层多样化的利益诉求；还有外部势力的影响，如资产阶级的民主政治、普世价值观念、军队国家化等思潮的渗透影响等。此外，有的基层党组织战斗力薄弱，有些理论问题还需要进一步分辨清楚等也导致了上述问题的出现。

苏州大学姜建成教授认为，当前意识形态领域斗争的尖锐性、复杂性体现在马克思主义的指导思想地位面临挑战，出现用西方话语消解马克思主义，西化、歪曲马克思主义，以西解马的现象等问题，因此要从坚持和落实党管意识形态工作原则、加强阵地建设、加强新媒体建设、加强队伍建设等角度破解难题。

南京政治学院上海校区张雪梅教授认为，“四个全面”战略布局是一个有机体。全面建成小康社会，实际上破解了先富如何带动后富的问题；全面深化改革，解决的是效率与公平的问题；全面依法治国，要破解的是人治与法治的博弈问题；全面从严治党，最终要破解的是一个政党如何实现自我监督的问题。

云南省社会科学院张戈博士认为，当前边疆民族地区的网络意识形态建设出现了斗争更加激烈、更加隐蔽，对象更加年轻等新变化，同时受到经济水平、宗教和民族文化、敌对势力渗透、体制机制等方面制约，因此要通过加速经济社会跨越发展、挖掘民族文化价值底蕴、依托民族院校宣传教育、建立健全制度体系等方面来进一步加强民族地区的网络意识形态建设。

苏州大学马克思主义学院郑芸副教授梳理了党的十八大以来我国社会治理思想的发展，探讨了马克思社会有机体理论对社会治理思想的涵养，并从苏州工业园区创新实践总结出社会治理创新必须要大力发展社会组织、坚持党委和政府的领导与充分尊重群众创新探索等启示。

苏州大学马克思主义学院杨余春副教授认为，马克思主义存在着一个由时间、空间、人所组成的三位一体的结构。马克思主义的三个基本维度决定了马克思主义发展的三大方向，马克思主义时间维度决定了马克思主义必须随着时间的推移而不断发展，就是时代化；马克思主义空间维度就是要求马克思主义随着空间的拓展而不断发展，就是全球化；马克思主义人的维度就是马克思主义的大众化。

三　关于加强马克思主义青年学者队伍建设

祖国的未来属于青年，重视青年就是重视未来。加强青年马克思主义理论人才队伍建设是推进马克思主义发展的重要途径。

靳辉明教授认为，青年是我们国家未来的希望，也是马克思主义事业未来发展的希望。未来属于青年一代。青年社科理论工作者应该把发展和传播马克思主义哲学，提高我们民族的理论思维水平作为自己的神圣职责，为中华民族的崛起作出应有的贡献。为此，首先必须使自己具有坚实的马克思主义理论基础，掌握真正而非虚假的、深刻而不肤浅的哲学知识，培养自己的独立思考和科学创新能力。同时，作为真正的学者，不随波逐流，不为各种思潮所左右，不辜负历史的重任和人民的厚望。在新的形势下，更需要我们坚持、发展、研究、创新马克思主义。

邓纯东研究员认为，青年马克思主义学者要学习、研究、宣传马克思主义，要加大对习近平总书记系列重要讲话精神的研究；要联系马克思主义及整个哲学社会科学理论界研究和学术发展的实际，加强马克思主义在哲学社会科学研究工作中的指导地位，加强马克思主义在研究、教学工作中的指导地位；要加强对党和国家工作大局的学习、研究和宣传，用马克思主义中国化的成果分析问题，提出解决中国特色社会主义实践问题的思路和方案。

沈壮海教授认为，青年学者必须坚持以人民为中心的研究导向，具备为人民做学问的学术激情，培养立时代之潮头，通古今之变化，发思想之先声，为天地立心，为生民立命，为往圣继绝学，为万世开太平的学术勇气。特别是现在的青年学者在追求著作“等身”的同时更应思考如何“等心”，这就需要青年学者耐得住寂寞，禁得住诱惑，守得住底线，做大学问、真学问。具体讲，青年学者在学习马克思主义的过程中，要用马克思主义态度对待马克思主义问题，亮剑的过程中需要功底，要娓娓道来，不是把马克思语录一搬了事；要向经典作家学习，向马克思主义研究同行学习，学习经典作品，学习研究方法；要下足大气力、下足苦功夫，做到融会贯通，对马克思主义研究绝不能浅尝辄止。

更多的青年学者在小组讨论时阐述了自己的观点，与会者交流了思想，表现出强烈的问题意识、政治意识、学术意识和责任意识，进一步深化了对以习近平为总书记的党中央治国理政思想和实践的了解。

（原载《马克思主义研究》2016 年第 6 期）

21世纪社会主义：中国—俄罗斯—白俄罗斯—保加利亚国际学术论坛暨第三届中俄国际学术论坛综述

尚 伟

2016年6月13—22日，“21世纪社会主义：中国—俄罗斯—白俄罗斯—保加利亚国际学术论坛暨第三届中俄国际学术论坛”成功举办。6月14—20日，分别在白俄罗斯的明斯克、俄罗斯的圣彼得堡和莫斯科、保加利亚的索菲亚召开了四场国际学术论坛。明斯克和索菲亚的学术论坛主题是“21世纪的社会主义”，主要议题为21世纪的社会主义与中国和白俄罗斯的合作以及中国和保加利亚的合作；圣彼得堡和莫斯科的学术论坛主题是“中国和俄罗斯：建立公平与安全的世界秩序”以及“中俄的区域一体化方案：合作的问题与前景”。圣彼得堡国际学术论坛达百余人，其他三场国际学术论坛也达60余人。

一 总结20世纪世界社会主义运动的经验教训

白俄罗斯共产党中央第一书记、明斯克市委副书记伊戈尔·卡尔佩科认为，十月革命开创了社会主义的发展道路，在共产党的理论指导和领导下，实践证明了社会主义社会和共产主义社会的发展道路是正确的。当时提出苏维埃社会主义和共产主义两种理念。我们不断创造新的经济模式，促进了社会的发展。我们不能忘记马列主义。20多年来西方对我们宣传西方的价值观，但我们的价值方向与西方的价值方向很不同，我们国有体制保持很高的水平。

中国社会科学院马克思主义研究院党委书记、院长邓纯东研究员指出：我们要研究总结国际共产主义运动史的经验教训。苏联社会主义制度的垮台，对这样的对地缘政治有巨大影响的事件，需要认真总结研究。我们认为，以美国为首的西方对社会主义国家进行和平演变的战略，使苏联共产党慢慢地放松了治党，对苏联的演变起了重要作用。我们要吸取教训、汲取前车之鉴。《红旗文稿》杂志社社长兼总编李菱认为，苏联、东欧等社会主义国家都进行了卓有成效的社会主义革命和建设，只是后来改变了方向，偏离了社会主义道路，才导致了社会主义制度的改变。

保加利亚学者高度肯定了中国特色社会主义的成功，认为关键在于坚持了社会主义的基本原则和中国共产党的领导，而20多年前保加利亚巨变的深刻原因在于保加利亚共产党受到新自由主义的影响主动放弃了社会主义道路，保加利亚巨变导致了保加利亚经济社会发展长期处于停滞状态，对保加利亚人民生活带来严重影响，留下了惨痛的教训。保加利亚社会党议员、社会党执行局委员、社会党全国委员会思想和规划发展委员会主席瓦列里·扎布良诺夫博士认为，25 年前保加利亚按照西欧的模式改造国家，改变宪法，实行三权分立和市场经济建设等，成为欧洲资本主义的边缘体制，国家结构的竞争力较弱，对劳动者的保护也较弱。资本将原国有资产变为非国有资产，在一定程度上说，在欧盟有一定的竞争力，成为跨境企业的一部分，成为他们的发展战略之一，但没有考虑保加利亚自己的发展利益。保加利亚在 20 世纪上半叶，处于社会主义发展阶段，已经达到了很高水平，但现在经济已经有了衰落的状况，经济资源缺乏，现在大部分农产品都靠进口。因此，他强调，社会主义是保加利亚当今和未来的需要。

二 关于“21 世纪社会主义”

1. 中国特色社会主义道路的成功经验与理论阐释

参加四场国际学术论坛的外国专家学者对中国特色社会主义取得的成绩给予了高度赞扬，对中国特色社会主义道路给予了充分肯定。

白俄罗斯国立大学国际关系系主任维克多·沙杜尔斯基教授指出，中国从 1978 年开始实行改革开放。当时俄国学者批评中国的改革。而实际上，中国的政治经济体制都做得非常好，中国作出的贡献很重要。

俄罗斯科学院高级研究员 Л. И. 康德拉索娃介绍了她已经完成的关于中国发展道路的两本著作。第一部著作主要写中国在探寻自己的发展道路，并且找到了适合自己的发展道路。她高度赞扬了中国的发展道路，认为俄罗斯的改革模式可从中国学习和借鉴。第二部著作主要研究中国和谐发展之路。其观点得到了大多数俄罗斯学者的赞同。

中国的专家学者对中国特色社会主义理论和道路进行了充分的阐释。大连理工大学马克思主义学院院长洪晓楠教授认为，中国道路是根据中国的国情、特点、发展阶段等通向社会主义现代化的一条发展道路，中国道路是一条不同于西方资本主义传统发展模式的崭新道路。中国道路就是一条中国特色社会主义道路。

中国人民大学马克思主义学院院长郝立新教授认为，中国特色社会主义理论包含着丰富的社会发展理论。习近平提出创新发展、协调发展、绿色发展、开放发展、共享发展等五大发展理念，丰富和发展了中国特色社会主义的发展理论，是当代马克思主义中国化的最新理论成果。

郑州大学公共管理学院余丽教授认为，党的建设是实现中国大战略的根本保证，国内稳定和可持续发展是实现中国大战略的核心，坚持在和平共处五项原则的基础上同其他国家友好合作，是实现中国大战略的外部条件，反对各种形式的霸权主义和强权政治，维护国家主权、领土完整和各项正当权益，建设持久和平、共同繁荣的和谐世界，是实现中国大战略的最终目标。

中国必须坚持中国共产党的领导，必须坚持马克思主义的指导地位，必须走社会主义道路，而要在这个过程中不被和平演变，就必须坚守共产主义的意识形态这一人类道义上的制高点。

2. 展望 21 世纪的社会主义与中白、中保合作

与会学者围绕 21 世纪的社会主义发展道路、中国与白俄罗斯、中国与保加利亚的合作前景等议题展开了热烈而深入的探讨。

中白学者认为，探索对资本主义的替代方案仍然是21世纪的主题，在实践中各国需要根据国情探索自己的发展道路。白俄罗斯学者认为，中国道路的成功充分显示了社会主义的生命力，对21世纪社会主义的命运和发展前景产生了具有世界性意义的深远影响。

伊戈尔·卡尔佩科认为，21世纪的社会主义与现在的社会主义有些不同，但其内生的本质是相同的。2015年的石油危机影响了国际经济，现在还没有度过世界经济危机。美国为了获得更多的资源占领了伊拉克，利比亚战争、乌克兰危机对这些国家的经济造成损失，对世界也带来不好的影响。大家都明白，伊斯兰国对马克思主义、对世界造成的危险。我们要形成对抗极端主义的统一战线。他认为，全世界面临的挑战，都是资本主义造成的，将来会有许多国家走上社会主义道路。为此，要更深刻地研究以下问题：社会主义和全世界的平等制度，世界的能源保护，反对跨国公司的政策，价值观念问题，等等。

邓纯东指出：要坚定坚持社会主义价值观，白俄罗斯促进社会发展的经济措施，与我们坚持的中国特色社会主义有很多相似之处，我们的很多价值观相同，我们一起在推进社会主义建设和社会主义发展方面有互相学习和借鉴的必要。白俄罗斯发展经济和社会的许多政策方面都有社会主义的因素，对促进中国特色社会主义的理论研究很有益处。

维克多·沙杜尔斯基教授说，中白之间开办了许多共同项目如卫星、火箭等，按照一带一路政策兴建中国工业园区。2015年5月，习近平主席对我们国家进行了为期3天的友好访问，很关注白俄罗斯的发展。白俄罗斯也很关注中国的发展。

参加索菲亚论坛的中保学者一致认为，资本主义已经是一种衰落的制度，社会主义对世界来说是一种必然的选择，要对社会主义的未来充满信心，21世纪社会主义应该总结20世纪社会主义的经验教训，适应21世纪的新形势特别是第四次工业革命和信息革命的需要，把社会主义基本原则与各国具体实际结合起来，坚持社会主义的平等等基本价值观，有效发挥国家的作用，充分发挥各国人民的主体作用，加强全世界各国社会主义者和左翼进步力量的联系。

瓦列里·扎布良诺夫博士在“社会主义是保加利亚当今和未来的需要”的主题演讲中指出，欧洲面临政治转型和社会转型，这包括保加利亚在内，我们处在新的阶段，需要建立新的社会制度。保加利亚社会党的价值观与原来的一样，即社会、政治、经济的公平，实行政治民主体系。

中国社会科学院的潘金娥研究员，从“社会主义国家的变革：路径差异、理论创新与发展前景”等维度进行分析，认为中国、越南、老挝、古巴、朝鲜通过社会主义的不同发展道路，都取得了历史性进步，说明马克思关于社会主义发展道路具有多样性的观点至今依然具有现实意义。龚云研究员从坚持改革的社会主义方向，阐释了习近平总书记关于坚持改革的正确方向论述的重要意义。侯为民研究员认为，资本主义在全球的不平衡发展，决定社会主义替代方案在全球兴起的历史必然性。陈爱茹副研究员从资本主义认识的镜像扭曲与21世纪社会主义，深刻阐释了资本主义的必然灭亡与社会主义的必然胜利。

三 关于“中俄合作：建立公平与安全的世界秩序”

第三届中俄国际学术会议分别于6月15日和17日在俄罗斯的圣彼得堡和莫斯科召开。主题为“中国和俄罗斯：建立公平与安全的世界秩序”以及“中俄合作区域一体化的问题与前景”。

1. 建立公平与安全的世界秩序

俄意识形态创新中心院长巴里卡波拉波夫·谢尔盖·弗拉基米尔维奇在开幕致辞中说：“中俄合作很重要，可以成为世界格局中的重要一极。”“网络安全是信息安全的重要方面。中国和俄罗斯应该在各领域、各方面开展广泛的合作。

邓纯东指出，当今虽然是多极化的世界，但在关系地区和全球事务的重大问题上，美国、日本联手围堵中俄，手段肆无忌惮，目的路人皆知。中俄学者要清楚地看到这一点，我们要为国家的安全，提供建议，共同促进我们的安全利益。

《民族社会主义》国际出版社主编里阿伯娃·伊连娜·里瓦芙娜教授指出，中国和俄罗斯的合作，不仅要维护我们两个国家的安全，还要促进世界的公平正义。

莫斯科财经政法大学教授、俄罗斯科学院哲学研究所社会文化变更研究中心首席科学官柳德米拉·阿列克谢耶夫娜·布拉夫卡－布资卡琳娜在演讲中提出，什么是全世界合理的秩序？这就是要平等，即社会和文化的平等。每个国家都有自己的特征，都要保留，这就是平等。除了自己的权利要求，要照顾世界其他国家的要求。

安徽大学马克思主义学院执行院长吴学琴教授认为，公平与安全的世界秩序就是要尊重国家的制度。中国社科院马研院尚伟副研究员认为，习近平主席提出的正确的义利观，提倡人类命运共同体意识，这对维护世界和平，促进人类的可持续发展具有重要的意义。东北师范大学胡海波教授认为，正义是价值评价和追求的概念，公平是体制和事实的概念。要解决今天的世界秩序的公平，首先要有正义。正义是一束光，是通向光明的林中路。东北师范大学的李艳教授从中国文化的世界影响力视角，谈了中国文化历史悠久，正以独有的面貌为世界作出贡献。

2. 中俄广泛合作

俄罗斯科学院经济研究所新当选的所长叶列娜·列尼丘克代表经济研究所致辞。她高度评价了中国的发展成就，认为中国的发展对世界的和平和发展作出了重要贡献；当前条件下，需要中俄双方的共同合作，相互学习和借鉴，尤其是希望中方多介绍成功经验，同时为推进俄中两国合作作出贡献。俄方专家还先后就俄罗斯与中国的天然气管道合作、俄罗斯远东开发等话题在会上进行了发言，希望中俄在更广泛的领域进行合作，特别是要提高中俄的经贸交流与合作。

邓纯东和俄罗斯科学院经济研究所第一副所长米哈伊尔·格罗夫宁先后对本次论坛作了总结。双方一致认为，本次论坛尽管时间很短，但是中俄学者进行了非常有效的交流，增进了相互了解，双方希望今后在经济、政治、外交和文化等各个方面继续加强交流，为两国之间的合作提供更好的决策建议。

四　关于一带一路战略与中外合作

四场国际学术会议的与会学者，特别是外国学者充分肯定了中国的一带一路战略为促进国家间以及地区间的合作具有重要作用。

维克多·沙杜尔斯基教授在主旨发言中说："2015 年，习近平主席在联合国的演讲，提出了许多新理念、新主张，如双赢、包容性。中国的外交是创新的，符合逻辑的，互利共赢的政策给各国提供更多的发展机会，一带一路的一体化的发展计划有明确的发展目标。虽然白俄罗斯资源有限，但中白开展了友好的合作，如工业园区。"同时，他希望一带一路与欧亚一体化搞好协调、对接，避免发生矛盾。

中国和白俄罗斯与会学者一致认为，丝绸之路经济带的建设有利于中白两国摆脱发达国家主导的不平等国际贸易规则，有利于推动世界经贸规则的公平化和合理化，同时也为中国和白俄罗斯打开新的合作空间。两国学者应进一步加强学术交流，共同为中国白俄罗斯的合作提升作出贡献。

俄罗斯科学院经济研究所 С. П. 格里金娜高级研究员认为，新丝绸之路是一个新的构想，是一个值得推进的一体化的理念。在欧亚地区建立基础设施网络，使这里的国家参与其中。2015 年，丝绸之路经济带和欧亚联盟的对接已经完成，是一个非常庞大的经济体，也存在一个安全的维护机制问题。如果从多边的角度，在上合组织的框架下，很好地合作，这些问题都能解决。

（原载《马克思主义研究》2016 年第 8 期）

“全面建成小康社会与党的治藏方略”学术研讨会综述

苑秀丽　尼玛次仁

2016年6月24—27日，由中国社科院马研院、西藏大学、西藏高校思想政治工作研究会联合主办，西藏高校思想政治理论课教学指导委员会、中国社科院马研院原理部、西藏大学思想政治理论教学部共同承办的“全面建成小康社会与党的治藏方略”学术研讨会在拉萨市隆重召开。西藏自治区人大常委会副主任、西藏大学党委书记尼玛次仁，西藏大学党委副书记、校长纪建洲，中国社科院马研院副院长樊建新，中国社科院马研院原理部主任余斌，西藏自治区党委宣传部副部长丁勇，西藏自治区教育厅副厅长娄源冰，西藏自治区党校副校长房玉国，拉萨市委党校副校长王桂胜，《思想理论教育导刊》副主编刘书林，宁波市社科院巡视员李建国出席开幕式。此次研讨会受到《马克思主义研究》《国际思想评论》的支持。来自中国社科院、西藏大学、清华大学、北京大学、中国人民大学、中央编译局等50多所高校、研究机构的百余名专家学者参加了此次学术研讨会。会议开幕式由西藏大学副校长张兴堂主持，纪建洲、樊建新致开幕词。本次研讨会主要围绕以下主题进行了探讨。

一　关于全面建成小康社会的探讨

2016年5月17日，习近平总书记主持召开哲学社会科学工作座谈会并做了重要讲话。与会学者纷纷表示，在全面建成小康社会进入决胜阶段之际，深刻领会和贯彻落实习近平总书记在哲学社会科学工作座谈会上的重要讲话精神具有十分重大的现实意义和深远的历史意义。与会者表示，在坚持和发展中国特色社会主义的进程中，哲学社会科学具有不可替代的重要地位，哲学社会科学工作者具有不可替代的重要作用。广大哲学社会科学工作者有责任深入研究和回答国家和地区发展面临的重大理论和实践问题，不辜负党和人民的期待。

樊建新指出，习近平总书记在哲学社会科学工作座谈会上提出，“坚持以马克思主义为指导，是当代中国哲学社会科学区别于其他哲学社会科学的根本标志”，必须旗帜鲜明加以坚持。这就鲜明地昭示了当代中国哲学社会科学的性质，即坚持以马克思主义为指导，坚持为人民服务、为社会主义服务方向，坚持百花齐放、百家争鸣，担负着为党和人民述学立论、建言献策的光荣使命。他同时指出，构建具有中国特色、中国风格、中国气派的哲学社会科学，要防止把马克思主义边缘化、空泛化、标签化。西藏大学思政部的扎西书记认为，对于西藏这个边疆民族地区来说，重视哲学社会科学工作尤为关键。西藏的区情特殊，长期处于意识形态斗争的风口浪尖，牢牢把握住意识形态工作的主动权、话语权尤为重要、尤为紧迫。他表示，西藏大学在教学中，始终坚持以马克思主义为指导，把握哲学社会科学的正确方向，以马克思主义牢牢占领课堂阵地、校园文化阵地、网络阵地，培养社会主义的合格建设者、接班人，为西藏的稳定繁荣发挥了重要作用。哲学社会科学工作能否在西藏地区取得重大进展，对于能否贯彻好党的治藏方略以及西藏全面建成小康社会有着重大的意义。

刘书林教授强调了在全面建成小康社会的决胜阶段坚持共产主义远大理想的重要意义。他说，在社会主义初级阶段，必须坚定不移地高举共产主义的旗帜，而绝不能放弃这个旗帜。这个阶段既不能好高骛远、不切实际，也不能丢掉共产主义思想的指导，丧失方向和灵魂。他还指出，历史和现实都告诉我们，处在社会主义初级阶段，要全力为现阶段目标而奋斗，但如果丢失共产主义远大理想，就会迷失方向，变成功利主义、实用主义、修正主义。

赣南师范大学的张文标和夏静雷老师认为，理解领会和整体把握全面建成小康社会的科学内涵，具有非常重要的理论价值与实践意义。如期全面建成小康社会的战略目标，彰显中国特色社会主义的制度优越性，可以极大增强党的凝聚力、向心力，夯实中华民族伟大复兴的坚实基础。实现全面建成小康社会的奋斗目标，就要协调推进“四个全面”战略布局，以全面深化改革破解深层次矛盾问题，以全面依法治国确保现代化建设有序进行，以全面从严治党确保领导力量和依靠力量，共同绘就全面建成小康的社会宏图。

中国社科院马研院刘志明研究员指出，党的十八大以来，以习近平同志为总书记的党中央，认真聆听时代的声音，积极回应时代的呼唤，坚持以问题为牵引，坚持用联系的发展的眼光看问题，分清本质和现象、主流和支流，致力于提出解决我国发展和我们党执政面临的重大而紧迫的问题的正确思路和有效办法，推动中国特色社会主义理论、实践和制度创新，谱写了治国理政的精彩篇章。

中国社科院马研院陈人江助理研究员认为，促进国家治理体系的完善和治理能力的提升，必然要正视和解决市场经济条件下治理的私人性发展趋势。为此，必须保持国家对私人资本的有力约束和突出国家治理的人民主体性。她认为，我国 30 多年来的市场经济实践不可避免地改变了国家原本的政治经济生态。市场经济打破了计划经济时代的国家权力高度集中，自上而下严格的层级管理和控制制度得以松动，产生了个人利益的分化和多元化，为基于私人利益的活动提供了越来越大的空间，与此同时，伴随着自身经济实力的壮大，从改革开放中获益崛起的新的利益群体也提出了政治上发展的需求，从而导致公共管理机制开始出现一定的私人性问题。从宏观的治理层面上看，国家权力虽然总体上还约束着资本，但不得不承认，公共权力运行的具体过程中，也产生了由公共权力与私人资本结合而成的利益群体，虽规模不大且未制度化，但影响不可小觑。在当前促进国家治理体系和治理能力现代化，全面建成小康社会的决胜阶段，陈人江的这一思考值得重视。

二　关于党的治藏方略

与会学者认为，在党领导西藏各族人民进行社会主义革命和建设的伟大实践中，党的治藏方略也不断发展成熟。习近平总书记在继承毛泽东、邓小平、江泽民和胡锦涛等党和国家领导人的治藏战略思想的基础上，根据新的形势和任务的发展，站在时代和全局的高度上提出了新时期我们党的治藏方略。习近平总书记提出：必须坚持中国共产党领导，坚持社会主义制度，坚持民族区域自治制度；必须坚持“治国必治边、治边先稳藏”的战略思想，坚持依法治藏、富民兴藏、长期建藏、凝聚人心、夯实基础的重要原则。这是我们党60多年治藏思想的总结，凝聚了我们党的治藏思想和经验。

樊建新指出，如何贯彻落实好党的治藏方略，是事关党治国理政全局的重大理论和现实课题。在西藏全面建成小康社会，让改革发展稳定的成果惠及西藏各族人民，不断推进西藏地区经济社会持续健康发展，是实现党中央“治国必治边、治边先稳藏”战略思想的重要内容。纪建洲表示，以习近平为总书记的党中央创造性地继承和发展了党的治藏方略，为全力推进西藏经济社会持续发展和长治久安，全面建成小康社会指明了方向，开辟了我们党治藏方略的新纪元。

解放军装备学院的曾令勋教授指出，习近平总书记站在时代和全局的高度，科学分析了西藏和四省藏区工作面临的形势和任务，就实现西藏和四省藏区的全面小康与长治久安做出了战略性的部署，鲜明地提出了新的历史条件下党的治藏方略。这一方略闪耀着马克思主义的时代光芒，是推进西藏和四省藏区经济社会发展和长治久安，如期全面建成小康社会，奋力谱写中华民族伟大复兴中国梦的西藏新篇章的科学指南，为实现西藏和四省藏区长足发展指明了方向和路径。

西藏社科院的王文令提出，党中央第六次西藏工作座谈会强调不断增进各族人民对伟大祖国的认同、对中华民族的认同、对中华文化的认同、对中国共产党的认同、对中国特色社会主义道路的认同，“五个认同”是新形势下针对西藏的民族关系与民族工作现状提出的，这一民族理论的提出对促进西藏的和谐稳定与发展具有较强的推动作用。“五个认同”是党中央在深入分析新形势下西藏民族关系和民族工作的基础上提出的，这不仅是民族团结和谐发展的内核，也是推动各民族共同繁荣与发展的有效途径。

中国社科院马研院陈亚联副研究员指出，价值观认同是文化认同的核心，是维系和巩固民族共同体最恒久的因素。加强中华民族大团结，长远和根本的是增强文化认同，其中最基础、最核心的是增强价值观认同。以马克思主义为指导，由中华民族传统文化涵养的社会主义核心价值观是当代中华民族共同体的价值观基础。

中国社科院马研院张伟在题为“试论公有制经济组织在边疆民族地区稳定中的作用”的发言中指出，发展公有制经济组织是加强边疆民族地区党的领导的根本保证，是缩小民族差距的根本途径，是实现各民族文化交流与融合的组织基础。在边疆民族地区，公有制经济组织对边疆稳定具有特殊重要性，不能将其视为单纯的经济组织，在边疆地区应当旗帜鲜明地发展，并将发展公有制经济作为边疆地区长治久安的战略性举措，恢复公有制经济的数量和规模，使其在边疆经济中占据绝对优势地位，从而使其在边疆稳定中的基础性作用能够充分地得到发挥。

与会学者们还围绕毛泽东治藏统战方略的历史启示、中国共产党治藏方略的探索与发展等问题展开了探讨。学者们表示，边疆民族地区关涉到民族团结、国家统一等国家的最核心利益，是一个带有全局性、根本性和战略性的问题。因此，我们党历来高度重视西藏工作。湖南科技大学谢忠认为，从西藏和平解放到走上社会主义道路的多次历史巨变中，毛泽东治藏统一战线方略发挥了不可替代的特殊重要作用。一些研究者也指出，西藏工作关系党和国家工作大局。在当前全面建成小康社会的攻坚时期，在西藏这个反分裂反渗透的前沿阵地，维护和谐与稳定始终是一项重要工作，必须在实践中坚决贯彻落实习近平总书记提出的“治国必治边，治边先稳藏”重要战略，坚持依法治藏、富民兴藏、长期建藏、凝聚人心、夯实基础的重要原则。

在短短两天的会议中，来自西藏及全国各地的学者们交流观点，探讨问题，碰撞思想。与会者纷纷表示，在全面建成小康社会进入决胜阶段之际，这次会议学习研讨习近平总书记在哲学社会科学工作座谈会上的讲话精神，学习研讨以习近平同志为总书记的党中央治国理政新思想新实践，包括党的治边稳边的新思想新战略，很有现实意义，收获丰富。

（原载《马克思主义研究》2016 年第 8 期）

深化国外马克思主义研究 促进马克思主义中国化发展

——第三届全国国外马克思主义研究论坛综述

冯　锋

为了进一步推进国外马克思主义研究、教学和学科建设工作，全面追踪国外马克思主义研究的最新进展和前沿动态，“第三届国外马克思主义研究论坛”于2016年6月25日在山东济南召开。论坛围绕“国外马克思主义研究的意义与方法、国外马克思主义政治理论、国外马克思主义思想史等问题”进行研讨，来自全国多家研究机构和高校的80余位专家学者出席了本次论坛。

一　国外马克思主义研究的重大意义及方法

中国社会科学院马克思主义研究院院长、党委书记邓纯东在讲话中指出，深入研究国外马克思主义，必须以习近平总书记的系列讲话特别是5·17重要讲话精神为指导，具体讲要做到以下四点：第一，要用马克思主义的立场、方法和观点研究国外马克思主义，因为这关系到研究的价值取向，不能“研究什么信什么”“研究什么崇拜什么”，研究的结果要有利于我们坚持和发展中国特色社会主义。第二，国外马克思主义的研究要服务党和国家的工作大局，要有益于中国特色社会主义理论的创新和发展，要多联系中国社会主义现代化建设的现实问题，致力于推动社会进步和造福人民。第三，要加强与国外相关领域学者、学术机构的联系，特别是要注意与他们联合攻关研究课题，要在课题合作中发出我们的声音，不断扩大我们学术成果的国际影响力。第四，要加强宣传推介工作，把我们的相关研究成果及时宣传开来、推介出去，澄清人们对国外马克思主义的错误认识，提升人们科学评判和鉴别研究成果的能力，避免人们因对国外马克思主义认识的错误理解而产生不良影响。

山东省社会科学院党委书记唐洲雁指出，加强国外马克思主义研究对推动马克思主义理论的创新发展非常重要。国外马克思主义100多年的理论发展，其重视文本的研究方法、关注现实的研究指向、以人为本的价值关怀、自始至终的批判精神，对我国马克思主义理论的创新与发展，具有重要的借鉴意义和参考价值。马克思主义中国化理论的不断创新与发展，比如，社会主义生态文明理论的提出、“中国梦”战略目标的确立、社会主义现代化理论的发展、社会主义核心价值观的确立以及“五大建设”总体布局和“五大发展理念”的提出，都是我们既把马克思主义与中国实际相结合，又大胆借鉴国外马克思主义发展成果的结果。因此，我们推进当代中国的马克思主义发展，进而推动21世纪的马克思主义走向世界，必须时刻关注深入研究国外马克思主义的发展，充分借鉴吸收国外马克思主义研究的优秀成果。

中国社会科学院马研院国外部主任冯颜利认为，构建中国特色哲学社会科学，提升国家文化软实力，必须在坚持与发展马克思主义理论的基础上，不断深化国外马克思主义的研究。要深化国外马克思主义研究，必须注重国外马克思主义研究的方法论问题。他倡导“一体两翼”深化国外马克思主义研究的原则，既立足于把握国外马克思主义研究的最新发展成果，又要加强对中国现实问题的关注与研究，并加强对马克思主义经典著作的学习与把握。

二　国外马克思主义政治理论问题研究

山东大学崔桂田分析了越南共产党党规党纪建设态势和经验。他认为，越南共产党的党纪党规建设是在“四个结合”中推进的，即与党的“整顿运动”“以胡志明为道德榜样而工作和生活”教育运动、发扬党内民主、社会主义法权国家建设相结合。越南共产党的党规党纪建设有着自己的特色，也取得了初步成效，目前正在向着党规党纪建设的科学化、体制化、具体化和有效化发展，有许多经验值得借鉴。

中共中央编译局冯旺舟关注了伍德的政治马克思主义理论，认为伍德作为政治马克思主义的主要创始人，从资本主义、民主、阶级政治等维度深刻揭示了全球化的实质，凸显了民族国家在全球化时代的重要性，为我们正确理解资本主义及其全球化、对中国更好地参与全球化进程提供了重要的理论启示。

河北大学冯燕芳研究了战后西方后马克思主义的两位典型代表——拉克劳和墨菲的相关理论。她认为，拉克劳和墨菲的理论建构和对马克思主义的批评、解构都是出自新社会运动的需要，他们是从新社会运动走向激进民主、走向后马克思主义的。尽管拉克劳和墨菲为将新社会运动理论化作出了种种努力，但理论基础不可靠、理论规划不完整。

天津大学刘明明研究了亚历克斯·卡利尼科斯的阶级观，认为卡利尼科斯的阶级观重申了工人阶级不可替代的革命作用，肯定了其在社会制度更替中的核心角色，坚持和发展了马克思主义的阶级理论，也证明了马克思主义阶级观的现实解释力，有力回击了抹黑工人阶级革命性的错误论点。

河海大学曹芸分析了西方“列宁学”研究代表人物尼尔·哈丁对列宁主义的批判及反批判理论。她认为，虽然尼尔·哈丁在评价列宁及其思想时表现出来的仍然是资产阶级学者固有的立场、态度以及无法摆脱的西方中心论视域。我们在吸收哈丁富有新意的理论见解时，也必须辨别他的政治立场和理论前提，避免陷入他所构建的“列宁主义”。

湖南大学刘近驳斥了国内外有些学者关于葛兰西与列宁思想关系对立论的主张。他认为，这种对立论的实质在于把灌输理论和文化领导权理论加以割裂。葛兰西非但没有反对列宁及其灌输理论，反而努力与列宁在思想和行动上保持一致。他关于灌输问题的理论思考就是最有力的证明。因此，葛兰西无疑是一位“列宁主义者”。

三 国外马克思主义思想史问题研究

中国社会科学院赵斌认为，西方马克思主义创始人开辟了一条不同于正统马克思主义的研究路径，只有对其产生的言说语境进行全面、细致和深刻的梳理，才能掌握其思想形成的时代性，进而科学、准确挖掘其对建设21世纪的马克思主义和中国特色社会主义理论创新的意义。

华东师范大学夏玉凡从知识社会学的视角，对20世纪40年代至70年代美国马克思主义消费不足论的发展进行了梳理，分析了斯维奇、巴兰、吉尔曼和佩罗四人对马克思消费不足论的贡献，并对其相关著作进行了细致考察。

南京政治学院徐军基于发展史的视角，对第二国际理论家历史唯物主义观的若干问题进行了研究分析。他认为，在视野、原则和方法等元理论问题上搭建好基础性平台，是客观、准确、全面和系统地评价第二国际特别是历史唯物主义研究的重要问题，也是呈现一个客观、真实的马克思主义发展史进程和思想史发展阶段的根本目的。

天津理工大学张静分析了俄国布朗基主义的代表人物——彼·尼·特卡乔夫思想与马克思主义的逻辑关系。她认为，特卡乔夫与马克思、恩格斯、普列汉诺夫、列宁都有着直接或间接的思想关系，具体表现在三个方面：一是他是最早接受、发展和运用马克思主义的俄国革命家之一；二是他与恩格斯、普列汉诺夫的论争在马克思主义发展史上具有重要的历史意义；三是列宁对他的思想进行了辩证吸收。

四 国外马克思主义哲学领域问题研究

中央民族大学王文东分析了苏联解体后俄罗斯伦理学与苏联马克思主义伦理学的继承发展关系，论证了在传统主流的马克思主义理论土壤中生长起来的俄罗斯伦理学一定程度上依然保留了马克思主义传统。

兰州大学范锦梅认为，作为“结构马克思主义”的奠基人，阿尔都塞建构的“多元决定论”思想对于马克思的辩证法解读尽管存在过于绝对化的偏颇之处，然而其在遵循唯物主义和辩证法思维的基础上作出的积极而富有创造性的思想探索对我们今天坚持和发展马克思主义，使马克思主义不断丰富不断完善依然具有十分重要的借鉴意义。

东南大学孟飞研究了奥地利马克思主义哲学产生的背景、基本观念及其批判。他认为，奥地利马克思主义选择了中派主义的理论架构，所以在哲学上强调调和，推崇用新思潮来补充或嫁接马克思主义的基本原理。其代表人物麦克斯·阿德勒、弗里德里希·阿德勒的理论研究不仅没有完成对旧哲学的批判，甚至把马克思主义的要义篡改得面目全非。

本次论坛还对生态学马克思主义与有机马克思主义等进行了研讨。

本次论坛由中国社会科学院马克思主义研究院、山东省社会科学院联合主办，中国社会科学院马研院国外部、山东省社会科学院马克思主义研究中心承办，《马克思主义研究》《中国社会科学报》《社会科学报》与山东齐鲁网等单位协办。

（原载《马克思主义研究》2016年第8期）

“2016 年全国思想政治教育学术研讨会”综述

朱　燕

党的十八大以来，习近平总书记多次强调要学习好马克思主义理论，这对于推动全党学习和掌握历史唯物主义基本原理和方法论，自觉认识和更好遵循经济发展规律，客观和科学认识我国改革和开放的具体实践具有重要指导意义。为进一步推进马克思主义理论的学习教育，2016 年 7 月 22—24 日，由中国社科院马研院、东北师范大学联合主办，中国社科院马研院原理部、东北师范大学马克思主义学部共同承办，《马克思主义研究》《思想理论教育研究》和《东北师范大学学报》编辑部协办的“2016 年全国思想政治教育学术研讨会”在吉林省长春市隆重召开。来自全国 150 多个单位的 170 余名专家学者参加了此次学术研讨会。东北师范大学党委书记杨晓慧教授，中国社科院马研院党委书记、院长邓纯东研究员先后在研讨会上致辞。东北师范大学马克思主义学部部长庞立生教授主持开幕式。海南省社科联主席、海南师范大学马克思主义学院赵康太教授，北京师范大学马克思主义学院院长王树荫教授，中国社科院马研院原理部主任余斌研究员，东北师范大学社会科学处处长王占仁教授分别做了主题报告。

与会学者重点就以下问题发表了见解。

一　落实总书记重要指示精神，帮助青年学生树立坚定的理想信念

邓纯东强调，习近平总书记在庆祝中国共产党成立 95 周年大会上的讲话指出，坚持不忘初心、继续前进，就要牢记我们党从成立起就把为共产主义、社会主义而奋斗确定为自己的纲领，坚定共产主义远大理想和中国特色社会主义共同理想，不断把为崇高理想奋斗的伟大实践推向前进。理想信念动摇是最危险的动摇，理想信念滑坡是最危险的滑坡。一个政党的衰落，往往从理想信念的丧失或缺失开始。我们要把理想信念教育作为思想建设的战略任务，保持全党在理想追求上的政治定力，自觉做共产主义远大理想和中国特色社会主义共同理想的坚定信仰者、忠实实践者，在全面建成小康社会、实现中华民族伟大复兴的历史进程中充分发挥先锋模范作用。思想政治教育研究和教育工作者，要充分认识到在当前形势下，以及在今后很长的一段时期内，思想政治教育最重要、最崇高的使命，就是落实好总书记的重要指示精神，帮助广大青年学生树立崇高、坚定的理想信念。

二　马克思主义理论与思想政治教育基本原理研究

赵康太认为，“全球化”为马克思主义和马克思主义研究开辟了新的领域，在马克思主义理论研究中引入比较研究法具有重要意义。比较马克思主义研究是马克思主义基本原理、马克思主义发展史、思想政治教育、中国近现代史基本问题研究，特别是马克思主义中国化研究和国外马克思主义研究的学科汇集。在马克思主义理论研究中引入比较研究法，可以更深入认识和把握马克思主义的本质和规律，为中国化的马克思主义发展和创新提供经验和教训；可以促进中国化的马克思主义研究与国际学界的对话，增强当代中国哲学社会科学的国际话语体系建设；可以助推马克思主义理论学科的学科化建设，对于马克思主义理论研究和建设工程也具有重要意义；可以更准确把握马克思主义教育的本质和规律，全面加强马克思主义理论教育的主渠道和主阵地建设。

浙江工商大学何丽野认为，“历史性”是马克思主义整体性的一个重要特征。马克思的“物质历史观”及其意义并不仅仅是物质范畴的问题，而且关系马克思全部理论的切入点和前提。从马克思和恩格斯思想的发展过程来看，从国内外马克思主义与反马克思主义的斗争来看，“历史性”可以视为马克思主义整体性的一个重要特征——它既是马克思主义理论区别于其他理论的特点，也是其内部不同组成部分逻辑联结的纽带，而且它还是马克思主义与反马克思主义斗争的焦点所在。

华东理工大学王荣发认为，理解人的本质、人的需要和追求，才能理解人的思想问题，把握思想政治教育工作的内在依据。人的自然性、精神性和社会性构成了人的不同层次的本质，由此决定了人的客观需要和实践追求。正是在这些需求、要求、追求中，产生了人们的各种思想问题，需要我们去解决。思想政治教育工作要坚持历史唯物主义的立场，从社会存在、历史发展和实践活动出发来研究人，正确理解人的本质、需要和人的价值，在教育引导人的同时，把鼓舞激励人的发展作为自己的价值追求。

三　马克思主义理论与思想政治教育学科建设研究

王树荫认为，任何一个学科的边界不能无限制扩张和延展，内涵的确定性和外延的有限性是一个学科的基本规范和要求。学科的内涵必须是明确的，外延应该是确定的；没有也不该有广义和狭义之说。同理，没有也不该有交叉学科之说。所谓“交叉学科”只是学科交叉，又称跨学科、科际整合、跨领域研究，是指两个或多个学科相互合作，在同一个目标下进行学术活动。思想政治教育学科建设需要借鉴其他学科的方法、概念、理论，但思想政治教育学科自身的边界应该是确定和明确的。

成都电子科技大学吴满意认为，近年来，国内学界对网络思想政治教育的研究一直在稳步推进，研究成果数量迅速增长。然而，一个不争的事实是，网络思想政治教育研究的重复化现象比较严重，开拓性研究成果比较少，网络思想政治教育学科建设缓慢。其中学界关于网络思想政治教育的研究路向存在“范畴论”“工具论”“线上论”“主体存在方式论”等几个维度。审视这些研究路向，不难发现，当前网络思想政治教育研究存在对学科构建缺乏整体把握、对元问题缺乏深入分析、研究范式仍停留在传统层面、对理论之于实践操作方面反刍的难以把握等问题。

东北师范大学康秀云认为，学科建设和专业发展的根本在于培养人才。当前马克思主义理论学科在人才培养方面取得了长足发展，凸显了办学依托单位、人才培养方案、人才培养模式的多元化特色。然而仍然存在着生源不甚理想、资源整合欠佳、就业口径单一等问题。应对挑战，做强思想政治教育专业夯基础，开办马克思主义理论新本科蓄力量，探索多元录取和培养方式保质量，整合优质资源成合力，能够保证实现人才培养和学科建设的接续发展。

王占仁认为，中国共产党思想政治教育的产生和发展过程深刻体现了应用传统，应用性是思想政治教育学科区别于马克思主义理论一级学科下其他二级学科的重要属性，当前的研究主要呈现出以学科导向为主的理论性研究和以问题导向为主的应用性研究，如何促进理论与应用从“两极”走向“中介”，形成理论与实践的衔接互动，是当前学科建设面临的重难点课题。

四　马克思主义理论与思想政治教育实践研究

余斌认为，马克思主义是以马克思在恩格斯的辅助下最终发现的关于自然、社会和思维发展的一般规律，尤其是以唯物史观、唯物辩证法和剩余价值理论为指导，以组织无产阶级夺取政权和进行社会主义建设为手段，以消灭阶级和实现人类解放为目标，实现生产力高度发达和每个人都全面发展的自由人联合体的共产主义社会的科学体系及其实践活动。我们要以此进行完整的马克思主义理论教育。“系统地而不是零碎地、实际地而不是空洞地学会了马克思列宁主义”应当成为高校马克思主义理论教育者的门槛。

中国社科院马研院李春华认为，要卓有成效地进行马克思主义理论教育，需要解决几个前提性问题。一是澄清对马克思主义的各种误读：明确马克思主义理论教育的基本内容，即搞清楚究竟什么是马克思主义。二是破解马克思主义理论教育的“休谟难题”：既然从事实判断难以得出价值结论，那么科学内容的教育如何培育出价值目标？马克思主义教育是以马克思主义科学理论为内容的教育活动。三是拨开笼罩在马克思主义理论教育上的诸如“过时论”“失败论”“异化论”等思想迷雾。解决好这三大问题，我们的马克思主义理论教育必定会往前推进一大步。

武汉大学杨军认为，当前思政课教学实效性受到多元社会思潮发展蔓延的制约。这表现为错误思潮对社会主义意识形态的否定、歪曲和解构，破坏了社会主义意识形态的形象；社会思潮对社会思想环境的改造，造成阻挠、破坏社会主义意识形态传播、认同的思想氛围；社会思潮影响大学生对思政课的认识与态度，也对思政课教学产生干扰。因此，应将思政课实效性置于当下社会环境，尤其是思想环境之中来考量，以大思想政治教育的理念、社会化的途径和高校内外多种力量构成的合力来破解社会思潮的制约。

新疆财经大学闫国疆认为，学校是培养合格社会主义接班人与建设者的主阵地，信仰教育是国家治理的铸根塑魂之举。中国道路的顺利前行和人民幸福、国家强大、民族复兴的中国梦的实现需要良好的信仰教育引导广大人民群众认同、接受并积极践行党与国家的理想信念，形成全国上下携手并进的巨大合力和个人自觉的“五个认同”。边疆稳定和国家认同需要良好的信仰教育铸根塑魂。

中国社科院马研院侯为民认为，思想政治教育本身具有跨学科的内涵与特征。在政治经济学教育中，同样存在着思想政治的灌输与植入功能。政治经济学本身不是一种意识形态，但其具有鲜明的意识形态指向。经济学教育的思想政治功能更多地是以隐性的形式发生引导和教育作用。主要体现在以下几个方面：一是教材与教学内容的取舍和使用，二是理论前提假设的植入和展开，三是经济学相关术语的针对性运用。掌握意识形态领导权，需要重视政治经济学教育中的隐性话语权。

西南大学王永友认为，科学的研究生思想政治理论课教学话语体系是实现从教材体系向教学体系有效转化、促进知识体系向信仰体系有效转化的前提条件。当前，研究生思想政治理论课教学面临学生“不信”“不懂”“不学”的困境，存在“重”政治话语“轻”科学话语、“重”理论话语“轻”现实话语、“重”研究话语“轻”大众话语的失衡现象，必须构建科学话语、现实话语、大众话语“三位一体”的教学话语体系。

（原载《马克思主义研究》2016 年第 9 期）

“五大发展理念”与当代中国发展
——“第八届中国特色社会主义论坛”综述

王海滨

2016年是“十三五”规划开局之年，正值举国上下深入贯彻落实“五大发展理念”以推进当代中国发展之际，中央党校马克思主义学院、中国马克思主义研究基金会和浙江省委党校于2016年7月23—24日在浙江杭州联合主办以“‘五大发展理念’与当代中国发展”为主题的“第八届中国特色社会主义论坛”。来自全国党校系统、中央编译局、北京大学、中国人民大学、复旦大学、武汉大学、山东大学等机构的百余位专家学者围绕论坛主题进行了研讨和交流。

中共中央党校校委委员、组织部长黄宪起受中共中央党校常务副校长兼马克思主义学院院长、中国马克思主义研究基金会理事长何毅亭的委托出席论坛并致辞。浙江省委党校常务副校长陆发桃为大会致辞。中央党校马克思主义学院执行院长刘海涛及来自全国各地的专家学者季正聚、郭建宁、郝立新、周为民、高国希、王联辉、王国平等共26人做大会发言。中共中央党校马克思主义学院副院长陈江生、牛先锋，中国马克思主义研究基金会秘书长张琳，《理论视野》主编周炳成分别主持了四个阶段的专家发言。刘海涛做论坛总结。本届论坛的发言和讨论主要集中于以下三大问题。

一　“五大发展理念”的提出背景、基本内涵和重要意义

关于“五大发展理念”的提出背景。有的学者认为，当代中国发展的主题是作为最高纲领的共产主义、最低纲领的实现现代化与作为现阶段奋斗目标的全面建成小康社会这三者的统一，要发展，就得有科学的指导思想，就得有新的发展理念，这就是创新、协调、绿色、开放、共享的五大发展理念。有的学者认为，中国的道路需要中国式创新，我们的发展到了新常态，新常态要有新作为，新作为要有新理念，“五大发展理念”由此应运而生。还有的学者认为，“五大发展理念”简称“新发展观”。从理论定位上看，新发展观是在唯物史观、科学社会主义发展理论等基础上建立起来的关于当代中国社会发展规律和发展问题的理论；从历史定位上看，它是发展观的新阶段；从现实定位上，它回应几个重大问题，如传统与现代、市场与政府、先富与共富等。大家一致认为，“五大发展理念”体现了深刻自觉的问题导向、目标牵引和补齐短板。

关于“五大发展理念”的基本内涵和精神实质。有的学者认为，习近平总书记没有对“五大发展理念”的精神实质本身做一个明确的描述，这给我们留下了很大的研究空间。我们可以将它概括为一句话，新发展理念的精神实质是要破解发展难题，增强发展动力，厚植发展优势，为继续实现富起来、强起来开拓新的发展路子。有的学者认

为，现代发展理念是追求真善美的的理念，“五大发展理念”正是对现代发展理念和现代发展思维的深刻洞悉和把握，也是现代发展理念的一个具体体现。

对于“五大发展理念”中的“创新”，有的学者认为，从最本质的意义上说，创新就是熊彼特所说的创造性的毁灭，就是用全新的东西淘汰了旧的，也就是说要创造新的供给，从而创造新的需求。有的学者认为，从社会主义的发展史来看，社会主义本身就意味着一种创新的理念，社会主义诞生就是一种先进理念的产物，社会主义理念是社会主义理论的内核和精髓，中国特色社会主义本身就是进行不断的理论创新和实践创新的一个产物。关于“五大发展理念”中的“绿色”。有的学者认为，它是一种生态发展的理念，它的内涵无外乎是在生态环境容量和资源的承载能力的制约下，通过保护自然环境来实现可持续发展，这是一种新型的发展模式。按此要求，我们在理念上要倡导生态价值观和生态伦理观，在生产过程当中实行以生态技术为支撑的绿色生产，在生活方式上推行以低碳为基础的绿色消费。对于“五大发展理念”中的“开放”。有的学者认为，开放发展是一种政策性的发展理念，其背后还有更高的至少三个理念：第一是人类命运或利益共同体的理念，第二是人类文明平等交流、包容互鉴的理念，第三是正确处理或正确对待社会主义与资本主义关系的理念。关于“五大发展理念”中的“共享”。有的学者认为，共享是中国特色社会主义的本质要求，共享发展注重解决的是社会公平正义，所以，让广大人民群众共享改革发展成果是社会主义的本质要求，也是社会主义制度优越性的集中体现，还是我们党根本宗旨的重要体现。此外，还有的学者认为“五大发展理念”具有超越性、文明性和科学性等三大特性。

关于“五大发展理念”的重要意义。有的学者认为，“五大发展理念”创造性地回答了新的历史条件下，我们要实现什么样的发展，如何实现发展的重大问题，是我们党的发展理论的又一次重大创新，是我国经济社会发展必须长期坚持的基本遵循。深入研究我们党提出的新发展理念，深刻理解新发展理念对于当代中国发展的决定性意义，是马克思主义理论研究的重要生长点。有的学者认为，“五大发展理念”凸显了战略意识、破题意识、整体意识、底线意识和公正意识。有的学者认为，“五大发展理念”一是新在它是跨越中等收入陷阱，实现转型发展的中国方案，二是新在它对于马克思主义的新发展，对于世界文明的新贡献。还有的学者认为，“五大发展理念”是对马克思主义发展观的继承与创新，反映了我们党对于发展问题的新认识。另有学者认为，“五大发展理念”从实践意义上而言，它是对我国在快速发展进程当中面临的新矛盾、新挑战的积极回应，是着眼于长远发展的行动先导，体现了时代进步的要求；从理论意义上而言，深化了对三大规律的认识，体现了对发展规律的科学遵循。

二 “五大发展理念”的内在关系和外在关系

“五大发展理念”之间的内在关系。有学者认为，“五大发展理念”是一个体系，这五个方面的要求是五个方面的目标，但是各有侧重。“五大发展理念”是一个整体，相互制约，不能掰开来讲，掰开某一个发展来讲。如果离开与其他的发展理念的联系，单打一地强调一个理念，它就不能实现。还有学者认为，“五大发展理念”有内在的逻辑结构，起点是创新，创新要摆在核心位置，所有的工作都要贯穿创新，终点是人民利益的实现，这是目的；中间的三个理念是一个过程，没有协调，特别是区域之间的协调发展，就不可能有绿色，在此基础上必须开放。

“五大发展理念”与科学发展观。有的学者认为，“五大发展理念”的中间三个理念即协调、绿色和开放，科学发展观里面都有所包括，当然今天我们的认识又往前深入推进了一步，创新和共享则比当年讲的科学发展观大大地提升了。还有学者认为，“五大发展理念”的实质是一个升级版的“科学发展观”。适应从生存型阶段向发展型阶段的转变，胡锦涛提出了科学发展观，而习近平将科学发展观的一般原则面对今天的问题提出了“五大发展理念”。

“五大发展理念”与社会主义核心价值观。有学者认为，社会主义核心价值观从某种角度讲，也是理念，那么“五大发展理念”与核心价值观这两个理念之间到底是什么关系。这也是学界比较关注的一个问题。创新、共享的理念，和我们讲的社会主义核心价值观 12 个词之间到底是什么关系，这是学术界应该进一步探讨的。

“五大发展理念”与“四个全面”战略布局。有学者认为，“五大发展理念”可以说是“四个全面”战略布局的具体体现，它揭示了“四个全面”战略布局实现的现实路径，比如讲它是通向全面建成小康社会战略目标的行动理念，也是实现全面推进深化改革、全面推进依法治国和全面推进从严治党等重大战略举措的行动指引和价值导向。还有学者认为，“四个全面”战略布局是“五大发展理念”落实的一个行动方略，“五大发展理念”的落实有赖于“四个全面”战略布局的落实。

“五大发展理念”与习近平治国理政思想。有学者认为，“五大发展理念”在习近平治国理政思想的三个层次中属于基本理论层面的发展理念部分。习近平治国理政思想的主线还是坚持和发展中国特色社会主义，而它所要解决的最突出问题是如何实现社会主义国家的治理现代化，习近平就是围绕着这两个前后相继的问题发表了一系列重要讲话。这些讲话可以分为三个层次：第一个是属于哲学层面的，包括三个命题。一是中国化的马克思主义理论指导；二是思想路线，就是实事求是；三是鲜明的政治立场。第二个层次属于基本理论层面的，可以概括为四个基本的命题、重要的问题，一个是我们社会主义初级阶段里面新的阐释，这是总依据。第二个是目标体系，远大理想是共产主义，中期目标是伟大复兴，近期目标是全面建成小康社会。第三个是发展理念。第四个是战略思维，就是我们讲的思想方法和工作方法。第三个层次属于制度安排和路径选择，具体包括十个方面的命题，就是制度框架、发展道路、建设总体布局、动力机制、法律保障、军事保障、国内条件、外部环境、领导核心、依靠力量。

三　深入贯彻和落实“五大发展理念”

以推进当代中国发展如何在中国式现代化的征程中深入贯彻“五大发展理念”以推进当代中国发展?

有学者反思了落实“五大发展理念”的基本问题：实现创新的关键问题是要创造企业家活动更完备的条件，即严格保护财产权力和要有足够竞争的市场以及有公平公正的市场秩序；达到协调的基础就是市场配置资源作用的充分发挥。为了实现以上要求，就目前来说，其中一个关键的问题是要改进宏观调控，一定要注意不能过度迷信可以用宏观调控的方式来解决结构问题。实现绿色的基本问题在于旧的增长方式如何改变。进一步提升开放水平，一个是要强调防止虚骄，第二要警惕所谓的“阴谋论”。实现共享，很重要一条就是分配制度的改革，这个改革是需求侧改革的核心。解决共享问题有两个重要的概念要分清楚，一个是收入不均，一个是分配不公。不能够把我们今天所面临的差距过大的问题归咎于改革、归咎于邓小平。

有的学者认为，贯彻创新发展，要激活创新的主体、优化创新的环境、完善创新的体制和机制、盘活创新资源、重视人才、重视创新的评价，最关键的要把上述要求落地，转化成为我们每个人、每个党员、每个干部的素质和能力。还有学者认为，落实创新发展理念，首先要承认，改革开放30多年，我们的实践很成功，但是我们的理论很贫乏、很无力，不能用自己的理论把自己的事情说清楚，同时，一些学者自觉或不自觉地套用西方的概念、理论或者话语来讲中国的发展。有的学者认为，贯彻和落实绿色发展理念，应从整体上培育生态文明的理念和意识、落实生态文明的战略部署和建构生态文明建设的保障机制。有学者认为，贯彻共享发展理念，需要增加公共服务供给、脱贫攻坚、提高教育质量、促进就业创业、缩小收入差距、建立更加公平更可持续的社会保障制度和促进人口均衡发展。

还有学者认为，“五大发展理念”的贯彻和逻辑，需要有一个中间环节，是制度建设，要通过良好的制度安排、科学严密的制度设计，从刚性的角度保证发展理念得以贯彻。还有的学者认为，“五大发展理念”要令人信服地付诸实践，需要有足够的保障条件，执政党的建设是其中最重要、最主要的保障条件。至于怎样建设，一是党内民主万万不可忽视，二是要改变以一个或几个活动作为党建基本载体的模式。

（原载《理论视野》2016年第10期）

新的历史起点和历史唯物主义新发展

——2016 年中国历史唯物主义学会年会综述

刘振江

2016 年 8 月 6—7 日，由中国历史唯物主义学会、中国社会科学院马克思主义理论学科建设与理论研究工程领导小组办公室、中国社会科学院国家文化安全与意识形态建设研究中心联合主办，由河南科技大学马克思主义学院承办的“2016 年中国历史唯物主义学会年会暨第四届中国社会科学院马克思主义哲学论坛”理论研讨会，在河南洛阳隆重举行。来自中国社会科学院、中共中央党校、中央编译局、武汉大学、南开大学、北京师范大学等高校、科研机构的 170 余名专家学者参加了本次会议。河南科技大学党委副书记李漪出席开幕式并致欢迎辞，中国历史唯物主义学会会长、中国社会科学院国家文化安全与意识形态建设研究中心主任侯惠勤教授为大会致辞并做了主题报告。

侯惠勤指出，历史唯物主义理论创新要遵循“三大原则”：一是要把马克思主义基本概念、基本理论结合新的历史条件进行新的阐发，坚持就是创新；二是要围绕实践提出的重大理论和现实问题，进行回答和阐发；三是要对中国特色社会主义事业中成功的做法与实践，作出规律性总结和阐发。

会议围绕“新的历史起点和历史唯物主义新发展”这一主题，进行了广泛而深入的探讨与交流。

一　马克思主义意识形态话语权面临的挑战及当代建构

侯惠勤认为，目前意识形态工作还存在标签化、标语化、形式化的问题。意识形态具有凝聚人心的作用，关系到党和国家的生死存亡，一旦意识形态出问题，党就会土崩瓦解。马克思主义研究应建立在科学的基础上，对于马克思主义的基本原理，我们要从理论和实践上证明它的正确性。对待抹黑历史和党的领袖的舆论和思潮，我们一定要旗帜鲜明地进行斗争，不能怯场、怯斗、含含糊糊，做“老好人”。

湖南科技大学罗建文教授认为，坚持历史唯物主义，首先要坚决反对历史虚无主义、历史唯心主义。内蒙古科技大学李永娜认为，历史虚无主义的实质是对马克思主义的整体虚无。大力加强马克思主义意识形态话语权建设，要充分发挥大学生抵制历史虚无主义的主体作用。中国社会科学院李静波认为，当前，历史虚无主义思潮泛滥，已经成为巩固马克思主义在意识形态领域指导地位、巩固全党全国各族人民团结奋斗共同思想基础的重大挑战。坚定中国特色社会主义道路自信，在反对历史虚无主义思潮斗争中取胜，根本在于坚持和运用马克思主义阶级立场和阶级分析法，关键在于从严治党，基础在于赢得人民，但最主要的还是要保持中国特色社会主义的正确发展方向。

国防大学朱康有教授认为，意识形态话语本身暗含着各种层次的问题空间，实践层面的贯彻和落实将反过来极大丰富话语体系，使之获得充实的内涵和外延。

南京大学姜迎春教授认为，“四个全面”战略布局内在包含了当代中国意识形态建设的价值诉求和实践指向，准确把握“四个全面”与当代中国意识形态建设的内在关联有着十分重要的现实意义。在协调推进“四个全面”的实践进程中，要清醒认识和深入批判新自由主义、西方宪政民主、“普世价值”论等错误社会思潮，要注意克服以“淡化意识形态”为特征的单纯事务主义倾向。

中国社会科学院博士生李江静认为，意识形态话语权作为国家制度精神的体现，不仅是国家核心利益的组成，也是国际较量中的重要筹码。新形势下，应该从制度支撑力、理论说服力和话语引导力入手，形成建构主流意识形态话语权的多维度合力，开创牢牢掌握主流意识形态话语权的新局面。

教育部郝清杰研究员提出，避免马克思主义边缘化，一是应该从批判为主转换为以建设为主。对资本主义政治经济学的科学批判和价值批判，要坚持马克思主义的建设性态度，不要把批判性和建设性对立起来，要把二者统一在对人类社会客观规律的认识上，统一在人民至上的价值观上。二是应该坚持从抽象到具体的思维方式，要主动从解读问题、批判现实走向科学分析、注重建设，让马克思主义从边缘走向中心，更多地发挥建设性作用。

中国社会科学院朱继东研究员认为，要真正把中国的发展优势转化为话语优势，就必须尽快科学探索出一条从发展优势到话语优势的嬗变之路。主要应该从以下四大方面努力：一是直面问题、回答问题，通过全面从严治党使党的领导凸显出更强大力量；二是确立共享发展的新理念，把经济优势变成人民的幸福优势；三是回归人民、融进人民，坚持在党性、人民性统一中让人民的生活更美好；四是走向世界、改变世界，多措并举提升国家软实力以增强国际话语权。

天津师范大学杨仁忠教授认为，面对多样化社会思潮的冲击，当前我国的主流意识形态话语权建设必须拓展建设路径，创新方式方法，不断增强和提升主流意识形态的社会主导力。为此，我们要通过全民学习、终生学习的途径，提升主流意识形态的社会影响力；要通过改进思想政治宣传方式，增强主流意识形态的社会感染力；要通过把主流意识形态建设纳入国民教育体系，夯实主流意识形态建设的主阵地。

二　唯物史观对人民主体地位的科学阐释

山东济南社会科学院文史哲研究所的王鲁宁研究员认为，“人民群众是历史的创造者”的原理是马克思从物质生产是社会历史发展的起点，生产力是社会历史发展的最终决定力量这一唯物史观最根本的原理中合乎逻辑的必然引出的结论。因为物质生产的主体是人民群众，生产力中最重要的因素和体现者是人民群众。

中央编译局杜鹃认为，“人民有信仰”是社会主义意识形态工作的新坐标，它的实质是对马克思主义的信仰。在多元化的价值取向和错综复杂的意识形态斗争中，当代中国的信仰问题的出路是马克思主义，而马克思主义信仰的生命力在于人民立场。

东北大学田鹏颖认为，人民群众是历史的创造者，是历史活动的主体。人民利益至上是马克思主义最鲜明的政治立场。哲学社会科学理论创新的首要问题是“为什么人”

的问题，坚定理论创新的人民立场，是马克思主义理论创新区别于其他理论创新的根本标准，对这一问题的回答决定着马克思主义理论创新发展的方向、出发点、立足点。

三 新的历史起点下历史唯物主义在当代中国的创新与发展

侯惠勤教授认为，坚持马克思主义在中国特色哲学社会科学中的指导地位，要解决好三个问题：第一，如何看待马克思主义的外生性问题。马克思主义不是一种单纯的文化现象，而是全世界工人阶级的世界观，是带有政治性、实践性的理论。马克思主义与其中国化成果不能割裂，是思想共同体、命运共同体。第二，如何看待马克思主义在中国特色哲学社会科学中的地位。传统“中西马”的学科划分无法充分体现马克思主义的指导地位，今天再讨论“马为魂、中为体、西为用”的观点，也没有出路，所有哲学社会科学的学科体系、学术体系和话语体系均应以马克思主义为基本话语、基本范式和基本研究思路，以确保马克思主义在中国特色哲学社会科学中的核心话语权。第三，如何把马克思主义价值观渗透到学科建设和学术研究中。马克思主义价值观的核心是以人民为中心，而不是以个人为中心，坚决反对个人利益至上的价值观。

中国历史唯物主义学会副会长、中国社会科学院马克思主义研究院中国化研究部主任金民卿研究员认为，党的十八大以来，以习近平为总书记的新一届党中央所提出的五大发展理念丰富和发展了历史唯物主义的一些重大观点。第一，马克思生产力理论的本质和核心。马克思所说的生产力是人的一种实践能力，是人改造自然和社会的人本身的力量。第二，马克思的生产力理论在一定程度上被片面化为一种逻辑的设定。人们在继承马克思关于生产力与生产关系原理的时候，往往继承的是生产力是先进的，而生产关系是制约生产力的说法。不是所有的生产力状态，或人的实践能力都是先进的，也不是所有的生产关系都是建立之后就会落后。第三，中国革命就是要冲破旧的社会必然性而建立新的社会关系来推动人的实践能力和自由发展。第四，改革与解放和发展生产力的关系。我们讲改革是解放和发展生产力。这样的工作取得了很大的成就，但是也值得反思，即降低生产关系使其适应生产力的状况而解放出来的生产力是否先进。第五，创新理念对马克思生产力理论的发展。创新理念把重点放在了人的主体性、人的实践能力方面，更多地关注生产力要素和活力的迸发，生产力发展空间的扩展特别强调了新型生产力形式的运用，社会整体生产力的总体性发展等，而不仅仅是在生产关系领域打转转，这是对马克思生产力理论错误理解的一种矫正，也是新时期对于马克思生产力理论的一种发展。

中共中央党校赵理文教授认为，实现人与自然和谐共生，就必须把人与自然之间的物质变换限定在合理的范围内，实行绿色发展。只有通过转变经济发展方式、实行绿色消费和依靠刚性制度规制，才能做到绿色发展，实现人与自然的和谐共生。

武汉大学袁银传教授认为，新的历史起点下当代中国马克思主义的发展，需要反思20世纪马克思主义发展史和社会主义发展史，总结马克思主义和社会主义发展的历史经验；需要立足实践，揭示当今时代、实践、科学发展的规律，反映时代发展的潮流和趋势；需要聆听时代的声音，回应时代的呼唤，认真研究和解决当今历史时代提出的重大而紧迫的问题。武汉工程大学张三元教授认为，党的十八大以后，习近平总书记多次论述了人类命运共同体的战略构想，人类命运共同体是基于马克思共同体思想提出来的一个伟大的战略构想，是马克思“自由人联合体”思想在当代的创造性运用。

南京师范大学张志丹教授认为，从价值哲学上看，人生观上的享乐主义、金钱观上的拜金主义、消费观上的消费主义、发展观上的物本主义是当代物质主义蕴含的四大价值误区。在当代中国，我们拒斥并超越物质主义的基本进路，应该在洞悉物质主义根源之基上，通过科学发展、制度约束和价值观教育等三大举措来加以解决。

（原载《马克思主义研究》2016 年第 9 期）

坚持思想建党与制度治党紧密结合

——第三届执政党建设理论与实践论坛综述

刘海飞

2016年8月22日，由中国社科院马克思主义研究院主办，中共宁夏回族自治区委教育工委、中国科学院大学马克思主义教学与研究中心、宁夏大学马克思主义学院共同承办的“第三届执政党建设理论与实践论坛”在宁夏大学举行。宁夏回族自治区党委副书记崔波，中纪委驻中科院纪检组原组长王庭大，中国社科院马克思主义研究院党委书记、院长邓纯东，宁夏大学党委书记金能明等出席会议，来自全国科研院所、党校、高校等系统的140多位党建研究专家学者出席论坛，围绕“思想建党与制度治党”进行研讨。

邓纯东在主题发言中强调，举办本次论坛的目的，就是要通过学习习近平总书记关于全面从严治党的系列重要论述，总结十八大以来党的建设理论的新成就和新发展，从而对党的建设实践起到推动作用。他说，习近平总书记关于全面从严治党的思想具有鲜明特点：强调全面从严治党要明确目标；全面从严治党的首要任务是增强党员干部的政治意识；全面从严治党最根本的任务是确保党员干部树立坚定的理想信念；全面从严治党必须严肃党内生活，要通过健康的党内生活促进党的建设的发展；全面从严治党的基本原则是实事求是；全面从严治党必须要有标准和尺度，这个标准和尺度就是党章，就是党的各方面的制度和纪律；全面从严治党既要把道德引领和纪律惩戒结合起来，也要区别开来；全面从严治党应当采取综合的方式。

一　思想建党与制度治党紧密结合是全面从严治党的重要举措

江西省社科院原院长汪玉奇研究员认为，党的十八大以来，习近平总书记关于党的建设一系列重要论述，是马克思主义中国化的最新成果。新时期党的建设呈现新的特点和规律：一是党所处的历史条件发生了重大变化，党内的成分出现多样化特点；二是党在对外开放和社会主义市场经济条件下执政和进行党的建设；三是我们党取得了巨大的历史成就。习近平总书记正是认识、把握、顺应了新形势新特点，创造性地提出了两个重要新思想：一个是思想建党和制度治党相结合，同向发力，同时发力；一个是在新形势下要研究全面从严治党的特点与规律，从而把党的建设提高到了一个新水平。

国防大学杨永利教授认为，思想建党与制度治党紧密结合，是习近平总书记着眼党和国家的前途和命运，就新形势下坚持从严治党作出的重大部署。思想建党与制度治党紧密结合，是对马克思主义执政党建设规律认识的深化，是对全面从严治党规律的把握和运用，为新形势下管党治党提供了新思路，指明了新路径。

中共中央党校宋福范教授从党建规律的高度谈了全面从严治党和思想建党与制度治党必须紧密结合的必要性。他认为，当今我们党的特点可以概括为：是在对外开放、发展社会主义市场经济条件下领导国家建设、领导全国各族人民进行社会主义现代化建设的马克思主义执政党，这就要求党要始终代表最广大人民的根本利益，重视自身建设。组织建设的一条基本规律是：心往一处想、劲往一处使。心往一处想，就是全体组织成员在核心价值观上要凝聚高度共识，构筑共同的思想基础。这一条，是共产党思想建党的任务。一个政治组织，更为关键的是劲往一处使，就是全体组织成员构建严密的组织体系。制度治党的作用就在于此。二者密切结合才能形成倍加的组织功能。

二　思想建党必须摆在党的建设首位，并没有过时

王庭大认为，思想建党是我们党的优良传统，是我们党的立党之本，强党治党的生命线，因此，思想建党必须摆在首要位置。坚定马克思主义信仰和共产主义信念，对党和人民的忠诚是对共产党员的本质要求。当前，面对社会各种思潮活跃、思想多元化的形势，面对敌对势力与我争夺群众，面对一些党员信仰迷失、道德滑坡的状况，思想建党的任务尤为重要，更为紧迫。理想信念发生动摇，就会导致政治上的变质、经济上的贪婪、生活上的腐化、道德上的堕落。为此，要着重解决党员理想信念问题，补足思想上的钙，始终保持党的先进性和纯洁性。

浙江社科院陈柳裕副院长认为，把思想建设放在党的建设首要位置，是我们党的一大创造和独特优势。从党的建设的经验来看，制度治党离不开思想建党。面对意识形态领域的严峻挑战，思想建党现在比任何时期都迫切。具体来说，首先，理想信念决定制度建设的性质和方向。其次，思想教育影响和制约着制度执行的实效。再次，思想教育影响着制度的发展和完善。

宁夏大学马克思主义学院院长李斌教授认为，马克思主义政党自诞生以来就一贯重视思想建设。着重从思想上建党是马克思主义党建学说的一条根本原则。看一个政党是否先进，是不是工人阶级的先锋队、人民的先锋队，主要应看它的理论和纲领是不是马克思主义的，是不是代表社会的公平正义，是不是代表最广大人民的根本利益，是不是代表广大中、下层人民的利益。思想建党就是要坚持以党章为统领，以理想信念为根本，以党性宗旨为核心，以道德建设为基础，补精神之钙，固思想之源，培为政之本，练就金刚不坏之身。

三　制度治党是构建党的建设新常态的治本之策，但不是万能的

中国科学院大学沈颖教授认为，坚持把制度建设贯穿于党的建设全过程和各个方面，是我们党管党治党的一贯做法。95 年来，我们党不断健全以党章为根本、以民主集中制为核心的党的制度体系，为加强党的建设，推进党的事业，提供了有力的制度保障。改革开放以来，我们党把制度建设贯穿于党的思想建设、组织建设、作风建设和反腐倡廉建设之中，党的制度建设进入了快车道。首先，制度建设是价值理念的载体和制度表达。其次，制度建设影响思想教育的实际效果。最后，制度建设有利于塑造执政文化。

北京市委党校秦德占教授认为，制度治党是思想建党的有力保证，党的十八大以来，习近平总书记提出了许多重要的思想观点。如：制度建设的根本目的，就是要保证权力科学配置、规范运行，正确行使人民赋予的权力；制度建设的路径目标，就是构建决策科学、执行坚决、监督有力的权力运行体系；制度建设的基本原则，是用最严格的制度、最严密的监督来保障和巩固工作成效，切不能"牛栏关猫"，强调规矩是起约束作用的，要紧一点；制度执行要有刚性要求，要牢固树立法律面前人人平等、制度面前没有特权、制度约束没有例外的观念，认真学习制度，严格执行制度，自觉维护制度。显而易见，注重制度建设是习近平总书记管党治党思想的最重要内容。

浙江省人大常委会原副主任、党建研究会会长王永昌还总结了习近平总书记在浙江工作期间注重制度建设的几个重大特点：一是强调党的思想建设和制度建设相统一。强调思想建设是党的建设的灵魂，制度建设是党的建设的一项基础性工作，把党的思想建设内在灵魂制度化。二是强调党的制度建设要有法治思维的导向。强调法治思维、依法治国、依章治党，探索党的制度建设怎样与法律法规更好地衔接起来，把党的法规纳入中国特色社会主义法律体系中。三是强调党的制度建设要有问题导向。强调制度建设要有解决问题的意识，不在泛，而在管用。四是强调在制度、纪律面前一律平等。在制度执行过程中不能搞例外。五是强调制度的生命在于落实。

四　思想建党和制度治党要同向发力、同时发力

山西财经大学党委副书记、教授顾昭明认为，党的十八大以来的实践证明，只有坚持思想建党和制度治党紧密结合，我们党才能成为政治坚定、思想先进、制度完备、行为规范的马克思主义执政党，思想教育的成功经验要升华，要固化，要形成常态长效，就必须与制度建设相结合，就必须把自律与他律相结合。

武汉大学丁俊萍教授认为，从严治党靠教育、靠制度。靠教育，是内在的自觉自律；靠制度，则是外在的刚性约束。思想建党是打造思想防线，制度治党是打造制度防线，思想教育要结合制度规定来落实，而制度规定的落实要巩固思想教育的成果，因此要使制度治党的过程成为思想建党的过程，也要使思想建党的过程成为制度治党的过程，二者不可偏废，相辅相成，相得益彰。

北京联合大学韩强教授认为，过去我们党立的规矩也不少，但为什么还出现了这样或那样的问题呢？其中一个至关重要的因素就是，这些制度没有最终形成全党的制度文化，没有变成全党同志自觉的行为方式和行为自觉。正像习近平总书记突出强调的那样，从严治党靠教育，也靠制度。思想建党与制度治党紧密结合，二者一柔一刚，要同向发力、同时发力，才能把我们党建设成为政治坚定、思想先进、制度完备、行为规范的马克思主义执政党。

中国社科院马克思主义研究院马克思主义中国化部主任金民卿研究员做了总结发言。他认为，本次论坛对于执政党建设的六个方面达成了共识：一是以习近平同志为总书记的党中央已经基本上形成了全面从严治党的框架体系，理论工作者的任务就是对这一体系进一步地予以完善。二是党的十八大以来，习近平总书记突出强调共产主义理想信念、马克思主义信仰毫不动摇的问题，这是思想建党的重中之重。三是制度治党是当前执政党建设的重中之重，是根本保障，是关键环节。在制度治党方面，制度的权威、

执行等更为重要。四是正确处理思想建党和制度治党的关系，必须处理好党员自律与他律的关系。五是党建研究和党建工作对错误思潮要敢于亮剑，敢于发声。六是党建研究要有学理性和深度，这样才能支撑党的建设的伟大实践。

本次论坛还对党建研究动态和发展趋势等其他问题进行了探讨。

（原载《马克思主义研究》2016 年第 10 期）

当代世界社会主义与社会发展：新情况、新问题、新对策
——第四届国际共产主义运动论坛综述

汤兆云　孙应帅

2016年9月24日，由中国社会科学院马克思主义研究院和华侨大学主办、中国社会科学院马克思主义研究院国际共运部和华侨大学政治与公共管理学院承办、《马克思主义研究》编辑部协办的"第四届国际共产主义运动论坛"在华侨大学召开。论坛主题为"当代世界社会主义与社会发展"。中国社会科学院马克思主义研究院党委书记、院长邓纯东和华侨大学校长贾益民发表书面致辞。邓纯东强调，本次学术研讨会是在学习习近平总书记在哲学社会科学工作座谈会上的重要讲话精神背景下召开的，对进一步加强高校马克思主义教学、研究工作，坚定高校师生马克思主义理想信念都具有重要意义。华侨大学党委书记关一凡、中国社会科学院信息情报研究院党委书记姜辉、中国社会科学院马克思主义研究院副院长樊建新、中国社会科学院荣誉学部委员徐世澄、华中师范大学国外马克思主义政党研究中心主任聂运麟等做了专题报告。来自全国社会科学院系统、党校系统、高校系统140多位专家学者与会并就以下专题进行了深入研讨。

一　当代世界社会主义运动和国外共产党发展态势

在当今世界格局和国际形势发生深刻变化的背景下，世界社会主义运动出现了许多新变化。坚定的理想信念对社会主义制度、社会主义运动的巩固和发展具有重要意义。邓纯东研究员认为，前东欧和苏联国家一部分共产党人理想信念动摇是其社会制度发生剧变的重要原因。而中国特色社会主义道路成功的一个重要因素，就是总结吸取了国际共产主义运动过程中这一重要的教训和经验。他特别指出，目前世界社会主义运动正处于兴起复苏的重要历史时期，这对于我们坚定社会主义理想信念，坚持、完善和发展中国特色社会主义道路是一个重要机遇期。贾益民教授认为，进入新的历史时期以来，当代世界社会主义呈现出诸多的新情况、新变化和新特点。中国特色社会主义的成功向世界证明了社会主义道路的优越性，为世界社会主义的发展注入了强大动力，提供了可供借鉴的生动范本。姜辉研究员认为，当代世界社会主义所面临的形势和状况已与20世纪完全不同，在资本主义世界面临国际金融危机冲击复苏乏力、矛盾重生的情况下，社会主义却在许多国家被人们重新认识，而进入了"谋求振兴期"。他从"科学社会主义从1848—1917年，1917—1989年，1989—2049年三个'七十年'的发展的历史阶段"和"为人类对更好社会制度的探索提供中国方案的现实高度"分析了中国特色社会主

义的重要意义。他认为，21 世纪中叶正是中国共产党提出的“两个一百年”奋斗目标胜利实现的伟大历史时刻，中国特色社会主义的成功实践必将对科学社会主义在新世纪的发展壮大产生重要的历史意义。

共产党是国际共产主义运动最重要的组织载体。当前，社会主义国家、发展中国家、转型国家及发达资本主义国家的共产党面临着各不相同的问题，他们都在进行艰辛的探索。徐世澄研究员总结了古共“六大”至“七大”期间古巴在更新社会主义经济社会模式方面发生显著的“更新”，分析了在趋势性、观念、法制、体制、经济政策、社会以及外交政策方面发生的变化。他认为，古巴社会主义仍然面临诸如模式“更新”的经济效果不明显、某些观念更新缓慢、体制更新困难重重、经济基础比较薄弱、人口结构老化等问题和挑战，需要古共新领导层认真加以应对。聂运麟教授认为，为了解决20 世纪五六十年代国际共产主义运动中出现的分歧和矛盾，中国共产党提出的“协商一致”原则，对于今天我们如何与世界各类社会主义政党打交道仍然具有重要的现实意义。中国社会科学院潘金娥研究员认为，目前马克思主义政党执政的国家依旧坚持社会主义的发展道路和目标方向，尽管发展方向和目标一致，但改革的实践却各具特色，并且不同程度地对马克思主义进行了创新和发展，形成了各具本国特色的社会主义理论和道路。

二　当代国外社会主义流派和左翼思潮活动的现状与前景

国外诸多社会主义流派贯穿于社会主义发展的全过程，并在世界社会主义运动中发挥着不可忽视的作用。他们从不同侧面反映出世界社会主义的发展状况。面对世界社会主义运动缓慢走出低谷而世界多国共产党仍难以重振的现象，中国政法大学唐海军研究员总结了部分原因：东欧剧变、苏联解体的阴影依然挥之不去，多国共产党改革调整没有找到相对适合的道路或方案，多国政党政治演变趋势不利于共产党的生存发展；另外，教条僵化、意识形态上的不宽容、反共反社会主义势力对共产党的“妖魔化”蛊惑宣传、世界社会主义力量之间的矛盾与斗争等等也是重要原因。中国政法大学林德山教授通过对处于十字路口的欧洲社会民主主义存在问题的分析认为，国际金融危机以来，欧洲各国社会民主党在不同程度上所做的政策性调整只是为了应对选举的压力，并主要显示为向后的退却而非向前的进一步改革。可以说，欧洲社会民主主义正处在一个面临方向性选择的十字路口。

在 2016 年美国总统大选中主张社会主义的桑德斯赢得一大批选民尤其是青年选民的关注与拥护这一现象，引起了诸多学者的关注和分析。上海社会科学院轩传树研究员认为，当今美国社会主义主张之所以“意外”受到许多青年人的拥护是多种因素综合作用的结果，有桑德斯以社会主义为名的竞选主张迎合了民众内心关切的主观因素，有国际金融危机深化、贫富差距扩大教育了民众进而改变了他们对社会主义既有偏见的现实原因，也有美国本土一直绵延不断的社会主义传统的历史原因以及世界社会主义开始复兴带来的外在因素。美国国内社会主义受到热捧无疑再次证明：历史并没有终结，美国也有兴起共产主义运动的希望。

三　当代世界社会主义与社会发展

当代世界社会主义出现的诸多新情况、新变化和新特点，对当代社会发展产生了重要影响，引起了国内外学术界的广泛关注。华侨大学吴苑华教授提出，世界历史不是社会形态演变史而是世界体系的演变史。作为世界体系的社会主义是世界历史的未来形态。世界体系论派肯定了社会主义是人类社会历史发展的前途，承认社会主义取代资本主义具有历史必然性和合理性，而且坚信“社会主义世界体系”一定会来到人世间。这种对社会主义的理论自信、历史自信、未来自信，既是批判资本主义的产物，也是反思社会主义的结果，具有一定的原创性价值。中国社会科学院贺钦助理研究员认为，人类社会的演进有其内在发展规律。面对这样一个客观历史进程，不同学科的发展与创新为我们认识世界提供了不同视角，而一个学科的内在张力和生命力在于其对历史和现实问题的解释力和说服力。国际共运学科的兴起、发展与特定的历史阶段和历史事件密切相关。国际共运学科在历史反思和理论继承上具有一定的传统优势，在观照现实和前瞻未来方面也有很大的发展空间。陕西师范大学刘传华博士通过对马克思恩格斯“资本主义社会孕育新社会因素”观点的历史考察，总结了其当代启示：发现社会主义胜利的必然性、社会主义事业的全人类性、准确理解资本主义国家无产阶级的革命道路、正确处理社会主义与资本主义的相互关系、解放思想，推动马克思主义理论创新和发展等。

四　中国特色社会主义的新发展

当前国际共产主义运动和世界社会主义研究、中国特色社会主义和当代中国马克思主义研究，面临着前所未有的大好时机，也面临着前所未有的新任务新课题。中央编译局《当代世界与社会主义》主编许宝友研究员从中国与世界关系的视角分析了坚持和发展 21 世纪中国的马克思主义的背景、途径和“可能性”。其途径主要为：按照习近平总书记的三“来”观（不忘本来、吸收外来、面向未来）、“四个意识”（全局、世界、问题、规律意识）、“三个必须”（必须深刻把握全球化的逻辑、必须深刻把握资本的逻辑、必须深刻把握发展的逻辑），形成更加清醒的判断；而时代发展的需要、既有的建设基础、党和政府重视、主体力量增强等因素，将使 21 世纪中国的马克思主义发展成为可能。

华侨大学王四达教授通过“总体史”与“三时段”的结合，构成一个“点”“线”“面”“体”的有机整体，再分别从中国历史的“三时段”和世界历史的“长时段”这双重视角，解析社会主义在近代中国传播过程中重要事件、客观情势和社会结构的特殊作用，并揭示这一思潮在中外历史时段中双流汇合的关系，由此推进对该问题的立体解读。江西九江学院汪力平教授通过对文明发展的历史困境与“命运共同体”的文明理念的辩证关系的分析，认为推进和平发展“命运共同体”的文明理念突破了文明发展的历史困境。它肩负促进和谐社会的自觉意识，彰显多彩、平等与包容的价值追求，尊重文明的多样性、发展道路的多样化，积极倡导构建国际经济、政治新秩序，揭示出中国特色社会主义的重要特征。

与会的专家学者在研讨中一致认为，进入新的历史时期以来，当代世界呈现出诸多新情况、新变化和新特点。一方面，资本主义世界在国际金融危机的冲击下进入深度调整期，至今复苏乏力，其制度体系无法根除的基本矛盾加剧世界范围内的贫富分化和矛盾对立。另一方面，国际共产主义和世界社会主义运动走出东欧剧变、苏联解体后的低谷，进入谋求振兴期。尤其是中国特色社会主义的成功实践，使具有500年历史的社会主义主张在世界上人口最多的国家成功开辟出具有高度现实性和可行性的正确道路，让科学社会主义在21世纪焕发出新的蓬勃生机。中国共产党人发展21世纪中国的马克思主义的创新精神和形成中国方案的实践勇气，将为国际共运和世界社会主义运动的发展振兴，为人类对更好社会制度的探索创新提供有益借鉴。

（原载《马克思主义研究》2016年第10期）

第十一届全国高校马克思主义理论学科博导论坛综述

刘同舫　李　爽

2016年9月23—25日，由全国高校马克思主义理论学科研究会、浙江大学马克思主义学院、《马克思主义理论研究》编辑部联合主办、浙江大学马克思主义学院承办的第十一届全国高校马克思主义理论学科博导论坛在杭州召开。来自北京大学、中国人民大学、武汉大学、南京大学、中山大学、吉林大学、浙江大学以及《马克思主义理论研究》等全国74所高校和媒体的130余位马克思主义理论专家、学者参加了论坛。全国高校马克思主义理论学科研究会顾问张耀灿教授、研究会副会长兼秘书长张雷声教授、教育部社会科学司思想政治教育课教学处处长陈睿到会做主题发言。本次论坛以“马克思主义理论学科的优先、优势、优质发展”为主题，与会专家学者就马克思主义理论学科“三优”发展的基本问题、马克思主义理论学科人才培养模式、马克思主义理论学科的整体发展与学科群建设、马克思主义理论学科建设与思想政治理论课建设、马克思主义理论学科与国家智库建设等重要问题进行了广泛深入的探讨。

一　马克思主义理论学科优先、优势、优质发展的基本问题

与会专家学者就马克思主义学科优先发展、优势发展、优质发展的基本问题展开了较为深入的讨论。主要涉及“三优”发展的观点来源、提出背景、基本内涵、内在逻辑和辩证关系以及实现路径等问题。

关于“三优”发展的观点来源、提出背景和基本内涵。中国人民大学张雷声教授和浙江大学刘同舫教授均指出，中宣部、教育部在2015年7月27日印发的《普通高校思想政治理论课建设体系创新计划》中提出要制定马克思主义理论学科发展规划，以马克思主义理论学科优先发展、优势发展、优质发展带动高校哲学社会科学繁荣发展，充分发挥高校哲学社会科学育人功能。张雷声教授认为，“三优”发展的提出有两个大的背景：其一，马克思主义理论一级学科设立已经10多年的时间，10多年发展的经验需要认真总结，马克思主义理论学科呈现出从外延式发展转向内涵式发展、从数量增加到质量提升的趋势；其二，“十三五”规划的制定，“双一流”建设的提出，以及重点马克思主义学院的建设都要求马克思主义理论学科的“三优”发展。中央民族大学孙英教授指出，“三优”发展提出的背景涉及国际、国内以及学科自身三个方面，国际的形势要求我们讲好中国故事，国内有实现小康社会的要求，马克思主义理论学科自身发展还存在优势不够、质量不高等问题。关于“三优”发展的基本内涵，刘同舫教授认为优先发展至少包含三个方面，从国家层面来看，马克思主义作为党的指导思想占有重

要地位，国家战略层面希望马克思主义理论学科优先发展；从马克思主义理论学科自身来看，马克思主义理论学科应当自我审视、自我反思，跟上时代步伐，成为先头部队；从其他学科角度来看，马克思主义理论学科的优先发展要体现其他学科对马克思主义理论学科的引领地位的深切认同。马克思主义理论学科的优质发展包括理论研究、教育教学实践、社会服务等方面，尤其要重视学科评估问题，发挥学科评估对促进马克思主义理论学科优质发展的积极作用。

关于"三优"发展的内在逻辑和辩证关系，以武汉大学袁银传教授、江西师范大学周利生教授为代表的学者认为，马克思主义理论学科优先发展是一种外部因素，需要国家政策的支持以及教育部门、学校共同采取相应措施；优势发展要突出马克思主义理论学科对其他学科的比较优势，展现6个二级学科的比较优势；优质发展是马克思主义理论学科的内在要求，优质发展是优先发展和优势发展的前提，也是优先发展和优势发展的结果。钟明华教授认为，"三优"发展既是党、国家和社会发展对马克思主义理论学科的外在要求，也是马克思主义理论学科教师和研究者的自觉追求，"三优"发展要体现马克思主义理论学科的学科自觉和学科工作者的主体意识。其中，优先发展是条件，优势发展是基础，优质发展是目标。

为实现"三优"发展必须找到合理的路径和有效的措施，学者们一致认为，实现马克思主义理论学科的"三优"发展，关键要在优质发展上下功夫。以东南大学袁久红教授为代表的一些学者认为，要明确学科边界，优化学科布局；提高马克思主义的学术研究水平，增强学科队伍建设；顶"天"立"地"，发挥智库功能；促进马克思主义理论学科特色发展、融合发展、国际化发展，实现马克思主义理论学科的优质发展。周利生教授提出，马克思主义理论学科优质发展需要树立四种意识：解决现实社会问题的问题意识；立足于维护国家制度安全、意识形态安全的导向意识；加强课程、会议国际化的开放意识；促进不同学科之间交流的协同意识。厦门大学张有奎教授认为，实现"三优"发展要高度关注和处理好十大关系，分别是马克思主义与马克思主义理论学科的关系，马克思主义理论的整体性与各二级学科的关系，马克思主义理论的科学性与阶级性的关系，马克思主义理论的理论性和现实性的关系，马克思主义理论的真理性和时代性的关系，马克思主义理论的世界性和民族性的关系，马克思主义理论的学术性和大众化的关系，马克思主义理论的体系性和问题意识的关系，国内马克思主义与国外马克思主义研究的关系，马克思主义理论学科自身建设与领航作用的关系。孙英教授认为，实现"三优"发展的基本保证是马克思主义理论学科工作者对马克思主义的坚定信仰和对自身所从事事业的坚持不懈。北京大学陈占安教授指出，马克思主义理论学科工作者应发挥主体意识，增强学科自信和学科自觉，促进"三优"发展。

二　马克思主义理论学科人才培养模式

马克思主义理论学科担负着培养有崇高理想和坚定信仰的社会主义建设者和接班人的重要使命。与会学者就马克思主义理论学科人才培养的特点、模式、现状与问题以及人才培养路径等问题进行了较为深入的探讨。

关于马克思主义理论学科人才培养的特点，武汉大学佘双好教授指出，马克思主义理论学科的学科性质、人才培养要求和人才培养任务对人才培养提出了特殊要求。从学科性质上看，马克思主义理论学科是新型学科，是一门完整地对马克思主义进行研究的学科；从人才培养要求上看，马克思主义理论学科要求培养具有坚实的马克思主义理论基础和坚定的马克思主义信仰的人才；从人才培养任务上看，马克思主义理论学科人才培养的根本任务是培养从事党的思想理论教育的专门人才。遵循马克思主义理论学科的特点和要求进行人才培养，本身就体现了马克思主义理论学科人才培养的创新性。

针对马克思主义理论学科的人才培养模式问题，有两种代表性观点。山东大学徐艳玲教授认为，应探索“知识—方法—境界”三位一体的人才培养模式，在马克思主义理论教学中既传授给学生知识，又培养学生学会运用马克思主义作为认识社会、观察世界的工具，同时也要发挥情感力量的感染作用，鼓励学生追求高层次的人生境界。首都师范大学王颖副研究员提出，构建思想政治教育本硕博相衔接的人才培养体系，创新人才培养模式，有利于促进思想政治教育学科实现优质发展。本硕博相衔接人才培养模式的目的是贯通式培养博士生，把本硕博三个阶段和三级学位体系作为一个整体统筹设计，重视本硕博三个阶段的连贯和关联，压缩学制时长，提高培养效率。

学者们一致认为，经过10多年的发展，马克思主义理论学科在人才培养方面取得了一定的成就，但也存在一些不容忽视的问题。有学者就马克思主义理论学科人才培养的现状及问题从宏观和微观两种视角进行了分析。佘双好教授从宏观层面总结了马克思主义理论学科人才培养五个方面的现状及问题，分别是：二级学科招生方向不均衡，部分学校缺乏二级学科招生方向；招生方向与二级学科相关度日益提升，但还存在招生方向偏离二级学科的问题；各学科课程合理化程度提高，但也存在凭导师研究兴趣开设课程的问题；学位论文选题日益规范，但也存在选题的学科归属不当的现象；已经形成较为合理的学科带头人队伍，但导师队伍专业化有待提升。武汉大学杨乐强教授从研究生培养的微观层面指出，马克思主义理论学科研究生存在专业基础知识准备不足、专业意识薄弱、进入专业学习状态缓慢以及自主性投入偏低等问题。安徽师范大学张正光教授专门阐述了高校辅导员博士培养的现状及困境，张教授指出，一方面，高校辅导员博士培养的基础性共识正在形成，招生规模逐渐扩大，培养方式呈现多样化态势，高校辅导员博士日益得到高校辅导员及其所在单位的认同和重视。另一方面，当前高校辅导员博士培养面临着许多困境，主要体现在辅导员博士缺少明确的学科支撑，辅导员博士生学科背景复杂，绝大多数没有思想政治教育专业知识背景，统一的、有针对性的辅导员博士培养方案尚未形成，专业研究方向庞杂、课程设置不规范、课程体系不完善，辅导员博士生课程学习与工作冲突等方面。

在广泛探讨马克思主义理论学科人才培养的特点、模式、现状及困境等问题的基础上，学者们提出了马克思主义理论学科人才培养的现实路径。杨乐强教授从跟踪生源的学习经历、学术成就和职业发展，转变研究生选拔的考核重心，发挥研究生的学习主体作用，强化导师和专家组的指导等方面提出了马克思主义理论学科人才培养的系统化路径。王颖副研究员提出构建思想政治教育本硕博相衔接的人才培养体系，建议精心遴选试点高校开展本硕博相衔接人才培养工作，深化思想政治教育专业和学科之间的学理关联，加强思想政治教育学科专业一体化建设，为拔尖创新人才培养形成开放、宽松的社会政治经济环境和精神文化氛围。南京政治学院何怀远教授认为马克思主义理论学科的博士生导师应自觉担负起为党和人民培养有用人才的使命，要做到以信仰感化信仰、用智慧提升智慧、以担当强化担当，培养合格的马克思主义理论人才。张正光教授提出高校辅导员博士培养的可行路径，通过将辅导员博士培养纳入专业学位序列，制定统一的、有针对性的培养方案，创新辅导员博士培养模式等几方面来提高辅导员博士的培养质量。

三 马克思主义理论学科的整体发展与学科群建设

马克思主义理论学科作为一个年轻学科，其学科发展具有自身的特点和规律，尤其需要从整体性的角度来推动马克思主义理论学科的发展。与会学者充分探讨了马克思主义理论学科整体发展的根据、深刻蕴意、体系构建等问题。

关于马克思主义理论学科整体发展的根据，袁银传教授认为，整体性是马克思主义理论学科的主要特点，也是建立马克思主义理论学科的重要学理根据。马克思主义理论学科的整体性主要包括马克思主义理论内容的整体性、历史发展的整体性以及研究方法的整体性。

关于马克思主义理论学科整体发展的深刻蕴意，兰州大学王学俭教授认为，整体发展是共同发展、协调发展和内涵发展，6 个二级学科各有特点和优势，应加强它们之间的相融相通、相互支撑、相互配合，促进马克思主义理论学科的精细化、科学化发展，提高马克思主义理论学科发展的整体竞争力。

关于马克思主义理论学科整体发展的体系构建，王学俭教授指出，必须进一步完善马克思主义理论学科下 6 个二级学科的各自分支学科，实现学科的精细化建设；廓清马克思主义理论学科下 6 个二级学科的交叉融合，发挥 6 个二级学科的配合效度和协同作用；优化马克思主义理论学科的资源配置，整合马克思主义理论研究相关的各种资源，发挥其对马克思主义理论学科发展的保障、支撑和引导作用。

学者们还从不同角度探讨了马克思主义理论学科群建设。其中有三种具有代表性的视角，分别是马克思主义传播史的视角、整体的视角、学科建设规律的视角。广西师范大学杨金海教授论述了马克思主义传播史视角下马克思主义发展史学科群建设问题。杨金海教授指出，马克思主义传播史本身也是一个学科群，它主要包括马克思学、列宁学、马克思主义学、马克思主义经典文本系列考据解读、马克思主义在世界的传播、马克思主义在中国的传播等。吉林大学陈秉公教授从整体角度提出建设“马克思主义理论学科领航”的“1 + 3”基本学科群。“1 + 3”学科群中的“1”是指“马克思主义理论学科”，包括马克思主义理论一级学科、二级学科（6 个）和三级学科（研究方向），这是学科群的学科主体，“3”是指与马克思主义理论学科发展相关的 3 类学科，包括“其他马克思主义学科”“中国传统思想理论学科”“研究西方哲学社会科学的学科”，这是学科群的学科基础和资源。对于“1 + 3”学科群的构建框架，陈秉公教授指出，“1 + 3”学科群建设必须遵循以马克思主义为指导、以中华优秀传统思想理论为根基、以西方思想理论为借鉴的基本理念，推动中国思想理论“多源一脉，总体超越”。袁银传教授从学科建设规律的角度提出将马克思主义理论一级学科划分为 3 个学科进行整体建设。袁银传教授指出，哲学一级学科下属的二级学科及其研究领域应包括基础理论研究、历史发展研究、现实应用研究，将马克思主义理论学科划分为马克思主义基本理论学科群、马克思主义中国化学科群、思想政治教育学科群 3 个学科。这样划分有利于发挥目前马克思主义理论学科队伍中原来学科背景的优势，整合学术力量，支撑思想政治理论课建设。

四　马克思主义理论学科建设与思想政治理论课建设

学者们一致认为马克思主义理论学科与思想政治理论课既相互区别又紧密联系。延边大学沈万根教授指出，马克思主义理论学科与思想政治理论课在范围、重点以及建设方式上相异，同时，马克思主义理论学科建设与思想政治理论课建设在性质、内容和建设主体上存在共同之处，二者内在统一于高校理论研究和课程教学之中。马克思主义理论学科建设为思想政治理论课建设提供理论和人才支撑，思想政治理论课建设为马克思主义理论学科建设提供实践基础和应用空间。武汉理工大学朱喆教授指出，马克思主义理论二级学科与思想政治理论课之间既存在整体的对应支撑关系，也存在具体的一一对应支撑关系，不能用整体关系遮蔽具体关系，也不应对具体关系作出机械狭隘的理解。

关于思想政治理论课建设，学者们分别从教育教学和课程体系建设两大方面，提出了加强思想政治理论课建设的有效途径。浙江大学王东莉教授认为，应融生命关怀于“思想道德修养与法律基础”课教学中，以“生命关怀”的理念为指导，将“生命关怀”渗透到教学内容中，提高思想政治理论课的效果和培养全面发展的人。暨南大学程京武教授基于传统文化维度，提出了思想政治教育的构建路径，通过进行思想政治教育传统文化培育，走出思想政治理论课中文化缺失的困境，探索将传统文化与思想政治教育有效融合的思想政治理论课构建路径。西南大学周琪教授提出了思想政治教育主体图像化构建的问题，通过思想政治教育主体图像化构建来促进马克思主义理论教育的“理论彻底性”，其中用图像塑造思想政治教育主体的角色形态，用图像推动思想政治教育主体话语的主导与多样相统一，用图像构建思想政治教育主体的实践场景等方式，对于创新思想政治理论课教育教学方式具有很大的启发意义。关于思想政治理论教育课程体系建设，西安交通大学燕连福教授提出构建高校“大思政课”课程体系，它是包含思想政治理论课、哲学社会科学课程和其他专业中的思想政治教育资源课程在内的课程体系。

五　马克思主义理论学科与国家智库建设

学者们就马克思主义理论学科与中国特色社会主义新型智库建设的相关问题进行讨论，主要集中探讨了马克思主义理论对国家智库建设的重要功能、马克思主义理论学科服务功能的重大意义、推进马克思主义理论学科服务功能等问题。

关于马克思主义理论对国家智库建设的重要功能，苏州大学方士南教授指出，马克思主义理论对中国特色新型智库建设具有“四导”功能。首先，马克思主义理论对国家智库建设具有思想指导的功能，坚持马克思主义理论对国家智库建设的指导有利于保证国家智库建设的水平和质量。其次，马克思主义理论对国家智库建设具有方法引导的功能，马克思主义作为行动的指南，其科学的研究方法为国家智库的研究提供了重要方法论指导。再次，马克思主义理论对国家智库建设具有行动先导的功能，在国家智库中坚持和发展马克思主义理论对实践的先导功能，有利于推动马克思主义的运用和创新。最后，马克思主义理论对国家制度建设具有目标向导的功能，必须在国家智库建设中充分将马克思主义与中国具体实际相结合，在实践中丰富和发展马克思主义。

关于马克思主义理论学科的服务功能，浙江大学段治文教授认为，在探讨马克思主义理论学科发展时，往往存在忽视马克思主义理论学科重要的服务功能和社会使命的现象，有必要强化发挥马克思主义理论学科服务功能的重大意义。发挥马克思主义理论学科的社会服务功能是马克思主义理论学科的应有责任，是提升马克思主义理论影响力的重要途径，是当今中国社会发展的需要。在实践路径上，应提高增强马克思主义理论学科的社会服务功能和增强马克思主义理论学者社会责任的思想认识，加大对马克思主义理论学科服务功能的引导力度，提高该功能在学科评估中的比重，建立完善的马克思主义理论服务和宣传体系，建立能够培养一流马克思主义理论宣传家队伍的机制。

（原载《思想教育研究》2016 年第 11 期）

马克思主义的真理性、大众化与对错误思潮的批判

——第九届全国马克思主义院长论坛综述

任会芬　邹小军

2016年9月29—30日，由中国社会科学院马克思主义研究院、中国社会科学院马克思主义研究学部、国防科学技术大学人文与社会科学学院共同主办，中国社会科学院马克思主义研究院国外马克思主义研究部、国防科学技术大学中国特色社会主义理论体系研究中心承办的“第九届全国马克思主义院长论坛”在长沙国防科学技术大学隆重举行。国防科学技术大学政治部主任刘文军主持开幕式，国防科学技术大学副政委史衍良和中国社会科学院马克思主义研究院副院长樊建新致开幕词。国防科学技术大学政委王建伟、中国社会科学院马克思主义研究院党委书记、院长邓纯东做主题报告。来自全国80多所高校和科研机构的150多位马克思主义学院院长、专家学者围绕论坛主题“马克思主义的真理性、大众化与对错误思潮的批判”进行了广泛而深入的研讨。

第一，马克思主义真理性、大众化研究。王建伟做了题为“在实践中坚持和发展马克思主义”的主题发言。他指出，在实践中坚持和发展马克思主义，既是马克思主义的本质要求，也是马克思主义保持生机活力的动力源泉。我们面对新的时代特点和实践要求，一是要以更加宽阔的眼界审视马克思主义的现实基础和实践需要。坚持马克思主义科学性与革命性、合规律性与合目的性、普遍性和特殊性相统一，在新的历史起点上不断把马克思主义中国化推向前进。二是要深刻领会党中央治国理政新理念新思想新战略集中体现了马克思主义中国化最新成果。十八大以来，以习近平同志为核心的党中央坚持以理论创新引领实践创新，形成了一个系统完整的科学理论体系；深刻回答了新形势下党和国家事业发展的一系列重大理论与现实问题；深化了我们党对共产党执政规律、社会主义建设规律、人类社会发展规律的认识；实现了中国革命、建设和改革的历史逻辑、理论逻辑和实践逻辑的贯通融合。三是要在新的实践中开辟马克思主义发展新境界。坚持马克思主义的指导地位不动摇，坚持在理论创新和实践创新的统一中发展21世纪中国的马克思主义。

邓纯东做了“在马克思主义理论研究和教学中如何贯彻落实习近平总书记5·17重要讲话精神”的主题发言。他指出，习近平总书记在讲话中，把坚持马克思主义的指导地位作为关键点、放在第一位。贯彻落实5·17重要讲话精神必须坚持马克思主义指导地位：一是要加大对马克思主义中国化理论成果的正面宣传和教育。二是需要对关系马克思主义指导地位的一系列重大理论和现实问题加强分析和辨析。要对关系全党和全体人民思想观念的重大理论与实践问题进行马克思主义的辨析，分清是非。三是需要对各种非马克思主义、反马克思主义的思想观念进行批评和批判，尤其要加大对错误思

潮的批判。四是要加强对习近平总书记系列重要讲话精神的研究和宣传。习近平总书记的重要讲话为高校教学指明了方向，主要应从两方面落实讲话精神：一是确保马克思主义教学成为真正的马克思主义传播。二是构建完善的马克思主义学科和学术话语体系。

樊建新在致辞中指出，习近平总书记在哲学社会科学工作座谈会上提出的“坚持以马克思主义为指导”，鲜明地昭示了当代中国哲学社会科学的性质。贯彻落实讲话精神，首先要树立对马克思主义的自信。马克思主义是科学理论，是真理，不仅是一种意识形态，而且具有学术上的学理性和系统性。其次，要积极作为，不等不靠。马克思主义学院的院长、研究所的所长、教学部的主任、期刊编辑部的负责人，不仅在马克思主义学科领域，而且要帮助学校在其他哲学社会科学领域的教学与科研中切实加强以马克思主义为指导，防止把马克思主义边缘化和在一些学科中“失语”。马克思主义学者面对错误思潮，不仅要敢于亮剑、勇于发声，而且要善于亮剑、善于发声。

国防大学颜晓峰研究员从马克思主义经典著作的视角解读了习近平总书记在哲学社会科学工作座谈会上提出的马克思主义“两个制高点”的论断。马克思主义经典著作是其真理和道义的最重要载体，“两个制高点”首先可以从经典著作所包含的精神中得到证明和彰显。中国传媒大学马克思主义学院院长张付、海军工程大学龚耘教授和黑龙江科技大学唐国忠教授，分析了党内学习在马克思主义传播中的重要作用和历史经验，总结了马克思主义大众化的历史演进及大众化理论成果和从多个维度阐述了马克思主义的科学性。

第二，当代中国马克思主义创新发展研究。

中南大学马克思主义学院院长张卫良指出，发展21世纪中国的马克思主义，需明辨与洞察发展的四重语境：一是在范式之间的哲学语境。包括以“后现代”为名的西方哲学范式语境、以“民族主义”为内核的中国传统哲学范式语境、以“实践的中国化”为主题的马克思主义哲学范式语境。二是在意志之间的历史语境。三是在维度之间的文化语境。四是在价值之间的技术语境。

吉林大学马克思主义学院院长韩喜平认为，要完成全面建成小康社会的阶段性目标，实现中国梦，必须以理论自信增强战略定力和发展自信。南京大学马克思主义学院党委书记王明生分析了中国道路的世界历史意义，认为中国道路是世界社会主义运动走出低谷的新希望。兰州大学马克思主义学院院长张新平认为，深刻理解中国特色社会主义是树立“四个自信”的理论前提。湖南社会科学院院长刘建武指出，在社会主义之前加上“中国特色”四个字，体现了科学社会主义关于社会主义没有固定不变的模式，建设社会主义必须坚持马克思主义基本原理与具体实践相统一的原则和要求；体现了科学社会主义关于社会主义不否认各民族间的差别，建设社会主义必须坚持一般规律与民族特点相统一的原则和要求；体现了科学社会主义关于社会主义不否定个性，建设社会主义必须坚持普遍性与特殊性相统一的原则和要求。西安交通大学马克思主义学院院长王宏波、东北师范大学庞立生教授分别探讨了国企混改问题和从文化与文明的视角解读了民族复兴的本质。

第三，习近平治国理政思想、国防和军队建设重要论述研究。

东南大学马克思主义学院院长袁久红和东北财经大学朱成全教授分析了以习近平同志为核心的党中央治国理政的“顶层设计”和习近平治国理政思想的整体性特征。西安政治学院李建德教授认为，习近平总书记治国理政思想坚持了实事求是的唯物论精髓、全面协调的辩证法智慧、人民立场的价值情怀、实干第一的认识论品格、历史担当的精神魅力、底线思维的清晰眼光。上海交通大学马克思主义学院党委书记黄伟力和西北大学马克思主义学院院长杨洪、长沙理工大学马克思主义学院院长陈万球分析了习近平总书记党建思想的内涵、马克思主义大众化的思想特质和网络治理思想的特色。

来自军队院校的专家学者集中讨论了习近平主席国防和军队建设的重要论述。军事科学院毛泽东军事思想研究所所长姜铁军阐析了习近平主席的军事战略思想认为，其意义是支撑中华民族伟大复兴的战略运筹、聚焦能打仗打胜仗的战之方略、建设世界一流军队的战略擘画。空军指挥学院王寿林教授、国防科技大学人文与社会科学学院廖国庚教授、火箭军工程大学杨梅枝教授分析和论述了习近平主席国防和军队建设重要论述的四个鲜明特征、党对军队绝对领导理论的创新和发展、军民融合发展战略思想的时代背景、现实基础、主要内容和重大意义。

第四，网络时代思想政治教育研究和对当前错误思潮的评析与批判。云南大学马克思主义学院院长李兵探讨了如何推进边疆民族地区马克思主义教育的问题。空军指挥学院苗润奇教授提出，通过强化马克思主义理论教育的价值塑造力、思想引导力、理论说服力和现实战斗力以巩固马克思主义指导地位。空军工程大学何睿洁教授、空军工程大学刘江教授探讨了大数据对军队思想政治教育带来的挑战及其创新发展问题。

湖南大学马克思主义学院院长陈宇翔分析了 1945 年和 1981 年党的两个《历史决议》对毛泽东思想的树立与维护。希望能做出第三个历史决议，以党史决议的方式应对当前的各种错误思潮。

湘潭大学毛泽东思想研究中心主任、长江学者李佑新对毛泽东研究中的历史虚无主义观点进行了批判。浙江理工大学谭劲松教授提出，要旗帜鲜明地批判“马克思主义过时论”“马克思主义无用论”“指导思想多元论”等反马克思主义思潮。国防科技大学人文与社会科学学院何敏教授分析和提出了历史虚无主义形成的国际国内背景、表现形式、危害性及有效抵制的对策建议。中国地质大学常荆莎教授分析了新自由主义的主要表现及其对中国特色社会主义经济制度的解构。解放军外国语学院任军教授提出，历史评价需要理性逻辑和科学态度。

第五，中国特色社会主义话语体系建设与传播研究。

南昌大学马克思主义学院院长胡伯项和复旦大学马克思主义学院副院长吴海江提出和探讨了要构建具有马克思主义理论学科特色的话语体系及构建中国学术话语体系的现实背景、理论基础以及实现路径。

国防科技大学人文与社会科学学院院长曾华锋指出，网络意识形态斗争的实质是夺取“制脑权”。国内外敌对势力把瓦解信仰系统、颠覆社会制度作为战略目标；把篡改历史记忆、摧毁民族象征作为突破口；把改变人们的思维方式作为主要手段；把境内境外勾结、网上网下联动作为行动策略；把渗透基层、争夺民心军心作为重要方式。因此，打赢网络意识形态主动仗，要军地协同、整体筹划；掌握话语、示形造势；攻防兼备、快速反应；多措并举、有效管控。武汉纺织大学喻学林教授、广东医科大学操奇副教授就当代大学生理想信念教育话语等问题也发表了见解。

第六，马克思主义理论学科建设与思想政治理论课教学研究。

中国社会科学院马研院国外部主任冯颜利研究员指出，马克思主义理论课是高校最难教好的课程之一，不是任何专业的教师都能教好这门课，一定要选择马克思主义理论基础扎实的优秀教师从事该课的教学，高校马克思主义学院的领导要与大学党委书记和校长多联系，确保马克思主义理论课教师的政治待遇和生活待遇，要把习近平总书记系列重要讲话精神落到实处．切实改变有的高校马克思主义边缘化、空泛化、标签化的状况，要真正使马克思主义成为“香饽饽”。

华中师范大学马克思主义学院院长秦在东提出，把马克思主义理论设为一级学科，要求从整体性上学习研究宣传马克思主义。中国农业大学马克思主义学院院长林万龙介绍了其所在学院“三三制”的教学改革经验。南京政治学院何怀远教授提出，马克思主义理论专业的导师要自觉担负起为党和人民培养有学识、有品德、有担当的马克思主义理论人才的光荣使命。

（原载《马克思主义研究》2016 年第 11 期）

“五大发展理念”与中国道路
——第三届中国道路欧洲论坛综述

任　洁

2016年10月10日、11日和15日，中国社会科学院马克思主义研究院与西班牙、法国、意大利的相关机构和组织，共同主办的“第三届中国道路欧洲论坛”在巴塞罗那、巴黎、罗马分别召开。会议主题为“五大发展理念与中国道路”。在本届论坛开幕式和三个分论坛的开场阶段，中国社会科学院马克思主义研究院院长邓纯东研究员向所有与会代表介绍了创办中国道路欧洲论坛的初衷和发展历程。他强调指出，中国与欧洲都处于积极探索改革的历史阶段，在改革道路上都面临风险与挑战，中欧双方学术界人士应当加强交流、加深了解、互学互鉴，实现共同发展。邓纯东就中欧共同举办中国道路欧洲论坛提出几点希望：一是希望中欧双方能够围绕发展、治理方面的问题进行交流，并提出解决问题的对策方案；二是希望利用此论坛促进中欧人民的互相了解，增进双方交流合作与友谊；三是希望中欧双方能够对所处的时代保持清醒认识，并且能够在新的时代条件下对所要采取的路线方针政策以及社会主义运动的前景和趋势有清醒把握。本届论坛中方与会代表36人，西班牙、法国、意大利三国正式与会代表41人。各国专家学者围绕以下问题进行了深入研讨和交流。

一　关于中国政治制度、中国共产党与21世纪马克思主义的讨论

清华大学马克思主义学院肖贵清教授认为，要认识当代中国、了解中国道路、中国理论、中国制度，要从中国共产党谈起。改革开放以来，中国共产党坚持把马克思主义与中国实际和时代特征相结合，与时俱进，开拓创新，取得了举世瞩目的建设成就，归结起来就是：开辟了中国特色社会主义道路、形成了中国特色社会主义理论体系、确立了中国特色社会主义制度。

西班牙中国政策观察中心主任胡里奥·里奥斯认为，讲到中国政治制度就会讲到中国共产党，目前，法治建设、打击腐败是中国政治体制改革的重要方面。未来中国的发展面临经济增长、社会稳定、中国共产党自身建设和改革、维护国家主权四个方面的挑战。

西班牙“对话中国”项目主任奥古斯托·索托以“21世纪的马克思主义与中国共产党”为题发表演讲。他说，中国共产党具有紧密联系现实、实事求是的务实精神，具有立足于人民的立场，所以其能够推动生产力的创造性发展，激发中国人民创新精神的迸发。

西班牙纳瓦拉公立大学研究员安德烈·埃雷拉认为，中国现在的发展是对马克思主

义的继承和发展。中国正在经历一场深刻的变革，所有的变革都是在中国特色社会主义的框架内进行。

意大利《二十一世纪马克思》科学委员会负责人、历史学家亚历山大·赫贝尔讲述了中国革命和意大利共产党之间的关系。他认为，意大利与中国具有共同的共产主义发展史。

二 关于社会发展、文化创新与社会主义核心价值观的讨论

西班牙加泰罗尼亚开放大学教授安娜·布斯盖茨和意大利《二十一世纪马克思》杂志撰稿人迭戈·安吉洛·贝尔托其都是历史学家，他们简要叙述了中国从“一盘散沙”到世界大国的发展历程，认为对当代中国的了解应当基于对中国历史的了解。

意大利共产党国际部负责人、《二十一世纪马克思》杂志领导小组成员佛斯柯·贾尼尼认为，中国共产党作为执政党所作的战略选择证实了马克思主义关于生产力发展的中心作用。

在什么是好的社会发展模式问题上，中国社科院马研院助理研究员贺钦认为，符合时代特点、本国国情、人民利益的发展模式才是具有原动力的发展模式。中国社科院马研院陈亚联副研究员认为，基本国情、历史演进、经济社会状况、文化传统共同决定了我们必须走中国特色解决民族问题的道路。中国社科院马研院李建国副研究员认为，中国特色社会主义的国际影响力主要来源于中国特色社会主义发展的创新性、理念的进步性、道路的示范性和制度的优越性。

西班牙巴塞罗那自治大学霍阿金·贝特兰教授对中国与西班牙的社会发展状况进行了比较，他认为中国提出的共享发展理念主要是针对社会保障和财富分配不均问题提出的。中国正在致力于解决城乡区域发展的不平衡问题，以促进共享发展。

北京航空航天大学王代月副教授认为，当前我国的供给侧结构改革与供给学派最根本的区别在于，前者是以共享发展理念引导的社会主义方向的改革。中国社科院马研院任洁副研究员认为，共享发展是社会主义的本质要求，要实现全民共享、全面共享和共建共享；中国始终坚定不移地走和平发展道路，并为推动世界和平发展和全球治理贡献中国方案、中国元素、中国智慧。

意大利《二十一世纪马克思》杂志主编安德烈·卡托内认为，构建一个国家的价值观要根据各国自己的历史和民族文化，经历长期的努力才能成功。

西班牙巴塞罗那自治大学蒙塞拉特·克莱斯宾教授阐述了为什么要选择公正作为社会的主要价值观以及如何在社会主义发展中体现公正价值观：一是公正应该是社会主义价值观的重要内容和我们都要追求的价值观；二是只有回到孔子和古希腊关于“义”的思想原点，才能正确认识公正价值观；三是要给所有的人应该得到的权利；四是要考虑所有人的需要，更新我们对公正的观念。

中国社科院信息情报研究院景向辉副研究员认为，中国的发展道路根植于中国优秀传统文化。大连理工大学马克思主义学院徐成芳教授认为，当代中国文化创新与社会主义核心价值观统一于当代中国特色社会主义的伟大实践中。北京市社会科学界联合会副主席孟春利认为，中华优秀传统文化是涵养社会主义核心价值观的源泉。上海市委党校第三分校孙叶青教授认为，要进一步推进社会主义核心价值观的培育和践行，就必须把

社会主义核心价值观融入社会生活。

浙江工业大学马克思主义学院邢乐勤教授具体阐述了友善价值观的传统渊源和当代价值。桂林电子科技大学秦永芳教授具体阐述了民间故事在民族地区社会主义核心价值观培育中的作用。

三　关于一带一路、中欧关系等问题的讨论

齐鲁师范学院马克思主义学院陈海燕教授认为，“一带一路”倡议不同于历史上的马歇尔计划，不附带任何附加条件，是中国与沿线国家和地区实现“共商、共建、共享”的发展规划。欧洲议会荣誉议员弗朗西斯·乌尔兹认为，“一带一路”对欧洲而言是机遇不是威胁，中国模式不同于西方。希望中欧双方能够定期交流，加强合作与对话。

意大利二十一世纪马克思政治文化协会主席、经济学家弗拉狄米罗·贾凯提出了中欧合作的前景以及在“一带一路”框架下，如何建立互利共赢的人类命运共同体的问题。

西班牙知华讲堂公共关系部主任恩里克·凡弗尔认为，中国的“一带一路”开启了中欧经济合作的新窗口。中国政府需要付出更多的努力改善和解决中欧经济合作存在的一些问题。

法国佩里基金会主席阿兰·欧巴迪亚指出，中国的地缘政治决定了中国需要与发展中国家进行合作，以改变战后的国际秩序。

中国社科院信息情报研究院朴光海研究员简单梳理了中欧关系的发展历程及特点，并指出了存在的问题和未来发展应该遵循的原则。兰州大学马克思主义学院张新平教授对中欧新型大国关系的新内涵、新发展和面临的挑战做了阐述，并提出了对策建议。人民日报社理论部主编彭国华认为，当前，世界格局和力量对比继续发生深刻变化。独立自主、振奋民族精神是中欧可持续发展的立足点；坚持合作共赢，超越傲慢与偏见是中欧可持续发展的增长点。

意大利圣路易斯大学的西尔维娅·梅内伽兹是“中国论坛”网的负责人之一。他认为，尽管中欧关系存在某些问题、挑战和分歧，但中欧之间的高层互访和民间交流将进一步增强中欧之间的合作交流。

意大利“潘多拉 TV”负责人朱利叶托·齐耶萨重点对当前国际背景下的中俄关系进行了阐述，他认为中俄关系对未来十年维护世界和平至关重要。

意大利二十一世纪马克思政治文化协会与“拒绝战争、拒绝北约”委员会领导小组成员法乌斯托·索里尼对当今世界政治形势进行了解读。他认为，奥巴马想重建美国霸权在道德和政治上都是失败的。意大利《宣言报》记者、“拒绝战争、拒绝北约”委员会成员曼里奥·迪努奇认为，美国用欧盟来阻止欧亚、中俄联盟，虽然欧洲面临一些阻力，但是我们希望改变西方主导世界的格局。

法共欧洲问题负责人、欧洲左翼党执行委员会法共代表安娜·萨布涵认为，中国要与危机中的欧洲进行合作，首先应该了解当前的欧洲局势。他希望中国与欧洲的合作能够帮助欧盟成功转型。

南京师范大学马克思主义研究院俞良早教授认为，当代中国共产党人具有丰富的国

际关系思想。这些思想指导和促进了党和国家的对外政策实践。

意大利五星运动党议员曼里奥·迪·斯德法诺指出，“中国威胁论”是西方国家的短视。希望欧盟与金砖国家建立新的关系，欧洲的地缘政治应该从欧美转向欧亚，这是不可抗拒的趋势。

意大利《二十一世纪马克思》杂志和网站撰稿人、经济学家帕斯卡莱·奇卡莱赛指出，中国的“一带一路”是近50年来前所未有的大机会，为意大利走出经济危机带来新的希望。

四 关于五大发展理念、创新驱动战略与全球转型驱动力的讨论

中国人民大学马克思主义学院秦宣教授认为，五大发展理念坚持以人民为中心的发展思想，体现了中国共产党的宗旨，反映了中国共产党执政理念的鲜明特色；五大发展理念是在总结国内外发展经验基础上提出来的，集中反映了中国共产党对中国发展规律的新认识；五大发展理念顺应了时代发展的要求，是中国共产党解决人类社会发展问题的中国方案。

山东社会科学院党委书记唐洲雁认为，到2020年前后实现全面小康，这是中国既定的发展目标；要完成这一目标，关键要明确发展理念和指标体系，“十三五”规划由此制定并颁布；全面小康是包括老少边穷每一个地区在内，经济、政治、文化、社会、生态每一个领域在内的小康。

法共国际关系问题负责人琳蒂亚·萨玛巴克施认为，经济全球化的特点是少数人控制了全球资源，社会不公平、全球不公平拉大。我们应当在全球化条件下通过社会运动重新设计政治格局。

法共社会经济委员会委员、经济学家弗雷德里克·博卡拉认为，当前，全球债务已达到2008年经济危机之前的水平，又出现了新的经济危机征兆。

西班牙加泰罗尼亚开放大学卡列斯·布拉索教授回顾了中国改革开放以来技术在社会生产中地位的变化。他认为，在生产能力接近极限时，需要技术创新，以实现生产资源、能源的再生和再循环。

中国社科院马研院吕薇洲研究员认为，创新已成为当代世界经济社会可持续发展的第一动力，成为国家富强、民族复兴的重要条件。在“五大发展理念”中，创新发展被摆到了首位。重视人才、完善制度、加强协作应成为贯彻落实创新发展理念的着力点。北京大学中国平衡论研究中心李继兴研究员认为，中国道路的创新发展，首先在于观念创新。观念创新首先在于对马克思主义理论“变而不变”的创新。“变”的是方法，“不变”的是马克思主义的宗旨。

主管高新技术领域的法共中央委员会执行委员亚·勒波洛泰克认为，数字平台有利于微任务的处理。数字化的弊端是要求人们具有高度自组织性，需要人们时时作出回应，这也是一种阶级斗争。

法国GAPSET院长让-米歇尔·特里耶认为，信息技术革命可以将国家对企业的组织管理战略转换成运营目标。要确定工作重心，管理好网络，层层下放，落实好战略目标。

五　关于互联网、气候变化等全球治理问题的讨论

意大利国际化咨询师、中国地缘政治学者弗朗切斯科·马林乔认为，技术革命带来了资本主义世界的革命。信息技术的进步让我们拥有更多信息，但也可能带来新的剥削。

中国社科院信息情报研究院塔娜研究员、梁俊兰研究员和山东社会科学院政策研究室杨金卫研究员就网络强国战略的架构与核心、维护网络主权的国际路径和网络空间命运共同体与全球互联网治理新格局等问题进行了研讨。

法共中央委员会委员、法共经济委员会负责人埃尔维·布拉米以批判的眼光看待《巴黎协定》。他认为，《巴黎协定》是政治较量的结果，人民的参与太脆弱了。要创造新的发展模式，必须考虑人类发展指标，通过循环经济的发展，保护生活多样性和生态多样性。

巴黎－东克雷塔伊大学科学所大气系统研究实验室让－弗朗索瓦·杜森研究员认为，资本主义社会生产的根本目的就是积累财富，是少数人利用资本达到自己的目的，从而影响了环境。这个问题并不是新问题，只不过是反映在环境中而已。哈尔滨师范大学马克思主义学院李庆霞教授认为，中共十八届五中全会提出的绿色发展理念强调人与自然的互惠共赢和生产生活中的生态价值。生态学马克思主义为我国的绿色发展理念和实践提供了启迪，也有助于我国生态文明和美丽中国的实现。

广西财经学院文化传播学院李声明教授提出要从国家安全的高度重视西部边疆民族生态环境建设。

新当选的意大利共产党总书记玛乌罗·阿尔伯莱西对欧洲论坛在意大利的成功召开表示祝贺。他认为，意大利对中国的了解，对中国共产党和中国特色社会主义的了解还甚少，必须通过中意的交流合作改变这种状况。

最后，邓纯东对本届中国道路欧洲论坛进行了总结。他指出，中欧两国学者所讨论的内容涉及当代诸多重要问题，这既是学术交流的成果，也应当有助于欧洲走出危机、促进世界和平发展；中欧两国学者对中国道路、中国理论、中国制度的研讨非常深入，增进了双方的互相了解，达成了诸多共识，充分体现了双方坦诚、友善、互助、合作的友谊和意愿；希望中欧之间能开展更多学术、文化上的交流，让双方的友好合作成为常态。

（原载《马克思主义研究》2016 年第 11 期）

社会主义改革（革新）：回顾与展望

——第四届社会主义国际论坛综述

汤志华　刘晓华

2016年11月1—3日，由中国社会科学院马克思主义研究院、越南社会科学翰林院和老挝国家社会科学院共同主办，广西师范大学马克思主义学院、广西马克思主义理论与区域实践协同创新中心承办，广西师范大学出版社集团协办的“第四届社会主义国际论坛”在广西桂林成功召开。中国社会科学院马克思主义研究院院长邓纯东教授和副院长樊建新教授、越南社会科学翰林院哲学所所长阮才东教授、老挝社会科学院经济研究所所长方习·老峰博士和广西师范大学校长梁宏教授、广西壮族自治区党委宣传部部务委员赵勇富出席开幕式并讲话。邓纯东指出，本次论坛以“社会主义改革（革新）：回顾与展望”为主题，学者集中对当代社会主义的发展趋势和现状进行探讨，有利于推进科学社会主义理论的创新和发展。来自中国、越南、老挝三国的100余位专家学者，围绕“社会主义改革（革新）：回顾与展望”的主题进行了热烈而富有成效的讨论与交流，其中30余位专家学者进行了大会发言。

一　社会主义改革的思想保障和政治前提：毫不动摇地坚持马克思主义的指导地位和共产党的领导

中国、越南和老挝作为社会主义国家，坚持以马克思主义为指导，坚持共产党（老挝称之为人民革命党）的领导。因此，三国在进行社会主义改革的过程中，都强调要确保社会主义改革的正确方向，必须坚持马克思主义的指导地位和共产党的领导。

在围绕如何坚持马克思主义的指导地位问题上，各国学者进行了热烈的研讨。中国人民大学马克思主义学院秦宣教授以“现实社会主义的历史方位”为主题进行了大会发言，他从经济社会形态、主体社会形态、技术社会形态和交往社会形态等方面对马克思主义社会发展阶段理论进行了多维度分析，提出社会主义改革必须按照马克思主义关于社会发展阶段的理论，正确认识本国所处的历史方位，在改革（革新）的过程中要坚持实事求是、与时俱进的思想路线。广西师范大学钟瑞添教授以“论马克思主义之‘用’”为主题进行的发言，从不同层次揭示了马克思主义的普遍价值，有力回击了马克思主义“过时论”或“无用论”等错误观点，指出马克思主义重要的理论启示和实践意义体现在五个方面：指导一切科学领域的科学，世界社会主义运动发展的圭臬，中国特色社会主义的理论指导，破解不同区域发展困局的理论工具，指导人生价值实现的最高科学。中国社科院马克思主义研究院孙应帅副研究员、浙江财经大学马克思主义学院华正学教授则分别从宏观和微观两个方面论述了马克思主义基本原理和具体观点对社会主义改革的重要指导作用。

党的领导是决定社会主义事业成败的关键。坚持和发展社会主义就必须坚持和完善党的领导。在如何加强和改善党的领导方面，越南承天—顺化省宣教部部长阮泰山指出，和平与发展成为当今世界的时代主题，社会主义国家在世界局势由两极格局向多极格局转变、意识形态斗争愈演愈烈的情况下，更要坚持和发展马克思主义，加强和完善共产党的领导。广西师范大学汤志华教授则从推进全面从严治党是中国特色社会主义本质要求的角度，阐述了坚持和改善党的领导对中国特色社会主义的重要意义。中国共产党既坚持在思想上从严治党，也强调在制度层面从严治党，强调通过国家法律和党纪党规来加强制度反腐。吉林大学陈松友教授提出要从党的具体方针政策和指导思想出发，以坚持共享发展理念引领社会主义改革实践。老挝社会科学院组织局局长恩高·习巴色博士以“老挝革新公务员职工干部事业”为主题，论述了人民革命党建设工作的主要内容是加强党员队伍的建设，强调党员是执政党和人民群众的桥梁和中介，社会主义建设伟大事业的成败取决于执政党是否能够加强党的建设和提高党员素质，在社会主义改革中要加大对党员的培训力度。老挝社会科学院政治学研究所副所长卡盘·拉米翁博士以“老挝人民革命党的领导方法革新”为发言主题，通过界定何为党的领导、总结党的领导成就以及明确党的领导方法三个方面阐述了党建工作的改革（革新），提出了党建工作改革的六大原则，即坚持社会主义、坚持马克思主义、坚持党的领导、发展社会民主、激发人民群众积极性、增强民族自信，进而使人民革命党学会和善于全面领导和把握全局。

中国、越南和老挝三国学者都认为，社会主义国家在改革或革新的过程中必须坚持和发展马克思主义，巩固和改善党的领导，确保社会主义改革的正确方向。但是中国学者更为注重的是对马克思主义基本原理的学习与运用，通过推进全面从严治党加强党的纯洁性和先进性建设，而越南和老挝学者侧重于通过加强执政能力的培训，改革和创新党的领导方法。

二　社会主义改革的重要实践：建设和完善市场经济体制

经济领域的改革是社会主义改革的重要内容。中国、越南和老挝都把建设和完善社会主义市场经济体制作为经济改革的主要目标。因此，三国学者对如何推进经济领域的改革、各自取得了哪些经济发展成就和如何进一步完善社会主义市场经济体制格外关注。

北京大学孙蚌珠教授以“中国在改革和发展中消除贫困”为主题进行大会发言。她强调，改革开放的最大历史功绩体现在中国通过不断改革和发展，最终消除贫困。孙教授概括了1978年以来中国在改革发展中消除贫困的历史经验，并在此基础上总结了消除贫困需要兼顾的六大关系：发展经济与消除贫困的关系、经济发展阶段和消除贫困的关系、产业和城市化发展和消除贫困的关系、政府和市场以及社会力量的关系、关注贫困主体参与的积极性、总结扶贫过程中的具体经验。中国社科院马克思主义研究院张福军副研究员在发言中提出，中国经济的高速发展得益于对“两个毫不动摇”的全面坚持。

越南和老挝学者介绍了各自国家经济革新发展取得的重要成就。阮才东教授以

“越南革新开放30周年的经济成就与经济民主化的问题”为报告主题，通过对比分析1986—2015年各个历史阶段的经济发展速度，总结越南30年革新开放的伟大成就和特点就是逐步实现经济民主化和经济体制法制化，概括了越南革新开放发展经济民主化的六大原则是：保障人民富裕的权利、消除经济特权和独裁、完善监督体制、体现公开透明、注重社会公平、民主制定经济政策。越南社会科学翰林院哲学所副教授阮嘉诗作了“越南社会主义定向市场经济理论的形成和发展与其在社会主义过渡时期的运用”的主题发言，将越南社会主义定向市场经济理论的形成和发展划分为四个历史时期进行考察，一是在越共六大以前关于市场思想的初步形成；二是1986—2001年，越南对市场运行的框架和体制进行革新，形成多种经济成分并存的制度；三是2001—2006年，市场由工具性质和管理机制转变为资源配置的基础；四是2006—2015年，则是对社会主义定向市场经济的延续和完善阶段。

老挝社会科学院文化研究所所长宋森·赛雅翁以“老挝市场经济建设与社会文化：成就与挑战”为主题进行大会发言。他指出，在将近30年的革新历程中，老挝不断推进民主主义制度的建设进程，逐步实现了社会稳定和经济发展。方习·老峰以“老挝经济革新与挑战”为主题进行了大会发言，他通过对一系列的数据进行分析，指出革新开放加强了老挝与其他国家之间的贸易往来，促进了所有经济成分的发展，解决了极度贫困问题，提高了老挝的国际地位和加强了老挝人民建设祖国的凝聚力。

从三国专家学者的观点可以看到，中国、越南和老挝三个国家坚持以市场为导向的经济改革，改革的目标都是为了建设和完善社会主义市场经济体制，努力促进生产力的发展和提高人民生活水平，最终实现国强民富。

三 社会主义改革面临的现实困境：如何实现全面协调可持续的发展

中、越、老三国在社会主义改革（革新）开放30多年的历史进程中，取得了巨大发展成就，逐渐摆脱了经济政治文化落后的困境。但是，在现实发展过程中都面临着如何做到全面协调可持续发展的问题。三国学者重点关注改革中出现的贫富差距拉大、腐败问题、社会意识形态冲突、发展不平衡、公平与效率问题以及生态环境等挑战。

山西财经大学王素萍副教授以“分配公正：中国特色社会主义分配制度改革的价值取向”为主题进行大会发言，强调了分配公正的重要性。越南社会科学翰林院陈氏雪以“当前越南革新进程面临的挑战”为题，强调革新对于社会主义建设具有生死存亡的意义。越南在发展和改革过程中取得了一定的成绩，但是也面临巨大挑战和严重危机，即偏离社会主义方向、经济落后、官僚腐败问题。阮嘉诗认为，经济发展归根到底是产品生产和产品分配的问题，需要处理好公平与效率的关系。必须使广大人民群众成为生产资料的主人，需要制定科学透明的管理制度以及实行按劳分配和加强社会福利等组织制度。

方习·老峰指出，老挝在革新过程中存在四大问题，一是国家领导干部缺乏对市场经济的科学认识；二是缺乏与时俱进的经济发展政策，导致经济发展速度减缓；三是在经济运行方式上仍存在高度集中计划经济体制的痕迹；四是贫富差距日益扩大。而老挝社会科学院办公厅代理主任欧展·展通习博士则具体研究了老挝国有企业革新的成就与挑战，指出老挝国有企业在革新过程中存在以下问题：一是由于受到主客观条件的限制，国有企业数量不断下降；二是缺乏系统化、专业化的国有企业管理体系；三是缺乏调动有利因素的积极性；四是法律法规不完善等。

虽然各社会主义国家改革的具体做法和具体路径不尽相同，但是三国学者都认为，在社会主义改革过程中普遍存在公平与效率、贪污腐败、贫富差距过大以及生态破坏与环境污染等共性问题，需要各社会主义国家加强交流合作、共同解决。

四　社会主义国家深化改革的基本路径：探索本国特色的发展道路

恩格斯指出，马克思的整个世界观不是教义，而是方法，它提供的不是现成的教条，而是进一步研究的出发点和供这种研究使用的方法。这就要求社会主义国家要将马克思主义与本国具体实际相结合，探索具有本国特色的改革创新道路。

中国社科院马克思主义研究院潘金娥研究员以“社会主义国家的变革：发展路径与理论创新的异同”为题进行大会发言。在社会主义国家变革的具体实践方面，她对中国、越南、古巴、老挝和朝鲜五个社会主义国家在经济领域和政治领域改革的具体措施进行比较；在社会主义国家变革的理论创新方面，对中国的“中国特色社会主义理论体系”、越南的“胡志明思想”、老挝的“凯山·丰威汉思想”、古巴的“菲德尔·卡斯特罗思想和何塞·马蒂学说”、朝鲜的“金日成—金正日主义”等本土化的马克思主义进行分析，强调这五个社会主义国家的实践路径和理论创新存在差异，为马克思主义关于社会主义发展道路具有多样性的科学论断提供了有力的现实依据。武汉大学佘双好教授认为，中国在改革开放的历史进程中，对于如何处理政府和市场的关系进行了不断探索，明确了市场在资源配置中的决定性作用，进一步丰富和完善了如何将社会主义与市场实现更好结合的理论与实践。

越南社会科学翰林院哲学杂志原副主编邓有全以“越南共产党对于国家发展战线的新理论思维”为主题进行大会发言。他指出，跨越式发展是越南向社会主义过渡的发展路线。越南的跨越式发展并非违背社会发展的客观规律，而是既抛弃资本主义生产关系和上层建筑的统治地位，又有选择性地借鉴资本主义发展的经验教训。

宋森·赛雅翁强调改革要将发展经济和保护本土文化相结合。他指出，老挝的革新开放虽然是从经济领域开始的，但是老挝十分注意保护本土文化，与发展社会主义市场经济相融合，以社会文化促进经济革新。

此外，中国社科院杨建民研究员、贺钦博士和广西大学王承就教授还分别对古巴社会主义改革状况进行了论述。中国社科院袁振东研究员、荀寿潇助理研究员和云南大学马克思主义学院袁群教授则分别介绍了拉美“21世纪社会主义”、朝鲜劳动党理论本土化和实践的最新变化以及南亚国家对社会主义道路的探索。

最后，中国社科院马克思主义研究院副院长樊建新教授在闭幕式上对本届论坛进行了总结发言。樊建新教授指出，本届论坛取得了丰硕的研究成果。大会发言交流既有对本国改革情况的介绍，也有深入的理论分析；既有对社会主义改革共性的研究，又有对社会主义改革（革新）的个性特色关注；既有思想上的共鸣，也有学术观点的争鸣。但是，社会主义国家在改革发展过程中都面临着一个根本性的重大理论与实践问题，那就是对“什么是马克思主义”“什么是社会主义”“怎样建设社会主义”的认识。马克思主义基本原理和科学社会主义基本原则与各国具体实际的结合，如同“月映万川”一般，一轮明月，印象万千。只有坚持科学社会主义基本原则与本国具体实际相结合，社会主义才能呈现出勃勃生机。

（原载《马克思主义研究》2016 年第 12 期）

社会主义思想500年与科学社会主义

——中国社会科学院第四届科学社会主义论坛综述

刘志昌

2016年11月19日，由中国社会科学院马克思主义理论学科建设与理论研究工作领导小组主办、中国社会科学院马克思主义研究院和广西大学马克思主义学院共同承办的“第四届科学社会主义论坛”暨“社会主义思想500年与科学社会主义研讨会”在广西大学举行。中国社科院院长、党组书记王伟光做书面讲话，广西大学校长赵艳林出席并致辞，中国社科院马研院院长、党委书记邓纯东致辞并做主题发言。来自中国社科院、广西大学、贵州省委党校、宁波大学、山东师范大学以及广西壮族自治区党委宣传部等单位的专家学者共90多人出席研讨会。会议围绕习近平总书记重要讲话精神、科学社会主义基本原则、社会主义运动的历史经验和教训、国际共产主义运动的现状、中国特色社会主义的理论逻辑与历史逻辑等主题开展深入研讨。

一　坚持和发展社会主义必须坚持科学社会主义基本原则

中国社科院院长、党组书记王伟光在题为“深入研究和总结500年社会主义发展的历史经验”的书面讲话中指出，坚持科学社会主义基本原则是坚持和发展社会主义事业的根本前提。科学社会主义是马克思主义的三个重要组成部分之一。科学社会主义揭示了人类社会发展的普遍规律，给人类认识世界和改造世界提供了决不同任何迷信、任何反动势力、任何为资产阶级压迫所做的辩护相妥协的完整的世界观。科学社会主义是彻底的理论和实践，有着自己坚定的方向和目标。社会主义不是一蹴而就的，而是一个需要几代人、十几代人，甚至几十代人不懈奋斗的历史进程。科学社会主义的美好前景始终是我们前进的不竭动力。

王伟光指出，中国特色社会主义理论与实践把科学社会主义推向新阶段新境界。中国特色社会主义伟大事业是世界社会主义运动的重要组成部分。中国的革命、建设和改革离不开科学社会主义的指导，离不开世界无产阶级和社会主义运动的支持。中国共产党人在中国特色社会主义伟大实践中，进一步坚持、丰富和发展了科学社会主义理论。

二　加强社会主义理论与实践的研究和宣传

加强社会主义理论与实践研究是哲学社会科学工作的一项重要任务。如何让当代科学社会主义理论放射出理论的光芒？王伟光在书面讲话中提出，第一，加强中国特色社会主义理论与实践研究。没有社会主义，就没有人类的未来。经过近70年的奋斗建设，经过近40年的改革开放，中国发展道路与中国发展经验，已然成为当今世界的时代性标志，也为人类文明的发展进步开辟了新的发展路径。哲学社会科学工作者要切实担负起时代赋予的光荣使命，深入研究中国特色社会主义基本理论、基本路线、基本纲领、基本经验、基本要求，深入研究中国特色社会主义的历史逻辑、未来发展、世界影响，深入研究中国特色社会主义道路、理论体系、制度和文化，积极为党和人民述学立论、建言献策。第二，加强世界社会主义历史的研究。社会主义学说诞生500年来，有很多政治派别、历史人物都提出了自己的理论观点。这些观点，有的是马克思主义的，有的部分吸收了马克思主义观点，有的则是反马克思主义的，在不同程度上体现了不同国家、不同人物、不同政治派别对社会主义的认识。我们要正确认识、科学分析这些理论观点与科学社会主义理论的差别之处，特别是那些存在本质区别的地方，开展认真严肃的学术研究和批评，不能因循守旧，照抄照搬，食洋不化。第三，加强苏联历史经验和教训的研究。苏联是世界上第一个社会主义国家，曾经是世界社会主义建设发展的样板。而20世纪80年代末90年代初苏联解体东欧剧变是社会主义事业和人类解放事业遭遇的重大挫折，深刻认识苏联解体的原因和它对世界产生的影响，是发展社会主义事业的前提。必须指出的是，苏联的解体并没有终结也没有改变世界历史发展的必然趋势。我们要从共产党执政规律、社会主义建设规律、人类社会发展规律的角度，深入研究苏联的历史经验和教训；要从国家治理体系和治理能力现代化的角度，深入研究苏联社会主义建设的经验和教训；要从意识形态工作领导权、管理权、话语权的视角，深入研究苏联意识形态建设的经验和教训；等等。第四，加强世界社会主义现状和走向的研究。当今时代是作为日益壮大的社会主义力量与已经呈现出颓废衰落的资本主义力量博弈的时代，具体表现在两种历史趋势、前途和命运的反复较量。今天，资本主义的内在矛盾不仅没有克服，而且仍在激化之中，由此而引发的包括金融危机在内的制度性危机，充分证明马克思主义经典作家当年对资本主义发展趋势的科学预见性，也为世界社会主义发展提供了前所未有的历史机遇。当然，世界社会主义的复兴还存在着各种困难和各种各样的矛盾。要加强对世界社会主义实践的经验与教训研究，加强对资本主义本质和新特征的认识，进一步揭示马克思主义关于社会主义必然胜利的历史发展总趋势的科学判断，既要坚决反对社会主义“渺茫论”，又要反对社会主义“速胜论”。

中国社会科学院马克思主义研究院院长邓纯东强调指出，首先，科学社会主义理论的研究，需要更多更好地宣传当代社会主义运动状况、趋势。苏联解体东欧剧变后，欧洲、亚洲、拉丁美洲等地的社会主义运动都在继续发展，方兴未艾。这方面的情况我们宣传太少，应该加强。理论工作者有责任对当代社会主义发展的真实状况和实践经验做更好的研究和宣传。其次，理论界应对社会主义实践的历史尤其是重大史实进行准确的研究和宣传。自从苏联解体东欧剧变之后，国内外学术界有些人宣传了违背历史事实的错误观点。这种观点认为，苏联解体东欧剧变表明社会主义制度的失败，进而把苏联、东欧国家的社会主义历史描述得漆黑一片，这样的观点在中国学术界有不少表现，这完全不符合历史事实。再次，对中国特色社会主义若干重大理论和实践问题的研究、宣传亟待加强。中国道路实践的伟大成就受到全世界瞩目，但它成功背后的秘诀是什么？制度原因是哪些？现在有的学者对中国道路的成功只看到经济上的奇迹。实际上，中国道路的成功首先是政治制度上的成功。我们要解释中国经济长期高速增长的政治原因，应从制度发展、国家治理，从多角度进行深入研究。另外，科学社会主义理论工作者要落实习近平总书记在哲学社会科学工作座谈会上的讲话精神，加强学科体系、学术话语体系建设，清除和抵御西方学术体系和话语体系的不良影响。

三　深化对“什么是社会主义”的认识

宁波大学马克思主义学院院长陈正良指出，科学社会主义创立以来，社会主义已经经历了近 170 年的发展历程，期间既有凯歌高奏，也有坎坷曲折。社会主义事业之所以赢得世界历史发展中的巨大空间，是因为其所内含的社会理想和价值追求代表了人类文明发展的正确方向。之所以发生曲折挫折，除了诸多客观因素之外，一个很重要的原因在于对于“什么是社会主义”这一核心理论问题缺乏应有的清醒自觉，并受制于教条僵化认识的局限。中国特色社会主义包括理论体系、道路（实践）、制度三个方面的内涵。要从根本上回答“什么是社会主义”，就必须要清晰地梳理概括出“社会主义”的价值理念（实际上可以等同为社会主义的理想或价值追求）。社会主义首先是一种价值理念，内含一种价值追求。价值追求是理论（学说）、运动（实践）、制度的源点。

陈正良指出，“实现人的自由全面发展”就是科学社会主义理论对社会主义最根本属性和内在规定性要求。这一本质规定内含了丰富的社会发展和人的发展的要求的内容，其中就包括了社会物质文明、精神文明、制度文明等方面不断发展进步，最终实现人成为自己和社会结合的主人，从而也就成为自然界的主人，成为自己本身的主人——自由的人。实现人的自由而全面发展，不仅是社会主义（共产主义）社会对资本主义社会人的异化的扬弃，也是社会主义（共产主义）社会区别于其他一切社会的显著特征和根本标志。具体体现在今天的社会主义实践中，就要充分反映体现尊重人民主体地位，发挥人民首创精神，保障人民政治、经济、文化各项权益，走共同富裕道路，促进人的全面发展，做到发展为了人民、发展依靠人民、发展成果由人民共享。

四　发展当代中国马克思主义必须深化对“三大规律”的认识

中国社科院马克思主义研究院研究员辛向阳指出，发展 21 世纪马克思主义、当代中国马克思主义，需要在深化对共产党执政规律、社会主义建设规律和人类发展规律的认识的基础上推进中国特色社会主义伟大事业。自 2001 年以来，我们党在深化对共产党执政规律、社会主义建设规律和人类发展规律的认识的基础上推进中国特色社会主义伟大事业。江泽民在 2001 年纪念中国共产党成立 80 周年大会上的讲话中提出丰富和发展马克思主义就要深化对共产党执政的规律、对社会主义建设的规律、对人类社会发展的规律认识的要求。2002 年，胡锦涛担任总书记后不断强调对于三大规律的认识。习近平总书记站在发展 21 世纪马克思主义、当代中国马克思主义的高度，多次强调要加深对三大规律的认识。2016 年，在庆祝建党 95 周年大会的讲话中，习近平提出了八个“坚持不忘初心、继续前进”的思想，体现了共产党执政规律、社会主义建设规律、人类社会发展规律的要求。

辛向阳指出，深化对共产党执政规律的认识，首先，要把握共产党执政的普遍规律，就是共产党不能有自己的特殊利益。其次，要把握中国共产党执政的特殊规律，深入研究社会主义市场经济条件下共产党执政规律、反腐倡廉建设规律和从严治党规律。党的十八大以来，新的中央领导集体深化对社会主义建设规律特别是现代化三大规律的认识。一是顺应现代化一般规律的要求，提出了推进国家治理体系和治理能力现代化的任务。二是遵循城市化的普遍规律，提出了新型城镇化的任务和目标。三是遵循工业化发展的规律，提出大力发展现代工业，推进工业 4.0，建设制造强国。深化对人类发展规律的认识，一是强调科学把握自然规律，强调尊重自然、顺应自然、保护自然；二是强调把握共享发展的规律，坚持发展为了人民、发展依靠人民、发展成果由人民共享，作出更有效的制度安排，使全体人民朝着共同富裕的方向稳步前进。

（原载《马克思主义研究》2016 年第 12 期）

大 事 记

2016年1月16—17日，北京高校中国化马克思主义教学研究会2015年年会在北京召开。主题为“加强马克思主义理论研究和宣传，创新思政课建设体系”。来自北京市教工委及北京高校的百余名专家学者参加会议，就“概论课”教学中的难点、热点问题以及如何深入开展科研工作等进行专题研讨与互动交流。与会教师普遍认为，高校教师在思想政治理论课教学中要增强道路自信、理论自信、制度自信和文化自信，教师要做到“真学、真懂、真信、真用”；要创新教学方法，充分调动学生的积极性，做到科研与教学相长，还应认真开展科研活动，强化自身问题意识。

2016年1月16—19日，“第六届未名论坛暨全国马克思主义理论及相关学科博士研究生高级研讨班”在北京大学举行。本次论坛以“中国道路与中国话语体系”为主题。来自北京大学、清华大学、中国人民大学、复旦大学、武汉大学、中山大学等全国30多所高校的60多位博士生参加了论坛。未名论坛力求打造全国马克思主义理论及相关学科优秀博士生的高端学术交流平台，推动博士生正确认识中国社会发展，发现问题、展开讨论，寻找因应之道。

2016年2月18日，由中共北京市委前线杂志社主办的“习近平治国理政新思想”论坛在北京举行。与会专家围绕“深入学习宣传习近平治国理政新思想、推动中国特色社会主义理论体系建设”主题，从习近平治国理政哲学思想、经济思想、政治思想、文化思想、社会思想等方面进行了全面、深入的理论研讨。前线杂志社宣布将以本次论坛为契机，在《前线》杂志和前线新媒体群分别开设专题、专栏，对习近平治国理政思想进行深入、持续的阐释。

2016年3月2日，由中国社会科学院世界社会主义研究中心和社会科学文献出版社共同举办的“《2015—2016世界社会主义黄皮书》发布暨坚持和发展中国特色社会主义——习近平治国理政思想与‘四个全面’战略布局学术研讨会”在京举行。来自中国社会科学院、中联部、中央编译局、新华社、中共中央党校、北京大学等中央有关部委、京内外有关科研机构、高校以及人民日报、光明日报等新闻媒体记者共约180人参会。会议围绕坚持和发展中国特色社会主义、习近平治国理政思想等进行了深入探讨。《2015—2016世界社会主义黄皮书》是该系列的第十二本，该书对当今世界范围的社会主义思潮、理论、运动与制度做了多视角、深层次的研究讨论，反映了世界社会主义研究领域的最新发展动态。

2016年3月19日，由光明日报社主办，中国领导科学研究会协办，中共中央党校出版社承办的“核心能力与治国理政——学习贯彻习近平总书记系列重要讲话精神暨《核心能力——读懂治国理政这三年》出版座谈会”在北京举行。中央和国家有关部门领导、中央企业领导、知名专家学者50余人参会。与会专家紧紧围绕习近平总书记的核心能力与治国理政的重大关系，以及核心能力对治国理政的重大作用、重大影响及重大意义，进行了深入研讨。会上一致认为，用习近平总书记系列重要讲话精神武装全党，增强“看齐意识”，基础在学习，本质在运用，效果体现在步调一致。看齐首先要树标杆，标杆就是党中央，标杆就是习近平总书记。全党增强“看齐意识”就是要向党中央看齐，向总书记看齐，学习总书记的核心能力。

2016 年 3 月 22 日，由中共中央对外联络部研究室和《当代世界》杂志社共同举办的人类命运共同体理论暨“一带一路”推进思路研讨会在北京举行。专家学者就人类命运共同体这一理论诞生的时代背景、思想内涵、发展过程、现实意义及其与“一带一路”的关系等理论问题进行了深入探讨；企业界代表结合“一带一路”倡议，就中国企业“走出去”取得的成就、面临的挑战及应对策略进行了交流和讨论。与会者认为，从“人类命运共同体”到“一带一路”，从理论的提出到实践的推进，有目标有路径，理想并非遥不可及。

2016 年 3 月 26 日，由河南大学主办的“回顾与展望：新中国历史学的开创、发展与革新学术研讨会暨《史学月刊》创刊 65 周年座谈会”在河南开封举行。来自中国社会科学院、中国人民大学、澳门大学等科研院所和高校的专家学者以及《新华文摘》等学术期刊的主要负责人出席会议。与会者回顾总结了《史学月刊》65 年的发展历程，充分肯定了这份学术刊物所取得的成绩，并就新中国历史学的开创、发展与革新，以及史学刊物的发展问题进行了充分交流和热烈讨论。

2016 年 3 月，中共中央编译局编译的《马克思恩格斯全集》中文第二版第 49 卷由人民出版社正式出版。该卷收录了 1852 年 1 月至 1855 年 12 月马克思和恩格斯之间的通信以及他们给其他人的书信共计 291 封；附录收入燕妮·马克思等给马克思的书信 24 封。与《马克思恩格斯全集》中文第一版收录的同一时期的书信相比，此次新收入 8 封。《马克思恩格斯全集》中文第二版由中共中央编译局自 20 世纪 90 年代开始编译，计划出版 70 卷。该版本以《马克思恩格斯全集》历史考证版（MEGA）为蓝本，参考了德、英、俄等其他版本，具有收录文献更全面、版本依据更可靠、译文质量更高、结构更合理、资料更充实等特点。

2016 年 4 月 9 日，第三届中国社会科学院毛泽东思想论坛在京举行。本届论坛以“毛泽东与中国共产党”为主题，由中国社会科学院马克思主义理论学科建设与理论研究工程领导小组主办，中国社会科学院马克思主义研究院承办。来自中央文献研究室、中央党史研究室、中国社会科学院、北京大学、湘潭大学、山东社科院等全国科研机构院所的 90 余位专家学者参会。与会专家学者一致认为，毛泽东提出的关于党的建设的一系列重要原则和方针，在今天仍然为我们党所遵循，并在新的历史条件下不断发展创新。毛泽东思想对当今构建 21 世纪中国的马克思主义依然闪耀着不朽的光辉。

2016 年 4 月 9 日，北京市政治学行政学学会主办的“全面建成小康社会与国家治理现代化”学术研讨会在北京举行。来自国家行政学院、北京大学、清华大学、中国人民大学、北京师范大学、北京市委党校等高等院所的专家学者参加会议。与会者围绕深刻理解全面建成小康社会的科学内涵、如期实现全面建成小康社会的科学逻辑、全面建成小康与国家治理现代化有机统一等问题展开了深入热烈的讨论。

2016年4月12日，中国社会科学院世界历史研究所主办的“马克思主义与世界史研究研讨会”在北京举行。会议主题为“社会形态的演进与世界历史的发展”。来自中国社会科学院、北京大学、天津师范大学等单位的40余位学者参加研讨会。研讨会围绕对社会形态从低级向高级发展的普遍规律的再认识、对中国发展道路的思考等问题展开研讨。世界历史研究所每年都举办一次有关马克思主义与世界历史研究的学术研讨会，此次是第七届。举办此类研讨会的目的在于宣示唯物史观的研究方法是科学的研究方法，是世界史研究的指导方法；同时就唯物史观与世界史研究中的一些前沿问题做出研讨。

2016年4月15—16日，“高校马克思主义学院建设与意识形态安全”学术研讨会在郑州大学召开。此次会议由清华大学马克思主义学院、郑州大学马克思主义学院、郑州大学意识形态安全研究中心共同举办。来自教育部、中央编译局、清华大学等全国部分高校、科研机构以及郑州大学的50余名专家学者出席会议，围绕加强河南高校马克思主义学院建设，维护高校意识形态安全的议题进行了深入探讨。

2016年4月16日，全国高校马克思主义理论学科研究会第22次学科论坛暨第四届思想政治教育本科专业协同建设研讨会在武汉大学举行。此次会议由全国高校马克思主义理论学科研究会、马克思主义理论与中国实践协同创新中心、武汉大学马克思主义学院及《马克思主义理论学科研究》杂志社共同主办。来自全国57所高校及多家期刊单位约140余位专家学者与会。与会代表围绕思想政治教育本科专业建设的成就与挑战、思想政治教育专业的地位与特殊性、思想政治教育专业的发展与规划等问题进行了深入交流。

2016年4月16—17日，“学习习近平系列重要讲话，推进马克思主义中国化”研讨会暨马克思主义研究会2016年学术年会在合肥工业大学举行。会议由中国高等教育学会马克思主义研究分会、《红旗文稿》编辑部和合肥工业大学马克思主义学院联合举办。来自全国70所高校马克思主义学院、社会科学研究机构、学术期刊等单位110多名专家学者参会。与会专家围绕会议主题，从如何推进21世纪中国马克思主义的发展；马克思主义基本理论与“四个全面”战略布局；纪念建党95周年，维护党史、国史的客观历史性；科学地研究党史、国史，批判历史虚无主义四个方面展开了广泛的学术交流与研讨。

2016年4月17日，中国文化软实力研究中心、人民日报理论部、光明日报理论部、经济日报理论评论部、中国社会科学报联合主办的第八届中国文化软实力研究高层论坛暨《文化软实力》创刊座谈会在北京举行。会议主题是学习贯彻习近平总书记关于新闻舆论工作的“48字方针”，把握正确导向，打造高端学术平台。与会者认为，以社会主义核心价值观为灵魂、以中华优秀传统文化为根脉的文化软实力，是实现“两个一百年”奋斗目标和中华民族伟大复兴中国梦的重要精神支撑。深化文化软实力研究，应坚持马克思主义指导地位，牢牢把握正确导向。

2016年4月22日，“践行五大发展理念　弘扬社会主义核心价值观”研讨会在四川宜宾召开。此次会议由北京大学马克思主义学院、北京哲学社会科学中国化马克思主义发展研究基地、北京高校中国化马克思主义教学研究会、中共宜宾市委宣传部共同主办。来自北京大学、山东省社会科学院、中国人民大学、中国社会科学院等单位的20余名专家学者参加会议。与会学者就中华民族优秀传统文化与社会主义核心价值观的关系、新形势下如何弘扬社会主义核心价值观等议题展开深入研讨。

2016年4月22—24日，第一届“全国马克思主义青年学者珞珈论坛”在湖北武汉召开。此次论坛由武汉大学马克思主义学院和马克思主义理论与中国实践协同创新中心主办、武汉大学马克思主义学院青年教师协会承办，论坛主题为“马克思主义与当代中国”。来自中国社会科学院、中共中央党校、北京大学等70余所科研机构和高校的近200名青年学者与会，围绕着马克思主义与中国传统文化、中国道路与中国话语、当代中国主流意识形态建设等重大理论与实践问题展开深入研讨。

2016年4月22—23日，由中国人民大学文学院与哲学院合办的“马克思主义中国化话语体系的国际视野——文学与哲学的双重视域”国际研讨会在北京召开。来自纽卡斯尔大学、乌尔比诺大学、卡尔加里大学、中国社会科学院、中央编译局、北京大学、中国人民大学、浙江大学、华中师范大学、首都师范大学的20余位专家学者与会。会议围绕马克思主义哲学及文学批评两个领域，总结中国马克思主义研究在近30年内的发展经验，论述马克思主义中国化学术话语体系的建构。与会学者认为，从文学与哲学两个视界，准确把握当代马克思主义思潮与实践，对深入研究和推动马克思主义中国化话语体系构建具有重要意义。

2016年4月23日，2016年中国高校社会科学前沿论坛——“马克思主义政治经济学创新与发展”研讨会在安徽大学举行。此次研讨会由《中国高校社会科学》编辑部、安徽大学经济学院和安徽大学经济与社会发展高等研究院共同主办。来自教育部社会科学委员会及各地高校的专家学者，围绕主题进行了研讨，一致认为，面对极其复杂的国内外经济形势和纷繁多样的经济现象，我们必须坚持运用马克思主义的立场、观点和方法研究和解决中国的实际问题，把马克思主义政治经济学基本原理同改革开放新的实践结合起来，努力推动马克思主义政治经济学的创新与发展。

2016年4月28日，第五届全国高校马克思主义学院院长论坛在北京大学举行。此次论坛由北京大学马克思主义学院、“中国道路与中国化马克思主义”协同创新中心联合主办，论坛主题为“马克思主义理论学科：发展现状与前景展望”。来自全国近150所大学的180余位专家学者，围绕论坛主题，就“马克思主义理论学科的发展状况”“马克思主义理论学科发展的经验和问题”“马克思主义理论学科的机遇与挑战”“马克思主义理论学科发展的方向和前景”等问题展开了深入交流。

2016年5月5—6日，“21世纪的马克思主义——新视角”国际学术会议在中国人民大学召开。会议由中国人民大学马克思主义学院、马克思主义与中国道路协同创新中心、马克思主义研究院国外马克思主义研究所、21世纪中国马克思主义研究协同创新中心联合举办。来自英国、巴西、意大利、美国、加拿大等国及中国社会科学院、北京大学、《光明日报》等国内外高校、科研机构及媒体的专家学者60余人参加了会议。与会者就21世纪马克思主义政治经济学研究的多维度开展、21世纪马克思主义中国化的历史使命、21世纪马克思主义哲学发展的最新动态和逻辑进程、国外马克思主义新社会运动研究及其思想史轨迹等议题展开深入探讨。

2016年5月7日，由中国人权研究会主办的“新发展理念与中国人权保障——纪念联合国《发展权利宣言》通过30周年”理论研讨会在湖北武汉召开，来自高校和人权研究机构的60余名人权专家学者参加了会议。会议围绕“中国发展权的实践”“中国对世界发展的贡献”“新发展理念与人权保障”“人权与发展的关系定位”等分议题展开讨论。与会学者认为，生存权、发展权是首要人权，新中国成立60多年来，特别是改革开放30多年来，中国在落实和实现发展权的征程上取得了举世瞩目的成就。中国在发展权实践中凝聚出创新性发展权话语体系，逐步形成了中国特色社会主义发展权理论。

2016年5月7—8日，第七届中国特色社会主义论坛——“牢固树立五大发展理念”学术研讨会在福建农林大学举行。本届论坛由《红旗文稿》编辑部、《思想理论导刊》编辑部、福建农林大学马克思主义学院共同主办。来自中国社会科学院及全国47所大学的80余位学者参会。会议强调，五大发展理念已经成为新时期我们的行动指南，也成为当今中国马克思主义学者的研究主题；为弘扬马克思主义的基本理论，深入学习和传播党的创新理论成果，既要立，也要破，必须对各种错误思潮进行深入的剖析和批判，消除其影响。

2016年5月7—8日，中国青年政治经济学学者年会第六届年会在湖北武汉召开。年会由中国青年政治经济学学者年会秘书处、武汉大学经济与管理学院、武汉大学经济发展研究中心、武汉大学马克思主义理论与中国实践协同创新中心共同主办，以“经济发展新阶段、新常态与政治经济学新发展：理论、问题与政策”为主题，旨在促进中国青年政治经济学学者的交流、成长，进而促进国内和国际政治经济学研究和人才培养。代表们一致认为，要打破对西方理论的盲信，运用辩证唯物主义和历史唯物主义方法论创新政治经济学，促进政治经济学的发展，更好地为中国经济改革和发展服务。

2016年5月14日，“中国民营经济发展的政治经济学分析”理论研讨会在上海召开。此次会议由浙江省民营经济研究中心、浙江省民营经济研究会、浙江省现代民营经济研究院、复旦大学经济学院联合举办，复旦大学企业研究所承办。来自全国部分高校及研究机构的30多位专家学者出席会议，旨在从政治经济学视角分析中国民营经济的外部环境、内部治理和转型思路。与会专家学者探讨的主题包括如何评价中国经济发展中的民营经济的贡献和民营企业家的作用，民营资本成长如何适应“积极发展混合所有制经济”的改革取向，在“新常态”“供给侧结构性改革”背景下民营企业如何有所作为，民营企业在发展中如何不断创新优化治理结构，如何建立和谐的劳资合作关系等方面。

2016年5月14—15日，由中国社会科学院马克思主义研究院与北京高校中国特色社会主义理论研究协同创新中心（中国政法大学）主办的2016年全国马克思主义基本原理学术研讨会在京举行。来自中国社会科学院、北京大学、清华大学、中国人民大学、中国政法大学、中国青年政治学院等单位的20多位专家学者做了大会主题发言。全国70多所高等院校和科研院所的90多名专家学者围绕"'互联网+'时代马克思主义基础理论研究面临的问题与挑战""'互联网+'时代马克思主义基本原理学科建设问题探讨""'互联网+'时代马克思主义基本原理及其应用研究"等主题展开了研讨。

2016年5月15—16日，由《中国高校社会科学》编辑部和南开大学马克思主义学院联合举办的"2016年高校马克思主义学院论坛"在天津举行。来自全国36所高校的马克思主义理论研究专家学者，教育部以及相关媒体共80余人，就"五大发展理念与中国特色社会主义""高校马克思主义学院建设"等主题展开深入研讨，旨在通过研讨，深入理解阐释"五大发展理念"，推进中国特色社会主义建设，为全面建成小康社会、实现中华民族伟大复兴的中国梦提供坚实有力的学理支撑。

2016年5月17日，中共中央总书记、国家主席、中央军委主席习近平在北京主持召开哲学社会科学工作座谈会并发表重要讲话。他强调，一个没有发达的自然科学的国家不可能走在世界前列，一个没有繁荣的哲学社会科学的国家也不可能走在世界前列。坚持和发展中国特色社会主义，哲学社会科学具有不可替代的重要地位，哲学社会科学工作者具有不可替代的重要作用。坚持和发展中国特色社会主义，必须高度重视哲学社会科学，结合中国特色社会主义伟大实践，加快构建中国特色哲学社会科学。

2016年5月18—19日，"习近平系列重要讲话学术论坛（2016）——'两山'重要思想和生态文明思想学术研讨会"在浙江省安吉县举行。此次研讨会由中国社会科学院马克思主义研究院、浙江出版联合集团、中国生态道德教育促进会和安吉县委县政府联合主办，中国电力传媒集团、浙江人民出版社、中共安吉县委宣传部共同承办。来自各研究机构和高等院校的30多位专家学者参会。与会专家们一致认为，"绿水青山就是金山银山"的"两山"重要思想孕育于浙江，又深度改变浙江，成为浙江发展转型的起点，也成为浙江全省干部群众的共同意愿和自觉行动，由此走出一条将生态红利源源不断转化为经济效益和群众福利的循环发展之路。

2016年5月20日，中共中央党校召开学习贯彻习近平总书记"5·17"重要讲话精神理论工作者座谈会。11名与会专家学者发言。与会者就习近平总书记"5·17"讲话的重要性，发展21世纪马克思主义、当代中国马克思主义，党中央治国理政新理念新思想新战略，加强中国特色新型智库建设，建立健全决策咨询制度，中共中央党校在学习贯彻习近平总书记"5·17"重要讲话作用等方面进行了深入探讨。

2016年5月20—21日，由中国社会科学院马克思主义研究院主办、浙江财经大学承办的第三届中国特色社会主义发展论坛在浙江杭州举行。本届论坛主题为“巴黎公社与中国特色社会主义道路开辟”，来自中国社会科学院、中央编译局、浙江财经大学等高校和科研机构的70余位专家学者参加论坛，就巴黎公社的精神内涵及其恒久性探讨、中国特色社会主义道路开辟的历史条件分析、中国特色社会主义道路开辟的理论意义和实践价值等议题进行了研讨。

2016年5月21日，由中央编译局国家高端智库领导小组办公室和马列主义文献信息部主办，海外理论信息研究中心承办的“首届海外当代中国问题研究圆桌会议”在北京召开。来自中央对外联络部、中国社会科学院、中央党史研究室、中央编译局、北京大学、中国人民大学等中央国家机关、科研机构和高等院校30余位专家学者参加会议。与会专家学者分别介绍了自身从事海外中国学研究的机构，以及本机构的队伍建设情况、工作机制和成果载体，并就如何进一步开展海外中国学研究以及加强相互交流合作提出了宝贵的意见和建议。

2016年5月21—22日，中国经济规律研究会、辽宁大学经济学院主办的“政治经济学创新与供给侧改革研讨会暨中国经济规律研究会第二十六届年会”在辽宁沈阳举行。与会者围绕中国特色社会主义政治经济学创新、供给侧结构性改革等问题进行了深入研讨。与会者认为，党中央提出的新发展理念是对社会主义基本经济规律的新诠释；供给侧结构性改革的理论基础是马克思主义政治经济学，应当重视运用马克思主义政治经济学解决我国供给侧不同层面存在的结构性矛盾和问题。

2016年5月26日，由国家行政学院决策咨询部、科研部、经济学教研部、社会和文化教研部等四个部门联合主办的“学习贯彻习近平总书记在哲学社会科学工作座谈会上的讲话专家座谈会”在北京举行。来自北京大学、中央民族大学、中国社会科学院、新华文摘、北京交通大学的多位专家与国家行政学院的专家学者参加会议。与会专家学者共同畅谈习近平总书记在哲学社会科学工作座谈会上的重要讲话精神，深入探讨如何结合我国哲学社会科学工作发展的实际，为加快构建中国特色哲学社会科学贡献力量。

2016年5月28—30日，全国马克思主义青年学者论坛（2016）在苏州大学举行。本次会议由中国社会科学院马克思主义研究院、中国社会科学院马克思主义研究学部、苏州大学主办，苏州大学马克思主义学院、苏州大学“江苏省中国特色社会主义理论体系研究基地”承办，《马克思主义研究》编辑部协办。论坛主题为“习近平治国理政思想研究”。来自全国高校、社科院等科研机构的青年学者近百人参加了此次论坛。会议就如何理解和研究习近平总书记的重要思想、江苏省理论研究和宣传工作、警惕把马克思主义空心化的倾向、以唯物史观理解习近平总书记治国理政的重要思想等进行了深入探讨。

2016年6月5日，中国人民大学中国共产党历史与理论研究院、马克思主义学院及中国中共党史学会高校学科建设研究专业委员会联合举办的“中国共产党与中国现代历史发展”学术研讨会在北京举行。本次会议旨在以纪念中国共产党成立95周年暨中国人民大学中共党史专业设立60周年、马克思主义学院成立20周年为契机，进一步推广和交流关于中国共产党历史、中华人民共和国历史的最新研究成果，总结“中国近现代基本问题研究”学科建设的经验，探讨“中国近现代史纲要”课程的疑难问题与教学体会。来自众多高校、科研院所的专家学者参会研讨。与会专家学者围绕“民主革命时期党史研究”“当代中国史研究”“党史国史理论问题研究”及“纲要课教学研究”进行了发言和讨论。

2016年6月6—7日，第十届“陈云与当代中国”学术研讨会在辽宁沈阳召开。本届会议由中华人民共和国国史学会、中国社会科学院“陈云与当代中国”研究中心与陈云纪念馆主办，东北大学马克思主义学院承办。会议主题为“陈云的思想与‘四个全面’战略布局”。与会者围绕学习陈云同志思想对协调推进“四个全面”战略布局的价值、陈云同志唯实唯思的精神对推进我国哲学社会科学发展的意义等进行了讨论。

2016年6月8日，“首都当代中国马克思主义论坛·2016”在北京举行。本届论坛由北京市委宣传部、北京市中国特色社会主义理论体系研究中心、北京市社会科学界联合会、北京大学、清华大学、中国人民大学、北京师范大学、《北京日报》主办，由中国人民大学马克思主义学院、北京市中国特色社会主义理论体系研究中心办公室承办。来自北京市委宣传部、北京大学、清华大学、中国人民大学、北京师范大学、天津市社科联等高校和社科研究机构的专家学者，来自全国各地的论坛征文作者代表，新闻媒体代表，学生代表等参加论坛，深入探讨了党中央治国理政新理念、新思想、新战略。这次论坛也是连续举办十年的“马克思主义中国化论坛”的升级版，为发展二十一世纪马克思主义、当代中国马克思主义提供了理论交流和学术研讨的新平台。

2016年6月14—20日，“21世纪社会主义：中国—俄罗斯—白俄罗斯—保加利亚国际学术论坛暨第三届中俄国际学术论坛”成功举办，分别在白俄罗斯的明斯克、俄罗斯的圣彼得堡和莫斯科、保加利亚的索菲亚召开了四场国际学术论坛。明斯克和索菲亚的学术论坛主题是“21世纪的社会主义”，主要议题为21世纪的社会主义与中国和白俄罗斯的合作以及中国和保加利亚的合作；圣彼得堡和莫斯科的学术论坛主题是“中国和俄罗斯：建立公平与安全的世界秩序”以及“中俄的区域一体化方案：合作的问题与前景”。圣彼得堡国际学术论坛有百余人参会，其他三场国际学术论坛也达60余人，其中包括来自中国社会科学院、中国人民大学、厦门大学、安徽大学等国内各大院校和研究机构的30余名中国学者。与会学者普遍认为，探索对资本主义的替代方案仍然是21世纪的主题，在实践中各国需要根据国情探索自己的发展道路。与会的外国专家学者对中国特色社会主义取得的成绩给予了高度赞扬，对中国特色社会主义道路给予了充分肯定，认为中国道路的成功充分显示了社会主义的生命力，对21世纪社会主义的命运和发展前景产生了具有世界性意义的深远影响。与会学者还充分肯定了中国的“一带一路”战略对促进国家间以及地区间的合作具有重要作用。

2016年6月25日，“第三届全国国外马克思主义研究论坛”在山东济南召开。本次论坛由中国社会科学院马克思主义研究院、山东省社会科学院联合主办，中国社会科学院马研院国外部、山东省社会科学院马克思主义研究中心承办。来自全国多家研究机构和高校的80余位专家学者出席本次论坛，围绕国外马克思主义研究的意义与方法、国外马克思主义政治理论、国外马克思主义思想史、国外马克思主义哲学领域等问题进行了深入研讨。

2016年6月25日，由深圳特区报、中国社会科学院马克思主义研究院、深圳宝安区委宣传部联合举办的“中国共产党的精神”理论座谈会在北京举行。座谈上，来自中共中央党校、中央党史研究室、中国社会科学院、北京大学、北京语言大学等单位的专家学者围绕中国共产党精神的内涵、形成基础和条件、主要意义、深远影响以及如何弘扬、传承中国共产党精神等主题展开深入研讨。

2016年6月25日，由求是杂志社、中国浦东干部学院、上海市中国特色社会主义理论体系研究中心联合主办的“学习习近平总书记系列重要讲话”理论研讨会在上海召开。参加会议的有来自全国部分省、自治区、直辖市和国务院国资委及有关中央企业的理论宣传部门的负责同志和理论骨干，求是杂志社、中国浦东干部学院等单位的领导、教师等共80余人。与会专家以“当代中国马克思主义的丰富和发展”为主题，围绕习近平总书记系列重要讲话的历史地位、主题主线、内在逻辑以及理想信念、文化自信、依法治国、人类命运共同体、全面从严治党、繁荣哲学社会科学等重点问题进行深入交流，取得丰富的研讨成果。

2016年6月25—26日，“全面建成小康社会与党的治藏方略暨学习习近平在哲学社会科学工作座谈会上的讲话精神”学术研讨会在西藏自治区拉萨市召开。此次研讨会由中国社会科学院马克思主义研究院、西藏大学、西藏高校思想政治工作研究会联合主办，西藏高校思想政治理论课教学指导委员会、中国社会科学院马克思主义研究院原理部、西藏大学思想政治理论教学部共同承办。来自中国社会科学院、西藏大学、清华大学、北京大学、中国人民大学、中央编译局等40多所高校的70名专家学者参加会议。与会学者围绕党中央治国理政新思想新实践，党的治藏方略，习近平总书记在哲学社会科学工作座谈会上的讲话以及全面建成小康社会展开了热烈而深入的研讨，很有现实意义。

2016年6月25—26日，以“理论创新与科学无神论学科建设”为主题的第四届科学无神论论坛在河北省北戴河举行。此次论坛由中国社会科学院马克思主义理论学科建设与理论研究工程领导小组主办、中国社会科学院科学与无神论研究中心和中国无神论学会联合承办。来自中国社会科学院、教育部、北京科技大学、武汉大学、内蒙古大学、河北省社会科学院等单位近50名学者参加论坛。与会学者围绕“深入系统地开展马克思主义宗教观研究”“马克思论现代国家的无神论本质”“恩格斯的无神论思想”等主题展开讨论。

2016年6月25—26日，全国高校马克思主义理论学科研究会第24次学科论坛暨

“21 世纪中国马克思主义理论的创新与发展”学术研讨会在厦门大学召开。研讨会由全国高校马克思主义理论学科研究会、厦门大学马克思主义学院、福建省社会科学研究基地厦门大学中国特色社会主义研究中心、厦门大学马克思主义与中国发展研究所、《马克思主义理论学科研究》编辑部等单位联合举办。来自近 60 所高校的 120 多位专家学者与会。与会学者围绕 21 世纪中国马克思主义的科学内涵和最新成果研究、理论创新与实践创新的关系研究、发展 21 世纪中国马克思主义的方法论研究、“四个全面”战略布局的理论创新研究、“五大发展理念”研究等议题进行深入交流。

2016 年 6 月 25—26 日，“弘扬长征精神与实现中华民族伟大复兴的中国梦——纪念红军长征胜利 80 周年学术研讨会”在陕西延安举行。本次会议由延安大学中国共产党革命精神与文化资源研究中心、马克思主义学院、政法学院、历史文化学院、泽东干部学院，联合延安市延安精神研究会、延安革命纪念馆、延安市委党校、延安市委讲师团、延安职业技术学院等单位举办，延安陕甘宁革命根据地史研究会承办。来自陕西省社会科学院、临沂大学、西安外国语大学、延安大学等单位的专家学者 60 余人参会。与会学者就红军长征历史、长征的历史意义、长征精神的科学内涵、弘扬长征精神实现中国梦的具体途径等问题，进行了深入热烈的讨论。

2016 年 6 月 28 日，中共中央党史研究室主办的《中国共产党的九十年》出版座谈会在北京召开。中央和国家机关有关部门、社会团体、高等学校、科研院所，部分党史、国史和军史专家出席了会议。与会专家学者介绍了该书编写出版的全过程及重要意义。该书记述了中国共产党 90 多年的历史，从 1921 年成立至 2012 年十八大召开，准确生动地展现了中国共产党 90 多年的奋斗历程、光荣传统、优良作风、宝贵经验和伟大成就，体现了坚持党性原则与科学精神的统一，是目前历史跨度最长、研究成果最新，集政治性、思想性、学术性、可读性于一体的党史基本著作，它提供了运用马克思主义的立场观点方法研究党史、写好党史的一个范本，也为广大党员、干部、群众和青少年提供了一部权威的党史教材。

2016 年 6 月 28 日，由毛泽东思想生平研究会、中国井冈山干部学院共同主办的“毛泽东与中国共产党的伟大精神”学术研讨会在江西井冈山召开。与会专家学者围绕“毛泽东与中国共产党的伟大精神”进行了深入研讨，认为毛泽东是中国共产党的伟大精神的精心培育者、大力倡导者和模范践行者，这种伟大精神是具体的、生动的、感人的，既具有鲜明的无产阶级政党特点，又是 20 世纪世界和中国伟大变革的产物，是民族精神和时代精神的统一，是中华民族宝贵的精神财富，将永远鼓舞着我们继续推动中国前进发展。

2016 年 6 月 30 日，由中央编译局、北京市委宣传部等主办的“旗帜——马克思主义中国化的光辉历程”主题展览在北京民族文化宫开幕。此次展览展出新中国成立前后马克思主义中国化的珍贵文献、手稿、文物等 1100 余件，图片 290 余幅，马克思主义题材的绘画、雕塑等艺术作品 20 余件。其中不少是首次公开。

2016年7月1日，由中国社会科学杂志社主办的纪念中国共产党建党95周年学术研讨会在北京举行。主题为“中国共产党与中国道路”。来自中国社会科学院、中共中央党校、中共中央党史研究室、国防大学、北京大学等高校和科研机构的专家学者参加会议，就伟大的红军长征与长征精神、中国道路与现代化内生动力、中国特色政治经济学、中国共产党与中国道路的开创和拓展、中国道路的“世界历史”意义、中国国家治理复合体系的形成历史与合力优势、十月革命与中共早期革命话语的建构等话题做了发言和研讨。

2016年7月3—4日，北京高校中国化马克思主义教学研究会2016年暑期教学研讨会在北京召开。来自北京市教工委及北京各个高校的百余名专家学者围绕“深刻领会习近平总书记讲话精神，不断提升“概论”课教学实效”的会议主题进行了集中研讨。本次研讨会就“概论”课教学和研究在四个方面达成了共识，即把握大好形势，形成特色，创新发展，树立自信。与会者还就深刻领会哲学社会科学工作座谈会精神、习近平总书记系列重要讲话如何进概论课课堂以及概论课教学中的重点难点问题等三个问题进行了专题研讨与互动交流。

2016年7月5日，纪念列宁《帝国主义是资本主义的最高阶段》创作100周年中俄学术研讨会在北京召开。本次研讨会由中国社会科学院世界社会主义研究中心和红旗文稿杂志社共同举办。来自俄共中央、俄罗斯莫斯科大学和中国社会科学院、求是杂志社、中央编译局、北京大学、清华大学、中国人民大学等中央机关、科研机构和高校的专家学者及中国社会科学报、求是网等媒体的记者60余人参会。俄罗斯学者提出，帝国主义的本质并未改变，与西方产生的任何其他学说相比，马克思主义对未来世界社会所做的诠释依然是最强有力的。马克思主义可以帮助我们深入地了解当代世界政治、其发展趋势以及制定发展新战略的必要性。与会学者普遍认为，列宁的《帝国主义是资本主义的最高阶段》在今天并没有过时，并且在今天有非常重要的理论意义和现实意义。中国应高度重视对时代问题的研究，在这一阶段，中国应辩证地看待形势，居安思危，坚定走中国特色社会主义道路和共产主义一定胜利的信心。

2016年7月5日，“弘扬优秀传统文化　凝聚中华民族共识”学术研讨会在深圳大学举行。本次研讨会由中国社会科学院马克思主义研究院、深圳大学主办，深圳大学当代中国思想文化研究所、深圳大学马克思主义学院（社会科学学院）承办。来自中国社会科学院、清华大学、光明日报、华南理工大学、东北师范大学、深圳市社会科学院、深圳市委宣传部等单位的专家学者参会。与会专家学者围绕主题结合现实进行深入探讨，一致认为，弘扬传统本质是思想政治教育，传统文化应有创新性的诠释。

2016年7月6日，由国防大学中国特色社会主义理论体系研究中心、科研部与解放军报社共同举办的“学习贯彻习近平总书记在庆祝中国共产党成立95周年大会上的重要讲话精神理论座谈会”在北京召开。来自国防大学、解放军报社及全军部队院校的有关领导和专家50余人出席会议。会议围绕习近平总书记“七一”重要讲话的重大意义、深刻内涵和精神实质等内容，结合党的理论和军队实践进行了深入研讨交流。

2016年7月9日，由北京市高教学会马克思主义原理研究会主办，中国人民公安大学承办的“构建马克思主义基本原理话语体系学术研讨会暨2016年马克思主义原理研究会暑期备课会”在北京召开。来自北京市马克思主义原理研究会、中国人民公安大学、北京市教工委宣教处以及北京大学、清华大学、中国人民大学、北京师范大学等各会员单位代表100多人参加会议。本次研讨会旨为认真学习领会习近平总书记在哲学社会科学工作座谈会上的重要讲话，贯彻落实中宣部、教育部和北京市教工委关于加强马克思主义理论学科和高校思想政治理论课建设的具体要求，总结交流各会员单位“马克思主义基本原理概论”课程教学经验。

2016年7月9日，由国际儒学联合会、中国社会科学院学部、中国人民外交学会、北京外国语大学共同举办的“国际儒学论坛——亚洲文明交流互鉴北京国际学术研讨会”在北京召开。来自中国、美国、法国等30多个国家的专家学者，阿富汗、伊朗、越南、斯里兰卡等国家的驻华使节，国际儒学联合会在京副会长、副理事长、秘书长和副秘书长、各委员会主任和副主任等200余人参加了论坛。本次论坛的主题是“开展并推进亚洲文明交流互鉴”。设立“国际儒学论坛”是国际儒学联合会实施“走出去”战略的重要步骤，也是为了讲好“两个故事”而采取的切实措施，已先后在新加坡、韩国、德国、俄罗斯等国成功举办了多届，成为国际儒联的一个知名学术品牌。

2016年7月15日，“北京高校中国特色社会主义理论协同创新中心工作会议暨构建中国马克思主义话语体系”学术研讨会在京举行。会议由北京大学中国特色社会主义理论大众化和国际传播协同创新中心、北京大学中国道路与中国化马克思主义协同创新中心、北京大学马克思主义学院联合主办，来自中国人民大学、武汉大学、吉林大学、山东大学、南开大学等单位的30多位学者与会，围绕中国道路与马克思主义理论的创新、中国特色社会主义理论大众化的时代背景与实践路径、中国特色社会主义理论的国际传播等议题展开深入研讨。与会者一致认为，马克思主义话语体系建设主要应从三个方面着手，即加强马克思主义经典著作的研究和思想资源的开掘，要有问题意识，要积极走出去。

2016年7月15—17日，由中共北京市委党校政治学教研部与北京市人大制度理论研究会秘书处共同举办的第三届“民主与法治学术交流研讨会（北京·2016）——人民代表大会制度的地方实践创新”在北京举行。本次会议的主题是“人民代表大会制度的地方实践创新”。来自高校、科研机构和党校系统的专家学者以及实际工作部门的同志，围绕“人大制度理论创新”“人大制度实践创新”“人大履行法定职权”“人大行使监督权”和“区县、乡镇人大工作”等五个专题进行了研讨。

2016年7月19日，由国家行政学院、国务院参事室共同举办的“深化改革　创新驱动　发展新经济研讨会”在北京召开。来自国家机关、科研院所、企事业单位和行政学院系统的专家学者近50人参加会议。会议设两个分论坛，研讨主题分别为“当前我国新经济发展态势和全球趋势”和“进一步释放新经济活力的政策建议”。

2016年7月19—20日，中国社会科学院马克思主义研究院与金寨县联合举办了“弘扬‘两地’传统，传承大别山精神，在中部崛起中闯出新路”学术研讨会。来自中共中央党校、中国人民大学、国防大学、军事科学院、中国社会科学院、中央党史研究室、安徽省委党校、安徽省党史研究室等全国高等院校、科研机构和新华网等媒体人员50余人参加会议。与会学者一致认为，以“坚贞忠诚，牺牲奉献，永跟党走”为核心的大别山精神，是中国共产党精神系列谱系的重要组成部分，也是党和国家红色文化基因库的重要内容，是老区不忘初心，继续前进，在脱贫攻坚中闯出新路的精神动力和重要法宝。

2016年7月22日，由山东大学（威海）与山东威海市社会科学界联合会主办，威海市刘公岛管理委员会及山东大学东北亚研究中心承办的“中华复兴与中国道路”学术研讨会在山东威海市举行。来自中国社会科学院、上海社会科学院、复旦大学、同济大学、社会科学文献出版社、《国际经济评论》评论部、山东大学（威海）等全国各科研院所的100多位专家和学者参加了此次会议。与会学者就“中国道路：理论与实践”“中国道路的世界意义”“中国的复兴战略”及“大国崛起的道路比较”四个主要议题展开深入讨论。

2016年7月23—24日，2016年全国思想政治教育学术研讨会在东北师范大学召开。此次论坛由中国社会科学院马克思主义研究院和东北师范大学联合主办，中国社会科学院马克思主义研究院原理部和东北师范大学马克思主义学部承办，《马克思主义研究》编辑部、《东北师大学报》编辑部和《思想政治教育研究》编辑部协办。来自国内科研院所和高校的马克思主义理论研究和思想政治教育研究领域的专家学者以及期刊编辑人员170余人与会。与会专家从不同学术视角，主要围绕马克思主义理论教育的思想传统与现实问题、实践创新与国际比较等问题展开深入研讨。

2016年7月31日，中共中央党校党建教研部、民生智库主办的“非公党建模式与非公党建发展”研讨会在北京召开。会议主题为“推进非公有制企业党建创新、发挥好非公有制企业党组织的作用”。来自中央政策研究室、中央党史研究室、国务院研究室、全国政协、全国工商联、最高人民检察院、公安部、国务院发展研究中心等单位领导专家共150余人出席了会议。与会者认为，当前非公有制企业党建工作的重点是习近平同志提出的抓好“两个覆盖”、发挥好非公有制企业党组织的“两个作用”、加强“两支队伍”建设。与会者认为，坚持和完善基本经济制度、鼓励支持引导非公有制经济发展，关键在党。各级党委应切实加强对非公有制企业党建工作的领导，明确责任、健全机构、配强力量，为非公有制企业开展党建工作创造有利条件。

2016年8月6—7日，由中国历史唯物主义学会主办、河南科技大学承办的2016年中国历史唯物主义学会年会暨第四届中国社会科学院马克思主义哲学论坛在河南省洛阳市召开。来自中国社会科学院、北京大学、中国人民大学等60多所高校和教育部社科中心、中共中央党校、中央编译局、北京市社科院等全国20多家社会科学研究机构的

120 多名学者参会。本次大会的主题是“新的历史起点和历史唯物主义新发展”，与会代表围绕主题，分别就新时期历史唯物主义发展新成果、新时期坚持和发展历史唯物主义的路径与方法、新时期马克思主义理论发展问题和新的历史条件下国家文化安全与意识形态建设等问题展开深入研讨。

2016 年 8 月 12—14 日，“社会主义核心价值观与当代中国发展”学术研讨会在北京召开。此次研讨会由马克思主义理论研究和建设工程重大项目“社会主义核心价值观研究”课题组、北京外国语大学“中国文化走出去协同创新中心”、北京师范大学价值与文化研究中心、北京外国语大学中国特色社会主义理论世界影响力研究协同创新中心联合主办。来自各大高校的 60 多名专家学者围绕“中国传统价值观的当代转化及其意义”“中国近代文化冲突及价值观转型”“社会主义核心价值观基本理念深度解读”“核心价值观构建的国际比较及国际传播”“社会主义核心价值观认同”等议题展开了深入研讨。与会学者一致认为，需要采取有效的方式推动社会主义核心价值观入脑入心，善于进行话语体系和传播方式的创新，打造良好的国家形象，推动中国价值观的海外传播。

2016 年 8 月 13—17 日，“中国道路国际论坛”分别在澳大利亚和新西兰召开：8 月 13—15 日，中国社会科学院马克思主义研究院与澳大利亚纽卡斯尔大学联合举办的中国道路澳洲论坛在澳大利亚纽卡斯尔大学召开；8 月 17 日，中国社会科学院马克思主义研究院与新西兰奥克兰大学文学院联合举办的“中国道路新西兰论坛”在新西兰奥克兰大学召开。论坛主题为：“中国道路：内涵、特征、经验、建议、前景”。来自中国社科院、中共中央编译局、教育部社科中心、国内部分高校以及澳大利亚纽卡斯尔大学、新西兰奥克兰大学的百余名专家学者参加了研讨会。中外专家就中国道路与“一带一路”、中国供给侧改革、中国道路与五大发展理念等问题进行了深入交流。这次论坛加强了中澳、中新学界的交流、传播了“一带一路”战略的开放、合作、共赢、和平、发展等内涵，对于在国际上正面宣传中国道路具有积极的推动作用。

2016 年 8 月 19—21 日，中国社会科学院马克思主义史学理论论坛第四届年会在新疆大学召开，年会主题为“马克思主义史学理论研究和学科建设”。本届论坛由中国社会科学院马克思主义理论学科建设与理论研究工程领导小组主办，中国社会科学院当代中国研究所、新疆大学联合承办。来自中央党史研究室、中共中央党校、中国社会科学院、北京大学、新疆大学等单位的专家学者近 50 人与会。与会专家学者深入学习贯彻习近平总书记在哲学社会科学工作座谈会上的重要讲话精神，围绕会议主题，从马克思主义研究、历史学和党史国史研究等多个领域，就唯物史观与马克思主义史学理论学科建设、唯物史观与历史人物评价、当前马克思主义史学理论发展面临的挑战等进行了广泛而深入的研讨。

2016 年 8 月 19—20 日，由中国特色社会主义理论研究会与中国井冈山干部学院联合举办的第三届中国特色社会主义理论与实践论坛在中国井冈山干部学院举行。本届论坛的主题是“中国特色社会主义与全面小康决胜阶段的战略决策”。来自全国高等院校、党校系统、军队系统、社科院和干部学院的马克思主义学院负责人、专家学者共50多人参加会议。会议从理论和实践的结合上，深入研讨了全面小康决胜阶段的战略决策和“十三五”规划的贯彻落实，加深了对决胜全面小康的动力、目标和关键的认识，强调要不忘初心，将创新、协调、绿色、开放、共享发展新理念与全面小康战略目标结合起来，积极推进全面建成小康社会的战略目标实现。

2016年8月19—20日，由中国社会科学院经济研究所主办的中国特色社会主义政治经济学论坛第十八届年会在北京举行。本次年会的主题是“深入研究中国特色社会主义政治经济学”。来自科研机构和高等院校的110多名代表参会，围绕中国特色社会主义政治经济学建设、社会主义市场经济理论、经济发展新常态和供给侧结构性改革、社会主义公平正义与共同富裕等中国特色社会主义政治经济学涉及的重大理论和实践问题进行广泛而深入的讨论。“中国特色社会主义政治经济学论坛”前身为“全国政治经济学学术研讨会”，是由中国社会科学院经济研究所主办的全国性年度政治经济学学术研讨活动，首次举办于1999年，每年举办一次，2012年更名为“中国政治经济学论坛”。

2016年8月20日，中国社会科学院“当代中国马克思主义政治经济学创新智库”挂牌仪式在北京举行。中国社会科学院党组书记、院长、智库名誉理事长王伟光和全国人大教科文卫委员会委员顾海良共同为“当代中国马克思主义政治经济学创新智库”揭牌。当代中国马克思主义政治经济学创新智库是由中国社会科学院创办，依托经济研究所，并联合中国社会科学院经济学部其他7个研究所、哲学所和历史所成立的中国特色社会主义政治经济学研究的专业智库。作为智库的主要发起方，经济研究所正在搭建期刊、协会、论坛、论丛和新媒体五位一体的智库支撑平台。中国社会科学院“当代中国马克思主义政治经济学创新智库”是国内成立的第一家中国特色社会主义政治经济学高端智库，其愿景目标“引领中国政治经济学方向，为中国经济发展贡献力量”，既昭显了中国社会科学院复兴中国政治经济学研究的辉煌，助力中国经济发展的决心，也为避免智库建设中常常出现的浮躁情绪、短视行为和急功近利行为奠定了基础。

2016年8月20—21日，第二届“当代中国马克思主义研究创新论坛”在上海社会科学院召开。此次论坛以“中国道路：社会主义与民主”为主题，由中国社科院哲学研究所、复旦大学马克思主义研究院、上海社科院中马所共同发起，上海社科院中马所“文明比较与中国道路研究”课题组具体承办。来自21所高校与科研院所及数十家媒体与学术期刊的50多位专家学者参加了论坛。与会专家围绕“社会主义、民主与中国道路”“在当代中国语境中重释马克思主义社会政治理论”“中国革命与近代以来中国道路”“民主理论与实践的当代反思”“西方激进左翼思潮视域中的社会政治哲学问题”等议题开展了深入的研讨与交流。

2016年8月20—21日，“中国共产党与中国基层治理：回顾与展望”学术研讨会在福建福州举办。此次研讨会由中共福建省委党校“党史党建省级重点学科”、《中共福建省委党校学报》编辑部、中共福建省委党校地方治理研究中心共同主办。来自中央编译局、复旦大学、中山大学、同济大学、厦门大学、中国乡建院等在内的全国多个高校、科研院所的70多名专家学者参加会议。研讨会上，专家学者围绕着“中国共产党与中国基层治理”这一主题，深入探讨了中国共产党对现代中国基层治理的塑造。

2016年8月21—23日，“第三届执政党建设理论与实践论坛”在宁夏大学召开。本次论坛由中国社会科学院马克思主义研究院主办，中共宁夏区委教育工作委员会、中国科学院大学马克思主义研究部、宁夏大学马克思主义学院联合承办。来自全国各地社会科学院、党校、高校及其他科研机构的140多名专家学者参加论坛，围绕“思想建党与制度治党的关系”这一主题展开研讨。与会者认为，从思想上建党，靠制度治党，是中国共产党对马克思主义建党学说的创造性发展，是党加强自身建设、保持先进性的宝贵经验，也是党从长期执政实践中得出的重要结论。思想建党是前提和基础，制度治党是思想建党的支撑和保证，思想建党和制度治党要紧密结合，相互补充、相互促进，产生建党治党的叠加效应。

2016年8月23日，高校思想政治理论课贯彻落实习近平总书记“七一”重要讲话精神高层学术研讨会在北京召开。此次研讨会由教育部“毛泽东思想和中国特色社会主义理论体系概论”分教学指导委员会与“中国近现代史纲要”分教学指导委员会联合主办。来自全国70多所高校的近120名专家、学者与会。与会专家学者围绕习近平总书记“七一”重要讲话精神，结合“概论”课和“纲要”课教学实际，研讨了两门课程如何分工合作共同推进习近平总书记“七一”重要讲话精神“三进”工作，并讨论修改了《高校思想政治理论课学习贯彻习近平总书记“七一”重要讲话精神的教学建议》。

2016年8月26日，“治国理政新理念新思想新战略学术研讨会暨中央编译局国家高端智库重点研究领域核心团队工作会议”在北京召开。此次会议由中共中央编译局国家高端智库建设试点工作领导小组办公室和中央编译局世界发展战略研究部主办，中央编译局国家高端智库“国家治理体系和治理能力现代化”重点研究领域承办。来自国务院发展研究中心、国家行政学院等科研院所和北京大学等高等院校的30余位专家学者参加会议。与会专家围绕政府治理、城市治理、社会治理、协商民主等主题进行了深入交流和探讨，并交流了智库报告写作的问题和经验。

2016年8月27日，第三届当代世界与社会主义研讨会在上海举行。会议由中共中央编译局马克思主义研究部、中国浦东干部学院中国特色社会主义研究院、上海市中国特色社会主义理论体系研究中心主办，主题为“发展21世纪马克思主义”。来自中联部、中共中央党校、中央编译局、中国浦东干部学院、北京大学、复旦大学等40余家单位的60余位专家参会。专家们一致认为，马克思主义是中国共产党建党执政治国的理论基础，坚持以马克思主义为指导，是当代中国哲学社会科学区别于其他社会科学的标准。我国哲学社会科学的一项重要任务就是继续推进马克思主义中国化、时代化、大众化，继续发展21世纪马克思主义、当代中国马克思主义。

2016年8月30—31日，中宣部主办的治国理政论坛“新发展理念系列理论研讨会”第二场研讨会在上海召开，此次会议的主题为“坚持协调发展”。中央有关部门、社科研究单位、思想理论工作“四大平台”部分专家学者和上海市社科理论界部分专家学者共90多人参加了研讨会。与会专家学者围绕树立和践行新发展理念、坚持协调发展进行了热烈深入的研讨。与会者一致认为，协调是持续健康发展的内在要求，只有经济社会各个方面协调一致、相得益彰，才能持续健康、行稳致远；要推动区域协调发展，形成区域协调发展新格局；推动城乡协调发展，加快推进城乡一体化；坚持物质文明和精神文明协调发展，坚持“两手抓、两手都要硬”；推动经济建设和国防建设融合发展，实现富国和强军相统一。

2016年8月31日，中国社会科学院拉丁美洲研究所主办的拉美左翼和社会主义论坛第五次会议暨《劳尔·卡斯特罗——革命生涯》中文版首发式在北京举行。出席会议的有来自外交部拉美司、中联部拉美局、中央编译局、中国国际关系研究院、中国社会科学院等单位的官员和学者以及古巴、委内瑞拉、玻利维亚、厄瓜多尔等拉美国家驻华使馆官员。会议围绕《劳尔·卡斯特罗——革命生涯》中文版的出版，从政治和学术角度深入阐述古巴国务委员会主席兼部长会议主席、古巴共产党中央第一书记劳尔·卡斯特罗的革命和改革理论思想与实践，推进中国社会科学院的马克思主义理论研究与建设工程事业的发展。

2016年9月8日，中华人民共和国国史学会主办的纪念中共八大召开60周年学术座谈会在北京召开。出席会议的有在京的国史学会理事以及有关研究院所和高等院校学者、研究生共60余人。与会专家围绕八大的历史贡献和重要意义展开了深入研讨。

2016年9月9日，由中国社会科学院历史学部、马克思主义研究学部联合主办，中国社会科学院历史研究所承办的中国社会科学院第二届唯物史观与马克思主义史学理论论坛在北京举行。来自中国社会科学院、中共中央党校、北京大学等高校和研究机构的百余名专家学者与会交流。学者们围绕“唯物史观与20世纪中国史学方法”“唯物史观视域下的历史虚无主义批判”“马克思主义理论及其中国化研究”“历史发展的一元性与多样性”“马克思主义社会形态理论的认识及当代意义”等议题展开研讨。与会者认为，唯物史观是人类思想发展史上的一次飞跃，深刻揭示了人类历史发展规律。史学研究和史学理论发展都应自觉肩负起学科使命，通过深入研究，深化对共产党执政规律、社会主义建设规律、人类社会发展规律的认识，揭示出更多的“必然性”。当前，尤其要坚持以唯物史观引领史学话语体系建设。

2016年9月19日，由中国国际报告文学研究会和中国长征精神研究院举办的全国首届长征精神学术研讨会在甘肃省通渭县榜罗镇召开。部分领袖和革命后代与来自北京、上海、辽宁、甘肃等省市的160余名代表共同庆祝红军长征胜利80周年和文化长征10周年。与会代表纷纷表示，80年前，中国共产党领导红军将士完成了震惊世界的二万五千里长征，开辟了中国革命继往开来的光明道路，奠定了中国革命胜利前进的重要基础。这一伟大历史事件，是中国共产党人的骄傲，是人民军队的光荣，是中华民族的自豪。

2016年9月23日，由中国社会科学院当代中国研究所和中华人民共和国国史学会共同主办的第十六届国史学术年会在北京召开。来自有关高等院校、科研机构的60多位专家学者参加会议。与会者以“中国改革开放的历史经验”为主题，探讨了如何推进国史研究的理论创新和话语体系建设等问题。与会者指出，国史研究是我国哲学社会科学事业的重要领域，应紧紧围绕党和国家工作大局，把历史经验研究、治国理政经验研究作为重要内容，深刻揭示国史的主题与主线、主流与本质，努力构建具有国史研究特点的学科体系、学术体系和话语体系。

2016年9月23—24日，由山东社会科学院和山东智库联盟承办的全国社会科学院第十九届院长联席会议暨首届智库论坛在山东省淄博市召开。此次会议的主题为“深化体制机制改革，加强党风廉政建设，推进创新工程，建设新型智库”。来自中国社会科学院、全国各省区市社科院、部分城市社科院和山东省、淄博市的有关专家学者近200人与会。与会者认为，社会科学院系统要围绕一个核心要义、一个中心问题和四个重点，准确把握习近平同志在哲学社会科学工作座谈会上重要讲话的精神实质，谋划好哲学社会科学创新工程。

2016年9月23—25日，第十一届全国高校马克思主义理论学科博导论坛在杭州召开。本届论坛由全国高校马克思主义理论学科研究会、浙江大学马克思主义学院、《马克思主义理论学科研究》编辑部联合主办、浙江大学马克思主义学院承办。来自全国74所高校和媒体的130余位马克思主义理论专家、学者参加了论坛。本次论坛以“马克思主义理论学科的优先、优势、优质发展”为主题，与会专家学者就马克思主义理论学科“三优”发展的基本问题、马克思主义理论学科人才培养模式、马克思主义理论学科的整体发展与学科群建设、马克思主义理论学科建设与思想政治理论课建设、马克思主义理论学科与国家智库建设等重要问题进行了深入探讨。

2016年9月24日，中国马克思主义与文化发展研究院成立大会暨首届马克思主义与传统文化高层论坛在北京举行。该研究院由中华黄帝故里建设促进会和北京交通大学共同发起成立，是贯彻落实习近平总书记关于坚持和发展马克思主义、弘扬中华优秀传统文化的重要讲话精神，为推进中国化马克思主义和中华优秀传统文化研究而成立的。研究院将会聚国内相关领域知名专家对中国化马克思主义和中华优秀传统文化进行协同研究、联合攻关，共同构建中国化马克思主义与中华优秀传统文化方面的协同创新研究中心和高层智库平台。与会者就马克思主义的中国化与中华传统文化的时代化、坚持马克思主义指导地位和弘扬中华优秀传统文化等方面展开深入研讨。

2016年9月24—25日，第四届国际共产主义运动论坛在福建泉州华侨大学举行。本届论坛由中国社会科学院马克思主义研究院、华侨大学主办，中国社科院马克思主义研究院国际共运部、华侨大学政治与公共管理学院承办，主题为“当代世界社会主义与社会发展”。来自中共中央对外联络部、中共中央编译局、全国社科院系统、党校系统、高校系统及媒体的140多位专家学者参会。论坛主要围绕当代国际共运和世界社会主义运动发展态势、当代国外共产党的发展动态、当代国外主要社会主义流派的发展现状与前景、当代世界左翼思潮与左翼运动、当代世界社会主义与社会发展、中国特色社会主义的新发展等六个主题展开研讨。

2016年9月24—25日，由《中国社会科学》杂志社与辽宁大学哲学与公共管理学院联合主办的“第十六届马克思哲学论坛”在辽宁沈阳召开。来自全国各高校和科研单位的200余位学者出席了论坛。本次论坛以“方法论自觉：发展21世纪中国的马克思主义哲学”为主题，以密切联系改革发展的实际问题与当代中国马克思哲学理论的方法论创新为焦点，与会学者围绕主题展开广泛而深入的交流，从不同的研究视角探讨了最新的研究成果，展示和反映了当代中国马克思主义哲学研究的新动态和新层次。

2016年9月24—25日，首届西部高校马克思主义论坛在四川大学举行。论坛由教育部社会科学司指导，四川大学马克思主义学院承办。来自国内尤其是中西部各高校和科研机构的近300位专家和学者出席了论坛。与会学者围绕“马克思主义学院建设”“思想政治理论课课程建设”“马克思主义理论学科建设”“多媒体技术的理念与应用创新”等分议题展开讨论。西部高校马克思主义论坛是中国高校马克思主义学院首个区域性联盟，由四川大学、兰州大学、西安交通大学、西南大学共同发起成立，旨在促进西部高校马克思主义学院开展更为广泛的交流合作，共同促进马克思主义理论研究、学科建设、教学改革、人才培养等方面的工作。

2016年9月25日，由天津市社会科学界联合会、南开大学联合主办的天津市第一届当代中国马克思主义论坛在天津举行。来自全国各地70余所高校和科研院所马克思主义理论、哲学、经济学等学科的专家学者代表200余人参加了会议。论坛以“马克思主义与中华民族伟大复兴”为主题，就马克思主义中国化基本问题研究，习近平治国理政新理念、新思想、新战略研究，唯物史观与中国道路问题研究，马克思主义政治经济学中国化研究，马克思主义中国化与中华民族伟大复兴中国梦研究，中国特色社会主义历史方位及世界意义研究等议题进行了深入研讨。

2016年9月27日，中共中央文献研究室、中国中共文献研究会主办的“红军长征与中国共产党的伟大精神”学术研讨会暨中国中共文献研究会2016年年会在北京召开。来自全国各地的100多位专家学者参加会议。与会者围绕红军长征的历史经过和重要意义、老一辈革命家与长征、长征精神及其现实意义等议题进行了研讨。与会专家指出，长征是中国共产党走向成熟过程中，在思想、组织和精神上的一次重大历史飞跃，彰显了中国共产党的精神高地。在不断推进中国特色社会主义事业的新长征途中，要传承好、弘扬好伟大的长征精神，坚持道路自信、理论自信、制度自信和文化自信，为实现中华民族伟大复兴的中国梦继续前进。

2016年9月29—30日，中国社会科学院马克思主义研究院和马克思主义研究学部、国防科学技术大学联合主办的“第九届全国马克思主义院长论坛”在湖南省长沙市举行。来自全国80多所科研院所的马克思主义学院院长（负责人）和专家学者150多人，围绕“马克思主义的真理性、大众化与对错误思潮的批判”这个主题，就“马克思主义的真理性、大众化”“当前社会错误思潮的评析与批判”“马克思主义理论学科建设与思想政治理论课建设创新体系前沿问题研究”“习主席国防和军队建设重要论述研究”等议题进行了深入探讨。

2016年10月8—9日，由浙江大学马克思主义学院与人文学院主办的马克思主义与宗教的当代对话国际学术研讨会在杭州召开。来自美、德、澳大利亚、瑞士四国以及中国台湾、香港、大陆地区的32名代表出席会议，其中境外代表9人。此次会议比较系统地探讨了马克思主义与宗教的古今对话、马克思主义宗教观的思想资源、马克思主义与宗教之关系的理论与实践、宗教信仰中的不安定因素及邪教问题，以及与宗教相关的社会政治经济的热点问题等五大主题。

2016年10月10日，“2016中国道路欧洲论坛（西班牙会场）”在西班牙巴塞罗那举行。本届论坛以“五大发展理念与中国道路”为主题，由中国社会科学院马克思主义研究院、西班牙亚洲之家共同主办，中国《人民日报》理论部、《马克思主义研究》编辑部、《中国社会科学》杂志社马克思主义编辑室协办。参会的有由中国社会科学院马克思主义研究院院长邓纯东带队的近40人的中国专家代表团、中国驻巴塞罗那总领事汤恒与来自西班牙亚洲之家、西班牙中国政策观察中心等多家机构的百余名教授和知名人士。与会专家学者围绕中国政治制度、社会主义核心价值观、中国经济改革与文化创新、社会发展等议题进行了研讨。

2016年10月11日，“2016中国道路欧洲论坛（法国会场）”在法国巴黎举行。本届论坛以“五大发展理念与中国道路”为主题，由中国社会科学院马克思主义研究院、法国共产党、法国加布里埃尔·佩里基金会、法国社会思潮研究中心、法国《思想》杂志共同主办。来自中国社科院、清华大学等单位的中国专家代表团与来自法国加布里埃尔·佩里基金会、社会运动与思潮研究中心、《计划》杂志、人道报、法共中央委员会、欧洲议会等的代表及相关专家学者共百余人与会。与会专家学者围绕“一带一路”与中欧关系新发展、五大发展理念与全球转型驱动力、《巴黎协定》与建立公平合理的气候变化治理机制、实施创新驱动发展战略和建设创新型国家等议题进行了研讨。

2016年10月14日，第三届全国哲学社会科学话语体系建设理论研讨会在上海举行。本次研讨会由全国哲学社会科学话语体系建设协调会议办公室主办，中国社会科学院、中共上海市委宣传部承办，中国浦东干部学院、上海市社会科学界联合会、上海研究院、上海大学协办。有关部委同志、相关专家学者共200余人参加会议。与会专家表示，推进中国哲学社会科学话语体系建设，必须以中国实践为基础，充分总结中国道路和中国经验，不断升华对中国特色社会主义实践成果的理性认识；必须以重大问题为导向，深化对改革发展进程中的一系列重大理论和现实问题的学理阐释；必须以国际影响为目标，通过对世界问题的研究，形成中国解释、提出中国方案，逐步确立中国哲学社会科学的国际话语权。

2016年10月14—15日，中宣部主办的治国理政论坛“新发展理念系列理论研讨会”第四场研讨会在广州市召开。本次研讨会主题是“坚持开放发展”。中央有关部门、社科研究单位、高校、思想理论工作“四大平台”、广东省社科理论界部分专家学者以及部分地方负责同志共约100人参会。与会专家学者围绕贯彻落实新发展理念、坚持开放发展进行了深入研讨交流，形成了广泛共识，深化了对坚持开放发展的意义、机遇和挑战，对发展更高层次开放型经济的思路和举措，对推进“一带一路”建设，对构建以合作共赢为核心的新型国际关系等方面的认识。

2016年10月15日，中国人民大学马克思主义学院举办成立20周年纪念大会。中国人民大学马克思主义学院、北京高校思想政治理论课高精尖创新中心、21世纪中国马克思主义协同创新中心共同举办“中国人民大学马克思主义学院成立20周年纪念大会暨面向21世纪的中国马克思主义论坛”。大会举办三场分论坛，与会专家分别围绕“当代中国马克思主义的现实与发展”“人大党史学科60年：发展与变革”“青年学者视野中的21世纪马克思主义理论研究”中的热点学术问题进行了深入研讨。作为中国最早建立的高校马克思主义学院之一，20年来，中国人民大学马克思主义学院培养了6000余名各类毕业生，成长起来许多学养深厚、影响深远的专家和学科带头人，被誉为我国马克思主义理论研究与教学的高地、马克思主义理论人才培养的“工作母机”。

2016年10月15日，湖北省中国特色社会主义理论体系研究中心省社科院分中心与湖北省社会科学院哲学研究所共同举办的“长征精神与社会主义核心价值观”学术研讨会在湖北武汉举行。会议围绕长征精神的内涵及其现代价值、长征精神与核心价值观、长征精神与爱国主义、长征精神与奋斗人格、长征精神与红色文化等论题展开研讨。来自湖北省社会科学院、武汉大学、华中科技大学、武汉理工大家、华中师范大学、中南民族大学等单位的专家学者参会。与会者认为，长征是中华民族不屈不挠精神的典范，不仅是路途上的伟大远征，而且是人类意志上的伟大远征。长征永远在路上，每一代人都要走好自己的长征路。要通过弘扬长征精神，培育和践行社会主义核心价值观。

2016年10月15日，“治国理政与马克思主义新境界——上海市社会科学界第十四届（2016）学术年会马克思主义研究学科专场暨上海市马克思主义研究年度论坛”在上海市委党校召开。本届学科专场暨年度论坛由上海市社会科学界联合会、中共上海市委党校、上海市中国特色社会主义理论体系研究中心联合主办。来自中共中央党校、上海市党校系统、上海社会科学院、复旦大学等高校、科研院所约400位理论工作者与会。围绕党的十八大以来治国理政新理念新思想新战略，结合马克思主义理论在新的历史时期呈现的新课题、新拓展和新研究，与会者展开了热烈讨论。

2016年10月15日，“2016中国道路欧洲论坛（意大利会场）”在意大利罗马举行。本届论坛以“五大发展理念与中国道路”为主题，由中国社会科学院马克思主义研究院、意大利二十一世纪马克思政治文化协会、意大利“二十一世纪的马克思”出版社、意大利共产党共同主办。来自中国社会科学院、清华大学等单位的中国专家代表团与来自意大利共产党中央委员会、《二十一世纪马克思》杂志、意大利葛兰西基金会研究院等单位的意大利专家学者和相关人士共百余人与会。与会多位专家学者围绕欧盟危机及如何克服，互联网及全球治理，中欧、中俄、中美关系，马克思主义和社会主义的未来，如何反对霸权主义、维护世界和平，如何打破某些媒体的信息垄断，如何在全球化条件下加强中欧合作等问题进行了深入研讨。

2016 年 10 月 15—16 日，“全国马列文艺论著研究会第 33 届年会”暨“中国马克思主义文艺理论的当代性”学术研讨会在四川大学举行。本次会议由全国马列文艺论著研究会主办，由四川大学文学与新闻学院承办，广东外语外贸大学外国文学文化研究中心协办。来自美国宾夕法尼亚大学、捷克共和国捷克科学院及中国社会科学院、中国人民大学、山东大学等科研院校 150 多名国内外专家学者参加了本次会议。与会专家学者围绕“马克思主义文论的当代性探讨”“中国新世纪马克思主义文艺理论研究”“国外马克思主义文论与中国文艺理论建设”“学习习近平《在哲学社会科学工作座谈会上的讲话》”和“马克思主义符号学”等展开深入探讨。

2016 年 10 月 15—16 日，中国郭沫若研究会与华中师范大学历史文化学院联合主办的“郭沫若与中国马克思主义史学学术研讨会”在华中师范大学召开。来自中国社会科学院、北京师范大学、复旦大学、四川大学、四川省社会科学院等 20 多家学术机构的 60 余名学者参会。会议围绕郭沫若的史学研究与马克思主义之关系、郭沫若在史学研究中的成就和影响、中国马克思主义史学的发展及经验教训等议题展开了深入讨论。与会学者高度肯定了郭沫若在马克思主义中国化的进程中所作出的突出贡献和深远影响。

2016 年 10 月 20 日，《世界社会主义研究》编辑部在中国社会科学院举行《世界社会主义研究》创刊号发布会。编委会名誉主任王伟光与主编李慎明共同宣布创刊号首发。发布会上，主编李慎明向刊物学术指导委员会和编委会代表颁发了聘任证书。《世界社会主义研究》于 2016 年 10 月 1 日正式创刊，由中国社会科学院主管，中国社会科学院信息情报研究院和社会科学文献出版社主办，中国社会科学院世界社会主义研究中心承办，面向国内外公开发行。

2016 年 10 月 21—22 日，由中国社会科学院主办的第七届世界社会主义论坛在北京举行。论坛主题为“创新 21 世纪马克思主义”。来自亚、非、拉和欧美等地共 36 个国家的 300 位专家学者，结合世界政治经济格局及中国特色社会主义的最新发展，探讨创新 21 世纪马克思主义的理论与实践问题。与会学者围绕金融帝国主义时代的性质、特征及趋势，全球性的不平等、贫富两极分化与世界社会主义复兴，世界和平发展与各国人民的共同使命，以习近平同志为核心的党中央关于中国特色社会主义的新实践、新理念、新战略等分议题展开了讨论。与会学者一致认为，当今世界正处于大变革大调整之中，这需要我们进一步加强马克思主义研究，加强对国际金融危机、欧债危机和当代资本主义发展趋向的跟踪研究，加强对中国特色社会主义道路、理论体系、制度的研究，加强对其他社会主义国家理论和实践发展状况的研究，进一步开放研究视野，坚定发展信心，大力推进21世纪马克思主义的理论创新和实践创新。

2016年10月21—22日，由北京高校中国特色社会主义理论研究协同创新中心（北京工业大学）主办，北京工业大学马克思主义学院承办的“四个全面”与中国特色社会主义发展道路学术研讨会在北京召开。来自中共中央编译局、中共中央文献研究室、中共北京市委党校、中国人民大学、首都经济贸易大学等单位的140余名专家学者参会，围绕“四个全面”战略布局在中国特色社会主义事业中的重要意义、推进路径及其如何融入思想政治理论课教学，进行了深入探讨。

2016年10月22—23日，由中国社会科学院政治学研究所主办的“马克思主义政治学论坛（2016）”在北京举行。本届论坛的主题是“马克思主义政治学在当代中国的运用与发展”，来自中国社会科学院、北京大学、清华大学、中国人民大学、武汉大学等科研机构和高校的50余名专家学者参会。与会学者围绕马克思主义政治学的基本原理与方法论、马克思主义政治学与中国政治发展、习近平5·17讲话对马克思主义政治学发展的指导意义、马克思主义政治学与“四个全面”战略布局等议题进行充分交流和探讨。会议强调了坚持和发展马克思主义政治学对中国政治发展的重要意义。

2016年10月22—23日，由中国马克思恩格斯研究会、中央编译局马克思主义研究部和福建省委党校联合主办的第十三届全国马克思主义论坛暨中国马克思恩格斯研究会年会在福建福州举行。本届论坛以“马克思主义与建构中国特色哲学社会科学”为主题，共有70多家单位的140多位专家学者参加。与会专家围绕马克思主义基本理论研究、建构中国特色哲学社会科学、马克思主义中国化最新成果研究等方面，进行了深入研讨和交流。

2016年10月22—23日，“消除贫困与实现全面小康的中国道路”国际学术研讨会在北京举行。此次研讨会由北京大学马克思主义学院、北京大学中国道路与中国化马克思主义协同创新中心、北京大学中国特色社会主义理论大众化与国际传播协同创新中心、北京大学中国特色社会主义政治经济学研究中心（院）联合举办。来自美国、英国、加拿大、俄罗斯、奥地利等国家的12名国际学者和来自北京大学、中共中央党校、中国社会科学院、武汉大学等单位的15位中国学者参加会议并发言。参会专家学者结合“十三五”规划制定的全面建成小康社会的奋斗目标以及中国政府近些年来在扶贫减困工作方面的做法、措施、成效和任务进行了热烈讨论。

2016年10月29日，第五届全国马克思主义经济学论坛暨全国马克思主义经济学青年论坛第六次研讨会在河北石家庄举行。本次论坛由中国社科院马克思主义研究学部、马工程办公室、马克思主义研究院原理部、经济社会发展研究中心、河北经贸大学主办，河北经贸大学马克思主义学院承办。论坛主题为“建构21世纪马克思主义政治经济学学科体系、教材体系、范畴体系、方法体系和话语体系”。来自中共中央党校、中国社会科学院、中国人民大学等单位的100多位专家学者参会。与会专家学者在坚持马克思主义政治经济学的指导地位、中国特色社会主义政治经济学理论体系构建、现实经济问题的马克思主义政治经济学分析、国外马克思主义经济理论研究等方面各抒己见。

2016 年 10 月 29 日，列宁思想研究会年会（2016）在北京大学举行。本次会议由中国马克思主义哲学史学会、列宁思想研究会、教育部人文社会科学重点研究基地——北京大学中国特色社会主义理论体系研究中心联合主办，主题为“列宁时代观、国家观、社会主义改革观与当代”。来自中国社会科学院、中共中央党史研究室、中国人民大学、中共中央党校、中央编译局、武汉大学等单位的专家学者 100 多人与会。与会学者围绕列宁思想的历史地位、如何继承和发展列宁思想，以及“《帝国主义论》中的时代观”“从《国家与革命》到‘列宁遗嘱’中的国家观”“列宁新经济政策道路及其社会主义观”“‘列宁遗嘱’中的国家观与政治体制改革构想”“列宁主义思想实质、哲学基础及其当代历史命运”等方面进行了深入研讨。会议还讨论通过了《列宁思想研究会章程》。

2016 年 10 月 29—30 日，第一届全国马克思主义学院青年学者论坛在上海举行。论坛以“高校思想政治理论课话语体系建设”为主题，由上海市中国特色社会主义理论体系研究中心、上海市学生德育发展中心、华东师范大学马克思主义学院主办，《思想理论教育》编辑部和《思想政治课研究》编辑部协办。来自中国社会科学院、上海市委宣传部、上海社联、清华大学、南开大学、吉林大学、中国人民大学、武汉大学、同济大学等单位的领导和青年学者济济一堂，在十八届六中全会后率先共同研讨高校思想政治理论课话语体系建设。在大会发言和分组讨论中，学者们结合自己从事思想政治理论课教学和研究的经验，围绕高校思想政治理论课话语体系建设的理论基础、实践探索、多元路径等展开了对话。

2015 年 10 月 31 日，全国第九届马克思主义经济学发展与创新论坛在河南大学召开。此次论坛由中国社会科学院经济研究所、《经济研究》编辑部及河南大学经济学院联合主办。来自中国社会科学院、中国科学院、人民大学、清华大学、河南大学等国内重要研究机构和重点大学的 80 多名专家学者参会。与会学者结合党的十八届五中全会精神，深入探讨了马克思主义经济学的中国化、时代化、创新、发展态势及其当代价值等重大理论问题，系统阐述了马克思主义经济理论在中国金融体制改革、财税体制改革、国企改革、收入分配制度改革、三大区域战略构建、中国新型城镇化建设、农村现代转型以及社会主义市场经济条件下政府与市场关系构建等实践中的指导作用，创新和发展了马克思经济增长与发展理论、经济危机理论、生态理论、城市化理论和国家学说，并对新常态下中国经济增长与经济发展中的诸多现实问题进行了研究。

2016 年 11 月 2—3 日，第四届社会主义国际论坛在广西桂林召开，论坛主题为“社会主义改革（革新）：回顾与展望”。本届论坛由中国社会科学院马克思主义研究院、越南社会科学翰林院哲学所、老挝国家社会科学院共同主办，广西师范大学马克思主义学院、广西马克思主义理论与区域实践协同创新中心承办，广西师范大学出版社集团协办。来自中国、越南、老挝的百余位中外学者对30多年来社会主义国家改革（革新）的理论和实践、经验和教训进行了回顾与总结，并就当前国际环境下社会主义改革和革新面临的问题与挑战等问题，进行了广泛而深入的交流。与会代表认为，通过总结经验、反思问题、展望未来，深化对科学社会主义理论与实践的认识、增进社会主义国家间的互信互鉴、推动世界社会主义运动的发展与复兴是社会主义各国学者义不容辞的责任。

2016年11月4日，由上海财经大学人文学院主办、历史承办的“史学方法论的革新与20世纪中国史学发展”学术研讨会在上海召开。来自中国社会科学院世界史所和历史所、中国人民大学、复旦大学、首都师范大学、中国高等教育出版社等国内著名高校和科研机构的近30位专家学者出席了研讨会。与会学者围绕“史学方法论的革新与20世纪中国史学发展”的会议主题，主要就唯物史观与中国现当代史学的建立和发展，中国传统史学方法论与中国现代史学的变革，西方现当代史学方法论的传播与中国史学的现代转型，中国现当代史学发展与中国史学话语体系的建构等议题，展开了集中的讨论和争鸣，提出了许多富有深度和新见的学术观点。

2016年11月5日，北京大学、清华大学、中国人民大学、北京师范大学、中国青年政治学院首都五所高校马克思主义学院研究生围绕“青年与改革”这一主题，展开学术探讨。中共中央党校、中国科学技术大学、西南政法大学等高校作为特邀院校也参加了此次论坛。研讨过程中，马克思主义理论专业的青年学子们，分别从“不忘初心，青年信仰研究”“脚踏实地，改革实践探索”“与时俱进，思想理论交流”“勇立潮头，敢于自我革新”四个分论题进行交流。该论坛由中国青年政治学院倡导并主办，已经连续成功举办五届，旨在搭建高校马克思主义理论学科硕士研究生之间的沟通桥梁，增加彼此学术交流，促进学术科研能力。

2016年11月5—6日，由中国政治学会主办、中共浙江省委党校承办、浙江省政治学会协办的中国政治学会2016年年会在浙江省杭州市召开，来自全国各地的上百位专家学者参加了会议。与会专家以“全面从严治党，净化党内政治生态”为主题，结合各自专长，全面深入地学习、研讨、贯彻六中全会精神。与会学者重点讨论了新形势下加强和规范党内政治生活的重大意义。大家一致认同办好中国的事情关键在党，关键在党要管党、从严治党。党要管党必须从党内政治生活管起，从严治党必须从党内政治生活严起，必须坚持思想建党和制度治党相结合。会议强调，广大政治学工作者应进一步增强责任感和使命感，提高马克思主义理论素养，结合坚持和完善中国特色社会主义政治制度的伟大实践，加快构建具有中国特色、中国风格、中国气派的政治学。

2016年11月8日，求是杂志社和中国浦东干部学院联合主办的“改革开放理论与实践创新研讨会（2016）”在上海召开。本次研讨会作为中国浦东干部学院第6期省部级干部深化改革开放专题研讨班的重要教学活动，该班全体学员参加会议。此次研讨会的主题是“以开放促改革”，就是要围绕贯彻落实新发展理念，把握改革开放新形势新任务，研究改革开放新情况新特点，探讨发展更高层次开放型经济、“以开放促改革”

的总体战略与路径，从而更好地推动和深化改革开放。与会专家和代表分别从“深入改革，扩大开放，拥抱创新”、福建推进21世纪海上丝绸之路建设的情况、加快推进以服务贸易为重点的开放转型、从开发人的知识性出发的下一步改革开放等方面进行了阐述。

2016年11月9日，“经济思想史与中国经济学发展”研讨会暨《新编经济思想史》（十一卷）新书发布会在北京召开。会议由北京大学马克思主义学院、北京大学中国道路与中国化马克思主义协同创新中心、北京大学中国特色社会主义政治经济学研究中心、中国财经出版传媒集团旗下经济科学出版社主办。来自全国多所知名高校经济思想史领域的专家齐聚，围绕会议主题进行了深入研讨。《新编经济思想史》是经济科学出版社出版的国家出版基金项目，由顾海良教授和颜鹏飞教授担任总主编，汇集了经济思想史研究领域的权威专家参与编写。丛书较为全面地反映了17世纪40年代以来世界范围内经济思想史的发展过程，关注政治学、数学、心理学等学科与经济学的沟通，贯通中国经济思想史、马克思主义经济思想史和西方经济思想史，具有重要的史料价值和理论意义。

2016年11月11日，全国党建研究会主办的“学习贯彻党的十八届六中全会精神座谈会”在北京召开。与会者认为，六中全会是在我国进入全面建成小康社会决胜阶段召开的一次十分重要的会议，开启了全面从严治党新征程。全会审议通过《准则》和《条例》，对深化全面从严治党，解决党内存在的突出矛盾和问题，具有十分重要的意义。全国党建研究会和广大党建研究工作者将进一步增强“四个意识”，特别是核心意识、看齐意识，增强政治责任感和使命感，更加自觉地在思想上政治上行动上同以习近平同志为核心的党中央保持高度一致。要把学习宣传贯彻六中全会精神作为重要政治任务，深入理解全会精神，深化对《准则》和《条例》的认识，深入研究全会提出的理论和实际问题，按照全会精神扎实做好党建研究工作。

2016年11月13日，“第七届马克思主义中国化学术论坛”在广东广州召开。本届论坛由中国社会科学院马克思主义研究院、华南理工大学联合主办，中国社会科学院马克思主义研究院马克思主义中国化研究部、华南理工大学马克思主义学院承办，中国社会科学院马克思主义理论创新智库、《马克思主义研究》杂志社、广东省高校思想政治教育研究会协办。来自110多所科研机构和高等院校的150多名专家学者共聚一堂，围绕本届论坛的主题“习近平治国理政思想与马克思主义中国化最新进展”，从公平正义、依法治国、统一战线、文化自信、劳动价值论等不同角度和不同层面进行了阐述。

2016年11月13日，全国高校马克思主义理论学科研究会第27次学科论坛暨首届“中国近现代史基本问题研究”学术研讨会在江苏省南京市举行。本次论坛由全国高校马克思主义理论学科研究会主办，南京大学马克思主义学院、《南京大学学报》编辑部承办。来自北京大学、清华大学、中国人民大学等70多所全国高校马克思主义学院的近百位学者与会。会议设立了三个分论坛，分别围绕中国革命的理论与实践逻辑、新中国成立后的现代国家建设、中国近现代史纲要的教学方法展开研讨。

2016年11月14—15日，“中华文明与人类共同价值”国际学术研讨会在山东济南举行。本次研讨会由中华文化学院、中国孔子基金会、山东大学、山东中华文化学院联合主办，旨在围绕“中华文明与人类共同价值”主题进行广泛交流和深入对话，为不同文明的对话与交流提供高端平台，为中华传统文化的伟大复兴贡献智慧。张岂之、陈来等20余位知名学者，围绕“中华文明与人类共同价值”“打造人类命运共同体与弘扬中华优秀传统文化”“儒家思想与贤能政治”等主题，发表了主题演讲。

2016年11月19日，中国社会科学院第四届科学社会主义论坛（2016）在广西大学举行。论坛由中国社会科学院马克思主义理论学科建设与理论研究工作领导小组主办，中国社会科学院马克思主义研究院和广西大学马克思主义学院承办。来自全国各高校、科研院所和学术杂志社的51名代表参加论坛。本次论坛主题为“社会主义500年与科学社会主义”。具体议题包括：科学社会主义的基本原则、社会主义运动的历史经验和教训研究、国际共产主义运动的现状研究、中国特色社会主义是科学社会主义理论逻辑与中国社会历史逻辑的辩证统一、马克思主义中国化、时代化与大众化研究、习近平总书记重要讲话与中国特色社会主义理论体系的丰富和发展、“四个全面”战略布局的科学内涵解读、“五大发展理念”与中国特色社会主义。

2016年11月20日，由教育部人文社科重点研究基地山东大学当代社会主义研究所与美国加州大学伯克利分校中国研究所联合主办的首届“国际中共学与世界社会主义比较”学术研讨会在山东省济南市召开。来自美国加州大学伯克利分校、美国杜兰大学、中共党史学会、中央党史研究室、中共中央编译局、中国社会科学院、教育部社会科学中心、清华大学、中国人民大学等30余家单位的60余位国内外学者参加了会议。会上，专家学者围绕中国共产党与中国特色社会主义、国际中共学的学科定位与研究热点、比较视野中的世界社会主义三个主题，从不同的学科、不同的视角进行了探讨和交流。学者们形成共识：中共研究已成为一种国际热点，在某种程度上国际中共学表现出“显学”的态势；要在政治学、中国学、中共党史学、社会主义学的学科交叉互补和协同联动中创新国际中共学；要以科学的态度对待国际中共学，把政治定力、学术研究、服务社会有机结合，把国际中共学建设成为一门真正的科学。研究的眼界和思路要开阔，要运用国际视野，比较研究的方法，从人类命运共同体的视角出发来进行研究。

2016年11月26—27日，以“马克思主义与21世纪社会主义”为主题的第二届全国高校马克思主义理论及相关学科博士生学术论坛在武汉大学举行。论坛由武汉学研究生院、武汉大学马克思主义学院、武汉大学马克思主义理论与中国实践协同创新中心、《文化软实力研究》杂志主办。会议就做学问应具备哲学思维、问题意识、创新驱动和学理支撑，提升国家文化话语权的必要性和紧迫性等问题展开讨论。

2016年11月26—28日，“中华外国经济学说研究会第24次学术研讨会”在福建泉州举行。本次研讨会由中华外国经济学说研究会主办，泉州师范学院中国经济研究中心、泉州社会科学界联合会承办。来自全国80多所高校、科研院所的160多位专家学者出席了会议。会议以建设中国特色社会主义政治经济学为主线，围绕外国经济学说与当代中国经济主题，就马克思主义经济理论研究、西方经济理论研究、供给侧改革与中国经济研究、“一带一路”与国际经济研究等方面进行了研讨。

2016年12月2日，上海师范大学知识与价值科学研究所举办了“第一届劳动人权马克思主义论坛”，论坛主要针对劳动问题进行哲学、伦理学及跨学科的研讨。与会代表60余人，分别来自上海、浙江、湖北四川等地的高校和科研院所。与会专家积极畅所欲言，围绕劳动理论在马克思主义整个理论中的地位和作用、劳动权利保障、劳动幸福观的塑造、劳动与人的全面发展等诸多劳动议题展开了热烈的讨论和观点交锋。

2016年12月4日，由北京大学马克思主义学院、北京哲学社会科学中国化马克思主义发展研究基地主办的“全国马克思主义中国化研究学科学术规范建设研讨会”在北京大学召开。来自全国50多所高校的马克思主义中国化研究学科80多位老师参加了本次会议。会议主题是集中讨论解决本专业研究生必读书目、研究生课程体系、研究生论文选题范围等问题。与会专家代表在大会发言中相继就自己学校本专业的培养特色、培养经验等内容进行了集中探讨，之后的小组讨论会就“教什么、学什么、写什么”这一系列问题展开热烈讨论。全国马克思主义中国化研究学科学术规范建设研讨会是本学科成立以来第一次举办的专门研讨中国化学科学术规范问题的会议，有力推动了马克思主义中国化研究学科的发展。

2016年12月9—11日，由湖南大学马克思主义学院承办的全国高校网络思想政治教育学术研讨会在湖南长沙举行。来自全国60多所高校的200多名专家、学者和研究生围绕网络思想政治教育与意识形态安全、网络思想政治教育与网络文化建设、网络思想政治教育与社会主义核心价值观培养、网络思想政治教育课程教学与网络传播等问题，从传统与现代相融汇、理论与实践相结合的层面，重点探讨了目前高校网络思想政治教育存在的若干重要问题。

2016年12月10日，“思想建党与制度建党与制度治党”理论研讨会在江苏省南京市召开。会议由江苏省中国特色社会主义理论体系研究中心主办。来自中共江苏省委研究室、中共江苏省委党校、群众杂志社、省社科院、省中特中心研究基地等单位的50余位领导干部和专家学者参会。10位专家结合江苏实际，就思想建党和制度建党提出了一系列富有创见的观点，引起专家们的热议。

2016年12月17日，当代中国马克思主义政治经济学研讨会在北京大学召开。会议由北京大学经济学院主办，由北京大学批准筹建的“经济学院当代中国马克思主义政治经济学研究中心”（下文简称“中心”）承办。来自政府、学界和媒体的代表，在校师生以及校友等200余人出席了研讨会。研讨会以主题发言和两阶段圆桌研讨的形式就如何构建当代马克思主义政治经济学的理论体系，创新当代中国马克思主义政治经济学的重点和难点，如何完善马克思主义政治经济学的教学、科研和人才培养体系等议题进行了研讨。

2016 年 12 月 17 日，由中国井冈山干部学院举办的“纪念红军长征胜利 80 周年学术研讨会”在江西井冈山举行。研讨会围绕学习红军长征胜利的伟大意义、长征精神的深刻内涵和走好今天的长征路等问题进行了深入探讨。来自中央和国家机关、社科研究机构、高等院校和红军长征沿线省区市党史部门负责同志 50 余人参加会议。与会代表一致认为，党史界要认真学习、牢固树立政治意识、大局意识、核心意识、看齐意识，从党的历史中汲取新长征路上阔步前行的精神力量，在新的历史起点上为夺取具有许多新的历史特点的伟大斗争新胜利作出更大贡献。

2016 年 12 月 17 日，2016 年上海市哲学学会年会暨中国马克思主义哲学话语体系建设研讨会在上海财经大学召开。研讨会由上海市哲学学会主办、上海财经大学人文学院哲学系承办，来自十余所高校及科研单位的 50 余位专家学者从中国哲学话语体系建设视角出发，对中国哲学如何摆脱“学徒”状态、获得自我主张提出建议。与会专家指出，当代中国马克思主义哲学话语体系建设要更多地关注中国的问题、中国的经验，并且深入到中国社会现实当中。中国马克思主义哲学话语体系的文本架构已经发生变化，“听苏联专家讲故事”的时代过去了，必须转向当下中国社会最火热的经济生活这一现实文本上来。

2016 年 12 月 24 日，“都市马克思主义”全国学术研讨会在北京举行。会议由首都师范大学、《哲学动态》编辑部、北京建筑大学主办，首都师范大学出版社、首都师范大学政法学院、北京建筑大学马克思主义学院承办。来自中国社会科学院、北京大学、中国人民大学、南京大学等科研机构的 30 多位专家学者与会。与会学者围绕“都市问题与马克思主义”“当代都市马克思主义研究的线索、问题”“西方马克思主义都市社会理论的现状”“城市、空间研究与当代中国马克思主义”“当代中国特色社会主义都市社会研究”等议题展开深入讨论。

2016 年 12 月 24 日，北京市马克思主义与全面依法治国协同创新中心协同体授牌仪式暨“继承与发展——马克思主义视域下的政党治理与国家治理”青年学者论坛在中国人民公安大学举行。此次论坛旨在进一步贯彻落实全国高校思想政治工作会议精神，加强马克思主义理论研究宣传和学术交流，开展马克思主义关于政党治理和国家治理的相关理论研究，深入探讨政党治理和国家治理理论的新发展。来自全国公安院校和地方院校的青年学者代表以及人民日报、光明日报、中华网、警察网等媒体的代表共计 100 余人参加了会议。参会代表分别从政党治理、国家治理、公安思想政治工作等角度进行了深入研究与交流。

2016 年 12 月 24—25 日，北京高校中国化马克思主义教学研究会 2016 年年会在北京召开。来自北京市教工委及北京各大高校的百余名专家学者围绕“深入贯彻高校思想政治工作会议精神，继续推进高校中国化马克思主义理论教学”的会议主题进行了集中研讨。与会专家教师就“概论”课教学中的重难点问题以及如何深刻领会贯彻习近平总书记系列讲话精神进行深入研讨，普遍认为，在新形势下“概论”课教师是大有可为的，“概论”课教师应进一步深化对教学改革的理解，继续提高自身理论水平，强化自身的问题意识，并注重对教学内容的形式设计。

2016 年 12 月 26—27 日，中共中央政治局召开民主生活会，以深入学习领会党的十八届六中全会精神为主题，围绕“两学一做”学习教育的要求，重点对照《关于新形势下党内政治生活的若干准则》《中国共产党党内监督条例》，联系中央政治局工作，联系党的十八大以来党中央抓作风建设的实际，联系自身执行中央八项规定的实际，进行自我检查、党性分析，开展批评和自我批评，研究加强党内政治生活和党内监督的措施。中共中央总书记习近平主持会议并发表重要讲话。会议首先审议了《关于贯彻执行中央八项规定精神、落实加强作风建设措施的情况报告》。随后，中央政治局同志逐个发言，按照要求进行对照检查。

（供稿：荀寿潇）

附　　录

2016年新书索引

中文著作（含译著）

1. ［美］赫伯特·马尔库塞（Herbert Marcuse）：《苏联的马克思主义：一种批判的分析》，张翼星、万俊人译，中国人民大学出版社2016年版。

2. ［美］乔恩·埃尔斯特（Jon Elster）：《理解马克思》，何怀远译，中国人民大学出版社2016年版。

3. ［美］诺曼·莱文（Norman Levine）：《马克思与黑格尔的对话》，周阳译，中国人民大学出版社2016年版。

4. ［美］罗伯特·布伦纳（Robert Brenner）：《马克思社会发展理论新解》，张秀琴等译，中国人民大学出版社2016年版。

5. ［美］罗伯特·L. 海尔布隆纳（Robert L. Heilbroner）：《马克思主义：赞成与反对》，马林梅译，东方出版社2016年版。

6. ［美］斯蒂芬·A. 雷斯尼克（Stephen A. Resnick）、理查德·D. 沃尔夫（Richard D. Wolff）编：《马克思主义理论的新起点》，王虎学译，中国人民大学出版社2016年版。

7. ［美］特雷尔·卡弗（Terrell Carver）：《马克思与恩格斯：学术思想关系》，姜海波、贵贤译，中国人民大学出版社2016年版。

8. ［英］彼得·奥斯本（Peter Osborne）：《问题在于改变世界：马克思导读》，王小娥、谢昉译，中信出版社2016年版。

9. ［法］德里达（Derrida，Jacques）：《马克思的幽灵：债务国家、哀悼活动和新国际》，何一译，中国人民大学出版社2016年版。

10. ［法］傅勒（Furet，Francois）：《马克思与法国大革命》，朱学平译，华东师范大学出版社2016年版。

11. ［比］曼德尔（Mandel，Ernest）：《革命的马克思主义与20世纪社会现实》，颜岩译，中国人民大学出版社2016年版。

12. ［瑞典］福克斯、［加］莫斯可主编：《马克思归来》，传播驿站工作坊译，华东师范大学出版社2016年版。

13. ［以］阿维纳瑞S. （Avineri S. ）：《马克思的社会与政治思想》，张东辉译，知识产权出版社2016年版

14. 安巧珍：《马克思公正思想研究》，光明日报出版社2016年版。

15. 毕芙蓉：《符号与政治：后马克思思潮研究》，中国社会科学出版社2016年版。

16. 曹天予：《权力与理性》，华东师范大学出版社2016年版。

17. 陈延秋：《新民主主义革命时期马克思主义大众化研究》，吉林大学出版社2016年版。

18. 陈力丹：《精神交往论：马克思恩格斯的传播观》，中国人民大学出版社2016年版。

19. 陈志尚：《人学新探索：来自马克思主义哲学视角的反思》，北京师范大学出版社2016年版。

20. 陈忠：《在历史与解释之间：马克思哲学再理解》，人民出版社2016年版。

21. 陈立新：《历史意义的生存论澄明：马克思历史观哲学境域研究》，广西师范大学出版社2016年版。

22. 陈飞：《在先验与经验之间：康德、黑格尔与马克思的自由观念》，中国社会科学出版社2016年版。

23. 陈鹏：《马克思主义经济哲学视域中的宏观调控》，人民出版社2016年版。

24. 常改香：《延安时期马克思主义哲学发展研究》，人民出版社2016年版。

25. 丁堡骏：《论坚持和发展马克思主义政治经济学：兼论以马克思主义引领中国经济学教育》，中国社会科学出版社2016年版。

26. 崔海亮：《西藏马克思主义大众化研究》，中山大学出版社2016年版。

27. 董世明、吴九占、李俊彪：《马克思主义廉政学说》，社会科学文献出版社2016年版。

28. 董德福：《主义·文化·思想：马克思主义中国化的理论与实践研究》，江苏大学出版社2016年版。

29. 杜宝玲：《俄罗斯“新马克思主义者”社会主义思想》，辽宁人民出版社2016年版。

30. 冯国瑞：《思维科学与马克思主义哲学刍论》，中国社会科学出版社2016年版。

31. 房艳：《马克思主义中国化的起源语境研究》，吉林大学出版社2016年版。

32. 顾钰民：《马克思主义理论学科建设和思想政治理论课教学研究》，中国人民大学出版社2016年版。

33. 郭世贞：《马克思主义军事装备思想论纲》，军事科学出版社2016年版。

34. 郭云峰：《实践与时间：对马克思时间概念的历史性解读》，南京大学出版社2016年版。

35. 顾相伟：《马克思人的全面发展思想及其当代发展研究》，复旦大学出版社2016年版。

36. 贺富永：《马克思主义国际法思想研究》，东南大学出版社2016年版。

37. 贺撒文：《马克思革命思想研究》，中国社会科学出版社2016年版。

38. 贺汉魂：《回到马克思、培育和谐美：马克思劳动伦理思想现代解码》，光明日报出版社2016年版。

39. 何建华：《马克思的公平正义理论与实践》，中共中央党校出版社2016年版。

40. 胡寅寅：《走向“真正的共同体”：马克思共同体思想的致思逻辑研究》，哈尔滨工程大学出版社2016年版。

41. 胡小燕：《文化观念的重构与变迁：论英国文化马克思主义对基础/上层建筑模式的反思》，人民出版社2016年版。

42. 鲁克俭：《走向文本研究的深处：基于 MEGA2 的马克思文献学清理研究》，中国社会科学出版社 2016 年版。

43. 黄明理：《马克思主义魅力与信仰研究》，人民出版社 2016 年版。

44. 贾后明：《马克思分配思想及其当代价值》，江苏人民出版社 2016 年版。

45. 贾后明：《论马克思主义经济学的当代性与中国化》，中国社会科学出版社 2016 年版。

46. 姜涌：《分配正义及其劳动基础》，山东大学出版社 2016 年版。

47. 蒋志红、黄其洪：《马克思批判性正义观研究》，人民出版社 2016 年版。

48. 靳书君：《马克思主义中国化研究的问题、视野与范式》，人民出版社 2016 年版。

49. 靳松：《“现代性”的深度批判：马克思异化劳动理论的多重向度》，河南人民出版社 2016 年版。

50. 康渝生：《马克思主义哲学研究的当代视域》，黑龙江大学出版社 2016 年版。

51. 兰青松：《马克思主义民族平等思想研究》，中国社会科学出版社 2016 年版。

52. 李聪：《马克思社会形态演进动力论研究》，吉林大学出版社 2016 年版。

53. 李谧：《马克思主义民生伦理思想研究》，中国社会科学出版社 2016 年版。

54. 李金和：《马克思主义价值理论与和谐社会价值观建设》，知识产权出版社 2016 年版。

55. 李铁映：《要有自己的历史观》，人民出版社 2016 年版。

56. 李永杰：《马克思市民社会思想的源流及其当代影响》，社会科学文献出版社 2016 年版。

57. 林密：《意识形态、日常生活与空间：西方马克思主义社会再生产理论研究》，中国社会科学出版社 2016 年版。

58. 林建华：《马克思主义中国化、时代化、大众化论纲》，知识产权出版社 2016 年版。

59. 林锋：《重估马克思早期六部著作的价值与地位》，北京大学出版社 2016 年版。

60. 刘力红：《马克思的生命观探析》，中国社会科学出版社 2016 年版。

61. 刘国钰：《马克思主义妇女观在中央苏区的实践研究》，中国社会科学出版社 2016 年版。

62. 刘宁元：《马克思主义妇女观中国化研究》，首都经济贸易大学出版社 2016 年版。

63. 刘富胜：《马克思主义理论前沿问题研究》，光明日报出版社 2016 年版。

64. 刘日明：《马克思法哲学理论的当代意义》，同济大学出版社 2016 年版。

65. 刘晓哲：《马克思主义文艺育德思想研究》，人民出版社 2016 年版。

66. 刘明远：《马克思主义经济危机和周期理论的结构与变迁》，人民出版社 2016 年版。

67. 刘洪刚：《马克思无产阶级专政与民主之关系新论》，中国社会科学出版社 2016 年版。

68. 刘海静：《哲学反思与社会批判：东欧新马克思主义的马克思观》，黑龙江大学出版社 2016 年版。

69. 刘珍英：《辩证逻辑：资本批判的利器》，上海人民出版社 2016 年版。
70. 刘艳龙：《马克思的空间经济学思想研究》，吉林大学出版 2016 年版。
71. 刘贵祥：《马克思的感性活动论研究：一个生存现象学视角的探索》，中国社会科学出版社 2016 年版。
72. 刘继高：《马克思“东方社会构想”在中国的实践》，新华出版社 2016 年版。
73. 廖金香：《民族地区当代中国马克思主义大众化研究：以湘西土家族苗族自治州为例》，中国商务出版社 2016 年版。
74. 路克利：《海外马克思主义中国化研究》，人民出版社 2016 年版。
75. 陆攀：《马克思主义信仰的历史演变研究》，安徽人民出版社 2016 年版。
76. 罗敏：《马克思主义社会空间理论及其在城乡关系上的应用研究》，电子科技大学出版社 2016 年版。
77. 罗永剑：《艾思奇与马克思主义哲学中国化研究》，中央编译出版社 2016 年版。
78. 马艳：《另一种状态的马克思主义政治经济学探索》，上海财经大学出版社 2016 年版。
79. 孟捷：《历史唯物论与马克思主义经济学》，社会科学文献出版社 2016 年版。
80. 蒙锡岗：《心灵哲学与马克思主义意识论研究》，九州出版社 2016 年版。
81. 聂长久：《马克思主义生态伦理学导论》，中国环境出版社 2016 年版。
82. 欧阳向英、张新宁：《西方经济学家与马克思的思想交锋》，中国社会科学出版社 2016 年版。
83. 潘恩荣：《创新驱动发展与资本逻辑》，浙江大学出版社 2016 年版。
84. 裴小革：《政治经济学的经济危机理论：经济危机相关理论及其历史作用研究》，社会科学文献出版社 2016 年版。
85. 秦正为：《马克思主义生命力研究》，中国社会科学出版社 2016 年版。
86. 史小宁：《马克思主义视域中意识形态批判及其功能研究》，中国社会科学出版社 2016 年版。
87. 尚小华：《存在论视域下的马克思关系范畴研究》，华中师范大学出版社 2016 年版。
88. 施德福：《马克思主义哲学史论稿》，中国社会科学出版社 2016 年版。
89. 孙乐强：《马克思再生产理论及其哲学效应研究》，江苏人民出版社 2016 年版。
90. 孙伟：《马克思主义国际关系理论体系研究》，吉林出版社 2016 年版。
91. 孙富江：《马克思主义哲学教学研究》，中国社会出版社 2016 年版。
92. 孙慧明：《马克思绿色自然观与中国绿色发展》，九州出版社 2016 年版。
93. 孙正聿：《马克思主义哲学智慧》，现代出版社 2016 年版。
94. 孙祈文：《马克思主义中国化理论与实践》，电子科技大学出版社 2016 年版。
95. 苏星鸿：《阐释与构建：新时期马克思主义价值发展研究》，中国社会科学出版社 2016 年版。
96. 田鹏颖：《马克思社会技术思想论纲》，社会科学文献出版社 2016 年版。
97. 田鹏颖：《马克思不过时》，社会科学文献出版社 2016 年版。
98. 万斌：《马克思主义人权哲学探究》，社会科学文献出版社 2016 年版。
99. 王伟光：《马克思主义中国化的最新成果：习近平治国理政思想研究》，中国社会科学出版社2016年版。

100. 王圣祯：《“资本逻辑”批判与“生活逻辑”构建：岩佐茂生态马克思主义研究》，哈尔滨工程大学出版社2016年版。

101. 王彩凤、张壮、于红丽：《马克思的世界历史理论与全球化》，东北林业大学出版社2016年版。

102. 王有炜、牛永辉：《中国道路与马克思主义大众化研究》，合肥工业大学出版社2016年版。

103. 王耀海：《马克思主义法学的逻辑脉向》，中国社会科学出版社2016年版。

104. 王萍霞：《马克思发展共同体思想研究》，江苏人民出版社2016年版。

105. 王轩：《生存安全性的文化价值逻辑：基于马克思人学价值论的视野》，知识产权出版社2016年版。

106. 王庆丰：《〈资本论〉的再现》，中央编译出版社2016年版。

107. 魏新强：《基于马克思主义人本观的企业道德责任研究》，中国社会科学出版社2016年版。

108. 文翔：《马克思实践哲学的源流及重构思路》，人民出版社2016年版。

109. 武文风：《马克思技术进步理论研究》，经济管理出版社2016年版。

110. 武晟：《马克思主义视域下的个体思想研究》，社会科学文献出版社2016年版。

111. 吴晓云：《梅洛－庞蒂与马克思主义：从他人问题看》，人民出版社2016年版。

112. 吴晓明：《马克思早期思想的逻辑发展》，上海人民出版社2016年版。

113. 徐敏：《马克思消费理论研究》，吉林大学出版社2016年版。

114. 夏剑豸：《马克思主义哲学史专论》，中国社会科学出版社2016年版。

115. 夏建国：《实践与马克思主义理论整体性》，社会科学文献出版社2016年版。

116. 薛俊强：《走向自由之路：马克思“自由人的联合体”思想的当代阐释》，知识产权出版社2016年版。

117. 杨静：《通往共享之路：马克思社会共同需要思想的当代阐释及运用》，经济科学出版社2016年版。

118. 杨权利、赵润琦：《马克思主义哲学专题研究》，厦门大学出版社2016年版。

119. 杨生平：《论马克思主义意识形态理论的形成和发展》，首都师范大学出版社2016年版。

120. 杨继国：《虚拟经济：马克思经济危机理论新释》，厦门大学出版社2016年版。

121. 姚永明：《中俄（苏）马克思主义本土化比较研究》，南京大学出版社2016年版。

122. 姚远：《解读青年马克思的黑格尔法哲学批判》，法律出版社2016年版。

123. 殷倩：《马克思主义中国化缘起研究》，中央编译出版社2016年版。

124. 尹保红、钱爽、王小乔：《西方马克思主义空间理论建构及其当代价值》，光明日报出版社2016年版。

125. 袁芳：《马克思的宗教批判与现代性批判》，上海大学出版社2016年版。

126. 袁祖社：《马克思主义人学理论与社会发展探究》，人民出版社 2016 年版。

127. 员俊雅：《现代性危机的反思与人道主义马克思主义诉求：斯维塔克文化批判理论研究》，黑龙江大学出版社 2016 年版。

128. 张一兵：《构境论：不以他人的名义言说》，北京师范大学出版社 2016 年版。

129. 张伟：《何为正义：马克思早期正义观研究》，辽宁大学出版社 2016 年版。

130. 张兆民：《马克思分配正义思想研究》，中国社会科学出版社 2016 年版。

131. 张品良：《传播学视域下的中央苏区马克思主义大众化》，中共党史出版社 2016 年版。

132. 张小军：《马克思主义法学理论在中国的传播与发展》，中国人民大学出版社 2016 年版。

133. 张岩磊：《马克思主义哲学的内在统一性：论辩证唯物主义与历史唯物主义》，东北师范大学出版社 2016 年版。

134. 张康之：《总体性与乌托邦：人本主义马克思主义的总体范畴》，中国人民大学出版社 2016 年版。

135. 张美君：《马克思消费思想及其当代价值研究》，光明日报出版社 2016 年版。

136. 张翼星：《理论风云中的思索》，中国社会科学出版社 2016 年版。

137. 郑千千：《马克思虚拟资本理论及其当代价值》，山东大学出版社 2016 年版。

138. 郑紫苑：《马克思主义文艺理论在中央苏区戏剧中的实践研究》，中国社会科学出版社 2016 年版。

139. 郑继江：《马克思主义中国化科学体系》，科学出版社 2016 年版。

140. 赵光武：《马克思主义哲学与复杂性探索》，中国社会科学出版社 2016 年版。

141. 赵士发：《现代化进程中的马克思主义中国化》，人民出版社 2016 年版。

142. 赵家祥：《马克思恩格斯的哲学变革之路》，中国社会科学出版社 2016 年版。

143. 赵成、于萍：《马克思主义与生态文明建设研究》，中国社会科学出版社 2016 年版。

144. 赵海洋：《马克思正义思想研究》，上海人民出版社 2016 年版。

145. 赵钦、李晓娟：《中国近代马克思主义理论的发展与实践》，武汉大学出版社 2016 年版。

146. 周大仁：《当代中国的马克思主义》，湖北人民出版社 2016 年版。

147. 周志山：《马克思公共性视域中的民生问题研究》，光明日报出版社 2016 年版。

148. 周新城：《当代中国马克思主义政治经济学的若干理论问题》，社会科学文献出版社 2016 年版。

149. 邹诗鹏：《从启蒙到唯物史观》，上海人民出版社 2016 年版。

150. 卓爱平：《向着真理光芒砥砺前行：军队推动马克思主义大众化能力研究》，蓝天出版社 2016 年版。

151. 朱斌：《遮蔽与在场：马克思相对剩余价值理论研究》，南京大学出版社 2016 年版。

152. 朱春晖：《马克思分配正义理论的承传与创新研究》，人民出版社 2016 年版。

153. 朱荣英：《中国哲学的现代化与马克思主义哲学的中国化》，中国社会科学出版社 2016 年版。

（整理：陈硕颖）

英文著作

1. 《马克思对外围地带的研究：民族主义，种族和非西方社会》*Marx at the margins：on nationalism，ethnicity，and non-Western societies*/Kevin B. Anderson，Chicago：The University of Chicago Press，2016.

2. 《马克思主义、宗教和意识形态：戴维·麦克莱伦文集》*Marxism，religion and ideology：themes from David McLellan/edited by David Bates，Iain MacKenzie and Sean Sayers.* [monograph]，New York，NY：Routledge，c2016.

3. 《马克思的“《政治经济学批判》导言”：一个读者指南》*Marx's "Grundrisse"：a reader's guide*/Simon Choat，London：Bloomsbury Academic，2016.

4. 《马克思的〈资本论〉》*Marx's Capital*/Ben Fine and Alfredo Saad-Filho，London：Pluto Press，2016.

5. 《一个失败的叛逆：黑格尔和年轻马克思》*A failed parricide：Hegel and the young Marx*/by Roberto Finelli；translated by Peter D. Thomas，Nicola Iannelli Popham，Leiden；Boston：Brill，2016.

6. 《马克思与地球：一个反批判》*Marx and the earth：an anti-critique*/by John Bellamy Foster，Paul Burkett；with the editorial assistance of Ryan Wishart. Leiden；Boston：Brill，2016.

7. 《数字资本主义时代的马克思》*Marx in the age of digital capitalism*/edited by Christian Fuchs，Vincent Mosco，Leiden；Boston：Brill，2016.

8. 《马克思与媒体政治经济学》*Marx and the political economy of the media*/edited by Christian Fuchs，Vincent Mosco. Leiden；Boston：Brill，2016.

9. 《在信息时代阅读马克思：从传媒视角来理解〈资本论〉第 1 卷》*Reading Marx in the information age：a media and communication studies perspective on Capital，Volume 1*/Christian Fuchs. [monograph]，New York：Routledge，Taylor & Francis Group，c2016.

10. 《马克思主义的形成：卡尔·考茨基的资本主义理论、第二国际的马克思主义的和马克思的政治经济学批判》*On the formation of Marxism：Karl Kautsky's theory of capitalism，the Marxism of the Second International and Karl Marx's Critique of political economy*/by Jukka Gronow，Leiden；Boston：Brill，2016.

11. 《马克思主义哲学与科学》*The Marxist philosophy and the sciences*/J. B. S. Haldane. [monograph]，Abingdon，Oxon；New York，NY：Routledge，2016.

12. 《马克思、凡勃伦与异端经济学的形成：约翰·F. 亨利纪念文选》*Marx，Veblen，and the foundations of heterodox economics：essays in honor of John F. Henry*/edited by Tae-Hee Jo and Frederic S. Lee. [monograph]，Abingdon，Oxon；New York，NY：Routledge，2016.

13. 《马克思对列宁的反抗》*Marx's rebellion against Lenin*/Norman Levine, Institute for International Policy, USA. [monograph] Houndmills, Basingstoke, Hampshire; New York, NY: Palgrave Macmillan, 2016.

14. 《民主、辩证法与差异：黑格尔、马克思与21世纪社会运动》*Democracy, dialectics, and difference: Hegel, Marx, and 21st century social movements*/Brian C. Lovato. [monograph], London; New York, NY: Routledge, c2016.

15. 《马克思1864—1865经济学手稿》*Marx's economic manuscript of* 1864 – 1865/translated by Ben Fowkes; edited and with an introduction by Fred Moseley. [monograph], Leiden; Boston: Brill, 2016.

16. 《货币与整体性：一个对〈资本论〉的宏观货币视角阐释与“转型问题”的终结》*Money and totality: a macro-monetary interpretation of Marx's logic in Capital and the end of the* “*transformation problem*” /by Fred Moseley, Leiden; Boston: Brill, 2016.

17. 《马克思2020：危机之后》*Marx* 2020: *after the crisis*/Ronaldo Munck, London: Zed Books Ltd, 2016.

18. 《马克思的〈资本论〉、方法与革命主体性》*Marx's Capital, method and revolutionary subjectivity*/by Guido Starosta, Leiden; Boston: Brill, 2016.

19. 《该怎么办？关于共产主义、资本主义和民主未来的对话》*What is to be done?: a dialogue on communism, capitalism, and the future of democracy*/Alain Badiou and Marcel Gauchet; moderated by Martin Duru and Martin Legros; translated by Susan Spitzer, Cambridge; Malden, MA: Polity Press, 2016.

20. 《教育大转型：从马克思主义批判到后结构女权主义再到种族批判理论》*The critical turn in education: from Marxist critique to poststructuralist feminism to critical theories of race*/Isaac Gottesman. [monograph], New York: Routledge, c2016.

21. 《英国马克思主义与文化研究》*British Marxism and cultural studies: essays on a living tradition*/ [edited] by Philip Bounds and David Berry, Farnham, Surrey, UK; Burlington, VT: Ashgate, 2016.

22. 《革命及其叙事：中国的社会主义文学与文化想像》*Revolution and its narratives: China's socialist literary and cultural imaginaries* (1949 – 1966) /Cai Xiang; translated by Rebecca E. Karl and Xueping Zhong, Durham: Duke University Press, 2016.

23. 《审判文化革命：后毛泽东转型中的正义》*The Cultural Revolution on trial: justice in the post-Mao transition*/Alexander C. Cook, Cambridge, United Kingdom; New York, NY: Cambridge University Press, 2016.

24. 《独裁者的困境：中国共产党的生存战略》*The dictator's dilemma: the Chinese Communist Party's strategy for survival*/Bruce J. Dickson, New York, NY: Oxford University Press, 2016.

25. 《习近平领导下的中国社会主义法治改革》*China's socialist rule of law reforms under Xi Jinping*/edited by John Garrick and Yan Chang Bennett, Abingdon, Oxon; New York, NY: Routledge, 2016.

26. 《社会主义教育问题：历史、当下和未来》*Education in/for socialism: historical, current and future perspectives*/edited by Tom G. Griff, London: Routledge, c2016.

27. 《规制看得见的手？中国国家资本主义的制度含义》*Regulating the visible hand?：the institutional implications of Chinese state capitalism*/edited by Benjamin L. Liebman and Curtis J. Milhaupt，Oxford，［UK］；New York，NY：Oxford University Press，2015.

28. 《沃尔特·惠特曼和英国社会主义》*Walt Whitman and British socialism：the love of comrades*/Kirsten Harris，New York：Routledge，2016.

29. 《社会主义与当代思潮》*Socialism and modern thought*/by M. Kaufmann. ［monograph］，Abingdon，Oxon：Routledge，Taylor & Francis Group，2016.

30. 《社会主义历史辞典》*Historical dictionary of socialism*/Peter Lamb，Lanham：ROWMAN & LITTLEFIELD，2016.

31. 《习近平时代的中国政治：重新检视集体领导》*Chinese politics in the Xi Jinping era：reassessing collective leadership*/Cheng Li，Washington，D. C.：Brookings Institution Press，2016.

32. 《中国与新毛派》*China and the new maoists*/Kerry Brown and Simone van Nieuwenhuizen，London：Zed Books Ltd，2016.

33. 《红色革命、绿色革命：社会主义中国的科学种植》*Red revolution，green revolution：scientific farming in socialist China*/Sigrid Schmalzer. ［monograph］，Chicago；London：University of Chicago Press，c2016.

34. 《印度和尼泊尔的毛主义》*Maoism in India and Nepal*/Ranjit Bhushan. ［monograph］，Abingdon，Oxon；New York，NY：Routledge，2016.

35. 《印度共产党与印度危急事件》*The Communist Party of India and the Indian emergency*/David Lockwood，New Delhi，India：SAGE Publications India Pvt Ltd，2016.

36. 《爱德华·米利班德领导下的工党：更新社会民主主义的尝试与失败》*The Labour Party under Ed Miliband：trying but failing to renew social democracy*/Eunice Goes，Manchester：Manchester University Press，2016.

37. 《俄罗斯及其资本主义向社会主义的漫长转型》*Russia and the long transition from capitalism to socialism*/Samir Amin，New York：Monthly Review Press，2016.

38. 《劳工社会主义的命运：畅想合作社英联邦和工人阶级的未来》*The fate of labour socialism：the Co-operative Commonwealth Federation and the dream of a working-class future*/James Naylor，Toronto；Buffalo；London：University of Toronto Press，2016.

39. 《战争与种族灭绝：大屠杀简史》*War and genocide：a concise history of the holocaust*/Doris L. Bergen. ［monograph］，Lanham：Rowman & Littlefield，c2016.

40. 《危机系统：从现实主义和环保主义视角批判经济学》*Crisis system：a critical realist and environmental critique of economics and the economy*/edited by Petter Næss and Leigh Price. ［monograph］，New York：Routledge，2016.

41. 《进步的政治经济：约翰·穆勒与现代激进主义》*The political economy of progress：John Stuart Mill and modern radicalism*/Joseph Persky，New York，NY：Oxford University Press，2016.

42. 《葛兰西的棱镜：统一战线的政治公式》*The prisms of Gramsci：the political formula of the united front*/by Marcos Del Roio；translation by Pedro Sette-Camara，Leiden；Boston：Brill，2016.

43.《全球化时代的威权资本主义》*Authoritarian capitalism in the age of globalization*/Peter Bloom, Cheltenham, UK; Northampton, MA, USA: Edward Elgar Publishing, 2016.

44.《资本主义会怎样终结?》*How will capitalism end?* /Wolfgang Streeck, London: Verso, 2016.

45.《转型中的印度经济：全球化、资本主义与发展》*The Indian economy in transition: globalization, capitalism and development*/Anjan Chakrabarti, Anup Kumar Dhar, Byasdeb Dasgupta, Delhi, India: Cambridge University Press, 2016.

46.《稳定资本主义：央行需要发挥更大的作用》*Stabilising capitalism: a greater role for central banks*/Pierluigi Ciocca, Accademia Nazionale dei Lincei, Italy. [monograph], Houndmills, Basingstoke Hampshire; New York, NY: Palgrave Macmillan, 2016.

47.《资本主义的第三波浪潮：钱、权力和追求私利是如何摧毁美国梦的》*Third wave capitalism: how money, power, and the pursuit of self-interest have imperiled the American dream*/John Ehrenreich, Ithaca; London: ILR Press, 2016.

（整理：陈硕颖）

2016 年论文索引

1. Michael Brie、范敏：《社会主义作为一项文明规划：反思第三次社会主义浪潮中的马克思主义》，《武汉大学学报》（人文科学版）2016 年第 5 期。

2. Peter Hudis、佘蓝天：《马克思的自然观及其在当代的重要意义》，《武汉大学学报》（人文科学版）2016 年第 5 期。

3. 安启念：《马克思的大唯物史观及其史学价值》，《理论探索》2016 年第 1 期。

4. 蔡晓辉、王国胜：《马克思恩格斯关于意识形态两种理论解释比较》，《人民论坛》2016 年第 23 期。

5. 陈学明、姜国敏：《马克思主义的“劳动解放”理论及其对当代中国的启示》，《上海师范大学学报》（哲学社会科学版）2016 年第 4 期。

6. 陈雷：《争论・难题・焦点・凝思：求索马克思正义观的当代困局》，《宁夏社会科学》2016 年第 4 期。

7. 陈飞：《当代英美马克思主义正义观研究的四个焦点问题》，《江西社会科学》2016 年第 7 期。

8. 陈慧平：《论马克思“现实的人”的理论潜能》，《社会科学战线》2016 年第 7 期。

9. 陈锡喜：《关于发展 21 世纪马克思主义的若干思考——学习习近平总书记在哲学社会科学工作座谈会上的讲话》，《思想理论教育》2016 年第 8 期。

10. 陈志刚：《韦伯与马克思现代性思想的比较》，《山东社会科学》2016 年第 8 期。

11. 陈一收：《论以马克思主义为指导的文化自信》，《思想理论教育导刊》2016 年第 7 期。

12. 陈飞龙：《秉承马克思主义文艺观　坚守社会主义精神高地——论贺敬之同志的马克思主义文艺观》，《文艺理论与批判》2016 年第 4 期。

13. 陈跃、李俊斌：《论全球化发展对马克思主义的挑战》，《云南社会科学》2016 年第 5 期。

14. 陈昌兵：《马克思主义政治经济学中国化的“特色”研究》，《学习与探索》2016 年第 11 期。

15. 陈士勛、杨敏：《马克思人的“五重”本质理论及其意义初探》，《理论月刊》2016 年第 12 期。

16. 陈先达：《马克思主义正处在方兴未艾之际》，《世界社会主义研究》2016 年第 2 期。

17. 程广丽：《主体性“自我意识”逻辑的初步建构——马克思博士论文的思想导

读》,《武汉大学学报》(人文科学版)2016年第1期。

18. 邓明艳:《论马克思“异化劳动”和“生产方式”思想》,《北京交通大学学报》(社会科学版)2016年第1期。

19. 底志欣:《马克思主义利益观的当代价值》,《前线》2016年第12期。

20. 丁霞:《善于把握和融通“马克思主义的资源”——马克思政治经济学体系构建方法再研究》,《马克思主义研究》2016年第7期。

21. 丁涛:《资本主义的终结与社会主义新胜利——〈资本的终结〉视野下的中国道路选择》,《当代经济研究》2016年第11期。

22. 董振华:《发展21世纪马克思主义的方法论原则》,《光明日报》2016年8月28日。

23. 董波、覃世艳:《论马克思主义与中国传统文化融合的内涵及其实现》,《毛泽东思想研究》2016年第11期。

24. 都本伟:《“五大发展理念”的马克思主义政治经济学新境界》,《财经问题研究》2016年第8期。

25. 段文灵:《论马克思主义信仰的双重指向》,《学习与探索》2016年第8期。

26. 范鹏:《马克思恩格斯“有计划的社会生产”思想及其当代启示——基于理论与实践双重维度的考察》,《教学与研究》2016年第8期。

27. 方克立:《马魂 中体 西用——中国文化发展的现实道路》,《学术界》2016年第11期。

28. 付安玲、张耀灿:《大数据时代马克思主义理论教育的思维变革》,《学术论坛》2016年第10期。

29. 龚亮:《坚持马克思主义为指导的文化自信》,《人民论坛》2016年第31期。

30. 高惠珠、徐文越:《论马克思的劳动本体论——基于马克思早期著作的研究》,《上海师范大学学报》(哲学社会科学版)2016年第4期。

31. 顾海良:《发展当代中国马克思主义政治经济学需要做好几方面的工作》,《政治经济学评论》2016年第1期。

32. 关锋:《生产方式的政治解读与“政治马克思主义”——析伍德对历史唯物主义的“重建”》,《南京大学学报》(哲学·人文科学·社会科学)2016年第4期。

33. 郭晓平:《马克思主义中国化认同性的构成要素及其内在关联》,《理论观察》2016年第8期。

34. 郭士礼:《马克思主义与20世纪中国古代文学研究范式转换》,《文艺理论与批判》2016年第4期。

35. 韩艳红:《我国供给侧结构性改革的马克思主义政治经济学分析》,《教学与研究》2016年第10期。

36. 韩璞庚、薛斐:《马克思主义女性主义对马克思主义理论的“性别”阐释》,《学术界》2016年第11期。

37. 何自力:《坚持马克思主义政治经济学的指导地位》,《政治经济学评论》2016年第1期。

38. 何萍:《冯契哲学的双重身份及其对马克思主义哲学中国化的贡献》,《华东师范大学学报》(哲学社会科学版)2016年第3期。

39. 洪银兴：《改革开放实践丰富和发展了当代中国马克思主义政治经济学》，《政治经济学评论》2016 年第 1 期。

40. 胡大平：《历史唯物主义视域中的马克思主义人类学》，《武汉大学学报》（人文科学版）2016 年第 6 期。

41. 胡岳岷、付文军：《美、捷、日学者解构〈资本论〉的方法视野述评》，《经济学家》2016 年第 12 期。

42. 胡钧、赵燕：《政治经济学研究对象确定为生产关系的重大实践意义与当代价值》2016 年第 11 期。

43. 侯惠勤：《马克思的哲学变革与我们的哲学坚守》，《思想理论教育导刊》2016 年第 1 期。

44. 侯风云：《论政治经济学的客观存在性——兼谈物质利益关系》，《福建论坛》（人文社会科学版）2016 年第 8 期。

45. 黄泰岩：《构建当代中国马克思主义政治经济学》，《政治经济学评论》2016 年第 1 期。

46. 黄海：《让马克思主义成为时代强音》，《人民日报》2016 年 8 月 12 日。

47. 靳书君：《马克思主义中国化的含义层次》，《人民论坛》2016 年第 31 期。

48. 姜金林：《“问题与主义”之争推动马克思主义中国化》，《人民论坛》2016 年第 35 期。

49. 姜涌：《论马克思的劳动自由思想》，《东岳论丛》2016 年第 7 期。

50. 江宇：《国家治理的中国道路：毛泽东的探索》，《马克思主义研究》2016 年第 7 期。

51. 景丽萍、杨燕：《论马克思主义大众化的本质属性和主体构成》，2016 年第 8 期。

52. 金民卿：《坚持理论自主性是构建中国特色哲学社会科学的重要前提》，《红旗文稿》2016 年第 14 期。

53. 孔陆泉：《必须坚持历史唯物主义的分配正义观——向段忠桥先生请教》，《人文杂志》2016 年第 8 期。

54. 赖大仁：《马克思主义文论研究的当代困境与理论反思》，《学术月刊》2016 年第 10 期。

55. 蓝江：《后马克思主义还是拉康化马克思主义?》，《福建论坛》（人文社会科学版）2016 年第 7 期。

56. 李西祥：《马克思对黑格尔辩证法批判的三维视域》，《中国社会科学院研究生院学报》2016 年第 1 期。

57. 李佃来：《作为政治哲学家的马克思与马克思的政治哲学》，《学术研究》2016 年第 1 期。

58. 李长成：《现代性视野下马克思的劳动正义批判思想探微》，《武汉大学学报》（人文科学版）2016 年第 1 期。

59. 李滨：《无政府下的世界秩序——一种历史唯物主义的分析》，《世界经济与政治》2016 年第 7 期。

60. 李昕桐：《马克思的“身体现实性”思想初探》，《社会科学战线》2016 年第

8 期。

61. 李晓光：《让马克思主义教育更具实效性》，《光明日报》2016 年 9 月 1 日。

62. 李晓宁：《以马克思主义分配理论解读中国劳资分配失衡》，《人文杂志》2016 年第 8 期。

63. 李建国：《马克思主义在越南发展的启示》，《社会科学家》2016 年第 6 期。

64. 李锐：《资本与劳动关系视域下的马克思异化劳动理论》，《社会科学家》2016 年第 6 期。

65. 李晓元、张澍军：《马克思主义中国化理论的批判与超越》，《甘肃社会科学》2016 年第 5 期。

66. 李述森：《论经典马克思主义理论学说与时俱进的发展》，《东岳论丛》2016 年第 10 期。

67. 李威娜：《深入理解“马克思主义大众化”内涵的三重视角》，《思想理论教育导刊》2016 年第 11 期。

68. 李雪娇、何爱平：《政治经济学的新境界：从人的全面自由发展到共享发展》，《经济学家》2016 年第 12 期。

69. 李陈：《马克思主义政治经济学视域下经济发展方式理论的演进与创新》，《当代经济研究》2016 年第 12 期。

70. 李印、高瑜：《如何让马克思主义成为网络最强音》，《人民论坛》2016 年第34 期。

71. 林岗：《摆正马克思主义经济学和西方经济学的关系》，《政治经济学评论》2016 年第 1 期。

72. 林治波：《以马克思主义新闻观统领新闻教育事业》，《人民日报》2016 年 8 月 12 日。

73. 林玲：《马克思消费思想当代价值透析》，《人民论坛》2016 年第 23 期。

74. 刘河北、葛浩阳、蔡超：《马克思货币需求理论与弗里德曼货币需求理论的比较》，《财经科学》2016 年第 1 期。

75. 刘雄伟：《马克思与虚无主义》，《福建论坛》（人文社会科学版）2016 年第 1 期。

76. 刘凤义：《劳动力商品理论与资本主义多样性研究论纲》，《政治经济学评论》2016 年第 1 期。

77. 刘同舫：《回到葛兰西——领导权理论的人类解放意蕴》，《社会科学家》2016 年第 6 期。

78. 刘吕红：《哲学社会科学研究要彰显马克思主义指导地位》，《学术评论》2016 年第 3 期。

79. 刘伟、陈锡喜：《建构面向“中国问题”的马克思主义话语体系》，《教学与研究》2016 年第 9 期。

80. 刘林元：《邓小平的马克思主义观评析》，《南京社会科学》2016 年第 10 期。

81. 刘建军、张迪：《马克思在经济学语境中对历史唯物主义的表述》，《学术界》2016 年第 11 期。

82. 刘莉：《资本全球生产空间结构中城市空间地理的演变——地理学派的新马克

思主义城市空间批判理论解析》，《教学与研究》2016 年第 11 期。

83. 刘长军、谢瑜：《新中国成立初期党报推进马克思主义大众化的历史考察——以〈人民日报〉为例》，《江苏社会科学》2016 年第 6 期。

84. 卢德友：《批判精神与人类解放——德里达解构视野中的马克思主义》，《天津社会科学》2016 年第 1 期。

85. 卢宁：《从“两山理论”到绿色发展：马克思主义生产力理论的创新成果》，《浙江社会科学》2016 年第 1 期。

86. 胡雪萍：《东欧新马克思主义理论者马尔科维奇对“实践”内涵的再思考》，《苏州大学学报》（哲学社会科学版）2016 年第 2 期。

87. 罗川、倪志安：《论马克思生态思想“实践的三重维度”》，《理论月刊》2016 年第 1 期。

88. 罗丹、王守义：《对供给侧结构性改革思路的马克思主义政治经济学再思考》，《改革与战略》2016 年第 7 期。

89. 罗亚娜、史丹荔、黄惠美、郁振华：《冯契的后马克思主义知识论》，《华东师范大学学报（哲学社会科学版）》2016 年第 3 期。

90. 吕薇洲：《世界社会主义的复苏宣告了“社会主义终结论”终结》，《福建理论学习》2016 年第 5 期。

91. 马国旺：《评积累的社会结构理论对马克思主义经济学主要贡献》，《政治经济学评论》2016 年第 1 期。

92. 马拥军：《超越对“资本逻辑”的模糊理解》，《福建论坛（人文社会科学版）》2016 年第 8 期。

93. 莫志斌：《论蔡和森、毛泽东对马克思主义中国化的早期探索——基于他们接受马克思主义唯物史观视角的考察》，《思想理论教育导刊》2016 年第 7 期。

94. 逄锦聚：《马克思生产、分配、交换和消费关系的原理及其在经济新常态下的现实意义》，《经济学家》2016 年第 2 期。

95. 漆思、于翔：《理性与资本：马克思现代性批判本质之辨》，《社会科学战线》2016 年第 7 期。

96. 强乃社：《语言哲学与马克思主义哲学的当代发展》，《社会科学战线》2016 年第 8 期。

97. 乔瑞金、李文艳：《英国新左派的思想革命与政治诉求——以斯图亚特·霍尔的分析为中心》，《南京大学学报》（哲学·人文科学·社会科学）2016 年第 4 期。

98. 邱海平：《积极贯彻落实习总书记重要讲话精神，努力开创中国经济学教育新局面》，《政治经济学评论》2016 年第 1 期。

99. 邱海平：《马克思主义关于共同富裕的理论及其现实意义》，《思想理论教育导刊》2016 年第 7 期。

100. 邱观建、于娣：《为了一切人的自由发展——〈共产党宣言〉基本精神解读》，《学术月刊》2016 年第 11 期。

101. 沙健孙：《马克思恩格斯关于原始社会历史的理论及其启示》，《思想理论教育导刊》2016 年第 7 期。

102. 史英哲、刘同舫：《从欧洲到全球：马克思理论视域的拓展》，《社会科学研究》2016 年第 1 期。

103. 石建水：《〈资本论〉是唯物史观建构的必然理论环节》，《求实》2016 年第1 期。

104. 司晓静：《霍耐特视阈中的“社会病理学”早期谱系——从卢梭到马克思》，《甘肃社会科学》2016 年第 4 期。

105. 申家字：《马克思消费理论的形成逻辑与启示》，《学习与探索》2016 年第 8 期。

106. 沈广明：《实践、革命和发展——论马克思主义辩证法的基本旨趣》，《理论观察》2016 年第 8 期。

107. 邵学峰、梁志元：《资源租理论与资源税研究——基于马克思主义经济学视角》，《当代经济研究》2016 年第 11 期。

108. 宋则：《马克思市场学说研究》，《财贸经济》2016 年第 11 期。

109. 孙红丹：《马克思主义信仰：青年从现实迈向梦想的桥梁》，《人民论坛》2016 年第 35 期。

110. 郃丽华、栗瑶平：《论马克思主义整体性与莱博维奇“超越”〈资本论〉的逻辑》，《政治经济学评论》2016 年第 5 期。

111. 谭苑苑：《试析马克思〈资本论〉劳动本体论思想》，《当代经济研究》2016 年第 8 期。

112. 田鹏颖：《马克思主义永葆生机活力的奥妙》，《光明日报》2016 年 8 月 18 日。

113. 田克勤、李婧：《中国共产党与马克思主义在中国的创新发展》，《山东社会科学》2016 年第 8 期。

114. 王伟光：《学习贯彻落实习近平总书记关于哲学社会科学重要讲话精神，加快构建中国特色哲学社会科学》，《中国社会科学》2016 年第 12 期。

115. 王东红：《海外“马克思恩格斯论中国”研究评介》，《当代世界社会主义问题》2016 年第 2 期。

116. 王晓路：《西方文论关键词：西方马克思主义》，《外国文学》2016 年第 3 期。

117. 王南湜：《新马克思主义的形成与克莱门特·格林伯格的审美意识形态批判》，《美术研究》2016 年第 4 期。

118. 王爱云：《党和国家领导人论反对历史虚无主义》，《毛泽东邓小平理论研究》2016 年第 6 期。

119. 王巍：《马克思道德概念的两种理解——基于〈共产党宣言〉的分析》，《江西社会科学》2016 年第 7 期。

120. 王芳：《“非意识形态化”思潮与主流意识形态博弈的哲学意蕴》，《广西社会科学》2016 年第 7 期。

121. 王虎学：《〈资本论〉及其手稿中的“分工”思想》，《学习与探索》2016 年第 8 期。

122. 王培洲：《“四个全面”的马克思主义理论依据》，《学术探索》2016 年第 8 期。

123. 王钰：《再解“虚无主义的极致”——海德格尔视阈中的马克思与虚无主义问

题》，《教学与研究》2016 年第 8 期。

124. 王庆卫：《理论旅行中的批评意识——西方马克思主义文学批评形态刍议》，《文学评论》2016 年第 5 期。

125. 王志红、黄志斌：《马克思主义与“中国道路”的选择》，《科学社会主义》2016 年第 5 期。

126. 王雨辰：《经典西方马克思主义政治哲学的理论主题与基本特点》，《社会科学辑刊》2016 年第 6 期。

127. 王雨辰、高晓溪：《空间批判与国外马克思主义解放政治的逻辑》，《社会科学文摘》2016 年第 12 期。

128. 王越芬、季宇：《社会主义核心价值观社会认同的哲学内蕴——以马克思主义哲学为视角》，《学术交流》2016 年第 12 期。

129. 王雯：《互联网时代怎样坚守马克思主义信仰》，《人民论坛》2016 年第 34 期。

130. 汪信砚、张晓燕：《对马克思主义哲学大众化的重要探索——李达的〈辩证法的唯物论问答〉探论》，《江汉论坛》2016 年第 12 期。

131. 卫兴华：《怎样理解和把握“发展当代中国马克思主义政治经济学”》，《政治经济学评论》2016 年第 1 期。

132. 文魁：《资源配平实现方式的新探索——供给侧结构性改革的政治经济学思考》，《经济纵横》2016 年第 7 期。

133. 吴照玉：《恩格斯与中国马克思主义哲学大众化——以〈路德维希·费尔巴哈和德国古典哲学的终结〉为例》，《思想理论教育导刊》2016 年第 1 期。

134. 吴亚南：《实践、伦理与中国马克思主义文学批评的开放性》，《中国文学研究》2016 年第 3 期。

135. 吴苑华：《英美新马克思主义视域中的国家观》，《宁夏社会科学》2016 年第 4 期。

136. 吴静：《从马克思主义哲学史角度透视共享发展理念》，《哲学研究》2016 年第 12 期。

137. 武力、肖翔：《建设中国特色社会主义政治经济学的历史维度思考——从马克思主义广义政治经济学视角的探讨》，《马克思主义研究》2016 年第 7 期。

138. 武力：《中国特色社会主义政治经济学和历史研究》，《经济导刊》2016 年第8 期。

139. 武志：《也谈中国特色社会主义政治经济学的辩证法——同蔡继明教授商榷》，《当代经济研究》2016 年第 11 期。

140. 郗戈：《现代性问题的诊断与治疗：马克思与哈贝马斯的思想对话》，《山东社会科学》2016 年第 8 期。

141. 郗戈：《马克思对资本主义现代性的“内在批判”及其当代价值》，《天津社会科学》2016 年第 6 期。

142. 项久雨：《马克思主义理论学科国际传播的问题与策略》，《学习与实践》2016 年第 5 期。

143. 项荣建、王峰明：《马克思对商品拜物教的批判及其当代启示——对〈商品的拜物教性质及其秘密〉的文本学再解读》，《学习与探索》2016 年第 8 期。

144. 肖唤元、秦龙：《论马克思意识形态理论及其内在旨趣》，《理论与改革》2016 年第 1 期。

145. 谢向波：《拉法格与马克思恩格斯学术思想的关系》，《学术交流》2016 年第2 期。

146. 谢伟光：《从马克思主义平等观看共享发展》，《红旗文稿》2016 年第 8 期。

147. 徐晓宇、姜军：《从马克思到西方马克思主义之意识形态理论的思想转向》，《学术交流》2016 年第 12 期。

148. 薛江谋：《生态学马克思主义与马克思主义生态思想的根本差异》，《人民论坛》2016 年第 31 期。

149. 杨承训：《马克思主义政治经济学：变革世界的法宝——兼析马克思主义"无用论"》，《经济经纬》2016 年第 5 期。

150. 杨凤城：《新中国建立后毛泽东的马克思主义观述论》，《社会科学战线》2016 年第 7 期。

151. 杨云：《马克思主义仍是"时代精神的精华"》，《人民日报》2016 年 9 月 1 日。

152. 仰海峰：《机器与资本逻辑的结构化——基于〈资本论〉的哲学探讨》，《学习与探索》2016 年第 8 期。

153. 杨海波：《略论列宁的文化领导权理论》，《思想理论教育导刊》2016 年第 7 期。

154. 杨金海：《用马克思主义指导哲学社会科学发展的方法论思考——学习习近平总书记在哲学社会科学工作座谈会上讲话精神的几点体会》，《思想理论教育》2016 年第 7 期。

155. 杨佩卿：《马克思主义城镇化理论的中国特色新发展》，《人文杂志》2016 年第 10 期。

156. 杨玢：《传统化与民族化：马克思主义中国化的诠释维度》，《理论月刊》2016 年第 10 期。

157. 叶启绩：《关于马克思主义及其基本原理与整体性的思考》，《思想理论教育》2016 年第 1 期。

158. 叶险明：《论中国马克思主义哲学的现实批判功能》，《哲学研究》2016 年第9 期。

159. 尹涛：《叶青早期对马克思主义的宣传》，《史学月刊》2016 年第 12 期。

160. 余斌：《供给侧结构性改革中的马克思主义政治经济学》，《河北经贸大学学报》2016 年第 5 期。

161. 余慧：《国内马克思主体性思想研究》，《学术探索》2016 年第 8 期。

162. 于春梅、孙庆梁：《试论李大钊与反马克思主义思潮的三次论战》，《经济研究导刊》2016 年第 33 期。

163. 袁婷婷、李国泉：《论习近平的马克思主义观》，《社会主义研究》2016 年第6 期。

164. 阮瑶、张瑞敏：《马克思反贫困理论的经济伦理特质及其在当代中国的价值实现》，《北京师范大学学报》（社会科学版）2016 年第 1 期。

165. 元晋秋：《俄国十月革命是“反〈资本论〉的革命”吗？——兼论资本的全球扩张与两大积累的分离》，《当代世界与社会主义》2016 年第 4 期。

166. 元晋秋：《〈资本论〉与中国化马克思主义政治经济学的生成逻辑》，《学术论坛》2016 年第 10 期。

167. 张宇：《坚持发展当代中国马克思主义政治经济学》，《政治经济学评论》2016 年第 1 期。

168. 张奎良：《马克思科学共产主义理论的生成和现实意义》，《天津社会科学》2016 年第 1 期。

169. 张杨乐：《马克思主义话语权考辨及其实践路向》，《南京师大学报》（社会科学版）2016 年第 1 期。

170. 张俊生、储著武：《论习近平关于历史人物评价的思想和实践》，《毛泽东邓小平理论研究》2016 年第 6 期。

171. 张敏：《马克思主义金融理论及其当代启示——共生与分利的视角》，《改革与战略》2016 年第 6 期。

172. 张鋆、李俊高：《重新审视马克思劳动价值论的内涵——基于对“劳动创造价值”命题论证中两个逻辑的学术批判与反思》，《改革与战略》2016 年第 7 期。

173. 张凯、梁莎：《“马克思主义”主题大数据大众调查与分析》，《马克思主义研究》2016 年第 7 期。

174. 张一兵、贝尔纳·斯蒂格勒、杨乔喻：《技术、知识与批判——张一兵与斯蒂格勒的对话》，《江苏社会科学》2016 年第 4 期。

175. 张维昊：《斯威齐经济思想的发展脉络及学术贡献》，《教学与研究》2016 年第 8 期。

176. 张传忠、徐方平：《马克思主义经典著作中“自由”概念探析》，《思想理论教育导刊》2016 年第 7 期。

177. 张鋆、杨慧玲：《马克思农业地租理论的当代辨析——基于发展中国特色社会主义政治经济学视角》，《财经科学》2016 年第 8 期。

178. 张应杭：《论冯契的理想观对马克思主义哲学的理论贡献》，《华东师范大学学报》（哲学社会科学版）2016 年第 3 期。

179. 张圆梦：《当前中国的马克思主义文艺评论：困境与对策》，《人民论坛·学术前沿》2016 年第 15 期。

180. 张谡：《资本争论的理论溯源：基于〈资本论〉与〈国富论〉的文本比较分析》，《学术论坛》2016 年第 10 期。

181. 张曦：《马克思主义经典作家的新闻伦理思想探析》，《伦理学研究》2016 年第 6 期。

182. 张玉能：《晚年朱光潜与马克思主义美学》，《文艺争鸣》2016 年第 11 期。

183. 翟宇、张新：《马克思主义意识形态理论发展脉络》，《人民论坛》2016 年第 36 期。

184. 赵炎秋：《中国马克思主义文艺思想与中国文论话语体系的构建——以党的领导人关于文艺问题的三篇重要讲话为研究对象》，《中国社会科学院研究生院学报》

2016 年第 4 期。

185. 钟启东：《马克思主义理论教育铸魂逻辑论析》，《社会科学战线》2016 年第6 期。

186. 周师：《马克思权力观的鲜明特征论析》，《理论月刊》2016 年第 1 期。

187. 周嘉昕：《马克思的历史理论及其当代价值——以“资本主义生产方式”为核心的文本和思想考察》，《苏州大学学报》（哲学社会科学版）2016 年第 1 期。

188. 周利生、王耀鸿、王钰鑫：《习近平治国理政思想的内在逻辑研究》，《学习论坛》2016 年第 8 期。

189. 周春平：《中国马克思主义经济学研究现状与趋势——基于 CSSCI（2000—2015）来源期刊的文献考察》，《当代经济研究》2016 年第 11 期。

190. 朱炳元：《列宁〈帝国主义论〉：方法论、核心意蕴与当代价值》，《毛泽东邓小平理论研究》2016 年第 6 期。

191. 朱卫卿：《马克思主义的国家观及其当代启示》，《江西社会科学》2016 年第7 期。

192. 朱安东、王天翼：《新自由主义在我国的传播和危害》，《当代经济研究》2016 年第 8 期。

193. 朱解放：《马克思统计与经济发展理论探析》，《统计与决策》2016 年第 15 期。

（整理：陈硕颖）

主题索引

A

B

C

D

E

F

G

H

J

K

L

M

N

P

Q

R

S

T

W

X

Y

Z